AVENTURÁNDONOS EN EL CONOCIMIENTO DE LA BIBLIA

RAY C. STEDMAN
con James D. Denney

AVENTURÁNDONOS EN EL CONOCIMIENTO DE LA BIBLIA

UNA GUÍA GLOBAL A LA PALABRA DE DIOS

PUBLICACIONES RBC

Publicado originalmente en inglés con el título
Adventuring Through the Bible: A Comprehensive Guide to the Entire Bible

por Discovery House Publishers,
3000 Kraft Avenue SE, Grand Rapids, Michigan 49512, USA.

Aventurándonos en el conocimiento de la Biblia: Una guía global a la Palabra de Dios

traducido y publicado por Publicaciones RBC, Curitiba/PR, Brasil,
con permiso de Discovery House Publishers.

Traducción: Carla Longo, Elida Barrantes
Edición: Alicia A. Güerci, Fernando M. Plou Fernández, Elisabet V. Marilao
Diseño de la portada: Audrey Ribeiro
Diseño interior: Audrey Ribeiro

Aventurándonos en el conocimiento de la Biblia

Stedman, Ray C.

1. Biblia; Introducciones.
2. Teología, Doctrinal; Obras populares. I. Denney, James D.

Código: CK255
ISBN: 978-1-60485-129-8

Impreso en los Estados Unidos de América

ÍNDICE

EXPLICACIÓN DE LOS ICONOS

Aventurándonos en el conocimiento de la Biblia: Una guía global a la Palabra de Dios está diseñado para ser una guía de fácil uso para cada libro de la Biblia. Los iconos que aparecen aquí se usan a lo largo de todo el libro para ayudarle a encontrar los temas, personajes, versículos y aplicaciones clave.

TEMA Identifique las ideas importantes de los 66 libros de la Biblia.

PERSONALIDAD Encuentre una visión de primer plano de los personajes clave.

VERSÍCULO Descubra el versículo o pasaje bíblico que resume y explica, brinda esperanza y consuelo.

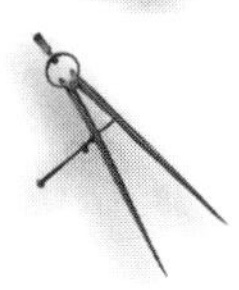

APLICACIÓN Aprenda a convertir los principios bíblicos en una realidad que transforma vidas.

Primera Parte

UN PANORAMA DE LAS ESCRITURAS

LA META DE LA PALABRA DE DIOS

Un incrédulo le preguntó una vez a un cristiano: «¿Me dará tu Dios cien dólares?».

La respuesta del cristiano: «Lo hará si lo conoces lo suficiente».

Por supuesto, las riquezas que Dios ya ha puesto a nuestra disposición son las de Su reino, las de Su Palabra y las de Su vida eterna en una relación con Él que perdurará por siempre. Pero, en efecto, Dios le dará cientos, miles e incluso millones de dólares a cualquiera, si eso sirve a Su propósito y si dicha persona lo conoce a Él lo suficiente.

Como un ejemplo entre miles, George Müller era un renombrado hombre de oración y el fundador de los mundialmente famosos Orfelinatos Bristol en Inglaterra. Müller conocía a Dios tan bien que Él le dio millones de dólares, dinero que este siervo bueno y fiel invirtió sabiamente en las vidas de jóvenes y en la edificación del reino de Dios.

La clave es conocer a Dios. Él quiere ser su amigo; quiere derramar las riquezas del cielo sobre su vida, «medida buena, apretada, remecida y rebosante», como dice Lucas 6:38. Pero usted debe conocerlo, y la manera de hacerlo es a través de las páginas de las Escrituras, que el Espíritu Santo nos interpreta.

La clave es conocer a Dios, y la manera de hacerlo es a través de las páginas de las Escrituras, que el Espíritu Santo nos interpreta

Note esa relación importantísima: las Escrituras *y* el Espíritu; no se pueden separar. La Biblia sin el Espíritu lleva al embotamiento, al aburrimiento y a un cristianismo muerto e institucional. El Espíritu sin la Biblia conduce al fanatismo y a la destrucción. Necesitamos al Espíritu *junto* con la Palabra.

Más aun, necesitamos *toda* la Biblia. Por ejemplo, se necesita la historia de la humanidad antes de la caída para saber para qué hizo Dios a la raza humana y entender el tipo de relación que Él tenía en

La importancia de toda la Biblia

mente cuando creó al primer hombre y la primera mujer. ¡La relación pura e inmaculada que existía antes de la entrada del pecado en el mundo es precisamente la clase de relación que quiere restaurar con nosotros ahora!

La historia y los personajes de la Biblia

También necesitamos conocer la vida de los hombres y las mujeres de fe a lo largo de toda la Biblia para ver cómo obra Dios en situaciones específicas. ¡Cuánto ánimo nos dan estos ejemplos! Al leer estas historias, vemos que Abraham, Isaac, Jacob, José, Moisés, Josué, David, Rut, Isaías, Jeremías, Daniel, María, Pedro, Esteban, Pablo, Bernabé, Juan y todos los demás atravesaron las mismas experiencias que nosotros, ¡y echaron mano de la misma fuerza y poder sobrenaturales que están a nuestra disposición! Vemos que Dios colocó a estas personas en encrucijadas propias de sus épocas y registró sus acciones y reacciones, para que viéramos el propósito de Dios en nuestro tiempo y para que nuestras acciones y reacciones fueran guiadas por las lecciones de aquellos que nos precedieron. Vista de esta manera, la Biblia no se convierte sólo en un «libro religioso», ¡sino en una guía práctica y pertinente para el vivir diario!

Los Profetas

Necesitamos entender a los profetas para ver cómo obra Dios a través de la historia humana, de principio a fin. Al estudiar lo que Pablo llama la «sabiduría de Dios en misterio, la sabiduría oculta, la cual Dios predestinó antes de los siglos para nuestra gloria» (1 Co. 2:7), comenzamos a conocer los pensamientos de Dios, que no son nuestros pensamientos; y los caminos de Dios, los cuales son mucho más elevados que los nuestros. Como dijo nuestro Señor: «Escondiste estas cosas de los sabios y de los entendidos, y las revelaste a los niños» (Mt. 11:25).

Los Evangelios

Necesitamos conocer los Evangelios para ver la vida perfecta de Jesucristo: Su sabiduría única, Su divino poder, Su dolor humano, Su extraordinaria personalidad, Su carácter sin paralelo y Su sorprendente amor por las personas. En las Escrituras descubrimos la multifacética riqueza y profundidad del único ser humano que fue el Hijo de Dios y el Hijo del Hombre.

Las Epístolas

Necesitamos conocer las epístolas para aplicar las grandes verdades que aprendemos en los Evangelios. Bajo la inspiración del Espíritu Santo, los autores de las cartas del Nuevo Testamento tradujeron Sus verdades en principios para las situaciones diarias más prácticas.

El Apocalipsis

Finalmente, necesitamos conocer el libro de Apocalipsis porque este mundo está acercándose a la hora de la crisis. Tanto a nivel personal como de comunidad de creyentes, necesitamos la tranquilidad y la seguridad de que estas tinieblas presentes pasarán, que la vanidad y los horrores cesarán, que nuestra esclavitud terminará, y que Jesucristo se manifestará en este universo y reinará.

La historia de cómo se creó la Biblia es el fascinante relato de un milagro de Dios. En 2 Pedro 1:21, el apóstol Pedro nos dice que la Biblia fue escrita por hombres que fueron movidos por el Espíritu Santo:

Porque nunca la profecía fue traída por voluntad humana, sino que los santos hombres de Dios hablaron siendo inspirados por el Espíritu Santo.

El propósito eterno de Dios en nuestras vidas

La Biblia claramente trasciende todo documento humano; supera lo que cualquier hombre pueda producir. A pesar de la tremenda diversidad de autores humanos y del vasto periodo en que fue escrito, este libro tiene un mensaje, cuenta una historia, avanza hacia un objetivo y centra nuestra atención en una Persona. Sería sencillamente imposible tomar una colección de obras literarias al azar, juntarlas en una sola cubierta y lograr que desarrollen algún tema tan siquiera remotamente relacionado. Semejante colección es sólo posible si detrás de sus muchos autores humanos hay un Autor trascendental. Como Pablo le escribió a Timoteo (2 Ti. 3:16-17):

Toda la Escritura es inspirada por Dios, y útil para enseñar, para redargüir, para corregir, para instruir en justicia, a fin de que el hombre de Dios sea perfecto, enteramente preparado para toda buena obra.

La Biblia no sólo es la historia de Dios y de Su Hijo Jesucristo. También es la historia de mi vida y de la suya, así como también la de nuestra raza. La Biblia explica lo que somos y cómo llegamos a ser de esta manera. Esclarece la condición humana. Nos instruye, nos exhorta, nos amonesta, nos corrige, nos fortalece y nos enseña. En este libro, Dios incorporó todas las verdades que necesitamos conocer acerca de nosotros mismos.

Cuanto más estudiamos la verdad de la Biblia, tanto más emocionante y cautivante se vuelve

¿Cómo es que seres humanos ordinarios —algunos de ellos ejerciendo las profesiones u oficios más comunes— captaron los pensamientos y las actitudes de Dios? ¿Cómo fue que el Espíritu Santo los llevó a registrar la Palabra de Dios en vez de meras opiniones de seres humanos? Es un milagro que va más allá de nuestro entendimiento.

Pero sí sabemos esto: Cuanto más estudiamos la verdad de la Biblia, tanto más emocionante y cautivante se vuelve. Al igual que un científico apasionado por develar los secretos del universo, me cautivaba un intenso afán de descubrir las maravillas de la Palabra de Dios. Después de décadas de estudio, he encontrado que, cuanto más conozco este libro, más fascinante se vuelve, más misterioso, más profundo y más maravilloso en sus implicaciones y aplicaciones a mi vida.

Este libro ha resistido innumerables intentos de suprimirlo y destruirlo. Ha sido conservado y defendido de maneras que sólo pueden llamarse providenciales, para que llegara a nosotros a través de los siglos. Una y otra vez sus páginas han sido manchadas por la sangre, el sudor y las lágrimas de mártires que dedicaron sus vidas a salvar este libro para las generaciones futuras.

¿Por qué este libro ha sido tan importante para Dios y Su pueblo? ¿Cuál es el propósito final de la Biblia? ¿Qué es lo que Dios quiere lograr al darnos este libro y enviar al Espíritu Santo para interpretarlo y hacerlo realidad en nuestras vidas? La Biblia misma nos da la respuesta. En Efesios 1:9-12, uno de los escritores humanos de Dios, el apóstol Pablo, hace esta asombrosa declaración inspirada por el Espíritu acerca de cómo Dios se nos revela en las Escrituras:

¿Qué es lo que Dios quiere lograr al darnos este libro y enviar al Espíritu Santo para interpretarlo y hacerlo realidad en nuestras vidas?

> *Dándonos a conocer el misterio de su voluntad, según su beneplácito, el cual se había propuesto en sí mismo, de reunir todas las cosas en Cristo, en la dispensación del cumplimiento de los tiempos, así las que están en los cielos, como las que están en la tierra. En él asimismo tuvimos herencia, habiendo sido predestinados conforme al propósito del que hace todas las cosas según el designio de su voluntad, a fin de que seamos para alabanza de su gloria, nosotros los que primeramente esperábamos en Cristo.*

¡Increíble! El Creador del universo, el Señor del espacio y del tiempo, el que hizo las estrellas y diseñó millones de galaxias y cientos de miles de millones de estrellas, tiene un propósito para mi vida y para la suya, ¡y Él ha develado ese propósito en Su Palabra, la Biblia! En Efesios 3:8-12, Pablo amplía este pensamiento que conmueve el alma:

> *A mí, que soy menos que el más pequeño de todos los santos, me fue dada esta gracia de anunciar entre los gentiles el evangelio de las inescrutables riquezas de Cristo, y de aclarar a todos cuál sea la dispensación del misterio escondido desde los siglos en Dios, que creó todas las cosas; para que la multiforme sabiduría de Dios sea ahora dada a conocer por medio de la iglesia a los principados y potestades en los lugares celestiales, conforme al propósito eterno que hizo en Cristo Jesús nuestro Señor, en quien tenemos seguridad y acceso con confianza por medio de la fe en él.*

Probablemente, la declaración más clara del propósito eterno de Dios para nuestras vidas se encuentra en Efesios 4:11-13, donde Pablo afirma que el Señor Jesús, después de haber culminado Su obra en la tierra por medio de la cruz y la resurrección, ascendió al cielo y dio dones a los seres humanos:

Y él mismo constituyó a unos, apóstoles; a otros, profetas; a otros, evangelistas; a otros, pastores y maestros, a fin de perfeccionar a los santos para la obra del ministerio, para la edificación del cuerpo de Cristo, hasta que todos lleguemos a la unidad de la fe y del conocimiento del Hijo de Dios, a un varón perfecto, a la medida de la estatura de la plenitud de Cristo.

Ese es el propósito de Dios: llevarnos a la madurez. Dios quiere que maduremos para llegar a ser como Cristo. Todo lo que Dios ha hecho en la historia humana, todas Sus obras registradas en las Escrituras y todo el universo físico y moral tuvieron lugar para que usted y yo maduráramos en Jesucristo. El propósito de Dios para la raza humana no es una meta vaga, distante, remota ni impersonal; es aquí, es ahora, es personal, es clara y está profundamente entretejida en nuestra vida diaria. Todo lo que existe ha sido creado para que usted y yo desarrollemos el asombroso potencial y las maravillosas posibilidades que Dios ha determinado para nosotros. Y la medida de dicha humanidad es la medida de la estatura de la plenitud de Jesucristo.

El propósito de Dios: llevarnos a la madurez. Dios quiere que maduremos para llegar a ser como Cristo

El ideal humano

Solía reunirme con cinco muchachos de la secundaria. En una ocasión, les pregunté: —Chicos, ¿cómo se imaginan a un verdadero súper-hombre?

—Un tipo que esté realmente inflado— dijo uno. —Uno con muchos músculos.

Sabía que había un atleta en la escuela de este joven, un muchacho con muchos músculos tensados en su cuerpo, ¡además de una buena cantidad de «músculos» entre sus orejas! —Ah —dije—, ¿te refieres a fulano de tal?

Sobresaltado, este joven dijo: —¡No, por supuesto que no! Él pasa mucho tiempo en las pesas, y tiene los brazos y las piernas como troncos de árbol, pero no es lo que se dice todo un hombre.

—Muy bien —dije—, entonces supongo que los músculos no son una muestra muy confiable de hombría. Entonces, ¿cuál es? ¿Qué piensa el resto de ustedes que se necesita para ser un hombre? Hagamos una lista.

Todos pensaron un poco más, y luego otro muchacho respondió: —Bueno, creo que un verdadero súper-hombre es un tipo con agallas.

Así que anotamos *valentía* en nuestra lista. Los jóvenes pensaron otro poco y se les ocurrieron unas cuantas cualidades más que añadimos a nuestra lista: *consideración, amabilidad, integridad, propósito,* y así sucesivamente. Pronto teníamos una lista bastante larga.

Finalmente, dije: —Saben, chicos, ¡esto es asombroso! ¡Piénsenlo! Podrían ir a cualquier parte del mundo y preguntarle a cualquier hombre, y no importaría que fuera rico o pobre, alto o bajo, blanco o negro, o de cualquier otro tono entre ambos. Pregúntenle, «¿Qué significa ser un hombre?», ¡y recibirán las mismas respuestas que colocamos en esta lista! Porque todos los hombres en todas partes quieren ser hombres, y todas las mujeres quieren ser mujeres. El ideal que guardan en sus corazones es en gran medida el mismo. Puede que haya pequeñas variaciones en los detalles, pero no en sentido general. Las virtudes que mencionamos se admiran en todas partes.

Los jóvenes asintieron pensativamente, y yo continué: —Ahora bien, ¿pueden nombrar a una persona que haya cumplido con esta lista de ideales? ¿Y ustedes? ¿Están cumpliendo con estos ideales?

—Creo que lo logro treinta por ciento del tiempo— dijo uno.

—¡Ni hablar! —dijo otro—. ¡No lo lograrías ni un cinco por ciento, ni yo tampoco!

Hay dos pasos hacia la madurez para llegar «a la medida de la estatura de la plenitud de Cristo» (Ef. 4:13)

—¿Conocen a alguien que haya alcanzado estos ideales todo el tiempo, al ciento por ciento?— pregunté.

Silencio y ningún gesto. De repente, sus rostros se iluminaron y dijeron: —¡Por supuesto! ¡Jesús!

Y tenían razón. Jesús es el hombre perfecto de Dios, la expresión más acabada y completa de hombría y de humanidad que jamás ha caminado sobre la faz de la tierra. ¡Ese es el ideal de Dios para nuestras vidas! Eso es lo que nos dice Efesios 4:13: Dios ha planeado que lleguemos «a una humanidad perfecta, que se conforme a la plena estatura de Cristo» (NVI). Los pasos hacia esa meta tienen dos aspectos.

1. *Fe*

El primer paso que nos lleva a esta meta se encuentra en la frase «hasta que todos lleguemos a la unidad de la fe» (Ef. 4:13). *Fe* es la palabra operativa. La fe siempre es el camino que nos lleva a experimentar todo lo que Dios ha puesto a nuestra disposición.

2. *Conocimiento*

El segundo paso que nos lleva a esta meta es el «conocimiento del Hijo de Dios», el conocimiento *preciso* y *pleno* del Hijo de Dios. No podemos alcanzar la madurez en Cristo como Dios quería si no conocemos a Su Hijo. Por conocimiento, Dios no sólo se refiere a información bíblica, sino a la *experiencia personal* de Jesucristo. Es la fe, el primer paso, lo que lleva al conocimiento, que es el segundo.

El apóstol tiene cuidado de aclarar que no es sólo mi fe o la suya, sino *nuestra* fe, lo que él llama «la *unidad* de la fe»; eso nos lleva a este conocimiento. En Efesios 3, Pablo ora para que lleguemos a conocer, junto con todos los santos, cuán elevado y amplio, largo y profundo es el amor de Cristo. Esto significa que, a menos que estemos en contacto con otros santos, es imposible poder desarrollarnos correctamente como cristianos. No se puede avanzar hacia la madurez a menos que estemos dispuestos a compartir la verdad unos con otros. Necesitamos unos de otros en el cuerpo de Cristo, y, cuando tenemos comunión, compartimos juntos, adoramos juntos y estudiamos la Palabra de Dios *juntos*, maduramos juntos y *crecemos* en el conocimiento práctico del Hijo de Dios.

Investigaremos juntos este libro, la Biblia, para aprender qué significa tener una relación personal con Jesucristo. Como veremos, la Biblia no es sólo una colección de 66 libros escritos por más de 40 autores a lo largo de un periodo de 15 siglos. Es un solo libro con un tema unificado, un mensaje coherente y una relevancia asombrosa para nuestras vidas aquí y ahora, a comienzos del siglo XXI.

Esta «biblioteca divina» de un solo volumen es un libro de asombrosa variedad. Sus bellas historias de amor reflejan las más tiernas y delicadas pasiones humanas. Sus historias de intriga y maniobras políticas rivalizan contra cualquier otra cosa que leamos en los titulares de hoy. Sus historias de violencia y sangre casi hacen que se nos hiele la sangre. Sus pasajes poéticos se remontan a las mismas cumbres de la expresión artística y emocional. Tiene narrativas de intenso drama humano. Sus pasajes extraños y enigmáticos, llenos de símbolos y alegorías inverosímiles, son difíciles de penetrar y comprender.

Sin embargo, un tema domina este libro y cala en él: Jesucristo, el Creador, Redentor y Señor. Primero lo encontramos como una de las voces en la creación que dice: «Hagamos al hombre a nuestra imagen» (Gn. 1:26). Su venida se simboliza y se profetiza a lo largo de todo el Antiguo Testamento; Su vida se detalla por cuadruplicado a través de los Evangelios; y Su carácter se inculca en nosotros mediante las epístolas del Nuevo Testamento. Finalmente, Su reino nos queda ilustrado y Su segunda venida se describe en el libro del Apocalipsis: «Ven, Señor Jesús» (Ap. 22:20).

Un tema domina este libro y cala en él: Jesucristo, el Creador, Redentor y Señor. Al aprender acerca de Él, descubrimos el plan de Dios y Su patrón para nuestras vidas

Desde Génesis hasta Apocalipsis, la Biblia es un libro acerca de Jesucristo. En símbolo, en historia, en maravillosa visión profética, en simple relato narrativo, en poesía, en todo aspecto y dimensión, el enfoque siempre se centra en el Hijo de Dios. Él es el secreto, la tesis, el hilo unificador del libro. Al aprender acerca de Él, descubrimos el plan de Dios y Su patrón para nuestras vidas. Entendemos nuestros problemas y encontramos la solución reflejada en Él. Comprendemos nuestras necesidades y descubrimos la satisfacción en Él.

Las buenas noticias

Una de las verdades más transformadoras que se encuentran en este libro es la que Jesús declaró en Juan 10:10: «Yo he venido para que tengan vida, y para que la tengan en abundancia». Estas no son sólo «buenas noticias», ¡son *grandes* noticias! Jesús no sólo quiere que sepamos que Su sangre derramada perdona nuestros pecados y que, como cristianos, estamos camino al cielo, sino también que experimentemos el deleite, el gozo, la paz y la satisfacción, ¡aquí y ahora! No tenemos simplemente que luchar a lo largo de esta vida, sacando lo mejor de una mala situación, abriéndonos camino, cayendo y fallando, dudando y desesperándonos, desalentados y derrotados, apenas soportando, hasta que finalmente crucemos al otro lado y encontremos la liberación que tanto anhelamos. ¡Esto no serían buenas noticias!

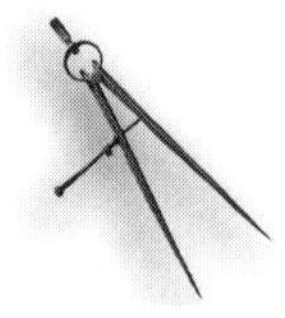

Las buenas noticias que Dios nos revela en este libro son que no tenemos que esperar hasta la eternidad para encontrar la vida eterna. ¡La maravillosa y abundante vida eterna que resplandecía en Jesús está al alcance de nuestra mano, aquí y ahora! Como una vez dijo Ian Thomas: «Debemos tener lo que Él es para ser lo que Él era». Una vez que alcancemos ese ideal y maduremos a la imagen de Cristo, se cumplirá el propósito de Dios para nuestras vidas.

¡Piénselo! ¿Quién fue este hombre llamado Jesús? Fue el ser humano perfecto; el ideal de Dios para la humanidad. Durante 33 años, vivió entre nosotros en este planeta asolado por el dolor y hundido en el pecado, en las mismas circunstancias y bajo las mismas presiones que nosotros enfrentamos cada día de nuestras vidas. Fue bajo estas adversas circunstancias que la piadosa perfección de Su carácter brilló con increíble fulgor y poder.

«Pero —quizá usted diga— ¡yo no puedo hacer eso! ¡No puedo llegar a ser lo que Él era! No puedo vivir una vida perfecta como la que Él vivió».

Por supuesto que no. Pero entonces, en definitiva, no depende realmente de nosotros. Seremos lo que Jesús fue cuando le permitamos venir a vivir Su vida otra vez a través de nosotros, cuando, sólo por fe, creamos en Su Palabra. Si nos atrevemos a creerle, momento a momento y día a día, le permitiremos ser lo que Él es dentro y a través de nosotros. ¡Estas son las buenas noticias!

Pero, para hacerlo, necesitamos la revelación de la Palabra de Dios. No llegamos al conocimiento del Hijo de Dios sin un proceso de aprendizaje, sin un compromiso consciente de querer comprender cada vez más Su verdad. Por esta razón, nos aventuramos juntos a través de este libro asombroso.

La visión desde la órbita

¿Cuál es la manera «correcta» de mirar el mundo?

La mayor parte del tiempo, vemos el mundo a simple vista. Sin embargo, los físicos usan carísimos aceleradores de partículas para verlo átomo por átomo o electrón por electrón. Los astronautas se ponen en órbita y lo observan desde una cierta distancia, donde ven toda la esfera del mundo con sus continentes, sus mares y sus patrones climáticos que se desplazan como remolinos. ¿Quién tiene la visión «correcta» del mundo: el físico, el astronauta o el observador a simple vista? Respuesta: Todos. Cada uno ve el mundo a una escala diferente, desde una perspectiva distinta; cada visión es válida para su propósito y a su manera.

Ahora consideremos esto: ¿Cuál es la manera «correcta» de mirar la Biblia? ¿Debe examinarse minuciosamente, frase por frase y versículo por versículo? ¿O es un estudio de libros —un exhaustivo examen de Nehemías o Efesios, por ejemplo— la manera correcta? ¿O debemos dar un paso atrás para tener una visión más amplia y panorámica, la visión del astronauta, para examinar los grandes temas y la corriente histórica de la Biblia, como si estuviéramos en órbita? Respuesta: Cada método es igualmente válido, cada uno ofrece una perspectiva diferente, cada uno sirve a un propósito distinto. Nuestro propósito con *Aventurándonos en el conocimiento de la Biblia* es adoptar la perspectiva amplia, la vista aérea de las Escrituras. Nuestro análisis se divide en nueve partes:

Una perspectiva general de *Aventurándonos en el conocimiento de la Biblia*

Primera Parte: Un panorama de las Escrituras
Una perspectiva general de la Biblia, desde Génesis hasta Apocalipsis

Segunda Parte: Los cinco pasos hacia la madurez
Los libros de Moisés, desde Génesis hasta Deuteronomio

Tercera Parte: El mensaje de la historia
Aplicación de los libros históricos, desde Josué hasta Ester

Cuarta Parte: Música para la vida
La poesía del Antiguo Testamento, desde Job hasta Cantar de los Cantares

Quinta Parte: Las promesas de Dios
Los libros proféticos, desde Isaías hasta Malaquías

Sexta Parte: Jesús: El centro de ambos Testamentos
Jesús y Su iglesia, desde Mateo hasta Hechos

Séptima Parte: Las cartas del Señor
Las cartas a la iglesia, desde Romanos hasta Filemón

Octava Parte: El mantenimiento de la fe
Todo acerca de la fe, desde Hebreos hasta Judas

Novena Parte: Las señales de los tiempos
El fin y un nuevo comienzo, Apocalipsis

Tomando como base este bosquejo, viajaremos a través de los 66 libros de la Biblia, examinando sus asuntos principales y siguiendo los hilos de dichos temas desde sus comienzos en Génesis hasta su triunfante culminación en Apocalipsis. Investigaremos el magnífico diseño de la Palabra revelada de Dios y descubriremos cómo encajan mutuamente todas las partes de la Biblia. Veremos el flujo dinámico de la profunda revelación de Dios a la humanidad y detectaremos la mano de la autoría unificadora divina detrás de cada libro y de cada escritor humano.

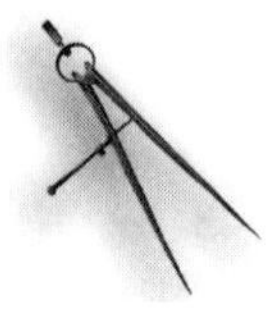

Lo aliento a leer por entero los libros de la Biblia a medida que avancemos. Este libro no es un sustituto del estudio bíblico. De hecho, ¡preferiría que usted tomase este libro y lo echara a una hoguera antes que usarlo como un sustituto de la lectura y del estudio real de la Palabra de Dios! La intención es que este compendio se abra junto con las Escrituras, no en lugar de ellas.

Así que, únase a mí en la aventura de toda una vida, una aventura de magníficos descubrimientos, y grandes y emocionantes logros. ¡Únase a mí mientras nos aventuramos juntos a través del libro más grandioso de todos los tiempos!

DIOS HABLÓ EN TIEMPOS PASADOS

¿Recuerda dónde estaba y qué estaba haciendo el 22 de noviembre de 1963? Casi todo norteamericano que estaba vivo ese día puede recordar con claridad y tristeza el momento en que escuchó que el Presidente Kennedy había sido asesinado a tiros en Dallas. Si usted es demasiado joven para recordar aquel momento, el equivalente más cercano podría ser el 28 de enero de 1986, el día en que la nave espacial *Challenger* explotó a unos 14,5 kilómetros de la tierra matando a siete valientes astronautas. Las repercusiones emocionales de semejante evento son estupor, consternación y dolor atroz. Es como si, de repente, el sol se apagara y todo el paisaje quedara a oscuras.

Jesús y el Antiguo Testamento

Si usted pudiera magnificar esa intensidad emocional varias veces, comenzaría a entender cómo se sintieron los discípulos de Jesús como consecuencia de la crucifixión. Lucas 24 contiene la historia de dos de ellos que iban por el camino desde Jerusalén a Emaús. Siempre que leo esta historia, me estremezco al sentir un fuerte deseo de haber estado allí para presenciar este evento con mis propios ojos. Aunque creo que, desde la venida del Espíritu Santo en el día de Pentecostés, Cristo es más real y accesible para los creyentes que cuando caminó físicamente sobre la tierra, no obstante me hubiese encantado estar presente para observar lo que sucedería en las vidas de estos dos discípulos desmoralizados.

Era el día de la resurrección de nuestro Señor y por todo lugar ya se oía la increíble noticia de que Jesús se había levantado de entre los muertos, pero sólo algunos lo creían. En efecto, estos dos discípulos estaban llenos de dolor y desesperación. La muerte de Jesús había apagado el sol de su cielo y no tenían idea de hacia dónde volverse ni qué hacer. Mientras caminaban, hablaban acerca de su sufrimiento; estaban concentrados en su propia conversación, y un extraño se les acercó y comenzó a caminar con ellos. El extraño preguntó: «¿Qué pláticas son éstas que tenéis entre vosotros mientras camináis?» (Lc. 24:17).

Se detuvieron y lo miraron sorprendidos. «¿Eres tú el único forastero en Jerusalén que no ha sabido las cosas que en ella han acontecido en estos días? [...] Jesús nazareno, que fue varón profeta, poderoso en obra y en palabra delante de Dios y de todo el pueblo; y cómo le entregaron los principales sacerdotes y nuestros gobernantes a sentencia de muerte y le crucificaron. Pero nosotros esperábamos que Él era el que había de redimir a Israel; y ahora, además de todo esto, hoy es ya el tercer día desde que esto ha acontecido. Aunque también nos han asombrado unas mujeres de entre nosotros, las que antes del día fueron al sepulcro; y como no hallaron su cuerpo, vinieron diciendo que también habían visto visión de ángeles, quienes dijeron que él vive. Y fueron algunos de los nuestros al sepulcro, y hallaron así como las mujeres habían dicho; pero a él no le vieron» (Lc. 24:18-24).

Cuando terminaron de hablar, el extraño les dijo: «¡Oh insensatos y tardos de corazón para creer todo lo que los profetas han dicho!» (Lc. 24:25). Luego, Lucas agrega: «Y comenzando desde Moisés, y siguiendo por todos los profetas», el extraño —el mismo Señor Jesús resucitado— «les declaraba en todas las Escrituras lo que de él decían» (Lc. 24:27). Más adelante, mientras recordaban los detalles de ese incidente maravilloso, se decían el uno al otro: «¿No ardía nuestro corazón en nosotros, mientras nos hablaba en el camino, y cuando nos abría las Escrituras?» (Lc. 24:32).

¿Qué fue lo que causó esta sensación maravillosa, extraña y sobrecogedora de santo ardor, este divino resplandor de expectativa que volvió a encender las humeantes llamas de fe en sus corazones? ¿No desearíamos experimentar algo igual? ¡Ciertamente, yo sí!

Ahora bien, la fuente de esa experiencia de sorprendente ardor en el camino a Emaús, fue nada más y nada menos, que la exposición del Antiguo Testamento con el poder y la claridad del Espíritu Santo: «Y comenzando desde Moisés, y siguiendo por todos los profetas, les declaraba en todas las Escrituras lo que de él decían». Esto es lo que hace el Antiguo Testamento: *¡Señala a Cristo!* El Antiguo Testamento prepara nuestros corazones para recibir a Aquel que satisface de verdad. Ese es el descubrimiento de los discípulos en el camino a Emaús. Jesús no es sólo el objeto del Nuevo Testamento, sino también del Antiguo.

Como Jesús una vez les dijo a los líderes judíos que se le oponían: «Escudriñad las Escrituras; porque a vosotros os parece que en ellas tenéis la vida eterna; y ellas son las que dan testimonio de mí» (Jn. 5:39).

En el capítulo anterior vimos que el propósito de Dios al revelarnos Su verdad por medio de la Biblia es llevarnos a todos a la madurez como seguidores de Cristo, es decir, a «la medida de la estatura de la plenitud de Cristo», la expresión completa de Él en el mundo. Para lograr esto, se necesita *toda* la Biblia, tanto el Antiguo como el Nuevo Testamento, también se necesita la obra del Espíritu Santo para abrir nuestro entendimiento de las Escrituras.

En este capítulo, examinaremos la contribución que el Antiguo Testamento hace a nuestra madurez en Cristo; no en detalle, sino como un estudio con «visión panorámica». Lograremos una perspectiva general de la idea central del Antiguo Testamento para poder tener muy claro en nuestra mente el papel que desempeña para producir una imagen de Cristo madura en cada uno de nosotros.

Un libro incompleto

El Antiguo Testamento es un libro incompleto a propósito; Dios nunca tuvo intención de que fuera Su última palabra para la raza humana. El Dr. W. H. Griffith Thomas ha sugerido que, si tuviéramos que abordar el Antiguo Testamento como si jamás lo hubiésemos leído antes, y tomáramos nota de todas las predicciones extraordinarias sobre alguien que vendría después, encontraríamos que estas predicciones comienzan en los primeros capítulos de Génesis. A medida que avanza el texto, las predicciones sobre esta persona crecen en cuanto a detalle y grado de expectativa hasta que, en los Profetas, estallan en colores resplandecientes y maravillosamente brillantes, describiendo en términos increíbles a Aquel que habría de venir. Y, aun así, después de terminar Malaquías, el último libro del Antiguo Testamento, seguiríamos sin saber quién es esa persona. Por lo tanto, el Antiguo Testamento es un libro de profecías no cumplidas.

Pero el misterio del Antiguo Testamento no termina allí. Volvamos a leer por entero los primeros 39 libros de la Biblia y notaremos que una corriente de *sangre* asombrosa, extraña y perturbadora comienza a brotar en Génesis y fluye en un volumen cada vez mayor a lo largo del resto de este Testamento. Es la sangre de los sacrificios: miles y miles de animales cuya sangre se derramó en una creciente marea a través de la historia de Israel. Una y otra vez, se recalca el mensaje: sin sacrificio, no hay perdón, no hay reconciliación. Cuando volvemos a cerrar el libro al final de Malaquías, nos damos cuenta de que no sólo se trata de un compendio de profecías no cumplidas, sino también de sacrificios enigmáticos.

Si leemos por entero el Antiguo Testamento por tercera vez, hay otra dimensión que aparece claramente ante nosotros: Los grandes hombres y mujeres de Dios en el Antiguo Testamento parecen expresar una y otra vez un anhelo de algo más que la vida que se les ha ofrecido, algo trascendente, algo eterno. Por ejemplo, Abraham tiene intención de encontrar la ciudad cuyo constructor y hacedor es Dios. El pueblo de Israel peregrinó a lo largo de todos los libros del Antiguo Testamento. En Job, en los Salmos y en los libros de Salomón hay un continuo gemir de almas sedientas que anhelan algo que todavía no se ha concretado. Así que, al final de esta tercera lectura del Antiguo Testamento, sería inevitable no darnos cuenta de que no sólo se trata de un libro de profecías no cumplidas y de sacrificios enigmáticos, sino también de anhelos insatisfechos.

Sólo Jesús cumple las profecías, explica los sacrificios y satisface los anhelos

Pero algo maravilloso tiene lugar cuando pasamos del Antiguo al Nuevo Testamento. Al abrir las páginas de Mateo, las primeras palabras que leemos son, «Libro de la genealogía de Jesucristo». Es Jesús, y sólo Él, quien cumple las profecías, quien explica los sacrificios y quien satisface los anhelos. El Nuevo Testamento cumple la promesa del Antiguo, y debemos reconocer que no podemos apreciar plenamente su profundo significado hasta que, en primer lugar, nos haya despertado el mensaje del Antiguo.

Claramente, el Antiguo Testamento es un libro que tiene la intención de prepararnos para algo. Por supuesto, la carta a los Hebreos en el Nuevo Testamento se vincula estrechamente con los temas del Antiguo, y los dos primeros versículos de Hebreos captan esta idea de una manera muy bella:

> *Dios, habiendo hablado muchas veces y de muchas maneras en otro tiempo a los padres por los profetas, en estos postreros días nos ha hablado por el Hijo.*

Ahí tenemos los dos testamentos uno junto al otro: «Dios, habiendo hablado muchas veces y de muchas maneras en otro tiempo a los padres» (el Antiguo Testamento), y «en estos postreros días nos ha hablado por el Hijo» (el Nuevo Testamento). La culminación del Antiguo se encuentra en el Nuevo.

Es significativa la manera en que el autor del libro a los Hebreos describe el Antiguo Testamento: «Dios, habiendo hablado muchas veces y de muchas maneras». Tan sólo pensemos en las numerosas y diversas maneras en que Dios habló en el Antiguo Testamento. Comenzando con Génesis, tenemos el sencillo pero majestuoso relato de la historia de la creación, la caída de la humanidad y el diluvio, un relato jamás igualado en toda la literatura en cuanto a poder y sencillez de expresión. Luego viene la narración, sin tapujos, de las vidas de los patriarcas: Abraham, Isaac y Jacob. Encontramos el tronar de la ley en Levítico, Números y Deuteronomio; el verdadero drama de los libros históricos; los dulces himnos y los afligidos lamentos de los Salmos;

la sabiduría práctica y popular de Proverbios; el lenguaje exaltado de los profetas Isaías y Jeremías; la conmovedora ternura de Rut, de Ester y del Cantar de los Cantares; los misterios vívidos y visionarios de Daniel y Ezequiel; y así sucesivamente; muchos y diversos libros, muchas y diversas maneras de expresar la verdad de Dios.

¡Y, aun así, no está completo! Nada del Antiguo Testamento se consuma en sus páginas ni está escrito sin un objetivo. Su propósito es plenamente preparatorio.

Cuando era estudiante de primer año en la universidad, fui admitido en una organización a la que tal vez usted también se haya unido. Es una organización con muchos miembros, y se llama la Antigua Orden de Kesoy. Absolutamente ridículos con nuestros pequeños casquetes verdes, nos llevaban por grupos a una habitación donde se nos sometía a una serie de humillaciones. Varios estudiantes de segundo año nos rodeaban con paletas en las manos, listos para hacer cumplir sus órdenes. Estábamos en fila india, y un tipo se ponía delante de nosotros y nos ordenaba seguirle repitiendo esta consigna:

¡Oh ke gan!... ¡So ke!... ¡Soy!

Repetíamos diligentemente la frase. «¡De nuevo!», ladraba él, así que todos la volvimos a decir. «¡Más rápido!» ordenaba, y más rápido la decíamos. Luego otra vez, más rápido aún. Y otra vez, y otra vez. De repente, todos nos dimos cuenta lo que estábamos cantando:

¡Oh, qué ganso que soy!

Entonces éramos miembros de la Orden de Kesoy.

Muchas sílabas, muchas frases, una voz

A veces, el significado de algo no se percibe hasta que lo ponemos todo junto. De una manera muchísimo menos ridícula, una experiencia similar tiene lugar cuando logramos ver el panorama general del Antiguo Testamento. Cada libro del Antiguo Testamento podría compararse a una frase o sílaba. Cada libro produce su propio sonido, pero es un sonido incompleto. Sólo cuando juntamos todas las frases y sílabas, se entiende claramente el significado general. Una maravillosa expresión aparece a la vista, una expresión de la plenitud del Hijo de Dios.

¿Y dónde se juntan todas las frases y sílabas del Antiguo Testamento? ¡En el Nuevo Testamento! Allí es donde las muchas voces del Antiguo Testamento se fusionan en una sola, la voz del Hijo de Dios. Al final del Nuevo Testamento, en el Apocalipsis, el apóstol Juan escribe que vio al Cordero y escuchó una voz como la voz de muchas aguas. Esa voz produce un estruendo, resultado de la unión de todos los miles de ríos que confluyen en una sinfonía de sonido única y grandiosa: ¡la voz del Hijo!

Al ser incompleto, el Antiguo Testamento es como una colección de sílabas y frases que Dios nos expresa, frases maravillosas, sílabas ricas, y sin embargo, jamás conectadas del todo ni completas. Pero, en el Nuevo Testamento, estas sílabas y frases se convierten en un expresivo discurso centrado en la realidad del Hijo de Dios.

¿Por qué no puedo saltear todo el Antiguo Testamento e ir directamente al Nuevo, la voz definitiva del Hijo?

Puede que usted piense: «¿Por qué debo ocupar tiempo en todo este material preparatorio? ¿Por qué no puedo saltear todo el Antiguo Testamento e ir directamente al Nuevo, la voz definitiva del Hijo? No necesito el Antiguo Testamento en absoluto». ¡Sería un gran error! ¿Por qué? Porque no podemos realmente captar la plenitud y la riqueza del Nuevo sin estar preparados por el Antiguo. ¿Suena eso como una declaración extrema? Tal vez, pero no creo que pueda refutarse con éxito. Si bien gran parte del Nuevo Testamento es muy fácil de entender, otra parte se construye sobre los cimientos del Antiguo Testamento. Nunca entenderemos todo lo que Dios nos quiere decir en el Nuevo Testamento hasta que la exposición al Antiguo Testamento nos haya preparado primero.

Todo proceso exitoso requiere una preparación adecuada. ¿Por qué un agricultor dedica tiempo y trabajo a arar su campo para el cultivo? ¿Por qué simplemente no saca las semillas y las esparce en el suelo? Parte de esas semillas están destinadas a encontrar un lugar donde echar raíces y crecer con fuerza. ¿Acaso el agricultor *realmente* necesita pasar todo ese tiempo extra preparando la tierra? ¡Sí! Todo agricultor sabe que aunque la semilla es el elemento individual más importante para cultivar un grano, ¡la mayor parte jamás echará raíces a menos que el suelo haya sido preparado adecuadamente!

¿Por qué los maestros de escuela siempre comienzan con el alfabeto en vez de ir directo a la carga y enseñar de Cervantes? ¿No ahorraría mucho tiempo, dinero y esfuerzo simplemente tomar a los niños de cinco años de toda la nación y enviarlos directamente a la universidad? Es evidente que no podemos educar a los estudiantes de esta manera. ¿Por qué? ¡Porque no es así como aprenden los alumnos! Sin una preparación adecuada, todo el gran saber del mundo, impartido por los más grandes maestros, sólo les resbalaría sin provecho por la mente y los dejaría exactamente igual.

Como dice Pablo en Gálatas 3:24: «La ley [del Antiguo Testamento] ha sido nuestro ayo, para llevarnos a Cristo, a fin de que fuésemos justificados por la fe». Algo falta en nuestras vidas si tratamos de captar la realidad de Cristo sin entender por completo la esencia de los Diez Mandamientos. Nunca podremos beneficiarnos de todo lo que hay en Cristo a menos que, al igual que Pablo, hayamos luchado contra las exigencias de una ley rígida e inflexible que nos haga decir junto con él: «¡Miserable de mí! ¿quién me librará de este cuerpo de muerte?» (Ro. 7:24).

Por muchos años, leí y enseñé el libro de Romanos, incluso los grandes temas liberadores y salvadores de los capítulos 6 al 8, sin captar realmente las verdades fundamentales del libro. No pude experimentar el poder magnífico y liberador de Romanos en mi corazón hasta que pasé un tiempo con los hijos de Israel en el Antiguo Testamento, viviendo en el desierto, en sus sitios más recónditos, aplastado bajo su calor y padeciendo una existencia estéril y derrotada que me causaba un dolor punzante en el alma. Después de haber visto lo que Dios logró en la vida de las personas del Antiguo Testamento al liberarlas, pude entender —por primera vez— lo que Él trata de decirnos en Romanos 6, 7 y 8. El «suelo» de mi corazón necesitaba la preparación del Antiguo Testamento, a fin de recibir la «semilla» de la palabra del Nuevo Testamento.

El libro de la experiencia humana

El Dr. H. A. Ironside me contó una historia sobre sus primeros años en el ministerio, cuando todavía era oficial del Ejército de Salvación. Estaba llevando a cabo reuniones de evangelización en un gran salón, en una ciudad importante, y cada noche asistía una multitud para escucharlo. Una noche, observó a un joven muy atento, sentado en la parte de atrás, que se inclinaba y escuchaba con interés todo lo que él decía. Este joven regresaba noche tras noche, y el Dr. Ironside quiso conocerlo. Trataba de alcanzarlo antes de que saliera del recinto, pero cada vez que despedía a los concurrentes, el joven desaparecía entre la multitud y se marchaba.

Una noche, el joven llegó un poco tarde, y los únicos dos asientos que quedaban libres en el auditorio se encontraban justo en la primera fila. Con bastante timidez, avanzó por el pasillo y se deslizó hacia uno de los asientos en la fila de adelante. El Dr. Ironside pensó, *¡Bien! Esta vez no te me escapas, amiguito.*

Como siempre, cuando la reunión terminó, el joven se dio vuelta para marcharse, pero el pasillo estaba lleno. El Dr. Ironside avanzó, le tocó el hombro, y le dijo: «¿Le importaría que nos sentáramos aquí para hablar?»

Se sentaron y el Dr. Ironside le preguntó: —¿Es usted cristiano?

—No —contestó el joven—. No creo que pueda considerarme un cristiano.

—Bueno, ¿qué es usted?

—En realidad, no podría decirlo. Hubo un tiempo en que pensé que podría considerarme ateo. Pero últimamente, no creo que pueda decir con seguridad que Dios no existe. Imagino que se me podría catalogar de agnóstico.

—Bueno —dijo el Dr. Ironside—, ¿y qué produjo este cambio en su forma de pensar?

El joven señaló a un hombre mayor que estaba sentado a una cierta distancia. —Es el cambio en ese hombre que está allá.

El Dr. Ironside miró y reconoció al anciano como Al Oakley, que había sido copropietario de un bar muy popular de esa ciudad, aunque eso había sucedido antes de convertirse en su propio cliente estrella y terminado como un borracho de mala muerte. Pero Al había experimentado una asombrosa conversión en un servicio religioso llevado a cabo en la cárcel por el Ejército de Salvación, y su vida había dado un giro completo.

—Conozco a Al Oakley desde hace muchos años —dijo el joven—, y sé que ya no le queda más sensibilidad que la que podría tener una piedra. Trató de dejar la bebida muchas veces, pero nunca pudo. Lo que sea que haya cambiado su vida debe ser lo verdadero. Así que, últimamente he estado leyendo la Biblia, pero no puedo entender nada del Nuevo Testamento. Recientemente, he estado leyendo el libro de Isaías. Siempre he sido un admirador de la oratoria, ¡y creo que Isaías usa el lenguaje mejor que nadie! Si pudiera convertirme en cristiano creyendo en Isaías, creo que lo haría.

Así que, el Dr. Ironside abrió su Biblia y dijo: —Me gustaría leerle un corto capítulo del libro de Isaías. Trata acerca de alguien a quien no se nombra en el pasaje, pero cuando termine de leerlo, creo que usted podrá descifrar de quién se trata.

—Mi conocimiento de la Biblia no es tan bueno— dijo el joven.

—Creo que no va a tener ningún problema con esto— dijo el Dr. Ironside. Pasó las páginas hasta llegar a Isaías 53 y leyó:

> *¿Quién ha creído a nuestro anuncio? ¿y sobre quién se ha manifestado el brazo de Jehová? Subirá cual renuevo delante de él, y como raíz de tierra seca; no hay parecer en él, ni hermosura; le veremos, mas sin atractivo para que le deseemos.*
>
> *Despreciado y desechado entre los hombres, varón de dolores, experimentado en quebranto; y como que escondimos de él el rostro, fue menospreciado, y no lo estimamos.*
>
> *Ciertamente llevó él nuestras enfermedades, y sufrió nuestros dolores; y nosotros le tuvimos por azotado, por herido de Dios y abatido. Mas él herido fue por nuestras rebeliones, molido por nuestros pecados; el castigo de nuestra paz fue sobre él, y por su llaga fuimos nosotros curados.*
>
> *Todos nosotros nos descarriamos como ovejas, cada cual se apartó por su camino; mas Jehová cargó en él el pecado de todos nosotros.*

El Dr. Ironside siguió leyendo hasta el final del capítulo, luego se volvió al joven, y dijo: —Ahora, dígame, ¿acerca de quién estaba leyendo?

El joven dijo: —Permítame leerlo yo mismo—. Tomó el libro y rápidamente comenzó a leer el capítulo entero. De repente, dejó caer la Biblia en las manos del Dr. Ironside y salió disparado por el pasillo, atravesando la puerta sin decir palabra. Sin saber qué más hacer por el joven, el Dr. Ironside simplemente oró por él.

El joven no regresó durante dos noches. Entonces, tres días después, el Dr. Ironside se sintió aliviado al verle de vuelta. Esta vez, había una expresión diferente en el rostro del muchacho mientras se acercaba por el pasillo. Era claro que algo había cambiado en su vida. Tomó asiento en la primera fila y, cuando se anunció un momento para compartir testimonios, se levantó y contó su historia.

—Fui criado en una familia incrédula y atea —dijo—. Durante mis años de escuela, leía todas las críticas y estaba convencido de que no había absolutamente nada importante en este asunto del «cristianismo». Pero, mientras me encontraba en Palestina, trabajando para el gobierno británico, estuve expuesto a una serie de influencias que me sugirieron que la Biblia podría ser verdad.

En Jerusalén, me uní a un grupo de turistas que fueron a visitar el «Calvario de Gordon», el lugar fuera de la puerta de Damasco donde el General Charles Gordon creyó haber encontrado el Gólgota, la colina en forma de calavera junto al huerto del sepulcro. Subí junto con el grupo. Llegamos a la cima, y mientras estábamos allí, el guía nos explicó que ese era el lugar donde había comenzado la fe cristiana. Me di cuenta de que en aquel momento fue cuando comenzó el engaño cristiano. Me enfadé tanto que empecé a maldecir y blasfemar. Las personas corrían aterrorizadas cuesta abajo, temerosas de que Dios me fulminara por blasfemo en un lugar tan sagrado.

En ese instante, el joven prorrumpió en llanto. —Deben saber, amigos —continuó—, que estas últimas noches he descubierto que la Persona a quien maldije en el Calvario era Aquel que fue herido por mis rebeliones, y por cuya llaga fui curado.

Fue necesaria una profecía del Antiguo Testamento para preparar el corazón de este muchacho para las buenas nuevas del Nuevo Testamento. Su experiencia es una bella demostración del propósito y el poder del Antiguo Testamento. Este fue escrito para encender nuestros corazones, para hacer que ardan dentro de nosotros, expectantes y anhelantes ante el Cristo del Nuevo Testamento. En verdad, el Señor Jesucristo suple todas nuestras necesidades, pero el Antiguo Testamento nos despierta a la realidad de esa necesidad de Él.

El Señor Jesucristo suple todas nuestras necesidades, pero el Antiguo Testamento nos despierta a la realidad de esa necesidad de Él

En el Antiguo Testamento están expresados todo el dolor, la angustia y la confusión que afligen al hombre moderno

Ningún libro del Nuevo Testamento hace las preguntas profundas e introspectivas que encontramos en el Antiguo, preguntas que hoy siguen acosando los corazones de hombres y mujeres. En ningún lugar del Nuevo Testamento encontraremos las profundas inquietudes del corazón humano reunidas en un solo lugar. En el Antiguo están expresados todo el dolor, la angustia y la confusión que afligen al hombre moderno:¿Por qué hay injusticia? ¿Por qué prosperan los malvados? ¿Cuál es nuestro lugar en el esquema cósmico? ¿Cómo podemos encontrar significado y propósito? ¿Acaso simplemente vivimos, reímos, sufrimos, y luego morimos y volvemos al polvo? ¿Nos ama alguien? ¿Nos valora alguien? ¿O acaso al final todo es vano?

El Antiguo Testamento está diseñado para expresar nuestra profunda necesidad espiritual, para poner la vida en términos que podamos ver y expresar, para definir la sed del alma, para poder detectar nuestro sufrimiento, nuestra necesidad y nuestro deseo. ¿Cómo podemos reconocer a Aquel que nos satisface si no hemos identificado las causas de nuestra insatisfacción?

Hasta que no nos hayamos visto reflejados en las páginas del Antiguo Testamento, todo lo que realmente sabremos es que cada mañana nos despertamos con una vaga sensación de vacío y de insatisfacción. Como resultado de ello, en vano intentamos esto, eso y aquello, esperando que *algo* nos satisfaga, y al final, siempre nos sentimos decepcionados. Entonces, la vida se vuelve un carrusel continuo de búsqueda de placer, dinero, relaciones interpersonales o drogas, que sólo termina en desesperación, vacío, soledad o adicción.

Por miles de años, hasta llegar al presente, personas de todas las culturas y trasfondos han abierto el Antiguo Testamento, han leído sus preciosas y poderosas palabras, y han dicho: «¡Eso es! ¡Ese soy yo! ¡Así es exactamente como me siento!». Y también descubrieron en sus páginas la respuesta a su dolor y sus problemas. El Antiguo Testamento es el libro de la experiencia humana. Está diseñado para describir de manera gráfica y realista cómo somos. En el espejo del Antiguo Testamento, nos vemos con claridad, y este reflejo nos prepara para escuchar al Espíritu Santo cuando nos habla por medio del Nuevo Testamento.

¡Muchos cristianos *eligen* ser pobres!

Cuán sumidos en la pobreza estaríamos sin el Antiguo Testamento, y sin embargo, ¡trágicamente, muchos cristianos eligen ser pobres! Ignoran la revelación maravillosa y preliminar que Dios provee en el Antiguo Testamento para que las ricas verdades del Nuevo nazcan en nuestros corazones. Al avanzar del Antiguo al Nuevo Testamento, en esta sección introductoria de nuestra aventura juntos, mi esperanza es que usted sea desafiado y transformado en cuanto a cómo abordar este gran libro, y que en los años por venir, las páginas de los primeros 39 libros de su Biblia queden tan desgastadas, subrayadas y atesoradas como las de sus libros favoritos del Nuevo Testamento.

El Antiguo Testamento es un libro vivo y fascinante que nos guía hacia la madurez en Cristo y prepara nuestros corazones para las buenas nuevas del Nuevo Testamento. Que Dios inunde nuestro ser con sus verdades y lo use para introducirnos más, y más aun, en la realidad viva de Su Hijo.

Las divisiones del Antiguo Testamento

Existen cuatro divisiones en el Antiguo Testamento, y cada una de ellas está especialmente diseñada para prepararnos para una relación con el Señor Jesucristo. Desde la historia de los orígenes de la humanidad, pasando por la historia de Israel y la gran poesía del Antiguo Testamento, hasta los rugientes libros de profecía, cada sección echa sus propios cimientos de verdad. Cada división toca nuestros corazones de una manera sutilmente diferente. Cada una ayuda a presentar el ministerio futuro y la persona de Jesús bajo una perspectiva ligeramente distinta, para que cuando Él finalmente se revele en el momento crítico de la historia, lo veamos y digamos: «¡Sí! ¡Este es Aquel de quien siempre hemos oído y leído en el Antiguo Testamento!».

He aquí una guía resumida de las cuatro divisiones del Antiguo Testamento:

Los libros de Moisés

Cinco pasos hacia la madurez: *Los libros de Moisés*. Estos cinco libros nos guían desde la infancia de nuestra raza —el origen del universo y de la humanidad— y nos conducen hacia la madurez por medio de la introducción del pecado (y la primera chispa del plan de salvación), el primer juicio a la humanidad a través del gran diluvio, las historias de los héroes de la fe (Abraham, Isaac, Jacob y José), los inicios de la nación de Israel, el cautiverio y el éxodo, el liderazgo de Moisés, la presentación de la ley, el peregrinaje en el desierto, directamente hasta los límites de la tierra prometida.

Génesis

Génesis significa «principios», y el libro que lleva este nombre comienza con el gran misterio de nuestra existencia: nuestra relación con el universo y su Creador. En sus historias, vemos reflejo tras reflejo de nuestra necesidad humana. Adán y Eva necesitaron ropa para cubrir sus pecados. Noé necesitó un barco para salvarlo de las aguas del juicio. Abraham necesitó de la continua intervención divina para librarlo y proveerle lo que le faltaba. Isaac necesitó que Dios lo empujara a la acción. Jacob necesitó a un Salvador que lo sacara de los líos en que continuamente se metía. José necesitó a Alguien que lo liberara del pozo, de la prisión y de las injusticias de la vida. El mensaje de Génesis es la respuesta de Dios a nuestra necesidad humana.

Éxodo

Éxodo es la historia de esa respuesta de Dios a nuestra necesidad. Es la maravillosa lección de Su amor redentor aplicado a nuestras vidas: la historia de la primera Pascua, la división del Mar Rojo, la entrega de la ley en Sinaí. Es el relato de la opresión humana en la tierra de Faraón y de la milagrosa redención y liberación de la esclavitud. Los israelitas no hicieron nada para salvarse; Dios hizo todo. Así es como Él todavía obra hoy en nuestras vidas.

Levítico

Levítico es un libro de instrucciones detalladas. Está diseñado para que Dios nos resulte accesible y para que podamos estar a Su disposición. Comienza con la historia del tabernáculo, la morada de Dios. Por supuesto, el tabernáculo es un símbolo de nuestras vidas, el lugar donde finalmente el Señor elige morar.

Números

Números es el libro del desierto del fracaso. Comienza en Cades-barnea, en el mismo límite de la tierra prometida. El pueblo de Israel se aleja de aquel lugar y pierde de vista por cuarenta años la promesa de Dios para ellos. Después de vagar en medio de la aridez, la soledad, el insoportable calor y la arena punzante, perseguidos kilómetro tras kilómetro por la derrota, finalmente llegan al mismo lugar donde comenzó el libro de Números: Cades-barnea. Números es un registro del fracaso y una advertencia para nuestras vidas.

Deuteronomio

Deuteronomio significa «segunda ley». Es la historia de la ley dada por segunda vez y de cómo el pueblo vuelve a comprometerse a seguirla. El libro concluye con la revelación de las maravillosas bendiciones que les esperan a aquellos que moldean su vida según el patrón de la voluntad revelada de Dios. Así que, el hilo que se extiende a través de estos cinco libros, comenzando en Génesis y haciendo el recorrido hasta el final de Deuteronomio, significa que estamos avanzando, paso a paso, libro a libro, hacia la madurez, hacia una relación viva con el Dios viviente del universo.

Los libros históricos

El mensaje de la historia: De Josué a Ester. Los libros históricos también contribuyen de manera única a la labor preliminar del Antiguo Testamento. Si bien los primeros cinco libros del Antiguo Testamento nos dieron el patrón del obrar de Dios en la raza humana, los siguientes doce libros de historia nos presentan los peligros con que nos enfrentamos en el andar diario por el camino de la fe. Examinan paso a paso la historia de una nación, una nación peculiar con un ministerio especial: representar a Dios en el mundo y perpetuar el linaje de Aquel que nacería para ser el Mesías, el Salvador, el Hijo de Dios. En las presiones, peligros y fracasos de Israel, vemos las presiones, los peligros y los fracasos que nos acosan hoy como creyentes; y en la amorosa disciplina y en la redención que, en Su gracia, Dios brinda a Israel, vemos Su obra a nuestro favor, que nos santifica y nos salva de nuestros pecados y fracasos.

Josué

Los libros de historia nos llevan a través de las batallas de *Josué*, mientras busca obedecer a su Señor y conquistar la tierra prometida.

Vemos las fuerzas intimidantes de Jericó, seguidas por la milagrosa victoria de Dios; el fracaso de la carne en Hai y el engaño de los gabaonitas. En todo ello, observamos que Josué sigue marchando firme y constante, luchando sin cesar la batalla de la fe, sin renunciar ni apartarse jamás de la misión que Dios le asignó.

Jueces

En *Jueces* vemos los ciclos de éxito y derrota espirituales, y el accionar de Dios a través de siete personas especiales, los jueces de Israel, para liberar a la nación. En Rut tenemos una maravillosa historia de fidelidad, cuyo telón de fondo son los fracasos de los jueces. Rut, una extranjera en la tierra israelita, escucha la voz de Dios, obedece y se une al pueblo de Israel. Es una bella historia de romance... y de fe.

Samuel, Reyes, Crónicas

Los libros de *Samuel, Reyes* y *Crónicas* cuentan acerca de los gloriosos años en que Israel era un reino poderoso, y de las tragedias que sucedieron cuando los reyes humanos no obedecieron al Rey de reyes y Señor de señores. Estos libros nos cuentan las historias del rey Saúl, el rey David, el rey Salomón, y así sucesivamente; reyes que fueron fuertes, reyes que fueron débiles, reyes sabios e insensatos, reyes justos y malvados, reyes grandes y pequeños. Al parecer, siempre que un rey malo había llevado a Israel a la destrucción y la desgracia, el Señor levantaba a un hombre como Ezequías o Josías para purificar el templo, redescubrir el libro de la ley y conducir a Israel de vuelta a Dios.

Esdras, Nehemías, Ester

Los libros de *Esdras, Nehemías* y *Ester* tratan sobre el cautiverio y la restauración de Israel. Dios siempre está obrando en nuestras vidas, incluso en nuestra esclavitud y dolor. Nos levanta de la derrota y el desaliento, y nos ayuda a reconstruir los muros de nuestras vidas, tal como Nehemías dirigió la construcción de los muros de Jerusalén. El Señor nos capacita para que exclamemos victoriosos, aun en medio de circunstancias aparentemente imposibles, como la reina Ester que pudo triunfar en una situación donde tenía absolutamente todo en contra. En estos doce libros de historia, también encontramos otra faceta de la preparación de Dios de nuestros corazones para la tan esperada llegada del Mesías.

Los libros poéticos

Música para la vida: *De Job a Cantar de los Cantares.* Estos son los libros poéticos que expresan tanto la alabanza como la protesta del corazón humano. *Job, Salmos, Proverbios, Eclesiastés* y *Cantar de los Cantares* exponen nuestro interior a Dios, al expresar con sinceridad nuestro dolor y también nuestro anhelo de Él. No hay emoción que experimentemos en la vida que no se haya explorado y expresado en estos libros. Si queremos entender lo que atravesamos en la vida y encontrar un reflejo de nuestra alma en las Escrituras, entonces vayamos a estos bellos y ardientes libros del Antiguo Testamento.

Job, Salmos, Proverbios, Eclesiastés, Cantar de los Cantares

Los profetas

Las promesa de Dios: *De Isaías a Malaquías.* Estos son los libros donde Dios dice lo que hará. Son diecisiete, y comúnmente se dividen en profetas «mayores» y «menores». No son mayores o menores en importancia, sólo en extensión, ya que los «menores» son mucho más cortos que los «mayores». Pero sean estos largos o cortos, todos contienen verdades importantes y trascendentales para nuestras vidas.

Isaías

Isaías es un libro de gloria y majestad increíbles. Promete y predice con extraordinario detalle la vida, el ministerio y la muerte expiatoria de nuestro Señor Jesús. Isaías es un libro de gracia. Cuenta la historia de cómo nos destruimos por medio del pecado, y de la intervención de Dios y de Su promesa de un nuevo comienzo. En comparación, *Jeremías* y *Lamentaciones* advierten que Dios se ausentará de nuestras vidas si le damos la espalda. *Ezequiel* comienza con una visión progresiva y trascendente de Dios, y nos lleva de excursión a la historia futura, que revela la promesa de Dios de intervenir en los eventos mundiales de la humanidad. *Daniel* nos muestra el poder protector de Dios para darnos osadía, incluso cuando estamos cautivos en un mundo hostil y que cambia rápidamente. Este libro prosigue revelando lo que el Señor planea hacer por medio de las naciones del mundo en el curso de la historia, aun más allá de nuestra época.

Jeremías, Lamentaciones

Ezequiel, Daniel

Oseas

Oseas es uno de los libros más bellos en la Biblia, un cuadro del amor incondicional de Dios hacia los seres humanos errados y pecadores; es la promesa de Su perseverancia para buscarnos y darnos redención. *Joel* es la promesa de que Dios puede incluso entretejer en Su plan eterno tragedias nacionales, personales y catástrofes. Amós promete que Dios nunca rebaja Sus estándares y que continuamente busca llevarnos a la perfección en Él. *Abdías* es una promesa de victoria espiritual, como se ve en la comparación entre Jacob y Esaú, el espíritu y la carne. *Jonás* refleja la promesa de la paciencia de Dios, y de la segunda oportunidad que ofrece en Su gracia, según se revela tanto en la vida de Jonás como en el arrepentimiento de Nínive.

Joel

Amós

Abdías

Jonás

Miqueas

Miqueas es la promesa del perdón que hace eco (en forma más breve) de los temas de Isaías. *Nahum* promete la destrucción de Nínive; ocurre unos cien años después de la historia de Jonás y del arrepentimiento de Nínive, y demuestra que Dios no cambia. Si nos arrepentimos una vez y luego caemos en la autocomplacencia o la desobediencia, podemos esperar que el Señor derrame Su juicio para disciplinarnos. *Habacuc* promete que, al final, Dios responderá nuestras preguntas y clamores de justicia en un mundo injusto. *Sofonías* es un libro sombrío que promete juicio en «el día de Jehová».

Nahum

Habacuc

Sofonías

Hageo

Hageo asegura la restauración material si volvemos nuestros corazones a Dios. *Zacarías* es «el Apocalipsis del Antiguo Testamento» que promete la administración divina de los futuros eventos y el cuidado de Su pueblo durante el tiempo del juicio. *Malaquías* promete que Dios suplirá nuestra necesidad y nos enviará un Salvador; predice

Zacarías

Malaquías

la primera venida de Jesús (precedida por Juan el Bautista), y luego salta a Su segunda venida, la aurora del Sol de justicia.

Con unos cuantos plumazos, hemos hecho un bosquejo del Antiguo Testamento. En las páginas que siguen, estudiaremos algunos de los detalles y matices más sutiles del gran Libro preparatorio de Dios para nuestras vidas.

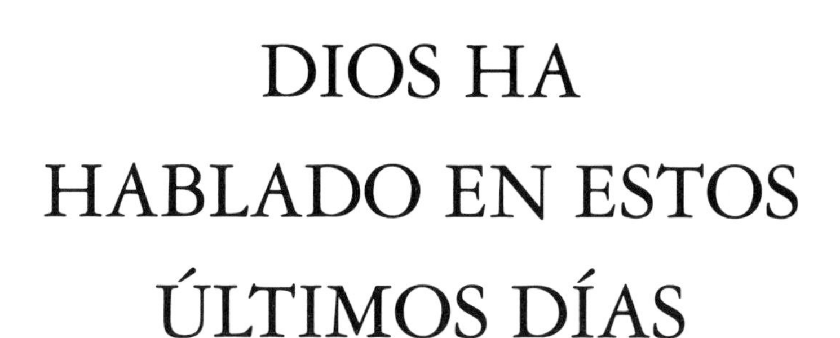

DIOS HA HABLADO EN ESTOS ÚLTIMOS DÍAS

Hay dos maneras de aprender la verdad: la razón y la revelación. Las personas preguntan constantemente cuál es más importante. Es como preguntar qué hoja del par de tijeras es más necesaria o cuál pierna del par de pantalones hace más falta. Ambas son importantes. Del mismo modo, es imposible reunir todo el contenido equilibrado del conocimiento bíblico sin depender tanto de la razón como de la revelación.

Algunas personas descartan la razón y tratan de apoyarse sólo en la revelación. El resultado es el fanatismo. Si decidimos que esta facultad que Dios nos dio no tiene valor en absoluto, entonces nos encontraremos comportándonos de manera irracional.

Una vez leí acerca de un hombre que decidió que la solución a todo problema podía encontrarse en la Biblia. Cuando las ardillas comenzaron a comerse las verduras en su jardín, salió con su Biblia y leyó el Evangelio de Juan en las cuatro esquinas de su propiedad. De alguna manera, calculó que esto resolvería su problema, pero no fue así. La razón sugería que el mejor modo de acabar con las ardillas era poner trampas. Al intentar apoyarse sólo en la revelación, sin aplicar la razón y el sentido común, este hombre terminó comportándose irracionalmente.

La revelación y la razón pertenecen la una a la otra

Si descartamos la revelación y sólo dependemos de la razón, el resultado es igualmente desastroso. La razón nos ayuda a lograr una profunda comprensión de muchas áreas de la ciencia y grandes avances tecnológicos, pero la razón sola nunca nos ha mostrado cómo cambiar el corazón humano, cómo terminar la guerra, ni cómo eliminar el crimen, la pobreza, el abuso de drogas o el racismo. De hecho, los avances tecnológicos en realidad han hecho que el futuro resulte más oscuro y aterrador. Jamás podremos hacer mella en nuestros problemas sociales y humanos, mientras pongamos de lado la revelación de Dios y nos centremos exclusivamente en la razón.

La Palabra y el Espíritu juntos

¿Qué es la revelación?

La revelación es, simplemente, la verdad que no podemos conocer por la razón. Es lo que Pablo llamó la «sabiduría de Dios en misterio, la sabiduría oculta» (1 Co. 2:7). Y agregó: «La que ninguno de los príncipes de este siglo conoció; porque si la hubieran conocido, nunca habrían crucificado al Señor de gloria» (2:8). Cuando habló de los príncipes de este siglo, no se refería necesariamente a reyes y príncipes. Estaba hablando acerca de los líderes del pensamiento humano en todo campo. Y dijo que hay un ente de conocimiento —una sabiduría secreta, oculta— que es impartido por Dios a los seres humanos, pero sólo en ciertos términos, el cual ninguno de estos príncipes, con toda su inteligencia y sabiduría, podría entender. Si hubiesen sabido esto, jamás habrían crucificado al Señor de la gloria.

Los gobernantes religiosos que exigieron la crucifixión de nuestro Señor constituían un cuerpo de personas instruidas e inteligentes que alardeaban que ellos, más que nadie, podían reconocer la verdad cuando la veían. Pero cuando la Verdad encarnada se puso delante de ellos, cuando el mismo Hijo de Dios les habló, no lo reconocieron ni recibieron Su palabra. Le crucificaron porque habían descartado la revelación y sólo se aferraban al poder de su razonamiento.

La revelación, en su sentido más pleno, es en realidad *la Escritura interpretada por el Espíritu Santo*

La revelación, en su sentido más pleno, es en realidad *la Escritura interpretada por el Espíritu Santo.* Tenemos este Libro, el cual nos fue dado por Dios, como Pablo se lo declaró a Timoteo: «Toda la Escritura es inspirada por Dios» (2 Ti. 3:16). La Escritura no proviene de los seres humanos. Más bien, estos fueron el canal por medio del cual Dios entregó Su Palabra. Como Pedro lo escribió: «hombres de Dios hablaron siendo inspirados por el Espíritu Santo» (2 P. 1:21). Los autores del Nuevo Testamento se sentaron y escribieron cartas como nosotros lo hacemos hoy, expresando sus sentimientos, sus actitudes y sus ideas, de la manera más natural y sin complicaciones. Pero, en el proceso, un extraño misterio tuvo lugar: el Espíritu Santo obró por medio de los autores del Nuevo Testamento para guiar, dirigir e inspirar. De hecho, el Espíritu eligió las palabras que expresarían los pensamientos de Dios a los seres humanos.

La maravillosa sabiduría oculta de Dios no puede descubrirse en un experimento de laboratorio; sin embargo, es absolutamente esencial para el tipo de vida que Dios siempre ha querido que tengamos. Esta sabiduría se revela en la Biblia; no obstante, es una sabiduría inaccesible y sin ningún valor para nosotros si no somos instruidos por el Espíritu Santo. Es posible conocer la Biblia de tapa a tapa y no sacar absolutamente nada de ella. Podemos ir a cualquier librería y encontrar docenas de libros llenos de extensa información sobre el contenido histórico, arqueológico y literario de la Biblia y, aun así, los autores de estos libros son ateos empedernidos.

Así que, la revelación no se descubre sólo con leer las Escrituras. El Espíritu Santo debe iluminar, interpretar y convalidar la Biblia en nuestras vidas. La Palabra y el Espíritu deben actuar juntos para llevarnos a un conocimiento de Dios para la salvación y la vida espiritual práctica.

Un libro de cumplimiento

¿Alguna vez se ha preguntado usted por qué Jesús vino a los judíos? ¿Por qué no fue a los aztecas? ¿A los chinos? ¿O a los esquimales? Hay una respuesta sencilla y sensata a esta pregunta: Él vino a los judíos porque ellos eran la nación que tenía el Antiguo Testamento. Por esta razón, los judíos estaban preparados de una manera única para recibir lo que Dios ofrecía a través de Cristo. Ciertamente, no todos lo recibieron; pero, durante los primeros años de su existencia, la iglesia primitiva fue mayormente una congregación judía. Esta nación estaba calificada para recibir al Mesías porque había sido preparada por el Antiguo Testamento para aceptar a Jesús, quien era el camino a la vida, la verdad y la luz.

Creo que esta es la razón de que muchas personas que hoy leen únicamente el Nuevo Testamento se encuentran limitadas para captar la plenitud de Jesucristo. Sus corazones no están preparados adecuadamente. Nuestras vidas siempre son superficiales y reducidas si tratamos de captar algo para lo que no estamos del todo listos. Por eso, necesitamos el ministerio del Antiguo Testamento de manera tan profunda y continua.

Si el Antiguo Testamento prepara, entonces el Nuevo cumple. Dios diseñó el Nuevo Testamento para satisfacer las necesidades que el Antiguo expresó y despertó. ¿Cómo satisface el Nuevo Testamento estas necesidades? Revelándonos a Aquel que es la respuesta a todas nuestras necesidades. Jesús dijo: «Si alguno tiene sed, venga a mí y beba» (Jn. 7:37). «Si alguno comiere de este pan [refiriéndose a sí mismo], vivirá para siempre» (Jn. 6:51). «Venid a mí todos los que estáis trabajados y cargados, y yo os haré descansar» (Mt. 11:28). «El que me sigue, no andará en tinieblas, sino que tendrá la luz de la vida» (Jn. 8:12). Todas las necesidades del corazón humano quedan satisfechas en Él.

El Nuevo Testamento ha de ser el canal por el cual el Espíritu Santo hace que el Jesucristo viviente sea real en nuestros corazones. Como vimos en el capítulo anterior, la carta del Nuevo Testamento a los Hebreos comienza con la siguiente declaración: «Dios, habiendo hablado muchas veces y de muchas maneras en otro tiempo a los padres por los profetas». En otras palabras, el Antiguo Testamento nos ha dado un mensaje incompleto; no es la última palabra. «En estos postreros días» —continúa el pasaje—, «[Dios] nos ha hablado por el Hijo». El Nuevo Testamento es la respuesta a todo el anhelo que el Antiguo Testamento despierta dentro de nosotros.

Otro versículo en Hebreos resume todo el Nuevo Testamento en una breve frase. En Hebreos 2, el autor declara que toda la tierra había de estar sujeta a la humanidad, y que Dios le dio a la raza humana el dominio sobre ella. Leemos en el versículo 8:

> *Porque en cuanto le sujetó todas las cosas, nada dejó que no sea sujeto a Él; pero todavía no vemos que todas las cosas le sean sujetas.*

Esta es una evaluación precisa de la situación actual. Al mirar a nuestro alrededor, todavía no vemos que haya muchas cosas sujetas a la humanidad. Este es el problema, ¿no es cierto? ¿Por qué las cosas no funcionan de la manera que deben? ¿Por qué siempre hay un problema? ¿Por qué es que incluso nuestros sueños más preciados, cuando se realizan, nunca son tan gloriosos como lo esperábamos? Porque «todavía no vemos que todas las cosas le sean sujetas». El sello de la rebelión y de la vanidad está impreso en todo lo que tocamos. Esta es la situación actual. Pero el autor continúa:

> *Pero vemos a [...] Jesús (He. 2:9).*

¡Ahí está la respuesta! ¡Pero vemos a Jesús! Ese es el Nuevo Testamento, el resumen de Su mensaje a nuestros corazones. Todavía no lo vemos todo en sujeción, pero la historia no ha terminado; no se ha contado todo. Lo que sí vemos es a Aquel que lo hará posible. Vemos a Jesús. Y en el Nuevo Testamento, Él sobresale en cada página.

Las divisiones del Nuevo Testamento

Cada división del Nuevo Testamento está diseñada particularmente para presentar al Señor Jesucristo como la respuesta a las necesidades de nuestras vidas.

Los Evangelios

Los Evangelios son la sección biográfica del Nuevo Testamento. Allí aprendemos quién es Jesús y qué hizo. Según los Evangelios, ¿quién es Jesús? Es el Hijo de Dios hecho humano por nosotros. ¿Qué hizo Él por nosotros? Se sometió para ser sacrificado en la cruz. La tumba no lo pudo retener ante el poder de la resurrección. Nos salvó del castigo por nuestros pecados. En los Evangelios, descubrimos el poderoso secreto de que el Hijo de Dios se manifestó entre los hombres, secreto que no es nada menos que el principio más radical jamás revelado. No dudo en ponerlo en estos términos tan fuertes.

Hubo una época cuando, en mi más total ignorancia al graduarme del seminario, ¡pensé que casi no valía la pena leer los Evangelios! Había escuchado que simplemente eran la historia de la vida de Jesús. Sabía que había algo de valor en ellos, pero creía que las epístolas de Pablo eran lo más importante del Nuevo Testamento. De hecho, algunos de mis profesores en el seminario reforzaron esta idea de manera insensata, y me enseñaron a centrar mi atención casi exclusivamente en las epístolas. Aseguraban que, si las comprendía, sería completo y perfecto, y que asombraría a todos, incluso a mí mismo.

Con el tiempo, me di cuenta de que no podía entenderlas sin los Evangelios. Los necesitaba *desesperadamente*. Por eso, cuando me volví a ellos, leí la vida de Jesucristo y lo vi representado en esas cuatro magníficas dimensiones, finalmente descubrí el secreto que ha transformado mi vida y mi ministerio. La declaración más radical y revolucionaria que jamás se le haya presentado a la mente humana está revelada en la vida de Jesucristo, según se registra en los Evangelios. Jesús mismo lo declaró una y otra vez de varias maneras.

Por ejemplo, Él dijo: «Y yo vivo por el Padre, asimismo el que me come, él también vivirá por mí» (Jn. 6:57). Esta declaración explica la vida de Cristo: los milagros que obró, las palabras que dijo, el poder que desplegó entre los seres humanos. Es la explicación de todo lo que logró, *hasta llegar a la cruz y la resurrección, y lo que experimentó en ellas.*

El libro de Hechos

Hechos nos relata los inicios de la Iglesia. Y esta no es nada más ni nada menos que el cuerpo de Jesucristo hoy. Por medio de ella, Él quiere seguir siendo quien es y haciendo lo que hizo. Entregó sin reservas Su vida física para, a su vez, poder derramarla sobre un cuerpo de personas que esparcirían dicha vida por todo el planeta. El libro de Hechos no es sino el relato sencillo y franco de cómo comenzó este cuerpo de creyentes, cómo fue llenado por el Espíritu Santo y cómo empezó a extenderse desde Jerusalén, hacia Judea y Samaria, y mucho más allá, hasta los confines de la tierra, para presentar la gloria de la vida del Hijo de Dios.

El ministerio que perteneció a Jesús durante Su vida terrenal ahora pertenece a Su cuerpo, el cuerpo de creyentes. Es nuestra tarea, como Sus seguidores, abrir los ojos a los ciegos, dar libertad a los cautivos, consolar a los que necesitan consuelo y ser canales del poder de Dios que cambia y transforma las vidas de hombres y mujeres en todo lugar.

Las Epístolas

Las epístolas son una serie de cartas escritas a personas e iglesias en un lenguaje directo y sencillo, que transmiten profundas verdades prácticas para la vida cristiana. Son asombrosamente reveladoras porque, como usted sabe, nada es tan revelador como una carta personal. Si yo quisiera saber cómo son las personas sin realmente tener que sentarme con ellas y hablarles cara a cara, podría tratar de conseguir algunas de sus cartas. Estas son cartas escritas por seres humanos y, mediante inspiración directa, por Dios. En ellas encontramos reveladas las personalidades, tanto de sus autores humanos como de su Autor divino.

Las epístolas representan una gama maravillosamente variada de puntos de vista. Encontramos la verdad de Dios que emerge a través de las personalidades de sus autores humanos. Ahí está Pedro el pescador, siempre echando su red en busca del alma humana. Tenemos a Pablo, el fabricante de tiendas y fundador de iglesias, siempre echando los cimientos y construyendo. Ahí está Juan, el que remienda las redes; eso hacía cuando Cristo lo encontró por primera vez. Y el ministerio de Juan es reparar, restaurar y llevarnos de vuelta al patrón original de Dios.

En las cartas del Nuevo Testamento, descubrimos los elementos básicos de la vida cristiana y aprendemos cómo permitir que Jesucristo viva Su vida a través de nosotros. Casi todas estas cartas están compuestas según el mismo patrón sencillo. La primera parte es doctrinal, la segunda es práctica. La primera presenta una verdad, la segunda aplica dicha verdad a la vida real.

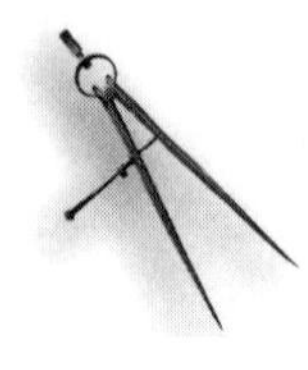

La verdad debe aplicarse. La revelación debe hacerse relevante y real. Como lo dijo el Señor Jesús: «y conoceréis la verdad, y la verdad os hará libres» (Jn. 8:32). Podemos leer nuestras Biblias durante años y años, y, aun así, permanecer sin ser cambiados ni afectados por esas magníficas verdades, hasta que comencemos a aprender quién es Él y qué hace, para luego aplicarlo específicamente en nuestras vidas y corazones.

Me di cuenta de esto, vívidamente, hace unos cuantos años en una conferencia de pastores. Muchos laicos creen que, si hay alguien que ejemplifique cómo debe ser la vida cristiana, esa persona debe ser el pastor. La consecuencia lógica es que, si se reúne a un grupo de pastores, ¡prácticamente sería el cielo en la tierra! ¡Permítame decirle que no es así en absoluto! En esa conferencia, como en muchas otras a las que asistí, encontramos personas desalentadas, confundidas y con el alma enferma. En muchos casos, hallaremos personas tan heridas y derrotadas que su fe está pendiendo de un hilo.

Uno de los oradores en aquella conferencia dio un excelente mensaje sobre la declaración de Pablo en 1 Corintios 2:16: «Tenemos la mente de Cristo». Luego tuvimos una reunión de oración. Para mi total sorpresa y asombro, uno tras otro, los pastores oraban así: «Oh, Dios, ¡danos la mente de Cristo! ¡Oh, si tan sólo pudiéramos tener la mente de Cristo!».

Ahora bien, ¿qué dicen las Escrituras? «Tenemos la mente de Cristo». ¿Qué tipo de fe es la que ora, «dame la mente de Cristo»? Continuamente, los cristianos ignoramos y malinterpretamos todas las maravillosas promesas de las Escrituras, ¡porque no creemos lo que dicen! ¡Siempre le estamos pidiendo a Dios cosas que Él ya nos ha concedido! El Señor está siempre instándonos y diciéndonos: «Sírvete». Pero nos quedamos allí y decimos: «¡Ah, cuánto podría hacer si ya tuviera esto o aquello!».

Mi oración es que, al aventurarnos juntos en el conocimiento de estas epístolas, escuchemos cuidadosamente las verdades claras y directas que allí se presentan, y que las tomemos y hagamos relevantes y reales en nuestras vidas.

El libro de Apocalipsis

Finalmente, el libro de Apocalipsis: Este es el único libro en el Nuevo Testamento que trata completamente acerca de una profecía. Aquí, en forma de visión, Dios no sólo nos revela una pizarra de los eventos futuros, sino la realidad de *quién es Él ahora y en los siglos por venir.* En este libro, leemos y comprendemos la magnífica historia de cómo los reinos de este mundo se convertirán en los reinos de nuestro Señor y de Su Cristo, cómo reinará por los siglos de los siglos y cómo el secreto revelado en los Evangelios (que un Dios ha de morar dentro de la raza humana) permite que una gran multitud de toda tribu y nación sobre la tierra triunfe sobre el pecado, la muerte y el infierno.

Paz, dulce paz

El mensaje del Nuevo Testamento es fundamentalmente simple. Es el mismo mensaje que Pablo declara de manera tan sencilla y elocuente en Colosenses 1:27: «Cristo en vosotros, la esperanza de gloria». No tenemos esperanza alguna si no tenemos esto. Si Cristo no está activo en nosotros y no hemos comenzado ya a experimentar el misterio de Su vida en nuestro propio andar, entonces (1) no somos cristianos, y (2) no tenemos esperanza —ninguna esperanza de gloria, ninguna esperanza de cumplimiento, ninguna esperanza de gozo, ninguna esperanza de vida eterna—, ¡nada, cero, absolutamente nada! Pero, gracias a Dios y a Su Hijo Jesucristo, ¡poseemos la más grande esperanza imaginable!

El autor de himnos, Edgard H. Bickersteth lo describe de una manera muy bella: «Paz, dulce paz». Pero no podemos captar el mensaje de este himno a menos que notemos su puntuación, pues tiene una estructura bastante peculiar. Hay dos líneas en cada verso: la primera expresa una inquietud; la segunda responde a ella. Todas conciernen a la vida en este momento, y las respuestas son aspectos de «Cristo en vosotros».

Inquietud: «Paz, dulce paz, que brota de la cruz».

Respuesta: «Nos brinda paz la sangre de Jesús».

Inquietud: «Paz, dulce paz».

Respuesta: «Hacer la voluntad de Cristo en nuestra vida nos trae paz».

Inquietud: «Paz, dulce paz: ¿hay penas y dolor?».

Respuesta: «Descanso y paz tendréis en el Señor».

Inquietud: «Paz, dulce paz: en la separación».

Respuesta: «La paz de Cristo da consolación».

Inquietud: «Paz, dulce paz ¿hay muerte en derredor?».

Respuesta: «Jesús venció la muerte y su terror».

Inquietud: «Paz, dulce paz: en cuanto al porvenir».

Respuesta: «Nos guía Cristo y guarda hasta el morir».

Inquietud: «Paz, dulce paz: confiemos en Jesús».

Respuesta: «El nos dará celeste paz y luz».

Estas son las inquietudes que desesperan a la raza humana, enferma de pecado y atormentada de dolor. Y estas son las respuestas que se encuentran en el Nuevo Testamento; ¡y notemos que cada una de ellas se centra en el nombre de Jesús! Él es el centro del Nuevo Testamento. Él es la respuesta a todas nuestras necesidades.

La Biblia en sí es un simple instrumento, y su propósito es señalarnos a la persona viva de Jesucristo

La Biblia en sí es un simple instrumento, y su propósito es señalarnos a la persona viva de Cristo. Él es Aquel cuya imagen está incrustada en cada página de la Biblia. El Nuevo Testamento se escribió a fin de que lo podamos ver a Él: «Cristo en vosotros, la esperanza de gloria». Todavía no vemos todo sujeto a Él, pero en las páginas del Nuevo Testamento, *vemos a Jesús.*

Segunda Parte

LOS CINCO PASOS HACIA LA MADUREZ

LOS CINCO PASOS HACIA LA MADUREZ

Los judíos llaman a los primeros cinco libros de la Biblia «la ley» o (en hebreo) la «Torá». En griego, se llama el «Pentateuco», de *penta* (cinco) y *teucos* (rollos). A pesar de las teorías de la denominada alta crítica de que el Pentateuco es un mosaico poco fidedigno compuesto por diferentes autores-editores a lo largo de cientos de años, hay muchas evidencias que apoyan la creencia tradicional de que Moisés fue el autor de estos libros. Estos cinco libros demuestran una unidad de tema, contenido y estilo que sugiere que son obra de una sola mano.

Puede que los capítulos iniciales de Génesis se le hayan dado a Moisés en una visión o le hayan llegado en forma de tradiciones orales. Y el capítulo final de Deuteronomio, el cual registra su muerte y sepultura, bien puede ser obra de su sucesor, Josué, porque fluye a la perfección hacia el libro de Josué y establece una continuidad estilística y temática con el resto del Antiguo Testamento. La grandeza y el amplio alcance del Pentateuco, unidos a su sencilla y digna narración de la historia de la humanidad y de los inicios del pueblo judío, exponen un persuasivo argumento a favor de la creencia en la autoría mosaica de estos cinco libros.

Los libros del Pentateuco y sus temas principales son:

Génesis

Génesis. La palabra *génesis* significa «el principio» y este libro brinda los cimientos para todo lo que ha de seguir, tanto en el Antiguo como en el Nuevo Testamento. Los capítulos 1 y 2 establecen los orígenes del mundo. Los capítulos 3 al 5 determinan los orígenes del género humano y de la condición del hombre, el problema de nuestra raza llamado pecado. Aquí vemos nuestra grandeza como criaturas hechas a la imagen y semejanza de Dios, y nuestra tragedia y desesperación como criaturas caídas y pecaminosas que usaron la capacidad del libre albedrío que Dios nos dio para rebelarse contra Él. Los primeros seis capítulos de Génesis se centran en tres eventos que primero *forman* y luego *sacuden* los cimientos mismos del mundo:

1. La creación
2. La caída del hombre
3. El diluvio

En el capítulo 6, el enfoque de Génesis se traslada de tres eventos principales a cinco personas principales. Estas no aparecen ante nosotros como figuras históricas e indefinidas del pasado, sino como personalidades que están vivas, que respiran y que son de carne y hueso, con quienes todos nos podemos identificar. Este maravilloso relato conserva de manera precisa para nosotros, no sólo los hechos de sus vidas, sino también el color, la profundidad y el matiz de la vida misma de aquella época. Estas personas son:

1. Noé
2. Abraham
3. Isaac
4. Jacob
5. José

Éxodo

Éxodo. Al final de Génesis, la familia de Jacob (Israel) se ha trasladado a Egipto, donde el hijo de Jacob, José, ha llegado a una posición de preeminencia y poder. Pero, cuando comienza Éxodo, ya han pasado cuatro siglos y los hijos de Israel gimen en la esclavitud bajo un nuevo y cruel faraón egipcio. Con este libro, el enfoque va hacia Moisés. Éxodo narra la historia de la lucha de voluntades entre Moisés y el faraón egipcio, la redención de Israel en la Pascua, la huida de los israelitas a través de las aguas divididas del Mar Rojo y el viaje al Monte Sinaí, donde Dios entrega la ley del pacto a la nación judía. La historia de Éxodo es la historia de la liberación de Israel.

Levítico

Levítico. Ahora que el pueblo de Israel ha sido liberado, debe aprender a vivir como el pueblo elegido de Dios. En Levítico, el Señor le da a Israel un conjunto de reglas, instrucciones, ritos purificadores y sacrificios expiatorios para separar a Su pueblo para una vida santa. El enfoque de Levítico es la adoración, la santificación y la obediencia.

Números

Números. Una vez santificado, el pueblo de Israel está listo para entrar a la tierra prometida... ¿lo está? Casi a punto de recibir la herencia, su fe flaquea y su obediencia falla. Incluso Moisés, el siervo de Dios, fracasa y peca. Así que, Dios juzga y disciplina a Su pueblo, y lo sentencia a vagar en el desierto por cuarenta años, hasta que la generación incrédula y desobediente muriera y surgiera una nueva generación, una generación de personas que, supuestamente, hubiera aprendido del error de sus padres. Esta generación llega a Moab, la puerta de entrada a la tierra prometida, y allí Dios da a Su pueblo instrucciones en cuanto a la manera de vivir como herederos de esta nueva tierra.

Deuteronomio

Deuteronomio. Al final de su vida, Moisés le pasa la batuta a su discípulo y sucesor, Josué, y da un mensaje de despedida para el pueblo. En esencia, es un sermón en el que hace que el pueblo recuerde la justicia y la fidelidad de Dios en el pasado, y señala los desafíos del futuro. Él ha dirigido y amado a los hijos de Israel, pero ellos también han sido una fuente de gran decepción, dolor e ira para él. Pero son su pueblo, y son el pueblo de Dios, así que los bendice. Luego, desde la cima del Monte Nebo, ve el horizonte de Canaán, la tierra prometida. Finalmente, Moisés muere y es sepultado en la tierra de Moab, y Josué asume el mando de la nación de Israel.

Leer con visión

Con ese trasfondo de los primeros cinco libros de la Biblia, volvamos a nuestra premisa básica: El propósito de la revelación de Dios en las Escrituras es estimular nuestro crecimiento y hacernos más maduros y completos en Cristo. La Biblia cumple su objetivo, tanto en su vida como en la mía. Si la Palabra de Dios no produce madurez en nuestras vidas, entonces, hasta donde nos concierne, se está desperdiciando. Su razón de ser es convertirnos en instrumentos efectivos de la gracia y la voluntad de Dios, «para que ya no seamos niños fluctuantes, llevados por doquiera de todo viento de doctrina».

Comenzamos bien en Génesis, pero luego quedamos empantanados en Levítico

Está claro que, si estos libros han de producir madurez y equilibrio en nuestra forma de vivir, debemos incorporarlos a nuestras vidas; debemos leerlos y sumergirnos en ellos. Pero ¿cuántos, en realidad, nos hemos sentado a leer y estudiar estos libros? ¿Cuántos los han terminado?

Ah, frecuentemente arrancamos muy bien en Génesis, con su majestuosa historia de la creación y sus dramáticas narraciones acerca de las fascinantes vidas de los patriarcas. Luego, avanzamos hacia Éxodo y quedamos absortos en el tenso drama que se desarrolla entre Moisés y Faraón. Pero luego entramos a Levítico con sus extraños requerimientos legales, y nos quedamos empantanados. Nunca terminamos del todo con este libro, para entonces continuar con Números y Deuteronomio, y mucho menos con Josué.

Esto me recuerda una caricatura que una vez vi en una revista al poco tiempo de haberse estrenado la película *Los Diez Mandamientos,* en la que Charlton Heston interpreta a Moisés. En la caricatura, dos mujeres están pasando por un cine. La marquesina dice: «Hoy: Los Diez Mandamientos». Una le dice a la otra: «Ah, sí, he visto la película, pero no he leído el libro». La mayoría de nosotros nos encontramos en esa categoría. Hemos visto muchísimas de las versiones de Hollywood de las Escrituras, pero parece que jamás llegamos a leer los libros.

Quedamos empantanados porque leemos sin visión

¿Por qué quedamos empantanados? No es porque el Pentateuco no sea instructivo o de ayuda. En muchos aspectos, se trata de la parte más útil de la Biblia. Mi propia vida cristiana se ha fortalecido muchísimo más al leer el Pentateuco que cualquier otra porción de las Escrituras. Creo que la razón por la que muchos de nosotros nos quedamos empantanados en estos libros es porque los leemos sin visión. No sabemos por qué lo hacemos; no sabemos qué esperar de ellos; no sabemos qué buscar. Leemos el texto como una simple narración que algunas veces es interesante y otras confusa, y no exploramos el texto para descubrir qué quiere Dios y cómo quiere aplicar sus verdades a nuestra vida diaria.

Al leer estos libros con visión y adquirir una perspectiva panorámica, seremos capaces de ver toda la extensión, el alcance y el contundente impacto del mensaje de Dios

Algunos secretos asombrosos y maravillosos se encuentran plasmados en estos libros. Por eso, en este estudio, estamos tomando la vista desde la cima, desde lo alto, escudriñando la distribución de la tierra del Pentateuco. Aunque también es importante y gratificante estudiarlos con mucho detalle, es fácil pasar por alto la idea central de este pasaje al abordarlo versículo por versículo. Al leer estos libros con visión y adquirir una perspectiva panorámica, seremos capaces de ver toda la extensión, el alcance y el contundente impacto del mensaje de Dios para nosotros en el Pentateuco, para que Su Palabra produzca su obra maduradora en nuestras vidas.

El libro de los inicios

Comenzamos con Génesis. Comparemos la palabra *génesis* con la palabra *gen*. Un gen es un diminuto, pero complicado, componente químico de un cromosoma; inicia y determina el desarrollo físico de una vida en particular. Génesis es algo muy parecido a eso. Es sólo 1/66 de toda la Biblia, sencillo, subestimado e incluso humilde en su estilo, y sin embargo, rico y complejo en cuanto a su verdad y profunda comprensión de la condición humana. Principia y establece el tono de toda la historia de la Biblia. Explica por qué los seres humanos necesitan un Salvador y, ya desde Génesis 3:15, sugiere que un día el linaje de Adán y Eva generará un Salvador que le aplastará la cabeza a Satanás. Génesis es nuestro fundamento bíblico: sin él no podemos entender totalmente el resto de la Biblia.

Génesis es la historia del principio de nuestro universo, el principio de la raza humana, el principio del pecado, el principio de la civilización; y es un registro fascinante de los orígenes del mundo físico que nos rodea. La Biblia comienza con una majestuosa, imponente y profunda declaración:

En el principio creó Dios los cielos y la tierra (Gn. 1:1).

Así, la Biblia comienza enfrentando una de los más grandes interrogantes de nuestra existencia: el misterio del universo. No es de sorprender que este sea el mismo tema de la ciencia y la filosofía actuales. Nuestros más grandes artistas, autores y cineastas exploran este tema. Es un asunto que frecuentemente se vuelve a tocar en programas de televisión, desde la serie Cosmos, de Carl Sagan, hasta las diversas encarnaciones de Viaje a las Estrellas, de Gene Roddenberry. Es aquí, en el mismísimo meollo de una de las preguntas más fascinantes de nuestra experiencia humana, donde comienza la Biblia. Y lo hace con esas grandiosas y sublimes palabras: «En el principio».

La creación

Génesis prosigue hablándonos acerca de nosotros mismos. Dice que los seres humanos somos criaturas asombrosas que fuimos hechas para ser un reflejo de la mente de Dios, una expresión del amor de Dios y el instrumento del plan de Dios. En los primeros capítulos de Génesis se ve a la raza humana en una maravillosa relación de fe, amor y comunión con Dios. Adán, el primer hombre, camina en comunión con Él, como nos lo dice Génesis 3:8, en el huerto, «al aire del día». Traducido correctamente, este versículo debería decir que Dios caminaba en el huerto «al espíritu del día»; es decir, en un espíritu de comprensión y comunión con Adán. Aquí no se nos da sino una breve visión de la intención de Dios para la humanidad.

La caída

Inmediatamente, esta dulce comunión queda destrozada con la historia de la caída. Comenzando en el tercer capítulo de Génesis, tenemos el registro de la tragedia de la desobediencia y la incredulidad. La Palabra de Dios nos confronta de inmediato con el terrible error de la fe en el concepto equivocado: la terrible destrucción que llega a nuestras vidas cuando, con ceguera y terca ignorancia, colocamos nuestra fe en el error. Nos muestra que estamos hechos para ser criaturas de fe. Entonces, he aquí la historia del fracaso y la caída del ser humano.

El diluvio

Le sigue de inmediato la historia del fracaso de la primera creación y su destrucción final en el diluvio. El resto de Génesis muestra a Dios presentando a personas necesitadas. Es la historia de Abraham, Isaac, Jacob y José. Estos son hombres que experimentaron tremendos fracasos, profundas heridas y grandes éxitos. Sus vidas son lecciones para mostrar la desesperada necesidad de cada persona. Podemos pensar en ellos como cuatro tipos representativos de la personalidad. Uno de ellos es como usted.

Abraham

La historia de Abraham habla de la necesidad de un proveedor. He aquí un hombre que siempre necesitó que alguien viniera y le entregara algo que a él le hacía falta. Siempre estaba necesitado. El dicho moderno es: «Un día atrasado y una moneda menos». Esa es la historia de la vida de Abraham. Siempre tenía necesidades. Es la historia de un hombre cuya necesidad Dios siempre suplía.

Isaac

Isaac era un hombre que tenía otro tipo de carencia. A él nunca le faltó nada. No hay registros de épocas de hambre en la vida de Isaac. Pero tenía necesidad de que alguien lo animase. Le encantaba simplemente estar sentado. Necesitaba a alguien que lo motivara. Así que, Dios tenía que empujarlo repetidamente para hacer que avanzara hacia donde Él quería que estuviera. La mayoría de nosotros necesita este tipo de estímulo de vez en cuando... ¡o tal vez constantemente!

Jacob

Jacob era un hombre al que siempre le hacía falta un guardaespaldas, un protector. Se metía en problemas constantemente. A lo largo de toda su vida, siempre necesitaba que alguien viniera y lo rescatara de su último aprieto.

José

Luego tenemos la maravillosa historia de José. ¡Cuán diferente era él de Abraham, Isaac o Jacob! ¡Tan humano, tan real y, sin embargo, tan admirable! Pero la historia de su vida también es una historia de necesidad: la necesidad de un libertador; no por causa de su propio fracaso, falla o pecado. ¡De hecho, muchos de sus problemas parecen ser causados por su integridad y su compromiso para vivir rectamente delante de Dios! La suya es la historia de cómo Dios lo libraba continuamente, y es la que cierra el libro de Génesis con estas palabras: «...en un ataúd en Egipto».

Incluso después de su muerte, José tiene necesidad de una última liberación. Sus huesos yacen en un ataúd en Egipto y, al final, necesita que sus restos mortales sean sacados de aquel país y llevados a la tierra prometida. He aquí un símbolo de la necesidad del pueblo de Dios de ser liberado de Egipto y llevado a la tierra de la promesa. También es un símbolo de cada uno de nosotros como creyentes en Cristo, pues nuestra esperanza final es hacer que nuestra mortalidad sea rescatada de la corrupción y llevada a la tierra eterna que Dios nos ha prometido. Ahora, desde esta visión panorámica de Génesis, se ve claramente que toda la historia de este libro es un mensaje acerca de la profunda necesidad de la raza humana, la necesidad que usted y yo tenemos.

El libro de la redención

Luego llegamos a Éxodo, la historia de la respuesta de Dios a la necesidad humana. Es la maravillosa lección de la redención divina. Todo el libro gira alrededor de cuatro incidentes principales: la Pascua, el cruce del Mar Rojo, la entrega de la ley en el Monte Sinaí y la construcción del tabernáculo. Los dos primeros, la Pascua y el cruce del mar, simbolizan el perdón y la libertad que Dios da. Aquí aprendemos que ambos son un regalo que viene totalmente de Él. No tenemos poder alguno para obtener libertad o perdón por nuestros propios esfuerzos.

La Pascua

La primera parte del libro es la historia de cómo actuó Dios para liberar a Su pueblo. Dispuso los maravillosos encuentros de Moisés con Faraón y también los grandes milagros que culminaron con el paso del ángel de la muerte por el país mientras Él protegía a Su pueblo del juicio, según se celebra en la fiesta de la Pascua. He aquí un cuadro de Dios obrando, liberando a Su pueblo. Ellos no hicieron nada. Eran incapaces de liberarse a sí mismos. Alguien debía darles la libertad.

El Mar Rojo

El cruce del Mar Rojo es la historia de la milagrosa intervención de Dios para liberar a Su pueblo de la esclavitud. Al igual que un creyente que pasa por las aguas del bautismo, el pueblo de Israel entró en una nueva relación al pasar por las aguas del Mar Rojo, y caminar en la sombra misma de la muerte, un valle entre dos muros de agua listos para ahogar cualquier cosa a su paso, en el momento en que se retirara la mano de Dios que los sujetaba. Cuando los israelitas salieron por la lejana orilla, ya no eran simplemente una turba de personas; ahora, por primera vez, eran una nación sujeta a Dios.

El Monte Sinaí

¿Qué encontraron al otro lado del Mar Rojo? El Monte Sinaí y la entrega de la ley. Lo que se quiere explicar es claro: Cuando, como seres humanos, se nos liberta de la esclavitud (ya sea de un gobierno opresivo o de la opresión del pecado), quedamos bajo el control de otra persona. La entrega de la ley es una expresión del señorío de Dios. El mensaje de Éxodo es que ha comenzado una nueva relación, hay un nuevo propietario. En el Nuevo Testamento, Pablo expresa brevemente el mensaje fundamental de Éxodo:

> *No sois vuestros {...}. Porque habéis sido comprados por precio (1 Co. 6:19-20).*

El tabernáculo

Así como la Pascua y el cruce del Mar Rojo van juntos en la vida del pueblo de Dios, también la entrega de la ley y la construcción del tabernáculo son inseparables. El modelo para el tabernáculo le fue dado a Moisés en el Monte Sinaí junto con la ley.

Dios diseñó el tabernáculo para estar en el centro del campamento de Israel. Y sobre todo el campamento se encontraba la gran nube de día y el pilar de fuego en la noche. Esta nube/fuego daba evidencia de la presencia de Dios que moraba entre Su pueblo. Pero el pueblo podía experimentar Su presencia sólo por medio de un intrincado sistema de sacrificios y rituales diseñado para centrar la fe y limpiar la vida.

La construcción del tabernáculo estuvo acompañada de un elaborado conjunto de símbolos y una rígida estructura de reglas para su uso. Los símbolos nos enseñan que Dios es absolutamente santo e inmutable. El tabernáculo en sí es un cuadro del deseo permanente de Dios de morar con Su pueblo.

El libro de la instrucción

Después llegamos a Levítico: el libro del Pentateuco donde es probable que nos quedemos empantanados. Es un libro de instrucción diseñado para poner la santidad de Dios a disposición de las personas para que ellas puedan estar disponibles para Dios. El tema es el acceso a Dios.

El tabernáculo

Levítico comienza con la historia del tabernáculo, ese maravilloso edificio donde la presencia de Dios moraba entre el pueblo de Israel. Si hubiésemos podido escalar a la cima de una montaña y mirar todo el desierto donde acampaban las doce tribus de Israel, habría sido extraño y maravilloso ver a esta vasta asamblea extenderse sobre las llanuras en perfecto orden y simetría, con cada una de las doce tribus en el lugar asignado. Al bajar de la montaña y entrar en el campamento, pasaríamos junto a miles de israelitas hasta llegar al atrio exterior del tabernáculo.

Entrando por la gran puerta abierta del tabernáculo, atravesaríamos el altar de los sacrificios y la fuente de bronce (el lavacro), y llegaríamos a la puerta del tabernáculo mismo. Atravesando el misterioso y maravilloso velo exterior, accederíamos al Lugar Santo, donde estaban los panes de la proposición, el altar de incienso y el gran candelero de oro. Más allá estaba el velo interior y, detrás de él —si nos atrevíamos a entrar—, encontraríamos el Lugar Santísimo. Lo único que había allí era el arca del pacto.

El arca del pacto

El arca misteriosa, que inspiraba temor y reverencia, era la morada de Dios, con el propiciatorio sobre ella y los dos querubines que la cubrían con sus alas. Allí también, de una manera maravillosa, brillaba la luz de la shekiná, la gloria de Dios. Era un lugar de suma santidad y, por lo tanto, de profunda reverencia para aquel cuyo corazón no fuera 100% puro y recto. El único que se atrevía a entrar en el Lugar Santísimo y acercarse al arca era el sumo sacerdote —y eso sólo una vez al año con la sangre del chivo expiatorio. La tarea del sumo sacerdote era hacer expiación por los pecados de todo el pueblo. Esta es una ilustración de la presencia de Dios en medio de Su pueblo, que demuestra cómo podían tener comunión con Él.

Tres principios de gran envergadura están plasmados en el libro de Levítico: (1) nuestra necesidad de ser representados delante de Dios; (2) la suficiencia del Señor para librarnos de nuestros pecados; y (3) nuestra fe en Él demostrada en la obediencia. Examinemos cada uno de estos principios.

1. *Representación.* El israelita común no tenía derecho a entrar en el Lugar Santísimo. Sólo el sacerdote podía entrar y, cuando lo hacía, representaba a toda la nación. Por medio de dicha representación, la nación comenzó a entender el maravilloso principio de apropiarse del valor de la obra hecha por otra persona. Después de todo, esto es exactamente lo que se nos pide hacer hoy, ¿no es así? Que creamos que Cristo —nuestro representante— murió por nosotros y que nosotros morimos junto con Él. Aquí vemos el valor preparatorio del Antiguo Testamento. Aquí, en la mitad del Pentateuco, Dios está instruyendo al pueblo de Israel sobre su necesidad de tener un representante para ser perdonado y aceptado por Dios.

2. *La suficiencia de Dios.* Levítico comienza con la institución de cinco ofrendas; cada una de ellas habla acerca de Jesucristo y Su muerte por nosotros, y muestra cómo quedará plenamente satisfecha una necesidad básica de la vida humana con lo que Cristo haría posteriormente en el Nuevo Testamento. Estas cinco ofrendas juntas nos muestran que jamás encontraremos nada que Dios ya no haya resuelto. Él es suficiente para todas nuestras necesidades, incluso nuestra necesidad de liberación de la esclavitud del pecado y de la muerte.

3. *Nuestra obediencia.* La defensa que Jesús hace por nosotros ante Dios, y Su suficiencia para cada necesidad de la vida se expresan por medio de nuestra obediencia. La obediencia es la fe en acción, la fe en movimiento, la fe actuando sobre la premisa de que las promesas de Dios son ciertas y Sus mandamientos buenos y justos.

Levítico es el libro de instrucción del Antiguo Testamento y, en muchas maneras, es paralelo al libro de instrucción del Nuevo Testamento: Hebreos. Si usted quiere adentrarse en un estudio fascinante y esclarecedor de las Escrituras, le sugiero que lea Levítico y Hebreos juntos y compare las enseñanzas de estos dos libros instructivos.

El libro de la experiencia en el desierto

En Números llegamos al desierto del fracaso. La trágica historia de Números, que da vueltas y vueltas, comienza en Cades-barnea, justo al borde de la tierra prometida. Cuando llegamos al final del libro, otra vez estamos en el mismo lugar: Cades-barnea. En este libro no se hace ningún progreso en absoluto.

Las dos escenas en Cades-barnea están separadas por una brecha de cuarenta años de deambular en el desierto. La intención original de Dios para los hebreos era que pasaran 40 días entre la frontera de Egipto y el límite de la tierra prometida. Pero, debido a la incredulidad del pueblo, fueron sentenciados a 40 años de prueba, desesperación, murmuración, esterilidad, soledad, calor, arena achicharrante y pesar. ¡A lo largo de esos años, el pueblo de Israel repetidamente recordaba su cautiverio en Egipto y hablaba de su esclavitud como si fueran los buenos viejos tiempos! Si la esclavitud les parecía bien, podemos imaginarnos lo estériles y derrotados que debieron sentirse en el desierto.

Vemos la historia de los israelitas y la asombrosa y milagrosa liberación divina de este pueblo de sus tiranos egipcios en Éxodo; observamos la maravillosa y detallada instrucción que recibieron en Levítico; y luego tenemos que preguntarnos: «¿Por qué fracasaron tan miserablemente en Números?».

Personalmente, no puedo entenderlo, pero continuamente encuentro este fenómeno, no sólo en los demás, sino en mí mismo. ¿Cómo es que las personas pueden leer la Biblia durante años, ir a la escuela dominical, asistir a una iglesia bíblica, escuchar a los mejores maestros de las Escrituras, asistir a un estudio bíblico semanal, y luego comportarse como si no hubiesen aprendido nada en absoluto? Y, sin embargo, sucede.

En particular, recuerdo a una mujer que claramente tenía un gran conocimiento de la verdad bíblica. Había estudiado la Palabra por años y años, y podía responder preguntas que dejarían perplejos a muchos teólogos y eruditos bíblicos. Pero ella vivía en completa derrota. Su fe había desaparecido totalmente; su familia se estaba desintegrando; su comportamiento era inconsistente con toda la verdad bíblica que había absorbido a lo largo de los años.

Números es un registro del fracaso, pero es un testamento del amor y la paciencia de Dios

Lo mismo pasó con los israelitas en Números. Este libro es un registro del fracaso, y nos sirve de advertencia a usted y a mí. Pero también es un testamento del amor y la paciencia de Dios. Sí, Su pueblo lo entristeció, y sí, Él disciplinó a Israel, pero no porque los odiara ni porque quisiera destruirlos. Todavía quería llevar a esta raza de personas a la bella tierra que les había prometido. Así que, disciplinó a la generación infiel e, incluso en su deambular, en su ingratitud, en sus quejas, proveyó a este pueblo de amor y cuidado paternales.

Quienes nos encontramos en un desierto de derrota después de un periodo de desobediencia debemos animarnos y prestar atención a las lecciones del Pentateuco. Dios disciplina a los que ama, pero también perdona, provee y restaura. Aunque Números es un libro de fracasos, sabemos que el éxito de Israel está más adelante. El libro termina con la nación israelita una vez más en Cades-barnea, a la entrada de Canaán; el desierto ha quedado atrás ahora, y la tierra prometida los espera.

El libro de la «segunda ley»

Finalmente llegamos a Deuteronomio. El nombre del libro significa «segunda ley», del griego *deuter* (segundo) y *nomas* (ley). Comienza con un mensaje de despedida por parte de Moisés. En primer lugar, es un mensaje retrospectivo, que revisa todo el amor y las bendiciones de Dios al pueblo. Segundo, es un recuento de la ley que Moisés ya le había entregado a Israel en Levítico. Tercero, es una revelación de las ricas bendiciones que el Señor tiene preparadas para aquellos que guardan la ley. ¿Por qué la ley se da por segunda vez en este libro?

En el Nuevo Testamento, el apóstol Pablo nos dice que la ley sirve a un propósito crucial en nuestras vidas: dice que «ha sido nuestro ayo, para llevarnos a Cristo, a fin de que fuésemos justificados por la fe» (Gá. 3:24). Cuando la ley dice «no» (codiciarás, hurtarás, matarás, cometerás adulterio), nos damos cuenta de nuestra sed interior de hacer estas cosas. Descubrimos nuestra rebeldía contra cualquier autoridad que dice, «no, no puede». Descubrimos la guerra que tiene lugar dentro de nosotros: queremos hacer lo correcto, pero somos impotentes para dejar de hacer lo malo. No somos santos ni rectos a los ojos de Dios. No podemos salvarnos a nosotros mismos; necesitamos desesperadamente un Salvador. Si la ley no derramara la luz brillante de la verdad sobre nuestro pecado, no reconoceríamos nuestra condición pecaminosa. La ley es nuestro maestro; un maestro estricto, severo, intransigente, sin compasión, sin misericordia. Nos empuja a los brazos de nuestro amado Salvador, Jesucristo.

La ley le fue dada a Israel por primera vez para decirle: «eres pecador». Le fue entregada por segunda vez para expresarle: «eres impotente». Dios quería que el pueblo de Israel reconociera su completa dependencia e impotencia.

La ley le fue dada a Israel por primera vez para decirle: «eres pecador». Le fue entregada por segunda vez para expresarle: «eres impotente»

Cuando la ley fue dada por primera vez en el Monte Sinaí, el pueblo respondió de manera confiada, incluso con petulancia: «Todo lo que Jehová ha dicho, haremos». Pero cuando le fue entregada por segunda vez en Cades-barnea, la respuesta fue más humilde, más sumisa, incluso más temerosa: «No tenemos, en nosotros mismos, lo que se requiere para hacer esto». Eso era lo que Dios quería escuchar: humildad y disposición a vivir en dependencia de una fuerza superior a la de ellos. Fue entonces que el pueblo estuvo listo para ser guiado a la tierra prometida.

¿Y quien había de guiarles? Es profundamente significativo que aquel que guiaría al pueblo de Israel a la tierra de la promesa fue un hombre llamado Josué. «Josué» es la forma hebrea de un nombre que conocemos bastante bien en griego: «Jesús». ¡Eso es! Josué en el Antiguo Testamento tenía el mismo nombre que Jesús en el Nuevo. El simbolismo es demasiado marcado y sencillo para malinterpretarlo.

Cuando llegamos al final de Deuteronomio, encontramos que, en definitiva, Dios ha preparado a Su pueblo para el propósito que tuvo desde el primer momento. Los cinco libros de Moisés fueron escritos para llevar al pueblo al mismo borde de la tierra de la promesa. Moisés no pudo introducirlos en ella. Él representa la ley. Como lo dice Pablo en Romanos 8:3: «Porque lo que era imposible para la ley, por cuanto era débil por la carne, Dios, enviando a su Hijo en semejanza de carne de pecado y a causa del pecado, condenó al pecado en la carne». Fue Josué quien guió a su pueblo a la tierra de la promesa física, y es Jesús [Josué] quien nos lleva a la tierra prometida eterna.

El número cinco

Este es, entonces, el Pentateuco en perspectiva panorámica. Estos cinco libros nos dan el modelo del programa de Dios. Encontraremos el modelo del Pentateuco acuñado casi en cada página de la Biblia: cinco pasos, cinco divisiones, una orden con cinco aspectos.

El libro de los Salmos contiene cinco divisiones, las cuales coinciden exactamente con este modelo. Lo mismo sucede con las cinco ofrendas dadas en Levítico, las cinco grandes fiestas que celebra Israel, y las cinco secciones en que se dividen tanto el Antiguo como el Nuevo Testamento. Alguien ha sugerido que tal vez Dios, queriendo que recordemos esto, nos dio cinco dedos en cada mano y cinco dedos en cada pie.

El modelo de Dios de cinco aspectos

El número cinco está acuñado en todas las Escrituras, y Dios siempre va a repetir este modelo. Este es el modelo de cinco aspectos que el Señor sigue en nuestras vidas:

1. Un reconocimiento de nuestra necesidad;
2. un cuadro de la actividad divina para satisfacer dicha necesidad, Su respuesta redentora;
3. la instrucción en cuanto a cómo vivir, cómo adorar, cómo acercarnos a Dios;
4. las consecuencias de nuestro fracaso e incredulidad;
5. la llegada a un lugar donde terminan nuestros esfuerzos personales, donde la ley otra vez anula nuestra independencia, y que nos lleva con impotencia y humildad de vuelta al Señor.

Es en esta quinta etapa donde Dios puede obrar de verdad. Es aquí donde decimos, «Señor, no puedo hacer nada solo». Y Dios dice: «Bien, es exactamente ahí donde quiero que estés. Ahora puedo usarte. Ahora puedo obrar a través de ti. Ahora puedo lograr mi propósito a través de ti».

Con el Pentateuco, tenemos la llave para abrir los profundos secretos de las Escrituras

Este es el Pentateuco. Sin él, los grandes temas del resto de la Biblia son incomprensibles y velados a nuestro entendimiento. Con él, tenemos la llave para abrir los profundos secretos de las Escrituras. Ahora que hemos adquirido una visión desde la órbita del Pentateuco, acerquémonos un poquito más y aventurémonos a entrar en cada uno de estos cinco libros asombrosos, uno por uno.

EL COMIENZO DE LA HISTORIA DE LA FE

Henry Ward Beecher fue un prominente ministro protestante de los Estados Unidos en el siglo XIX. Una vez lo visitó un amigo, el abogado Robert Ingersoll. La amistad entre Beecher e Ingersoll era extraña, ya que el abogado tenía la reputación, a nivel nacional, de ser agnóstico y un crítico mordaz de la Biblia. Pero Beecher jamás abandonó sus esfuerzos por convertir a su amigo incrédulo.

Durante una visita, Ingersoll le dijo a Beecher todo sobre un «maravilloso» libro nuevo que había leído acerca de Carlos Darwin, y cómo este explicaba que todo se había creado sin Dios.

—Bueno, y según tu Sr. Darwin, ¿de dónde vinieron los seres humanos?— preguntó Beecher.

—De los simios—, anunció Ingersoll con petulancia.

—Ah —dijo Beecher—, ¿y de dónde vinieron los simios?

—De animales más inferiores —respondió Ingersoll—. Y los animales más inferiores surgieron de formas aún más inferiores, y así sucesivamente, hasta que descendemos por toda la cadena de la vida y llegamos a las criaturas unicelulares que se formaron primero en los mares.

—¿Y de dónde vinieron los mares? —preguntó Beecher—. ¿Y el mundo mismo? ¿Y el sol, la luna y las estrellas?

Ingersoll extendió los brazos. —Simplemente aparecieron. No necesitamos que alguna deidad mítica nos explique esas cosas.

Posteriormente esa misma tarde, Beecher llevó a Ingersoll a su biblioteca para mostrarle algunos libros que acababa de comprar. Un globo terráqueo fabricado de manera exclusiva, que estaba sobre el escritorio de Beecher, capturó de inmediato la atención de su amigo, pues mostraba las estrellas y las constelaciones del cielo nocturno.

Ingersoll examinó el globo de cerca, tratando de encontrar el nombre del fabricante para poder comprarse uno. —Este es un globo maravilloso —dijo—. ¿Quién lo hizo?

—Pues, nadie —dijo Beecher, con una ligera sonrisa burlona—. Simplemente apareció.

El libro de Génesis, tal como veremos, no se preocupa mucho de cómo sucedieron las cosas, pero sí de quién las hizo aparecer. La estocada inicial del libro es osada e inequívoca: Las primeras cuatro palabras de Génesis dejan bien en claro que todo lo que existe tuvo un Autor divino:

En el principio creó Dios...

La incapacidad humana

En el capítulo anterior, escudriñamos el libro de Génesis (junto con los otros cuatro libros del Pentateuco) con una «perspectiva panorámica», para examinar sus trazos y contornos. En este capítulo, añadimos una lupa a nuestra cámara y nos acercamos con el teleobjetivo.

En la familiaridad con la Biblia, a veces no logramos considerar cuán antiguo es el libro de Génesis. Al filósofo-historiador griego Herodoto, quien vivió unos 300 años antes de Cristo, se le llama el padre de la historia. Él es el primer historiador cuyos escritos se han conservado hasta nuestros días. Sin embargo, Moisés, quien escribió los primeros cinco libros de nuestra Biblia, ya llevaba más de *mil años* en la tumba antes de que Herodoto siquiera hubiese visto la luz del día. Así de antiguo es Génesis.

Un libro antiguo

Este libro —el libro de los inicios— nos lleva de vuelta a los albores de la historia y, sin embargo, sus profundos conceptos son tan frescos y oportunos como las noticias de esta mañana. Génesis capta tanta riqueza, tanto drama y tanto entendimiento de la psicología humana que resulta fácil olvidarnos de lo increíblemente antiguo que es.

¿Con qué otros escritos de su tiempo podemos comparar Génesis? Si está familiarizado con los hallazgos arqueológicos, entonces usted sabe que las antiguas columnas, lozas y fragmentos de cerámica que se desenterraron a lo largo de los dos últimos siglos nos han dado una comprensión más profunda de la verdadera naturaleza de la vida en las civilizaciones antiguas. A partir de estas fuentes, no podemos encontrar escritos antiguos de otras culturas primitivas que se parezcan a Génesis en cuanto a lo vívido de su drama humano, la realidad de sus personajes humanos, o la riqueza de su lenguaje y descripción. Es un libro real acerca de personas reales que vivieron en un lugar y un tiempo también reales.

Un mensaje eterno

Pero Génesis no es sólo un compendio de historia; es un libro con un profundo mensaje que puede resumirse en una sola declaración: *Los seres humanos son incapaces sin Dios.* Este es el tema completo del libro y, como tal, da en el punto clave de toda la revelación subsiguiente de Dios. Es un mensaje personal, por cuanto vemos nuestras propias historias reflejadas en el argumento. Usted y yo jamás podemos estar completos sin Él, ni podremos descubrir ni concretar nunca el verdadero significado de la vida sin una auténtica relación personal con un Dios que more dentro de nosotros. Génesis nos revela nuestra incapacidad lejos de Dios en tres campos:

1. El campo de la *ciencia natural:* la cosmología (el estudio del universo, su origen y su composición), la geología (el estudio de la estructura y las características de la tierra), y la biología (el estudio de la vida en todas sus manifestaciones). Estas relaciones naturales circunscriben nuestro contacto con el mundo físico que nos rodea y, sin embargo, en ellos, se ve a los seres humanos como incapaces sin Dios.

2. El campo de las *relaciones humanas:* la sociología, la antropología, la psicología y la psiquiatría. Los inicios de todas ellas se encuentran en Génesis y, otra vez, la humanidad es presentada como incapaz de funcionar sin una relación con Dios.

3. El campo de las *relaciones espirituales:* la teología, la soteriología, la angelología y la filosofía. En todas estas áreas vitales, el libro de Génesis revela que usted y yo somos totalmente incapaces lejos de Dios. He aquí el bosquejo del libro de Génesis:

El mundo de la naturaleza (Génesis 1–2)

1. La creación	1:1–2:25
A. La creación del mundo	1:1–2:3
B. La creación de la raza humana	2:4–2:25

Las relaciones humanas (Génesis 3–5)

2. La caída	3:1–5:32
A. La tentación	3:1-5
B. El pecado	3:6-7
C. El juicio	3:8-24
3. Después de la caída	4:1–5:32
A. El primer asesinato	4:1-15
B. El linaje de Caín	4:16-24
C. El linaje de Set	4:25–5:32

Las relaciones espirituales (Génesis 6–50)

4. El diluvio	6:1–9:29
A. La raza humana impía es juzgada	6:1-22

	B. El arca y el diluvio	7:1–8:19
	C. Después del diluvio	8:20–10:32
	Noé adora a Dios; Dios hace un pacto con Noé; los pecados de Noé y sus hijos; los linajes de los hijos de Noé	
5.	La torre de Babel	11:1–11:9
	A. La construcción de la torre	11:1-4
	B. El juicio contra los constructores	11:5-9
6.	La vida de Abraham	11:10–25:18
	La historia de Abraham; el pacto de Dios con Abraham (Abram); se instituye la circuncisión; Sodoma y Gomorra; la fe de Abraham; la vida de Isaac; la muerte de Sara; la muerte de Abraham	
7.	La vida de Isaac	21:1–26:35
	A. Nacimiento de Isaac	21:1-34
	B. Isaac es ofrecido	22:1-24
	C. La familia de Isaac	23–25
	D. El fracaso de Isaac	26:1-33
	E. El fracaso de Esaú	26:34-35
8.	La vida de Jacob	27:1–36:43
	A. Jacob usurpa la bendición de Esaú	27:1–28:9
	B. El sueño de Jacob	28:10-22
	C. Jacob trabaja para obtener a sus esposas	29:1–30:43
	D. Jacob huye	31:1-55
	E. Jacob regresa	32:1–33:20
	Jacob lucha con el ángel del Señor y hace las paces con su hermano	
	F. Jacob en Canaán	34:1–35:29
	La hija de Jacob, Dina, es deshonrada y vengada; el nombre de Jacob se cambia por Israel	
	G. La historia de Esaú	36
9.	La vida de José	37–50
	A. Los hermanos de José lo maltratan	37–38
	B. José es puesto a prueba	39–40
	C. José interpreta sueños	41:1-36
	D. José es exaltado sobre Egipto	41:37-57
	E. José pone a prueba a sus hermanos	42–45
	F. José bendice a su familia	46:1–49:32
	G. La muerte y sepultura de Jacob	49:33–50:14
	H. La muerte y sepultura de José	50:15-26

Ahora examinemos las tres divisiones del libro, una por una.

Los dos primeros capítulos se ocupan fundamentalmente del mundo de la naturaleza. Génesis comienza con el hecho material más grande en la vida actual: Vivimos en un universo. Existimos sobre un conjunto específico de coordenadas en el tiempo y el espacio. Si algo sabemos acerca de la ciencia moderna, es que somos conscientes de que nuestro planeta es parte de un sistema solar, el cual es parte de una galaxia de cientos de miles de millones de estrellas, la cual es una de las miles de millones de galaxias en un universo tan vasto que va más allá de nuestra comprensión. Siempre que levantamos la mirada para contemplar el cielo nocturno y ver la gloria de las estrellas, una sensación de sobrecogimiento se apodera de nosotros y nos volvemos conscientes de que vivimos en un universo.

La Biblia comienza con un majestuoso reconocimiento de este hecho: «En el principio creó Dios los cielos y la tierra» (Gn. 1:1). Qué conjunción tan extraña: colocar todo el vasto cielo a un lado y nuestro diminuto planeta tierra al otro. Pero el libro avanza precisamente para decirnos que la humanidad —lo que la ciencia moderna ilustra como «el hombre insignificante», una pequeña mancha de vida que se aferra a un planeta de menor cuantía al borde de un universo inimaginablemente vasto— ¡es, de hecho, el principal objeto de la atención y preocupación de Dios!

El versículo 2 nos dice que la tierra comenzó como un planeta cubierto de un océano ininterrumpido, el cual estaba envuelto en tinieblas. Estaba «desordenada y vacía», esto es, sin característica especial ninguna y sin vida. No había tierra, no había cadenas de montañas, no había costas que captaran la vista; simplemente un mundo de agua, sin vida. La ciencia está totalmente de acuerdo con este cuadro de los inicios del mundo. Pero la revelación de la Palabra de Dios añade un factor clave que muchos científicos no reconocen: que «el Espíritu de Dios se movía sobre la faz de las aguas». Dios estaba obrando en Su universo, interactuando con él. Algo sale de la nada. Dios se está moviendo. El Espíritu de Dios hace la luz de las tinieblas, le da forma a lo que no tiene forma, moldea lo que carece de orden y da vida a lo que no tiene vida.

La tierra comenzó como un planeta cubierto por un océano ininterrumpido envuelto en tinieblas

El primer paso que dio Dios, según se registra, fue crear la luz: «Sea la luz; y fue la luz». La luz es absolutamente esencial para la vida en cualquiera de sus formas. Con el advenimiento de la luz, entonces estamos listos para el registro de los seis días de la creación. Cada día, a excepción del séptimo, registra un orden de creación progresiva. Ha habido una encarnizada controversia sobre si se trata de días de 24 horas literales o de eras geológicas. Esta controversia pasa completamente por alto el objetivo del relato de Génesis. A todo aquel que lea el pasaje, debe quedarle muy claro que Génesis no se centra

El primer paso que dio Dios fue crear la luz

en la cuestión del tiempo. Con todo lo importante que esto nos pueda parecer, no es lo que preocupa a Dios. Su enfoque es mostrar que, en la creación, Él estaba avanzando hacia una meta por medio de una progresión de pasos que se suceden unos a otros de manera lógica. La creación no se da de repente con un chasquido de Sus dedos. Dios decidió realizar la creación por etapas, y estas son claramente evidentes a lo largo de este pasaje.

A pesar de todo el conocimiento que seguimos adquiriendo por medio de sondas espaciales, radiotelescopios y el telescopio espacial Hubble, el universo sigue siendo un gran misterio. Muy poco es lo que sabemos acerca de él y, cualquiera que sea la dirección que elijamos seguir, pronto llegaremos a un punto donde ya no podremos avanzar. Un físico nuclear me describió en una ocasión la complejidad del núcleo de un átomo, el cual alguna vez se pensó que era el bloque de construcción más sencillo y básico de la materia. Descubrimientos de nuevas «especies» en el «zoológico de las partículas» ha hecho del que una vez fuera el sencillo átomo algo de complejidad, organización y actividad incomprensibles. Está claro que dentro del átomo existen muchas fuerzas y tipos de partículas que todavía no hemos descubierto.

Aquí, en los límites externos mismos del conocimiento humano, en las fronteras de la ignorancia humana, la Biblia comienza a responder las preguntas desconcertantes de los científicos: ¿Quién o qué echó a andar al universo? ¿Qué lo mantiene activo? ¿De dónde vinimos? ¿Cuál es su propósito, si es que lo tiene? ¿Cuál es el lugar de la humanidad en el esquema cósmico? ¿Por qué estamos aquí?

Génesis provee las únicas respuestas apropiadas. Nos revela que la clave para la vida humana y para los misterios de la existencia humana y del universo material está inextricablemente unida al campo espiritual. Sin una comprensión de Dios, no podemos entender nuestro universo, entendernos a nosotros mismos ni entender nuestra relación con el mundo que nos rodea. Los microscopios y los telescopios sólo pueden darnos una visión parcial; el alcance espiritual de la Biblia nos capacita para completar el cuadro que la ciencia sólo comienza a esbozar.

Albert Einstein señaló directamente la incapacidad de la ciencia cuando dijo: «La ciencia es como leer una novela de misterio». Vamos a una gran distribuidora de libros y compramos lo que solía ser una «novela de diez centavos» (¡ahora cuestan $29.95!), la llevamos a casa, esperamos a que todos se hayan ido a la cama, nos recostamos sobre unas almohadas, leemos nuestra novela solos, en una habitación con poca luz y acompañados únicamente por una lámpara. En el primer capítulo hay dos o tres asesinatos, y toda la historia pronto se centra en un tema: ¿quién lo hizo? Las pistas aparecen a medida que seguimos leyendo. En el tercer capítulo, hemos decidido que fue el mayordomo.

Continuamos la lectura, y el dedo de la culpa lo señala más y más. Pero luego llegamos al último capítulo donde, de repente, toda la evidencia anterior queda desbaratada, y resulta que no era él después de todo. Era la pequeña anciana en zapatillas que vive en el tercer piso. Einstein dice que la ciencia es así. Siempre está luchando de la hipótesis a la síntesis, de una pista a otra, y algunas veces termina en un callejón sin salida o en un camino equivocado, ya que parece que jamás se llega lo suficientemente cerca de la respuesta final.

El propósito de las Escrituras; los límites de la ciencia

Pero Génesis comienza donde la ciencia termina. Esta no es una crítica a la ciencia, porque su intención nunca fue responder a la pregunta: «¿Por qué existe el universo?». El alcance de la ciencia está intencional y deliberadamente limitado a ciertas vías de investigación. Génesis responde la pregunta del «por qué», y, lo que es más importante, la pregunta de «quién». Génesis brinda respuestas dirigidas a la fe, no da un «salto» de fe irracional, sino razonada. Cuanto más aprende la ciencia acerca de la naturaleza fundamental del universo, tanto más parece estar de acuerdo con la Biblia.

Por lo tanto, la Biblia mantiene su veracidad de manera constante ante los descubrimientos más complejos de la ciencia, al mismo tiempo que retiene tal sencillez en sus afirmaciones que hasta los más incultos pueden entender, aun cuando la intención no es ser un libro de texto ni de ciencia. Dios ha hecho a propósito que el universo físico revele y manifieste una realidad espiritual interior. Ya que el mundo se hizo para el hombre, el primero le transmite constantemente la verdad de Dios al segundo. Por eso Jesús encontró que el mundo de la naturaleza era un instrumento sumamente apto para enseñarles a los hombres las realidades espirituales, como lo revelan Sus parábolas.

Génesis 1:26 nos muestra que Dios hace una consulta divina en cuanto al hombre, cuando dice: «Hagamos al hombre a nuestra imagen, conforme a nuestra semejanza». Claramente, esta conversación es la primera pista que recibimos de que Dios consta de más de una persona. La frase clave acerca del hombre en este versículo es que fue creado a «imagen» y «semejanza» de Dios. Esta imagen no se encuentra en el cuerpo ni en el alma del hombre, sino en su espíritu. Como Jesús le dijo a la mujer junto al pozo, en Samaria: «Dios es Espíritu; y los que le adoran, en espíritu y en verdad es necesario que adoren» (Jn. 4:24).

¿En qué es nuestro espíritu semejante a Dios? Si está hecho a la imagen de Él, entonces puede hacer las mismas cosas que Dios hace, pero que un animal no puede. Tres conceptos se sugieren a lo largo de todo Génesis 1, que sólo Dios hace: primero, Dios crea; segundo, Dios comunica; y tercero, Dios evalúa y dictamina que algunas cosas son buenas y otras no. Es aquí donde aparece Su imagen en el hombre.

Dios crea, comunica y evalúa

El hombre puede crear. El hombre se comunica como ningún animal podría jamás hacerlo, compartiendo ideas que afectan a los demás. Y también es la única criatura que tiene sentido moral para reconocer algunas cosas como buenas y otras como malas, y sentir el impacto de la conciencia sobre sus acciones. Así pues, el hombre comparte la imagen de Dios.

El capítulo 2 encuentra al hombre caminando en el huerto en comunión con Dios, funcionando como un espíritu que vive en un cuerpo físico y manifestando las características de la personalidad en el alma. En este momento, Dios le da un proyecto de estudio, para que investigue el mundo animal en busca de una posible compañía. El Señor sabía que el hombre no encontraría lo que buscaba, pero en el proceso, descubrió al menos tres verdades maravillosas.

Tres verdades que el hombre aprendió acerca de la mujer

Primero, aprendió que la mujer no había de ser una simple bestia de carga como son los animales, porque eso no satisfaría su necesidad de una colaboradora y compañera. Segundo, se dio cuenta de que la mujer no iba a ser un mero laboratorio biológico para producir hijos. Es para esto que los animales usan el sexo, pero eso no era suficiente para las necesidades de Adán. Por lo tanto, el sexo en la humanidad es diferente al sexo entre los animales. Tercero, Adán aprendió que la mujer no era una cosa que había salido de él para usarla a su capricho y luego desecharla. Ella fue hecha para ser su colaboradora, adecuada para él, que lo correspondiera, lo complementara y lo completara.

Así que, en un pasaje extraordinario, se nos dice que Adán cayó en un sueño profundo, que Dios tomó una costilla, y que de ella hizo a una mujer y se la entregó. Este periodo de inconsciencia de Adán sugiere lo que confirma la psicología moderna, que la relación del matrimonio es mucho más profunda que un simple afecto superficial. No sólo toca la vida consciente, sino el subconsciente y el inconsciente también.

Las relaciones humanas

En los capítulos 3 al 5, Génesis pasa a examinar el campo de las relaciones humanas. La raza humana entra en escena. Estos capítulos detallan el desarrollo de la historia de la humanidad desde Adán hasta Noé y revelan que la familia es la unidad básica de la sociedad. Ese patrón se ha mantenido absolutamente inmutable entre los 10 a 20 mil años de historia humana. La familia sigue siendo la base de la sociedad. Cuando las personas ignoran esto y comienzan a destruir la vida familiar, se desintegran los cimientos de la sociedad. ¿Por qué? Porque una nación es la extensión de la familia. ¡Las naciones del mundo simplemente son grupos familiares grandes y complejos!

Cuando muere un presidente, cuando un terremoto destruye una ciudad, cuando cientos mueren en un edificio que se derrumba, cuando una nave espacial explota, ¿qué sucede? ¡Toda una nación se pone de luto! ¿Por qué? Porque, como ciudadanos de un país, tenemos una identidad común, un lazo común, una conexión común. Cuanto más perdemos de vista nuestro vínculo como una sociedad-familia, tanto más fragmentado y agitado se vuelve el país.

Estos capítulos también revelan el fracaso de los seres humanos en sus relaciones más básicas. Las personas trataron de ser humanas sin Dios, y el resultado fue la introducción del concepto del pecado. El pecado es el instrumento que se interpuso dentro de la maquinaria humana. Por eso nos comportamos de maneras destructivas para nosotros mismos y para los demás, incluso cuando sabemos cómo actuar mejor y esperamos algo más beneficioso para todos. Keith Millar llamó al pecado «la adicción final», porque, sin importar cuánto queramos librarnos de él, es imposible detener por nuestras propias fuerzas el hábito destructivo de pecar.

Al leer estos capítulos de Génesis, veremos que Adán rechazó el plan de Dios y perdió el paraíso; que Caín rechazó al Señor, se convirtió en un asesino, y luego salió y fundó una civilización que terminó en apostasía y diluvio; que después de que Noé y su familia fueron salvados del diluvio, este hombre sabio y piadoso cayó en la trampa del pecado y el abuso del alcohol, y avergonzó a su familia. Posteriormente en Génesis, notaremos que hombres como Jacob y Lot traen enorme dolor a sí mismos y a sus familias. Mucho escuchamos en estos días acerca de «familias disfuncionales», pero, al leer Génesis, está claro que Dios ya escribió el libro sobre ese tema.

Génesis 3 explica más de cien siglos de sufrimiento, miseria, tortura y derramamiento de sangre. Si eliminamos este capítulo de la Biblia, todo el libro se hace incomprensible. Pero lo más asombroso de Génesis es que refleja nuestra realidad actual. La tentación y la caída se reproducen en nosotros muchas veces al día. Todos hemos escuchado la voz del tentador y sentido la atracción del pecado, y todos conocemos los remordimientos generados por la culpa.

Entra la tentación y el pecado

Muchos eruditos bíblicos creen que el tentador en el huerto no era una serpiente, sino un «ser brillante», que es el significado de la palabra hebrea para serpiente. Indudablemente, las serpientes fueron creadas para representar el castigo que cayó sobre este ser cuando provocó la caída del hombre por medio de su malicia y engaño. Claramente, es el diablo, en su personaje de ángel de luz, quien se enfrenta a la mujer en el huerto de Edén. Su táctica con ella es despertar el deseo. Primero implantó en su corazón dudas en cuanto al amor de Dios: «¿Con que Dios os ha dicho: No comáis de todo árbol del huerto?» (Gn. 3:1). Luego se atreve a negar abiertamente los resultados que Él había anticipado, y dice: «No moriréis» (3:4). Entonces, remacha su ataque con una verdad distorsionada: «Sino que sabe Dios que el día que comáis de él, serán abiertos vuestros ojos, y seréis como Dios, sabiendo el bien y el mal». Todo lo que el diablo desea hacer es dejar a Eva delante del fruto que está colgando allí con toda su seductora fascinación, tentándola y ofreciéndole una experiencia que ella jamás soñó que fuera posible.

Ahora la mente entra en acción. Sin darse cuenta, Eva ya experimentó el despertar de sus emociones, de tal modo que anhela el tentador fruto que está delante de ella. Entonces, cuando su mente actúa, ya no puede hacerlo de manera racional. Secretamente, la voluntad ya decidió actuar sobre los hechos en función de las emociones; por lo tanto, la mente sólo puede poner excusas. Debe torcerlos para que estén acordes con el deseo, y el resultado es que Eva tomó el fruto y comió.

La muerte sigue de inmediato

Pero todavía había esperanza para la raza. Adán aún no había caído, sólo Eva. Se había perdido una batalla, pero no la guerra. Con las inocentes pero ominosas palabras, «y dio también a su marido, el cual comió así como ella» (3:6), enfrentamos el inicio de las tinieblas de la humanidad caída; lo que sigue de inmediato es lo que la Biblia llama «muerte».

Jesús es el camino de vuelta al árbol de la vida

A continuación está el destierro del huerto. No fue, como imaginamos tan a menudo, para impedirles regresar al árbol de la vida, sino como específicamente lo declara el texto, «para guardar el camino del árbol de la vida». (3:24). Existe un camino hacia el árbol de la vida, pero ya no es un camino físico. En el libro de Apocalipsis, se nos dice que el árbol de la vida es para la sanidad de las naciones (ver Ap. 22:2).

Con seguridad, Jesús se refiere a esto cuando dice: «Yo soy el camino». Espiritual y psicológicamente (en el campo de las emociones y de la mente), hemos de vivir en la presencia de Dios porque se ha vuelto a abrir un camino hacia el árbol de la vida.

Caín mata a Abel

A partir del trágico pecado de Adán, surge el pecado criminal de su hijo Caín, quien mata a su hermano Abel por amargura y celos cuando Dios acepta la ofrenda de sangre de este por encima de su ofrenda de granos. A partir de Caín, detallamos el desarrollo de los inicios de la civilización y, en especial, el papel que desempeña la vida urbana en la sociedad.

El hijo de Caín, Enoc, construye una ciudad

Caín tiene un hijo llamado Enoc, quien construye su ciudad sobre una tierra que todavía está roja con la sangre de Abel. Esa ciudad tiene todos los ingredientes de la vida moderna: los viajes, la música y las artes, el uso de metales, una vida política organizada, y la doma de animales. Es impresionante, pero construida sobre terreno poco firme. La violencia, el asesinato y la inmoralidad abundan, a medida que el estado surge para reemplazar a la familia como centro del interés humano. La tendencia hacia la vida urbana por encima de la rural es evidente, y aparece la cada vez mayor tolerancia hacia el exceso sexual.

Pero, en medio de este deterioro, Dios tiene listo otro plan. Después de que Abel es asesinado y Caín es desterrado, Adán y Eva tienen otro hijo, cuyo nombre —Set— significa «designado». Noé finalmente descenderá del linaje de Set.

Las relaciones espirituales

El resto de Génesis explora el campo de las relaciones espirituales. Es la parte más extensa del libro porque es la más importante para las personas. Es la historia del espíritu humano en relación con Dios, contada a través de la vida de cinco hombres. Si usted recuerda estas vidas y lo que ellas significan, tendrá la mayor parte de Génesis en la palma de su mano. Se trata de Noé, Abraham, Isaac, Jacob y José. Génesis revela en las historias de estos hombres lo que los seres humanos siempre están buscando.

La mayoría de nosotros *piensa* que nos pasamos la vida buscando *cosas*. Un lema popular en unas camisetas lo pone de esta manera: «El que muere con la mayor cantidad de juguetes, gana». Pero historia tras historia de los momentos finales de las personas con la mayor cantidad de juguetes, los ricos y famosos de este mundo, muestra que aquellos que mueren sin nada que mostrar de sus vidas, excepto una enorme colección de cosas y juguetes —castillos, automóviles, fama, riqueza—, tienden a morir miserablemente, aferrándose a una vida que ya no pueden tener, lamentándose de haber invertido en cosas que no duran. No cabe duda de que, al final, el materialismo nos decepciona.

Puede interpretarse que el descontento de nuestra época es un intento de adquirir las cosas correctas de la manera incorrecta

Puede interpretarse que el descontento de nuestra época es un intento de adquirir las cosas correctas de la manera incorrecta. ¿Cuáles son las cosas correctas? Creo que, esencialmente, tres son las cosas que las personas quieren: *justicia, paz* y *gozo.* Pero como nuestro entendimiento está deformado por el pecado, la búsqueda de estas cosas está distorsionada.

Muy en el fondo, queremos justicia, sentir que estamos en lo correcto y ser justificados. Pero, en vez de buscar la justicia de Dios y ser justificados por fe en el sacrificio justo de Jesucristo, ¡tratamos de poner excusas! Cuando alguien nos acusa de algo malo, ¿qué hacemos? ¡Comenzamos a justificarnos! ¡Inventamos excusas! Esa es la naturaleza humana. Aun cuando sabemos que estamos equivocados, queremos de alguna forma hacer que parezca correcto. Pero la única justicia que es verdaderamente correcta es la justicia de Dios. Por eso somos insuficientes lejos de Él, y por eso estamos completos con Él. Su justicia nos cubre y nos justifica. Sólo ella puede verdaderamente satisfacer nuestra sed y nuestra búsqueda.

Lo segundo que buscamos es paz. John F. Kennedy dijo una vez: «La ausencia de guerra no es lo mismo que la paz». ¡Cuán cierto! Aun

La única justicia que es verdaderamente correcta es la justicia de Dios

cuando nuestra sociedad ha disfrutado lo que se llaman tiempos de paz, hemos experimentado sensaciones de tensión, desazón e insatisfacción nacionales. Como pueblo, no estamos en paz unos con otros ni con nosotros mismos. ¿Por qué? Porque buscamos en los lugares equivocados, de las maneras equivocadas. Creemos que el dinero y un estándar de vida más elevado son la clave para la paz mental; sin embargo, cuanto más tenemos, tanto más queremos. Nunca llegamos a un punto donde verdaderamente conozcamos la paz. Pero Dios nos da, incluso en momentos de incertidumbre, una paz muy diferente y sin límites, la paz que sobrepasa el entendimiento.

Lo tercero que buscamos es gozo. Queremos experimentar una sensación de alegría, de felicidad, de aventura en la vida. Trágicamente, la mayoría de nosotros busca sustituir el gozo con las diversiones, los «viajes» con drogas y los placeres pecaminosos. El propósito de la última parte de Génesis es presentarnos a Dios, Aquel de quien el salmista escribió: «en tu presencia hay plenitud de gozo; delicias a tu diestra para siempre» (Sal. 16:11).

¿Dónde encontramos la verdadera satisfacción de estas metas invisibles de la vida, casi inconscientes; justicia, paz y gozo? Romanos 14:17 nos dice: «Porque el reino de Dios no es comida ni bebida, sino justicia, paz y gozo en el Espíritu Santo». Sólo Dios ofrece estas cosas a los seres humanos, y esa es la historia de este libro.

Nuestra suficiencia con Dios

Si Génesis revela las incapacidades de las personas sin Dios, también demuestra lo suficientes y completas que pueden llegar a ser con Él. Ese es el gran mensaje positivo de Génesis.

En el huerto, antes de su caída, vemos a Adán como el señor de la creación. Dios le ha dado dominio. ¡Si tan sólo lo hubiésemos conocido allá en los días previos a la caída! Cuán rica debió de haber sido su personalidad. Cuán tremendos su poder y conocimiento. Él conocía los misterios del mundo y controlaba sus actividades. La humanidad ya no puede hacer eso. Tenemos el impulso, pero no podemos.

Jesús: la intención de Dios para la humanidad

Cuando estudiamos el Nuevo Testamento y leemos acerca de los milagros del Señor Jesús caminando sobre el agua, cambiando el agua en vino, calmando la tormenta con una palabra, nos decimos: «Ese es Dios obrando». Pero el Antiguo Testamento declara: «No, ese no es Dios; es la humanidad antes de la caída. Esa era la intención para los seres humanos: que fueran los gobernantes del mundo».

Encontramos esto reflejado en Salmos 8:4 y 6. Al mirar fijamente a los cielos, David dice: «¿Qué es el hombre, para que tengas de él memoria, y el hijo del hombre, para que lo visites?». Y luego responde a su pregunta: «Le hiciste señorear sobre las obras de tus manos; todo lo pusiste debajo de sus pies». Desde la caída, el único ser humano en quien hemos visto el cumplimiento de estas palabras es Jesús. Por eso, el autor de Hebreos dice: «Pero todavía no vemos que todas las cosas le sean sujetas. Pero vemos a [...] Jesús» (He. 2:8-9).

Génesis revela que, cuando los seres humanos viven con Dios, pueden vivir en paz y armonía con otros seres humanos. Una de las historias más bellas de este libro es la de Abraham morando bajo los encinos de Mamre con todos los cananeos a su alrededor, una raza que, por muchos años, había sido su enemiga. Pero Dios obraba de tal manera en la vida de Abraham que hizo que incluso sus enemigos estuvieran en paz con él. La historia de Abraham termina con la venida de las tribus cananeas a él, las cuales le dicen: «Eres un príncipe de Dios entre nosotros». Así se cumple lo que el Señor dice en otra parte acerca de que, cuando los caminos de una persona agradan al Señor, Él hace que incluso sus enemigos estén en paz con él. Esta es la clave. Este es el secreto de la vida en todas nuestras relaciones interpersonales.

Génesis declara que sólo los seres humanos en comunión con Dios pueden conocer la felicidad suprema

Génesis declara que sólo los seres humanos en comunión con Dios pueden conocer la felicidad suprema —la justicia, la paz y el gozo que las personas siempre ansían. La satisfacción sólo viene cuando las personas descubren que el Dios que mora en ellas es la respuesta a todas sus necesidades.

Esto se revela de cinco maneras, por medio de la vida de cinco hombres:

Noé

Noé es un hombre que pasó por una muerte simbólica. Ese es el significado del diluvio. Noé quedó rodeado por las aguas del diluvio, fue llevado sobre ellas, preservado en medio de ellas y salvado de ellas. Las aguas del juicio, aguas de muerte, no pudieron hundirlo. Fue conducido a un nuevo mundo y a una nueva vida por su fe en un Dios redentor.

Muchos libros se han escrito para ilustrar cómo podría ser el mundo después de un holocausto atómico. Pero es prácticamente el mismo escenario que se produjo en los días del diluvio. La civilización humana fue destruida, y Noé y su familia fueron forzados a comenzar de nuevo en una tierra nueva. He aquí un cuadro de la regeneración, de la nueva vida. El principio de la vida como cristianos es una transición de la muerte a la vida en Cristo, así como Noé pasó de la muerte a la vida en el diluvio.

Notemos las cifras relacionadas con el diluvio. Comenzó cuando las fuentes del gran abismo y las ventanas de los cielos fueron abiertas, la lluvia continuó 40 días y noches, y luego cesó. Después de 150 días, las aguas comenzaron a bajar y el arca se posó sobre los montes de Ararat, *el día diecisiete del séptimo mes.*

El día diecisiete del séptimo mes es exactamente el mismo día del año cuando, siglos después, Jesús se levantó de entre los muertos.

Después del éxodo de Egipto, Dios cambió el inicio del año del séptimo mes (en el otoño) al primero (en la primavera), cuando se celebró la Pascua. Jesús resucitó el día diecisiete del primer mes, que equivaldría al día diecisiete del séptimo mes en el antiguo cálculo correspondiente a este pasaje de Génesis. Por lo tanto, ¡queda claro que la salida de Noé del arca procura ser un cuadro del comienzo de la nueva vida de resurrección en Jesucristo que todo cristiano experimenta con el nuevo nacimiento!

Abraham

Abraham nos enseña que somos justificados por fe. He aquí un hombre que estaba lejos de ser perfecto, pero que vivió por fe. Todo lo que logró fue resultado de la gracia de Dios, no de su propio mérito ni esfuerzo. A medida que el Señor lo guiaba a lo largo del camino y él avanzaba en fiel dependencia de las promesas divinas, descubrió que esas promesas eran verdaderas. Ocho veces su fe fue probada de manera dramática, y ocho veces pasó la prueba. Si alguna vez usted se encuentra en una prueba de fe, lea la vida de Abraham. Encontrará en ella circunstancias similares a las que usted está atravesando. Abraham nos enseña lo que significa ser justificados y ser amigos de Dios por fe.

Una de las demostraciones más grandes de la fe de Abraham es su confianza en la promesa de Dios de darle un hijo, a pesar de su edad avanzada. Es en este momento del caminar de fe de Abraham que leemos por primera vez en las Escrituras esa maravillosa declaración: «y [Abram] creyó a Jehová, y le fue contado por justicia» (ver Gn. 15:6). Debido a su fe, Abraham fue llamado «amigo de Dios» (Stg. 2:23).

Isaac

Isaac es un bello cuadro de la posición de hijo; qué significa ser hijo de Dios. Si alguna vez hubo un hijo engreído y consentido de su padre, ese fue Isaac. Él es el amado del corazón de su padre. Dudo que hoy pueda oírse un mensaje más grato que el que se ejemplifica tan bellamente en Isaac: Dios nos ama, nos valora y nos llama amados de Su corazón. «Amados, ahora somos hijos de Dios» —dice 1 Juan 3:2—, «y aún no se ha manifestado lo que hemos de ser; pero sabemos que cuando él se manifieste, seremos semejantes a él». Seremos como Cristo.

Jacob

Jacob fue el pillo de Génesis. Era el intrigante, el hombre que pensaba que podía vivir por su propio ingenio y esfuerzos. Salió tratando de engañar a todo el mundo y terminó siendo engañado. Atribuló a toda su familia teniendo hijos favoritos, mimando a uno más que a los demás, generando amargura y resentimiento entre ellos. Sin embargo, a pesar de todas sus fallas, Jacob es un bello cuadro de la santificación, esa maravillosa obra de Dios donde, en nuestra locura de intentar vivir la vida con las fuerzas de la carne, somos guiados a las mismas situaciones que nos llevan a Él. Algunas veces no le dejamos otra opción que acorralarnos y contender contra nosotros hasta que descubramos que nos está hablando y nos rindamos. Cuando nos entregamos a Él, puede tomar el control, y entonces vivimos de verdad.

Eso es lo que hizo Jacob en el arroyo de Peniel. Allí, sabiendo que Esaú estaba esperándole con un grupo de hombres armados listos para matarle, Jacob esperó solo. Un ángel con forma de hombre le salió al encuentro y comenzó a luchar con él durante la larga noche. Cuando rompió el alba, el ángel quiso soltarse, pero Jacob se le aferró con obstinada persistencia. El ángel le tocó el muslo y se lo desencajó, pero Jacob, en su impotencia, siguió aferrado al mensajero divino, negándose a soltarlo hasta que fuera bendecido por Dios. Entonces, este ser divino le cambió el nombre por Israel, que significa «el que lucha con Dios». Cuando salió el sol, Jacob salió cojeando con una actitud de corazón totalmente diferente para encontrarse con Esaú. Ya no temía a las personas, sino que confiaba en que Dios lucharía las batallas por él. Jacob aprendió el gran principio de la santificación: Dios era su fortaleza y su refugio, y es totalmente capaz de solucionar todos los problemas que él enfrentara.

La vida de Jacob puede verse en tres etapas distintas: (1) Sus primeros años en casa, cuando básicamente engañaba a los demás, tipificado en el robo de la primogenitura de Esaú. (2) El periodo de su vida adulta, cuando aprende lo que significa ser engañado, según se ilustra en la historia donde trabaja arduamente durante siete años para ganarse a Raquel por esposa, sólo para caer en una trampa y terminar casado primero con Lea, la hermana de ella. (3) Finalmente, Jacob aprende a vivir como un hombre devoto a la palabra y la voluntad de Dios, cuando lucha con el ángel del Señor y este le bendice.

José

José es un cuadro de la glorificación. Es el joven que era amado por su padre Jacob y maltratado por sus hermanos. Estos se abalanzan sobre él y lo venden como esclavo, pero, aun en las cadenas de la esclavitud, Dios lo exalta. Su vida es una sucesión de altibajos: Potifar le confiere una posición de prestigio, y luego las mentiras de la esposa de este lo llevan a la cárcel; luego lo exaltan de nuevo, lo sacan de la cárcel y se convierte en el consejero del propio Faraón de Egipto. Finalmente, se transforma en el segundo líder más importante del país.

Aquí, en la vida de José, tenemos un cuadro simbólico de la esperanza de todos los creyentes. ¿Qué es lo que esperamos después de la muerte? Liberación de las tinieblas y del dolor de esta existencia terrenal, y de la cárcel en que hemos vivido nuestros años; ¡liberación y exaltación que nos lleven al trono y la presencia de Dios!

¿Y cómo se apropió José de la liberación y la exaltación de Dios? La fe es el único método por el que los seres humanos pueden alcanzar a Dios y apropiarse de Su poder liberador. «Sin fe es imposible agradar a Dios», dice Hebreos 11:6. Al actuar con fe, todo se hace realidad. Notemos que, tanto en la vida de José como en la nuestra, fe no significa aceptar intelectualmente las promesas de Dios, sino dar un paso al frente y actuar en base a ellas; cuando actuamos con fe, todo se hace realidad en nuestra vida.

El carácter de José se nos presenta con una consistencia casi intachable. A menudo se lo considera un símbolo de Cristo, ya que fue amado por su padre, pero rechazado por sus hermanos, vendido como esclavo por veinte piezas de plata, considerado muerto (al menos, así lo creía su padre) y «vuelto a la vida» como un rey triunfante y no como un siervo sufriente. Al igual que nuestro Señor, perdonó a sus hermanos por el trato que le dieron, y fue usado para salvarlos de la muerte y preservar el linaje familiar.

La vida secreta

El hilo que corre a lo largo de los 50 capítulos de Génesis es que hay un secreto para la vida, y que jamás experimentaremos una existencia completa hasta que hayamos aprendido y experimentado este secreto. El secreto es simple; sin embargo, trágicamente muchas personas lo pasan por alto. El secreto es la amistad con Dios. Sin Él no podemos entender el mundo que nos rodea. No podemos entendernos a nosotros mismos ni a nuestro prójimo, ni tampoco al Señor. Jamás encontraremos respuestas sin Dios. Pero con Él, todo se aclara, todo tiene sentido.

El secreto para la vida es una relación personal y diaria con el Dios vivo que era en el principio, que hizo los cielos y la tierra, que creó a la raza humana a Su imagen, y que quiere tener comunión y una relación viva con las personas que ha creado con tanto amor.

Esta es la primera nota que suena en los primeros cinco capítulos de Génesis, y usted verá que, cuando hayamos finalizado nuestra aventura al interior de la Biblia, también será la nota final que resonará en el libro de Apocalipsis. De principio a fin, la Biblia es una carta de amor a la raza humana. Y sólo hemos examinado el primer capítulo.

EL DISEÑO DE LA LIBERACIÓN

Cuando Dios quiere hacer algo *grande*, comienza con un bebé. Ese es el patrón divino, Su *modus operandi*. Él usa lo débil, lo simple, lo pequeño, para confundir a los grandes y a los sabios.

¿Qué consideramos grandes eventos históricos? Las guerras, las batallas, las revoluciones, las épocas de gran convulsión. Jamás pensaríamos en incluir el nacimiento de un bebé entre los grandes movimientos históricos y los cambios sociales. Pensamos que son pequeños y débiles, y, en esencia, de poca importancia. Dios piensa distinto. Él sabe que son los bebés quienes llegan a ser los grandes hombres y mujeres que sacuden los cimientos del mundo.

Dios usa lo pequeño para confundir a los grandes y a los sabios

En 1809, todos se centraban ansiosamente en las hazañas militares de Napoleón Bonaparte. Él era el «Norman tormentoso» Schwarzkopf de su tiempo, ¡con una pizca de megalomanía al estilo Hitler añadida a su personalidad! Quería conquistar el mundo y, gracias a su extraordinario genio militar, ¡ya estaba a punto de lograrlo! El mundo entero temblaba ante sus enormes ambiciones y esperaba con preocupación los informes que daban noticias del frente de guerra.

Sin embargo, ese mismo año de 1809 nacían bebés por todas partes, y la gente apenas si tomó nota de ellos durante la época en que Napoleón volvía obsoletos todos los mapas de Europa. Pero las semillas del cambio revolucionario se estaban plantando ese mismo año. El gran poeta inglés Lord Alfred Tennyson, nació ese año. Lo mismo que Charles Darwin, cuya teoría de la evolución por medio de la selección natural estremecería a toda la comunidad científica. Gladstone, quien un día llegaría a ser primer ministro de Inglaterra, también nació ese año. Y también lo hizo Abraham Lincoln, en una cabaña de troncos en Kentucky.

Cuando Dios quiere cambiar la historia, no comienza con una batalla. Comienza con un bebé. Ese es Su patrón a lo largo de la historia, y por esta razón el libro de Éxodo comienza con el nacimiento de un bebé.

Esta es la historia de un bebé nacido bajo una sentencia de muerte

El dedo de Dios es evidente desde el comienzo mismo de este libro, porque esta es la historia de un bebé nacido bajo una sentencia de muerte, pero cuya vida fue preservada de manera maravillosa por medio de la mano interventora de Dios. Con un delicado giro de ironía, que observamos maravillados, el Espíritu Santo de Dios se mueve bellamente: A pesar de la orden de Faraón de matar a todos los bebés varones hebreos en Egipto, ¡Moisés no sólo es salvado, sino que es llevado directamente a la casa de Faraón para que lo críen! Allí, apilando ironía sobre ironía, ¡Dios lleva al monarca a contratar, sin saberlo, a la propia madre de Moisés para que se haga cargo de él!

Con toda seguridad, semejante diseño representa una de esas encantadoras expresiones del humor de Dios. Si usted todavía no ha descubierto que el Señor tiene sentido del humor, le aguarda una gran sorpresa. Pizcas de ese humor aparecen a lo largo de todo el Antiguo y Nuevo Testamento. Me hacen gracia los relatos bíblicos acerca de las inteligentes maneras en que Dios hábilmente voltea la tortilla y le da un giro encantador a una situación maligna.

Moisés creció en la corte de Faraón, con acceso a todas las oportunidades de aprendizaje de los egipcios. Fue capacitado en la mejor universidad del imperio más grande del mundo antiguo. Fue el hijo adoptivo del rey mismo, y recibió todos los privilegios y todas las ventajas. Pero, cuando llegó a la mayoría de edad, Dios le habló y puso sobre él la responsabilidad de ser el libertador de Israel. Entonces, Moisés trató de hacer la obra de Dios en su propia fuerza, y terminó asesinando a un hombre y huyendo al desierto.

Al analizar paso a paso la historia, encontraremos que Moisés dejó Egipto y pastoreó ovejas por 40 años en el desierto. Aquí, Dios lo buscó y trató con él en el extraordinario encuentro de la zarza ardiendo. El Señor lo volvió a llamar a su tarea original, para la cual se sentía completamente inepto. Moisés tuvo que aprender la misma lección que usted y yo debemos aprender: Para hacer cualquier cosa en el nombre de Dios, sólo lo necesitamos a Él.

La estructura de Éxodo

En primer lugar, coloquemos el libro de Éxodo dentro de su contexto en el Pentateuco. Le sigue inmediatamente a Génesis, el libro que revela la necesidad de la raza humana. Génesis trata acerca de la humanidad: su creación, su pecado y su búsqueda a tientas de Dios, tal como se personifica en las vidas de Abraham, Isaac, Jacob y José.

Génesis termina con las palabras «en un ataúd en Egipto», una frase que enfatiza que lo único que podemos decir de la raza humana al final de todo es que vivimos en el reino de la muerte.

Si Génesis trata acerca de la humanidad, Éxodo habla de Dios. Éxodo es Su respuesta a la necesidad humana. Este libro comienza con la actividad divina y, a lo largo del resto del libro, lo vemos obrando de manera poderosa. El libro es la ilustración de la obra de Dios para redimirnos a nosotros, seres humanos caídos, de nuestra necesidad, pecado, miseria y muerte. Es un bello cuadro, y contiene lecciones instructivas sobre la redención, lo que el Señor ha hecho, lo que sigue haciendo y lo que quiere hacer con nuestras vidas.

Pero Éxodo es un libro incompleto. La redención que comenzó aquí no se completa en este libro. Para lograr la perspectiva total de la historia redentora de Dios, la cual comenzó en el éxodo, debemos seguir leyendo Levítico, Números, Deuteronomio, y adentrarnos en el libro de Josué, el cual cuenta la historia de la triunfante posesión de la tierra prometida por parte de Israel.

Los cuatro grandes temas de Éxodo

Podemos entender la historia de Éxodo al recordar cuatro eventos importantes que resumen sus grandes temas:

1. La Pascua (Éxodo 12–13)
2. El cruce del Mar Rojo (Éxodo 14)
3. La entrega de la ley en el Monte Sinaí (Éxodo 19–31)
4. La construcción del tabernáculo (Éxodo 35–40).

La Pascua y el Mar Rojo no son sino dos aspectos de una gran verdad: la liberación del pueblo de Dios de la esclavitud y la muerte. Simbolizan la conversión y la regeneración de un cristiano; es decir, la liberación de una persona de la esclavitud del pecado y la muerte espiritual. Si quiere saber lo que el Señor hizo en su vida cuando usted se convirtió en cristiano, estudie la Pascua y el cruce del Mar Rojo.

De manera similar, la entrega de la ley y la construcción del tabernáculo son inseparables. El modelo del tabernáculo le fue dado a Moisés cuando estuvo en el monte con Dios, al mismo tiempo que le entregó la ley. La ley y el tabernáculo están inextricablemente unidos, como pronto descubriremos.

He aquí un bosquejo estructural del libro:

La redención de Egipto (Éxodo 1–18)

1. Israel se multiplica; nace Moisés	1–2:25
2. Moisés es llamado por Dios	3–4
3. La redención de Israel del yugo de Egipto	5:1–15:21
A. Moisés se opone a Faraón	5:1–7:13

B. Las diez plagas sobre Egipto 7:14–11:10
C. La Pascua 12:1–13:16
D. Moisés el redentor guía a Israel a través del Mar Rojo 15:22–18:27

La ley y el tabernáculo (Éxodo 19–40)

5. La revelación de la ley 19:1–24:11
6. La revelación del tabernáculo 24:12–31:18
7. Israel quebranta el pacto 32:1-6
8. Moisés intercede a favor de Israel 32:7–34:35
9. La construcción del tabernáculo 35–40

Habiendo bosquejado brevemente la estructura de Éxodo, examinemos cada uno de los grandes hilos que forman la fuerte cuerda del libro.

Primer tema: la Pascua

En Éxodo 3 y 4, Dios se acerca a Moisés, el pastor y fugitivo de la justicia (huyó al desierto después de haber asesinado a un egipcio), y lo llama para que desempeñe el papel de redentor de una nación.

La zarza ardiendo

Hablándole desde una zarza que arde, pero que no se consume, Dios lo desafía y le ordena que regrese a Egipto. Al principio, Moisés se niega. «¡Ay, Señor!» —dice—, «nunca he sido hombre de fácil palabra, ni antes, ni desde que tú hablas a tu siervo; porque soy tardo en el habla y torpe de lengua» (Ex. 4:10). Dios no reprendió a Moisés por su renuencia o su sensación humana de incapacidad, sino que le dijo: «¿Quién dio la boca al hombre? ¿O quién hizo al mudo y al sordo [...]? ¿No soy yo Jehová? Ahora pues, ve, y yo estaré con tu boca, y te enseñaré lo que hayas de hablar». Ve a Egipto y yo seré tu lengua y hablaré por medio de ti.

Pero luego Moisés dice: «¡Ay, Señor! envía, te ruego, por medio del que debes enviar». Y *allí* es cuando, como nos dice Éxodo 4:14: «Jehová se enojó contra Moisés».

Al principio, Moisés estaba expresando su humilde sensación de incapacidad. Pero, cuando Dios le prometió estar con él y, *aun* así, puso la misma excusa, en realidad estaba diciendo: «Dios, no puedo hacerlo, y creo que tú tampoco». Cuando Moisés cuestionó la suficiencia de Dios para fortalecerlo, la ira del Señor se encendió contra él. Este es un buen punto para recordar siempre que el Señor nos desafíe a asumir una tarea en Su nombre.

Moisés regresó a Egipto e inmediatamente entró en conflicto con Faraón. Nada es más dramático en todo el Antiguo Testamento que esta tremenda lucha de voluntades entre Faraón y Moisés, el representante de Satanás y el representante de Dios. Faraón obligó a Dios a desatar Su increíble poder contra Egipto. Una y otra vez en este relato, leemos: «Mas el corazón de Faraón se endureció».

Las diez plagas

En total hay diez plagas: sangre, ranas, piojos, moscas, plaga en el ganado, úlceras en las personas y los animales, langostas, tinieblas y, finalmente, la muerte de los primogénitos. Es interesante notar que cada una de las primeras nueve plagas estuvo dirigida a alguno de los dioses de Egipto; el blanco de la décima plaga fue Faraón mismo, al atacar a su hijo y a todos los primogénitos de Egipto, en un intento de derretir el corazón de piedra del monarca. Por medio de estas plagas, Dios derramó Su juicio contra los falsos dioses de Egipto y el rey malvado y de corazón endurecido de esa nación.

Finalmente, con la décima plaga, el corazón de Faraón quedó vencido. El poder del Señor quebró su voluntad. En su dolor, el rey transigió y permitió que Israel se marchase. Durante esta décima plaga, tanto el poder como el amor de Dios se revelan dramáticamente; el poder para castigar a aquellos que eligen deliberada y tercamente oponerse a Él, y provisión y protección amorosas para quienes ponen su confianza en Él. Es durante la décima plaga que tiene lugar el bello evento llamado la Pascua, que los judíos todavía celebran.

Por medio de Su siervo Moisés, Dios mandó al pueblo de Israel que rociara con sangre los dinteles y los postes de sus casas, y que compartiera una comida especial de cordero con pan sin levadura, la comida pascual. Este evento es un bello anuncio en el Antiguo Testamento de una verdad del Nuevo. Antes de llegar a la fe en Jesucristo, somos simplemente personas que luchan por abrirse paso —sin mucho éxito— en la vida. Pero, después de recibir el regalo de la vida eterna por medio del derramamiento de Su sangre sobre los «dinteles y postes» de la cruz, y participar de la comida del Cordero inocente y del pan sin levadura de Su cuerpo quebrado y atravesado, nos convertimos en parte de Él y de todo creyente que también participa en ella.

La pascua es una bella ilustración de la cruz de Cristo

La Pascua es una bella ilustración de la cruz de Cristo. El ángel de la muerte pasó por encima del país, y ensombreció Egipto con la muerte de los primogénitos. Pero los israelitas —aquellos que, por un simple acto de fe, tomaron la sangre de un cordero y la rociaron sobre los dinteles y los dos postes de sus casas— estuvieron perfectamente a salvo. Así también, la salvación se alcanza ahora por medio de un simple acto de fe, una respuesta confiada a la amorosa provisión divina de un Salvador que saldó nuestra deuda delante de Él. Y así como entonces, el ángel de la muerte pasa ahora lejos de aquellos que están cubiertos por la sangre del Cordero.

Segundo Tema: El cruce del Mar Rojo

Pero la Pascua no es el fin de la historia. No tiene valor hasta que se la une a la experiencia del Mar Rojo. Este fue el acontecimiento que siguió inmediatamente.

Tan pronto como Faraón transigió y liberó al pueblo de Israel, los judíos abandonaron la seguridad de sus hogares, salieron al desierto y caminaron hacia la orilla del mar. Todavía estaban en Egipto cuando llegaron allí, y su situación parecía sin esperanza. Al mirar atrás, vieron que Faraón había vuelto a endurecer su corazón y venía tras ellos con un ejército. El pueblo comenzó a clamar a Moisés y preguntarle por qué lo había llevado allí, para morir al borde del agua.

La respuesta de Moisés es una declaración de fe inquebrantable en Dios: «Estad firmes, y ved la salvación que Jehová hará hoy con vosotros» (Ex. 14:13). Sin embargo, los israelitas evaluaron la situación con ojos sombríos y miopes en vez de hacerlo con la mirada de la fe que ve a lo lejos. Pero él estaba tranquilo. El Señor le había dicho que extendiera su vara sobre el mar y, cuando lo hizo, las aguas volvieron a su lugar y los perseguidores egipcios quedaron atrapados y se ahogaron.

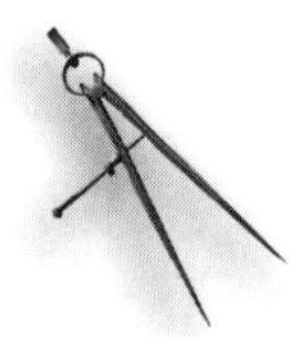

La experiencia del Mar Rojo no es sólo un evento histórico; también es un poderoso símbolo de su vida y de la mía. Tipifica nuestra separación del mundo, una vez que hemos puesto nuestra confianza en Jesucristo. Egipto queda a nuestras espaldas; el viaje a la tierra prometida está delante. Cierto, Israel iba a enfrentar un desierto más allá del Mar Rojo, pero estaba a salvo fuera de Egipto y de la esclavitud. Habían atravesado el río de la muerte.

Este mismo río de la muerte se levanta entre nosotros y el mundo una vez que proclamamos a Jesucristo como nuestro Señor. Cuando pasamos por la experiencia del Mar Rojo, cuando morimos a la vieja vida, pasamos por el bautismo cristiano y asumimos una postura a favor de Jesucristo, nos divorciamos de la esclavitud, y de la miseria de la vida anterior y de nuestra antigua manera de vivir. Como dice el apóstol Pablo: «De modo que si alguno está en Cristo, nueva criatura es; las cosas viejas pasaron; he aquí todas son hechas nuevas» (2 Co. 5:17).

Es importante notar que, antes de la experiencia del Mar Rojo, el pueblo de Israel no era una nación. Se convirtió en nación cuando todos sus miembros atravesaron juntos el Mar Rojo. Ese es el significado de las palabras de 1 Corintios 10:2: «Y todos en Moisés fueron bautizados en la nube y en el mar». Por medio de este milagroso bautismo, fueron transformados de una turba desorganizada en una poderosa nación, una unidad, un cuerpo, una comunidad, una sociedad. Esto simboliza eficazmente la transformación que tiene lugar cuando nosotros, por medio de la fe en Jesús, nos convertimos en parte del cuerpo de Cristo, la Iglesia. Por medio de las aguas del bautismo, expresamos que hemos muerto con Él y que, por Su gracia, nos hemos unido en comunión viva con todos los demás cristianos.

Lecciones de la Pascua y del Mar Rojo

Notemos la conexión entre la Pascua y el cruce del Mar Rojo. Ambos involucran la fe, pero el cruce del mar la lleva un paso más allá. Los israelitas fueron esencialmente pasivos en la liberación en la Pascua: pintaron los dinteles y los dos postes con sangre, comieron lo indicado y esperaron a que Dios actuara. Pero el cruce del Mar Rojo fue algo activo, requirió obediencia, un paso deliberado de fe.

Hoy, al igual que en los días de Éxodo, la verdadera fe exige acción y obediencia. No podemos permanecer con la pasividad de la Pascua. Debemos avanzar tal y como Dios manda, con pasos osados y confiando en que Él dividirá las aguas y guiará el camino. Al avanzar y cortar los lazos de la esclavitud a este mundo, y permitir que el río del juicio de Dios fluya entre nosotros y las costumbres mundanas, nuestra fe adquiere madurez y poder. Es entonces cuando Dios verdaderamente mora dentro de nosotros y se mueve a través de nuestras vidas. Él no puede culminar Su obra en nosotros y llevarnos a la madurez hasta que hayamos cruzado el Mar Rojo.

Notemos, en Éxodo 15, que lo primero que hicieron al llegar a la otra orilla fue prorrumpir en canto. No habían cantado en Egipto, ese lugar de esclavitud, de miseria y de trabajo duro e incesante. Pero, cuando emergieron de su «bautismo en seco» a través del Mar Rojo, ¡no pudieron evitar cantar! La verdadera liberación conlleva una canción.

Preservados en el desierto

Inmediatamente después de cruzar el Mar Rojo, los israelitas llegaron a las aguas de Mara, el lugar de amargura. A fin de curar esta agua, Moisés cortó un árbol que el Señor le había mostrado y lo echó en ella. Acto seguido, el agua se volvió dulce (Ex. 15:25). El árbol simboliza la cruz, ese gran árbol sobre el cual el Señor Jesús fue crucificado: La respuesta de Dios a la amargura del pecado y la infelicidad de nuestras heridas y frustraciones pasadas.

Maná

Luego, los israelitas avanzaron hacia el desierto. Allí, el maná, la comida del cielo, cayó para alimentar y sustentar al pueblo. Se les ordenó recoger este pan a diario, seis días por semana (el sexto día, debían recoger la ración de dos días para tener para el día de reposo). Al pueblo le resultaba difícil obedecer las claras instrucciones de Dios, como todavía les resulta difícil hacerlo a las personas hoy. A menudo nos cuesta confiar en que Dios proveerá y libertará en situaciones «imposibles».

Agua de la roca

La fe de las personas fue probada de nuevo cuando llegaron a un desierto estéril y árido. Otra vez, aquí, Dios respondió a la murmuración e incredulidad dándoles agua de la roca.

La batalla contra la carne

En Éxodo 17, llegamos a una batalla que es un símbolo de la lucha del cristiano contra la carne. La batalla contra el pecado de la carne siempre es algo asombroso para los nuevos creyentes. Ellos han experimentado la euforia emocional y espiritual de haber descubierto la nueva vida en Cristo, y de repente el pecado levanta su fea cabeza, y se preguntan: «¿Qué ha pasado?». Esa es la situación que enfrentaron los israelitas: Habían pasado por la gloria de la Pascua, el cruce del Mar Rojo y la demostración del amor paternal de Dios por medio de la provisión del maná; pero pronto se enfrentaron con una realidad espantosa: la vida también requería que los creyentes libraran batallas. Amalec peleó contra Israel, y Dios respondió declarándoles a aquellos una guerra sin fin (Ex. 17:10).

El apóstol Pablo declaró la naturaleza de la batalla que tiene lugar dentro de cada cristiano: «Porque el deseo de la carne es contra el Espíritu, y el del Espíritu es contra la carne; y éstos se oponen entre sí» (Gá. 5:17). Nunca se puede hacer las paces con Amalec, con los deseos pecaminosos de la carne.

En el capítulo 19 llegamos a Sinaí, el lugar del tabernáculo de Dios y la entrega de la ley. Estos son el tercer y cuarto tema principales de Éxodo. Los examinaremos de manera individual y veremos cómo se conectan en el desarrollo de este libro.

Tercer tema: La entrega de la ley

¿Qué es la ley? Simplemente es una ilustración de la santidad de Dios, de Su carácter constante y de Su inmutabilidad. Por este motivo, la entrega de la ley es una época de terror, porque nada es más atemorizante para los seres humanos que enfrentarse de lleno con la verdadera naturaleza divina.

Por supuesto, la naturaleza inmutable de Dios nos da un maravilloso consuelo cuando pensamos en Su amor, cuidado y gracia, pero nos llena de reverencia y temor cuando consideramos Su santidad, Su ira y Su justicia. La ley significa que no se puede persuadir al Señor de que no aplique Sus juicios justos. Dios jamás puede ser sobornado: no podemos hacer que comprometa Sus estándares. La ley es la norma absoluta e irrevocable del carácter de Dios.

La ley es una ilustración de la santidad de Dios, Su carácter constante, y Su inmutabilidad

Algunas personas creen que hay dos Dioses: el Dios implacable del Antiguo Testamento, y el Dios extremadamente cariñoso e indulgente del Nuevo, que hace la vista gorda frente a nuestro pecado. ¡Nada podría estar más lejos de la verdad! En Mateo 5:48, Jesús dijo: «Sed, pues, vosotros perfectos, como vuestro Padre que está en los cielos es perfecto». Jesús sabe que no podemos alcanzar la perfección, que fracasaremos y pecaremos; pero también quiere que sepamos que la norma divina no ha cambiado. La ley es la ley y sigue vigente, tanto en el Antiguo como en el Nuevo Testamento.

¿Cómo espera Dios que seamos perfectos? ¿Cómo espera que guardemos cada punto de Su ley sin errores? Respuesta: No lo espera. Pero ha hecho posible que Su perfección cubra nuestros pecados. Su respuesta a nuestra imperfección es el cuarto tema de Éxodo: el tabernáculo.

Cuarto tema: El tabernáculo

En el Monte Sinaí, el mismo monte donde Dios le dio a Moisés la ley como una revelación de Su carácter, también otorgó el tabernáculo, el sitio para Su morada en medio de la raza humana y para cubrir el pecado del hombre.

El lugar del tabernáculo: el centro del campamento

El campamento de Israel fue dividido de manera ordenada, con tribus al este, al norte, al oeste y al sur. Justo en el centro se encontraba el tabernáculo. Sobre el campamento estaba la gran nube de día y la columna de fuego de noche. Esta nube/fuego evidenciaba la presencia de Dios, que moraba en medio de Su pueblo. Esto sólo se hacía posible por medio de un intrincado sistema de sacrificios y rituales diseñados para centrar la fe y purificar la vida del pueblo, para que pudiera llegar a Su presencia.

Los artículos en el tabernáculo

Si hubiésemos podido entrar al campamento de Israel, habríamos pasado por todas las tribus a cada lado y, en el centro del campamento, habríamos encontrado a la tribu de Leví: la tribu sacerdotal. Luego de cruzar en medio de los levitas, habríamos llegado al tabernáculo. Al principio atravesaríamos un gran portón hacia el atrio exterior donde encontraríamos ciertos artículos: el altar de bronce y la fuente de bronce. Luego tendríamos que entrar a una edificación interna con un velo en la entrada, donde sólo se atrevían a entrar los sacerdotes: el lugar santo. Detrás de otro velo dentro del lugar santo estaba el lugar santísimo. La única pieza de mobiliario en ese lugar era el arca del pacto, adornada con los querubines de la propiciación, que se tocaban entre sí con las puntas de sus alas. Sólo el sumo sacerdote podía entrar allí, una vez al año y bajo condiciones sumamente rígidas y precisas.

Ahora bien, ¿qué nos enseñan los símbolos del tabernáculo? Una vez más, el mensaje es que Dios es absolutamente inmutable y santo. Él puede morar entre las personas sólo bajo las condiciones más rígidas. El problema del tabernáculo era que les permitía a las personas acercarse a Dios de manera indirecta, sólo por medio de los sacerdotes. De hecho, el pueblo común estaba excluido de la presencia viva del Señor.

El problema del Antiguo Testamento no es que la ley sea insuficiente. No hay nada de malo en ella; es absolutamente buena. Hoy sigue siendo buena y está totalmente vigente. El problema radicaba en el tabernáculo y el sistema de sacrificios. No eran completos, no eran concluyentes. Eran una sombra, un símbolo, no la realidad. Por

esa razón, cuando vamos al libro de Hebreos, se dedica por entero a enseñarnos que la ley de Dios sigue siendo la misma, sin cambios, pero que nuestro acceso a Él, bajo el nuevo pacto, ahora es diferente al antiguo.

En Éxodo, sólo el sumo sacerdote podía entrar en el santuario. Pero en Hebreos leemos que tenemos «libertad para entrar en el Lugar Santísimo» (He. 10:19) sin temor, porque la sangre de Jesús, el sacrificio perfecto del Dios-Hombre sobre la cruz, culmina lo que los sacrificios de sangre del Antiguo Testamento tan sólo simbolizaban. Por medio del perfecto sacrificio de Jesús, ahora tenemos entrada a la presencia de Dios, lo cual le estaba prohibido al pueblo común en los días de Moisés.

El tabernáculo es una ilustración de la morada de Dios con Su pueblo

El gran mensaje del libro de Éxodo es que, por medio de la cruz, Cristo ha hecho posible que un Dios santo e inmutable more con nosotros. El tabernáculo es una ilustración de la morada de Dios con Su pueblo. La gran verdad aquí es que el Señor resolvió plenamente el problema del pecado en nosotros: ¡lo solucionó de manera absoluta y completa! Pablo dice en Romanos 8:1, «ninguna condenación hay», ¡ninguna, en absoluto! Tenemos acceso perfecto al Padre por medio del Hijo, y el Espíritu de Dios que mora en nosotros jamás nos dejará ni nos abandonará. Él hizo de nuestros corazones y vidas Su tabernáculo.

Creo que es una tragedia que tantos maestros de escuela dominical les digan a sus alumnos que la casa de Dios es un edificio. Simplemente, no es cierto. Un edificio era la casa de Dios en el Antiguo Testamento —el tabernáculo—, pero eso era una mera sombra. La casa de Dios en el Nuevo Testamento, la era en que ahora vivimos, son las personas, aquellos que pusieron su confianza en Jesucristo. Como dice Pablo en 1 Corintios 3:16: «Sois templo de Dios» (cursivas añadidas). Así que, una vez que estamos en Cristo, ¡jamás saldremos de la iglesia! Cada uno de nosotros es un tabernáculo viviente.

Todo el libro de Éxodo fue escrito para dejar impresa en nuestra mente una gran verdad del Nuevo Testamento: La gloria de Dios vive en nosotros y con nosotros. Esta verdad nos exalta, nos llena de energía y de júbilo. Pero también nos da un gran sentido de responsabilidad. Tenemos que recordar constantemente que debemos vivir de una manera digna de la Presencia eterna que mora en nosotros. Todas nuestras acciones deben examinarse a la luz de la pregunta: «Al hacer esto, ¿traeré honra o vergüenza al tabernáculo viviente de Dios, que es mi cuerpo?».

Algunas veces escuchamos que la debilidad del Antiguo Testamento era que Israel estaba bajo la ley y no conocía la gracia de Dios.

¡Es totalmente equivocado! Cierto, Israel estaba bajo la ley, pero esta no le fue dada al pueblo como un medio de salvación, sino para que le revelara su pecado y lo hiciera consciente de su condición desesperante lejos de la gracia redentora de Dios. Incluso en el Antiguo Testamento, la salvación era una cuestión de la gracia divina, de la cual el ser humano se apropiaba por medio de la fe.

La ley y la gracia... juntas

Los símbolos de Éxodo tienen por objeto enseñarnos que, por medio de la cruz, Dios ahora mora con nosotros. Por eso, Mateo 1:23 dice acerca de Jesús: «He aquí, una virgen concebirá y dará a luz un hijo, y llamarás su nombre Emanuel, que traducido es: Dios con nosotros». Dios está con nosotros, aquí y ahora, de una manera vívida y poderosa. Él ha hecho Su morada en nuestros corazones. Esto es, en esencia, el mensaje de Éxodo.

Incluso en el Antiguo Testamento, la salvación era una cuestión de la gracia divina, de la cual el ser humano se apropiaba por medio de la fe

Aun así, Éxodo no es suficiente. Necesitamos entrar a Levítico y ver cómo nos afecta la exigente ley de Dios en su esfuerzo por corregirnos y guiar nuestras vidas. Allí es adonde ahora trasladamos nuestra atención.

EL CAMINO HACIA LA PLENITUD

Cuando llegué a la región de la Bahía de California por primera vez, visité una gran fábrica de productos de acero cuyo dueño era amigo mío. Iba a llevarme a visitar las instalaciones cuando lo llamaron para que tratara un asunto de negocios. Mientras esperaba que él regresara y me llevara por la fábrica, me aventuré por mi cuenta y miré a mi alrededor.

La primera impresión al entrar en el enorme edificio fue de un tremendo estruendo. ¡El ruido era descomunal! Máquinas gigantes aporreaban, grandes martillos tipo pilones destrozaban, y otros dispositivos trituraban metal y escupían partes. Ni siquiera podía escuchar mis propios pensamientos.

Mi siguiente impresión fue de total confusión. Las personas corrían aquí y allá sin prestarse atención y cruzándose en el camino. Aparentemente, todas las máquinas trabajaban sin armonía ni conexión en absoluto.

Luego mi amigo me alcanzó y comenzamos el recorrido por la planta. Me mostró un área de la fábrica y me explicó lo que estaban haciendo allí. Me describió el trabajo de diversas máquinas y lo que *hacían* varios trabajadores. Fuimos de departamento en departamento, y en cada lugar me explicaba cómo el caos aparente del lugar era en realidad un caos controlado, con todo cuidadosamente planificado y ejecutado para arrojar un producto terminado. Finalmente, llegamos al área de empaque; allí se encontraba el producto *finalizado*, empaquetado en plástico brillante, cubierto de espuma de poliestireno y colocado ordenadamente en cajas de cartón.

De repente, pude entender la fábrica. No era todo «ruido y furia sin ningún significado», como había supuesto originalmente. Todo tenía perfecto sentido. El ruido, la actividad, la aparente confusión estaban cuidadosamente orquestados para producir el efecto deseado.

Ya no estaba confundido. Más bien, ¡estaba asombrado e impresionado!

La meta de Levítico

Leer el libro de Levítico puede parecerse mucho a visitar una fábrica sin un guía. Al entrar a este libro, encontraremos muchas ceremonias y sacrificios extraños, muchas restricciones raras, y otros detalles diversos que prácticamente parecen no tener significado. Pero, cuanto más entendamos del libro de Levítico, tanto más estos extraños detalles parecerán fusionarse y convertirse en una trama compleja, cohesiva e intrincadamente articulada que avanza hacia una meta determinada.

¿Cuál es esa meta? La encontramos claramente establecida en un versículo cerca de la mitad del libro. Si captamos este versículo, entenderemos la esencia de todo el libro: «Habéis, pues, de serme santos, porque yo Jehová soy santo, y os he apartado de los pueblos para que seáis míos» (Lv. 20:26).

Dios le está diciendo al pueblo de Israel: «Los he separado de todas las naciones a su alrededor para que sean míos». Cuando los cristianos leemos esto, debemos entender que somos el pueblo de Dios hoy. Lo que Él le dijo a Israel también nos lo dice a nosotros porque, en la nueva relación que tenemos en Jesucristo, ya no hay judío ni gentil. Somos un cuerpo en Cristo. Las promesas que aparecen ilustradas en el Antiguo Testamento también nos pertenecen a los que vivimos a este lado de la cruz.

Santidad y plenitud

Cuando el Señor le dice al pueblo, «habéis, pues, de serme santos, porque yo Jehová soy santo», muchos de nosotros tenemos que preguntarnos: ¿Qué significa realmente esa palabra, «santo»? La mayoría de nosotros la relaciona con algún tipo de adustez o solemnidad. Pensamos que las personas santas son las que parecen haber sido maceradas en vinagre o remojadas en líquido para embalsamar. Yo solía pensar así de esa palabra. Y viéndolo bajo esa luz, ¡el concepto de santidad no me era atractivo en absoluto!

Pero luego me topé con Salmo 29:2, un versículo que habla de «la hermosura de la santidad». Tuve que preguntarme: ¿Qué rayos hay de hermoso en la santidad? Cuando lo descubrí, no me quedó otra opción que coincidir en que la santidad es ciertamente algo hermoso.

Si usted quiere entender el significado de esta palabra, debe regresar a su raíz original. La palabra santidad deriva de la misma raíz de otra palabra que conocemos mucho más: «plenitud». Santidad, en realidad, significa «plenitud», ser íntegro, estar completo. Y si usted reemplaza la palabra santidad por «plenitud» cada vez que la encuentra en la Biblia, estará muy cerca de lo que quisieron decir los autores de las Escrituras. Santidad/plenitud significa tener todas las partes diseñadas y que estén funcionando como se pretendía.

Así que, lo que Dios realmente le está diciendo a Su pueblo en el libro de Levítico es: «Habéis, pues, de ser plenos, porque yo Jehová soy «pleno». Dios es íntegro; es perfecto. No hay imperfección alguna en Él. Vive en armonía consigo mismo y no conoce para nada el conflicto o la agitación interiores que a menudo experimentamos los humanos. Dios es una bella persona. Es exactamente lo que un ser humano debiera ser: pleno de gozo, amor y paz. Vive en un estado de plenitud; y al ver nuestro quebrantamiento, dice: «Ustedes también serán plenos».

Anhelamos ser personas plenas

Anhelamos ser personas plenas. La vida nos recuerda continuamente nuestro vacío, nuestra falta de plenitud. Sabemos lo mucho que nos perjudicamos a nosotros mismos y a los demás. Somos conscientes de nuestra incapacidad para lidiar con la vida. A veces levantamos una gran fachada y tratamos de salir del apuro como si pudiéramos manejar cualquier cosa, pero en nuestro interior corremos asustados. Esta es una señal de nuestra falta de plenitud.

Cuando el hombre acabó de ser formado por la mano de Dios, era un ser completo. Estaba hecho a la imagen y semejanza de Él. Adán funcionaba como Dios quería que el hombre funcionara. Pero luego, el pecado entró en escena, y esa imagen y semejanza quedó estropeada y rota. Todavía tenemos la imagen, pero la semejanza se ha ido.

Dios decidió hacernos seres plenos otra vez

Dios decidió curar nuestro quebrantamiento y hacernos seres plenos de nuevo. Él sabe cómo hacerlo, y lo dice: «Yo Jehová vuestro Dios, que os he apartado de los pueblos» (Lv. 20:24). Este quebrantamiento tiene su raíz en ser participantes de la raza humana. Nuestras actitudes son equivocadas; nuestra visión de la vida está distorsionada. Creemos en ilusiones, las tomamos como si fueran hechos y actuamos en base a ellas. Así que, Dios tiene que separarnos. Debe liberarnos de los lazos que nos esclavizan a los patrones de pensamiento, las actitudes y las reacciones de aquellos que están a nuestro alrededor. Dios jamás nos obliga a hacernos santos. Llegamos a serlo sólo cuando confiamos en Él *voluntariamente* y respondemos a Su amor.

Aprender a confiar en Él

Cuando era adolescente, traté una vez de atraer una cierva desde un matorral y hacer que comiera una manzana de mi mano. Era un animal silvestre y estaba asustada, pero vio el fruto y era obvio que lo quería. Se aventuraba unos cuantos pasos hacia mí, luego se retiraba al bosque, otra vez se acercaba, y luego se volvía a retirar. Luego salía otra vez, se quedaba quieta y miraba a su alrededor durante un minuto aproximadamente, después se agachaba para pastar con toda tranquilidad, como si la manzana le fuera indiferente. Yo me quedaba totalmente quieto, sosteniendo la manzana con el brazo extendido, esperando a que la cierva confiara en mí.

Ahora bien, era perfectamente posible que esa cierva sólo viniera directamente hacia mí, tomara la manzana y comenzara a comérsela. Yo jamás le habría hecho daño ni tratado de capturarla, pero ella no lo sabía. Estuve allí un largo tiempo, por lo menos una media hora, tratando de hacer que saliera del bosque. Finalmente, avanzó como hasta la mitad del camino y se quedó allí con el cuello estirado, tratando de armarse de valor para alcanzar esa manzana. Justo cuando pensé que ya venía, un automóvil pasó cerca y el animal se fue. ¡Tuve que comerme la manzana yo mismo!

Ese incidente me parece una ilustración apropiada de aquello con lo que Dios tiene que lidiar para acercarse y ayudar a los seres humanos. Se arma de infinita paciencia y amor para vencer nuestro temor y duda, para que confiemos, y para darnos lo que necesitamos. Esa es la razón por la que Dios nos dio este libro.

Nos hace comenzar por el jardín de infantes espiritual. Comienza con dibujos y sombras, con ayudas visuales, a fin de mostrarnos lo que va a hacer un día. Todas las ceremonias y ofrendas del Antiguo Testamento son sombras e ilustraciones de Jesucristo. Cristo está tan presente en el libro de Levítico como lo está en los Evangelios, pero como está presente en símbolos y señales, debemos mirar con cuidado para ver Su imagen. Jesús es el centro de Levítico, y el tema de este libro es que Dios ha puesto Su santidad/plenitud a nuestra disposición por medio de Jesús.

Los sacrificios, los rituales y las ceremonias de Levítico son un anuncio de Jesús y Su obra salvadora. Este libro nos enseña muchísimo acerca de cómo Jesucristo puede satisfacer nuestras necesidades ahora

«Pero —podría decir usted—, ¡la gente del Antiguo Testamento no sabía que las ilustraciones y las sombras de Levítico señalaban a Jesús!» Cierto; los israelitas no entendían que los sacrificios y el tabernáculo del Antiguo Testamento señalaban a Jesús, pero eso no importa. Las personas del Antiguo Testamento necesitaban a Cristo tanto como nosotros lo necesitamos hoy. Estaban sufriendo, quebrantados y rotos, tal como nosotros lo estamos. Y Cristo estuvo a disposición de ellos por medio de los símbolos y las ilustraciones de Levítico. Lo encontraron a través de la forma de adoración que Dios les dio en este libro y, cuando pusieron su confianza en Dios, experimentaron el mismo gozo y paz que ahora tenemos nosotros como creyentes de la era del Nuevo Testamento.

Por esta razón, Levítico es un libro tan importante para nosotros hoy: los sacrificios, los rituales y las ceremonias de Levítico son un anuncio de Jesús y Su obra salvadora. Este libro nos enseña muchísimo acerca de cómo Jesucristo puede satisfacer nuestras necesidades ahora. No es tan sólo un libro histórico, es un manual tremendamente práctico de cómo vivir la vida cristiana.

La estructura de Levítico

El libro de Levítico tiene dos divisiones principales. La primera parte (capítulos 1 al 17) habla de la necesidad humana y nos dice cómo debemos acercarnos a un Dios santo. Revela nuestra insuficiencia como un pueblo pecaminoso y presenta la respuesta de Dios a dicha insuficiencia.

La segunda parte (capítulos 18 al 27) revela lo que el Señor espera de nosotros a cambio, dándonos instrucciones para vivir vidas santas y santificadas, distintas a la vida del mundo a nuestro alrededor. He aquí un bosquejo del libro de Levítico:

Cómo acercarnos a Dios (Levítico 1–17)

1. Leyes con respecto a las ofrendas a Dios	1–7
A. Holocaustos	1
B. Ofrendas de grano	2
C. Ofrendas de paz	3
D. Ofrendas por el pecado	4:1–5:13
E. Ofrendas expiatorias	5:14–6:7
F. Leyes de los sacrificios	6:8–7:38
2. Leyes con respecto al sacerdocio	8–10
3. Leyes con respecto a la pureza	11–15
A. Leyes concernientes al régimen alimenticio	11
B. Leyes concernientes al parto	12
C. Leyes concernientes a las enfermedades infecciosas de la piel	13–14
D. Leyes concernientes a los flujos corporales	15
4. Leyes con respecto a la expiación y los sacrificios	16–17

Cómo vivir: Santificación y santidad (Levítico 18–27)

5. Leyes con respecto al comportamiento sexual	18
6. Leyes con respecto a la sociedad	19
7. Penas por idolatría e inmoralidad	20
8. La santificación de los sacerdotes	21–22
9. Las fiestas y las leyes de adoración	23–24
10. La santificación venidera de la tierra prometida	25–26
11. Las leyes de consagración del pueblo y sus posesiones	27

Primera parte: La necesidad humana de acercarse a un Dios santo

Los primeros 17 capítulos de Levítico tratan acerca de cómo, en nuestra condición de personas pecaminosas, podemos acercarnos a Dios. Contienen cuatro elementos que establecen la necesidad humana y revelan cómo somos. El primer elemento es una serie de cinco ofrendas que simbolizan de diferentes maneras la ofrenda de Jesucristo en la cruz por nuestros pecados. Tal vez Dios nos dio cinco dedos en cada mano para que podamos recordar las cinco ofrendas:

El primer elemento: serie de cinco ofrendas

1. el holocausto
2. la ofrenda de comida
3. la ofrenda de paz
4. la ofrenda por el pecado
5. la ofrenda expiatoria

Todas son ilustraciones de lo que Jesucristo hace por nosotros, pero también de las necesidades fundamentales de la vida humana. Hablan de los dos aspectos esenciales para la existencia humana: *el amor y la responsabilidad.*

Jamás podemos estar completos si no nos aman o si no amamos. El amor es un ingrediente esencial de la vida. Nada daña, distorsiona, desfigura ni hiere más a una persona que negarle amor.

Pero hay otro aspecto esencial: Para llegar a ser personas completas, para sentir respeto por nosotros mismos y autoestima, debemos ser responsables; lograr lo que vale la pena. Así que, necesitamos ambas cosas: amor y responsabilidad.

El segundo elemento: los sacerdotes

El segundo elemento en los primeros 17 capítulos son los sacerdotes. En el Antiguo Testamento, sólo podían ser sacerdotes los hijos de Leví (que es de donde Levítico recibe su nombre). Pero el sacerdocio adquiere una nueva forma en el Nuevo Testamento.

En primer lugar, está nuestro Señor y Sumo Sacerdote, Jesucristo, quien rasgó el velo del tabernáculo, del lugar santísimo, y nos dio libre acceso a Dios el Padre. En segundo lugar, está el sacerdocio de todos los creyentes, el cuerpo de Cristo, donde todos somos hechos sacerdotes (ver 1 P. 2:5). Nos amamos unos a otros, nos confesamos unos a otros, oramos unos por otros, nos alentamos unos a otros, nos exhortamos unos a otros, y realizamos unos por otros todas las funciones que, en el Antiguo Testamento, eran realizadas por la clase sacerdotal, los hijos de Leví. Por eso, nos necesitamos unos a otros en el cuerpo de Cristo.

El tercer elemento: una norma de la verdad

El tercer elemento que vemos en estos primeros 17 capítulos es la revelación de una norma de la verdad. Por medio de esta norma podemos diferenciar entre lo verdadero y lo falso, entre lo fingido y lo real, entre lo que ayuda y lo que hiere, entre lo que vivifica y lo que mata.

¿No es extraño que los seres humanos, en su condición natural, no puedan hacer esa diferencia? Por este motivo, hay millones de personas que hacen cosas que creen que son beneficiosas, pero que terminan siendo destructivas... ¡y no entienden por qué! Pero, como Dios es un Dios amoroso, nos señala la verdad y nos advierte que evitemos las acciones destructivas.

El cuarto elemento: oportunidad para responderle a Dios

El cuarto y último elemento que vemos en estos primeros 17 capítulos es una oportunidad para responderle a Dios. Esta oportunidad es completamente voluntaria. Dios jamás nos impone Su voluntad. Esta oportunidad se brinda por medio de un suceso llamado «el Día de la Expiación». Si cuando comprendemos totalmente nuestra necesidad y la provisión de Dios para satisfacerla, y le decimos que no la queremos, Él nos dejará seguir nuestro camino. Pero debemos reconocer que puede que jamás volvamos a tener otra oportunidad como esa. Dios siempre nos ofrece un largo período de preparación en que nos lleva a comprender plenamente la elección que pone delante de nosotros; pero el rechazo tiende a ser progresivo y da como resultado un endurecimiento gradual de nuestros corazones. Finalmente, llegamos a un punto donde nuestro rechazo a Él se convierte en algo trágicamente definitivo.

Segunda parte: Una vida santa para el pueblo de un Dios santo

La segunda sección del libro, capítulos 18 al 27, describe el estilo de vida santo y santificado que Dios hace posible. Esta sección de Levítico trata acerca de cómo debemos vivir como un pueblo obediente que pertenece a un Dios santo. Notemos que Él no nos dice cómo debemos vivir hasta que no nos ha hablado primero acerca de Su provisión para darnos la capacidad de acercarnos a Él. En primer lugar, habla del poder por medio del cual hemos de actuar, y luego se refiere a nuestro comportamiento.

A menudo recibimos esta enseñanza al revés en la iglesia. Se les ha hecho mucho daño a las personas al insistir que han de comportarse de cierta manera sin enseñarles nada acerca del poder por medio del cual pueden hacerlo. Algunas veces, a los cristianos nuevos y a los no cristianos se les enseña que deben vivir según ciertas normas antes de que Dios los acepte. ¡Eso es algo totalmente equivocado! Es la mentira moral y legalista de Satanás, diseñada para mantener a las personas lejos de la verdad de Dios y de Su iglesia. Y eso es lo que el Señor se esfuerza por corregir en el libro de Levítico. Él quiere que entendamos que primero hizo la provisión, y Su provisión nos da la base sobre la cual podemos desarrollar un estilo de vida santo.

El primer elemento: la sangre

La segunda parte de Levítico, al igual que la primera, se basa en cuatro elementos esenciales. En primer lugar, existe una necesidad de entender la base de la plenitud, que es la sangre. Cualquiera que haya leído el Antiguo Testamento sabe que está lleno de sangre. De hecho, hay un río de sangre que fluye a lo largo de los 39 libros del Antiguo Testamento. Hay montones de sacrificios, uno tras otro, incluso de bueyes, becerros, cabras, ovejas y aves de todo tipo. ¿Por qué todo este derramamiento de sangre? Porque Dios está tratando de dejar impreso en nosotros un hecho fundamental: Nuestra condición de pecado es muy profunda y sólo puede resolverse por medio de una muerte. La muerte que se ilustra en cada uno de estos sacrificios de animales es, por supuesto, la muerte del unigénito Hijo de Dios, Jesucristo.

El segundo elemento: la práctica del amor

El segundo elemento que fluye a lo largo de la parte final de Levítico es la práctica del amor en todas las relaciones de la vida. La Biblia es intensamente práctica. No se preocupa tanto por lo que hacemos en el tabernáculo como por lo que hacemos en casa como resultado de haber estado en dicho tabernáculo. Así que, este libro trata acerca de las relaciones con la familia, los amigos y la sociedad en general. Nos muestra exactamente el tipo de relación de amor que Dios hace posible en todas estas áreas de la vida.

El tercer elemento: disfrutar de Dios

El tercer elemento en esta última sección es disfrutar de Dios: Su presencia y Su poder. Esta sección nos dice cómo vivir en relación a Dios, cómo adorarlo, ¡y cómo experimentar Su presencia viva! Lo más importante en la vida no son los rituales y las leyes, ¡sino experimentar al Dios vivo que está detrás de todos esos rituales y leyes!

El cuarto elemento: la elección de la vida

El cuarto y último elemento es la elección que Dios nos llama a hacer. Él nos hace ser conscientes de los asuntos importantes que están en juego, de cómo nuestra vida entera está en la balanza, y de que se requiere una decisión de nuestra parte. Dios nos muestra que, en el análisis final, la elección es totalmente nuestra. Él jamás dice: «Voy a hacer que dejes la miseria en que vives». Más bien, dice: «Si prefieres estar quebrantado y no quieres ser curado, puedes quedarte donde estás. Pero, si quieres la vida, esto es lo que debes elegir». Dios jamás impone Su voluntad sobre nosotros, pero sí espera una respuesta. La elección es nuestra.

El tema clave de Levítico

Para terminar, regresamos al versículo y al tema que son la clave de Levítico; lo encontramos en Levítico 20:26: «Habéis, pues, de serme santos [plenos], porque yo Jehová soy santo [pleno], y os he apartado de los pueblos para que seáis míos». Es importante notar el tiempo de los verbos en la última frase. En nuestro texto en castellano, se encuentra en el futuro: «Habéis de [...] míos». Pero el idioma hebreo incorpora en esta sola frase los tres tiempos: pasado, presente y futuro. Es como si Dios estuviera diciendo: «Fuisteis, sois y seréis míos».

Si continuamos con esta idea a lo largo de la Biblia, podemos ver cuán cierta es. Puede que usted sepa por experiencia que, después de haberse hecho cristiano, comprendió que, en un sentido, siempre había pertenecido a Dios. Él estaba activo y participando en su vida mucho antes de que usted se diera cuenta de Su presencia. El apóstol Pablo expresó este pensamiento cuando escribió: « [Dios] me apartó desde el vientre de mi madre» (Gá. 1:15). Pero antes de su conversión, ¡Pablo fue un enemigo acérrimo del cristianismo! Esta es una prueba del amor y la paciencia asombrosos de Dios, quien nos atrae a Él aun cuando nos oponemos. «Eres mío —nos dice Dios—. Aun cuando estés en contra de mí, me seas hostil y luches contra mí, ¡eres mío!»

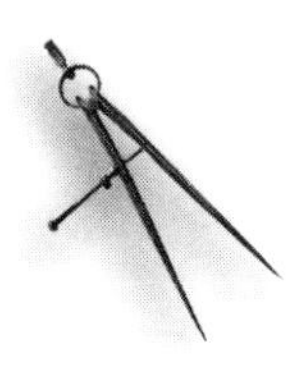

«¡Eres mío!»

Luego, en tiempo presente, Dios mira nuestro vacío, dolor e imperfección, coloca Su amorosa mano sobre nosotros, y dice: «Eres mío, ahora, así como eres y como estás. Me perteneces».

Hace algunos años, hubo un servicio para niños en un centro misionero de rescate en una ciudad en el Medio Oeste de los Estados Unidos de América. Uno de los niños que tomaba parte en el programa era un muchachito de seis años con una pronunciada joroba. Mientras caminaba por el escenario para recitar su parte, se hacía evidente que era un niño muy tímido, y que estaba temeroso y muy acomplejado por su deformidad física. Mientras atravesaba el escenario, de entre el público uno de los crueles muchachos exclamó: «Oye, ¿a dónde vas con ese paquete en la espalda?». El niñito se quedó parado allí, temblando y sollozando frente al público.

Un hombre se levantó, fue a la plataforma y levantó en sus brazos al niño que sollozaba. Luego miró al público. «¿Quién dijo eso?», preguntó. Nadie respondió. «Eso creía. Sólo un verdadero cobarde hace una observación como esa. Este niño es mi hijo y sufre por algo que no es su culpa. Quienquiera que seas, has herido a este niño sin ninguna razón. Pero quiero que todos aquí sepan que yo amo a este niño tal como es. Él es mío, me pertenece, y estoy muy orgulloso de él».

Eso es lo que Dios nos está diciendo. Él ve nuestro dolor y nuestro quebrantamiento, y dice: «¡Eres mío!».

«Serás mío»

Pero eso no es todo. Debido a Su poder y Su sabiduría, Él también trata el futuro con toda la esperanza y el optimismo de un padre amoroso. «Serás mío», dice en tiempo futuro. «Serás sanado y hecho un ser pleno. Todas tus imperfecciones y deformidades serán corregidas, todas tus faltas serán arregladas, todos tus pecados serán borrados, todas tus relaciones enredadas serán desenmarañadas. Serás hecho completo, por cuanto yo soy completo». De eso trata este libro, de eso trata la Biblia, y de eso trata Jesucristo.

DEL FRACASO A LA VICTORIA

Una vez, un rey estaba en su lecho de enfermo. Había llamado al médico real para que le trajera alguna medicina para su dolencia de estómago. Pero antes de que el médico llegase, vino un mensajero con una carta secreta, donde acusaba al médico de estar involucrado en un complot para asesinar al rey. «No reciba medicina alguna de manos del médico —decía la carta—. Será veneno».

El rey escondió la carta bajo su almohada justo instantes antes de que el médico real llegara con una copa llena de una poción medicinal. —Confíe en mí, Señor —dijo el doctor—. Esta medicina curará su estómago.

—Yo confío en usted— dijo el rey. Metiendo la mano debajo de su almohada, sacó la carta acusadora y se la entregó al doctor, al mismo tiempo que tomaba la copa con la medicina.

—¿Qué es esto?— preguntó el doctor, tomando la carta de la mano del rey.

—Léala—, dijo el rey. Luego se llevó la copa a los labios y se tomó la poción.

El doctor leyó la carta, luego levantó la mirada hacia el rey con los ojos llenos de horror y dolor. —Su Alteza, debe creerme, ¡esta carta no es sino puras mentiras! ¡Yo jamás haría algo que le causara daño!

—Le creo —dijo el rey—, y confío en usted plenamente; ¿ve? El rey mostró la copa. Se había tomado la poción hasta la última gota. A la mañana siguiente, estaba totalmente recuperado. Había demostrado, de la manera más dramática imaginable, su total confianza en el médico.

La confianza es el tema del libro de Números. En este libro, Dios presenta dramáticamente lo que tal vez sea la lección más difícil que todos nosotros debemos aprender: la necesidad de confiar en Dios más que en nuestra propia razón.

En el desierto de la disciplina

Para muchos cristianos, el asunto de la confianza es una lucha de gran envergadura

Creemos que sabemos más que Dios

Números ilustra a personas que tuvieron la fe para seguir a Dios hasta salir de la servidumbre y la esclavitud, pero todavía no han llegado a la libertad y el descanso

Para muchos cristianos, el asunto de la confianza es una lucha de gran envergadura. La lucha más difícil que tenemos es la misma que tuvieron los israelitas: creer y confiar en que Dios tiene el control, que sabe lo que está haciendo y diciendo, y que no comete errores. Luchamos por creer que todo lo que Él nos dice en Su Palabra es verdad y para nuestro bien.

Una y otra vez, los cristianos nos metemos en problemas porque creemos que sabemos más que Dios, que estamos más cerca de la situación que Él, y que podemos manejar las cosas mejor, porque no podemos confiar en que se manifieste cuando lo necesitemos. Proverbios lo dice de manera muy dura, pero precisa: «Hay camino que al hombre le parece derecho; pero su fin es camino de muerte» (Pr. 14:12). El libro de Números es una ilustración de esta experiencia en la vida de un creyente.

La contraparte del libro de Números en el Nuevo Testamento es Romanos capítulo 7, que describe al cristiano infeliz y derrotado, el cual es su peor enemigo. Este descubre que Dios lo disciplina porque Él, el Padre amoroso, lo ama y quiere lo mejor para su vida. En este capítulo, el cristiano está experimentando lo que a menudo se conoce como «el amor estricto», una forma dolorosa de amor que procura formar el carácter y producir madurez. Es también el tipo de amor que se ilustra en el libro de Números.

Números describe a personas que han salido de Egipto, pero que todavía no han llegado a Canaán. Tuvieron la fe para seguir a Dios hasta salir de la servidumbre y la esclavitud, pero todavía no han llegado a la libertad y el descanso. Todavía no han llegado a la tierra de la promesa. Dios las ama, las preserva en medio de su peregrinaje, pero están en el desierto de la disciplina, no en el remanso de paz y tranquilidad.

Números es el libro del peregrinaje del pueblo de Israel. Hasta que los israelitas aprendan a confiar en su Dios, deberán soportar el desierto de la disciplina. Este trágico libro está cargado de mandatos y advertencias que son de relevancia para nuestras vidas hoy.

La estructura de Números

Este libro tiene tres divisiones. En la primera sección, el pueblo de Israel es preparado para heredar la tierra prometida, la tierra de Canaán. En la sección de en medio, el pueblo fracasa, peca y es juzgado; el juicio de Dios es que esta generación debe vagar por el desierto y no puede heredar la tierra prometida. En la sección final, una nueva generación es preparada para entrar a esa tierra y poseerla. El libro puede bosquejarse como sigue:

Preparando al pueblo para que herede la tierra prometida (Números 1–10)

1.	El censo (conteo) del pueblo	1
2.	La disposición del campamento	2
3.	El ministerio de los sacerdotes (los levitas)	3–4
4.	La santificación de Israel (por medio de la separación, los votos, la adoración y la guía divina)	5–10

El fracaso de Israel para heredar la tierra prometida (Números 11–25)

5.	Las quejas del pueblo	11:1-9
6.	Las quejas de Moisés	11:10-15
7.	Dios provee para Moisés y el pueblo	11:16-32
8.	Dios escarmienta al pueblo (plagas)	11:33-35
9.	El fracaso de Moisés y Aarón	12
10.	El fracaso y el juicio de Israel en Cades-barnea	13–14
11.	Israel vaga en el desierto	15–19
	A. Las ofrendas	15
	B. La rebelión de Coré	16
	C. El papel de los levitas	17–19
12.	El pecado de Israel, el fracaso de Moisés	20:1-13
13.	Israel en guerra	20:14–22:35
14.	Los oráculos de Balaam, el falso profeta	23–24
15.	Israel peca con los moabitas	25

Una nueva generación se prepara para heredar la tierra prometida (Números 26–36)

16.	La reorganización y reconteo de Israel	26
17.	La designación de un nuevo líder, Josué	27
18.	La reinstitución de las ofrendas y los votos	28–30
19.	Los preparativos militares y espirituales para la conquista de Canaán	31–36

La provisión de Dios como guía y para la guerra

La primera sección de Números, capítulos 1 al 9, es una ilustración de cómo Dios les provee de todo lo necesario para ser guiados y para la guerra. Estas son dos necesidades de suma importancia para Israel en su marcha desde el Monte Sinaí, donde recibió la ley, hasta el desierto de Parán en el norte, al borde de la tierra prometida, la tierra de Canaán. Durante el camino, el pueblo necesitaba guía, porque este era un desierto inexplorado. Además, necesitaba protección, por cuanto estaba habitado por tribus hostiles que se le oponían cada vez que el pueblo se daba la vuelta.

¿Le es familiar esta ilustración? Todos necesitamos guía para seguir nuestro camino entre los peligros, las tentaciones y los males sutiles de este mundo. Todos necesitamos protección de los enemigos que nos rodean y que nos vencerían si pudieran.

Esta sección describe la disposición del campamento, e incluye la posición del tabernáculo con las tribus a cada lado, y un censo de los hombres armados de Israel. Esto nos ilustra la necesidad de defendernos contra los enemigos de Dios. Él provee toda la estrategia y recursos necesarios para enfrentarnos a cualquier enemigo que se ponga en nuestro camino. El Señor había ordenado la disposición del campamento (el tabernáculo rodeado por las tribus) y también había provisto la nube de día y la columna de fuego en la noche.

Estos tres elementos —el tabernáculo, la nube y la columna de fuego— representan la gran verdad del Espíritu Santo que mora en nosotros. Tenemos a Dios en medio nuestro. Él puede dirigirnos y llevarnos a través del desierto del mundo por medio de la guía de la Palabra. Somos llevados por la nube y el fuego, así como Israel lo fue, y hemos de ser obedientes a dicha guía. Este es el único potencial que necesitamos para salir del lugar de la ley (el conocimiento de la santidad de Dios) e ir hacia un lugar de descanso en el Espíritu, lo cual representa la tierra de Canaán. Tenemos todo lo que necesitamos, así como el pueblo de Israel también lo tenía.

¡Fracaso!

La rebelión comienza con murmuración y quejas

Pero, en los capítulos 11 al 21, ¡algo sale trágicamente mal! Esta tragedia ocupa la gran sección central de Números. He aquí la descripción de una rebelión y una desobediencia deliberada contra Dios. Note cómo comienza esta rebelión: con murmuración y quejas. Cuando usted perciba que está comenzando a quejarse de las circunstancias que lo rodean, considere esto: Usted está al borde de la rebelión, porque siempre comienza así.

Tres niveles de quejas

Tres niveles de queja marcan esta parte de la travesía por el desierto:

El primer nivel: la queja contra las circunstancias

Primero, el pueblo se quejó contra las circunstancias que lo rodeaban. Dios le había dado maná y codornices para comer, y agua para beber, pero el pueblo se quejaba del maná y de la falta de agua. Se quejaba de la carne. Se quejaba del desierto. Nada estaba bien, ni siquiera la provisión milagrosa de Dios para sus necesidades.

¿Qué cree usted que el maná simboliza para nosotros hoy? ¡Tipifica al Espíritu Santo! El maná sabía a una delgada galleta hecha de una mezcla de aceite y miel. Tanto el aceite como la miel son símbolos del Espíritu Santo. El pueblo debía comer esta sustancia, la cual sería suficiente para sostenerlo. Pero no bastaba para satisfacerlo, porque nunca fue la intención de Dios que el pueblo viviera tanto tiempo en el desierto. Él quería que avanzara hacia la tierra de Canaán y comenzara a comer de la abundante comida que había allí.

Pero el pueblo se cansó del maná. Después de todo, ¿quién no se habría cansado de 40 años de galletas hechas de aceite y miel para el desayuno, el almuerzo y la cena? ¡Todos los días, nada más que maná, maná y maná! Primero, el pueblo se quejó; finalmente, se rebeló.

¿De quién fue la culpa de que el pueblo se rebelara? ¡No fue de Dios! Su plan era que poseyera una tierra de abundancia e infinita variedad, pero eligieron darle la espalda a la satisfacción y vagar en un árido desierto sin nada más que maná para comer.

Cuando el pueblo se quejó de la falta de carne, Dios se la dio por un mes hasta que se cansaron. ¡Entonces, la gente se quejó de que había demasiada carne! Y así seguía y seguía. Dios proveía, el pueblo se quejaba; Dios proveía más, el pueblo se quejaba más. En su murmuración, el único tema que se mencionaba una y otra vez era Egipto, ¡la tierra de la esclavitud!

He aquí la ilustración simbólica de una experiencia cristiana degenerativa. Lo único en que los israelitas podían pensar era en la carne, los melones, los pepinos, los puerros, las cebollas y el ajo de Egipto. ¡Eso sí que es tener una memoria selectiva! ¿Acaso no se acordaban del trabajo duro y agotador, del látigo del capataz y de las cadenas de la esclavitud? ¿Y qué podríamos decir de la tierra a la cual Dios los estaba llamando? No tenían ni idea de cómo era Canaán porque no conocían esa tierra. Habían oído acerca de ella, pero no la habían experimentado.

Tres juicios breves: el fuego, la plaga y el veneno

Esta murmuración contra las circunstancias que los rodeaban fue lo que provocó el juicio de Dios. El juicio vino de tres formas: el fuego, la plaga y las serpientes venenosas. Esta es una ilustración del resultado inevitable de los lloriqueos, las quejas y las murmuraciones de un cristiano. Cuando nos quejamos acerca de dónde nos ha puesto Dios y del tipo de personas con que nos ha rodeado, del tipo de comida que tenemos que comer y de todas las demás circunstancias, pronto descubrimos:

- el fuego del chisme, el escándalo y la calumnia;
- la plaga de la ansiedad y de la tensión nerviosa; y
- el veneno de la envidia y los celos.

Segundo nivel: la murmuración contra la bendición de Dios

No sólo los israelitas se quejaban de las circunstancias que los rodeaban, sino que continuamente murmuraban contra la bendición de Dios. ¡Imagínese! Finalmente, llegaron al borde de la tierra de Canaán, se ubicaron sobre la misma frontera en Cades-barnea, y allí Dios les dijo: «Envía tú hombres que reconozcan la tierra de Canaán, la cual yo doy a los hijos de Israel» (Nm. 13:2).

Los israelitas habían enviado espías y descubierto que Canaán era una tierra de la que fluía leche y miel. ¡Los espías habían llevado uvas tan grandes que tenían que cargarlas con una estaca sobre los hombros de dos hombres!

Pero también descubrieron que era una tierra llena de gigantes, y temían avanzar debido a ellos. Pensaban que esos gigantes eran más grandes que Dios, así que, se negaron a entrar en la bendición que Él quería derramar sobre ellos.

Un largo juicio: a vagar

Entonces, Dios los juzgó. Fueron sentenciados a vagar en el desierto por 40 años. Como se habían negado a avanzar y apropiarse de la generosa voluntad de Dios para sus vidas, el inevitable juicio divino los obligó a experimentar todas las consecuencias de un fracaso. Sólo entonces podrían avanzar en el programa de Dios.

Muchos cristianos viven de la misma manera, languideciendo en un desierto miserable e inhóspito, viviendo con un suministro mínimo del Espíritu Santo, lo suficiente para mantenerlos funcionando— y eso es todo. Se pasan la vida quejándose de las circunstancias que los rodean y, aun así, siguen sin estar dispuestos a avanzar hacia la tierra que Dios ha provisto para ellos de manera plena. Podemos ser sustentados en el desierto, pero jamás quedaremos satisfechos allí. Por esta razón, la experiencia en el desierto siempre está marcada por un corazón quejoso y una crítica interminable hacia algo o alguien.

Para Israel, la experiencia del desierto no iba a terminar hasta que una nueva generación estuviera lista para entrar en la tierra. Dios les dijo: «En este desierto caerán vuestros cuerpos; todo el número de los que fueron contados de entre vosotros, de veinte años arriba, los cuales han murmurado contra mí. Vosotros a la verdad no entraréis en la tierra, [...] exceptuando a Caleb [...] y a Josué» (Nm. 14:29-30). Estos dos hombres fueron los únicos miembros de la antigua generación que demostraron fe y confianza para avanzar y poseer la tierra de la promesa.

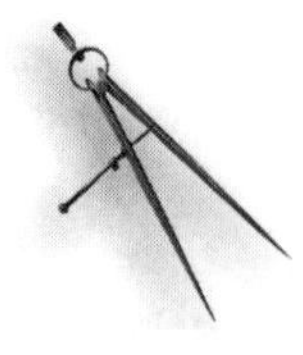

Hay una lección importante aquí para nuestras vidas cristianas. A menudo, cuando llegamos al límite, descubrimos que debemos tener un nuevo comienzo que le permita al Espíritu tomar el control y llevarnos a nuestra propia tierra de la promesa. Por eso es que tantos cristianos parecen no encontrar nunca la victoria, hasta que experimentan una crisis seguida de un nuevo comienzo. Dios dice: «Confía en mí», pero nos resistimos una y otra vez. Entonces, Él tiene que derribar todo aquello en lo que nos apoyamos, ¡hasta que no nos queda nada más a qué aferrarnos sino a Él! Finalmente, clamamos «¡Dios, no me queda nada, sino tú! ¡Eres mi única esperanza!» Entonces Él puede decir: «Bien. Ahora estás listo para confiar en mí. Ahora puedo llevarte adonde siempre he querido. Ahora puedo bendecirte como siempre he anhelado».

Una tierra de muerte

Una de las características distintivas de la experiencia en el desierto de Israel es la muerte. El pueblo vagó en una tierra de muerte. ¿Alguna vez pensó cuántos israelitas murieron durante esos 40 años en el desierto? Este libro comienza con un censo de Israel y da un total de 603.000 hombres, hombres aptos para la guerra, que tenían al menos 20 años de edad. La mayoría estaba casado; así que, en el campamento, tal vez había un número equivalente de mujeres, además de muchos niños. Muchos eruditos han estimado que la población total en ese momento probablemente haya sobrepasado los dos millones de personas.

Así que, en el desierto, durante esos 40 años, murieron aproximadamente 1.2 millones de personas. ¡Eso da un promedio de *82 muertes por día!* La travesía en el desierto fue una larga y triste marcha fúnebre, 40 años plagados de dolor y pérdida. El desierto fue un enorme cementerio. ¡Con razón tenían que mudarse tan a menudo! Esta es una ilustración del Antiguo Testamento semejante a la advertencia de Romanos: «Porque el ocuparse de la carne es muerte» (Ro. 8:6).

Tercer nivel: la murmuración contra el liderazgo

La banda sonora de Números es el interminable susurro de las murmuraciones y las quejas. Primero fue la murmuración contra las circunstancias. Luego el pueblo murmuró contra la provisión de Dios. Finalmente, se quejó de los líderes de Israel, Moisés y Aarón, quienes habían sido designados de manera divina. Los israelitas se quejaban, diciendo: «¡Basta ya de vosotros! Porque toda la congregación, todos ellos son santos, y en medio de ellos está Jehová; ¿por qué, pues, os levantáis vosotros sobre la congregación de Jehová?» (Nm. 16:3). Se juzgaron según sus propios estándares y se rebelaron contra la autoridad que había sido constituida de manera apropiada en medio de ellos.

¡Esta es otra característica de los cristianos derrotados! Siempre creen que son lo suficientemente santos, que tienen toda la santidad que se debe tener, y se ofenden con cualquiera que parezca ejercer autoridad espiritual o moral. Se molestan ante cualquier sugerencia que los inste a ser más de lo que son. Eso es lo que hicieron estas personas.

El más severo de todos los juicios

Dios trató esta actitud con el más severo de los juicios. La situación llega a su punto culminante con la rebelión abierta de dos sacerdotes israelitas, Coré y Abiram. Estos hombres dividieron la nación de Israel (algo muy parecido a las personas rebeldes que siguen dividiendo a las iglesias hoy). Cuando desafiaron abiertamente la autoridad de Moisés y Aarón, Dios les dijo a estos: «Apartaos de entre esta congregación, y los consumiré en un momento [...]. Habla a la congregación y diles: Apartaos de en derredor de la tienda de Coré, Datán y Abiram» (Nm. 16:21,24).

Luego Dios guió a Moisés para que le dijera a Israel: «Si como mueren todos los hombres murieren éstos, o si ellos al ser visitados siguen la suerte de todos los hombres, Jehová no me envió. Mas, si Jehová hiciere algo nuevo, y la tierra abriere su boca y los tragare con todas sus cosas, y descendieren vivos al Seol, entonces conoceréis que estos hombres irritaron a Jehová» (Nm. 16:29-30). Entonces, cuando dijo esas palabras, la tierra se abrió debajo de Coré y Abiram y de las familias de ambos, y cayeron vivos en la fosa. De esta manera, Dios estableció Su autoridad a través de Moisés por medio de este extraordinario juicio. Cuando nos rebelamos contra la autoridad, el Señor juzga con la mayor severidad.

Las quejas disminuyen cuando...

Después de este juicio, vemos una asombrosa demostración de la tozuda obstinación de la naturaleza humana. La murmuración y las críticas son una parte tan grande de lo que somos como seres humanos que, incluso después de ver que la tierra se abría y se tragaba a un grupo de rebeldes, ¡el pueblo siguió quejándose! Las quejas se fueron apagando sólo cuando ocurrieron dos cosas.

1. La vara de Aarón florece y produce almendras

Primero, después de la muerte de Coré y Abiram, los líderes de las doce tribus tomaron varas y las colocaron delante del Señor. Una de ellas le pertenecía a Aarón. A la mañana siguiente, encontraron que a la vara de Aarón le habían crecido ramas, que las ramas habían florecido, que de allí había crecido fruto, y que había almendras colgando. ¡Todo esto había ocurrido de la noche a la mañana! De las doce varas, sólo la de Aarón floreció. Esta es una ilustración de la vida de resurrección. Dios le estaba diciendo a Israel que los únicos con derecho a la autoridad son los que caminan en la plenitud y el poder de la vida de resurrección.

2. La serpiente de bronce los salva de las serpientes venenosas

Segundo, cuando el pueblo murmuró contra la comida, Dios envió serpientes venenosas. El pueblo moría sin un salvador. Entonces, Moisés curó los efectos del veneno levantando una serpiente de bronce en un poste. Siguiendo las instrucciones del Señor, todo aquel que mirara la serpiente sería sanado. Por medio de este símbolo, Dios le dice a Israel y a nosotros: «La única cura para el pecado, incluso el pecado de los creyentes, es volver a mirar la cruz». En Juan 3, el Señor Jesús hace referencia a este incidente y señala su trascendencia simbólica en nuestras vidas: «Y como Moisés levantó la serpiente en el desierto, así es necesario que el Hijo del Hombre sea levantado, para que todo aquel que en él cree, no se pierda, mas tenga vida eterna» (Jn. 3:14-15). La cruz repudia por completo todo esfuerzo humano y todo lo meritorio desde el punto de vista del hombre; somos incapaces de salvarnos a nosotros mismos, y sólo podemos ser salvos por la resurrección de Jesucristo.

El capítulo 26 da inicio al tercer y último traslado del pueblo. Registra el segundo censo de los hombres de guerra y sus familias. Dios le dio instrucciones específicas a Moisés sobre la división de la tierra cuando entraran en Canaán.

Victoria al fin

Las cinco hijas de Zelofehad

Hay un incidente interesante concerniente a las cinco hijas de Zelofehad. Según las normas culturales del Medio Oriente, al quedar sin padre, no se les daría ninguna porción de la tierra cuando Israel entrara a Canaán. Pero estas mujeres hicieron una petición y se les concedió una herencia en la tierra de la promesa (27:1-11). De una manera simbólica, este incidente estableció el principio de que en Cristo no hay hombre ni mujer, y prepara el camino para el tratamiento igualitario y justo a las mujeres.

Luego, Dios le informó a Moisés que había llegado su hora de morir. A solicitud de Moisés, Dios designa a Josué, el hijo de Nun, como su sucesor (27:18-19). Josué no heredaría toda la autoridad que Moisés ejerció, sino que descubriría la voluntad divina por medio de un sumo sacerdote.

La guerra santa dirigida por Finees

Después de esto, Dios repitió las diversas ofrendas y sacrificios que debían hacerse los días de las fiestas solemnes de Israel, que ya se habían delineado en el libro de Levítico. Ciertas excepciones se hicieron entonces a la regla general sobre los votos.

Los capítulos finales del libro, del 31 al 36, describen el relato de una guerra santa dirigida por el sacerdote Finees contra los madianitas, durante la cual Balaam, el falso profeta, también es asesinado. Aquí también, las dos tribus de Rubén y Gad, y la media tribu de Manasés insisten de manera insensata en establecerse al este del Jordán, en vez de hacerlo en las regiones unidas de la tierra de la promesa. Se les permitió hacerlo sólo si aceptaban unirse a sus hermanos para someter a los enemigos cananeos.

Designación de las ciudades de refugio

Después de revisar la ruta tomada por Israel desde Egipto al Jordán y de dar instrucciones para la división de la tierra cuando las tribus entraran a ella, Moisés asignó ciertas ciudades como residencias de los levitas, seis de las cuales quedaron especialmente designadas como ciudades de refugio (35:10-15). Eran para personas que habían cometido asesinato de manera accidental y necesitaban lugares seguros para protegerse de los vengadores, hasta que se celebrara un juicio.

Históricamente, el libro de Números termina donde comienza el último capítulo de Deuteronomio, ofreciéndonos el relato de la muerte de Moisés. Números es el registro del fracaso del pueblo en su perpetua terquedad e insensatez, pero también es la historia de la inagotable paciencia y continua fidelidad de Dios. De este modo, ofrece aliento a quienes a menudo hemos fracasado en la vida

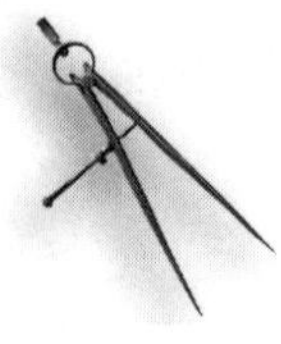

espiritual, y nos muestra que la victoria todavía es posible si nos aferramos con confianza en Dios. Tenemos que llegar a aprender, tal como lo declara el Nuevo Testamento, que «si fuéremos infieles, él permanece fiel; él no puede negarse a sí mismo» (2 Ti. 2:13).

LA LEY QUE LIBERA

Deuteronomio está conformado por tres grandes sermones de Moisés poco antes de su muerte. Fueron dados a Israel mientras esperaba al este del Jordán, en el Arabá, y después de la victoria sobre Sehón, rey de los amorreos, y Og, rey de Basán. En ese momento, la multitud de israelitas estaba formada por la nueva generación constituida por quienes eran niños (o aún no nacidos) cuando sus padres recibieron la ley en el Monte Sinaí. He aquí un bosquejo del libro:

Primer sermón de Moisés: Una revisión de lo que Dios ha hecho por Israel (Deuteronomio 1–4)

1.	De Monte Sinaí a Cades-barnea	1
2.	De Cades-barnea a Moab	2:1-23
3.	La conquista del este del Jordán	2:24–3:20
4.	Resumen: El pacto	3:21–4:43

Segundo sermón de Moisés: Una revisión de la ley de Dios (Deuteronomio 4–26)

5.	Introducción a la ley	4:44-49
6.	Exposición de los Diez Mandamientos	5–11
7.	Exposición de las leyes ceremoniales, civiles, sociales y criminales	12–26

Tercer sermón de Moisés: Una revisión del pacto de Dios (Deuteronomio 27–34)

8.	La ratificación del pacto	27–30
9.	La transición del liderazgo	31–34
	A. Moisés instala e instruye a	

	Josué y a Israel	31
B.	El cántico de Moisés	32:1-47
C.	La muerte de Moisés	32:48–34:12

El primer sermón: Lo que Dios ha hecho por Israel

Cuando los israelitas estaban a punto de entrar en la tierra de Canaán, era esencial que entendieran a pleno su historia. Así que, los capítulos 1 al 4 nos dan el primer mensaje de Moisés, donde repasó el peregrinaje desde la entrega de la ley en el Monte Sinaí hasta que el pueblo llegó a Moab, al borde del río Jordán.

La primera tarea de Moisés fue recitarles a los israelitas el amor y el cuidado maravillosos de Dios, quien los llevó con la columna de fuego de noche y la nube de día, y los guió a través del desierto inexplorado. Les recordó que Dios había sacado agua de la roca para apagar su sed en una región vasta y árida; los había alimentado con el maná que nunca dejó de caer; y los había librado una y otra vez de sus enemigos.

La liberación

En el capítulo 1, Moisés explicó detalladamente cómo el pueblo se había trasladado desde la entrega de la ley en Sinaí (al cual también se lo llama Monte Horeb) hasta su negativa a entrar en la tierra prometida en Cades-barnea. En el capítulo 2, repasó el segundo traslado desde Cades-barnea a Hesbón, alrededor de la tierra de Edom y a través del desierto de Moab hasta el encuentro con Sehón, rey de Hesbón. A lo largo de todo este pasaje, Moisés enfatizó que Dios había liberado constantemente al pueblo de sus enemigos, a pesar de su incredulidad.

Siguiendo con su discurso, repasó la conquista del valle del Jordán hacia el norte hasta el Monte Hermón y la decisión de Rubén y Gad de establecerse al este del río. En una nota de patetismo, recordó su impaciencia por entrar en la tierra con su pueblo, pero reconoció la negativa de Dios a este privilegio. Aún así, se le permitió ver la tierra desde la cumbre del Monte Pisga.

Moisés terminó la revisión histórica, en el capítulo 4, con una exhortación al pueblo a recordar la grandeza de su Dios y a ser obediente de corazón. También advirtió contra el peligro de la idolatría; en especial, la manufactura de imágenes talladas. Concluyó el mensaje separando tres ciudades de refugio al lado este del Jordán, para proteger a aquellos que cometieran homicidio sin premeditación.

Al estudiar este registro de la provisión de Dios para el pueblo de Israel, vemos que los sacó de Egipto y, a través del desierto, los llevó directamente a la frontera de Canaán. En el peregrinaje, experimentaron los mismos problemas, obstáculos, enemigos, derrotas y victorias que nosotros encontramos a lo largo de la vida cristiana.

La provisión

La esclavitud de los israelitas bajo el yugo de Egipto es la misma que experimentamos como esclavos del mundo, antes de hacernos cristianos. Y la tierra de Canaán, de la que fluye leche y miel, ilustra una vida llena de victoria continua, que puede ser nuestra en Cristo. Así Dios nos ilustra lo que está pasando en nuestras vidas.

Si usted lee su Antiguo Testamento con esta clave en la mano, verá que se convierte en un libro muy claro y práctico. Cada historia tiene una relación directa con nuestra vida diaria y enseña lecciones maravillosas. En mi propia experiencia, no pude entender las poderosas verdades del Nuevo Testamento hasta que las vi demostradas en el Antiguo. A medida que estas historias cobran vida y vemos cómo se aplican a nuestras experiencias, las verdades del Nuevo Testamento que nos son tan familiares se vuelven experiencias vibrantes y totalmente nuevas. De repente, ¡el mundo de la verdad espiritual se convierte en un mundo de emoción y aventura!

El segundo sermón: Una revisión de la ley de Dios

El segundo mensaje de Moisés abarca los capítulos 5 al 26. Comienza con una nueva enumeración de los Diez Mandamientos, tal como Dios se los dio a Moisés en el Monte Sinaí. Deuteronomio significa «la segunda [entrega de la] ley». Esto tiene mayor trascendencia que el simple hecho de ser el relato histórico de la enumeración de la ley por segunda vez, como lo veremos antes de terminar el libro. Deuteronomio no es simplemente una enumeración de los peregrinajes de Israel, sino un comentario divino de la importancia de dichos peregrinajes.

La Shemá

Moisés le recordó al pueblo que había prometido escuchar y hacer todo lo que el Señor decía. A esto Dios había respondido: «¡Quién diera que tuviesen tal corazón, que me temiesen y guardasen todos los días todos mis mandamientos, para que a ellos y a sus hijos les fuese bien para siempre!» (Dt. 5:29). Moisés luego procedió a darle al pueblo la famosa Shemá: «Oye, Israel», que devotos judíos todavía recitan para resumir la característica central de su fe: el carácter único de su Dios. Instó al pueblo a observar estas palabras y a enseñarlas diligentemente a sus hijos en toda oportunidad. Esta es una gran lección para criar a nuestros hijos: aprovechar al máximo los momentos de enseñanza, utilizando las situaciones que se tengan a mano para reforzar los valores familiares y las creencias.

Moisés luego comenzó a revisar las condiciones que los israelitas encontrarían en el país y las bendiciones que les aguardarían allí. Les advirtió de manera especial que tuvieran cuidado de tres peligros: el peligro de la prosperidad, el peligro de la adversidad y el peligro de descuidar la enseñanza a sus hijos.

En el capítulo 7, Moisés trató el peligro que Israel enfrentaría ante las naciones corruptas que ya estaban en la tierra prometida.

El peligro de la corrupción

Mandó a los israelitas que no mostraran misericordia a los habitantes de Canaán, sino que los eliminaran totalmente para que no quedara vestigio alguno de su idolatría y adoración depravada que los pudieran alejar de la adoración a Jehová. Moisés les recordó que habían sido elegidos porque el Señor había puesto Su amor en ellos y que Él sería la fortaleza para subyugar a las naciones vecinas. La prosperidad y la buena salud dependerían de la fidelidad con que llevaran a cabo estas instrucciones.

El capítulo 8 le recordó al pueblo las lecciones que Dios le había enseñado en el desierto; cómo había sido humillado y alimentado con el maná, para que pudiera saber que «no sólo de pan vivirá el hombre, mas de todo lo que sale de la boca de Jehová» (8:3). Estas palabras le eran familiares a Jesús, quien siglos después las usó con buenos resultados contra el tentador en el desierto de Judea (ver Mt. 4:4).

La advertencia contra la independencia

Una vez que el pueblo entrara en el país y se estuviera dando un festín con la riqueza que allí encontraría, tendría que tener cuidado, no sea que comenzara a sentirse independiente y no le diera el crédito a Dios por todo lo que Él le había dado. Los israelitas no debían pensar que su rectitud había hecho que los llevara allí, sino recordar su persistente obstinación y su continua provocación a la ira de Dios.

Moisés luego recordó la increíble escena en Sinaí, cuando, ante la demostración misma del poder de Dios, el pueblo pecó al hacerse un becerro de oro; esto, mientras Moisés intercedía por los israelitas durante 40 días con sus noches. En ese momento, también recibió por segunda vez las tablas de la ley, y posteriormente las colocó en el arca del pacto donde permanecieron.

El amor y la obediencia

En un pasaje de gran belleza y poder, Moisés le recordó al pueblo que Dios no le estaba pidiendo otra cosa que amarlo y servirlo incondicionalmente, guardando Sus mandamientos y estatutos para beneficio propio. El énfasis central era: «Jehová vuestro Dios es Dios de dioses y Señor de señores, Dios grande, poderoso y temible» (Dt. 10:17). Sin embargo, Sus acciones hacia el pueblo eran de infinita ternura y amor.

La promesa de provisión

Por lo tanto, al entrar en el país, se le prometió lluvia del cielo para regar la tierra, pasto en los campos para sus ganados y poder en la guerra para expulsar a grandes naciones, porque todo el país habría de convertirse en su posesión. Para recordarles el amor y la disciplina de Dios, se les ordenó que cada año recitaran las bendiciones sobre el Monte Gerizim y las maldiciones sobre el Monte Ebal, los cuales daban hacia el pozo de Jacob.

Los capítulos 12 al 21 constituyen una serie de estatutos y ordenanzas que se le dieron al pueblo para gobernarse dentro del país. Se les ordenó que destruyeran todos los lugares de adoración de las naciones que se encontraban dentro del país, que derribaran sus altares y quemaran sus imágenes de Asera (símbolos fálicos). Estos eran claros indicios de lo obscena que era la adoración en la tierra en ese momento.

Las ofrendas y los sacrificios

Luego Dios indicaría, a su debido tiempo, un lugar dentro del país donde debían llevar sus holocaustos y sacrificios, y regocijarse delante del Señor. Esto no se cumplió sino hasta los días de David y Salomón, cuando se construyó el templo, aunque se proveyó un sitio temporal cuando el arca se encontraba en Silo.

Se dieron mayores instrucciones con respecto a los alimentos que podían comer, los cuales nunca debían tener sangre.

Los alimentos

Los falsos profetas

Entonces se les dijo cómo distinguir a los falsos profetas de los verdaderos. Aunque el falso profeta obrara milagros, si sugería que los israelitas fueran tras otros dioses, debían apedrearlo. Aun en el caso de amigos o parientes cercanos que buscasen arrastrarlos a la idolatría, igualmente se los sentenciaba a muerte. Aunque toda una ciudad apostatara y comenzara a servir a otros dioses, debía pasar a cuchillo a sus habitantes, por cuanto «Hijos sois de Jehová vuestro Dios» (Dt. 14:1).

Las fiestas

Se replantearon las leyes sobre los alimentos, lo mismo que el diezmo que se requería para el sustento de los levitas. Se reafirmaron los años sabáticos, la solución a las desigualdades económicas con un reajuste periódico de los medios de riqueza. Una vez más, se requirieron las grandes fiestas de la Pascua, los panes sin levadura y los tabernáculos.

Los jueces y los reyes

Luego se establecieron las cláusulas para el funcionamiento de jueces para decidir en aquellos casos que no habían sido tratados específicamente por la ley. También para la elección de un rey, quien no podía ser extranjero ni multiplicar la cantidad de caballos, plata y oro, sino que cuidadosamente debía caminar en los estatutos de la ley y mantener un corazón humilde delante del Señor su Dios.

Un profeta

En el capítulo 18, se hizo la gran promesa de que «Profeta de en medio de ti, de tus hermanos, como yo, te levantará Jehová tu Dios; a él oiréis» (18:15). En cierta medida, esta gran profecía se cumplió con todos los verdaderos profetas que se levantarían posteriormente en Israel, pero, en su cumplimiento final, espera la venida de Jesús y de Sus acciones, como las de Moisés, de contemplar el rostro de Dios y expresar Su palabra a todo el pueblo. Jesús cumple perfectamente el ideal del sacerdote, el profeta y el rey del Antiguo Testamento.

Las ciudades de refugio

Una vez más, se escogieron tres ciudades de refugio, esta vez al oeste del Jordán. Aquellos que eran culpables de asesinato deliberado no podían encontrar asilo en estas ciudades, pero los que habían matado por accidente debían huir a ellas para escapar del vengador de la sangre. No se podían quitar los límites antiguos y la verdad entre una persona y otra tenía que mantenerse a toda costa.

La guerra

Debemos recordar que los israelitas estaban siendo enviados a esa tierra no sólo para conquistarla y poseerla, sino también para actuar como el instrumento de Dios para exterminar a un pueblo repugnante y corrupto. En vista de la guerra que involucraba, se les encomendó que mantuvieran la visión de su Dios y de Su poder, y que eliminaran de sus ejércitos a todo aquel cuyo corazón estuviera absorto en otros asuntos o que fuesen tímidos y temerosos. Deberían ofrecerse condiciones de paz a toda ciudad que atacaran y, si las aceptaban, los habitantes no eran asesinados, sino que se les imponían labores pesadas. Si rechazaban las condiciones, la ciudad debía ser diezmada.

Las reglas y las regulaciones

En los capítulos 22 al 26, encontramos las diversas regulaciones para la vida del pueblo dentro del país. Estas reglas disponían asuntos tales como los bienes perdidos o robados, la identidad de género y el travestismo, la pureza sexual y las condiciones de salubridad, la usura, los votos y el divorcio. Luego se establecieron pautas para el castigo por robo, pero la pena cruel e inusual estaba terminantemente prohibida. Del mismo modo, estaba prohibido ponerle bozal a un buey mientras trillaba el grano, un mandamiento al que el apóstol Pablo le dio trascendencia espiritual en 1 Corintios 9:8-10. Una vez más, se enunció la ley del pariente-redentor para aquellos que habían quedado sin heredero, y se ordenó que todas las pesas y medidas se aplicaran de manera honesta.

La adoración

El segundo mensaje concluyó con las instrucciones de Moisés sobre la manera en que las personas habían de adorar en el nuevo territorio. Debían llevar los primeros frutos y ofrecérselos a Dios, reconociendo Su provisión y Su gracia, y a esto habían de seguirle las ofrendas a los levitas, a los extranjeros, a los huérfanos y a las viudas. Al final de este segundo mensaje, Moisés dio instrucciones detalladas con respecto a la impresionante ceremonia que debía llevarse a cabo sobre los montes gemelos de Gerizim y Ebal. Los Diez Mandamientos habían de mostrarse perennemente al quedar inscritos en monumentos de piedra cubiertos con yeso, y cada año, los hijos de Raquel y de Lea debían recitar las bendiciones sobre el Monte Gerizim, y los hijos de las concubinas de Jacob, las maldiciones sobre el Monte Ebal. Las maldiciones se detallan en el capítulo 27 y las bendiciones se resumen en las palabras de apertura del capítulo 28.

El tercer sermón: Una revisión del pacto de Dios

El tercer mensaje de Moisés, capítulos 27 al 31, es una gran revelación del futuro de Israel, tanto en términos de bendición como de maldición potenciales. El capítulo 28 es una de las profecías más sorprendentes jamás registradas. Es tan completa y extraordinaria en sus detalles como cualquier otra profecía de la Biblia porque predice toda la historia del pueblo judío, incluso durante la época cuando dejó de ser una nación y fue esparcida sobre la faz de la tierra.

La dispersión

Primero fue la predicción de la dispersión babilónica, posterior a la incredulidad y la desobediencia del pueblo. Esto ocurrió finalmente bajo Nabucodonosor. Luego siguió un anticipo de su retorno final al país y de que, después de varios siglos, nuevamente caerían en el terrible pecado de rechazar al gran Profeta a quien Dios enviaría.

Una nación extraña vendría del oeste (los romanos), la cual sería un pueblo duro y cruel. Quemaría las ciudades de Israel, destruiría a los habitantes y, una vez más, los dispersaría hasta los confines de la tierra.

La restauración

Entonces Israel vagaría por muchos siglos como un pueblo sin tierra, pero Dios finalmente lo volvería a reunir para una restauración final. Al término de esta gran profecía, Moisés le recordó al pueblo que se mantuviera delante del Señor su Dios. Aunque este pueblo no entendía completamente el gobierno divino, las cosas que se le habían revelado acerca del pasado le fueron dadas para que caminara fielmente delante de su Dios en el futuro. En términos gráficos y vívidos, le describió cuál sería el resultado si se alejaba del Dios vivo para volverse a los dioses de las otras naciones.

En sus palabras finales, Moisés pareció ver, en el futuro lejano, al pueblo disperso en tierras de cautiverio. Le recordó que, si se volvía al Señor de todo corazón, Él perdonaría su pecado, le cambiaría el destino y lo volvería a traer al país.

Luego Moisés pronunció las grandes palabras que el apóstol Pablo citó siglos después en su Epístola a los Romanos y que revelan la razón por la que a Deuteronomio se lo llama «la segunda ley». Moisés le dijo al pueblo: «Porque este mandamiento que yo te ordeno hoy no es demasiado difícil para ti, ni está lejos» (Dt. 30:11). Esto habla de la provisión divina por medio de la cual las demandas de la ley podrían quedar totalmente satisfechas. «No está —continuó Moisés— en el cielo, para que digas: ¿Quién subirá por nosotros al cielo, y nos lo traerá [...]. Ni está al otro lado del mar, para que digas: ¿Quién pasará por nosotros el mar, para que nos lo traiga y nos lo haga oír, a fin de que lo cumplamos?» (ver Dt. 30:12-13); en cambio, como Moisés lo puso de manera simple y llana: «Porque muy cerca de ti está la palabra, en tu boca y en tu corazón, para que la cumplas» (ver Dt. 30:14).

En Romanos 10:5, Pablo escribió que «porque de la justicia que es por la ley Moisés escribe así: El hombre que haga estas cosas, vivirá por ellas». Aquí citó las palabras de Moisés sobre la ley dada en Sinaí y tomadas del libro de Éxodo. Luego, en Romanos 10:6-9, Pablo citó este mismo pasaje de Deuteronomio 30, indicando que se refiere a Cristo: «Pero la justicia que es por la fe dice así: No digas en tu corazón: ¿Quién subirá al cielo? (esto es, para traer abajo a Cristo); o,

¿quién descenderá al abismo? (esto es, para hacer subir a Cristo de entre los muertos). Mas, ¿qué dice? Cerca de ti está la palabra, en tu boca y en tu corazón. Esta es la palabra de fe que predicamos: que si confesares con tu boca que Jesús es el Señor, y creyeres en tu corazón que Dios le levantó de los muertos, serás salvo» (Ro. 10:6-9).

En esta cita de Deuteronomio 30, Pablo declaró que no es necesario bajar a Cristo del cielo (la Encarnación) o volverlo a levantar de entre los muertos (la Resurrección), por cuanto ya se ha hecho. Sólo es necesario que el corazón crea y que los labios confiesen que Jesús es el Señor y que ha resucitado. Por lo tanto, la segunda ley, la cual Pablo llama «la ley del Espíritu de vida [en Cristo Jesús]», cumple, por medio de otro principio, la justicia que demanda la ley. Debido a dicho énfasis en Deuteronomio, es posible que llegara a ser el libro favorito de Jesús.

Moisés enseñó claramente estos principios al pueblo de Israel. Constantemente, reiteraba las justas demandas de Dios según se expresan en los Diez Mandamientos. Esa es la primera ley. Pero igualmente le recordó al pueblo una y otra vez la provisión llena de gracia de los sacrificios y las ofrendas por medio de las cuales la vida de un Señor vivo sería su posesión personal, que lo habilitaría para vivir al nivel que Dios requiere. Al mantener la Palabra de Dios en sus bocas y en sus corazones, los israelitas podrían hacer todo lo que Dios exigía.

Como consecuencia de ello, Moisés concluyó su gran discurso diciendo: «Mira, yo he puesto delante de ti hoy la vida y el bien, la muerte y el mal» (Dt. 30:15). Y con fervientes palabras les suplica que elijan la vida «para que vivas tú y tu descendencia; amando a Jehová tu Dios, atendiendo a Su voz, y siguiéndole a Él; porque Él es vida para ti, y prolongación de tus días; a fin de que habites sobre la tierra» (Dt. 30:19-20).

Pasando la batuta

Finalmente, Moisés llamó a Josué y le encomendó que fuera fuerte y valiente. Luego Dios le dijo a Moisés que había llegado el momento de que fuera a dormir con sus padres y que, a pesar de sus fieles advertencias, el pueblo que él había guiado no cumpliría con todas las solemnes predicciones que había hecho; por lo tanto, el Señor tendría que disciplinarlo tal como lo había prometido.

Luego se le ordenó a Moisés que escribiera un cántico que permanecería en la memoria del pueblo mucho tiempo después de su partida. El cántico trata los grandes temas del pacto eterno de Dios con los hijos de Israel, Sus misericordias para con ellos, los fracasos de ellos, los castigos por su desobediencia y la promesa de liberación final. Luego Moisés le ofreció al pueblo su última bendición, recordándole que «el eterno Dios es tu refugio, y acá abajo los brazos eternos» (Dt. 33:27).

Es indudable que el capítulo final es añadido por otra mano, tal vez la de Josué, ya que relata cómo Moisés subió al Monte Nebo, y allí, con su vista y su fuerza natural nada debilitadas, se tendió en el suelo y murió. El Señor mismo lo sepultó en un lugar desconocido en el valle de Moab, y no volvemos a verlo en las Escrituras hasta que lo encontramos en el monte de la transfiguración junto con Elías, el profeta, y Jesús, el Mesías, hablando juntos acerca de la crucifixión que le esperaba al Señor en Jerusalén (ver Mt. 17:1-13; Mr. 9:2-13).

Aunque el pueblo de inmediato acudió a Josué y le brindó la obediencia que le había mostrado a Moisés, sabía que jamás volvería a ver a alguien como él, un hombre que hablaba con Dios cara a cara, un hombre cuyos actos eran grandes, terribles y, a menudo, milagrosos. No fue sino hasta que el Mesías mismo apareció en el Nuevo Testamento que los logros y las maravillas de Moisés serían superados.

Tercera Parte

EL
MENSAJE DE
LA HISTORIA

EL MENSAJE DE LA HISTORIA

Nuestra aventura en el conocimiento de la Biblia nos lleva ahora a los libros históricos del Antiguo Testamento, desde Josué hasta Ester. Hemos visto que el gran propósito de la Palabra de Dios y del Espíritu Santo, en cuyo poder radica nuestro entendimiento, es llevarnos a la madurez en Jesucristo y reflejar verdaderamente Su imagen y carácter. Dios busca conducirnos a la madurez espiritual para que ya no seamos niños llevados de aquí para allá por todo viento de doctrina. Quiere que seamos capaces de caminar firmes y confiados por el camino de la verdad, con nuestras cabezas en alto como seguidores incondicionales de Dios. Por medio de Su Palabra, somos capaces de descubrir de dónde hemos venido, hacia dónde vamos y por qué estamos aquí.

Cada división del Antiguo Testamento ofrece una contribución única a nuestra madurez como creyentes. El Pentateuco echa los cimientos para la fe y la madurez, al decirnos quiénes somos: portadores de la imagen de Dios, pero caídos, quebrantados por el pecado y con necesidad de un Salvador. Hemos explorado las verdades fundamentales del Pentateuco: la impotencia y la necesidad humanas, la respuesta de Dios a dicha necesidad por medio de la provisión de un modelo de adoración, el ejemplo del fracaso de Israel y su deambular en el desierto, el aliento de la provisión divina llena de gracia e inmerecida para Israel, y la segunda entrega de la ley en Deuteronomio, que restaura y prepara a los creyentes para entrar en la tierra de la promesa, el lugar de la victoria.

Ahora estamos listos para adentrarnos en la rica historia que se nos presenta en los libros de Josué, Jueces, Rut, 1 y 2 Samuel, 1 y 2 Reyes, 1 y 2 Crónicas, Esdras, Nehemías y Ester. Veremos cómo con-

El Pentateuco nos da el modelo del obrar de Dios; los libros históricos nos presentan los peligros que enfrentamos cuando tratamos de caminar en la fe

tribuyen estos libros a la obra preparatoria del Antiguo Testamento. Si el Pentateuco nos da el modelo del obrar de Dios, los libros históricos nos presentan los peligros que enfrentamos cuando tratamos de caminar en la fe. Después de todo, esta es la razón de ser de la historia: servir de advertencia a las generaciones futuras. «Aquellos que no aprenden de la historia —reza el dicho—, están condenados a repetirla». ¡La historia de Israel incluye mucho de lo que seríamos sabios en no repetir!

Algunos dicen que la historia es «Su historia», queriendo significar que es la historia de Cristo. Pero eso es verdad sólo en un sentido secundario. Cristo está en la historia; sin embargo, se encuentra tras bambalinas. Por esta razón, me encantan las palabras de James Russell Lowell:

La verdad por siempre condenada,
El error por siempre reinando,
Pero Dios en las sombras está,
A los suyos cuidando.

Esa es la relación de Dios con la historia: Él está tras bambalinas.

En esencia, la historia es la enumeración del ciclo de fracasos de la humanidad, el surgimiento y la caída de un imperio tras otro, de una civilización tras otra. Los grandes historiadores, como Arnold Toynbee, nos recuerdan que la historia humana es un ciclo de fracaso tras fracaso.

En estos libros históricos de la Biblia, encontramos las mismas lecciones que enseña la historia secular, pero de manera más condensada, más personal, con la ventaja adicional de la perspectiva de Dios para ayudarnos a entenderlas. Estos libros explican en detalle la historia de una nación, una nación peculiar, una nación con un ministerio especial. De una manera simbólica, nos ilustran los peligros, las presiones y los problemas que enfrenta todo creyente cristiano.

Conoce a tus enemigos

Todo cristiano participa de una guerra. Una de las primeras reglas bélicas es: *Conoce a tus enemigos*. Sepa quiénes son; de dónde vienen. Conozca su estilo de ataque; cuáles son sus armas; cómo se defienden. Esto es verdad en la guerra humana, y también en la lucha espiritual.

Nadie sería tan tonto como para enviar un submarino contra un ejército atrincherado en las montañas. De manera similar, los cristianos no pueden depender de armas o tácticas espirituales elegidas al azar para enfrentar las potestades de las tinieblas.

Debemos conocer a nuestros enemigos. Estos libros históricos nos aclaran quiénes son. Nos muestran los peligros que acosan la vida en la fe, ¡y nos indican cómo obtener la victoria sobre ellos!

Josué

Josué es el primero de los libros históricos. Comienza con una historia de victoria: la entrada de Israel a la tierra de la promesa, el lugar donde Dios había querido que fueran desde que lo sacó de Egipto. La vida cristiana no es sólo cuestión de ser sacados de un desierto, sino también de entrar en una herencia, la tierra de la promesa.

El problema es que muchos de nosotros estamos bastante conformes con que se nos saque de Egipto —el mundo y sus lazos de esclavitud—, pero jamás entramos en la tierra prometida. Tenemos la suficiente fe como para dejar Egipto, pero en algún lugar del peregrinaje en el desierto, flaqueamos. No logramos aferrarnos a la fe que nos lleva a cruzar el Jordán y entrar en la tierra de la promesa. Pero en el libro de Josué, vemos el modelo de Dios para la victoria. Observamos a Israel entrando en el país. Vemos sus errores y triunfos. Este libro nos describe al detalle la experiencia de la conquista.

Jericó

¿Cuál fue el primer enemigo que los israelitas enfrentaron al cruzar el río Jordán? La imponente ciudad de Jericó, con sus tremendos muros; una súper fortaleza. Puede que haya sido la primera ciudad con que esta generación de nómadas del desierto se haya encontrado. Al mirarla, vieron su propia debilidad y lo inútil de sus armas. *¿Cómo prevaleceremos sobre una ciudad amurallada como esta?*, se preguntaban.

¿Alguna vez se ha sentido así? ¿Ha habido algo en su vida que le parecía un obstáculo insuperable? ¿Un oponente que siempre se burlaba de usted, lo desconcertaba y lo derrotaba? ¿Una fortaleza de arrogante invencibilidad que hace que usted se sienta impotente e incapaz de vencerla? Bueno, eso es su Jericó. La historia del sitio de esta ciudad es un símbolo del ataque del mundo a los cristianos y de la victoria que Jesucristo hace posible.

Hai

A la historia de Jericó le siguen de inmediato lo sucesos de Hai, un pueblecito insignificante, una mancha en el camino que debería haber sido una fácil victoria para Josué y su ejército. Sin embargo, esa población derrotó fácilmente a Israel, al hacer que el ejército de Josué echara a correr. ¿Por qué? Porque había pecado en el campamento israelita, y ese pecado fue su talón de Aquiles. El pueblo de Dios no podría derrotar a Hai hasta que solucionara su pecado.

La historia de Hai simboliza el pecado de la carne, su sutileza, su aparente insignificancia. Creemos que podemos controlar nuestro temperamento, deseos y malos pensamientos si simplemente decidimos hacerlo. Pero descubrimos que no es tan fácil, y el fracaso en conquistar los deseos de la carne puede producir una derrota trágica y desastrosa.

Si usted no puede encontrar los peligros de su vida en el libro de Josué, hay algo que anda muy mal. Todos están allí. Pero el tema se nos presenta en el capítulo 13, versículo 1: «Siendo Josué ya viejo, entrado en años, Jehová le dijo: Tú eres ya viejo, de edad avanzada, y queda aún mucha tierra por poseer». El peligro que Josué enfrentó es algo que todos enfrentamos de vez en cuando: *La tentación a detenernos poco antes de alcanzar la victoria total.*

La morada de Cristo en el creyente le da poder para experimentar la victoria sobre Satanás, y cuando experimentamos esa victoria, es una experiencia gloriosa y maravillosa. Pero en algún punto del camino, muchos retrocedemos, nos acomodamos y no llegamos a destino. Decimos: «¿Para qué continuar? Sé que todavía no he conquistado en el nombre de Cristo todos los aspectos del pecado, pero he avanzado mucho. Señor, tan sólo déjame descansar por un rato. No más desafíos, no más batallas, tan sólo por un rato». ¿Alguna vez experimentó esto? Siempre es el primer ataque del enemigo en tiempos de victoria y de conquista.

Pero Jesús dijo: «Bienaventurados los que tienen hambre y sed de justicia, porque ellos serán saciados» (Mt. 5:6). Esta hambre y sed deben marcar nuestras vidas. Jamás hemos de superarlas. Estamos en marcha, en pie de guerra hasta que esta haya terminado y Dios nos llame a un lugar de descanso en la largamente esperada tierra de la promesa. Debemos ver más allá de la batalla, a su conclusión, o se habrá perdido.

Nunca hubo un chasco en la vida de Josué

Al final del libro, Josué instó al pueblo a no reducir la marcha, porque todavía quedaba mucha tierra por poseer. Le advirtió contra una actitud transigente, y lo exhortó, «escogeos hoy a quién sirváis; […] pero yo y mi casa serviremos a Jehová» (Jos. 24:15). Nunca hubo un chasco en la vida de Josué, jamás una intención de detener la marcha. Estuvo en carrera hasta el día que murió.

El peligro de detenernos

En cada uno de los libros históricos del Antiguo Testamento, encontramos un peligro único como el que Josué enfrentó: el peligro de detenernos antes de completar la misión. Pero en ellos también encontramos al menos a una persona que obtuvo la victoria sobre dicho peligro, un ser humano que nos sirve de ejemplo y de aliento. En el libro de Josué, ese ejemplo es él mismo.

Jueces y Rut

Luego llegamos a los libros de Jueces y Rut. Los estudiaremos juntos, porque los eventos de Rut son contemporáneos a los de la última parte de Jueces. Mientras que Josué trata de un periodo de tan sólo 25 años, Jueces abarca unos 300. Jueces es la historia de un ciclo que se repite continuamente: decadencia, disciplina y liberación. Una y otra vez, Dios enviaba jueces al pueblo de Israel para librarlos de las rachas recurrentes de persecución y esclavitud.

Jueces comienza con la historia de Otoniel, el primer juez enviado por Dios a Israel, y termina con la historia, que nos es tan familiar, de Sansón, el último juez. En general, el Señor usó siete jueces para librar al pueblo. En cada caso, tan pronto como el juez de Dios volvía a poner al pueblo sobre sus pies, ¡este comenzaba a fallar de nuevo!

¿Por qué el pueblo fallaba repetidamente? ¿Cuál es el peligro espiritual contra el cual se nos advierte en el libro de Jueces? Lo encontramos declarado en Jueces 2:11-13:

> *Después los hijos de Israel hicieron lo malo ante los ojos de Jehová, y sirvieron a los baales. Dejaron a Jehová el Dios de sus padres, que los había sacado de la tierra de Egipto, y se fueron tras otros dioses, los dioses de los pueblos que estaban en sus alrededores, a los cuales adoraron; y provocaron a ira a Jehová. Y dejaron a Jehová, y adoraron a Baal y a Astarot.*

¡La idolatría! ¿Por qué? ¿Por qué se metieron en este lío tan rápido después de las tremendas victorias de Josué? ¿Cómo es que las personas caen de repente de las alturas de una experiencia victoriosa a la degradación moral? Encontramos la clave del libro en el último versículo, el cual también es esencial para la victoria o el fracaso en nuestras vidas:

> *En estos días no había rey en Israel; cada uno hacía lo que bien le parecía (Jue. 21:25).*

El peligro de la metida de pata sin querer

Jueces nos advierte contra lo que podríamos llamar *el peligro de la metida de pata sin querer.* No era que estas personas no quisieran hacer las cosas bien, sino que simplemente fueron engañadas. Jueces no dice que obraron mal; sino que hacían lo que consideraban correcto *a sus ojos.* Pero sus ojos no veían con mucha claridad. No sabían verdaderamente lo que era correcto. Este es el terrible peligro de la ignorancia dedicada.

Este peligro todavía inutiliza al pueblo de Dios. Muchos cristianos son débiles y están derrotados porque sufren de ignorancia dedicada. Su dedicación está intacta, tienen buenas intenciones. He escuchado a personas, tanto ancianas como jóvenes, que relatan terribles historias de agonía y de desesperación. Dicen: «No sé qué pasó. Comencé con toda la intención de hacer lo correcto. Pensé que lo estaba haciendo. Pero algo salió terriblemente mal». No se expusieron a la verdad de Dios, sino que emprendieron la tarea de hacer lo que consideraron correcto a sus ojos. Inevitablemente, el resultado de hacer lo que consideramos correcto a nuestros ojos, ya sea en tiempos del Antiguo Testamento o en nuestra época, es un ciclo repetitivo de fracaso.

Los últimos capítulos de Jueces relatan una de las épocas más siniestras y terribles de depravación sexual en la historia de Israel. Y, sin embargo, es durante este mismo marco de tiempo que tienen lugar los eventos del libro de Rut, una pequeña historia brillante y maravillosa de fe y fidelidad en medio de la derrota. Es la historia de una mujer pagana llamada Rut que escucha la voz de Dios, y deja amigos, hogar y familia, para estar con Noemí, su suegra amada y creyente.

Esta historia también muestra el atractivo adicional de una bella historia romántica en que esta joven viuda, Rut, conoce a un soltero rico con quien descubre el verdadero amor matrimonial. Es importante notar también que, al casarse con este hombre, Booz, se une al linaje de Cristo y se convierte en uno de los eslabones históricos que Dios usa para enviar a Su Hijo, el Mesías, al mundo. Rut se menciona en la genealogía de Cristo, en el libro de Mateo:

> *Salmón engendró de Rahab a Booz, Booz engendró de Rut a Obed... (Mt. 1:5).*

La vida de Rut no sólo toca las fibras más sensibles, sino que es un componente integral de la historia más amplia de Jesucristo y del plan de Dios para la redención humana. No es sólo una de las narraciones más encantadoras de la Biblia, sino que también es histórica y espiritualmente profunda.

1 Samuel

El primer libro de Samuel es, en gran parte, la historia de dos hombres: Samuel y Saúl. En la última parte, los inicios de la historia de David se entretejen con la del rey Saúl. Samuel fue el más grande de los jueces que Israel tuviera jamás. Su ministerio duró unos 40 años. Durante ese tiempo, el pueblo seguía sediento de otras cosas, que no eran Dios. El gran peligro de la fe que se presenta aquí se nos da en el capítulo 8, versículo 5. Un día, el pueblo de Israel se acercó a Samuel, y le dijo:

> *He aquí tú has envejecido, y tus hijos no andan en tus caminos; por tanto, constitúyenos ahora un rey que nos juzgue, como tienen todas las naciones.*

El peligro de la conformidad legalista

Ahora bien, el problema es que Dios había llamado a Israel a ser diferente de todas las demás naciones; sin embargo, el pueblo exigía ser exactamente igual a ellas: ¡gobernadas por otra autoridad que no fuera Dios! Aquí encontramos *el peligro de la conformidad legalista,* el deseo de un gobierno externo en nuestras vidas. En vez de asumir la responsabilidad de sus vidas y elecciones, los legalistas le entregan su libertad, la cual han recibido de Dios, a autoridades y reglas externas.

Continuamente, me asombra ver cuántas personas realmente no quieren la libertad que Dios nos da en Cristo. Vienen a mí y me dicen: «No me diga que tengo que practicar la sabiduría y el discernimiento en la vida cristiana. Es demasiado difícil evaluar las circunstancias y tomar decisiones. Sólo deme una regla, eso es lo que quiero. Si tan sólo tuviera una regla, podría satisfacer a Dios y no tendría que preocuparme de juzgar las situaciones y tomar decisiones». Esa es la historia de Israel durante el tiempo de Samuel.

El peligro de buscar el favor humano

Así que, Dios le permitió al pueblo elegir un rey que decidiera por él, y el pueblo eligió a Saúl. La historia de Saúl es una de las grandes tragedias de la Biblia. Era un hombre muy prometedor, guapo y con grandes capacidades. Pero la lección de la vida de este hombre es *el peligro de buscar el favor humano.*

La derrota de Saúl surgió como resultado de su expedición contra los amalecitas. Dios le dijo que los matara a todos, pero él se negó y le salvó la vida al rey Agag. ¿Por qué lo hizo? ¡Porque creía que le haría obtener favor a los ojos del pueblo! Así que, la terrible tragedia de la vida de Saúl fue el peligro de una lealtad dividida. Él estaba bastante satisfecho con servir a Dios mientras complaciera a los que estaban a su alrededor. El fracaso secreto en la vida de este hombre fue su continua sed de afecto, honra y favor de parte de los demás.

¿Alguna vez descubrió usted esto en su vida? Es un peligro que, en última instancia, lo derrotará y traerá el mismo trágico final de Saúl: le fue quitado el reino, la corona le fue arrancada de la cabeza y perdió todo, excepto su relación con Dios. Pero en medio de esta sombría historia, la luz del Señor irrumpió en la historia del hijo de Saúl, Jonatán, y de David, la maravillosa historia de la amistad más grande de todos los tiempos.

2 Samuel y 1 Crónicas

Luego viene 2 Samuel, que se une cronológicamente al siguiente libro, 1 Crónicas, aunque están escritos desde puntos de vista bastante diferentes. Estos dos se centran en la historia de un hombre: David, el rey según el corazón de Dios.

Cualesquiera que hayan sido los errores de David, podemos considerarlo correctamente como una ilustración simbólica del Señor Jesucristo, ya que Él mismo usó esta analogía. David no sólo fue el precursor y el ancestro de Jesús según la carne, sino que, en su reino, es una ilustración del reino de Cristo durante el milenio. David experimentó un largo periodo de rechazo, persecución y acoso, pero durante ese tiempo de exilio, reunió hombres a su alrededor quienes más tarde se convirtieron en sus comandantes y oficiales. De este modo, representa a Cristo en Su rechazo: abandonado por el mundo, pero reuniendo en secreto a aquellos que serán Sus comandantes y líderes cuando venga a reinar con poder y gloria sobre la tierra.

David también es un símbolo de cada creyente. La historia de David describe lo que pasa en la vida de un cristiano cuando este sigue a Cristo y se coloca bajo su dominio. A todo cristiano, se le ofrece un reino, así como a David se le ofreció el de Israel. Ese reino es la propia vida del creyente y es exactamente como el reino de Israel. Hay enemigos que lo amenazan desde afuera, y otros que lo hacen desde adentro, así como había naciones enemigas fuera y dentro de los límites de la nación. Los enemigos externos representan los ataques directos del diablo. Los internos son los de la carne, que amenazan con derrocar la influencia de Dios en nuestras vidas. Mientras que David luchó contra los amonitas, jebuseos, ferezeos y otros enemigos en el Antiguo Testamento, nosotros batallamos contra los celos, la envidia, la lujuria, la amargura, el resentimiento, la preocupación, la ansiedad y otras cosas parecidas. Estas dos formas de enemigos operan y atacan de muchas maneras semejantes.

La historia de David es la más maravillosa en todo el Antiguo Testamento, pero también tiene un lado feo. Él se convirtió en adúltero y asesino. Es casi incomprensible pensar en él, el hombre que le pertenecía a Dios, como alguien que haya cometido estos terribles actos. ¿Cómo comenzó su pecado? Encontramos una pauta en 2 Samuel 11:1, donde se nos dice:

> *Aconteció al año siguiente, en el tiempo que salen los reyes a la guerra, que David envió a Joab, y con él a sus siervos y a todo Israel, {...} pero David se quedó en Jerusalén.*

El peligro de un llamado olvidado

¿Cuál fue el peligro que enfrentó David? Yo lo llamo *el peligro de un llamado olvidado.* El resultado fue que se permitió caer en las lujurias de la carne. David era el rey de Israel y de Judá. Debía estar a la cabeza del ejército; ese era su lugar. Pero se olvidó de su llamado y se quedó en casa descansando mientras los demás fueron a la batalla. Mientras estaba allí disfrutando, subió a la azotea y, al mirar hacia el patio del vecino, vio a una bella mujer que se daba un baño. La visión hizo en él lo que semejante cuadro le hace a cualquier hombre normal: se llenó de lujuria. Dio lugar a su pasión, tomó a la mujer y, luego, para encubrir su pecado, asesinó al esposo.

El toque de gracia divina en esta historia es el arrepentimiento de David. Por eso, a pesar de su caída, todavía se lo puede llamar un hombre según el corazón de Dios. En cuanto lo confrontaron con su pecado, lo admitió y se arrepintió, y aceptó la gracia del Señor. David ofrece la maravillosa ilustración de un corazón contrito, con el rostro en tierra delante de Dios, gritando su dolor y arrepentimiento por el pecado. De esta experiencia, surgió el Salmo 51, la expresión de un corazón verdaderamente arrepentido.

2 Crónicas, 1 Reyes y 2 Reyes

Podemos unir 2 Crónicas con 1 y 2 Reyes porque abarcan el mismo periodo histórico. Estos libros se centran en la vida de dos hombres, Salomón y Jeroboam. Salomón, por supuesto, era el rey de Israel tan famoso por su sabiduría, y quien escribió algunos de los libros sapienciales más hermosos del Antiguo Testamento. Jeroboam era el rival del hijo de Salomón, Roboam. Jeroboam se convirtió en rey del reino del norte, Israel. Estos libros relatan la división del reino entre Judá e Israel.

La historia de Salomón es fascinante: ¡entró de lleno en su herencia, al ser coronado rey de Israel aun antes de la muerte de su padre David! Heredó el reino cuando este estaba en el pináculo de la gloria, y Dios le dio riquezas y poder. Al principio de su reinado, cuando todavía era joven, eligió tener un corazón sabio en vez de riquezas. Junto con la sabiduría, Dios le dio poder, magnificencia y riquezas en abundancia. Pero la malversación de todo esto fue la semilla de su caída.

En 1 Reyes 3:1-3, encontramos el principio del desarrollo del peligro que lo llevó al fracaso y la derrota:

> *Salomón hizo parentesco con Faraón rey de Egipto, pues tomó la hija de Faraón, y la trajo a la ciudad de David, entre tanto que acababa de edificar su casa, y la casa de Jehová, y los muros de Jerusalén alrededor. Hasta entonces el pueblo sacrificaba en los lugares altos; porque no había casa edificada al nombre de Jehová hasta aquellos tiempos. Mas Salomón amó a Jehová, andando en los estatutos de su padre David; solamente sacrificaba y quemaba incienso en los lugares altos.*

El peligro de la magnificencia material

Y, al examinar detalladamente el relato, encontramos que Salomón le dedicó siete años a la construcción del templo. Pero luego, en 1 Reyes 7:1, leemos: «Después edificó Salomón su propia casa en trece años». ¿No le parece extraño? Siete años construyendo el templo, ¡pero trece años derrochando magnificencia en su propia casa! Podemos ver el comienzo de la vida egocéntrica y el peligro del amor a las cosas materiales. La caída de Salomón la produjo *el peligro de la magnificencia material,* un corazón que se alejó del Señor, atraído por el amor a las cosas materiales.

El peligro de una fe sustituta

El resto del libro es la historia de Jeroboam, la rebelión que fomentó y el inicio del reino de Israel. El peligro en la vida de Jeroboam es *el peligro de una fe sustituta,* el engaño religioso. En 1 Reyes 12:26-28, leemos:

> *Y dijo Jeroboam en su corazón: Ahora se volverá el reino a la casa de David, si este pueblo subiere a ofrecer sacrificios en la casa de Jehová en Jerusalén; porque el corazón de este pueblo se volverá a su señor Roboam rey de Judá, y me matarán a mí, y se volverán a Roboam rey de Judá. Y habiendo tenido consejo, hizo el rey dos becerros de oro, y dijo al pueblo: Bastante habéis subido a Jerusalén; he aquí tus dioses, oh Israel, los cuales te hicieron subir de la tierra de Egipto.*

Una vez hablé sobre la encarnación, el nacimiento virginal y la gloria del bebé de Belén, quien era Dios mismo, manifestado en la carne. Al final de la reunión, una mujer se abalanzó al púlpito y me dijo: —¿Acaso usted dijo que el bebé de Belén era Dios?

—Exactamente— respondí.

—Ah —dijo ella—. ¡No puedo creer algo así! Dios está en todas partes. Es vasto e infinito. Llena el universo. ¿Cómo podría ser un bebé en Belén?

—Esa es la gloria del misterio, que Dios se manifestó en la carne —dije—. ¿Usted sabe que hubo un momento cuando uno de Sus discípulos tomó al Señor Jesús de los pies, y le dijo, "Señor mío y Dios mío"? Ahora bien, ¿sabe usted más acerca de Él de lo que sabían ellos?

Ella dijo: —Me criaron en una fe que enseñaba que Dios está en todo el universo, y sencillamente no puedo aceptar esta idea.

—Lo que le enseñaron —dije—, no es lo que la Biblia enseña con total claridad. Le han enseñado una fe falsa.

Sin querer escuchar más, dio media vuelta y se alejó.

Este es el peligro que engaña y destruye la fe de tantas personas hoy. Hay muchas sectas, grupos e «ismos» que afirman ser «cristianos», pero enseñan una fe sustituta, una «fe» que se opone a la clara enseñanza de la Biblia. Es el tipo de fe mortal y engañosa que Jeroboam introdujo en la nación de Israel. Pero, incluso en medio de la oscuridad espiritual de esos días, la gracia de Dios brilló a través de un hombre santo e intachable: el profeta Elías.

En 2 Reyes y la última parte de 2 Crónicas (que también están cronológicamente unidos), tenemos una sucesión de historias que relatan la caída de un rey tras otro. Muchos de ellos son asesinados por rivales sedientos de poder. La narración de este periodo en la historia de Israel (es decir, las diez tribus que constituían el reino del norte) es de abandono moral y de renuncia.

El peligro de hundirnos en la esclavitud

La ironía y el peligro de aquella época son los mismos que riesgosamente enfrentamos en el siglo XXI: en la loca búsqueda de la mentada libertad —o sea, el rechazo absoluto de toda norma y restricción—, ¡corremos realmente peligro de hundirnos en la esclavitud! A menudo, escuchamos palabras tales como, «uff, ¡estoy cansado de los cristianos con todas sus restricciones y reglas morales! Simplemente, quiero hacer lo que quiero, ir donde me plazca, y decir lo que me gusta y divertirme. Entonces seré feliz». Bueno, en 2 Reyes 17:16-17, leemos el resultado de tal «libertad»:

> *Dejaron todos los mandamientos de Jehová su Dios, y se hicieron imágenes fundidas de dos becerros, y también imágenes de Asera, y adoraron a todo el ejército de los cielos, y sirvieron a Baal; e hicieron pasar a sus hijos y a sus hijas por fuego; y se dieron a adivinaciones y agüeros, y se entregaron a hacer lo malo ante los ojos de Jehová, provocándole a ira.*

Pablo trata sobre la misma condición en Romanos 1: Las personas que conocían a Dios se negaban a reconocerlo o darle gracias. Así que, Dios las entregó a las prácticas más disolutas, depravadas e inmorales. Algunos en nuestra sociedad se zafaron de toda restricción de piedad y bondad, y el resultado fue el mismo que en la antigua Israel: cautiverio, depravación y esclavitud.

Esdras, Nehemías y Ester

Los libros de Esdras, Nehemías y Ester cuentan la historia de la nación en cautiverio, moralmente deteriorada, socialmente desintegrada, económicamente despojada y totalmente atrapada en la esclavitud. Pero, incluso en la época de desgracia y cautiverio de Israel, Dios comenzó a obrar. Después de 70 años de exilio, Dios levantó al profeta Esdras para guiar a un grupo de vuelta a la desolada tierra de Palestina y comenzar a reconstruir el templo.

El libro de Esdras es la historia de un pueblo desalentado que rehusaba dejar el cautiverio. Así como sus ancestros volvían la mirada anhelantes al cautiverio egipcio, estos israelitas estaban, en gran parte, satisfechos con permanecer cautivos en Babilonia. Sólo un puñado pudo ser persuadido de regresar a su tierra natal. El resto estaba tan cegado que eligió salirse del rumbo y perderse entre las naciones del mundo. A estos israelitas se los llama «las diez tribus perdidas de Israel». Nadie sabe dónde están o quiénes son. Están totalmente perdidos. Pero aquellos que estuvieron dispuestos a regresar encontraron todas las promesas de Dios aguardándoles allí.

El peligro descrito en estos tres libros es *el peligro de un corazón desalentado.* Algunas veces caemos en este estado de ánimo, ¿no es

El peligro de un corazón desalentado

cierto? Decimos: «¿De qué sirve? Bien podría tirarlo todo por la borda y quedarme donde estoy. Sé que no soy una persona victoriosa. Sé que no estoy yendo a ningún lado. Bien podría renunciar». Pero la historia de Esdras, Nehemías y Ester es el relato del triunfo de la fe en medio de peligros y circunstancias desalentadoras.

En Esdras, un fiel remanente eligió regresar y construir el segundo templo. En Nehemías, el pueblo persevera contra una oposición firme y reconstruye los muros totalmente derribados de la ciudad. En Ester, vemos que Dios da la victoria en medio de circunstancias imposibles. Los tres libros demuestran que la fe es triunfante, aun cuando las circunstancias parecen predecir el desastre y la derrota.

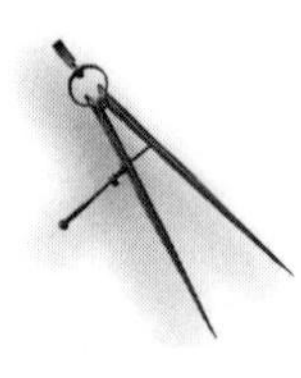

Mientras usted ha estado leyendo este breve estudio de los libros históricos del Antiguo Testamento, puede que haya reconocido en su vida algunos de los peligros que en ellos se ilustran. ¿Está luchando contra alguna de estas fuerzas? Entonces sugiero que marque el peligro que usted esté enfrentando en particular, abra el libro que trata ese tema, se ponga de rodillas, lo lea y ore concienzudamente a Dios al respecto. Pídale que le hable y le muestre el camino de la liberación en medio de la derrota.

Ese es el propósito de estos libros históricos: señalar las presiones y los peligros que enfrentamos en la vida cristiana para que podamos encontrar la fortaleza de Dios y seguir Su dirección a través del laberinto de oscuridad y peligro, que nos lleva a un lugar de seguridad y descanso. Que el mensaje de la historia, contenido en estos doce libros preciosos, sea de ayuda y bendición a su vida a medida que los exploremos juntos.

GUÍA PARA LA VICTORIA

Abraham Lincoln era un desconocido abogado en las praderas de Illinois cuando alguien le preguntó si tenía ambiciones políticas. «Me prepararé y estaré listo», respondió el futuro presidente, «tal vez me llegue la oportunidad». El libro de Josué es la historia de otro líder que se preparó y estuvo listo cuando le llegó la oportunidad: Josué, hijo de Nun y discípulo de Moisés.

Josué es uno de los dos libros del Antiguo Testamento que todo cristiano debe conocer bien (el otro es Daniel). Los mensajes de Josué y de Daniel están fundamentalmente diseñados para ayudar a los cristianos a soportar el primer impacto de la batalla contra el mundo, la carne y el diablo. Si usted lucha con el engaño y las fuerzas espirituales opositoras de esta era, si quiere ver una demostración histórica de la guerra espiritual que todos enfrentamos, estos libros serán de especial importancia.

Josué es uno de los dos libros del Antiguo Testamento que todo cristiano debe conocer bien (el otro es Daniel)

Josué también es especialmente importante para aquellos que serán líderes en el mundo o en la iglesia. El mundo necesita urgentemente líderes justos y valientes que se mantengan firmes ante las presiones y la hostilidad de este mundo. El modelo de liderazgo de Josué es poderosamente relevante y aplicable al mundo en que vivimos ahora, en el siglo XXI.

El libro está repleto de lecciones prácticas, conceptos desafiantes para ayudarnos a captar los principios de una vida guiada por el Espíritu. La clave se nos da en el Nuevo Testamento: «Estas cosas [...] están escritas para amonestarnos a nosotros, a quienes han alcanzado los fines de los siglos» (1 Co. 10:11). Los eventos de Josué son patrones o metáforas que podemos aplicar a las batallas espirituales que enfrentamos hoy.

La historia registrada en el libro de Josué se divide en tres partes más una conclusión:

La entrada a Canaán (Josué 1–4)

1. El nombramiento oficial de Josué	1
2. El espionaje de Jericó	2
3. El cruce del Jordán	3
4. La construcción de monumentos	4

La conquista de Canaán (Josué 5–12)

5. La consagración del pueblo	5
6. El campamento central	6–8
7. El campamento del sur	9–10
8. El campamento del norte	11:1-15
9. La revisión de las victorias	11:16–12:24

La división de Canaán (Josué 13–21)

10. La parte de las dos tribus y media	13
11. La parte de Caleb	14
12. La parte de las nueve tribus y media	15:1–19:48
13. La parte de Josué; las ciudades de refugio; los levitas	19:49–21:45

Conclusión (Josué 22–24)

14. La disputa por los límites	22
15. Los últimos días de Josué	23–24

A los capítulos 1 al 4 les incumbe la entrada a la tierra prometida y todo lo que ello involucra. Si usted está luchando en este momento para saber cómo entrar en una vida de victoria con Cristo, cómo salir del desierto de la duda, cómo calmar su agitado deambular y avanzar hacia la total bendición de la experiencia de ser guiado por el Espíritu, esta sección le será especialmente valiosa.

Los capítulos 5 al 12 tratan la conquista de los israelitas de la tierra prometida por medio de una serie de batallas y conflictos al entrar en ella. Los capítulos 13 al 21 tratan la división de la tierra. Los capítulos 22 al 24, los cuales incluyen muchos pasajes provenientes de los propios labios de Josué, ponen delante de nosotros los peligros de la tierra ante los cuales tenemos que estar en guardia, a fin de mantener una posición victoriosa.

Comenzando por el capítulo 1, vemos un cuadro descriptivo de la vida llena del Espíritu y una fuerte implicancia de que esto es lo que Dios quiere para todo cristiano, no tan sólo para algunos «súper santos». En Josué 1:2, Dios le dice a Josué: «Mi siervo Moisés ha muerto; ahora, pues, levántate y pasa este Jordán, tú y todo este pueblo, a la tierra que yo les doy a los hijos de Israel».

La entrada a Canaán

Josué y Jesús son dos formas del nombre hebreo original *Yeshua*, «Dios es salvación»

Este hombre, Josué, tiene una trascendencia especial. Su nombre significa «Dios es salvación», y es importante notar que los nombres Josué y Jesús simplemente son dos formas del nombre hebreo original *Yeshua*. Para sus contemporáneos, tanto a Josué como a Jesús, se los conocía como *Yeshua*, «Dios es salvación». Esto resalta una verdad que veremos posteriormente: Josué, en muchas formas, es un símbolo del Mesías victorioso, el Señor Jesús.

La tierra le es entregada al pueblo de Israel, así como la vida en Cristo se pone a disposición de los cristianos sin esfuerzo alguno de nuestra parte. Pero, aunque se les ha entregado la tierra, esta todavía tiene que ser conquistada. El título de propiedad es el regalo de Dios; la posesión es el resultado de un andar obediente:

> *Yo os he entregado, como lo había dicho a Moisés, todo lugar que pisare la planta de vuestro pie (1:3).*

Usted puede tener todo lo que esté dispuesto a tomar. Puede tener cada pedacito de la vida espiritual en Cristo que quiera. Dios nunca le dará más de lo que usted esté listo para tomar. Si no está satisfecho con el grado de victoria que experimenta, es porque en realidad no ha querido más.

«Una tierra que fluye leche y miel»

Se describe a la tierra como abundante y extensa, donde se encontrará todo lo necesario en cada área de la vida, «una tierra que fluye leche y miel», tal como se expresa en Éxodo 3:8. La extensión de la tierra es tan larga y ancha como la imaginación: «Desde el desierto y el Líbano hasta el gran río Eufrates, toda la tierra de los heteos hasta el gran mar donde se pone el sol, será vuestro territorio» (Jos. 1:4).

Sin embargo, poseer la tierra no sería fácil. El camino a la victoria sería a través del campo de batalla de la guerra espiritual. Pero el final de esa guerra nunca estuvo en duda: «Nadie te podrá hacer frente en todos los días de tu vida; como estuve con Moisés, estaré contigo; no te dejaré, ni te desampararé» (1:5).

Una de las primeras cosas que aprendemos al comenzar a andar en el Espíritu es que, aunque es un lugar de batalla, todo conflicto puede terminar en victoria. La tierra de la promesa es una frontera, y no hay nada más emocionante que vivir en la frontera. Pero demanda valentía. Dejarse llevar con la multitud sin rumbo fijo no es una opción. Tendrá que caminar contra la corriente, tal como el Señor se lo dijo a Josué:

Solamente esfuérzate y sé muy valiente, para cuidar de hacer conforme a toda la ley que mi siervo Moisés te mandó; no te apartes de ella ni a diestra ni a siniestra, para que seas prosperado en todas las cosas que emprendas. Nunca se apartará de tu boca este libro de la ley, sino que de día y de noche meditarás en él, para que guardes y hagas conforme a todo lo que en él está escrito; porque entonces harás prosperar tu camino, y todo te saldrá bien (1:7-8).

Josué es un libro de grandes promesas

¡Josué es un libro de grandes promesas! La Palabra de Dios es nuestra fuente de sabiduría, guía y profunda comprensión. Cuanto más la leamos, meditemos en ella, hablemos acerca de ella y actuemos conforme a ella, tanto mayor será nuestra prosperidad y éxito en el camino en que Dios nos guíe.

«Mira que te mando», continúa el Señor en el versículo 9, «que te esfuerces y seas valiente; no temas ni desmayes, porque Jehová tu Dios estará contigo en dondequiera que vayas» (1:9). La presencia del Espíritu de Dios va unida a la Palabra de Dios. Un corazón obediente siempre trae consigo un Espíritu que da poder.

Así es la vida en la tierra de la promesa.

Rahab y los espías

En el capítulo 2, tenemos la extraordinaria e intrigante historia de Rahab y los espías enviados por Israel. Cuando estos espías llegaron a la casa de Rahab, ella los escondió debajo de unos manojos de lino que estaban secándose en el techo. Mientras los hombres de la ciudad los buscaban, los espías se enteraron, gracias a Rahab, de un secreto de lo más sorprendente:

Sé que Jehová os ha dado esta tierra; porque el temor de vosotros ha caído sobre nosotros, y todos los moradores de la tierra ya han desmayado por causa de vosotros. Porque hemos oído que Jehová hizo secar las aguas del Mar Rojo delante de vosotros cuando salisteis de Egipto, y lo que habéis hecho a los dos reyes de los amorreos que estaban al otro lado del Jordán, a Sehón y a Og, a los cuales habéis destruido. Oyendo esto, ha desmayado nuestro corazón; ni ha quedado más aliento en hombre alguno por causa de vosotros, porque Jehová vuestro Dios es Dios arriba en los cielos y abajo en la tierra (2:9-11).

¿Cuánto tiempo había pasado desde estos acontecimientos hasta que los espías entraron en esta ciudad? ¿Por cuánto tiempo los cananeos habían estado viviendo con temor de la misteriosa nación errante, cuyo Dios la había guiado por en medio del Mar Rojo? ¡Cuarenta años! En otras palabras, durante cuarenta años los habitantes de Jericó habían sido un enemigo derrotado. Sus corazones estaban fundidos.

Ya estaban derrotados antes de que los ejércitos siquiera se acercaran. ¡Israel podría haber ido en cualquier momento y tomado la tierra! En cambio, se había retirado con temor, haciendo que el Señor les sentenciara a cuarenta años de vagar en el desierto. ¡Qué desperdicio!

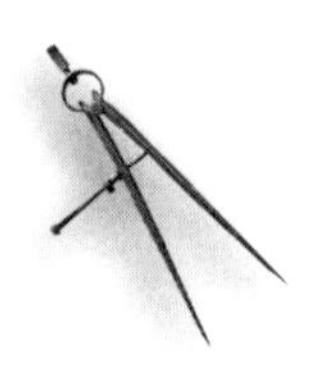

Pero, antes de condenar a los israelitas con demasiada dureza por su falta de confianza, debemos preguntarnos: «¿Qué oportunidad ha puesto Dios delante de nosotros que hace que retrocedamos y nos encojamos de temor? ¿Por cuánto tiempo hemos estado esperando y vacilando para enfrentar a ese enemigo que Dios ya ha entregado en nuestras propias manos? ¿Acaso, en nuestra timidez y falta de confianza, hemos desperdiciado cinco, diez o cuarenta años de nuestras vidas, cuando podríamos haber confiado en Dios y poseído la tierra que Él quería darnos?».

Acto seguido leemos acerca de los espías:

> *Y caminando ellos, llegaron al monte y estuvieron allí tres días, hasta que volvieron los que los perseguían; y los que los persiguieron buscaron por todo el camino, pero no los hallaron. Entonces volvieron los dos hombres; descendieron del monte, y pasaron, y vinieron a Josué hijo de Nun, y le contaron todas las cosas que les habían acontecido. Y dijeron a Josué: Jehová ha entregado toda la tierra en nuestras manos; y también todos los moradores de la tierra desmayan delante de nosotros (2:22-24).*

Después de tres días, regresaron y contaron esta historia. Observe el versículo inicial del capítulo 3. Al tercer día, «de mañana», se prepararon para entrar en la tierra. He aquí un recordatorio para nosotros de que al tercer día, de mañana, tuvo lugar la resurrección. Y es con el poder de la resurrección que entraron a tomar Canaán, lo cual simboliza a Cristo en Su vida resucitada que obra en y a través de nosotros para darnos la victoria sobre todo lo que amenaza con obstaculizarnos o derrotarnos.

El cruce del Jordán

Sin embargo, entre los israelitas y la tierra prometida había una barrera: el río Jordán. Este relato del cruce del Jordán es muy parecido a la historia del cruce del Mar Rojo. En muchas maneras, ambos ilustran lo mismo: la muerte. Cualquiera que se aventurara en el Mar Rojo sin que sus aguas hubieran sido divididas habría enfrentado una muerte segura.

Ahora bien, el cruce del Mar Rojo es una ilustración de la muerte de Cristo por usted y por mí, cuando Él nos separa de las actitudes y caminos mundanos. En otras palabras, cuando nos hicimos cristianos, cambiamos nuestras ideas y sentido de valores. El bautismo fue nuestra expresión de que estábamos renunciando a una vida por otra y de que toda nuestra actitud cambiaba. Eso fue el Mar Rojo: Su muerte por nosotros.

Pero el Jordán es una ilustración de nuestra muerte con Cristo, cuando todo lo que somos como hijos caídos de Adán llega a su fin: nuestra independencia, nuestro deseo de salirnos con la nuestra. Si nos aferramos a nuestro propio programa, sólo podemos vivir una vida caída, según Adán. Pero, si queremos *Su* vida, también debemos adoptar Su programa, que sólo trata acerca de victorias. Cuando aceptamos este principio, o cruzamos el Mar Rojo o el Río Jordán. Cruzar el Jordán es lo que hacemos cuando nos desprendemos de nuestra agenda y le decimos a Dios: «Está bien, si esto es lo que quieres para mí, Señor, así será. No se haga mi voluntad sino la tuya». Eso es lo que pasó en la vida nacional de Israel cuando el pueblo cruzó el Jordán y entró en la tierra de la promesa.

La fe que nos sacó de Egipto es la misma fe que nos introduce en la tierra de la promesa

Cruzamos el Jordán del mismo modo que cruzamos el Mar Rojo: por medio de la obediencia y la fe. Dios le dice a Josué: «Del mismo modo que guié a Moisés para que llevara a Israel a través del Mar Rojo, te guiaré a ti para llevar a Israel a través del Jordán». ¡Del mismo modo! La fe que nos sacó de Egipto es la misma que nos introduce en la tierra de la promesa. «Por tanto, de la manera que habéis recibido al Señor Jesucristo» —escribe el apóstol Pablo—, «andad en él» (Col. 2:6).

¿Acaso le fue más difícil a Israel cruzar el Río Jordán que cruzar el Mar Rojo? No, los israelitas simplemente caminaron hasta la orilla, las aguas se dividieron y lo atravesaron. El mismo proceso. Y no hay diferencia en cuanto a entrar en la tierra. Simplemente, es cuestión de creer que Dios está en nosotros y que lo que dijo acerca de nosotros es cierto, que Él anuló la vida vieja (tal como se lo pedimos) y nos dio una nueva base que funcionará. Lo creemos y actuamos sobre esa base, y decimos: «Gracias, Señor, por estar dentro de mí y darme el poder para hacer todo lo que hay que hacer». Y entramos en la tierra.

Dos monumentos

En el capítulo 4, vemos que Israel levantó dos monumentos. Uno fue una pila de doce piedras en la ribera del río, erigido como un recordatorio continuo para el pueblo del principio de la fe, al cual había vuelto después de años de vagar en el desierto. Este monumento representa la Cena del Señor, un recordatorio continuo de dicho principio de vida por el que hemos de vivir.

El otro monumento fue una serie de doce piedras en medio del río que debían colocarse donde los sacerdotes estuvieron parados mientras Israel cruzaba. Las piedras fueron colocadas en su sitio antes que las aguas volvieran a su cauce. Esto simboliza la manera en que Jesucristo permanece en el lugar de la muerte el tiempo suficiente como para que le entreguemos el control de cada área de nuestras vidas.

La caída de la ciudad fortaleza

En el capítulo 5, llegamos a la segunda sección, la conquista de la tierra. ¡Qué historia tan poderosa! Cuando los israelitas consideraron tomar posesión de la tierra, vieron la tremenda ciudad de Jericó con sus enormes muros. Si bien Jericó fue el primer obstáculo visible en el camino de Israel, su primera dificultad real no fue externa, sino interna. Primero, los israelitas tenían que solucionar algo en sus propias vidas. Dios nunca inicia Su conquista con el problema externo. Descubriremos que Él siempre comienza con nosotros.

Los israelitas tuvieron que hacer tres cosas antes de poder destruir al enemigo en la tierra

El pueblo de Israel tuvo que hacer tres cosas antes de poder destruir al enemigo. En primer lugar, tuvieron que circuncidarse. Toda la generación que había sido circuncidada en Egipto había muerto en el desierto. Toda una nueva generación había crecido incircuncisa, así que, cuando esta llegó a la tierra, la circuncisión fue el primer acto. Según el Nuevo Testamento, la circuncisión es el símbolo de un corazón rendido, un corazón donde la dependencia de la carne se ha cortado y puesto a un lado, un corazón circuncidado (Ro. 2:29).

1. Ser circuncidados

2. Celebrar la Pascua

Lo segundo que el pueblo tuvo que hacer fue celebrar la Pascua, la primera vez que hacía tal celebración desde que salieron del desierto. La Pascua conmemora la noche cuando el Señor y el ángel de la muerte pasaron por encima de las casas de los israelitas, allá en Egipto. También simboliza un corazón agradecido, que recuerda ese día de liberación cuando Cristo se convirtió en el sacrificio de la Pascua para nosotros.

Una nueva comida vino después de la celebración de la Pascua. El maná que los había sustentado en el desierto cesó al día siguiente de que los israelitas entraron en la tierra y comenzaron a comer de los ricos alimentos que allí se encontraban. Hasta donde puedo imaginar, lo más cercano al maná que hoy tenemos son los copos de maíz. ¿Qué le parecería a usted tener copos de maíz para el desayuno, el almuerzo y la cena cada día durante 40 años? ¡Ciertamente ya estaban cansados de los «copos de maíz celestiales» cuando entraron en Canaán! Durante 40 años, habían comido un alimento que les daba fuerza, pero que no satisfacía. Sin embargo, cuando entraron en la tierra, encontraron rica comida.

3. Planear la toma de Jericó

Finalmente, antes de que los israelitas comenzaran su conquista, Josué tuvo que planear la estrategia para tomar la ciudad de Jericó. Tal vez era un líder perplejo y desconcertado. ¿Cómo podría conquistar esa enorme ciudad amurallada con este «ejército» de personas sin experiencia?

Se retiró del campamento y miró la ciudad a la luz de la luna. De repente, a tan sólo unos pasos de distancia, vio a un hombre frente a él, con la espada desenvainada. Josué no entendía si la espada del hombre estaba desenvainada en un gesto amenazador o como una

Una *teofanía*, es decir, una aparición preencarnada del Señor Jesucristo, en forma humana

oferta de ayuda. Instintivamente, Josué desafió al extraño: «¿Eres de los nuestros —le preguntó—, o de nuestros enemigos?».

«No —respondió el hombre—, mas como Príncipe del ejército de Jehová he venido ahora» (Jos. 5:14). En otras palabras: «No he venido para ponerme del lado de nadie, sino para tomar el poder. No te corresponde planear la estrategia de batalla. Ese es mi trabajo. He puesto la ciudad de Jericó en tus manos».

Al instante, Josué supo que no se trataba de un simple soldado mortal, sino que estaba en presencia del propio mensajero de Dios. De hecho, puede que este extraño haya sido lo que los teólogos llaman una «teofanía», una aparición preencarnada del Señor Jesucristo, en forma humana.

El hombre procedió a diseñarle a Josué el plan de batalla más extraordinario que jamás se haya organizado. Simplemente, haría que el pueblo marchara alrededor de la ciudad una vez al día durante seis días y siete veces en el séptimo día; luego harían sonar las trompetas, y gritarían… ¡y los muros de la ciudad caerían!

Tres obstáculos, tres problemas

Fueron necesarios los tres preparativos antes de embarcarse en la batalla, así que, en esta sección vemos tres obstáculos principales a vencer antes de ganar la tierra. Estos obstáculos nos ilustran los tres tipos de problemas que enfrentamos en nuestro caminar de la vida cristiana. El primer obstáculo es Jericó, una ciudad con muros como de 90 metros de ancho y 18 de alto, una dificultad aparentemente insuperable.

La ciudad de Jericó simboliza esos problemas que ocurren con mayor frecuencia al inicio de nuestra experiencia de caminar en el Espíritu, cuando enfrentamos algo que nos ha desconcertado y que se ha burlado de nosotros durante años. Tal vez es un hábito que hemos tenido por mucho tiempo y que no hemos podido vencer. Puede que sea algo que constantemente amenaza nuestra vida espiritual.

La lección de Jericó es que el problema no es el obstáculo visible, sino nuestra actitud hacia él

Un asombroso principio espiritual se relaciona con este tipo de problema. Cuando seguimos la estrategia que aquí se delinea —caminar alrededor del problema en la presencia de Dios (representada por el arca), y dar el grito de triunfo— entonces *los muros caerán.* Cuando hay un cambio completo de actitud frente a algún problema «insuperable», dicho problema se hace polvo. El problema no es el obstáculo visible, sino nuestra actitud hacia él.

Dios hizo que Israel marchara durante siete días. ¿Por qué tanto tiempo? Porque le tomó todo ese tiempo cambiar la actitud hacia Jericó. Continuamente, pensaban: «Qué lugar tan enorme. ¿Cómo vamos a tomar esta ciudad?». Día tras día, mientras caminaban alrededor de ella, los israelitas tuvieron tiempo para pensar en que Dios estaba en medio de ellos, en el poder que Él ya había mostrado y en lo que podía volver a hacer. Gradualmente, su actitud fue cambiando de tal modo que el séptimo día gritaron triunfantes y los muros cayeron. Fue muy fácil cuando obedecieron.

El segundo obstáculo en el camino de Israel es el pueblecito de Hai. La historia de la campaña contra Hai comienza con la revelación del pecado de Acán. Este hombre codició un objeto prohibido tomado de la ciudad derrotada de Jericó, así que, lo tomó y lo escondió entre sus posesiones personales. Más tarde, cuando el ejército de Israel subió contra Hai —una ciudad comparativamente débil y no fortificada—, Israel fue totalmente derrotado.

Josué cayó rostro en tierra delante del Señor y dijo: «Por qué hiciste pasar a este pueblo el Jordán, para entregarnos en las manos de los amorreos, para que nos destruyan?» (Jos. 7:7). Dios le dijo: «Levántate; ¿por qué te postras así sobre tu rostro? Israel ha pecado, [...] ni estaré más con vosotros, si no destruyereis el anatema de en medio de vosotros» (Jos. 7:10, 12). Finalmente, después de buscar entre todas las filas de Israel, llegaron hasta Acán y su familia, y él confesó.

La lección de Hai es que Dios espera que solucionemos completamente el problema de nuestros apetitos carnales

Entonces, Hai es una lección instructiva y que nos hace pensar: Dios espera que solucionemos completamente el problema de nuestros apetitos carnales. Espera que lo obedezcamos sin racionalizar ni transigir con el pecado. Incluso un pecado aparentemente pequeño puede tener consecuencias desastrosas, así que, ni se nos ocurra permitir que el pecado se afiance en nosotros.

Israel fue derrotado mientras el pecado de Acán estuvo oculto. Pero, cuando se confesó el pecado, el ejército pudo conquistar Hai fácilmente. Al lidiar de manera firme y decisiva con el pecado en el campamento, Israel pudo ir a la batalla sin obstáculos. La clave para ganar la victoria en el campo de batalla fue triunfar sobre el enemigo interior, el pecado latente y secreto que estaba dentro. Una vez que ganamos la victoria sobre los problemas de la carne, la guerra espiritual deja de ser un conflicto. Dios puede actuar y ganar la batalla por nosotros.

La lección de Gabaón y Bet-horón es que Satanás ataca por medio del engaño

Las dos batallas de Gabaón y Bet-horón expresan un tercer aspecto de los ataques especiales de Satanás contra el creyente. El ataque satánico ilustrado en la historia de Gabaón es *el engaño.* Los gabaonitas se vistieron con ropas viejas, tomaron pan viejo y mohoso, odres de vino rotos y remendados, y montando sobre asnos escuálidos, salieron a encontrarse con Josué (ver Jos. 9:3-27).

Llegaron al campamento israelita y dijeron: «Tus siervos han venido de tierra muy lejana, por causa del nombre de Jehová tu Dios; porque hemos oído su fama, y todo lo que hizo en Egipto, y todo lo que hizo a los dos reyes de los amorreos [...]. Por lo cual nuestros ancianos y todos los moradores de nuestra tierra nos dijeron: Tomad en vuestras manos provisión para el camino, e id al encuentro de ellos, y decidles: Nosotros somos vuestros siervos; haced ahora alianza con nosotros».

Los israelitas sospecharon, pero los gabaonitas continuaron diciendo: «Este nuestro pan lo tomamos caliente de nuestras casas para el camino el día que salimos para venir a vosotros; y helo aquí ahora ya seco y mohoso. Estos cueros de vino también los llenamos nuevos; helos aquí ya rotos; también estos nuestros vestidos y nuestros zapatos están ya viejos a causa de lo muy largo del camino».

Josué les creyó e hizo un pacto con ellos. Después de firmar el tratado, Israel caminó al otro lado de la colina, ¡y allí estaba Gabaón! Ahora bien, Dios le había ordenado previamente a Josué que eliminara a todos los habitantes de la tierra, y eso incluía Gabaón. Pero Josué había sido engañado por una astuta artimaña satánica. Aunque había sido timado para firmar el tratado, Josué honró el acuerdo y perdonó a los gabaonitas. Como resultado, los gabaonitas se convirtieron en aguijones contra Israel por el resto de su historia.

Luego sigue el relato de Bet-horón, donde todos los reyes de los cananeos se unieron y vinieron rugiendo en una tremenda legión de naciones contra Josué, una reminiscencia de diversos momentos del siglo XX, como la Guerra de los Seis Días en 1967, cuando varias naciones limítrofes se unieron para atacar a la moderna Israel. La batalla de Bet-horón fue tremenda y, aunque Israel era superado en gran número por el enemigo, Dios le dio la victoria de una manera extraordinaria: Detuvo el sol en el cielo para que el día de la batalla durara, hasta que llegara la victoria. Este es el famoso «día largo» de Josué.

He aquí una ilustración de lo que sucede cuando el diablo viene como león rugiente en alguna catástrofe abrumadora que parece hacernos pedazos, tambalear en la fe y llevarnos a clamar, «Dios, ¿qué me está pasando? ¿Por qué me sucede esto a mí?». Sentimos que somos barridos por esta terrible y pasmosa situación. Pero Josué se mantuvo firme en la fe, confiando en que Dios obraría un milagro... y Dios honró esa fe. Proverbios 10:30 nos dice: «el justo no será removido jamás». Por esta razón, Pablo dice en Efesios que, cuando el enemigo llega de esta manera, simplemente debemos permanecer quietos, con los pies firmes en las promesas de Dios. Entonces, el enemigo será derrotado (ver Ef. 6:13).

El resto de esta sección (capítulos 11 al 21) habla de la operación de limpieza después de las principales batallas, junto con la división de Canaán entre las tribus. Tras la batalla de Bet-horón, la tierra era prácticamente de ellos, aunque todavía debían lograr victorias individuales. Las victorias de Caleb, Otoniel y los hijos de José, y la separación de las ciudades de refugio contienen maravillosas lecciones sobre la audacia de la fe, que toma y emplea osadamente lo que Dios ha prometido.

Tres peligros

El peligro de los *motivos mal interpretados*

En la última sección aprendemos sobre tres formas particulares de peligro que nos acosan en la vida cristiana. En primer lugar, encontramos el relato de los *motivos mal interpretados,* que se les atribuye a los rubenitas, los gaditas y la media tribu de Manasés. Construyeron un altar en el lado equivocado del Jordán, lo cual causó indignación entre las demás tribus de Israel.

Para las otras tribus, esto era idolatría y desobediencia al mandamiento de Dios. Así que, se juntaron y fueron a luchar contra sus propios hermanos. Cuando llegaron, todos armados y listos para la guerra, era comprensible que los rubenitas, los gaditas y la media tribu de Manasés estuvieran disgustados. «Si nos hemos edificado altar para volvernos de en pos de Jehová [...]» —exclamaron— «el mismo Jehová nos lo demande» (Jos. 22:23).

Luego explicaron que temían que, en algún momento en el futuro, los israelitas que estaban dentro de la tierra les dijeran a las tribus que se habían establecido fuera: «¿Qué tenéis vosotros con Jehová Dios de Israel?». En ese caso, una buena respuesta sería: «Si aconteciere que tal digan a nosotros, o a nuestras generaciones en lo por venir, entonces responderemos: Mirad el símil del altar de Jehová, el cual hicieron nuestros padres, no para holocaustos o sacrificios, sino para que fuese testimonio entre nosotros y vosotros» (22:28).

¿Le suena familiar esta escena? ¿Cuántas veces ha sacado usted una conclusión equivocada al atribuirle motivos equivocados a su cónyuge, a algún familiar, a su pastor o a otro cristiano? ¿Cuántas veces otras personas lo han juzgado a usted mal, lo han criticado o atacado erróneamente? Sucede con demasiada frecuencia en las familias cristianas y en las iglesias cristianas. Si hay algo que puede sacarnos del terreno de la victoria, es la controversia por motivos mal interpretados.

El peligro de la *obediencia a medias*

El segundo peligro es la *obediencia a medias.* Aunque toda la tierra le había sido entregada al pueblo de Israel, este no la poseyó de manera total, sino que dejó parte sin conquistar. Hacia el final de su vida, Josué le advirtió a la nación que los pueblos a los cuales les había permitido seguir viviendo serían siempre una trampa y una espina para Israel (ver Jos. 23:12-13).

El peligro final que vemos en este pasaje es de *la confianza y el orgullo falsos.* Josué hizo una última aparición ante los israelitas para desafiarlos a caminar delante del Señor su Dios, diciendo: «Escogeos

El peligro de la *confianza y el orgullo falsos*

hoy a quién sirváis» (24:15). Él está diciendo: «Ustedes creen que pueden continuar en una especie de posición neutral entre seguir al diablo y seguir al Señor. No, no pueden hacerlo». Esto es exactamente lo que Jesús dijo: «Ninguno puede servir a dos señores» (Mt. 6:24). Debemos servir a Dios o a Satanás. No podemos servir a ambos. No hay punto intermedio. Al escuchar este desafío, el pueblo respondió:

> *Nunca tal acontezca, que dejemos a Jehová para servir a otros dioses; porque Jehová nuestro Dios es el que nos sacó a nosotros y a nuestros padres de la tierra de Egipto, de la casa de servidumbre; el que ha hecho estas grandes señales, y nos ha guardado por todo el camino por donde hemos andado, y en todos los pueblos por entre los cuales pasamos. Y Jehová arrojó de delante de nosotros a todos los pueblos, y al amorreo que habitaba en la tierra; nosotros, pues, también serviremos a Jehová, porque él es nuestro Dios (24:16-18).*

¡Qué palabras tan valerosas! Pero Josué de inmediato confrontó sus bravuconadas, de una manera muy parecida a la que Jesús confrontó a Pedro, cuando este prometió que jamás abandonaría ni negaría a su Señor. «No podréis servir a Jehová», dice Josué en el versículo 19. ¿Por qué Josué parecía menospreciar a su pueblo justo cuando este estaba prometiendo lealtad al Señor? Porque Josué entendía que el mayor peligro que enfrentan los creyentes es la falsa confianza.

Quizá usted diga: «Bueno, ciertamente puedo hacer lo que Dios quiere. Tengo lo necesario. Después de todo, conozco las Escrituras. Me he criado en la iglesia correcta. Sin duda, puedo caminar fiel y honestamente delante de Dios. No me hablen de apostasía, derrota, reincidencia o pecado. ¡Yo serviré al Señor!». A este orgullo espiritual, Josué responde: «No podréis servir a Jehová».

Nunca podemos tener suficiente fortaleza para mantenernos firmes por nuestra cuenta. La fortaleza surge al admitir nuestra debilidad y dependencia. Sólo cuando estamos dispuestos a aferrarnos a Dios y a Su fortaleza, podemos tener la esperanza de experimentar la victoria. Por esta razón, hacia el final de su vida, el anciano y sabio Josué dice:

> *No podréis servir a Jehová, porque él es Dios santo, y Dios celoso {...}. Si dejareis a Jehová y sirviereis a dioses ajenos, él se volverá y os hará mal, y os consumirá, después que os ha hecho bien (24:19-20).*

Es probable que Josué se haya entristecido profundamente al escuchar la respuesta del pueblo, porque, en efecto, lo que estaba diciendo era: «No, Josué, no sabes lo que estás diciendo. Nosotros vamos a servir al Señor de todas maneras». ¡Qué expresión de arrogancia espiritual! Debido a la actitud del pueblo, la historia no termina con las victorias del libro de Josué, sino que continúa en el siguiente libro, Jueces: el libro de la derrota.

UN PANORAMA DE LA DERROTA

Muy pocos libros de la Biblia pueden compararse con Jueces en cuanto a su cariz e intriga. Nos estremecemos al leer que el juez Aod va a visitar al rey a su palacio de verano y le introduce un puñal entre la quinta y sexta costillas para que la carne lo cubra y no se pueda retirar el cuchillo. Nos amilanamos cuando Jael le atraviesa el cráneo a Sísara con una estaca y lo deja clavado en la tierra. Nos mordemos las uñas junto con Gedeón cuando Dios introduce profundos recortes militares y reduce el ejército de Israel de 32.000 hombres a 300, ¡y luego envió a la batalla a este ejército en miniatura infinitamente superado en número!

Tal vez se nos caiga el alma a los pies cuando la hija de Jefté le sale al encuentro a su regreso de la batalla, y él recuerda su voto de sacrificar a Dios a la primera persona con que se tope, y luego cumple ese horrible compromiso. Quizá se jacte junto con Sansón cuando causa estragos entre los filisteos, pero se asombre ante su locura de permitir que la tentadora filistea le sonsaque el secreto de su fuerza. Indudablemente, usted se retuerce de repugnancia con la historia de la perversión benjamita que tal vez marca el capítulo más negro en la historia de Israel.

¿Qué clase de libros le gusta leer a usted? ¿Qué películas y series de televisión son sus favoritas? ¡Los fanáticos del romance histórico, la historia militar, las telenovelas, las teorías de conspiración, las novelas de espionaje, las aventuras de capa y espada o la intriga política lo encontrarán *todo aquí en el libro de Jueces!* Es un libro cuya lectura es fascinante y cautivadora. Pero, desde una perspectiva más amplia y profunda, es, en esencia, la historia de una nación en deterioro, y sirve como una seria advertencia contra el desgaste y la decadencia en nuestras vidas cristianas. La estructura de Jueces es la siguiente:

Israel no logra culminar la conquista de Canaán (Jueces 1:1–3:4)

1. El fracaso de las tribus de Israel	1
2. El juicio a las tribus	2:1–3:4

Los siete ciclos de liberación (Jueces 3:5–16:31)

3. El juez Otoniel	3:5-11
4. El juez Aod	3:12-30
5. El juez Samgar	3:31
6. Débora y Barac	4–5
7. Gedeón derrota a los madianitas	6:1–8:32
8. El juez Abimelec	8:33–9:57
9. El juez Tola	10:1-2
10. El juez Jair	10:3-5
11. El juez Jefté	10:6–12:7
12. El juez Ibzán	12:8-10
13. El juez Elón	12:11-12
14. El juez Abdón	12:13-15
15. El juez Sansón	13–16

La depravación de Israel bajo los Jueces (Jueces 17–21)

16. Israel se hunde en la idolatría	17–18
17. Israel se hunde en la inmoralidad	19
18. La guerra entre las tribus	20–21

Mientras que Josué es un libro de victoria, Jueces es un relato de derrota y fracaso. Es el primero de una serie de libros que pone delante de nosotros las advertencias y las señales de peligro con respecto a las amenazas que se encuentran en el camino de un creyente. El patrón de derrota que describe se nos presenta una y otra vez. El principio clave que siempre anunciaba esa derrota en la vida del pueblo de Israel se nos da en el último versículo del libro:

> *En estos días no había rey en Israel; cada uno hacía lo que bien le parecía (21:25).*

Estas personas no estaban tratando de hacer el mal; no eran personas rebeldes, empeñadas en frustrar la voluntad de Dios para sus vidas. En esta etapa de la historia de Israel, estaban decididas a hacer el bien, *pero estaban tratando de hacer lo que era correcto a su parecer.*

Sucumbieron a la insensatez de los santos errores garrafales. Eran hombres y mujeres bien intencionados, que querían hacer lo que estaba bien, pero terminaban haciéndolo todo mal.

En mi experiencia como consejero, este patrón lo he visto repetirse mucho. Una y otra vez he escuchado a las personas decir: «No sé qué pasó. Traté de hacerlo bien. Hice lo que pensé que era lo mejor. Pero todo parecía salir mal». Este era el problema con los hijos de Israel en el libro de Jueces. Como dice el texto, no había una autoridad objetiva en sus vidas. Se suponía que el Señor Jehová era su Rey, pero ellos no se lo tomaban en serio. Y, al no hacerlo, terminaban tomándose demasiado en serio ellos mismos. Entonces, hacían lo que pensaban que era lo correcto, guiados por sus propios intelectos y razonamientos, pero finalmente demostraban que sus caminos no eran los caminos de Dios.

Israel no logra completar la conquista de Canaán

En los primeros dos capítulos vemos el patrón de la derrota que se repetirá una y otra vez. Cada vez que Dios, en Su gracia, libra al pueblo, este vuelve a caer en otro ciclo de derrota. El tono de dicha derrota lo dan estas palabras en el capítulo 1:

> *Tampoco Manasés arrojó a los de Bet-seán, ni {...} sus aldeas (1:27).*

La tribu de Manasés no obedeció el mandamiento de Dios de arrojar a todas las tribus de los cananeos. Y hay otras historias similares de fracaso:

> *Tampoco Efraín arrojó al cananeo que habitaba en Gezer, sino que habitó el cananeo en medio de ellos en Gezer. Tampoco Zabulón arrojó a los que habitaban en Quitrón, ni a los que habitaban en Naalal {...}. Tampoco Aser arrojó a los que habitaban en Aco, ni a los que habitaban en Sidón {...}. Tampoco Neftalí arrojó a los que habitaban en Bet-semes (1:29,31,33).*

Ese fue tan sólo el inicio de la historia de la derrota de los hijos de Israel. No tomaron a Dios en serio en cuanto a la amenaza que sus enemigos representaban para ellos y, en cambio, se establecieron en medio de aquellos pueblos. El Señor había dicho que debían expulsar a todo habitante de esas aldeas cananeas; no podían socializar ni tener nada que ver con ellos. Tampoco debían casarse con ellos.

Pero, cuando Israel llegaba a algunas de esas aldeas, en vez de organizar una guerra armada contra ellas, entraba e investigaba. Lo que veía parecía bastante inocuo. Las aldeas no parecían particularmente peligrosas y los habitantes daban la impresión de ser excelentes personas. Así que, los israelitas les permitían quedarse y fundaban otra ciudad justo al lado. Dejaban que estas tribus mantuvieran sus aldeas entre las ciudades y poblados de Israel. Se conformaban con una simple victoria incompleta.

Esas *cositas* son las que finalmente nos vencen

Leemos esta historia y pensamos, *¡Qué tontos eran estos israelitas en no obedecer los mandamientos de Dios!* Pero ¿acaso no hacemos nosotros exactamente lo mismo? ¿Acaso no nos conformamos con una simple victoria incompleta sobre nuestros pecados y malos hábitos? ¿Acaso no decimos: «Bueno, sí, tengo un problema con la ira (o el chisme, las palabrotas, los pensamientos impuros, el alcohol, el tabaco), ¡pero sólo se trata de un pequeño mal hábito! Quiero decir, todos necesitamos un pequeño vicio, ¿no es cierto?». ¡No! Dios dice que son esas *cositas* con que nos conformamos y transigimos las que finalmente nos vencen, ¡y nos destruyen! No podemos darnos el lujo de conformarnos con una simple victoria incompleta.

Israel rechaza a Dios y sirve a Baal y Astoret

Ahora vea el siguiente paso en este proceso de decadencia y derrota. En el capítulo 2, vemos la gracia de Dios cuando le advierte a Israel acerca de los resultados de su fracaso:

> *El ángel de Jehová subió de Gilgal a Boquim, y dijo: Yo os saqué de Egipto, y os introduje en la tierra de la cual había jurado a vuestros padres, diciendo: No invalidaré jamás mi pacto con vosotros, con tal que vosotros no hagáis pacto con los moradores de esta tierra, cuyos altares habéis de derribar; mas vosotros no habéis atendido a mi voz. ¿Por qué habéis hecho esto? Por tanto, yo también digo: No los echaré de delante de vosotros, sino que serán azotes para vuestros costados, y sus dioses os serán tropezadero (2:1-3).*

¿Qué hizo Israel en respuesta?

> *Después los hijos de Israel hicieron lo malo ante los ojos de Jehová, y sirvieron a los baales. Dejaron a Jehová el Dios de sus padres, que los había sacado de la tierra de Egipto, y se fueron tras otros dioses, los dioses de los pueblos que estaban en sus alrededores, a los cuales adoraron; y provocaron a ira a Jehová (2:11-12).*

Comenzaron transigiendo con el mal

El siguiente paso fue la abierta idolatría. Los baales y las astorets eran los dioses de las tribus cananeas. Baal era un dios de la fertilidad masculino. Astoret, una diosa de la fertilidad femenina. Los israelitas no tenían la intención de hacer lo malo… al principio. Sabían que

Dios les había mandado no inclinarse ante ningún ídolo. Conocían los Diez Mandamientos. Pero comenzaron transigiendo con el mal, al permitir que los idólatras coexistieran con ellos en la tierra que Dios les había dado. No tenían intención de quedar atrapados de esta manera, pero pronto estuvieron haciendo lo impensable: participando de las prácticas paganas de los cananeos impíos.

¿Cómo sucedió esto? Los israelitas habían sido agricultores en Egipto e irrigaban sus cultivos; así que, no estaban acostumbrados a la agricultura en tierra seca. Después de 40 años de deambular, en realidad ya no sabían cómo sembrar, especialmente en una tierra árida sin irrigación, y sus cosechas eran pocas y malas. Vieron los exuberantes campos de grano de los cananeos y pidieron consejo.

Los cananeos dijeron que sus abundantes cosechas eran una bendición de los dioses de la fertilidad, a los cuales adoraban, e invitaron a los israelitas a adaptarse a sus costumbres. ¿Alguna vez ha experimentado presiones culturales como las que enfrentaron los israelitas? «Si quieres salir adelante en esta compañía, tendrás que jugar según nuestras reglas. ¡Vamos! ¡Todos hacen un poquito de trampa! ¡Todos tienen una amante! ¡Todos van a ver este tipo de películas y a ese tipo de bar! Si esperas ser uno de nosotros, tendrás que adaptarte a nuestra manera de hacer las cosas».

Así fue que los israelitas cedieron y se hundieron hasta llegar al nivel de las personas que Dios les había ordenado destruir. Los cananeos les enseñaron a los israelitas a sembrar sus cultivos apropiadamente, a fertilizar el suelo y también a ofrecer de la manera apropiada los sacrificios a sus dioses demoníacos, así que, a la primavera siguiente —¡efectivamente!— encontraron que las cosechas eran maravillosas. Los israelitas pensaron, *¡Vaya! Es probable que haya algo de cierto en este asunto del dios de la fertilidad. Mejor será que adoremos a estos dioses.* Abandonaron al Dios de Israel y se inclinaron ante los baales y las astorets.

Ahora bien, lo que no se registra aquí es que estas eran deidades del sexo y que su adoración no sólo involucraba inclinarse ante ellas, sino también participar de prácticas sexuales obscenas. Así que, pronto Israel se hundió en la idolatría y la flagrante inmoralidad.

Dios demuestra Su ira y Su gracia

El siguiente paso en el ciclo es la re-inyección de la gracia de Dios. Todo el patrón trata acerca de la locura humana indescriptible de desobedecer la simple Palabra de Dios. En Su gracia fascinante, El Señor pone obstáculo tras obstáculo en el camino de estas personas, para tratar de advertirles sobre lo que les está pasando. En el capítulo 2, leemos cómo trató la desobediencia de ellos:

Dejaron a Jehová, y adoraron a Baal y a Astarot. Y se encendió contra Israel el furor de Jehová, el cual los entregó en manos de robadores que los despojaron, y los vendió en mano de sus enemigos de alrededor; y no pudieron ya hacer frente a sus enemigos. Por dondequiera que salían, la mano de Jehová estaba contra ellos para mal, como Jehová había dicho, y como Jehová se lo había jurado; y tuvieron gran aflicción (2:13-15).

¿Alguna vez ha experimentado la mano del Señor en contra de usted? ¿Alguna vez ha percibido que Él se le oponía en todo lo que hacía? Lo que creía que hacía con devoción y sinceridad era tan opuesto a lo que el Señor había dicho que descubrió que Su mano estaba en contra de usted. Esto es lo que Israel descubrió: Nada parecía salir bien. Se encontraba en la esclavitud. Una tras otra, las tribus a su alrededor pudieron dominarlos. Irrumpían y convertían a los israelitas en sus esclavos, año tras año y tras otro doloroso año.

Finalmente, la gracia de Dios vuelve a entrar en escena para traer liberación:

Y Jehová levantó jueces que los librasen de mano de los que les despojaban; pero tampoco oyeron a sus jueces, sino que fueron tras dioses ajenos, a los cuales adoraron; se apartaron pronto del camino en que anduvieron sus padres obedeciendo a los mandamientos de Jehová; ellos no hicieron así. Y cuando Jehová les levantaba jueces, Jehová estaba con el juez, y los libraba de mano de los enemigos todo el tiempo de aquel juez (2:16-18).

Por esa razón, este libro se llama Jueces. Una y otra vez, se repite este patrón. Dios levantó a Otoniel, luego a Aod y luego a Samgar, un juez tras otro, hasta que llegamos al último, Sansón. Hubo un total de doce jueces, todos representantes de la gracia interventora de Dios en Su intento de mantener al pueblo lejos de la locura de la desobediencia sin sentido. La persistente locura queda demostrada con estas trágicas palabras:

Mas acontecía que, al morir el juez, ellos volvían atrás, y se corrompían más que sus padres, siguiendo a dioses ajenos para servirles, e inclinándose delante de ellos; y no se apartaban de sus obras, ni de su obstinado camino (2:19).

Por lo tanto, el libro de Jueces no es sino un registro de la continua decadencia de Israel.

La advertencia de Dios

La gran lección de Jueces es que debemos tomar a Dios en serio y del mismo modo a nuestro enemigo. Jesucristo ha venido a salvarnos de nuestros pecados, no a ayudarnos a adaptarnos cómodamente a ellos. Ha venido a arrojar esos pecados y hábitos fuera de nosotros. Si no tomamos a Dios en serio en cuanto a estas "cositas", entonces, paso a paso, de manera gradual e imperceptible, nos alejaremos de Su gracia y nos hundiremos en el colapso moral y espiritual.

La lección de Jueces es que debemos tomar a Dios en serio y del mismo modo a nuestro enemigo

A veces escuchamos la historia de algún distinguido hombre o mujer de Dios que, de manera inesperada, se descubre que está atrapado en un comportamiento deshonesto o inmoral. Surge un escándalo y luego la desilusión generalizada. Las personas mueven la cabeza desconcertadas y se preguntan: «¿Cómo pudo pasar esto tan de repente? ¿Qué causó este abrupto cambio en esta persona?». Estoy convencido de que, en casi todos los casos, no hubo nada repentino en ese comportamiento. Mucho antes de que esta implosión moral, aparentemente repentina, tuviera lugar, hubo un largo periodo de deterioro interno, de transigencia gradual, de pecados secretos, de "pecaditos". Todo eso se hizo sentir, día a día, hasta que un colapso moral de gran envergadura fue inevitable.

Puede que se esté preguntando: «¿Me estará pasando esto a mí? ¿Estaré diciendo en alguna área de mi vida: "Señor, esto en realidad no es muy importante? ¿Para qué molestarme con este asuntito? Esto no es tan importante, ¿no es cierto, Señor?"». Es una actitud peligrosa. Si usted la tiene, está exponiéndose al peligro.

Escuche el mensaje de Jueces. Lea el libro con cuidado. Escuche la voz de advertencia, aunque también amorosa, de Dios. Si lo lee en detalle, con un corazón abierto, descubrirá lo mismo que yo: El libro de Jueces es un espejo donde podemos vernos a nosotros y nuestra condición con mayor claridad. Que Dios nos dé valentía y sabiduría para tomar las profundas advertencias de Jueces y aplicarlas de manera personal, para que la imagen que veamos en ese espejo se parezca menos a la Israel fracasada y deteriorada, y más a Jesucristo.

EL ROMANCE DE LA REDENCIÓN

Cuando Benjamín Franklin era embajador de los Estados Unidos en Francia, ocasionalmente asistía al Club de los Infieles, un grupo de intelectuales que pasaban la mayor parte del tiempo juntos leyendo y deliberando acerca de obras maestras literarias. Al igual que muchos esnobes intelectuales, tanto de ese tiempo como de ahora, los miembros de este grupo eran mayormente ateos y agnósticos que se burlaban de la Biblia.

En una ocasión, Franklin llevó un libro y se lo leyó al grupo. Cuando terminó, los demás fueron unánimes en su elogio. Dijeron que era una de las más bellas historias que habían escuchado jamás y le exigieron a Franklin que les dijera dónde se había topado con una obra literaria tan extraordinaria. Le dio un gran placer decirles que la historia provenía de la Biblia, un libro que ellos expresamente habían desdeñado. ¡Simplemente, había cambiado los nombres para que no pudiera reconocerse como un libro de la Biblia!

El libro de Rut ciertamente es una obra maestra literaria. Es una bella historia de conmovedor romance. Me pregunto cómo aparecería en algunas de nuestras novelas románticas de hoy. Casi puedo ver el título: «La mujer que encontró la felicidad en los brazos de un segundo esposo». Es un libro que enciende la imaginación porque va entretejido con el cautivante tema del amor, la devoción y el verdadero romance.

Y, sin embargo, debe recordarse que los eventos en este bello libro tienen como telón de fondo la fea era de los jueces. Aunque Rut es en sí una hermosa historia, es la historia detrás de la historia —es decir, su significado e importancia— lo que hace que este libro sea tan valioso para nuestras vidas. Es uno de esos bellos cuadros del Antiguo

Testamento que Dios ha diseñado para ilustrar las dramáticas verdades de la fe cristiana, según se expone en el Nuevo Testamento. Ilustra el romance de la redención.

La estructura del libro es sencilla:

Rut, una mujer de profundo amor y devoción (Rut 1–2)

1.	La amistad y la devoción de Rut hacia Noemí	1
2.	Rut conoce a Booz; Booz se ocupa de Rut	2

El amor de Rut se ve recompensado (Rut 3–4)

3.	La solicitud de Rut de redención	3
4.	Booz se casa con Rut; Rut tiene un hijo, Obed	4

Noemí

El libro de Rut comienza con una presentación de sus personajes clave:

> *Aconteció en los días que gobernaban los jueces, que hubo hambre en la tierra. Y un varón de Belén de Judá fue a morar en los campos de Moab, él y su mujer, y dos hijos suyos. El nombre de aquel varón era Elimelec, y el de su mujer, Noemí; y los nombres de sus hijos eran Mahlón y Quelión, efrateos de Belén de Judá. Llegaron, pues, a los campos de Moab, y se quedaron allí. Y murió Elimelec, marido de Noemí, y quedó ella con sus dos hijos, los cuales tomaron para sí mujeres moabitas; el nombre de una era Orfa, y el nombre de la otra, Rut; y habitaron allí unos diez años. Y murieron también los dos, Mahlón y Quelión, quedando así la mujer desamparada de sus dos hijos y de su marido (1:1-5).*

Elimelec, cuyo nombre significa «mi Dios es rey», deja la ciudad de Belén con su esposa Noemí, que significa «placentera». Debido a la hambruna en la región, toman a sus dos hijos, Mahlón y Quelión, y se trasladan a la tierra de Moab. Observe que en Belén —nombre que significa «la casa del pan»— no había pan, sólo hambre. El libro de Levítico ya nos ha dicho que la hambruna indica un bajo nivel de vitalidad espiritual en una determinada nación.

En Moab, Elimelec murió y sus dos hijos se casaron con mujeres moabitas, Orfa y Rut. Después de diez años, ambos hijos también murieron y Noemí se quedó con las dos nueras. Cuando terminó la hambruna, Noemí expresó sus planes de regresar a Belén, pero animó a sus nueras a quedarse en Moab y volver a casarse allí. Orfa no estuvo dispuesta a dejar su hogar por una vida incierta en Palestina y decidió seguir el consejo de Noemí. Pero Rut se negó a quedarse en Moab y, en un ruego de perdurable belleza, declaró su determinación de identificarse con la tierra, el pueblo y la fe de su suegra.

La fuente de la devoción y la determinación de Rut se ve en su declaración en 1:16: «Tu Dios [será] mi Dios». Esto claramente representa su disposición a dejar a los ídolos de Moab por la adoración al Dios vivo de Israel.

El chico conoce a la chica; una historia de amor tierna y santa

Así que, Noemí y Rut llegan a Belén al comienzo de la cosecha de cebada, con un futuro muy incierto. La mano invisible, proveedora y protectora del Señor es evidente al declarar que Rut fue a los campos a espigar y «llegando, [...] aconteció que aquella parte del campo era de Booz» (2:3). Este hombre, un pariente cercano de Elimelec, el esposo de Noemí, aparece en la historia como un hombre de carácter y sensibilidad poco comunes.

Esta es una maravillosa historia del chico que conoce a la chica, el tipo de historia romántica que nunca pasa de moda. Rut estaba espigando en el campo y Booz la vio. Les preguntó a sus obreros: «¿De quién es esta joven?». Ellos se lo dijeron, y Booz fue a conocer a Rut. Ahora bien, el texto no entra en detalles en cuanto a cómo se conocieron, pero si usamos nuestra imaginación santificada, podemos ver que probablemente haya sido un poquito incómodo al comienzo.

Ella está trabajando lejos, recogiendo grano aquí y allá, y viene este hombre bastante atractivo y elegante; evidentemente, un hombre rico, por su atuendo. Ella baja la mirada tímidamente y él se balancea nervioso de un pie al otro, aclarándose la garganta. Finalmente, él dice, «Shalom». Ella levanta la mirada y dice, «Shalom». Él prosigue a elogiarla por su amabilidad hacia su suegra y especialmente por su fe en Jehová, el Dios de Israel.

Atraído sin duda por la bella moabita, pero siempre actuando con compostura y dignidad, Booz instruye a sus obreros para que deliberadamente dejen grano en el campo para que ella lo recoja. ¡Para su asombro, Rut descubre que estos obreros son los más descuidados de todo el reino de Israel! En cuanto regresa a la casa, por la tarde, con una abundancia inesperada, se entera por Noemí que Booz es un posible pariente-redentor. Por lo tanto, sigue las instrucciones de su suegra de continuar espigando en esos campos durante las cosechas de la cebada y el trigo, por unos tres meses.

Un plan de redención

Al final de la cosecha, después de que el grano fuera aventado, Noemí tomó la iniciativa en base a su relación con Booz y le aconsejó a su nuera acerca de un plan para su redención. Esto es lo que hizo Rut: Fue de noche al lugar donde Booz estaba durmiendo y se echó a los pies de él. Al hacerlo, estaba siguiendo una antigua costumbre en Israel en la cual estaba pidiéndole a Booz, simbólicamente, que cumpliera con la responsabilidad de un pariente de casarse con ella y engendrar herederos para el difunto Elimelec. Lo hizo con tanto recato que él la elogió por su acción. Como era evidente que se había enamorado de ella, ansiosamente consintió en asumir la responsabilidad solicitada. Era evidente que él había esperado que se diera esta situación, ya que, de inmediato, le informó a Rut que había un pariente aún más cercano y que su derecho tenía que resolverse primero.

A la mañana siguiente, Booz mandó a Rut de vuelta a la casa con un generoso regalo de seis medidas de cebada, y Noemí sabiamente le dijo que, con seguridad, el asunto se resolvería ese día. Esa misma mañana Booz tomó su asiento a la puerta de la ciudad, donde los ancianos se reunían para resolver demandas y juzgar los demás asuntos que les presentaban. Cuando el pariente más cercano pasó por allí, Booz solicitó un tribunal informal. Todos se sentaron, y presentó su caso al otro pariente.

Booz: el pariente-redentor de Rut

Booz declaró que Noemí quería vender una porción de tierra que le había pertenecido a Elimelec, pero que si lo hacía, el pariente más cercano sería responsable de ocuparse de la familia, ya que entonces no tendría propiedad alguna. Ante la posibilidad de obtener un bien de primera calidad, el pariente más cercano declaró su disposición a asumir la responsabilidad. ¡Fue allí cuando Booz sacó su carta de triunfo!

Booz le informó al otro pariente que el terreno venía con una carga matrimonial. Según la costumbre de esa cultura, si compraba la propiedad, también tendría que casarse con la mujer que legalmente la gravaba. Esto cambió el panorama para el primer pariente, ya que entonces, el terreno no le pertenecería sólo a él, sino a todos los hijos que resultaran de su unión con Rut. Así que, decidió que estaría mejor sin la propiedad, y prefirió no tomarla. Para simbolizar su decisión, en una colorida tradición del Oriente, el hombre se sacó el zapato derecho y se lo dio a Booz, en presencia de los testigos. El zapato representaba su derecho como propietario a poner el pie sobre el terreno. Este derecho pasaba ahora a Booz, y entonces ya no habría obstáculo alguno para que tomara a Rut como esposa.

El relato termina con el nacimiento de un hijo de Booz y Rut, lo que trajo gran gozo al corazón de su abuela Noemí, y este niño creció para convertirse en el abuelo de David, el rey más poderoso de Israel.

Cristo: nuestro pariente-redentor

La bella y breve historia de Rut no sólo ofrece un nexo entre los días de los jueces y el subsiguiente reinado de David, sino que, en la figura de Booz, simboliza a Cristo, nuestro gran Pariente-Redentor, quien vence el obstáculo de nuestro nacimiento en Adán y nos lleva hacia Él en una unión que producirá el fruto del Espíritu, para la honra y la gloria de Dios. De manera significativa, la genealogía de Mateo incluye a Rut entre los antecesores de Jesús, el Mesías.

LA CARNE Y EL ESPÍRITU

El primer libro de Samuel es la historia de dos hombres, Saúl y David. Estas dos personas simbolizan dos principios en el corazón de todo creyente cristiano que busca caminar delante de Dios: *el principio de la carne y el principio de la fe.* Saúl es el hombre de la carne, el creyente carnal. David es el hombre de fe, el creyente espiritual.

En 1 Samuel vemos cómo estos dos principios entran en dramático conflicto en nuestras vidas. Vemos en Saúl la ruina causada por la voluntad que se basa en la carne. Como nos dice Romanos 8:6: «Porque el ocuparse de la carne es muerte, pero el ocuparse del Espíritu es vida y paz».

El hecho de que ambos hombres fueran reyes ilustra bellamente la supremacía de la voluntad en la vida humana. Cuando Dios creó a la raza humana, nos dio un libre albedrío completamente supremo. Ni siquiera el Espíritu de Dios lo viola. Si le queremos decir «No» a Dios, podemos hacerlo. Gobernamos sobre el reino de nuestras vidas, tal como Saúl y David gobernaron sobre sus reinos.

El libro, en realidad, comienza con la historia del hombre que le da su nombre al escrito. El profeta Samuel es la expresión humana de la voz de Dios, tanto para Saúl como para David. Las historias de estos tres hombres —Samuel, Saúl y David— marcan las tres divisiones del libro. Los primeros siete capítulos nos ofrecen la vida de Samuel. Los capítulos 8 al 15 presentan al rey Saúl, el hombre de la carne. Luego, en los capítulos 16 a 31, David, el hombre de fe, simboliza la mente que se basa en el Espíritu. He aquí un bosquejo de 1 Samuel:

La historia de Samuel (1 Samuel 1–7)

1. El nacimiento y los primeros años de Samuel 1–2
2. Samuel asume el liderazgo en Israel 3
3. Israel es conquistada por los filisteos 4–5
4. Israel peca con el arca del pacto 6
5. La victoria de Israel sobre los filisteos 7

Saúl, el primer rey de Israel: el hombre de la carne (1 Samuel 8–15)

6. Israel rechaza la realeza de Dios 8
7. Dios elige a Saúl como rey de Israel 9–12
8. El reinado del rey Saúl, éxitos y fracasos 13–14
9. Dios rechaza a Saúl como rey 15

David, el segundo rey de Israel: el hombre de fe (1 Samuel 16–31)

10. Dios unge a David como rey 16–17
11. Saúl repetidamente intenta matar a David 18–20
12. Ascenso de David en el exilio; protegido por los sacerdotes; fingiendo estar loco 21
13. David derrota a los filisteos; Saúl persigue a David 23
14. David le salva la vida a Saúl 24
15. Samuel muere; David se casa con Abigail 25
16. David vuelve a salvarle la vida a Saúl 26
17. David se une a los filisteos 27
18. La desintegración de la mente y el espíritu de Saúl; Saúl visita a una bruja (una médium espiritual) 28
19. David evita luchar con Saúl 29
20. David derrota a los amalecitas 30
21. La muerte de Saúl 31

Samuel: el juez-profeta

Samuel fue el último de los jueces y el primero de los profetas. Los eventos de este libro tienen lugar justo después de que Israel pasó por unos 300 años de gobierno de los jueces. Samuel es el instrumento escogido por Dios para ponerle fin al ámbito de los jueces y presentar el inicio del ministerio profético y la monarquía.

El libro comienza con la historia de una mujer estéril, Ana, una de las dos esposas de un hombre llamado Elcana. La otra esposa le había dado a Elcana muchos hijos y hostigaba a Ana al burlarse de ella y de su esterilidad. La esterilidad de Ana es un símbolo del estado espiritual de Israel en ese momento. El pueblo a quien Dios se había manifestado personalmente había caído en un estado de infertilidad y esterilidad espiritual. El sacerdocio, el cual Dios había establecido junto con el tabernáculo y la ley levítica, había comenzado a desintegrarse y desaparecer. La causa de este fracaso se encuentra en la canción que Ana canta después de que su oración es contestada y ella da a luz un niño, Samuel. En esta canción, Ana anuncia:

> *No multipliquéis palabras de grandeza y altanería; cesen las palabras arrogantes de vuestra boca; porque el Dios de todo saber es Jehová, y a él toca el pesar las acciones. Los arcos de los fuertes fueron quebrados, y los débiles se ciñeron de poder* (2:3-4).

El resto de la canción presenta la habilidad de Dios para exaltar a los humildes y abatir a los orgullosos.

En este libro vemos el eterno conflicto entre el corazón orgulloso y seguro de sí mismo, y el espíritu humilde que busca a Dios con total dependencia. Este era el problema de Israel. El sacerdocio estaba fracasando, no porque todo anduviese mal en él (el cual representa el ministerio del Señor Jesucristo), sino porque el pueblo se negaba a inclinarse delante de Dios. Se negaba a ser limpiado. Se negaba a volverse de la idolatría. Como resultado, el sacerdocio estaba a punto de ser eliminado del cuadro como un medio efectivo de mediación entre el pueblo y Dios.

Aquí tenemos el relato del nacimiento y la infancia de Samuel. Siendo sólo un niño, lo llevan al templo y lo dedican al Señor. Se convierte en la voz de Dios para el sacerdote Elí y recibe un mensaje de juicio para él. Más tarde se convierte en la voz de Dios para la nación, especialmente para los dos reyes, Saúl y David.

Los primeros siete capítulos cuentan la historia de la decadencia de Israel. Los filisteos capturan el arca del pacto, el lugar donde Dios escribió Su nombre y donde moraba Su presencia. El sacerdocio le es quitado a Elí porque no disciplinó a sus hijos. Y cuando nace su nieto, la madre lo llama Icabod, que significa «la gloria ha pasado». Aquí Israel llega a uno de los puntos más bajos de su historia nacional.

Saúl: El hombre de la carne

Después, leemos acerca de la entrada del rey Saúl. En 1 Samuel 8:4-5, el pueblo exige tener un rey como las demás naciones:

> *Entonces todos los ancianos de Israel se juntaron, y vinieron a Ramá para ver a Samuel, y le dijeron: He aquí tú has envejecido, y tus hijos no andan en tus caminos; por tanto, constitúyenos ahora un rey que nos juzgue, como tienen todas las naciones.*

El principio de la carne está obrando en la nación de Israel para evitar que esta tenga comunión con Dios y goce de Su bendición. El pueblo de Israel ha rechazado la autoridad de Dios y está procurando tener el mismo tipo de gobierno que todas las demás naciones. En otras palabras, el deseo de la carne es ser religioso de una manera que el mundo acepte, llevar sus asuntos como lo hace el resto de la gente. Puede que usted haya visto este principio obrando en su iglesia, donde quizá las personas hayan querido agregar principios mundanos en el comportamiento de la iglesia, en lugar de usar los principios de las Escrituras. En vez de confiar en el liderazgo del Espíritu Santo, a menudo preferimos nombrar un comité para planificar un programa; luego le pedimos a Dios que bendiga nuestro proyecto y que lo haga funcionar. El problema es que es nuestro programa, no el de Dios.

Alguien dijo, «ten cuidado con lo que pides; puede que te lo den». He aquí un caso que demuestra que el dicho se cumple: Israel ora por un rey humano y Dios se lo da. A Samuel le desagradó que el pueblo pidiese un rey, porque sabía que ese no era el programa de Dios. Cuando Samuel oró al Señor, este le respondió:

> *Y dijo Jehová a Samuel: Oye la voz del pueblo en todo lo que te digan; porque no te han desechado a ti, sino a mí me han desechado, para que no reine sobre ellos. Conforme a todas las obras que han hecho desde el día que los saqué de Egipto hasta hoy, dejándome a mí y sirviendo a dioses ajenos, así hacen también contigo. Ahora, pues, oye su voz; mas protesta solemnemente contra ellos, y muéstrales cómo les tratará el rey que reinará sobre ellos* (8:7-9).

Dios siempre obra así. Si queremos algo con todas las ganas, por lo general, Él nos lo dará; aun si no es Su perfecta voluntad para nuestras vidas. El tema está en que también debemos estar listos para enfrentar las consecuencias.

Una historia real: Una niña de ocho años le rogó una vez a su padre que le comprara patines nuevos. «¡Los patines que tengo son demasiado lentos! —dijo—. ¡Todos los demás niños tienen patines nuevos de bola que son rápidos!». Su padre se resistía y se resistía, pero la niñita le rogaba sin cesar a su papá por esos patines más rápidos. Incluso le ponía notas en la almohada por la noche: «Papi, te lo estoy pidiendo con amor, cómprame patines nuevos de bola, ¿sí? ¡Por favor! ¡Por favor! ¡Por favor!».

Finalmente, este padre cedió y le compró los patines nuevos. La niña se los puso llena de alegría, partió como un rayo a la vereda y desapareció a la vuelta de la esquina. El padre escuchó un grito, seguido por un horrible golpe seco. Corrió y encontró a su hija sobre la vereda, inconsciente. Se había resbalado y se había golpeado la cabeza. La llevaron al hospital en estado de coma y murió antes de la medianoche.

Algunas veces le rogamos a Dios por «patines de bola» en nuestras vidas. Pensamos que Él no es bueno con nosotros cuando dice «No» a nuestras oraciones una y otra vez. Pero algunas veces, el «No» de Dios como respuesta es una bendición para nosotros, porque si seguimos rogándole y Él finalmente dice «Sí», puede que tengamos que soportar más tragedia y sufrimiento del que jamás imaginamos. Esa era la situación de los israelitas cuando Dios cedió a sus demandas de un rey.

La historia de Saúl es la historia de un joven que, al igual que muchos jóvenes de hoy, estaba viviendo su vida sin considerar en absoluto lo que Dios quería para él. Estaba ocupado con su padre en el negocio de los asnos. ¿Cómo llegó Dios hasta Saúl? Hizo lo obvio: ¡Él mismo entró en el negocio de los asnos! Hizo que los asnos de Saúl se perdieran, lo cual lo obligó a ir en busca de los animales. Después de una búsqueda infructuosa, Saúl llegó al pueblo donde vivía Samuel.

En el capítulo 9, Saúl estaba a punto de rendirse y regresar a casa cuando su siervo le dijo: «He aquí ahora hay en esta ciudad un varón de Dios [...]. Vamos, pues, allá; quizá nos dará algún indicio acerca del objeto por el cual emprendimos nuestro camino» (9:6). Saúl no estaba ansioso de hacerlo. De hecho, quería mantenerse lo más lejos posible del profeta, porque los profetas eran un tipo de personas muy perturbadoras. Sólo quería irse a casa. Pero el siervo lo convenció para que fuesen a ver a Samuel, y para asombro de Saúl, este lo estaba esperando.

Dios le había dicho a Samuel el día anterior que esperara la visita de un joven llamado Saúl. Samuel tenía una gran cena preparada para Saúl y treinta invitados. Saúl quedó sorprendido al saber que él era el invitado de honor. Esos asnos problemáticos lo habían metido en esto y quería salir del asunto lo más rápido posible. Al terminar la cena, Samuel le llevó a un lado y le anunció algo sensacional: «¿No te ha ungido Jehová por príncipe sobre su pueblo Israel?» (10:1).

Saúl había salido a buscar asnos, pero terminó como rey de Israel. ¡Y ni siquiera quería el puesto! De hecho, cuando estaba de camino a casa, su tío le salió al encuentro y le preguntó cómo le estaba yendo en la vida. Saúl dijo que había salido a buscar los asnos, pero que se topó con Samuel, quien le dijo que los asnos estaban a salvo en casa. Pues bien, ¡Samuel le había dicho a Saúl mucho más que eso! Dudo que Saúl simplemente se haya olvidado de que Samuel también lo ungió y le dio una nueva comisión como rey de Israel, pero no dijo una palabra al respecto. Saúl no estaba interesado en lo que Dios quería que él hiciera, a menos que pudiera usar al Señor para sus propósitos personales.

Saúl es elegido mediante suertes

Pero Samuel no había terminado. Le dijo a Israel que Dios había escuchado su ruego y que le daría un rey, según su deseo. Samuel llamó a todo el pueblo para que echara suertes para elegir a un rey. Se echaron primero para ver de qué tribu Dios lo estaba llamando. Era de la tribu de Benjamín. Luego, para ver de qué grupo familiar: de la familia de Cis. Finalmente, se eligió a Saúl. La noticia se difundió: «¿Todavía no ha llegado el hombre?». Nadie podía encontrarlo en ninguna parte. Finalmente, siguiendo la dirección del Señor, lo encontraron escondido entre el equipaje... ¡el lugar con mayores probabilidades de encontrar a un rey!

¿Por qué se escondía? ¿Acaso era tímido? No; según el relato, Saúl se estaba escondiendo porque no quería que la voluntad de Dios le causara molestias. Quería vivir la vida a su manera, y estaba tratando de alejarse del llamado de Dios. Finalmente, fue coronado rey; y tenía toda la apariencia de un monarca: de hombros arriba sobrepasaba a cualquiera, guapísimo, un joven sabio de muchas maneras y justo.

Saúl gana una gran victoria sobre los amonitas

Pero un lío se está armando en el norte: los amonitas están concentrándose para la guerra. Saúl manda avisar al pueblo de Israel que se reúna y, para su gran alegría, 36.000 hombres responden. Marchan al norte y destruyen totalmente a los amonitas en una gran victoria. Saúl comienza a sentir que tal vez servir a Dios va a estar bien después de todo. Tal vez pueda usar este nuevo nombramiento para su propia gloria y ascenso.

La siguiente batalla que enfrenta es contra los filisteos, quienes no son una simple tribu, sino el antiguo equivalente de una superpotencia: muy bien armados y sumamente feroces. ¡Los filisteos reúnen una fuerza de 30.000 carros de hierro, 6.000 jinetes y un ejército demasiado vasto para contar! Cuando Saúl miró y vio esta gran horda de personas avanzando, ¡comenzó a preguntarse si ser rey sería un trabajo grandioso después de todo! Mandó a pedir más voluntarios para luchar contra este nuevo enemigo, tal como lo hizo durante la amenaza amonita; luego esperó. Y esperó. ¿Dónde estaba el apoyo? ¿Dónde estaban los soldados jóvenes e impetuosos?

Finalmente, 1.000 personas aparecieron, y luego otros 1.000, y luego otros 1.000. Eso fue todo. Comparó a estos lastimeros 3.000 soldados con la multitud de la tremenda fuerza filistea. Luego envió a buscar al profeta Samuel. Normalmente, el hombre de la carne depende de sus propios recursos hasta que se mete en problemas; entonces, apela al Señor.

Pero Dios se había anticipado a Saúl, como de costumbre, y Samuel demoraba en venir. Mientras el rey esperaba a que Samuel llegara, sus soldados comenzaron a escabullirse, uno por uno, rumbo a sus casas. Su ejército se redujo de 3.000 a 2.000, de allí a 1.000, y finalmente a sólo

600 hombres. Para este momento, Saúl comenzaba a desesperarse y, cuando Samuel ya llevaba cinco o seis días sin aparecer, tomó el asunto en sus manos y ofreció un holocausto al Señor. En el instante en que acabó, Samuel apareció caminando. El anciano profeta tenía un aspecto severo cuando preguntó: «¿Qué has hecho?».

Saúl ofrece un holocausto

«Porque vi que el pueblo se me desertaba», dijo Saúl, «y que tú no venías [...], me dije: Ahora descenderán los filisteos contra mí a Gilgal, y yo no he implorado el favor de Jehová. Me esforcé, pues, y ofrecí holocausto» (13:11-12). Al escuchar esto, Samuel le dijo a Saúl:

> *Mas ahora tu reino no será duradero. Jehová se ha buscado un varón conforme a su corazón, al cual Jehová ha designado para que sea príncipe sobre su pueblo, por cuanto tú no has guardado lo que Jehová te mandó (13:14).*

Aquí, Samuel profetizó que el reino le sería quitado a Saúl.

Saúl construye un altar

Al seguir leyendo, encontramos que Dios dio una gran victoria por medio de la fe de Jonatán y libró al pueblo de esta vasta horda de filisteos. Cuando la batalla finalmente se ganó, Saúl construyó un altar. Es el primer altar que, específicamente, se nos dice que el rey Saúl construyó. He aquí un hombre que piensa que las marcas externas de la fe son todo lo que se necesita. Muchos creen así hoy: *Si cumplo con los rituales externos, si pertenezco a una iglesia, recito el credo, canto los himnos, entonces, Dios quedará satisfecho.* Ese es el pensamiento de un hombre o mujer de la carne.

Pero Dios dice que cuando actuamos sobre esa base, inevitablemente perdemos la autonomía. Ya no tenemos autoridad en nuestro propio reino. Nos convertimos en la víctima y el esclavo de una fuerza inexorable que nos aplastará bajo sus pies y nos pondrá en sujeción a ella. Esto es lo que, tarde o temprano, descubre todo hombre o mujer que vive según la carne (ver Ro. 6:16).

Después de que Saúl construye un altar por propia obstinación, Dios lo pone de rodillas y le da una última oportunidad para vivir por la fe, en vez de la carne. Al inicio de 1 Samuel 15, leemos:

> *Después Samuel dijo a Saúl: Jehová me envió a que te ungiese por rey sobre su pueblo Israel; ahora, pues, está atento a las palabras de Jehová. Así ha dicho Jehová de los ejércitos: Yo castigaré lo que hizo Amalec a Israel al oponérsele en el camino cuando subía de Egipto. Ve, pues, y hiere a Amalec, y destruye todo lo que tiene, y no te apiades de él; mata a hombres, mujeres, niños, y aun los de pecho, vacas, ovejas, camellos y asnos.*

A Saúl se le da una última oportunidad

Esta era la última oportunidad de Saúl, porque, si obedecía este mandamiento, demostraría que estaba listo para permitir que el Espíritu hiciera Su obra contra la carne. En términos del Nuevo Testamento, Dios estaba dándole a Saúl una oportunidad para permitir que Él crucificara su carne y la asesinara. A lo largo de todas las Escrituras, los amalecitas son una ilustración del principio de la carne, que se opone a las cosas de Dios. Los amalecitas eran una tribu extranjera, acerca de la cual Moisés le dijo a Israel: «Jehová tendrá guerra con Amalec de generación en generación» (Ex. 17:16). Dios le dio a Saúl esta oportunidad de llevar a cabo Su voluntad y arrasar totalmente a los amalecitas, pero ¿qué fue lo que el rey decidió hacer?

> *Y Saúl derrotó a los amalecitas desde Havila hasta llegar a Shur, que está al oriente de Egipto. Y tomó vivo a Agag rey de Amalec, pero a todo el pueblo mató a filo de espada. Y Saúl y el pueblo perdonaron a Agag, y a lo mejor de las ovejas y del ganado mayor, de los animales engordados, de los carneros y de todo lo bueno, y no lo quisieron destruir; mas todo lo que era vil y despreciable destruyeron (15:7-9).*

¿Vil a los ojos de quién? Me pregunto si no serían los asnos lo que Saúl quería salvar. Después de todo, apreciaba a los animales de granja. Probablemente, razonó, *¿Por qué destruir estos animales que están perfectamente bien?* Se atrevió a encontrar algo bueno en lo que Dios había declarado totalmente malo.

En el Nuevo Testamento, Pablo escribió que debemos quitarnos la vieja naturaleza con sus características de celos, perversidad, amargura, envidia, ira, borracheras, egoísmo y cosas parecidas (Col. 3:9). La mente del Espíritu no transige ni hace las paces con tales cosas. Pero la mente de la carne racionaliza: *Ah, vale la pena conservar algo de esto. Apenas si puedo tener una personalidad real si no tengo un temperamento fuerte y regaño a la gente de vez en cuando.* Así que, nos atrevemos a encontrar bueno lo que Dios ha declarado malo.

El resultado fue que «vino, pues, Samuel a Saúl, y Saúl le dijo: Bendito seas tú de Jehová; yo he cumplido la palabra de Jehová. Samuel entonces dijo: ¿Pues qué balido de ovejas y bramido de vacas es este que yo oigo con mis oídos? Y Saúl respondió: De Amalec los han traído; porque el pueblo perdonó lo mejor de las ovejas y de las vacas, para sacrificarlas a Jehová tu Dios, pero lo demás lo destruimos» (1 S. 15:15). Esa es una excusa común, ¿no es cierto? ¡Conservamos algo para nosotros y fingimos que se lo dedicamos a Dios! El intercambio entre Samuel y Saúl es muy instructivo para nosotros hoy:

{Samuel dijo}: ¿Por qué, pues, no has oído la voz de Jehová {...}? Y Saúl respondió a Samuel: Antes bien he obedecido la voz de Jehová {...}. Y Samuel dijo: ¿Se complace Jehová tanto en los holocaustos y víctimas, como en que se obedezca a las palabras de Jehová? Ciertamente el obedecer es mejor que los sacrificios, y el prestar atención que la grosura de los carneros. Porque como pecado de adivinación es la rebelión, y como ídolos e idolatría la obstinación. Por cuanto tú desechaste la palabra de Jehová, él también te ha desechado para que no seas rey (15:19-23).

Nadie puede caminar con la autoridad y la libertad que Dios quiere mientras, al mismo tiempo, rechaza la autoridad del Espíritu de Dios. Esa es la lección que enseña la trágica historia de Saúl, el hombre de la carne.

David: El hombre del Espíritu

David es elegido rey

La historia de David, que comienza en el capítulo 16, es la historia del hombre según el corazón de Dios. Podemos sacar tremendas lecciones del relato de David, su rechazo y su exilio. Fue elegido de entre los ocho hijos de Isaí. Los siete hijos mayores pasaron delante de Samuel y cada uno se veía —desde una perspectiva humana— como un rey en ciernes. Pero, cada vez, Dios decía por medio de Samuel: «Tampoco a éste ha elegido Jehová». Finalmente vino el más joven y flaco de todos: David. Dios puso Su sello en él. Su elección no fue según la apariencia exterior, sino que Dios vio su corazón.

David no fue puesto en el trono de inmediato, como Saúl, sino que fue probado por la lucha y la adversidad. Este es el principio que Dios, a menudo, sigue con aquellos que aprenden a caminar por fe. Pasan por un periodo de oscuridad, prueba y problemas. Todo parece ir en contra de ellos, hasta que finalmente reconocen el gran principio por el cual la actividad divina siempre continúa: Los seres humanos no pueden hacer nada con sus propias fuerzas, sino sólo en completa dependencia del poder del Dios, que mora dentro de ellos. Esto es lo que David aprendió, incluso cuando era un niño pastor; por eso, pudo decir: «Jehová es mi pastor; nada me faltará. En lugares de delicados pastos me hará descansar; junto a aguas de reposo me pastoreará. Confortará mi alma» (Sal. 23:1-3).

David y Goliat

La más famosa de las diversas pruebas de David fue su enfrentamiento contra el gigante filisteo Goliat. Israel se moría de miedo cuando este imponente gigante andaba de aquí para allá, pavoneándose entre los ejércitos, hostigando a los israelitas. Nadie se atrevía a hacerle frente. Cuando el pequeño David dejó sus rebaños para llevarles comida a sus hermanos, encontró todo el campamento de Israel sumergido en el pesimismo y la desesperación. Fue y preguntó:

«¿Quién es este filisteo incircunciso, para que provoque a los escuadrones del Dios viviente?» (1 S. 17:26). Esa es siempre la actitud de la fe. Las circunstancias jamás la hacen flaquear.

Le avisan a Saúl acerca de este joven que está en medio de ellos. Saúl le pregunta a David qué es lo que quiere hacer. Este dice: «Tu siervo irá y peleará contra este filisteo». El rey, para ayudarlo, le pone su armadura. Ahora bien, Saúl era unos 45 centímetros más alto que David y la armadura en el joven comenzó a hacer ruido y a impedirle moverse. Trató de caminar y ni siquiera pudo dar un paso. Finalmente, dijo: «Yo no puedo andar con esto, porque nunca lo practiqué». Luego David bajó al arroyo y tomó cinco piedras lisas. ¿Por qué cinco? Un poquito más adelante, en 2 Samuel, usted leerá que Goliat tenía cuatro hermanos. ¡David tomó cinco piedras porque estaba preparado para enfrentarse a toda la familia!

David salió, honda en mano, la hizo volar y Goliat cayó a tierra con una piedra enterrada justo entre los ojos. Luego David tomó la propia espada de Goliat y le cortó la cabeza. Esta escena nos recuerda Hebreos 2:14, donde se nos dice que, por medio de Su propia muerte, el Señor Jesús dio muerte a aquel que tenía el poder de la muerte, el diablo. Así que, David simboliza a Cristo y también al creyente que le permite al Señor vivir Su vida a través de él.

A este evento le siguen los grandes celos de Saúl hacia David. A partir del capítulo 18 tenemos la historia de la creciente persecución de Saúl a David, una ilustración del principio que Pablo declara en Gálatas: «Pero como entonces el que había nacido según la carne perseguía al que había nacido según el Espíritu, así también ahora» (Gá. 4:29).

Saúl persigue a David y trata de matarlo

Así que, Saúl persiguió a David y trató de matarlo. Durante este periodo, David escribió muchos de los salmos, esos maravillosos cantos que hablan de la fidelidad de Dios en medio de condiciones angustiantes y deprimentes. David fue perseguido y finalmente exiliado de la presencia de Saúl.

En los capítulos 21 y 22, encontramos la abundante provisión de Dios para David, aun en su exilio. Recibe incluso el pan santo del tabernáculo. Este pan, que representa la presencia de Dios, es un símbolo de la liberación divina para todo aquel que busca al Señor mientras soporta una intensa presión. Dios les da el pan escondido a todas esas personas, el pan de la mesa del Señor mismo. Jesús dijo: «Yo soy el pan de vida» (Jn. 6:35), y «como me envió el Padre viviente, y yo vivo por el Padre, asimismo el que me come, él también vivirá por mí» (Jn. 6:57).

En su exilio, el rey David tenía un profeta, Gad, y un sacerdote, Abiatar. Los recursos de estos hombres de Dios estaban a disposición de él, aun cuando estaba siendo perseguido como si fuera un animal salvaje. Recursos aun mayores están en nuestras manos en los momentos de tribulación, porque disponemos de toda la provisión del Señor Jesucristo (nuestro Profeta, nuestro Sacerdote y nuestro Rey).

Dos veces durante este periodo de exilio, David tiene la oportunidad de matar a Saúl, y dos veces le perdona la vida. Con un extraordinario espíritu de fe, espera que Dios resuelva sus problemas.

El final del hombre de la carne

El final del libro de 1 Samuel nos lleva al final del hombre de la carne, Saúl. Lleno de desesperación, llega tan bajo como para consultar a la brujería, en un esfuerzo por captar la mente del Señor después de que el Espíritu de Dios lo había abandonado. Aunque la brujería estaba totalmente prohibida para el pueblo de Dios, Saúl visita a la bruja de Endor y trata de hacer que llame a Samuel. Dios anula esto y envía, no a un espíritu imitador, sino al verdadero Samuel. El espíritu del profeta predice el destino fatal de Saúl en el campo de batalla, al día siguiente.

Saúl y Jonatán son asesinados

Fiel a la profecía, Saúl y su hijo Jonatán, el íntimo amigo de David, son asesinados. La muerte de Saúl ilustra las palabras de Pablo en 1 Corintios 3, sobre las obras del creyente carnal (el cristiano que confía en la carne más que en el Espíritu de Dios): «Si la obra de alguno se quemare, él sufrirá pérdida, si bien él mismo será salvo, aunque así como por fuego» (1 Co. 3:15). Así que, Saúl sale de la historia y va a la eternidad; un hombre cuya vida terrenal y oportunidades para servir a Dios fueron desperdiciadas en gran manera. Esta es una tragedia con muchas enseñanzas para todos nosotros.

Pero hay más historias, tanto de gloria como de tragedia, aun por delante. La historia del rey David continúa en el segundo libro de Samuel.

LA HISTORIA DE DAVID

Una vez, el periodista de una revista visitó a un ganadero rico. —Me gustaría escribir una historia en nuestra revista acerca de su carrera como criador de ovejas— le dijo el periodista. —He escuchado que la suya es una verdadera historia que va de la pobreza a la fortuna y me gustaría compartir el secreto de su éxito con todos mis lectores.

—Está bien —dijo el ganadero. —Será un placer contárselo todo.

—Bueno —dijo el periodista. —Según entiendo, usted posee varios cientos de miles de ovejas. Su rancho abarca la mitad del condado y su patrimonio neto se estima en millones. Y sin embargo, he escuchado que comenzó hace veinte años con tan sólo una oveja.

—No sólo eso —dijo el ganadero—, sino que en esos días, mi esposa y yo no teníamos un techo sobre nuestras cabezas y ni siquiera un dólar a nuestro nombre. Lo único que teníamos era esa oveja. Así que, la trasquilamos, vendimos la lana y usamos el dinero para comprar otra oveja.

—¿Qué pasó entonces?

—La siguiente primavera, una de las ovejas tuvo dos corderitos. Entonces, teníamos cuatro ovejas. Las trasquilamos, vendimos la lana y usamos el dinero para comprar dos ovejas más. Eso nos dio un total de seis ovejas.

—¿Y entonces qué pasó?— preguntó el periodista.

—La siguiente primavera tuvimos otras seis ovejas, así que, ya teníamos doce ovejas que trasquilar. Vendimos la lana y compramos más ovejas.

El periodista calculó que realmente estaba por llegar a algo grande. Emocionado, le dijo, —Entonces ahora estamos llegando a eso... ¡al secreto de su éxito!

—Correcto— dijo el ganadero con su peculiar acento. —Así que, al siguiente año…

—¡Ya sé! ¡Ya sé!— interrumpió el periodista. —¡Así que, al siguiente año usted vendió más lana y compró más ovejas!

—No— dijo el ganadero. —Ese fue el año en que mi suegro murió y nos dejó 50 millones de dólares.

El rey David: La agonía y el éxtasis

El rey David se inició de una manera muy similar, ¿no es cierto? Comenzó con unas cuantas ovejas, y de repente, inesperadamente, Dios lo exaltó y lo hizo rey sobre Israel, un hombre de riqueza y poder extraordinarios. Si la historia de David se llevara a la televisión en una miniserie, el episodio que abarca los capítulos 16 al 31 de 1 Samuel podría llamarse «El rey David: Los primeros años». Ahora bien, en 2 Samuel llegamos al episodio llamado «El rey David: La agonía y el éxtasis».

El libro de 2 Samuel tiene cuatro divisiones sencillas: los capítulos 1 al 5 señalan el camino hacia el poder. David comenzó su reinado sobre la tribu de Judá; luego, siete años después, fue coronado rey sobre las doce tribus de Israel.

Los capítulos 6 al 10 destacan la adoración y la victoria; estos dos elementos siempre van juntos en las matemáticas divinas y en la vida cristiana.

Los capítulos 11 al 20 registran el fracaso de David y el perdón de Dios.

Los capítulos 21 al 24 terminan el libro con un apéndice que presenta algunas de las lecciones importantes que el rey David aprendió en el transcurso de su reinado. He aquí un bosquejo de todo el libro:

El rey David: El camino hacia el dominio (2 Samuel 1–5)

1.	El reinado de David sobre Judá	1:1–2:7
2.	Is-boset hecho rey sobre Israel	2:8-11
3.	David derrota a Is-boset	2:12–4:12
4.	David reina en Jerusalén sobre Israel	5

El rey David: Adoración y victoria (2 Samuel 6–10)

6.	El traslado del arca del pacto	6
7.	El pacto de David con Dios; se le prohíbe construir el templo; Dios le promete a David una casa eterna	7
8.	Las victorias militares de David sobre los filisteos, sobre Moab, Soba y Siria	8
9.	El reinado justo del rey David	9
10.	Las victorias militares sobre Amón y Siria	10

El rey David: Fracaso y perdón (2 Samuel 11–20)

11. David comete adulterio con Betsabé — 11:1-5
12. David asesina al esposo de Betsabé, Urías — 11:6-25
13. David se casa con Betsabé — 11:26-27
14. David es confrontado por el profeta Natán — 12:1-12
15. David se arrepiente de su pecado — 12:13-14
16. Muere el hijo de David — 12:15-23
17. Le es dado otro hijo — 12:24-31
18. Incesto en la casa de David; el asesinato de Amón; la rebelión de Absalón — 13–18
19. David es restaurado como rey — 19–20

Apéndice: Lecciones aprendidas por el rey David (2 Samuel 21–24)

20. Sobre la hambruna — 21:1-14
21. Sobre la guerra con los filisteos — 21:15-22
22. Salmos de agradecimiento a Dios — 22:1–23:7
23. Logros de los poderosos hombres de David — 23:8-39
24. El tercer pecado de David (el censo del pueblo) y la plaga — 24

Lo que David representa

1. David es una figura de Cristo

Consideremos dos maneras de estudiar la vida de David. Puede que usted lo vea como una representación de Jesucristo; no sólo como Su predecesor y ancestro genético, sino también, en su reinado, como una imagen simbólica del Señor en Su reino milenial al final de la historia. David fue rechazado y perseguido, como lo fue Cristo. Durante el exilio, se rodeó de hombres que se convirtieron en sus líderes, comandantes y generales cuando él se convirtió en rey. Por lo tanto, David es una figura de Cristo, quien también fue rechazado, abandonado por el mundo y que secretamente se rodea de aquellos que serán Sus capitanes, comandantes y generales cuando venga a establecer Su reino y gobierne con poder y gloria sobre toda la tierra.

2. David es una figura de nosotros mismos

Pero David no es sólo una figura de Cristo. También es una figura de cada creyente individual, de nosotros mismos. Sólo cuando leemos el libro desde ese punto de vista, este cobra vida y su verdad nos ilumina. Si estudiamos estos libros del Antiguo Testamento y los vemos como espejos, siempre nos reflejaremos en ellos.

La historia de David es un símbolo de lo que sucede en la vida de un cristiano cuando se la entrega a Dios. A todo cristiano se le ofrece un reino, así como a David. Ese reino es su propia vida y es exactamente como el reino de Israel. Hay enemigos que lo amenazan desde fuera. Hay enemigos que amenazan con minarlo desde dentro. Al ver cómo Dios colocó a David en la posición de gobernar sobre su reino, veremos cómo el Espíritu Santo obra en nuestras vidas para guiarnos a la función de reinar junto con Jesucristo.

El camino al poder

La primera sección comienza con la muerte de Saúl, el hombre de la carne. David se entera de la muerte de Saúl y Jonatán por un amalecita que pasaba por allí y se jactaba de haber asesinado al rey, de haberle quitado la corona de su cabeza, y que ahora se la traía a David (2 S. 1:10). Cuando recordamos que los amalecitas son descendientes de Esaú y que Dios declaró estar en guerra con ellos «de generación en generación» (Ex. 17:16), podemos considerar que la noticia es, en esencia, una mentira, porque difiere considerablemente del relato de la muerte de Saúl en 1 Samuel. Sin duda, este hombre encontró el cadáver del rey, lo saqueó e intentó usarlo para su propio beneficio. Esta historia nos enseña que la carne (simbolizada por el amalecita) puede robarnos las coronas y buscar glorificarse a sí misma. Sin embargo, David honra a Saúl, por ser el ungido del Señor, y mata al amalecita.

En un canto de gran belleza y poder, David, siempre el hombre de fe, exalta tanto al rey como a Jonatán por ser hombres usados por Dios, a pesar de sus debilidades. El canto cierra con una elocuente expresión del sentimiento de pérdida de David ante la muerte de su querido amigo Jonatán (2 S. 1:26).

Con Saúl muerto, David queda libre para ser rey sobre el país. Esto simboliza el tiempo cuando finalmente lleguemos a la verdad plena de la cruz y lo que esta significa para nosotros. Es la cruz de Jesucristo la que hace morir al viejo hombre y le pone fin al reinado de la carne, según lo ilustrado aquí por el rey Saúl. Cuando, finalmente, nuestro asombrado intelecto queda invadido ante la realidad de que Dios busca crucificar la vida de Adán en nosotros y resucitarnos junto con Cristo, nos colocamos en el mismo lugar que David al inicio de 2 Samuel: nuestro «rey Saúl» interior está muerto. Quedamos libres para gobernar sobre nuestras vidas.

David gobierna siete años sobre Judá

Al principio, David fue rey sólo sobre su tribu, Judá. Durante siete años, vivió y gobernó en la ciudad de Hebrón. Pero, durante su reinado, se libró una feroz lucha entre la casa de David y la de Saúl. La vieja carne es difícil de matar. No entrega su soberanía con facilidad. Se libra una feroz batalla.

David se convierte en rey de todo Israel

Finalmente, leemos que David llega a la posición donde se lo reconoce como rey sobre las doce tribus. Ahora tiene libertad para asumir las prerrogativas reales que Dios le dio sobre toda la nación. Es un camino largo y difícil, pero finalmente, alcanzar la posición de poder.

Adoración y victoria

David intenta traer de vuelta el arca de Dios

El capítulo 6 es el inicio de la segunda división de este libro. Aquí vemos lo que sucede en la vida de David cuando asume la total autoridad en el reino. Su primera preocupación es traer de vuelta el arca de Dios. En 1 Samuel, leemos que el arca había sido capturada por las tribus filisteas. La habían llevado y trataron de instalarla en su templo. Pero, cuando la colocaban frente al grotesco dios-pez de los filisteos, este no lo podía resistir. El ídolo caía de bruces sobre su rostro y terminaba con el cuello roto. Los filisteos se dieron cuenta de que no podían salirse con la suya y conservar el arca de Dios en ese lugar, así que, la enviaron a otra ciudad. Allí quedó hasta que David se convirtió en rey.

Cuando David asumió como rey sobre las doce tribus, su primera preocupación fue recuperar el arca de Dios de manos de los filisteos y llevarla de vuelta al centro de la vida de la nación de Israel. ¿Qué significa esto? En el momento en que usted se dio cuenta de que Jesucristo tiene derecho a ser el Señor sobre todas las áreas de su vida, ¿no fue acaso su deseo colocarlo de lleno en el centro de su vida? Eso es lo representa el deseo de David de llevar de vuelta el arca. Quería que Dios tuviera el primer lugar en la vida de Israel.

Uza muere cuando toca el arca

David construyó un carro totalmente nuevo, para ser tirado por bueyes, y colocó el arca encima. Después comenzó el viaje de regreso con todo el pueblo cantando y regocijándose alrededor del arca. Fue un tiempo de devoción entusiasta y sincera a Dios. Pero luego, sucedió algo terrible. Cuando el arca iba por el camino, el carro dio contra un surco. Un hombre llamado Uza, que estaba junto al carro, extendió la mano para sostener el arca. En el momento en que su mano la tocó, fue alcanzado por el rayo de Dios y cayó muerto.

David no sabía qué hacer. Por supuesto que esto echó un velo de tragedia sobre toda la escena, y el regocijo y el festejo cesaron abruptamente. Este hombre había muerto, aun cuando sus intenciones habían sido buenas; sólo quería impedir que el arca cayera al suelo. David quedó tan angustiado que desvió el carro, puso el arca de Dios en la primera casa que encontró y regresó a Jerusalén, amargado y resentido con el Señor.

Las cosas deben hacerse como Dios quiere, para cumplir Su voluntad

Esta fue la primera lección que David tuvo que aprender. La verdad es que fue culpa de David que Uza muriera. Levítico presenta instrucciones muy específicas en cuanto a cómo trasladar el arca de Dios. Sólo los levitas debían llevarlo a cabo, y David no les ordenó hacerlo. Fue muy presuntuoso de su parte asumir que Dios estaba de su lado y que él podía salirse con la suya en todo. Simplemente, puso el arca en un carro tirado por bueyes y comenzó a trasladarla él mismo… y un hombre inocente pagó el precio. David tuvo que aprender la muy amarga lección de que, para servir a Dios, la sinceridad de corazón no es suficiente. Las cosas deben hacerse como Dios quiere, para cumplir Su voluntad.

Una vez hablé con un joven quien, al igual que David, experimentó un periodo de resentimiento y amargura agudos. Estaba convencido de que Dios quería que llevara a cabo un determinado plan, y pensaba que podía prever exactamente cómo iba a obrar el Señor. Les anunció a sus amigos lo que Dios iba a realizar, pero luego todo se vino abajo.

«No puedo evitar sentir que Dios es injusto», me dijo posteriormente este joven. «Parece que Dios no respalda lo que promete». Mientras hablábamos, se hizo evidente que había cometido algunos de los mismos errores que David. Fue presuntuoso en cuanto a la voluntad de Dios y trató de llevar a cabo la voluntad del Señor a su manera, más que a la manera que Él había establecido en Su Palabra. Si queremos servir a Dios, debemos adaptarnos a Su agenda y usar Sus métodos, no simplemente hacer nuestros planes y esperar que Él los apruebe. David tuvo que aprender esta verdad, y la muerte de Uza permanece como un testimonio constante de que Dios jamás transigirá en esto.

David desea construir un templo para Dios

Lo que leemos a continuación en esta sección es el deseo de David de construir un templo para Dios. El arca había estado en el tabernáculo, una tosca y vieja tienda del desierto. Entonces, David razonó: «Yo habito en casa de cedro, y el arca de Dios está entre cortinas» (ver 2 S. 7:2). Cuando el profeta Natán escuchó sobre el plan de construir una casa para Dios, lo alentó a seguir adelante.

Dios rechaza el plan de David porque este es un guerrero

Pero luego, Dios le envió un mensaje a Natán diciendo que David no debía hacerlo. ¿Por qué? Porque era un hombre de guerra. Sólo Jesucristo, o en términos del Antiguo Testamento, alguien que simbolice a Cristo como Príncipe de paz, construirá alguna vez el templo de Dios entre la humanidad. David había sido elegido para representar a Jesús como el rey conquistador sobre todos. Dios rechazó el plan de construir el templo aun cuando el rey era bien intencionado, sincero y serio. La respuesta de David parece indicar que pudo aprender la lección de la muerte de Uza: Alaba a Dios y, con gracia, acepta esta decepción y el rechazo de sus planes. Está de acuerdo en que Dios tiene razón y que el templo debe ser construido por su hijo Salomón.

Las victorias de David

El resto de esta sección informa acerca de las victorias de Israel sobre sus enemigos: los filisteos y los amonitas. Cuando Dios está en el centro de la vida de David, cuando el rey de Israel se sujeta al Rey del universo y a Su programa eterno, nada puede impedir la victoria. Todos los enemigos, tanto internos como externos, están en completa sujeción a aquel que camina en una relación humilde con el Señor y en obediencia a Él.

Fracaso moral: La hora más oscura de David

La siguiente sección principal da inicio a la historia del fracaso en la vida de David, el negro y amargo episodio de su doble pecado. El capítulo 11 comienza así:

Aconteció al año siguiente, en el tiempo que salen los reyes a la guerra... (v. 1).

En algunos aspectos, las guerras de la antigüedad se llevaban a cabo de una manera más civilizada. Los reyes esperaban a que hubiera buen clima antes de enviar a sus hombres a pelear y morir. Era la primavera de ese año, y la agenda del Señor requería que se libraran guerras contra el mal y contra las naciones idólatras. Así que, ¿dónde encontramos al rey David? El resto del texto nos lo dice:

«David se quedó en Jerusalén»

... David envió a Joab, y con él a sus siervos y a todo Israel, y destruyeron a los amonitas, y sitiaron a Rabá; pero David se quedó en Jerusalén (11:1).

Ahora vemos dónde comienza el fracaso. David había abandonado su puesto. Se encontraba en situación de ASP —ausente sin permiso— del servicio al Señor. No estar en el lugar que nos corresponde es exponerse a la tentación, tal como el texto nos revela. Lo que sucede a continuación se puede relatar en tres simples declaraciones: David vio, preguntó y tomó.

David vio a Betsabé, preguntó acerca de ella y la tomó

Mientras caminaba sobre el techo de su casa *vio* a una bella mujer que estaba dándose un baño. Envió a un mensajero y *preguntó* acerca de ella. Y luego la *tomó*. Así es como avanza la tentación. Sigue el mismo patrón tanto en su vida como en la mía. Comienza primero con un simple deseo. No hay nada malo con el deseo. Este se despierta en nosotros simplemente porque somos humanos, pero debe tratarse no bien surge. O se mata en ese momento o se convierte en una intención. David vio a la bella mujer, la deseó y comenzó a planear cómo tomarla. Envió y preguntó por ella. El acto siguió de inmediato. Y así, David —el hombre según el corazón de Dios, el hombre del espíritu— se vio envuelto en el profundo y traicionero pecado de la carne.

Cuando se consumó, él se negó a enfrentar la verdad. En vez de confesar y reconocer abiertamente el mal y tratar de enmendarlo, cometió otro pecado para cubrirlo. Esto, como todos lo sabemos por triste experiencia, inicia una progresiva espiral descendente de pecados y encubrimiento.

El pecado de adulterio de David tuvo consecuencias: Betsabé quedó embarazada. Esto era un problema tremendo, ya que el esposo de

David intenta engañar a Urías

Betsabé, Urías, había estado en el campo de batalla (¡donde David debió haber estado!) y no podía haber dejado embarazada a su mujer. Así que, el rey envió a buscar a Urías y trató de engañarlo. Pero este, en su sencilla fidelidad a Dios —e, irónicamente, a su rey— lo frustró al negarse a pasar la noche con su esposa.

David hace arreglos para la muerte de Urías

Finalmente, David hizo arreglos para que Urías fuera traicionado en el campo de batalla. Permitió que el enemigo hiciera el trabajo sucio por él. Fue uno de los actos más crueles, asquerosos y deshonrosos que un ser humano haya cometido contra otro; casi no podemos comprender cuán bajo había caído este hombre de Dios. Más aun, en su pecado, David corrompió a uno de sus generales, al hacer que Joab fuera su cómplice en la conspiración contra del inocente, fiel e íntegro Urías. Aunque un arma amonita le quitó la vida, fue como si David mismo la hubiese enterrado en el corazón de Urías. El veredicto de Dios ante este acto se registra en 2 Samuel 11:27:

> *Mas esto que David había hecho, fue desagradable ante los ojos de Jehová.*

Adúltero. Asesino. Malhechor. ¿Y este era el hombre a quien Dios había escogido para ser el ancestro del Señor Jesús? ¿Cómo pudo David hacer algo semejante?

Natán confronta a David

Pero si usted quiere entender lo que el Señor expresa cuando dice que David era un hombre según Su corazón, mire lo que sucede en la vida del rey cuando le envía al profeta Natán. Este se dirige a David con cuidado, usando el mismo método de enseñanza que Jesús usaría posteriormente con tanta efectividad: una parábola. Le cuenta la historia de un hombre rico, poseedor de muchos rebaños de ovejas, que le quita su único corderito a un hombre pobre. «Vive Jehová, que el que tal hizo es digno de muerte» (ver 2 S. 12:1-5).

¡Ahora Natán lo tiene en sus manos! «Tú eres aquel hombre», le responde el profeta de manera acusadora.

De inmediato, David reconoce el objetivo de la historia y admite su pecado. Ya no trata de justificarlo ni esconderlo. De hecho, es durante este periodo y debido a su situación que escribió el Salmo 51, un canto de confesión y arrepentimiento. Todos debemos recurrir a este salmo cada vez que sintamos la carga de la culpa.

La restauración de David

Dios está lleno de gracia, tal como lo veremos. Su gracia y perdón son tan grandes que incluso restaura a cualquiera que haya cometido pecados tan grandes como los de David. Pero, aunque hay perdón por todo nuestro pecado, debemos recordar que tiene consecuencias naturales y que, a menudo, esas consecuencias no pueden evitarse. Ese es el triste hecho que David debe enfrentar en 2 Samuel 12, tal como se lo dice el profeta Natán:

El pecado tiene consecuencias naturales

Por lo cual ahora no se apartará jamás de tu casa la espada, por cuanto me menospreciaste, y tomaste la mujer de Urías heteo para que fuese tu mujer. Así ha dicho Jehová: He aquí yo haré levantar el mal sobre ti de tu misma casa, y tomaré tus mujeres delante de tus ojos, y las daré a tu prójimo, el cual yacerá con tus mujeres a la vista del sol (vv. 10-11).

Esa profecía se cumplió literalmente con Absalón, el hijo de David. Natán continúa diciendo:

{Dios dice:} Porque tú lo hiciste en secreto; mas yo haré esto delante de todo Israel y a pleno sol. Entonces dijo David a Natán: Pequé contra Jehová. Y Natán dijo a David: También Jehová ha remitido tu pecado; no morirás. Mas por cuanto con este asunto hiciste blasfemar a los enemigos de Jehová, el hijo que te ha nacido ciertamente morirá (12:12-14).

Dios perdona a David después de su confesión, y también le perdona la vida, aun cuando la ley claramente exige la pena de muerte en tales casos. El Señor restaura esa relación personal interna entre Él y el rey para que este sienta paz y libertad de la culpa.

Pero Dios no sólo trata con nosotros con Su gracia, sino también con Su gobierno. El gobierno divino demanda que nuestros actos, los cuales afectan a los demás, acarreen consecuencias, ya sea que haya perdón o no. Así que, David debe enfrentar los resultados de sus acciones y, tal como nos revela el Nuevo Testamento, Dios castiga a los que ama (Ap. 3:19). El bebé nacido de esta unión ilegítima muere, a pesar de los ruegos y las lágrimas del monarca. Más aun, surgen problemas en su hogar, en su familia y en su reino. El Nuevo Testamento nos dice: «No os engañéis» —es decir, abre los ojos—; «Dios no puede ser burlado: pues todo lo que el hombre sembrare, eso también segará. Porque el que siembra para su carne, de la carne segará corrupción» (Gá. 6:7-8). Se le dice a David que nunca más volverá a tener paz en su casa por causa de su pecado.

Lujuria, rebelión y asesinato en la familia de David

El resto de esta sección, capítulos 13 al 20, es el desarrollo de esta profecía. En el capítulo 13, se cuenta la oscura historia de Amnón, el hijo de David, que pecó contra su propia hermana Tamar. Esto generó un odio ciego en Absalón, el otro hijo de David, contra Amnón. Así que, en la propia familia del rey, entre sus propios hijos, se esparce el amargo espíritu de la lujuria, la rebelión y el asesinato. Ante todo esto, David no puede hacer absolutamente nada. No puede reprender a su hijo, porque Amnón simplemente está siguiendo los pasos de su padre. Sólo está cometiendo aquellos pecados de pasión que David mismo puso como ejemplo al tomar a Betsabé.

La rebelión de Absalón

A partir del capítulo 15, leemos acerca de la traición y la rebelión de Absalón. Este guapo, brillante y talentoso hijo de David le roba cuidadosamente al rey la lealtad de la nación, y une a algunos hombres consigo en una conspiración para derrocar a su padre y apropiarse del trono. Finalmente, tiene tanto éxito que David debe volver a huir de la ciudad y partir al exilio. ¡Imagínese! El hombre a quien Dios ha puesto sobre Israel como rey debe ahora huir como un delincuente común, todo debido a una cadena de circunstancias cuyo origen se remonta a un momento de fracaso moral: vio, preguntó y tomó. Y durante muchos años, pagó un alto precio por eso.

Joab asesina a Absalón

A lo largo de todos sus problemas, el corazón de David se mantiene humilde, penitente y confiado. Jamás pronuncia una palabra de queja ni tampoco intenta culpar a Dios. Reconoce que Dios todavía puede resolver los detalles de su vida. Finalmente, el Señor restaura a David en el trono, y Absalón es derrotado y conquistado por su propia vanidad. Su larga cabellera (de la que se jactaba) queda enredada en las ramas de un árbol y Joab, el implacable general de David (quien también había llevado a cabo la orden del rey contra Urías), lo encuentra atrapado y lo mata.

La rebelión queda sofocada con la muerte de Absalón. Pero esa no es toda la historia. En los capítulos 18 al 20, encontramos el último resultado del pecado de David, en la rebelión de Seba contra él. Todo este sufrimiento y tribulación en la vida del rey surge de su fracaso moral. Ya no tendrá paz durante el resto de su reinado. Tiene el perdón de Dios, la gracia de Dios, la restauración de Dios y la bendición de Dios, pero sigue cosechando los resultados de su locura.

El apéndice

Finalmente, en los capítulos 21 al 24, tenemos el epílogo o apéndice de este libro. Aquí se encuentran reunidas algunas de las lecciones que el rey David aprendió a lo largo de su reinado de 40 años. En el capítulo 21, encontramos la historia de los gabaonitas, la cual nos enseña que tenemos que enfrentar las consecuencias del pasado. Si hay fechorías en nuestro pasado que todavía pueden corregirse, tenemos la responsabilidad delante de Dios de regresar y enmendarlas. Más de un cristiano descubre que aquel objeto o dinero que robó en su vida vieja ahora pesa mucho en una conciencia, guiada por el Espíritu. Debe hacerse restitución y pagarse la deuda, porque Dios anhela la verdad en lo interior. No se conforma con simples formalidades externas; quiere que nuestra vida entera esté bien.

En la historia de los gabaonitas, David regresó y corrigió algo que había sucedido durante el reinado de Saúl. Como heredero del trono, David tenía que arreglarlo. En Segunda Samuel 22:26-27, se reproduce el texto del Salmo 18, donde David canta:

Con el misericordioso te mostrarás misericordioso,
Y recto para con el hombre íntegro.
Limpio te mostrarás para con el limpio,
Y rígido serás para con el perverso.

David dice que Dios será con usted lo que usted es con Él. Si usted es sincero y honesto con el Señor, Él será sincero y honesto con usted. Si usted es perverso y engañoso con Dios, Él hará que todas las circunstancias en que usted se encuentra lo engañen y le mientan. Si usted es puro de corazón, descubrirá que el Señor le añade a su alma y corazón más de Su belleza, pureza y perfección. Esto es lo que Pablo pide a gritos en Filipenses, cuando dice: «No que lo haya alcanzado ya, ni que ya sea perfecto; sino que prosigo, por ver si logro asir aquello para lo cual fui también asido por Cristo Jesús» (Fil. 3:12).

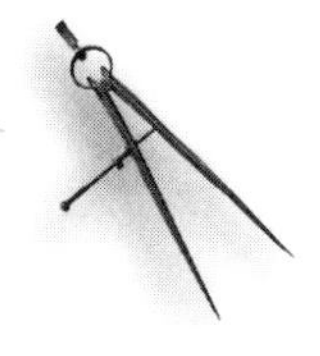

El último capítulo es el relato del tercer pecado registrado de David: el censo de Israel. Una plaga sobrevino al pueblo de Israel cuando David, en su orgullo, comenzó a depender de sus recursos y de su evidente poderío militar, en vez de depender del poder de Dios. ¿Qué nos enseña esto? Que nuestra vieja naturaleza siempre está allí, lista para ponerse en acción en cuanto cesamos de depender del Espíritu de Dios.

El tercer pecado de David

El pecado nunca muere de vejez. No importa por cuánto tiempo haya usted caminado con el Señor, todavía es posible caer. Lo único que sostiene la vida espiritual es el tranquilo caminar con fe, día a día y momento a momento.

El pecado nunca muere de vejez

Es apropiado que el libro de 2 Samuel termine mostrando que el hombre según el corazón de Dios se aleja de su pecado y regresa a la adoración del Señor viviente.

CÓMO PERDER UN REINO

En 1 Reyes se relata la cautivante historia de cómo perder un reino. Al igual que muchos libros del Antiguo Testamento, es una ayuda visual dramática y poderosa por medio de la cual Dios ilustra muchos principios importantes acerca de cómo debemos vivir. Podemos vernos en las historias y las vidas de este libro; sus verdades y profundas conclusiones apuntan a nuestros corazones como objetivo.

El libro de 1 Reyes esconde el secreto del éxito para que usted gobierne sobre el reino de su vida: aprender a ser sumiso a la autoridad de Dios. En otras palabras, nunca podrá ejercer dominio sobre su vida a menos que primero se someta a la autoridad del Señor. Cuando lo hace, Él le da mayor libertad y responsabilidad. Si usted rechaza la soberanía de Dios sobre su vida, no puede cumplir el deseo de gobernar sobre su propia vida ni tampoco el enorme potencial que el Señor ha planeado para usted. En cambio, ese control gradualmente irá siendo entregado a otras fuerzas: personas, lujurias y deseos, apetitos y antojos, valores y presiones mundanos. ¡Sólo sometiendo nuestra terquedad a la voluntad de Dios podemos ser verdaderamente libres!

El libro de 1 Reyes esconde el secreto del éxito para que usted gobierne sobre el reino de su vida

La historia de muchos reyes

En la Biblia hebrea, los libros de 1 y 2 Reyes se combinan en uno solo llamado Reyes. Se les llama acertadamente así porque examinan las diversas dinastías reales de Israel y Judá. A lo largo de estos libros, la atención siempre está en el rey; la nación va conforme a cómo actúa el rey. Cuando este camina con Dios en obediencia y humildad, la bendición del Señor está sobre el reino. No hubo tal bendición para el reino del norte porque no tuvo monarcas piadosos; pero en Judá, en la casa de David, hubo victoria y prosperidad cuando gobernaban reyes piadosos. Las lluvias caían en su tiempo, los cultivos crecían, la economía florecía, los enemigos eran derrotados, había paz en la tierra. Cuando el rey caminaba con Dios, había victoria y prosperidad; cuando desobedecía, había hambruna, sequía, guerra y sufrimiento. Los reyes buenos siempre eran tipos de Cristo, y entre estos se incluía a David, Salomón, Ezequías, Joás y Josafat. En las vidas de estos monarcas, a pesar de sus fallas humanas, vemos símbolos del reinado majestuoso del Señor Jesucristo. Los desobedientes eran tipos del Anticristo, el hombre de pecado, la quintaesencia de la maldad humana, que todavía ha de aparecer sobre la tierra.

He aquí un bosquejo del libro de 1 Reyes:

La era de Salomón (1 Reyes 1–11)

1.	El complot de Adonías; la unción de Salomón	1–2
2.	La sabiduría y el gobierno de Salomón	3–4
3.	Salomón construye el templo	5–8
4.	El reino crece en poder y riqueza	9–10
5.	La desobediencia y decadencia de Salomón	11:1-40
6.	La muerte de Salomón	11:41-43

Un reino dividido (1 Reyes 12–22)

7.	Roboam y la revuelta de las tribus del norte	12:1-24
8.	El reinado del malvado Jeroboam	12:25–14:31
9.	El reinado de Abiam en Judá	15:1-8
10.	El reinado de Asa en Judá	15:9-24
11.	Cinco reyes de Israel: Nadab, Baasa, Ela, Zimri y Omri	15:25–16:28
12.	El reinado del malvado Acab en Israel y el milagroso ministerio del profeta Elías	16:29–22:40
13.	El reinado de Josafat en Judá	22:41-50
14.	El reinado de Ocozías en Israel	22:51-53

Comienza la era de Salomón

Cuando comienza el libro, vemos que Dios ha apartado a la nación de Israel. Ha marcado a esta gente como Su pueblo especial. Ha hecho de este pequeño país un escenario internacional, y centrará la atención del mundo en esta diminuta tierra y en este inusual grupito de personas.

En el capítulo 1, encontramos al rey David en el trono, y su hijo Salomón está en la línea para sucederle en el trono. Pero otro de sus hijos, Adonías, tiene ideas distintas al respecto. Está tramando una rebelión para lograr el control del trono, aun antes de que su padre muera. David, al saberlo, actúa para colocar a Salomón de inmediato sobre el trono. Así que, este es ungido rey mientras su padre todavía vive.

El complot de Adonías y la unción de Salomón

Esto, simbólicamente, sugiere quién debe ser la autoridad en nuestras vidas: La verdadera autoridad debe venir como un don de la mano de Dios. No podemos reinar hasta el momento en que Él lo establezca. Cuando nos sometemos al señorío de Dios, Su responsabilidad es poner bajo control toda circunstancia, todo enemigo y toda rebelión que, de otro modo, amenazaría nuestro reinado.

En los capítulos 2 y 3, vemos el ascenso de Salomón al trono. Gobierna con poder y gloria. Su reinado marca la mayor extensión del reino de Israel, y se caracterizó particularmente por un despliegue de majestad y poder externos. Pero en el capítulo 3, también encontramos las semillas de la derrota. Notarlas es de importancia crucial:

> *Salomón hizo parentesco con Faraón rey de Egipto, pues tomó la hija de Faraón, y la trajo a la ciudad de David, entre tanto que acababa de edificar su casa, y la casa de Jehová, y los muros de Jerusalén alrededor. Hasta entonces el pueblo sacrificaba en los lugares altos; porque no había casa edificada al nombre de Jehová hasta aquellos tiempos. Mas Salomón amó a Jehová, andando en los estatutos de su padre David; solamente sacrificaba y quemaba incienso en los lugares altos (3:1-3).*

Dos asuntos «triviales»: Las semillas para el derrocamiento del reino de Salomón

He aquí un hombre que ama a Dios de todo corazón. Salomón comienza su reinado con una maravillosa expresión de sumisión y un deseo del gobierno y la autoridad de Dios en su vida. Sigue las pisadas de su padre David. Sin embargo, hace dos cositas —aparentemente asuntos triviales— que plantan las semillas para el derrocamiento final de su reino.

1. Su alianza con Egipto al casarse con la hija de Faraón

Primero, hace una alianza con la hija de Faraón, el rey de Egipto. A lo largo de todas las Escrituras, Egipto es casi siempre un símbolo del mundo. Salomón lleva a esta hija del mundo al centro de la vida de la nación de Israel y, por medio de su rey, Israel hace una alianza con lo mundano.

2. Su adoración en los lugares altos

Segundo, Salomón adora en los lugares altos. En las religiones paganas de esos días, la adoración y los ritos se llevaban a cabo en las cimas de las montañas. Las tribus paganas habían erigido altares, muchos de los cuales eran el centro de una adoración completamente idólatra y licenciosa. Con frecuencia, allí se adoraba con exhibiciones sexuales a los dioses del sexo y de la fertilidad. Estos altares fueron adoptados por el pueblo de Israel y utilizados para los sacrificios a Jehová.

Aunque el arca de Dios ya estaba en el tabernáculo en Jerusalén, donde David la había colocado, Salomón no presentaba sus ofrendas en ese altar. En cambio, hacía su ofrenda en los lugares altos. Presentaba sacrificios al Dios que amaba, pero sus holocaustos los hacía sobre altares paganos.

En apariencia, el gobierno de este joven rey era admirable y su corazón honorable. Sin embargo, había un área de su vida que no estaba totalmente consagrada a Dios. Su comunión con Él era débil. No entendía que el secreto de la bendición del Señor radicaba en una sumisión interior a Su voluntad, representada por una adoración estrictamente en conformidad con Su Palabra y practicada delante del arca del pacto. La falta de sujeción de Salomón a las leyes levíticas sobre la adoración es el primer indicio de que algo está mal en su vida.

Pedido de sabiduría

En el capítulo 3, también tenemos el relato del sueño de Salomón, en el que Dios se le apareció y le dijo que pidiera lo que quisiera. En respuesta a ello, el rey no pidió riquezas ni honra, sino sabiduría:

> *Da, pues, a tu siervo corazón entendido para juzgar a tu pueblo, y para discernir entre lo bueno y lo malo; porque ¿quién podrá gobernar este tu pueblo tan grande? (v. 9)*

Una muestra dramática de la sabiduría de Salomón

Al iniciar su reinado de esta manera, Salomón indicaba que entendía qué era lo más importante para ejercer un liderazgo efectivo. La gran sabiduría de Salomón quedó demostrada en 1 Reyes 3:16-28, cuando resolvió una disputa entre dos mujeres que afirmaban ser la madre del mismo bebé. Ambas eran prostitutas, que vivían en la misma casa, y habían dado a luz más o menos al mismo tiempo, pero uno de los bebés había muerto. Las dos afirmaban que el niño vivo era suyo. Se le pidió a Salomón que decidiera a quién le pertenecía.

En una muestra dramática de la sabiduría y el discernimiento que Dios le había dado, Salomón dice: «Traedme una espada». Luego, colocando al bebé delante de las dos mujeres, agrega: «Partid por medio al niño vivo, y dad la mitad a la una, y la otra mitad a la otra». Una mujer dice: «Ni a mí ni a ti; partidlo». Pero la otra mujer, la verdadera madre, protesta de inmediato: «¡Ah, señor mío! Dad a ésta el niño vivo, y no lo matéis».

Salomón había identificado a la impostora ... y sacado a la verdadera madre a la luz. Fue una poderosa demostración de su sabiduría y un desafío a los jueces de hoy, que deciden los casos de divorcio, de custodia y de adopción partiendo emocionalmente a los niños por la mitad, en vez de colocarlos con aquellas personas que verdaderamente los amarían y sustentarían. Los tribunales actuales carecen del tipo de sabiduría piadosa que se mostró en Israel durante la era de Salomón.

En 1 Reyes 4:29-34, encontramos una explicación de la gran sabiduría de Salomón (mi comentario sobre dicha explicación se incluye entre paréntesis):

> *Y Dios dio a Salomón sabiduría y prudencia muy grandes, y anchura de corazón como la arena que está a la orilla del mar. Era mayor la sabiduría de Salomón que la de todos los orientales, y que toda la sabiduría de los egipcios. Aun fue más sabio que todos los hombres, más que Etán ezraíta, y que Hemán, Calcol y Darda, hijos de Mahol* (estos eran los expertos en medios de comunicación de aquella época); *y fue conocido entre todas las naciones de alrededor. Y compuso tres mil proverbios* (los tenemos registrados en el libro de Proverbios), *y sus cantares fueron mil cinco* (de estos, sólo tenemos uno: Cantar de los Cantares). *También disertó sobre los árboles, desde el cedro del Líbano hasta el hisopo que nace en la pared. Asimismo disertó sobre los animales, sobre las aves, sobre los reptiles y sobre los peces. Y para oír la sabiduría de Salomón venían de todos los pueblos y de todos los reyes de la tierra, adonde había llegado la fama de su sabiduría.*

Salomón era más sabio que cualquier otro hombre

Qué ilustración tenemos aquí de lo que Pablo dice en 1 Corintios: «Mas nosotros tenemos la mente de Cristo» y «el [hombre] espiritual juzga todas las cosas» (1 Co. 2:15-16). Salomón no necesitaba que nadie le enseñara, dado que él ya discernía todas las cosas. Podía analizar y entender cómo funcionaba el mundo y el corazón humano, porque tenía la sabiduría que proviene de Dios.

Salomón sólo le hizo una petición al Señor: sabiduría; y Él se la concedió. Pero la petición del rey contenía una ligera debilidad. Pidió sabiduría para poder gobernar al pueblo. Al leer esto, nuestro único deseo es que este excelente joven hubiese pedido sabiduría para gobernar primero su propia vida. Allí es donde comenzó a fracasar. Dios le concedió sabiduría para gobernar, pero también permitió circunstancias en su vida personal que pusieron esa sabiduría a prueba. Junto con ella, Dios le dio a Salomón riquezas y honor; y fueron tales que causaron su derrocamiento. Al gloriarse y exaltarse en la magnificencia de su reino, el orgullo comenzó a entrar en el corazón del monarca, y esto produjo su ruina.

El capítulo 4 nos dice que el reino de Salomón fue bien organizado. En los versículos 1 al 19, vemos que delegó autoridad nombrando once príncipes y doce gobernadores sobre el reino. Al dividir el gobierno de esta manera, garantizó que los diversos niveles funcionaran

La gloria del reino

bien y de manera altamente organizada. Él sabía perfectamente que Dios no es autor de la confusión, sino que hace todas las cosas bien y en orden.

El pueblo prosperó y fue feliz bajo la autoridad sabia, pero firme, de Salomón, según leemos en 1 Reyes 4:20-21:

> *Judá e Israel eran muchos, como la arena que está junto al mar en multitud, comiendo, bebiendo y alegrándose. Y Salomón señoreaba sobre todos los reinos desde el Éufrates hasta la tierra de los filisteos y el límite con Egipto; y traían presentes, y sirvieron a Salomón todos los días que vivió.*

He aquí un cuadro del control total y de la autoridad piadosa de Salomón sobre el reino que Dios le había dado. Este es el tipo de control firme que el Señor quiere que todos ejerzamos sobre nuestras vidas.

La gloria del templo

En los capítulos 5 al 8, encontramos el relato del glorioso templo que construyó Salomón. Durante 400 años, Israel había adorado en el tabernáculo, ¡una simple tienda! Pero Salomón hizo realidad el sueño de su padre David: un lugar permanente y espléndido donde el pueblo de Israel adorara a su Dios.

La gloria *Shekina* en el templo

La descripción del templo en estos capítulos transmite un esplendor casi más allá de lo imaginable. Se construyó con grandes piedras, extraídas a mano de una cantera, y con cedro importado. El interior estaba enteramente cubierto de oro. En dólares actuales, la estructura no habría costado millones, sino miles de millones. Sin embargo, la verdadera grandeza del templo no radicaba en el oro, sino en la gloria: la gloria *Shekina* de Dios, que descendió y habitó en el lugar santo, cuando Salomón dedicó el templo.

En el capítulo 10, tenemos la historia, maravillosa en su detalle, de las visitas de la reina de Sabá y del rey de Tiro a Salomón, y el reconocimiento de parte de las naciones de la gloria de su reino. Luego, de manera repentina y trágica, llegamos al capítulo 11, donde la historia del monarca da un giro rápido y deplorable.

La decadencia y la caída de Salomón

Las semillas de la decadencia y la desobediencia que se sembraron anteriormente en la vida de Salomón ahora comenzaron a brotar:

> *Pero el rey Salomón amó, además de la hija de Faraón, a muchas mujeres extranjeras; a las de Moab, a las de Amón, a las de Edom, a las de Sidón, y a las heteas; gentes de las cuales Jehová había dicho a los hijos de Israel: No os llegaréis a ellas, ni ellas se llegarán a vosotros; porque ciertamente harán inclinar vuestros corazones tras sus*

dioses. A éstas, pues, se juntó Salomón con amor. Y tuvo setecientas mujeres reinas y trescientas concubinas; y sus mujeres desviaron su corazón (1 R. 11:1-3).

Las mujeres extranjeras de Salomón

Este es el mismo hombre que, en el libro de Proverbios, escribió: «El que halla esposa halla el bien, y alcanza la benevolencia de Jehová» (Pr. 18:22). Aparentemente, ¡Salomón no supo discernir que tenía demasiado de aquel «bien»! ¡Mil esposas son 999 de más!

Aquí vemos la debilidad y el fracaso de Salomón, cuando su corazón se alejó de Dios. ¿Dónde comenzó su decadencia? Con el placer que sentía ante toda la magnificencia de su gobierno. Toda esta magnificencia exterior es evidencia de la bendición de Dios en su vida, pero su caída comienza cuando su corazón queda cautivado por algo que el Señor había prohibido. Salomón es la vívida ilustración de un principio declarado por Jesús en el Sermón del Monte: «Porque donde está vuestro tesoro, allí estará también vuestro corazón» (Lc. 12:34).

Recuerdo la historia de un hombre que disfrutaba de un tremendo ministerio en el púlpito y en muchas otras áreas. De repente, ese ministerio colapsó, derribado por la vergüenza de acusaciones de inmoralidad. Resultó ser que, durante muchos años, su corazón había estado albergando un afecto injusto, impenitente e impune. En el exterior, era un ministro de Dios; en el interior, la inmoralidad y el compromiso estaban carcomiendo la esencia y la vida de este hombre. Finalmente, su ministerio quedó destruido. De manera trágica, esta historia se repite una y otra vez en las vidas tanto de ministros como de laicos.

El primer paso hacia la decadencia moral siempre comienza con los deseos y las emociones

El primer paso hacia la decadencia moral siempre comienza con los deseos y las emociones. ¿Qué es lo que se ha apoderado del primer lugar en su mente, sus deseos y sus emociones? Si no es algo que Dios haya aprobado, es algo que ha rechazado; entonces, usted ha plantado las semillas de la destrucción en su propia vida, tal como Salomón las plantó en él. Vemos el trágico resultado en los siguientes versículos:

«Salomón... no siguió cumplidamente a Jehová como David su padre»

Porque Salomón siguió a Astoret {la diosa del sexo}, diosa de los sidonios, y a Milcom, ídolo abominable de los amonitas. E hizo Salomón lo malo ante los ojos de Jehová, y no siguió cumplidamente a Jehová como David su padre. Entonces edificó Salomón un lugar alto a Quemos, ídolo abominable de Moab, en el monte que está enfrente de Jerusalén, y a Moloc, ídolo abominable de los hijos de Amón. Así hizo para todas sus mujeres extranjeras, las cuales quemaban incienso y ofrecían sacrificios a sus dioses. Y se enojó Jehová contra Salomón, por cuanto su corazón se había apartado de Jehová Dios de Israel (11:5-9).

Quemos era la horrorosa imagen a la que los adoradores paganos sacrificaban sus hijos por el fuego. De manera increíble, ¡Salomón mismo construyó un lugar de adoración para este dios, que no era sino un demonio de mueca burlona! Al leer el resto de este capítulo, vemos que en tres ocasiones sucesivas, el Señor «suscitó un adversario a Salomón».

Al final de este capítulo, «durmió Salomón con sus padres» y fue sepultado en la ciudad de David; un súbito colapso de la gloria y la majestad de su reino. Incluso la gloria del templo demuestra ser transitoria; aunque la estructura permanecería durante 400 años, sólo cinco años después de la muerte del monarca, sería saqueada y despojada del oro y del mobiliario.

Un reino dividido

Jeroboam divide el reino y la adoración

El capítulo 12 comienza el segundo movimiento en este libro: la división y la decadencia del reino. El desastre se adelanta cuando el hijo de Salomón, Roboam, toma las riendas del gobierno. Jeroboam divide el reino, al tomar las diez tribus del norte para comenzar el reino de Israel. Allí reinstaura la adoración a los becerros de oro, el pecado que Dios había juzgado durante el peregrinaje de Israel en el desierto (ver Ex. 32).

El capítulo 14 presenta la historia de la invasión de Egipto, ¡la misma nación de la que Dios había liberado a Su pueblo bajo el liderazgo de Moisés!, y la derrota de Israel. Otra vez, Egipto es una ilustración del mundo y sus caminos: su maldad, su locura, su inutilidad y su necedad. La mayoría de los tesoros que Salomón había amasado durante el apogeo de su reinado fueron saqueados y llevados fuera del país.

El relato continúa luego con diversos reyes que llegaron al trono de Israel, la mayoría malvados o incompetentes, o ambas cosas. A Jeroboam le sigue Nadab, el cual es sucedido por Baasa y Zimri. Por último, llega Acab, probablemente el monarca más maligno que Israel conoció, y su malvada esposa Jezabel.

El ministerio de Elías al reino del norte

La sección final del libro, la cual comienza en el capítulo 17, presenta el ministerio profético, y comienza con Elías. Había habido otros profetas antes que él, pero ninguno hizo los milagros que este realizó. Los profetas que ministraban en Judá, el reino del sur, no hacían milagros, porque el testimonio de Dios allí todavía era el centro de la vida de la nación. Pero Israel, el reino del norte, rechazaba la presencia del Señor y adoraba los becerros de oro, en vez de adorarlo a Él. El ministerio de los milagros daba testimonio al pueblo de que Dios todavía estaba en medio de él y que exigía su atención. El Señor buscaba sacudirlo para que viera hasta dónde se había alejado de Él.

El ministerio de Elías es una revelación tremenda de cómo Dios trata el caprichoso corazón humano. En primer lugar, cerró los cielos para que no lloviera durante tres años. Luego hizo caer fuego del cielo sobre los capitanes y los demás que habían sido enviados para arrestarlo y llevarlo delante del rey. Estos milagros captaron la atención de la gente y produjeron, al menos, cierto arrepentimiento. El pueblo entendía que Dios estaba haciendo uso de la mano dura, la manera en que Dios a veces se ve obligado a actuar, por la conducta humana.

Elías desafía a los sacerdotes de Baal

En el capítulo 18, llegamos al juicio contra Baal, y las dos filosofías en Israel llegan a un choque culminante en el monte Carmelo. Allí, Elías convoca a 400 sacerdotes de Baal a un desafío para determinar qué deidad tiene el poder para hacer caer fuego del cielo. En una extraordinaria escena, Elías se burla de ellos, mientras estos se hacen cortes y claman a su dios. «Gritad en alta voz —dijo—, porque dios es; quizá está meditando, o tiene algún trabajo, o va de camino; tal vez duerme, y hay que despertarle» (1 R. 18:27).

Una vez que los sacerdotes paganos se agotaron en vano, Elías se remanga y se pone a trabajar. Repara el altar del Señor, que estaba arruinado; luego ordena que se viertan cuatro cántaros de agua sobre el buey y la madera que se colocaron sobre el altar. Su intención es asegurarse de que la demostración del poder de Dios no sea simplemente espectacular, sino absolutamente increíble. Después clama a Dios, ¡y este envía un fuego tan intenso que no sólo consume el sacrificio, sino el agua y las piedras del altar! Una vez que se ha hecho el juicio, los cielos se vuelven a abrir y llueve torrencialmente sobre la tierra.

Esta es una ilustración de lo que sucede en la vida de cualquiera que se resiste al legítimo gobierno de Dios. En Su «misericordia severa», tal como un autor la ha denominado, Él nos pone bajo Su disciplina, hasta que nuestra terquedad se quebranta. Nuestra obstinada rebelión termina y finalmente nos humillamos delante del Señor. Luego, la lluvia de la gracia puede volver a caer abundantemente sobre nuestros corazones, para derramar otra vez buen fruto y dulce bendición.

Elías huye aterrado de Jezabel

En 1 Reyes 19 se encuentra un relato que siempre he encontrado divertido: la historia del temor de Elías a Jezabel. Elías, este osado y valiente profeta, este hombre de Dios tosco e inquebrantable, que se había enfrentado a 400 sacerdotes paganos en la cima del monte, ¡de repente, se encuentra huyendo aterrado de una mujer iracunda! Se siente tan derrotado que, cuando se esconde bajo un enebro, ¡le ruega a Dios que le quite la vida! Pero el Señor lo trata con Su gracia sorprendente.

Lo primero que hace es mandarlo a dormir bajo el enebro y le da un buen descanso durante toda la noche. Luego, le da una comida decente, provista de manera divina por un ángel del Señor. Finalmente, lo lleva a una montaña, y allí Elías presencia toda la furia de la naturaleza: un terremoto, un fuego ardiente, una tormenta eléctrica estruendosa. Por medio de esta experiencia, el profeta llega a conocer un asombroso secreto: Jehová, el Señor Dios Todopoderoso, no siempre se encuentra en el abrumador poder de la naturaleza desatada. Algunas veces, se manifiesta de la manera más dramática, cuando se mueve entre la queda vocecita de una conciencia cambiada.

Cómo gobernar el reino de su vida

El libro de 1 Reyes es la historia de un reino perdido. Salomón, tal vez el hombre más sabio que vivió jamás, cayó en la locura y la desobediencia, y perdió un reino. Después de su muerte, ese reino se dividió en dos, y hubo una sucesión de reyes insensatos o malvados que sólo generaron miseria al pueblo, tanto en el reino del norte como del sur.

El libro concluye con la historia del rey Acab, el relato de su fracaso y su deseo egocéntrico de poseer la viña de Nabot, lo que finalmente provoca el juicio de Dios.

En el capítulo 22, aprendemos cómo obra el Señor por medio de circunstancias aparentemente accidentales. Los reyes de Israel y de Judá salen juntos a la guerra. Acab, rey de Israel, en su astucia satánica, trata de poner al rey de Judá al frente de la batalla. Acab lo viste con su propia armadura para que lo confundieran con él y fuera el blanco del enemigo. Pero, mientras Acab se alaba por la manera de engañar al rey de Judá, para que este quedara expuesto al peligro, leemos que una flecha disparada al aire (a la ventura) por un guerrero opositor, lo alcanza y atraviesa un punto débil de la armadura que llevaba puesta, y le atraviesa el corazón.

Nuestro Dios es Señor de todas las circunstancias. Él es el Dios cuya voluntad se cumple aun por medio de accidentes, casualidades y coincidencias aparentes. Él está detrás de todos los movimientos de nuestras vidas, ¡y Su juicio se cumple! Eso es lo que revela este relato.

Las circunstancias externas nunca lo destronarán del gobierno de su vida, que fue lo que Dios estableció desde el principio. Nada con lo que usted se encuentre —presiones, maltratos, obstáculos, accidentes— podrá jamás destronarlo. Puede ser destronado y llevado a la esclavitud de la carne y del diablo *sólo si usted lo permite,* si deja que alguna forma opositora de adoración entre en su corazón y no haya espacio para Dios. Esa forma rival de adoración puede ser un hábito, una obsesión con el estatus y el dinero, un deseo pecaminoso o un afecto prohibido, una actitud obstinada y deliberada de rebelión, o alguna otra cosa.

Si usted, al igual que Salomón, permite que la insensatez reemplace la sabiduría piadosa en su vida, los días de su reino están contados.

Pero si hace de Dios y de Su reino el único y verdadero deseo de su corazón, reinará para siempre y el reino de su vida estará seguro.

UNA VIDA DESPERDICIADA

La primera mitad de 1 Reyes estuvo dominada por la historia del rey Salomón. Sin embargo, en la segunda mitad surge una nueva e imponente figura; no un rey, sino un profeta, Elías. La historia continúa en 2 Reyes, cuando Dios interviene repetidamente en las vidas de los reyes de Israel, en un intento de revertir la tendencia de corrupción y decadencia en el reino. Además de Elías, Dios levanta al profeta Eliseo. Este libro es fundamentalmente notable por los ministerios de estos dos poderosos hombres de Dios.

El libro de 2 Reyes es notable por los ministerios de Elías y Eliseo

Es significativo que Dios jamás le habló a la nación por medio de un rey. El papel del rey era gobernar y administrar justicia. La vida y el carácter del reino eran un reflejo de la vida y el carácter del monarca.

Dios jamás le habló a la nación por medio de un rey

Pero cuando Dios quería hablarle a la nación, desafiarla, traerla de vuelta a los principios en los que estaba fundada, enviaba a un profeta. En otras partes en el Antiguo Testamento, envió a otros voceros a Israel; hombres como Oseas, Amós, Joel, Isaías y Jeremías. Pero los que pasan a primer plano en 1 y 2 Reyes son Elías y Eliseo.

He aquí un bosquejo del libro de 2 Reyes:

Continuación de la historia del reino dividido (2 Reyes 1–17)

1. El reinado de Ocozías de Israel — 1
2. El reinado de Joram de Israel — 2:1–8:15
   - A. El ministerio pasa de Elías a Eliseo; el carro de fuego transporta a Elías físicamente al cielo — 2
   - B. El reinado de Joram evaluado — 3
   - C. El ministerio y los milagros de Eliseo — 4:1–8:15

3. El reinado de Joram de Judá	8:16-24
4. El reinado de Ocozías de Judá	8:25–9:29
5. El reinado de Jehú de Israel	9:30–10:36
6. El reinado de la reina Atalía de Judá	11:1-16
7. El reinado de Joás de Judá	11:17–12:21
8. El reinado de Joacaz de Israel	13:1-9
9. El reinado de Joás de Israel	13:10-25
10. El reinado de Amasías de Judá	14:1-21
11. Los reinados de Jeroboam II (Israel), Azarías (Judá), Zacarías (Israel), Salum (Israel), Manahem (Israel), Pekaía (Israel), Peka (Israel) y Jotam (Judá)	14:22–15:38
12. El reinado de Acaz de Judá	16
13. El reinado de Oseas de Israel; cautiverio bajo los asirios	17

Judá: el reino sobreviviente del sur (2 Reyes 18–25)

14. El reinado del buen rey Ezequías	18–20
15. El reinado de Manasés y de Amón	21
16. El reinado del buen rey Josías; restauración del templo, la ley y el pacto	22:1–23:30
17. El reinado de Joacaz	23:31-34
18. El reinado de Joacim	23:35–24:7
19. El reinado de Joaquín	24:8-16
20. El reinado de Sedequías	24:17–25:21
21. La administración de Gedalías	25:22-26
22. La liberación de Joaquín	25:27-30

El profeta Elías: El tronar de la Ley

Elías era un tosco e inquebrantable hombre que vivía al aire libre y usaba pieles de animales atadas con un cinturón de cuero. Era un personaje duro y de aspecto deslucido, que repetidamente arriesgaba su vida para enfrentarse al rey cara a cara. Era osado y fiel, y Dios lo protegía. Ya hemos visto en 1 Reyes 18 cómo retó a 400 sacerdotes de Baal en la cumbre del monte Carmelo y desafió, sin ayuda de nadie, el poder de su abominable dios falso.

Era un personaje valiente, cascarrabias, un profeta consagrado de la ley. Su ministerio era llevar el tronar de la ley a Israel, despertar a la nación de su condición vergonzosa. Este ministerio constaba de una mezcla de amor, fuego y juicio.

Hacia el final de su servicio, Elías es transportado al cielo de una manera triunfante y milagrosa en un carro de fuego, según se describe con cuidadoso detalle en el capítulo 2. Cuando el fiel Eliseo se niega a dejar a su gran mentor, el manto del profeta literalmente cae sobre él y se le promete una doble porción de su espíritu.

El profeta Eliseo: Gracia y gloria

En contraste con Elías, el de Eliseo es el ministerio de la gracia, la dulzura y la gloria para todo Israel. ¿Por qué era esto? Si usted estudia la narrativa cuidadosamente, comparándola con la narrativa de los cuatro Evangelios, verá que estos dos hombres juntos prefiguran el ministerio doble de Jesucristo: el tronar de Su verdad y la dulzura de Su gracia.

Cuando el Señor Jesús fue a Israel, encontró la nación en un estado de deterioro y corrupción, tal como le sucedió a Elías. Herodes estaba en el trono como vasallo de Roma. El cargo de sumo sacerdote había pasado a manos de los saduceos (los racionalistas de esa época) y habían convertido el templo en un lugar de corrupción y comercio.

El ministerio de Elías era el ministerio del Señor al Israel oficial

La nación había caído en un periodo oscuro y amargo. El ministerio del Señor Jesús al Israel oficial estaba en poder de Elías. El Señor comenzó Su ministerio con un acto profético: la purificación del templo. Hizo un látigo de muchas cuerdas y luego, con voz de trueno y ojos de fuego, sacó a los cambistas corruptos del templo, volteó las mesas y lanzó la mercancía al patio.

El ministerio de Eliseo era el ministerio del Señor para cada persona

Pero el ministerio de Eliseo era el ministerio del Señor a cada persona: de la gracia, la dulzura encantadora, la ternura y la bondad compasivas.

Aquí hay otra comparación interesante: Eliseo también parece simbolizar el ministerio del Espíritu Santo en la Iglesia, después del Día de Pentecostés. Su actividad comienza cuando Elías asciende en cuerpo al cielo, así como el ministerio del Espíritu empieza cuando Jesús asciende. El primer milagro de Eliseo ilustra el ministerio del Espíritu Santo: le pone sal al agua para hacer que se vuelva dulce. El milagro del aceite que siguió fluyendo continuamente es otro símbolo del Espíritu Santo, al igual que el milagro del agua que, de repente, aparece en la tierra reseca y árida. También está el milagro de la resurrección, cuando Eliseo resucita a un niño muerto al poner su vara sobre él y echar su aliento en su rostro. ¡Esto no fue respiración boca a boca, sino una auténtica resurrección! Aun cuando todo se ve muerto y sin esperanza, el Espíritu conquista la muerte y produce vida.

La decadencia y la caída de los reinos

El libro de 2 Reyes analiza paso a paso la continua decadencia de estos reinos, e Israel, el reino del norte, es el primero en caer. En el capítulo 17, mientras está bajo el reinado de Oseas, Israel es conquistado por el rey Salmanasar de Asiria y llevado cautivo a ese país:

Jehová amonestó entonces a Israel y a Judá por medio de todos los profetas y de todos los videntes, diciendo: Volveos de vuestros malos caminos, y guardad mis mandamientos y mis ordenanzas, conforme a todas las leyes que yo prescribí a vuestros padres, y que os he enviado por medio de mis siervos los profetas. Mas ellos no obedecieron, antes endurecieron su cerviz, como la cerviz de sus padres, los cuales no creyeron en Jehová su Dios. Y desecharon sus estatutos, y el pacto que él había hecho con sus padres, y los testimonios que él había prescrito a ellos; y siguieron la vanidad, y se hicieron vanos, y fueron en pos de las naciones que estaban alrededor de ellos, de las cuales Jehová les había mandado que no hiciesen a la manera de ellas. Dejaron todos los mandamientos de Jehová su Dios, y se hicieron imágenes fundidas de dos becerros, y también imágenes de Asera, y adoraron a todo el ejército de los cielos, y sirvieron a Baal; e hicieron pasar a sus hijos y a sus hijas por fuego; y se dieron a adivinaciones y agüeros, y se entregaron a hacer lo malo ante los ojos de Jehová, provocándole a ira. Jehová, por tanto, se airó en gran manera contra Israel, y los quitó de delante de Su rostro; y no quedó sino sólo la tribu de Judá (17:13-18).

El mal tiene un enorme poder para infectar y esclavizar a las personas

He aquí una espantosa ilustración del potencial humano para hacer el mal y de los resultados de tal pecado. Vemos que el mal infecta la vida de una nación que una vez estuvo consagrada a Dios, pero también sabemos que tiene un enorme poder para infectar y esclavizar a las personas, incluso a aquellas que, en un tiempo, sirvieron a Dios. Siempre debemos estar en guardia, aun contra los pecados y los compromisos más pequeños, porque llevan a un pecado mayor, a la rebelión, a actos impensables y a la destrucción.

Ezequías

La decadencia y la caída de Judá se demoraron por un tiempo por causa de un rey piadoso y sabio llamado Ezequías, quien se levantó en medio de la oscuridad y, por un tiempo, llevó a su nación hacia la luz. Asombrosamente, su padre había sido un rey impío, y con el tiempo, su hijo también llegaría a ser igual. Pero Ezequías fue un regalo de la gracia de Dios al reino de Judá, en el sur.

Cuando ascendió al trono, en el capítulo 18, su primer acto oficial fue purificar el templo. ¡Tan sólo apilar toda la basura e inmundicia fuera del templo les llevó a los sacerdotes levitas 16 días antes de siquiera poder comenzar a purificar el templo para el servicio! Así de corrupta había llegado a ser la nación.

Luego, Ezequías reinstauró la Pascua. También destruyó la gran serpiente de bronce que el pueblo había estado adorando. Esta era la misma serpiente que Dios había usado para bendecirlos cuando Moisés la levantó en el desierto (ver Nm. 21:8-9), pero Él jamás había tenido intención de que se convirtiera en un objeto de adoración. Simplemente, era un símbolo de la obra salvadora de Cristo, la cual todavía pertenecía a la historia futura. Ezequías entendía que no había nada intrínsecamente sagrado en este símbolo y lo destruyó, para que nunca más se usara para la adoración idólatra. He aquí una importante lección para todos nosotros: ¡Todo, incluso una bendición dada por Dios en nuestras vidas, puede llegar a convertirse en una fuente de idolatría si ponemos nuestra confianza en el objeto de la bendición (el dinero, un empleo, un cierto líder religioso o alguna iglesia) en vez de confiar únicamente en Aquel de quien fluyen todas las bendiciones!

Manasés

El tiempo de vida de Ezequías se extendió de manera milagrosa cuando la sombra en el reloj solar retrocedió diez grados y se le concedieron quince años más de vida. Sin embargo, durante esa época, tuvo un hijo llamado Manasés, quien llegó a ser uno de los peores reyes que tuvo Judá, ¡y esto da lugar a que algunos sugieran que tal vez Ezequías vivió demasiado tiempo! Pero es importante comparar diferentes pasajes de las Escrituras para entender la historia de Manasés en su totalidad. En 2 Reyes 21:1-18, sólo vemos la maldad de este rey. Pero al cotejar este relato con 2 Crónicas 33:11-13 y 18-19, encontramos que, después de haber sido llevado cautivo a Babilonia, este se arrepintió, buscó el perdón de Dios y fue restaurado en el trono de Judá, donde reinó sabiamente por el resto de sus días.

Judá es llevada a Babilonia

Así que, el reino decayó y finalmente Judá fue llevada a Babilonia por Nabucodonosor, el símbolo de la corrupción y el envilecimiento mundanos. Durante unos cuantos años, el templo permaneció en Jerusalén, pero finalmente, también fue despojado e incendiado. Los muros de la ciudad fueron derribados y todo el pueblo fue llevado en cautiverio. El libro termina con Sedequías, el último rey de Israel. El rey de Babilonia lo capturó, mató a sus hijos delante de él y luego le sacó los ojos. Ciego y devastado, fue encadenado y llevado a Babilonia.

Sedequías

Sedequías fue el último rey que Israel tuvo. Más tarde, en el tumulto y la confusión en Jerusalén durante la semana de la Pascua, cuando nuestro Señor fue crucificado, Pilato le ofreció un nuevo rey a la nación: el Señor Jesús, golpeado y sangrando, con una corona de espinas en la cabeza. «¡He aquí vuestro Rey!», dijo.

Pero la multitud lo rechazó. Y hablaban en serio, cuando exclamaron: «No tenemos más rey que César» (ver Jn. 19:14-15). Sin embargo, fue el gobernador gentil, enviado por el César, quien le dijo la verdad de Dios a Israel al hacer que se pusiera esta inscripción sobre la cruz: «JESÚS NAZARENO, REY DE LOS JUDÍOS» (ver Jn. 19:19). El pueblo de Israel no conocerá otro momento de auténtica prosperidad, paz y bendición —ya sea espiritual o política— hasta que vuelva a ver a Aquel a quien traspasaron y reconozcan al Rey que le fue enviado con humildad, tal como lo profetizó Zacarías (ver Zac. 12:10).

Por último, este libro es la ilustración de una vida desperdiciada. La vida de la nación de Israel es exactamente análoga a la del cristiano. Con el fin de alcanzar nuestro potencial y llegar a ser todo lo que Dios quiere que seamos, debemos edificar nuestras vidas en el fundamento echado por Jesucristo, no sobre un cimiento hecho sólo de madera, heno y hojarasca. Aquellos que, en los lugares secretos del corazón, no logran caminar en obediencia, movidos por el Espíritu, se hundirán cada vez más en la corrupción, de manera gradual e imperceptible. El templo del espíritu humano se oscurecerá y será profanado. Después, la crueldad y la rebelión se declararán, de modo que finalmente el templo de la personalidad se incendiará y quedará destruido.

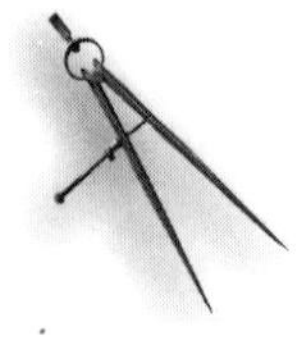

El apóstol Pablo nos dice que cada uno de nosotros enfrentará un juicio de fuego que revelará nuestra obra; la madera, el heno y la hojarasca se quemarán, y el creyente será salvo, «aunque así como por fuego» (1 Co. 3:13-15). La lección de 2 Reyes es que las cosas no tienen que ser así. Quizá seamos propensos a descarriarnos, a dejar al Dios que amamos, pero Él, en Su misericordia, continuamente interrumpe el curso insensato de nuestras vidas y trata de guiar nuestra atención hacia los temas importantes de la vida, rescatarnos del comportamiento terco y obstinado. Al igual que los dos reinos, Israel y Judá, tenemos libertad de ignorar Sus ruegos. Tenemos libertad de desobedecer. Tenemos libertad de desperdiciar nuestras vidas.

Pero un día tendremos que presentarnos descubiertos y sin excusa delante de Aquel que nos ama y que se dio a sí mismo por nosotros. Tendremos que doblar nuestras rodillas y confesar que le prohibimos entrar al templo del espíritu y le robamos Su herencia con los santos. Ese día, dice Juan, nos avergonzaremos delante de Él, en Su venida. Que Dios conceda que la lección de estos libros se arraigue en nuestros corazones y, por encima de todo, *que cambie nuestras vidas.*

DAVID Y EL ARCA DE DIOS

Los libros de Crónicas abarcan el mismo periodo histórico que los de Samuel y de Reyes, pero desde una perspectiva bastante diferente. Así como gran parte de los cuatro Evangelios ofrecen matices distintos y una experiencia «cuadrafónica» de la vida de Cristo, los libros de Crónicas nos dan la posibilidad de obtener una experiencia «estereofónica» del periodo del reino en la historia de Israel. Así como el propósito, el estilo y la selección de los eventos del Evangelio de Juan difieren dramáticamente de los otros tres Evangelios (los sinópticos de Mateo, Marcos y Lucas), lo mismo sucede entre ambos libros de Crónicas y las historias en Samuel y en Reyes.

Los libros de Crónicas se centran en el rey David y el templo. El primero habla mayormente de la vida y el reinado de David; el segundo analiza los sucesos de la casa de David en el trono de Judá, el reino del sur. Israel, el reino del norte, se ignora casi por completo en estos libros. ¿Por qué? Porque el templo se encuentra ubicado en Judá y porque David, quien es visto como el rey de Dios, es el monarca de este reino del sur.

Es evidente que 1 Crónicas se escribió después de los 70 años del cautiverio de Israel en Babilonia. Probablemente, el autor fue el sacerdote Esdras, quien también escribió el libro que lleva su nombre. Esdras fue una de las grandes figuras que regresaron del cautiverio babilonio para restablecer el templo y la adoración a Dios en Jerusalén. He aquí un bosquejo del libro de 1 Crónicas:

Las genealogías: El linaje real del rey David (1 Crónicas 1–9)

1.	La genealogía desde Adán hasta David	1–2
2.	Los hijos de David y de Salomón	3
3.	Las genealogías de las doce tribus de Israel	4–8
4.	La genealogía del remanente y de Saúl	9

El reinado del rey David (1 Crónicas 10–20)

5.	La muerte del rey Saúl	10
6.	David se convierte en rey y conquista Jerusalén	11–12
7.	La recuperación y rehabilitación del arca de Dios	13–17
8.	Las victorias del rey David	18–20
9.	Preparando a Israel para la construcción del templo	21–27
10.	Los últimos días del rey David y la unción de Salomón como rey	28–29

¡No pasemos por alto las genealogías!

El carácter selectivo de 1 Crónicas se evidencia de inmediato. Los primeros nueve capítulos están dedicados a una larga lista de genealogías. A primera vista, usted pensaría que no hay nada más aburrido que una larga lista de nombres; ¡parece un directorio telefónico! Nos vemos tentados a apresurarnos y pasar de largo estas listas de nombres, algo muy parecido a lo que le sucedió al antiguo predicador escocés que estaba leyendo del primer capítulo de Mateo. Comenzando en Mateo 1:2, leyó: «Abraham engendró a Isaac, Isaac a Jacob, y Jacob a Judá y a sus hermanos». Luego hizo una pausa y dijo: «Y siguieron engendrándose unos a otros a lo largo de toda esta página y la siguiente también».

Sin embargo, estas genealogías son muy importantes para una comprensión plena de este libro, de la historia de Israel y de todo el Antiguo Testamento. Son importantes por dos razones. Primero, las genealogías nos ayudan a determinar y entender la cronología de la Biblia.

Segundo, las genealogías se seleccionaron y elaboraron cuidadosamente para mostrar el plan de Dios al obrar por medio de seres humanos a fin de lograr Sus propósitos. La genealogía se remonta a los albores de la historia de la humanidad, y enumera a los hijos y a los descendientes de Adán: Set, Enós, Cainán, Mahalaleel. Sabemos que Adán tuvo hijos que se llamaron Caín, Abel y Set, pero aquí se excluye inmediatamente a los dos primeros. No se los menciona. Todo el enfoque se centra en los descendientes de Set, porque la familia de Abraham y los israelitas finalmente provinieron de él. He aquí el principio de la exclusión en acción.

Luego la línea de Set se analiza en detalle hasta Enoc y Noé. Se dan los nombres de los tres hijos de Noé: Sem, Cam y Jafet, pero se descarta a estos dos últimos con tan sólo una breve palabra y entonces la atención se centra en la línea de Sem. A partir de Sem seguimos remontándonos hasta Abraham y su familia. Se produce este constante proceso de reducción que luego excluye a Ismael, el hijo de Abraham, y a Esaú, el hermano de Jacob. Luego se centra en los doce hijos de Jacob, quienes se convierten en los padres de las doce tribus de Israel. A medida que sigue la genealogía, selecciona las tribus de Judá y de Leví: las tribus de la línea real y de la línea sacerdotal. Analiza la tribu de Judá hasta llegar a David y Salomón; luego a los reyes de la casa de David hasta el cautiverio. La tribu de Leví se remonta hasta Aarón, el primero de los sacerdotes, y luego a aquellos sacerdotes que se destacaron en el reino en el tiempo de David.

Jabes

Un incidente fascinante se destaca entre estas genealogías. Se encuentra en 1 Crónicas 4:9-10, donde leemos acerca de un hombre llamado Jabes:

> *Y Jabes fue más ilustre que sus hermanos, al cual su madre llamó Jabes, diciendo: Por cuanto lo di a luz en dolor. E invocó Jabes al Dios de Israel, diciendo: ¡Oh, si me dieras bendición, y ensancharas mi territorio, y si tu mano estuviera conmigo, y me libraras de mal, para que no me dañe! Y le otorgó Dios lo que pidió.*

Que esta breve historia aparezca en medio de una lista de nombres del tipo «directorio telefónico» es algo significativo. Es la manera de Dios de destacar a Jabes y decir: «Presten atención a este hombre. Hay algo altamente instructivo en su historia».

En Su Palabra, Dios a menudo destaca de manera selectiva a aquellos que lo obedecen. Y cuando Él excluye un nombre, cuando se aleja de una línea o de una familia, generalmente lo hace debido a su desobediencia. A lo largo de las Escrituras, a menudo vemos a Dios excluyendo o descartando personas de alto rango, particular privilegio y elevada línea ancestral —según la perspectiva humana sobre tales aspectos—, porque estas personas tuvieron corazones que no estaban en sintonía con el corazón del Señor. Usted puede analizar este principio a lo largo de toda esta genealogía en 1 Crónicas. Este principio también establece el patrón para el resto del libro.

En el capítulo 10, la vida del rey Saúl abarca tan sólo un puñado de versículos. La razón se da en los versículos 13 y 14:

> *Así murió Saúl por su rebelión con que prevaricó contra Jehová, contra la palabra de Jehová, la cual no guardó, y porque consultó a una adivina, y no consultó a Jehová; por esta causa lo mató, y traspasó el reino a David hijo de Isaí.*

El rey según el corazón de Dios

El resto de 1 Crónicas trata acerca de David, el rey según el corazón de Dios. El libro analiza su vida desde el momento en que es ungido rey hasta su muerte. El primer acto de David después de llegar al trono de Israel es tomar el bastión pagano de los jebuseos, la ciudad de Jerusalén, la ciudad santa de Dios. Este es el lugar donde el Señor eligió poner Su nombre entre las tribus de Israel.

Inmediatamente después de la conquista de Jerusalén, viene una escena retrospectiva a la época del exilio de David y de sus valientes, que lo acompañan en ese entonces. Estos eran hombres de fe y pasión que se vieron atraídos hacia el monarca por el carácter que demostró. Estos hombres poderosos que se le unieron y compartieron su exilio finalmente se convirtieron en los líderes del reino davídico, lo cual simboliza para nosotros el reinado del Señor Jesús con Sus santos, después de Su retorno a la tierra. Los que compartimos Sus sufrimientos ahora también compartiremos Su gloria cuando Él vuelva a establecer Su reino de justicia.

El libro de 1 Crónicas subraya la importancia del arca de Dios

Este libro también subraya de manera dramática la importancia del arca de Dios. En el capítulo 13, vemos que David va a la ciudad filistea donde se mantenía cautiva el arca. Hace que la suban a un carro tirado por bueyes y comienza a llevarla de vuelta a Jerusalén. Aquí se registra la desobediencia involuntaria de David. Él sabía que la ley mandaba que el arca sólo fuera transportada por los levitas, pero en la exuberancia de su gozo y su celo por la causa divina, pensó que a Dios no le importaría si se transportaba de otra manera.

Pero luego ocurre el desastre. Uno de los hombres que caminan junto al carro, llamado Uza, ve que el arca se tambalea cuando los bueyes tropiezan. Instintivamente, extiende la mano para mantenerla firme. Cuando la toca, cae muerto de inmediato. David queda tremendamente conmocionado por esto. Sus emociones han quedado conmovidas, lo mismo que su fe.

Pero cuando piensa y ora por este incidente, se da cuenta de que el desastre fue culpa suya. No había cumplido con la palabra del Señor. No hay otro incidente del Antiguo Testamento que enseñe con mayor claridad la importancia de la obediencia ininterrumpida a la Palabra de Dios, y resulta sumamente aleccionador para David. Después, les pide a los levitas que trasladen el arca según la ley; entonces, es restaurada al lugar que, con justicia, le corresponde en Jerusalén.

He aquí un punto significativo: el tabernáculo había sido el hogar del arca a lo largo de todo el peregrinaje israelita en el desierto. Había sido el lugar central de la adoración de Israel durante la época de los jueces y del reinado de Saúl. Sin embargo, no estaba en Jerusalén, sino que se encontraba en la ciudad de Gabaón. Se podría pensar que el arca debía ser devuelta al tabernáculo, ya que era de allí de donde había sido tomada. El arca pertenecía al Lugar Santísimo del tabernáculo.

Sin embargo, cuando David la hace regresar, no la devuelve al tabernáculo, sino a la ciudad de Jerusalén, la ciudad del rey. Por propia decisión, establece un centro de adoración en el mismo lugar donde más adelante se construiría el templo. Por lo tanto, reemplaza la autoridad de los sacerdotes con la autoridad del rey. ¿Por qué? Porque está haciendo una declaración simbólica: está mostrando que, cuando el rey viniera, el arca debía establecerse en un lugar permanente, no en un tabernáculo hecho de pieles y postes de una tienda, sino en un templo de madera, piedra y metales preciosos. Aunque el templo en sí no se construiría sino hasta el tiempo de Salomón, la ubicación en Jerusalén simboliza un nuevo comienzo para Israel, un cambio de gobierno, un cambio de comportamiento.

Las victorias del rey David

Comenzando en el capítulo 18, donde el arca es devuelta y colocada en el templo, de inmediato se registra la conquista de David sobre sus enemigos, por todo Judá. Los capítulos 18, 19 y 20 están dedicados a las victorias del rey David. Estas victorias simbólicamente sugieren lo que sucede en el corazón del creyente si Cristo es coronado Señor y Rey en la vida de esa persona.

El pecado de David de censar al pueblo

El único episodio oscuro del libro está en el capítulo 21. He aquí un interludio entre las historias de triunfo y de gloria: la historia del pecado de David de censar al pueblo de Israel. De manera extraordinaria, el doble pecado de David —su adulterio con Betsabé y el asesinato de Urías, su esposo— no se registra aquí. Creo que se debe a que fue un pecado personal de David, como hombre, una manifestación de su propia debilidad y terquedad. Fue el pecado personal de un hombre y no la mala conducta pública del rey.

Pero censar al pueblo de Israel fue un acto oficial de la función real de David y un abrupto alejamiento del principio de depender de la fortaleza y la gloria de Dios. ¿Por qué censó al pueblo? ¡Quería jactarse de la cantidad de personas que estaban a su disposición! ¡Quería ver su propia fuerza política y militar!

Dios no necesita cifras, sino personas que obedezcan Su voluntad y Su Palabra

Vemos este mismo problema en los círculos cristianos hoy cuando sus líderes comienzan a depender de las cifras más que de la guía de Dios. Uno de los grandes principios que recorre la Biblia de principio a fin es que el Señor nunca gana Sus batallas por voto mayoritario. Cuando pensamos que la causa de Cristo se está perdiendo porque el número de cristianos está disminuyendo en proporción a la población mundial, hemos sucumbido a la falsa filosofía de que Dios gana Sus batallas por medio de cifras. Él no necesita cifras, sino personas que sean obedientes a Su voluntad y a Su Palabra.

En el libro de Jueces vimos que 32.000 hombres eran demasiados para pelear por Dios bajo el mando de Gedeón. Lo mismo sucedió con 10.000. Finalmente, cuando Gedeón redujo sus fuerzas a tan sólo 300 hombres, Dios dijo: «con estos trescientos hombres [...] os salvaré, y entregaré a los madianitas en tus manos» (ver Jueces 7). El Señor siempre logra Sus metas por calidad más que por cantidad.

Como resultado del alejamiento de David de este principio y porque toda la nación veía al rey como un ejemplo, el juicio sobre el monarca fue extremadamente severo. Un profeta le fue enviado (1 Cr. 21:10-17) para decirle: «Tres cosas te propongo [...]. Escoge para ti: o tres años de hambre, o por tres meses ser derrotado delante de tus enemigos con la espada de tus adversarios, o por tres días la espada de Jehová, esto es, la peste en la tierra, y que el ángel de Jehová haga destrucción en todos los términos de Israel». David hizo lo sabio, y dijo: «Estoy en grande angustia. Ruego que yo caiga en la mano de Jehová, porque sus misericordias son muchas en extremo».

El ángel de Jehová actuó en medio del pueblo y, durante tres días, la nación fue devastada con pestilencia y plaga. David vio al ángel con la espada desnuda en su mano, extendida contra Jerusalén, listo para matar allí también, pero le rogó al Señor: «Yo mismo soy el que pequé, [...] Jehová Dios mío, sea ahora tu mano contra mí, y contra la casa de mi padre, y no venga la peste sobre tu pueblo». Luego Dios le dio instrucciones de comprar el ganado y la era de Ornán, y allí erigir un altar y adorar a Dios. El templo se construyó posteriormente en ese lugar y el altar se colocó donde el ángel de Dios detuvo su mano de juicio. Así que, Su gracia llegó incluso en un momento de desobediencia y convirtió el juicio sobre David en gracia y bendición para la nación.

El poderoso guerrero y el hombre de paz

El resto del libro cuenta acerca de la vehemencia de David para construir el templo. Debido a que entendía que un pueblo sin un centro de adoración jamás podría ser una nación, anhelaba ver el templo construido. Un pueblo sin Dios en medio de este mundo nunca llegará a nada. Pero David era un hombre de guerra, y el Señor quería un hombre de paz, que gobernara sobre las naciones de la tierra (1 Cr. 22:6-19). Así que, le dijo: «He aquí te nacerá un hijo, el cual será varón de paz, [...] él edificará casa a mi nombre». Para ese entonces, David había aprendido tan bien el principio de la obediencia que aceptó la voluntad de Dios, aun cuando fue una gran decepción.

Sin embargo, en Su gracia, el Señor le permitió preparar todo para el templo, excepto la construcción en sí. Hizo los planos, diseñó el mobiliario, reunió los materiales, organizó todo, estableció el orden y el ritual, trajo madera de cedro desde el monte Hermón y del

Líbano, en el norte, cavó la roca y extrajo piedras de cantera, acumuló el oro, la plata y el hierro. Reunió todo. Luego el libro termina cuando el ungido Salomón y David reinan lado a lado, un cuadro completo del ministerio del Señor Jesús. Cristo es tanto el poderoso guerrero (David) como el hombre de paz (Salomón).

¿Cuál es el mensaje de este libro? Es un mensaje acerca de la suprema importancia del templo en nuestras vidas: la autoridad de Dios.

Hay tres inscripciones sobre las tres grandes puertas de la Catedral de Milán. En la puerta de la derecha hay una corona de flores tallada, con las palabras: «Todo lo que agrada dura sólo un momento». Sobre la puerta de la izquierda hay una cruz y la inscripción: «Todo lo que atribula dura sólo un momento». En la entrada principal dice: «Nada es importante salvo lo eterno». Esa es la lección del libro de 1 Crónicas.

EL REY DE DIOS EN LA CASA DE DIOS

Hay tremendas riquezas escondidas en el poco conocido libro de 2 Crónicas. Así como 1 Crónicas trata acerca del rey David, 2 Crónicas habla de su casa. Este libro sólo sigue el curso de los reyes de Judá, los descendientes de David. Al igual que el primer libro, el segundo se centra mayormente en el templo y presenta una imagen del rey de Dios caminando bajo la luz de la casa de Dios. Ese es el secreto de la bendición en el reino. He aquí un bosquejo del libro de 2 Crónicas:

El reinado del rey Salomón (2 Crónicas 1–9)

1.	Comienza el reinado de Salomón	1
2.	La construcción del templo	2–7
3.	Las glorias de la era salomónica	8–9

Los reyes posteriores a Salomón (2 Crónicas 10–36)

4.	El reinado de Roboam	10–12
5.	El reinado de Abías	13
6.	El reinado de Asa	14–16
7.	El reinado de Josafat	17–20
8.	El reinado de Joram	21
9.	El reinado de Ocozías, el reinado de Atalía y el reinado de Joás	22–24
10.	El reinado de Amasías	25
11.	El reinado Uzías	26
12.	El reinado de Jotam	27
13.	El reinado de Acaz	28
14.	El reinado de Ezequías	29–32

15. El reinado de Manasés y el reinado de Amón 33
16. El reinado de Josías 34–35
17. El reinado de Joacaz, el reinado de Joacim, el reinado de Joaquín y el reinado de Sedequías; el decreto de Ciro para el retorno de Israel a Jerusalén 36

La construcción del templo

Los primeros nueve capítulos de 2 Crónicas se centran en el templo. El libro comienza con una visita de Salomón al tabernáculo, en la ciudad de Gabaón. El tabernáculo había sido el centro de la guía de Dios al pueblo durante su peregrinaje por el desierto, así como en los días de los jueces, y los gobiernos de los reyes Saúl y David. Salomón llega allí para hacer una ofrenda.

Pero el relato de inmediato se traslada del tabernáculo al lugar que David había comprado en Jerusalén para el templo. Esto simboliza que, cuando el Señor Jesús reina en nuestras vidas y nos rendimos a Su señorío, ya no tenemos relación con el tabernáculo, ese lugar pasajero de adoración mientras deambulamos de un lado a otro. Ahora caminamos en una relación más permanente, donde el rey de Dios gobierna y camina bajo la luz de la casa de Dios.

En el capítulo 2, vemos que, aunque David planificó y proveyó para el templo, fue Salomón el que lo construyó. Salomón, como un tipo de Cristo en Su papel de Príncipe de Paz, es quien realmente recibió el honor de construirlo. Por lo tanto, representa la imagen que se completa en el Nuevo Testamento, donde el Señor Jesús mismo es el constructor del templo del espíritu humano.

La oración de Salomón en la dedicación del templo

La oración de Salomón, en el capítulo 6, muestra que Dios quería que el templo fuera un lugar donde se pudiera restaurar a las personas de los efectos del pecado. Ya sea que sufrieran de un fracaso espiritual o del castigo del cautiverio, debían recordar que, si oraban en serio y hacían una auténtica confesión de su pecado, Dios las escucharía, sanaría sus corazones y las restauraría, para que estuvieran en el lugar que les correspondía.

Dios acepta el sacrificio de Salomón

Cuando Salomón terminó su oración, mientras todo el pueblo esperaba afuera, en los atrios del templo, descendió fuego del cielo y consumió el sacrificio sobre el altar. De inmediato, una nube de gloria llenó el templo de tal modo que el sacerdote no podía entrar. Esta fue la señal de que Dios había aceptado la ofrenda y de que Su presencia había llenado la casa.

Las glorias del reino de Salomón

A partir del capítulo 9, tenemos un relato de las glorias y las conquistas del reino salomónico. Se nos ofrece la historia de la visita de la reina de Sabá. Pese a las versiones que Hollywood ha dado de ella, se trata de un relato que ilustra de manera maravillosa cómo Dios da a conocer Su gracia hacia todas las naciones.

El método de evangelización de Dios

En los días del reino de Israel, los judíos no eran enviados por todo el mundo tal como la Gran Comisión nos manda ahora (ver. Mt. 28:19-20). La gracia de Dios se mostraba por medio de la formación de una nación y un pueblo tan maravillosamente bendecidos por Dios que se corría la voz hasta los últimos rincones de la tierra, y las personas querían ir a ver personalmente lo que el Señor estaba haciendo en Israel.

Esto nos ilustra el método supremo de Dios de evangelización. A los creyentes en todas partes se les manda vivir este tipo de vida, con el Espíritu de Dios que habita en sus templos individuales y controla sus voluntades. Cuando los creyentes andan en obediencia al Espíritu que mora en ellos, sus vidas manifiestan la victoria, el regocijo, la bendición y la prosperidad del Señor, de tal modo que la gente no puede evitar preguntarse: «¿Qué tienen estas personas? ¡Quiero averiguar!». Cuando la reina de Sabá visitó a Salomón, vio lo siguiente:

> *La casa que había edificado, y las viandas de su mesa, las habitaciones de sus oficiales, el estado de sus criados y los vestidos de ellos, {...} y la escalinata por donde subía a la casa de Jehová... (2 Cr. 9:3-4).*

Cuando vio todo esto, «se quedó asombrada», y dijo: «Ni aun la mitad de la grandeza de tu sabiduría me había sido dicha; porque tú superas la fama que yo había oído» (2 Cr. 9:6). Tal vez usted ha saboreado algo de lo que Salomón experimentó, escuchar a alguien decir: «Hay algo en tu vida que me atrajo cuando te vi por primera vez». Es el sentir que Pedro describe cuando dice:

> *Santificad a Dios el Señor en vuestros corazones, y estad siempre preparados para presentar defensa con mansedumbre y reverencia ante todo el que os demande razón de la esperanza que hay en vosotros (1 P. 3:15).*

Este es el método de evangelización de Dios.

Desde Salomón hasta el cautiverio

A la muerte de Salomón, al final del capítulo 9, le sigue el registro de los reyes de Judá, del capítulo 10 al 36, hasta el momento del cautiverio babilonio. Nueve de los reyes en este periodo son buenos y once, malos. Manasés, que reinó 52 años en el trono de Judá, comenzó como el peor de los reyes en la historia del reino del sur, y terminó como uno de los mejores, cuando Dios lo alcanzó, lo redimió y lo restauró. Al leer estos relatos, vemos que los reyes malos muestran el patrón que la tentación y el mal producen en un corazón desobediente.

En esta procesión de reyes se evidencia una tendencia. Comienza con la infiltración del mal en el reino, a un nivel bastante trivial.

Roboam

Roboam, el hijo de Salomón, no estaba dispuesto a seguir el buen consejo de los sabios de su reino. Les preguntó a los ancianos: «¿Cómo aconsejáis vosotros que responda a este pueblo?». Y ellos le contestaron diciendo: «Si te condujeres humanamente con este pueblo, y les agradares, y les hablares buenas palabras, ellos te servirán siempre». Pero los jóvenes le aconsejaron que dijera: «Si mi padre os cargó de yugo pesado, yo añadiré a vuestro yugo». Roboam se negó a seguir el buen consejo de los ancianos. Eso fue todo. Y sin embargo, precisamente eso dio comienzo al mal progresivo que destruiría su reino.

Un poco después, en 2 Crónicas 12:1, encontramos una mayor decadencia en las normas:

Cuando Roboam había consolidado el reino, dejó la ley de Jehová, y todo Israel con él.

Hizo oídos sordos a lo que Dios decía. Como resultado, el reino fue invadido por los egipcios. Cuando el rey desobedecía la ley de Dios, las defensas de la nación quedaban debilitadas y los enemigos entraban desbordando las fronteras. Fue sólo por la gracia de Dios que los egipcios fueron rechazados. Cuando Roboam se humilló y regresó a Dios, los egipcios fueron repelidos.

Joram

El siguiente rey malo, Joram, aparece en el capítulo 21, versículo 4:

Fue elevado, pues, Joram al reino de su padre; y luego que se hizo fuerte, mató a espada a todos sus hermanos, y también a algunos de los príncipes de Israel.

En primer lugar, el rey se negó a escuchar el buen consejo. Luego hizo oídos sordos a la ley. Ahora, el espíritu de celos comienza a minar el reino. A esto le sigue inmediatamente, tal como leemos en el versículo 11, otra caída:

Además de esto, hizo lugares altos en los montes de Judá, e hizo que los moradores de Jerusalén fornicasen tras ellos, y a ello impelió a Judá.

En un sentido, los lugares altos todavía no representaban la idolatría. Eran colinas altas donde el pueblo de Judá adoraba a Jehová, pero

La adoración queda contaminada

este no le había dicho al pueblo que lo adorara allí, sino que había puesto Su nombre en el templo y era allí donde los israelitas debían adorarlo y ofrecerle sacrificios. Ellos adoraban en las colinas porque allí era donde lo hacían sus vecinos y amigos. De este modo, permitían que las formas puras de adoración se contaminaran con la cultura del entorno y, por lo tanto, su adoración a Jehová estaba deteriorándose. A esto le siguieron rápidamente la invasión y la desintegración. A medida que leemos, encontramos que al rey Joram de inmediato le sobrevino la desgracia de una invasión filistea, la nación que representaba los deseos de la carne.

Acaz

El siguiente rey malo es Acaz. En el capítulo 28, versículos 1-2, leemos:

> *De veinte años era Acaz cuando comenzó a reinar, y dieciséis años reinó en Jerusalén; mas no hizo lo recto ante los ojos de Jehová, como David su padre. Antes anduvo en los caminos de los reyes de Israel, y además hizo imágenes fundidas a los baales.*

He aquí la verdadera introducción de las prácticas viles y despreciables de la idolatría, que fundamentalmente eran de naturaleza sexual. A Judá le sobrevenían más y más desgracias debido a estas prácticas. Los reyes eran los responsables de incorporarlas, tal como leemos acerca del rey Acaz (28:3-4):

> *Quemó también incienso en el valle de los hijos de Hinom, e hizo pasar a sus hijos por fuego, conforme a las abominaciones de las naciones que Jehová había arrojado de la presencia de los hijos de Israel. Asimismo sacrificó y quemó incienso en los lugares altos, en los collados, y debajo de todo árbol frondoso.*

El patrón es el mismo. Otra vez, a esto le sigue una invasión:

> *Por lo cual Jehová su Dios lo entregó en manos del rey de los sirios, los cuales lo derrotaron, y le tomaron gran número de prisioneros que llevaron a Damasco (28:5).*

¿Por qué los seres humanos somos tan propensos a las aflicciones emocionales, las neurosis y las psicosis? Creo que una razón es que permitimos que se destruyan las defensas de los templos en lo más íntimo de nuestro ser. Consentimos que parte de la idolatría interior nos debilite y somos indefensos ante estos invasores del espíritu: la amargura, la ira, la depresión, la frustración, la derrota y la oscuridad.

Cinco reformas

A lo largo de todo este libro, el pueblo de Judá sufre bajo el peso de las prácticas malignas de sus reyes. En contraste con esto, los monarcas buenos reflejan la gracia de Dios para limpiar y restaurar, y brindan paz y prosperidad a su pueblo. En 2 Crónicas, se registran cinco grandes reformas en Judá, que Dios emplea para tratar de detener el deterioro de la nación y llamarla de vuelta a su lugar de gloria y bendición.

Asa

El primer periodo de reforma se dio bajo el rey Asa, en los capítulos 14 al 16. En el capítulo 14, versículos 2-3, leemos:

> *Hizo Asa lo bueno y lo recto ante los ojos de Jehová su Dios. Porque quitó los altares del culto extraño, y los lugares altos; quebró las imágenes, y destruyó los símbolos de Asera.*

La señal sexual de Asera involucraba la adoración al falo, el órgano sexual masculino. El versículo 4 continúa:

> *Y mandó a Judá que buscase a Jehová el Dios de sus padres, y pusiese por obra la ley y sus mandamientos.*

La bondad del rey Asa se vio recompensada en la vida de la nación. Cuando hubo un ataque masivo desde el sur contra Judá, con un ejército muy superior en número, Dios libró a la nación de una manera poderosa:

> *Y salió contra ellos Zera etíope con un ejército de un millón de hombres y trescientos carros; y vino hasta Maresa (2 Cr. 14:9).*

Puede que a veces nos encontremos bajo presión, pero si el corazón es obediente al impulso del Espíritu Santo, las defensas estarán seguras contra lo que pueda venir. Como dice Isaías: «Tú guardarás en completa paz a aquel cuyo pensamiento en ti persevera; porque en ti ha confiado» (Is. 26:3). El principio del poder se expresa claramente cuando Asa, al retornar de la batalla contra los etíopes, se encuentra con el profeta Azarías, hijo de Obed:

> *[Azarías] salió al encuentro de Asa, y le dijo: Oídme, Asa y todo Judá y Benjamín: Jehová estará con vosotros, si vosotros estuviereis con él; y si le buscareis, será hallado de vosotros; mas si le dejareis, él también os dejará (2 Cr. 15:2).*

¿Acaso Azarías está diciendo que Dios abandonaría a un creyente para que se pierda? No. Aquí el profeta Azarías está hablando de ser abandonado en el sentido de no acceder más al poder de Dios, a la victoria ni a la capacidad para mantenerse firme bajo circunstancias de mucha tensión. Para poder tener acceso al poder de Dios, debemos buscar la comunión con Él. Si lo abandonamos, ¿cómo podemos transmitir Su poder a nuestra vida? Como dice Pablo en el Nuevo Testamento: «Prosigo, por ver si logro asir aquello [el poder de la resurrección] para lo cual fui también asido por Cristo Jesús» (Fil. 3:12). Este es el secreto del verdadero poder.

Cinco principios de restauración

Cada rey que dirige una reforma en Israel ilustra un principio de restauración diferente. En Asa, encontramos el primero: *la determinación a obedecer la ley.*

1. Determinación a obedecer la ley

Entonces prometieron solemnemente que buscarían a Jehová el Dios de sus padres, de todo su corazón y de toda su alma; y que cualquiera que no buscase a Jehová el Dios de Israel, muriese, grande o pequeño, hombre o mujer. Y juraron a Jehová con gran voz y júbilo, al son de trompetas y de bocinas. Todos los de Judá se alegraron de este juramento; porque de todo su corazón lo juraban, y de toda su voluntad le buscaban, y fue hallado de ellos; y Jehová les dio paz por todas partes (2 Cr. 15:12-15).

He aquí un corazón que al fin comprende que estaba camino a la deserción y que percibe que luego vienen la invasión, las ataduras y la esclavitud. La manera de reformarse incluía una nueva determinación de seguir al Señor, de buscarle con todo el corazón, la cual quedaría sellada con un voto renovado. Como resultado, el Señor les da a los israelitas paz y descanso.

Josafat

En el reinado del rey Josafat, el siguiente rey en el trono de Judá, hay otra época de restauración después de un periodo de fracaso.

2. El ministerio de la enseñanza

Josafat limpia de ídolos la nación. En 2 Crónicas 17:7-9, se presenta el segundo principio de restauración: el ministerio de la enseñanza.

Al tercer año de su reinado envió sus príncipes [...]. Y enseñaron en Judá, teniendo consigo el libro de la ley de Jehová, y recorrieron todas las ciudades de Judá enseñando al pueblo.

En el versículo 10, vemos el ministerio de la enseñanza seguido de otra reforma y de la bendición de paz de parte de Dios:

Y cayó el pavor de Jehová sobre todos los reinos de las tierras que estaban alrededor de Judá, y no osaron hacer guerra contra Josafat.

Desafortunadamente, Josafat luego hace una alianza con Ocozías, el rey de Israel, el reino apóstata del norte. Israel y Judá se unen en una expedición naval, que termina siendo un desastre. Es un momento de debilidad en la vida del rey Josafat, la causa de que toda la nación de Judá se debilite. Como resultado, Judá más tarde es atacado por Amón, Moab y Edom, todos símbolos de la carne.

Joás

3. Pagar lo que se debe

En los capítulos 23 y 24, llegamos a la historia del rey Joás, quien ilustra el tercer principio de restauración: *pagar lo que se debe.* La tercera restauración de Israel se logró por medio de la recaudación de los impuestos del templo, cuyo pago el pueblo había atrasado:

> *Después de esto, aconteció que Joás decidió restaurar la casa de Jehová. Y reunió a los sacerdotes y los levitas, y les dijo: Salid por las ciudades de Judá, y recoged dinero de todo Israel, para que cada año sea reparada la casa de vuestro Dios; y vosotros poned diligencia en el asunto (24:4-5).*

Aquí hay algo que se había descuidado: Nadie había estado pagando los costos de la reparación para el templo; así que, había caído en un estado de deterioro tal que las puertas estaban cerradas. No se ofrecía ningún sacrificio en el templo. Joás, al darse cuenta de esto, recolectó dinero para restaurarlo. Ahora bien, si el templo simboliza el espíritu humano como lugar de adoración, restaurarlo y repararlo ilustra el fortalecimiento interior. ¿Cómo? Por medio de lo que llamamos *restitución*; es decir, pagar lo que se debe. Puede que esto involucre pedirle disculpas a alguien, restaurar algo que se tomó injustamente o devolver una cosa que se usó de manera incorrecta. Sin importar lo que sea, este es el principio de la restitución y la restauración.

Ezequías

4. La limpieza del templo

En el reinado de Ezequías, capítulos 29 al 32, encontramos el cuarto principio de restauración: *la limpieza del templo.* Cuando Ezequías ascendió al trono, la nación había caído en una época de maldad tan terrible que todos los atrios del templo se habían llenado de basura e inmundicia. El rey ordenó limpiarlo y los trabajadores encontraron tanta basura e inmundicia que les tomó 16 días hacerlo.

Finalmente, cuando estuvo limpio, restauraron la adoración y celebraron la Pascua por primera vez desde los días de Salomón. ¿Qué representa esto? Es la limpieza del templo de nuestros espíritus, la eliminación de la inmundicia que se ha acumulado, el abandono de las ideas falsas que han infectado nuestras mentes y el retorno a la purificadora adoración al Señor.

Josías

En Josías, el último rey bueno de Judá, encontramos el quinto y último principio de restauración. Cuando subió al trono, el templo estaba otra vez en completo desuso. El rey puso gente a limpiarlo, y en 2 Crónicas 34:14 leemos:

Y al sacar el dinero que había sido traído a la casa de Jehová, el sacerdote Hilcías halló el libro de la ley de Jehová dada por medio de Moisés.

5. Volver a escuchar la Palabra de Dios

Esto suena increíble, pero el pueblo realmente se había olvidado de que había una copia de la ley de Moisés en el templo. Hasta tal grado la habían descuidado en la nación, que la olvidaron por completo. Cuando los sacerdotes recorrieron todo el templo para limpiarlo, accidentalmente encontraron la ley de Dios, se la llevaron al rey y se la leyeron. Al escuchar la lectura, rasgó sus vestiduras. Envió a sus asesores a preguntarle al Señor qué debía hacer:

Entonces el rey envió y reunió a todos los ancianos de Judá y de Jerusalén. Y subió el rey a la casa de Jehová, y con él todos los varones de Judá, y los moradores de Jerusalén, los sacerdotes, los levitas y todo el pueblo, desde el mayor hasta el más pequeño; y leyó a oídos de ellos todas las palabras del libro del pacto que había sido hallado en la casa de Jehová. Y estando el rey en pie en su sitio, hizo delante de Jehová pacto de caminar en pos de Jehová y de guardar Sus mandamientos (2 Cr. 34:29-31).

Así que, el último principio de restauración es: *volver a escuchar la Palabra de Dios.*

Juicio y cautiverio

Pero el pueblo se había degradado mucho. La paciencia de Dios se acabó. El último capítulo de 2 Crónicas nos ofrece el relato de los terribles y oscuros días cuando Nabucodonosor tomó cautiva la ciudad y puso a un rey títere en el trono. Cuando este se rebeló contra el gobernante babilonio, este último puso en el trono al tío del rey. Finalmente, envió un ejército a Jerusalén para destruir con fuego la ciudad rebelde y el templo.

Compare esta escena de horror con los maravillosos días de gloria del reinado de Salomón: El rey Salomón, en sus vestiduras púrpuras reales, arrodillado delante del pueblo y orando al Dios del cielo. El reino está en paz. El gobierno de Salomón se extiende hasta los rincones más remotos del reino prometido a Abraham, desde el río Éufrates hasta el río de Egipto. Gente de todo el mundo visita Jerusalén para ver la gloria de Dios. El fuego del Señor desciende del cielo y Su gloria llena el templo como una nube.

Pero, al final de 2 Crónicas, ese fuego que llena el templo se convierte en fuego de juicio y destrucción. El templo está en ruinas, la ciudad ha quedado arrasada, las personas son asesinadas o llevadas en cadenas, toda la nación se arrastra con sus enemigos y en los basurales.

La decadencia y la destrucción no son inevitables

Este es el cuadro que Dios nos pinta de lo que puede suceder cuando el corazón anda en desobediencia. El libro de 2 Crónicas sirve para advertirnos y para alentarnos. La decadencia y la destrucción no son inevitables. Si elegimos la obediencia y la restauración, experimentamos la presencia de la gloria de Dios en el templo de nuestras vidas: Su paz, Su prosperidad, Su bendición. Podemos experimentar las maravillas de la era salomónica, las riquezas del cielo derramadas en las vasijas de nuestros espíritus humanos; «medida buena, apretada, remecida y rebosando», tal como dice Lucas 6:38.

Abundancia o empobrecimiento y devastación. La elección es nuestra.

EL REGRESO

Los libros de Esdras, Nehemías y Ester abarcan el periodo del cautiverio de Israel en Babilonia y el retorno a Jerusalén. Este retorno incluyó unos 50.000 judíos, mucho menos que los 500.000 refugiados de guerra judíos que inundaron Israel cuando la nación se restableció en 1948 o los 3.500.000 de judíos que hoy viven allí. Sin embargo, aunque la cantidad que regresó a Jerusalén después del cautiverio era pequeña, fue un acontecimiento de gran importancia.

En la Biblia hebrea, Esdras y Nehemías conforman un solo libro. Estoy convencido de que los sucesos de estos dos libros son paralelos, aun cuando la mayoría de los comentaristas bíblicos dicen que, cronológicamente, los de Nehemías siguen a los de Esdras. Creo que un estudio cuidadoso de ambos textos muestra que abarcan hechos simultáneos.

A Esdras le preocupa la construcción del templo. A Nehemías la construcción de la ciudad y los muros de Jerusalén. El templo fue la última estructura que se destruyó cuando la nación cayó en cautiverio. Fue el último bastión (si podemos ponerlo así) del Espíritu de Dios en la nación de Israel. En un sentido simbólico, el templo, que representa al Espíritu, es el último lugar que se destruye cuando una persona fracasa en su relación con Dios. También es el primer sitio donde Dios comienza a realizar la obra de restauración. Por lo tanto, el libro de Esdras, al tratar acerca de la restauración el templo, se coloca antes de Nehemías en las Escrituras. Notemos las palabras iniciales:

En el primer año de Ciro rey de Persia, para que se cumpliese la palabra de Jehová por boca de Jeremías, despertó Jehová el espíritu

de Ciro rey de Persia, el cual hizo pregonar de palabra y también por escrito por todo su reino.

Comparemos esta declaración con las palabras de 2 Crónicas 36:22:

Mas al primer año de Ciro rey de los persas, para que se cumpliese la palabra de Jehová por boca de Jeremías, Jehová despertó el espíritu de Ciro rey de los persas, el cual hizo pregonar de palabra y también por escrito, por todo su reino.

¡Exactamente las mismas palabras! En el libro de Esdras, la historia comienza justo donde la deja Crónicas. Esto indica enfáticamente que Esdras escribió ambos libros.

He aquí un bosquejo del libro de Esdras:

La restauración del templo (Esdras 1–6)

1. El decreto de Ciro y el primer retorno del pueblo bajo el liderazgo de Zorobabel — 1–2
2. La construcción del templo — 3–6

La restauración de la nación (Esdras 7–10)

3. El segundo retorno del pueblo a Jerusalén bajo el liderazgo del profeta Esdras — 7–8
4. Israel se extravía por causa de los matrimonios mixtos; Esdras intercede ante Dios, confesando la fidelidad de Dios y la infidelidad de Israel — 9
5. Israel se arrepiente y es restaurado — 10

Retorno, reconstrucción y restauración

El libro de Esdras nos ilustra la obra que Dios realiza para restaurar un corazón que ha caído en el pecado. La restauración puede suceder a nivel personal, a nivel de una iglesia local, de una denominación, de una ciudad o de una nación. Es la obra de Dios que saca a una persona o un grupo del secularismo y del materialismo, y las guía al conocimiento y fortaleza espirituales. La verdadera restauración siempre sigue el patrón que se ilustra en el libro de Esdras.

El libro de Esdras se divide de manera muy natural entre los ministerios de dos hombres: Zorobabel, en los capítulos 1 al 6, y Esdras, del 7 al 10. Ambos guiaron a los cautivos de Babilonia de vuelta a Jerusalén. Es interesante observar que Zorobabel era descendiente de David, un heredero de la línea real. Esdras, el cual descendía de Aarón, también era sacerdote. El libro de Esdras muestra claramente la necesidad de la obra, tanto del rey como del sacerdote, para alcanzar la restauración. La obra del rey es construir (o, en este caso, reconstruir). La del sacerdote es limpiar y restaurar. Ambas son esenciales para una relación restaurada con Dios.

El libro de Esdras muestra claramente la necesidad de la obra, tanto del rey como del sacerdote, para alcanzar la restauración

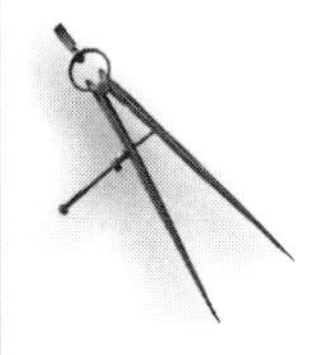

La restauración personal requiere una entrega completa al Espíritu de Dios y una sumisión humilde a la realeza y el señorío de Jesucristo. Por lo tanto, implica reconocer el ministerio de Jesús como rey en nuestras vidas. Significa admitir el derecho que Dios tiene de ser nuestro dueño; Su derecho a dirigirnos, cambiarnos y reemplazar nuestros planes con los suyos.

Pero restauración también significa limpieza. El espíritu y el alma son limpiados por nuestro gran Sumo Sacerdote quien, después de la confesión de nuestro pecado, lava la culpa y nos restituye al lugar de comunión y bendición ante Sus ojos. Darle la espalda al pecado siempre es obra de la gracia de Dios, tal como lo vemos claramente en Esdras 1:1:

Despertó Jehová el espíritu de Ciro rey de Persia.

El versículo 5 continúa con el tema de la gracia activa de Dios, que se demuestra al poner al pueblo en acción:

Entonces se levantaron los jefes de las casas paternas de Judá y de Benjamín, y los sacerdotes y levitas, todos aquellos cuyo espíritu despertó Dios para subir a edificar la casa de Jehová, la cual está en Jerusalén.

Dios siempre toma la iniciativa. Después de caer en pecado, nadie regresaría jamás a Cristo a menos que el Señor lo traiga de vuelta. Esto se ve muy claramente en el caso de estos israelitas.

En Babilonia, los judíos que comenzaron su cautiverio como esclavos prosperaron pronto. De hecho, la prosperidad fue tal que sus valores espirituales se deterioraron y se perdieron en el materialismo. Finalmente, muchos estaban tan aferrados a sus bienes materiales que no quisieron regresar a Jerusalén; aun cuando, como cautivos de Babilonia, no disfrutaban de libertad en esa nación. Así que, cuando Dios les dio la posibilidad de regresar, muchos se negaron.

Pero el Espíritu de Dios conmovió los corazones de algunos y los hizo sentirse insatisfechos con la prosperidad material. Las simples cosas materiales nunca satisfarán el lamento profundamente arraigado del espíritu humano. Cuando sentimos una ardiente necesidad interior, que no puede ser satisfecha por las cosas materiales, debemos ser conscientes de que el Espíritu Santo nos está instando a regresar y reconstruir lo que nos producirá fortaleza espiritual.

El primer retorno bajo Zorobabel

El cautiverio babilonio duró unos 70 años. Luego, en el 539 a.C., el rey Ciro de Persia invadió y derrotó a los babilonios. Este emitió un decreto donde les daba libertad a los israelitas para regresar a su tierra natal. Así, en los capítulos 1 y 2, Zorobabel, el descendiente del linaje real de David, guía a 50.000 personas de regreso de Babilonia a Jerusalén.

Cuando llegan, es el séptimo mes del año, justo a tiempo para la fiesta judía de los tabernáculos. Esta celebración (también llamada fiesta de la cosecha) simbolizaba la época en que Israel habitaba en enramadas, a modo de tiendas, y recordaba su pasado como peregrinos. A propósito, esta fiesta anticipa la reunión final de Israel en el Milenio, procedente de todas las naciones donde se ha dispersado; y se mezcla con lágrimas de dolor cuando el pueblo ve que se vuelven a echar los cimientos del templo.

Su primer acto es *construir un altar* en el sitio del templo original, en medio de las ruinas

Su primer acto es *construir un altar* en el sitio del templo original, en medio de las ruinas. Al aire libre, erigieron un altar a Dios y comenzaron a adorar y ofrecer sacrificios, tal como lo demandaba la ley de Moisés. Esto es importante porque el primer acto de un corazón que realmente desea restaurar su comunión, después de un periodo de alejamiento, es erigir un altar a Dios. Un altar siempre es símbolo de posesión. Es tanto el reconocimiento de que el Señor es el único que tiene derecho sobre nosotros como el símbolo de nuestra relación personal con Él. Por lo tanto, un altar, de manera casi invariable, implica sacrificio, adoración y alabanza. En el Antiguo Testamento, un sacrificio incluía la muerte de un animal, como símbolo; en el Nuevo Testamento, sacrificio significa la muerte del yo, el reconocimiento de que «no sois vuestros, porque habéis sido comprados por precio» (1 Co. 6:19-20). La experiencia del sacrificio, la adoración y la alabanza restaura la relación y genera el gozo de un corazón íntegro y renovado.

Una vez, un hombre dedicó unas horas de su trabajo para reunirse conmigo y contarme sobre su vida de oración. Trajo consigo hojas de papel donde había escrito todas las cosas por las que había estado tratando de orar, tres o cuatro hojas escritas a espacio simple. «Tengo muchos problemas con esto», me dijo. «Me es difícil recordar todas estas cosas y repaso las listas. Es tan mecánico, tan vacío».

«¿Por qué simplemente no olvidas todo esto?», dije. «Al menos, durante algunas sesiones de oración, dedica tu tiempo sólo para alabar al Señor».

Al principio este hombre se resistió, incluso mostró resentimiento. Más tarde, me dijo que había pensado: «Ocupé unas horas de mi trabajo para hablar contigo, y todo lo que me dijiste fue, "¿Por qué no dedicas tu tiempo a alabar al Señor?"». Él quería un consejo en cuanto a cómo organizar su vida de oración para que fuera más efectiva y orientada a alcanzar metas, ¡y yo le había dicho que desechara sus listas y sus metas!

Pero, después de despedirnos, pensó en lo que le había dicho y lo intentó. De manera casi instantánea, ¡encontró que su vida de oración había cambiado radicalmente! ¡Experimentó un sentimiento de restauración, de comunión personal renovada! Esto es lo que Dios busca; la razón de que el altar sea tan importante en la obra de restauración.

El segundo acto de los israelitas fue echar los cimientos del templo. Esta obra se logra con sentimientos encontrados, tal como leemos en Esdras 3:11-13:

Y cantaban, alabando y dando gracias a Jehová, y diciendo: Porque él es bueno, porque para siempre es su misericordia sobre Israel. Y todo el pueblo aclamaba con gran júbilo, alabando a Jehová porque se echaban los cimientos de la casa de Jehová. Y muchos de los sacerdotes, de los levitas y de los jefes de casas paternas, ancianos que habían visto la casa primera, viendo echar los cimientos de esta casa, lloraban en alta voz, mientras muchos otros daban grandes gritos de alegría. Y no podía distinguir el pueblo el clamor de los gritos de alegría, de la voz del lloro; porque clamaba el pueblo con gran júbilo, y se oía el ruido hasta de lejos.

¿Alguna vez ha tenido usted este sentimiento? ¿Alguna vez ha regresado a Dios después de una época de frialdad y alejamiento, un periodo de cautiverio bajo el poder del pecado, y experimentado una gran sensación de gozo cuando Su Espíritu restableció los cimientos de la comunión? Sí, hay regocijo, pero también pesar por los años perdidos y desperdiciados. La mezcla de emociones es exactamente lo que se ilustra aquí: Lágrimas de gozo mezcladas con lágrimas de dolor, cuando el pueblo ve que se vuelven a echar los cimientos del templo.

Oposición y demora

Sin embargo, incluso en ese momento de gozo y restauración, surge la oposición, tal como lo vemos en los capítulos 4 al 6. Hay una fuerza obrando en cada corazón humano que se resiste amargamente a la obra del Espíritu de Dios. Esta fuerza se manifiesta de inmediato aquí, y lo hace de manera completamente engañosa, bajo el disfraz de la solicitud y la cortesía amistosas:

Oyendo los enemigos de Judá y de Benjamín que los venidos de la cautividad edificaban el templo de Jehová Dios de Israel, vinieron a

Zorobabel y a los jefes de casas paternas, y les dijeron: Edificaremos con vosotros, porque como vosotros buscamos a vuestro Dios, y a él ofrecemos sacrificios desde los días de Esar-hadón rey de Asiria, que nos hizo venir aquí (4:1-2).

Los samaritanos ofrecen su ayuda

A propósito, este es el principio de los samaritanos, a quienes se los menciona con frecuencia en el Nuevo Testamento. Estos se acercan a los judíos y les dicen: «Edificaremos [el templo] con vosotros porque como vosotros buscamos a vuestro Dios, y a Él ofrecemos sacrificios». Vienen a dar su ayuda a manos llenas, se ofrecen como voluntarios para arremangarse y trabajar. Esa sería una oferta difícil de rechazar para la mayoría de nosotros. Es fácil decirle que no a un enemigo que viene respirando amenazas encendidas, pero ¿qué se le dice a un enemigo que se presenta, diciendo, «permíteme ayudarte»? La única manera de lograrlo es con un corazón obediente a la Palabra de Dios:

Los judíos declinan la oferta

Zorobabel, Jesúa, y los demás jefes de casas paternas de Israel dijeron: No nos conviene edificar con vosotros casa a nuestro Dios, sino que nosotros solos la edificaremos a Jehová Dios de Israel, como nos mandó el rey Ciro, rey de Persia (4:3).

Eso suena rudo y ofensivo, pero no fue un simple capricho lo que hizo que los judíos respondieran de esa manera. Dios había ordenado que Israel no tuviera comunión con otras naciones ni se comprometiese con ellas en iniciativas concernientes a la fe. ¿Qué significa esto? ¿Que estaba mal que una nación se entremezclara con otra? No, hoy esto se ha distorsionado y se ha aplicado mal a situaciones diferentes. Simplemente, significa que Dios rechaza la filosofía humana para llevar a cabo Su obra en el mundo. Está la religión mundana y la fe que Dios nos da, y ambas jamás deben mezclarse. La religión mundana refleja el espíritu del diablo, el dios de este siglo, el cual dice: «usa la religión para tu propio beneficio, para lograr el reconocimiento personal. Haz esto para tu propia gloria. Sé religioso para ganar la admiración, el poder, la fama o lo que sea que desee tu corazón». Dios rechaza este principio.

La «amistad» de los samaritanos se convierte en odio

La autenticidad del ofrecimiento de los samaritanos (o más bien, la falta de ella), queda demostrada porque el rechazo de los judíos elimina todo fingimiento, y la «amistad» que se ofreció se convierte rápidamente en odio:

Pero el pueblo de la tierra intimidó al pueblo de Judá, y lo atemorizó para que no edificara. Sobornaron además contra ellos a los consejeros para frustrar sus propósitos, todo el tiempo de Ciro rey de Persia y hasta el reinado de Darío rey de Persia (4:4-5).

Los capítulos 5 y 6 relatan la historia de cuán exitosos fueron los opositores en detener la obra de reconstrucción del templo. Al intentar deliberadamente frustrar a los judíos, burlarse de ellos y hostigarlos, impidieron y desalentaron a Israel para hacer la obra que Dios había mandado. Estos mal llamados amigos usaron todos los medios, incluso las vías legales, para minar la autoridad de Israel y su derecho a llevar a cabo la construcción. Esto es lo que sucede siempre que alguien se identifica con Dios. Tal como Pablo les escribió a los gálatas: «Porque el deseo de la carne es contra el Espíritu» (Gá. 5:17). El principio tuvo bastante éxito. La obra se detuvo por 16 años y el templo quedó a medio terminar, invadido por hierbas y rastrojos. Otra vez, la adoración cesó.

Luego Dios envió a dos profetas, Hageo y Zacarías. Estos dos hombres fueron instrumentos divinos para sacudir el corazón del pueblo. Cuando el pueblo comenzó a regresar a Dios, Él también movió el corazón de los reyes Darío y Artajerjes, quienes emitieron el decreto que permitió reanudar la obra en el templo. Finalmente, la labor se completó.

Los judíos celebran la Pascua después de que el templo ha quedado terminado

En el capítulo 6, leemos que lo primero que los judíos hicieron fue celebrar la Pascua, que marca el inicio de su vida en sujeción a Dios. De manera similar, la comunión renovada con el Señor viviente debe generar celebración en nuestra vida. Lejos de Dios, no tenemos nada que celebrar. Reunidos con Él, disfrutamos la gloria y la luz del cielo, cuando brilla en nuestro corazón. Cuando estamos en comunión, cuando el templo de nuestro espíritu se yergue resplandeciente, lleno de la gloria de la presencia de Dios, entonces nos deleitamos en la celebración del gozo que Él nos da.

El segundo retorno bajo Esdras

La última parte del libro relata el ministerio de Esdras, quien guió el segundo retorno a la tierra. En el capítulo 7, leemos:

Este Esdras subió de Babilonia. Era escriba diligente en la ley de Moisés, que Jehová Dios de Israel había dado; y le concedió el rey todo lo que pidió, porque la mano de Jehová su Dios estaba sobre Esdras (v. 6).

¿Acaso no le gustaría que de usted se escribiera: «y le concedió el rey todo lo que pidió»? ¿Qué clase de persona es este Esdras a quien un rey pagano y gentil tiene en tan alta consideración que le da todo lo que pide? El secreto del carácter de este hombre se da en el versículo 10:

Porque Esdras había preparado su corazón para inquirir la ley de Jehová y para cumplirla, y para enseñar en Israel sus estatutos y decretos.

Esdras era un hombre de la Palabra. Por lo tanto, Dios lo envió a Jerusalén para fortalecer y embellecer el templo. Esta es la obra de la Palabra de Dios en nuestras vidas: Fortalecer y embellecer el lugar de comunión con Dios en nuestro interior.

Acabadas estas cosas, los príncipes vinieron a mí, diciendo: El pueblo de Israel y los sacerdotes y levitas no se han separado de los pueblos de las tierras, de los cananeos, heteos, ferezeos, jebuseos, amonitas, moabitas, egipcios y amorreos, y hacen conforme a sus abominaciones. Porque han tomado de las hijas de ellos para sí y para sus hijos, y el linaje santo ha sido mezclado con los pueblos de las tierras; y la mano de los príncipes y de los gobernadores ha sido la primera en cometer este pecado (9:1-2).

Sin importar cuánto tiempo llevemos caminando en el Espíritu, nunca llegaremos a un punto en el que no podamos regresar a nuestra peor condición espiritual

¿Qué significa esto? ¡Simplemente, estaban empezando otra vez aquella atroz barbaridad! ¡Esto era lo que anteriormente había quebrantado la fortaleza de la nación! ¡Lo que había minado el poder de Dios entre ellos y finalmente había dispersado al pueblo, había desmembrado las tribus, las había divido en dos naciones y las había llevado al cautiverio! Setenta años después, ¡no habían aprendido nada!

La carne nunca cambia. Sin importar cuánto tiempo llevemos caminando en el Espíritu, nunca llegaremos a un punto donde no podamos regresar a nuestra peor condición espiritual. Sólo hace falta dejar de prestar un poquito de atención, desviarnos un poquito, alejarnos un poquito de la dependencia del Espíritu de Dios; y antes de darnos cuenta, estamos de vuelta en el fango de nuestras antiguas costumbres. Para el profeta Esdras, la horrible realidad de lo que su pueblo hizo es una experiencia terrible:

Cuando oí esto, rasgué mi vestido y mi manto, y arranqué pelo de mi cabeza y de mi barba, y me senté angustiado en extremo {...} hasta la hora del sacrificio de la tarde (9:3-4).

A medida que el libro llega a su final, Esdras ora a Dios y confiesa el gran pecado de la nación. En Su actitud llena de gracia, el Señor sacude el corazón del pueblo. Los líderes se acercan a Esdras, desconsoladamente arrepentidos, y reconocen su pecado. Se emite una proclama. El pueblo se reúne. Está lloviendo, pero los israelitas apenas si lo notan. Mientras están de pie frente al templo, hombro con hombro, miles de hombres confiesan juntos su culpa y desobediencia.

Lo que sucede a continuación es algo que nos resulta difícil aceptar: El pueblo ruega despedir a las esposas y a los hijos que tuvieron fuera de la voluntad de Dios. Ahora bien, esto es algo doloroso, ¿no es cierto? No es fácil. Jesús se refería a esto cuando dijo: «Si alguno viene a mí, y no aborrece a su padre, y madre, y mujer, e hijos, [...] no puede ser mi discípulo» (Lc. 14:26). Nuestra relación con Dios está en primer lugar.

Esta es una enseñanza simbólica. Dios no está diciendo que hoy tenemos que divorciarnos y abandonar a nuestros hijos, sino que debemos separarnos sin piedad de todo aquello que proviene de la carne y que impide la pureza y el crecimiento espirituales. Debemos divorciarnos de nuestro materialismo, nuestras lujurias y codicias, nuestras metas y valores impíos, nuestra ira y rencillas, nuestros hábitos y pecados, todos simbolizados por estas tribus cananeas dentro de la nación.

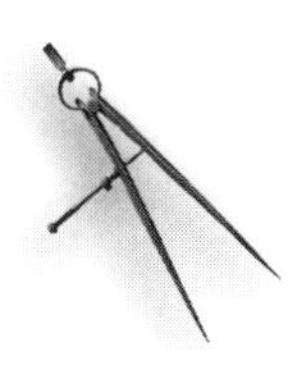

Fue duro para los israelitas despedir a sus esposas e hijos, pero se dieron cuenta de que la única oportunidad de restaurar su comunión con Dios dependía de una obediencia total, absoluta y radical a Su Palabra. Jesús dijo: «Por tanto, si tu ojo derecho te es ocasión de caer, sácalo, y échalo de ti [...].Y si tu mano derecha te es ocasión de caer, córtala» (Mt. 5:29-30). Sea despiadado con estas cosas. Despídalas.

Este es el camino de regreso a la santidad, a una relación completamente restaurada con Aquel que nos ama. El camino de la obediencia es el regreso a Dios.

LA RECONSTRUCCIÓN DE LOS MUROS

A pesar de que Nehemías no es una de las personalidades más prominentes de la Biblia, desempeñó un papel clave en el plan de Dios para la nación de Israel, y la historia de su vida está llena de lecciones para nosotros hoy. A medida que usted aprenda más acerca de Nehemías, creo que llegará a estar tan contento de haber conocido la historia de este gran hombre de fe y liderazgo piadoso como lo estuve yo.

El libro de Nehemías tiene dos divisiones. Los primeros seis capítulos abarcan la reCONstrucción del muro, mientras que los capítulos 7 al 13 tratan la reINstrucción del pueblo. Reconstrucción y reinstrucción: esas dos palabras ofrecen una reseña pequeña y concisa del libro. He aquí un mapa más detallado del libro:

La reconstrucción de los muros de la ciudad (Nehemías 1–7)

1. Nehemías se prepara para la tarea	1–2
A. Nehemías ora a Dios	1
B. Nehemías le hace la petición al rey	2:1-8
C. Nehemías retorna a Jerusalén	2:9-20
2. La reconstrucción de los muros	3–7
A. La restauración de las puertas	3
B. Oposición y persecución	4–6
C. Culminación de la reconstrucción	6:15-19
D. La organización y el registro de Israel	7

La reinstrucción del pueblo (Nehemías 8–13)

3. Renovación del pacto con Dios	8
4. Reafirmación del pacto con Dios	9–10

5. Israel obedece el pacto 11–12
6. Restauración del pueblo por medio de:
   A. La separación de las naciones paganas 13:1-9
   B. La restauración de la adoración y el día de reposo 13:10-22
   C. La prohibición de matrimonios con paganos 13:23-31

Cronología inversa

Tal como se mencionó anteriormente, los dos libros que conocemos como Esdras y Nehemías aparecen como uno solo en la Biblia hebrea. Esdras es la historia de la construcción del templo; Nehemías, de la reconstrucción de la ciudad y de los muros de Jerusalén. Muchos comentaristas bíblicos dicen que los eventos de Nehemías siguen a los de Esdras. Sin embargo, yo creo que son paralelos y que se dan al mismo tiempo.

Todas las historias contenidas en los libros de Esdras, Nehemías y Ester ocurrieron durante el mismo periodo general de la historia de Israel. De hecho, en nuestra Biblia aparecen en orden cronológico *inverso*. En otras palabras, los eventos en Ester sin duda ocurrieron antes que los que aparecen en Esdras y Nehemías, cuando Dios comenzó a sacar al pueblo de Israel de su cautiverio y llevarlo de vuelta a su tierra. El profeta Jeremías había predicho que el cautiverio de Israel duraría setenta años, y los eventos en Ester marcan la mitad de ese periodo.

Le pido un poco de paciencia mientras intento poner en perspectiva cronológica los eventos de estos tres libros que se entrelazan y conectan entre sí.

Durante el cautiverio, Dios elevó a Ester, una joven doncella judía, al trono de Persia como reina. A su esposo, el rey de ese imperio, se le conoce por diversos nombres en estos tres libros, y eso podría parecer confuso al principio, pero tan sólo recuerde esto: El rey Asuero de Persia es el mismo rey al que se le llama Artajerjes en los primeros capítulos de Nehemías. Este rey, aunque no era seguidor del Dios de Israel, fue movido por Él para ordenar que Nehemías retornara a Jerusalén y reconstruyera los muros de la ciudad. Cuando Nehemías relata su reunión con el rey, en 2:6, hay una frase que podría pasarse por alto, pero creo que esta subraya la importancia de la reina: «Entonces el rey me dijo *(y la reina estaba sentada junto a él)*» (énfasis agregado). Creo que la reina era Ester, la mujer judía a quien Dios había elevado a una posición de prominencia y de influencia sobre el rey.

¿Por qué estos libros usan nombres diferentes para el mismo rey? Porque no se trata de nombres, sino de títulos. Artajerjes es un título que simplemente significa «el gran rey»; Asuero es otra designación que quiere decir «el padre venerable». Estos no eran nombres que se le habían dado al rey. Puede que sea de utilidad saber que Artajerjes/ Asuero es el mismo rey a quien se identifica en el libro de Daniel como «Darío de Media». ¡Pero el Artajerjes de Nehemías no es la misma persona que el Artajerjes de Esdras!

Afortunadamente, la identidad de estos reyes no es el asunto crucial en estos libros. Es mucho más importante saber quiénes son Esdras, Nehemías y Ester, y cómo Dios los usó de una manera poderosa para hacer avanzar Su plan. Cada uno tiene un lugar único en el proyecto histórico de Dios y mucho que enseñarnos acerca de nuestro lugar en el plan divino. Esdras es el sacerdote de Dios, que llama a Su pueblo de vuelta a la verdadera adoración y comunión con Él por medio de la restauración del templo. Ester es un instrumento de la gracia de Dios, sentada en el trono de Persia, para mover el corazón de su esposo, el rey. Nehemías es un copero, el siervo del rey, pero también emerge como líder de su pueblo. Bajo la dirección de Dios y la influencia de Ester, el rey permite que su siervo Nehemías retorne a Jerusalén. Allí Nehemías demuestra un liderazgo piadoso como supervisor del proyecto divino de renovación urbana. Unos 25 años después de que Nehemías comenzara la reconstrucción de la ciudad, Zorobabel retorna con unos 50.000 cautivos de Babilonia, según se registra en el libro de Esdras.

Cronológicamente, los eventos en estos tres libros siguen este orden: Ester, Nehemías y Esdras. Pero Dios invirtió el orden, así que, tenemos a Esdras, Nehemías y Ester. La cronología no es lo único que importante en las Escrituras. Lo verdaderamente importa es la enseñanza de la verdad, y la verdad central que enseña cada libro es cómo hemos de salir del cautiverio hacia nuestro lugar legítimo con Dios. Cada libro explora esta verdad de una manera diferente. Esdras comienza con la construcción del templo; el tema de este libro es que la restauración de la auténtica adoración es el primer paso en el camino de regreso a Dios. Nehemías cuenta la historia de la reconstrucción de los muros; su tema es que Dios satisface nuestra necesidad de seguridad, protección y fortaleza. Ester revela el propósito final de Dios para cada uno de nosotros: utiliza personas individuales para lograr Su plan vasto, eterno y cósmico. Selecciona a una mujer de una raza cautiva para que llegue a ser la reina, lo cual afecta el curso de las naciones para lograr el plan del Dios todopoderoso.

En un breve estudio, esta es la clave de cómo estos tres libros encajan, como piezas de un rompecabezas, y forman un cuadro del programa de Dios para el pueblo de Israel en un momento significativo de su historia: el momento de la liberación de la esclavitud y la restauración como un pueblo que adora a Dios.

Un muro es una estructura muy simbólica. No es sólo una barrera de piedra y argamasa. Un muro es una declaración.

Los muros de la ciudad de Jericó simbolizaban el orgullo y la arrogancia de esa ciudad impía; por esa razón, Dios eligió derribarlos sin nada más que la fe de Israel; Su propio poder invisible y el grito ensordecedor del pueblo. Él quería mostrar que la arrogancia de Jericó no estaba a la altura de la humildad del pueblo de Dios cuando se alineaba con Su poder ilimitado.

Un muro es una declaración

El muro de Berlín no sólo simbolizaba la división entre el este y el oeste, sino también la miseria y la desesperación de las personas esclavizadas por el comunismo. No se encuentra declaración más elocuente del colapso del comunismo que las fotos del pueblo alemán echando abajo ese odiado muro.

La Gran Muralla China de 2.400 kilómetros de largo simboliza el vasto poder de la dinastía Ch'in en el siglo III a.C. Esta muralla, el proyecto de ingeniería humana más grande de la historia, se erigió para defender a China de las tribus en guerra del norte. Es una estructura formidable e intimidante, con una altura de hasta 9 metros, un ancho de 7,5 metros y una calzada que corría a lo largo de la cima y de las torres de vigía construidas a espacios regulares. Y hace una declaración expresa: «¡Ni siquiera *piensen* en invadir nuestro país!».

Eso es lo que los muros por lo general simbolizan: fortaleza y protección. En las ciudades antiguas, los muros macizos eran la primera, la última y la única línea de defensa. Los muros de la ciudad de Babilonia, según se relata en Daniel, eran de unos 114 metros de ancho y de más de 30 metros de alto; no tan larga como la Gran Muralla China, pero mucho más elevada y maciza. Dado el tamaño de sus muros, los babilonios tenían todas las razones para considerarse seguros ante cualquier ataque.

Sin embargo, el muro que Nehemías fue llamado a construir alrededor de Jerusalén tenía un significado aún más profundo y espiritual que cualquiera de los muros que acabamos de nombrar. La reconstrucción de los muros de Jerusalén simboliza un acto que todos los creyentes debemos realizar. Dios nos llama a cada uno a reconstruir los muros de nuestras vidas. ¿Qué significa eso?

Jerusalén es un símbolo de la Ciudad de Dios: La morada de Dios y el centro de la vida para el mundo. En el Nuevo Testamento, vemos que la morada *final* de Dios se encuentra dentro de nosotros, Su pueblo. Cuando reconstruimos los muros de nuestras vidas individuales, restablecemos la protección y fuerza del Señor en ellas. Todos hemos conocido personas cuyas defensas se han desmoronado. Se han convertido en ruinas humanas, yendo de acá para allá por las calles de nuestras ciudades, desesperados e impotentes, en muchos casos cautivos del alcohol, las drogas o alguna adicción sexual.

Pero Dios, en Su gracia, a menudo se inclina y recoge a esa persona. La saca de su cautiverio y trabaja con ella para reconstruir las defensas y la fortaleza necesarias para resistir la tentación y escapar de la esclavitud. La reconstrucción de los muros de Jerusalén, la Ciudad de Dios, es una representación simbólica de cómo se pueden reconstruir los muros de cualquier vida, cualquier iglesia local, cualquier comunidad o cualquier nación. Es una ilustración de la fortaleza, el poder y el propósito de lo que Dios quiere para reconstruir en nosotros una barrera al pecado, el desaliento, el fracaso y la destrucción.

Cinco pasos en el proceso de reconstrucción

El texto nos muestra un proceso de cinco pasos que impulsa el accionar de Nehemías, un proceso que es de relevancia para cualquier vida: (1) preocupación, (2) confesión, (3) compromiso, (4) coraje, y (5) precaución.

El primer paso en el proceso de reconstrucción se da en el capítulo 1: *La preocupación* de Nehemías acerca de las ruinas. Mientras estaba en la ciudadela de Susa, sirviendo como el copero del rey, Nehemías se entera, por los viajeros, que el muro de Jerusalén está derribado, que sus puertas han sido quemadas, y que a los pocos judíos sobrevivientes en la región se los persigue en el exilio. Nehemías dice:

> *Cuando oí estas palabras me senté y lloré, e hice duelo por algunos días, y ayuné y oré delante del Dios de los cielos (1:4).*

1. Preocupación por el daño

La reconstrucción de los muros comienza con una preocupación por el daño. Nunca reconstruiremos los muros de nuestra vida hasta que, en primer lugar, no hayamos hecho duelo por sus ruinas. ¿Alguna vez se ha detenido a analizar lo que Dios quiere hacer de usted en comparación con lo que usted ha permitido que sea su vida? ¿Alguna vez ha examinado el potencial y las posibilidades que Dios ha creado en usted y se ha lamentado por todo lo que ya ha despilfarrado? Al igual que Nehemías, a usted le han informado de la desolación y la ruina en su historia, y una respuesta normal y apropiada es hacer duelo, sollozar y orar a Dios. Pero no permita que su remordimiento lo endurezca hasta paralizarlo. Comprenda, al igual que Nehemías, que la desolación que ha descubierto no es una causa para rendirse, sino una razón para despertar, un llamado a la acción, una firme determinación a reconstruir.

2. Confesión de pecados

Cuando Nehemías escucha el informe acerca de Jerusalén, solloza y ora por días, lo cual demuestra su intensa preocupación y carga por la morada de Dios, que ha caído en la ruina. Su dolor es un primer paso necesario, pero él no se detiene allí. El siguiente acto es *la confesión*. En el capítulo 1, escuchamos la maravillosa oración de Nehemías cuando confiesa que la nación ha abandonado a Dios y que Él es justo al disciplinar a Israel. Identificándose plenamente con los pecados de su pueblo, Nehemías dice, en parte:

> *Confieso los pecados de los hijos de Israel que hemos cometido contra ti; sí, yo y la casa de mi padre hemos pecado (...). Acuérdate ahora de la palabra que diste a Moisés tu siervo, diciendo: Si vosotros pecareis, yo os dispersaré por los pueblos; pero si os volviereis a mí, y guardareis mis mandamientos, y los pusiereis por obra, aunque vuestra dispersión fuere hasta el extremo de los cielos, de allí os recogeré, y os traeré al lugar que escogí para hacer habitar allí mi nombre (1:6,8-9).*

A estas palabras de confesión le sigue de inmediato *un compromiso*, tal como lo vemos en el versículo 11:

3. Compromiso a un proyecto

> *Te ruego, oh Jehová, esté ahora atento tu oído a la oración de tu siervo, y a la oración de tus siervos, quienes desean reverenciar tu nombre; concede ahora buen éxito a tu siervo, y dale gracia delante de aquel varón.*

Note que ya se está formando un plan en la mente de Nehemías mientras está orando. Esto sucede a menudo cuando pasamos tiempo con Dios en oración. Él nos habla y nos da una profunda comprensión, ideas, inspiración y poder para resolver los mismos problemas «imposibles» que colocamos delante de Él por medio de nuestras lágrimas. Aquí vemos que Dios le ha dado a Nehemías los comienzos de un plan. Hacia el final de la oración, Nehemías tiene algo definitivo que quiere preguntarle a «aquel varón». ¿Cuál varón? La respuesta se encuentra en la última oración del versículo 11:

> *Porque yo servía de copero al rey.*

¡El rey! Entonces, he aquí un hombre quien, por su preocupación, y después de la confesión de su corazón, se compromete a llevar a cabo un proyecto. Le pide a Dios que comience a moverse en el corazón del rey. Este es siempre el proceso de retorno a la gracia de Dios. Demostramos preocupación; después confesamos; luego nos comprometemos a la acción y le pedimos a Dios que también actúe a nuestro favor, porque debemos enfrentar factores sobre los que no tenemos control. El Señor debe disponer dichos factores, a fin de que podamos tener éxito.

Una vez, escuché a alguien dar un testimonio en una conferencia para hombres. Dijo que, en los primeros días de su experiencia como cristiano, alguien lo alentó a orar por los problemas que estaba teniendo en su trabajo: relaciones tirantes con su jefe y otros empleados. Dijo: «Al principio no pensaba que la oración fuera lo correcto. Ni siquiera quería orar por las personas que me estaban haciendo la vida difícil. Pero comencé a hacerlo, casi contra mi propia voluntad, y pronto vi cambios en la manera en que estas personas se relacionaban conmigo. ¡La oración realmente funcionó! Mirando atrás, ¡creo que los cristianos tenemos una ventaja injusta sobre aquellos que no conocen al Señor! ¡Nosotros tenemos acceso instantáneo, en cualquier momento del día o de la noche, a Aquel que creó todo el universo! ¿Cómo pueden aquellos que no conocen a Dios tener alguna vez la esperanza de competir con eso?».

En este pasaje, vemos que Nehemías es consciente del ilimitado poder de Dios para cambiar las circunstancias que están más allá del control humano. Así que, ora sobre su conversación con el rey. Más tarde, cuando se presenta delante de él, este nota la mirada de tristeza en el rostro de Nehemías y le pregunta a qué se debe. Recuerde, como vemos en 2:6, que cuando Nehemías se presenta ante el rey, la esposa del monarca también está presente, y no es otra, sino la reina Ester, ¡a quien el rey había seleccionado de entre los judíos! Esta circunstancia fue parte de la respuesta de Dios a la oración de Nehemías: en Su conocimiento previo, Él ya había dispuesto colocar a una reina judía en el trono de Susa. Por causa de su esposa judía, el rey ya tiene una comprensión intrínseca de la historia de los judíos y una preocupación por sus problemas. Así que, el rey responde favorablemente al ruego de Nehemías, que le pide permiso para retornar a Jerusalén.

4. Coraje

El siguiente paso en el programa de reconstrucción es *el coraje*. En Nehemías 2:9-10 leemos:

> *Vine luego a los gobernadores del otro lado del río, y les di las cartas del rey. Y el rey envió conmigo capitanes del ejército y gente de a caballo. Pero oyéndolo Sanbalat horonita y Tobías el siervo amonita, les disgustó en extremo que viniese alguno para procurar el bien de los hijos de Israel.*

Preste mucha atención a esos nombres, Sanbalat y Tobías, y a los nombres de las naciones de donde vienen, horonitas y amonitas. Siempre que usted lea de los amonitas, amorreos, amalecitas, heteos, jebuseos, ferezeos, o cualquiera de los demás «itas», «seos» o «zeos», tendrá una ilustración del enemigo de Dios en la carne. Estas diversas tribus simbolizan la acción satánica dentro de los seres humanos, que los hace oponerse y resistirse a la obra, la voluntad y los caminos de Dios. Sanbalat y Tobías no son diferentes; son enemigos de Dios y enemigos de Nehemías.

Inmediatamente, vemos que el coraje es necesario para reconstruir los muros de la morada de Dios. Siempre que alguien como Nehemías dice, «me levantaré y construiré», Satanás agrega, «entonces, yo me levantaré y destruiré». Satanás siempre coloca controles y obstrucciones en nuestro camino cuando comenzamos a regresar a Dios.

5. Precaución

Finalmente, vemos en el programa de Nehemías la importancia de *la precaución*. Cuando Nehemías retorna a Jerusalén, en 2:11-16, no sólo comienza colocando ladrillos unos encima de otros. No sale apresuradamente y consigue que toda la gente se emocione con la idea de construir los muros. Si así lo hubiera hecho, habría caído en la trampa de sus enemigos. Lo primero que hace es levantarse secretamente de noche; cabalga solo alrededor de los muros de la ciudad y estudia las ruinas. Hace planes cuidadosos y precavidos de lo que exactamente se necesita hacer.

En la historia de Nehemías, vemos que estos cinco pasos son fundamentales para la tarea de la reconstrucción de los muros, ya sea que se trate de los muros de una ciudad o los de una vida humana: preocupación, confesión, compromiso, coraje y precaución.

En el capítulo 3, aprendemos cómo Nehemías emprendió la tarea de reconstrucción. Si los muros de su vida, querido lector, están derribados, si sus defensas se han desmoronado de tal modo que el enemigo lo rodea por todos lados, si fácilmente cae presa de la tentación, preste especial atención al proceso de reconstrucción de Nehemías.

La importancia de las puertas

Aprendemos dos cosas: (1) el pueblo estaba dispuesto a trabajar y (2) de inmediato se incorporó y entró en acción. Nehemías, en la sabiduría que Dios le había dado, encomendó a cada trabajador la tarea de reconstruir la parte del muro que estuviese más cercana a su casa. De ese modo, ¡cada trabajador tenía un interés personal en la obra!

El resto del capítulo 3 se centra en las diez puertas de la ciudad de Jerusalén. Al pueblo se le asignó una determinada parte del muro definida por las puertas que daban acceso a la ciudad. Al leer todo este capítulo, encontraremos los nombres de estas puertas, y cada una de ellas tiene una importancia simbólica específica. Podemos sacar una importante lección práctica de cada puerta.

El Cordero de Dios

La puerta de las Ovejas (3:1-2). Esta es la puerta por donde se hacía entrar las ovejas a la ciudad para ser sacrificadas en el altar. Por supuesto, la puerta de las ovejas simboliza el Cordero de Dios, cuya sangre fue derramada en la cruz por nosotros, y revela el principio de dicha cruz. La cruz es siempre el punto de partida para la fortaleza personal. Tenemos que comenzar reconociendo el principio de la cruz; es decir, debemos liquidar totalmente nuestro ego, nuestros planes y nuestro interés, y clavarlos en la cruz de Cristo. La cruz es ese instrumento en el programa de Dios que mata el orgullo humano. No podemos salvarnos a nosotros mismos. Sólo el Cordero de Dios, sacrificado por nosotros, puede salvarnos. La cruz, la puerta de las ovejas, es el punto de partida, la fuente de nuestra fortaleza para la tarea de reconstrucción.

Testimonio cristiano

La puerta del Pescado (3:3-5). ¿Qué le sugiere a usted el nombre *la puerta del pescado?* ¿Recuerda al Señor Jesús diciéndoles a Sus discípulos, «venid en pos de mí, y haré que seáis pescadores de hombres» (Mr. 1:17)? La puerta del pescado sugiere el testimonio de un cristiano. ¿Se ha derrumbado esa puerta en su vida? ¿Se ha desmoronado el muro alrededor de la puerta del pescado? ¿Acaso su testimonio del Señor ha caído en desuso y mal estado? Si es así, esta puerta y el muro que la rodea tienen que reconstruirse y restaurarse, porque el Señor Jesús nos dice que *todo* cristiano debe ser testigo de Él. Si este muro se ha derrumbado, el enemigo tendrá una avenida para entrar a su vida una y otra vez.

Verdad

La puerta Vieja [*Jeshanah*] (3:6-12). Esta puerta representa la verdad. En la vida de muchos cristianos, esta puerta se ha derrumbado y ya no pueden apoyarse en la verdad. La verdad es siempre algo viejo, establecido y eterno; lo antiguo provee la base sobre la cual todo lo nuevo debe apoyarse. Alguien ha dicho bien: «Todo lo que es verdadero no es algo nuevo, y todo lo que sea nuevo no es verdadero». Estamos viviendo días en que se están abandonando las antiguas verdades, no sólo en nuestra cultura, sino frecuentemente dentro de la iglesia. Muchas personas dicen que las verdades y los principios antiguos son innecesarios, inválidos y obsoletos. Pero, si algo es cierto, jamás será obsoleto. Si no permitimos que la verdad sea el centro de nuestro caminar, encontraremos que el muro defensor se desmoronará y que los enemigos podrán lograr fácilmente el acceso a nuestras almas. La verdad de Dios nunca cambiará; es eternamente verdadera.

La naturaleza de la verdad se ilustra con la historia de un hombre que fue a visitar a un antiguo músico. Tocó a la puerta del anciano, y preguntó: «¿Qué hay de bueno hoy?». El músico no respondió nada, sino que se dio media vuelta y tomó un diapasón de un estante cercano. Lo golpeó contra ese estante para que resonara una nota en toda la habitación.

Después el músico dijo: «Eso, mi amigo, es el Fa. Fue la nota Fa ayer. Lo fue hace cinco mil años y lo seguirá siendo dentro de otros cinco mil». Luego añadió, mirando por encima del hombro: «El tenor que vive al otro lado del corredor desafina. La soprano que vive arriba baja el tono de sus notas altas. El piano en el departamento de al lado está desafinado». Volvió a golpear el diapasón y dijo: «Esto es Fa, y esto, amigo, es lo que hay de bueno hoy».

Esa es la naturaleza de la verdad. Muchas voces, a nuestro alrededor, fingirán o se atreverán a afirmar que dicen la verdad, pero, si su «verdad» no es conforme al diapasón final de la verdad de Dios, están desentonadas y su verdad es una distorsión, una falsedad. La verdad de Dios jamás cambia. Debemos reconstruir la puerta Vieja de la verdad en nuestras iglesias y en nuestra vida personal.

Humildad

La puerta del Valle (3:13-14). El simbolismo de esta puerta es obvio: es el lugar de humildad y modestia mental. En todas las Escrituras, Dios dice que se opone al orgullo humano. Él busca y levanta a los modestos, los humildes y los contritos. Nuestra meta debe ser tener un concepto humilde de nosotros mismos y una opinión exaltada de Dios. La actitud dominante de nuestra era es la arrogancia y el orgullo: «¡Puedo hacer todo lo que yo quiera!». Pero la actitud que Dios quiere formar en nosotros es la de humilde dependencia de Sus recursos infinitos: «Todo lo puedo en Cristo que me fortalece». Cuando el ego y el orgullo dominan nuestras vidas, nuestra puerta del Valle está rota y hecha añicos. Nuestra puerta del Valle —nuestro sentido de humildad delante de Dios— necesita ser reparada.

Enfermedad espiritual

La puerta del Muladar (3:14). Esta puerta no tiene un nombre muy agradable, pero cumple una función necesaria. Es la puerta de la eliminación, la puerta por donde se sacaba toda la basura y lo podrido de la ciudad, para arrojarlo al basurero en el Valle de Hinom, fuera de Jerusalén. Nuestras vidas también necesitan una puerta de eliminación. Pablo nos insta a «limpi[arnos] de toda contaminación de carne y de espíritu, perfeccionando la santidad en el temor de Dios». (2 Co. 7:1). Necesitamos purgarnos a diario del pecado secreto y de la corrupción privada. El no hacerlo produce miseria, enfermedad espiritual e incluso vidas arruinadas.

El Espíritu Santo

La puerta de la Fuente (3:15). El nombre de esta puerta nos recuerda las palabras del Señor Jesús a la mujer junto al pozo: «El agua que yo le daré será en él una fuente de agua que salte para vida eterna» (Jn. 4:14). Esta puerta se ubicaba al final del estanque de Siloé. Simboliza el Espíritu Santo, quien es el río de vida dentro de nosotros, que nos capacita para obedecer Su voluntad y Su Palabra. Note que esta puerta viene inmediatamente después de la puerta del Muladar. Después de que la corrupción interior ha sido purgada por nuestro consentimiento activo, entonces la fuente limpiadora del Espíritu nos lava, nos purifica.

La Palabra de Dios

La puerta de las Aguas (3:26). El agua es siempre un símbolo de la Palabra de Dios. Es una coincidencia interesante que, en la historia de los Estados Unidos, el término Watergate (Puerta de agua) ha quedado grabado como un símbolo de crisis gubernamental, escándalo y desgracia. Fue en el Hotel Watergate, en Washington, D.C., donde un gobierno encalló, zozobró y se hundió. Y, sin embargo, a raíz de esa terrible tragedia nacional, una de las principales figuras involucradas en ese escándalo, un abogado de la Casa Blanca llamado Charles Colson, descubrió la Palabra de Dios. Después de confesar su papel en el asunto Watergate y de entregar su vida a Jesucristo, emergió como un hombre transformado y, hasta el día de hoy, es un vital testigo a tiempo completo de la Palabra de Dios.

Note que la puerta de las Aguas en Jerusalén no tenía que repararse. Evidentemente, era la única parte del muro todavía en pie. El texto menciona que había personas viviendo cerca de ella, pero no menciona que esta necesitara reparación. La Palabra de Dios jamás se derrumba. No necesita repararse. Simplemente necesita que volvamos a vivir en ella.

Esperanza

La puerta Oriental (3:28-29). Esta puerta daba al amanecer y es la puerta de la esperanza. Es la puerta de anticipación del día venidero, cuando todas las pruebas de la vida y las luchas del mundo terminarán, cuando el nuevo amanecer glorioso saldrá en el nuevo día de Dios. Esta puerta tiene que reconstruirse en muchos de los que caemos en el espíritu pesimista de esta era y quedamos aplastados por la desesperanza de nuestro tiempo.

Guerra espiritual

La puerta de los Caballos (3:28-29). El caballo, en las Escrituras, es un símbolo de guerra o, en este caso, de la necesidad de batallar contra las fuerzas de las tinieblas. «No tenemos lucha contra sangre y carne» —dice el apóstol Pablo—, «sino contra principados, contra potestades, contra los gobernadores de las tinieblas de este siglo, contra huestes espirituales de maldad en las regiones celestes» (Ef. 6:12). La vida es una batalla y cada uno de nosotros es un soldado en una poderosa lucha contra el mal; ¡y estamos en esta guerra mientras dure!

Auto-examen

La puerta del Juicio (3:31). Evidentemente, este era el lugar donde se llevaba a cabo el juicio. Tenemos que detenernos y realizar un autoexamen concienzudo. Necesitamos pedirle a Dios que pase nuestras conciencias por el tamiz y quite la acumulación de pecados tóxicos y malos hábitos de nuestras vidas. Entonces podremos fortalecer los muros protectores del alma.

El versículo 32 hace que cerremos el círculo, al traernos de vuelta al punto de partida, la puerta de las Ovejas, la puerta de la cruz. La cruz debe estar tanto al inicio como al final de toda vida. Por medio de estas puertas de simbólica belleza, el libro de Nehemías nos ha mostrado cómo reconstruir los muros de nuestra vida.

¡Persecución!

Los capítulos 4 al 6 nos muestran la oposición que surgió cuando Nehemías y su gente comenzaron a reconstruir los muros de la ciudad, principalmente por parte de un trío de conspiradores: Sanbalat,

Tobías y Gesem el árabe. La persecución que aquí se revela puede resumirse en tres palabras: desprecio, conspiración y astucia. Los enemigos amontonan desprecio por la actividad de Dios y se mofan de ella. Cuando eso fracasa, traman una conspiración, tratando de involucrar a los israelitas en un complot que derrocaría la obra. Cuando eso no funciona, entonces tratan de alejar a Nehemías de su trabajo por medio de un ardid muy astuto. Pero, cuando llegamos al capítulo 6, versículo 15, leemos esta maravillosa declaración:

Fue terminado, pues, el muro, el veinticinco del mes de Elul, en cincuenta y dos días.

Ahora bien, ¡ese es un récord asombroso! Y Nehemías añade a continuación (6:16):

Y cuando lo oyeron todos nuestros enemigos, temieron todas las naciones que estaban alrededor de nosotros, y se sintieron humillados, y conocieron que por nuestro Dios había sido hecha esta obra.

Culminada la reconstrucción, se inicia la reinstrucción

La última parte del libro, capítulos 7 al 13, es la historia de la reinstrucción del pueblo, después de la reconstrucción del muro. La ciudad ha sido fortalecida y fortificada; ahora es el momento de fortalecer y fortificar al pueblo, para que la nación de Israel se mantenga firme. En el capítulo 8, tenemos la gran convocatoria del sacerdote Esdras al pueblo, un evento que también se registra en el libro de Esdras. Note los pasos aquí. Esdras comienza leyendo la ley ante el pueblo (8:5-6):

Abrió, pues, Esdras el libro a ojos de todo el pueblo, porque estaba más alto que todo el pueblo; y cuando lo abrió, todo el pueblo estuvo atento. Bendijo entonces Esdras a Jehová, Dios grande. Y todo el pueblo respondió: !Amén! !Amén! alzando sus manos; y se humillaron y adoraron a Jehová inclinados a tierra.

¿Qué está haciendo Esdras aquí? ¡Predicación expositiva! Está explicándole la Palabra de Dios al pueblo, para que los muros de sus vidas puedan fortalecerse.

Después de esto, el pueblo celebró la fiesta de los tabernáculos, para conmemorar el tiempo en que el pueblo de Israel acampó en tiendas hechas de ramas de árboles, para recordarles que eran extranjeros y peregrinos en la tierra.

Luego vino el recordatorio de las lecciones del pasado. En el capítulo 9, Esdras ofrece una tremenda oración donde relata lo que Dios ha hecho en la vida de los israelitas. Siempre quedaremos alentados y fortalecidos cada vez que nos detengamos a recordar lo que Dios ha hecho por nosotros y lo que nos ha enseñado en el pasado.

Acto seguido a esta oración, el pueblo firma un pacto y acuerda hacer lo que la ley exige. Toman la determinación de dar el paso de obediencia. También puedo decirle a usted, partiendo de mi propia experiencia, que jamás podrá retener la fortaleza de Dios en su vida, sino hasta que esté listo y dispuesto a obedecerle.

Siempre quedaremos alentados y fortalecidos cada vez que nos detengamos a recordar lo que Dios ha hecho por nosotros y lo que nos ha enseñado en el pasado

En el capítulo 11, encontramos el reconocimiento de los dones entre el pueblo. Están los levitas, los porteros, los cantores y otros que realizaban diversos ministerios en el templo. De manera similar, en el Nuevo Testamento, se nos dice que descubramos los dones que el Espíritu nos ha dado y que los pongamos por obra. «Por lo cual te aconsejo que avives el fuego del don de Dios que está en ti», fue lo que Pablo le escribió a Timoteo (2 Ti. 1:6). Si usted quiere retener su fortaleza, comience por usar los dones espirituales que Dios le ha dado.

Dedicación de los muros

En el capítulo 12, encontramos la dedicación de los muros. El pueblo se reúne y marcha alrededor de ellos con instrumentos, cantando y gritando, tocando y regocijándose, y dando voces de gran júbilo. Nada le añadirá más a su fortaleza en Dios que expresar y celebrar el gozo del Señor en su vida.

El libro termina con el tema de resistir al mal. Usted permanecerá fuerte si adopta la actitud de Nehemías. Él fue categórico al decirles «¡No!» a las fuerzas que querían destruir lo que Dios estaba haciendo en su vida. Observe lo que tuvo que hacer. En el capítulo 13, versículo 7, después de haber ido a Babilonia y otra vez retornado a Jerusalén, dice:

> *Entonces supe del mal que había hecho Eliasib por consideración a Tobías, haciendo para él una cámara en los atrios de la casa de Dios.*

¡El sacerdote de Dios, Eliasib, le había permitido a Tobías, el enemigo de Dios que se había opuesto a Nehemías, mudarse dentro del templo! ¿Qué hizo Nehemías? En el versículo 8, Nehemías relata:

> *Y me dolió en gran manera; y arrojé todos los muebles de la casa de Tobías fuera de la cámara.*

¡Echó a Tobías por las orejas! ¡Y eso no es todo! Se dio cuenta de que los sacerdotes habían sido engañados, así que, restituyó el dinero que les pertenecía. Luego descubrió que, por toda la ciudad, las personas estaban violando el día de reposo. Estaban llevando mercancía y vendiéndola en las calles. En el versículo 19, Nehemías dice:

> *Sucedió, pues, que cuando iba oscureciendo a las puertas de Jerusalén antes del día de reposo, dije que se cerrasen las puertas, y ordené que no las abriesen hasta después del día de reposo.*

¡Nehemías los dejó fuera de la ciudad! Luego descubrió que algunos aguardaban fuera de las puertas toda la noche, esperando que alguien saliera para hacer algún negocio. ¿Y qué hizo entonces? La respuesta está en el versículo 21:

> *Y les amonesté y les dije: ¿Por qué os quedáis vosotros delante del muro? Si lo hacéis otra vez, os echaré mano. Desde entonces no vinieron en día de reposo.*

¡Y luego Nehemías descubrió otro problema más! Las personas seguían casándose con las razas prohibidas de alrededor. En ese momento, se llenó de ira. En el versículo 25, dice:

> *Y reñí con ellos, y los maldije, y herí a algunos de ellos, y les arranqué los cabellos, y les hice jurar, diciendo: No daréis vuestras hijas a sus hijos, y no tomaréis de sus hijas para vuestros hijos, ni para vosotros mismos.*

¿Acaso Nehemías fue demasiado severo? ¿No tendría que haber sido más tolerante? ¿Más amable y gentil? Muchos líderes hoy creen que está bien o que, incluso, es admirable y virtuoso tolerar el mal. «No debemos verlo todo en términos de blanco y negro», dicen. «Debemos reconocer que hay tonos de gris y que hay que ser un poquito transigentes». Sí, transigir es apropiado a veces, pero nunca debemos transigir con el mal, con las fuerzas que se oponen a Dios y Su Palabra. Esta es una de las lecciones más importantes que el Espíritu de Dios nos enseña, y Nehemías la había aprendido bien.

De manera significativa, el libro termina en la misma situación en que se inicia el ministerio del Señor Jesús en Jerusalén. Entró en el templo y lo encontró abarrotado de cambistas y mercaderes que profanaban la casa de oración. Se hizo un látigo de cuerdas y echó fuera del templo a los profanadores. Jesús no estaba tratando de hacerse de una reputación de Mesías amable y gentil. No le interesaba tolerar o complacer a aquellos que habían profanado la casa de Dios. No trató de abrir un diálogo con ellos. Limpió el templo y lo hizo con obvia ira, echando chispas por los ojos, pero con completa justicia y total justificación.

Aquellos que han estampado la marca de la autoridad de Dios en las páginas de la historia han sido los que estuvieron dispuestos a plantarse o a tomar una postura osada y decir «¡No!» a las fuerzas del pecado y el mal. Los que siempre han marcado una diferencia positiva para Dios en el mundo son aquellos que se negaron a tolerar el pecado o a transigir con él, personas como Juan el Bautista, el apóstol Pablo, los que guardaron el pacto, Martín Lutero, Juan y Carlos Wesley, Dietrich Bonheoffer.

El libro de Nehemías termina con una nota de triunfo. Los muros se han reconstruido. Los malvados han sido erradicados de la ciudad. El pueblo ha sido reinstruido y renovado interiormente. La fortaleza y la vitalidad se vuelven a levantar en una ciudad que, una vez, estuvo muerta y en ruinas. Nuevamente, Jerusalén se ha convertido en una morada adecuada para Dios.

Los muros reconstruidos de Jerusalén se yerguen otra vez dando testimonio de que Dios está vivo y activo en la vida de Su pueblo. Cuando hayamos reconstruido los muros de nuestra vida, entonces Dios verdaderamente vivirá y actuará por medio de nosotros, y nuestras vidas darán un testimonio dinámico de Él.

LA VALENTÍA DE LA REINA

El Holocausto, que se cobró las vidas de seis millones de judíos durante la Segunda Guerra Mundial, es un horror que jamás debe olvidarse. Desafortunadamente, la matanza nazi de los judíos hace tan sólo unos cincuenta años no es algo único en la historia. A lo largo de los siglos, el pueblo elegido de Dios repetidamente ha sido el blanco de los ataques de diversos fanáticos asesinos que han buscado su extinción. En el libro de Ester, encontramos a uno de esos extremistas «hitlerianos», un hombre llamado Amán. Cuando se prepara para lanzar su ataque genocida contra el pueblo judío, sólo hay una persona que se interpone en su camino, una mujer judía llamada Ester.

El libro de Ester es una fascinante joya en el Antiguo Testamento. Es un libro rico en drama y poder emocional, y hay considerable evidencia (a pesar de aquellos que se mofan de la Biblia diciendo que es una colección de leyendas) de que es un relato histórico preciso. Los eventos tienen lugar en los días del cautiverio de Israel, cuando el pueblo estaba esclavizado en Babilonia.

He aquí un bosquejo de la historia de Ester:

El peligro de Ester, Mardoqueo y los judíos (Ester 1–4)

1. El rey selecciona a Ester como su reina — 1:1–2:20
2. El complot de Amán contra Mardoqueo y los judíos — 2:21–4:17

El triunfo de Ester, Mardoqueo y los judíos (Ester 5–10)

3. Ester y Mardoqueo le ponen una trampa a Amán — 5
4. El rey honra a Mardoqueo — 6

Ester es un libro extraordinario por varias razones. Por un lado, a Dios no se lo menciona en ninguna parte. No hay mención del cielo ni del infierno. Es el tipo de historia que se podría encontrar en los estantes de los éxitos de librería de alguna editorial de prestigio o en las salas cinematográficas de la ciudad. Pero está aquí, en la Biblia.

La reina Vasti desaira al rey Asuero

La historia comienza en el mismo escenario en que se abre el libro de Nehemías: el palacio real en Susa. Es una época de paz y bendición material. El rey Asuero da una gran fiesta —una fiesta de seis meses de duración— para exhibir la gloria, la riqueza y el poder de su reino. En un momento, «estando el corazón del rey alegre del vino», este ordena a sus sirvientes que lleven a la reina Vasti a la sala de banquetes, para mostrar su belleza. Sin embargo, la orgullosa Vasti no quiere ser puesta en exhibición, así que, desobedece la orden del rey. Furioso por la negativa de ella, Asuero emite un decreto y se divorcia de la reina.

En este argumento, encontramos paralelos con la vida humana. Fuimos creados para ser como este rey. Cada uno de nosotros recibe un reino sobre el cual gobernar; el reino de nuestras almas, que incluye la mente, las emociones y, por encima de todo, la voluntad, el derecho a elegir. Nuestro cuerpo es la ciudad capital de nuestro reino. Este incluye todo aquello sobre lo que ejercemos influencia, todo lo que tocamos y controlamos. Al igual que un rey, la voluntad está sentada sobre el trono de nuestro reino. También hay un miembro escondido en nuestra vida: la vida interior o espíritu. Es la parte más profunda y sensible de nuestro ser, la parte diseñada para estar en contacto con Dios, el lugar donde Él debe morar.

Cuando nos encontramos con el rey en el libro de Ester, vemos que no tiene otra cosa que hacer, sino dar una espléndida fiesta para exhibir la gloria de su reino. Del mismo modo, Adán y Eva, nuestros antepasados, no tenían otra cosa que hacer, sino exhibir la gloria de Dios y gobernar sobre la tierra. En el libro de Ester, el rey lleno de orgullo convocó a su bella reina Vasti para exhibirla delante de sus amigotes borrachos.

Esta escena es paralela al relato de la caída del hombre, cuando las personas eligieron imponer su voluntad a la voluntad revelada de Dios. En el palacio del espíritu humano, simbolizado por la reina Vasti, vivía el Dios de la gloria y la verdad. Fue allí donde la mente, las emociones y la voluntad humanas fueron guiadas por la comunión con el Señor viviente, quien moraba en la residencia moral del espíritu humano. Dios explicó Su voluntad a los dos primeros miembros de la raza humana. Esa fue Su revelación a ellos y, si hubiesen sido obedientes a esa voluntad revelada, habrían cumplido con el destino dado por Dios y utilizado los poderes plenos de su humanidad no caída según el plan divino original. Sin embargo, sabemos que colocaron su voluntad y su razón por encima de la voluntad y la revelación de Dios. Eligieron lo que querían hacer en vez de lo que Dios quería que hicieran, y con esta elección humana vino la caída.

Este comienzo de los males de la humanidad queda simbolizado para nosotros en los primeros capítulos de Ester, cuando el rey emite el decreto diciendo que la reina Vasti debe ser depuesta del trono. Una vez emitido, este decreto se convirtió en la ley de los medos y los persas; el rey no podía hacer nada para revertirlo, aun cuando, como resultado de ello, se sintió solo y lleno de remordimiento. En su soledad, comenzó a buscar una nueva reina. La proclamación se da por todo el reino para llevar a las jóvenes más hermosas delante de él. Y una de las jóvenes en esta procesión es una bella doncella judía llamada Ester.

Ester formaba parte del grupo de cautivos que habían sido tomados de Jerusalén y esclavizados en Babilonia. Junto con ella, estaba su primo Mardoqueo. En estos dos importantes personajes, Ester y Mardoqueo, vemos una destacada imagen simbólica. Ester significa para nosotros el espíritu renovado que se le da a una persona cuando se convierte en creyente, cuando la regeneración tiene lugar y un espíritu humano cobra vida en Jesucristo. Ella está bajo la influencia y el control de su primo, Mardoqueo, quien a lo largo de este libro es una figura del Espíritu Santo. Su nombre significa «pequeño» o «humilde». En su humildad, Mardoqueo también es una representación simbólica de Jesucristo.

Ester es elegida reina

En el capítulo 2, Ester, bajo la guía de su primo Mardoqueo, es llevada delante del rey. El rey Asuero se enamora de ella al instante y la elige como reina. Así que, Ester es elevada de un lugar de esclavitud a la segunda posición de mayor honra en el reino. Siguiendo el consejo de Mardoqueo, no le dice al rey que es judía. (Más adelante, la ignorancia del rey en cuanto a esto se convierte en un detalle clave en la historia).

En esta escena, tenemos un cuadro de lo que podría llamarse la conversión de este rey. Él recibe un nuevo espíritu, aun cuando no tiene entendimiento del Espíritu Santo. El rey tipifica a muchos cristianos que tienen muy poco entendimiento, o ninguno en absoluto, de lo que verdaderamente les ha sucedido en el momento de la conversión. Como telón de fondo de la historia, aunque no siempre visible, pero siempre participando y activo, está Mardoqueo. Al guiar las acciones de su prima Ester, ayuda a planear la maravillosa liberación del pueblo de Israel.

El capítulo 2 termina con la historia del descubrimiento de Mardoqueo sobre un complot para asesinar al rey. Por medio de Ester, informa al rey del complot, se captura y se ejecuta a los conspiradores, y el acto de Mardoqueo queda registrado en los anales del reino. La importancia de este registro pronto se aclarará.

Entra el villano

El capítulo 3 nos presenta al villano: un personaje falso, sediento de poder y hitleriano, llamado Amán agageo. Al rastrear su línea ancestral en las Escrituras, nos remontamos hasta encontrar que un agageo es un amalecita, y Amalec era un pueblo que descendía de Esaú, con quien Dios había dicho que estaría en guerra para siempre (ver Ex. 17:16). Se le había ordenado al rey Saúl que eliminara completamente a este pueblo, pero, en su locura, eligió perdonarle la vida a Agag, el rey de los amalecitas, y así perpetuó esta fuerza infiel en Israel. A lo largo de las Escrituras, esta tribu de amalecitas representa el deseo que mora en el corazón humano de oponerse a todo lo que Dios quiere hacer. Esta oposición a la voluntad de Dios es lo que el Nuevo Testamento llama «la carne». Siempre y dondequiera que el Espíritu de Dios comienza a traer bendición y renovación, esta fuerza de oposición se levanta para hacerle frente al Espíritu y, por medio de ardides sutiles y astutos, minar y deshacer la obra del Señor. Esa fuerza de oposición, esa voluntad de la carne, está simbolizada por ese hombre llamado Amán.

Amán se levanta y consigue llegar a un lugar de prominencia, hasta el punto en que sólo el rey lo supera en poder. Se dice que «su silla [estaba] sobre todos los príncipes», y esta posición es muy parecida a la que tenía José bajo el faraón egipcio: actualmente podríamos considerarlo el equivalente a un primer ministro. Amán se llena de ira cuando se entera de que Mardoqueo se niega a inclinar su rodilla y pagarle tributo como los demás nobles de la corte. Al saber que Mardoqueo es judío, hace voto de eliminarlo del reino, ¡pero no sólo a Mardoqueo! Para darle su merecido por este insulto evidente, Amán trama un plan «de destruir, matar y exterminar a todos los judíos». ¿Le suena familiar? Aunque sea trágico decirlo, es algo demasiado conocido.

A lo largo de todo este relato, leemos cuánto consumía a Amán su odio por los judíos. ¿Por qué odia tanto a esta raza? Ester 3:8 nos da una pauta:

Y dijo Amán al rey Asuero: Hay un pueblo esparcido y distribuido entre los pueblos en todas las provincias de tu reino, y sus leyes son diferentes de las de todo pueblo, y no guardan las leyes del rey, y al rey nada le beneficia el dejarlos vivir.

En otras palabras, Amán ataca a los judíos porque ellos obedecen un principio de vida distinto. Así como el espíritu humano que es habitado por el Espíritu Santo queda de inmediato sujeto a una regla de vida disímil, un modo de pensar diferente y una demanda diversa, los judíos obedecían un principio distinto. Cuando uno vive de una manera moral, espiritual y recta, se convierte en una luz que pone de manifiesto la inmundicia espiritual y la decadencia moral de las personas a su alrededor. Pone el dedo en la llaga, por usar una expresión común, y, por causa de su evidente rectitud, provoca la persecución por parte de aquellos cuyos actos son malignos.

Amán odia a los judíos porque son el pueblo de Dios, que vive según Su principio de vida; por causa de este odio, surge una terrible estrategia. De aquí en adelante, el tema central del libro es cómo Dios obra para quitarle el control al hombre equivocado y reemplazarlo por el correcto, y cómo utiliza a Ester para brindar salvación en medio de una situación aparentemente imposible. En la dura contienda entre el bien y el mal, que se ilustra en Ester, vemos la lucha de nuestras propias vidas. Algunas personas se preguntan por qué, después de convertirse en creyentes en Cristo, siguen teniendo problemas y luchas. La razón es sencilla: la carne (tanto nuestra propia voluntad carnal como la de los enemigos de Dios a nuestro alrededor) sigue obrando sin cesar, oponiéndose astuta y tenazmente a todo lo que el Señor quiere hacer en nuestras vidas. Tenemos oposición, tanto de la carne de nuestro interior como del exterior. Gálatas 5:17 explica claramente la dinámica de nuestra continua lucha interior:

Porque el deseo de la carne es contra el Espíritu, y el del Espíritu es contra la carne; y éstos se oponen entre sí, para que no hagáis lo que quisiereis.

Amán persuade astutamente al rey de que debe eliminar a este pueblo, para su propio beneficio. Demostrando ser todo un maestro de la intriga y de los juegos de poder político, Amán se convierte en el poder detrás del trono, y controla al rey como un titiritero. Siguiendo el consejo de Amán, el rey emite un edicto para eliminar a los judíos de su reino… ¡desconociendo que su propia esposa, la reina Ester, es judía!

«Y si perezco, que perezca»

En el capítulo 4 vemos la mano invisible de Dios poniendo los eventos en marcha. Mardoqueo está angustiado por la proclamación del rey de un holocausto venidero. Su dolor es equiparable al dolor del Espíritu Santo: la angustia de Dios que inquieta y apesadumbra nuestro espíritu humano por causa del pecado. Puede que no seamos capaces de decir concretamente de qué se trata, pero sabemos que algo no anda bien entre nosotros y Dios.

Ester encuentra a Mardoqueo en un estado de profunda pena y angustia. Sin saber por qué está sufriendo, le manda una muda de ropa, esperando que eso solucione el problema. A menudo, cuando estamos angustiados o alguien cercano a nosotros lo está, tratamos de corregir el problema con algún cambio superficial. El enfoque de tipo «curita» no puede sanar una enfermedad profunda y potencialmente mortal. El problema del pecado no sólo afecta lo que hacemos, sino lo que somos; así que, es necesario una terapia más radical: el tratamiento de una vida completamente cambiada, la regeneración por medio de Jesucristo.

Mardoqueo envía a un mensajero llamado Hatac (cuyo nombre significa «la verdad») para convencer a Ester de que se encuentra frente a un grave problema. Le cuenta a la reina todo el complot mortal de Amán para destruir a los judíos. Cuando Ester oye esto, queda devastada y no sabe qué hacer. Mardoqueo después le aconseja que se acerque al rey en nombre de los judíos.

Mardoqueo acaba de pedirle a Ester que haga algo peligroso. Que alguien se presente ante el rey, sin haber sido llamado, automáticamente acarrea una sentencia de muerte, incluso a la reina. Así que, Ester le envía un mensaje a Mardoqueo, donde le recuerda que cumplir con su solicitud podría significar su muerte. Mardoqueo responde, sin pelos en la lengua, que ella no podía ser tan ingenua como para pensar que se salvaría del plan de Amán de extinguir a los judíos ni que podría burlar al astuto hombre.

Muchos de nosotros hemos descubierto lo mismo en nuestras vidas. Tratamos de vencer a algún enemigo o problema por medio de la sabiduría humana, la cual es escasa, en vez de confiar en Dios. Hemos terminado burlados y superados en habilidad. Sólo cuando llegamos al límite y damos nuestros recursos por vencidos somos capaces de apropiarnos de los recursos divinos. No podemos vencer a la carne apretando nuestros puños o planeando buenos propósitos de Año Nuevo. Debemos (tal como dicen en el movimiento de recuperación cristiana) «dejar el asunto y dárselo a Dios». Esa es la verdad que Ester enfrenta cuando dice, resignadamente, en Ester 4:16:

> *Ve y reúne a todos los judíos que se hallan en Susa, y ayunad por mí, y no comáis ni bebáis en tres días, noche y día; yo también con mis*

doncellas ayunaré igualmente, y entonces entraré a ver al rey, aunque no sea conforme a la ley; y si perezco, que perezca.

Es significativo que Ester haga un llamado a los judíos para que ayunen por ella tres días y tres noches. Es la misma cantidad de tiempo que Jesús permaneció en el sepulcro a favor nuestro.

La valentía de la reina

Al tercer día, Ester se pone su vestido real y se queda en los patios interiores del palacio, frente a la sala del rey, y espera con temor e incertidumbre, previendo con terror qué sucedería cuando él la viera. Aquí vemos la verdadera valentía de la reina. Valentía no es falta de temor, sino disposición a dar un paso arriesgado y osado, incluso cuando se está *lleno* de miedo y angustia. Cuando Ester da un paso adelante, en este tercer día, en un bello símbolo de la vida resucitada, su abrumador resplandor cautiva el corazón del rey.

«¿Qué tienes, reina Ester?», pregunta, mirándola paralizado. «¿Cuál es tu petición? Hasta la mitad del reino se te dará» (5:3).

Ester invita al rey y a Amán a cenar

Sorprendentemente, Ester no le pide nada. En cambio, lo invita a cenar ese día y le dice que lleve a Amán con él. Humanamente hablando, ¡lo inteligente hubiese sido que Ester le pidiera al rey la cabeza de Amán sobre una bandeja! Pero no lo hace. Ella está operando en base a la lógica de Dios, no a la humana. Obedeciendo las órdenes de Mardoqueo, espera, aguarda el momento oportuno. Al hacerlo, puede lograr mucho más que simplemente destruir a Amán. Le da a este la oportunidad de caer en la trampa de su propia locura, para que quede expuesto como lo que es: cómplice del mal.

Después de la cena, el rey vuelve a preguntarle a la reina qué quiere y ella les pide que regresen a la siguiente noche para cenar. Amán sale caminando en las nubes, emocionado con lo que ha pasado. Regresa a su esposa e hijos, y les dice: «Sabía que era el favorito del rey, ¡pero ahora parece que también soy el favorito de la reina! Los tengo comiendo de mi mano».

Amán no puede soportar que Mardoqueo no se impresione con su poder

Luego, lleno de orgullo y arrogancia, sale y ve a su enemigo, Mardoqueo, a la puerta del rey. Cuando este, como de costumbre, no lo trata con toda la reverencia y el temor que este diosecillo de lata cree que se merece, Amán otra vez «se llenó de ira contra Mardoqueo» (5:9). No puede soportar que Mardoqueo no se impresione con su poder. Otra vez vemos aquí que Mardoqueo simboliza el Espíritu Santo, quien no se impresiona ni se intimida con la arrogancia de la carne humana. La negativa de Mardoqueo a rendirle homenaje le carcome el corazón, y les dice a su esposa y a sus amigos que, a pesar de toda su riqueza, poder y honra, no puede ser feliz «cada vez que veo al judío Mardoqueo sentado a la puerta del rey» (5:13).

Su esposa y sus amigos le responden: «Haz una horca de cincuenta codos de altura, y mañana di al rey que cuelguen a Mardoqueo en ella; y entra alegre con el rey al banquete». ¿No es exactamente el mismo consejo que nos da la carne? «Si alguien o algo se pone en tu camino, simplemente deshazte de ello».

El rey Asuero no puede dormir

Desde una perspectiva humana, todo parece perdido para Mardoqueo. Pero Dios está ayudando y guiando los acontecimientos de maneras que la mente humana jamás podría prever, ya que, esa misma noche, el rey Asuero no puede dormir. Entonces, hace lo que muchas personas hacen cuando tienen insomnio: pide material de lectura. Ordena que se traigan los anales del reino —un libro de los hechos memorables— y se lean ante él (6:1).

En esos anales, vuelve a oír la historia de cómo dos de sus guardias habían tramado contra su vida, y que la conspiración había sido frustrada cuando Mardoqueo se enteró y la reportó al rey por medio de Ester. Asuero recuerda quién es su verdadero amigo. Al escuchar la historia, se da cuenta de que a Mardoqueo jamás se le había dado la debida honra por su servicio al rey. De manera asombrosa (y, por supuesto, en el tiempo divino), ¡Amán elige ese momento para ir a la corte del rey para exigir que se ahorque a Mardoqueo!

Amán se ve atrapado en su propia locura

Cuando el rey se entera de que Amán ha llegado —sin saber lo que este tiene en mente—, demanda que lo lleven ante él. Cuando Amán llega a la presencia del rey, Asuero le pide consejo: «¿Qué se hará al hombre cuya honra desea el rey?» (6:6).

Por supuesto, Amán se equivoca al pensar: *¡Seguro que el rey se refiere a mí!* Así que, contesta: «Para el varón cuya honra desea el rey, traigan el vestido real de que el rey se viste, y el caballo en que el rey cabalga, y la corona real que está puesta en su cabeza; y den el vestido y el caballo en mano de alguno de los príncipes más nobles del rey, y vistan a aquel varón cuya honra desea el rey, y llévenlo en el caballo por la plaza de la ciudad, y pregonen delante de él: Así se hará al varón cuya honra desea el rey» (Est. 6:7-9).

Entonces, el rey dice: «Date prisa, toma el vestido y el caballo, como tú has dicho, y hazlo así con el judío Mardoqueo, que se sienta a la puerta real; no omitas nada de todo lo que has dicho» (Est. 6:10).

Amán debe honrar a Mardoqueo

¿No le hubiera encantado haber visto el rostro de Amán en ese preciso momento? Pero ¿qué podía hacer el hombre? ¿Cómo podía ahora exigir que se colgara a Mardoqueo? ¡Así que, hace lo que le ordena el rey! Cumple con esta experiencia agobiante y humilladora. Pone a Mardoqueo, su enemigo, sobre el caballo y lo lleva por toda la ciudad. ¿Puede tan sólo imaginar verlo clamando mientras camina: «¡Así se hará al varón cuya honra desea el rey!»? ¡Durante todo el camino, su corazón está a punto de estallar de ira asesina! Pero el malvado corazón de carne hará cualquier cosa por sobrevivir, incluso fingir religiosidad.

Un actor cristiano una vez me contó acerca de una iglesia grande en la ciudad de Nueva York, donde él estuvo. Esa iglesia tenía un grupo musical juvenil que iba por la zona dando conciertos y testimonios. El grupo usaba el mismo vocabulario que los evangélicos, pero la tendencia general de los testimonios era la exaltación personal, no la gloria de Dios. Había un resplandor estridente y deslumbrante en toda la producción, pero no era auténtico. «Fue allí cuando aprendí —concluyó este actor— que la carne puede comportarse de manera religiosa y piadosa y, sin embargo, sigue siendo la carne». Ese tipo de falsedad es la que Amán nos ilustra aquí.

La reina Ester revela el plan traicionero de Amán

Al día siguiente, el rey Asuero, Amán y Ester se reúnen, y allí, la reina revela el plan traicionero de Amán para destruir a los judíos. Lo que es más, ella se identifica con su pueblo y le dice al rey que es judía, amenazada de muerte por el plan de Amán. El rey queda horrorizado. Angustiado, sale al jardín, y va de un lado a otro. Matar al primer ministro es una medida drástica, pero lo que Amán había hecho era una maldad drástica. El rey sabe que no puede haber paz en su reino hasta que se ponga fin a este asunto; entonces, da la orden de colgar a Amán en la horca. Y Amán fue colgado en la misma horca que había preparado para Mardoqueo.

La plenitud del Espíritu

Ese mismo día, el rey Asuero le da a Ester toda la propiedad de Amán, el enemigo de los judíos, y ella se la dio a Mardoqueo. El rey también lo eleva a una posición de poder. Esto simboliza la plenitud del Espíritu. En el capítulo 2, se recibe el Espíritu. En el capítulo 3, se le hace resistencia al Espíritu. A principios del capítulo 4, se contrista al Espíritu. En la parte final del capítulo 4, se apaga el Espíritu.

El rey exalta a Mardoqueo

Ahora bien, en el capítulo 8, vemos la plenitud del Espíritu, la exaltación de Dios simbolizada en la exaltación de Mardoqueo. Cuando Mardoqueo llega al poder, todo comienza a cambiar. Inmediatamente, se emite otro decreto, que da libertad a los judíos para destruir a sus enemigos.

Los judíos son salvados

En Ester capítulo 8, por medio del ascenso de Mardoqueo, los judíos son liberados del decreto de muerte emitido por el enemigo, así como, en Romanos capítulo 8, somos liberados de la ley del pecado y de la muerte mediante el poder del Espíritu en nuestras vidas. Un pasaje de Romanos resume el argumento de Ester: «Porque lo que era imposible para la ley, por cuanto era débil por la carne, Dios, enviando a su Hijo en semejanza de carne de pecado y a causa del pecado, condenó al pecado en la carne; para que la justicia de la ley se cumpliese en nosotros, que no andamos conforme a la carne [la carne con la mente de Amán], sino conforme al Espíritu [con la mente de Mardoqueo]» (Ro. 8:3-4).

Esta es la elección que enfrentamos continuamente, cada día de nuestra vida: ¿Seguiremos a la carne o al Espíritu? ¿Moldearemos nuestra vida según Amán o según la vida de Ester y la dirección del Espíritu, de Mardoqueo?

Cuarta Parte

MÚSICA PARA LA VIDA

MÚSICA PARA LA VIDA

La tercera sección del Antiguo Testamento consta de cinco libros poéticos: Job, Salmos, Proverbios, Eclesiastés y Cantar de los Cantares. Estos libros reflejan tanto el gozo como el pesar de nuestras vidas y nuestras relaciones con Dios. En ellos encontrará el suspirar, el júbilo, la ira, la satisfacción, las lágrimas y el reír de la experiencia humana. Estos libros son la música de las Escrituras. Están escritos a la manera hebrea de la poesía, una forma que no encuentra el origen de su expresión artística ni en la rima ni el ritmo, sino en la estructura y la reafirmación de ideas y emociones. Debido a que somos seres tridimensionales y estos cinco libros van unidos a nuestra humanidad, también reflejan la experiencia humana y al hombre en sus tres dimensiones: espíritu, alma y cuerpo.

Job es el clamor del espíritu humano, el profundo gemido de alguien que lucha desesperadamente por confiar en Dios cuando todo en la vida se está cayendo a pedazos. Cuando el sufrimiento alcanza la intensidad candente donde la vida parece sin sentido, el único recurso es aferrarse a Dios con fe. La humanidad fue creada para creer en Dios.

Los Salmos, los Proverbios y Eclesiastés se unen para expresar el clamor del alma humana. El alma tiene tres aspectos —las emociones, la mente y la voluntad— y cada uno de estos libros refleja uno en especial. Salmos es el libro de las emociones. Proverbios, el de la voluntad. Eclesiastés, el de la mente, la historia de la búsqueda filosófica de Salomón por encontrar significado y propósito en la vida. En estos tres libros, vemos el alma necesitada, el profundo anhelo de respuestas, de refugio, de algo en qué apoyarse. Así como la respuesta al clamor del espíritu es *la fe,* para el alma es la esperanza.

En el Cantar de los Cantares tenemos el clamor del cuerpo, del ser físico, que pide amor. El amor es la necesidad más profunda que tenemos como hombres y mujeres. Los niños no pueden experimentar un crecimiento íntegro a menos que tengan amor, expresado no sólo en palabras, sino por medio del contacto visual y físico manifiestos. Lo mismo sucede con las parejas casadas. Este clamor del cuerpo por conexión física manifiesta y pasión se expresa en el poema de amor más bello jamás escrito, el Cantar de los Cantares.

Estudiemos brevemente cada uno de estos libros, en el orden en que aparecen.

Job

El libro de Job es una protesta profunda y honesta del espíritu humano al enfrentar dolor y sufrimiento aparentemente sin propósito

El libro de Job trata las necesidades y particularmente el dolor y la profunda pena del espíritu humano. Es el libro más antiguo de la Biblia y, de muchas maneras, el más profundo. Es una protesta profunda y honesta del espíritu humano al enfrentar dolor y sufrimiento aparentemente sin propósito. No habremos experimentado la vida en profundidad ni habremos pensado en ella de manera profunda hasta que no nos hayamos hecho las preguntas que Job se hace en este libro; el tipo de cuestionamiento que plantean autores más contemporáneos, tales como Philip Yancey en *Decepcionado con Dios*, o C. S. Lewis en *Una pena en observación.* Al sumergirnos en el libro de Job, aprendemos que Dios entiende nuestras limitaciones y acepta esas preguntas duras e incluso iracundas con que acudimos a Él en medio del dolor.

Salmos

El libro de los Salmos está dividido en cinco libros que son análogos al quíntuple patrón de los cinco libros de Moisés

Los Salmos reflejan todas las experiencias emocionales de la vida. Se dividen en cinco libros, cada uno de los cuales —a excepción del último— termina con las palabras «Amén y amén». La quinta división termina con «Aleluya». En estos libros, encontramos un quíntuple patrón análogo al de los cinco libros de Moisés, el Pentateuco:

1. En el Pentateuco, Génesis es el libro de la necesidad humana. En el primer libro de los Salmos (1 al 41), tenemos las grandes expresiones de la necesidad del corazón humano. Este tema alcanza su punto culminante en el Salmo 23, que comienza con las palabras, «Jehová es mi pastor; nada me faltará».

2. Éxodo es el libro de la gracia y el amor redentor. Este tema resuena en el segundo libro de los Salmos (42 al 72). La misma idea persiste, por ejemplo, en el Salmo 46, que habla de Dios como «nuestro amparo y fortaleza, nuestro pronto auxilio en las tribulaciones».

3. Levítico es el libro de adoración, donde se le dice a la humanidad cómo vivir en íntima comunión con el Dios vivo. Esta misma nota repercute en el tercer libro de los Salmos (73 al 89). Estos salmos son los cantos de reverencia y adoración que exaltan la majestad de

Dios, de los cuales son un buen ejemplo las palabras del Salmo 76: «Glorioso eres tú, poderoso más que los montes de caza».

4. Números es el libro del peregrinaje, de la experiencia en el desierto, de los altibajos de la vida diaria. De manera similar, el cuarto libro de los Salmos (90 al 106) es el de victorias y derrotas alternadas en la vida. Encontraremos muchos cantos gozosos en esta sección, pero también numerosos pasajes al estilo de Job, donde el salmista cuestiona y clama a Dios en medio de su angustia. Un pasaje típico es el Salmo 102:1-3:

Jehová, escucha mi oración,
y llegue a ti mi clamor.
No escondas de mí tu rostro en
el día de mi angustia;
inclina a mí tu oído;
apresúrate a responderme el día
que te invocare.
Porque mis días se han
consumido como humo,
y mis huesos cual tizón están
quemados.

5. El último libro del Pentateuco, Deuteronomio, es un compendio de impotencia y obediencia dependiente. Corresponde al quinto libro de los Salmos (107 al 150), el cual suena como un acorde de obediencia y alabanza. Tal vez nada resuma este tema con mayor belleza que las bien conocidas palabras del Salmo 139:23-24:

Examíname, oh Dios, y conoce mi corazón;
pruébame y conoce mis pensamientos;
y ve si hay en mí camino de perversidad,
y guíame en el camino eterno.

Incontables son los creyentes que han atesorado los Salmos como música para la vida. Ellos elevan nuestros corazones y mentes a Dios, y lo acercan a nosotros para que podamos experimentar verdadera comunión. Ya sea que nuestro corazón esté cantando o suspirando en estos momentos, podemos recurrir a los Salmos para encontrar estos sentimientos traducidos en una poesía conmovedora e inspiradora.

Proverbios

El libro de los Proverbios es la expresión de la inteligencia humana guiada por la sabiduría divina. Aquí tenemos el enfoque lógico y razonable para la vida, el descubrimiento de las leyes del cielo para la

El libro de los Proverbios revela las leyes del cielo para la vida en la tierra

vida en la tierra. Es un libro sencillo y comienza con una magnífica introducción que explica por qué fue escrito.

A continuación, leemos una serie de discursos sobre la sabiduría, dados por un padre a su hijo. Estos discursos paternales comienzan con el niño en casa, luego siguen al joven a las bulliciosas calles de la ciudad, cuando este se encuentra con diversas circunstancias, varios peligros y las tentaciones de la vida. Estos proverbios le enseñan cómo elegir y hacer amigos, cómo identificar y evitar peligros, cómo formar carácter y fortaleza.

A los discursos paternales, les siguen dos colecciones de proverbios. La primera, capítulos 10 al 24, consta de los proverbios de Salomón en relación a la piedad. La segunda, capítulos 25 al 29, tratan acerca de las relaciones. Los escribas de Ezequías copiaron y conservaron estos proverbios.

El capítulo 30 contiene los proverbios de Agur. El último capítulo, Proverbios 31, es único, porque fue escrito por el rey Lemuel y contiene lo que su madre le enseñó. Los versículos 10 al 31 de este capítulo contienen una de las descripciones más magníficas de una esposa piadosa que se puedan encontrar en la literatura.

Eclesiastés

El libro de Eclesiastés revela la protesta humana contra la monotonía y el vacío de la vida

El título Eclesiastés significa «El Predicador». Este libro es la protesta humana contra la monotonía y el vacío de la vida. Es un análisis del significado de la vida... o la falta de tal significado. Salomón, un hombre con recursos y dinero ilimitados, alguien con total libertad para pasar su tiempo en lo que deseara, escribió Eclesiastés. Deliberadamente, se dedicó a contestar estas preguntas: «¿Puede la vida ser satisfactoria lejos de Dios? ¿Pueden las cosas que se encuentran en este mundo llenar verdaderamente el corazón humano?». Cuestiona la satisfacción que se encuentra en la adquisición de conocimiento, la búsqueda de placer, la acumulación de riquezas, la exploración de la filosofía. En todo campo con posibilidad de significado y satisfacción, tuvo que concluir: «También esto es vanidad y aflicción de espíritu».

Puede que en este momento usted esté pensando: «¡Qué libro más deprimente!». ¡En absoluto! Porque en el capítulo final, el 12, Salomón pone toda la «vanidad» de la vida en su perspectiva correcta. En 12:13, escribe: «El fin de todo discurso oído es éste: Teme a Dios, y guarda sus mandamientos; porque esto es el todo del hombre». Pero ¡espere! Observemos las palabras «el todo». Salomón no estaba diciendo que temer (adorar) y obedecer a Dios sean nuestro deber, sino que son nuestro *propósito en la vida.* Esto resume la razón de nuestra existencia.

En la conclusión del libro, ¡Salomón finalmente da con una verdad brillante! Ha descubierto, después de años de búsqueda, que nada puede hacer sentir completo a alguien excepto Dios. Conocer y obedecer a Dios es la suma total de nuestra satisfacción en la vida. Cuando adoramos y obedecemos al Señor, somos seres íntegros, estamos haciendo aquello para lo que fuimos creados y encontramos verdadera satisfacción. Lejos de Dios, todo es vanidad, carente de sentido. Pero, cuando estamos en una correcta relación con Dios, entonces toda la vida —e incluso la muerte misma— tiene significado. La persona que vive y camina con Dios no vive en vano.

Conocer y obedecer a Dios es la suma total de nuestra satisfacción en la vida

El Cantar de los Cantares

El último de los libros poéticos es el Cantar de los Cantares. Probablemente sea el menos comprendido y el más descuidado de todos los libros de la Biblia. Es flagrantemente sensual acerca del amor espiritual, pero también es sorprendentemente franco en cuanto a la expresión sexual del amor entre marido y mujer. En tiempos pasados, algunos grupos religiosos que tenían una visión poco saludable del cuerpo humano y la sexualidad humana, así como también un concepto poco saludable de la Palabra de Dios, consideraban que este libro era objeto de vergüenza. De hecho, nada hay vergonzoso en cuanto a él ni al cuerpo humano. El Cantar de los Cantares nos conduce hacia una expresión pura y amorosa de nuestra sexualidad, dentro del recinto protector y santo del matrimonio.

No existe visión más emocionante para un hombre que el cuerpo hermoso de una mujer. No existe expresión de nobleza y fuerza más elevada para una mujer que el cuerpo limpio y magnífico de un hombre. Este libro coloca nuestros cuerpos y nuestra sexualidad, que nos han sido dados por Dios, en una perspectiva saludable.

El Cantar de los Cantares coloca nuestros cuerpos y nuestra sexualidad, que nos han sido dados por Dios, en una perspectiva saludable

El argumento del libro puede ser confuso, porque está escrito con varias voces: la voz del Amado (Salomón), la voz de la Amada (la Sulamita) y la voz de los amigos. El Cantar de los Cantares es la historia de una joven campesina que, sin saberlo, conoce al rey de Israel (que está disfrazado de pastor). Más tarde, él se le revela como el rey y la lleva hasta su palacio, donde comparten su amor y viven felices para siempre (¡tal vez esta historia fue la inspiración para el cuento de la Cenicienta!).

No obstante, observemos el significado más profundo de este bello libro de poesía de amor. Es una parábola maravillosamente simbólica de la gracia redentora de Dios hacia la raza humana. La Sulamita, la Amada, representa a los seguidores de Dios que han sido redimidos por Su gracia. El Amado, el Pastor, el gran Rey enmascarado, manifiesta Su amor hacia ella mientras está disfrazado de pastor. Él se va y luego regresa en todo Su real esplendor —¡representando (por supuesto) al Señor Jesús!— para llevarse a la mujer.

Exploraremos más este rico simbolismo cuando examinemos el capítulo 28 de este libro. Por ahora, observemos que el Cantar de los

Este libro también es una parábola maravillosamente simbólica de la gracia redentora de Dios hacia la raza humana

Cantares es, de hecho, dos canciones en una. A primera vista, es una canción de amor, una historia bellamente romántica contada en forma poética. Pero, mirándolo con mayor detalle, es un himno, un relato sagrado y simbólico de la historia de nuestra redención del pecado llevada a cabo por nuestro Pastor y Rey, Jesucristo.

Las páginas de la sección poética de la Palabra de Dios son ricas, radiantes y fragantes, con experiencias que tocan y trascienden nuestras emociones y vivencias. Ahora dé la vuelta a la página conmigo y sumérjase en una historia increíblemente antigua, pero que abarca el dolor y las pasiones de hombres y mujeres contemporáneos como usted y yo: la historia de Job.

LA PREGUNTA MÁS DIFÍCIL

Johnny Gunther era un guapo muchacho de 16 años cuando la sombra de un tumor cerebral se cernió sobre su vida. Se especializó en matemáticas y química en la Academia Deerfield y era un estudiante con calificaciones sobresalientes. Durante los catorce meses después de su diagnóstico pasó por dos operaciones. Incluso después de la segunda intervención, aprobó los duros exámenes de ingreso para la Universidad de Columbia. Dos semanas después de haber sido aceptado en dicha universidad, Johnny Gunther murió.

El carácter de este valiente joven se reveló después de la primera operación. Los doctores les explicaron a sus padres, John y Frances Gunther, la gravedad mortal de la condición del muchacho. «¿Qué debemos decirle de su estado?», le preguntaron al cirujano.

«Él es tan brillante y tiene tanta curiosidad por lo que le está sucediendo...—, contestó el doctor. —Realmente quiere saber todo, así que creo que debemos ser honestos con él».

Los Gunther estuvieron de acuerdo.

El cirujano se acercó a la habitación de Johnny, quien se encontraba solo, y le explicó la gravedad del tumor cerebral. El muchacho escuchó atentamente toda la explicación, y luego preguntó: «Doctor, ¿cómo se lo diremos a mis padres?».

Johnny Gunther era un joven tan prometedor. ¿Por qué algo tan terrible como un tumor cerebral invadió su vida? Esa cuestión hace eco de las preguntas difíciles y dolorosas que se formulan el en libro más antiguo de la Biblia: Job.

¿Por qué?

Job es poesía y también una épica en nada diferente a los dramas poéticos griegos de Homero, *La Ilíada y La Odisea.* Pero el libro de

Job también es historia. Él fue una persona real y viva, y estos eventos ciertamente sucedieron, pero Dios los narra en este bello estilo literario para que podamos tener una respuesta a esta pregunta que nos ha acechado desde tiempos inmemoriales: «¿Por qué una tragedia aparentemente sin sentido invade nuestras vidas?». Es una buena idea que abramos el libro de Job siempre que nos encontremos pasando por dolor y pruebas, y siempre que clamemos: «¿Por qué, Señor?». He aquí un hombre que experimentó agonía, pérdida y desolación de espíritu más allá de nuestra capacidad de comprensión. Job hace preguntas acerca de Dios y busca respuestas, se llena de ira contra Él y, sin embargo, permanece fiel. Por eso, Dios lo lleva a superar su tiempo de prueba.

El sufrimiento sin sentido surge del continuo desafío de Satanás al gobierno de Dios

La respuesta final a la pregunta, «¿por qué, Señor?», se da al principio del libro. En las primeras escenas aprendemos el trasfondo del drama, información que Job mismo no tiene. La respuesta a la gran pregunta del «¿por qué?» es esta: El sufrimiento sin sentido surge del continuo desafío de Satanás al gobierno de Dios.

Cuando comienza el libro encontramos a Dios reunido con los ángeles. Entre ellos está Satanás, quien entra a zancadas, despectivo y arrogante, convencido de que el interés personal es el único motivador de la unidad. En la presencia de Dios, Satanás afirma que cualquiera que declare otra motivación es un farsante. De hecho, Satanás sostiene que puede demostrarlo. Dios responde seleccionando a un hombre llamado Job para que sea el terreno de pruebas.

El 7 de diciembre de 1941, un ataque sorpresa sobre Pearl Harbor, en Hawai, involucró a los Estados Unidos en la Segunda Guerra Mundial. Al inicio de la guerra entre Japón y los Estados Unidos, parecía como que el escenario para el conflicto se encontrara en medio del Pacífico, alrededor de las islas hawaianas. Pero en los inicios de la guerra, los eventos dieron un súbito giro y, sin advertencia alguna, todo el teatro de la batalla cambió de escenario al Pacífico Sur, un área a varios miles de kilómetros más allá de Hawai. Por primera vez, los estadounidenses comenzaron a saber de islas con nombres extraños: Guam, Guadalcanal, Wake, Luzón, Mindanao y Batanes. Allí, en esos rincones oscuros y alejados de la tierra, los mayores poderes de la tierra estaban enfrascados en un combate mortal. Las islas se convirtieron en el campo de batalla del gran conflicto entre imperios.

El campo de batalla

Esto es algo muy similar a lo que sucedió en la historia de Job. He aquí un hombre que se ocupa de sus cosas, inconsciente de que, de repente, se ha convertido en el centro de la atención de Dios… y de Satanás. Al igual que la diminuta Guam o la remota isla Wake, no hay nada especial en cuanto a Job, pero su vida se convierte en un campo de batalla en la lucha cósmica entre Dios y Satanás, entre el bien y el mal. Job es el punto cero y Satanás está por lanzar su mayor ataque.

He aquí una perspectiva general de esta historia épica de guerra cósmica que se libra dentro de la mente, el cuerpo y el espíritu de un solo ser humano, el hombre llamado Job:

Las pérdidas y los sufrimientos de Job (Job 1:1–2:13)

1. La abundancia de Job	1:1-5
2. Los ataques de Satanás; Job lo pierde todo	1:6–2:10
3. Llegan los amigos de Job y en silencio hacen duelo junto con él	2:11-13

Las conversaciones de Job y sus tres «amigos» (Job 3–37)

4. El primer debate	3:1–14:22
A. El primer discurso de Job	3:1-26
B. Elifaz: El inocente no sufre	4:1–5:27
C. La angustiosa respuesta de Job y su súplica por empatía	6:1–7:21
D. Bildad: Job habrá pecado	8:1-22
E. Job contesta, cuestionando la aparente aflicción de Dios sobre él	9:1–10:22
F. Las acusaciones de Zofar	11:1-20
G. Job: Sólo Dios sabe; le pide a Dios que le hable; llora por el desastroso giro de su vida	12:1–14:22
5. El segundo debate	15:1–21:34
A. La segunda acusación de Elifaz	15:1-35
B. Job habla a sus «molestos consoladores»; mantiene su inocencia	16:1–17:16
C. La segunda acusación de Bildad	18:1-21
D. Job responde a Bildad	19:1-29
E. La segunda acusación de Zofar	21:1-34
6. El tercer debate	22:1–26:14
A. La tercera acusación de Elifaz	22:1-30
B. Job responde a Elifaz	23:1–24:25
1. «Saldré como oro»	23:1-17
2. Los malvados parecen no sufrir	24:1-25
C. La tercera acusación de Bildad	25:1-6
D. Job responde a Bildad	26:1-14
7. La defensa final de Job	27:1–31:40
A. El primer monólogo de Job	27:1–28:28
1. Defiende su inocencia	27:1-23

2. «¿Dónde se hallará la sabiduría?»	28:1-28
B. El segundo monólogo de Job	29:1–31:40
1. Job hace reminiscencia de gozos pasados	29:1-25
2. Job lamenta su dolor y su humillación	30:1-31
3. Job vuelve a defender su inocencia	31:1-34
4. Job ora por encontrarse con Dios cara a cara	31:35-40
5. La interrupción y el monólogo del joven Eliú	32:1–37:24

El diálogo de Dios con Job (Job 38:1–42:6)

8. Dios le habla a Job desde el torbellino	38:1–40:5
A. Dios confronta y cuestiona a Job	38
1. El reino de la creación	38:1-38
2. El reino animal	38:39–39:30
B. La respuesta de Job	40:1-5
C. Dios confronta a Job	40:6–41:34
1. ¿Puede Job salvarse a sí mismo?	40:6-14
2. El poder de behemot (una referencia al elefante o al hipopótamo)	40:15-24
3. El poder del leviatán	41:1-34
D. La segunda respuesta de Job	42:1-6
1. Job admite su condición de finito y su ignorancia	42:1-3
2. Job se arrepiente	42:4-6

La liberación y la restauración de Job (Job 42:7-17)

Tragedias apiladas sobre catástrofes

En el capítulo 1, vemos que, uno por uno, todos los puntos de apoyo son eliminados de la vida de Job. Cada tragedia viene sucesivamente pisándole los talones a la anterior. Primero, ataques enemigos se llevan los bueyes de Job y luego sus manadas de asnas quedan diezmadas. Después, una tormenta aniquila sus ovejas y, más tarde, Job se entera de que su gran manada de camellos —que representan la verdadera riqueza en el mundo del Medio Oriente— ha desaparecido de un plumazo. Finalmente, llega la noticia más desgarradora de todas: Los siete hijos y las tres hijas de Job están juntos en una casa, celebrando un cumpleaños, cuando un tornado azota la vivienda, la destruye y mata de una sola vez a todos los vástagos de Job.

Aunque Job —un hombre de gran fe y fidelidad a su Señor— está tambaleándose por el impacto de sus pérdidas, busca responder con fe. «Desnudo salí del vientre de mi madre», dice filosóficamente, «y desnudo volveré allá. Jehová dio, y Jehová quitó; sea el nombre de Jehová bendito» (Job 1:21).

Aunque Job está tambaleándose por el impacto de sus pérdidas, busca responder con fe

Satanás queda desconcertado ante la respuesta de Job. Estaba seguro de que el ataque masivo que había lanzado contra él sería más que suficiente para destruir su fe. Pero la fe de Job le ha propinado a Satanás un revés que lo deja «con ganas de pelea». Así que, ahora el diablo regresa ante Dios y quiere que Él cambie las reglas del juego. Satanás ha decidido atacar a Job de manera más directa y le pide a Dios permiso para atacar el cuerpo de aquel hombre. Sin advertencia alguna, Job de repente se ve presa de una serie de terribles forúnculos.

Cuando yo era más joven, durante 18 meses experimenté una serie de forúnculos en el cuerpo; no más de dos o tres a la vez, y probablemente unos 25 en total. Desde esa vez, he sentido una profunda lástima por el viejo y querido Job. No hay nada más insoportable que un doloroso forúnculo que ningún medicamento pueda curar. Sólo podemos apretar los dientes y soportar la agonía hasta que sane por su cuenta.

Considere ahora cómo se habrá sentido Job al ser atacado por forúnculos desde la punta de la cabeza hasta la planta de los pies. La fe de su esposa sucumbe cuando el dolor se prolonga. En Job 2:9, ella lo ataca, diciendo: «¿Aún retienes tu integridad? Maldice a Dios, y muérete». Job tiene que mantenerse solo, pero está decidido a ser fiel.

Los «animadores» de Job

Luego viene la prueba final, cuando recibe la visita de tres de sus amigos: Elifaz temanita, Bildad suhita y Zofar naamatita. En Job 2:11, el libro cambia el enfoque. Ahora ya no estamos viendo sólo a Job, sino también su controversia con estos tres amigos. La conversación ocupa la mayor parte del libro.

Inicialmente, los tres amigos de Job parecen responder con auténtica empatía. En cuanto lo ven, lloran, se rasgan las vestiduras y se cubren de ceniza. Apenas si lo reconocen, de tan desfigurado que lo ha dejado su sufrimiento. Por siete días con sus noches, se sientan con él sin decir palabra, porque ven cuán grande es su sufrimiento. Si tan sólo hubiesen permanecido así, presentes en silencio, Job se habría sentido apoyado y querido. Pero, finalmente, rompen el silencio. Prosiguen y prosiguen, hablando y argumentando, amontonando palabras piadosas y juicio sobre el sufrimiento de Job, magnificando su dolor.

Desde su limitada perspectiva humana, los tres amigos de Job intentan responder la misma pregunta constante e inquietante: «¿Por

Con certeza petulante y dogmática, los amigos de Job concluyen que está siendo afligido porque ha cometido algún terrible pecado

qué nos afligen las tragedias sin sentido?». Los tres llegan a la misma conclusión. Con certeza petulante y dogmática, los amigos de Job concluyen que está siendo afligido porque ha cometido algún terrible pecado. Así que, proceden a argumentar con él en un intento de derribar sus defensas y hacer que admita que tienen razón. ¡Vaya consuelo que resultan ser!

Ahora bien, es cierto que Dios algunas veces usa circunstancias trágicas o dolorosas para captar nuestra atención cuando nos hemos alejado de Él. Y también es cierto que, cuando violamos las leyes del universo de Dios (por ejemplo, tomando drogas ilegales, enfrascándonos en la promiscuidad sexual o en hábitos de glotonería), nuestros cuerpos tendrán que pagar el precio con una mala salud e incluso con un intenso sufrimiento. Pero también es cierto, tal como lo declara el título de un éxito de librerías, que cosas malas les suceden a personas buenas. El problema con el argumento de los tres «animadores molestos» es que, obstinadamente, afirman que el pecado es la única explicación posible para la secuencia de tragedias en la vida de Job.

Los animadores de Job afirman que los justos siempre son bendecidos y que los malvados siempre sufren

Al igual que un boxeador que continúa golpeando a un oponente que yace sobre la lona para la cuenta, cada uno de los amigos de Job toma tres asaltos contra él. Cada uno presenta tres argumentos, nueve en total, y todos tocan la misma melodía. Intentan diversos enfoques. Primero, usan el sarcasmo y la ironía. Después, hacen un llamado a la honestidad de Job. Luego, lo acusan de crímenes y delitos específicos. Finalmente, se hacen los heridos y se alejan, ofendidos y malhumorados. Durante todo ese tiempo, atacan su integridad con el argumento de que, si Dios es justo, los justos siempre son bendecidos y los malvados siempre sufren. Por lo tanto, el dolor de Job es el resultado directo de su pecado. Es una explicación ordenada y lógica... a menos que uno sea el que está sufriendo. En su libro *Decepcionado con Dios,* Philip Yancey observa que los cristianos, al igual que los amigos de Job, suelen creer que deben encontrar alguna razón espiritual oculta detrás del sufrimiento, como por ejemplo:

> «Dios está tratando de enseñarte algo. Debes sentirte privilegiado, no amargado, por la oportunidad que tienes de apoyarte en Él con fe».
>
> «Medita en las bendiciones que todavía disfrutas; al menos estás vivo. ¿Eres de esos creyentes que sólo son fieles cuando las cosas marchan bien?»
>
> «Estás pasando por un régimen de entrenamiento, una oportunidad para ejercitar nuevos músculos de la fe. No te preocupes; Dios no te probará más allá de lo que puedas resistir».

> «¡No te quejes en voz tan alta! Vas a perder esta oportunidad para demostrar tu fidelidad ante los que no son creyentes».
>
> «Siempre hay alguien a quien le va mucho peor que a ti. Da gracias a pesar de las circunstancias que estás atravesando».
>
> Los amigos de Job ofrecieron una versión de cada una de estas palabras de sabiduría y cada una contiene un elemento de verdad. Pero el libro de Job muestra claramente que tal «consejo útil» no ayuda a responder las preguntas de la persona que está sufriendo. Fue la medicina equivocada administrada al paciente equivocado.
>
> (Philip Yancey, *Decepcionado con Dios,* p. 181).

La medicina equivocada administrada al paciente equivocado

Al principio, Job está simplemente disgustado con estos amigos. Pero luego, se enfada, se exaspera y les responde con mucho sarcasmo. Cuando ellos lo instan a confesar su pecado, él responde que no puede confesar un pecado del que no es consciente, y no puede pensar en nada que haya hecho que ofendiera a Dios. Más aun, ya no cree en la justicia, ya que el argumento de ellos de que los malvados siempre sufren simplemente no es verdad. Además, señala que, en realidad, muchas personas con fama de malvadas prosperan y florecen; ¡un hecho que no ha cambiado en miles de años!

En este momento, vemos la fe de Job cayendo bajo la carga del sufrimiento que ha sido llamado a llevar. Dice que no sabe qué hacer, porque Dios no lo escucha. Ni siquiera tiene oportunidad de defender su caso delante de Dios, porque el Señor se esconde de él y no lo puede encontrar. «¡Quién me diera el saber dónde hallar a Dios!», se lamenta en Job 23:3-4. «Yo iría hasta su silla. Expondría mi causa delante de él, y llenaría mi boca de argumentos».

«Yo iría hasta su silla. Expondría mi causa delante de él, y llenaría mi boca de argumentos»

Finalmente, en un tremendo estallido de confusión, desconcierto, ira, dolor y frustración, Job les grita a sus amigos y expresa su terror del Todopoderoso. «Él, pues, acabará lo que ha determinado de mí», se lamenta Job, «y muchas cosas como éstas hay en él. Por lo cual yo me espanto en su presencia; cuando lo considero, tiemblo a causa de él» (Job 23:14-15). Una vez, Job pensaba en Dios como en un Amigo confiable. Ahora su Amigo parece haberse puesto en su contra. Job está desorientado. Todo está al revés. Lo bueno es malo. Lo blanco es negro. Ya no sabe qué pensar acerca del Señor, a quien ha servido toda su vida. El dolor de su sufrimiento le está corroyendo la mente y las emociones.

A lo largo de su prueba, Job es total y completamente honesto. Él simplemente expone sin tapujos la verdad de todo lo que soporta,

Job clama una y otra vez usando algunas de las expresiones más profundas del corazón humano

de todo lo que siente y de todo lo que piensa. Se niega a admitir cosas que no puede aceptar. Despacha las respuestas preparadas de sus amigos con el furioso desprecio que estas se merecen. Despojado como está hasta de su misma alma, clama una y otra vez con algunas de las expresiones más profundas del corazón humano. Al igual que Jacob cuando luchó contra el ángel de Dios, Job está enfrascado en una lucha con Dios. Está molesto, asustado, confundido y enfermo por dentro, pero nunca se aleja de Él. Nunca saca al Señor de su vida. Siempre trata con Dios sin rodeos.

A veces vemos que la lucha de Job con Dios tiene su recompensa. Un rayo de luz brilla en medio de la oscuridad. En Job 19:25-26, Job dice: «Yo sé que mi Redentor vive, y al fin se levantará sobre el polvo; y después de deshecha esta mi piel, en mi carne he de ver a Dios». De lo profundo de la angustia de este hombre, sale un clamor que se cumplirá con la venida de Jesucristo. Él es nuestro Redentor, quien hará posible que trascendamos la corrupción de la muerte y veamos a Dios cara a cara, en persona.

Eliú

Después de que todos los supuestos amigos de Job tuvieran su oportunidad de darle una zurra verbal, el pobre hombre, golpeado y confundido, todavía se enfrenta a otro que viene a interrumpir y a molestar. Su nombre es Eliú y, hasta ahora, ha sido un testigo silencioso de la conversación. Entonces, hablando con aires de sabelotodo, propios de un joven petulante, Eliú se aclara la garganta y se lanza a un discurso propio. En el capítulo 32, leemos:

> *Entonces Eliú hijo de Baraquel buzita, de la familia de Ram, se encendió en ira contra Job; se encendió en ira, por cuanto se justificaba a sí mismo más que a Dios. Asimismo se encendió en ira contra sus tres amigos, porque no hallaban qué responder, aunque habían condenado a Job {…}.*
>
> *Y respondió Eliú hijo de Baraquel buzita, y dijo: Yo soy joven, y vosotros ancianos; Por tanto, he tenido miedo, y he temido declararos mi opinión.*
>
> *Yo decía: los días hablarán, y la muchedumbre de años declarará sabiduría.*
>
> *Ciertamente espíritu hay en el hombre, y el soplo del Omnipotente le hace que entienda.*
>
> *No son los sabios los de mucha edad, ni los ancianos entienden el derecho (vv. 2-3,6-9).*

Así que, Eliú comienza justificándose a sí mismo por su arrebato y por contender con aquellos que son mayores (y supuestamente más sabios) que él. Continúa arremetiendo tanto contra Job como contra sus otros «amigos», diciendo, en efecto: «Todos ustedes están equivocados. Ustedes, los amigos de Job, están equivocados porque lo acusan injustamente, y Job está equivocado porque culpa a Dios de su dificultad. Está acusando a Dios para exonerarse a sí mismo». En un interminable monólogo que va desde el capítulo 32 hasta el capítulo 37, Eliú señala las debilidades de ambos argumentos, pero no ofrece nada positivo para responder a la pregunta del sufrimiento de Job.

La respuesta del Señor

De repente, en el capítulo 38, Job finalmente escucha una voz proveniente de una fuente con autoridad: el Señor mismo le responde desde un torbellino. Desde la furia de los vientos, Dios se le acerca, y dice:

El Señor mismo responde a Job desde un torbellino

¿Quién es ése que oscurece el consejo
con palabras sin sabiduría?
Ahora ciñe como varón tus lomos;
Yo te preguntaré, y tú me contestarás (38:2-3).

En otras palabras: «¿Quieres debatir conmigo, Job? Primero, permíteme ver tus calificaciones. Tengo una lista de preguntas. Si puedes con ellas, tal vez estés calificado para enfrentarte a mí en un debate». Luego, en los capítulos 38 al 40, encontramos uno de los pasajes más extraordinarios en la Biblia. Dios lleva a Job en un recorrido por la naturaleza y le hace pregunta tras pregunta, como por ejemplo:

¿Dónde estabas tú cuando yo fundaba la tierra? (38:4).

¿Has mandado tú a la mañana en tus días?
¿Has mostrado al alba su lugar? (38:12)

¿Te han sido descubiertas las puertas de la muerte,
y has visto las puertas de la sombra de muerte? (38:17)

¿Podrás tú atar los lazos de las Pléyades,
o desatarás las ligaduras de Orión?
¿Sacarás tú a su tiempo las constelaciones de los cielos,
o guiarás a la Osa Mayor con sus Hijos?
¿Supiste tú las ordenanzas de los cielos? (38:31-33)

¿Alzarás tú a las nubes tu voz,
para que te cubra muchedumbre de aguas?
¿Enviarás tú los relámpagos, para que ellos vayan? (38:34-35)

¿Diste tú al caballo la fuerza?
¿Vestiste tú su cuello de crines ondulantes? (39:19)

¿Vuela el gavilán por tu sabiduría,
y extiende hacia el sur sus alas? (39:26)

¿Sacarás tú al leviatán con anzuelo,
o con cuerda que le eches en su lengua? (41:1)

Al final de esta muestra abrumadora del formidable poder y sabiduría de Dios, Job, en su pequeñez, sólo puede responder cayendo humillado, con el rostro en tierra, delante de Dios

La respuesta a todas estas preguntas es obvia y nos llena de humildad. En estos tres capítulos, el Señor pinta un cuadro vasto y finamente detallado del universo complejo e intrincadamente conectado que Él creó, desde sus formas de vida más delicadas y bellas hasta sus fuerzas más formidables y aterradoras; desde las criaturas que nos son familiares, tales como los bueyes y las águilas, hasta las distantes estrellas en sus constelaciones. Claramente, sólo una mente tremenda y sobrehumana podría abarcar, comprender y dirigir el rango total de la creación en toda su variedad, complejidad y poder. Al final de esta muestra abrumadora del formidable poder y sabiduría de Dios, Job, en su pequeñez, sólo puede responder cayendo humillado, con el rostro en tierra, delante de Dios:

De oídas te había oído; mas ahora mis ojos te ven.
Por tanto me aborrezco, y me arrepiento en polvo y ceniza (42:5-6).

Los seres humanos finitos debemos tomar la postura de confiar en Él, no de discutir

La esencia del argumento de Dios es que la vida es demasiado complicada para respuestas sencillas. Si estamos exigiendo que Dios aparezca con respuestas así a estos problemas profundos y complicados, le estamos pidiendo que haga más de lo que podemos entender. Por lo tanto, los seres humanos finitos debemos tomar la postura de confiar en Él, no de discutir.

En última instancia, debemos aceptar que Dios no existe para las personas, sino que las personas existen para Dios. El Señor no es un botones glorificado al que le chasqueamos los dedos para que venga corriendo a nosotros y nos pregunte: «¿Puedo atender su pedido?». No, nosotros existimos para Él. Somos los instrumentos de Dios y vivimos para llevar a cabo Sus propósitos, algunos de los cuales son tan complicados y trascendentes que somos completamente incapaces de comprenderlos.

Al llegar el libro a su final, vemos a qué se refería el apóstol Santiago cuando escribió:

> *Habéis oído de la paciencia de Job, y habéis visto el fin del Señor, que el Señor es muy misericordioso y compasivo (Stg. 5:11).*

En Job 42, Dios reprende a los «animadores» de Job y hace que este ore por ellos; estos metedores de pata tercos, sinceros, bien intencionados, equivocados, con pretensiones de superioridad moral que, por medio de sus palabras sentenciosas, hicieron mucho más daño que bien al cuerpo, la mente y el espíritu de su amigo. Luego Dios le restaura a Job todo lo que había perdido... y lo duplica. Antes tenía 7.000 ovejas; Dios le da 14.000. Tenía 500 bueyes y 500 asnas; Dios le da 1.000 de cada uno. Tenía 3.000 camellos; Dios le da 6.000. Incluso le repone sus hijos e hijas. Usted podría decir: «¡Pero ningún hijo nuevo puede reemplazar en el corazón de un padre a otro perdido! ¡Nada podría eliminar ese dolor!». Y tiene razón.

Dios reprende a los «animadores» de Job

Note que Job tenía siete hijos y tres hijas antes del azote del desastre, pero Dios no le dio después catorce hijos y seis hijas. El Señor no duplicó el número de su prole tal como lo había hecho con el tamaño de sus rebaños. ¿Por qué? Porque a sus primeros diez hijos no los había perdido para siempre. Estaban en la gloria con Dios y algún día Job se reuniría con ellos. Esa era la confianza y la seguridad que él había expresado en 19:25-26, cuando dijo: «Yo sé que mi Redentor vive, y al fin se levantará sobre el polvo; y después de deshecha esta mi piel, en mi carne he de ver a Dios».

Job no tenía dudas de que sobreviviría a la muerte y la corrupción, lo mismo que sus hijos. Nada, ni siquiera diez hijos nuevos, puede reemplazar a un hijo que haya dejado este mundo demasiado pronto; los recuerdos, los gozos y los sufrimientos permanecen para toda la vida en el corazón de un padre y una madre desconsolados. Pero Job conocía a su Redentor y sabía que sus hijos, aunque habían sido arrebatados de esta vida, sobrevivirían a la muerte y la corrupción, verían a Dios y volverían a ver a su padre.

A sus hijos Job no los había perdido para siempre

El relato termina con las palabras: «Y murió Job viejo y lleno de días» (Job 42:17). La única respuesta que se nos da a la pregunta del sufrimiento humano es que todo lo que soportamos ocurre teniendo como telón de fondo el demoníaco desafío de Satanás al gobierno justo de Dios de la creación. A nosotros, los lectores, se nos da esta respuesta; Job jamás la recibe en vida.

Al inicio del libro usted encuentra a Dios, a Satanás y a Job. Al final, Satanás ha desaparecido completamente del cuadro. Desde el principio hasta el final, la cámara ha realizado un acercamiento lento

Dios jamás deja a Job y Job jamás deja a Dios

y gradual hasta que sólo quedan dos figuras enmarcadas en la lente: Dios y Job. Este libro es la historia de una relación auténtica y dinámica entre dos amigos, una relación tormentosa llena de dolor e ira, así como también de deleite y gozo. Sin embargo, Dios jamás deja a Job y Job jamás deja a Dios. La relación emerge más fuerte que nunca, debido al sufrimiento que Job soporta. Es una relación que produce en él cambio y crecimiento.

«Y saldré como oro»

La nota más profunda en el libro se toca, creo yo, cuando Job dice —en medio de todo su dolor y su desolación, pero con el Espíritu de Dios susurrando dentro de él y avivando la llama de su fe tambaleante—: «Mas él conoce mi camino; me probará, y saldré como oro» (Job 23:10). Esa es la lección de este libro. Puede que el sufrimiento parezca no tener propósito alguno, pero hay una profunda lección para nosotros en la vida de Job y en la de tantos cristianos que han soportado todo tipo de sufrimiento: persecución, martirio, accidentes, cáncer, esclerosis múltiple, pérdidas financieras, pobreza, humillación pública. Es la lección que nos dice que la prueba nos purifica y revela el oro del carácter de Dios dentro de nosotros.

En el Nuevo Testamento, Pablo se regocija: «Y sabemos que a los que aman a Dios, todas las cosas les ayudan a bien, esto es, a los que conforme a su propósito son llamados» (Ro. 8:28). Esta también podría ser la canción triunfante de Job, una canción de esperanza para la vida. Que también sea la canción de usted y la mía.

CANCIONES DE UN CORAZÓN SINCERO

Hace algunos años, fui a la casa de un hombre a quien había estado aconsejando. La puerta estaba abierta, pero nadie contestó cuando llamé. Presintiendo que algo estaba mal, entré y descubrí el cuerpo de este hombre. Se había suicidado. Encontrar a esta persona, a quien había conocido y con quien había orado —a quien había tratado de ayudar—, fue una de las peores sorpresas de mi vida. Allí estaba él, muerto por su propia mano.

Esa noche, estaba tan lleno de pena y angustia que no pude dormir. Tampoco pudo mi esposa, Elaine. En esa hora negra de desolación, ambos empezamos a leer juntos algunos de los salmos. Era lo único que podía calmar y consolar nuestros corazones en ese espantoso momento.

A través de los siglos, esta gran colección de poesía hebrea ha dado reposo a millones de cristianos en tiempos de desgracia y dolor

A través de los siglos, esta gran colección de poesía hebrea ha dado reposo a millones de cristianos en tiempos de desgracia y dolor. También ha manifestado emociones de alegría, gozo y esperanza. Ha convertido los corazones a Dios con sus expresiones de profunda reverencia y adoración. En Salmos, se encuentran reflejadas todas las sombras de emoción que surgen del alma humana.

El himnario del Antiguo Testamento

El libro de los Salmos es el libro de las emociones humanas. No importa en qué estado de ánimo esté usted, encontrará un salmo que exprese ese humor. Los salmos contienen expresiones estimulantes de los momentos intensos y alegres de la vida. Si es feliz y desea algunas palabras para expresar su gozo, lea el Salmo 66 ó el 92. Si está agradecido y quiere expresar esa gratitud a Dios, use las palabras del Salmo 40. Si su corazón está lleno de alabanza y amor indecible por Dios, entonces recurra al Salmo 84 ó al 116.

Para el *miedo* y el *temor:* Salmos 23,56 y 91; para la *soledad:* Salmos 62 y 71; para la *culpa* y la *vergüenza:* Salmos 32 y 51; para la *duda:* Salmo 119

Los Salmos también expresan la necesidad del alma que ha descendido al valle de las sombras. Si usted está afligido por el miedo y el temor, lea el Salmo 56, el Salmo 91 ó (por supuesto) el Salmo 23. Si está desanimado, lea el Salmo 42. Si se siente solo, le sugeriría el Salmo 62 ó el 71. Si está oprimido por la culpa, la vergüenza o un sentido de pecaminosidad, lea el Salmo 51 (escrito después del doble pecado de David, adulterio y asesinato; ver 2 Samuel 11 y 12) y el 32, una gran expresión de confesión y perdón. Si se encuentra preocupado o ansioso, le recomendaría el Salmo 37 y el 73. Si está enojado, lea el 13 ó el 58. Si lucha con la amargura y el resentimiento, lea el Salmo 77 ó el 94. Si se siente abandonado, sumérjase en el consuelo del Salmo 88. Si está luchando con dudas, cobíjese en las verdades del Salmo 199, que animan el corazón. Todos y cada uno de los salmos son una expresión única de nuestros sentimientos y experiencias como seres humanos.

Estos salmos fueron el himnario del antiguo Israel. Muchos fueron escritos para ser cantados en público; por eso, a menudo el salmo comienza con una frase como: «Al maestro de coro». La mayoría asume que David escribió todos los salmos y, efectivamente, es el autor de más de la mitad de ellos. Dios le dio a este pastor-rey el don inspirador de captar las emociones ricas y diversas de su experiencia y ponerlas por escrito en forma lírica. Pero muchos fueron compuestos por otros escritores. El Salmo 90 fue escrito por Moisés, y otros dos fueron compuestos por el rey Salomón. Otros fueron escritos por un grupo llamado «los hijos de Coré», quienes estaban encargados de liderar el canto de Israel. Incluso hay otros que fueron compuestos por Asaf. El rey Ezequías escribió diez de ellos.

La estructura de los Salmos

Hay 150 salmos en este libro, el más largo de la Biblia. Son realmente cinco libros en uno, compuestos durante unos mil años (aproximadamente del 1410 a.C. al 430 a.C.). Se divide en cinco secciones, cada una con su propio tema general, y cada sección se cierra con una doxología: «Amén y amén» o «¡Alabado sea el Señor!». Las cinco divisiones de los Salmos equivalen a la estructura del Pentateuco, los primeros cinco libros de la Biblia.

Lo siguiente es, en resumen, una visión general de la estructura de los Salmos.

Libro 1 (Salmos 1–41)
Autor y probable recopilador: David
Tema: La sección de Génesis que trata sobre la humanidad, la creación y la necesidad humana.
Contenido general: Súplicas de ayuda y canciones de alabanza.
Fechas probables de recopilación: Aprox. del 1020 a.C. al 970 a.C.

Libro 2 (Salmos 42–72)
Autores: David y los hijos de Coré.
Probable recopilador: Ezequías o Josías.
Tema: La sección de Éxodo que trata sobre la liberación y la redención.
Contenido general: La liberación de Israel de la cautividad nacional y la liberación del individuo de la esclavitud del pecado.
Fechas probables de recopilación: Aprox. del 970 a.C. al 610 a.C.

Libro 3 (Salmos 73–89)
Autor: Asaf
Probable recopilador: Ezequías o Josías
Tema: La sección de Levítico, que trata sobre la adoración, la manera de acercarse a Dios.
Contenido general: Canciones de adoración
Fechas probables de recopilación: Aprox. del 970 a.C. al 610 a.C.

Libro 4 (Salmos 90–106)
Autor: Desconocido
Probable recopilador: Esdras o Nehemías
Tema: La sección de Números que trata sobre los viajes por el desierto, los altos y bajos de la vida.
Contenido general: La confesión de fracaso y la expresión de alabanza.
Fechas probables de recopilación: Hasta cerca del 430 a.C.

Libro 5 (Salmos 107–150)
Autores: David y otros escritores
Probable recopilador: Esdras o Nehemías
Tema: La sección de Deuteronomio que trata sobre la Palabra de Dios
Contenido general: Himnos de eufórica alabanza
Fechas de probable recopilación: Hasta cerca del 430 a.C.

Los primeros cinco libros de la Biblia (Génesis, Éxodo, Levítico, Números y Deuteronomio) fueron diseñados por Dios para darnos el patrón de cinco pasos de las obras de Dios. Él siempre sigue el mismo modelo, tanto en Su trato con el individuo —con las naciones de la historia— como con toda la creación. Los salmos siguen el mismo patrón de cinco pasos, reflexionando sobre las reacciones del corazón humano frente al modelo divino para obrar en nuestras vidas.

Libro 1 de Salmos, la sección del Génesis. El primer libro de Salmos contiene los salmos 1 al 41 y sus temas equivalen al mensaje del libro de Génesis. Es la hermosa expresión poética de la necesidad más profunda del corazón humano. Encontrará que sigue de cerca la historia de Génesis. Comienza en el Salmo 1 con el retrato del ser humano perfecto tal como Génesis empieza con el hombre y la mujer en el huerto del Edén. El Salmo 2 registra la rebelión humana. Es un salmo poderoso que comienza con las palabras:

¿Por qué se amotinan las gentes,
y los pueblos piensan cosas vanas?
Se levantarán los reyes de la tierra,
y príncipes consultarán unidos
contra Jehová y contra su ungido, diciendo:
Rompamos sus ligaduras, y echemos de nosotros sus cuerdas.

Estas palabras del salmista describen la rebelión humana; Génesis provee la misma descripción de la humanidad en el jardín del Edén. A través del resto de esta primera sección, se ve la angustia de la separación entre la humanidad y Dios, ejemplificada por pasajes tales como Salmo 6:3,6:

Mi alma también está muy turbada;
y tú, Jehová, ¿hasta cuándo?
Me he consumido a fuerza de gemir;
todas las noches inundo de llanto mi lecho,
riego mi cama con mis lágrimas.

El primer libro de los Salmos es una expresión de la añoranza de Dios, profundamente asentada en el corazón humano, y del primer sonido poderoso de la respuesta divina

Pero, en esta sección también, se introduce la gracia y la misericordia de Dios. Aquí el Señor es representado como defensor, refugio, juez justo. Lo vemos buscando a los seres humanos extraviados en la oscuridad que ellos mismos han creado, tal como lo hizo en las sombras del jardín después del pecado de Adán, cuando dijo: «Adán, ¿dónde estás?». Vemos a Dios comenzando a restaurar la raza de Adán de su estado perdido. El primer libro de Salmo es una expresión de la añoranza de Dios, profundamente asentada en el corazón humano, y del primer sonido poderoso de la respuesta divina.

Libro 2 de los Salmos, la sección de Éxodo. El segundo libro de los Salmos, 42 al 72, corresponde al libro de Éxodo, en el Pentateuco. Aquí comienza una nueva relación entre Dios y la humanidad. Éxodo cuenta la historia de Israel durante su cautividad en Egipto; una historia de aflicción y cautiverio. También habla del gran poder de Dios al liberar al pueblo de la esclavitud. El segundo libro de Salmos sigue el mismo tema.

El Salmo 45 es el de Dios el Rey, de Su gobierno soberano sobre la humanidad.

El Salmo 46 habla de la liberación que proviene de Dios y Su ayuda en tiempos de tribulación.

El Salmo 50 exalta la fortaleza de Dios, mientras que el 51 revela Su gracia por nosotros, aun cuando estamos sumidos en el pecado y la vergüenza.

El Salmo 72, el último de esta sección, retrata a Dios en Su omnipotente fuerza conquistadora, fuerza para libertarnos de la esclavitud del pecado.

Libro 3 de los Salmos, la sección de Levítico. El tercer libro de los Salmos, 73 al 89, corresponde al libro de Levítico, el cual detalla el tabernáculo de adoración y revela cómo debe acercarse la humanidad a un Dios santo. Levítico revela el obrar interior del corazón humano, su necesidad, la profunda conciencia de su pecado y el descubrimiento del remedio divino. El mismo patrón se cumple del Salmo 73 al 89.

El Salmo 75 expresa la preocupación humana, en lo profundo del corazón, por el juicio del Señor.

El Salmo 78 revela, a la luz del amor inquebrantable de Dios, que Él nos ama con un amor intenso y nos corrige para nuestro crecimiento y beneficio. Él es misericordioso, pero también es implacable para desterrar y destruir el pecado de nuestras vidas, tal como misericordiosa, pero implacablemente, purificó a Su pueblo Israel. Cuando estamos listos para reconocer nuestro pecado y aceptar el juicio del Señor por ello, Dios nos trata con gracia y amor. El Salmo 81 describe la nueva fortaleza que el Señor nos ofrece; y el 84, la provisión continua y generosa que Él nos proporciona, tal como proveyó para las necesidades del antiguo Israel.

Libro 4 de los Salmos, la sección de Números. Los Salmos 90 al 106 compaginan el cuarto libro, correspondiente al libro de Números —el libro del desierto—, el cual resalta el fracaso humano. A lo largo de esta sección, podemos encontrar la victoria alternada con la derrota devastadora. Así como Dios interviene y libera a los israelitas en el desierto —obrando poderosos milagros y ministrando para sus necesidades, alimentándolos con pan del cielo, abriendo la roca para que el agua fluyese para ellos—, Israel comienza a murmurar y quejarse, precipitando un episodio de derrota. Este mismo patrón se nos describe en la poesía de la cuarta sección de los Salmos.

Libro 5 de los Salmos, la sección de Deuteronomio. La quinta sección, 107 al 150, corresponde al libro de Deuteronomio, la experiencia de nuestro nuevo recurso en Dios. Estos salmos describen a la persona que ha agotado sus recursos y que ahora está lista para aferrarse a la plenitud de Dios. La sección final de los Salmos no es más que agradecimiento y alabanza, de principio a fin. Una nota triunfante resuena a través de todos estos salmos y concluye con un constante «¡Aleluya, alabado sea el Señor!». Es la expresión de alguien tan emocionado que lo único que puede hacer es exclamar: «¡Aleluya!».

Dificultades en los Salmos

Algunos cristianos tienen dificultades con los salmos. Tienen problemas con los pasajes donde David clama contra sus enemigos o se queja por el sufrimiento y las persecuciones. Son particularmente conflictivos para muchos cristianos de buen corazón los llamados salmos imprecatorios, es decir, aquellos que hablan de una condenación amarga y abrasadora —imprecaciones— contra los enemigos, donde se implora la ira de Dios sobre ellos y se los imagina mientras sus extremidades son desgarradas una por una y colgadas del farol más cercano, por así decirlo. Se entiende que a la gente le parezcan inquietantes estas palabras. «¡Esto no va de acuerdo con el mensaje del Nuevo Testamento de que debemos amar a nuestros enemigos!», protestan.

Pero creo que podemos comprender incluso estos salmos problemáticos si recordamos lo que el Nuevo Testamento nos dice acerca del Antiguo. Como expresa el apóstol Pablo en 1 Corintios 10:11, estas cosas fueron escritas en el Antiguo Testamento para nuestra enseñanza. Si nos ponemos en el lugar del salmista, veremos que los enemigos que él enfrentó entonces son los mismos que encontramos hoy. El Nuevo Testamento nos dice que «nuestra lucha no es contra carne ni sangre» (Ef. 6:12). Algunas veces, olvidamos quién es nuestro verdadero enemigo. Pensamos que la persona que se opone a nuestros planes, que ataca nuestra reputación o que nos exaspera de alguna manera es nuestro enemigo. No, la gente podrá herirnos, pero no son nuestros verdaderos enemigos. Los verdaderos enemigos son los principios de maldad, las filosofías de esta sociedad y las fuerzas espirituales que controlan este mundo.

Los salmos imprecatorios duros, implacables, representan la manera en que debemos tratar con los *verdaderos* enemigos del corazón

En muchos casos, el peor enemigo de todos no es el externo, sino el interno. Como dijo Jesús: «No lo que entra en la boca contamina al hombre; mas lo que sale de la boca, esto contamina al hombre [...]. Porque del corazón salen los malos pensamientos, los homicidios, los adulterios, las fornicaciones, los hurtos, los falsos testimonios, las blasfemias. Estas cosas son las que contaminan al hombre» (Mt. 15:11,19-20). Con estas palabras de Jesús sonando en nuestros oídos, el lenguaje severo de los salmos tiene perfecto sentido. Debemos tratar estrictamente con estas cosas. El pecado no tiene lugar en la vida cristiana. Los salmos imprecatorios duros, implacables, representan la manera en que debemos tratar con los *verdaderos* enemigos del corazón.

Salmos de Jesús

La mejor idea que se puede obtener del estudio profundo de Salmos es entender que estos hermosos cantos de fe revelan enteramente la obra y la persona de Jesucristo. Recordará que en el camino a Emaús, después de la resurrección de Jesús, Él les dijo a los dos discípulos afligidos y atribulados: «... era necesario que se cumpliese todo lo que está escrito de mí en la ley de Moisés, en los profetas y en los salmos» (Lc. 24:44). Aunque el carácter, la gracia y la verdad de Cristo están presentes en todo salmo, varios salmos especiales —mesiánicos— presentan una clara imagen profética del Señor. Incluyen episodios específicos y crisis de Su vida terrenal, aunque fueron escritos cientos de años antes del nacimiento de Cristo.

El Salmo 2 presenta a Cristo como el Hombre del destino, el punto central de toda historia. Dios dice que toda nación, toda tribu, todo pueblo, todo individuo encontrará su valor o su falta de valía en la manera de relacionarse con su Hijo.

Salmo 2: Cristo, el punto central de toda historia

El Salmo 22 registra la angustia del Señor en la cruz del calvario. Este salmo asombroso nos lleva directamente a la misma cruz en primer plano: «Dios mío, Dios mío, ¿por qué me has desamparado?». Sigue describiendo a la multitud que observa boquiabierta al pie de la cruz, mirándole a Él, a quien atravesaron y contaron con los pecadores. Relata en detalle cómo Sus atormentadores tomaron Su ropa y echaron suertes sobre ella, y penetra nuestros corazones con la descripción emotiva de la sensación final de Jesús de ser abandonado por Dios.

Salmo 22: Su angustia en la cruz

Las palabras son gráficas y específicas, prefigurando claramente la muerte del Mesías por crucifixión:

> *Horadaron mis manos y mis pies. Contar puedo todos mis huesos (Sal. 22:16-17).*

Así este relato horripilante y angustioso de la muerte del Mesías, rápidamente es seguido por la culminación de la historia del Señor: el triunfo de Su resurrección, la gloria de Su segunda venida y la justicia de Su futuro reinado.

Otros salmos mesiánicos reflejan el carácter y la obra de Cristo, y Su reinado venidero como Rey sobre toda la tierra. Por ejemplo, el Salmo 110 claramente confirma la deidad de Cristo, el gran misterio de ser completamente humano y completamente Dios al mismo tiempo. Y el Salmo 118 lo describe simbólicamente como la piedra de tropiezo, rechazado por la gente, pero, aun así, usado por Dios como la cabeza del ángulo de Su plan redentor en el día de la resurrección.

Salmo 110: Su deidad

Salmo 118: Cristo, la piedra de tropiezo

La siguiente tabla nos ofrece una lista de la mayor parte de estos salmos y su cumplimiento en el Nuevo Testamento. Una investigación comparativa entre ellos y pasajes del Nuevo Testamento pueden hacer que un estudio bíblico individual o de grupo sea una experiencia emocionante y gratificante.

Salmos proféticos y su cumplimiento en el Nuevo Testamento

Salmo	Profecía Mesiánica	Cumplimiento en el N.T.
2:7	Dios declara al Mesías como Su Hijo	Mateo 3:17
8:6	Todas las cosas puestas bajo Sus pies	Hebreos 2:8
16:10	La resurrección	Marcos 16:6-7
22:1	El Mesías desamparado	Mateo 27:46
22:7-8	El Mesías rodeado por burladores	Lucas 23:35
22:16	Las manos y pies del Mesías clavados en la cruz	Juan 20:25,27
22:18	Echaron suertes sobre Su ropa	Mateo 27:35-36
34:20	No quebraron los huesos del Mesías	Juan 19:32-33,36
35:11	El Mesías acusado por falsos testigos	Marcos 14:57
35:19	El Mesías odiado y perseguido	Juan 15:25
40:7-8	Él viene a hacer la voluntad de Dios	Hebreos 10:7
41:9	La traición al Mesías por un amigo (Judas)	Lucas 22:47
45:6	El trono del Mesías es para siempre	Hebreos 1:8
68:18	El Mesías asciende y se sienta a la mano derecha de Dios	Marcos 16:19
69:9	Su celo por la casa de Dios (limpiando el templo)	Juan 2:17
69:21	Vinagre y hiel sobre la cruz	Mateo 27:34
109:4	El Mesías intercede por Sus enemigos	Lucas 23:34
109:8	El puesto del traidor es dado a otro	Hechos 1:20
110:1	Sus enemigos, puestos bajo sujeción	Mateo 22:44
110:4	El Mesías como un sacerdote según la orden de Melquisedec	Hebreos 5:6
118:22	La piedra de tropiezo rechazada se vuelve la cabeza del ángulo	Mateo 21:42

La adoración está totalmente relacionada con la honesta expresión de nuestro corazón hacia Dios

Todos los salmos están destinados a enseñarnos cómo adorar a Dios, cómo tener una relación con Él, cómo experimentar la plenitud y la riqueza divina. Nos enseñan la manera de ofrecer honestamente al Señor el conjunto completo de nuestras emociones. Si usted tiene un problema, no se lo oculte a Dios ni a usted mismo. Cuénteselo. No actúe de manera piadosa ni trate de suavizarlo. Si está molesto con Él, dígaselo. Si está trastornado por algo que Él ha hecho, expóngaselo. Si está resentido, sáquelo a la luz y resuélvalo. Si está feliz y contento, exprese su alegría y alábelo. De eso se trata la adoración: es la expresión honesta de su corazón hacia Dios.

Como Jesús dijo a la mujer en el pozo en Samaria: «Dios es Espíritu; y los que le adoran, en espíritu y en verdad es necesario que adoren» (Juan 4:24). Dios está buscando esta clase de adoradores.

Si usted puede ser honesto ante Dios —aún con todos sus estados de ánimo, pecados, fracasos, dolores e interrogantes—, encontrará gracia para satisfacer todas sus necesidades.

Hay una antigua historia de un avaro que, cuando era ya viejo, puso su confianza en Cristo. Después de su conversión, uno de sus vecinos sufrió una pérdida seria. Cuando el avaro que había nacido de nuevo lo supo, su reacción inmediata fue: «Mi amigo necesita ayuda y alimento para su familia. Iré a mi ahumadero, sacaré un jamón y se lo llevaré». Pero en el camino al ahumadero, su vieja naturaleza comenzó a susurrarle: «¿Por qué darle todo un jamón? Será suficiente con la mitad». Debatió consigo mismo durante todo el camino.

Luego recordó lo que había aprendido en la presencia de Dios: al recibir la gracia de Jesucristo en su vida, había resuelto que crucificaría su viejo yo y permanecería firme contra todos los viejos rasgos y hábitos de su pasado precristiano. De repente, se dio cuenta de dónde provenía la tentación de restringir su generosidad: era el *tentador* que seguía susurrando: «Dale la mitad del jamón». Consciente de ello, el viejo hombre dijo: «Mira Satanás, si no te callas, ¡le daré todo el ahumadero!».

Donde abunda el pecado, abunda mucho más la gracia. Y ese es el propósito de los salmos: Son la música de Dios, inspirados y escritos para llevarnos a la gracia.

DE QUÉ TRATA LA VIDA

Hace algunos años, un hombre entró en mi estudio y me contó una historia desgarradora. Sintiéndose impaciente en la universidad y deseoso de escapar de la casa de sus padres para vivir por su cuenta, dejó la escuela y se mudó a San Francisco, atraído por la vida emocionante de la ciudad. Se zambulló en todo tipo de experiencias con drogas y promiscuidad, esperando encontrar satisfacción en la vida. Por un tiempo, cada noche era una fiesta, pero pronto su estilo de vida empezó a hundirlo. Comenzó a inyectarse heroína, una práctica en la que, en otro tiempo, se había dicho que nunca caería. Sus experiencias con drogas alucinógenas le provocaron visiones fantasmagóricas y lo dejaron lleno de miedo y paranoia.

Al poco tiempo, era incapaz de tener un empleo debido a su adicción a la droga y terminó como traficante de prostitutas en las calles más miserables de la ciudad. Pronto, nada podía hacerlo dejar de sentir miedo y vergüenza; ni las drogas ni el sexo. Pero, cuando comenzó a experimentar impulsos suicidas poderosos, finalmente se dio cuenta de que terminaría destruido si no buscaba ayuda de un poder más allá de él. Dios le hizo ver su necesidad y él se refugió en una misión de rescate del centro de la ciudad. Fue desintoxicado y colocado en un programa cristiano que le permitió vencer sus adicciones; en el proceso, entregó su vida a Jesucristo. En nuestra iglesia, encontró una comunidad compasiva que lo aceptó, y su fe y carácter cristianos pudieron crecer y madurar.

Los horrores por los que este joven pasó son precisamente lo que Dios, hablándonos a través del libro de Proverbios, quiere ayudarnos a evitar. El mensaje de Proverbios es que la vida nunca puede ser completamente entendida ni vivida excepto mediante una relación con

Dios. Las complejidades y los peligros de la vida son, simplemente, demasiado grandes para manejarlos nosotros. Para navegar con éxito por las corrientes arremolinadas de nuestra diaria existencia, con todas sus tentaciones, decepciones y elecciones arriesgadas, necesitamos sabiduría, la sabiduría verdadera, eterna y segura de Dios.

La estructura de Proverbios

Ningún libro del Antiguo Testamento parece ser tan difícil de resumir como Proverbios. El tema parece cambiar con cada versículo. Sin embargo, realmente está estructurado de una manera lógica y útil. Si nota sus divisiones, puede fácilmente reconocer y seguir el argumento. A continuación, le mostramos una visión general de la estructura de Proverbios:

Introducción: El propósito de Proverbios es la sabiduría (Proverbios 1:1–1:7)
Tema: El valor de la sabiduría

Proverbios para jóvenes (Proverbios 1–9)
Tema: Consejos acerca de la vida, de un padre que ya ha vivido

Proverbios de Salomón (Proverbios 10–24)
La primera colección de proverbios de Salomón, recopilada por él mismo
Tema: Los principios de la sabiduría para una vida santa

Proverbios de Salomón (Proverbios 25–29)
La segunda colección de los proverbios de Salomón, recopilada por Ezequías
Tema: Los principios de la sabiduría santa para relaciones saludables

Proverbios de Agur (Proverbios 30)
Tema: La humildad, la vida recta y aprender sabiduría observando al reino animal

Proverbios de Lemuel (Proverbios 31)
Tema: La sabiduría aprendida por el rey Lemuel en las rodillas de su madre

1. Principios de una vida santa (31:1-9)
2. La descripción de una esposa virtuosa (31:10-31)

Una guía para hacer elecciones sabias

El libro de Proverbios fue escrito y recopilado aproximadamente entre el 950 a.C. y el 700 a.C. Comienza con un breve prefacio en los primeros seis versículos y continúa con una serie de diez discursos de padre a hijo, llenos de exhortaciones prácticas sobre cómo enfrentar los problemas de la vida. Empezando en el capítulo 10, tenemos una colección de proverbios de Salomón, hijo de David, el rey sabio de Israel.

Cuando Salomón se convirtió en rey, tuvo una visión en la cual Dios le preguntó qué deseaba su corazón sobre todas las cosas. Pidió sabiduría. Y porque pidió el tesoro de la sabiduría en lugar de riquezas o fama, Dios le dio las tres cosas. Por tanto, estos son los proverbios de sabiduría del rey más sabio que jamás tuvo Israel.

La segunda colección de proverbios de Salomón comienza en el capítulo 25. Estos proverbios fueron copiados por los hombres de Ezequías, rey de Judá, después de la muerte de Salomón. El libro cierra con un final en los capítulos 30 y 31 que nos presentan las palabras de dos individuos desconocidos: Agur, hijo de Jaqué, en el capítulo 30; y Lemuel, rey de Massa, en el capítulo 31.

El libro de Proverbios habla de la voluntad humana y trata, principalmente, sobre las opciones que la vida nos pone por delante. Alguien ha dicho sabiamente que «las elecciones son las bisagras del destino». Nuestra vida depende de las decisiones que tomemos. Para tener una buena vida, que esté llena de satisfacción, abundancia y servicio a Dios, debemos hacer elecciones buenas, santas y saludables durante toda la vida. De eso se trata el libro de Proverbios: tomar decisiones sabias. Este tema es evidente en la introducción del libro, que empieza indicándonos el título y el autor del libro:

El libro de Proverbios habla de la voluntad humana y trata, principalmente, sobre las opciones que la vida nos pone por delante

Los proverbios de Salomón, hijo de David, rey de Israel.

Luego leemos el propósito del libro (1:2-6):

Proverbios de Salomón hijo de David, rey de Israel:
Para entender sabiduría y doctrina,
Para conocer razones prudentes,
Para recibir el consejo de prudencia,
Justicia, juicio y equidad;
Para dar sagacidad a los simples,
Y a los jóvenes inteligencia y cordura.
Oirá el sabio, y aumentará el saber,
Y el entendido adquirirá consejo,
Para entender proverbio y declaración,
Palabras de sabios, y sus dichos profundos.

En otras palabras, esta colección de sabiduría está destinada a satisfacer las necesidades de la gente de todas las épocas y etapas de la vida, desde la niñez a la juventud, y hasta la madurez. Es una guía práctica para entender de qué se trata la vida. Es práctica y de fácil

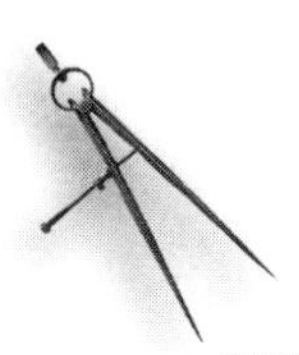

manejo, pero también es la llave para abrir los misterios más escondidos de la vida. Leer un proverbio toma minutos; aplicarlo lleva toda una vida.

El próximo versículo —1:7— nos da la contraseña que abre los proverbios y la vida. Es el resumen y la conclusión de todo el libro:

> *El principio de la sabiduría es el temor de Jehová; los insensatos desprecian la sabiduría y la enseñanza.*

El principio de la sabiduría

El libro de Proverbios plantea la vida desde la perspectiva de que Dios tiene todas las respuestas. Él es perfectamente sabio y omnisciente. Nada se esconde a Su conocimiento. Entiende todos los misterios, ve la respuesta a todos los enigmas. Por tanto, el principio de la sabiduría es reverenciar y temer a Dios.

El «temor de Jehová» no es tener miedo de que Dios nos dañe, sino de que nosotros podamos herirlo a Él

¿Qué significa el «temor de Jehová»? Esa frase, que a menudo es utilizada en la Escritura, no se refiere a una clase de temor cobarde, rastrero. Dios no desea que vivamos aterrorizados de Él, sino que lo amemos y, como leemos en 1 Juan 4:18: «En el amor no hay temor, sino que el perfecto amor echa fuera el temor; porque el temor lleva en sí castigo. De donde el que teme, no ha sido perfeccionado en el amor».

El «temor de Jehová» no es tener miedo de que Dios nos dañe, sino de que nosotros podamos herirlo a Él. En otras palabras, es el temor a que algo que hagamos lo ofenda o apene Su corazón amoroso. En este sentido, «temor» realmente significa reverencia o respeto, y esta clase de temor amoroso y respetuoso es el principio del verdadero conocimiento y sabiduría.

Nota: El temor del Señor no es el fin de la sabiduría. No es todo lo que se requiere para ser sabio; es sólo el principio. Una vez que haya aprendido a temer y respetar a Dios, aún tendrá mucho que aprender y experimentar para madurar en la sabiduría santa.

De padre a hijo

Proverbios 1:8 marca el comienzo de los diez discursos de un padre amoroso y sabio a su hijo que está creciendo. Empiezan con el niño en el hogar, manejando sus primeras relaciones. Luego, pasa a la etapa en que las experiencias de ese niño se abren para abarcar un espectro más amplio de amigos e influencias. Este padre muestra la poderosa influencia que los amigos pueden tener a esta edad; el asunto de la presión del grupo es tan crucial hoy en día como lo fue hace tres mil años. Es muy importante que los jóvenes sepan cómo evaluar y elegir a sus amigos.

En el capítulo 3, el consejo del padre está dirigido a un joven que está creciendo y dejando el hogar. Cuando los jóvenes se abren camino en la ciudad, ingresan a una universidad o llegan a un puesto de trabajo por primera vez, casi siempre son confrontados con presiones y tentaciones. De repente, son libres para elegir en situaciones en que, como adolescentes viviendo en casa de sus padres, estaban limitados. Este padre habla delicadamente y también de manera franca sobre las presiones y los peligros del sexo, y de los estragos que pueden causar las decisiones equivocadas en la vida de un joven. Además, previene contra involucrarse en enredos financieros imprudentes. El tema de este pasaje tan práctico está resumido en Proverbios 3:5-6, un pasaje que todo cristiano, joven y viejo, haría bien en aprender de memoria:

Fíate de Jehová de todo tu corazón, y te apoyes en tu propia prudencia. Reconócelo en todos tus caminos, y él enderezará tus veredas.

Esta es una fórmula comprobada para los jóvenes que desean encontrar el secreto de la vida, que quieren tener un éxito auténtico. Nunca me he encontrado con un joven que no quisiera tener éxito (sin analizar su manera de definir el éxito). Nunca he oído a nadie decir «mi ambición es ser un vagabundo de mala muerte». La senda que lleva al verdadero éxito es confiar en el Señor con todo el corazón, sea que busque tener éxito en los negocios, formar una familia, dedicarse al arte, trabajar en el campo misionero o en cualquier otra clase de ministerio. Cuando confía en el Señor y lo reconoce, Él enderezará sus veredas.

La sabiduría y la locura personificadas

Los capítulos 8 y 9 personifican dos maneras de vivir. La sabiduría es vista como una mujer hermosa que llama a aquellos que desean seguirla y alcanzar la victoria, la satisfacción y el éxito en la vida. Locura o imprudencia, el que piensa que todo lo que hace está bien, es personificado como una mujer malvada, atractiva, fascinante, que tienta al incauto a caer en la muerte.

La primera colección de proverbios de Salomón

Al comienzo del capítulo 10, tenemos la primera colección de la sabiduría de Salomón: palabras prácticas, directas, consejos que cubren toda situación posible de la vida. Este es un libro para ser leído una y otra vez, hasta que su sabiduría penetre en nuestras vidas, hasta que hayamos memorizado buena parte de él, para que esté disponible en tiempos de presión y de toma de decisiones.

Compuesto de contrastes

La primera colección está mayormente compuesta de contrastes, donde el escritor establece dos cosas vinculadas, y muestra los resultados buenos y malos de varias actitudes y acciones. Mientras lee esta sección, note estas antítesis, como en Proverbios 10:17:

Camino a la vida es guardar la instrucción; pero quien desecha la reprensión, yerra.

Comparaciones y similitudes

Esta colección también contiene comparaciones y similitudes que son poderosamente descriptivas e intuitivas. Por ejemplo, Proverbios 11:22:

> *Como zarcillo de oro en el hocico de un cerdo es la mujer hermosa y apartada de razón.*

¡Qué retrato vívido! Puede imaginarse un anillo de oro brillante, valioso, con el destello luminoso de su superficie pulida como estrellas brillantes... ¡aún así está pegado al hocico cubierto de comida asquerosa y de barro de un cerdo viejo y feo! El oro significa algo valioso, pero aquí es un valor que ha sido tristemente malogrado. De la misma manera, una mujer hermosa, que hace mal uso de su estado de mujer y de su belleza, no ha aprendido a considerar que el verdadero valor está en la hermosura interna del espíritu. En realidad, trágicamente subestima su valía y se vende como un adorno para lo inmundo y lo feo.

La lengua

Otros pasajes notables en esta sección incluyen Proverbios 12:16-22, el cual ofrece un poderoso discurso sobre la lengua, sobre cómo usarla para bendecir a Dios y a otros en lugar de maldecir, difamar, chismear, mentir, calumniar, herir y ofender.

Disciplina

Proverbios 13:24 es ese versículo tan conocido para los padres: «El que detiene el castigo, a su hijo aborrece; mas el que lo ama, desde temprano lo corrige». No obstante, recuerde que la vara es para guiar y disciplinar, no para golpear o destruir el espíritu del niño. Los padres deberían siempre recordar las palabras del Salmo 23:4: «Tu vara y tu cayado me infundirán aliento». Sea cual sea la forma en que se deba disciplinar a un niño —pérdida de privilegios, tiempo pasado en un rincón o lo que sea—, este siempre debería sentir que usted ha administrado la vara de la corrección con amor, incluso con pesar, no como producto de la ira o la revancha. Este niño debería sentir que, cuando usted dice «esto me duele más a mí que a ti», lo dice en serio.

Proverbios 14:12 nos llama a reconocer las limitaciones de nuestro entendimiento. Cuán a menudo he visto la verdad de estas palabras validadas en las vidas y en el dolor de tantas personas bien intencionadas:

> *Hay camino que al hombre le parece derecho; pero su fin es camino de muerte.*

Por eso, es tan importante confiar en el Señor con todo el corazón y no apoyarse en la propia prudencia (Pr. 3:5).

Muchas personas gastan mucho dinero cada año en libros, grabaciones y seminarios motivacionales, para llegar a tener éxito. En realidad, la llave al éxito genuino se encuentra en el libro de Proverbios. Por ejemplo, Proverbios 16:20 y 22:

La llave al éxito genuino

> *El entendido en la palabra hallará el bien,*
> *Y el que confía en Jehová es bienaventurado.*
> *Manantial de vida es el entendimiento al que lo posee;*
> *Mas la erudición de los necios es necedad.*

Más abajo en la página, en el versículo 32, encontramos la enseñanza correcta para manejar emociones tales como la impaciencia y la ira:

Paciencia

> *Mejor es el que tarda en airarse que el fuerte; Y el que se enseñorea de su espíritu, que el que toma una ciudad.*

Este versículo es citado a menudo, pero raramente creído. ¡Cómo cambiarían nuestras vidas si realmente entendiéramos que la persona paciente y con dominio propio es mayor héroe que Súperman! ¿Cómo incorporar esas cualidades de paciencia y dominio propio a nuestras vidas? Pidiéndole a Dios madurez en esas áreas e invitando al Espíritu Santo a tomar control de nuestras emociones. También es una buena ayuda pedir a amigos cristianos confiables que nos observen y que nos pidan cuentas en estas áreas. Raramente, el cambio y la madurez ocurren de la noche a la mañana. Se dan a medida que Dios, gradualmente, gana más y más control sobre cada aspecto de nuestra vida. Como nos dice Gálatas 5:22, la paciencia, la benignidad, la bondad y el dominio propio son sólo algunos componentes del fruto del Espíritu; es decir, evidencias en nuestra vida de que el Señor ha instalado Su residencia en nosotros y que ha limpiado la casa.

Proverbios 17:28 nos dice que «aun el necio, cuando calla, es contado por sabio; el que cierra sus labios es entendido»; o como alguien ha dicho: «¡Es mejor permanecer callado y dejar que todos piensen que es un tonto, que abrir la boca y sacarles la duda!».

Amen!!

Proverbios 18:22 tiene una palabra para los amantes: «El que halla esposa halla el bien, y alcanza la benevolencia de Jehová». Tómelo de parte de un hombre que conoce «lo que es bueno»: ¡Salomón tuvo miles de esposas!

Algunas de las reflexiones psicológicas de este libro son verdaderamente asombrosas. Por ejemplo, Proverbios 19:3 dice:

> *La insensatez del hombre tuerce su camino, y luego contra Jehová se irrita su corazón.*

He comprobado la verdad de este proverbio una y otra vez. Erramos, metemos la pata, pecamos y, luego, cuando cosechamos las consecuencias desastrosas de nuestras acciones —nuestras decisiones—, ¿a quién culpamos? ¡A Dios! «¿Por qué Dios no me detuvo?¿Por qué permitió que fuera tentado?¿Por qué no apartó esas consecuencias de mí?» ¿No es raro? Sin embargo, es tan común. Nosotros tomamos las decisiones, pero culpamos a Dios por los resultados desastrosos.

En Proverbios 20:27, encontramos otra reflexión profunda respecto a la naturaleza de la vida y del espíritu humano:

Lámpara de Jehová es el espíritu del hombre,
la cual escudriña lo más profundo del corazón.

Una interpretación más apropiada de ese versículo sería:

El espíritu humano es la lámpara del Señor,
pues escudriña lo más recóndito del ser.

La lámpara del Señor

Para eso creó Dios nuestros espíritus. Nuestra naturaleza esencial es ser morada del Espíritu Santo. Él es la luz; nosotros, la lámpara. Cuando la lámpara del espíritu humano tiene la luz del Espíritu Santo, Él escudriña la parte más íntima de nuestra vida y comenzamos a comprendernos por primera vez.

En Proverbios 22:6, aún encontramos algo más de consejo clásico (pero, a menudo, mal interpretado) para los padres:

Instruye al niño en su camino,
y aun cuando fuere viejo no se apartará de él.

Creo que esto, en realidad, debería traducirse: «Educa al niño conforme a lo que él es»; lo cual significa: Averigua lo que está en el niño, descubre su carácter único y sus habilidades. Edúcalo de tal manera que esos rasgos hermosos que Dios le ha dado puedan ser pulidos y refinados para que resulte algo precioso y hermoso, santo, un carácter como el de Cristo. Cuando estas características únicas son desarrolladas y resaltadas, el niño madurará y no abandonará esas cualidades maravillosas.

Disertaciones generales

Los proverbios comparativos y contrastantes terminan con Proverbios 22:16. A partir de 22:17, encontramos una nueva clase de proverbios. Son disertaciones generales, de dos o tres versículos, sobre diversos temas tales como la crianza de los niños, las relaciones interpersonales, el llevarse bien con los vecinos e, incluso, una declaración pre-cristiana de la Regla de Oro: «No digas: Como me hizo, así le haré; daré el pago al hombre según su obra» (24:29).

La segunda colección de proverbios de Salomón

El capítulo 25 introduce la segunda colección de proverbios de Salomón, copiados por los hombres de Ezequías. El versículo 2 es un ejemplo maravilloso:

Gloria de Dios es encubrir un asunto;
pero honra del rey es escudriñarlo.

Si desea tener una experiencia real, le sugiero que busque las cosas gloriosas que Dios ha escondido en Su Palabra. Esa es la gloria de los reyes: experimentar la emocionante aventura de descubrir las riquezas de la verdad que Dios ha escondido en la Biblia.

Principios de la sabiduría santa para relaciones interpersonales saludables

Algunos de los consejos de esta sección son mundanos, pero ¡siempre tan prácticos! Por ejemplo, Proverbios 25:17: « Detén tu pie de la casa de tu vecino, no sea que hastiado de ti te aborrezca». Un consejo como este podría provenir de nuestra querida abuelita, pero ¡allí está, en la Palabra de Dios!

Algunos permitimos que los chismes y las burlas de otros destruyan nuestra felicidad, pero Proverbios 26:2 pone las palabrotas de otros en la perspectiva apropiada: «Como el gorrión en su vagar, y como la golondrina en su vuelo, así la maldición nunca vendrá sin causa». Si alguien dice algo feo acerca de usted y no es cierto, no se preocupe. Nadie lo creerá. Aquellos que lo crean no son importantes. Ese es sólo un ejemplo de muchas palabras útiles del capítulo 26 sobre cómo tratar con personas problemáticas. Los versículos 3 al 12 le indican cómo responder a los tontos. Los versículos 13 al 16 dicen qué hacer con los holgazanes perezosos. Los versículos 17 al 23 conciernen a los entremetidos y cómo manejarlos. Y la gente verdaderamente odiosa y vengativa es tratada en el versículo 24. En los versículos 25 al 28, usted aprende a cuidarse de los traidores zalameros.

En Proverbios 28:27, aprendemos que nadie es una isla. Todos estamos conectados por lazos de clase, raza y condición. No debiéramos aislarnos del sufrimiento y la necesidad que nos rodea. Salomón observa:

El que da al pobre no tendrá pobreza;
mas el que aparta sus ojos tendrá muchas maldiciones.

No digo que usted deba dar dinero a todo el que le pide en la calle porque, en muchos casos, estaría subsidiando el abuso de droga y la ociosidad. Pero hay gente verdaderamente necesitada —adultos y niños pequeños desamparados— y no debemos cerrar nuestros ojos a ellos. Aquellos que dicen que son demasiado sensibles para visitar los tugurios o acercarse a los que sufren están bajo la condenación de la verdad de este versículo. Debemos reconocer la necesidad genuina y ayudar.

Agur y Lemuel, los autores desconocidos

Los capítulos 30 y 31 están escritos por dos hombres de quienes nada se conoce. El capítulo 30 nos brinda los proverbios de Agur, quien escribe en un estilo claramente diferente del resto de los proverbios, agrupando sus dichos de manera numérica. Por ejemplo, Proverbios 30:15-16:

La sanguijuela tiene dos hijas que dicen: ¡Dame! ¡dame!
Tres cosas hay que nunca se sacian;
Aun la cuarta nunca dice: ¡Basta!
El Seol, la matriz estéril,
La tierra que no se sacia de aguas,
Y el fuego que jamás dice: ¡Basta!

Aunque nadie conoce exactamente quién fue Agur, sus consejos son prácticos y hace comparaciones entre las verdades espirituales y las maravillas y procesos del mundo creado.

Una esposa de carácter noble

El capítulo 31 contiene las palabras del rey Lemuel sobre lo que su madre le enseñó acerca de cómo ser rey. El epílogo, versículos 10 al 31, concluye el libro de Proverbios con una hermosa nota que describe cómo es una esposa santa y virtuosa. Muchos piensan que esta es la descripción que él hace de su propia madre; ¡y qué mujer habrá sido! Si usted es una joven que busca un ejemplo santo, le recomiendo este pasaje. Si es un muchacho que busca un modelo de esposa, le sugiero que lo lea y lo tenga en mente durante su noviazgo. La mujer de Proverbios 31 es un retrato de fortaleza, inteligencia, capacidad, perspicacia comercial, diligencia, gloria y belleza. Es un ejemplo de lo que Dios pretendió cuando creó a Eva: una mujer formada de la costilla de Adán para mostrar (como alguien ha indicado) que debe estar a su lado, ¡no sobre su espalda ni bajo sus pies! La mujer de Proverbios 31 es claramente socia y compañera de su esposo, no su súbdito ni su esclava.

Entonces, este es el libro de Proverbios: un excelente manual para leer y releer habitualmente. Incluso podría querer leerlo una vez al mes. El libro de Proverbios contiene 31 capítulos: ¡un capítulo por día en un mes normal! ¡Haga la prueba, y la sabiduría de sus páginas se filtrará en su alma y cambiará su vida!

EL LIBRO INSPIRADO DEL ERROR

El libro de Eclesiastés es único en la Escritura. Ningún otro se le parece, porque es el único en la Biblia que refleja el punto de vista humano en lugar del divino.

Este libro está lleno de errores, pero, aun así, es enteramente inspirado. Esto podría confundir a algunos, porque muchos piensan que la inspiración es garantía de la verdad. No es necesariamente así. La inspiración meramente garantiza corrección desde un punto de vista particular: Si es el punto de vista de Dios, es verdad; si es el punto de vista humano, podría ser verdad o no. Si es el punto de vista del diablo, también podría ser verdad o no. Cuando Satanás habla, la mayor parte de sus afirmaciones son erradas e incluso utiliza la verdad para despistar. La inspiración avala una reflexión correcta de estos diversos puntos de vista. Cuando la Biblia habla, dice la verdad acerca de la verdad de Dios, y expresa lo cierto sobre los errores de la gente y de Satanás.

Eclesiastés es, a menudo, mal utilizado y sacado de contexto por los enemigos de la Palabra de Dios, porque refleja el punto de vista humano en lugar del divino. Eclesiastés es el libro favorito de los ateos y de los agnósticos. A muchas personas cultas les gusta citar los puntos de vista erróneos de este libro y dar la impresión de que son escriturales; palabras divinas concernientes a la vida.

Sin embargo, para llegar a dicha conclusión, uno tiene que ignorar lo que Eclesiastés muy claramente afirma desde el comienzo y repite a lo largo de todo el libro: Saca sus conclusiones de las apariencias, mirando al mundo desde una perspectiva humana. Todo aspecto de la vida que este libro examina es visto como «debajo del sol».

Allí es donde los seres humanos vivimos. Pero la perspectiva de Dios es mucho más elevada que la nuestra. Él puede ver el mundo *desde más allá* del sol. El hombre visualiza la realidad desde una perspectiva limitada, al nivel del horizonte, excluyendo la revelación divina, y ese es el punto de vista expresado a lo largo de la mayor parte del Eclesiastés.

El autor de Eclesiastés

El libro comienza con esta introducción (en la *Nueva Versión Internacional*): «Éstas son las palabras del Maestro, hijo de David, rey en Jerusalén». La mayor parte de las otras traducciones comienzan diciendo: «Palabras del Predicador…». En el contexto, no creo que «Maestro» ni «Predicador» sean la mejor traducción del original hebreo. La palabra puede ser traducida así, pero, dado el contexto de Eclesiastés, pienso que podría traducirse más correctamente como «Polemista», alguien que prueba con argumentos un cierto punto de vista. Mientras usted lea este libro, observará que se trata de una serie de argumentos expuestos desde una perspectiva humana. El Polemista en Eclesiastés es Salomón, el hijo de David, rey en Jerusalén, y el individuo más sabio que haya jamás existido, según el registro bíblico.

Salomón estaba en una posición inusual para encargarse de los experimentos e investigaciones expuestas en este libro, porque durante los cuarenta años de su reinado hubo paz absoluta en el reino de Israel. No hubo tribus vecinas que provocaran guerra ni contiendas. Puesto que no tenía que preocuparse por la vida militar, tuvo todo el tiempo necesario para seguir investigando sobre el significado de la vida. Más aun, tenía toda la riqueza que le hacía falta, y una mente lógica y aguda. Con estos grandes recursos de dinero, tiempo e intelecto, tenía libertad para descubrir de qué se trata la vida. Por tanto, el valor de Eclesiastés es que expone ideas sobre la vida desde el punto de vista de la persona natural, sin contar con la revelación divina.

Lo que sigue es un resumen de la estructura de Eclesiastés, el libro inspirado del error:

Declaración de apertura: Todo es un absurdo (Eclesiastés 1:1-11)

1. Introducción 1:1-3
2. Ilustraciones de la falta de significado del ser humano 1:4-11

Investigaciones y demostraciones de la falta de significado de la vida apartada de Dios (Eclesiastés 1:12–6:12)

3. Tesis de lo absurdo probada por la Escritura 1:12–2:26
4. Tesis de lo absurdo probada por la naturaleza, la sociedad humana y el comportamiento humano 3–6

Consejo y conclusión: «Teme al Señor» (Eclesiastés 7–12)

5. Temer a Dios en un mundo injusto y malvado 7–9

6. Confiar en Dios en un mundo impredecible e incierto — 10:1–12:8
7. Conclusión: La clave del significado es el temor y la obediencia al Señor — 12:9–12:14

Al leer el libro, notará que todo procede de Eclesiastés 1:2:

«¡Vanidad de vanidades!»

Lo más absurdo de lo absurdo,
—dice el Maestro—,
lo más absurdo de lo absurdo,
¡todo es un absurdo!

Desafortunadamente, traducciones más antiguas del pasaje tienden a confundir a los lectores modernos, utilizando la frase «Vanidad de vanidades» en lugar de «¡Lo más absurdo de lo absurdo!», de la Nueva Versión Internacional. Hace cientos de años, una persona común entendía que *vanidad* tenía una connotación de «falta de significado». No obstante, hoy en día, pensamos en la vanidad como ser consentido y engreído respecto a la apariencia personal. Alguien que pasa mucho tiempo mirándose al espejo es considerado vanidoso; es decir, que da rienda suelta a la vanidad.

Esta clase de vanidad es ilustrada por la historia de la mujer que, una vez, murmuró al oído de su pastor: «Debo confesarle, reverendo Juárez, que lucho con un pecado terrible: el pecado de la vanidad. Cada mañana, antes de salir de casa, me admiro al espejo por una hora».

«Mi querida señora», respondió el ministro, «no es el pecado de vanidad el que usted está sufriendo. Es simplemente un exceso de imaginación».

La palabra que suele traducirse *vanidad*, en las versiones en español del Eclesiastés, es interpretada apropiadamente en la Nueva Versión Internacional para indicar vacío, futilidad, falta de significado. El Polemista ha completado su investigación de la vida y da esta conclusión al comienzo del libro: Todo es fútil, sin sentido y sin significado.

Respalda esta conclusión con una serie de argumentos que ha recogido después de examinar cuidadosamente las filosofías de la vida. Quizás lo más interesante de este libro es que todas las filosofías por las que la gente ha intentado vivir están reunidas aquí. No hay nada nuevo bajo el sol, dice el libro, ¡y cuán cierto es! Aquí estamos, casi treinta siglos nos alejan del momento en que se escribió este libro y, aun así, ningún filósofo de esta ni de ninguna otra era anterior ha producido jamás una idea o sistema de creencias distinto al que el Polemista presenta aquí en el libro de Eclesiastés.

La visión mecanicista

Primeramente, vemos lo que podría llamarse la visión mecanicista, favorita entre los científicos de los últimos dos siglos. Este punto de vista interpreta al universo como nada más que una gran máquina que funciona de manera rutinaria. El Polemista, en su investigación de los procesos del universo, sólo encuentra una repetición monótona. Este es un pasaje notable, que prefigura muchos de los descubrimientos de la ciencia moderna. Eclesiastés 1:6 (NVI) afirma:

Dirigiéndose al sur,
o girando hacia el norte,
sin cesar va girando el viento
para de nuevo volver a girar.

Los científicos no descubrieron el circuito del viento hasta siglos después de que se escribiera esto, ni entendían el ciclo de evaporización del agua circulante, cuando estas palabras fueron escritas en Eclesiastés 1:7 (NVI):

Todos los ríos van a dar al mar,
pero el mar jamás se sacia.
A su punto de origen vuelven los ríos,
para de allí volver a fluir.

Es decir, los ríos corren hacia el mar, se evaporan, vuelven a lo alto de las montañas como lluvia y corren otra vez hacia el mar. El escritor descubrió esto al observar la naturaleza y dice que todo es una absurda repetición. Siente el aburrimiento absoluto de este circuito sin fin. Así que, ¿cuál es su perspectiva? El universo gira y nosotros estamos perdidos en esas vueltas interminables, en el engranaje absurdo de su maquinaria. Esta filosofía es muy común hoy. Es la conclusión del reduccionismo: la creencia de que la vida puede ser reducida a meros procesos mecánicos. El universo es una máquina. Nosotros somos máquinas. No existe el alma, ni el espíritu ni Dios. La humanidad es un pequeño punto solitario en medio de un universo enorme, vasto e insensible, una pequeñísima mota sin ningún significado.

«¡Sólo házlo!»

En el capítulo 2, el escritor examina la filosofía del hedonismo: la búsqueda del placer como el fin supremo de la vida. Vive mientras puedas, porque todo terminará un día. La vida es corta; vive al máximo. Echa mano de lo que te agrade. Sólo hazlo. Eso es todo lo que hay. A estos filósofos modernos y escritores publicitarios, el Polemista de Eclesiastés les responde:

Me dije entonces: Vamos, pues, haré la prueba con los placeres y me daré la gran vida. ¡Pero aun esto resultó un absurdo! (2:1 NVI)

Él sigue detallando varios placeres. Buscó los placeres de la risa, de la bondadosa sociedad. Por un tiempo, estas experiencias anestesiaron la falta de significado de su vida, pero, con el tiempo, aun la risa y la compañía de otros produjeron cansancio del espíritu. Entonces, trató de encontrar significado en la adquisición de posesiones, como muchos materialistas hacen hoy. En Eclesiastés 2:9-10 (NVI), reflexiona:

Me engrandecí en gran manera, más que todos los que me precedieron en Jerusalén; además, la sabiduría permanecía conmigo. No le negué a mis ojos ningún deseo, ni a mi corazón privé de placer alguno.

«Vive el día»

Aun así, después de haberse dedicado a acumular una vasta riqueza y posesiones, llegó a la conclusión de que esto también producía sólo vacío de espíritu. «Vivir el hoy» podría parecer un gran lema, hasta que llega el mañana. El materialismo no satisface nuestras profundas añoranzas humanas. Así que, ¿hacia dónde me dirijo después? Hacia el reino de las ideas: los sistemas de creencias extremas y opuestas, y a las ideologías. En Eclesiastés 2:12-13 (NVI), escribe:

Consideré entonces la sabiduría,
la necedad y la insensatez —¿qué más puede hacer el sucesor del rey, aparte de lo ya hecho?—, y pude observar que hay
más provecho en la sabiduría que en la insensatez,
así como hay más provecho en la luz que en las tinieblas.

Sabiduría humana

La sabiduría es mejor que la insensatez, concluye, pero, finalmente, toda la sabiduría humana y la insensatez provienen del mismo lugar y regresan al mismo sitio. Tanto el insensato como el sabio al final mueren. Como señala en el versículo 14 (NVI): «un mismo final les espera a ambos». Y por lo que a sus vidas les toca, uno es tan absolutamente insignificante como el otro. No hay ninguna diferencia. Entonces, en el versículo 17 (NVI), llega a esta conclusión demoledora:

Aborrecí entonces la vida, pues todo cuanto se hace en ella me resultaba repugnante. Realmente, todo es absurdo; ¡es correr tras el viento!

Placer. Gente. Posesiones. Todo es absurdo

Placer. Gente. Posesiones. La búsqueda de la sabiduría. Todo es absurdo. Al final, dice el Polemista, odió su vida, odió su afán; entonces, se rindió ante la desesperación.

Desesperación existencial

En el capítulo 3, el Polemista visualiza la vida a partir de lo que llamaríamos el punto de vista *existencial*. El existencialismo, como una escuela de pensamiento organizado, data de finales del siglo XIX y principios del XX, y está personificado en las filosofías de Nietzsche, Heidegger, Sartre y otros. El existencialismo, verdaderamente la filosofía más antigua de la humanidad, es en esencia una forma de fatalismo. Sus adherentes creen que la vida es fatal; nadie sale de esta vida vivo, así que, hay que vivir el momento.

La popularidad del existencialismo ascendió rápidamente a finales de la Segunda Guerra Mundial, cuando Europa estaba en caos. Las grandes ciudades de ese continente se encontraban en ruinas y toda esa gente había puesto previamente sus esperanzas en las instituciones del gobierno y de la religión, las cuales demostraron ser incapaces de prevenir el cataclismo de una guerra masiva. Al final de la guerra, la gente quedó sin esperanzas respecto a todo lo que habían creído. Se preguntaron: «¿Qué podemos creer?». Y concluyeron que podrían confiar sólo en sus sentimientos, sus experiencias, su reacción ante la vida y los acontecimientos, momento a momento. En lugar de vivir, decidieron existir.

En este punto es donde encontramos al Polemista en Eclesiastés. En efecto, dice: « He probado eso. He probado vivir como un fatalista, vivir el ahora, experimentar mi existencia presente, sabiendo que no hay futuro, ni significado ni sentido para todo ello. Pero me quedé vacío». Así, en Eclesiastés 3:1-4 (NVI), leemos:

> *Todo tiene su momento oportuno;*
> *hay un tiempo para todo lo que se hace bajo el cielo:*
> *un tiempo para nacer, y un tiempo para morir;*
> *un tiempo para plantar, y un tiempo para cosechar;*
> *un tiempo para matar, y un tiempo para sanar;*
> *un tiempo para destruir, y un tiempo para construir;*
> *un tiempo para llorar, y un tiempo para reír;*
> *un tiempo para estar de luto,*
> *y un tiempo para saltar de gusto.*

¿Tenemos algo más profundo, más significativo, más durable que el ahora?

El presente pasa. El próximo momento viene y trae consigo el cambio. No podemos permanecer en el ahora. Todos estos sucesos descritos por el Polemista en Eclesiastés eventualmente vienen a nuestro encuentro. Y, ¿qué nos queda?¿Tenemos algo más profundo, más significativo, más durable que el ahora? Si no, el existencialismo nos conduce a la desesperación.

No podemos vivir tan sólo este momento, y Dios no nos creó para que lo hiciéramos así. El versículo 11 —uno de los pasajes más profundos de la Escritura— nos dice que fuimos creados para la eternidad. Salomón escribe:

> *Dios hizo todo hermoso en su momento, y puso en la mente humana el sentido del tiempo, aun cuando el hombre no alcanza a comprender la obra que Dios realiza de principio a fin.* (NVI)

Nunca podremos descansar confiando en explicaciones triviales de nuestra existencia y del mundo que nos rodea. Fuimos creados para mirar más profundamente; para examinar en detalle el tiempo, las obras del mundo, nuestras almas, la mente de Dios. La eternidad está en nuestros corazones. Dios la puso allí. El escritor del Eclesiastés vio todo esto. Supo que los acontecimientos de la vida y de la muerte son inevitables. Cuando la vida termina, toda la gente —hombres y mujeres, ricos y pobres, sabios e insensatos— enfrenta la misma suerte: todos vuelven al polvo.

Desde el punto de vista humano, el futuro promete sólo futilidad y desesperanza

Bajo el sol, desde el punto de vista humano, el futuro promete sólo futilidad y desesperanza, así que, ¿de qué sirve vivir?

La falta de significado

En el capítulo 4, Salomón lamenta todo el afán y la opresión que ha visto en el mundo de los negocios: la envidia y la competencia despiadada, la explotación de los trabajadores, la insignificancia de tratar de ascender la escalera del éxito. Sus observaciones son tan oportunas para los negocios hoy como lo fueron para los del Medio Oriente, hace tres mil años.

Aun la religión carece de significado

En el capítulo 5, examina la religión; y sí, ¡encuentra que aun ella no tiene sentido! ¡Tratar de vivir una buena vida y esforzarse por ser una buena persona no tiene sentido! No posee ningún valor práctico, ninguna satisfacción superlativa. Es más, ¡es difícil diferenciar a la gente religiosa de la que no lo es! El Polemista observa que muchas personas religiosas se comportan de manera inmoral e, incluso, completamente malvada. Quebrantan sus votos a Dios. Oprimen al pobre. Son codiciosos y egoístas. Claramente, la religión formal —institucional— no tiene poder para prevenir la maldad y detener la injusticia. El formalismo religioso está vacío y no tiene significado, como todo lo demás.

Anhelos que no pueden ser satisfechos

El capítulo 6 reitera el tema de Salomón de la falta de significado de las riquezas y las posesiones. Ponemos todo nuestro esfuerzo para tratar de alimentarnos, pero, aun así, nuestra hambre nunca se satisface. Los ricos tienen todo aquello que necesitan o desean; sin embargo, descubren que tienen anhelos que no pueden ser satisfechos. ¿Qué puede ofrecérsele a la persona que lo posee todo? Si está insatisfecha aun con la riqueza de un rey, no es más feliz que una persona pobre. Todo resulta lo mismo.

Indiferencia estoica

En el capítulo 7, Salomón visualiza la vida desde el punto de vista del estoicismo; una indiferencia conservada frente a los acontecimientos. Felicidad, tristeza, placer, dolor, buena fortuna, tragedia; todo es lo mismo. Aceptar una cosa sin regocijarse y la otra sin quejarse. Al final, todo resulta lo mismo. Aceptar lo que sea que le pase con una indiferencia estoica. Como Salomón observa en Eclesiastés 7:15 (NVI):

> *Todo esto he visto durante mi absurda vida: hombres justos a quienes su justicia los destruye, y hombres malvados a quienes su maldad les alarga la vida.*

La justicia no siempre recompensa, la maldad algunas veces lo hace; al menos, a juzgar por la evidencia que observamos «debajo del sol», según el entendimiento humano. Así que, desde una perspectiva humana, no de Dios, concluye:

La justicia no siempre recompensa, la maldad algunas veces lo hace

> *No seas demasiado justo,*
> *ni tampoco demasiado sabio.*
> *¿Para qué destruirte a ti mismo?*
> *No hay que pasarse de malo,*
> *ni portarse como un necio.*
> *¿Para qué morir antes de tiempo?*

En otras palabras, aspira a ser un mediocre feliz. Deja de destrozar tu cerebro tratando de ser bueno. Como es lógico, está bien ser bueno, pero no seas demasiado bueno. Vive un poquito, peca un poquito y no te preocupes por ello. No seas fanático de una u otra postura. Evita los extremos y sé tan sólo una persona decente. Esa es la «sabiduría» que expresa el mundo, no la de Dios.

La visión de sentido común de la vida

Los capítulos 8 al 10 y los primeros ocho versículos del capítulo 11 constituyen un discurso que examina lo que podría llamarse la sabiduría del mundo o la visión de sentido común de la vida. En el capítulo 8, cualquiera que enfoque la vida desde este punto de vista es animado a dominar las estructuras de poder del mundo. Efectivamente, el Polemista dice: «Trata de comprender quién es una autoridad y quién no lo es, y haz lo posible para estar en el sitio correcto en el momento oportuno». Es una filosofía conocida, ¿no es cierto? Puede encontrar la misma clase de pensamiento en los negocios y en las secciones de autoayuda de su librería local. Salomón prosigue diciéndole algunas cosas que no podrá encontrar en esos libros: Aun cuando consiga lo que desea, incluso si se une a la estructura de poder del mundo, si se relaciona bien con la gente importante y comienza ganando adelantos, recompensas, aumentos, la oficina principal y la llave al baño de los ejecutivos; aun así, todo carece de significado.

En el capítulo 9, examina el valor de los juicios del mundo y señala que todos terminan igual:

Me fijé que en esta vida la carrera no la ganan los más veloces,
ni ganan la batalla los más valientes; que tampoco los sabios
tienen qué comer, ni los inteligentes abundan en dinero,
ni los instruidos gozan de simpatía,
sino que a todos les llegan buenos y malos tiempos.

Entonces, ¿en qué se diferencian los valores mundanos?

En el capítulo 10, explora el valor de mantener un estilo de vida equilibrado, diligente, prudente. Sin embargo, esta es sólo una expresión de interés personal civilizado, una forma de egoísmo, pero hasta un estilo de vida sabio puede decepcionarnos. Algunas veces, no importa cuán cuidadosa y diligentemente vivamos, terminamos al final de la cadena alimenticia. Los esclavos terminan a caballo, mientras los príncipes acaban exhaustos, caminando con zapatos rotos. Los insensatos ascienden a la parte alta de la escala social, mientras el sabio termina abajo. A pesar de sus mejores esfuerzos para vivir una buena vida, al final no es justa. La vida le lanza pelotas con efecto; no tiene sentido.

La ética del trabajo

El capítulo 11 habla de la ética del trabajo: la creencia de que el éxito es principalmente un asunto de diligencia. Para conseguir algo de la vida, necesita trabajar mucho y ser aplicado. Para ser lo más feliz posible durante el breve lapso de su existencia sin sentido, diviértase cuando pueda, pero no espere que los buenos tiempos duren:

Mas si el hombre vive muchos años, y todos ellos los disfruta,
debe recordar que los días tenebrosos serán muchos
y que lo venidero será un absurdo.

¿Se da cuenta? Él ha probado su caso. Todo carece de sentido. Todo termina igual: cero, nada.

Pero antes de que Ud. se deprima demasiado, me apresuro a recordarle que todo el libro de Eclesiastés, hasta este punto, ha sido escrito desde una perspectiva humana, no divina. Desde la perspectiva humana, el Polemista ha resumido todo muy bien: La vida sin contar con Dios termina de una sola manera: el absurdo.

Pero hay otro punto de vista que no ha sido aún expresado. Permanezca atento; aquí viene la perspectiva que visualiza la vida desde más allá del sol, no meramente desde abajo. Esta es la perspectiva de Dios.

Una nueva perspectiva

Con el capítulo final, Eclesiastés 12, viene un cambio en el punto de vista, un reconocimiento de que la vida es altamente significativa cuando Dios está entronizado en una vida humana. Esta es la verdadera conclusión de Salomón después de todos sus descubrimientos, y comienza de esta manera:

Acuérdate de tu Creador en los días de tu juventud,
antes que lleguen los días malos
y vengan los años en que digas:
«No encuentro en ellos placer alguno».

Hasta aquí hemos estado observando la vida desde la perspectiva «debajo del sol», mundana, horizontal; y la conclusión que parece ineludible después de haber leído los primeros once capítulos de Eclesiastés es que la vida es breve. Así que, vive el hoy. La filosofía mundana que Salomón nos ha expuesto a lo largo del grueso de este libro está ejemplificada por el «consejo» que presenta, casi satíricamente, en Eclesiastés 10:19:

Para alegrarse, el pan;
para gozar, el vino;
para disfrutarlo, el dinero.

Dios usa los once capítulos de Eclesiastés para satirizar y clarificar la insensatez del pensamiento mundano

Suena práctico. Parece tener sentido. Pero no es el consejo de Dios, sino del mundo. Nos rodea completamente, en conversaciones en el trabajo junto al dispensador de agua fresca, en libros que leemos, en películas que vemos, en espectáculos en vivo que presenciamos. Es una filosofía demoníaca; parece tener sentido, pero es una trampa para el arrogante y el incauto. Dios usa los once capítulos de Eclesiastés para satirizar y clarificar la insensatez del pensamiento mundano. Él quiere que, cuando veamos o escuchemos a la gente actuando y hablando de «come, bebe, y sé feliz, porque mañana morirás», nos demos cuenta de que esto es todo lo que el mundo, apartado de Dios, tiene para ofrecer. Es la conclusión lógica de una vida que ha borrado a Dios del cuadro.

¡Cuán trágico, cuán ciegamente pesimista! Esta clase de pensamiento niega la gloria de la humanidad y nos reduce a animales. Nacemos, escatimamos nuestros pequeños y escuálidos placeres en medio de los sufrimientos de esta vida, funcionamos movidos por instintos animales de hambre, impulsos sexuales y de conservación, hasta que un día el camión con nuestro nombre pasa, nos atropella y nos deja en el camino, tan muertos como si fuéramos sapos o gatos extraviados. Esta es la visión del mundo sobre una vida oscura, vivida sin Dios.

Ahora compare esta visión pesimista con lo que el escritor dice en el último capítulo:

> *El fin de este asunto es que ya se ha escuchado todo. Teme, pues, a Dios y cumple sus mandamientos, porque esto es todo para el hombre.*

Salomón estaba diciendo que temer y obedecer a Dios es «el todo del hombre». Para esto fuimos creados. Este es nuestro propósito en la vida. Si tememos a Dios y guardamos Sus mandamientos, finalmente hemos encontrado el significado. Ya no todo es «lo más absurdo de lo absurdo». La vida es real, vibrante, emocionante, estimulante. ¡Esta es la clase de sentido que se supone que deberíamos buscar para nuestra vida!

Si tememos a Dios y guardamos Sus mandamientos, finalmente hemos encontrado el significado

El secreto es entronizar a Dios y, cuanto antes aprendamos esta verdad, más ricas serán nuestras vidas. Por eso, el capítulo 12 enfatiza la importancia de recordar y obedecer a Dios «en los días de nuestra juventud». Recordando mi propia juventud, siento una gran empatía por los jóvenes de hoy. Veo en ellos un deseo interior profundo (tal como yo también lo sentí hace muchos años) de no desperdiciar sus vidas. Todo joven desea que su vida cuente para algo, que tenga significado. Por esta razón, creo que el libro de Eclesiastés es tan trascendente y resulta tan importante que los jóvenes lo comprendan. Toca el corazón joven en el centro de sus emociones y luchas por entender el significado de todo.

Puedo testificar que la conclusión del Polemista es verdad: Realmente todo es absurdo —pesimista, sin sentido— lejos de Dios. Pero si usted pone al Señor en el trono, en el centro de su vida, descubrirá todo aquello para lo que Él lo predestinó. Confíe en Dios, adórelo, sígalo, ámelo, y podrá regocijarse todos los días de su vida.

CANCIÓN DE AMOR

El Cantar de los Cantares hoy es probablemente considerado uno de los libros más difíciles y confusos de la Biblia. Pero no siempre fue así. A lo largo de los siglos, ha sido uno de los más leídos y apreciados. Durante los días sombríos, antes de la Reforma Protestante, cuando los albigenses huían de la Iglesia Católica y John Huss lideraba sus pequeñas bandas de cristianos hasta Bohemia, este libro era frecuentemente leído, citado, consultado y memorizado por los refugiados. La historia de otro grupo anterior a la reforma, los aliancistas, de Escocia (de donde salieron John Knox y los presbiterianos), muestra que el Cantar de los Cantares era ampliamente estudiado y citado durante esa época de persecución, mientras eran cazados como animales a través de las montañas y las cañadas de Europa.

Como otros libros de poesía del Antiguo Testamento, el Cantar de los Cantares trata acerca de profundas añoranzas; y estos sentimientos son expresados en dos niveles: el superficial, de la línea de la historia, y otro más profundo, del simbolismo.

El Cantar de los Cantares trata acerca de profundas añoranzas expresadas en dos niveles: el superficial, de la línea de la historia; y otro más profundo, del simbolismo

El Cantar de los Cantares completa la pentalogía (serie de cinco) de los libros poéticos. Job, el primero de la serie, expresa el llanto del espíritu humano que anhela a Dios, respuestas y liberación del sufrimiento. Los libros intermedios de la serie, Salmos, Proverbios y Eclesiastés, expresan el anhelo del alma en sus tres respectivos componentes (emociones, voluntad e intelecto). Ahora, en el Cantar de los Cantares, escuchamos el llanto ansioso del cuerpo, el ser físico que Dios nos ha dado, el ansia de amor.

Así que, el tema de este libro es el amor. Es una canción de amor del Lejano Oriente; franca y completamente, es eso. Una revelación de todo lo que Dios destinó para nosotros en la experiencia humana, divinamente determinada, del sexo romántico. Sigmund Freud se equivocó en muchas cosas en su análisis sobre la motivación de la gente, pero en una cosa acertó: el sexo impregna nuestras vidas y lo hace mucho más profundamente de lo que nos damos cuenta. Pero la respuesta sexual y el amor son más que un simple efecto secundario de los impulsos nerviosos, de secreciones glandulares y de impulsos eléctricos en el cerebro. Nuestra sexualidad está íntimamente relacionada con todos los otros aspectos de nuestro ser. Dios nos creó así. Por tanto, el Cantar de los Cantares presenta el sexo como Él quiso que fuera: no sólo la participación de respuestas físicas e instintos animales, sino también de nuestro espíritu, alma y cuerpo, todo nuestro ser.

Este libro retrata de manera sumamente franca la relación sexual entre un hombre y una mujer, pero nunca es pornográfico

En el Cantar de los Cantares no encontrará ni inhibición victoriana ni exhibicionismo escandaloso. El libro retrata de manera sumamente franca la relación sexual entre un hombre y una mujer, pero nunca es pornográfico. El pensamiento victoriano se extravió por tratar al sexo como algo que debía ser ocultado y reprimido. Nuestra era moderna lo trata como un medio para ser explotado en propagandas y entretenimientos, algo a lo cual entregarse obsesiva y compulsivamente, de tantas maneras y con tantas parejas diferentes como uno desee. Esta es siempre la forma en que obra Satanás: busca conducir nuestra actitud hacia el sexo en una dirección u otra para que lo veamos desde un punto de vista extremo, transformando uno de los regalos de Dios más puros y exquisitos en algo sucio y feo.

Dios se aseguró de que la Biblia presentara el sexo tan franca y directamente como trata cualquier otro tema. Así que, primero y principalmente, el Cantar de los Cantares es una canción de amor que describe el deleite de un esposo y su esposa en el cuerpo de uno y otro. Mientras lo lee, note cuán hermosa y castamente aborda este tema.

La historia, una obra musical

El Cantar de los Cantares está estructurado como una obra musical. Los personajes son: Salomón, el amante, el joven rey de Israel en toda la belleza y el vigor de su juventud (el libro fue escrito cerca del comienzo de su reinado); la Sulamita, la amada; y las amigas. Puesto que no es una narrativa, sino una obra escrita para varias voces, la historia del libro puede ser confusa, a menos que se sepa quién está hablando. Las diversas partes de la obra están convenientemente señaladas con subtítulos en la *Nueva Versión Internacional,* para indicar claramente quién habla. Si usted no tiene una Biblia que contiene dichos subtítulos, puede distinguir a los diferentes oradores de esta manera: El novio siempre se refiere a su novia como «mi amor», y la novia lo llama «mi amado».

La obra está ambientada en Jerusalén, la capital de Israel. Es la historia de una joven cuya familia evidentemente alquila un excelente terreno del rey Salomón en el campo, al norte de Israel. La Sulamita (la amada) es la Cenicienta de la familia; una chica simple de campo, de hermosura inusual, pero que era forzada a pasar sus días en un duro trabajo físico. Aunque tiene dos hermanos y dos hermanas, se le había encargado guardar el rebaño y trabajar en la viña. El pasar sus días al sol le había proporcionado un bronceado intenso; por eso, ella canta en el capítulo 1:5-6:

Morena soy, oh hijas de Jerusalén, pero codiciable
Como las tiendas de Cedar,
Como las cortinas de Salomón.
No reparéis en que soy morena,
Porque el sol me miró

La Sulamita conoce al pastor

Ella observa a las hermosas damas de la corte paseando en sus carruajes, de un lado a otro del camino, y las envidia, pero está dispuesta a permanecer en su vida humilde y tranquila. Un día, ve a un hermoso desconocido, un pastor, que la observa muy intencionalmente. Ella encuentra inquietante su mirada franca, pero él le dice: «Toda tú eres hermosa, amiga mía, y en ti no hay mancha» (4:7). Se enamoran más profundamente. Luego, de repente, él se va, pero promete regresar. Ella sueña con él y lo desea toda la noche, recordando su aspecto y describiéndoselo a sus amigas.

El pastor es el rey Salomón

Un día hay una gran conmoción en el valle, causada por el anuncio de que el rey, en toda su gloria, viene a visitarlos. Aunque a la muchacha le parece interesante, realmente no le preocupa, porque su corazón añora a su amado, al joven pastor. Luego, ante el asombro de todos, el rey manda a sus cocheros a la casa de la joven diciendo que desea verla. Ella sale, tímida y temerosa, y es llevada hasta el carruaje real. Cuando mira adentro, ¡ve que el rey no es otro que su amado pastor!

Usted lo recordará. En el libro de Eclesiastés, Salomón nos relata que emprendió varios viajes para descubrir cómo era la vida en varios niveles. Aparentemente, una vez viajó disfrazado de un simple pastor campesino. Ahora, tras haberse revelado como rey a su amada, la lleva a palacio y viven (como dice el refrán) felices para siempre.

A lo largo del libro, un coro de cantantes (las amigas, llamadas en el texto hijas de Jerusalén) hace ciertas preguntas capciosas de tiempo en tiempo, puntualizando varios acontecimientos que conducen al cortejo, el noviazgo y el matrimonio de Salomón y la Sulamita. Curiosamente, la palabra *Sulamita* es la forma femenina de Salomón. Por tanto, podríamos llamarla «Señora Salomón». Durante toda la historia, leemos acerca de su noviazgo, de la fuerza y las delicias de su amor, incluso de las técnicas de su galanteo.

Lo que sigue es un resumen del Cantar de los Cantares:

El rey disfrazado y la Sulamita se enamoran (Cantares 1:1–3:5)
Tema: Unidos en matrimonio
Eventos: La mujer y el rey-pastor se encuentran, se enamoran y se separan. Cuando regresa el amante de la mujer, se revela como el rey. Él visita el hogar de ella y se planea la boda.

El rey disfrazado y la Sulamita (Cantares 3:6–5:1)
Tema: Unidos en matrimonio
Eventos: La boda y la consumación sexual de su amor

Las luchas de un amor joven en el matrimonio (Cantares 5:2–7:10)
Tema: Adaptándose al matrimonio
Eventos: La novia tiene un sueño agitado en el cual pierde a su amado. Cuando despierta, él le reafirma su amor.

El amor que madura y se profundiza (Cantares 7:11–8:14)
Tema: Regresando a casa
Eventos: La novia convence a su esposo de que viaje con ella a su casa en el campo. En el viaje, su relación se hace más profunda.

El lenguaje del amor

El lenguaje de este libro es poético, lírico y figurativo. A medida que cada uno describe al otro, puede sentirse en sus palabras la pasión y el éxtasis del amor. Este es el lenguaje del amor en que ella lo describe a él:

Mi amado es blanco y rubio,
Señalado entre diez mil.
Su cabeza como oro finísimo;
Sus cabellos crespos, negros como el cuervo.
Sus ojos, como palomas
junto a los arroyos de las aguas,
Que se lavan con leche, y a la perfección colocados.
Sus mejillas, como una era de especias aromáticas,
como fragantes flores;
Sus labios, como lirios que destilan mirra fragante.
Sus manos, como anillos de oro
engastados de jacintos;
Su cuerpo, como claro marfil cubierto de zafiros.
Sus piernas, como columnas de mármol fundadas
sobre basas de oro fino;

Su aspecto como el Líbano,
escogido como los cedros.
Su paladar, dulcísimo, y todo él codiciable.
Tal es mi amado, tal es mi amigo,
Oh doncellas de Jerusalén (5:10-16).

Salomón describe con lenguaje similar a su amada:

Hermosa eres tú, oh amiga mía, como Tirsa;
De desear, como Jerusalén;
Imponente como ejércitos en orden.
Aparta tus ojos de delante de mí,
Porque ellos me vencieron.
Tu cabello es como manada de cabras
Que se recuestan en las laderas de Galaad (6:4-5).

Puede ver cuán figurativo es este lenguaje. Si un joven tratara de usar hoy un lenguaje así, es probable que sea desastrosamente malinterpretado. Pero en la cultura donde se expresó por vez primera, eran metáforas que sonaban muy dulces. Este es el lenguaje del amor.

El libro describe el amor en el matrimonio, como Dios quiso que fuera. Para que dos personas se entreguen una a otra —confiadamente, sin inhibiciones, para mutua satisfacción—, deben tener esa unidad completa que sólo existe en el círculo seguro del matrimonio. Esta verdad se enfatiza enérgicamente en todo el libro mediante una triple advertencia que la novia dirige a las jóvenes solteras; el coro de amigas llamadas hijas de Jerusalén. En tres diferentes oportunidades, la novia, apartándose de su éxtasis y del deleite en su amor, les da a estas jóvenes el secreto de dicho placer:

Yo os conjuro, oh doncellas de Jerusalén,...
Que no despertéis ni hagáis velar al amor,
Hasta que quiera (2:7; *cf.* 3:5 *y* 8:4).

En otras palabras, no apresurar al amor. No se precipite a tener una relación sexual antes de estar seguro en el cerco de una relación comprometida. Permita que primero venga el amor, el amor genuino entre un esposo y su esposa, y luego deje que despierten el estímulo y el éxtasis sexual. Ese es el secreto del verdadero deleite y satisfacción en el amor.

Es inquietante observar a padres insensatos animar a sus hijos para que imiten comportamientos adultos al bailar, salir en citas y besuquearse cuando son preadolescentes y adolescentes. Este comportamiento genera emociones y conductas adultas en niños que no están preparados para manejar estas responsabilidades y que no pueden prever las consecuencias. Si trata de abrir el capullo antes de que esté listo para florecer, lo destruirá. En nuestra sociedad estamos viendo los resultados de esta insensatez.

Dios ha ordenado que los deleites de los que se habla aquí sean parte de la experiencia de hombres y mujeres, pero solamente en el matrimonio. A lo largo de todo este libro, se repiten súplicas de castidad y pureza en la vida, hasta que llegue el momento de casarse.

El significado más profundo

No obstante, como usted ciertamente habrá adivinado, no habremos escuchado el mensaje más profundo de este cantar hasta que miremos en detalle bajo la superficie de la historia de amor romántico, tan hermoso y perfecto como es, y descubramos la alegoría. El significado más profundo, enraizado en esta historia, es la expresión de la relación redentora y de amor entre Dios y la humanidad, entre Cristo y Su Iglesia. Los primeros cristianos y aun los judíos antes del cristianismo han reconocido su sentido alegórico. El prólogo de este cantar en uno de los Targum judíos dice:

Este es el Cantar de Salomón, el rey profeta de Israel, que cantó ante Jehová el Señor.

Lo importante de este prólogo es que Salomón no estaba cantando una canción puramente humana de amor. La cantó ante Jehová. Era un cántico acerca de su relación con Dios, y los primeros padres de la Iglesia también lo entendieron así. Debido a esta interpretación, el Cantar de los Cantares fue de tanto consuelo para los santos perseguidos de los periodos de la Reforma y de la Postreforma.

Haciendo uso de la visión retrospectiva del Nuevo Testamento, ¡la naturaleza alegórica de este libro se vuelve notablemente evidente! El amor que se expresa en este libro es el de Jesucristo hacia la humanidad, y el amor entusiasta de los creyentes redimidos hacia su Señor. El rey que viene disfrazado de pastor es el Rey Jesús, el Buen Pastor, el Hijo de David. La Sulamita y novia, la amada, somos nosotros, personas que hemos sido redimidas de la miseria y del peso sofocante del pecado. No hemos llegado a Jesús por nuestros propios esfuerzos; Él tuvo condescendencia y vino a nosotros, campesinos, disfrazado de campesino. Expresó Su amor a nosotros en la cruz y se fue. Un día volverá a buscarnos para llevarnos a Su espléndido palacio en la Nueva Jerusalén. Mientras tanto, como la Sulamita, anhelamos Su presencia y esperamos con ansia Su venida.

Después de leer el Cantar de los Cantares, se obtiene una perspectiva enteramente nueva y magnificada de lo que el apóstol Pablo nos dice en Efesios 5:25-27:

Esposos, amen a sus esposas, así como Cristo amó a la iglesia y se entregó por ella para hacerla santa. Él la purificó, lavándola con agua mediante la palabra, para presentársela a sí mismo como una iglesia radiante, sin mancha ni arruga ni ninguna otra imperfección, sino santa e intachable.

Por años, he tenido el privilegio de presidir muchos matrimonios. Una cosa que mi experiencia me ha enseñado es que el matrimonio no es el producto de la sociedad humana. No es algo que la gente inventó después de comenzar a vivir juntos. El matrimonio se remonta al comienzo mismo de la raza humana. Es parte integral de la vida humana, dado por Dios. El acto físico de consumación del matrimonio no es el aspecto más significativo, sino una muestra de una relación más profunda, un vínculo emocional y espiritual entre dos personas.

Al leer en este libro sobre el deleite extasiado que experimentan e intercambian el novio y la novia, usted irá descubriendo una magnífica descripción de lo que Dios desea para la relación entre Él y la raza humana. Ahora, quizá vislumbremos el profundo significado del gran mandamiento: «Ama al Señor tu Dios con todo tu corazón y con toda tu alma y con toda tu mente» (Mt. 22:37). En este libro, tenemos una imagen de lo que Dios llevará a cabo en el corazón y en la vida de la persona que lo ame con esta clase de amor que abarca todo: corazón, alma y mente. Preste atención a estas hermosas palabras del novio a la novia:

Levántate, oh amiga mía, hermosa mía, y ven.
Porque he aquí ha pasado el invierno,
Se ha mudado, la lluvia se fue;
Se han mostrado las flores en la tierra,
El tiempo de la canción ha venido,
Y en nuestro país se ha oído la voz de la tórtola.
La higuera ha echado sus higos,
Y las vides en cierne dieron olor;
Levántate, oh amiga mía, hermosa mía, y ven (2:11-13).

Hay una primavera en la vida, pero no está en el pasado; está en el futuro

Hay una primavera en la vida, pero no está en el pasado; está en el futuro. Un día, todo este mundo experimentará una primavera como esa. El Señor Jesucristo, regresando por fin para recoger a Su novia que espera, la recibirá con palabras muy parecidas a estas. La primavera llegará, el tiempo de cantar, el tiempo en que la tierra florecerá nuevamente, la maldición será levantada y las flores brotarán de la tierra. Nosotros nos levantaremos y nos iremos con Él.

Esta es una visión hermosa y emocionante de lo que ocurre en el corazón y en la vida de la persona que verdaderamente se enamora del Rey, Jesucristo, y entra en Su primavera. El frío invierno de la soledad —el pecado y el dolor— ha pasado. ¡El tiempo de cantar ha llegado!

Quinta Parte

LAS PROMESAS DE DIOS

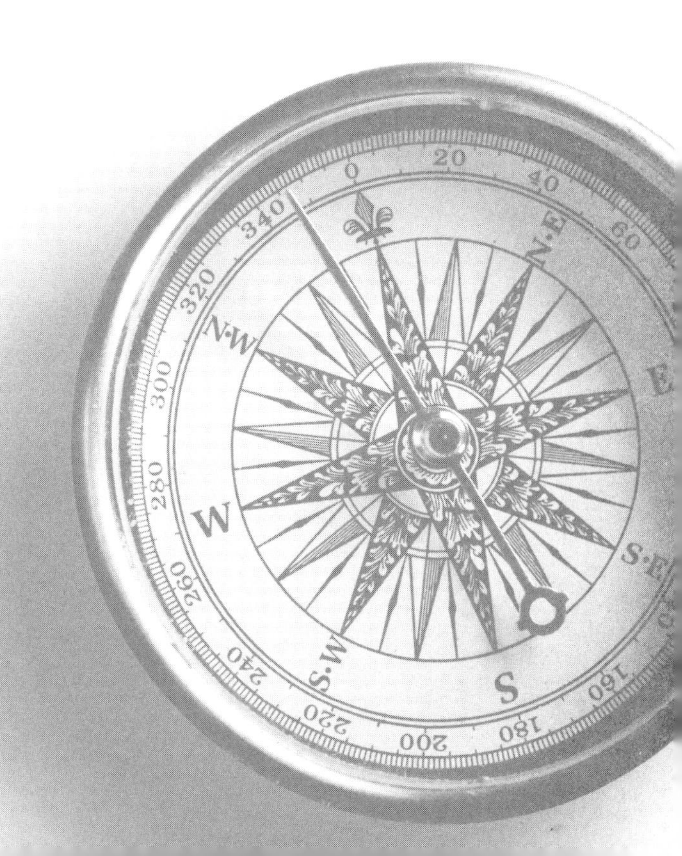

LAS PROMESAS DE DIOS

Durante la Segunda Guerra Mundial, un aviador norteamericano fue alcanzado en un combate aéreo por aviones japoneses, sobre la isla de Guadalcanal. Aunque su aeronave fue seriamente dañada, el piloto no fue herido. Logró desviarse de la isla principal tomada por el enemigo y sobrevolar un pequeñísimo islote vecino no muy lejano. Saltó del avión, su paracaídas se abrió y descendió flotando hacia esa isla selvática, un lugar del cual recordó que le habían informado durante el entrenamiento, que tenía la reputación de estar habitado por caníbales. *Bueno*, pensó, *por lo que escuché, ¡es mejor ser comido por los caníbales que terminar en uno de esos campos de concentración enemigos!*

Tan pronto como sus botas golpearon la arena, un grupo de isleños fue corriendo hacia él. *Pronto sabremos si estoy en el menú de esta noche,* pensó. Los isleños lo rodearon y lo llevaron a la aldea. Para su asombro, descubrió que varios hablaban inglés; y, para su alivio, descubrió que no eran caníbales, ¡sino cristianos!

Este piloto norteamericano era ateo. Para su mentalidad, cuando los isleños se habían convertido al cristianismo después de ser alcanzados por misioneros, simplemente habían cambiado sus mitos tribales por las fábulas cristianas de la sociedad occidental. Como tuvo que esperar bastante antes de ser rescatado, dispuso de mucho tiempo para hablar con los isleños sobre sus creencias.

Un día, observó a uno de los aldeanos sentado cerca del fuego para cocinar, que leía su Biblia. «¿Crees en los disparates de ese libro?», se burló el piloto norteamericano. «En los Estados Unidos hace tiempo que sabemos que las historias de ese libro son sólo un montón de fábulas».

El aldeano levantó la vista, luego señaló una olla negra grande que colgaba sobre su fuego para cocinar. «Si no fuera por este libro», respondió el caníbal reformado, «usted estaría en esa olla».

Aquí encontramos una evidencia dramática del poder de las Escrituras para cambiar el corazón humano. Como señaló el escritor de Hebreos: «La Palabra de Dios es viva y eficaz, y más cortante que toda espada de dos filos; y penetra hasta partir el alma y el espíritu, las coyunturas y los tuétanos, y discierne los pensamientos y las intenciones del corazón». La Palabra de Dios es una palabra de poder.

El propósito del Antiguo Testamento es prepararnos para recibir la verdad de Dios

Hasta aquí, en estos estudios, hemos visto que el propósito del Antiguo Testamento es prepararnos para recibir la verdad de Dios. La mayor parte de nosotros comienza la vida cristiana leyendo el Nuevo Testamento; desafortunadamente, muchos nunca llegan a leer el Antiguo. Pero estoy convencido, después de años de observación, tanto en mi propia vida como en la de otros, de que podemos avanzar con las verdades del Nuevo Testamento sólo hasta cierto punto, sin entender el Antiguo. Sin un fundamento sólido en el Antiguo Testamento, no podemos comprender enteramente todas las riquezas del Nuevo.

El Antiguo Testamento empieza con el Pentateuco, de Génesis a Deuteronomio, cinco libros que muestran el patrón del obrar de Dios en nuestras vidas. Luego, vienen los libros históricos, de Josué a Ester. Estos libros vívidamente demuestran los peligros que enfrentamos como cristianos al procurar seguir el plan de Dios para nuestras vidas. Los libros históricos destacan las fuerzas espirituales que se nos oponen y que nos oprimen, que nos amenazan desde afuera y nos debilitan desde adentro; y nos muestran cómo apropiarnos del poder de Dios para librar una batalla espiritual con éxito. Le siguen los libros poéticos —de Job a Cantar de los Cantares—, cinco libros que expresan las alegrías y tristezas del ser humano, y nos muestran cómo tener una relación y amistad genuinas con Dios.

Los libros de las promesas de Dios

Cuanto mejor entendamos las promesas de Dios, mejor conoceremos Su naturaleza y carácter

Habiendo observado cómo las otras partes del Antiguo Testamento encajan entre sí, ahora nos ocuparemos de los últimos dieciséis libros del Antiguo Testamento: los libros de los profetas. En estos libros proféticos, descubrimos las poderosas promesas de Dios. Así como dos personas que se dirigen al altar para casarse hacen ciertas promesas que las unen, Dios se ha vinculado con nosotros por medio de las promesas de esta última sección del Antiguo Testamento. Y tal como a un esposo y su esposa se les permite entregarse mutuamente debido a la seguridad de esas promesas que han hecho, así Dios se entrega a nosotros por las grandes promesas de la Biblia. Cuanto mejor entendamos las promesas de Dios, mejor conoceremos Su naturaleza y carácter.

Las promesas de Dios se han ganado el derecho a confiar en ellas. Son seguras, confiables. Son el fundamento de nuestra fe. Sin ellas, no tenemos ninguna razón objetiva para confiar en la Biblia. Podemos creer todo lo que Dios nos dice en Su Palabra, porque Él ha cumplido todas Sus promesas a través de la historia. Investiguemos brevemente los libros proféticos del Antiguo Testamento a la luz de las promesas que caracterizan a cada uno de ellos.

La promesa de Isaías

Dios nos limpiará y nos dará un nuevo comienzo

El libro de Isaías registra numerosas promesas, pero la principal en este libro —incuestionablemente uno de los más poderosos de la Biblia— es la promesa de Dios de que Él nos limpiará y nos dará un nuevo comienzo. Encuentra esta promesa en el primer capítulo:

> *Venid luego, dice Jehová, y estemos a cuenta: si vuestros pecados fueren como la grana, como la nieve serán emblanquecidos; si fueren rojos como el carmesí, vendrán a ser como blanca lana (Is. 1:18).*

Esta promesa se repite y desarrolla en el capítulo 53, que presenta la visión profética de Isaías de la crucifixión del Mesías en la cruz: «Herido fue por nuestras rebeliones» y «molido por nuestros pecados». Aquí está la promesa de la gracia expiatoria de Dios: «por sus heridas fuimos nosotros curados» (Is. 53:5). He llegado a amar profundamente este libro, porque declara que, cuando estemos atrapados en debilidad, pecado o fracaso, Dios puede llegar hasta nosotros, rescatarnos y ponernos en el camino de un nuevo comienzo. La promesa de Isaías es la de la gracia, la de un nuevo comienzo.

La promesa de Jeremías

Desolación

El libro de Jeremías es, de muchas maneras, la contraparte de Isaías. Mientras que Isaías promete la gracia de Dios, Jeremías promete ¡la *ausencia* de Él! ¿Sabía usted que Dios promete estar ausente de su vida en ciertas circunstancias? No se trata de que realmente esté ausente y lejos de nosotros, sino que deja claro que nuestras elecciones y acciones pueden hacernos perder el sentido de Su comunión con nosotros. La promesa de Jeremías prefigura la del Nuevo Testamento, que fue hecha por el Señor Jesús a Jerusalén: «He aquí, vuestra casa os es dejada desierta; y os digo que no me veréis, hasta que llegue el tiempo en que digáis: Bendito el que viene en nombre del Señor» (Lc. 13:35).

Repetidamente, la Biblia nos recuerda que cuando intentemos, en nuestro egoísmo ególatra, competir con la fortaleza del Altísimo y coloquemos nuestra voluntad por delante, finalmente Dios nos dejará hacer las cosas tal como nosotros queremos. Como resultado, terminamos vagando más y más en la más profunda oscuridad, miseria y desolación de espíritu, exactamente como Jerusalén fue desolada después de rechazar al Mesías. Jeremías fue enviado a esa ciudad desangrada para declarar a la gente que la ciudad estaba perdida y que irían cautivos por setenta años.

Pero Dios nunca nos deja perdidos. Cuando el corazón se arrepiente y regresa, la promesa de Isaías está vigente una vez más: la promesa de un nuevo comienzo.

La promesa de Ezequiel

La presencia de Dios

La promesa de Ezequiel es la promesa de la presencia de Dios. Este libro del Antiguo Testamento corresponde a la promesa de Jesús en el Nuevo Testamento: «El que me ama, mi palabra guardará; y mi Padre le amará, y vendremos a él, y haremos morada con él». La profecía de Ezequiel comienza con una visión de Dios que es la más notable y trascendente de la Biblia. Tengo en mi biblioteca un folleto interesante que trata de explicar los primeros capítulos de Ezequiel como ¡un registro del avistamiento de un OVNI! Pero esto es totalmente increíble. Ezequiel no trata sobre una visita del espacio exterior, sino que nos da una visión de cómo es Dios. Concluye triunfalmente con una descripción del templo del Señor, donde Él está presente y en paz con Su pueblo. El Nuevo Testamento nos dice que somos, en esencia, la morada de Dios; y Ezequiel muestra cómo obra el Señor en nosotros para hacer efectiva Su presencia en el corazón humano.

La promesa de Daniel

La iluminación de la mente humana

Daniel es el gran libro profético del Antiguo Testamento, que expone la promesa de la iluminación de Dios de la mente humana. Corresponde a la promesa de Jesús en el Nuevo Testamento, dada en Juan 8:12: «Otra vez Jesús les habló, diciendo: Yo soy la luz del mundo; el que me sigue, no andará en tinieblas, sino que tendrá la luz de la vida». Este es uno de los libros de estudio más importantes para los adolescentes, porque presenta la historia de un joven que permanece firme en Dios, en un ambiente pagano y hostil. Exactamente lo que los jóvenes enfrentan hoy en día en nuestra sociedad. Muestra cómo Dios puede capacitar a un joven para enfrentar las presiones de una cultura pagana, para que pueda convertirse en un instrumento de bendición en esa sociedad. Dios iluminó la mente del joven Daniel para que pudiera ver a través de todas las decepciones y la falsedad de la filosofía de su época. Y Él obra de la misma manera hoy; esta es la promesa de Daniel.

La promesa de Oseas

Oseas es uno de los libros más hermosos de la Biblia. Es una historia de amor, pero también de un matrimonio destruido y del pesar que trae la infidelidad. Es un relato de la persistencia de Dios, de la promesa de Su acción constante y redentora. Nos conecta con la promesa del Nuevo Testamento, en Filipenses 1:6: «El que comenzó en vosotros la buena obra, la perfeccionará hasta el día de Jesucristo». Es la historia maravillosa de cómo Dios manda a Oseas a casarse con una prostituta. Cuando ella lo abandona y regresa a su perverso negocio, el Señor lo manda a buscarla y a llevarla nuevamente con él. Esta mujer hunde a Oseas en la angustia y en la humillación, pero Dios llena su corazón de amor a ella; hasta que, finalmente, es recuperada y restaurada. Es la historia maravillosa del amor infinito de Dios, que nos busca cuando lo rechazamos, que nos redime cuando destrozamos Su corazón y que, finalmente, nos gana para Él por Su enorme e incomprensible entrega.

La persistencia de Dios

La promesa de Joel

Dios está obrando Sus propósitos

Joel muestra cómo Dios está obrando entre las naciones, desarrollando eventos y cumpliendo Sus propósitos para que incluso las tragedias y catástrofes que experimentamos formen parte de la trama de la historia en que Él está trabajando. Si usted está preocupado por lo que pasa en el mundo, lea el libro de Joel. Corresponde a la promesa del Nuevo Testamento, en Romanos 8:28: «Sabemos que a los que aman a Dios, todas las cosas les ayudan a bien, esto es, a los que conforme a su propósito son llamados».

La promesa de Amós

Perfección

La promesa de Amós es la promesa de la perfección, correspondiente a la de Judas 24-25: «A aquel que es poderoso para guardaros sin caída, y presentaros sin mancha delante de su gloria con gran alegría, al único y sabio Dios, nuestro Salvador...». El mensaje del libro de Amós es que Dios nunca rebaja Sus estándares. Queremos que Él nos trate con moderación, que nos deje lo suficientemente solos. «Señor», le decimos, «mira cómo he progresado. ¿No es suficiente? No trates de mejorar más mi carácter. Sólo déjame seguir andando libremente un poco más de tiempo». Pero Amós viene y dice: «¡No! Bastante bien no es suficiente. Dios nunca quedará satisfecho hasta que usted esté a la par de la absoluta perfección de Jesucristo». La cuerda de plomada de Dios es el gran tema de Amós.

La promesa de Abdías

Victoria espiritual

Abdías es la promesa de victoria espiritual. Es el relato de dos hombres, Jacob y Esaú, que simbolizan dos maneras de andar en la vida. Jacob representa el andar en el Espíritu. Esaú representa el andar en la carne. Muchos hemos sentido el deseo de llegar dentro de nuestro corazón, agarrar la maldad y arrancarla de raíz. Abdías nos da el ánimo que se necesita para esos momentos. La promesa de este libro nos conecta con la que encontramos en Romanos 6:14: «El pecado no se enseñoreará de vosotros; pues no estáis bajo la ley sino bajo la gracia». Este libro declara que la carne es siempre un fracaso y que el Espíritu siempre triunfa. Cuando caminamos en el

Espíritu, no proveemos para los deseos de la carne. El libro termina con estas palabras profundas:

Y el reino será de Jehová (Abd. 21).

La promesa de Jonás

Una segunda oportunidad

El libro de Jonás recibe más burlas y censuras que cualquier otro libro de la Biblia porque es la «historia del pez» en el Antiguo Testamento. Pero, como alguien ha señalado, es un libro alentador: si alguna vez se encuentra deprimido, recuerde a Jonás; ¡él salió bien parado! Sin embargo, es importante recordar que el tema central no es la historia del pez, sino una promesa: la de una segunda oportunidad, la de la paciencia de Dios con nosotros, que fallamos. Note la evidencia de esta promesa en Jonás 3:1:

Vino palabra de Jehová por segunda vez a Jonás...

Por esta razón, el libro de Jonás es de tanto aliento para nuestra fe. Muestra la voluntad de Dios que nos ofrece una nueva oportunidad, una y otra vez.

También manifiesta la paciencia y la gracia de Dios hacia la humanidad en Su trato con la ciudad de Nínive. A través de Jonás, el Señor dijo: «¡De aquí a cuarenta días Nínive será destruida!» (Jon. 3:4). Al escuchar este mensaje, toda la ciudad de más de 112.000 habitantes se arrepintió, y Dios le dio al pueblo una segunda oportunidad. En Su paciencia con Jonás y con Nínive, vemos la promesa de gracia y de paciencia, de una segunda oportunidad.

La promesa de Miqueas

El perdón de Dios

El profeta Miqueas era contemporáneo de Isaías. Ambos ministraban en el reino del sur, Judá. Alguien ha llamado al libro de Miqueas, «Isaías en taquigrafía». Miqueas resume muchas de las predicciones y profecías de Isaías, y hasta usa algunas de las frases de aquel profeta, lo que no es sorprendente porque ambos trabajaron juntos. El mensaje de Isaías, como notamos previamente, es la promesa de un nuevo comienzo. El tema de Miqueas es la promesa del perdón de Dios. Además, este es el libro favorito del Antiguo Testamento de los liberales políticos y teológicos, debido a un versículo, Miqueas 6:8; el versículo que Adlai Stevenson solía citar como su favorito:

Oh hombre, él te ha declarado lo que es bueno, y qué pide Jehová de ti: solamente hacer justicia, y amar misericordia, y humillarte ante tu Dios.

Esto, para los liberales, resume todo lo que Dios requiere de la humanidad. Y están en lo correcto, hasta el punto de que, ciertamente, el Señor requiere justicia, misericordia y humildad de parte de todos nosotros. Pero ¿quién puede hacer esto? ¡Nadie es capaz de alcanzar el estándar de perfección establecido por Dios! Y ese es exactamente el tema central. El mensaje claro de Miqueas es que usted no puede hacer esto hasta que haya aceptado el perdón de Dios, hasta que llegue a una posición de dependencia y haya recibido Su vida. Sólo la vida y la gracia del Señor pueden satisfacer los requisitos perfectos de Miqueas 6:8. La promesa de este libro es la del perdón bondadoso de Dios.

La promesa de Nahum

El carácter inmutable de Dios

El libro breve del profeta Nahum nos da la promesa del carácter firme e inmutable de Dios. Él es justo y santo, y demanda justicia y santidad. Los libros de Jonás y de Nahum van juntos porque ambos predicen la destrucción de Nínive. En Jonás, la predicación del profeta resulta en el arrepentimiento de toda la ciudad y, por eso, fue perdonada. Sin embargo, cien años más tarde, Nahum emitió su profecía sobre la destrucción de Nínive, y se cumplió al pie de la letra.

El mensaje combinado de estos dos libros, Jonás y Nahum, es que Dios es paciente, pero que no cambia. Se puede confiar en que hará exactamente lo que dice. Él detiene Su juicio cuando la gente se arrepiente; pero, si no hay arrepentimiento, ese juicio llegará. Esta es la promesa del libro de Nahum.

La promesa de Habacuc

Preguntas elementales

Pocos cristianos están familiarizados con el libro de Habacuc, aunque es un libro absolutamente fascinante. Aquí tenemos la respuesta a esa eterna pregunta: «¿Por qué? ¿Por qué Dios permite que prevalezca la injusticia? ¿Por qué deja que sufran el pobre y el inocente? ¿Por qué permite que los opresores disfruten de sus riquezas?».

Habacuc —como Job, de viejo— confronta el silencio de Dios y demanda saber por qué. La respuesta que Dios le da a Habacuc es el tema de este libro: el Señor promete dar respuestas fundamentales. Dios le responde; Su respuesta es poderosa, y conmocionará su pensamiento y sus emociones con estos porqués intensos y tan humanos que todos preguntamos.

Por cierto, este libro fue uno de los documentos fundamentales de la Reforma Protestante. Contiene la frase que encendió el corazón de Martín Lutero y que puso en movimiento los engranajes de aquel movimiento: «El justo por la fe vivirá» (Hab. 2:4). Es también la base temática de tres grandes epístolas del Nuevo Testamento: Romanos, Gálatas y Hebreos. En cada una de ellas, se cita la frase «el justo por la fe vivirá», y cada uno le da un énfasis diferente. En Romanos, el énfasis está en «el justo». En Gálatas, en «vivirá». En Hebreos, en «por fe». Estos libros, enlazados maravillosamente de esta manera, subrayan la promesa de Habacuc: Si vivimos por fe, un día Dios nos dará las respuestas que buscamos.

La promesa de Sofonías

La ira celosa de Dios

La promesa de Sofonías, uno de los libros más cortos de la Escritura, se refiere a la ira celosa de Dios. El tono de este libro es abrumadoramente oscuro y melancólico, y habla repetidamente del «día del Señor». La ira del Señor es, en verdad, el otro lado de Su amor. Como vemos en Sofonías y en otras partes de la Escritura, nuestro Señor es un Dios celoso. Eso no significa que lo sea de la manera en que los seres humanos solemos serlo, llenos de sospechas insensatas, obsesivos, queriendo poseer y controlar a otras personas. El amor de Dios por nosotros es un amor perfecto, y Él odia cualquier cosa que dañe o estropee Su relación con nosotros. Así que, cuando decimos: «Señor, quiero esto o aquello» —y Él sabe que eso nos dañará—, Su respuesta siempre es: «No, no puedes tenerlo». Esto nos parece injusto, pero realmente se trata del amor perfecto, santo y protector de Dios hacia nosotros.

Algunas veces Dios nos disciplina, ya sea interviniendo directamente en nuestra vida o simplemente a través de consecuencias y circunstancias que son el resultado de nuestras elecciones. En esos momentos, sentimos el calor de la ira de Dios. Muchas personas dicen no poder aceptar la idea de un Dios de ira. Pero usted no puede creer en un Dios de amor, a menos que crea que Él también puede enojarse. Si el Señor no se molestara por esas cosas que hieren a los que Él ama, no podría amar verdaderamente. Nuestro Dios es un Dios de amor y de ira, porque Su ira es el otro lado de Su amor. La promesa de Sofonías es sobre el amor celoso y la ira celosa del Señor.

Todos los profetas que acabamos de investigar escribieron sus libros antes de que Israel y Judá fueran llevados en cautiverio. Los próximos tres libros —Hageo, Zacarías y Malaquías— fueron escritos después de que Israel regresó del cautiverio. Estos últimos tres libros fueron escritos casi al mismo tiempo que Esdras y Nehemías, así que, la sección profética del Antiguo Testamento termina durante la misma época que la sección histórica.

La promesa de Hageo

La promesa de Hageo es la bendición material. Este libro revela la conexión entre lo físico y lo espiritual. Hageo fue el profeta enviado al pueblo que había olvidado a Dios. Habían abandonado el edificio del templo mientras estaban ocupados construyendo sus propias casas y enfocados en intereses egoístas. Hageo fue enviado para recordarles que aquellos que se comportan de manera egoísta, sin tener en cuenta a Dios, son como las personas insensatas que mataron al ganso que puso el huevo de oro. Toda prosperidad material viene de Dios y está directamente relacionada con nuestra decisión de ponerlo a Él en primer lugar. Aquellos que no le dan la prioridad al Señor verán disminuir su prosperidad. La promesa de Hageo se refiere a la provisión y la abundancia de Dios para aquellos que lo colocan en el centro de sus vidas.

Bendición material

La promesa de Zacarías

Ánimo y consuelo en los últimos tiempos

Zacarías es llamado a veces «el Apocalipsis del Antiguo Testamento». Esto es porque tiene muchas características similares. Comienza con una visión de jinetes que salen a patrullar la tierra y termina con el espectáculo trascendente de la venida de Dios en gloria: la segunda venida de Jesucristo. En este libro, encontramos la predicción literal de que el Señor pondrá Su pie sobre el monte de los Olivos, la montaña será partida en dos y se formará un gran valle. Aquí se llevará a cabo el juicio a las naciones. Así que, es un libro que está íntimamente ligado a la visión de Juan en Apocalipsis. La promesa de Zacarías es sobre el ánimo y el consuelo del Señor a través de los oscuros días de los últimos tiempos. Si parece que el mundo se está desmoronando y que Dios está siendo derrotado, lea Zacarías. ¡La victoria está a la vuelta de la esquina!

La promesa de Malaquías

La responsabilidad de Dios

El último libro del Antiguo Testamento es Malaquías. Estos cuatro breves capítulos nos dan la promesa de la responsabilidad de Dios. Es un libro alentador porque revela la respuesta de Dios al fracaso y la ceguera del ser humano. Comienza con el Señor formulando ciertas preguntas a Israel. A cada una de ellas, Israel responde: «¿Qué? ¿Por qué? ¿Quién? ¿Nosotros? ¿De qué estás hablando?». La gente está completamente ciega ante lo que Dios les dice. Él acusa: «¡Me estáis robando!». Ellos responden: «¿En qué te robamos?». Dios dice: «Me insultáis y me ofendéis». Ellos preguntan: «¿Qué hemos dicho para insultarte?». Este es quizá uno de los aspectos más desalentadores de nuestra humanidad: el sentido de reconocer nuestra propia ceguera, impotencia y fracaso. Es un estado deprimente, una sensación de estar siempre equivocados y de que nunca seremos capaces de alcanzar los estándares de Dios.

Malaquías es una medicina maravillosa para esa condición, porque muestra la respuesta del Señor a la ceguera de nuestros corazones. Indica que, en definitiva, es responsabilidad de Dios destruir la ceguera y la oscuridad. Sacarnos a la luz es Su cometido.

El libro concluye con una magnífica visión de la primera venida del Señor Jesucristo, precedida por Juan el Bautista, y de lo que significará para la raza humana. Luego, la visión profética rápidamente pasa a la segunda venida del Señor: el amanecer del Sol de Justicia, que viene con sanidad en Sus alas para finalmente traer la visión de la gloria de Dios a la tierra. La promesa de Jesús, de Su poder sanador, poder para quitar nuestra ceguera y ampliar nuestra visión; esta es la promesa de Malaquías.

La Palabra de Dios contiene tres mil promesas destinadas a nuestro presente, para uso diario. ¿Cuántas ha reclamado usted? La respuesta a esa pregunta determinará en gran manera su efectividad, su satisfacción y su gozo en la vida cristiana.

¿Qué hace usted con una promesa?

Y bien, ¿qué hace usted con una promesa? Bueno, o la cree o la rechaza. No hay alternativa. Podría decir: «No creeré en la promesa de Dios. No la rechazaré. Simplemente, la ignoraré». Me temo que esa opción no esté a su disposición. Si ignora Sus promesas, entonces las rechaza, porque una promesa es, al mismo tiempo, una demanda de compromiso. Para ignorar algo o a alguien, sólo tiene que dar la espalda y alejarse, pero eso es rechazar, ¿no es cierto? Así que, las promesas deben ser creídas o rechazadas. Por eso, llamo a esta sección de nuestro estudio del Antiguo Testamento: «Las promesas de Dios».

EL EVANGELIO SEGÚN ISAÍAS

Isaías fue el más grande de los profetas y un excelente escritor. Si usted disfruta de las cadencias hermosas y equilibradas, así como de los pasajes literarios maravillosos, disfrutará de este libro. Isaías es la revelación completa de Cristo en el Antiguo Testamento, tanto así que, a menudo, es llamado el «Evangelio según Isaías». Las profecías de Isaías que apuntan claramente a Cristo son algunos de los pasajes más asombrosos y ricos de la Escritura, ¡especialmente cuando se piensa que escribió estas palabras unos setecientos años antes de que Cristo naciera! Las profecías sorprendentemente claras de este libro, que se cumplieron en la vida de Jesús el Mesías, prueban que la Biblia es la Palabra de Dios divinamente inspirada.

Isaías está exactamente en la mitad de la Biblia y, a menudo, ha sido llamado «Biblia en miniatura». ¿Cuántos libros tiene la Palabra de Dios? Sesenta y seis. ¿Cuántos capítulos tiene Isaías? Sesenta y seis. ¿Cuántos libros tiene el Antiguo Testamento? Treinta y nueve. ¿Y el Nuevo Testamento? Veintisiete. El libro de Isaías se divide exactamente de la misma manera. La primera parte del libro tiene treinta y nueve capítulos. Hay una división precisa en el capítulo 40, así que, los veintisiete capítulos restantes constituyen la segunda parte.

Isaías está exactamente en la mitad de la Biblia y, a menudo, ha sido llamado «Biblia en miniatura»

El Nuevo Testamento comienza con la historia de Juan el Bautista, el precursor de Cristo, cuando vino a anunciar la venida del Mesías, y termina en el libro de Apocalipsis, con los nuevos cielos y la nueva tierra. El capítulo 40 de Isaías, que comienza la segunda parte, contiene el pasaje profético que predice la venida de Juan el Bautista:

Voz que clama en el desierto: Preparad camino a Jehová; enderezad calzada en la soledad a nuestro Dios (Is. 40:3).

Juan el Bautista dijo que él cumplió este pasaje. Isaías 66 habla de los nuevos cielos y la nueva tierra. Así que, usted encuentra aquí un paralelismo en miniatura y detallado de toda la Biblia.

Isaías: El Gran Cañón de las Escrituras

El libro de Isaías es el Gran Cañón de las Escrituras: profundo, vasto, majestuoso, colorido y con estratos de historia. Los visitantes del Gran Cañón del Colorado, en Estados Unidos, siempre se asombran cuando se paran al borde, miran sobre el cañón inmenso y silencioso, y observan el hilo de plata tortuoso del río Colorado, más de 1.500 metros abajo. Frecuentemente, se escucha a algún turista exclamar asombrado: «¿Cómo pudo una cosa tan pequeña como este río tallar un cañón inmenso como este?».

Tendrá una impresión similar cuando observe la extensión profunda y vasta del libro de Isaías. Inmediatamente, percibirá la grandeza y el poder de Dios. Captará la insignificancia de la humanidad, comparada con Su poder y majestad. Tiene que preguntarse: *¿Cómo pudo Isaías, un simple ser humano como yo, escribir un libro como este?*

El origen del libro de Isaías

Sabemos muy poco de Isaías. Vivió durante los reinados de cuatro reyes de Judá: Uzías, Jotam, Acaz y Ezequías. Su ministerio tuvo lugar unos 740 años antes de Cristo, cuando las diez tribus que formaban el reino del norte de Israel fueron capturadas por Senaquerib, el invasor asirio. Judá, el reino del sur, cayó en la idolatría hacia el final del ministerio de Isaías, en el 687 a.C., y fue llevado cautivo a Babilonia en el 587 a.C.

Isaías fue contemporáneo de los profetas Amós, Oseas y Miqueas, y la tradición nos relata que fue martirizado durante el reinado de Manasés, uno de los reyes más malvados del Antiguo Testamento. Según esta tradición, Isaías se escondió en un árbol hueco para escapar del rey. Los soldados, sabiendo que se encontraba allí, serraron el árbol. Así, Isaías fue cortado por la mitad. Algunos estudiosos piensan que la referencia en Hebreos a héroes de la fe que fueron aserrados, incluye al profeta Isaías (ver He. 11:37).

Isaías fue el autor humano de este libro, y es asombroso pensar que una persona haya podido escribir en un lenguaje tan hermoso y revelar cosas tan tremendas como las que encontramos aquí. Pero, de la misma manera, los visitantes del Gran Cañón, cuando bajan por el largo sendero hasta el río Colorado, ya no se sorprenden de que un río pueda haberlo tallado. Pueden escuchar las rocas que se pulverizan cuando son arrastradas por la fuerza de la corriente y sentir la potencia invisible de este río. El libro de Isaías es así. Aquí tenemos a un hombre impulsado por una fuerza extraordinaria, hablando profecías magníficas provenientes de las profundidades de esa fuerza. Como Pedro dijo en el Nuevo Testamento, las profecías del Antiguo Testamento no son producto de la imaginación humana, sino del obrar del Espíritu de Dios (ver 2 P. 1:20-21). Nada, aparte de la inspiración divina, podría explicar cómo Isaías pudo hablar y escribir como lo hizo.

Para que usted pueda echar un vistazo al panorama impresionante de este libro profundo y rico, le ofrecemos a continuación un breve resumen:

Profecías del juicio de Dios (Isaías 1–35)

1.	Profecías contra Judá, el reino del sur	1–12
	A. Judá es juzgado	1
	B. El Día del Señor	2–4
	C. La parábola de la viña	5
	D. La comisión de Isaías como profeta	6
	E. Profecía: Israel conquistada por Asiria	7–9
	F. Profecía: Asiria destruida por Dios	10
	G. La restauración de Israel bajo el Mesías	11–12
2.	Profecías contra los enemigos de Israel (Babilonia, Asiria, Filistea, Moab, Damasco, Samaria, Etiopía, Egipto, Edom, Arabia y Tiro; una advertencia a Jerusalén)	13–23
3.	Profecías del Día del Señor	24–27
	La tribulación	24
	Las bendiciones del reino	25–27
4.	Juicio y bendición a las naciones (Condenación de Efraín, Ariel, Egipto, Asiria, y otras naciones enemigas; la venida del Rey y la venida del reino)	28–35

La fe —y la insensatez— del rey Ezequías (Isaías 36–39)

5.	Asiria desafía a Ezequías y a su Dios	36
6.	Dios derrota a Asiria	37
7.	Dios salva a Ezequías de su enfermedad	38
8.	La insensatez de Ezequías: muestra su riqueza a los mensajeros babilónicos	39

Profecías de las Buenas Nuevas (Isaías 40–66)

9.	Profecías de la liberación de Dios (Note especialmente, la promesa del Siervo de Dios, el Mesías, en el cap. 42, y la restauración de Israel en los caps. 43–44)	40–48

10. Profecías del Mesías 49–57
11. Profecías de las glorias futuras del Israel resucitado 58–66

Una visión del Señor

Leyendo este libro, observará que el profeta Isaías estaba en la búsqueda de algo. Pedro dice que estaba buscando la salvación que había de venir de Dios (ver 1 P. 1:10). Entonces, es interesante que el nombre *Isaías* signifique «la salvación de Jehová».

Isaías vivió durante una época de estrés nacional, cuando se evidenciaba claramente la verdadera naturaleza perversa del hombre. El libro comienza con un profeta furioso por la rebelión de su nación. La estúpida obstinación y la desobediencia de sus hermanos israelitas va más allá de su compresión o de su tolerancia. Encolerizado, se lamenta:

> *El buey conoce a su dueño, y el asno el pesebre de su señor; Israel no entiende, mi pueblo no tiene conocimiento (1:3).*

Hasta un animal sabe de dónde proviene su alimento, ¡pero no Israel! Su pueblo vaga estúpidamente y sin conocimiento; ¡Isaías está fuera de sí, asombrado!

Luego, en el capítulo 6, Dios le da una visión. El profeta ve a Dios en Su impresionante pureza y santidad:

> *En el año que murió el rey Uzías vi yo al Señor sentado sobre un trono alto y sublime, y sus faldas llenaban el templo. Por encima de él había serafines; cada uno tenía seis alas; con dos cubrían sus rostros, con dos cubrían sus pies, y con dos volaban. Y el uno al otro daba voces, diciendo:*
>
> *Santo, santo, santo, Jehová de los ejércitos;*
> *toda la tierra está llena de su gloria.*

El trono que *nunca* está vacante

¡Imagine esto! Un día, mientras Isaías está en el templo, tiene una visión de Dios. Es significativo que esto ocurra en el año de la muerte del rey Uzías, cuando el trono estaba vacante, porque, en esta visión, ¡Isaías vislumbra el trono que *nunca* está vacío! Leyendo, encontrará que el Señor tiene poder para sacudir la tierra desde sus cimientos. Él es un Dios inmenso, infinito y poderoso, que habla en el trueno y se mueve con poder. Isaías responde:

> *Entonces dije: ¡Ay de mí! que soy muerto; porque siendo hombre inmundo de labios, y habitando en medio de pueblo que tiene labios inmundos, han visto mis ojos al Rey, Jehová de los ejércitos.*

En otras palabras, Isaías se pregunta: *¿Cómo puede un Dios tan inmenso y santo hacer otra cosa que no sea destruir a los seres humanos rebeldes y desobedientes? ¿Dónde está la salvación para gente como nosotros?*

El problema de Isaías se complica cuando, en la segunda parte del libro, se le muestra la impotencia humana. El capítulo 40 comienza con esa nota. Aquí está el pasaje profético acerca de Juan el Bautista:

> *Voz que decía: Da voces.*
> *Y yo respondí: ¿Qué tengo que decir a voces?*
> *Que toda carne es hierba, y toda su gloria como flor del campo.*
> *Sécase la hierba, marchítase la flor; mas la palabra del Dios nuestro permanece para siempre (40:6,8).*

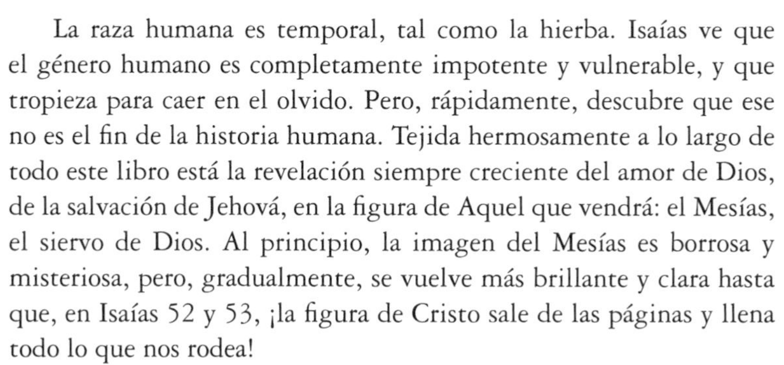

La raza humana es temporal, tal como la hierba. Isaías ve que el género humano es completamente impotente y vulnerable, y que tropieza para caer en el olvido. Pero, rápidamente, descubre que ese no es el fin de la historia humana. Tejida hermosamente a lo largo de todo este libro está la revelación siempre creciente del amor de Dios, de la salvación de Jehová, en la figura de Aquel que vendrá: el Mesías, el siervo de Dios. Al principio, la imagen del Mesías es borrosa y misteriosa, pero, gradualmente, se vuelve más brillante y clara hasta que, en Isaías 52 y 53, ¡la figura de Cristo sale de las páginas y llena todo lo que nos rodea!

Esta imagen del Mesías no es la que nosotros esperaríamos, con nuestra limitada imaginación humana. En Isaías 52:13, vemos que «será prosperado, engrandecido y exaltado». Pero, en el versículo siguiente, también encontramos que «fue desfigurado de los hombres su parecer, y su hermosura más que la de los hijos de los hombres». Los judíos precristianos ciertamente habrán confundido con estas aparentes contradicciones. ¿Cómo el Siervo exaltado por Dios podría llegar a ser tan horriblemente desfigurado y dañado? ¿Por qué, como Isaías continúa diciéndonos en el capítulo 53, experimento esto?:

> *Despreciado y desechado entre los hombres, varón de dolores, experimentado en quebranto; y como que escondimos de él el rostro, fue menospreciado, y no lo estimamos (v. 3).*

> *Mas él herido fue por nuestras rebeliones, molido por nuestros pecados; el castigo de nuestra paz fue sobre él, y por su llaga fuimos nosotros curados (v. 5).*

Angustiado él, y afligido, no abrió su boca; como cordero fue llevado al matadero; y como oveja delante de sus trasquiladores, enmudeció, y no abrió su boca (v. 7).

Por cárcel y por juicio fue quitado; y su generación, ¿quién la contará? Porque fue cortado de la tierra de los vivientes, y por la rebelión de mi pueblo fue herido. Y se dispuso con los impíos su sepultura, mas con los ricos fue en su muerte; aunque nunca hizo maldad, ni hubo engaño en su boca (vv. 8,9).

Una imagen contradictoria del Mesías

Los antiguos estudiosos judíos habrán estado desconcertados al contemplar esta imagen del Mesías: no de un Mesías radiante, glorificado, viniendo en fuerza y poder, sino de un Mesías que «derramó su vida hasta la muerte, y fue contado entre los pecadores», un Mesías que llevó «el pecado de muchos, y oró por los pecadores» (Is. 53:12). Pero esta imagen al parecer contradictoria es exactamente el retrato divinamente inspirado que se le dio a Isaías para que nos lo comunicara: El mismo Dios de gloria trascendente —en cuya presencia Isaías tembló y confesó: «Entonces dije: ¡Ay de mí! que soy muerto; porque siendo hombre inmundo de labios, [...] han visto mis ojos al Rey, Jehová de los ejércitos»— también es el Siervo sufriente, desfigurado y destrozado cuya vida es derramada por la raza humana. En esta imagen aparentemente contradictoria, el profeta Isaías vio cómo el amor de Dios haría la parte más difícil en favor de los humanos rebeldes, y nos conocería en nuestra impotencia y necesidad.

El «Apocalipsis» de Isaías

Finalmente, el profeta Isaías mira con dificultad más allá de la oscuridad y la desesperanza de los siglos por venir, a un mañana sin nubes, el amanecer del día de justicia, cuando la gloria de Dios llenará la tierra. Isaías 61 anuncia el año del favor del Señor, cuando Jesús es ungido por el Espíritu del Señor Soberano para «predicar buenas nuevas a los abatidos, a vendar a los quebrantados de corazón, a publicar libertad a los cautivos, y a los presos apertura de la cárcel» (61:1). El capítulo 62 proclama un nuevo nombre y un nuevo lugar, y prosperidad para Sión, el pueblo santo y redimido del Señor. Los capítulos 63 a 66 anuncian el día de la venganza y de la redención divina, Su regalo de salvación, juicio y esperanza. En el mismo capítulo 65, vemos una imagen de los nuevos cielos y la nueva tierra, que también es profetizada por Juan en el libro de Apocalipsis. Luego, se cumplirá la profecía de Isaías 2:4:

Y juzgará entre las naciones, y reprenderá a muchos pueblos; y volverán sus espadas en rejas de arado, y sus lanzas en hoces; no alzará espada nación contra nación, ni se adiestrarán más para la guerra.

Tanto en Isaías como en Apocalipsis, usted ve juntas dos características opuestas del Señor Jesús: Su gran poder y Su gran humildad. En Apocalipsis 4:2, Juan nos habla de una visión poderosa de Dios, de un trono resplandeciente en los cielos. Luego, dice: «Y miré, y vi que en medio del trono y de los cuatro seres vivientes, y en medio de los ancianos, estaba en pie un Cordero como inmolado» (Ap. 5:6). El trono y el Cordero, el poder y la humildad, el Rey y el Siervo. Observamos estos mismos contrastes reunidos en Isaías. En Isaías 6:1, vemos al «Señor sentado sobre un trono alto y sublime». Después, en Isaías 53:7, vemos al Siervo —¡que es también el Señor!— «angustiado y afligido», y «como cordero [...] llevado al matadero».

Este es el plan de Dios. Él no soluciona el problema del pecado en el mundo como usted y yo probablemente lo haríamos, con poder y por la fuerza; con guerra, abrasando y azotando a la malvada raza humana desde la faz de la tierra. Aquí encontramos una evidencia convincente de la declaración de Dios en Isaías 55:8-9:

Porque mis pensamientos no son vuestros pensamientos, ni vuestros caminos mis caminos, dijo Jehová. Como son más altos los cielos que la tierra, así son mis caminos más altos que vuestros caminos, y mis pensamientos más que vuestros pensamientos.

El método de Dios es vencer la rebelión humana, no por la fuerza, ni por el poder, sino mediante el amor, un amor costoso que sufre y soporta el mayor dolor y vergüenza. Cuando el Señor viene a la raza humana como un Siervo sufriente, en vez de un poderoso conquistador, ocurre algo maravilloso: El corazón humano responde y se abre a Dios, así como los pétalos de una flor se abren al sol. Y dentro de ese corazón abierto, Él derrama Su vida y le da a ese corazón humano todo el gozo y la plenitud que siempre ha querido que Su pueblo experimente.

Los reinos modernos de Asiria y Babilonia

La primera parte del libro presenta la amenaza del rey de Asiria, la última describe la amenaza del reino de Babilonia; y los capítulos 37 a 39, a la mitad del texto, constituyen el relleno en este emparedado histórico, un interludio entre Asiria y Babilonia. Estas dos naciones existen en el mundo de hoy y ya existían antes de la época de Isaías. ¡Es notable cuán actual es el libro de Isaías! ¿Dónde vemos hoy estos dos reinos?

El rey de Asiria representa el poder y la filosofía de la impiedad: la arrogante afirmación humana de que Dios no existe; que podemos vivir como nos gusta, sin rendir cuentas a ningún poder moral superior; que habitamos un universo materialista, determinista y sin propósito que, sin prestar atención a nada, reduce a la humanidad a polvo insignificante; que no podemos hacer nada en esta vida excepto disfrutar hasta que morimos. Para esta filosofía, la fuerza es buena y la humanidad no rinde cuentas a nadie, sino a sí misma. Esta es la filosofía asiria, tan común en nuestros tiempos, y es también la que está detrás de otras ideologías materialistas.

La segunda fuerza que encontramos en Isaías es el poder de Babilonia. En la Escritura, Babilonia es siempre el símbolo de la apostasía, del error y del engaño religioso. Nuevamente, esta filosofía es fuerte hoy. La voz que deberíamos esperar que nos guíe —la de la iglesia— a menudo se levanta contra Dios, contra la verdad infalible de Su palabra, contra la moralidad y la divinidad que se proclaman en las Escrituras. Hoy escuchamos a iglesias y a líderes religiosos que racionalizan falsas doctrinas, justifican y defienden estilos de vida pecaminosos, y ordenan para el ministerio personas que, como ellas mismas admiten, se comportan de manera que no debería ser tolerada ni siquiera entre los cristianos laicos. Así que, estamos viviendo en los mismos tiempos descritos en Isaías.

Las características dominantes del corazón humano son la rebelión y la vulnerabilidad

Una vez, leí en un periódico el relato de un hombre que fue detenido por un oficial de policía, por exceso de velocidad. Cuando el oficial le entregó la multa, el hombre la leyó y se la devolvió, metió la primera velocidad y aceleró. El oficial saltó dentro de su automóvil y lo persiguió a alta velocidad. Finalmente, al infractor se le fue el auto del camino y se destruyó, matándose él y su hija de seis años que lo acompañaba. ¿Qué le llevó a hacer eso? ¿Acaso no fue la rebeldía innata que surge cuando el corazón humano se enfrenta con la autoridad? Este hombre sólo llevó hasta un extremo fatal la tendencia que se esconde dentro de todos nosotros.

A menudo, la gente me dice durante la consejería: «Sé lo que debo hacer, pero no quiero». ¿Por qué no? Rebelión y vulnerabilidad. Se refleja en la creciente desesperación e inutilidad que oprimen tantas vidas en la actualidad: la soledad y la aparente falta de significado. En Isaías, Dios le ofrece dos veces una promesa hermosa al mundo esclavo de la rebelión y la impotencia; una promesa de limpieza, una promesa de perdón, una promesa de un nuevo comienzo:

> *Venid luego, dice Jehová, y estemos a cuenta: si vuestros pecados fueren como la grana, como la nieve serán emblanquecidos; si fueren rojos como el carmesí, vendrán a ser como blanca lana (1:18).*

Y:

A todos los sedientos: Venid a las aguas; y los que no tienen dinero, venid, comprad y comed. Venid, comprad sin dinero y sin precio, vino y leche (55:1).

El mensaje de Dios a la humanidad no es de condenación, sino de gracia y de perdón. Él nos llama: «¡Venid! La salvación de Jehová está a disposición de todos! ¡Es un regalo; no tiene costo ni condiciones previas!». Y, cuando aceptamos el evangelio según Isaías, descubrimos la respuesta a nuestra profunda necesidad, la cura para la rebelión y la vulnerabilidad de nuestra vida, la victoria sobre la Asiria y la Babilonia de nuestro corazón, la libertad y la amistad que Dios quiso que cada uno de nosotros experimentara con Él.

El primer y último «todos»

Hace algunos años, uno de los grandes maestros de la Biblia en Inglaterra acababa de terminar de hablar en una reunión; una de la serie semanal de encuentros evangelísticos nocturnos. Después de la reunión, se apresuró a tomar el tren de vuelta a su casa. En la estación, justo cuando estaba por subir al tren, un hombre corrió hacia él y le pidió un momento para hablar. «Señor—, le dijo el extraño, —esta noche estuve en la reunión y le escuché decir que podemos encontrar la paz con Dios, pero no entendí todo lo que dijo. Por favor, ¿podría quedarse y hablar conmigo? ¡Necesito su ayuda!».

Sonó el silbato, indicando que el tren estaba a segundos de abandonar la estación. «Lo siento—, dijo el maestro de Biblia, —este es el último tren de la noche y no debo perderlo. Pero le diré lo que puede hacer». El maestro le entregó su Biblia desgastada, y agregó: «Tome esta Biblia y vaya al poste de luz más cercano. Busque Isaías 53:6. Agáchese y entre en el primer "todos", luego póngase de pie y salga en el último "todos"». Luego, subió al tren que lentamente partió.

«¿Pero dónde...?», dijo el otro hombre, sosteniendo la Biblia.

«¡Isaías 53:6!», repitió el maestro, gritando sobre el resoplido de la máquina y el golpe seco de las ruedas sobre los rieles.

El hombre se detuvo por un instante, mirando el tren alejarse, confundido por las extrañas instrucciones que acababa de recibir. Luego, encogiéndose de hombros, tomó la Biblia, se dirigió al poste de luz más cercano y la abrió en Isaías 53:6. Mientras leía el versículo, recordó el extraño consejo del maestro: *Agáchese y entre en el primer «todos»; luego, póngase de pie y salga en el último «todos».* Entonces, leyó en voz alta: «"Todos nosotros nos descarriamos como ovejas, cada cual se apartó por su camino". ¡Ah, ya veo! ¡Ese es el primer "todos"! ¡Ya veo lo que quiso decir! Necesito agacharme y entrar en el primer "todos". Necesito admitir que me he perdido, que me he alejado de Dios y que he tomado mi propio camino».

El hombre pensó en eso por unos momentos y luego leyó más adelante: «"mas Jehová cargó en él el pecado de todos nosotros". ¡Ah! ¡Ahora tengo que ponerme de pie y salir en el último "todos"! ¡Sí! ¡Eso es! ¡Todo mi pecado ha recaído sobre Él y no tengo que cargar más ese peso de la culpa! ¡Puedo ponerme de pie porque Él ha quitado mi pecado!».

Fue un momento de revelación y percepción eterna en la vida de ese hombre. La noche siguiente, antes de la reunión, fue hacia el maestro, le devolvió su Biblia, y dijo: «Aquí está su Biblia. Quiero que sepa que anoche, bajo el poste de luz, me agaché y entré en el primer "todos", y me puse de pie y salí en el último "todos"».

Este es el mensaje de Isaías. Es el evangelio que encontramos no sólo en el Nuevo Testamento, sino aquí, en el Evangelio según Isaías. Pongámonos de pie y salgamos en el último «todos».

UN PERFIL DE CORAJE

Durante la ocupación alemana de Dinamarca, en la Segunda Guerra Mundial, el rey Christian X fue un símbolo de coraje desafiante frente a la opresión y el terrorismo nazi.

Una mañana, el rey despertó, miró por su ventana y vio la odiada bandera nazi ondeando sobre un edificio público en Copenhague. Llamó indignado al comandante alemán y demandó furioso que la bandera fuese inmediatamente arriada.

El comandante, divertido ante el hecho de que el rey de una nación derrotada intentase demandar algo de sus conquistadores alemanes, con una sonrisa soberbia, se negó a sacar la bandera. «Nosotros, los alemanes, no recibimos órdenes—, replicó. —Nosotros las damos».

«Si usted no ordena que saquen esa sucia bandera en este instante—, gruñó el rey, —un soldado irá y la bajará».

«Entonces, le dispararemos», bufó el oficial nazi.

«Disparen entonces—, dijo el rey Christian X, —porque yo seré ese soldado».

En minutos, los alemanes bajaron la bandera. Ese es un perfil de coraje; la valentía para resistir por un principio, por una causa mayor que la vida misma; el coraje para asumir una posición de vida o muerte contra un gobierno sanguinario, odioso y opresivo. Hay muchos perfiles de coraje a lo largo del Antiguo y del Nuevo Testamento: hombres y mujeres que se pronunciaron por Dios, de forma valiente y a un alto precio. Quizá el más valiente de todos fue el profeta Jeremías.

El profeta héroe

Imagine que usted es Jeremías, el predicador. Vive durante los últimos días de una nación decadente, en los tiempos del malvado rey

Joacim. Predica a la nación y llama a su pueblo al arrepentimiento, pero nadie lo escucha. Es amenazado, perseguido y encuentra oposición a cada paso. No tiene el consuelo de un cónyuge, porque los tiempos son demasiado malos y Dios le ha dicho que no se case. Se siente abandonado y solo; todos sus amigos se apartan.

A usted le gustaría renunciar, darle la tarea a otro, pero no puede hacerlo. La Palabra de Dios quema en sus huesos y tiene que declararla, sin importar las consecuencias. A pesar del mensaje que el Señor lo ha llamado a comunicar, a pesar del amor por su país y por su gente, usted ve el desastre que se avecina. Ve que el enemigo está en la frontera, a punto de conquistar y despojar su tierra para llevar a cabo el juicio de Dios, y usted parece no tener poder para prevenirlo. En lugar de responder a sus advertencias sobre la destrucción de la nación, el pueblo se vuelve en contra de usted e intenta matarlo; ¡al mensajero de Dios!

Quizá ahora pueda entender por qué Jeremías, de entre todos los profetas, fue el más heroico. Isaías escribió pasajes más sublimes y tal vez vio con más claridad la venida del Mesías. Otros profetas hablaron más precisamente de los eventos futuros, pero Jeremías sobresale como un hombre de coraje heroico, con una determinación de hierro para comunicar el mensaje de Dios, a pesar del riesgo o del costo.

Jeremías fue el último profeta de Judá, el reino del sur, cuando la nación se estaba desintegrando, carcomida desde dentro por la decadencia moral y espiritual. Vivió aproximadamente sesenta años después de la época de Isaías y continuó su ministerio en Judá después de que las diez tribus del norte fueron capturadas por Asiria. El ministerio profético de Jeremías comenzó durante el último rey bueno de Judá, el rey-niño Josías, quien lideró el último avivamiento que experimentó la nación antes de ser conquistada. Desgraciadamente, este avivamiento bajo el rey Josías fue más bien un asunto superficial. El profeta Hilcías le había dicho que el pueblo lo seguiría en su intento de reformar la nación y volverse a Dios, pero fue sólo porque amaban al rey y no porque amaran al Señor.

Luego, el ministerio de Jeremías continuó a partir de la mitad del reinado de Josías, durante los tres meses de reinado del rey Joacaz, el gobierno miserable del malvado rey Joacim y los tres meses del mandato de Joaquín. El reinado de Joaquín fue abruptamente interrumpido cuando fue capturado por Nabucodonosor y llevado a Babilonia. Jeremías aún estaba llevando a cabo la obra de Dios durante el reinado del último rey de Judá, Sedequías. Luego, Nabucodonosor regresó, destruyó completamente la ciudad de Jerusalén y llevó a toda la nación cautiva a Babilonia.

El ministerio de Jeremías duró cerca de cuarenta años y, durante todo ese tiempo, el profeta nunca vio ninguna señal de que su ministerio ni siquiera tuviera un poquito de éxito. Su mensaje fue de denuncia y de reforma, y la gente nunca le hizo caso. Fue llamado a un ministerio de fracaso, y aún así, nunca renunció; nunca titubeó. A pesar de la frustración de cuarenta años de fracaso, permaneció fiel al Señor y a su misión: testificar de la verdad de Dios a una nación moribunda y desobediente.

Juicio y aflicción

Dos temas se extienden a lo largo el libro de Jeremías. El primero es el destino de la nación: el juicio. El segundo refiere la aflicción de Jeremías por la desobediencia de su pueblo.

En primer lugar, Jeremías repetidamente le recuerda al pueblo que su primer error fue no tomar en serio a Dios. No prestaron atención a lo que el Señor les había dicho e hicieron lo que a sus propios ojos estaba bien; no lo que era correcto a la luz de la revelación divina. Como leemos en 2 Crónicas 34, la nación había caído tan bajo que ¡por muchos años, la ley de Moisés se había perdido completamente! Había sido arrojada y olvidada dentro de un almacén, en la parte de atrás del templo. Décadas más tarde, el sacerdote Hilcías estaba limpiando en el templo y encontró el libro de la ley. ¡Quedó atónito! Durante años, la nación había vivido completamente sin la Palabra de Dios, y de repente, ¡fue descubierta otra vez!

Hilcías le llevó el libro de la ley al rey Josías y se lo leyó. Al escuchar las palabras, el rey desgarró sus vestiduras con dolor y angustia por todos los años que había estado perdida. Mandó que se leyera el libro a toda la nación e hizo un pacto delante del Señor de guardar Sus mandamientos (2 Cr. 34:29-31). Este redescubrimiento de la Palabra de Dios estimuló el gran avivamiento nacional liderado por Josías. Siempre el primer paso para un avivamiento y una restauración surge de volver a descubrir la Palabra de Dios.

Es peligroso perder contacto con la Palabra de Dios

Es peligroso perder contacto con la Palabra de Dios. Cuando cerramos los ojos y los oídos a la voz de Dios expresada en Su Palabra, invariablemente terminamos en el peligroso camino de hacer lo que está bien a nuestro juicio. Por supuesto, mucha gente hace a sabiendas lo que *está mal* a los ojos de Dios, y eso ya es suficientemente malo. Pero es igual de peligroso juzgar por nosotros mismos lo que es correcto, sin consultar la Biblia para ver lo que Dios ya ha dicho al respecto. Si carecemos de una fuente objetiva como regla, ¿cómo podemos determinar correctamente lo que debemos hacer? La Biblia es el test de nuestra realidad moral y espiritual. Sin ella, terminamos desorientados y nos volvemos poco realistas; nuestro juicio se enturbia y, fácilmente, nos encontramos en la misma condición de decadencia y deterioro que caracterizaba al pueblo en la época de Jeremías.

Al olvidar la Palabra de Dios, el reino de Judá gradualmente adoptó los valores de las civilizaciones mundanas de alrededor. Formaron alianzas políticas y militares con las naciones paganas más próximas, y pronto llegaron a adorar a sus dioses. Su idolatría y desobediencia generó una avalancha de luchas internas, amenazas externas, justicia pervertida y desintegración moral. Estas eran las condiciones que había cuando Jeremías llegó para llamar a la nación al arrepentimiento... o al juicio.

Un pueblo terrible e incrédulo arrasaría la tierra

A lo largo de todo el libro, encontramos a Jeremías publicando profecías claramente delineadas, indicando exactamente la manera en que Dios levantaría a un pueblo terrible e incrédulo que arrasaría la tierra y destruiría todo a su paso. Serían totalmente despiadados, derribarían las murallas de la ciudad y destruirían el templo, llevándose todas las cosas de valor para la nación, y arrastrarían al pueblo al cautiverio. Así juzgaría Dios a Israel.

Dios castiga con un corazón afligido

Pero Jeremías también dejó claro en estos pasajes de juicio que Dios no se complace en aplicar el castigo. Él castiga con un corazón afligido, un corazón que llora. Cuando el Señor disciplina a una nación o a un individuo, lo hace porque es un Dios de amor. No disfruta al aplicar la pena de la disciplina y el juicio. Él es como un padre amoroso que repetidamente instruye a sus hijos equivocados en el camino de la obediencia, pero que, finalmente y lamentándolo mucho, los debe corregir. Vemos una descripción de Su apenado corazón paternal en numerosos pasajes, como en Jeremías 3:19:

> *Yo preguntaba: ¿Cómo os pondré por hijos, y os daré la tierra deseable, la rica heredad de las naciones? Y dije: Me llamaréis: Padre mío, y no os apartaréis de en pos de mí.*

Aquí notamos que Dios no está tan enfurecido por el abandono de Su pueblo, sino que se siente mucho más herido y afligido. El Señor es bondadoso y misericordioso, pero, cuando pisoteamos Su misericordia, llega finalmente a un punto donde debe impartirnos la disciplina y el juicio que nos hemos estado buscando. Es como si nos dijera: «Esto me va a doler a mí más que a ti». Todo padre amoroso les dice eso a sus hijos, tarde o temprano, pero ninguno lo ha dicho jamás tan seria y profundamente como Dios el Padre.

Doce sermones proféticos

Jeremías es el diario de uno de los mayores profetas de la Biblia, registrado durante los días más oscuros y vergonzosos de la historia de Israel y de Judá. La nación se había hundido a un estado miserable, caracterizado por la idolatría, la inmoralidad, la apostasía, y la degeneración de la adoración y de la fe. Durante cuarenta años, Jeremías proclamó el juicio de Dios contra la nación pecadora de Judá. Anunció profecías que predicen eventos del futuro cercano y del milenial. El mismo Jeremías vivió para ver muchas de sus profecías hechas realidad, incluso la destrucción de Jerusalén. Más tarde, escribiría cómo se sintió ante esta destrucción.

Lo siguiente es un breve resumen de la poderosa autobiografía profética de Jeremías:

Dios llama a Jeremías al ministerio profético (Jeremías 1)

Las profecías de Jeremías contra la nación (Jeremías 2–25)

1.	El primer sermón de Jeremías: Los pecados deliberados de la nación	2:1–3:5
2.	El segundo sermón de Jeremías: Arrepentíos o seréis juzgados	3:6–6:30
3.	El tercer sermón de Jeremías: La hipocresía religiosa será juzgada	7–10
4.	El cuarto sermón de Jeremías: El pacto de la nación quebrantado	11–12
5.	El quinto sermón de Jeremías: El cinto y las tinajas	13
6.	El sexto sermón de Jeremías: Los horrores del juicio	14–15
7.	El séptimo sermón de Jeremías: Por qué Jeremías nunca se casó	16–17
8.	El octavo sermón de Jeremías: El alfarero y el barro	18–20
9.	El noveno sermón de Jeremías: Los reyes malvados y el futuro Rey justo	21:1–23:8
10.	El décimo sermón de Jeremías: Juzgando a falsos profetas	23:9-40
11.	El onceavo sermón de Jeremías: Higos buenos y malos	24
12.	El doceavo sermón de Jeremías: Setenta años de cautiverio	25

Los conflictos de Jeremías (Jeremías 26–29)

13.	Conflicto con la nación de Judá	26
14.	Conflicto con falsos profetas	27–29

El futuro distante de Israel, Judá y Jerusalén (Jeremías 30–33)

15.	La restauración de Israel y Judá	30–31
16.	La reconstrucción de Jerusalén	32

17. La restauración del pacto 33

La inminente caída de Jerusalén (Jeremías 34–45)

18. Las advertencias de Jeremías al rey y al pueblo 34–36
19. Jeremías encarcelado y perseguido 37–38
20. La caída de Jerusalén 39–45

Profecías contra los enemigos gentiles (Jeremías 46–51)

Profecías contra Egipto, Filistea, Moab, Amón, Edom, Damasco, Cedar, Hazor, Elam y Babilonia

La caída de Jerusalén (Jeremías 52)

Jerusalén es saqueada y destruida, y su pueblo es desterrado a Babilonia

La mayor parte del libro de Jeremías consiste en una serie de sermones proféticos. El primero, de 2:1 a 3:5, lamenta los pecados deliberados de Judá. El segundo sermón, de 3:6 al capítulo 6, advierte sobre el juicio y la destrucción que sucederá si Judá no se arrepiente. El tercero, capítulos 7 a 10, expresa la propia aflicción del profeta por el pecado de la nación y detalla la hipocresía y la idolatría del pueblo. El cuarto, capítulos 11 y 12, trata sobre la infidelidad de la nación al romper su pacto con Dios. El quinto sermón, capítulo 13, usa un cuero o cinto podrido y odres de vino para simbolizar el juicio de Dios. El sexto, capítulos 14 y 15, describe la llegada del juicio divino en forma de sequía, hambre y guerra.

En el séptimo sermón, capítulos 16 y 17, Jeremías explica por qué no se casó: Se avecina el desastre como consecuencia de la idolatría, del pecado del pueblo y de la no observancia del día de reposo, y, cuando la sociedad se está desintegrando, es mejor no estar casado. En su octavo sermón, capítulos 18 a 20, Dios habla a través del profeta comparando Su poder sobre Israel con el control que tiene un alfarero sobre el barro. Dios es omnipotente y toda la nación es como barro en Sus manos. Él tiene el poder de hacer, deshacer y darle nuevamente forma.

En este sermón, Dios le dice a Jeremías que vaya a la casa del alfarero y que lo observe trabajar en la rueda. El profeta ve al alfarero que hace una vasija de barro. Mientras la rueda gira, la vasija se arruina y se rompe. El alfarero la aplasta convirtiéndola en una masa sin forma y pacientemente comienza a moldearla por segunda vez, después de lo cual aparece de nuevo una vasija que le agrada.

Esta es una de las muchas figuras poderosas o metáforas visuales que Jeremías, inspirado por el Espíritu de Dios, usó a lo largo de su libro. El alfarero y el barro simbolizan no sólo el poder de Dios, sino Su intento amoroso y Su deseo de hacer algo hermoso de una vida quebrada. Él toma nuestra vida destrozada y nuestra deformidad —el resultado del pecado pasado—, y lo rehace todo según la visión creativa de Su corazón de artista. Aquí Jeremías no sólo proclama una profecía de ruina y desolación, sino también de la esperanza y la belleza de los tiempos por venir, cuando el Señor volverá a darle forma a Israel. Podemos encontrar consuelo y ánimo si nos damos cuenta de que las figuras del alfarero y el barro se aplican no sólo a la nación judía, sino, de igual manera, a vidas humanas individuales.

En su noveno sermón, capítulos 21 y 22, Jeremías habla contra los reyes malvados de Israel y después predice la venida de un Rey justo, una rama justa del árbol genealógico de David (23:1-8). Por supuesto, esta es una predicción del reino de justicia del Rey Jesús y, puesto que Su reino milenial aún no ha llegado, el profeta veía eventos que no se han cumplido. El décimo sermón es un ataque total contra los falsos profetas de la nación (23:9-40). Su undécimo mensaje, capítulo 24, habla del pueblo bueno que había sido exiliado a Babilonia y de los líderes malvados de Judá que se quedaron atrás, y los compara con los higos buenos y malos.

En el duodécimo sermón, capítulo 25, atisba dentro del futuro nebuloso, donde prevé setenta largos años de cautiverio babilónico para Judá.

Daniel y Jeremías 25

Cuando comencemos a estudiar el libro de Daniel, conoceremos a aquel profeta que vivió durante el cautiverio babilónico que aquí predice Jeremías. En ese libro, Daniel lee Jeremías 25 y descubre que había profetizado que el cautiverio babilónico duraría exactamente setenta años. Así Daniel supo que el fin del cautiverio estaba próximo y que había motivos para anhelar ver a la nación restaurada. En Jeremías 25, el profeta mira más allá del tiempo de cautiverio y llega a la restauración del pueblo. Entonces, su mirada salta lejos, más allá de los eventos de los próximos setenta y tantos años, a una época mucho más distante, cientos e incluso miles de años por delante. Prevé la última dispersión de Israel, cuando los judíos fueron expulsados de Palestina en los siglos I y II d.C. También predice la reunión final de los judíos en la tierra: la nueva fundación del estado de Israel, en 1948. Mira incluso más allá de nuestra propia era, a los días que serán el comienzo del reino milenial cuando Israel —restaurado, bendecido y llamado por Dios— será el centro espiritual, cultural, político y económico del mundo.

Los conflictos de Jeremías

Los doce sermones proféticos de Jeremías van seguidos, en los capítulos 26 a 29, por detalles de varios conflictos del profeta: contiendas con su propio pueblo, con la nación de Judá y con los falsos profetas Hananías y Semaías. En esta sección, apreciamos el atrevimiento y el coraje de Jeremías cuando se opone a los líderes cívicos y religiosos de Jerusalén al profetizar la próxima destrucción de la ciudad: un acto de desafío contra las autoridades humanas corruptas de la ciudad. Dicho desafío hizo que procuraran la pena de muerte para él.

El nuevo pacto

En los capítulos 30 a 33, encontramos una predicción asombrosa y hermosa acerca de la futura restauración de Israel y de Judá. No sólo la ciudad de Jerusalén será reconstruida y restaurada, sino que Dios establecerá un pacto nuevo y duradero con la nación restaurada. En Jeremías 31:31-33, leemos:

> *He aquí que vienen días, dice Jehová, en los cuales haré nuevo pacto con la casa de Israel y con la casa de Judá.*
>
> *No como el pacto que hice con sus padres el día que tomé su mano para sacarlos de la tierra de Egipto; porque ellos invalidaron mi pacto, aunque fui yo un marido para ellos, dice Jehová.*
>
> *Pero este es el pacto que haré con la casa de Israel después de aquellos días, dice Jehová: Daré mi ley en su mente, y la escribiré en su corazón; y yo seré a ellos por Dios, y ellos me serán por pueblo.*

Desde las profundidades de esas circunstancias deplorables y deprimentes —cuando estaba siendo buscado, amenazado, perseguido y encarcelado—, Jeremías fue guiado por el Espíritu de Dios para escribir esta visión brillante de un tiempo futuro cuando el pueblo de Israel será llamado a regresar a la tierra de la promesa. En esta visión, el Señor promete ser su Dios, caminar entre ellos y borrar sus pecados.

La Cena del Señor

Lo más significativo es que, en este pasaje, encontramos la gran promesa del nuevo pacto que se haría con Israel. Es el mismo nuevo pacto del que se habla tan poderosamente en Hebreos 8 y al que nuestro Señor se refiere cuando reunió a Sus discípulos, la noche antes de Su crucifixión, e instituyó la Cena del Señor. Después de partir el pan, que simbolizaba Su cuerpo partido, tomó luego la copa y se la entrego, diciendo: «Esto es mi sangre del nuevo pacto, que por muchos es derramada para remisión de los pecados» (Mt. 26:28). El cumplimiento final del nuevo pacto aún descansa en el futuro distante. Dios lo está cumpliendo hoy entre las naciones gentiles a través de Su iglesia (compuesta por creyentes judíos y gentiles), pero su cumplimiento final para Israel no se llevará a cabo hasta el reino milenial de Jesús, el Mesías.

El rey Sedequías

En el capítulo 37, el rey Sedequías, hijo del buen rey Josías, es instalado en el trono por Nabucodonosor de Babilonia. Al contrario de su padre, no tiene ningún interés en Dios. Aunque no se opuso activamente a Jeremías y a menudo escuchaba sus palabras, fue un rey débil y cobarde que carecía de la autoridad necesaria para enfrentarse a los oficiales de su gobierno, quienes perseguían intensamente al profeta. En primer lugar, permitió tácitamente que Irías, el capitán de la guardia, arrestara a Jeremías y lo arrojara al calabozo. Luego, cuando los oficiales gubernamentales (quienes supuestamente debían su lealtad y obediencia al rey) se acercaron para pedirle que se diera muerte al profeta, Sedequías consintió, diciendo: «He aquí que él está en vuestras manos; pues el rey nada puede hacer contra vosotros» (Jer. 38:5). De este modo, los oficiales ordenaron prender a Jeremías y lo arrojaron en una cisterna que no estaba llena de agua, sino de barro profundo y pantanoso. Sólo una pequeña cantidad de luz se filtraba desde arriba, que iluminaba vagamente el hueco donde el profeta se erguía sobre el fango.

Un rey débil y cobarde

Jeremías es capturado y arrojado a una cisterna

Cuando otro oficial real fue a quejarse a Sedequías del comportamiento injusto que estaba recibiendo el profeta, el rey cobarde nuevamente cambió su forma de actuar y mandó treinta hombres para rescatar del pozo a Jeremías. Ordenó que secretamente lo trajeran ante él para interrogarlo sobre su propio destino y el de la nación. El débil monarca le juró a Jeremías que guardaría silencio en cuanto a su conversación.

Sedequías cambia su forma de actuar y rescata a Jeremías

Los capítulos 39 a 45 narran la horrenda historia de la caída de Jerusalén ante los invasores babilónicos, tal como Jeremías lo había profetizado. En los capítulos 46 a 51, tenemos una serie de profecías contra diversas naciones y ciudades paganas que se oponen a Dios y a Su pueblo: Egipto, Filistea, Moab, Amón, Edom, Damasco, Cedar, Hazor, Elam y Babilonia. En los capítulos 50 y 51, Jeremías detalla la derrota y la absoluta desolación en que finalmente sería sumida Babilonia. Así se completan las terribles profecías de Jeremías.

Combate contra el espectro del desaliento

A lo largo del libro de Jeremías, vemos al profeta en una batalla constante contra el desaliento. ¿Quién no estaría desanimado viviendo constantemente en la persecución y el fracaso? Durante cuarenta largos años, trabajó, predicó y ministró, pero nunca percibió ni el menor indicio de éxito.

Podemos aprender una gran lección de las honestas reacciones de Jeremías ante la oposición y el fracaso. En su papel público como profeta de Dios, es tan osado como un león. Se enfrenta a reyes, capitanes y asesinos, con una ferocidad y osadía absolutas. Los mira de frente a los ojos y comunica el mensaje de Dios sin hacer caso de sus amenazas ni de su poder para mandar que lo torturen o que lo maten.

Pero, cuando está a solas, Jeremías es sólo un ser humano solitario como usted y yo. Cuando ora, derrama la misma súplica que usted o yo realizaríamos en esa situación: una oración empapada de amargura, ardiente de cólera, retorcida y torturada por el desaliento, y cargada de depresión. Él no endulza sus sentimientos. Sólo pone todo delante del Señor —¡incluso su decepción de Él!—, y dice:

Jeremías no endulza sus sentimientos

¿Por qué fue perpetuo mi dolor, y mi herida desahuciada no admitió curación? ¿Serás para mí como cosa ilusoria, como aguas que no son estables? (15:18)

¿Palabras fuertes? Sin duda. ¿Palabras honestas? Ciertamente. Él está derramando sus verdaderos sentimientos. Ha comenzado a preguntarse si el problema podría ser que no puede contarse con Dios. Está preocupado por la persecución, el desprecio, la soledad y el desaliento. Se siente abandonado.

Algunas personas dirían: «¡Yo sé cuál es el problema de este hombre! Jeremías obviamente abandonó su vida espiritual. No tenía comunión con Dios. Cayó en desobediencia». Es una respuesta fácil y rápida, una respuesta superficial y de mucha labia, pero no es la correcta. Jeremías no está rendido. Se está sujetando con fuerza al Señor y peleando con Él. Está desarrollando una relación con Dios; por momentos, una tormentosa, pero real, viva y dinámica. Como su oración en 15:15-16:

Tú lo sabes, oh Jehová; acuérdate de mí, y visítame {...}. Fueron halladas tus palabras, y yo las comí; y tu palabra me fue por gozo y por alegría de mi corazón; porque tu nombre se invocó sobre mí, oh Jehová Dios de los ejércitos.

Claramente, es un hombre que se alimenta de la Palabra de Dios, que testifica de la verdad del Señor, que públicamente lleva el nombre del Altísimo. No es un individuo que se rinde, ¿no es cierto? Jeremías está haciendo todas las cosas que uno debería hacer en tiempos de desaliento y depresión: orar, pasar tiempo con la Palabra de Dios, testificar. Él hace todas estas cosas, pero, incluso así, está derrotado, desanimado. ¿Cuál es el problema?

Dios llamó a Jeremías para ser profeta; no un hombre exitoso

Simplemente esto: Jeremías olvidó su llamado. Había olvidado lo que Dios había prometido ser para él. Entonces, le recuerda que Él lo llamó para que fuera profeta, para que comunicara Sus palabras. El Señor no lo llamó para ser un hombre exitoso. No lo llamó para que ganara un concurso de popularidad, sino para que fuera fiel y lo representara, y punto. Así que, ¿por qué estaba Jeremías desanimado? ¿Qué problema había si a la gente no le gustaba, si los reyes y los capitanes se le oponían? ¿Si no tenía éxito a los ojos del mundo?

Jeremías debía preocuparse de sí mismo sólo según un estándar de éxito: la norma de Dios.

Si Jeremías era fiel y obediente, si comunicaba las palabras de Dios con osadía y claridad, no importaba si esas palabras producían resultados. No importaba si la gente se arrepentía, si la nación volvía al Señor o no. Los resultados son responsabilidad de Dios. La responsabilidad de Jeremías era obedecer. Mientras no perdiera de vista la meta de la obediencia a Dios, las depresiones no podrían vencerlo. Lo mismo es cierto para usted y para mí.

Dios es más grande que nuestras circunstancias, que nuestros contratiempos, que nuestras desilusiones y que nuestra oposición. Es más grande que cualquier cosa y que todo lo demás en nuestra vida. No importa cuán deprimente pueda ser nuestra situación, el Señor que nos llamó es el mismo gran Dios que puede sostenernos. Si apartamos los ojos de nuestras circunstancias y los fijamos en Él, entonces seremos fortalecidos para estar en pie, realizar nuestra tarea y tener verdadero éxito: la obediencia constante a Dios.

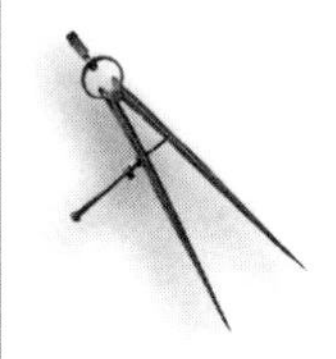

LA TERAPIA DE DIOS

El nombre completo de este libro es «Las lamentaciones de Jeremías». Es el segundo de los dos libros de Jeremías que contienen reflexiones bañadas en lágrimas sobre la ciudad de Jerusalén, después del cautiverio a manos Nabucodonosor de Babilonia. En la versión Septuaginta (la traducción griega del original hebreo), hay una breve anotación que indica que el profeta pronunció estas lamentaciones sentado en la colina, contemplando desde arriba la ciudad desolada. Lea atentamente este libro y tendrá la fuerte impresión de la tipología del Señor Jesús, décadas más tarde, cuando lloró por la misma ciudad. En la última semana de Su vida, antes de ir a la cruz, fue al monte de los Olivos y miró la ciudad desde lo alto. Con la cara bañada en lágrimas, exclamó:

Un profeta llorón y un Mesías que llora

> *¡Jerusalén, Jerusalén, que matas a los profetas, y apedreas a los que te son enviados! ¡Cuántas veces quise juntar a tus hijos, como la gallina junta sus polluelos debajo de las alas, y no quisiste! (Mt. 23:37).*

La misma ciudad que había rechazado al profeta Jeremías y la palabra de Dios que él le había predicado, también rechazó a Jesucristo, la Palabra hecha carne. El pueblo de Jerusalén no sabía cuándo llegaría; por eso, le dieron la espalda a su Mesías y a su enviado.

Podemos observar otros paralelismos entre las lamentaciones de Jeremías y el ministerio del Señor Jesucristo, en pasajes como:

Lamentaciones 1:12: «¿No os conmueve a cuantos pasáis por el camino? Mirad, y ved si hay dolor como mi dolor que me ha venido». Estas palabras sugieren el sufrimiento de la cruz y la indiferencia de aquellos que fueron espectadores de la muerte del Salvador.

Lamentaciones 2:15: «Todos los que pasaban por el camino batieron las manos sobre ti; silbaron, y movieron despectivamente sus cabezas». Esto recuerda la burla de las multitudes al pie de la cruz.

Lamentaciones 3:14-15: «Fui escarnio a todo mi pueblo, burla de ellos todos los días; me llenó de amarguras, me embriagó de ajenjos». Nuevamente, este texto sugiere la burla y la amargura de la crucifixión.

Lamentaciones 3:30: «Dé la mejilla al que le hiere, y sea colmado de afrentas». Esto nos recuerda cuando Jesús fue llevado ante Pilato para ser juzgado y golpeado por los soldados.

Así que, este pequeño libro sugiere y capta la dolorosa agonía de la muerte del Señor. Él fue, como nos dice Isaías 53:3: «hombre de dolores, experimentado en quebranto».

Una estructura intrigante

Hay 22 letras en el alfabeto hebreo, comenzando con *alef*, equivalente a nuestra *a*, y terminando con *tau*, equivalente a la *t* (curiosamente, la letra *z* está cerca de la mitad del alfabeto hebreo).

Lamentaciones está escrito en una estructura poética llamada acróstico, una composición donde las letras iniciales de cada línea, cuando se leen verticalmente, forman una palabra, una frase o, como en este caso, un alfabeto. Jeremías utilizó el acróstico para hacer una lista, en orden, de las letras del alfabeto hebreo. Este acróstico aparece en los capítulos 1, 2 y 4: cada capítulo consta de 22 versículos, y cada uno de ellos comienza con una de las 22 letras del alfabeto hebreo, empezando con *alef* y terminando con *tau*.

El capítulo 3 se desvía del patrón y está formado por 66 versículos en tríadas. Cada versículo de una tríada comienza con la misma letra del alfabeto; así que, hay 22 grupos de tres: los versículos 1 al 3 comienzan con *alef*, *alef*, *alef*; los versículos 4 al 6 comienzan con *bet*, *bet*, *bet*; luego *guímel*, *guímel*, *guímel*; y así sucesivamente, hasta *tau*, *tau*, *tau*. El capítulo 5 no sigue el sistema del acróstico, aunque tiene 22 versículos.

Estos capítulos han sido escritos muy cuidadosamente, de acuerdo con las reglas de la poesía hebrea

Estos capítulos han sido escritos muy cuidadosamente, de acuerdo con las reglas de la poesía hebrea. Sin duda, es una estructura curiosa, pero el verdadero interés de este libro está en su contenido. Es un estudio de la aflicción, un himno que parte el corazón. Es la clase de libro que debería leer cuando su vida atraviesa momentos de aflicción, como nos sucede a todos en algunas ocasiones. Mientras Jeremías miraba desde arriba la ciudad de Jerusalén, vio su desolación y recordó la batalla sangrienta y terrible cuando Nabucodonosor la había capturado y saqueado, destruido el templo y matado a los habitantes.

Cada capítulo enfatiza y desarrolla un aspecto particular de la aflicción

Cada capítulo enfatiza y desarrolla un aspecto particular de la aflicción. El capítulo 1 describe las profundidades de la aflicción, la soledad y la desolación de espíritu que la pena aplica al corazón humano. El pueblo había sido conquistado y llevado cautivo; la ciudad había sido incendiada y totalmente destruida. Jeremías escribe en el versículo 16:

Por esta causa lloro; mis ojos, mis ojos fluyen aguas, porque se alejó de mí el consolador que dé reposo a mi alma; Mis hijos son destruidos, porque el enemigo prevaleció.

Capítulo 1: Las profundidades de la aflicción

El capítulo 2 describe la perfección del juicio. El comienzo de este capítulo relata la manera en que los ejércitos de Nabucodonosor devastaron completamente la ciudad. Sin embargo, Jeremías no le artibuye esta destrucción a los ejércitos de Nabucodonosor, sino al Señor. El ejército babilónico fue sólo un instrumento en manos del Altísimo. El juicio de Dios es perfecto. Todo ha sido destruido, no queda nada.

Capítulo 2: La perfección del juicio

En el capítulo 3, el más largo, con 66 versículos, el profeta habla de su propia reacción, su aflicción personal mientras contempla una escena de total devastación. Comienza con estas palabras:

Capítulo 3: Aflicción personal

Yo soy el hombre que ha visto aflicción bajo el látigo de su enojo. Me guió y me llevó en tinieblas, y no en luz; ciertamente contra mí volvió y revolvió su mano todo el día. Hizo envejecer mi carne y mi piel; quebrantó mis huesos; edificó baluartes contra mí, y me rodeó de amargura y de trabajo. Me dejó en oscuridad, como los ya muertos de mucho tiempo (3:1-6).

En el capítulo 4, podemos observar que el profeta permanece escandalosamente incrédulo mientras recuerda todo lo que ha pasado. Cualquiera que haya atravesado una pérdida trágica, horrible, conoce todos los aspectos del proceso de la angustia. Primero, hay un sentido de total desolación. Luego, viene una profunda aflicción personal. Cuando la angustia disminuye, la mente retrocede en incredulidad y negación: «¡Esto no puede estar pasando!». Este es el sentimiento que extraemos de este capítulo:

Capítulo 4: Incredulidad escandalosa

Los hijos de Sion, preciados y estimados más que el oro puro,
¡Cómo son tenidos por vasijas de barro, obra de manos de alfarero!
Los que comían delicadamente fueron asolados en las calles;
Los que se criaron entre púrpura se abrazaron a los estercoleros.
Porque se aumentó la iniquidad de la hija de mi pueblo más que el pecado de Sodoma,
Que fue destruida en un momento, sin que acamparan contra ella compañías.
Las manos de mujeres piadosas cocieron a sus hijos;
Sus propios hijos les sirvieron de comida en el día del quebrantamiento de la hija de mi pueblo.

Capítulo 5: La humillación del juicio

Nunca los reyes de la tierra, ni todos los que habitan en el mundo,
Creyeron que el enemigo y el adversario entrara por las puertas de Jerusalén.
Es por causa de los pecados de sus profetas, y las maldades de sus sacerdotes,
Quienes derramaron en medio de ella la sangre de los justos (4:2,5-6,10,12-13).

En el capítulo 5, vemos la humillación absoluta del juicio, el sentimiento de que el pueblo de Jeremías había sido completamente castigado. «Cayó la corona de nuestra cabeza», se lamenta en el versículo 16. «¡Ay ahora de nosotros! porque pecamos».

Lo que sigue es un resumen de todo el libro de Lamentaciones:

La destrucción de Jerusalén (Lamentaciones 1)

1. La lamentación del profeta 1:1-11
2. La lamentación por la ciudad conquistada 1:12-22

La ira de Dios (Lamentaciones 2)

3. La ira de Dios 2:1-9
4. La aflicción de la ciudad conquistada 2:10-22

Jeremías busca la misericordia de Dios (Lamentaciones 3)

5. La aflicción de Jeremías 3:1-21
6. La bondad del Señor 3:22-39
7. Jeremías llama a Dios 3:40-66

El horrible final de Jerusalén (Lamentaciones 4)

8. Los horrores de la ciudad sitiada 4:1-10
9. Los pecados y el castigo de la ciudad 4:11-22

Jeremías ora por la restauración nacional (Lamentaciones 5)

10. La aflicción y el arrepentimiento de la nación 5:1-18
11. Dios reina por siempre; la súplica de Jeremías:«Vuélvenos, oh JEHOVÁ, a ti» 5:19-22

Las lecciones de la aflicción

Algo bueno surge de toda esta desolación y depresión. En cada uno de estos capítulos, se revela una perspectiva, una lección que Dios quiere enseñarnos para todos los tiempos de pena, pérdida y aflicción. Este libro está diseñado para enseñarnos la terapia de Dios *de* la aflicción y *para* la aflicción. Toda la Escritura nos dice que la pena y el sufrimiento son instrumentos de Dios por medio de los cuales Él nos instruye. A través del sufrimiento viene la fortaleza de carácter.

No debería sorprendernos que esto sea cierto. En Hebreos 5:8, leemos acerca del Señor Jesús: «Aunque era Hijo, por lo que padeció aprendió la obediencia». Había cosas que Jesús tenía que aprender y que sólo podía hacerlo a través de la experiencia humana del sufrimiento y la pena. Si Él no fue librado de eso, ¿por qué esperaríamos serlo nosotros?

Capítulo 1: El juicio de Dios es infalible e inimpugnable

Cada capítulo de Lamentaciones revela un aspecto determinado de la aflicción, una enseñanza específica sobre una lección particular de la gracia. El capítulo 1 aborda la desolación y el abandono del espíritu. Mientras Jeremías mira las ruinas de Jerusalén, de repente se da cuenta de que esa devastación es una señal de que Dios es justo, de que Su juicio es infalible e inimpugnable. Por eso, en el versículo 18 dice: «Jehová es justo; yo contra su palabra me rebelé». Esta es la lección del capítulo 1.

La mayoría de nosotros tiene el hábito de culpar a Dios, ya sea directa o indirectamente, por cualquier cosa que nos suceda. Nuestra actitud es: «¡Yo lo hago lo mejor que puedo! ¡Me esfuerzo y, aun así, pasan estas cosas! ¡No es justo, y si Dios es el responsable de la justicia, entonces debe ser Su culpa que estas cosas injustas me sucedan!». Pero ¿es Dios injusto? El apóstol Pablo declara la verdad sobre este asunto: «Antes bien sea Dios veraz, y todo hombre mentiroso» (Ro. 3:4). Es imposible que el Señor se equivoque. Es imposible que los seres humanos sean más justos que Dios, *¡porque nuestro mismo sentido de justicia procede de Él!* Si no fuera por Dios, ¡ni siquiera conoceríamos lo que es la justicia y la equidad! Es imposible que los seres humanos sean más compasivos que el Señor, porque nuestros sentimientos de compasión provienen de Él. No podemos juzgarlo de ninguna manera.

Capítulo 2: Si Dios dice que hará algo, lo hace

En el capítulo 2, Jeremías tiene una perspectiva más amplia de esta verdad. Se le pone al tanto de la perfección del juicio, de la manera meticulosa en que Dios ha usado los ejércitos de Nabucodonosor para destruir todo. ¿Es esta una mera crueldad de parte del Señor? ¡No! El profeta se da cuenta de que se trata de la fidelidad de Dios a Su palabra: «Jehová ha hecho lo que tenía determinado; ha cumplido Su palabra» (2:17). Si Dios dice que hará algo, lo hace. Cuatrocientos años antes, en Deuteronomio, el Señor había prometido que, si Su pueblo lo amaba y lo seguía, abriría las ventanas de los cielos y derramaría bendición; sin embargo, si lo abandonaba e ignoraba a los profetas que Él le enviaba, sería destruido. Dios fue paciente y le dio al pueblo la oportunidad de arrepentirse. Pero, finalmente, fue fiel a Su palabra.

Encontramos evidencias de la fidelidad de Dios a Su palabra en la precisión de la duración del cautiverio babilónico: 70 años. Esto es lo que Jeremías profetizó en 25:11, y fue exactamente lo que duró.

¿Por qué 70? ¿Qué hay de especial en este número? Sólo esto: En la ley que Dios le dio a Israel a través de Moisés, ordenó a la nación que le diera descanso a la tierra cada siete años. No tenían que ararla ni usarla, sino dejarla descansar; un principio práctico de la administración agrícola y de la conservación del terreno. Durante el sexto año, el Señor los bendeciría con una gran abundancia de granos para que tuvieran suficiente alimento para vivir el séptimo.

Pero Israel nunca obedeció esa orden. Continuaron usando la tierra desde que entraron en ella. En cierto sentido, le robaron a Dios 70 años de descanso de la tierra. La usaron continuamente por 490 años; así que, Dios los sacó de allí y permitió que descansara durante esa cantidad de años.

Dios es absolutamente fiel a Sus promesas. Mucha gente cree que es tan amoroso, tan tierno de corazón, tan indulgente, que simplemente cede a la más mínima presión. «Dios *realmente* no va a hacer lo que dice. En realidad, no juzgará el pecado. No nos considerará responsables».

Esos conceptos equivocados acerca de Dios fueron enterrados para siempre por uno de los más grandes versículos de la Biblia: «El que no escatimó a su propio Hijo, sino que lo entregó por todos nosotros...» (Ro. 8:32). ¡Piensa en esto! ¡Dios no escatimó a Su propio Hijo! Así es de inalterable cuando se trata de cumplir Su palabra. Pero ese versículo termina en gloria: «¿Cómo no nos dará también con él todas las cosas?». Un lado de esta promesa es tan verdadero como el otro. Jeremías aprendió que Dios es fiel por medio de la perfección de Su juicio.

En el capítulo 3, donde leemos sobre la pena de Jeremías, llegamos a un pasaje tremendo. En medio de una larga declaración de su propia aflicción y horror, dice:

Por la misericordia de Jehová no hemos sido consumidos, porque nunca decayeron sus misericordias.

Nuevas son cada mañana; grande es tu fidelidad.

Mi porción es Jehová, dijo mi alma; por tanto, en él esperaré.

Bueno es Jehová a los que en él esperan, al alma que le busca.

Porque no aflige ni entristece voluntariamente a los hijos de los hombres (3:22-25,33).

Capítulo 3: El juicio es una obra de amor

Este es uno de los pasajes más hermosos de la Biblia. En medio de los horrores del juicio que el pueblo atrajo sobre sí y sobre sus obras, este pasaje revela la compasión del corazón del Señor. El juicio, como dice Isaías, es la extraña obra de Dios. A Él no le agrada hacerlo, no aflige ni entristece voluntariamente a los hijos de los hombres. Sus misericordias son nuevas cada mañana. En su angustia, Jeremías recuerda que, tras toda la desolación, está la obra de amor. Dios destruyó Jerusalén porque estaba tomando la dirección incorrecta. Lo hizo para poder restaurarla más tarde y reconstruirla con gozo, paz y bendición. El Señor no desecha para siempre. Él juzga, y el juicio es triste y penoso, pero, mediante ese juicio, debajo de él, alrededor de él y por sobre todas las cosas, está el gran amor y la compasión de Dios.

Al final del capítulo 4, el profeta dice:

Se ha cumplido tu castigo, oh hija de Sion;
Nunca más te hará llevar cautiva.
Castigará tu iniquidad, oh hija de Edom;
Descubrirá tus pecados (4:22).

Capítulo 4: Dios nunca disciplina demasiado severamente

La hija de Sión es Israel. La hija de Edom se refiere al país que limita con Israel y que fue siempre una espina en su carne. Los edomitas estaban emparentados con Israel. Eran los hijos de Esaú, quién siempre fue símbolo de la carne. El profeta está diciendo: «Dios establecerá un límite a Su propio castigo. Nunca lo llevará demasiado lejos. Nunca los disciplinará demasiado severamente. Hay un límite. El castigo llegará a su fin. No los mantendrá más en el exilio; pero, en lo tocante a la carne, esta ha sido absolutamente separada y Edom será castigada».

Lamentaciones 5:19 nos transmite algo más:

Mas tú, Jehová, permanecerás para siempre;
Tu trono de generación en generación.

Capítulo 5: Dios terminará el trabajo

Jeremías descubre que, aunque los seres humanos pueden perecer en aflicción, Dios resiste. Y dado que Él resiste, Su gran propósito y Sus obras perduran. El Señor nunca hace algo temporalmente. Todo lo que hace perdura para siempre. Jeremías ve que lo que Dios le ha enseñado en su aflicción tiene una finalidad práctica. Aun si tuviera que morir en medio de su aflicción, los propósitos divinos perdurarían. El Señor está simplemente preparando todo ahora para una obra aún por venir, cientos y miles de años después.

Dios no está limitado por el tiempo. Él es eterno. Su trono y Su autoridad perduran por todas las generaciones. En términos prácticos, Jeremías se da cuenta de que, después de haber pasado por todo este tiempo de aflicción, habrá aprendido una verdad acerca de Dios que lo hará absolutamente resistente a cualquier otra clase de prueba. Ahora está listo para cualquier cosa. Y, en el gran propósito de Dios, habrá oportunidad de utilizar esa fortaleza.

A menudo, pienso en esas palabras de nuestro Señor, registradas en Lucas 14, cuando les relata a Sus discípulos dos parábolas sobre calcular el costo. Una implica la construcción de una torre: ¿Quién comenzaría un proyecto de construcción tan grande sin antes sentarse y calcular el costo, para asegurarse de que el trabajo, una vez comenzado, pueda ser completado? En otra parábola, cuenta de un rey que salió a pelear con su ejército de diez mil y encontró al rey enemigo que venía contra él con un ejército de veinte mil. Jesús dijo: «¿O qué rey, al marchar a la guerra contra otro rey, no se sienta primero y considera si puede hacer frente con diez mil al que viene contra él con veinte mil? Y, si no puede, cuando el otro está todavía lejos, le envía una embajada y le pide condiciones de paz» (Lc. 14:31-32).

Normalmente, interpretamos esto para decir que, antes de decidir convertirnos en creyentes, deberíamos pensarlo bien y calcular el costo. Pero eso no es lo que el Señor está diciendo, sino: «Yo, el Señor, he calculado el costo. No comienzo a construir ni salgo a la batalla sin asegurarme de tener lo que necesito para terminar el trabajo».

En esta vida, estamos comprometidos en una gran batalla cósmica. Dios ha desembarcado Sus tropas sobre una playa llamada Tierra. Usted y yo, y todos los demás de Su iglesia, acampan ante las puertas del infierno. Estamos llevando a cabo el asalto divino contra la fortaleza de Satanás, y Dios ha prometido que las puertas del Hades no prevalecerán contra nosotros, Su iglesia. Si Él nos manda contra tan grande adversario —un enemigo de inteligencia y crueldad inhumanas—, debe estar seguro de que nosotros, Sus seguidores, somos soldados confiables. El Señor quiere soldados que puedan soportar dificultades y tribulaciones, que no se desanimen ni se replieguen en el fragor de la batalla. Él ha calculado el costo de esta guerra cósmica y nos ha examinado. Ahora estamos en Su campo de entrenamiento, aprendiendo las lecciones que nos preparan para el conflicto que nos espera.

Cuando aprendemos las lecciones de la aflicción, cuando somos animados y capacitados por la terapia de los problemas, cuando aprendemos cómo manejar y crecer a través de los dolores de cabeza y la desolación de espíritu en esta naturaleza limitada, nos convertimos en soldados en quienes Él puede confiar. Estaremos preparados para que nada nos venza. Nos volvemos inconquistables en la batalla que se libra por la subyugación y ocupación del universo.

¿Qué nos espera a usted y a mí? ¿Qué batallas está el Señor, aun ahora, planificando en Su sala de guerra celestial? ¿No nos está preparando para hacer una obra más poderosa en el futuro? ¿No nos está reclutando para conducir un conflicto que se extenderá hasta los

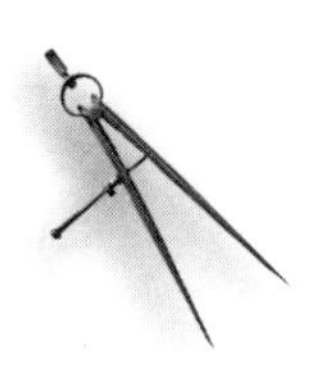

confines más lejanos de este vasto universo? Por supuesto que sí; lo está haciendo. Él nunca crea nada sin la intención de usarlo.

Dios puede usar incluso nuestra angustia y aflicción. Mientras enfrentamos las lecciones de esta vida, mientras agregamos nuestros lamentos a las grandes lamentaciones de Jeremías, crecemos de manera más profunda y enérgica en aquellas cualidades que verdaderamente cuentan en esta vida y en la por venir: fe, coraje, obediencia. Dios nunca hace algo sin un propósito. Alabe al Señor; usted y yo somos una parte de Su plan, de Su propósito. Sea cual sea nuestra pena y aflicción en este momento, sabemos que llegará un día en que participaremos en Su victoria final.

RUEDAS DE FUEGO Y HUESOS VIVOS

Una vez, el filósofo francés Montaigne observó: «Todo hombre lleva dentro de sí la historia del mundo». En otras palabras, la historia es simplemente un registro inscrito en el mundo de lo que está realmente escrito en las profundidades del corazón humano. La historia mundial es sólo una extensión de cualquier vida humana. El libro de Ezequiel demuestra este principio mediante el relato de la historia de un individuo, Ezequiel, que es también el registro histórico de la nación de Israel y de la raza humana. Más importante aun, es también la historia de nuestras vidas, razón por la cual es tan inmensamente importante y práctico para nuestra vida hoy.

La historia mundial es sólo una extensión de cualquier vida humana

Ezequiel fue capturado en la tierra de Babilonia; llevado lejos por las fuerzas del rey Nabucodonosor cuando conquistó y capturó la nación de Judá, el reino del sur, tal como lo predijo la gran profecía de Jeremías. Por lo tanto, Ezequiel fue el primero de dos grandes profetas del cautiverio (el otro fue Daniel). Profetizó durante los primeros 20 ó 25 años de los 70 del cautiverio de Israel.

El libro comienza con una visión tremenda de Dios, porque toda vida comienza con Él. Lo más grande en la vida humana y de toda existencia es Dios. Cualquiera que desee reflexionar lógicamente sobre la vida siempre debe empezar con Dios. Después de todo, allí es donde comienza la Biblia: «En el principio [...] Dios». Por tanto, este libro empieza con una visión del Señor. Si su corazón necesita arder ante la revelación del carácter y de la gloria de Dios, lea Ezequiel: el profeta que vio la gloria de Dios. A continuación, la estructura del libro:

La comisión de Ezequiel (Ezequiel 1–3)

1. La visión de Ezequiel de la gloria de Dios

	—los seres vivientes y las ruedas	1
2.	Ezequiel es enviado a predicar a Israel	2–3

El juicio venidero contra Judá (Ezequiel 4–24)

3.	Las señales de juicio contra Judá	4–5
4.	Juicio contra la idolatría	6
5.	La conquista inminente de Babilonia	7
6.	Visiones del juicio venidero	8–9
7.	Partida de la gloria de Dios	10
8.	Los gobernantes malvados y el remanente fiel	11:1-21
9.	Partida de la gloria de Dios del Monte de los Olivos	11:22-25
10.	Señales y parábolas del juicio venidero	12–24
	A. Las señales del exilio y del temblor de Ezequiel	12
	B. Condenación de los falsos profetas	13
	C. Condenación de los ancianos idolátricos	14
	D. Parábola de la viña	15
	E. Parábola del matrimonio de Israel	16
	F. Parábola de las águilas	17
	G. El juicio al pecado individual	18
	H. Parábola de la leona y sus cachorros; la parábola de la viña arrancada	19
	I. Revisión de los tratos pasados de Dios con Israel y esperanza de restauración futura	20:1-44
	J. Señales de juicio contra Jerusalén	20:45–24:27

El juicio venidero contra las naciones gentiles (Ezequiel 25–32)

La restauración próxima de Israel (Ezequiel 33–48)

11.	Ezequiel, el atalaya	33
12.	Los falsos pastores comparados con los verdaderos pastores	34
13.	El juicio de Edom	35
14.	La restauración de Israel y la visión de los huesos secos	36–37
15.	La profecía de Gog y Magog	38–39
16.	El nuevo templo	40–43
17.	La adoración restaurada	44–46
18.	El río, la tierra y la ciudad	47–48

El libro comienza dramáticamente con la visión que Dios da a Ezequiel a orillas del río Quebar, en la tierra de Babilonia:

Y miré, y he aquí venía del norte un viento tempestuoso, y una gran nube, con un fuego envolvente, y alrededor de él un resplandor, y en medio del fuego algo que parecía como bronce refulgente, y en medio de ella la figura de cuatro seres vivientes. Y esta era su apariencia: había en ellos semejanza de hombre (1:4-5).

Cristo, revelado a Ezequiel

Estos están entre los más extraños seres vivientes descritos en la Escritura. Cada uno tiene cuatro caras: de un hombre, de un águila, de un buey y de un león. Estas cuatro caras miran en todas las direcciones.

Después que Ezequiel vio los cuatro seres vivientes, avistó objetos con forma de ruedas. Recordará las palabras del antiguo himno, que fue compuesto a partir de estos versículos: «Ezequiel vio una rueda, arriba en el aire; la gran rueda manejada por la fe y la pequeña rueda manejada por la gracia de Dios; una rueda en una rueda, lejos en el aire». El profeta vio que estas ruedas giraban, una dentro de la otra. Mientras observaba, también vio arriba un firmamento, resplandeciente y esplendoroso. Y, alzando los ojos, más allá del firmamento, vio un trono. Un hombre estaba sentado en él.

Ya habrá notado las profundas similitudes entre la visión de Ezequiel y la de Juan en el libro de Apocalipsis. Juan también vio los cuatro seres vivientes y a un hombre en un trono (ver Ap. 1:26). Tanto en Ezequiel como en Apocalipsis, tenemos visiones de la grandeza y de la majestad de Dios expresadas a través de abundantes imágenes simbólicas.

Tanto en Ezequiel como en Apocalipsis tenemos visiones de la grandeza y de la majestad de Dios expresadas a través de abundantes imágenes simbólicas

Es totalmente lógico preguntarse qué significan todos estos símbolos. Aun así, por más que quisiéramos, no podemos interpretar todas estas imágenes y símbolos, porque está el misterio de la persona de Dios. Algunos de estos símbolos pueden ser descubiertos al compararlos con otros pasajes de la Escritura; otros son más difíciles y oscuros. Pero una cosa es segura: sabemos que, aun en aquellos símbolos más misteriosos, Ezequiel vislumbra la inmensidad, la autoridad y el poder irresistible de Dios.

Aun los símbolos más oscuros permiten vislumbrar la inmensidad, la autoridad y el poder irresistible de Dios

Los cuatro seres vivientes nos muestran el carácter de Dios. Estas criaturas con las caras de un león, un hombre, un buey y un águila representan ciertas cualidades en la Escritura. Un león siempre retrata la soberanía, la supremacía; «el rey de las bestias». Un hombre es la imagen de la inteligencia, del conocimiento y de la sabiduría. Un buey es símbolo de servidumbre y sacrificio. Y un águila representa el poder y la deidad, al elevarse sobre toda la creación.

Es significativo que los cuatro evangelios presentan exactamente estas mismas cualidades al retratar a Jesucristo. En primer lugar, Él aparece en el Evangelio de Mateo como un león, como el rey soberano.

En Marcos como el siervo, el buey. En Lucas, es hombre en Su inteligencia, Su intuición, Su conocimiento de la vida. Y en Juan, es la deidad, retratada aquí como un águila. Estos cuatro símbolos, considerados de manera conjunta, reflejan el carácter de Jesucristo.

Aunque Ezequiel, desde su perspectiva limitada del Antiguo Testamento, no puede comprender completamente el significado de todo lo que ve, nosotros sabemos desde la perspectiva de nuestro Nuevo Testamento que él vislumbró la gloria de Dios tal como se reveló en el rostro de Jesucristo. Como dice Pablo en 2 Corintios 4:6: «Porque Dios, que mandó que de las tinieblas resplandeciese la luz, es el que resplandeció en nuestros corazones, para iluminación del conocimiento de la gloria de Dios en la faz de Jesucristo».

En los primeros tres capítulos, Dios nombra a Ezequiel Su profeta y descubre ante él una poderosa visión, una imagen demoledora de Su gloria y majestad. En estos capítulos introductorios, el Señor lo instruye y le da una responsabilidad.

La degradación humana

Luego, en los capítulos 4 a 24, Ezequiel recorre una serie de profecías que tratan sobre el fracaso de la raza humana en general y de la nación de Israel en particular. Mientras la visión continúa, ve la gloria de Dios saliendo del templo de Jerusalén, dejando el patio interior y trasladándose al patio exterior (cap. 10); luego alejándose del monte de los Olivos y elevándose hacia los cielos (cap. 11).

La visión de la partida de la gloria de Dios

Esta profecía fue cumplida cuando nuestro Señor se alejó del templo, cruzó el valle de Cedrón, subió por la ladera del monte de los Olivos y entró al huerto de Getsemaní. Más tarde, después de la crucifixión y de la resurrección, ascendió desde el mismo monte de los Olivos y partió a la gloria.

En los capítulos 12 a 24, Ezequiel narra cómo lucha Dios con Su pueblo, busca conquistarlos y despertarlos de la insensatez de volver sus espaldas a Él. Ellos pasan por experiencias de aflicción y castigo mientras el Señor intenta hacerlos entrar en razón, para mostrarles la necesidad de tener comunión con Él y que, sin Él, están condenados a hundirse más profundamente en la locura y la degradación.

Dios encarga al profeta que comunique Su mensaje de diversas maneras simbólicas y dramáticas. En cierta ocasión, en el capítulo 4, el Señor le pide que descanse sobre su lado izquierdo por 390 días (¡más de un año!) y luego que lo haga sobre su lado derecho por 40. Esto simboliza los 390 años que Dios luchó para que esta nación recobrara el buen sentido y los 40 finales, cuando el juicio era inminente. Dios guardó Su mano de hacer juicio durante todos esos años, hasta que, al fin, permitió que Nabucodonosor fuera y arrasara al pueblo, saqueara la ciudad, dejara el templo desolado, y llevara a la gente cautiva a Babilonia.

Cuando los seres humanos eligen evitar a Dios, su creador, Él debe pronunciar juicio. Si olvidamos al Señor, que es esencial para nuestro ser, y rehusamos responder a Su amor y gracia, la única cosa que nos queda es experimentar las consecuencias de darle la espalda.

Principados y potestades

En esta profecía, Ezequiel pronuncia juicio tanto sobre las fuerzas visibles como las invisibles. A través de las apariencias externas de pueblos y naciones, ve las fuerzas espirituales que los motivan y dirigen. En el capítulo 28, encontramos un pasaje notable donde el profeta declara juicio sobre los reinos de Tiro y Sidón. Habla del príncipe de Tiro y de un personaje *detrás de* este príncipe: el rey de Tiro.

Muchos estudiosos bíblicos han llegado a la conclusión de que Ezequiel está hablando tanto del príncipe de la ciudad —un ser humano que gobierna— como de un siniestro ser espiritual al que llama «el rey de Tiro». Este simboliza los principados y potestades mencionados en el Nuevo Testamento: los gobernadores de estas tinieblas presentes que manipulan a los pueblos y los eventos sobre la tierra, produciendo los horrores diarios de los que somos testigos a través de nuestros periódicos y de la televisión. Por tanto, el rey de Tiro es un poder satánico.

El capítulo 28 también contiene un pasaje que muchos estudiosos bíblicos creen que representa la caída del mismo Satanás. Este es uno de sólo dos pasajes bíblicos que describen la caída de Satanás:

> *Se enalteció tu corazón a causa de tu hermosura, corrompiste tu sabiduría a causa de tu esplendor; yo te arrojaré por tierra; delante de los reyes te pondré para que miren en ti. Con la multitud de tus maldades y con la iniquidad de tus contrataciones profanaste tu santuario; yo, pues, saqué fuego de en medio de ti, el cual te consumió, y te puse en ceniza sobre la tierra a los ojos de todos los que te miran (28:17-18).*

La razón de la caída de Satanás se describe en Isaías 14, donde el príncipe de las tinieblas dice cinco veces: *Yo voy a…* La voluntad —sea humana o demoniaca— es el origen del pecado y de la destrucción, siempre que se oponga a la buena y perfecta voluntad de Dios. La declaración desafiante *Yo voy a…* es una afirmación de orgullo y, en Ezequiel 28, vemos cómo el Señor juzga esta actitud, la exaltación rebelde del yo sobre Dios y en contra de Él.

Huesos secos

Después, el profeta empieza a hablar de la gracia de Dios, que poderosamente le restaura la vida al que está muerto. En el capítulo 37,

Ezequiel relata la asombrosa visión del valle de los huesos secos. Ve que se juntan ante la orden del Señor, pero aún no tienen aliento. Después Dios sopla sobre ellos ¡y resucitan! Esta es una figura de lo que el Señor quiere hacer con la nación de Israel. Desde el punto de vista divino, Israel es un valle de muerte, de huesos secos; y ha sido así durante 19 largas décadas. Pero el día llegará, dice el Señor, en que Él soplará sobre esta nación. Como aquellos huesos secos, Israel recibirá nueva vida, y Dios usará a esta nación como la piedra angular de Su reino restablecido sobre la tierra.

En los capítulos 38 y 39, el profeta examina el futuro distante, el último ataque sobre Israel. En esa batalla, los enemigos de la nación serán enfrentados por fuerzas celestiales. Allí, en las montañas de Israel, las naciones paganas serán juzgadas, destruidas y enterradas para siempre.

La visión del regreso de la gloria de Dios

Luego, comenzando el capítulo 40, Ezequiel describe la restauración del templo del reino milenial del Señor. En esta visión, al profeta se le muestra el templo con detalles muy precisos: la *shekina*, la gloria de Dios, regresa al Lugar Santísimo y se establece allí una vez más.

El libro concluye con el pasaje maravilloso del capítulo 47, que describe la visión del trono de Dios. Bajo el trono, pasa el río de Dios, que fluye solemnemente a través del templo, sale por el lado oeste, cruza la tierra y desemboca suavemente en el mar Muerto, para sanar sus aguas. Es una imagen maravillosa del Espíritu de Dios que sana, limpia y restaura durante el reino milenial.

Significado práctico

La interpretación literal de Ezequías es que se trata de una profecía de la restauración de Israel. Pero eso no agota de ninguna manera su significado. Todo este relato puede ser aplicado no sólo a la historia de Israel y al futuro, sino a nuestra vida de una forma intensamente práctica. Lo que Dios está haciendo a gran escala en la historia del mundo, también está dispuesto a hacerlo interiormente en nosotros.

El Señor desea juntar los huesos secos de nuestra existencia vacía y soplar aliento de vida en nuestra alma. Desea invertir el proceso de degradación y desintegración de nuestra vida y sanarnos por medio de la gracia de Jesucristo y el poder del Espíritu Santo. Además de la salvación, el perdón de pecados y el don de la vida eterna, Dios desea que experimentemos vida abundante, todos los días.

A través de este pasaje, el Señor nos invita a experimentar cómo ser los hombres y mujeres ideales y gloriosos que Él quiso que fuéramos desde el principio de la creación. Quiere que nos levantemos y caminemos en Su poder, vivificados y llenos de energía por Su Espíritu, conquistando a Sus enemigos por medio de Su brazo de fortaleza, demostrando Su poder por la manera en que vivimos.

Finalmente, en el capítulo 47, apreciamos una imagen maravillosa del templo de Dios restaurado, y lo vemos restaurado en la vida de los seres humanos. Ahora bien, ¿qué es el templo de Dios en nosotros? En el Nuevo Testamento, Pablo dice:

> *¿Y qué acuerdo hay entre el templo de Dios y los ídolos? Porque vosotros sois el templo del Dios viviente, como Dios dijo: Habitaré y andaré entre ellos, y seré su Dios, y ellos serán mi pueblo (2 Co. 6:16).*

Un río de agua viva

Dios ha elegido morar dentro del espíritu humano. Ese espíritu fue hecho para ser un lugar santísimo en el cual el Dios viviente estableciera Su residencia. El secreto de una vida abundante, plena y satisfactoria —una vida de entusiasmo genuino y significado constante— consiste en vivir por medio de los recursos del Espíritu Santo de Dios. Toda la determinación de este libro se resume en este pasaje:

> *Me hizo volver luego a la entrada de la casa; y he aquí aguas que salían de debajo del umbral de la casa hacia el oriente; porque la fachada de la casa estaba al oriente, y las aguas descendían de debajo, hacia el lado derecho de la casa, al sur del altar.*
>
> *Y me sacó por el camino de la puerta del norte, y me hizo dar la vuelta por el camino exterior, fuera de la puerta, al camino de la que mira al oriente; y vi que las aguas salían del lado derecho.*
>
> *Y salió el varón hacia el oriente, llevando un cordel en su mano; y midió mil codos, y me hizo pasar por las aguas hasta los tobillos.*
>
> *Midió otros mil, y me hizo pasar por las aguas hasta las rodillas. Midió luego otros mil, y me hizo pasar por las aguas hasta los lomos.*
>
> *Midió otros mil, y era ya un río que yo no podía pasar, porque las aguas habían crecido de manera que el río no se podía pasar sino a nado.*
>
> *Y me dijo: ¿Has visto, hijo de hombre?*
>
> *Después me llevó, y me hizo volver por la ribera del río.*
>
> *Y volviendo yo, vi que en la ribera del río había muchísimos árboles a uno y otro lado.*
>
> *Y me dijo: Estas aguas salen a la región del oriente, y descenderán al Arabá, y entrarán en el mar; y entradas en el mar, recibirán sanidad las aguas.*
>
> *Y toda alma viviente que nadare por dondequiera que entraren estos dos ríos, vivirá; y habrá muchísimos peces por haber entrado allá estas aguas, y recibirán sanidad; y vivirá todo lo que entrare en este río (47:1-9).*

¿A qué le recuerda este pasaje? ¿No escucha aquí un eco alto y resonante de la palabra de Jesús en Juan 7? Porque estas son las palabras que Él habló cuando se puso de pie en el templo, el último día de la fiesta:

> *En el último y gran día de la fiesta, Jesús se puso en pie y alzó la voz, diciendo: Si alguno tiene sed, venga a mí y beba. El que cree en mí, como dice la Escritura, de su interior correrán ríos de agua viva.*
>
> *Esto dijo del Espíritu que habían de recibir los que creyesen en él; pues aún no había venido el Espíritu Santo, porque Jesús no había sido aún glorificado (Jn. 7:37-39).*

Nunca podremos beber del río del Espíritu a menos que estemos dispuestos a hacerlo por medio de la cruz del Calvario

Este río de agua viva es la fuente esencial de la vida cristiana. Merece nuestra más profunda atención y estudio.

Mientras el profeta observa, ve que este río de agua viva avanza y entra en el altar, el lugar del sacrificio. Y una de las grandes verdades que necesitamos aprender como cristianos es que nunca podremos beber del río del Espíritu a menos que estemos dispuestos a hacerlo por medio de la cruz del Calvario. Jesús fue sacrificado sobre el altar del Calvario, y debemos estar dispuestos a crucificar nuestros propios deseos, pecados, orgullo y ambiciones sobre ese altar. No podemos recibir el agua de vida por nuestros esfuerzos o nuestra justicia. Se derrama de una fuente llamada Calvario.

Es un torrente poderoso, del que mana la vida que proviene directamente de Dios

En segundo lugar, note el poder de este río. Rápidamente ha crecido lo suficientemente como para nadar en él, aunque ningún otro río se le ha unido. No está recibiendo corrientes tributarias. Es un torrente poderoso, del que mana la vida que proviene directamente de Dios.

Note que el Señor conduce a Ezequiel a esta revelación, paso por paso: Cinco veces en este pasaje, dice: «Me hizo pasar...». ¿Está Dios guiándolo a usted? ¿Ha tenido alguna vez esa experiencia? El profeta es guiado a dar un paso a la vez, y cada paso lo lleva más y más a lo profundo.

A la altura del tobillo

El primer paso lo lleva donde las aguas llegan a la altura del tobillo; una imagen del individuo que ha experimentado sólo un sentido superficial de la gracia y el poder de Dios en su vida. Es creyente, pero sólo lo que las Escrituras llaman un cristiano carnal (ver Ro. 8). Dicha persona no ha aprendido a vivir la vida en el Espíritu, una vida de obediencia, confianza, entrega y paz. Muchas personas quieren vadear el río sólo hasta la altura del tobillo para llegar a la gracia de Dios. No desean entrar por completo.

A la altura de la rodilla

Pero luego, el profeta dice: «Me hizo pasar por las aguas hasta las rodillas». Usted podría haber experimentado el cristianismo «hasta las rodillas», el lugar donde se tiene hambre y sed de Dios, el lugar donde se busca Su rostro. A esta altura, un creyente no está satisfecho con meramente haber nacido de nuevo, sino que tiene hambre de algo más profundo.

A la altura de la cintura

Y Ezequiel va más profundo. «Me hizo pasar por las aguas hasta los lomos». Ahora las aguas del Espíritu están comenzando a poseerlo. Hay menos de él y más de la gracia de Dios. La versión de *Reina-Valera* utiliza la palabra *lomos*, ya que son siempre el símbolo de poder. El profeta ha llegado a un lugar donde su poder ha sido engullido por las aguas del poder de Dios. Ha comprendido que la vida cristiana se vive: «No con ejército, ni con fuerza, sino con mi Espíritu, ha dicho Jehová de los ejércitos» (Zac. 4:6). No se trata del deseo humano de Ezequiel de hacer algo para Dios, sino de su sumisión y dependencia de la guía del Espíritu, que conduce a la vida abundante.

Suficientemente profundo como para nadar

Pero Ezequiel no ha llegado tan lejos como necesitaba ir. Tenía que zambullirse finalmente en el río de vida de Dios: «era ya un río que yo no podía pasar, porque las aguas habían crecido de manera que el río no se podía pasar sino a nado». Aquí tenemos a un hombre completamente comprometido. Está metido hasta la cabeza. Es arrastrado por la corriente de la gracia de Dios.

Note cómo este río afecta a la tierra. Mientras el profeta es conducido de regreso a la orilla, dice: «Y volviendo yo, vi que en la ribera del río había muchísimos árboles a uno y otro lado». La tierra se había vuelto fructífera. La esterilidad había sido solucionada. El río fluía por doquier, las cosas comenzaban a brotar, a florecer y a canturrear con vida.

Juan ve el mismo río en Apocalipsis: «Después me mostró un río limpio de agua de vida, resplandeciente como cristal, que salía del trono de Dios y del Cordero. En medio de la calle de la ciudad, y a uno y otro lado del río, estaba el árbol de la vida, que produce doce frutos, dando cada mes su fruto; y las hojas del árbol eran para la sanidad de las naciones» (Ap. 22:1-2). El río fluye justo a través de la mitad de la vida. ¿Ya ha encontrado usted el río del Espíritu?

Hasta que no nos hayamos zambullido de esa manera, la vida no será nada más que un sendero difícil, lento, pesado, miserable, lleno de frustraciones y de fracasos espirituales. Pero, cuando nos sumergimos en el torrente poderoso, en el manantial de los ríos de agua viva, una vez que el Espíritu de Dios fluye a través de nosotros y sobre nosotros como un río caudaloso, entonces toda la vida cristiana comienza a tener sentido.

El profeta Ezequiel comprende esto y cierra su hermoso libro con una descripción del templo (que podría, por último, simbolizar la resurrección del cuerpo, el nuevo templo de Dios). Observe el último versículo de la profecía:

Sea esta nuestra meta: llegar a ser la ciudad, la morada eterna y el templo de Dios a través del cual fluya Su río de vida

En derredor tendrá dieciocho mil cañas. Y el nombre de la ciudad desde aquel día será Jehová-sama (Ez. 48:35).

Sea esta nuestra meta: llegar a ser la ciudad, la morada eterna y el templo de Dios a través del cual fluya Su río de vida. Zambullámonos completamente en el río de Su Espíritu y sumerjámonos en la frescura refrescante de Su profundidad de vida, para descubrir Su poder sanador para nuestras vidas hoy y en la vida futura.

CAMINO AL FUTURO

Las profecías bíblicas siempre nos han fascinado. Las profecías de Daniel y Apocalipsis han sido objeto de sensacionalismo en obras de éxito y películas famosas, y anunciadas (por lo general, de forma burdamente distorsionada) en los titulares de los periódicos. La gente quiere saber qué le depara el futuro, especialmente si está lleno de eventos tan extraños y sensacionales como una película de monstruos japonesa, ¡como lo pintan muchos de estos libros y películas!

Dios proveyó los libros proféticos para informarnos sobre el futuro e instruirnos sobre el presente

Pero la profecía bíblica es importante. Dios no mandó visiones a hombres como Ezequiel, Daniel y Juan sólo para entretenernos. Nos dio los libros de Daniel y Apocalipsis, así como las otras profecías de la Biblia, para revelar lo que ha programado en la historia. No están destinados únicamente para informarnos sobre el futuro, sino para instruirnos sobre el presente. Dios los dio para que supiéramos cómo vivir hoy, pero pensando en el mañana. Para sosegarnos y enseñarnos los fundamentos de Su perspectiva eterna sobre los eventos humanos y los celestiales.

El libro de Apocalipsis explica el libro de Daniel; este sienta las bases para el libro de Apocalipsis

Daniel y Apocalipsis aún no se han cumplido. Estos dos libros, uno del Antiguo y el otro del Nuevo Testamento, se complementan notablemente en su simetría y armonía. El libro de Apocalipsis explica el libro de Daniel. Este sienta las bases para el libro de Apocalipsis. Si usted quiere conocer el plan de Dios para el futuro, debe comprender, en primer lugar, el libro de Daniel.

Cómo entender la profecía

Conocer el futuro puede ser peligroso. Imagine lo que pasaría si usted tuviera la habilidad de saber lo que pasará mañana o la próxima semana. Piense qué ventaja le daría en el mercado de acciones, en la compra de seguros y en otros asuntos prácticos de la vida. Pero

¿querría usted realmente conocer por adelantado todas las aflicciones y dolores que van a sucederle en su vida? Jesús tuvo una buena razón para decir: «No os afanéis por el día de mañana, porque el día de mañana traerá su afán. Basta a cada día su propio mal» (Mt. 6:34).

Dios no nos deja conocer el futuro con detalles específicos. No nos revela nuestro futuro personal. Lo que nos muestra en los libros proféticos de la Biblia es la secuencia de eventos generales, el bosquejo de Su programa y la manera en que, con seguridad, Su plan se llevará a cabo. Cualquiera que investigue la profecía de manera cuidadosa y objetiva encontrará información útil y significativa tanto del futuro como de eventos presentes del mundo. Todo lo que está pasando desarrolla de un modo determinado los propósitos de Dios sobre la tierra. Podemos entender el presente sólo cuando lo miramos a la luz del plan profético de Dios.

Dios ha tomado dos precauciones en Su revelación del futuro

Dios ha tomado dos precauciones en Su revelación del futuro. En primer lugar, ha cubierto estos pasajes proféticos con un lenguaje simbólico. Los ha dado en forma figurativa. Por eso, encontramos imágenes extrañas y hasta aterradoras en Daniel y Apocalipsis; señales alarmantes en la naturaleza, bestias extrañas con muchas cabezas diferentes y cuernos asomando por aquí y por allá, imágenes de eventos mundiales demoledores y más todavía.

1. Él ha revestido estos pasajes bíblicos con lenguaje simbólico

Estas imágenes y símbolos proféticos siempre han intrigado a la gente. Uno no puede sentarse con el libro de Daniel o de Apocalipsis, y leerlos y entenderlos como si fueran una novela. Tiene que estudiarlos, tomando en cuenta la Biblia como un todo, para interpretar sus símbolos. Es uno de los cerrojos que Dios puso sobre estos libros para evitar que las mentes meramente curiosas y en busca de sensaciones pudieran meterse en ellos sin un trasfondo adecuado de la Escritura. No se puede comprender lo que está pasando en ellos sin primeramente conocer bastante del resto de la Biblia. El plan de Dios para el futuro nos es secreto hasta que pasamos tiempo conociendo las señales; y estos libros están llenos de ellas.

2. Dios presenta una enseñanza moral antes de la profecía

Una segunda precaución que Dios toma en Daniel, y especialmente en el libro de Apocalipsis, es no introducir primero la sección profética. En cambio, nos lleva a través de seis capítulos de enseñanza moral. Quiere guiarnos a una comprensión del carácter moral que requiere de nosotros antes de que el plan profético comience a tener sentido. Para comprender lo que significa el plan profético, antes hay que captar las lecciones morales de la primera parte del libro. No existen atajos.

Aún más importante es que, después de captar intelectualmente los primeros seis capítulos, debe experimentarlos en forma práctica en su vida. Esa es la belleza de la Palabra de Dios: no puede ser comprendida sólo por medio del intelecto. Debe ser asimilada por todo el ser. Puede sentarse con los bosquejos proféticos de Daniel y de Apocalipsis, dibujar esquemas de la historia futura, pasar tiempo explicándole a la gente lo que significan todos estos símbolos y eventos, y la manera en que el plan de Dios va a ser llevado a cabo. Puede analizar meticulosamente la escatología y la doctrina; pero, a menos que haya incorporado a su vida las lecciones espirituales de la primera parte de Daniel, no encontrará nada en el resto del libro para enriquecerse.

La belleza de la Palabra de Dios es que no puede ser comprendida tan sólo por medio del intelecto

El mismo Señor Jesús lo dejó claro durante Su discurso en el monte de los Olivos, cuando Sus discípulos le preguntaron cuál sería la señal de Su regreso a la tierra. Él dijo: «Cuando veáis en el lugar santo la abominación desoladora de que habló el profeta Daniel (el que lee, entienda), entonces los que estén en Judea, huyan a los montes». En otras palabras: «Salgan de la ciudad de Jerusalén, porque allí pasarán cosas horribles. Si se quedan en esa ciudad, pasarán por gran tribulación».

Note que, cuando el pasaje dice «el que lee, entienda», quiere decir: «no lea los pasajes proféticos de manera superficial y descuidada. Tiene que captar toda la trascendencia de la Escritura si desea reconocer la abominación desoladora, cuando llegue». El mundo, en su abordaje superficial de la verdad, no se dará cuenta de que ha llegado ese día. La gente gritará «¡paz, paz!» cuando no haya paz, y la destrucción vendrá sobre ellos. Serán arrasados tal como la gente, en los días de Noé, fue destruida por la inundación. Jesús no desea que nosotros seamos destruidos por nuestra ignorancia; así que, nos anima a buscar un verdadero conocimiento, una comprensión práctica y aplicada de las verdades de la Escritura.

La estructura de Daniel

Este libro está dividido claramente en dos secciones. Los primeros seis capítulos están dedicados a la instrucción moral y espiritual, y son un relato sobre el profeta Daniel y sus amigos en la tierra de Babilonia. Es una historia de fe experimentada en el crisol ardiente de un mundo hostil.

Si se encuentra luchando para vivir la vida cristiana en medio de presiones, hostilidad, tentación y persecución de un mundo incrédulo, los primeros seis capítulos de Daniel constituyen una lectura indispensable para usted. Si trabaja en una oficina, rodeado de colegas paganos que toman el nombre de Dios en vano a cada momento, si su jefe lo presiona para reducir gastos o realizar cosas poco éticas en el trabajo, si sus amigos lo desafían a comprometer su fe o su moralidad, o si la ley del país dice que usted no puede ser testigo de su Señor o leer su Biblia, los primeros capítulos de Daniel lo guiarán y consolarán.

Estos capítulos son especialmente valiosos para los adolescentes que deben enfrentar la presión y tentación del grupo, porque registran la historia de un grupo de jóvenes que son tomados cautivos por el rey Nabucodonosor y exiliados a la tierra de Babilonia. Cuando comenzaron su carrera de fe, lo hicieron con una falta total de conocimiento de la vida y con todas las inseguridades propias de los adolescentes en un ambiente hostil. Tal como la juventud hoy debe enfrentarse a la presión del grupo, las drogas, el sexo ilícito y el ocultismo, estos adolescentes tenían que tomar una postura de vida contra el rey. Daniel y sus amigos adolescentes son quizás, de toda la Escritura, los modelos de convicción que más valor aportan para la gente joven de hoy.

A continuación, mostramos un resumen del libro de Daniel:

La vida de Daniel en Babilonia (Daniel 1)

El plan de Dios para los gentiles (Daniel 2–7)

1.	Daniel interpreta el sueño de Nabucodonosor de la gran imagen	2
2.	La imagen de oro de Nabucodonosor	3
3.	Daniel interpreta la visión de Nabucodonosor del gran árbol	4
4.	Belsasar, la escritura sobre la pared y la interpretación de Daniel	5
5.	Darío engañado y Daniel salvado en la jaula de los leones	6
6.	La visión de Daniel de las cuatro bestias	7

El plan de Dios para Daniel (Daniel 8–12)

7.	La visión de Daniel del carnero y del macho cabrío	8
8.	La visión de Daniel de las 70 semanas	9
9.	La interpretación de Daniel de la visión	10–12
	A. La visión de Daniel del extraño mensajero	10
	B. Las primeras 69 semanas	11:1-35
	C. La semana 70 (la tribulación)	11:36–12:3
	D. Sellando el pergamino y las palabras finales del tiempo de la tribulación	12:4-13

Permanecer bajo presión

En el capítulo 1, estos jóvenes, Daniel, Ananías, Misael y Azarías (apodados por sus captores babilónicos: Beltsasar, Sadrac, Mesac y Abed-nego, respectivamente) son presionados para cambiar su dieta. Normalmente, esto no era considerado un asunto particularmente significativo, pero Dios ya había instruido a estos jóvenes sobre lo que podían y no podían comer. Los alimentos que les había ordenado no comer son precisamente los que los babilonios los obligaban a aceptar por ser prisioneros del rey.

¿Qué podían hacer estos jóvenes? Nabucodonosor era un tirano inmensamente poderoso. La Biblia registra que ningún rey humano jamás había gobernado —ni gobernaría— con tanta autoridad como él.

¿Qué clase de carácter tenía este rey? Más tarde, en su reinado, demostró su absoluta crueldad al matar a los hijos del rey de Judá ante los ojos de su padre. Después, ordenó que le sacaran los ojos al padre para que aquel horror fuera la última cosa que pudiera ver. También hizo que otro hombre fuera asado lentamente sobre un fuego. Este monarca fue un experto torturador; su cruel imaginación estimulaba sus malvadas obras. Y su palabra era ley absoluta. Así que, estos adolescentes enfrentaron esta prueba moral sabiendo que debían cumplir las demandas del rey o arriesgarse a sufrir una muerte increíblemente terrible.

¿Qué podían hacer? Bajo tal presión, ¿debían prestar atención al consejo: «Allá donde fueres, haz lo que vieres»? Es el mismo argumento que la gente utiliza hoy: «Todos los demás también lo hacen». ¿Qué podía haber de malo en comer un bocadillo de jamón con los babilonios? ¿Especialmente si los salvaba de la tortura y la muerte? ¿Quién se enteraría? ¿A quién le importaría?

No obstante, arriesgando sus vidas, prefirieron permanecer firmes en honor a Dios. Y Él les dio la gracia para mantenerse así, a pesar de la presión. Como resultado, fueron exaltados, y les otorgaron posiciones de autoridad y responsabilidad en el reino donde estaban cautivos; un giro de los acontecimientos que nos recuerda vívidamente la manera en que Dios exaltó a José cuando mantuvo su integridad y le fue obediente.

Sin embargo, veremos que la presión no termina para estos jóvenes. Continúa e incluso se hace más intensa conforme avanzamos en el estudio de este libro.

Un sueño perturbador

En el capítulo 2, encontramos una parte del motivo por el cual Dios permite que estos jóvenes atraviesen una prueba tan intensa. El rey Nabucodonosor sueña una noche con una gran imagen de un hombre con cuerpo extraño. La imagen tiene la cabeza de oro, los hombros de plata, el vientre de bronce, las piernas de hierro, y los pies de barro y hierro mezclados. A la mañana siguiente, el rey llama a sus sabios y les pide que le digan no sólo la interpretación, sino también el sueño.

A pesar de concederles una amplia motivación a los astrólogos, los adivinos y los magos —¡quienes deben interpretar el sueño o serán ejecutados!—, estos no son capaces de ofrecerle nada. Obviamente, si el rey no les cuenta el sueño, ellos no pueden idear una interpretación; y, como resultado, sus vidas están perdidas.

Aunque a Daniel no se le había pedido que interpretara el sueño del rey, es considerado uno de los sabios que ahora están bajo amenaza de pena de muerte. Cuando le pregunta al capitán de la guardia por qué él y los otros sabios babilónicos van a ser ejecutados, el capitán le explica la situación. Daniel suplica por las vidas de los otros sabios y pide ser llevado ante el rey para revelar e interpretar el sueño. Aquí, como en el capítulo 1, el hombre de Dios se presenta y demuestra que está dispuesto a permanecer firme y obedecer al Señor, a pesar de las presiones.

Dios está lleno de sorpresas

Dios está lleno de sorpresas. Las presiones meramente superficiales nunca determinan el resultado de la vida. Lo que parece lógicamente inevitable cuando usted encara una situación no es necesariamente lo que sucederá si confía en el Dios invisible que gobierna los asuntos visibles del hombre. Esta es la gran lección, no sólo de este capítulo, sino de todo el libro, como lo expresa maravillosamente Daniel en esta oración a Dios:

> *Y Daniel habló y dijo: Sea bendito el nombre de Dios de siglos en siglos, porque suyos son el poder y la sabiduría. Él muda los tiempos y las edades; quita reyes, y pone reyes; da la sabiduría a los sabios, y la ciencia a los entendidos. Él revela lo profundo y lo escondido; conoce lo que está en tinieblas, y con él mora la luz (2:20-22).*

Si usted está íntimamente conectado con el Dios viviente del universo, no necesita preocuparse por lo que hace toda la gente, ni siquiera por lo que el rey está haciendo. El mismo Dios que creó el mundo puede sacarlo a usted adelante y resolver toda clase de situaciones en su vida, no importa lo imposible que parezca. Ese mismo tema se repite en cinco ocasiones diferentes en estos primeros seis capítulos.

Daniel no sólo revela el sueño de Nabucodonosor y su interpretación. Dios y él tienen al rey en un puño, y así, divinamente inspirado, Daniel obliga al gobernante más poderoso del mundo a reconocer el reinado soberano y absoluto del Señor.

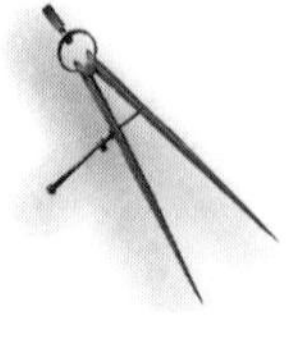

Tal vez no se haya dado cuenta, ¡pero usted hoy está exactamente en la misma posición que Daniel estaba hace tanto tiempo! El mundo vive con la idea de que no hay Dios o que, si existe, no tiene verdadero poder. No hace nada. No cambia la historia. No cambia las vidas humanas. No participa en las situaciones ni marca ninguna diferencia. Esa es la filosofía del mundo.

Pero a todo creyente que camine fielmente obedeciendo lo que Dios dice, sin tener en cuenta las amenazas, tentaciones o presiones, le llegará la hora de encontrarse en una posición crucial y se le dará el privilegio de abrir los ojos de hombres y mujeres a la realidad de que Dios existe, que no está muerto, que está obrando en el mundo y que debe ser tenido en cuenta.

Probado por fuego

En el capítulo 3, tenemos la historia del horno ardiente. Se ordena a los jóvenes que se inclinen ante la imagen que Nabucodonosor había levantado, una creación arrogante de la imagen de su sueño. Como se le había dicho que él representaba la cabeza de oro, que era el gran rey de la tierra, arrogantemente ordenó que se le erigiera una imagen en el llano. Era una imagen enorme, tan alta como algunos de los cohetes de la NASA donde mandaron gente al espacio.

El rey reunió a toda la multitud en la pradera, incluso a estos tres jóvenes fieles. Se les ordenó a todos que se inclinasen y adoraran la imagen. Para incentivar la adoración, se había construido un gran horno al otro lado de la llanura; todos los que rehusaran inclinarse ante la imagen morirían en el fuego. Además, ya había preparado otras formas de persuadirlos.

Hay una banda ejecutando una variedad de instrumentos, muchos de los cuales no existen actualmente: bocina, flauta, tamboril, lira, arpa, salterio, zampoña, etc. Tal como se les había ordenado, al oír el son de la música, toda la gente se postró y adoró la imagen.

Es decir, todos excepto los tres jóvenes: Sadrac, Mesac y Abegnego. Cuando estos fueron llevados ante Nabucodonosor, el rey les ordenó postrarse. Instantánea, pero respetuosamente, respondieron que no necesitaban pensar mucho su respuesta: No podían obedecer al rey de Babilonia porque debían obedecer a un Rey aún mayor. Aquí, en Daniel 3:17-18, encontramos una asombrosa declaración, no sólo de obediencia a Dios, sino de fe y confianza en Él:

> *He aquí nuestro Dios a quien servimos puede librarnos del horno de fuego ardiendo; y de tu mano, oh rey, nos librará. Y si no, sepas, oh rey, que no serviremos a tus dioses, ni tampoco adoraremos la estatua que has levantado.*

Note esas palabras de fe: «Y si no...». Estos jóvenes están dispuestos a confiar en que Dios los librará del horno ardiente o que los salvará del fuego. Dejan los detalles de su destino en manos del Señor y confían en Él, tanto para la vida como para la muerte. Pase lo que pase, lo que el rey decida hacer con ellos, no adorarán a dioses babilónicos ni a la imagen de oro que había construido Nabucodonosor.

Estos jóvenes habían aprendido que algunas cosas son más importantes que la vida. Es mejor estar muerto y obedecer a Dios que vivir y desobedecerlo. Una persona se beneficia más caminando con Dios y muriendo por Él que viviendo después de desobedecer. Y el Señor honra a estos hombres de manera poderosa al sacarlos del horno e incluso más. Efectivamente, salen del horno sin estar calientes, ni tostados, ni quemados; ¡ni siquiera con olor a fuego en la ropa!

El testimonio del rey

En el capítulo 4, encontramos la conversión de Nabucodonosor. Efectivamente, este capítulo es el testimonio del rey y tirano más grande que haya existido. Es la historia de cómo Dios quebrantó el orgullo de su corazón y permitió que la soberbia real lo llevara a la locura. Nabucodonosor realmente se marchó y comió hierba del campo durante siete años. Su trono fue preservado, pero él actuó como un animal. Esto es lo que siempre les pasa a los seres humanos cuando eligen rechazar la relación con el Dios viviente: se vuelven bestias y personas crueles.

Luego, el rey cuenta cómo le fue restaurada la razón, por la gracia de Dios. Sus palabras finales son un gran testimonio de su fe, de cómo Dios lo humilló y lo trajo de vuelta:

> *Ahora yo Nabucodonosor alabo, engrandezco y glorifico al Rey del cielo, porque todas sus obras son verdaderas, y sus caminos justos; y él puede humillar a los que andan con soberbia* (4:37).

¿Quién hizo recobrar el juicio al gran rey? Por supuesto, Dios. No obstante, evidentemente utilizó a Daniel y a sus amigos para ganar y conquistar el corazón del monarca más grande del mayor imperio que el mundo haya jamás conocido.

La escritura sobre la pared y más

Desde el comienzo del capítulo 5, vemos el lujo y el libertinaje del reino babilónico. Sin embargo, en medio de toda esta búsqueda de placer y egoísmo, Daniel (que ha sobrevivido a tres imperios) es aún el primer ministro. En este capítulo, Dios usa al profeta para hacer otra interpretación crucial. El capítulo comienza con el rey Belsasar, hijo de Nabucodonosor, que ofrece una fiesta. El rey, sus esposas y concubinas, y sus huéspedes profanan las copas de oro y plata que habían sido traídas del templo de Jerusalén, toman vino en ellas, y las usan para brindar y alabar a dioses falsos. De repente, un dedo humano sin cuerpo aparece y escribe sobre el yeso de la pared, lo cual asusta muchísimo al rey. Este llama a los magos y a los astrólogos para que le descifren la escritura sobre la pared, y Daniel también es llevado ante él. Daniel interpreta la inscripción que dice: MENE, MENE, TEKEL, UPARSIN. Es el juicio sobre Belsasar por su arrogancia:

Esta es la interpretación del asunto: MENE: Contó Dios tu reino, y le ha puesto fin. TEKEL: Pesado has sido en balanza, y fuiste hallado falto. PERES: Tu reino ha sido roto, y dado a los medos y a los persas (5:26-28).

Esa noche, el juicio de Dios se lleva a cabo y Belsasar muere; el rey Darío asciende al trono.

Este capítulo sostiene la tesis de todo el libro: Dios está obrando en los asuntos humanos, y quienquiera que ve más allá de lo visible, hacia lo invisible, y actúa de acuerdo a eso, encontrará que el Señor provee toda la fortaleza y el sostén que se requiere para tener éxito.

El capítulo 6 es otra demostración más de la provisión divina en tiempos de presión y aun de aparente desesperanza. Se relata la muy dura experiencia de Daniel en el foso de los leones. En un esfuerzo por destruirlo, los celosos rivales de Daniel manipulan al rey Darío para que promulgue un decreto donde se prohíba a todos orar a cualquier dios o rey que no sea Darío. Ellos saben que es un decreto que Daniel no puede obedecer y, cuando lo sorprenden orando a Dios, rápidamente informan al rey sobre el crimen. Daniel es mandado al pozo de los leones para morir, pero el Señor manda a Su ángel a cerrar las bocas de los felinos. Daniel es sacado de allí, librado por la mano de Dios. Como resultado, el rey Darío promulga otro decreto, esta vez exaltando al Dios de Daniel como el único y verdadero Dios viviente.

Daniel y los leones

Comienza la sección profética

La visión de las cuatro bestias

La sección de Daniel enfocada hacia el futuro comienza en el capítulo 7 con la visión de las cuatro bestias. Es interesante que estas bestias cubran el mismo periodo de tiempo que las cuatro divisiones de la imagen que Nabucodonosor había visto en el capítulo 2. Esa imagen tenía una cabeza de oro que simbolizaba el reino de Babilonia; hombros de plata, que representaban el reino de Media y de Persia; un tronco de bronce, símbolo del imperio de Grecia; dos piernas de hierro, representación de las dos divisiones del Imperio Romano; y que termina finalmente en un reino quebrado, caracterizado por pies de hierro y barro entremezclados. Este gran pasaje profético bosqueja la historia desde la época de Daniel hasta un futuro aun más allá de nuestros días; el final de los tiempos y el regreso de Jesucristo.

Mientras el profeta observa el sueño de Nabucodonosor, ve una piedra —que no había sido cortada por mano humana— que golpea la imagen en los pies y finalmente la derrumba. Los fragmentos se diseminan en el viento como paja desmenuzada, pero la piedra crece hasta convertirse en una gran montaña que llena toda la tierra (Dn. 2:34-35). Esto indica que, cuando el último reino sea destruido por obra divina (no por manos humanas), comenzará el reino mundial de Dios y el reinado de Jesucristo.

Entonces, en el capítulo 7, las cuatro bestias representan los mismos reinos, pero desde el punto de vista divino. No son poderes inmensos para Dios, sino simples bestias que gruñen y se pelean unas con otras. Daniel ve que estas naciones luchan entre sí y que su pugna culmina con el reinado poderoso de un sólo individuo sobre todo el mundo occidental.

El carnero y el macho cabrío

En el capítulo 8, observamos el movimiento de la historia occidental. El carnero y el macho cabrío libran una batalla: una imagen, como más adelante se indica en el capítulo 11, de la conquista de Alejandro Magno y el surgimiento del reino de los seléucidas en Siria, en oposición a los ptolomeos en Egipto. Estas dos familias ocuparon el centro de la historia durante siglos, después de la época de Daniel; una intensa lucha entre Siria y Egipto, con la pequeña nación de Israel atrapada en el medio. La batalla provoca estragos en todas partes, y hoy Israel continúa siendo la porción de terreno más batallada del mundo. Más conflictos han ocurrido en la tierra de Israel que en cualquier otro sitio sobre la faz de la tierra; y la última gran batalla, Armagedón, también se librará en esta región.

Las 70 Semanas y «el Gran Paréntesis»

En medio de esta profecía, en el capítulo 9, Daniel derrama su corazón ante Dios en oración. La respuesta a esta oración, en la última sección del capítulo, es una de las profecías más notables de la Biblia: la profecía de las 70 semanas. Es la profecía que Dios programó concerniente a la nación de Israel. Nos da el principio llamado «el Gran Paréntesis», la interpretación escritural que propone que Dios ha interrumpido Su plan para Israel e insertado esta era presente, en la cual vivimos nosotros, entre la primera y la segunda venida del Señor Jesús.

Este periodo indeterminado, que ya dura unos dos mil años, se encuentra entre la 69.ª semana de años y la semana 70 de la profecía de Daniel. Esta semana 70, una semana de siete años, aún tiene que cumplirse para Israel. Mientras lea esto, observará que es lo que el libro de Apocalipsis y otros pasajes proféticos llaman «la gran tribulación», el tiempo de la aflicción de Jacob. Pertenece al futuro. Ha sido separada de las otras 69 semanas y aún tiene que cumplirse.

La venida de Jesús y el juicio final

El capítulo 10 revela las cosas ocultas que permanecen tras las cosas visibles. Esta es otra gran revelación del gobierno soberano de Dios sobre los asuntos de la humanidad y la explicación para los eventos de la historia. ¿Cuál es la causa de las cosas que pasan hoy? Claramente, existen fuerzas invisibles que están actuando, y estas fuerzas le son totalmente reveladas a Daniel.

El capítulo 11 es uno de los más notables de la Biblia. Registra una profecía que, en su mayor parte, se ha cumplido en detalle. Predice la lucha entre el rey de Siria y el de Egipto, que tuvo lugar después de los días de Daniel; otra profecía cumplida. Estos eventos históricos se describen con gran precisión y cubren 200 ó 300 años de historia. Aquí se predicen un número de figuras históricas sobresalientes, incluso Cleopatra.

Llegamos a una interrupción interesante en Daniel 11:35-36. Allí el ángel le dice a Daniel:

También algunos de los sabios caerán para ser depurados y limpiados y emblanquecidos, hasta el tiempo determinado; porque aun para esto hay plazo. Y el rey hará su voluntad, y se ensoberbecerá, y se engrandecerá sobre todo dios; y contra el Dios de los dioses hablará maravillas, y prosperará, hasta que sea consumada la ira; porque lo determinado se cumplirá.

Aquí comienza un pasaje que trata sobre la semana 70 de Daniel, el periodo de la tribulación que aún tiene que cumplirse: el tiempo del fin, los últimos días, el acuerdo final de los reinos de la tierra, justo antes del regreso de Jesucristo. Este pasaje predice una invasión de Palestina y una contrainvasión de Egipto en el sur; luego, la reunión de los dos grandes ejércitos en Israel y la destrucción final de esos ejércitos entre las montañas de la nación judía. Este evento está claramente descrito en Ezequiel 38 y 39, y en el segundo capítulo de Joel; incluso hay otras referencias proféticas de ello.

El comienzo del capítulo 12 presenta el evento más grande de la historia, que aún debe cumplirse: la segunda venida de Jesucristo. Se revela en lenguaje simbólico. Esto es lo que oye Daniel:

En aquel tiempo se levantará Miguel, el gran príncipe que está de parte de los hijos de tu pueblo; y será tiempo de angustia, cual nunca fue desde que hubo gente hasta entonces; pero en aquel tiempo será libertado tu pueblo, todos los que se hallen escritos en el libro (12:1).

Esto va seguido de una resurrección masiva de los muertos:

Y muchos de los que duermen en el polvo de la tierra serán despertados, unos para vida eterna, y otros para vergüenza y confusión perpetua (12:2).

Luego, el juicio final de Dios:

Los entendidos resplandecerán como el resplandor del firmamento; y los que enseñan la justicia a la multitud, como las estrellas a perpetua eternidad. Pero tú, Daniel, cierra las palabras y sella el libro hasta el tiempo del fin. Muchos correrán de aquí para allá, y la ciencia se aumentará (12:3-4).

Muchos eruditos bíblicos entienden que esto es una indicación de que, conforme nos acercamos a los últimos días —como se describen en este pasaje— el transporte, la información y el conocimiento se incrementarán rápidamente. Claramente, en esta era de aviones, ordenadores, medios de comunicación, educación avanzada e Internet, vemos el cumplimiento de esta profecía.

El conflicto entre el bien y el mal

En esta sección final, el capítulo 12, Daniel le hace ciertas preguntas al ángel que le reveló estas cosas. A cambio, se le permite conocer dos grandes fuerzas que obran en el mundo: el bien y el mal. A menudo, usted y yo escuchamos a personas discutir los eventos actuales, como los comentaristas de periódicos y otros que constantemente están bombardeándonos con noticias de eventos trágicos, terribles, aterradores. Con frecuencia, la gente pregunta: «¿Qué está pasando? ¿Qué está ocurriendo en este mundo? ¿Está empeorando la situación mundial de manera progresiva o está mejorando?».

Algunas personas sostienen que la humanidad está progresando, que la educación está avanzando, que la tecnología está mejorando la vida más y más. Otros también sostienen, de manera más convincente todavía, que la tecnología avanzada nos permite contar con formas más desarrolladas para matar gente, complicar la vida, privarnos de nuestra privacidad y libertad, arrebatarnos nuestra humanidad. Sin embargo, el libro de Daniel deja claro que nunca comprenderemos la Palabra y la obra de Dios hasta que aceptemos ambos argumentos. En Daniel 12:10, se le dice a Daniel:

Muchos serán limpios, y emblanquecidos y purificados; los impíos procederán impíamente, y ninguno de los impíos entenderá, pero los entendidos comprenderán (12:10).

Hoy en día el mal está más difundido que nunca

Hoy en día el mal está más difundido que nunca. El siglo XX, con sus dos guerras mundiales y los diversos asaltos genocidas sobre la humanidad, fue el más criminal y sangriento de la historia humana; y el siglo XXI no promete ser mejor. El mal de nuestra era es sutil, pero está innegablemente difundido e inspirado por Satanás.

No obstante, el bien de nuestra era es también mejor de lo que ha sido nunca. Es más poderoso. Su efecto en la sociedad humana en relación al mal que le rodea es mucho más grande de lo que fue.

El bien de nuestra era también es mejor de lo que ha sido nunca

Estas dos fuerzas opuestas están obrando en la sociedad humana, pero ninguna vencerá a la otra. El bien no va a llegar a triunfar como para que el mal finalmente desaparezca, ni el mal vencerá completamente al bien; al menos, por ahora. Tanto el bien como el mal son dirigidos hacia un conflicto final. La Biblia registra en diversos pasajes que, en un momento preciso de la historia, Dios directamente intervendrá en los asuntos humanos. Acerca del choque final de estos dos grandes principios, se le dice a Daniel:

El bien no va a llegar a triunfar tanto como para que el mal desaparezca, ni el mal vencerá completamente al bien

> *Bienaventurado el que espere, y llegue a mil trescientos treinta y cinco días. Y tú irás hasta el fin, y reposarás, y te levantarás para recibir tu heredad al fin de los días* (*Dn.* 12:12-13).

Finalmente, toda nación y todo individuo sirve a Dios; voluntariamente o no. Aun si un gran rey renuncia al Señor diez veces seguidas, aunque se oponga a Él, desafiante e incesantemente; Dios es soberano e incluye todos los eventos, todas las decisiones humanas y todo el caos satánico en Su plan perfecto y maravilloso. Nabucodonosor, Darío, Alejandro, Cleopatra, César, Herodes, Pilato, Stalin, Hitler, Khruschev, Saddam... ninguno de estos líderes mundiales pueden resistir la voluntad de Dios ni interferir en Su plan. Este se desarrolla irresistiblemente a través del tiempo y de un extremo al otro de la tierra, incluyendo millones de vidas desde el principio hasta el fin de los tiempos.

Finalmente, toda nación y todo individuo sirven a Dios; voluntariamente o no

La opción que usted y yo tenemos es elegir entre ser herramientas dispuestas o no en manos de Dios, sea que recibamos las bendiciones que provienen de la obediencia o el juicio que acarrea la rebelión. Las buenas noticias de Daniel son que nuestro Señor es un Dios viviente y que está obrando en los asuntos de los seres humanos y de las naciones. No tenemos que temer, aunque los terrores de las naciones malvadas se levanten alrededor nuestro. Dios controla todo, y nosotros, que caminamos con Él, finalmente venceremos. Los leones no nos pueden consumir, el horno ardiente no nos puede abrasar, la voluntad de reyes malvados no nos puede separar del amor del Rey Jesús.

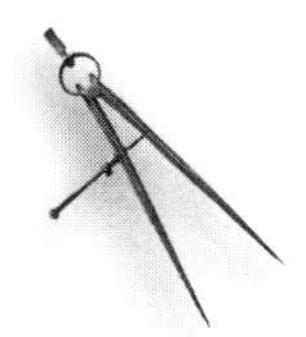

Mientras caminamos aceleradamente hacia los últimos días, que se describen en esta profecía, avancemos triunfante y osadamente en la fortaleza de nuestro Dios.

EL AMOR Y LA ESPOSA INFIEL

Hace algunos años, mientras estaba en Inglaterra, conocí a un clérigo anglicano que me contó sus experiencias durante la Batalla de Bretaña, en la Segunda Guerra Mundial. Dijo: «Lo que más me molestó fueron los avisos en las plazas públicas para reclutamiento. Decían: "Todos deben registrarse para el alistamiento, excepto las mujeres, los niños, los idiotas y los clérigos". Como clérigo, no me importaba mucho estar incluido en esa lista, ¡pero sí me habría gustado que, al menos, me hubieran puesto antes de los idiotas!».

Ese es el lugar donde se encuentra el profeta Oseas. Es un predicador cuya audiencia es amable ante él, pero que, a sus espaldas, lo trata con desprecio. Su mensaje es recibido con risas burlonas y disimuladas. Lo consideran agradable, pero inofensivo, al mismo nivel que los idiotas. Así es como, usualmente, la gente trata a los predicadores.

Sin embargo, Oseas no es «agradable, pero inofensivo», sino una figura prominente de la Escritura, y su historia y su mensaje merecen hoy nuestra consideración, así como merecía la atención de la gente que lo rodeaba en su época. Habló de juicio, de la disciplina para el pueblo de Israel. Les advirtió que el Señor mandaría a la nación asiria a matarlos y destruirlos. La gente lo desafió y los acusó de caracterizar a Dios como una deidad llena de ira y vengativa.

Oseas trató de explicarles el amor de Dios: Cuando es genuino, también es severo y disciplina. Este Dios, con esta clase de amor, quiso que el pueblo viera lo que estaba haciéndose a sí mismo. Si la única manera de poder inducirlos a oír fuera hacerles la vida difícil, lo haría. El pueblo respondió exactamente como lo haría hoy cuando se le habla del amor severo del Señor. Efectivamente, le echaron la culpa a Dios y dijeron: «Si Dios es realmente un Dios de amor, entonces,

¿por qué permite que las cosas resulten en un desastre así? ¿Cómo puede mandar en algún momento a conquistar nuestra tierra a un enemigo tan despiadado como los asirios? Si Dios realmente nos ama, justificaría nuestros pecados, no nos castigaría». Suena familiar, ¿no?

Claramente, el libro de Oseas es un libro para la actualidad. Lo que sigue es un resumen de su contenido:

La esposa adúltera de Oseas (Oseas 1–3)

1.	El matrimonio de Oseas con Gomer	1
2.	El adulterio de Gomer	2
3.	La restauración de Gomer por Oseas, el esposo amoroso y fiel	3

Israel, el pueblo adúltero de Dios (Oseas 4–14)

4.	La idolatría adúltera de Israel	4–5
5.	La negativa de Israel a arrepentirse	6–8
6.	Israel juzgado por Dios	9–10
7.	La restauración de Israel por su Señor amoroso y fiel	11–14

Los Profetas «Menores» son menores en extensión, no en importancia

Oseas es el primero de los doce «Profetas Menores» del Antiguo Testamento, que se extienden hasta Malaquías. No se llaman menores porque los mensajes de estos profetas no sean importantes, sino simplemente por su extensión. Evito hacer una fuerte distinción entre los profetas mayores y menores porque no quiero perpetuar la idea errónea de que estos doce libros —breves, pero enérgicos— son un poco menos importantes y relevantes que los otros libros de la Biblia. Cada uno tiene un mensaje poderosamente transformador para nuestras vidas atribuladas.

Oseas predicó al reino del norte

Oseas fue un joven predicador de la nación de Israel, el reino del norte. Fue contemporáneo de los profetas Isaías y Amós, y escribió este libro aproximadamente entre el 755 a.C. y el 715 a.C. Vivió, como se nos dice en el primer versículo, durante los reinados de Uzías, Jotam, Acaz y Ezequías, reyes de Judá —el reino del sur—, y durante el reinado de Jeroboam, hijo de Joás, rey de Israel.

Jeroboam fue uno de los reyes malvados de Israel y la nación estaba atravesando un tiempo difícil cuando Oseas predicó. El pueblo estaba demasiado ocupado alegrándose y disfrutando los placeres de la vida como para dedicar tiempo a Dios o pensar en Él. Por supuesto, ellos nunca lo habrían admitido. Por el contrario, probablemente habrían dicho lo mismo que la mayoría de nosotros: «Tengo una vida demasiado ocupada. Me gustaría tener más tiempo para las devociones, para el servicio cristiano, y para la comunión con los creyentes y el estudio bíblico, pero mi vida en este momento es realmente demasiado frenética y abarrotada. El espíritu está dispuesto, pero la carne está lista para el fin de semana».

Esta es la actitud social con que se enfrenta el profeta Oseas, así que, no sorprende que lo veamos desanimado cuando lo conocemos, en el capítulo introductorio de este libro profético. En su desaliento, se dirige a Dios, y este le indica algo muy extraño. Podría haber sonado algo así: «Oseas, quiero que te cases». Me imagino que Oseas, que era soltero, probablemente se alegró un poquito al escuchar esto.

Luego el Señor agregó: «He escogido una mujer para ti». Cuando mencionó su nombre, es probable que Oseas haya sentido una oleada de entusiasmo, porque la mujer con quién le había dicho que se casara era Gomer, la más hermosa en Israel. Oseas estaba verdaderamente interesado.

Los caminos de Dios no son nuestros caminos

Pero había un lado malo, una trampa en este matrimonio. Dios dijo a Oseas: «Necesitas saber toda la historia acerca de esta mujer. Después de que te cases con ella, te será infiel. Pero yo quiero que la hagas tu esposa a pesar de todo». Oseas quizá quedó muy confundido ante la extraña orden de Dios, tal como se sintió Abraham cuando el Señor le ordenó que tomara a su hijo y lo matara. A veces, Dios hace cosas extrañas, cosas que no entendemos, que no encajan en los planes que nosotros haríamos. Una y otra vez, descubrimos que Sus caminos no son nuestros caminos.

Nombres con significado

«Tu esposa se convertirá en una prostituta común de la calle», continuó diciendo Dios, «pero te dará tres hijos: dos niños y una niña. Y cuando hayan nacido, yo quiero ponerles los nombres, en vez de hacerlo tú». Entonces, Oseas comenzó a entender un poquito lo que el Señor estaba haciendo. Sabía que era costumbre en Israel enseñar por medio de símbolos —a menudo Dios usó este método para instruir a Su pueblo— y comprendió que los nombres eran muy importantes. Frecuentemente, el Señor utilizó el significado de los nombres para enseñar ciertas verdades a Israel; y ahora, planeaba usar a este profeta y a su familia como una lección objetiva para Su pueblo.

Era costumbre enseñar por medio de símbolos

Isaías

Casi al mismo tiempo, el amigo de Oseas, Isaías, estaba pasando por una experiencia similar en el reino del sur, Judá. Este también tenía dos hijos a quienes se les habían puesto nombres altamente significativos. El nombre del niño mayor era (prepárese para esto) Maher-salal-hasbaz, que significa «el despojo se apresura» o «la presa se precipita». Esta es la manera profética de Dios para decirle al pueblo de Israel que tiene profundos problemas. El nombre del niño menor era Sear-jasub, que significa «un remanente volverá». Esa era la promesa del Señor para Israel: aunque la nación estaba siendo llevada en cautiverio, un remanente volvería. De la misma manera, los nombres de los hijos de Oseas también tendrían significados.

***Jezreel*, «desechado»**

En obediencia a lo que Dios le había dicho, Oseas salió a cortejar a su futura esposa. Seguramente, Gomer se sintió atraída por este joven y estuvo de acuerdo en casarse con él. Al principio, el matrimonio fue una maravilla. Oseas amó a esta mujer. No puede leerse la profecía sin apreciarlo. Tal vez fueron maravillosamente felices juntos y, luego, tuvieron su primer hijo. Era un varón, como Dios lo había dicho. El corazón de Oseas rebosaba de felicidad, y se dirigió al Señor para saber el nombre del niño. Dios consternó al profeta al decirle que su nombre debía ser Jezreel, que significa «desechado»; un nombre vergonzoso en Israel.

Si regresa a 2 Reyes 9:30-37, encontrará la historia de la malvada reina Jezabel, que es juzgada por Dios, arrojada por una ventana y que muere destrozada en un patio, devorada por los perros. Desde entonces, el nombre de ese patio es Jezreel, un nombre de desgracia, igual al del primer hijo de Oseas. El nombre Jezreel era una advertencia al pueblo para que abandonara su insensatez, su pecado, su idolatría y las prácticas abominables. De lo contrario, sería castigado y «desechado». No serían más Israel; serían Jezreel.

***Lo-ruhama*, «no compadecida»**

A su debido tiempo, les nació otro hijo a Oseas y Gomer, una hija llamada por Dios Lo-ruhama. El nombre significa «no compadecida». Imagine llamar a su pequeña hijita «no compadecida». Quería decir que el Señor no tendría más misericordia y amor hacia Su pueblo si este continuaba con su rebelión obstinada. Su paciencia se estaba agotando. Después de cientos de años tratando de alcanzar a este pueblo terco, ahora Él les advertía que estaban llegando al límite de Su paciencia. Llegaría un momento en que no les ofrecería más misericordia, sino que serían entregados a ejércitos invasores.

***Lo-ammi*, «no pueblo mío»**

Cuando esta pequeña niña fue destetada, Gomer concibió nuevamente y dio a luz un tercer niño, al que Dios llamó Lo-ammi, o «no pueblo mío». Dios estaba advirtiendo: «Ustedes no son mi pueblo y yo no soy su Dios». Dios había dicho que les pondría nombre a estos niños como una señal a Su pueblo, pero llegaría un día en que este sería restaurado:

> *Y la sembraré para mí en la tierra, y tendré misericordia de Lo-ruhama; y diré a Lo-ammi: Tú eres pueblo mío, y él dirá: Dios mío (2:23).*

Incluso cuando Dios les estaba advirtiendo del juicio venidero, también les estaba ofreciendo y demostrando Su amor y gracia.

Después de esto no hubo más niños en el hogar de Oseas. Gomer comenzó a cumplir la triste predicción que Dios había hecho cuando le había ordenado a Oseas que se casara con ella. Qué desilusión habrá sido para este joven predicador escuchar los rumores que comenzaron a circular acerca de su esposa y sus actividades, mientras él estaba de viaje predicando. Quizás sus propios hijos mencionaron a los hombres que habían pasado por la casa cuando su papá estaba lejos. Pronto los niños fueron desatendidos mientras Gomer ocupaba todo su tiempo saliendo con otros hombres.

Una historia de vergüenza... y de redención

Un día, Oseas volvió a casa y encontró una nota de Gomer: lo estaba abandonando a él y también a sus hijos para estar con el hombre que ella realmente amaba. Usted ya imagina esas notas: «Querido Juan...».

Oseas predicó con lágrimas

Para ese entonces, la predicación de Oseas cambió de tono. Aún advertía sobre el juicio que vendría y que Dios mandaría a los asirios por toda la tierra, pero no lo anunció más a gritos. Les habló con lágrimas. Y comenzó a hablarles de un día cuando, al fin, el amor triunfaría, Israel aprendería su amarga lección y la nación regresaría a su amado Señor.

La esposa infiel de Oseas se convirtió en el objeto de una lección vívida y terrible de lo que le sucedería a Israel

La esposa infiel de Oseas se convirtió en el objeto de una lección vívida y terrible de lo que le sucedería a Israel. El resultado fue así: Mientras Gomer pasaba de hombre a hombre, finalmente cayó en manos de uno que no pudo pagar su comida ni sus vestidos. Su primer amante le había dado una estola de visón, pero este último la hacía vestir de la tienda de saldos o del tenderete de harapos de atrás de la tienda de saldos; las cosas estaban tan dañadas que no podían venderse.

Oseas se enteró de su estado miserable y buscó al hombre con quien ella estaba viviendo. Sabía dónde podía encontrarlo: en la taberna local. Y, cuando lo halló, le preguntó: «¿Es usted quien está viviendo con Gomer, la hija de Diblaim?». El hombre probablemente le respondió: «No sé qué tengo que ver con usted, pero sí, soy yo».

«Bueno, yo soy Oseas—, dijo el profeta, —el esposo de Gomer». Se produjo un momento de tensión. Luego el hombre respondió que no había hecho nada malo y que no quería ningún problema. En efecto, Oseas replicó: «Escuche, no estoy interesado en causarle ninguna molestia. Pero sé que usted está teniendo dificultades para arreglárselas económicamente. Quiero que tome este dinero y le compre a Gomer alguna ropa y se asegure de que tenga suficiente comida. Si necesita algo más, se lo daré». El hombre tal vez pensó: *«No hay nada más loco que un viejo loco. Si este tipo quiere ayudar a pagar los gastos de ella, ¡a mí me parece bien!»* Así que, tomó el dinero, compró algunos víveres para Gomer y se fue a su casa.

Usted podría decir (junto con el hombre en la taberna): «¡Vaya estupidez que hizo!». Pero ¿quién puede explicar los motivos del

El amor tiene razones que la misma razón desconoce

amor? El amor no actúa de acuerdo a la razón; el amor tiene razones que la misma razón desconoce. Así que, Oseas actuó en base al amor. Probablemente, observó a la distancia para captar una mirada de la mujer que amaba, cuando ella saliera a la puerta para tomar los comestibles de brazos de este hombre y agradecerle por lo que le había llevado; los regalos que un verdadero amor había provisto, que el villano ofreció y que esa insensata aceptó.

«Muestra tu amor a ella de la misma manera que yo amo a Israel»

No sabemos cuánto duró toda esta situación. Pero, finalmente, Oseas se enteró de que la mujer que amaba iba a ser vendida en el mercado de esclavos. El hombre con quien vivía se había cansado de ella y decidió cambiarla por dinero. El profeta, destrozado, acudió llorando a Dios, y este le dijo: «Oseas, ¿amas a esta mujer a pesar de todo lo que te ha hecho? Entonces, vé y muestra tu amor a ella de la misma manera que yo amo a la nación de Israel».

Oseas compra a Gomer en el mercado de esclavos

Entonces, Oseas fue al mercado y observó a Gomer mientras la llevaban y la colocaban sobre el banquillo. Le quitaron la ropa y la dejaron avergonzada en su desnudez ante la multitud de curiosos. Las pujas comenzaron. Alguien ofreció tres piezas de plata, y Oseas subió a cinco. Alguien dijo ocho y Oseas ofreció diez. Otro elevó a once; él lo superó con doce. Finalmente, el profeta ofreció quince piezas de plata y un homer y medio de cebada. El martillo del rematador cayó y Oseas recuperó a su esposa.

Fue hacia ella, la vistió y, amorosamente, la llevó a casa. Luego sigue lo que está entre los versículos más tiernos y hermosos de toda la Biblia:

> *Y le dije: Tú serás mía durante muchos días; no fornicarás, ni tomarás otro varón; lo mismo haré yo contigo (3:3).*

El libro de Oseas es la historia del amor redentor de Dios hacia un pueblo que se había vendido a la esclavitud, la pobreza y la vergüenza

Él, de nuevo, le prometió formalmente su amor, y esta mujer ya no pudo aguantar más. Había caído en el pozo de la vergüenza, la desgracia y la pobreza, pero el amor fiel e incondicional de Oseas quebrantó su corazón testarudo y la levantó nuevamente. Desde allí en más, Gomer fue fiel a Oseas. En el resto del libro, el profeta continúa relatando el efecto de esta historia sobre la nación de Israel. Dios dice al pueblo: «¿Cómo puedo dejar de relacionarme con ustedes?». El Señor les recuerda Su amor a ellos durante todos estos años, aunque le habían dado la espalda. Es una historia del amor redentor de Dios hacia un pueblo que se había vendido a la esclavitud, la pobreza y la vergüenza. Es la misma historia que sería contada otra vez en el Nuevo Testamento, cuando Jesús vino y pagó el precio de nuestra redención para liberar a Su esposa, la Iglesia, de la esclavitud, y restaurarla a un lugar de honra y fidelidad.

Las profecías de Oseas

Encontramos algunas predicciones notables en Oseas. Una aparece al final del capítulo 3. Similar a la historia de la vida personal de Oseas y su novia infiel, Dios le dice al pueblo de Israel:

Porque muchos días estarán los hijos de Israel sin rey, sin príncipe, sin sacrificio, sin estatua, sin efod y sin terafines (Os. 3:4).

Sin un rey

Esa profecía está cumpliéndose hoy. Los hijos de Israel han vivido muchos días sin un rey. Desde la destrucción de Jerusalén en el 70 d.C., a manos del general romano Tito, Israel ha estado sin rey ni príncipe; sin nadie que posea el derecho incuestionable de reinar sobre la nación.

Sin sacrificio

Israel también vive sin los sacrificios. Cuando los judíos de todo el mundo celebran la Pascua, recuerdan la comida instituida en Egipto cuando Israel fue liberado de la tierra del Faraón. Dios le dijo a la nación que, cada vez que celebraran la Pascua, debían matar un cordero. Pero, durante dos mil años, los judíos nunca han matado un cordero. ¿Por qué no? ¿Por qué ofrecen como sacrificio un hueso, un hueso quemado? El Señor dijo que vivirían muchos días sin sacrificios, y desde la destrucción del templo nunca ha habido sacrificio en Israel, ni efod ni ídolo. Vivirían sin idolatría. Dios predijo que vivirían exactamente como vemos que la nación de Israel vive hoy: como un pueblo religioso, pero sin darse a los ídolos.

Sin un efod ni ídolo

Entonces, después que estos días lleguen a su fin, algo emocionante pasará, como el Señor lo predijo en Oseas 3:5:

Después volverán los hijos de Israel, y buscarán a Jehová su Dios, y a David su rey; y temerán a Jehová y a su bondad en el fin de los días.

¡Qué maravillosa profecía! Y otra similar se encontrará al final del capítulo 5:

Andaré y volveré a mi lugar, hasta que reconozcan su pecado y busquen mi rostro. En su angustia me buscarán. Venid y volvamos a Jehová; porque él arrebató, y nos curará; hirió, y nos vendará. Nos dará vida después de dos días; en el tercer día nos resucitará, y viviremos delante de él. Y conoceremos, y proseguiremos en conocer a Jehová; como el alba está dispuesta su salida, y vendrá a nosotros como la lluvia, como la lluvia tardía y temprana a la tierra (5:15–6:3).

Esta es la esperanza de los hijos de Israel: la promesa de que su Mesías volverá a ellos, los revivirá y los levantará nuevamente.

Regreso a Dios

En el corazón afligido y amoroso de Oseas, apreciamos una imagen del corazón afligido y amoroso de Dios. Al final del libro, llegamos a la súplica final que el Señor le hace a Israel... y a usted y a mí:

> *Vuelve, oh Israel, a Jehová tu Dios; porque por tu pecado has caído (14:1).*

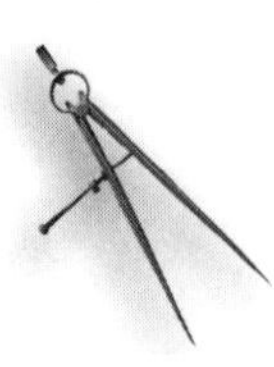

Después de todo, no era Dios el culpable de la caída de Israel ni de la nuestra. Él simplemente quería conseguir que Su pueblo viera la verdad. Israel necesitaba experimentar el dolor del amor severo de Dios; y así, a veces, también nosotros lo necesitamos. La única cosa que puede calmar la angustia del amor severo de Dios es regresar al consuelo de Su amor misericordioso. Como el padre del hijo pródigo, el Señor espera ansiosamente nuestro regreso. Él sólo quiere restaurarnos a las bendiciones de ser Sus hijos. Pero, como aquel padre, Dios no puede bendecirnos ni restaurarnos hasta que no volvamos a Él.

El eterno triángulo amoroso: Amante, amado, seductor

¿Puede encontrar en esta historia maravillosa todos los elementos del eterno triángulo amoroso? Está el Amante, nuestro Dios amoroso. Está el amado, la esposa, el corazón humano, que trágicamente tiende a apartarse del amor de Dios. Y está el seductor, la atracción engañosa del mundo que trata de separarnos de ese amor. Esta es su historia y la mía, ¿no es cierto? Tantas veces tratamos de satisfacernos con los ídolos mentirosos de la vanidad, de la riqueza o del placer. La nuestra es una ceguera como la de Gomer, que no puede distinguir entre la lujuria y el amor.

En Belén, Dios entró en el mercado de esclavos donde toda la raza humana se había vendido a la esclavitud

En el Calvario, el Señor Jesús pagó todo el precio de nuestra libertad, redimiéndonos y restaurándonos

Pero la Biblia nos dice cómo romper ese triángulo y restaurar la unión fiel y maravillosa que Dios quiere que experimentemos con Él. En Belén, Dios entró en el mercado de esclavos donde toda la raza humana se había vendido a la esclavitud, prostituyéndose, avergonzándose, exponiendo su pecado. En el Calvario, el Señor Jesús pagó todo el precio de nuestra libertad, nos redimió y nos restauró a una relación correcta con Él; la relación de una esposa hermosa con su amado esposo. Esta es la historia del amor de Dios, un amor que nos restaura, a usted y a mí, que borra nuestra vergüenza, que renueva nuestro potencial, y que nos hace gente satisfecha, completa, hermosa; lo que el Señor quiere que seamos.

LA REVELACIÓN DE LA MANO DE DIOS

La fantástica trilogía de J. R. R. Tolkien, *El señor de los anillos,* es un libro de acontecimientos ocasionales ejecutados a gran escala. Está lleno de batallas masivas donde los ejércitos de reyes poderosos se declaran la guerra unos a otros. El conflicto entre fuerzas espirituales poderosas describe una lucha casi cósmica del bien contra el mal. Aun así, al final del libro, encontramos que todos los eventos preponderantes de estos tres volúmenes épicos —incluso el destino del mundo entero— dependen de las acciones del ser más pequeño y humilde de todos, un *hobbit* de 91 centímetros de alto llamado Frodo. El tema de este libro es claro: Nunca subestime el poder de las cosas más pequeñas.

El pequeño libro de Joel tiene sólo tres capítulos y, a menudo, es subestimado. Esto es un gran error y una pena, porque es uno de los libros más poderosos de la Palabra de Dios. Así como el destino del mundo, en *El señor de los anillos,* de Tolkien, depende de lo que ocurre dentro de Frodo, el pequeño *hobbit,* el destino de nuestro mundo gira alrededor de lo que pasa en este pequeño libro llamado Joel. Así como la profecía de Oseas revela el corazón de Dios, la de Joel revela Su mano, la mano que controla el destino, que mueve la historia.

Así como la profecía de Oseas revela el corazón de Dios, la de Joel revela Su mano

El principio que otorga el control sobre la vida

Durante siglos, la gente ha buscado el principio alrededor del cual giran todos los eventos de la historia. Hace tiempo, los grandes filósofos griegos propusieron la idea de que la historia se mueve en ciclos. Más tarde, los filósofos e historiadores, como Aristóteles y Arnold Yoynbee, estuvieron de acuerdo. Según este punto de vista cíclico de la historia, se levanta un tirano, un dictador de hierro que ejerce el control de una nación, y gobierna hasta que esa dinastía

El punto de vista cíclico de la historia

termina. Luego el control pasa gradualmente a una familia gobernante o aristocracia. Entonces, en forma progresiva, su poder se deteriora hasta que el control pasa al pueblo como una democracia. Sin embargo, en ocasiones, una democracia también se deteriora y, paulatinamente, da paso al desmoronamiento de toda autoridad, y sobreviene la anarquía. Como resultado de la anarquía, nuevamente un tirano asume el control y así continúa el ciclo de la historia. Esta teoría nos suena real. Podemos ver evidencias de ella en nuestra sociedad, donde la democracia se está desmoronando, y preparando el camino para la anarquía y el surgimiento de un nuevo dictador de hierro; quizás, el largamente profetizado anticristo.

Thomas Jefferson: la política

A lo largo de los siglos, otras personas han contribuido con teorías acerca del principio que otorga el control sobre la vida. Thomas Jefferson pensó que era la política; entonces, cuando escribió la Declaración de la Independencia, incorporó esa idea en el prólogo: la creencia de que todo gobierno humano reconoce que ciertos derechos inalienables son natural o divinamente concedidos a los seres humanos y que, para preservar esos derechos, los gobiernos se instituyen en medio del pueblo. Jefferson dijo que un buen gobierno no inventa ni otorga estos derechos, sino que defiende los que el pueblo ya tiene, porque son dados por Dios. Jefferson creía que las fuerzas que dan forma a la historia humana y a las naciones de la tierra son políticas por naturaleza.

Karl Marx: la economía

A fines del siglo XIX, Karl Marx hundió su pluma en el ácido de su espíritu amargado y escribió la obra grandiosa que ha influenciado dramáticamente nuestros tiempos modernos. Su idea era que la fuerza de la historia que da control es la economía: la necesidad de satisfacer las demandas materiales de la vida dan forma al curso de la historia. Llamó a esta fuerza materialismo dialéctico, el principio del materialismo derivado de la lucha y el debate, del conflicto de ideas y de los intereses económicos contrarios. En la actualidad, esta idea ha cautivado tanto la mente de las personas que, en todos los países, hay millones que consideran que la economía es la fuerza conductora de la vida.

La Biblia: Dios

Pero la Biblia dice que todas estas creencias son, en última instancia, inadecuadas y defectuosas. El principio controlador detrás de la historia humana no es otro que Dios mismo. La bisagra sobre la cual la historia gira, es espiritual: el Espíritu del Señor está obrando entre la gente y no se pueden entender los sucesos humanos si primeramente no se reconoce esto.

Dios trata de conquistar a los hombres y a las mujeres frenando las fuerzas destructivas en los acontecimientos humanos. Pero, al final, Su paciencia llega a un límite y, entonces, llega un momento —repetido durante toda la historia humana— en que Él dice, tanto a individuos como a naciones: «No contenderá mi Espíritu con el hombre para siempre» (Gn. 6:3). Y cuando el Señor hace que Su Espíritu se retire —esa fuerza que controla la vida—, todo se derrumba. La gente queda sola frente al caos de su propia voluntad y de sus acciones. Se precipita la catástrofe y se siente el golpe del juicio. Este es el mensaje, demoledor y poderoso, que contienen los tres capítulos del pequeño libro de Joel.

Esta es la estructura del libro de Joel:

Juicio pasado (Joel 1)

1.	Desastre por la langosta	1:1-12
2.	Desastre por la sequía	1:13-20

Juicio futuro (Joel 2–3)

3.	Juicio de Judá en un futuro cercano	2
4.	El Día del Señor, grande y terrible	3:1-16
5.	La restauración de Judá	3:17-21

El Día del Señor

Este joven, Joel, era profeta de Judá, el reino del sur. Probablemente, fue contemporáneo de Isaías, Oseas y Amós. No sabemos mucho sobre él, excepto que fue (por la gracia de Dios) uno de los mayores visionarios que jamás haya escrito. Joel vio mucho más allá de nuestros días, hasta las etapas finales de las operaciones que Dios realiza en los eventos de la humanidad.

El libro empieza con el llamado de Joel al pueblo para que considere una cosa tremenda que había pasado en la tierra. Dice:

> *Oíd esto, ancianos, y escuchad, todos los moradores de la tierra. ¿Ha acontecido esto en vuestros días, o en los días de vuestros padres? De esto contaréis a vuestros hijos, y vuestros hijos a sus hijos, y sus hijos a la otra generación.*

Siempre que leo este versículo, me recuerda mis días en la Marina. Cuando la Marina hacía un anuncio importante, siempre comenzaba diciendo: «Ahora, oigan esto». Y así es como comienza Joel: «Oíd esto…». Su anuncio tiene que ver con un acontecimiento tan abrumadoramente importante que la gente hablaría de eso durante muchos años. Está refiriéndose al gran Día del Señor.

Hace tiempo, en la Segunda Guerra Mundial, se hablaba acerca de la venida del Día-D, y luego del Día V-J. Se esperaba ansiosamente el fin de la guerra, el día en que cesaría la lucha y terminarían los horrores de la guerra. Aquí en Joel, vemos que Dios tiene un día, el Día del Señor, y al profeta se le confió la tarea de describírselo al pueblo.

El Día del Señor no es tan sólo un evento en la historia de la humanidad

Es importante comprender que, en un sentido amplio, lo que la Biblia llama el Día del Señor no es tan sólo un evento en la historia de la humanidad. Encontraremos en esta profecía que el Día del Señor es todo acontecimiento en el cual Dios interviene, en cualquier momento, mediante el juicio. Pero este juicio va aumentando, ciclo por ciclo, hacia el gran Día del Señor, final y terrible; la culminación de todos los juicios, tal como Joel describe en los capítulos 2 y 3.

El grande y terrible Día del Señor es ese periodo descrito por el Señor Jesucristo como una época en que habrá una tribulación como nunca ha habido desde la creación del mundo ni tampoco habrá. Y se le concedió al profeta Joel mirar a través de los siglos futuros para describirlo e ilustrarlo como si fueran eventos que estuvieran sucediendo en su época.

Una invasión de langostas

El evento que ocurrió en sus días fue una invasión de langostas. Yo estaba en Minnesota, hace años, durante una invasión de saltamontes, insectos muy parecidos a las langostas. Todavía puedo recordar que el cielo literalmente se oscureció por una gran nube de estos insectos. Mientras caminábamos por los campos, podía oírselos descender sobre el grano erguido de los campos, como si fuera granizo, y escuchar el crepitar continuo de sus alas. Poco después de su llegada, toda brizna de hierba, todo rastro de vegetación había desaparecido, y los campos se veían como si nunca hubieran sido sembrados. Eso es lo que pasó en Israel. Una horda de langostas descendió a la tierra y devoró a todo ser vivo. Los cultivos fueron destruidos y llegó el hambre.

Todos, en Judá, se dieron cuenta con gran pesar de este evento, pero no comprendieron de dónde había venido. Así que, Joel les dijo que, en efecto, «Dios está tras esto» (ver 1:10-15). Esa plaga no fue sólo un fenómeno de la naturaleza. Sucedió en obediencia a la orden del Señor y obró a través de las leyes naturales que gobiernan la vida humana. Y hay una lección en esto para nosotros: la mano de Dios permite que ocurran catástrofes como esta para que la gente se dé cuenta del trasfondo espiritual de la vida. La vida no es meramente un ciclo de comer, beber y conseguir dinero para poder hacerlo. Detrás de todos los acontecimientos habituales de la vida, está la mano controladora de Dios.

Debemos reconocer que Dios nos está hablando a través de los acontecimientos de nuestra vida. Él quiere bendecirnos, pero nosotros no queremos escuchar. ¡Este es nuestro problema! ¿Le ha pasado alguna vez esto? ¿En cierta ocasión, ha permitido Dios que situaciones de su vida lo hagan despertar y entender que usted lo necesita? Esto es lo que el Señor está haciendo en Joel capítulo 1.

En el capítulo 2, el profeta Joel da un gran salto en el tiempo hasta los días finales, y utiliza esta plaga de langostas como una figura de la invasión de un gran ejército a la tierra de Israel en los últimos días. Sólo cuando examinamos en su conjunto el curso de la profecía, podemos detectar que estaba hablando del futuro. Cualquiera que tome este libro por separado nunca notaría la diferencia, excepto que aquí el profeta está describiendo la invasión de un ejército de hombres, en lugar de un ejército de insectos. Él continúa describiendo este acontecimiento y nuevamente lo llama el Día del Señor:

Una visión de la invasión

Tocad trompeta en Sion, y dad alarma en mi santo monte; tiemblen todos los moradores de la tierra, porque viene el día de Jehová, porque está cercano. Día de tinieblas y de oscuridad, día de nube y de sombra; como sobre los montes se extiende el alba, así vendrá un pueblo grande y fuerte; semejante a él no lo hubo jamás, ni después de él lo habrá en años de muchas generaciones (2:1-2).

Suena familiar, ¿no es cierto? Ese es el lenguaje que Jesús usó: «Porque habrá entonces gran tribulación, cual no la ha habido desde el principio del mundo hasta ahora, ni la habrá» (Mt. 24:21). Luego, el profeta describe que la tierra es arrasada tras ellos mientras este gran ejército avanza, con la apariencia de caballos. Entonces, el miedo embarga los corazones de las personas al observar cómo este invasor se acerca para la batalla. Nada los puede resistir. La tierra tiembla delante de ellos. Los cielos se sacuden y, finalmente, llegamos a un pasaje significativo:

Delante de él temblará la tierra, se estremecerán los cielos; el sol y la luna se oscurecerán, y las estrellas retraerán su resplandor (2:10).

Cualquiera que pase un tiempo leyendo los pasajes proféticos de la Escritura aprende a buscar los puntos de referencia interpretativos. Ciertos símbolos proféticos se repiten una y otra vez en varios de estos libros para darnos un punto de referencia que nos muestre dónde estamos. Uno de esos hitos es este oscurecimiento del sol, la luna y las estrellas. Encontramos esta misma señal en el gran discurso de Jesús en el monte de los Olivos. Allí se refiere a ese tiempo cuando el sol se oscurecerá y la luna no dará su resplandor, sino que se convertirá en sangre, y las estrellas caerán del cielo (ver Mt. 24:29). Este acontecimiento aparece en los libros de Daniel, Isaías y Apocalipsis. Se describe en varios lugares de la Escritura y siempre señala el mismo evento en la historia de la humanidad. Es una señal que apunta a los últimos días, antes de lo que se llamó el Día del Señor grande y terrible.

Ciertos símbolos proféticos se repiten una y otra vez en varios de estos libros para darnos un punto de referencia

Un coro de profetas

Por tanto, esta sección parece describir la invasión de Israel, que también predice y describe el profeta Ezequiel en los capítulos 38 y 39, cuando un gran ejército invade la tierra desde el norte, destruye todo y sitia la ciudad de Jerusalén. Pero Dios promete que Él se ocupará de este ejército del norte en esa tierra. Isaías lo afirma. Ezequiel lo expresa. Daniel lo asegura. Ahora Joel añade su voz al coro de profetas, y Dios revela el propósito que hay detrás de esta gran invasión:

> *Por eso pues, ahora, dice Jehová, convertíos a mí con todo vuestro corazón, con ayuno y lloro y lamento. Rasgad vuestro corazón, y no vuestros vestidos, y convertíos a Jehová vuestro Dios; porque misericordioso es y clemente, tardo para la ira y grande en misericordia, y que se duele del castigo. ¿Quién sabe si volverá y se arrepentirá y dejará bendición tras de él, esto es, ofrenda y libación para Jehová vuestro Dios? (2:12-14).*

Después de todo, Dios no se deleita en el juicio. No es eso lo que Él busca. Nunca disfruta con nuestro dolor. Por el contrario, Él busca corazones que lo escuchen, que le presten atención, para abrir las puertas y derramar Su bendición en nuestras vidas. Para lograr que una persona o nación lo escuche y regrese a Él, permitirá que ocurran toda clase de dificultades, porque estos son los acontecimientos que producen un corazón arrepentido.

«Rinde tu corazón y no tus vestiduras», dice Él, suplicándonos con amor. No quiere que sólo hagamos un cambio externo. Desea que cambiemos por dentro, completamente. Pero nosotros no queremos hacerlo, ¿verdad?

Somos como el niño pequeño cuya madre le dice: «¡Siéntate!». Pero él no quiere. Ella le repite: «¡Siéntate!». Y él dice: «No». Así que, ella lo toma por los hombros y lo sienta en la silla. Luego, él alza la vista, la mira desafiante, y dice: «Por fuera, estoy sentando, pero ¡por dentro, sigo de pie!». A Dios no le impresiona nuestra hipocresía, nuestra manifestación externa. No lo engañamos ni por un momento. Él quiere que lo amemos y obedezcamos, interior y exteriormente.

La restauración de Dios

Después de haber saltado este gran lapso de años hasta los últimos días, el profeta regresa al acontecimiento de su presente: la plaga de langostas en la tierra. Le dice a la gente que, así como un día Dios librará a Su pueblo y alejará a los ejércitos del norte, hoy, en esta catástrofe actual, restaurará la tierra de su condición estéril y de su desolación:

Las eras se llenarán de trigo, y los lagares rebosarán de vino y aceite. {Dios dice:} Y os restituiré los años que comió la oruga, el saltón, el revoltón y la langosta, mi gran ejército que envié contra vosotros (2:24-25).

Nunca olvidaré la agonía en los ojos de un hombre que conocí hace algunos años, que poco tiempo antes se había convertido al cristianismo. Me miró con una profunda tristeza en sus ojos, y dijo: «Es maravilloso ser cristiano; aun así, no puedo dejar de sentir tristeza por todos los años que perdí y las cosas que dejé pasar durante mi viejo estilo de vida. Mi corazón se enferma al pensar en todas las cosas terribles que solía hacer. Si solamente hubiera tenido el sentido común para acudir al Señor antes de perder tanto tiempo». Allí estaba un hombre que sintió que había permitido que las langostas devoraran y malgastaran los mejores años de su vida. Pero tuve la alegría de decirle: «Amigo, Dios dice: "Yo te restituiré los años que han comido las langostas"». A partir de ese momento, ese versículo significó muchísimo para él.

Dios ha prometido compensar la esterilidad de nuestra vida cuando nos volvamos a Él. Es una de las promesas más consoladoras de la Escritura.

La predicción de Pentecostés

Después, Joel salta otra vez al futuro y escribe el gran pasaje que el apóstol Pedro citó en el día de Pentecostés. La historia de esa jornada dramática está registrada en Hechos 2, donde vemos a los cristianos reunidos en el patio del templo. De repente, un viento recio y poderoso sopló sobre los cristianos. Lenguas de fuego aparecieron sobre todas las cabezas y la gente comenzó a hablar en lenguas extrañas. El pueblo reunido alrededor de ellos los escuchaba alabar a Dios en varios idiomas. Esta gente, que había llegado de todas partes de la tierra, estaba maravillada al escuchar a estos cristianos hablar en una variedad de lenguas, incluso la propia. No habiendo visto nunca antes nada igual y buscando titubeantes una explicación, esta gente llegó a la conclusión de que los cristianos debían de estar borrachos. Entonces, Pedro se puso de pie y se dirigió al pueblo, diciendo:

Varones judíos, y todos los que habitáis en Jerusalén, esto os sea notorio, y oíd mis palabras. Porque éstos no están ebrios, como vosotros suponéis, puesto que es la hora tercera del día. Mas esto es lo dicho por el profeta Joel…

Y luego, cita Joel 2:28-29:

Y en los postreros días, dice Dios, derramaré de mi Espíritu sobre toda carne, y vuestros hijos y vuestras hijas profetizarán; vuestros jóvenes verán visiones, y vuestros ancianos soñarán sueños; y de cierto sobre mis siervos y sobre mis siervas en aquellos días derramaré de mi Espíritu, y profetizarán (Hch. 2:17-18).

La restauración de Israel irá seguida de un periodo indeterminado en que Dios derramará Su Espíritu sobre toda carne

Ahora bien, ¿de qué se trata todo esto? Como ya hemos visto, el profeta Joel ha presenciado y profetizado eventos que se encuentran bien lejos de su propio futuro, incluso la aún futura invasión de Israel. Aquí, él ve algo diferente, un misterio todavía indefinido para su visión. Dice que la restauración de Israel irá seguida de un periodo indeterminado en que Dios derramará Su Espíritu sobre toda carne; un tiempo en que no se harán distinciones de clases ni de rangos de personas, cuando aun los sirvientes hablarán como si fuera la voz de Dios. Proclamarán la Palabra del Señor, mientras Él derrame Su Espíritu sobre la gente en todo lugar.

Podemos identificar el día que está describiendo: el día del Espíritu en el cual estamos viviendo, el día que comenzó en Pentecostés, cuando Dios derramó por primera vez Su Espíritu. Ese mismo Espíritu está siendo derramado durante toda esta era. En Hechos 2, Pedro también cita a Joel con respecto a la señal del fin de esta era:

Y daré prodigios arriba en el cielo, y señales abajo en la tierra, sangre y fuego y vapor de humo; el sol se convertirá en tinieblas, y la luna en sangre, antes que venga el día del Señor, grande y manifiesto; y todo aquel que invocare el nombre del Señor, será salvo (Hch. 2:19-21).

Esa es la descripción que Joel hace del fin de la era que comenzó en Pentecostés. Su profecía es la señal del principio de esta era presente. Esta profecía de condena y de juicio en el Día del Señor, grande y manifiesto, es la señal del fin de esta era. Nadie sabe cuánto durará la era presente, pero, mientras tanto, Dios está derramando Su Espíritu sin distinción sobre la gente en todo el mundo.

Rejas de arados y podaderas

En Joel 3, el profeta vuelve al final de los tiempos y más allá. Todo lo que ve de la era del Espíritu es la gran marca de Su presencia. Pero, más allá de eso, ve que Dios restaurará los destinos de Judá y de Jerusalén:

Reuniré a todas las naciones, y las haré descender al valle de Josafat, y allí entraré en juicio con ellas a causa de mi pueblo, y de Israel mi heredad, a quien ellas esparcieron entre las naciones, y repartieron mi tierra (Jl. 3:2).

Jesús dijo: «Cuando el Hijo del Hombre venga en su gloria, y todos los santos ángeles con él, entonces se sentará en su trono de gloria, y serán reunidas delante de él todas las naciones; y apartará los unos de los otros, como aparta el pastor las ovejas de los cabritos» (Mt. 25:31-32). Y luego el Hijo del Hombre los juzgará y los separará, como un pastor separa las ovejas de las cabras. Los justos serán invitados a compartir la herencia del Padre, mientras que los injustos serán echados fuera. Este es el valle del juicio. Como preparación para la llegada de este juicio, Dios instruye a las naciones del mundo con estas palabras asombrosas:

Los justos serán invitados a compartir la herencia del Padre, mientras que los injustos serán echados fuera

> *Proclamad esto entre las naciones, proclamad guerra, despertad a los valientes, acérquense, vengan todos los hombres de guerra. Forjad espadas de vuestros azadones, lanzas de vuestras hoces; diga el débil: Fuerte soy (Jl. 3:9-10).*

¿Sabía usted que la Biblia dice eso? Muchas veces ha escuchado citar: «Martillarán sus espadas para azadones, y sus lanzas para hoces». Esto se encuentra en Miq. 4:3, pero en Joel, ¡dice todo lo contrario! Y la profecía de Joel viene primero; el cumplimiento de su predicción también. Por eso, las naciones están en guerra. Eso es lo que Dios está diciendo hoy a las naciones. Y permanecerán en guerra de una manera u otra, hasta que Él diga: «Martillarán sus espadas para azadones, y sus lanzas para hoces».

Jesús dijo: «Y oiréis de guerras y rumores de guerras; mirad que no os turbéis, porque es necesario que todo esto acontezca; pero aún no es el fin. Porque se levantará nación contra nación, y reino contra reino; y habrá pestes, y hambres, y terremotos en diferentes lugares» (Mt. 24:6-7). Y así será hasta el fin.

El valle de la decisión

Habrá guerras y rumores de guerras, que culminarán en la reunión final de multitudes en «el valle de la decisión», como Joel dice en el 3:14. Decisión, ¿de quién? ¡No será la nuestra! ¡No será la decisión de las naciones ni de los reyes! ¡El Día del Señor será el día cuando Dios tome Su decisión! Dios entrará en el valle de la decisión y la multitud de naciones se reunirá ante Él. Todo el mundo estará allí en ese día de juicio. Cuando Jesucristo regrese con poder y juicio, todas las naciones del mundo conocerán que el Señor es Dios y que la ciudad de Jerusalén será, una vez más, la Ciudad Santa.

El Día del Señor será cuando Dios se decida

El futuro está en las manos de Dios

La escena final de Joel 3 es hermosa; una escena de paz, cuando la batalla final haya sido peleada y ganada, y el juicio de Dios haya concluido. Entonces, todo lo que estaba mal se arreglará y la tierra será el Edén, para lo cual Dios originalmente la creó:

Sucederá en aquel tiempo, que los montes destilarán mosto, y los collados fluirán leche, y por todos los arroyos de Judá correrán aguas; y saldrá una fuente de la casa de Jehová, y regará el valle de Sitim (3:18).

El agua es siempre una figura del Espíritu Santo. Jesús dijo: «El que cree en mí, como dice la Escritura, de su interior correrán ríos de agua viva» (Jn. 7:38). Él habla de ríos espirituales de bendición para satisfacer el alma sedienta de una persona.

A lo largo de todo el libro de Joel, hemos visto la mano de Dios que se mueve y da forma a los acontecimientos, guía a Su pueblo, aún apretado en el puño de la guerra. Finalmente, vemos Su mano obrando como la de un artista, dándole nueva forma al mundo, esculpiéndolo para convertirlo una vez más en algo bello.

Joel nos muestra claramente que el futuro está en las manos de Dios, no en las de meros seres humanos. Si así fuera, ciertamente haríamos un desastre de ello. No está en las manos del diablo. Si así fuera, si el diablo se saliera con la suya en el futuro, todos estaríamos camino a la destrucción, sin excepciones ni escapatoria. El principio ciego del determinismo histórico no está guiando el futuro. Si así fuera, la vida no tendría significado. El futuro está en las manos de Aquel que está preparando algo que el ojo jamás ha visto y el oído jamás ha escuchado. Tampoco han entrado jamás en el corazón del hombre ni de la mujer las cosas maravillosas que el Señor está preparando para aquellos que le aman.

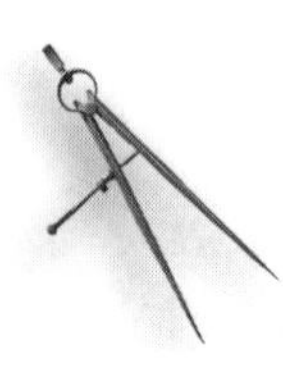

El futuro de la raza humana está en las manos de Dios. Tenemos una elección que hacer: Podemos colocar con confianza nuestras manos en la mano extendida de Dios, nuestro Padre celestial, misericordioso, amoroso y digno de toda confianza, o alejarnos de Él y darle la espalda. Pero aun cuando nos alejemos de Él, nunca podremos huir de Su mano. Algún día, esa mano sostendrá el mazo del juicio. Si hemos colocado nuestra mano en la Suya, con confianza y fe, no tenemos que temer aquel día.

DIOS NO TIENE FAVORITOS

El gran entrenador Vince Lombardi se convirtió en una leyenda por llevar a su equipo de fútbol americano, los *Green Bay Packers,* a ganar cinco campeonatos de la NFL [Liga Nacional de Fútbol Americano]. Uno de sus jugadores fue entrevistado por un reportero, que preguntó: «¿Es el entrenador Lombardi imparcial y justo o tiene favoritismo por alguno de los jugadores?».

«Ah, no, no tiene favoritos—, replicó el jugador rápidamente. —Nos trata a *todos* como a perros».

Bueno, tampoco Dios tiene favoritos; sin embargo, a diferencia de Vince Lombardi, Él no nos trata como a perros. Nos considera hombres y mujeres de dignidad y valor porque fuimos hechos a Su imagen. Este es el mensaje y el tema de Amós: la imparcialidad de Dios.

¿Por qué yo?

El mensaje de Amós es inmensamente práctico y relevante para nuestros tiempos, y es distinto al de cualquiera de los otros profetas menores. Amós nos dice que Dios no tiene favoritos, que no le concede a una persona nada que no le concedería a otra. Cualquiera que esté dispuesto a cumplir las condiciones de las promesas divinas verá que Sus bendiciones son derramadas en su vida, sin tener en cuenta el estado, la posición, el género, la raza ni la etnia.

Nos cuesta creer eso, ¿no? Normalmente, tendemos a pensar que Dios reacciona como nosotros lo hacemos; que juzga en base a las apariencias, como nosotros lo hacemos; que otorga recompensas y favores especiales a aquellos que tendemos a estimar. Pero en Amós, como a lo largo de toda la Escritura, encontramos suficientes pruebas de que los caminos de Dios no son nuestros caminos. Seamos ricos o pobres, poderosos o indefensos en este mundo, el mensaje de Amós rasga la

fibra de nuestras expectativas y nos confronta con la realidad de que, desde el punto de vista divino, nadie es más ni menos que cualquier otro. ¡Qué alentador para aquellos que luchan con sentimientos de indignidad, inferioridad e incapacidad!

Creo que las verdades de Amós se vuelven más prácticas y aplicables en tiempos de crisis, pérdida, estrés o sufrimiento. En momentos así, tendemos a preguntarnos: «¿Por qué yo?».

Recuerdo una historia que una vez me contó un amigo. Sucedió un verano, en la ciudad de Nueva York, durante la hora de más actividad en el metro. La gente se apiñaba en los vagones mientras el tren abandonaba la estación y un hombre —el último en entrar— fue aplastado contra la puerta, mirando hacia fuera. Cuando el metro se alejó de la estación, las paredes del túnel pasaron ante sus ojos, cada vez a más velocidad. El tren se bamboleaba y saltaba. El vagón estaba caliente y repleto, y olía un poco fétido. El hombre se dio cuenta de que se sentía descompuesto y, cuanto más avanzaba el tren, peor se sentía.

Finalmente, llegó a la parada siguiente, la puerta se abrió y el hombre que estaba en el tren vomitó todo sobre un pasajero desafortunado que se encontraba en la plataforma esperando para subir. Durante varios segundos, mientras las puertas permanecieron abiertas, nadie se movió. El hombre enfermo, la gente dentro del vagón detrás de él, el desafortunado pasajero sobre la plataforma... todos se quedaron quietos y observando con horror lo que acababa de pasar.

Después, las puertas del vagón se cerraron de repente y el tren comenzó a abandonar la estación. Mirando la porquería que cubría su traje, el hombre de la plataforma gimió: «¿Por qué yo?».

Si Dios es imparcial, entonces debemos esperar que las cosas malas –las que les pasan a otras personas– algunas veces también nos sucedan a nosotros

Si nos vemos en alguna posición privilegiada con Dios, es una pregunta razonable: «¿Por qué yo?». Pero, si Él es completamente imparcial, surge un interrogante más razonable: «¿Por qué no yo?». Si a algunas personas les suceden cosas malas, ¿por qué no pueden sucedernos a usted y a mí también? Si Dios es imparcial, como nos dice Amós, debemos esperar que cosas malas —las que les pasan a otras personas— algunas veces también nos sucedan a nosotros.

Veamos un resumen del libro de Amós:

Los ocho juicios (Amós 1–2)

Contra Damasco, Gaza, Tiro, Edom, Amón, Moab, Judá, Israel	1–2

Los tres mensajes del juicio (Amós 3–6)

1. El juicio contra Israel es justo	3
2. Los pecados pasados de Israel	4
3. El futuro de Israel	5–6

Las cinco visiones del juicio (Amós 7–9)

4.	Las langostas, el fuego, la plomada	7
5.	La fruta de verano	8
6.	Los pilares derribados	9:1-10
7.	Las cinco promesas de restauración	9:11-15

Amós, el pastor-profeta

El primer versículo de Amós nos da la fecha y la situación del libro, e indica que Amós era contemporáneo de los profetas Oseas e Isaías. Según este versículo, Amós es uno de los primeros escritores proféticos:

> *Las palabras de Amós, que fue uno de los pastores de Tecoa, que profetizó acerca de Israel en días de Uzías rey de Judá y en días de Jeroboam hijo de Joás, rey de Israel, dos años antes del terremoto (1:1).*

El libro de Amós fue escrito por un hombre que no era un profeta entrenado

Una característica peculiar del libro de Amós es que fue escrito por un hombre que no era un profeta entrenado, sino una persona común. Se podría decir que es un «predicador ganadero».

En el capítulo 7, Amós añade otra nota personal. Aquí encontramos la reacción a su mensaje cuando se dirige al reino de Israel del norte:

> *Entonces el sacerdote Amasías de Bet-el envió a decir a Jeroboam rey de Israel: Amós se ha levantado contra ti en medio de la casa de Israel; la tierra no puede sufrir todas sus palabras. Porque así ha dicho Amós: Jeroboam morirá a espada, e Israel será llevado de su tierra en cautiverio (7:10-11).*

Una profecía del exilio

Ese fue el sentido inicial del mensaje del profeta. Dios iba a exiliar a Israel; iba a juzgar a la nación y al rey. El sacerdote Amasías respondió, diciendo: «No vengas a nosotros. Regresa a tu pueblo. Regresa al campo de donde viniste y profetiza allí». Pero el rudo y recio Amós, el predicador-ganadero, brusco y campestre, dijo: «No soy profeta, ni soy hijo de profeta, sino que soy boyero, y recojo higos silvestres» (7:14). Ahora bien, al afirmar esto, Amós no quiere decir que su padre no fue profeta, sino que él no había sido aceptado en la escuela de los profetas. Dice que es un ranchero, un granjero, un ganadero que simplemente va adonde Dios le indica y hace lo que Él le manda.

Entonces, usted puede imaginarse un poco cómo se opusieron al mensaje de este hombre cuando fue a declararles el peso que había en el corazón del Señor en cuanto a la tierra de Israel, en el reino del norte. Allí, al pueblo le resultaba muy difícil aceptar su mensaje.

Los viajes de Amós

Amós transmite el mensaje de Dios de una manera muy interesante. Si compara este relato con un mapa del Israel antiguo, encontrará que el profeta recorre las fronteras de la nación en varias direcciones y llevando un mensaje sobre todas las naciones vecinas. Comienza, en el capítulo 1, con Damasco, en la región al noreste de Israel (que actualmente conocemos como Siria). Les anuncia que Dios ha juzgado a aquella ciudad, especialmente por la crueldad del pueblo.

Damasco

Gaza

Después, baja a la costa oeste, a la antigua tierra de Filistea que aquí es llamada Gaza. Una vez más, le recuerda a Israel que Dios ha juzgado a esta tierra. ¿Por qué? Porque el pueblo participó en el comercio activo de esclavos.

Tiro

Luego, sube nuevamente a la costa de Tiro, al noroeste de Israel. Allí señala la manera en que Dios ha juzgado a esta nación, porque el pueblo quebrantó sus pactos.

Edom

Continúa hasta el extremo sur de Israel, a la tierra de Edom, el antiguo país de Esaú, donde destaca que el juicio de Dios ha caído sobre esta nación debido al espíritu no perdonador del pueblo y su odio implacable hacia Israel.

Amón

Después sube hacia el este de Israel, a la tierra de Amón, que actualmente conocemos como Jordania. Amán, la capital de Jordania, era también la capital de Amón, en aquel tiempo. Amós declara el juicio de Dios contra esta nación por codiciar la tierra que otros poseían.

Moab

Mientras Amós viaja al sur, a Moab, pronuncia el juicio de Dios sobre ellos, porque esa nación había odiado a Israel.

Judá

Después, se dirige al reino del sur, Judá. Allí declara que el juicio divino ha caído sobre la nación porque Judá ha despreciado la ley de Dios. Finalmente, llega a la nación de Israel, el reino del norte y sus diez tribus, donde anuncia que el Señor va a juzgarlos por la corrupción y la injusticia de sus corazones.

Israel

Un anciano campesino, viejo y con bastante sobrepeso, acostumbraba sentarse en la iglesia domingo tras domingo, sonriendo y asintiendo con la cabeza mientras su pastor predicaba acerca de pecados tales como maldecir, emborracharse, fumar, chismear y pelearse. Pero, un domingo, el ministro decidió predicar contra el pecado de la glotonería... y aquel anciano gordo se enfureció. Después de la reunión, se acercó al predicador, sacudió su dedo con forma de salchicha delante de la nariz del pastor, y dijo: «Predicador, ¡usted ha dejado de ser un predicador y ha comenzado a ser un entrometido!».

Al leer este relato, podrá ver que a la gente de Israel no le preocupaba en absoluto que Amós hablara de *otras* naciones. Lo aceptaron con complacencia, pensando: *Bueno, ¡esta gente se merece lo que les aguarda!* Sin embargo, cuando el profeta apuntó hacia los pecados de

Israel, entonces dejó de ser un predicador y comenzó a ser un entrometido. La gente se puso furiosa y dijo: «¿Por qué no predica en otro lugar?». Esto ocurre inevitablemente cuando los predicadores son fieles al mensaje de Dios.

Caminar y hablar con Dios

El resto del libro se dirige a este reino de Israel del norte. Al comienzo del capítulo 3, podemos ver las palabras que Dios dirige a esta nación a través del profeta. Comienza señalándoles que eran un pueblo que había gozado una posición especial y privilegiada ante Él:

> *Oíd esta palabra que ha hablado Jehová contra vosotros, hijos de Israel, contra toda la familia que hice subir de la tierra de Egipto. Dice así: A vosotros solamente he conocido de todas las familias de la tierra (3:1-2).*

Hasta aquí, a la gente de Israel le gustaba lo que oía. Dios les estaba diciendo, a través de Amós, que eran Su pueblo privilegiado, el pueblo elegido; el que Dios había escogido de entre todas las familias de la tierra. Casi podemos verlos henchidos de orgullo y arrogancia mientras el profeta les dice eso, pero las palabras siguientes de Amós les golpean la cara como un puño, como un martillazo:

> *... por tanto, os castigaré por todas vuestras maldades (3:2).*

Israel fue elegido simplemente porque Dios tenía un propósito para ellos en Su plan eterno

Ahora, ¡imaginemos su desilusión! El mismo motivo de su orgullo —el haber sido elegidos por Dios— era la razón por la cual Él los había situado en un nivel alto y también los había sometido a juicio. Habían recibido la iluminación del conocimiento de Dios, y la información genera responsabilidad. Los privilegios nos exponen al juicio. El pueblo de Israel no fue elegido por ser mejor que cualquier otra raza; el Señor es imparcial y no muestra favoritismo a un grupo o a otro, a un individuo o a otro. Simplemente, fueron elegidos porque Dios tenía un propósito para ellos en Su plan eterno, y lo cierto era que no estaban viviendo a la altura de ese propósito. Por tanto, iban a ser juzgados y disciplinados, y considerados responsables por el conocimiento que habían recibido.

Esto es lo que Pedro quiere decir en el Nuevo Testamento, cuando afirma: «Es tiempo de que el juicio comience por la familia de Dios» (1 P. 4:17). Siempre empieza allí. Dios siempre comienza por Su pueblo y luego sigue con los otros. El profeta Joel deja bien claro este principio: Que seamos pueblo de Dios no significa que Su Palabra va a dejar de juzgar nuestras vidas. Por el contrario, la Palabra de Dios incrementa nuestra responsabilidad, de manera tal que probablemente seamos juzgados aún más severamente, porque somos responsables del conocimiento que hemos recibido.

Amós describe la íntima relación de Dios y Su pueblo como dos personas que caminan juntas:

¿Andarán dos juntos, si no estuvieren de acuerdo? (3:3).

Este es el caminar de Dios con Su pueblo. Después Amos describe la conversación del Señor con ellos:

Porque no hará nada Jehová el Señor, sin que revele su secreto a sus siervos los profetas (3:7).

Estos eran los hechos que, para los israelitas, marcaron sus relaciones y privilegios peculiares con Dios: Caminaron y hablaron con Él. Por esta razón, el profeta Joel dice que el Señor mandaría juicio.

Acontecimientos para despertar a Israel

En el capítulo 4, Joel le muestra al pueblo que Dios ha tratado pacientemente de despertarlos a través de cinco formas diferentes de disciplina. Durante años, el Señor estuvo tratando de alertarlos, sacudirlos y detener su curso errado.

Mandó:

- Hambruna y sequía (4:6-8)
- Plaga y añublo para destruir los jardines y las viñas (4:9)
- Pestes (4:10)
- Guerra (4:10)
- Fuego y desastre natural, como en Sodoma y Gomorra (4:11)

Todas estas cosas terribles le sucedieron al pueblo. «Más no os volvisteis a mí», concluye Dios en el versículo 11. Entonces, viene la declaración más ominosa y aterradora del libro de Amós, ¡y quizás de toda la Escritura! Versículo 12:

Por tanto, de esta manera te haré a ti, oh Israel; y porque te he de hacer esto, prepárate para venir al encuentro de tu Dios, oh Israel.

¡Prepárate para venir al encuentro de tu Dios! Las palabras nos hacen estremecer de terror. ¿Quién de nosotros está preparado, según nuestra propia justicia, para dicho encuentro? ¿Cómo podemos nosotros, que hemos acumulado semejante lista de pecados y errores en la vida, esperar permanecer en la presencia de Aquel que creó el tiempo

y el espacio, y cuya justicia quema como un horno candente en el corazón del universo?

Gracias a Dios, estamos vestidos de la justicia de Jesús y no de la nuestra. Nuestras almas eternas están salvas y seguras; aun así, debemos hacer todo lo que podamos en esta vida para asegurarnos de que nunca tendremos que soportar la disciplina de Dios, Su amor severo que nos lleva de vuelta a Él a través del dolor y la aflicción de circunstancias desagradables.

Gracias a Dios, estamos vestidos de la justicia de Jesús y no de la nuestra

Esto no quiere decir que, cuando nos pasan cosas malas, siempre sea el juicio divino. No. En realidad, le pueden pasar cosas malas a la gente buena, al pueblo de Dios, a las personas que están caminando en comunión con Él. Aun así, a menudo he visto creyentes que fueron llamados a una comunión más íntima con Dios a través de situaciones adversas. Estos acontecimientos nos sacuden, nos alertan y nos conducen a consagrarnos nuevamente a una vida santa. Las tragedias y los roces con el desastre (un accidente casi fatal, el susto de un cáncer, un asalto criminal, un incendio, la muerte de alguien cercano) nos despiertan de la preocupación por la rutina, la TV, las relaciones superficiales y el «iglesianismo», y nos obligan a ver la vida como realmente es.

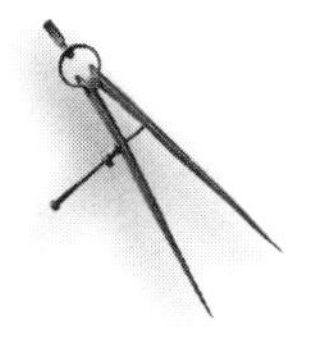

Amós, ¿el santo patrón del liberalismo?

El libro de Amós es muy apreciado por los liberales socialistas de nuestros días, y Amós 5:11-15 muestra el porqué:

> *Por tanto, puesto que vejáis al pobre y recibís de él carga de trigo, edificasteis casas de piedra labrada, mas no las habitaréis; plantasteis hermosas viñas, mas no beberéis el vino de ellas. Porque yo sé de vuestras muchas rebeliones, y de vuestros grandes pecados; sé que afligís al justo, y recibís cohecho, y en los tribunales hacéis perder su causa a los pobres. Por tanto, el prudente en tal tiempo calla, porque el tiempo es malo. Buscad lo bueno, y no lo malo, para que viváis; porque así Jehová Dios de los ejércitos estará con vosotros, como decís. Aborreced el mal, y amad el bien, y estableced la justicia en juicio; quizá Jehová Dios de los ejércitos tendrá piedad del remanente de José.*

Amós es llamado el profeta de la justicia social, el hombre que demandó que el pueblo se tratara justa y compasivamente entre sí. A los liberales les encanta este libro por estos pronunciamientos atronadores contra los diablos sociales de los días de Amós; y con razón. A Dios siempre le molestan las injusticias sociales. Pero lo que muchos liberales parecen omitir de este libro es el llamado de atención de Amós a esta gente. Él les dice que dejen de tratarse injustamente. Sin embargo, este no es todo el mensaje. Su tema central tiene que ver con

A Dios siempre le molestan las injusticias sociales

cómo dejar de hacer esas cosas, y lo encontramos claramente afirmado dos veces en este capítulo:

> *Pero así dice Jehová a la casa de Israel:* Buscadme, y viviréis *(5:4, énfasis agregado).*

> Buscad a Jehová, y vivid*; no sea que acometa como fuego a la casa de José y la consuma, sin haber en Bet-el quien lo apague (5:6, énfasis agregado).*

¿Cuál es la respuesta al corazón errante? No es simplemente limpiar su vida, sino volverse a Dios. Es arrepentirse y pensar de nuevo. *¡Buscad al Señor y vivid!*

Vuelva al Señor que lo salvó. Recurra a Él. Pídale que lo ponga nuevamente en pie y que enderece su vida. Ese es el llamamiento que Dios nos hace. La acción social, servir al pobre, buscar la justicia, combatir el racismo, mostrar compasión a los necesitados; todas estas son actividades buenas y valiosas que el Señor nos ha ordenado hacer. Pero no significan nada si nuestros corazones no están bien con Él.

En las últimas décadas, nuestra sociedad ha gastado miles de millones de dólares en programas para acabar con el racismo y la pobreza; aun así, durante todo este tiempo estos problemas se han agravado, en vez de mejorar. Hemos visto el fracaso, no sólo de los programas de gobierno, sino de muchos emprendimientos cristianos, esfuerzos privados de acción social que intentaban hacer mella en el problema. ¿Por qué pasa esto? Quizás porque muchos de nuestros programas nacionales para encontrar justicia y armonía racial están enraizados en la búsqueda de una ideología, en lugar de buscar a Dios. Si procuramos justicia sin buscar primero al Señor, simplemente nos convertimos en ideólogos y demagogos que pelean por causas políticas sin lograr nada de valor eterno para nuestras vidas ni para las de otros.

Si primero buscamos a Dios de todo corazón, deseando serle obedientes y utilizados como instrumentos de Su propósito eterno sobre la tierra, entonces la justicia y la compasión fluirán fácilmente de almas que son lo que Su corazón desea. Entonces y sólo entonces, las palabras de Amós 5:24 serán una realidad en nuestras vidas:

> *Pero corra el juicio como las aguas, y la justicia como impetuoso arroyo.*

La restauración futura

Amós cierra su profecía casi de la misma manera que lo hace Joel y muchos otros profetas: con una escena de belleza, paz y gloria. Esto revela lo que Dios quiere producir en el mundo y en nuestras vidas.

En aquel día yo levantaré el tabernáculo caído de David, y cerraré sus portillos y levantaré sus ruinas, y lo edificaré como en el tiempo pasado; para que aquellos sobre los cuales es invocado mi nombre posean el resto de Edom, y a todas las naciones, dice Jehová que hace esto (9:11-12).

Estas palabras son citadas en el Nuevo Testamento, en Hechos 15:16-18, en el relato del primer concilio en Jerusalén. Mientras los líderes judeo-cristianos estaban preguntándose si Dios salvaría a los gentiles que no tenían la ley de Moisés, Santiago se pone de pie y cita este versículo del libro de Amós. La declaración de que el Señor restaurará y reparará el tabernáculo caído de David es una figura profética de la venida de Cristo, que representa al linaje davídico. Al levantarse el Señor Jesucristo, la palabra de Dios llegará a todos los pueblos y naciones. Santiago usa este pasaje para mostrar que el Señor, como había prometido a través de los profetas, bendeciría al mundo por medio de Jesús.

Después viene esta hermosa escena:

He aquí vienen días, dice Jehová, en que el que ara alcanzará al segador, y el pisador de las uvas al que lleve la simiente; y los montes destilarán mosto, y todos los collados se derretirán. Y traeré del cautiverio a mi pueblo Israel, y edificarán ellos las ciudades asoladas, y las habitarán; plantarán viñas, y beberán el vino de ellas, y harán huertos, y comerán el fruto de ellos (9:13-14).

Tanto Amós como Joel describen un futuro milenial glorioso cuando Israel será finalmente restaurado sobre la tierra

Compare la declaración de Amós de que «los montes destilarán mosto, y todos los collados se derretirán» con la imagen final del profeta Joel: «Sucederá en aquel tiempo, que los montes destilarán mosto, y los collados fluirán leche, y por todos los arroyos de Judá correrán aguas; y saldrá una fuente de la casa de Jehová, y regará el valle de Sitim» (3:18). Tanto Amós como Joel describen un futuro milenial glorioso cuando Israel será finalmente restaurado sobre la tierra; y esta destilará bondad, y un esplendor exquisito y deleitoso.

Aquí apreciamos el corazón bondadoso y tierno de Dios hacia la raza humana. Por esta razón, Él suele enojarse tanto con esta humanidad, que se inclina demasiado a la injusticia, la codicia y la destrucción. La crueldad humana enfurece al Señor porque Él quiere que seamos tiernos y compasivos unos con otros. La opresión provoca Su ira y acarrea Su juicio, porque Él desea que la gente viva en amor y paz, que sea feliz y que esté satisfecha.

El mensaje de este libro es que Dios no se detiene en Su búsqueda de que seamos excelentes en todo. Él no se comprometerá con

nuestro pecado, nuestras excusas o nuestra hipocresía. La palabra que Amós nos trae es que estamos tratando con un Dios de justicia y celo inflexibles, pero que también es un Dios de paciencia, misericordia y amor. Él es totalmente imparcial. No tiene favoritos. Si lo buscamos, viviremos; *¡realmente viviremos!* Disfrutaremos las bendiciones de paz y bondad que verdaderamente desea derramar en nuestras vidas. Si lo ignoramos, si nos conformamos con menos, si vamos por nuestro propio camino, Su mensaje para nosotros es el de Amós 4:12: «Prepárate para venir al encuentro de tu Dios».

Sea que lo busquemos o lo evitemos, no podemos escapar de Él

Sea que lo busquemos o lo evitemos, no podemos escapar de Él. Un día, de una manera u otra, nos encontraremos con nuestro Dios. Si prestamos atención al llamado de Amós, podremos encontrarnos con Él confiados, porque lo habremos buscado de todo corazón.

Capítulo 38: Abdías

¡MUERTE A EDOM!

Previamente, hemos explicado que, a pesar de su brevedad, el pequeño libro de Joel, de tres capítulos, contiene un mensaje poderoso para nuestros tiempos. La profecía de Abdías es aún más corta; de hecho, es el libro más corto del Antiguo Testamento. No obstante, también tienen un mensaje impactante y de importancia para nuestras vidas, que es muy desproporcionado si tenemos en cuenta sus pocas páginas. Alguien ha dicho que menos es más cuando se trata de hacer llegar un mensaje… ¡y el profeta Abdías parece confirmarlo!

Menos es más

Por un lado, la profecía es un pronunciamiento de condenación contra una nación antigua y largamente olvidada, Edom. Pero este libro va mucho más allá. Como otros libros de la Biblia, Abdías tiene un importante significado, pero los estudiantes cuidadosos extraen, a un nivel más profundo, una gama asombrosa de ricos tesoros.

Lo que sigue es un resumen del breve, pero poderoso, libro de Abdías:

Abdías —La historia de Israel y Edom

1.	El juicio pronunciado contra Edom	1-14
2.	El resultado del juicio	15-18
3.	Israel va a poseer a Edom	19-21

La historia de dos naciones y de dos hermanos

Sabemos poco acerca de Abdías, excepto que fue uno de los profetas menores; es decir, su libro es el más breve, aunque difícilmente el menor en alcance o importancia. Los relatos del Antiguo Testamento de los días de Elías y Eliseo incluyen una referencia a un profeta llamado Abdías; así que, algunos han asumido que el autor de este libro es el mismo hombre. Sin embargo, este nombre era muy común entre los hebreos y es improbable que se trate del mismo profeta. En este libro, Abdías menciona el día en que Jerusalén fue destruida y capturada por los ejércitos aliados, un evento que ocurrió mucho después de la época de Elías y Eliseo. La mayor parte de los comentaristas de la Biblia creen que el autor era contemporáneo de Jeremías, el último de los profetas antes de que Israel fuera llevado cautivo.

El nombre Abdías significa «el siervo de Jehová», y él verdaderamente cumplió ese papel, el de un siervo: Abdías llega, hace su trabajo, comunica su mensaje y luego desaparece en la bruma de la historia.

El libro de Abdías cuenta la historia de dos naciones, Israel y Edom. La nación de Edom estaba ubicada al sur de Israel, en una región que ahora se denomina Neguev. Los israelitas viajaron a través de esa antigua tierra cuando escaparon de la esclavitud de Egipto y fueron a la tierra prometida. Mientras pasaban por Edom, los edomitas los persiguieron. Fueron enemigos de Israel desde un principio.

Toda nación en la Biblia es una sombra proyectada de su fundador, y los dos hombres detrás de Israel y Edom eran hermanos mellizos

Subrayando la historia de estas dos naciones, Abdías relata la historia de dos hombres. Toda nación en la Biblia es una sombra proyectada de su fundador, y los dos hombres detrás de Israel y Edom eran hermanos mellizos. Estoy seguro de que conoce sus nombres: Jacob y Esaú. Jacob fue el padre de Israel, y Esaú, su hermano mellizo, llegó a ser el padre de los edomitas. En el relato de estas naciones, también se encuentra la historia más detallada de estos dos hombres.

Jacob y Esaú estaban en perpetuo antagonismo

Jacob y Esaú estaban en perpetuo antagonismo. Leemos en el Génesis que aun antes de que nacieran, luchaban juntos en el vientre de su madre. Esa hostilidad marcó la vida de estos dos hombres y, en consecuencia, la de sus descendientes, las naciones de Israel y Edom.

Su antagonismo fue perpetuado por las naciones que ellos fundaron, y de Génesis a Malaquías, encontramos evidencia de la lucha entre ellos

Jacob era el favorito de su madre y Esaú era el hombrecito de su papá. Sus vidas se caracterizaban por una intensa rivalidad y un conflicto familiar; ¡conflicto que continuó aun después de que murieron! Su antagonismo fue perpetuado por las naciones que ellos fundaron, y de Génesis a Malaquías, encontramos evidencias de la lucha entre ellos. En el libro de Malaquías, el último libro del Antiguo Testamento, leemos:

> *Yo os he amado, dice Jehová; y dijisteis: ¿En qué nos amaste? ¿No era Esaú hermano de Jacob? dice Jehová. Y amé a Jacob, y a Esaú aborrecí, y convertí sus montes en desolación, y abandoné su heredad para los chacales del desierto. Cuando Edom dijere: Nos hemos empobrecido, pero volveremos a edificar lo arruinado; así ha dicho Jehová de los ejércitos: Ellos edificarán, y yo destruiré; y les llamarán territorio de impiedad, y pueblo contra el cual Jehová está indignado para siempre (Mal. 1:2-4).*

¿Por qué son tan importantes estos dos hombres y estas dos naciones? Esto es lo que el libro de Abdías nos aclara. En la lucha entre Edom e Israel en el Antiguo Testamento, encontramos un paralelismo con una lucha similar que se nos describe en el Nuevo Testamento: la lucha del creyente entre la carne y el espíritu. En Gálatas 5:17, se nos dice que el deseo de la carne es contra el espíritu y el del espíritu, contra la carne; y estos se oponen entre sí. Dios siempre utiliza figuras para que podamos entender Su verdad más plenamente. Como a los niños, nos gusta no sólo escuchar la enseñanza, sino ver también la ilustración. Así que, Dios nos da muchas ilustraciones de Sus enseñanzas, entre las cuales están la figura de Esaú y Jacob, de Edom e Israel, que representan el conflicto entre la carne y el espíritu.

Por cierto, esta es una valiosa clave para el estudio de la Biblia. Una vez que aprendemos a reconocer las «constantes interpretativas» en la Escritura —claves, símbolos, imágenes, metáforas, similitudes, nombres y figuras, que habitual y repetidamente significan verdades importantes—, muchos conceptos bíblicos difíciles de comprender se esclarecen rápidamente. Por ejemplo, ciertos símbolos tienen un significado constante dondequiera que se encuentren en el Antiguo y el Nuevo Testamento. El aceite casi siempre simboliza el Espíritu Santo; el vino, el gozo; la levadura es siempre una figura de la maldad. Y estos dos hombres, Jacob y Esaú, y las naciones de Israel y Edom, siempre simbolizan la lucha entre el espíritu y la carne.

El problema del orgullo

¿Por qué Dios aborrece a Esaú? Abdías nos dice:

La soberbia de tu corazón te ha engañado, tú que moras en las hendiduras de las peñas, en tu altísima morada; que dices en tu corazón: ¿Quién me derribará a tierra? (v. 3).

El problema de Esaú era el *orgullo*. El orgullo es la característica básica de lo que la Biblia llama «la carne». Nuestro orgullo lucha contra el Espíritu de Dios. La carne es un principio que se opone a los propósitos divinos para la humanidad y que continuamente desafía lo que Dios está tratando de llevar a cabo. Todo cristiano libra esta lucha interna. El orgullo es la característica número uno de la carne.

Proverbios 6:16 dice: «Seis cosas aborrece Jehová, y aun siete abomina su alma». A la cabeza de esa lista están los ojos altivos, una mirada arrogante. Todo lo demás que sigue es una mera variación del orgullo. Esta es la naturaleza caída que se implantó en la raza humana: todos los nacidos de Adán tenemos este componente congénito de orgullo, el ego independiente que evalúa todo teniendo sólo en cuenta si alimenta nuestro yo omnipotente. Para la persona orgullosa, el universo gira alrededor del yo. No hay espacio en dicho universo para rivales, menos aún para Dios. Ese es el orgullo. Ese es Esaú. Ese es Edom.

Para la persona orgullosa, el universo gira alrededor del yo. No hay espacio en el universo para rivales, menos aún para Dios

La persona orgullosa dice: «¿Quién me puede derribar? Nadie puede tocarme, nadie puede ponerse en mi camino. Mis planes están hechos y llevaré a cabo todo lo que he decidido hacer». Esta actitud de autosuficiencia e invulnerabilidad personal es una característica del orgullo. El Señor responde a tales personas en Abdías 4:

Si te remontares como águila, y aunque entre las estrellas pusieres tu nido, de ahí te derribaré, dice Jehová.

Petra, la capital de Edom

En el versículo 3, «tú que moras en las hendiduras de las peñas» es una referencia literal a la nación de Edom. Si usted ha tenido el privilegio de visitar Tierra Santa, tal vez haya descendido a la región del Neguev y visitado la ciudad de Petra, la rebelde ciudad roja de los muertos. La entrada a esta ciudad asombrosa es una tremenda fisura de 1.600 metros de longitud —o más— a través de la roca, un pasaje angosto de sólo unos pocos metros que conduce finalmente a un espacio abierto donde los templos han sido tallados en la roca viva; templos gigantescos con entradas de unos 7,5 metros de alto o más. Esa fue la capital de Edom, la ciudad antigua cuyo pueblo sintió que, por contar con estas defensas naturales, era invulnerable. Habían alzado sus corazones con orgullo y, como dice el Señor a través del profeta, el orgullo de sus corazones fue derrotado. Pensaron que nada podía derribarlos, pero Dios dijo que sí sucedería. Sólo unos años después de la muerte de Jesús, los romanos entraron y destruyeron las ciudades de Edom y capturaron esta fortaleza «inexpugnable». Ha permanecido en ruinas desde entonces.

Otra forma de orgullo se encuentra en el versículo 10:

Por la injuria a tu hermano Jacob te cubrirá vergüenza, y serás cortado para siempre.

La violencia es una forma de orgullo; un ego inquebrantable, un espíritu consentido y cobarde

La violencia es una forma de orgullo. ¿Qué subyace tras la violencia del corazón humano? Un ego inquebrantable, un espíritu consentido y cobarde. La persona que inflige dolor y causa heridas violentas de manera arrogante a otra persona cree que tiene el derecho de hacerlo y que la víctima no tiene derechos ni dignidad. El orgullo tiene su raíz en el egoísmo y lucha contra todo lo que se atreva a desafiar su supremacía. He estado en un hogar cristiano donde vi a una mujer con ojos morados, y hematomas en las piernas y los brazos, hechos por su esposo, un maestro de escuela dominical, que le había pegado. ¿De dónde viene esta violencia? De Edom. Es el orgullo de la carne.

Encontramos otra forma de orgullo en el versículo 11:

El día que estando tú delante, llevaban extraños cautivo su ejército, y extraños entraban por sus puertas, y echaban suertes sobre Jerusalén, tú también eras como uno de ellos.

En otras palabras: «Ustedes simplemente se quedan parados y observando. Son como todos esos torpes que se quedaron parados frente a las ventanas de sus apartamentos en la ciudad de Nueva York y observaron en silencio mientras una joven llamada Kitty Genovese era torturada y asesinada frente a sus ojos. Fueron indiferentes. Dijeron: "No quiero involucrarme"».

La indiferencia es una forma de orgullo. La indiferencia hacia lo que nos rodea es una forma de egocentrismo. «Soy demasiado importante para involucrarme en ese problema», dice esta forma de orgullo. «Mi vida es demasiado importante. Mi tiempo es demasiado valioso. Mi agenda es demasiado significativa».

La indiferencia es una forma de orgullo

El orgullo de la indiferencia es una causa importante de conflicto matrimonial. En mi experiencia como consejero matrimonial, a menudo he escuchado la queja: «Él me ignora» o «ella no me presta atención». Esto es tan cierto en los matrimonios creyentes como en los no cristianos. Parece que, poco después del noviazgo y del matrimonio, la indiferencia se establece en la relación, eliminando todo el romance y la pasión, y los reemplaza con egoísmo y orgullo. Durante el noviazgo, los esposos se preguntan uno al otro: «¿En qué estás pensando? Dime qué te gustaría». Después del matrimonio, es: «¿Dónde está mi cena? ¿Qué hay en la TV? ¡No me molestes!». Ese es Esaú obrando en la relación. Es el orgullo de la indiferencia.

Otra forma de orgullo aparece en Abdías 12 y 13:

Pues no debiste tú haber estado mirando en el día de tu hermano, en el día de su infortunio; no debiste haberte alegrado de los hijos de Judá en el día en que se perdieron, ni debiste haberte jactado en el día de la angustia. No debiste haber entrado por la puerta de mi pueblo en el día de su quebrantamiento; no, no debiste haber mirado su mal en el día de su quebranto, ni haber echado mano a sus bienes en el día de su calamidad.

Dios acusa a Edom del pecado de regodearse con las desgracias de los demás; otra manifestación del problema del orgullo. ¿Ha dicho usted esto alguna vez en su interior sobre alguien?: «¡Te lo merecías!».

Dios acusa a Edom del pecado de regodearse con las desgracias de los demás; otra manifestación del problema del orgullo

Estaba regodeándose. Escuchó que su jefe estaba enfermo, y dijo: «Algo serio, espero». Un rival en los negocios —o incluso otro cristiano— se encuentra en dificultades financieras o legales, y usted piensa: «¡Se lo merecía!». ¿Por qué hacemos esto? ¿Por qué nos deleitamos en pisotear a aquellos que están por el suelo, en restregar sal en las heridas abiertas? ¿Qué es este deleite perverso que sentimos en encontrar y exponer los fracasos o errores de otra persona? Es el Esaú en nosotros. Es el orgullo. Es la carne peleando contra el Espíritu de Dios; y es pecado, puro y simple.

Esta es sólo una lista parcial de las actitudes de Esaú, el hombre que Dios aborrece. Y está todo resumido en el encabezamiento de Abdías 3, donde Él dice:

> *La soberbia de tu corazón te ha engañado.*

La trampa del orgullo

El orgullo tiene una forma de generar su propia destrucción. El orgullo pone una trampa, ¡y luego hace saltar dicha trampa sobre uno mismo! Aquí está lo que Abdías escribe en los versículos 6 y 7:

> *¡Cómo fueron escudriñadas las cosas de Esaú! Sus tesoros escondidos fueron buscados. Todos tus aliados te han engañado; hasta los confines te hicieron llegar; los que estaban en paz contigo prevalecieron contra ti; los que comían tu pan pusieron lazo debajo de ti; no hay en ello entendimiento.*

El orgullo nos engaña. Nos atrapa. Nos hace trampa. Nos insensibiliza respecto al peligro que nos rodea. No lo reconocemos hasta que es demasiado tarde. Sintiéndonos invencibles, pisamos la alfombra fina que ha sido desenrollada sobre el abismo, sin esperar jamás que nuestro próximo paso sea el último. Todos los demás ven el peligro ante nuestros pies. Algunos nos están gritando, saltando sin parar, tratando de hacernos señas para que nos apartemos, ¡pero somos demasiado orgullosos para prestar atención! ¡Ellos no saben lo que dicen! ¡Nosotros sabemos lo que hacemos!

¡Famosas palabras póstumas!

Esto es lo que nos pasa, ¿no es cierto? Todos tenemos este problema de la carne en nuestro interior. Y es absolutamente crucial que tratemos con ello y arranquemos el orgullo de nuestras vidas, porque Edom no tiene cabida en nosotros. Dios juzgará a Edom y no habrá escape para el orgulloso. El Señor siempre se mantendrá contra los arrogantes, aquellos que viven en la carne en lugar del espíritu.

Encontramos esta verdad ilustrada en todo el Antiguo Testamento. Uno de los nietos de Esaú fue un hombre llamado Amalec, cuyos descendientes se opusieron a los israelitas cuando estaban por entrar en Canaán. En Éxodo 17:14, Dios dice a Moisés: «Raeré del todo la memoria de Amalec de debajo del cielo». Eso es lo que Dios está diciendo acerca de la carne. Nunca hará la paz con ella.

Pero a Jacob le espera un día de triunfo:

Mas en el monte de Sion habrá un remanente que se salve; y será santo, y la casa de Jacob recuperará sus posesiones. La casa de Jacob será fuego, y la casa de José será llama, y la casa de Esaú estopa, y los quemarán y los consumirán; ni aun resto quedará de la casa de Esaú, porque Jehová lo ha dicho (vv. 17-18).

Dios suena cruel, ¿verdad? ¿Por qué debe destruir a Esaú y a la nación de Edom? Porque Esaú y Edom son igualmente despiadadas. No puede hacer la paz con la carne, porque esta nunca hará la paz con usted. Trate de apaciguar a Esaú, trate de comprometerse con Edom, y ellos se darán vuelva y lo destruirán.

Es interesante que, cuando uno va al Nuevo Testamento, encuentra los dos mismos principios —Edom e Israel, la carne y el espíritu— personificados en las páginas de los Evangelios. En la última semana de los sufrimientos de nuestro Señor, Él está de pie ante Herodes. El rey, se nos dice, es idumeo. Sabemos que Herodes es edomita, descendiente de Esaú, porque Idumea es otro nombre de Edom. Jesús está parado cara a cara ante Herodes, el representante de Jacob y de Esaú. El rey Herodes, el edomita, es orgulloso, arrogante y rebelde; observa la burla cruel de los soldados mientras desnudan al Señor y lo visten con ropas reales. El Rey Jesús, el israelita lleno del Espíritu, es humilde y obediente; va voluntariamente a la muerte por tortura, a la cual es sometido a manos de Herodes. Los Evangelios dicen que Herodes le hizo muchas preguntas a Jesús, pero para el hijo de Esaú no hay respuesta del hijo de Jacob. No tienen nada que discutir. El compromiso es imposible. Dios no tiene nada que decirle a la carne; nada, excepto el juicio.

Al final, es el humilde Rey Jesús quien se libera de la cruz y de la tumba, y es el orgulloso rey Herodes quien termina su vida en la vergüenza y el exilio, prisionero en cadenas con que él mismo se limita, orgulloso como siempre. El espíritu es el vencedor. La carne es derrotada. Israel se levanta; Edom cae.

Israel o Edom, espíritu o carne; ¿de qué lado está usted? Esa es la pregunta central del corto, pero imponente, libro del profeta Abdías.

EL EMBAJADOR RETICENTE

Probablemente, el libro de la Biblia más conocido, aunque el menos entendido, es Jonás. Desde el punto de vista del mundo, la historia de «Jonás y la ballena» ha llegado a formar parte de nuestra literatura y de nuestro folclore; un cuento como la historia de Paul Bunyan o las leyendas de la mitología griega o romana. La mayoría de la gente conoce esta historia, pero el libro en sí es considerado sólo un cuento de entretenimiento o, incluso, un completo ridículo; una de las «fábulas» de la Biblia. No se toma en serio. No se considera histórico. Es meramente el cuento de un gran pez.

El verdadero mensaje y poder de este libro se descubrieron debido a estas características superficiales. Jonás fue un hombre real, vivo, de carne y hueso, que existió históricamente y que se menciona en otros lugares de la Escritura. El libro de 2 Reyes se refiere a él como un profeta histórico, como lo hace Jesús en Mateo 12:40.

Lo que sigue es un resumen estructural del libro de Jonás:

Dios encarga a Jonás que vaya a Nínive (Jonás 1–2)

1.	La desobediencia de Jonás y cómo Dios lo disciplinó usando un gran pez	1
2.	La oración de Jonás y la liberación	2

Dios vuelve a mandar a Jonás a Nínive (Jonás 3–4)

3.	Jonás es obediente a la orden renovada de Dios	3:1-4
4.	Nínive se arrepiente y el juicio es suspendido	3:5-10
5.	Jonás está enfadado, pide morir; Dios regaña a Jonás	4

La negativa de Jonás

El tema de esta historia se encuentra en los últimos dos capítulos de este pequeño libro. Encontramos a Jonás, después de su encuentro con la ballena (o pez), camino a Nínive, como Dios originalmente le había mandado. Allí proclama el mensaje que el Señor le dio para anunciar. Si usted se pregunta: «Entonces, ¿por qué Jonás al principio rehusó ir a Nínive?», se aproxima mucho al corazón del mensaje de este libro.

Así comienza la historia:

> *Vino palabra de Jehová a Jonás hijo de Amitai, diciendo: Levántate y ve a Nínive, aquella gran ciudad, y pregona contra ella; porque ha subido su maldad delante de mí. Y Jonás se levantó para huir de la presencia de Jehová a Tarsis, y descendió a Jope, y halló una nave que partía para Tarsis; y pagando su pasaje, entró en ella para irse con ellos a Tarsis, lejos de la presencia de Jehová (1:1-3).*

Es asombroso cómo, cuando uno huye de Dios, puede encontrar un barco dispuesto a llevarnos

Es asombroso cómo, cuando uno huye de Dios, puede encontrar un barco dispuesto a llevarnos. Después, vino la gran tormenta y los marineros lo arrojaron al mar, y un gran pez lo tragó.

El Dios de la misericordia

En el segundo capítulo de Jonás, encontramos su oración donde le ruega a Dios que lo rescate del estómago del pez. Al tercer día, Dios respondió a la plegaria de Jonás: el pez tuvo un terrible dolor de estómago y vomitó a Jonás en tierra. Luego, en el capítulo 3, versículos 1 y 2, se nos dice:

> *Vino palabra de Jehová por segunda vez a Jonás, diciendo: Levántate y ve a Nínive, aquella gran ciudad, y proclama en ella el mensaje que yo te diré.*

La orden de Dios contenía un toque de inflexibilidad. El Señor no había cambiado de parecer ni por un momento. Finalmente, cambió la forma de pensar del profeta, pero Dios no había cedido en cuanto a lo que quería que Jonás hiciera y dijera en Nínive.

¿Por qué estaba Jonás tan ansioso por evitar lo que le había sido ordenado? ¿Por qué no quiso ir a Nínive? ¿Por qué huyó de Dios? Algunos eruditos bíblicos sugieren que Jonás tenía una idea tan primitiva de Dios que lo consideraba sólo una deidad tribal, exclusiva de Israel. Por eso, pensó que el Señor no podía estar realmente interesado en Nínive y que, si podía salir de su tierra, huiría de Él. Creo que esta idea es anulada por la propia referencia que Jonás hace de Dios. Cuando los viajeros le pidieron a Jonás que se identificara, les dijo: «Soy hebreo, y temo a Jehová, Dios de los cielos, que hizo el mar y la tierra» (Jon. 1:9). Eso no me suena como la descripción de una deidad tribal. No, esa no es la razón por la cual Jonás evitó ir a Nínive.

De hecho, la respuesta es exactamente lo opuesto: Jonás conocía a Dios demasiado bien y es por eso que no quería ir a Nínive. ¿Suena extraño?

Bueno, mire el comienzo del capítulo 4:

> *Pero Jonás se apesadumbró en extremo, y se enojó. Y oró a Jehová y dijo: Ahora, oh Jehová, ¿no es esto lo que yo decía estando aún en mi tierra? Por eso me apresuré a huir a Tarsis; porque sabía yo que tú eres Dios clemente y piadoso, tardo en enojarte, y de grande misericordia, y que te arrepientes del mal (4:1-2).*

Jonás conocía exactamente cómo era Dios —bondadoso, compasivo, lleno de amor—, y *¡es por eso* que no quería ir a Nínive! No quería que Nínive se arrepintiera y fuese salva; ¡quería que fuera destruida! Esto es fascinante, ¿no le parece? Jonás odiaba a los habitantes de esta ciudad cruel y sangrienta; una ciudad que, a menudo, había mandado saqueadores a la tierra de Jonás para matar y robar. ¡Jonás quería revancha para los ninivitas paganos, no misericordia!

Jonás conocía exactamente cómo era Dios –bondadoso, compasivo, lleno de amor–, y *¡es por eso* que no quería ir a Nínive!

Así que, en un esfuerzo por evitar que Dios mostrara Su misericordia a este enemigo tan odiado, Jonás huyó a Tarsis.

Este es un elemento asombroso del carácter del Señor y prueba que ¡el Dios del Antiguo y del Nuevo Testamento son uno y el mismo Dios! De tiempo en tiempo, aquellos que no creen en la Biblia —principalmente los que son educados más allá de su inteligencia— dicen que el Dios del Antiguo Testamento era un Dios de ira, vengativo, que siempre mataba a la gente con relámpagos y rayos. Pero eso no describe al Señor que Jonás conocía. Este visualiza a Dios como «clemente y piadoso, tardo en enojarte, y de grande misericordia, y que te arrepientes del mal».

Ah, sí, hay alguien en esta historia que es vengativo e iracundo, que quiere ver que toda una ciudad llena de gente es fulminada por rayos del cielo. Pero esa persona no es Dios, ¡es Jonás! El juicio de los seres humanos es siempre más severo, más caprichoso y más colérico que el de Dios. El juicio divino es justo y misericordioso. Es Dios —el Dios del Antiguo Testamento— quién inventó la gracia y la misericordia, y quien siempre abundó en amor paciente.

Es Dios –el Dios del Antiguo Testamento– quién inventó la gracia y la misericordia, y quien siempre abundó en amor paciente

Por tanto, el Señor volvió a ordenarle a Jonás que fuera a Nínive. Jonás seguía sin querer ir, pero recordó su paseo de tres días en el vientre del pez.

Y fue.

La respuesta de Nínive

Así que, Jonás al fin llegó a Nínive, una gran ciudad; en efecto, tan grande que le llevó tres días para caminar sólo de un extremo al otro. Se calculaba que un día de viaje representaba aproximadamente veinte kilómetros; así que, unos tres días de viaje serían cerca de sesenta. Era una ciudad bastante grande. En muchos aspectos, es probable que fuera un grupo de pueblos y vecindarios muy parecido a Los Ángeles o a la ciudad de Nueva York. Estaban reunidos alrededor de las orillas del río Tigris y conformaban la capital del gran imperio sirio (o asirio). Iba a llevar un tiempo declarar el mensaje de Dios a una ciudad tan grande. Entonces, Jonás comenzó un viaje de un día por la ciudad para proclamar que, en cuarenta días, Dios la destruiría.

Normalmente, esa clase de mensaje no sería bien recibido. La Biblia informa que, cuando otros profetas con un mensaje similar eran enviados a ciudades malvadas, los expulsaban del lugar con carcajadas... o cosas peores. Sin embargo, algo asombroso sucede en esta historia:

> *Y los hombres de Nínive creyeron a Dios, y proclamaron ayuno, y se vistieron de cilicio desde el mayor hasta el menor de ellos (3:5).*

Y cuando el rey escuchó acerca de ello, el texto declara:

> *Y llegó la noticia hasta el rey de Nínive, y se levantó de su silla, se despojó de su vestido, y se cubrió de cilicio y se sentó sobre ceniza. E hizo proclamar y anunciar en Nínive, por mandato del rey y de sus grandes, diciendo: Hombres y animales, bueyes y ovejas, no gusten cosa alguna; no se les dé alimento, ni beban agua; sino cúbranse de cilicio hombres y animales, y clamen a Dios fuertemente; y conviértase cada uno de su mal camino, de la rapiña que hay en sus manos (3:6-8).*

Y los habitantes de Nínive hicieron exactamente lo que Dios, a través de Su siervo reticente Jonás, les dijo que hicieran. El Señor vio, y juzgó sus corazones y sus actos:

> *Y vio Dios lo que hicieron, que se convirtieron de su mal camino; y se arrepintió del mal que había dicho que les haría, y no lo hizo (3:10).*

Jonás fue una señal para los ninivitas

¿Por qué la gente de Nínive oyó el mensaje de Jonás? Jesús mismo nos da una clave. En Lucas 11, Él se refiere a este relato y dice: «Así como Jonás fue señal a los ninivitas, también lo será el Hijo del Hombre a esta generación» (Lc. 11:30). Algunos estudiosos de la Biblia creen que el físico de Jonás cambió por su experiencia en el vientre de la ballena. Hay algunos incidentes interesantes, históricamente verificados, de gente que ha sido tragada por peces o ballenas, como Jonás. Recomiendo *La armonía de la ciencia y la Escritura,* de Harry Rimmer, donde relata sobre un marinero inglés que cayó por la borda y fue tragado por un pez. Un día o dos más tarde, el pez fue visto flotando en la superficie del agua y llevado a tierra. Cuando lo abrieron, los marineros, para su sorpresa, encontraron a su compañero de barco vivo. Sobrevivió a la experiencia, pero su piel se había vuelto blanca como tiza y quedó así por el resto de su vida. El Dr. Rimmer habló con él y se enteró de los detalles de su experiencia. Fue claramente verificado. Ha habido otros relatos como este, probablemente una media docena.

Si la cara y el cuerpo de Jonás confirmaban su impresionante testimonio de que había sido tragado vivo por un pez como resultado del juicio de Dios en su propia vida, podemos estar seguros de que la gente lo tomó en serio cuando les habló del futuro juicio divino sobre esa ciudad. El profeta era una evidencia viviente de que Dios hablaba en serio. La ciudad se arrepintió hasta la última persona, y el juicio de Dios fue suspendido.

El enojo de Jonás

En el capítulo final del libro, tenemos el encuentro entre Jonás y Dios. Podríamos esperar que la historia concluyera en el capítulo 3, cuando la ciudad se arrepiente entre polvo y ceniza. Sin embargo, el cuarto capítulo de Jonás nos muestra que el enfoque de este libro no está en la ciudad de Nínive, sino en el hombre, Jonás, y en el corazón de Dios. Leemos en este capítulo que Jonás estaba enojado con Dios. ¿Por qué? Porque hizo exactamente lo que Jonás temía que hiciera: le perdonó la vida a la ciudad de Nínive. Esta fue la razón de que Jonás huyera al principio; para evitar que Dios tuviese misericordia de aquella ciudad enemiga. El profeta estaba tan amargamente enojado con el Señor que realmente quería morir.

Después de escucharlo vociferar y demandar que lo matara, Dios le dio la vuelta a la situación. Le preguntó a Su siervo:

> *¿Haces tú bien en enojarte tanto?* (4:4).

Jonás ni siquiera contestó. Se sentó al borde de una peña sobre la ciudad y esperó a ver qué hacía Dios. No sé cuánto tiempo habrá pasado, pero tal vez fueron varios días, porque el primer día, Dios preparó una planta. La planta creció y cubrió la cabeza de Jonás; evidencia de la provisión generosa del Señor.

Al segundo día, Dios preparó un gusano que atacó y mató la planta. Luego, cuando el sol salió, preparó un viento del este que sopló el calor del desierto sobre el sitio donde se encontraba Jonás. Este estuvo allí sentado, sudando y sufriendo, hasta casi desmayarse. Otra vez, pidió morirse, y nuevamente Dios lo hizo reflexionar sobre su actitud:

Entonces dijo Dios a Jonás: ¿Tanto te enojas por la calabacera? Y él respondió: Mucho me enojo, hasta la muerte (4:9).

Es fácil acusar a Jonás, pero la mayoría de nosotros le ha dicho algo similar a Dios en un momento u otro: «Por supuesto que estoy enojado contigo, Dios. No eres justo. No me gusta la manera en que estás llevando las cosas. No entiendes cómo me siento. No castigas a los que hacen mal. Tengo derecho a estar molesto contigo, Señor, porque no estás haciendo bien las cosas».

Y entonces Dios le muestra a Jonás la absurda insensatez de su actitud. En los versículos 10 y 11, le muestra que está allí sentado sintiendo lástima de sí mismo y de una insignificante planta que ni siquiera había plantado ni cuidado. Entonces, ¡¿por qué no sentía ni la más ínfima pizca de compasión por las 120.000 personas en la ciudad de Nínive que no sabían nada de Dios ni de las cosas espirituales, como si fuesen niños que no saben discernir entre la mano derecha y la izquierda?!

En este momento, el libro termina abruptamente. ¿Por qué? Porque nos ha llevado directamente a donde quería llevarnos: ¡dentro del propio corazón de Dios! La mayoría de nosotros se parece mucho a Jonás: Nos preocupamos de nuestros propios deseos y necesidades egoístas, de nuestras actividades, de nuestras mezquinas posesiones. Para Jonás fue una planta; para usted o para mí, podría ser un automóvil, un empleo, una casa o cualquier otra cosa. Nos preocupamos por cosas. Nos preocupamos por nosotros. Dios se preocupa por la gente, por seres humanos vivos, palpitantes, que sufren.

Dios amaba a estos ninivitas, aunque Jonás los odiaba. ¿Quién es hoy su enemigo? Quizás le gustaría ver que Dios derrama Su juicio sobre algún líder malvado del mundo, sobre el vecino malhumorado de al lado, sobre la persona que robó su automóvil, sobre el conductor ebrio que se llevó a una persona querida de su lado o sobre el cristiano mandón que le hace la vida imposible en la iglesia. Pero Dios ama a esa persona, tal como amaba a los ninivitas. Usted quiere que esa persona sufra, pero Dios ama a esa persona y podría incluso prosperarla. Usted puede llegar a enojarse e impacientarse con el Señor por retrasar Su juicio sobre esa persona.

Pero Dios quiere que veamos a esa gente, y a todos, como Él los ve. Quiere que nos instalemos en Su corazón y veamos el mundo a

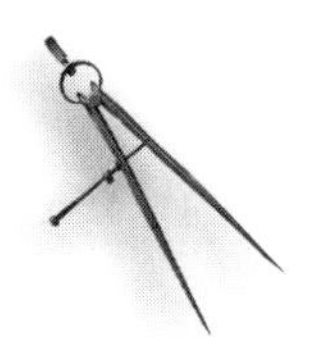

través de Sus ojos. El Señor nos ha enviado al mundo para proclamar la palabra de Jonás: una palabra de advertencia y otra de misericordia. A nuestro alrededor encontramos gente perdida. Podemos considerarlos ateos y desobedientes. Podemos descartarlos de nuestra vida como gente indignante, detestable, que merece la condenación. Pero, espiritualmente, son como niños que no saben diferenciar la mano izquierda de la derecha. Son objetos del amor, la misericordia y la compasión de Dios, y Él quiere enviarnos a hablarles de Su amor.

Dios nos ha enviado para que seamos una señal para nuestra generación, así como mandó a Jonás para que lo fuera en la suya. ¿Cuál es esa señal? Es la señal de Jonás, la señal de la resurrección, la señal de personas que una vez estuvieron muertas y que han sido revividas en Jesucristo. Nuestro mensaje es claro: Servimos a un Dios que puede revivir a los muertos, que puede resucitar a aquellos que han sido tragados hasta el vientre de una ballena, devorados por el pecado y la vergüenza, hundidos en la depresión y la desesperanza.

Dios nos ha enviado para que seamos una señal para nuestra generación, así como mandó a Jonás para que lo fuera en la suya

Jonás huyó de su llamado. Estaba molesto por la misericordia de Dios. Aprendamos la lección de la vida de Jonás. Que cada uno de nosotros nos dirijamos obedientes adonde Dios quiere que vayamos, digamos lo que quiere que digamos y hagamos lo que quiere que hagamos. En lugar de estar enojados por la misericordia de Dios, permitamos que nos llene de gozo y de una sensación de triunfo mientras proclamamos el mensaje del Señor en nuestros días.

¿QUIÉN ES COMO DIOS?

¿Qué nos dice un nombre?

En la Biblia, los nombres suelen ser muy significativos. Por ejemplo, el libro de Génesis contiene la historia de un hombre llamado Matusalén, un nombre famoso porque es el hombre más viejo en la Escritura (y, presumiblemente, la persona más vieja que jamás haya existido). Cuando Matusalén nació, su padre Enoc le puso un nombre que no sólo resultó ser significativo, sino también profético. En hebreo, significa: «Cuando muera, ocurrirá». Matusalén vivió 969 años y, cuando murió, ocurrió el gran diluvio de Noé.

El libro de Miqueas es otro ejemplo del significado de los nombres en la Biblia. Efectivamente, la clave de este pequeño libro profético se encuentra en el significado del nombre del profeta. En hebreo, Miqueas significa: «¿Quién es como Dios?» o «¿Quién es como Jehová?». Esta es la pregunta reiterada de Miqueas. El libro indica que «Miqueas» era realmente un apodo dado a este profeta porque el mensaje que repetía constantemente era: «¿Miqueas? ¿Miqueas?... ¿Quién es como Dios?».

Miqueas y Efesios

El tema de Miqueas es *la naturaleza santa de Dios,* que también se ha expresado como *la santidad de Dios.* La naturaleza santa de Dios es también el tema de la Epístola de Pablo a los Efesios. Es interesante e instructivo comparar estos dos mensajes, Miqueas y Efesios. Al hacerlo, encontramos que el Antiguo y el Nuevo Testamento se complementan; hablan un idioma uniforme. Esto también prueba el principio de que la Escritura interpreta a la Escritura. Si no entendemos algo del Nuevo Testamento, recurrimos al Antiguo para comprenderlo y esclarecer nuestras dudas.

Miqueas fue contemporáneo del gran profeta Isaías, y el estilo de su libro es similar. En realidad, algunas veces fue llamado «Isaías en miniatura», porque es una presentación concisa de, esencialmente, el mismo mensaje.

El libro está dividido en tres partes. Los primeros tres capítulos describen el fracaso de la nación. Escuchamos este tema en muchos de los profetas, pero en Miqueas vemos que la nación judía ha fallado particularmente con respecto a un estilo de vida santo o conforme a la naturaleza santa de Dios. Los capítulos 4 y 5 contrastan la impiedad de Israel con una visión de Aquel que vendrá: el Santo. Esta es una sección profética que anticipa la venida de Cristo, el Mesías. Los últimos tres capítulos nos brindan la petición de Dios de que la nación se arrepienta y regrese a Él.

Presentamos ahora un resumen del libro de Miqueas:

El juicio futuro (Miqueas 1–3)

1. El juicio contra el pueblo 1–2
2. El juicio contra los líderes 3

La restauración futura (Miqueas 4–5)

3. El futuro reino 4
4. La venida del Mesías 5

Dos llamados al arrepentimiento (Miqueas 6–7)

5. El primer llamado de Dios y la respuesta de Miqueas 6
6. El segundo llamado de Dios y la respuesta de Miqueas 7:1-6
7. La promesa de salvación 7:7-20

El primer capítulo presenta una imagen magnífica de Dios llevando adelante el juicio contra esta nación de Judá por el fracaso absoluto del pueblo en ser santos, aun cuando Él les había provisto todo lo necesario para serlo. Esto suena conocido, ¿no es cierto? ¿Por qué no somos piadosos? Tenemos todo lo que necesitamos, en el Espíritu Santo, para llevar vidas santas, pero no llegamos ni cerca. Así que, este libro nos confronta allí donde estamos, en el mismo barco que el pueblo de Judá.

El profeta que hace juegos de palabras

En Miqueas 1:10-16, encontramos una faceta interesante del texto, que es difícil de apreciar en la traducción al español. Estos antiguos profetas acostumbraban a hacer juegos de palabras y, aunque algunas personas dicen que estos juegos son la forma más baja del humor, la

Biblia contiene muchos. ¡El problema para los hispanohablantes es que los juegos de palabras están en hebreo! Si pudiera leer el original hebreo, vería que se emplean uno tras otro en los nombres de estas ciudades mencionadas por el profeta.

Miqueas le dice a la ciudad de Gat que no llore; el nombre de la ciudad significa «llanto». A Bet-le-afra («casa de polvo»), que se revuelque en el polvo como un acto de arrepentimiento. A Safir («belleza») que, su belleza será avergonzada. A Zaanán («marcha»), que no marchará adelante. A Bet-esel («casa de vecinos»), que terminará abandonada por sus vecinos. A Marot («pueblo amargo»), que llorará amargamente. A Laquis («pueblo del caballo»), que sujete los caballos al carro y se prepare para salir del pueblo.

El capítulo 2 sigue describiendo la absoluta destrucción de la gente, incluso los gobernantes, los profetas, las mujeres y los niños.

En el capítulo 3, encontramos la razón del juicio de Dios contra Judá. Como Diógenes, con lámpara en mano y buscando por todo el campo a un hombre honesto, Miqueas había buscado santidad en el reino del sur, Judá, y lo hace donde supuestamente estaría: entre los gobernantes de la nación, entre los representantes de Dios. Pero allí encuentra sólo corrupción, opresión, soborno e injusticia. Miqueas expone la basura de Jerusalén y dice que la razón del juicio divino sobre Su pueblo es que aquellos a quienes se les ha dado autoridad para representar a Dios han olvidado que son responsables ante Él.

Esta acusación toca nuestras vidas hoy, porque siempre que se nos coloca en una posición de autoridad, se nos recuerda que también tenemos una autoridad por encima de nosotros. El Nuevo Testamento nos advierte que los amos deben tener en cuenta que también tienen un amo en los cielos, y que Dios considera a toda autoridad responsable ante Él (ver Ef. 6:9). Cualquiera que olvide esto está usando el poder sólo para beneficio y exaltación personal. Y eso fue lo que corrompió a la nación y la puso bajo el juicio de Dios. El profeta lo resume en el capítulo 3, versículo 11:

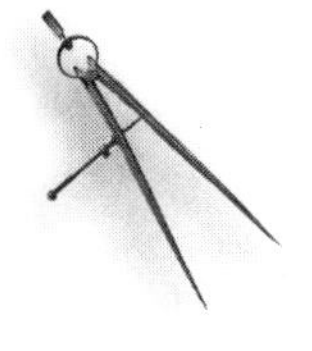

> *Sus jefes juzgan por cohecho, y sus sacerdotes enseñan por precio, y sus profetas adivinan por dinero; y se apoyan en Jehová, diciendo: ¿No está Jehová entre nosotros? No vendrá mal sobre nosotros.*

Cuando usted sirve en un lugar de autoridad, sea en el gobierno, la iglesia, los negocios, una organización o su familia, representa a Dios en esa posición. Pablo declara: «Sométase toda persona a las autoridades superiores; *porque no hay autoridad sino de parte de Dios,* y las que hay, por Dios han sido establecidas» (Ro. 13:1, énfasis añadido). Olvidarnos de la responsabilidad que tenemos como líderes y autoridades

Cuando se sirve en un lugar de autoridad, se representa a Dios en esa posición

conduce a la corrupción, la opresión, el soborno, el sufrimiento... y al juicio.

Una visión del Mesías

En el capítulo 4, encontramos una visión maravillosamente excepcional. Aquí el profeta alza sus ojos y mira a través de los siglos: atraviesa la venida de Babilonia; el surgimiento del gran imperio oriental de Grecia; el Imperio Romano y los días de los Césares; la Edad Media; la era de la Reforma, con Martin Lutero y John Wesley; e incluso nuestra era. En su visión, Miqueas ve la llegada de Aquel que es el Santo. Este es uno de los pasajes mesiánicos más hermosos en las Escrituras:

> *Acontecerá en los postreros tiempos que el monte de la casa de Jehová será establecido por cabecera de montes, y más alto que los collados, y correrán a él los pueblos. Vendrán muchas naciones, y dirán: Venid, y subamos al monte de Jehová, y a la casa del Dios de Jacob; y nos enseñará en sus caminos, y andaremos por sus veredas; porque de Sion saldrá la ley, y de Jerusalén la palabra de Jehová. Y él juzgará entre muchos pueblos, y corregirá a naciones poderosas hasta muy lejos; y martillarán sus espadas para azadones, y sus lanzas para hoces; no alzará espada nación contra nación, ni se ensayarán más para la guerra. Y se sentará cada uno debajo de su vid y debajo de su higuera, y no habrá quien los amedrente; porque la boca de Jehová de los ejércitos lo ha hablado (4:1-4).*

La búsqueda de paz mundial es una esperanza vana hasta que el Mesías venga a establecer Su gobierno

Este pasaje describe una escena aún futura. Las naciones nunca olvidarán cómo hacer guerras, nunca convertirán sus espadas en azadones ni sus lanzas en hoces hasta que venga Aquel que sabe como gobernar en santidad. Aunque las palabras de Miqueas, que describen un mundo futuro en paz, están inscritas en las paredes del edificio de las Naciones Unidas, en Nueva York, la búsqueda de paz mundial es una esperanza vana hasta que el Mesías venga a establecer Su gobierno.

El resto del capítulo 4 sigue describiendo que Israel será reunido y que, finalmente, vencerá a sus enemigos.

El capítulo 5 comienza con un nuevo pensamiento. El profeta le dice a Israel:

> *Rodéate ahora de muros, hija de guerreros; nos han sitiado; con vara herirán en la mejilla al juez de Israel (5:1).*

Este versículo describe al ejército asirio cuando se reunía alrededor de la ciudad. También es una descripción de aquel día en que un ejército asirio más grande vendrá desde el norte contra Israel. La razón de su venida se da al declarar que esos ejércitos «con vara herirán en la mejilla al juez de Israel». Esta es una referencia a la primera venida del Señor Jesús, cuando estuvo de pie ante Pilato y los gobernantes de la nación, y ellos lo golpearon con una vara, pusieron una corona de espinas en Su cabeza y se burlaron de Él. Golpearon en la mejilla al soberano de Israel (ver Mt. 27:27-30).

Ahora, de repente, el profeta ve de dónde vendría ese soberano. Este es uno de los pasajes proféticos más significativo del Antiguo Testamento:

Pero tú, Belén Efrata, pequeña para estar entre las familias de Judá, de ti me saldrá el que será Señor en Israel; y sus salidas son desde el principio, desde los días de la eternidad (5:2).

¿Recuerda cuando los sabios vinieron de Oriente buscando al Rey de los judíos que acababa de nacer (ver Mt. 2:1-6)? Ellos les dijeron a los gobernantes de Jerusalén: «¿Dónde está el rey de los judíos, que ha nacido?», y los principales sacerdotes respondieron: «En Belén». ¿Cómo lo sabían? Bueno, unos 700 años antes, Miqueas había escrito estas palabras en Miq. 5:2. Los principales sacerdotes conocían el lugar de nacimiento del Mesías porque había sido profetizado en la Escritura.

Aquel que proviene de Belén se describe aún más en el versículo 4:

Y él estará, y apacentará con poder de Jehová, con grandeza del nombre de Jehová su Dios; y morarán seguros, porque ahora será engrandecido hasta los fines de la tierra.

La petición de Dios

La visión de 700 años de Miqueas da completamente en el blanco. Claramente, ve la verdadera naturaleza del Mesías, Jesucristo, el Dios-hombre, la única persona santa que haya caminado sobre la tierra. Aquel igual a Dios, «cuyas salidas son desde el principio, desde los días de la eternidad» y que «será engrandecido hasta los fines de la tierra».

En los capítulos 6 y 7, en un pasaje de poder y belleza increíbles, Jehová vuelve a intentar convencer a Su pueblo y mostrarles el camino para participar de la naturaleza santa de Dios. El profeta Miqueas escribe:

Oíd ahora lo que dice Jehová: Levántate, contiende contra los montes, y oigan los collados tu voz. Oíd, montes, y fuertes cimientos de la tierra, el pleito de Jehová; porque Jehová tiene pleito con su pueblo, y altercará con Israel (6:1-2).

Eso preparó el terreno. Ahora Dios habla y esto es lo que dice:

Pueblo mío, ¿qué te he hecho, o en qué te he molestado? Responde contra mí. Porque yo te hice subir de la tierra de Egipto, y de la casa de servidumbre te redimí; y envié delante de ti a Moisés, a Aarón y a María (6:3-4).

¿Cómo responde el pueblo a Dios?

¿Con qué me presentaré ante Jehová, y adoraré al Dios Altísimo? ¿Me presentaré ante él con holocaustos, con becerros de un año? ¿Se agradará Jehová de millares de carneros, o de diez mil arroyos de aceite? ¿Daré mi primogénito por mi rebelión, el fruto de mis entrañas por el pecado de mi alma? (6:6-7).

La respuesta de Dios es sumamente simple:

Oh hombre, él te ha declarado lo que es bueno, y qué pide Jehová de ti: solamente hacer justicia, y amar misericordia, y humillarte ante tu Dios (6:8).

Esta es la respuesta, ¿no es cierto? Es el camino a tomar para ser partícipes de la naturaleza santa del Señor: caminar humildemente con Dios. Después de todo, Él es el único que nos puede hacer santos. Pero los israelitas no lograron hacerlo, así que, nuevamente viene la advertencia de juicio, ya que Dios, finalmente, debe despertarlos de su insensatez y su pecado.

La pregunta de Miqueas resuena en nuestros oídos: ¿Quién es como Dios? Sólo aquel que camina con el Mesías, el Señor Jesús, aquel que vive según el modelo de Su vida, aquel que actúa justamente (como Él lo hizo), que muestra misericordia (como Él la mostró) y que camina humildemente (como Él anduvo). Dios nos intenta convencer, y más allá del furor de Su juicio, escuchamos el latido de Su amor constante e insistente. El Señor es misericordioso y espera que nos volvamos a Él para perdonarnos, restaurarnos, tener comunión, y así poder formarnos y moldearnos para convertirnos en las personas que Miqueas estaba buscando: personas que sean como Dios.

LA TERRIBLE IRA DE DIOS

¿Cuándo fue la última vez que escuchó predicar un sermón sobre el libro de Nahum? Lo cierto es que muchos cristianos ¡nunca han escuchado el mensaje de este profeta!

Nahum es dejado de lado porque es demasiado confuso y corto, y, francamente, porque no es el libro más entretenido para leer. No obstante, toda porción de la Escritura es indispensable y contribuye para nuestro crecimiento y nutrición espiritual. Por eso, el apóstol Pablo dice: «Toda la Escritura es inspirada por Dios, y útil para enseñar, para redargüir, para corregir, para instruir en justicia, a fin de que el hombre de Dios sea perfecto, enteramente preparado para toda buena obra» (2 Ti. 3:16-17). Y esta pequeña profecía de Nahum no es una excepción.

Nahum es dejado de lado porque es demasiado confuso y corto, y porque no es el libro más entretenido para leer

Revela ciertos aspectos del carácter de Dios de forma más clara que cualquier otro libro de la Biblia. Los profetas nos muestran los atributos divinos, y cada uno de ellos lo hace desde una perspectiva diferente. Por tanto, cuando leemos los libros de los profetas, estamos apreciando diferentes facetas del carácter de un Dios eterno, facetas que brillan como diamantes a la luz del sol. No debemos olvidar ninguno de estos atributos brillantes e instructivos.

La ira santa de Dios

En este libro, Nahum revela la faceta o atributo correspondiente a la ira de Dios. Ninguna doctrina es tan desagradable para la gente de hoy como este tema. Es una doctrina que a muchos les gustaría olvidar. Algunos imaginan a Dios más como un Papá Noel que como el Creador-Padre-Rey-Juez que realmente es. No pueden soportar la idea de que tenga que disciplinar o castigar a alguien. Quieren redefinir su imagen de Dios para que sea más genial, más cálida y borrosa, más... suave.

Es verdad que nuestro Dios es amoroso, paciente y misericordioso, pero nunca deberíamos olvidar todas las cualidades de Su carácter. Él es juez, y los jueces deben pronunciar veredictos e imponer penas; de lo contrario, son jueces injustos. Él es Padre, y los padres deben disciplinar; de otra manera no aman a sus hijos.

Así que, la tarea de Nahum es mostrar el lado severo de nuestro tierno Padre celestial. Y lo hace. En su profecía, el Dios del monte Sinaí relampaguea con furia atroz, un Dios ante el cual la humanidad debe permanecer en silencio y temblar. No es posible leer este libro sin reconocer la verdadera solemnidad y la majestad suprema de Dios.

Contra Nínive

Al comenzar este libro, es importante saber por qué Dios está tan enojado y con quienes. Esta profecía está dirigida contra la ciudad de Nínive; sí, la misma a la cual el Señor mandó al profeta Jonás. Cuando Jonás predicó en Nínive, la ciudad se arrepintió en polvo y cenizas. Dios retuvo Su ira contra ella y la perdonó, porque todo ninivita, desde el rey hasta el más humilde ciudadano, había regresado a Él y se había arrepentido de sus pecados. Sin embargo, la profecía de Nahum ocurre aproximadamente un siglo después de la de Jonás. Durante ese tiempo, Nínive se había cansado de su arrepentimiento y había comenzado a hacer las mismas cosas que, inicialmente, habían provocado la amenaza de juicio divino.

El profeta Nahum fue enviado a ministrar en el reino de Judá, al sur, durante la invasión del rey asirio Senaquerib. Este rey, que llegó de la capital de Asiria, Nínive, invadió Israel en la época en que vivió el profeta Isaías. Era desde esta ciudad del norte, grande, pero pagana, que los ejércitos de los asirios solían atacar las tierras de Judá y de Israel. Pero Dios actuó para proteger a Su pueblo y destruyó a estos enemigos durante la noche.

Nahum significa «consolación» o «consuelo»

Nahum significa «consolación» o «consuelo», y, mientras el ejército asirio se esparcía alrededor de la ciudad de Jerusalén, el profeta estaba dando un mensaje de consuelo. Imagine la escena mientras la ciudad se encontraba sitiada por ejércitos que eran sumamente conocidos por ser guerreros crueles, sin conciencia a la hora de incendiar y destruir, de violar y saquear, de matar a los niños, sin perdonar a nadie. Después, imagine cuán reconfortado se sintió el pueblo de Jerusalén cuando el profeta se puso en pie y le dijo que Dios destruiría Nínive, la orgullosa capital de sus enemigos.

El libro de Nahum se divide en cuatro secciones, y cada una de ellas es una descripción singular de la ira de Dios. Lo que sigue es un resumen de este libro:

La ira terrible de Dios (Nahum 1:1-7)
Principios del juicio de Dios

La ira personal de Dios (Nahum 1:8-15)
El juicio de Dios contra Nínive y Senaquerib

La ira profunda de Dios (Nahum 2:1–3:11)
La destrucción de Nínive

La ira irresistible de Dios (Nahum 3:12-19)
La destrucción de Nínive es inevitable

Primera sección: La ira terrible de Dios

Esta sección podría caracterizarse como una visión de la ira terrible de Dios, tal como la vemos descrita en el capítulo 1:

> *Jehová es Dios celoso y vengador; Jehová es vengador y lleno de indignación; se venga de sus adversarios, y guarda enojo para sus enemigos. Jehová es tardo para la ira y grande en poder, y no tendrá por inocente al culpable. Jehová marcha en la tempestad y el torbellino, y las nubes son el polvo de sus pies. El amenaza al mar, y lo hace secar, y angosta todos los ríos; Basán fue destruido, y el Carmelo, y la flor del Líbano fue destruida. Los montes tiemblan delante de él, y los collados se derriten; la tierra se conmueve a su presencia, y el mundo, y todos los que en él habitan. ¿Quién permanecerá delante de su ira? ¿y quién quedará en pie en el ardor de su enojo? Su ira se derrama como fuego, y por él se hienden las peñas (1:2-6).*

Dios es lento para la ira, pero, una vez que esa ira es provocada, ¡es terrible experimentarla!

¡Qué descripción! El profeta tiene una visión de Dios en Su enojo, al mirar a los invasores de Asiria. Él ha sido paciente, soportando sus pecados, dándoles toda oportunidad para arrepentirse como lo había hecho en los días de Jonás. Había mandado profeta tras profeta para llamarlos a regresar a Él. Finalmente, Su paciencia se había agotado ¡y Su ira llega a un completo y creciente ardor! Sí, el Señor es lento para la ira, pero, una vez que esa ira es provocada, ¡es terrible experimentarla!

Nahum usa todas las palabras hebreas que definen la ira de Dios

Es peligroso renegar del arrepentimiento, como lo hicieron los ninivitas. Repudiar el mal y después regresar a él; esto provoca la ira de Dios. Su cólera no es una rabieta temperamental. No es vengativa, trivial ni innecesariamente cruel. No es caprichosa ni injusta. No es egoísta. No es fortuita ni caótica. La ira de Dios es controlada, pero impresionante y espantosa de soportar.

En estos seis versículos, Nahum usa todas las palabras hebreas que definen la ira de Dios: celos, venganza, ira, enojo, indignación, ferocidad, furia. ¿Qué significan estas palabras?

Celos

Los celos de Dios no son como el monstruo egoísta y trivial del mismo sentimiento de los humanos. En el caso de Dios, son una pasión ardiente por una causa justa, una preocupación abrumadora por aquellos a quienes Él ama.

Venganza

La venganza o retribución de Dios no es como la sed de revancha que suele consumir a los seres humanos. Su venganza está basada en la justicia y es el resultado correcto de lo que está bien y lo que está mal. Cuando el Señor se venga, sabemos que Su venganza es proporcionada, justa y verdadera.

Ira

La ira de Dios, Su enojo sombrío y elevado, es uno de los aspectos más impresionantes y aterradores de Su carácter; y, una vez más, está basado en la justicia y la verdad. La palabra hebrea para ira proviene del término que literalmente significa «aliento ardiente». La ira divina es ardiente e intensa, y todo a su paso es asolado y quemado.

Indignación

La indignación de Dios proviene de otro término hebreo que literalmente se traduce «echar espuma por la boca». Su indignación no es meramente un pataleo o una nariz parada. ¡Es intensa y aterradora en extremo!

Ferocidad, furia

El calor es un componente principal de la ira de Dios. En hebreo, la palabra ferocidad literalmente significa «calor», y furia significa «ardiente».

Puede verse cuán pintorescas son estas palabras. Los cristianos que creen en la Biblia no pueden negar que los atributos de Dios incluyen una ira candente, ardiente, abrasadora.

Segunda sección: La ira personal de Dios

La segunda sección, que comienza en 1:8, revela otro aspecto de Su enojo: Su ira o enojo puede ser personal. El enojo de Dios, que vemos en esta sección, está dirigido contra un solo individuo: Senaquerib, el rey pagano y general de los ejércitos asirios que quería destruir al pueblo de Dios.

Contra Senaquerib

Este pasaje es paralelo a Isaías 36 y 37, el cual describe el sitio de Jerusalén a manos del ejército asirio, al insultar y mofarse del gobernante de Judá, el rey Ezequías. Isaías nos dice que Ezequías tomó los mensajes del enemigo y los presentó ante el Señor, y pidió que Él salvase la ciudad. Se nos cuenta que, esa noche, el ángel de la muerte pasó entre los invasores asirios y mató a 185.000 soldados (ver Is. 37:36). Nahum 1:12-13 se refiere a ese suceso:

> *Así ha dicho Jehová: Aunque reposo tengan, y sean tantos, aun así serán talados, y él pasará. Bastante te he afligido; no te afligiré*

ya más. Porque ahora quebraré su yugo de sobre ti, y romperé tus coyundas.

Cuando el ángel cruzó el campo, el general asirio fue perdonado, y regresó a Nínive. Pero, mientras adoraba a sus falsos dioses en el templo, al regreso de su enfrentamiento con Israel, fue asesinado por sus dos hijos, quienes usurparon la corona; un acontecimiento relatado en el versículo 14:

Mas acerca de ti mandará Jehová, que no quede ni memoria de tu nombre; de la casa de tu dios destruiré escultura y estatua de fundición; allí pondré tu sepulcro, porque fuiste vil.

Años antes de que esto sucediese, al profeta Nahum se le había dicho que Dios se ocuparía de este hombre en su propio templo, en la casa de sus dioses, y que allí sería su tumba. La ira del Señor lo persiguió y lo llevó a la muerte.

Vemos en esta sección que la ira de Dios puede ser dirigida contra una persona en forma individual. A mucha gente, esto le resulta muy difícil de aceptar. Quieren creer que el Señor, siendo un Dios de amor, es realmente incapaz de castigar a la gente. Rechazan la idea de que la justicia del Señor demanda castigo para los hacedores del mal. Dicen que el amor de Dios es más grande que Su justicia y que anula todo castigo. Pero, desde el punto de vista bíblico, esto es una falsa ilusión. Dios escogió a Senaquerib, el rey asirio, para un castigo ilimitado, porque sus pecados habían llegado hasta los cielos como el humo de las ciudades que había destruido.

Tercera sección: La ira rigurosa de Dios

El capítulo 2 comprende una tercera sección que revela otro aspecto del enojo de Dios: el Señor es riguroso. Dios se dirige a Nínive, la ciudad capital de Asiria, y dice:

Subió destruidor contra ti; guarda la fortaleza, vigila el camino, cíñete los lomos, refuerza mucho tu poder (2:1).

Podemos imaginar esto como un dramático cuadro donde el vigía está mirando y ve a los ejércitos babilónicos que van a destruir la ciudad de Nínive. La historia nos dice que los ejércitos combinados de Ciaxares y Nabopolasar, el padre de Nabucodonosor, subieron contra Nínive. A este ejército se lo llamó el «agresor» (o, en algunas traducciones, el «demoledor»). En el versículo 4, Dios, a través de Nahum, relata cómo será la escena cuando el «demoledor» invada la ciudad:

Los carros se precipitarán a las plazas, con estruendo rodarán por las calles; su aspecto será como antorchas encendidas, correrán como relámpagos.

La profecía de Nahum se cumple

¡Esto casi se parece a una representación del sistema de autopistas de Los Angeles! En realidad, es una descripción profética de la batalla que Nahum predijo sobre las multitudes embravecidas en las calles de Nínive mientras los babilonios escalan los muros de la ciudad.

El versículo 6 predice la apertura de las compuertas del río y la confusión en el palacio. El historiador griego Diodorus Siculus registra la caída de la ciudad de Nínive, diciendo:

> «Existía una profecía antigua que decía que Nínive no sería tomada hasta que el río se volviera un enemigo de la ciudad. Y, en el tercer año de sitio, el río, creciendo con las lluvias continuas, inundó toda la ciudad y derribó la pared de veinte furlones (aprox. 200 metros). Luego, el rey [de Nínive], pensando que el oráculo se cumpliría y que el río se convertiría en un enemigo, construyó una gran pira funeraria en el palacio, reunió toda su riqueza, sus concubinas y eunucos, y se prendió fuego junto con todos ellos y el edificio. Entonces, el enemigo entró por la brecha que las aguas habían hecho y tomó la ciudad».

Los ejércitos babilónicos destruyeron Nínive exactamente tal como Nahum lo había profetizado. Cuando la ciudad fue destruida, nada quedó en pie. A comienzos de este siglo, usted podría haber visitado el amplio emplazamiento de Nínive y nunca habría sabido que allí existió alguna vez una ciudad. Muchos kilómetros alrededor, sólo habría visto un yermo llano y desierto. Hace algunos años, los arqueólogos comenzaron a excavar en la zona y desenterraron restos y fragmentos que verifican que Nínive estaba en aquel lugar. Lo único que queda son escombros de lo que una vez fue una gran ciudad. Estuvo perdida durante siglos, enterrada bajo las arenas cambiantes del desierto. Esto ilustra cómo obra la ira profunda de Dios cuando Él juzga. Nada escapa. «Aunque los molinos de Dios giren despacio, aun así, muelen completamente».

Cuarta sección: La ira irresistible de Dios

En la cuarta sección, capítulo 3, Dios se dirige a la ciudad de Nínive y le advierte que Su ira es irresistible. El tono de esta sección es cáustico y desdeñoso, como vemos en los versículos 14-15:

Provéete de agua para el asedio, refuerza tus fortalezas; entra en el lodo, pisa el barro, refuerza el horno. Allí te consumirá el fuego, te talará la espada, te devorará como pulgón; multiplícate como langosta, multiplícate como el langostón.

En otras palabras: «Intenta todo lo que puedas, construye tus defensas tan fuertes como te sea posible... pero no te servirá de nada. Mi ira es irresistible». Cuando una nación o un individuo se vuelven orgullosos y autosuficientes, el juicio de Dios aparece. Cuando el Señor muestra misericordia y paciencia, y, aun así, esa nación o ese individuo permanecen orgullosos y sin arrepentirse, la ira de Dios comienza a arder y todo se oscurece como una nube de tormenta.

Entonces, ¿cuál es el mensaje de Nahum? Podemos aplicarlo tanto a un país como a un individuo. A nivel nacional, deberíamos estar muy preocupados por una nación que, de manera creciente, recompensa el orgullo y adora en el altar del yo. Deberíamos preocuparnos por la inmoralidad y la deshonestidad progresivas que caracterizan a nuestra sociedad, a los medios de comunicación y a nuestra vida nacional.

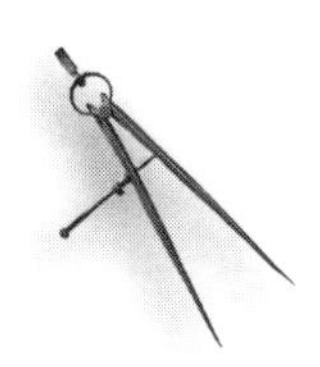

También deberíamos evitar alegrarnos de que algunas teóricas amenazas políticas hayan afectado muchos lugares del mundo. En la Biblia, los asirios no sólo eran la nación realmente enemiga de Israel, sino que también eran un ejemplo del pueblo que aún tiene que venir; una sociedad que amenazará la paz de la tierra y jugará un papel importante en el escenario de la historia mundial en los últimos tiempos. Muchos estudiosos bíblicos ven a los asirios de esta y otras profecías bíblicas como una figura de Rusia y sus estados aliados independientes. Si desea hacer un estudio interesante, compare Ezequiel 38 y 39 con esta profecía de Nahum. Note que en Nahum 2:13, Dios dice:

Heme aquí contra ti, dice Jehová de los ejércitos.

Y cuando Ezequiel comienza su gran profecía contra el rey del norte, Gog, de la tierra de Magog, empieza con palabras similares:

Así ha dicho Jehová el Señor: He aquí, yo estoy contra ti, oh Gog, príncipe soberano de Mesec y Tubal (Ez. 38:3).

No sabemos lo que el futuro deparará para Rusia. Hoy hay señales de confusión política en esa nación antes comunista. ¿Regresará Rusia al totalitarismo marxista-leninista? ¿Seguirá un camino postcomunista que la conduzca a ser una nación nacionalista y expansionista? No lo sabemos. Pero, según la profecía bíblica, es probable que recupere su posición como una fuerza político-militar que vuelva a amenazar la paz del mundo. Algún día, de acuerdo con estas profecías, Rusia nuevamente bajará del norte para atacar a Israel, y enfrentará el juicio final de Dios.

También deberíamos prestar atención a la enseñanza de Nahum sobre la ira de Dios para bien de nuestras vidas. No deberíamos presumir del amor del Señor, sino reconocer que ¡la ira de Dios es verdaderamente el otro lado de Su amor! Si usted es padre, sabe cómo se siente si alguien lastima o insulta a su hijo o a su cónyuge: ¡se pone sumamente furioso! Si no se enoja cuando escucha o ve daño e injusticia, no ama verdaderamente. El enojo es un sentimiento de defensa y protección hacia aquellos que amamos. Incluso podemos enojarnos con la persona que amamos, cuando sentimos que está entrando en un comportamiento autodestructivo o que le deshonra. Nos enojamos precisamente porque amamos a esa persona y queremos lo mejor para ella.

El enojo de Dios es muy parecido, se desata en defensa de aquellos a quienes ama. No se puede predicar sobre el amor de Dios sin predicar sobre Su ira, porque esta es una manifestación de Su amor. Como dijo Charles Spurgeon: «El que no cree que Dios castigará el pecado, no creerá que le perdonará por medio de la sangre de Su Hijo».

Entonces, ¿cómo podemos escapar de la ira de Dios? Nahum ya nos dio la respuesta en 1:7:

> *Jehová es bueno, fortaleza en el día de la angustia; y conoce a los que en Él confían.*

Cualquiera que se vuelva a Dios y confíe en Él, no experimentará nunca Su ira. No necesitamos enfrentar la ira del Señor. Él sólo la ejerce contra aquellos que rechazan Su amor.

Años atrás, cuando mis niños eran pequeños, tuve un desacuerdo con una de mis hijas en cuanto a su comportamiento. La castigué físicamente (sí, creo que la zurra —administrada con amor y pena, no con ira— es bíblica, práctica y efectiva). Después de disciplinarla, ella permaneció desafiante y sin arrepentirse por un tiempo; entonces, me pregunté qué debía hacer. ¿Debería castigarla aún más, en un esfuerzo por quebrantar su terca voluntad y hacerla arrepentir? Oré para que el Señor me mostrara qué hacer.

Sólo entonces, toda su conducta cambió. Su cólera y su voluntad parecieron derretirse. Corrió hacia mí y, poniendo sus brazos alrededor de mi cuello, me dijo que lo sentía y me rogó que la perdonara. Ahora bien, ¿qué debía hacer yo? ¿Continuar castigándola? ¡Por supuesto que no! Ella ya no seguía rebelde, sino que se había refugiado en mí. Había puesto su confianza en mí. Había acudido a mí en busca de perdón, y yo se lo otorgué sin problemas.

Así es el corazón de un padre, y Dios es nuestro Padre celestial. Su corazón de amor está siempre abierto para recibir a aquellos que se refugian y confían en Él para la salvación. Ellos nunca tendrán que experimentar Su ira. Como el Señor Jesús aseguró: «El que oye mi palabra, y cree al que me envió, tiene vida eterna; y no vendrá a condenación, más ha pasado de muerte a vida» (Jn. 5:24).

El corazón de Dios es un corazón de padre

NO DE CUALQUIER MODO, SINO TRIUNFALMENTE

El profeta Habacuc es un profeta de nuestros tiempos.

Vivió en una época muy parecida a la nuestra y luchó con uno de los interrogantes más importantes de nuestra era: ¿Por qué permite Dios que pasen cosas malas? Habacuc vivió en un periodo de gran corrupción nacional en que el crimen, el odio y la división iban en aumento, y la maldad y la inmoralidad se ostentaban abiertamente. Los estándares éticos y los valores familiares estaban fallando. El profeta miró de un extemo a otro de la tierra y, en las primeras líneas de su libro, expresó su horror por lo que vio:

¿Por qué Dios permite que pasen cosas malas?

> *La profecía que vio el profeta Habacuc.¿Hasta cuándo, oh Jehová, clamaré, y no oirás; y daré voces a ti a causa de la violencia, y no salvarás? ¿Por qué me haces ver iniquidad, y haces que vea molestia? Destrucción y violencia están delante de mí, y pleito y contienda se levantan. Por lo cual la ley es debilitada, y el juicio no sale según la verdad; por cuanto el impío asedia al justo, por eso sale torcida la justicia (1:2-4).*

Habacuc dice que clamó ante Dios: «¡Violencia!», y no escuchó ninguna respuesta. Aquí encontramos el gran problema de la oración no contestada. Vemos a un hombre que estaba turbado por su nación. Ve que todo anda mal. El pueblo está viviendo en iniquidad. Los disturbios civiles, los motines, la violencia, la injusticia y la opresión llenan la tierra. Cuando los casos de injusticia son llevados ante las cortes, incluso estas son corruptas.

Habacuc está muy preocupado porque es un hombre de Dios. Ha presentado estos problemas ante el Señor, y Él no le contesta. Así que, en su desconcierto y pena, clama: «Señor, ¿hasta cuándo voy a tener que aguantar esto? ¿Cuándo vas a hacer algo? ¿Cuándo habrá un cambio, un avivamiento y sanidad?». Estoy seguro de que usted se ha sentido así también, cuando miró alrededor y vio tantos problemas e injusticias que atormentan a nuestra sociedad o cuando luchó con sus propias oraciones no contestadas.

La respuesta de Dios

Dios comienza a responder las preguntas de Habacuc en el versículo 5. Lo que sigue es un diálogo entre Él y el corazón dolido de una persona, el corazón del profeta Habacuc. Pero, la verdad es que Habacuc nos representa a cada uno de nosotros. Sus preguntas son las nuestras. Su pena es la nuestra. Su perplejidad es la nuestra. Así que, las respuestas que Dios le da al profeta están verdaderamente dirigidas a su corazón y al mío:

> *Mirad entre las naciones, y ved, y asombraos; porque haré una obra en vuestros días, que aun cuando se os contare, no la creeréis (1:5).*

En otras palabras, Dios dice: «Habacuc, he estado respondiendo a tu oración. Me acusas de guardar silencio, pero no lo he hecho. Es que tú no sabes cómo reconocer mi respuesta. Te he estado contestando, pero la respuesta es tan diferente de lo que tú esperas que, cuando te la doy, ni siquiera la reconoces ni la crees». Entonces, el Señor procede a explicarle Su respuesta al profeta Habacuc en términos específicos:

> *Porque he aquí, yo levanto a los caldeos, nación cruel y presurosa, que camina por la anchura de la tierra para poseer las moradas ajenas. Formidable es y terrible; de ella misma procede su justicia y su dignidad. Sus caballos serán más ligeros que leopardos, y más feroces que lobos nocturnos, y sus jinetes se multiplicarán; vendrán de lejos sus jinetes, y volarán como águilas que se apresuran a devorar. Toda ella vendrá a la presa; el terror va delante de ella, y recogerá cautivos como arena. Escarnecerá a los reyes, y de los príncipes hará burla; se reirá de toda fortaleza, y levantará terraplén y la tomará. Luego pasará como el huracán, y ofenderá atribuyendo su fuerza a su dios (1:6-11).*

Aquí está la respuesta de Dios al problema del profeta: Él está preparando al pueblo caldeo. En la época en que escribió Habacuc, los caldeos no eran una nación importante. Otro nombre para ellos es babilonios; estos se usan indistintamente en el Antiguo Testamento.

Él está preparando al pueblo caldeo

Lo que sigue es un resumen del libro de Habacuc:

Las preguntas de Habacuc a Dios (Habacuc 1–2)
Pregunta 1: ¿Por qué la maldad de Judá no es castigada?
Pregunta 2: ¿Cómo puede Dios castigar a Judá con una nación aún más malvada?

Habacuc exalta a Dios (Habacuc 3)
Habacuc recuerda la misericordia de Dios y espera que Él los salve.

Cuando escribió el profeta, la gran nación que aterrorizaba e intimidaba a todas las otras naciones —la superpotencia de la era antigua— era Asiria, cuya capital era Nínive. Pero aquí tenemos una pequeña nación que está comenzando a lograr notoriedad en las relaciones mundiales: la nación caldea. Y, en efecto, Dios dice: «Yo estoy detrás de esto. Este pueblo es muy extraño. Son amargados, hostiles, crueles y de sangre fría. Van a ser tan poderosos como ninguna otra nación de la tierra lo ha sido, y arrasarán nación tras nación, conquistando todo. Parecerán ser invencibles. Su propia fuerza política y militar será su dios. Ellos no me conocen ni me adoran, pero yo controlo su destino, y ellos serán la respuesta a tu oración».

Sorprendente, ¿verdad? Evidentemente, Habacuc no supo qué hacer con esto. Aquí se produce un momento de silencio, mientras el profeta reflexiona. ¿En qué se ha metido? Al buscar una solución al problema asirio, las oraciones de Habacuc podrían provocar un problema aún mayor: ¡los caldeos!

Esto es lo que preocupa a mucha gente cuando observan lo que está pasando en el mundo; lo que amenaza la fe de muchos que visualizan el problema de la historia. ¿Por qué Dios permite que las cosas sucedan como suceden? ¿Por qué permite que ocurran eventos tan terribles? ¿Por qué permitió los terrores y atrocidades de la antigua Roma? ¿Las torturas y persecuciones de la Inquisición Española? ¿La Muerte Negra? ¿Por qué permite el sufrimiento causado por cáncer, la enfermedad de Alzheimer y el sida? ¿Por qué permitió los horrores del comercio de esclavos que tuvo lugar en América? ¿Por qué permitió el Holocausto de la Segunda Guerra Mundial? ¿Qué estaba pensando cuando los gritos de muerte ascendían a los cielos desde Auschwitz, Pearl Harbor, Bataan, Dresden, Hiroshima, desde todas las ciudades incendiadas y los barcos hundidos de un mundo en guerra? ¿Por qué permitió el sufrimiento incalculable de Vietnam, Bangladesh, Camboya, la Guerra del Golfo, Somalia, Bosnia, etcétera?

Una vez, vi los resultados de una encuesta que estudiantes que no eran creyentes en Cristo estaban haciendo en campus universitarios alrededor de los Estados Unidos de América. El punto número uno de la lista era: «¿Cómo puede un Dios amoroso permitir que la gente sufra? ¿Por qué Dios nos crearía, para luego permitir que entren en nuestras vidas la enfermedad, el dolor y la guerra?».

Para algunos, la respuesta es simple... y fatalista. «Bueno», concluyen, «la respuesta es que no existe ningún Dios y no tiene sentido preguntar a un ser inexistente la razón por la cual permite el sufrimiento. Vivimos en un universo parecido a una máquina, con engranajes que resuenan tediosamente; y, eventualmente, todos entramos en funcionamiento por medio de ellos. No existe un propósito, un motivo. Usted vive por un tiempo, trata de sacarle tanta felicidad como pueda a su corta vida miserable y después se muere. No trate de entenderlo. El punto es que no hay un punto».

La aparente inactividad de Dios conduce a muchos a concluir que Él no existe. Esta es una de las cosas misteriosas acerca de Dios, ¿no es cierto? El poeta William Cowper dijo: «Dios se mueve de maneras misteriosas para llevar a cabo Sus maravillas». Y los caminos del Señor son profundamente misteriosos para nosotros. Una cosa que debe aprender acerca de Dios, después de que viva con Él por un tiempo, es que siempre está haciendo lo inesperado, no porque se deleite en confundirnos y engañarnos, sino porque la variedad de Sus obras es tan infinita que nuestras débiles mentes humanas no pueden captarla.

Qué hacer cuando su fe es desafiada

¿Qué hace usted cuando se enfrenta con esta suerte de amenaza para la fe? Habacuc ofrece cuatro pasos simples para renovar nuestra relación de fe con Dios cuando nos asaltan estas y otras preguntas.

Primer paso: Deténgase y piense

Evite reaccionar emocionalmente ante el problema. No permita que el pánico acabe con lo mejor de usted. Use la razón, que Dios le dio, y piense.

Habacuc aborda su cuestionamiento de la misma manera: se detiene y piensa en el problema. Hace memoria de la naturaleza de Dios. «¿No eres tú desde el principio, oh Jehová?», pregunta (Hab.1:12). Lo primero que piensa es que el Señor que él conoce es eterno. Dios es anterior a la historia. Es más grande que cualquier serie de eventos humanos. Él creó la historia. Es desde el principio y está al final. Es el Dios de la eternidad.

Cuando esos caldeos lleguen, confiarán en su propio poder como su dios. «Ah, sí—, dice Habacuc, —pero mi Dios no es así. Él no es una de esas deidades tribales locales. Es el Dios que cubre la historia, que gobierna estos acontecimientos, el Señor eterno». El razonamiento de Habacuc comenzó con una disposición a detenerse y aplicar la razón a la situación.

¿En qué hay que pensar? En la naturaleza de Dios. No se apresure a resolver el dilema inmediatamente. Aléjese del problema y comience con el Señor. Regrese a lo que conoce acerca de Él y de Su carácter, tal como le ha sido revelado en la Escritura y mediante la experiencia.

Segundo paso: Reafirme las cosas que conoce de Dios

Eso es lo que hace el profeta Habacuc, al recordarse a sí mismo que la existencia de Dios sólo depende de Él, quien también es el Eterno. Note que usó un nombre especial para el Señor. Dice: «Oh, Jehová». La palabra hebrea Jehová (Yahvé o YHWH) significa: «Yo soy el que soy», el gran nombre que Dios reveló a Moisés cuando estaba en Egipto. En ese tiempo, el Señor le dijo: «YO SOY EL QUE SOY. [...] Así dirás a los hijos de Israel: YO SOY me envió a vosotros» (Ex. 3:14). ¿Sabe por qué Habacuc trae esto a su memoria? Porque había gente en aquella época que decía que Dios estaba muerto. Esta teología de que Dios está muerto ha estado dando vueltas desde los tiempos de la Biblia y, actualmente, se difunde otra vez. Como dijo Salomón: No hay nada nuevo debajo del sol.

Para enfrentar esta clase de pensamiento y fortalecer su fe, Habacuc fue directamente a lo que había aprendido acerca de Dios: Él existe en esencia y no puede morir. Es imposible que muera una persona que es autoexistente. «YO SOY EL QUE SOY». Debemos hacer lo que hizo Habacuc cuando se enfrentó a sus problemas, perplejidades y dilemas de fe: Apartarse del conflicto y comenzar con Dios.

Tercer paso: Utilice su conocimiento de Dios para solucionar el problema

Comenzará a ver el problema más claramente cuando le aplique su conocimiento personal y bíblico de Dios. Habacuc pone en práctica este principio al recordar acerca de la santidad de Dios. Nuevamente, en el versículo 12:

> *¿No eres tú desde el principio, oh Jehová, Dios mío, Santo mío? No moriremos. Oh Jehová, para juicio lo pusiste; y tú, oh Roca, lo fundaste para castigar.*

«Dios mío, Santo mío», dice el profeta, trayendo a su memoria la santidad de Dios. ¿Qué significa santidad? Sospecho que muchos usamos esta palabra sin tener idea del significado. Para explicarlo de manera simple y correcta, santidad es unidad, integridad. Una persona santa es una persona íntegra. Dios es santo y es íntegro. Es coherente consigo mismo. Es siempre Él. Nunca es algo diferente, nunca un fraude. Nunca pretende o simula ser alguien. Nunca está en conflicto o en contradicción con Su esencia. Eso es santidad.

Puede encontrar esta verdad reflejada en toda la Escritura: la integridad, la coherencia y los atributos inmutables de Dios. El escritor de Hebreos dice: «Tú, oh Señor, en el principio fundaste la tierra, y los cielos son obra de tus manos. Ellos perecerán, mas tú permaneces; y todos ellos se envejecerán como una vestidura, y como un vestido los envolverás, y serán mudados; pero tú eres el mismo, y tus años no acabarán» (He.1:10-12). Dios, como Su Hijo Jesucristo, es el mismo ayer, hoy y por los siglos.

Después que el profeta se acordó de esto, inmediatamente agrega estas palabras: «No moriremos». ¿Qué quiere decir? Está pensando en que Dios hizo un pacto con Abraham, en el cual le prometió que sería el padre de una nación que sería para siempre el pueblo de Dios, y que esa nación nunca desaparecería de la tierra. El profeta se recuerda a sí mismo esa promesa frente a esta amenaza impresionante. Los caldeos vendrán a arrasar esta tierra y Habacuc pronto verá a su amada Jerusalén saqueada y capturada, y a su gente llevada en cautiverio. Pero él tiene en mente que la promesa de Dios permanece: Su pueblo no morirá. Serán castigados, pero no eliminados. La fidelidad del Señor permanece. Él es la Roca, es inmutable.

En nuestros tiempos, hemos sido testigos de eventos similares. Podemos recordar que los nazis llegaron al poder. Como los caldeos, su fuerza fue su dios, y sus «cuadrigas» rugieron por toda Europa, incendiando y destruyendo, matando a millones de personas, incluso a seis millones de judíos. Dios no inspiró a los nazis para que hicieran las cosas horribles que hicieron, pero sí les permitió ejercitar su horrible libre albedrío humano antes de ser finalmente derrotados por las Fuerzas Aliadas. No podemos entender completamente todos los propósitos del Señor al permitir que se lleven a cabo horrores como estos, pero sí sabemos que, como resultado de esos acontecimientos, el mundo occidental fue despertado de su egoísmo, su iniquidad, su codicia y de la bancarrota moral. A través de dichos eventos terribles, Dios sacudió a las naciones y despertó a la gente, y les hizo tomar conciencia de su necesidad de Él.

Mi oración es que Dios no tenga que usar medidas tan drásticas en nuestra sociedad para hacernos ver nuestra necesidad espiritual y moral; pero no tengo mucha esperanza de que escapemos de eso. La probabilidad de que este patrón se repita aumenta más y más, conforme la sociedad se vuelve más codiciosa, materialista y moralmente corrupta.

Cuarto paso: Sea paciente

Finalmente, si no ha encontrado una respuesta, entregue con paciencia el problema a Dios y pídale que le muestre una respuesta. Continúe actuando basado en la semilla de mostaza de fe que posee, hasta que el Señor dé la respuesta. Verá cómo su fe y confianza en Él se acrecientan mientras espera pacientemente que le hable al corazón.

Encontramos un indicio de Su respuesta en las palabras del profeta, en el versículo 13:

Muy limpio eres de ojos para ver el mal, ni puedes ver el agravio; ¿por qué ves a los menospreciadores, y callas cuando destruye el impío al más justo que él?

En efecto, Habacuc está diciendo: «Puedo ver cómo estás levantando esta nación cruel de Caldea para castigar a mi pueblo, pero no lo entiendo. A pesar de la iniquidad de mi nación, no es tan mala como estos caldeos. Tú no puedes tolerar el mal. Entonces, ¿cómo puedes usar un pueblo malvado para castigar a tu pueblo? Dios, no lo comprendo».

Cuando Habacuc no puede entender completamente el problema, se lo entrega a Dios

La mente de Habacuc no puede desenmarañarse de este enorme problema, así que, sigue el cuarto paso: entrega el problema a Dios. Esto es lo más sabio que puede hacerse, porque ninguna mente humana —ni la suya, ni la mía, ni la del profeta Habacuc— es suficientemente amplia y profunda como para entender los propósitos del Señor en estos acontecimientos. Así que, llegado este punto, tenemos que decir: «Dios, esperaré pacientemente tu respuesta».

Desgraciadamente, la mayor parte de la gente carece de esa paciencia. «¡Dios, tengo que entender este asunto ya mismo! Si no me lo explicas, entonces es que no existes. Si no me lo explicas, si no permites que mi mente finita lo comprenda, entonces rehúso creer en ti».

El profeta dice humildemente: «Bueno, yo no lo entiendo, pero tú eres más poderoso que yo. Lo único que puedo hacer es esperar pacientemente a que me reveles tu verdad». Note cómo comienza el capítulo 2:

Sobre mi guarda estaré, y sobre la fortaleza afirmaré el pie, y velaré para ver lo que se me dirá, y qué he de responder tocante a mi queja.

Eso es actuar sabiamente. Habacuc dice que se va a alejar del problema por un tiempo. «Voy a dejar el asunto en manos de Dios y esperaré en Él para dar el siguiente paso. Permaneceré atento y haré mi trabajo. Más adelante, si el Señor, en Su gracia, me da la respuesta al problema, estaré agradecido. Pero eso depende de Él. Hasta aquí llegaron mi fuerza y mi sabiduría. Lo único que puedo hacer ahora es tener paciencia».

Y Dios recompensa la paciencia del profeta. En Habacuc 2:2-3, leemos:

Y Jehová me respondió, y dijo: Escribe la visión, y declárala en tablas, para que corra el que leyere en ella. Aunque la visión tardará aún por un tiempo, mas se apresura hacia el fin, y no mentirá; aunque tardare, espéralo, porque sin duda vendrá, no tardará.

Dios está diciendo: «Habacuc, la respuesta está llegando. No sucederá inmediatamente, pero vendrá con seguridad; así que, continúa siendo paciente y espérala».

Después, Dios declara un principio que se cita tres veces en el Nuevo Testamento y que constituye la base para la Reforma. Dios dice:

El justo por la fe vivirá.

Estas palabras se citan en el Nuevo Testamento, en Romanos, Gálatas y Hebreos. Es la idea que encendió el corazón de Martín Lutero: «El justo por la fe vivirá». Dios nos ha destinado a vivir *por fe* en aquello que ha dicho que sucederá; no por circunstancias, observaciones ni razonamiento.

Por fe

Todos pueden ser colocados dentro de dos categorías: dependientes de Dios o independientes

Observe alrededor y verá que todos pueden ser colocados en dos categorías: dependientes de Dios o independientes. Una de las cosas más tristes que he visto —y con demasiada frecuencia— es a un creyente que ha elegido vivir según su propio razonamiento y fortaleza, y que lo está haciendo en el nombre del cristianismo. Obramos así de muchas maneras. Confiamos en estudios, investigaciones y encuestas para dirigir el ministerio de la iglesia. Ejercitamos poder político, tácticas influyentes y estrategias inteligentes en lugar de autoridad espiritual, en un esfuerzo por provocar un cambio social. En un intento por expandir la iglesia y evangelizar al mundo, buscamos el aporte de expertos y autoridades en lugar de buscar el rostro de Dios. No estamos viviendo por fe, sino por vista, por lo que podemos ver de acuerdo a nuestra capacidad de razonamiento humano. Esta no es la manera en que la Palabra de Dios dice que debemos vivir.

Le animo a leer Hebreos 11 y a examinar las historias de grandes hombres y mujeres de fe que se enumeran allí. Son personas que cambiaron su mundo, expandieron el reino de Dios, llevaron Su mensaje y sanaron heridas humanas... y lo hicieron todo por fe, sólo en el poder del Señor. No contrataron ningún asesor, no leyeron libros sobre comercialización y administración, no analizaron su situación con sumo detalle. Vivieron por fe y, en el proceso, por el poder de Dios, estos hombres y mujeres de fe cerraron bocas de leones, subyugaron reinos, ocuparon tronos, derrotaron imperios y cambiaron el curso de la historia, para la gloria del Señor.

El resto de Habacuc 2 revela un análisis interesante de los caldeos y de lo que Dios planea hacer con ellos. En efecto, el Señor dice: «Habacuc, no te preocupes por los caldeos. Es verdad que yo no puedo tolerar la maldad y que estoy levantando a este pueblo para juzgar a la nación de Israel; pero ten por seguro que, cuando llegue el momento, juzgaré a ese pueblo. Aquello en lo que confían provocará su caída. Sus propios dioses los derrocarán». A continuación, Dios pronuncia cinco ayes sobre los caldeos: ay de ellos por su rapiña; ay de ellos por intentar construir un fundamento falso al acumular «seguridad» material sin tener en cuenta la seguridad espiritual del Señor; ay de ellos por construir sus ciudades con sangre, violencia, sufrimiento y pecado; ay de ellos por intimidar y gobernar injustamente sobre sus vecinos; y ay de ellos por su idolatría, por decir a ídolos de madera y plata: «¡Vivan! ¡Despierten!».

Aunque Dios usará a los caldeos para juzgar a Israel, ellos serán juzgados

Lecciones de la historia

En el capítulo 3, el profeta concluye el libro con una oración notable. Ha recibido la respuesta. Dios es el Dios de la historia y todo está bajo Su control. Los problemas de la humanidad sólo pueden resolverse cuando los seres humanos entran en una relación de fe con Dios. Habacuc hace un prefacio a su oración con esta invocación, en 2:20:

Mas Jehová está en su santo templo; calle delante de él toda la tierra.

Después él ora:

«En la ira acuérdate de la misericordia»

Oh Jehová, he oído tu palabra, y temí. Oh Jehová, aviva tu obra en medio de los tiempos, en medio de los tiempos hazla conocer; en la ira acuérdate de la misericordia.

Habacuc comenzó este libro diciendo: «Señor, ¿por qué no haces algo?». Ahora dice: «Señor, ¡ten cuidado! ¡No te pases! En tu ira, no te olvides de mostrar misericordia». Eso es todo lo que Habacuc tiene que decir; no hay más filosofía, no hay más teología, no hay más discusiones con Dios.

La oración de Habacuc, en el capítulo 3, es uno de los pasajes más poéticos y hermosos de toda la Escritura. Léalo y verá que el profeta está retrocediendo y recordando lo que Dios hizo en el pasado. Esto es lo que convence a Habacuc de que se puede confiar en el Señor. El profeta descansa en sucesos que ya han ocurrido, acontecimientos que no pueden ser cuestionados ni desechados. Dios ya se ha movido en la historia de la humanidad.

Y ahí es donde debe descansar la fe. No vivimos por una fe ciega, sino con un Dios que ha actuado en el tiempo y en el espacio, que ha hecho algo, que ha registrado indeleblemente Su voluntad en la sucesión de eventos humanos. El profeta piensa en cómo actuó Dios en Egipto cuando Israel estaba en problemas y recuerda lo que hizo en aquellos días:

Dios vendrá de Temán, y el Santo desde el monte de Parán. Selah. Su gloria cubrió los cielos, y la tierra se llenó de su alabanza. Y el resplandor fue como la luz; rayos brillantes salían de su mano, y allí estaba escondido su poder (3:3-4).

¿Recuerdas cómo Dios ocultó Su poder a Faraón y después estalló en una serie de actos repentinos de intervención milagrosa? El profeta escribe:

Delante de su rostro iba mortandad, y a sus pies salían carbones encendidos. Se levantó, y midió la tierra; miró, e hizo temblar las gentes; los montes antiguos fueron desmenuzados, los collados antiguos se humillaron. Sus caminos son eternos (3:5-6).

Esta es la clase de Dios que tenemos: un Dios que se mueve en la historia de la humanidad para llevar a cabo eventos que ningún ser humano jamás podría realizar

Habacuc recuerda que el pueblo de Israel estaba afligido y vagaba en el desierto, y que tembló en la tierra de Madián. Luego, piensa en el cruce del mar Rojo y cómo Dios abrió un camino a través de las aguas. Recuerda que el Señor hizo detener el río Jordán cuando los israelitas entraron en la tierra, y que, a la orden de Josué (por fe en el poder de Dios), el sol y la luna se detuvieron en el cielo. Esta es la clase de Dios que tenemos: un Dios que se mueve en la historia de la humanidad para llevar a cabo eventos que ningún ser humano jamás podría realizar.

El secreto de una vida triunfante

Mientras el profeta considera todo esto, su mente se abre ante la grandeza de Dios y concluye:

Oí, y se conmovieron mis entrañas; a la voz temblaron mis labios; pudrición entró en mis huesos, y dentro de mí me estremecí; si bien estaré quieto en el día de la angustia, cuando suba al pueblo el que lo invadirá con sus tropas (3:16).

Ve el problema y sabe que se aproxima la calamidad. El horror de esto lo embarga... ¡pero eso no es todo!

Aunque la higuera no florezca, ni en las vides haya frutos, aunque falte el producto del olivo, y los labrados no den mantenimiento, y las ovejas sean quitadas de la majada, y no haya vacas en los corrales;

con todo, yo me alegraré en Jehová, y me gozaré en el Dios de mi salvación. Jehová el Señor es mi fortaleza, el cual hace mis pies como de ciervas, y en mis alturas me hace andar. Al jefe de los cantores, sobre mis instrumentos de cuerdas (3:17-19).

¿Ha descubierto usted esa clase de vida? Habacuc describe una vida llena de gozo, triunfante, aun en medio de las presiones, los problemas y el estrés. Aun si fallan las cosechas, si no hay costillas de cordero ni hamburguesas para comer; con todo, ¡yo me regocijaré en el Señor! Este es el descubrimiento que hizo Habacuc, ¡y es la verdad más profunda y más práctica que podemos aprender como hijos del Dios viviente y eterno! No importa qué pruebas encontremos en el camino, incluso si estas no desaparecen; aun así, podemos regocijarnos en que nuestro Dios es el gran y eterno Señor del universo, y que, finalmente, todas las cosas están bajo Su control.

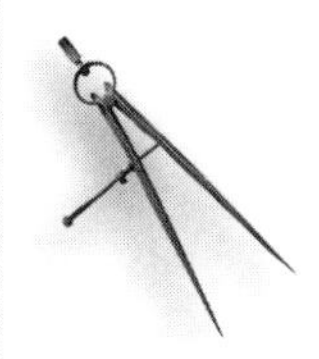

Me encanta el título de un libro que escribió el Dr. Raymond Edman, ex presidente del *Wheaton College*. Resume perfectamente lo que la actitud del creyente debería ser en tiempos de prueba, de peligro y de estrés: *No de cualquier modo, sino triunfalmente.* No tenemos que decir: «Bueno, de alguna manera tengo que sobrellevar este problema», sino que debemos decir: «¡Dios me va a guiar a través de este problema de manera triunfante!». Este es el gran secreto de la vida cristiana: Dios no quita todos nuestros problemas, sino que nos lleva osadamente a través de ellos. Él nos capacita para vencer nuestros problemas. «En el mundo tendréis aflicción», dijo Jesús, «pero confiad, yo he vencido al mundo» (Jn. 16:33).

EL DÍA DE LA IRA

Si alguien le dijera: «Eres tan crítico», ¿lo consideraría un cumplido o un insulto?

El concepto de emitir juicios no sienta muy bien en nuestros tiempos. No obstante, es una realidad que Dios —el Dios de la Biblia— es sumamente crítico. Mientras que nuestra cultura insiste en que todos los asuntos deberían visualizarse en tonos de gris, en términos de relativismo moral, el Señor insiste en ver al mundo y a la raza humana en un muy riguroso negro y blanco, malo y bueno, pecado y virtud, incorrecto y correcto, cabras y ovejas, infierno y cielo.

Sofonías: un profeta crítico

Cuando llegamos al libro de Sofonías, encontramos un profeta sumamente crítico que habla de parte de un Dios fuertemente sentencioso. No encontrará tonos de gris en este libro, ni un acuerdo entre lo bueno y lo malo, ni un relativismo moral. Aunque muchos libros de la Biblia tratan a Dios como juez, Sofonías presenta la manera más intensa y directa de tratar este tema.

La Biblia es la verdad de Dios para nosotros, la revelación de Su Persona, para que podamos conocerle y responderle en forma realista

A mucha gente le gustaría volver a escribir la Biblia y dejar fuera todas las referencias desagradables al juicio de Dios. Si alguna vez se emprendiera un proyecto así, ¡el libro de Sofonías prácticamente dejaría de existir! No podemos simplemente eliminar esas partes de la Escritura que desagradan a nuestras delicadas sensibilidades. La Biblia es la verdad de Dios para nosotros, la revelación de Su Persona, para que podamos conocerle y responderle en forma realista. Para conocer verdaderamente a Dios, debemos hacerlo en todas Sus magníficas y diversas dimensiones. Debemos entender Su vasto amor, Su misericordia profunda, Su perdón que lo cubre todo. Sin embargo, estos conceptos pueden tener poco significado para nosotros hasta que verdaderamente hayamos entendido Su justicia y Su juicio.

Algunas personas cometen el error de pensar que el Antiguo Testamento presenta un Dios de juicio mientras que el Nuevo Testamento revela un Dios de amor. En realidad, encontramos cientos de referencias a Su amor y misericordia en el Antiguo Testamento, mientras que en el Nuevo vemos a Jesús hablando una y otra vez acerca del juicio divino. El Antiguo y el Nuevo Testamento hablan en armonía y unidad de un Dios ricamente multidimensional, que es tanto justo y amoroso como sentencioso y misericordioso. En Sofonías, el libro del día de la ira y del juicio, vemos que estas facetas del carácter de Dios se expresan de manera conjunta y elocuente.

Lo que sigue es un resumen del libro de Sofonías:

El día del Señor (Sofonías 1:1–3:8)

1. El juicio de Dios sobre toda la tierra 1:1-3
2. El juicio de Dios sobre la nación de Judá 1:4-18
3. El juicio de Dios para arrepentimiento 2:1-3
4. El juicio sobre las naciones 2:4-15
5. El juicio sobre Jerusalén 3:1-7
6. El juicio sobre toda la tierra 3:8

La salvación en el día del juicio (Sofonías 3:9-20)

La promesa de restauración de Dios 3:9-20

La profecía del Antiguo y del Nuevo Testamento

El nombre Sofonías significa «el escondido por el Señor». El profeta habla como un representante del remanente fiel, aquellas relativamente pocas personas que permanecen fieles a Dios y a Su Palabra durante el tiempo de tribulación que experimentará la tierra. Estarán escondidos, como si fuera por Dios mismo. Él los cuidará para guardar su fe durante ese periodo de intensa confusión y persecución mundial. El libro de Sofonías trata sobre este grupo futuro de creyentes que vivirá durante la venida del día del Señor, el día de la ira. Entonces, el profeta escribe como representante de gente de un futuro distante, personas que no nacerán hasta después de miles de años.

El carácter de la venganza de Dios

En el capítulo 1, Sofonías nos muestra el carácter de la venganza de Dios. No es un pasaje agradable. Comienza después que el profeta se identifica como tataranieto de uno de los reyes de Judá:

> *Destruiré por completo todas las cosas de sobre la faz de la tierra, dice Jehová. Destruiré los hombres y las bestias; destruiré las aves del cielo y los peces del mar, y cortaré a los impíos; y raeré a los hombres de sobre la faz de la tierra, dice Jehová. Extenderé mi mano sobre Judá, y sobre todos los habitantes de Jerusalén, y exterminaré de este lugar los restos de Baal, y el nombre de los ministros idólatras con sus sacerdotes; y a los que sobre los terrados se postran al ejército del cielo, y a los que se postran jurando por Jehová y jurando por Milcom; y*

a los que se apartan de en pos de Jehová, y a los que no buscaron a Jehová, ni le consultaron. Calla en la presencia de Jehová el Señor, porque el día de Jehová está cercano; porque Jehová ha preparado sacrificio, y ha dispuesto a sus convidados (1:2-7).

Deberíamos saber que hay una gran diferencia entre este día del Señor y el día del Señor semanal, sólo para asegurarnos de que no haya confusión. El domingo es lo que llamamos el día del Señor, el día de la resurrección. Lo que la Biblia denomina «el día del Señor» es otra cosa diferente como se diferencia una castaña de indias de una india castaña.

El día del Señor es el momento de la manifestación del juicio de Dios sobre los asuntos humanos

El día del Señor es el momento de la manifestación del juicio de Dios sobre los asuntos humanos. Observe quién es el sujeto del verbo en todo ese pasaje: «Destruiré por completo todas las cosas [...]. Destruiré los hombres y las bestias [...]. Extenderé mi mano sobre Judá». Dios está obrando en medio de los eventos de la historia, por medio de naciones, ejércitos y calamidades de diversas clases. Su mano está escondida en el guante de la historia, pero todos los escritores de la Biblia concuerdan en que llegará el día en que Dios intervendrá directamente en los asuntos humanos.

Jesús habla de ello

Jesús se refiere a estos días en Mateo, donde habla de un tiempo de gran tribulación:

Entonces os entregarán a tribulación, y os matarán, y seréis aborrecidos de todas las gentes por causa de mi nombre. Muchos tropezarán entonces, y se entregarán unos a otros, y unos a otros se aborrecerán. Y muchos falsos profetas se levantarán, y engañarán a muchos; y por haberse multiplicado la maldad, el amor de muchos se enfriará. Mas el que persevere hasta el fin, éste será salvo. Y será predicado este evangelio del reino en todo el mundo, para testimonio a todas las naciones; y entonces vendrá el fin (24:9-14).

Mientras Jesús continúa describiendo estos acontecimientos, las señales y los horrores que inspiran temor culminan con estas palabras:

Porque habrá entonces gran tribulación, cual no la ha habido desde el principio del mundo hasta ahora, ni la habrá. Y si aquellos días no fuesen acortados, nadie sería salvo; más por causa de los escogidos, aquellos días serán acortados. [...] E inmediatamente después de la tribulación de aquellos días, el sol se oscurecerá, y la luna no dará su resplandor, y las estrellas caerán del cielo, y las potencias de los cielos serán conmovidas. Entonces aparecerá la señal del Hijo del Hombre en el cielo; y entonces lamentarán todas las tribus de la tierra, y verán al Hijo del Hombre viniendo sobre las nubes del cielo, con poder y gran gloria. Y enviará sus ángeles con gran voz de trompeta, y juntarán a sus escogidos, de los cuatro vientos, desde un extremo del cielo hasta el otro (24:21-22,29-31).

Pablo habla de ello

En 1 Tesalonicenses 5:1-6, el apóstol Pablo habla de manera similar de este tiempo, usando las palabras específicas «el día del Señor». Muchos pasajes más también se refieren al día del Señor y todos coinciden en ciertas características de ese momento: Será un tiempo en que la gente proclamará la paz, pero se preparará para la guerra; se aferrará a una forma de divinidad, pero negará su poder; declarará que los problemas de la vida han sido resueltos cuando, en realidad, el mundo estará en mayor peligro que nunca. Estas condiciones determinarán el comienzo del día del Señor.

La llegada del día del Señor

Hollywood ha producido un buen número de películas de ciencia ficción que intentan mostrar lo que será el fin del mundo. Pero los más grandes genios de efectos especiales en la industria cinematográfica no pueden soñar acercarse siquiera a reproducir las escenas horribles de las imágenes descritas por el profeta Sofonías.

Los más grandes genios de efectos especiales en la industria cinematográfica no pueden soñar acercarse siquiera a reproducir las escenas horribles de las imágenes descritas por el profeta Sofonías

Cercano está el día grande de Jehová, cercano y muy próximo; es amarga la voz del día de Jehová; gritará allí el valiente. Día de ira aquel día, día de angustia y de aprieto, día de alboroto y de asolamiento, día de tiniebla y de oscuridad, día de nublado y de entenebrecimiento, día de trompeta y de algazara sobre las ciudades fortificadas, y sobre las altas torres. Y atribularé a los hombres, y andarán como ciegos, porque pecaron contra Jehová; y la sangre de ellos será derramada como polvo, y su carne como estiércol. Ni su plata ni su oro podrá librarlos en el día de la ira de Jehová, pues toda la tierra será consumida con el fuego de su celo; porque ciertamente destrucción apresurada hará de todos los habitantes de la tierra (1:14-18).

La mente retrocede ante esta lista de horrores futuros. ¿A Dios le resulta fácil hablar de esta manera? No. Él no se deleita en la muerte ni en el sufrimiento humano. No se deleita en el juicio. El profeta Isaías dice que el Señor no disfruta al aplicar juicio. Por el contrario, en Isaías 28:21, escribe: «Jehová se levantará [...]; para hacer su obra, su extraña obra, y para hacer su operación, su extraña operación». El corazón del Señor se deleita en hacer misericordia. El juicio es Su «extraña obra». Pero, finalmente, si Su voluntad tiene que ser hecha, si la humanidad tiene que librarse de las cadenas del pecado y descubrir la paz gloriosa, la prosperidad y la libertad de la era dorada milenial, la rebelión humana debe ser sofocada y juzgada. Al final, debe erradicarse completamente la maldad arraigada en el hombre. Es por eso que la venida del día de la venganza de nuestro Dios es absolutamente segura. La Escritura habla claramente sobre esto, en ambos Testamentos. Cuando se cumpla el tiempo de la gracia de Dios, el juicio llegará.

El capítulo 2 describe la magnitud de la venganza de Dios. En este pasaje leemos una lista de naciones a las que el Señor juzgará, y, a primera vista, esta lista es desconcertante. ¡Todas estas naciones ya han desaparecido!

> *Yo he oído las afrentas de Moab, y los denuestos de los hijos de Amón con que deshonraron a mi pueblo, y se engrandecieron sobre su territorio. Por tanto, vivo yo, dice Jehová de los ejércitos, Dios de Israel, que Moab será como Sodoma, y los hijos de Amón como Gomorra; campo de ortigas, y mina de sal, y asolamiento perpetuo; el remanente de mi pueblo los saqueará, y el remanente de mi pueblo los heredará (2:8-9).*

Aquí tenemos el juicio de Dios contra Moab y Amón. Los versículos 12 y 13 continúan pronunciando dicho juicio contra los etíopes y los asirios. Todas estas naciones han desaparecido, están enterradas en la antigüedad. Entonces, ¿cómo pueden ser destruidas en algún momento futuro, en el día del Señor?

La respuesta es que estas naciones son usadas tanto simbólica como literalmente en las Escrituras. Fueron literalmente destruidas en el curso de la historia, pero se emplean simbólicamente para referirse al significado completo y final del día del Señor. Por ejemplo, Moab y Amón siempre simbolizan la carne de la humanidad, la obstinada confianza en nuestros propios recursos. Etiopía es una figura de la testarudez o la intransigencia de los seres humanos. Las Escrituras dicen: «¿Mudará el etíope su piel, y el leopardo sus manchas?» (Jer. 13:23). Asiria representa la arrogancia y el orgullo humanos. Dios dice que está contra todas estas cosas y que, en el día del Señor, estas maldades humanas serán vencidas para siempre.

El juicio de Dios será mundial

El capítulo 3 deja en claro que el juicio de Dios será mundial:

> *Por tanto, esperadme, dice Jehová, hasta el día que me levante para juzgaros; porque mi determinación es reunir las naciones, juntar los reinos, para derramar sobre ellos mi enojo, todo el ardor de mi ira; por el fuego de mi celo será consumida toda la tierra (3:8).*

¿Qué busca Dios llevar a cabo al destruir a las naciones del mundo? ¿Sólo quiere vengarse? ¿Está visitando la tierra con este terrible huracán de destrucción para no dejar nada más que una ruina humeante, vacía y desolada, sin habitantes? No, así es como la raza humana dejaría este planeta después de otra guerra mundial; pero Dios, el amoroso y sabio Creador no destruiría sólo por destruir. Lo haría para crear. Observe lo que sigue a esta visión de destrucción:

Canta, oh hija de Sion; da voces de júbilo, oh Israel; gózate y regocíjate de todo corazón, hija de Jerusalén. Jehová ha apartado tus juicios, ha echado fuera tus enemigos; Jehová es Rey de Israel en medio de ti; nunca más verás el mal. En aquel tiempo se dirá a Jerusalén: No temas; Sion, no se debiliten tus manos. Jehová está en medio de ti, poderoso, él salvará; se gozará sobre ti con alegría, callará de amor, se regocijará sobre ti con cánticos (3:14-17).

La consecuencia del juicio de Dios no es la destrucción, sino una nueva creación

Después del día del Señor, grande y terrible, sigue un nuevo orden. Es por eso que Dios está tratando con la raza humana, para poder sacar cánticos de la aflicción, servicio del egoísmo, salvación de la esclavitud. Esa es la consecuencia del juicio divino: no la destrucción, sino una nueva creación llena de alegría, paz, amor, música y deleite.

Creo que las referencias a Sión y a Israel en este pasaje dejan claro que esto es específicamente un retrato del cuidado de Dios para con el remanente de Israel durante la tribulación y el tiempo del juicio. No creo que se refiera a la Iglesia, porque esta será arrebatada del mundo antes de que ocurran esos eventos. Cuando pase el tiempo de la tribulación y Dios llame a Su presencia al remanente de Israel, ellos cantarán la canción de los redimidos. Este pasaje nos hace recordar otro precioso texto en los escritos de Salomón:

Después de la oscuridad y de la masacre, después de la terrible destrucción, viene el tiempo de la canción; únicamente los redimidos pueden participar de ese cántico

Se han mostrado las flores en la tierra, el tiempo de la canción ha venido, y en nuestro país se ha oído la voz de la tórtola (Cnt. 2:12).

Después de la oscuridad y de la masacre, después de la terrible destrucción, viene el tiempo de la canción; únicamente los redimidos pueden participar de esa cántico. Esto es lo que Dios busca para nuestras vidas: redención, gozo y cánticos. El juicio está llegando al mundo, y también llega en nuestras vidas como creyentes individuales. Todos pasamos por experiencias penosas, purificadoras, que nos enseñan a decir que no al ego y sí a Dios. Después del dolor y de la purificación viene el cántico. Dios puede sacar la pena y la oscuridad de nuestras vidas, y realizar Su nueva obra creativa en nosotros. Puede convertir nuestra oscuridad y desesperanza en gozo y felicidad. La justicia de Dios no puede ser desviada… ni tampoco Su amor.

Este es el mensaje del libro de Sofonías, que invita a reflexionar, pero que también consuela.

ÁNIMO PARA LOS CONSTRUCTORES

El famoso novelista de misterio Rex Stout se consideraba un arquitecto y constructor aficionado muy capaz. En los años 30, diseñó una casa de catorce habitaciones y la construyó con sus propias manos en una colina pintoresca de Connecticut. Luego invitó a uno de los arquitectos profesionales más grandes del mundo, Frank Lloyd Wright, para que fuera a verla y diera su opinión. Guió a Wright a la colina donde estaba la casa y este examinó la obra de Stout con ojo experto y cuidadoso. Stout contuvo su respiración, esperando escuchar una palabra de elogio y estímulo del maestro arquitecto. Finalmente, Wright habló. Recostado contra la casa de Stout, dijo: «Lindo sitio, Rex. Alguien debería tirar abajo esta cosa y construir una casa aquí».

Construyendo la casa del Señor

No es fácil ser constructor. La gente que planea edificar algo de valor eterno necesita ánimo. En el libro de Hageo, encontraremos un grupo de gente que se propuso construir una casa: la casa de Dios. A diferencia de Rex Stout, cuyas esperanzas de una expresión de aliento fueron destrozadas, los constructores en el libro de Hageo reciben una palabra poderosa de afirmación y estímulo para su trabajo de parte del Arquitecto más grande de todos: el Arquitecto del Universo, Dios mismo.

El tema de la profecía de Hageo es « trabajen y construyan la casa del Señor». Hay que comprender que, cuando la Biblia habla de la casa del Señor, no se refiere meramente a un edificio. Efectivamente, el edificio del templo en sí es sólo un símbolo de la verdadera casa de Dios. La verdadera morada de Dios está en el creyente; o, colectivamente, en todos los creyentes. Como cristianos, nosotros somos la «casa» en la cual mora el Señor, y, cuando Él habla de construir Su

La gente no sabía que el templo era, en realidad, un símbolo de una verdad más grande

casa, está refiriéndose a edificarnos para ser una morada apropiada y habitable para Su Espíritu.

En los días de Hageo, antes de que el Nuevo Testamento fuera escrito y de que Dios revelara la verdadera naturaleza de Su morada, la gente no sabía que el templo era, en realidad, un símbolo de una verdad más grande. El templo era llamado «la casa del Señor», pero realmente era un símbolo del plan final de Dios de establecer Su morada entre Su pueblo.

Lea Hageo junto con Esdras y Nehemías

Cuando lea la profecía de Hageo junto con los libros históricos de Esdras y Nehemías, su significado y su contexto se aclararán muchísimo. Al leer estos libros históricos, puede recordar que los babilonios invadieron la tierra de Judá, saquearon y asolaron la ciudad de Jerusalén, le arrancaron los ojos al rey y llevaron al pueblo cautivo durante 70 años (exactamente el periodo de tiempo que el profeta Jeremías había profetizado). Cuando se cumplieron los 70 años, Daniel, quien había profetizado en Babilonia, nos dice que Dios comenzó a moverse para regresar al pueblo a su tierra. Primero, volvieron liderados por Zorobabel, quien se menciona en el primer versículo del libro de Hageo. Zorobabel, descendiente de reyes, era el capitán del remanente que regresó de Babilonia. Cuando llegaron a Jerusalén, encontraron la ciudad en ruinas. Los muros estaban derribados y el templo estaba completamente destruido.

No obstante, incluso bajo el dominio de los babilonios, los israelitas tuvieron permiso del rey de Babilonia para comenzar a reconstruir el templo. Empezaron a trabajar y lograron poner los fundamentos, y quizás una sola hilera de piedras. Era un comienzo modesto para un templo mucho más pequeño y más humilde que el espléndido edificio original construido por Salomón. A los israelitas les resultó muy difícil el trabajo. Los trabajadores empezaron a retrasarse y, después de un tiempo, el proyecto aminoró la marcha hasta detenerse. Durante quince años, no se hizo nada. El proyecto del templo languideció.

Fue entonces cuando Dios levantó al profeta Hageo para que hablara.

Hageo entrega cuatro mensajes al pueblo

Hageo entrega cuatro mensajes al pueblo. Estas profecías son compartidas durante aproximadamente 18 meses y todas conciernen a la construcción del templo. Pero existe un sentido más profundo, como ya he sugerido; un mensaje que tiene que ver con el verdadero templo de Dios, del cual el de piedra, construido por hombres, es meramente una sombra y un símbolo. Aunque el propósito inmediato de Hageo al transmitir estos cuatro mensajes era animar al pueblo en su proyecto de construcción del templo, también se aplican a nosotros como el templo o la gran casa de Dios: la morada del Señor que son los corazones humanos. Así que, examinaremos el mensaje del profeta en dos niveles:

el superficial, que tiene que ver con la reconstrucción del templo de Jerusalén; y el más profundo, referente a nuestras vidas hoy.

Exhortación a reedificar el templo (Hageo 1)

La gloria del nuevo templo (Hageo 2:1-9)

Las bendiciones de la obediencia (Hageo 2:10-19)

La promesa de Dios de bendición (Hageo 2:20–2:23)
La destrucción futura de las naciones paganas

El primer intento

Cada uno de los cuatro mensajes de Hageo está fechado por el calendario. Todos revelan una excusa dada por el pueblo para no trabajar en el templo, y da la verdadera razón tras esa excusa. El primer mensaje se encuentra en el capítulo 1:

> *En el año segundo del rey Darío, en el mes sexto, en el primer día del mes, vino palabra de Jehová por medio del profeta Hageo a Zorobabel hijo de Salatiel, gobernador de Judá, y a Josué hijo de Josadac, sumo sacerdote, diciendo: Así ha hablado Jehová de los ejércitos, diciendo: Este pueblo dice: No ha llegado aún el tiempo, el tiempo de que la casa de Jehová sea reedificada (1:1-2).*

La profecía estaba dirigida al gobernador civil y a los jefes religiosos, Zorobabel y Josué; y, en este versículo, el profeta repite la excusa que el pueblo dio para abandonar el templo durante quince años. Decían: «El tiempo aún no ha llegado. Ha habido un error al calcular los 70 años que profetizó Jeremías. No sirve de nada hacer algo ahora porque Dios no está listo aún». Pero lea la respuesta que Dios da a esa excusa:

> *Entonces vino palabra de Jehová por medio del profeta Hageo, diciendo: ¿Es para vosotros tiempo, para vosotros, de habitar en vuestras casas artesonadas, y esta casa está desierta? Pues así ha dicho Jehová de los ejércitos: Meditad bien sobre vuestros caminos (1:3-5).*

En otras palabras, Dios está diciendo: «¿Realmente piensan que aún no es hora de trabajar en mi casa? Ciertamente no les ha faltado tiempo para construir las suyas, ¡pero mi casa sigue en ruinas!». Dios recurre a la ironía —casi sarcasmo— y Su tono irónico aplasta y deja por el suelo sus pobres excusas y su hipocresía. Evidentemente, ellos habían dado prioridad a sus propios deseos y puesto en segundo lugar la obra de Dios.

Claramente, el pueblo había olvidado algo importante al urdir esta excusa: Haber regresado a la tierra demostraba que había llegado el tiempo de Dios, que se habían cumplido los 70 años. Simplemente, habían descuidado al Señor y Su casa mientras buscaban su propio bienestar y conveniencia; y hay un precio que pagar cuando se hace esto:

> *Así ha dicho Jehová de los ejércitos: Meditad sobre vuestros caminos. Subid al monte, y traed madera, y reedificad la casa; y pondré en ella mi voluntad, y seré glorificado, ha dicho Jehová. Buscáis mucho, y halláis poco; y encerráis en casa, y yo lo disiparé en un soplo. ¿Por qué? dice Jehová de los ejércitos. Por cuanto mi casa está desierta, y cada uno de vosotros corre a su propia casa. Por eso se detuvo de los cielos sobre vosotros la lluvia, y la tierra detuvo sus frutos. Y llamé la sequía sobre esta tierra, y sobre los montes, sobre el trigo, sobre el vino, sobre el aceite, sobre todo lo que la tierra produce, sobre los hombres y sobre las bestias, y sobre todo trabajo de manos (1:7-11).*

¡Parece que había también inflación en aquellos días! Dios está diciendo al pueblo que todo el trabajo que realizaron no dio los frutos que esperaban. En efecto, Él les dice: «Tratan de prosperar, pero el éxito no llega. Están tratando de satisfacerse, pero nunca lo consiguen. Siempre falta algo».

Una regla infalible de la Escritura y de la vida

¿Por qué Dios frustra todos sus esfuerzos por alcanzar la prosperidad? ¿Porque quería herirlos o castigarlos? No, el Señor estaba tratando de despertarlos. Intentaba mostrarles que hay una regla infalible que se cumple a lo largo de toda la Escritura y de toda la vida; una regla que los seres humanos continuamente tratan de esquivar: «Buscad primeramente el reino de Dios y su justicia, y todas estas cosas os serán añadidas» (Mt. 6:33). La manera de tener lo que necesita en términos de alimentación física, refugio material y necesidades de la vida es poner su principal atención e intereses en el progreso de la obra de Dios. Es por eso que estamos aquí. Tenemos un Padre en los cielos que conoce nuestras necesidades, y Él está dispuesto a suplirlas y puede hacerlo.

El Señor nos ha llamado ante todo a poner la construcción de Su casa en primer lugar. No el edificio de ladrillo y argamasa, sino la Iglesia de Dios, Su pueblo. Y muchos de nosotros, como cristianos, somos exactamente tan hipócritas y llenos de excusas como el pueblo en el tiempo de Hageo. Así que, la gran pregunta con que el profeta nos confronta es la siguiente: ¿Por qué podemos encontrar tiempo para progresar con tanto empeño en nuestros intereses personales y ganancias materiales, pero pasamos tan poco tiempo trabajando para la causa de Dios? ¿Por qué nos excusamos para no trabajar en la construcción de la casa de Dios —es decir, no invertir en el pueblo de Dios—, diciendo: «Aún no es el momento»?

Cuando ponemos los asuntos de Dios en primer lugar, nuestra vida se llena de un entusiasmo único, ya que buscamos primeramente Su reino y Su justicia, sin preocuparnos de la provisión para nuestras necesidades. Por esta razón, Dios dice a través de Pablo: «He aquí ahora el tiempo aceptable; he aquí ahora el día de salvación» (2 Co. 6:2).

El pueblo, inspirado y condenado por el mensaje realista del Señor, recogió sus herramientas de construcción y comenzó otra vez a trabajar en el templo. Trabajaron y trabajaron, hasta que el entusiasmo se desgastó y las espaldas comenzaron a doler. Entonces, el trabajo se detuvo.

¿Cuánto habían estado trabajando? ¡Sólo tres semanas! Luego, dejaron sus martillos y sierras, y se fueron a casa.

El segundo intento

Nuevamente, Dios habló a Hageo y le dio un mensaje para el pueblo. En el capítulo 2, leemos:

> *En el mes séptimo, a los veintiún días del mes, vino palabra de Jehová por medio del profeta Hageo, diciendo: Habla ahora a Zorobabel hijo de Salatiel, gobernador de Judá, y a Josué hijo de Josadac, sumo sacerdote, y al resto del pueblo, diciendo: ¿Quién ha quedado entre vosotros que haya visto esta casa en su gloria primera, y cómo la veis ahora? ¿No es ella como nada delante de vuestros ojos? (2:1-3).*

Dios estaba repitiendo lo que decía la gente. Cuando comenzaron a reconstruir el templo, los embargó una sensación de entusiasmo al pensar en restaurar la casa del Señor a su anterior gloria. Pero, luego, algo sucedió. Quizás un anciano *nuhdz* (una palabra *idish* para «entrometido») fue a observar el trabajo. Apoyado en su bastón, mirando con ojo crítico el trabajo en progreso, tal vez dijo: «¿Llaman a esto un templo? ¡Bah! Yo era sólo un niño cuando los babilonios destruyeron el antiguo templo de Salomón, pero ¡nunca olvidaré ese hermoso edificio! Todo de plata y oro, piedras hermosamente talladas, tapices por todos lados... ah, ¡eso sí que era un templo!». Así nos pasa a muchos de nosotros: los que somos mayores ¡siempre vivimos en el pasado!

Los trabajadores podrían haberse desanimado al escuchar las palabras del anciano entrometido. Podrían haber dicho: «¿Saben?, tiene razón. Nosotros no tenemos ni oro ni plata. No tenemos nada para hacer este templo tan hermoso como el de Salomón. ¿De qué sirve? ¿Para qué seguir trabajando sólo para construir un templo de segunda clase?». Así que, renunciaron.

Pero el Señor, hablando a través del profeta Hageo, animó al pueblo:

Pues ahora, Zorobabel, esfuérzate, dice Jehová; esfuérzate también, Josué hijo de Josadac, sumo sacerdote; y cobrad ánimo, pueblo todo de la tierra, dice Jehová, y trabajad; porque yo estoy con vosotros, dice Jehová de los ejércitos (2:4).

Esa es siempre la respuesta de Dios: «Esfuérzate, porque yo estoy contigo. No te preocupes si te parece que las cosas no van tan bien como debieran».

Y continúa diciendo:

Según el pacto que hice con vosotros cuando salisteis de Egipto, así mi Espíritu estará en medio de vosotros, no temáis. Porque así dice Jehová de los ejércitos: De aquí a poco yo haré temblar los cielos y la tierra, el mar y la tierra seca (2:5-6).

Cuando Dios dice que sacudirá los cielos, la tierra y a la gente, no está hablando literalmente, sino en forma figurativa. Quiere decir que ordenará de otro modo toda la situación histórica:

Y haré temblar a todas las naciones, y vendrá el Deseado de todas las naciones; y llenaré de gloria esta casa, ha dicho Jehová de los ejércitos. Mía es la plata, y mío es el oro, dice Jehová de los ejércitos. La gloria postrera de esta casa será mayor que la primera, ha dicho Jehová de los ejércitos; y daré paz en este lugar, dice Jehová de los ejércitos (2:7-9).

En otras palabras: «No se preocupen por las glorias pasadas, por la plata y el oro. Todo el mundo me pertenece, y toda la plata y el oro del mundo son míos. Esa no es la clase de gloria que tengo en mente. Yo voy a llenar esta casa con una clase diferente de gloria, para que el esplendor del nuevo templo sea más grande que el del antiguo».

Estas palabras se cumplieron siglos más tarde cuando Jesús entró al templo, el cual, para entonces, había sido profanado por los cambistas de dinero y los ladrones. Látigo en mano, el Señor volteó las mesas, sacó de allí a los cambistas de dinero y limpió el templo. El mismo Hijo de Dios caminó a paso largo por los patios del templo y volvió a convertir la casa del Señor en casa de oración. Él la llenó con la gloria de Su enseñanza, de pie en medio de ella, diciendo cosas que la gente nunca había escuchado antes. Las palabras que habló en el templo reconstruido de Jerusalén cambiaron la vida de la nación y de todas las naciones del mundo. Con Su presencia, llenó el templo de una gloria que no ha cesado nunca, una clase de gloria diferente a la del templo de Salomón.

Los constructores se desanimaron porque compararon su trabajo con las obras del pasado. Pero Dios les dijo que no se aferraran al ayer, y agregó: «Sigan trabajando, yo estoy con ustedes. Y, cuando yo estoy en medio de ustedes, no necesitan preocuparse por el resultado. Cualquiera que sea la nueva obra que realice a través de ustedes, será mejor que la antigua».

El tercer intento

El pueblo volvió a trabajar, fortalecido y animado por esta nueva palabra de Dios a través del profeta Hageo. ¡Pero, después de sólo dos meses, el pueblo volvió a fracasar en la tarea! Así lo vemos más adelante, en el capítulo 2:

> *A los veinticuatro días del noveno mes, en el segundo año de Darío, vino palabra de Jehová por medio del profeta Hageo, diciendo: Así ha dicho Jehová de los ejércitos: Pregunta ahora a los sacerdotes acerca de la ley, diciendo: Si alguno llevare carne santificada en la falda de su ropa, y con el vuelo de ella tocare pan, o vianda, o vino, o aceite, o cualquier otra comida, ¿será santificada? Y respondieron los sacerdotes y dijeron: No (2:10-12).*

Esto concuerda con la ley de Moisés. Él dijo que, si se encontraban en una situación en la cual no sabían qué hacer, fueran a pedirle al sacerdote que declarara el principio adecuado e hiciera una aplicación a partir de ello. Es el mismo principio que tenemos que seguir los cristianos hoy. Cuando nos encontramos en una situación que no sabemos cómo manejar, deberíamos ir a la Palabra de Dios, encontrar el principio que trata el tema y aplicarlo a la vida real.

Hageo continúa diciendo:

> *Y dijo Hageo: Si un inmundo a causa de cuerpo muerto tocare alguna cosa de estas, ¿será inmunda? Y respondieron los sacerdotes, y dijeron: Inmunda será. Y respondió Hageo y dijo: Así es este pueblo y esta gente delante de mí, dice Jehová; y asimismo toda obra de sus manos; y todo lo que aquí ofrecen es inmundo. Ahora, pues, meditad en vuestro corazón desde este día en adelante, antes que pongan piedra sobre piedra en el templo de Jehová. Antes que sucediesen estas cosas, venían al montón de veinte efas, y había diez; venían al lagar para*

sacar cincuenta cántaros, y había veinte. Os herí con viento solano, con tizoncillo y con granizo en toda obra de vuestras manos; mas no os convertisteis a mí, dice Jehová. Meditad, pues, en vuestro corazón, desde este día en adelante, desde el día veinticuatro del noveno mes, desde el día que se echó el cimiento del templo de Jehová; meditad, pues, en vuestro corazón (2:13-18).

¿Qué quiere decir Dios? Si lee entre líneas, verá nuevamente que la gente estaba diciendo: «Mira, Señor, tú dijiste que la razón de nuestros problemas materiales y financieros es que estábamos siendo perezosos al construir el templo. Ahora hemos trabajado durante dos meses y, aun así, la vida nos resulta difícil». En otras palabras, la gente estaba impaciente. Quería resultados inmediatos, gratificación instantánea. Querían que Dios los recompensara por su trabajo en el templo. ¿Le suena familiar? ¿Le suena a alguien que conoce?

Una vez, una pareja recurrió a mí para consejería matrimonial. El esposo se quejó, diciendo: «Simplemente, no podemos vivir juntos. Ella siempre está explotando y vociferando por todo». Después de haber hablado con ellos largo y tendido, encontré que el problema principal en la relación era que el esposo no le prestaba atención a su esposa. Cuando se sentía completamente ignorada, ella se aguantaba demasiado tiempo y, entonces... ¡reventaba! Él estuvo de acuerdo con ese diagnóstico e inmediatamente comenzó a hacer cambios en su comportamiento. No obstante, después de un día o dos, me llamó y dijo: «Bueno, anoche la llevé a cenar y lo pasamos muy bien. Ella se divirtió tanto que pensé que usted tenía razón. Pero, esta mañana, nuevamente estalló de cólera conmigo. La cosa no funciona».

Yo tuve que decirle lo que Hageo le dijo a esa gente: «¿Piensa que un patrón de comportamiento que llevó años construir puede cambiar de la mañana a la noche? Necesita ser paciente. A usted le llevará tiempo probar que ha cambiado, y a ella el ser capaz de confiar más profundamente en que las antiguas maneras de relacionarse el uno con el otro ya no existen» Como dijo Pablo a los gálatas: «No nos cansemos, pues, de hacer bien; porque a su tiempo segaremos, si no desmayamos» (Gá. 6:9).

El cuarto intento

Una vez más —de hecho, precisamente en el mismo día—, el pueblo necesitó otra palabra de ánimo que lo estimulara a finalizar el proyecto. En el capítulo 2, leemos:

Vino por segunda vez palabra de Jehová a Hageo, a los veinticuatro días del mismo mes, diciendo: Habla a Zorobabel gobernador de Judá, diciendo: Yo haré temblar los cielos y la tierra; y trastornaré el trono de los reinos, y destruiré la fuerza de los reinos de las naciones; trastornaré los carros y los que en ellos suben, y vendrán abajo los caballos y sus jinetes, cada cual por la espada de su hermano. En aquel día, dice Jehová de los ejércitos, te tomaré, oh Zorobabel hijo de Salatiel, siervo mío, dice Jehová, y te pondré como anillo de sellar; porque yo te escogí, dice Jehová de los ejércitos (2:20-23).

El Señor envía una palabra especial de ánimo al líder del pueblo mientras estaba aún bajo la autoridad de Babilonia. Aunque habían regresado a la tierra y habían reconstruido el templo, aún tenían muchos problemas. En cuanto daban la vuelta, veían señales de que eran un pueblo subyugado que vivía bajo la bota de un poder extranjero. Veían carros y soldados en sus calles, y están preocupados y temerosos después de haber vivido en cautiverio. Se preguntaban: «¿Seremos libres algún día?».

En efecto, Dios les dice: «No se preocupen. Mi programa cambiará radicalmente todo el orden de las cosas. Yo destruiré el poder de este reino. Acabaré con sus carros. Los libraré de este cautiverio. Colocaré un anillo de sello real en el dedo de su líder Zorobabel». Este Zorobabel era de la familia real, de la descendencia de David, y aunque estas palabras no se cumplieron literalmente en él, se referían a su descendiente: Jesús de Nazaret. Dios entregó Su anillo de sello real, Su anillo de autoridad, y lo puso en el dedo de Jesús. Al final, Él gobernará todas las naciones del mundo.

Esta es una palabra de ánimo en un día de oscuridad. No sólo le habla al pueblo de Jerusalén, que estaba construyendo el templo, sino que también nos habla hoy a nosotros, en nuestra propia era de oscuridad, a medida que los acontecimientos mundiales nos acercan más y más al clímax de la historia, el día del Señor. Dios quiere que sepamos que *hoy* es el tiempo de edificar. Él nos dice: «Levántense y actúen ahora. Construyan ahora. No esperen. La obra de Dios necesita ser hecha hoy, no el próximo año, no dentro de diez años. Ahora. Ante nuestros ojos hay un gran campo listo para la cosecha, aquí y en todo el mundo. ¿Estás usando tus recursos para edificar mi casa, para edificar vidas humanas? ¿Estás usando tu tiempo, tu casa, tu talento, tus dones espirituales? Hoy puedes ayudar a edificar la casa de Dios. Sirve en tu iglesia. Testifica en tu barrio y en tu trabajo. Realiza cortos viajes misioneros alrededor del mundo. Invita a estudiantes extranjeros a pasar un año en tu casa. Lidera estudios bíblicos en tu hogar, para formar amistades, e invita amigos y vecinos. Las posibilidades son innumerables, pero no permanecerán para siempre. Así que, ¡edifica ahora, antes que sea demasiado tarde!».

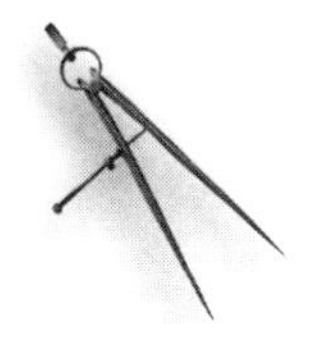

¿Estamos haciendo todo lo que podemos para edificar la casa del Señor? Cuando todo el trabajo de las manos humanas se haya convertido en polvo, cuando todas las grandes civilizaciones de la historia se hayan ido de la memoria, sólo permanecerá la obra del Señor, la casa de Dios. Nosotros somos esa casa. Somos la obra eterna de Dios. Ese es el aliento que nos da Hageo a nosotros, los constructores de Dios. Invirtamos todo lo que somos y lo que tenemos para hacer de nosotros mismos una morada apropiada y consagrada para nuestro Dios.

EL APOCALIPSIS DEL ANTIGUO TESTAMENTO

El libro de Zacarías ha sido llamado el «Apocalipsis del Antiguo Testamento» porque se compara con el libro de Apocalipsis del Nuevo Testamento. La palabra *apocalipsis* proviene del griego *apocalypsis*, que significa «revelación». El libro del Nuevo Testamento es, en realidad, parte de una larga tradición de literatura apocalíptica judía caracterizada por un rico simbolismo alegórico y una predicción de acontecimientos futuros. En este sentido, Zacarías es un precursor del Apocalipsis, y ayuda mucho leer y estudiar estos dos libros juntos.

Zacarías es un precursor del Apocalipsis, y ayuda mucho leer y estudiar estos dos libros juntos

El tema de Zacarías es el programa de Dios para la historia, que también es el tema de Apocalipsis. Sin embargo, los dos libros difieren en el énfasis. En Zacarías, Israel se encuentra en el primer plano de los eventos y las naciones gentiles en segundo término. En Apocalipsis, las naciones gentiles están en primer plano y la amenaza continua que las une es la nación de Israel. En el primer versículo, encontramos el enfoque de Zacarías en la nación de Israel:

> *En el octavo mes del año segundo de Darío, vino palabra de Jehová al profeta Zacarías hijo de Berequías, hijo de Iddo (1:1).*

Normalmente, leemos estos primeros versículos sin considerar su significado, pero recuerde que los nombres hebreos a menudo poseen un significado muy poderoso. En este pasaje, tenemos tres nombres sumamente significativos. Zacarías quiere decir «Dios recuerda»; Berequías, el nombre de su padre, significa «Dios bendice»; Iddo, el de su abuelo, «en el tiempo señalado». Este es el tema del libro de Zacarías: Dios anima y bendice al pueblo de Israel en el tiempo señalado por Él.

Zacarías, contemporáneo del profeta Hageo, ministró al remanente que regresó del cautiverio en Babilonia. Aunque el pueblo estaba de vuelta en Jerusalén reconstruyendo el templo y la ciudad, aún eran súbditos de aquella nación gentil y tenían poca esperanza en el futuro. Eran tiempos oscuros para el pueblo de Israel. Zacarías fue a ellos en medio de su depresión anunciando que Jehová bendice, que se acordará de ellos en el tiempo señalado. ¡De cuánto ánimo habrán sido esas palabras!

La estructura de Zacarías

Al principio del primer capítulo, encontramos un breve resumen del libro. Muchos libros en la Biblia contienen, normalmente en las primeras secciones, estas breves reseñas o resúmenes de su mensaje. En Zacarías, la reseña comienza de manera dramática con este nombre de Dios: «Jehová de los ejércitos»; uno de Sus nombres conocidos. «Jehová de los ejércitos» significa «el Dios de las masas» o «el Dios de todos los ejércitos», aunque la *Nueva Versión Internacional* adopta la frase «Dios Todopoderoso», para trasmitir esta idea. Sea que «los ejércitos» se refiera a ejércitos de ángeles, a ejércitos humanos o a ejércitos estelares de los cielos, no hay diferencia. El Señor Jehová es el Dios soberano sobre todas las masas del universo, sean humanas, espirituales o celestiales, y encontramos este nombre repetido tres veces en los versículos 2 y 3:

> *Se enojó Jehová en gran manera contra vuestros padres. Diles, pues: Así ha dicho Jehová de los ejércitos: Volveos a mí, dice Jehová de los ejércitos, y yo me volveré a vosotros, ha dicho Jehová de los ejércitos.*

Tres veces se repite ese nombre, y cada repetición marca una de las tres divisiones o secciones del libro de Zacarías:

Primera sección: «Se enojó Jehová en gran manera contra vuestros padres» (1:1-6)

Segunda sección: «Volveos a mí» (1:7–6:15)

Tercera sección: «Y yo me volveré a vosotros» (capítulos 7–14)

Lo que sigue es una reseña más amplia del libro de Zacarías:

Dios enojado llama al arrepentimiento (Zacarías 1:1-6)

Dios dice: «Volveos a mí» (Zacarías 1:7–6:15)

1. La visión del observador y del árbol de mirto — 1:7-17
2. La visión de los cuatro cuernos y de los cuatro carpinteros — 1:18-21

3. El varón con el cordel de medir — 2
4. Josué, el sumo sacerdote — 3:1-10
5. El candelero y los olivos — 4
6. El rollo volante — 5:1-4
7. La mujer en el efa — 5:5-11
8. Los cuatro carros — 6:1-8

Dios dice: «Y yo me volveré a vosotros» (Zacarías 6:9–14:21)

1. Ayuno — 6:9–7:3
2. Zacarías rechaza la hipocresía — 7:4-7
3. Zacarías predica arrepentimiento — 7:8-14
4. Zacarías predica la restauración de Israel — 8:1-17
5. Zacarías ensalza el futuro brillante de Israel — 8:18-23
6. Zacarías predice la venida del Mesías — 9–14

Primera sección: La ira del Señor

La primera sección es una breve visión general de la causa de Dios contra Su pueblo, una declaración de Su insatisfacción ante un pueblo rebelde. Esta visión es igualmente relevante para el pueblo de Dios en la Iglesia, como lo era para Su pueblo en Israel:

> *Se enojó Jehová en gran manera contra vuestros padres. Diles, pues: Así ha dicho Jehová de los ejércitos: Volveos a mí, dice Jehová de los ejércitos, y yo me volveré a vosotros, ha dicho Jehová de los ejércitos. No seáis como vuestros padres, a los cuales clamaron los primeros profetas, diciendo: Así ha dicho Jehová de los ejércitos: Volveos ahora de vuestros malos caminos y de vuestras malas obras; y no atendieron, ni me escucharon, dice Jehová. Vuestros padres, ¿dónde están? y los profetas, ¿han de vivir para siempre? Pero mis palabras y mis ordenanzas que mandé a mis siervos los profetas, ¿no alcanzaron a vuestros padres? Por eso volvieron ellos y dijeron: Como Jehová de los ejércitos pensó tratarnos conforme a nuestros caminos, y conforme a nuestras obras, así lo hizo con nosotros (1:2-6).*

Segunda sección: «Volveos a mí»

Luego, comenzando en el versículo siete, el profeta tiene una visión notable. Esta se divide en ocho escenas, todas dadas a Zacarías en la misma noche, y estas, a su vez, se dividen en tres principales. Las tres divisiones son como tres actos de una gran obra dramática. Cuando los leemos, podemos imaginar que hemos sido invitados a asistir a una obra donde Dios es el autor, Zacarías es el director y nosotros somos la audiencia.

La visión cubre todo el tiempo desde los días de Zacarías hasta el presente, y continúa hasta la venida del Señor. El primer acto

Hemos sido invitados a asistir a una obra dramática donde Dios es el autor, Zacarías es el director y nosotros somos la audiencia

consta de dos visiones. En Zacarías 1:8-17, encontramos la visión de un observador montando un caballo rojo, que está parado en medio de una arboleda de mirtos, en un valle. Reunidos alrededor del observador hay otros jinetes sobre caballos rojos, marrones y blancos. El ángel del Señor interpreta la visión del profeta: Israel está simbolizado por una arboleda de mirtos bajos en un lugar sombreado del valle. En ese momento, es un tiempo de angustia y de oscuridad para esta nación, pero un Ser invisible está en pie entre ellos vigilando, simbólicamente montado con poder en un caballo y escoltado por otros jinetes, lo cual representa los grandes recursos de Dios para satisfacer las necesidades de Su pueblo en la hora de oscuridad.

Primer acto: Un caballo rojo en una arboleda de mirtos

La segunda visión, Zacarías 1:18-21, habla de los cuatro cuernos y de los cuatro trabajadores o carpinteros. Los cuernos —como los cuernos de un carnero o de un toro— hablan de poder. En este caso, se refieren a poderes extranjeros que han dispersado al pueblo de Israel. Los carpinteros son agentes divinos, probablemente ángeles, que Dios está mandando a aterrorizar a las naciones. Esta es una imagen de la necesidad desesperada de Israel de regresar al Señor. Israel se desanimó ante la exhibición de poderes y de fuerzas que se oponían, lo oprimían y lo dispersaron. El pueblo no vio los recursos que Dios había puesto a disposición de ellos. Ignoraban los agentes divinos que Él había preparado para actuar a su favor. Esto es lo que el Señor les revela.

Segundo acto: Un varón con un cordel de medir

Así cae el telón al final del primer acto. En Zacarías 2, este telón se levanta para el segundo acto, que es una sola visión, un acto en una escena. Es la visión de un varón con un cordel de medir en su mano. Mientras este hombre sale a medir la ciudad de Jerusalén, el ángel intérprete le dice al profeta:

> *Y le dijo: Corre, habla a este joven, diciendo: Sin muros será habitada Jerusalén, a causa de la multitud de hombres y de ganado en medio de ella. Yo seré para ella, dice Jehová, muro de fuego en derredor, y para gloria estaré en medio de ella (Zac. 2:4-5).*

Esta hermosa descripción de la futura paz de Jerusalén va seguida de escenas de los días benditos que vendrán sobre Israel, los cuales se cumplirán literalmente cuando, un día, Israel sea devuelto a un lugar de bendición. Una mirada casual a los titulares de cualquier día de la semana demuestra que esos días aún tienen que llegar para esta nación, incluso en nuestro tiempo; pero esos días vendrán, según la promesa inamovible de Dios, cuando Israel regrese a Él.

El Señor siempre promete bendecir a aquellos que regresan a Él. Vuelva a Dios y la bendición fluirá, porque Él es el centro de ella. Las bendiciones de la vida no pueden provenir de otra fuente. Si su vida está vacía, necesita a Dios, porque sólo Él puede llenar su vida hasta rebosar. Si usted es creyente y su vida está vacía, necesita regresar al Señor. El varón con el cordel de medir simboliza la bendición ilimitada y sin medida que Dios está dispuesto a derramar en la vida de quien regrese para tener una relación con Él.

Ahora bien, el tercer acto comienza con cinco visiones más. Aquí encontramos que la manera de regresar a Dios se representa en estas cinco visiones. La primera —que yo llamo tercer acto, escena uno— se encuentra en Zacarías 3. En ella, el sumo sacerdote Josué aparece de pie ante Dios. Frente a Josué está Satanás, el Adversario. El pueblo de Israel sabía muy bien que tenía un adversario poderoso y que Satanás estaba contra ellos. Pero lo que no podían ver era al abogado, Aquel que estaba de su parte y que ministraba para ellos.

Tercer acto: Josué, el sumo sacerdote, frente a frente con Satanás

En esta visión emocionante, vemos que Josué es limpiado. Sus vestiduras viles son removidas y es vestido con ropas nuevas y limpias. Dios dice en 3:4: «Mira que he quitado de ti tu pecado, y te he hecho vestir de ropas de gala». En los versículos 8 y 9, encontramos una profecía que predice la obra de Cristo en la cruz:

> *Escucha pues, ahora, Josué sumo sacerdote, tú y tus amigos que se sientan delante de ti, porque son varones simbólicos. He aquí, yo traigo a mi siervo el Renuevo. Porque he aquí aquella piedra que puse delante de Josué; sobre esta única piedra hay siete ojos; he aquí yo grabaré su escultura, dice Jehová de los ejércitos, y quitaré el pecado de la tierra en un día.*

Esta es una profecía de la venida de Jesús, Aquel que sería el siervo de Jehová, el Renuevo. Los siete ojos de la piedra hablan de la perfección sin pecado, y la inscripción sobre la piedra simboliza las marcas de la crucifixión. Con esta piedra, el pecado y la culpa de la gente serán quitados en un solo día. Ese día, la bendición fluirá mientras Dios manifiesta Su justicia y poder para limpiar a los pecadores sin cobrarles, sin acusarlos ni condenarlos. La limpieza es el primer paso en el camino de regreso a Dios.

Luego, en el capítulo 4 de Zacarías, llegamos al tercer acto, escena dos. Aquí vemos lo que sigue a la obra de limpieza de Dios: la liberación del poder del Espíritu Santo, tal como se revela en la visión del candelabro y los olivos. Estos símbolos describen la vida llena del Espíritu. El aceite siempre se refiere al Espíritu Santo, y aquí había olivos que continuamente destilaban aceite de sus ramas en un candelabro que ardía con fulgor. Esta imagen indica que el Señor nos

El candelabro y los olivos

provee constantemente de fortaleza interior a través del Espíritu Santo y nos capacita para brillar en medio de una generación en tinieblas.

El rollo volante

Zacarías 5:1-4 contiene el tercer acto, escena tres: la imagen de un gigante rollo volante con la Escritura grabada en ambos lados y con maldiciones contra los ladrones y los blasfemos. Retrata la ley de Dios que avanza en Israel en medio de la corrupción. Los israelitas podían observar la corrupción que había a su alrededor, pero no podían ver la ley. Así que, este es el aliento del Señor en la hora de oscuridad: Él estaba obrando para imponer Su juicio sobre el caos a fin de destruirlo.

El resto del capítulo 5, versículos 5 al 11, está dedicado al tercer acto, escena cuatro, donde Zacarías ve a una mujer en la efa o cesto de medida. Mientras el profeta y el ángel observan, se le dan alas al cesto y este sale volando a la tierra de Babilonia. ¿Qué significa esta cosa extraña? ¡Si tuviera una visión así, usted se preguntaría qué comió la noche anterior! Pero el profeta sabía que se le había dado una visión con significado. Meditando en ella, la entendió, porque contiene términos usados en otras partes de la Escritura. Por lo general, en la Palabra de Dios, la mujer simboliza una religión o una iglesia falsa. Entonces, aquí es la figura del juicio de la fe falsa, de la iglesia falsa. Juan reconoce este símbolo en el libro de Apocalipsis cuando una mujer, que es la falsa Iglesia, es llamada Babilonia la grande. Él sabe que esta imagen representa el juicio de Dios sobre la religión hipócrita.

Los cuatro carros

En la escena final, tercer acto, escena cinco, el profeta ve cuatro carros; muy parecida a la visión apocalíptica de los cuatro jinetes que avanzan haciendo llover juicio sobre el mundo. Entonces, el telón cae en esta gran obra dramática de la redención futura. Es la gran obra simbólica de Dios, cuyo tema es: «Volveos a mí». En ella, vemos que el camino de regreso al Señor tiene que pasar por la limpieza, luego por la plenitud del Espíritu Santo, después por apartar las diversas formas de maldad y, finalmente, por el juicio de toda la tierra cuando Dios presente la iniquidad de los seres humanos ante el trono del juzgamiento.

Tercera sección: «Y yo me volveré a vosotros»

El capítulo 7 marca una nueva división en el libro. Encontramos a Dios hablando de manera diferente. En lugar de usar visiones, le habla al profeta directamente. Lo esencial de esta sección se expresa en el capítulo 8, versículo 3, donde Zacarías anuncia:

> *Así dice Jehová: Yo he restaurado a Sion, y moraré en medio de Jerusalén; y Jerusalén se llamará Ciudad de la Verdad, y el monte de Jehová de los ejércitos, Monte de Santidad.*

Aquí tenemos una imagen de Dios morando con Su pueblo. Un día, esto se llevará a cabo sobre la tierra. Vemos que, de muchas maneras, esta predicción se está cumpliendo en la tierra de Israel. El restablecimiento de la nación y el regreso de Jerusalén al control judío en nuestra época han preparado el camino para la reconstrucción del templo (que fue destruido en el año 70 d.C.) en su antiguo lugar. La Escritura profetizó hace mucho tiempo que esta sería una de las primeras señales de que Dios estaría a punto de actuar nuevamente para restaurar a Israel a su sitio entre las naciones.

Leemos esta sección profética con gran interés porque describe algo que históricamente sucederá y que, de varias maneras, está sucediendo ante nuestros ojos, en nuestro tiempo. Pero también podemos leerlo con un interés personal intenso debido a su aplicación práctica a nuestra vida: Dios vive con nosotros y en nosotros. Cuando el Señor mora en nosotros, renovando nuestro ser interior, se derrama una fuente de bendición en nuestra vida y nos torna fructíferos, eficaces, y de bendición para todos aquellos con quienes nos relacionamos.

Los capítulos 7 y 8 comunican que Dios le pide al pueblo que sea honesto y que se sincere ante Él. Es otro análisis de sus fracasos ante Dios y un recordatorio de que Él no deja de tener misericordia y gracia; pero que, al mismo tiempo, también posee estándares inmutables. Siempre provee lo que se necesita, pero nunca rebaja Sus criterios. El pueblo reacciona como la gente a menudo lo hace, de tres formas. Primero:

> *Pero no quisieron escuchar, antes volvieron la espalda, y taparon sus oídos para no oír (7:11).*

Este es siempre el primer paso. Ignoran a Dios pretendiendo no escuchar. Segundo:

> *Y pusieron su corazón como diamante, para no oír la ley ni las palabras que Jehová de los ejércitos enviaba por su Espíritu, por medio de los profetas primeros; vino, por tanto, gran enojo de parte de Jehová de los ejércitos (7:12).*

Deliberadamente, desobedecen. Por último, en tercer lugar, comienzan a actuar como hipócritas. El capítulo empieza con una pregunta del pueblo (7:3): «¿Haremos abstinencia como hemos hecho ya algunos años?». Y, en efecto, Dios responde: «¿Por qué lo hacen? ¿Están celebrando estas fiestas porque quieren adorar o simplemente para hacer una demostración religiosa?» (ver 7:5). ¿Hoy no hacemos exactamente lo mismo? ¿No usamos estas mismas salidas para evitar hacer la voluntad de Dios?

Recuerdo que, hace años, mi esposa le dijo a una de nuestras hijas que se pusiera un vestido verde. Fue interesante observar su respuesta. Primero, fingió no escuchar. Segundo, después de que su madre repitió la petición varias veces, abiertamente se rebeló, diciendo: «No, no quiero ponerme ese vestido». Tercero, cuando quedó claro que su madre la iba a hacer usar el vestido, mi hija se acercó a ella y le dijo: «Mamá, yo quiero ponerme el vestido verde, pero está demasiado sucio». Desde luego, esto no era verdad en absoluto. Nuestra hija siguió exactamente el programa que se bosqueja aquí en Zacarías:

1. Fingir no escuchar
2. Desobedecer deliberadamente
3. Ser hipócrita

Este pasaje de Zacarías retrata correctamente el corazón humano en el acto mismo del engaño.

***Negarse** a escuchar a Dios **incapacita** para escucharlo*

En los capítulos 9 y 10, Dios continúa diciéndonos que el resultado de hacer repetidamente oídos sordos a Su voz es que nos volvemos ciegos a la verdad. Perdemos nuestra capacidad para ver y escuchar lo que Él nos está diciendo. En medio del pasaje, encontramos algunos vistazos precisos y asombrosos de la venida de Jesús, el Mesías, que comienza con esta predicción de la llegada del Señor a Jerusalén en el primer Domingo de Ramos:

Alégrate mucho, hija de Sion; da voces de júbilo, hija de Jerusalén; he aquí tu rey vendrá a ti, justo y salvador, humilde, y cabalgando sobre un asno, sobre un pollino hijo de asna (9:9).

Estas palabras fueron literalmente cumplidas en el Nuevo Testamento cuando nuestro Señor mandó a Sus discípulos a buscar un burro y un asno, y Él montó el asno por las calles de Jerusalén mientras la gente gritaba: «¡Hosanna al Hijo de David! ¡Bendito el que viene en el nombre del Señor! ¡Hosanna en las alturas!» (ver Mt. 21:1-11). Sin darse cuenta, la gente de Jerusalén estaba cumpliendo esta profecía de Zacarías: «¡Alégrate mucho, hija de Jerusalén! [...] ¡he aquí tu rey vendrá a ti!». Ellos no lo conocían ni tampoco lo reconocieron cuando llegó de esa manera tan notable. Es por eso que Jesús lloró sobre la ciudad mientras se aproximaba a ella, diciendo:

¡Oh, si también tú conocieses, a lo menos en este tu día, lo que es para tu paz! Mas ahora está encubierto de tus ojos. Porque vendrán días

sobre ti, cuando tus enemigos te rodearán con vallado, y te sitiarán, y por todas partes te estrecharán, y te derribarán a tierra, y a tus hijos dentro de ti, y no dejarán en ti piedra sobre piedra, por cuanto no conociste el tiempo de tu visitación! (Lc. 19:42-44).

Eso es lo que pasa cuando Dios obra en su vida y usted no lo escucha: pierde la capacidad de oír y de ver. El juicio por la ceguera cayó sobre este pueblo. Quiera el Señor que nunca provoquemos un juicio como ese.

En Zacarías 11:12-13, el Mesías habla nuevamente a través del profeta y declara estas asombrosas palabras proféticas:

Y les dije: Si os parece bien, dadme mi salario; y si no, dejadlo. Y pesaron por mi salario treinta piezas de plata. Y me dijo Jehová: Échalo al tesoro; ¡hermoso precio con que me han apreciado! Y tomé las treinta piezas de plata, y las eché en la casa de Jehová al tesoro.

¿Por cuánto acordó Judas traicionar a nuestro Señor? Treinta piezas de plata. De acuerdo con la ley, si un esclavo era corneado por un buey, el dueño del animal podía arreglar todo el asunto pagando a su vecino treinta piezas de plata. Aquí el Mesías le dice a esta gente: «Si me quieren, díganlo. Si no, denme mi paga. ¿Cuánto piensan que valgo para ustedes?». Y ellos pesaron treinta piezas de plata para pagar Su precio.

El segundo resultado de un corazón no arrepentido se encuentra en Zacarías 11:15-17, donde el profeta dice:

Y me dijo Jehová: Toma aún los aperos de un pastor insensato; porque he aquí, yo levanto en la tierra a un pastor que no visitará las perdidas, ni buscará la pequeña, ni curará la perniquebrada, ni llevará la cansada a cuestas, sino que comerá la carne de la gorda, y romperá sus pezuñas. ¡Ay del pastor inútil que abandona el ganado! Hiera la espada su brazo, y su ojo derecho; del todo se secará su brazo, y su ojo derecho será enteramente oscurecido.

Si rechaza al verdadero pastor, Dios le permitirá tener uno falso

En otras palabras, si rechaza al verdadero pastor, Dios le permitirá tener uno falso. El Señor Jesús afirmó este principio ante los fariseos espiritualmente ciegos de Su tiempo: «Yo he venido en nombre de mi Padre, y no me recibís; si otro viniere en su propio nombre, a ese recibiréis» (Jn. 5:43). En un sentido general, hay muchos falsos mesías en el mundo; y, si rechazamos al verdadero Pastor, Jesús, nos arriesgamos a ser guiados a la muerte y a la oscuridad por un pastor falso, por los Jim Jones, los David Koreshes y otros falsos mesías de nuestra era. En un sentido más específico, hay un sólo pastor falso, del cual Pablo escribe:

> *Nadie os engañe en ninguna manera; porque no vendrá sin que antes venga la apostasía, y se manifieste el hombre de pecado, el hijo de perdición (2 Ts. 2:3).*

Este hombre vendrá a Israel como su mensajero y será recibido como el Mesías, pero resultará ser el anti-Mesías, el Anticristo, el falso pastor que llenará el vacío que quedó cuando rechazaron y rehusaron creer a la verdad. Como observa Pablo más adelante: «Por esto Dios les envía un poder engañoso, para que crean la mentira, a fin de que sean condenados todos los que no creyeron a la verdad, sino que se complacieron en la injusticia» (2 Ts. 2:11-12).

La hermosa conclusión

En la última sección, capítulos 12 al 14, tenemos una imagen hermosa de Dios cuando, amorosa y protectoramente, entra en la vida de aquellos que regresan a Él. El Señor dice que Jerusalén será una roca inamovible y que las naciones se estrellarán contra ella en un esfuerzo por destruirla. En aquel día, Dios derramará sobre Israel y sobre el pueblo de Jerusalén un espíritu de oración y de compasión. Lo más importante de todo será que verán al mismo Jesús y responderán ante Él en arrepentimiento y fe, como Zacarías lo predice con la voz del propio Mesías:

> *Y derramaré sobre la casa de David, y sobre los moradores de Jerusalén, espíritu de gracia y de oración; y mirarán a mí, a quien traspasaron, y llorarán como se llora por hijo unigénito, afligiéndose por él como quien se aflige por el primogénito. En aquel día habrá gran llanto en Jerusalén, como el llanto de Hadad-rimón en el valle de Meguido (12:10-11).*

Cuando los israelitas rechazaron ciegamente al Mesías en Su primera venida, nunca se dieron cuenta de que Dios les concedería una segunda oportunidad y que, cuando Él viniera otra vez, recibirían a Aquel a quien habían horadado. Más adelante, la profecía se refiere nuevamente a Sus heridas sobre la cruz:

> *Y le preguntarán: ¿Qué heridas son éstas en tus manos? Y él responderá: Con ellas fui herido en casa de mis amigos (13:6).*

Luego, en Zacarías 14:1-4, tenemos una descripción del día del Señor, cuando todas las naciones se junten contra Jerusalén para entrar en batalla. Parecerá que todo está perdido y que la nación de Israel ha sido derrotada, hasta que el mismo Señor entre en la batalla contra las naciones. En ese momento, como nos dice el versículo 4, los pies del Señor, el Mesías, el mismo Jesús, subirán al monte de los Olivos. Esta es una declaración altamente significativa cuando se la compara con pasajes del Nuevo Testamento. El monte de los Olivos era el lugar donde, después de Su muerte y resurrección, Jesús estuvo y fue alzado a los cielos, fuera de la vista de los discípulos. Y un ángel les dijo:

> *Varones galileos, ¿por qué estáis mirando al cielo? Este mismo Jesús, que ha sido tomado de vosotros al cielo, así vendrá como le habéis visto ir al cielo (Hch. 1:11).*

Se profetizó que Jesús regresaría de la misma manera y al mismo lugar: el monte de los Olivos, de donde fue tomado. Esta predicción encaja con las palabras de Zacarías 14:4-5:

> *Y se afirmarán sus pies en aquel día sobre el monte de los Olivos, que está en frente de Jerusalén al oriente; y el monte de los Olivos se partirá por en medio, hacia el oriente y hacia el occidente, haciendo un valle muy grande; y la mitad del monte se apartará hacia el norte, y la otra mitad hacia el sur. Y huiréis al valle de los montes, porque el valle de los montes llegará hasta Azal; huiréis de la manera que huisteis por causa del terremoto en los días de Uzías rey de Judá; y vendrá Jehová mi Dios, y con él todos los santos.*

Zacarías dice que el monte de los Olivos se dividirá en dos y hará que la gente de alrededor escape, como sucedió por un gran terremoto que ocurrió en los días del rey Uzías. El profeta hace referencia a un hecho acerca del cual no habría podido saber de ninguna manera cuando estas palabras fueron escritas: la existencia de una falla sísmica debajo del monte de los Olivos, en Jerusalén. Esta falla fue descubierta por geólogos de nuestro tiempo. Claramente, las placas tectónicas y las fallas de la tierra han sido preparadas para el futuro cumplimiento de esta profecía en Zacarías.

Paz, gozo, prosperidad y el reinado justo del Señor

Las imágenes finales del libro son de paz, gozo, prosperidad y del reinado justo del Señor sobre todo el mundo.

> *Acontecerá también en aquel día, que saldrán de Jerusalén aguas vivas, la mitad de ellas hacia el mar oriental, y la otra mitad hacia el mar occidental, en verano y en invierno. Y Jehová será rey sobre toda la tierra. En aquel día Jehová será uno, y uno su nombre (14:8-9).*

Esta escena retrata el glorioso reinado milenial del Señor sobre la tierra, a través de Su Hijo, el Rey Jesús. Entonces, el libro finaliza con estas hermosas palabras:

> *En aquel día estará grabado sobre las campanillas de los caballos: Santidad a Jehová; y las ollas de la casa de Jehová serán como los tazones del altar. Y toda olla en Jerusalén y Judá será consagrada a Jehová de los ejércitos; y todos los que sacrificaren vendrán y tomarán de ellas, y cocerán en ellas; y no habrá en aquel día más mercader en la casa de Jehová de los ejércitos (14:20-21).*

Toda olla será un recipiente sagrado. Todo elemento habitual será santo para el Señor. ¡Qué asombrosa promesa! ¡Y además, se aplica a nuestras vidas ahora mismo! Cuando Dios es el centro de su vida, todo momento de su andar, todo objeto habitual de su existencia, es tocado con la gloria de Su presencia. Lo que será visiblemente cierto un día futuro en la tierra, puede ser vital y espiritualmente real en su vida y en la mía hoy. Este es ahora el mensaje para nosotros del Apocalipsis del Antiguo Testamento, el libro de Zacarías.

«YO OS HE AMADO»

Cuatrocientos años de silencio.

Este es el periodo de tiempo que separa al último libro del Antiguo Testamento, Malaquías, del primero del Nuevo Testamento, Mateo. Toda la historia de los Estados Unidos de América, desde la fundación de las primeras colonias en Massachusetts y Virginia hasta el día de hoy, encajaría en ese lapso, con décadas de sobra. Aun así, a pesar de la brecha de cuatrocientos años entre Malaquías y Mateo, estos libros están notablemente unidos, como pronto veremos.

Pero ¿qué sucedió en esos cuatrocientos años? Es como si los cielos hubieran guardado silencio. Ninguna voz de Dios se oyó, ningún profeta fue a Israel, ninguna Escritura se registró. De todos modos, la historia estaba en marcha y ocurrían eventos notables en Israel y entre los judíos. El Nuevo Testamento comienza en medio del surgimiento de nuevas instituciones. Por ejemplo, la secta de los fariseos, en el judaísmo, surgió en el siglo II a.C., y el partido de los saduceos (o zadoquistas) apareció en el siglo I a.C.. Ambos grupos se destacan en los relatos que los cuatro Evangelios hacen de la vida de Jesús, pero nada de la actividad intertestamental se registra en la Biblia.

«Mi mensajero»

Malaquías es el último de los llamados profetas menores. Es también la última voz profética que le habla a Israel hasta la venida de Juan el Bautista y de Jesús. Los últimos tres libros del Antiguo Testamento —Hageo, Zacarías y Malaquías— se escribieron después del regreso de los israelitas de su cautiverio en Babilonia.

El pueblo no regresó en un grandioso y feliz tropel. Varios grupos volvieron en forma desordenada; el primero lo hizo aproximadamente en el 535 a.C. En ese tiempo, un puñado de judíos cumplió la profecía de Jeremías de que el cautiverio duraría 70 años. Cuando estos pioneros fueron repatriados a su tierra natal, encontraron la ciudad de Jerusalén en ruinas y desolada. Empezaron a poner los cimientos del templo, pero la construcción pronto se retrasó y, quince años más tarde, fue el ministerio de Hageo lo que incentivó el proyecto para que fuera terminado. La reconstrucción del templo se completó durante el ministerio de Zacarías, casi al mismo tiempo que el sacerdote Esdras guió a otro grupo de regreso desde Babilonia.

Durante el cautiverio, toda la manera de vivir de los israelitas cambió. Antes, habían sido una cultura agraria, de criadores de ovejas. Pero, en Babilonia, aprendieron a ser comerciantes y tenderos, lo que significaba un estilo de vida urbano.

El último retorno de Babilonia lo lideró Nehemías, quien guió a un grupo de regreso a Jerusalén en el 445 a.C., para comenzar a reconstruir los muros de la ciudad. Poco después de que Nehemías terminase su labor, apareció Malaquías. Entre el libro de Nehemías y el de Malaquías pueden hacerse comparaciones interesantes. Nehemías llega al final de la sección histórica del Antiguo Testamento (de Josué hasta Esther). Le siguen los libros poéticos y luego los proféticos. En el último libro profético, Malaquías, entramos en la misma época que abarca Nehemías.

Malaquías significa «mi mensajero»

La profecía de Malaquías fue dada por un hombre cuyo nombre significa «mi mensajero». En efecto, este último libro del Antiguo Testamento tiene que ver con un mensajero de Dios y la predicción de la venida de otro. Por tanto, aquí encontramos un nexo directo entre Malaquías y el Nuevo Testamento. Por ejemplo, el capítulo 3, comienza con esta profecía:

> *He aquí yo envío mi mensajero, el cual preparará el camino delante de mí (3:1).*

Juan el Bautista, otro mensajero

Como se revela en el libro de Mateo, ese mensajero fue Juan el Bautista. Él llegó para preparar el camino del Señor y para anunciar la venida del segundo mensajero de Dios. Este segundo mensajero se menciona aquí, en la siguiente frase:

> *Y vendrá súbitamente a su templo el Señor a quien vosotros buscáis, y el ángel del pacto, a quien deseáis vosotros. He aquí viene, ha dicho Jehová de los ejércitos (3:1).*

El Señor Jesús: mensajero del pacto

Observe esta frase: «mensajero del pacto». El Señor Jesús, en la última noche de Su ministerio, tomó el vino y el pan, estando con Sus discípulos, y sosteniendo la copa, dijo: «Esto es mi sangre del nuevo pacto, que por muchos es derramada para remisión de los pecados» (Mt. 26:28). El mensajero del pacto es el propio Señor Jesús.

Lo que sigue es una visión general del último libro del Antiguo Testamento:

El amor de Dios por la nación de Israel (Malaquías 1:1-5)

El pecado de la nación (Malaquías 1:6–3:15)

1. El pecado de los sacerdotes 1:6–2:9
2. El pecado del pueblo 2:10–3:18

Las promesas de Dios para Israel (Malaquías 4)

1. La venida profetizada de Cristo 4:1-3
2. La venida profetizada de Elías 4:4-6

El amor de Dios, no correspondido

El problema que tenían los israelitas en la época de Malaquías era que habían olvidado el gran mensaje central de Dios. Cuando volvemos al comienzo de este libro, vemos que el profeta empieza con esa observación:

> *Profecía de la palabra de Jehová contra Israel, por medio de Malaquías. Yo os he amado, dice Jehová (1:1-2).*

Ese es siempre el mensaje de los profetas de Dios: «Yo os he amado», dice el Señor. Es asombroso que el pueblo le responda al profeta con estas palabras: «¿En qué nos amaste?». Todo este libro es una serie de respuestas del pueblo a los desafíos de Dios. Siete veces los encontramos diciendo: «¿Cómo? ¿Cómo lo haces? Demuéstralo». Cuando leemos las respuestas, observamos cómo revelan el estado del corazón de esta gente. Aquí tenemos a un Dios extravertido, un Dios amoroso, pero Él trata con un pueblo insensible e indiferente que no responde.

Jacob y Esaú

En los versículos 2 y 3, Dios contesta a su pregunta: «¿En qué nos amaste?». Les responde recordándoles que los amó aun desde el principio de la raza judía, en Su relación con Jacob y Esaú. En realidad, Él dice: «Echen una mirada a la historia. La historia de Esaú fue desastrosa y turbulenta; la de Jacob ha sido bendecida. Yo amé a Jacob, pero detesté a Esaú. Si quieren entender mi amor, observen a alguien que no lo disfrutó. Miren a Esaú y vean cuán diferente es su historia de la de ustedes, aunque él y Jacob eran hermanos mellizos».

Esto fastidia a mucha gente, pero encontramos la explicación en el Nuevo Testamento, en Hebreos 12:16. Allí se nos dice que Esaú despreció su derecho a la primogenitura y que, por tanto, no valoró en absoluto los asuntos espirituales. Trató a Dios con indiferencia. Trivializó las cosas que el Señor consideraba valiosas. La actitud de

Esaú hizo que Él declarara: «Yo he amado a Jacob, pero he detestado a Esaú».

Si usted hubiera conocido a estos dos hombres, probablemente hubiera amado a Esaú y odiado a Jacob. Este último era el conspirador, el famoso embaucador, el usurpador, el pillo poco fiable. Esaú era una persona a quien le gustaba estar al aire libre; un hombre grande, entusiasta, sincero, franco, fuerte, que se jactaba de sus hazañas como cazador y amante de la naturaleza. De los dos, este parece ser el mejor, pero Dios dice: «Yo he amado a Jacob porque su corazón anhela las cosas más profundas de la vida; desea algo más que lo que está en la superficie». Esa clase de anhelo espiritual intenso siempre agrada al Señor.

En el capítulo 1, a través de Su mensajero Malaquías, Dios continúa reprendiendo a los israelitas por una serie de fracasos específicos y, después de cada acusación, la respuesta de ellos es: «¿Qué quieres decir?». El Señor dice que el pueblo ha mostrado desprecio por Su nombre. La gente pregunta: «¿Cómo hemos despreciado tu nombre?». Cuando le preguntamos algo a Dios, a Él le agrada contestarnos. Así que, Dios responde que los sacrificios que le habían ofrecido estaban contaminados. «¿Cómo hemos contaminado los sacrificios?», preguntan ellos. El Señor contesta que han sacrificado en Sus altares animales ciegos, enfermos, de baja calidad. No le han ofrecido lo mejor y lo primero, sino que le han dado las sobras: sacrificios con los cuales sería un insulto servir a cualquier otra persona.

¿Por qué se siente Dios insultado por sus ofrendas? Sin duda, no es porque Él tenga un gusto refinado y prefiera el solomillo de primera, sino porque sabe que, cuando le ofrecen las sobras en sus sacrificios, significa que le están dando las sobras de sus vidas, de su servicio y de su adoración. Un sacrificio defectuoso es síntoma de una actitud similar hacia Dios. En el versículo 13, Él nota que el pueblo está realmente aburrido y cansado de adorarlo. Así que, habían estado tratando de arreglárselas con una religiosidad de mala calidad y descuidada, en lugar de buscar una relación de fe genuina con el Dios viviente. El Señor es el Dios de la realidad, y Él siempre acaba con las excusas y la hipocresía, y aborda el verdadero asunto.

Ahora bien, ¿qué está mal aquí? Una relación con el Creador Todopoderoso del universo debería ser una experiencia muy emocionante, excitante. ¿Adónde se había ido todo el entusiasmo? ¿Qué le había pasado a esta gente? Había llegado a la conclusión de que a Dios sólo le interesaba el ritual, que estaría contento con algo menos que amor. Habían ignorado el gran mandamiento, que dice: «Y amarás a Jehová tu Dios de todo tu corazón, y de toda tu alma, y con todas tus fuerzas» (Dt. 6:5; cf. Mt. 22:37; Mr. 12:30; Lc. 10:27). Ame a Dios; ninguna otra cosa le dará satisfacción. Este pueblo había sido el receptor del amor y de la gracia del Señor durante siglos, pero no habían correspondido a ese amor. Lo habían ignorado, insultado, lo habían tratado condescendientemente y lo habían ofendido. Su amor a Él había muerto.

Dios había amado a este pueblo, pero se sentía como un amante despreciado. Si usted ha pasado alguna vez por la experiencia de amar intensamente a alguien que no le correspondía —sea en un noviazgo, como un cónyuge rechazado o como padre de un hijo rebelde—, sabe que es una de las experiencias más penosas de la vida. Y Dios sintió esa pena: el dolor de un amor no correspondido.

Confusión moral

En el capítulo 2, Dios los acusa de que la hipocresía se ha vuelto maligna. Como un cáncer, su falta de amor a Dios se está desparramando y haciendo que otros se desvíen. Más aun, han fallado en sus normas morales. Han comenzado a casarse con tribus paganas de alrededor y olvidado que Dios los había llamado para ser un pueblo especial y distinto. Al Señor no le preocupa, como algunos podrían pensar, que el linaje de sangre o la heredad genética se debilite, porque no es racista. Él creó todas las razas y ama a toda la gente por igual. Su preocupación es que, al casarse con personas de otras tribus, los judíos se contaminaran moral y espiritualmente con las falsas religiones y los valores del mundo que los rodeaba. Le inquietaba que la fe y la obediencia a Dios —las cuales constituyen el principio organizador central de la cultura judía— se debilitaran y se contaminaran a medida que pueblos incrédulos se fueran mezclando con la nación judía.

Otro signo de la decadencia moral de la nación era que el divorcio se estaba generalizando por toda la tierra:

> *Y esta otra vez haréis cubrir el altar de Jehová de lágrimas, de llanto, y de clamor; así que no miraré más a la ofrenda, para aceptarla con gusto de vuestra mano. Mas diréis: ¿Por qué? Porque Jehová ha atestiguado entre ti y la mujer de tu juventud, contra la cual has sido desleal, siendo ella tu compañera, y la mujer de tu pacto. ¿No hizo él uno, habiendo en él abundancia de espíritu? ¿Y por qué uno? Porque buscaba una descendencia para Dios. Guardaos, pues, en vuestro espíritu, y no seáis desleales para con la mujer de vuestra juventud. Porque Jehová Dios de Israel ha dicho que él aborrece el repudio, y al que cubre de iniquidad su vestido, dijo Jehová de los ejércitos. Guardaos, pues, en vuestro espíritu, y no seáis desleales (2:13-16).*

A menudo, he escuchado que este pasaje —en especial, la frase donde dice que Dios «aborrece el repudio» — se cita como una crítica de parte de cristianos farisaicos contra la gente divorciada. Se ha usado para tratar a las personas divorciadas como si fueran ciudadanos de segunda clase en la iglesia. Pero esta no es la intención del pasaje. Entendamos bien: Dios dice que Él «aborrece *el repudio*», no que «aborrece a *la gente* repudiada». A lo largo del libro de Malaquías, escuchamos que el amor de Dios se expresa una y otra vez, ¡y esta declaración de Su odio al divorcio es, en realidad, una de Sus declaraciones más fuertes de amor! El Señor detesta el divorcio porque trae dolor y sufrimiento a las personas involucradas, y porque es un acto que quebranta los votos y destruye la confianza. Dios asocia el divorcio con la violencia; así que, ese acto se considera una clase de «agresión doméstica no violenta», cuando es perpetrada por un cónyuge contra su inocente pareja que no está dispuesta a aceptarlo.

El divorcio tiene muchas causas en el día de hoy. Podría ocurrir por el egoísmo o la inmadurez de uno o de ambos cónyuges. El adulterio de parte de uno de ellos podría ser también la causa. Quizás uno sea creyente y el otro no (tal vez el creyente conoció a Cristo después del matrimonio). A menudo, los incrédulos quieren sacarse de encima un matrimonio donde un cónyuge testifica de Cristo y muestra evidencias convincentes de una vida cambiada. Yo siempre animo a las parejas a encontrar formas de restablecer la relación y evitar el divorcio, sean cuales sean los problemas matrimoniales (sin que haya abusos ni violencia doméstica). Pero hacen falta dos personas para conservar un matrimonio unido. Entonces, si uno está completamente reticente, la otra persona es una víctima *inocente* del divorcio. Además, si un cristiano está divorciado por pecados pasados, inmadurez o fracasos, no debería negársele la gracia, el perdón y la reincorporación. Sí, Dios detesta el divorcio, pero esto se debe a que Él *ama a la gente*, a toda la gente, incluso a la gente divorciada.

Después, el Señor dice que el pueblo lo está cansando; y, nuevamente, esta es una acusación de gran relevancia para nosotros hoy:

El pueblo cansa a Dios llamando bueno a lo malo

> *Habéis hecho cansar a Jehová con vuestras palabras. Y decís: ¿En qué le hemos cansado? En que decís: Cualquiera que hace mal agrada a Jehová, y en los tales se complace; o si no, ¿dónde está el Dios de justicia? (2:17).*

La sociedad actualmente defiende toda forma de mal, y lo llama bueno. Ya es bastante malo que los productores cinematográficos y las estrellas de rock exalten las virtudes de la obscenidad, la pornografía, la rebeldía, la anarquía y las descripciones degradantes de Dios y de la familia. Sin embargo, hoy muchos educadores, políticos, sociólogos, jueces y psicólogos están igualmente en falta. Dicen que la obscenidad y la pornografía son saludables. Afirman que el comportamiento homosexual es normal. Dicen que la «familia» es lo que nosotros queramos, incluso dos mujeres lesbianas o un grupo de hombres homosexuales. Excusan a los criminales diciendo que estos individuos comenten crímenes porque la sociedad no los entiende; no porque los culpables tomen decisiones pecaminosas. Mientras que el abuso infantil es una horrible enfermedad social, muchos padres piadosos han sido arrestados por simplemente darles de manera amorosa una zurra a sus hijos, lo cual está bíblicamente aprobado.

Vivimos actualmente en una cultura donde, en forma creciente, lo que Dios llama malo, la sociedad denomina bueno, y viceversa. Y el problema está empeorando, no mejorando. Incluso hay una organización que opera abiertamente, con el nombre de «asociación de amor hombre-niño». Propone rebajar la edad de consentimiento sexual a siete años, para que hombres mayores puedan involucrarse en relaciones homosexuales con niños. Usted podría pensar: «Bueno, ellos pueden intentarlo, ¡pero ese comportamiento nunca será legalizado en nuestro país!». Sin embargo, mire todas la cosas que están pasando ahora aquí: desfiles del orgullo gay, pornografía vendida abiertamente en tiendas al servicio del vecindario y en negocios de alquiler de videos, pornografía infantil a libre disposición en Internet, y lenguaje y comportamiento sexual indecente en las horas de más audiencia en la TV y en los espectáculos en vivo durante el día, que los niños pueden ver después de la escuela. La mayor parte de los horrores morales que hoy nos rodean eran impensables sólo diez o veinte años atrás. ¿Qué horrores «impensables» nos esperan en los próximos años? Cualquier cosa que sea inconcebible ahora podría fácilmente ser algo habitual el día de mañana.

El libro de Malaquías habla alto y claro a la confusión moral de nuestros días. Esto siempre sucede cuando la gente ofrece cualquier cosa que no sea un amor ferviente a Dios, cuando piensa que los adornos rituales y externos darán satisfacción al corazón amoroso del Eterno.

El libro de Malaquías habla alto y claro a la confusión moral de nuestros días

Otro asunto sacado a colación en el versículo 17 es una pregunta que solemos escuchar hoy: «¿Dónde está el Dios de la justicia?». En otras palabras: «Este es un país libre. No tienen ningún derecho de imponerme su Dios y su moralidad. Las normas morales no existen. Todo es relativo. Usted tiene su verdad y yo tengo la mía; ¡no hay tal cosa como una verdad objetiva! No existe un Dios de justicia que determine lo que es correcto y lo que no lo es, así que, nadie tiene derecho de juzgar o de criticar mi comportamiento». Pensamos que esta actitud amoral y rebelde es algo nuevo, inventado en esta época, pero esta clase de pensamiento es un concepto antiguo, aun de cuatrocientos años antes del nacimiento de Cristo.

La profecía de la venida del Mesías

En Malaquías 3, llegamos a la gran profecía de la venida del Mesías. El profeta levanta sus ojos y ve que el corazón de esta gente está tan endurecido que no pueden reaccionar, ni siquiera con estas acusaciones claras e innegables de Dios. No son conscientes de que les están pasando estas cosas, porque no tienen nada con qué compararlas. Entonces, el profeta, adelantándose cuatro siglos en el tiempo, dice: «El Señor se ocupará de esto. Mandará a Alguien que los despertará, que les dirá la verdad. Él será un fuego refinador. Hará arder toda la hipocresía y la superficialidad de su religiosidad. Como un jabón fuerte, los limpiará y pondrá las cosas en su lugar. Lo podrán reconocer porque un mensajero irá delante de Él para preparar el camino. Luego, de repente, Él mismo vendrá a Su templo». Por supuesto, todas estas palabras se cumplen maravillosa y poderosamente en el Nuevo Testamento.

A esto le sigue una serie de acusaciones en las cuales el Señor habla nuevamente de sus vidas. Después, los llama, diciendo:

> *Desde los días de vuestros padres os habéis apartado de mis leyes, y no las guardasteis. Volveos a mí, y yo me volveré a vosotros, ha dicho Jehová de los ejércitos. Mas dijisteis: ¿En qué hemos de volvernos?* (3:7).

Si ha estado estudiando estos profetas del Antiguo Testamento en orden, sin duda recordará que este también fue el tema principal de Zacarías: «Regresad a mí y yo regresaré a ustedes». El pueblo responde, preguntando: «¿Cómo regresaremos? No nos hemos ido a ninguna parte. Te estamos sirviendo en tu templo. Traemos los sacrificios y las ofrendas apropiadas, y cumplimos el ritual, tal como tú lo indicaste. ¿Qué quieres decir con que regresemos a ti?». Esta respuesta indica la ceguera total de sus corazones. No se dan cuenta de que, aunque la forma externa sea correcta, sus corazones están lejos de Dios.

Luego, el Señor habla de un tema que resulta incómodo para muchos cristianos. Acusa al pueblo de estar robándole:

> *¿Robará el hombre a Dios? Pues vosotros me habéis robado. Y dijisteis: ¿En qué te hemos robado? En vuestros diezmos y ofrendas. Malditos sois con maldición, porque vosotros, la nación toda, me habéis robado. Traed todos los diezmos al alfolí y haya alimento en mi casa; y probadme ahora en esto, dice Jehová de los ejércitos, si no os abriré las ventanas de los cielos, y derramaré sobre vosotros bendición hasta que sobreabunde* (3:8-10).

Estos versículos suelen sacarse del contexto del Antiguo Testamento y usarse para establecer un patrón legalista acerca de llevar todas las ofrendas a la iglesia, como a un depósito. Esto es una distorsión. Este versículo está dirigido a Israel, dentro del sistema bajo el cual la nación vivía en el Antiguo Testamento, aunque el principio es exactamente igual para la Iglesia. Nunca deberíamos tomar todo aquello con lo que Dios nos ha bendecido y usarlo para nuestro propio provecho. El Señor dice: «Cuando haces eso, me estás robando el derecho de usarte para el avance de mi causa».

Nuestro propósito en la vida

Existimos para apoyar la causa de Dios. Es muy posible que los creyentes cumplan con toda clase de obligaciones religiosas dentro de la iglesia, que gasten todo dinero sobrante y todo minuto de vigilia en actividades de servicio, y que, aun así, nunca contribuyan a que la causa de Dios avance ni un sólo paso. ¿Por qué? Porque muchos de nosotros, en las diversas actividades religiosas, lo único que estamos haciendo es usar la religión para cumplir nuestras propias metas egocéntricas. Podemos escribir cientos de libros cristianos, predicar a millones en la televisión y en los estadios, iniciar múltiples programas de ministerio en la iglesia, pero un día tendremos que estar de pie ante Dios para ser juzgados, y Su veredicto puede ser: «Toda tu vida me estuviste robando el derecho de vivir mi vida a través de ti y de apoyar mi causa por medio de ti. Toda tu vida viviste según tu propia agenda religiosa, no la mía». Por esta razón, el Nuevo Testamento nos llama a presentar nuestros cuerpos en sacrificio vivo a Dios. Por eso estamos aquí. Si alguien quiere saber: «¿Por qué estoy aquí? ¿Cuál es el propósito de mi vida?»... ¡aquí está! No hay nada que confiera más importancia a una vida humana que el servicio total a la causa del Señor, y nada que denote más una vida desperdiciada que el veredicto divino: «Tú me robaste».

En Malaquías 3:16-18, Dios destaca a un remanente fiel de Israel. No importa cuán difíciles se pongan las cosas en el mundo, siempre permanece un remanente fiel, y la luz del faro divino siempre lo encuentra:

> *Entonces los que temían a Jehová hablaron cada uno a su compañero; y Jehová escuchó y oyó, y fue escrito libro de memoria delante de él para los que temen a Jehová, y para los que piensan en su nombre. Y serán para mí especial tesoro, ha dicho Jehová de los ejércitos, en el día en que yo actúe; y los perdonaré, como el hombre que perdona a su hijo que le sirve. Entonces os volveréis, y discerniréis la diferencia entre el justo y el malo, entre el que sirve a Dios y el que no le sirve.*

La vida del cuerpo en el Antiguo Testamento

Note las dos marcas de quienes son fieles en el día de la apostasía. En primer lugar, hablan uno con el otro. Esto no significa que simplemente tienen una conversación, sino que se sinceran mutuamente. Comparten unos con otros. Confiesan sus puntos débiles y oran unos por otros. Experimentan la clase de comunidad y fraternidad íntima que yo llamo vida del cuerpo.

Relacionarse unos con otros, y con Dios

En segundo lugar, honraron el nombre de Dios, meditaron en Su nombre. Así que, aquí vemos las dos dimensiones de la fe bíblica, del estilo de vivir de la vida del cuerpo: el nivel horizontal de la relación interpersonal profunda unos con otros, y el nivel vertical de la comunión con Dios y el meditar en Él en adoración intensa. Ambas dimensiones son necesarias si es que vamos a crecer en la fe, y en nuestra capacidad de conocer y agradar a Dios.

Cuando honramos Su nombre, honramos todo lo que Él es, todo lo que dice y todo lo que hace

¿Qué quiere decir honrar y meditar en el nombre de Dios? El nombre de Dios representa todo lo que Él es, tal como su nombre representa todo lo que usted es. Firma un cheque, y todo lo que usted es está depositado en el renglón, frente a la cantidad detallada. Su nombre, su firma, eso es lo que da valor y significado a ese cheque, más allá del valor intrínseco del papel y de la tinta con que está hecho. Lo mismo ocurre con el nombre de Dios. Cuando honramos Su nombre, honramos todo lo que Él es, todo lo que Él dice y todo lo que Él hace. Meditamos en Su carácter y en Sus atributos. Buscamos hacer de Su vida una parte de la nuestra, y de Sus cualidades una parte de nuestra forma de ser.

Durante años, muchísimos libros y seminarios han pretendido decirnos lo que funciona mal en la Iglesia, analizando su debilidad y presentando algún artilugio o truco para resolver el problema. El fracaso subyacente de todos estos libros y seminarios es que las propuestas que ofrecen no son soluciones en absoluto, sino arreglos rápidos que no duran, primeros auxilios aplicados a cánceres. La verdadera debilidad de la Iglesia es que hemos perdido nuestra capacidad de honrar y meditar en el nombre de Dios, y en todo lo que implica dicho nombre. Nos enfocamos en programas y en proyectos, pero no nos centramos en Él. Lo cierto es que pueden perderse todos los accesorios de la iglesia —edificios y personal, comités y presupuestos, filosofía del ministerio y estrategia de crecimiento de la iglesia, expertos y consultores—, pero, si sólo le quedan algunas personas comprometidas, que han aprendido a enfocarse en el nombre de Dios, *¡no ha perdido nada!*

Eso es lo que necesita escuchar otra vez esta generación.

Jesús, el Sol de justicia

En Malaquías capítulo 4, el profeta vuelve a alzar sus ojos al futuro y ve a Jesucristo; pero, esta vez, no está mirando solamente a Su primera venida, cuatrocientos años más tarde. Mira más lejos, a través de los siglos y más allá de nuestro tiempo, hasta la segunda venida de Cristo, cuando el plan de Dios se cumpla:

Porque he aquí, viene el día ardiente como un horno, y todos los soberbios y todos los que hacen maldad serán estopa; aquel día que vendrá los abrasará, ha dicho Jehová de los ejércitos, y no les dejará ni raíz ni rama. Mas a vosotros los que teméis mi nombre, nacerá el Sol de justicia, y en sus alas traerá salvación; y saldréis, y saltaréis como becerros de la manada (4:1-2).

Una causa con dos efectos

Ahora bien, esta es una causa con dos efectos. El Sol de justicia saldrá y aquellos que lo rechacen serán quemados, pero quienes lo reciban serán sanados. Es el mismo Sol, pero tiene distinto efecto en diferentes personas, según la relación con Él.

Esta promesa va seguida de otra referente a la reaparición del profeta Elías en la tierra:

He aquí, yo os envío el profeta Elías, antes que venga el día de Jehová, grande y terrible. El hará volver el corazón de los padres hacia los hijos, y el corazón de los hijos hacia los padres, no sea que yo venga y hiera la tierra con maldición (4:5-6).

Mateo 17 describe una escena en la cual los discípulos de Jesús están preocupados por esta profecía (este es el nexo entre Malaquías y Mateo que mencioné anteriormente). Ellos preguntan: «¿Por qué dicen los maestros de la ley que Elías debe venir primero?». Y la respuesta de Jesús tiene dos facetas: Él dice que Elías vendrá y que «restaurará todas las cosas»; una referencia al regreso futuro de Elías, justo antes del fin del plan de Dios para la historia de la humanidad. Pero luego agrega que «Elías ya ha venido, y ellos no le han reconocido». «Entonces los discípulos entendieron que Él les estaba hablando de Juan el Bautista» (Mt. 17:10-13). Cuando el ángel anunció el inminente nacimiento de Juan el Bautista, se refirió claramente a Malaquías 4:5-6, cuando dijo: «E irá delante de él con el espíritu y el poder de Elías, para hacer volver los corazones de los padres a los hijos, y de los rebeldes a la prudencia de los justos, para preparar al Señor un pueblo bien dispuesto» (Lc. 1:17).

Mucha gente identifica a los dos testigos que se mencionan en Apocalipsis 11 como Elías y Moisés. Si literalmente son ellos o no los dos testigos que regresaron a la tierra en forma corporal, es materia de especulación. No obstante, lo que está claro es que Dios piensa proveer un ministerio como el de Elías antes del regreso del Señor Jesús en poder y juicio.

La última palabra del Antiguo Testamento: *maldición*

Creo que es significativo que la última palabra del Antiguo Testamento sea *maldición*. Esta palabra no es una predicción, sino una advertencia. Este libro profético comienza diciendo: «Yo os he amado, dice Jehová»; y termina con la advertencia de que, si ese mensaje de amor no es recibido, resultará en maldición. Ahora compare la última palabra del Antiguo Testamento con la última del Nuevo Testamento. Dejando de lado el saludo final, esa palabra es el nombre de Jesús: «¡Ven, Señor Jesús!» (Ap. 22:20).

En el Nuevo Testamento, la respuesta de Dios a la maldición es Jesucristo

Esa es la respuesta de Dios a la maldición, ¿no es cierto? Él nos ha redimido de la maldición de la ley enviando a Jesús a ser hecho maldición por nosotros. Así que, la respuesta completa de Dios es la gracia y el amor que nos llevan a la luz y al conocimiento de Cristo. Toda la bendición que abarca ese nombre es nuestra cuando confiamos en Él y creemos en Su nombre.

Sexta Parte

JESÚS: EL CENTRO DE AMBOS TESTAMENTOS

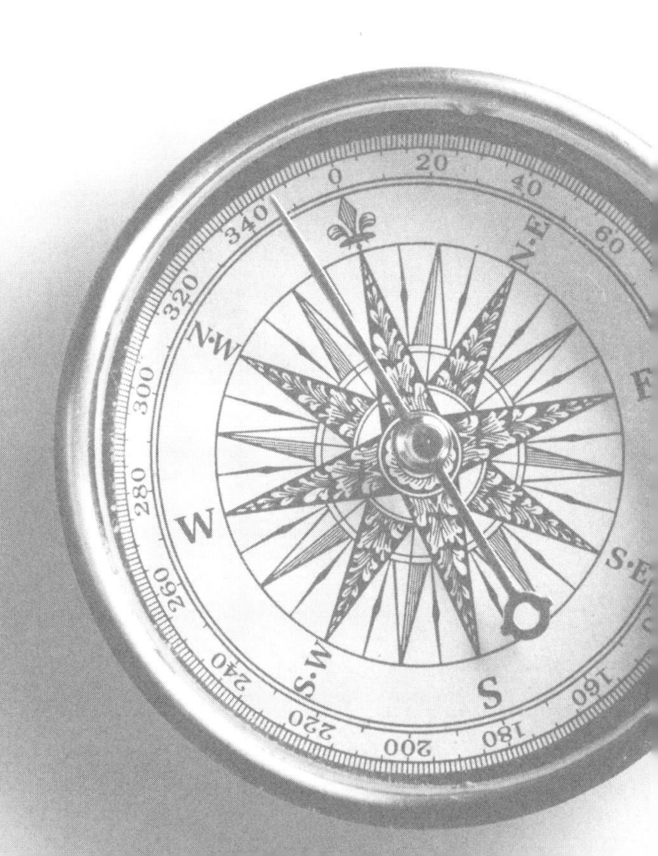

ENTRE LOS TESTAMENTOS

Al principio del capítulo anterior, sobre Malaquías, hablamos del periodo de silencio aparente de Dios durante 400 años, entre los testamentos. Desde nuestra perspectiva humana, esta cantidad de años es mucho tiempo. En menos que eso, se erigen nuevas civilizaciones, declinan y caen, y son olvidadas.

Sin embargo, esto no quiere decir que en ese lapso no se hayan escrito libros de la historia hebrea. Durante el periodo que va desde el 400 a.C. a la época del Nuevo Testamento, se produjo una cantidad de literatura a la que se llamó libros «apócrifos», del griego *apokryphos*, que quiere decir «escondidos». Durante un tiempo, en los primeros siglos de la iglesia cristiana, algunos aceptaron algunos de estos libros como parte de la Escritura, especialmente en la traducción griega del Antiguo Testamento, la Septuaginta. Cuando San Jerónimo tradujo la Septuaginta al latín, para la edición Vulgata de la Biblia Católica (siglo V d.C.), expresó sus dudas acerca de la validez de los libros apócrifos, pero fue invalidado por el consejo gobernante de la iglesia. Como resultado, las Biblias Católicas Romanas y las Ortodoxas Orientales contienen, hasta el día de hoy, estos libros. No obstante, ellos nunca fueron incluidos en el Antiguo Testamento de los primeros cristianos hebreos ni tampoco aceptados como Escritura inspirada, legítima, por los reformadores, tales como Calvino y Lutero. Fueron también excluidos de la *Versión Reina-Valera* de 1602.

Los libros apócrifos nunca fueron incorporados ni aceptados por los reformadores, ni incluidos en la Versión Reina Valera

Valor de los apócrifos

Como textos históricos, los libros apócrifos iluminan de manera interesante el periodo de la historia hebrea durante el lapso entre los testamentos. Durante este tiempo, la cultura judía estuvo fuertemente influenciada por las ideas griegas (helénicas), y la helenización de Israel puede apreciarse claramente en estas obras. De hecho, la traducción griega del Antiguo Testamento, la Septuaginta, es una señal de la influencia helénica. También, en los libros apócrifos pueden encontrarse claves interesantes para conocer más ciertas instituciones del Nuevo Testamento, puesto que la secta judaica de los fariseos surgió en el siglo II a.C., y el partido de los saduceos (o zadokistas) apareció en el primer siglo. Ambos grupos son crucialmente importantes en todos los relatos de la vida de Jesús en los cuatro Evangelios, y también figuran en la experiencia de ese endurecido fariseo que se convirtió en misionero cristiano, el apóstol Pablo.

Contenido de los apócrifos

Los libros apócrifos en la Septuaginta (pero no incluidos en las Escrituras de los judíos no-helénicos) eran:

Tobías, un libro de ficción histórica edificante;

Judit, un libro de ficción histórica instructiva;

La Sabiduría de Salomón, un libro de sabiduría similar a Proverbios y Eclesiastés;

Sirac (Eclesiástico), otro libro de sabiduría;

Baruc, un añadido a Jeremías, supuestamente escrito por el asistente de Jeremías; y

Primera y Segunda Macabeos, obras épico-históricas.

Además, los libros apócrifos incluyen fragmentos de textos que se añadieron al Antiguo Testamento aceptado como inspirado: adiciones al libro de Esther (que aparecen en las versiones Septuaginta y Católica Romana, como Esther 10:4-10), la Canción de los Tres Jóvenes (insertada al final de Daniel 3), la historia de Susana (que aparece como Daniel 13), y la historia de Bel y el Dragón (que aparece como Daniel 14).

Los libros apócrifos constituyen una lectura interesante y hasta informativa, pero un examen cuidadoso de estos libros, comparados con el canon aceptado de la Escritura, indica poderosamente que estos textos extra-canónicos no coinciden con los temas primordiales de la Palabra de Dios. Si usted se abre camino por el Antiguo Testamento, libro por libro, como hemos estado haciendo en *Aventurándonos en el conocimiento de la Biblia,* verá claramente que cada página de cada libro apunta claramente a Jesús, el Mesías venidero. En los libros apócrifos, no se ve a Jesús claramente, si es que siquiera se lo ve. Quizás ese sea uno de los factores que, hace muchos años, persuadió a San Jerónimo a cuestionar su validez. De todas maneras, estoy convencido, como lo están virtualmente todos los otros estudiosos protestantes de la Biblia, de que cualquiera que sea el valor histórico o literario que puedan tener estos libros, no son la Palabra de Dios inspirada.

JESÚS Y SU IGLESIA

Hemos estado leyendo acerca de Jesucristo de principio a fin del Antiguo Testamento. Aunque nunca se lo nombra en los libros veterotestamentarios, aparece en todas las páginas en forma de símbolos, sombras, tipos, rituales, sacrificios y profecías. Cuando entramos en las páginas del Nuevo Testamento, lo vemos en carne y hueso. Aquí, como un ser humano vivo, es quien realiza y cumple todos los símbolos y profecías desde Génesis hasta Malaquías. Cuando vamos del Antiguo Testamento al Nuevo, encontramos que una persona, Jesús de Nazaret, es el punto focal de ambos Testamentos.

Conocemos a este hombre, Jesucristo, a través de cuatro retratos diferentes: Mateo, Marcos, Lucas y Juan. Muchos han preguntado: «¿Por qué es necesario tener cuatro Evangelios en lugar de uno solo? ¿Por qué no pudo uno de estos escritores haber reunido todos los hechos y haberlos presentado en un libro?». Bueno, eso habría sido como tratar de usar una fotografía de un edificio para representar adecuadamente toda la estructura. Una foto no podría de ninguna manera mostrar los cuatro lados del edificio al mismo tiempo.

Lo mismo pasa con Jesús. Su vida, Su carácter y Su ministerio son tan ricos y multifacéticos que una sola visión no podría contar toda la historia. Deliberadamente, Dios planeó que fueran cuatro Evangelios para que cada uno presentara a nuestro Señor de manera particular. Cada Evangelio presenta un aspecto distinto de Cristo, y nuestro conocimiento de quién es Él sería incalculablemente más deficiente si uno de estos relatos no hubiese llegado hasta nosotros.

La imagen cuádruple de Cristo

El Antiguo Testamento está lleno de imágenes del Mesías venidero, y estas se corresponden con los retratos de Jesús, «pintados» para nosotros en los cuatro Evangelios. En primer lugar, se lo describe en muchas profecías (particularmente, en las de Isaías, Jeremías y Zacarías) como el rey de Israel que viene. Por razones obvias, el pueblo de

Mateo: Jesús, el Rey

Israel ha amado esa visión, lo cual es una de las principales razones por las que la nación rechazó al Señor cuando vino: No se parecía al Rey de sus expectativas. Pero Mateo, en su Evangelio, vio los aspectos reales de Jesús y de Su ministerio, y su énfasis se basa en ellos. Entonces, Mateo es el Evangelio del Rey.

Marcos: Jesús, el Siervo sufriente

En segundo lugar, Jesús el Mesías fue retratado en muchas partes del Antiguo Testamento como el siervo, el sufriente. Vemos estas imágenes especialmente en Isaías. José, en el libro del Génesis, también es considerado un modelo de Aquel que vendría para sufrir y servir. Los hebreos encontraron tan confusas estas dos imágenes del Mesías (el Mesías-Rey frente al Mesías-Siervo sufriente) que muchos eruditos judíos llegaron a la conclusión de que habría dos Mesías. A uno lo llamaron «Mesías Ben-david», o Mesías hijo de David, y al otro, «Mesías Ben-josef», o Mesías hijo de José. El Mesías Ben-david era visualizado como el Mesías real, mientras que el Mesías Ben-josef era el sufriente. ¡No podían imaginar que el rey y el siervo pudieran ser la misma persona! Pero Marcos entendió la naturaleza humilde y abnegada de siervo que tenía Cristo, y ese es el aspecto que nos presenta en su Evangelio.

Lucas: Jesús, el ser humano perfecto

En tercer lugar, en el Antiguo Testamento encontramos frecuentemente descripciones de la venida de Cristo como un hombre. Iba a nacer de una virgen, crecer en Belén y caminar en medio de los seres humanos. Sería el hombre perfecto. Esa es también la imagen que nos presenta Lucas en su Evangelio.

Juan: Jesús, el Eterno

Finalmente, tenemos las imágenes que hablan del Mesías como Dios, como el Eterno. Por ejemplo, Miqueas 5:2 predice que el Mesías saldrá de la pequeña aldea de Belén Efrata —donde, efectivamente, nació Jesús— y que Sus orígenes son desde el principio (es decir, Él no tiene principio, es Eterno, es Dios). Esto concuerda con el retrato de Jesús que sacamos del Evangelio de Juan, el Evangelio del Hijo de Dios.

Así que, todas las profecías del Antiguo Testamento pueden colocarse bajo estos cuatro encabezamientos del Evangelio: rey, siervo, hombre y Dios. Es interesante notar que, en cuatro sitios del Antiguo Testamento, la expresión *¡he aquí!*, o similar, es usada en conexión con una de estas cuatro imágenes. En Zacarías 9:9, Dios dice a las hijas de Sión y Jerusalén: «He aquí, tu rey vendrá a ti». Esta profecía se cumplió cuando nuestro Señor entró triunfalmente en Jerusalén. Luego, en Isaías 42:1, Dios dice: «He aquí, mi siervo». No es «tu siervo», sino «mi siervo». Cristo no es el siervo de la humanidad, sino de Dios. En Zacarías 6:12, el Señor dice: «He aquí, el varón». Él está hablando en este pasaje acerca del Mesías. Y en Isaías 40:9, dice: «Dí a las ciudades de Judá: ¡Ved aquí al Dios vuestro!». Esa frase se usa cuatro veces, siempre en conexión con un aspecto diferente de Cristo. Así que, podemos ver claramente que Dios ha tejido un patrón maravilloso y coherente en Su Palabra, tanto en el Antiguo como en el Nuevo Testamento. Este patrón revela las diversas facetas y dimensiones de Jesús, el Mesías.

Unidad, no armonía

Es fascinante notar todas las técnicas, detalles y matices utilizados por cada escritor de los Evangelios para pintar este retrato único e individual de Jesucristo.

Mateo, el Evangelio del Rey

En Mateo, el Evangelio del Rey, encontramos muchas evidencias de Su realeza: El libro comienza con la genealogía de Cristo, remontando Su línea real hasta David, el rey de Israel, y hasta Abraham, padre de la nación israelita. De principio a fin del libro, Él habla y actúa con autoridad real: «Moisés os dijo así y así, pero yo os digo esto y aquello». Para los judíos, Moisés era la gran autoridad; por tanto, que Jesús, en un sentido, lo dejara a un lado era actuar como rey. Él demostró la autoridad para expulsar a los espíritus malignos y ordenar al enfermo que fuera sanado y al ciego que viera. Con autoridad real, expresó juicio sobre los gobernantes de la nación, diciendo: «¡Ay de ustedes, escribas y fariseos hipócritas!». La frase clave que Jesús usa constantemente en el Evangelio de Mateo es: «el reino de los cielos», que se repite 32 veces. Mateo se refiere continuamente al reino de los cielos y al Rey. En su relato del nacimiento de nuestro Señor, dice que Cristo nació Rey de los judíos, y en su descripción de la crucifixión, que fue crucificado también como Rey de los judíos.

Marcos, el Evangelio del Siervo

Marcos, el segundo Evangelio, describe a Cristo como el Siervo y, como era de suponer, no da ninguna genealogía de Él. Después de todo, ¿a quién le interesa la genealogía de un siervo? A nadie. En este Evangelio, nuestro Señor simplemente aparece en escena. Una y otra vez, encontramos la palabra *inmediatamente*. Esta es la palabra de un siervo, ¿no es cierto? Cuando se le da una orden a un siervo, se espera que la lleve a cabo de inmediato, no diez minutos más tarde. Así que, leemos varias veces: «Inmediatamente, Jesús hizo esto y aquello». Mientras que Lucas y Mateo están llenos de parábolas sobre muchos temas y asuntos, Marcos, el Evangelio del Siervo, contiene sólo cuatro, y cada una de ellas habla de servidumbre. Representan a Jesús como el Siervo de Jehová, el siervo sufriente que describe Isaías 53. Lea cuidadosamente el Evangelio de Marcos y no encontrará nunca que se llame *Señor* a Jesús, hasta después de Su resurrección; otra marca de Su papel de siervo. Marcos 13:32 es un versículo que ilustra profundamente Su servidumbre; un texto que tiene confundidos a muchos. En ese versículo, nuestro Señor dice de Su segunda venida:

Pero de aquel día y de la hora nadie sabe, ni aun los ángeles que están en el cielo, ni el Hijo, sino el Padre.

¿Cómo podía ser Jesús el Dios omnisciente y, aun así, no saber el tiempo de Su propio regreso? Este es un misterio total hasta que se entiende el carácter del Evangelio de Marcos. Marcos describe a Cristo en Su papel de Siervo sufriente de Dios. No corresponde a un siervo saber lo que está haciendo su Señor, ni siquiera cuando ese siervo es el Hijo de Dios mismo.

Lucas, el Evangelio del Hijo del Hombre

Lucas nos muestra a Cristo como hombre. Aquí vemos la perfección de Su humanidad: la gloria, belleza, fortaleza y dignidad de Su humanidad. Como es de esperar, Lucas también contiene una genealogía de Cristo. Si Jesús tiene que ser presentado como humano, queremos saber que pertenece a la raza humana. Y Lucas consigue esto al identificarlo completamente con la raza de Adán remontando Su genealogía hasta el primer hombre. En este Evangelio, a menudo encontramos a Jesús en oración. Si desea ver a Jesús orando, lea el Evangelio de Lucas. La oración es una figura de la relación apropiada de la humanidad con Dios, la total dependencia del Dios omnipotente y soberano. En Lucas, apreciamos más claramente Su amabilidad humana, Su llanto sobre la ciudad de Jerusalén, la curación del hombre cuya oreja cortó Pedro cuando los soldados lo arrestaron en el jardín. Ningún otro Evangelio relata estos dos incidentes que muestran tan poderosamente el aspecto humano y amable de nuestro Señor. Lucas describe el relato completo de la agonía de Cristo en el jardín, donde suda gotas de sangre; símbolo tan elocuente del ser humano que se identifica completamente con nuestras luchas y dolores.

Juan, el Evangelio del Hijo de Dios

El Evangelio de Juan presenta a Cristo como Dios. Desde el primer versículo, este es el tema indiscutible y poderoso de Juan. Muchas personas no se dan cuenta de que este Evangelio, como el de Mateo y el de Lucas, comienza con una genealogía. La razón de que mucha gente pase por alto la genealogía de Juan es porque es demasiado breve:

En el principio era el Verbo, y el Verbo era con Dios, y el Verbo era Dios (1:1).

¡Eso es todo! Esa es toda la genealogía de Cristo en el Evangelio de Juan: dos personas, el Padre y el Hijo. ¿Por qué es tan breve? Porque el propósito de Juan es muy simple: establecer el relato de la naturaleza divina de Cristo. En el Evangelio de Juan encontramos siete declaraciones «Yo soy» (las he enumerado en el capítulo 41). Estas siete frases reproducen la gran declaración del Señor a Moisés desde la zarza ardiente: «YO SOY EL QUE SOY» (Ex. 3:14).

Además de estas siete dramáticas declaraciones «Yo soy», leemos acerca del incidente en el jardín donde la afirmación de Jesús impacta de manera poderosa. Esto ocurre cuando Judas guía a los soldados al huerto para arrestar a Jesús. Cuando los soldados le dicen al Señor que están buscando a un hombre llamado Jesús de Nazaret, Él responde: «Yo soy», ¡y la fuerza de esa gran declaración —una afirmación de Su divinidad— es tan poderosa que los soldados caen sobre sus espaldas completamente asombrados! (ver Jn. 18:3-8).

En Juan 20:30-31, el escritor claramente afirma que su propósito no es escribir una biografía exhaustiva del Señor, sino inspirar una fe salvadora en la divinidad de Jesucristo, el Hijo de Dios:

> *Hizo además Jesús muchas otras señales en presencia de sus discípulos, las cuales no están escritas en este libro. Pero éstas se han escrito para que creáis que Jesús es el Cristo, el Hijo de Dios, y para que creyendo, tengáis vida en su nombre.*

Por último, antes de que procedamos a examinar estos cuatro Evangelios individualmente, deberíamos notar que es imposible armonizar en forma cronológica estos relatos porque no pretenden ser relatos ordenados en el tiempo. Mateo, Marcos, Lucas y Juan no se sentaron a registrar una biografía cronológica de Jesús. Escribieron para presentar aspectos específicos de la vida y ministerio del Señor, pero ninguno de estos libros pretende ser una cronología de Su vida. Por supuesto, la progresión de estos eventos no es la información más importante que podemos obtener de los Evangelios. Aunque no podamos armonizar de manera precisa estos eventos, es posible obtener una secuencia general bastante confiable si comparamos los Evangelios, especialmente si nos basamos en el de Juan, que parece ser el cronológicamente más preciso de los cuatro.

El libro de Hechos

Hechos, una secuencia apropiada para los Evangelios

Usted podría pensar que he puesto a Hechos en esta sección con los Evangelios porque no encaja con las epístolas. No, lo he incluido muy deliberadamente porque continúa la historia. Escrito por Lucas, es realmente una secuencia de su Evangelio, pero sirve como una continuación apropiada de los otros cuatro. Mientras que los Evangelios cuentan la historia de Cristo en Su cuerpo terrenal, en Su ministerio sobre la tierra, el libro de Hechos relata la historia del cuerpo de Cristo, la Iglesia, la cual continúa Su obra sobre la tierra después de Su ascensión a los cielos.

De muchas maneras, Hechos es la llave del Nuevo Testamento. No podríamos entender el Nuevo Testamento si este libro no formase parte de él. Los cuatro Evangelios nos enseñan que los apóstoles habían sido enviados para predicar el evangelio a Israel y sólo a esa nación. Pero en Hechos encontramos la orden de Dios de que el Evangelio sea llevado a todo el mundo, tanto a los gentiles como a la casa de Israel. Si dejamos de lado el libro de Hechos y vamos directamente a las epístolas, encontramos que otro apóstol ha sido añadido misteriosamente: ¡alguien llamado Pablo! En lugar de hablar del reino de Dios, los cristianos están hablando acerca de una nueva organización, la Iglesia. En vez de un Evangelio limitado a los judíos de la región alrededor de Jerusalén, el cristianismo se ha extendido —en el corto lapso de una sola generación— ¡a los extremos del mundo por entonces conocido! Sin el libro de Hechos, nos cuestionaríamos de dónde provino esta Iglesia y este apóstol Pablo, y nos preguntaríamos cómo se llevó a cabo esta dispersión increíble del cristianismo. Todo eso está explicado en el libro de Hechos.

La clave para entender Hechos es reconocer que este libro no es un registro de las actividades de los apóstoles, sino de las del Señor Jesucristo

La clave para entender Hechos es reconocer que este libro no es un registro de las actividades de los apóstoles, ¡sino de las del Señor Jesucristo! Note cómo empieza el libro:

En el primer tratado, oh Teófilo, hablé acerca de todas las cosas que Jesús comenzó a hacer y a enseñar (1:1).

¡Observe la elección de las palabras de Lucas! En su Evangelio, registró lo que el Señor Jesús comenzó a hacer. Pero ahora, en Hechos, nos da el registro de lo que nuestro Señor continúa haciendo. Así que, es el Señor quien está obrando a lo largo de ambos libros. Lucas es el volumen uno; Hechos es el volumen dos.

«El final del comienzo»

Durante la Segunda Guerra Mundial, el primer ministro de Gran Bretaña, Winston Churchill, anunció por radio las victorias de las fuerzas aliadas cuando habían despejado todo el norte de África y estaban a punto de desembarcar para invadir Sicilia. Churchill resumió su anuncio con estas palabras: «Este no es el fin. Este no es ni siquiera el principio del fin. Pero puede ser el final del comienzo». Eso es lo que tenemos en los cuatro Evangelios. La ascensión de nuestro Señor a los cielos no fue el final de Su ministerio, como Lucas registra en Hechos 1, sino sólo el final del comienzo. Pero en el resto de Hechos tenemos el principio del fin.

A lo largo de todo el libro, encontramos el registro del ministerio continuo de Cristo a través de hombres y mujeres que son exactamente como usted y yo, y que son utilizados como Sus instrumentos. En Lucas 12:50, poco antes de la cruz, Jesús dice a Sus discípulos: «De un bautismo tengo que ser bautizado; y ¡cómo me angustio hasta que se cumpla!». Es decir: «¡Cuán limitado y sujeto estoy hasta que esto no se lleve a cabo!». Bueno, ahora ya se ha cumplido. Nuestro Señor no está más limitado ni sujeto. Cuando Él ascendió a los cielos, el Espíritu Santo vino a nosotros, Sus seguidores. El Dios omnipotente fue liberado en las vidas de hombres y mujeres comunes a quienes capacitó para hacer cosas extraordinarias en Su nombre. Es por eso que tenemos la tremenda explosión de poder ministerial: el libro de los Hechos.

Hechos es el único libro de la Biblia que no está aún terminado. Note que termina muy abruptamente. Los dos últimos versículos dicen que Pablo ha llegado a Roma:

Hechos es el único libro de la Biblia que no está aún terminado

> *Y Pablo permaneció dos años enteros en una casa alquilada, y recibía a todos los que a él venían, predicando el reino de Dios y enseñando acerca del Señor Jesucristo, abiertamente y sin impedimento (28:30-31).*

Nunca acabo este libro sin preguntarme: «Bueno, ¿y qué pasó después?». El libro de Hechos nos deja en suspenso. Da la peculiar impresión de estar inconcluso. Y hay una razón para esto: Se trata de la biografía de una persona viviente, Jesucristo. El último capítulo de Su historia no ha sido escrito todavía.

Tengo en mi biblioteca una autobiografía del Dr. H. A. Ironside, y termina de la misma manera. Nos deja en suspenso. Uno se pregunta qué sucedió después. No está completo porque, cuando fue escrita, su vida no había terminado.

El libro de Hechos continúa siendo escrito hoy en las vidas de hombres y mujeres que forman parte del cuerpo de Cristo, la Iglesia. Aunque Jesús ha ascendido a los cielos, ¡la vida de Su cuerpo continúa! Continúa en nuestras vidas. Prosigue al sobrevivir a las vidas y las instituciones de meros mortales, de naciones, de civilizaciones. Roma ha caído, los imperios de los hunos, de los mongoles, de los aztecas, del Manchu chino y el británico; todos han surgido y declinado. El colonialismo ha terminado en América, África y Asia; el comunismo soviético llegó y se fue; dos guerras mundiales se han luchado; hemos pasado de las Edades Bárbaras a la Era de Internet, y la vida del cuerpo de Jesucristo aún continúa; y el libro de Hechos continúa siendo escrito. Usted y yo todavía estamos escribiéndolo hoy porque es un relato de lo que el Espíritu Santo sigue haciendo a través de nosotros en esta época, alrededor de todo el mundo.

Nosotros somos el cuerpo de Cristo. Somos Sus manos ministradoras de servicio que obran milagros; somos Sus ojos de compasión y amor; somos Su voz de verdad, que llama al mundo al arrepentimiento y a la fe en Él; somos Sus pies, diligentes para llevar Su mensaje alrededor del mundo. La vida de Su cuerpo continúa incesantemente.

Aún estamos escribiendo el libro de los Hechos de Jesucristo en la era del Nuevo Testamento. Todavía no hemos visto la última página.

Así que, mientras estudiamos los cinco libros de Su vida —Mateo, Marcos, Lucas, Juan y Hechos—, considerémoslos como una guía para nuestra manera de vivir mientras intentamos dejar que Él viva Su vida a través de nosotros.

Capítulo 49: Mateo

¡HE AQUÍ EL REY!

Hace un siglo, un inglés llamado Greene estaba caminando por un sendero a través de los bosques cuando se encontró con un extraño. Se sorprendió cuando este le sonrió y lo saludó. «¡Ah, hola, Sr. Greene!», dijo el extraño. Evidentemente, ese «extraño» no era para nada un desconocido; pero el Sr. Greene no pudo ubicarlo en absoluto.

Incómodo, pero no dispuesto a admitir tener mala memoria para los nombres y rostros, el Sr. Greene le extendió la mano. «¡Ah, sí! ¡Hola! ¡Encantado de verlo, hombre! ¿Cuánto tiempo ha pasado?».

«Bueno, —dijo el otro hombre, —fue en la recepción de Lady Asquith, en octubre pasado, ¿no es cierto? Entonces, casi un año».

El Sr. Greene recordó la recepción de Lady Asquith y trató de acordarse de toda la gente que había conocido. El rostro de este caballero le era familiar, pero simplemente no lo podía ubicar. Aun así, buscando pistas para conocer su identidad, decidió hacer unas cuantas preguntas. «¿Y cómo está su esposa?».

«Bastante bien», dijo el otro hombre.

«¿Y usted? Presumo que sigue con el mismo negocio, ¿verdad?».

«Ah, sí», dijo el otro hombre, haciendo un guiño de felicidad con el ojo. «Sigo siendo el rey de Inglaterra».

Mr. Greene, ¡he aquí su rey!

Este es el mensaje del Evangelio de Mateo para usted y para mí: ¡He aquí el Rey! Hasta que no hayamos examinado de cerca las credenciales de Jesús como el Rey de la creación y el Señor de nuestras vidas —como es presentado en este Evangelio—, no lo reconoceremos completamente en toda Su gloria.

El Antiguo Testamento era sombra. El Nuevo Testamento es luz.

El Antiguo Testamento era tipo y símbolo. El Nuevo Testamento es realidad y sustancia.

El Antiguo Testamento era tipo y símbolo. El Nuevo Testamento es realidad y sustancia

El Antiguo Testamento era profecía. El Nuevo Testamento es cumplimiento.

En el Antiguo Testamento debemos unir los fragmentos de un mosaico complejo de Cristo. En el Nuevo Testamento, Jesús resplandece en cada página con un realismo tridimensional.

Aunque el Antiguo Testamento habla de Él en todas las páginas, lo hace mediante sombras, tipos, símbolos y profecías que anticipan la venida de Alguien. No puede leerse el Antiguo Testamento sin tener en cuenta esa promesa constante que corre a través de cada página: ¡Alguien está viniendo! ¡Alguien está viniendo!

Pero, a medida que abrimos los Evangelios, queda claro que el momento tan esperado ha llegado. Ese Alguien prometido y profetizado ha llegado, y avanza en toda la plenitud asombrosa de Su gloria. Como dice Juan: «Y vimos su gloria, gloria como del Unigénito del Padre, lleno de gracia y de verdad» (Jn. 1:14).

Me encantan los Evangelios. Para mí, son las secciones más fascinantes de la Biblia porque son los relatos testimoniales de esa maravillosa Persona alrededor de la cual gira todo el resto de la Biblia. Los Evangelios nos confrontan con la realidad de que Él no es lo que siempre esperamos o nos gustaría que fuera. Él es sorprendente, es asombroso. No importa cuántas veces hayamos leído los Evangelios antes, continúa asombrándonos y desafiando nuestras suposiciones en cuanto a Él.

Si usted es creyente, seguidor de Cristo, tiene todo lo que Él es. Toda la plenitud de Su carácter y de Su vida está a disposición de usted. Aprendemos cuáles son esos recursos cuando lo vemos como fue y como es. Es por eso que los relatos del Evangelio son tan importantes para nosotros.

Jesús, como verdaderamente es

Los Evangelios Sinópticos

Mateo, junto con Marcos y Lucas, es uno de los tres Evangelios Sinópticos (*sinóptico* significa «considerados juntos»). Aunque los cuatro Evangelios, incluyendo el de Juan, se complementan y refuerzan entre sí, el estilo, tema y punto de vista de los sinópticos difieren de este último. Leídos paralelamente, los tres sinópticos nos impresionan con las numerosas similitudes y detalles superpuestos, mientras que el abordaje y propósito de Juan es notoriamente diferente. Aunque los tres sinópticos dejan en claro la divinidad de Cristo, se centran en Su humanidad. El Evangelio de Juan, por el contrario, presenta la divinidad de Cristo de manera enérgica y dramática; es el más intenso de los Evangelios en su descripción de Cristo como enteramente Dios, como «de lo alto».

Espero que, cuando lea los relatos del Evangelio, experimente algo del tremendo impacto de la personalidad humana más poderosa de la historia. No existe vivencia más transformadora —que cambie la vida— que ver a Jesús como realmente es, como lo revelan las páginas de los Evangelios y el Espíritu Santo.

Impreso con las huellas digitales de Dios

El primer libro del Nuevo Testamento es Mateo. Creo que la mayoría de la gente comienza leyendo el Nuevo Testamento en lugar del Antiguo, y casi todos comienzan desde el principio. Entonces, Mateo es probablemente el libro de la Biblia más leído. Renan, el escéptico francés, lo llamó «el libro más importante de toda la cristiandad».

El Evangelio de Mateo tiene también sus críticos. Hay quienes reclaman que sólo contiene las primeras leyendas de la Iglesia, que surgieron alrededor de Jesús, pero que no son históricas. Además, que este libro no se escribió hasta el siglo IV d.C. Por tanto, afirman que no sabemos cuánto de lo que dice es realmente verdad. Otros críticos reclaman que es sólo uno de muchos evangelios que se propagaron al principio de la era cristiana.

Otros evangelios

Es verdad que estaban circulando otros «evangelios» aparte de los cuatro del Nuevo Testamento. Supuestamente, hay algunos que fueron escritos por Barrabás, Pedro, Tomás y ¡hasta por Poncio Pilato! De hecho, pueden encontrarse más de cien documentos llamados «los libros apócrifos del Nuevo Testamento», que consisten en evangelios, epístolas y profecías fantasiosas (la palabra *apocrypha* originalmente significó «escondido», pero también quiere decir «de dudosa autenticidad»). Si desea leerlos, puede encontrar estos textos apócrifos en una librería pública local. En la mayoría de los casos, con sólo leerlos, puede darse cuenta de que son absurdos y que no pertenecen al canon aceptado de la Escritura. Muchos fueron escritos por simpatizantes de la herejía agnóstica que estaba alcanzando notoriedad al comienzo de la era cristiana.

Algunos críticos dicen que es una simple cuestión de suerte que nuestros cuatro Evangelios hayan sobrevivido y sido elegidos como parte del Nuevo Testamento. Una leyenda comienza hablando de un teólogo alemán llamado Pappas, aproximadamente en el siglo XVI. Él afirmó que los Evangelios fueron seleccionados en el Concilio de Nicea en el 325 d.C., en el cual se reunieron todos los evangelios en circulación en ese momento, los tiraron sobre una mesa y luego separaron estos cuatro: Mateo, Marcos, Lucas y Juan. La locura de tal reclamo es evidente para cualquiera que lee los Evangelios con atención y cuidado. Estos cuatro libros llevan las impresiones digitales de Dios. El patrón de estos libros refleja el sello divino, y no podemos leerlos o compararlos con el Antiguo Testamento sin ver que provienen de una fuente inspirada.

El primero de los cuatro Evangelios del Nuevo Testamento fue escrito por Mateo, conocido también como Leví. Antes de convertirse en un seguidor de Cristo, era recaudador de impuestos. Puesto que su nombre significa «el don de Dios», es probablemente una nueva designación que se le dio después de su conversión. Quizás sea incluso un nombre que le puso nuestro Señor, tal como cambió Simón por Pedro. Los eruditos creen que Mateo vivió y enseñó en Palestina durante 15 años, después de la crucifixión, y que luego comenzó a viajar como misionero, primero a Etiopía y más tarde a Macedonia, Siria y Persia. También creen que murió de muerte natural en Etiopía o Macedonia, pero esto no es seguro.

Mateo fue escrito en los primeros años

Evidentemente, el libro fue escrito en los primeros años; casi con seguridad, en la primera mitad del siglo I d.C. Por ejemplo, es citado en la famosa *Didaché*, la enseñanza de los doce apóstoles que data de principios del siglo II. Papias, un discípulo del apóstol Juan, dice: «Mateo escribió su Evangelio en lengua hebrea, y cada uno lo interpreta como puede». Esto fue confirmado por Ireneo y Orígenes, dos de los Padres de la Iglesia primitiva, que estaban bien familiarizados con este Evangelio.

Aun en el primer siglo, tenemos voces judías que prueban su existencia temprana. Dos judíos, Gamaliel el Segundo, un rabino prominente, y su hermana Immashalom (que incidentalmente significa «mujer de paz», aunque no lo era) pronunciaron una maldición sobre los cristianos por ser «lectores de escrituras evangelísticas». Puesto que las únicas Escrituras evangelísticas existentes en aquel tiempo (aproximadamente del 45 al 50 d.C.) eran el Evangelio de Mateo y, quizás, el de Marcos, este pudo haber sido escrito entre el 45 y el 50 d.C. Probablemente, se escribió primero en hebreo y luego se tradujo al griego.

La estructura de Mateo

El Espíritu Santo mismo ha provisto un bosquejo del Evangelio de Mateo, como lo hace con algunos otros libros de la Escritura. Las principales divisiones están señaladas por la repetición de una frase en particular que aparece dos veces y divide el libro en tres secciones. Primero, hay una sección introductoria, la venida del Rey, en los capítulos 1 al 4. Luego, al comienzo de la segunda sección, en 4:17, encontramos la frase «desde entonces»:

«Desde entonces»

> *Desde entonces comenzó Jesús a predicar, y a decir: Arrepentíos, porque el reino de los cielos se ha acercado.*

Esta afirmación marca un momento muy crucial en el argumento y en la presentación de este libro. Encontramos una frase idéntica en 16:21, que introduce la tercera sección:

Desde entonces comenzó Jesús a declarar a sus discípulos que le era necesario ir a Jerusalén y padecer mucho de los ancianos, de los principales sacerdotes y de los escribas; y ser muerto, y resucitar al tercer día.

Esa es la primera mención de la crucifixión en Mateo. De aquí en adelante, la cruz es el tema esencial de este libro.

Ahora bien, hay subdivisiones que están marcadas por una frase que aparece cinco veces. La primera se encuentra en 7:28-29, al final del Sermón del Monte:

«Cuando terminó Jesús»

Y cuando terminó Jesús estas palabras, la gente se admiraba de su doctrina; porque les enseñaba como quien tiene autoridad, y no como los escribas.

En 11:1, se indica otra subdivisión:

Cuando Jesús terminó de dar instrucciones a sus doce discípulos, se fue de allí a enseñar y a predicar en las ciudades de ellos.

En 13:53-54, se indica otra subdivisión:

Aconteció que cuando terminó Jesús estas parábolas, se fue de allí. Y venido a su tierra, les enseñaba en la sinagoga de ellos, de tal manera que se maravillaban, y decían: ¿De dónde tiene éste esta sabiduría y estos milagros?

En 19:1-2, otra subdivisión:

Aconteció que cuando Jesús terminó estas palabras, se alejó de Galilea, y fue a las regiones de Judea al otro lado del Jordán. Y le siguieron grandes multitudes, y los sanó allí.

Note que cada una de estas subsecciones introduce un cambio completo de dirección en el ministerio del Señor y en el objetivo del libro. Esto marca las divisiones del Evangelio de Mateo. Lo que sigue es un resumen del contenido:

La llegada del Rey (Mateo 1:1–4:16)

1. La genealogía real — 1:1-17
2. El nacimiento del Rey Jesús — 1:18-25
3. La visita de los sabios — 2:1-12
4. La huída a Egipto y la matanza de los inocentes — 2:13-23

5. Juan el Bautista anuncia y bautiza al rey	3:1-17
6. La tentación del Rey en el desierto	4:1-16

El ministerio del Rey, la predicación del reino (Mateo 4:17–16:20)

7. El Rey Jesús llama a Sus discípulos y ministra en Galilea	4:17-25
8. El Sermón del Monte	5–7
A. Las Bienaventuranzas	5:1-12
B. Las similitudes	5:13-16
C. El comentario del Rey sobre la ley, el asesinato, el adulterio, el divorcio, el ayuno, el dinero y el juzgar a otros	5:17–7:6
D. Instrucción acerca de la vida en el reino	7:7-29
9. Milagros del poder del Rey, incluyendo la curación del leproso, del siervo del centurión y de la suegra de Pedro; calmando el mar; autoridad sobre demonios; el perdón de los pecados del paralítico	8:1–9:34
10. La delegación de poder del Rey a Sus discípulos	9:35–11:1
11. Juan el Bautista y Jesús son rechazados	11:2–12:50
12. Las parábolas de Jesús concernientes a las consecuencias de rechazarle	13:1-53
13. Israel continúa rechazando al Rey	13:54–16:20

El Rey camina hacia la cruz (Mateo 16:21–28:20)

14. Jesús habla a Sus discípulos acerca de Su próxima muerte, de la futura Iglesia, de Su segunda venida	16:21-28
15. La transfiguración de Jesús sobre el monte	17:1-13
16. Jesús instruye a Sus discípulos en una variedad de materias prácticas, incluyendo la fe, la humildad, el trato con las ofensas, los impuestos, el divorcio	17:14–20:28
17. El Rey es reconocido por el ciego	20:29-34
18. La entrada triunfal y la limpieza del templo	21:1-17
19. La maldición de la higuera	21:18-22
20. El conflicto con los líderes religiosos	21:23–23:39
21. Las predicciones de la segunda venida del Rey	24–25
22. La Cena del Señor y la traición al Rey	26:1-35
23. Jesús arrestado en el jardín, juzgado ante Caifás y Pilatos	26:36–27:25
24. La crucifixión del Rey	27:26-66

25. La tumba vacía	28:1-8
26. Jesús aparece a las mujeres y a los discípulos	28:9-17
27. La Gran Comisión	28:18-20

Toda la primera división trata sobre la preparación del Rey para Su ministerio. El profeta Zacarías escribió: «Alégrate mucho, hija de Sion; da voces de júbilo, hija de Jerusalén; he aquí tu rey vendrá a ti, justo y salvador, humilde, y cabalgando sobre un asno, sobre un pollino hijo de asna» (Zac. 9:9). Entonces, Mateo es el Evangelio del Rey. La profecía de Zacarías se cumplió cuando nuestro Señor entró triunfalmente en la ciudad de Jerusalén exactamente de ese modo.

La genealogía del Rey

Mateo se ocupa de presentar a Jesús como el Rey. Por tanto, el libro comienza con la genealogía real. Todo rey debe tener una genealogía. Los ancestros son lo más importante de él. Su derecho a la realeza se basa en su linaje real. Así que, Mateo empieza esta genealogía exhaustiva y, de manera un poco agotadora, se remonta a los antepasados de Jesús desde Abraham a José, su padrastro, que fue esposo de María. José pertenecía a la línea real de David. Nuestro Señor obtiene Su derecho real al trono por medio de José, porque era su heredero; sin embargo, se adjudica los derechos genealógicos al trono a través de María, quien era también del linaje real davídico. Su derecho legal llega a través de José; Su derecho hereditario, por intermedio de María. Por supuesto, José no era Su verdadero padre, pero María sí era Su verdadera madre.

La genealogía del Rey: Su derecho legal llega a través de José; Su derecho hereditario, por intermedio de María

El primer capítulo también relata Su nacimiento. El segundo describe los acontecimientos que siguen a dicho nacimiento, que incluyen la huida a Egipto después de que Herodes decretara la matanza de los niños inocentes, en un esfuerzo por destruir a este rey rival, el niño Jesús. En el tercer capítulo, leemos acerca del bautismo de nuestro Señor.

Los primeros dos capítulos de Mateo establecen la conexión terrenal de Jesús: Su linaje real y Su nacimiento humano. Estos capítulos lo sujetan a la historia humana, en tiempo y espacio. En el tercer capítulo, Su bautismo establece Su conexión, Sus credenciales y Su autoridad celestiales. En ese capítulo, los cielos se abren y Dios el Padre habla desde el cielo y declara que Jesús es Su Hijo amado. En ese momento, se establece el linaje real de Jesús, no según una línea de sangre humana, sino de acuerdo a la norma celestial. Jesús es Rey por derecho, ya que es el Hijo del Creador-Rey del universo.

La tentación de Jesús, la tentación de Su humanidad

En Mateo 4, encontramos la tentación del Rey en el desierto, donde se permite que sea tentado por todos los poderes de las tinieblas. Hambriento, cansado y solo, Jesús es abandonado en un lugar donde el infierno se libera sobre Él, donde al propio Satanás se le permite atacar con todas sus fuerzas. Las tentaciones de nuestro Señor son la clave del Evangelio de Mateo. Él es tentado como representante de la humanidad. Va al desierto como el Hijo del Hombre y es tentado para comprobar si podía llevar a cabo el plan de Dios para la humanidad o no. El hombre está compuesto de cuerpo, alma y espíritu; y Jesús fue probado en el desierto en cada uno de estos tres niveles.

Su *cuerpo* fue tentado

En primer lugar, fue probado a nivel de las necesidades físicas. La pasión dominante del cuerpo es la autopreservación. La primera tentación de nuestro Señor se dio a ese nivel más básico. ¿Continuaría siendo la persona de Dios, aun enfrentado un desafío extremo para Su vida? No había comido durante 40 días y noches; entonces, la tentación se le presentó sutilmente: «Vino a él el tentador, y le dijo: Si eres Hijo de Dios, di que estas piedras se conviertan en pan» (4:3). Pero Él permaneció firme en la voluntad del Padre, a pesar de Su gran necesidad y hambre.

Su *alma* fue tentada

Después, Jesús fue probado a nivel del alma; es decir, a través de la pasión dominante de esta parte del ser, que es la autoexpresión. A este nivel, todos deseamos revelar nuestro ego, mostrar lo que podemos hacer, expresarnos. Es el ímpetu principal del alma humana. Durante esta prueba, nuestro Señor fue llevado al pináculo del templo y se le dio la oportunidad de tirarse y así conseguir ser aclamado por Israel. Tal tentación apela al deseo de tener una posición desde la cual manifestar el orgullo de la vida. Pero Jesús probó ser fiel a Dios, a pesar de la presión que esto ejerció sobre Él.

Su *espíritu* fue tentado

Por último, fue tentado en la parte más esencial, más profunda de Su humanidad: el espíritu. La pasión dominante del espíritu humano es adorar. El espíritu siempre está buscando algo para adorar. Es por eso que los seres humanos son esencialmente seres religiosos; su espíritu está hambriento, clamando por un ídolo, un héroe, algo o alguien a lo cual adorar y temer reverencialmente. Fue a este nivel que luego el diablo tentó a Jesús:

> *Otra vez le llevó el diablo a un monte muy alto, y le mostró todos los reinos del mundo y la gloria de ellos, y le dijo: Todo esto te daré, si postrado me adorares. Entonces Jesús le dijo: Vete, Satanás, porque escrito está: Al Señor tu Dios adorarás, y a él sólo servirás. El diablo entonces le dejó; y he aquí vinieron ángeles y le servían (4:8-11).*

Así que, Jesús pasó la triple prueba. Se reveló a sí mismo completa y adecuadamente como un hombre, conforme a lo que Dios planeó para la humanidad.

En el Sermón del Monte, Jesús comienza a someter a esta misma prueba a la nación de Israel. En todo el Antiguo Testamento, vemos que Dios ha escogido a Israel para ser Su canal de comunicación con la humanidad. El pueblo de Israel se ha considerado como el pueblo favorecido por el Señor. Ahora la nación es puesta a prueba; de hecho, la misma prueba que Jesús acababa de atravesar.

Esta es la esencia del Evangelio de Mateo. Nos está mostrando la manera en que el Rey de Dios vino al mundo, se ofreció como Rey de Israel: primero a nivel físico, luego en el alma. Cuando fue rechazado por Israel en ambos niveles, pasó a la esfera del misterio del espíritu humano. En la oscuridad y el misterio de la cruz, llevó a cabo la obra redentora que restauraría la relación de los seres humanos con su Creador en cuerpo, alma y espíritu.

Por tanto, la redención comienza con el espíritu. La obra de Cristo en nuestras vidas no nos cambia realmente hasta que alcanza el nivel del espíritu, la fuente de nuestra adoración. Podríamos ser atraídos a Cristo a nivel del cuerpo, porque Él provee para nuestras necesidades físicas de seguridad, abrigo y mantenimiento diario. O podría ser a nivel del alma, porque Él satisface nuestra necesidad de afirmación, autoestima y autoexpresión. Pero, si nuestra relación con Cristo no penetra en nuestras vidas hasta lo más recóndito del espíritu, no hemos sido verdaderamente impregnados y cambiados por Su Persona. Debemos estar enteramente comprometidos con Él; en cuerpo, alma y espíritu.

Israel es probado en el terreno de lo físico

El ministerio de Jesús comienza, como vimos en 4:17, con las palabras: «Desde entonces comenzó Jesús a predicar, y a decir: Arrepentíos, porque el reino de los cielos se ha acercado». Luego sigue el Sermón del Monte, donde tenemos la presentación del Rey y las leyes del reino. Esto cubre el resto de los capítulos 4 y 5 hasta el 7. En estas reglas para la vida en el reino, dadas en el Sermón del Monte, el énfasis evidente está en la vida física.

El Sermón del Monte y los milagros físicos

Este es uno de los mensajes más penetrantes e incisivos que jamás se haya presentado a los seres humanos y nos aborda a nivel de nuestras vidas físicas, comunes. Aquí se trata acerca de dos pecados físicos: el asesinato y el adulterio. La vida de Dios se ilustra en el terreno de dar limosnas y de ayunar: actos físicos. Vemos al Señor como alguien que cuida de nosotros de tal manera que no necesitamos pensar en el mañana: cómo alimentarnos o vestirnos, las preocupaciones que nos asaltan a nivel físico. Nuestro Señor está diciendo: «Si me encuentras y me recibes como tu Rey, descubrirás que yo soy la respuesta a todas tus necesidades físicas». Primero, Él se ofrece en este nivel a la nación… y a nosotros.

El Sermón del Monte va seguido de una sección sobre milagros y, en los capítulos 8 al 12, encontramos los milagros físicos del reino. Estas son ilustraciones de los beneficios que nuestro Señor puede otorgar a nivel de la vida física. No es tan sólo una demostración de efectos especiales y de fuegos artificiales al estilo de Hollywood. En realidad, ¡es asombroso cuán poco espectaculares son estos milagros! Aquí no se hace una exhibición de luces y de fuego ni de efectos de sonido cuadrafónico, sino una representación dignificada del poder de nuestro Señor sobre todas las fuerzas que afectan al cuerpo: demonios, enfermedades y muerte. Su autoridad en este campo es la de un Rey; Él es soberano y supremo.

Parábolas del reino

Después de los milagros, viene una sección de parábolas del reino, donde el rechazo del reino se declara en forma misteriosa. Está claro que la nación rechazará el ofrecimiento de nuestro Señor como Rey a este nivel físico, así que, aparece una nueva palabra: ay. En el capítulo 11, Él declara: «¡Ay de ti, Corazín! ¡Ay de ti, Betsaida! ¡Ay de aquellos que no han creído!». El Señor pronuncia juicio sobre la nación a este nivel, de lo físico.

Los misterios del reino se desarrollan en el capítulo 13, donde las parábolas contienen la verdad en forma de símbolos: la parábola del sembrador y las semillas, del trigo y la cizaña, de la semilla de mostaza, de la levadura, de la pesca milagrosa. Toda esta sección —Mateo 13:54 a 16:20— tiene que ver con el pan. Se relata la alimentación de los cinco mil, en el capítulo 14; las preguntas acerca de lo que ensucia a una persona, en el 15; el incidente de la mujer cananea que fue y le pidió a Jesús que sanara a su hija, donde comparó su pedido con mendigar las migajas de Su mesa; la alimentación de los cuatro mil, también en el capítulo 15; y la levadura de los fariseos y saduceos, en el 16.

Por último, en 16:13-20, encontramos la revelación de la Persona de nuestro Señor a Pedro, en ese momento maravilloso en que se le otorga la primera visión de la verdadera naturaleza de su amigo Jesús:

> *Entonces le respondió Jesús: Bienaventurado eres, Simón, hijo de Jonás, porque no te lo reveló carne ni sangre, sino mi Padre que está en los cielos (v. 16-17).*

En este punto, el mensaje de nuestro Señor da un giro significativo. Aquí está el punto de transición de lo físico a lo que tiene que ver con el alma, cuando Jesús va más allá del nivel corporal de nuestra humanidad y empieza a penetrar en las profundidades del alma.

La sección previa —la prueba de Israel en el campo de lo físico— estaba compuesta de un pasaje narrativo, que detalla el ministerio de Jesús, seguido de una serie de Sus parábolas. Esta sección está estructurada de la misma manera: un relato del ministerio del Señor seguido por Sus parábolas.

Israel es probado en el terreno del alma

Comenzando con 16:21, encontramos el segundo ministerio de nuestro Señor a la nación; esta vez, ofreciéndose a Israel a nivel del alma. Su primera revelación (16:21–18:35) es solamente a los discípulos, porque ellos son el núcleo de la futura Iglesia. Aquí se encuentran la transfiguración y la primera indicación de Su muerte.

Parábolas del Rey

Después vienen las parábolas del Rey. Estas son primeramente dirigidas a los discípulos y luego a la nación. Todas ellas lo presentan como el Rey que tiene el derecho de ordenar y juzgar el carácter de los individuos. Aquí no se dice nada sobre sus existencias físicas, sino sobre sus vidas anímicas. ¿Están dispuestos a seguirle? ¿Están dispuestos a obedecerle? ¿Están dispuestos a permitir que Él moldee y forme su carácter?

Instrucción para tener relaciones interpersonales sanas

En Mateo 18, el Señor da instrucciones de cómo llevarse bien con otros, cómo amarse, perdonarse y reconciliarse unos con otros. Es una obra maestra de instrucción práctica para el vivir diario y para experimentar relaciones interpersonales sanas. Además, si simplemente practicásemos los principios de Mateo 18 de manera auténtica en la Iglesia, el mundo entero sería transformado por medio de nuestro ejemplo.

En Mateo 19, Jesús enseña acerca del matrimonio, el divorcio, la ética sexual y la moralidad, el guardar las promesas y la verdad. Nuevamente, Su instrucción apunta a nuestras almas; y, si cumpliéramos con Su enseñanza, cambiaríamos el mundo.

La entrada triunfal

Mateo 21 presenta la historia de Su entrada triunfal en Jerusalén, el domingo de ramos. El triunfo pronto da paso al juicio cuando el Señor entra en la ciudad y pronuncia Su juicio sobre los pecados de la nación. Él irrumpe en el templo, interrumpe las ofrendas y echa a los cambistas de dinero corruptos. En Mateo 23, encontramos la palabra *ay* dicha con una regularidad y un ritmo semejantes al sonido de un látigo de castigo: versículo 13, «¡Ay de vosotros, escribas y fariseos hipócritas!»; versículo 15, «¡Ay de vosotros, escribas y fariseos hipócritas!»; versículo 16, «¡Ay de vosotros, guías ciegos!»; versículo 23, «¡Ay de vosotros, escribas y fariseos hipócritas!»; y nuevamente en los versículos 25, 27 y 29. A lo largo de todo este capítulo, la palabra *ay* resuena una y otra vez, como el toque de difuntos.

«Ay de ti»

El Sermón del Monte

A esto le sigue una serie de instrucciones, en los capítulos 24 y 25: el famoso Sermón del Monte. Este sermón contiene las instrucciones del Señor para el remanente creyente sobre qué hacer hasta que Él regrese. Revela cómo se perfilará la historia del mundo, qué pasará en los años intermedios, qué fuerzas serán liberadas sobre la tierra, cómo sacudirán, probarán y afligirán al pueblo de Dios las fuerzas de las tinieblas. El Señor declara que Su pueblo sólo podrá permanecer firme con la fortaleza del Espíritu Santo.

Por último, en los capítulos 26 al 28, encontramos la traición, el juicio, la agonía y la crucifixión del Señor Jesucristo. Voluntariamente, Él entra en la oscuridad tenebrosa del valle de sombra de muerte. Allí, solo y abandonado por Sus amigos, entabla una lucha a muerte con los poderes de las tinieblas. En el misterio de la cruz, subyuga a las fuerzas que han dominado al espíritu humano y las destruye. Asombrosamente, aunque el Evangelio de Mateo presenta a Jesús como el Rey, la única corona que lleva puesta en Su vida terrenal es de espinas; el único trono al que sube es una cruz sangrienta; el único cetro que empuña es una caña quebrada.

Israel es probado en el terreno del espíritu

Lo que sigue a la crucifixión es un evento tan asombroso y tan demoledor que representa una completa ruptura histórica con todo lo que había pasado antes: la resurrección de Jesucristo. En el momento de la resurrección de Jesús, Él penetró en el reino del espíritu humano; el mismo centro del ser humano fue abierto de par en par. Cuando llegamos a conocer al Señor en nuestro espíritu, descubrimos que allí es donde se lleva a cabo la adoración de corazón a Él. El espíritu es la llave que abre el dominio de toda una vida humana.

La resurrección

Cuando conquistas el espíritu de una persona, posees todo lo que esa persona es. Por medio de la cruz y de la resurrección, nuestro Señor hizo posible la entrada al Lugar Santísimo de nuestra humanidad —el espíritu— para que Dios pudiera morar en nosotros.

Entonces, el gran mensaje del Evangelio es que Dios no está afuera, arriba, lejos, en algún sitio más allá del cielo azul. No está esperando en algún lejano tribunal de juicio para imponernos Su condenación, sino que está listo y esperando para entrar en el centro del corazón de la persona hambrienta y sedienta, para derramar Su bendición, Su carácter, Su ser, Su vida en esa persona. Cuando el Rey es entronizado en una vida humana, el reino de Dios está presente en la tierra. Ese es el mensaje de Mateo: Arrepentíos, porque el reino de los cielos está cerca. Los cielos no es un lugar lejano en el espacio, sino que está aquí entre nosotros, invisible, pero completamente real en la vida de la persona, donde Dios reina en el espíritu. Donde está el Rey, está el reino. Si el Rey Jesús está entronizado en el corazón, el reino de Dios ha llegado.

El Evangelio de Mateo nos desafía con la pregunta más crucial y personal que enfrenta todo ser humano: «¿Es Jesucristo el Rey de su vida?». Un rey es más que un salvador; un rey es un soberano. El Rey Jesús demanda todos los rincones de nuestra vida. Si hemos recibido a Jesús sólo como Salvador de nuestro ser físico o sólo como el Salvador de nuestra alma, aún no lo hemos hecho Rey. Él debe penetrar, invadir y conquistar cada milímetro de nuestra vida, aun los lugares más recónditos del espíritu.

¿Ha penetrado Jesús en su espíritu y dominado su corazón? ¿Es Él la persona más importante de todo el universo para usted? No ha conocido verdaderamente a Jesús hasta que no lo reconozca y lo reciba como Rey.

Respondamos en obediencia al mensaje de Mateo. Quiera Dios que verdaderamente contemplemos —y nos entreguemos— a nuestro Rey y que derroquemos del trono a nuestro ego, nuestra terquedad y orgullo, y los reemplacemos con el trono glorioso y cruento de Jesús: la cruz del calvario. Entonces, Su gobierno será completo en nuestra vida, sobre el cuerpo, el alma y el espíritu.

ÉL VINO A SERVIR

Uno de los más grandes líderes del siglo XX anduvo descalzo, vistiendo ropas simples de mendigo, viajando a pie o en la clase más económica de los trenes. Nunca vivió en un palacio ni en una mansión, sino que eligió como hogar un barrio pobre, entre la gente humilde a quien amaba. Su nombre fue Mohandas Karamchand «Mahatma» Gandhi, y lideró una lucha pacífica para derrocar al gobierno británico y conseguir la independencia del pueblo de la India. Fue un líder político y moral, pero no lideró por medio del poder político, sino con el ejemplo de un servicio humilde. Aunque practicó la religión hindú, estudió la vida de Jesús y actuó según el modelo de Cristo.

En 1931, Gandhi viajó a varias naciones europeas para visitar a los líderes de diversos estados. Dondequiera que iba, llevaba con él una cabra como símbolo de su modestia y humildad. Cuando fue a Roma a visitar al dictador italiano Mussolini, llegó como siempre, vestido como un viejo mendigo y llevando su cabra con una soga. Los hijos de Mussolini se rieron cuando vieron a este hombre delgado, calvo, de apariencia inofensiva, pero el dictador les llamó la atención bruscamente y les ordenó callarse. Dijo: «Ese viejo escuálido y su vieja cabra esquelética están sacudiendo el Imperio Británico».

Ese es el poder de un verdadero siervo: el poder para sacudir reinos, el poder cuyo primer ejemplo para nosotros es el mejor siervo de todos, Jesucristo, el Señor-Siervo.

El poder de un verdadero siervo: el poder para sacudir reinos

El Evangelio de Marcos, el segundo libro del Nuevo Testamento, es el más breve de los cuatro Evangelios; sólo tiene 16 capítulos. Es fácil de leer de una vez. Su brevedad es probablemente la razón de que sea el libro del Nuevo Testamento traducido con más frecuencia. Por lo general, los traductores de Wycliffe empiezan su labor con este libro, porque brinda de manera sucinta toda la historia del Evangelio.

Jesús desde cuatro perspectivas diferentes

Marcos, como Mateo y Lucas, es uno de los Evangelios Sinópticos (*synoptic* significa «considerados juntos»). Estos Evangelios nos impresionan por tener muchas similitudes y detalles que se superponen, aunque cada uno posee su propia atmósfera, voz y estilo distintivos. El cuarto Evangelio, Juan, aunque difiere considerablemente de los primeros tres en tono y detalle, brinda una visión complementaria de la vida de Cristo. El Espíritu Santo deliberadamente diseñó la originalidad de cada Evangelio como así también su unidad. Cometemos un error si pensamos que estos cuatro Evangelios son cuatro biografías del Señor, que presentan la vida completa y los tiempos de Jesucristo. No se trata de biografías, sino de bosquejos del carácter, destinados a ser diferentes, a presentar puntos de vista distintos, diversas dimensiones de esta Persona fascinantemente compleja e infinita.

No biografías, sino bosquejos del carácter

El Evangelio de Mateo está escrito para presentar a Cristo como el Rey. El de Marcos presenta Su carácter como Siervo. Lucas lo presenta como el Hijo del Hombre. El Evangelio de Juan lo manifiesta como el Hijo de Dios, y allí se encuentran las mayores aseveraciones de Su deidad.

Marcos escribe para la mentalidad romana

Observe que cada uno de estos Evangelios está dirigido a una audiencia muy específica. Mateo escribió su Evangelio principalmente para los judíos, y está plagado de referencias y citas del Antiguo Testamento. Lucas lo escribió para la mentalidad griega, el pensamiento filosófico, y está lleno de conversaciones de sobremesa del Señor, mientras se sentaba con Sus discípulos en íntima fraternidad, para explorar las esferas de la verdad espiritual; a los griegos les encantaba hacer esto. Juan escribió su Evangelio para los cristianos, por lo cual su libro es el más estimado por los corazones cristianos. No sólo enfatiza la deidad de Cristo, sino que también descubre la enseñanza del rapto de la Iglesia, la intimidad de la amistad y la comunión entre el Señor y los suyos, y el ministerio del Espíritu Santo. Pero Marcos escribe para la mentalidad romana; contiene la mayor cantidad de palabras en latín. Es el Evangelio de la prisa y de la acción, que son características del espíritu romano.

Si entiende que los cuatro Evangelios han sido escritos con cuatro propósitos diferentes, desde cuatro perspectivas diferentes, para cuatro audiencias distintas; comprenderá por qué encuentra ciertas diferencias entre ellos. Por ejemplo, la gente a menudo se pregunta: «¿Por qué el Evangelio de Juan no menciona la lucha de nuestro Señor en Getsemaní? El registro de la agonía de Getsemaní se encuentra en Mateo, Marcos y Lucas, pero no hay nada de ello en Juan». La respuesta, a la luz del propósito del Espíritu Santo para cada Evangelio en particular, es clara: Porque en el huerto de Getsemaní, Jesús lloró y pidió al Padre: «Si es posible, pase de mí esta copa». Bueno, no se trata de Jesús, en Su papel de Hijo de Dios, que cuestiona al Padre, porque Dios no puede cuestionar a Dios. Es Jesús en Su humanidad el que lo hace; así que, el relato de Getsemaní se encuentra en los Evangelios Sinópticos: Mateo, Marcos y Lucas. Ellos presentan el registro más completo e irresistible de Su lucha humana; no obstante, en Juan, el Evangelio del Hijo de Dios, este registro se omite. No se trata de una discrepancia o de una contradicción entre los Evangelios; es simplemente una diferencia en el tema y en el énfasis.

Otro ejemplo: Mateo dirige nuestra atención a los sabios que fueron a ofrecer sus regalos al niño Jesús. Lucas se centra en el peregrinaje de los pastores. Está bien, tanto los sabios como los pastores fueron a honrar al niño Jesús, pero en Mateo —el Evangelio del Rey— los sabios llevaron regalos dignos de un rey. En Lucas —el Evangelio del Hijo del Hombre— pastores simples y comunes fueron a ver al ser humano perfecto, a Aquel que vino a habitar entre nosotros, igual a nosotros, a nuestro nivel.

¿Por qué no hay un relato de la ascensión de nuestro Señor en Mateo y en Juan, como aparece en Marcos y Lucas? Porque, como Rey, Jesús vino a gobernar sobre la tierra. El énfasis de Mateo está en el reino sobre la tierra. La ascensión no se menciona en Juan porque Jesús es el Hijo de Dios y Dios está siempre en todas partes.

¿Por qué Marcos y Juan omiten una larga genealogía de nuestro Señor? Encontrará una extensa genealogía en Mateo, el Evangelio del Rey, porque los reyes requieren de linajes reales. Lucas, el Evangelio del Hijo del Hombre, comienza con una larga ascendencia porque los seres humanos están interesados en sus antepasados, en sus orígenes. Pero no encontrará una genealogía extensa en Juan, el Evangelio del Hijo de Dios, porque Dios no tiene ancestros; Él es eterno. Ningún linaje se registra en Marcos, el Evangelio del Siervo, porque a nadie le interesan los antepasados de un siervo.

Todo esto muestra la supervisión del Espíritu Santo. Estos Evangelios no son meras copias unos de otros. Cada uno está diseñado de manera singular por el Espíritu Santo de Dios para presentar aspectos especiales del Señor Jesucristo.

Acerca del escritor

El escritor fue un joven llamado Juan Marcos, que acompañó a Pablo en su primer viaje misionero y dio pruebas de ser un siervo poco confiable. No pudo soportar la presión y regresó a casa. Es interesante que el Espíritu Santo haya elegido a este hombre, que había mostrado cualidades de poca fiabilidad al comienzo de su carrera, para registrar la fidelidad, seguridad y formalidad absolutas del Siervo de Dios, el Señor Jesucristo. Marcos fue compañero de Pedro, el cual fue uno de los amigos más íntimos del Señor durante Su ministerio terrenal; así que, el Evangelio de Marcos contiene muchos de los pensamientos,

enseñanzas e impresiones que Pedro experimentó personalmente. De los cuatro escritores del Evangelio, Mateo y Juan fueron discípulos de Jesucristo. Lucas recibió su Evangelio a través de la enseñanza del apóstol Pablo y Marcos lo obtuvo a los pies de Pedro; y aunque este último escribió dos cartas del Nuevo Testamento, no dejó una narración del Evangelio.

En Hechos 10, Pedro da un breve resumen de todo lo que tenemos registrado en el Evangelio de Marcos. En la casa de Cornelio, Pedro se puso en pie y contó a la gente «cómo Dios ungió con el Espíritu Santo y con poder a Jesús de Nazaret, y cómo éste anduvo haciendo bienes y sanando a todos los oprimidos por el diablo, porque Dios estaba con él» (10:38).

Si desea conocer personalmente a Marcos, vaya a Marcos 14. Allí, en el relato de la captura de Jesús en el huerto de Getsemaní, justo antes de la crucifixión, encontramos la única descripción de la presencia de Marcos entre los discípulos. En los versículos 51-52, leemos:

> *Pero cierto joven le seguía, cubierto el cuerpo con una sábana; y le prendieron; mas él, dejando la sábana, huyó desnudo.*

Ningún otro Evangelio nos dice eso y es casi seguro que este joven era Marcos. Era hijo de una mujer rica de Jerusalén y es muy probable que su madre fuera dueña de la casa donde los discípulos se reunieron en aquel aposento alto. Por tanto, Marcos estuvo presente en algunos de esos acontecimientos. La mayor parte de los estudiosos de la Biblia están convencidos de que este incidente está incluido en el Evangelio de Marcos porque él participó en ellos.

El Evangelio del Siervo

Todo el Evangelio está resumido en una frase de Marcos 10:45: «Porque el Hijo del Hombre no vino para ser servido, sino para servir». O, como traduce la versión inglesa de *King James:* «no para ser ministrado, sino para ministrar». En este corto versículo, está el resumen del Evangelio de Marcos, porque su frase final continúa diciendo: «Y para dar su vida en rescate por muchos». De Marcos 1:1 a 8:30, el tema es el ministerio del Siervo, Cristo. De 8:31 hasta el final del libro, es la obra de redención del Siervo.

El ministerio del Siervo (Marcos 1:1–8:30)

1.	Las credenciales del Siervo, Juan el Bautista anuncia y bautiza a Jesús	1:1-11
2.	La prueba del Siervo, tentación en el desierto	1:12-13
3.	El ministerio del Siervo, milagros, sanidades, autoridad sobre demonios y enfermedad	1:14–2:12

4. Controversia y oposición sobre la amistad de Jesús con los pecadores, el trabajo en el día de reposo	2:13–3:35
5. Las cuatro parábolas del Siervo; los terrenos, la lámpara, la semilla que crece, la semilla de mostaza	4:1-34
6. Los cuatro milagros del Siervo: el mar es calmado, los demonios son echados fuera de los cerdos, la hija de Jairo es resucitada, la mujer es sanada del flujo de sangre	4:35–5:43
7. La oposición creciente hacia el Siervo y la muerte de Juan el Bautista	6:1–8:21
8. Un ciego sanado en Betsaida	8:22-26
9. La confesión de Pedro sobre Cristo	8:27-30

La obra redentora del Siervo (Marcos 8:31–16:20)

10. Jesús comienza a enseñar sobre Su muerte inminente	8:31–8:38
11. La transfiguración de Jesús sobre la montaña	9:1-13
12. Jesús sana a un muchacho endemoniado	9:14-29
13. Jesús prepara a Sus discípulos para Su muerte	9:30-32
14. Enseñanzas sobre el servicio; la muerte y el infierno; el matrimonio y el divorcio; los hijos; la riqueza; y la recompensa eterna, incluyendo la historia del gobernante rico	9:33–10:31
15. Jesús predica otra vez sobre Su muerte y enseña sobre el servicio	10:32-45
16. El ciego Bartimeo recibe la vista	10:46-52
17. La entrada triunfal a Jerusalén y la purificación del templo	11:1-19
18. Instrucción sobre la oración	11:20-26
19. La oposición por parte de los líderes religiosos	11:27–12:44
20. Jesús predice el final de los tiempos, la Tribulación y la Segunda Venida	13
21. El juicio y la crucifixión	14–15
22. La resurrección, las apariciones y la ascensión de Jesús	16

En la primera mitad del libro, desde 1:1 a 8:30, se destacan dos aspectos del ministerio del Siervo: Su autoridad y Su efecto sobre la gente. Veamos primero las señales de Su autoridad.

La autoridad del Siervo

Quienes escucharon a Jesús estaban asombrados. En efecto, ellos dijeron: «Él no enseña como los escribas y los fariseos, sino como quien tiene autoridad y poder. ¡Lo que Él nos dice penetra en nuestros corazones como un taladro!».

Poder para convencer a los seres humanos

¿Por qué hablaba Jesús con tal autoridad? Porque, como el Siervo de Dios que era, conocía los secretos de Él. El Señor echó mano en el tesoro de Dios y sacó Sus secretos, y luego los dio a conocer a los seres humanos. Puesto que esto es lo que somos, escuchamos Sus palabras percibiendo que es la verdad, la verdad absoluta. Hay una nota de legitimidad en lo que Él dice y esa aureola de verdad tiene poder para frenarnos en seco en nuestros senderos, para convencernos del pecado y de nuestra necesidad de Él. Es por eso que los Evangelios y las palabras de nuestro Señor, cuando se leen, tienen poder en sí mismas para sentenciar a los seres humanos.

Los escribas y los fariseos necesitaban respaldarse constantemente haciendo referencia a autoridades y a citas de otras personas, pero nuestro Señor no. Él nunca cita nada que no provenga de las Escrituras. Siempre habla con autoridad absoluta, la misma con que una vez dijo: «Sea la luz», y fue la luz.

Autoridad sobre los poderes de las tinieblas

En esta sección, se enfatiza Su autoridad sobre los poderes de las tinieblas, el mundo de los demonios. Es un mundo que tomamos muy a la ligera. Un gran ejemplo de cuán seriamente subestimamos los poderes de las tinieblas es nuestra costumbre de celebrar una fiesta llamada *Halloween*. Con este festejo mostramos nuestra débil y deficiente consciencia de la existencia de espíritus del mal. Festejamos el día como un tributo gracioso a un panteón de duendes, fantasmas y brujas sobre palos de escoba; una distorsión de la verdadera naturaleza del mal que ha tenido éxito al adormecer nuestra sensibilidad ante la realidad de un mundo espiritual, el reino del mal en mayúsculas. Tras esta fachada bufonesca de *Halloween* se encuentra un mundo real y horrible de poderes demoníacos que controlan las mentes de las personas e influencian los acontecimientos humanos.

Halloween

Cuando se lee el Evangelio de Marcos, se observa una y otra vez la autoridad del Siervo de Dios sobre las fuerzas misteriosas de las tinieblas. El mundo de lo oculto está abierto de par en par para Él. Conoce los poderes tenebrosos, las pasiones oscuras que obran tras el escenario de la historia. Pablo llama a estos poderes demoníacos «espíritus seductores» o «espíritus engañadores» (ver 1 Ti. 4:1). Jesús tiene autoridad absoluta sobre estos poderes, pero ellos pueden causarnos gran daño a nosotros si no nos colocamos bajo el ámbito de Su señorío.

Al leer el Evangelio de Marcos, se ve que estos poderes demoníacos influyen a las personas para que hagan cosas extrañas, para que se aíslen en el desierto, lejos del resto de la humanidad; para que se comporten de maneras incontrolables (la ausencia de ley es siempre una señal de influencia demoníaca); para atormentarse a sí mismos y atacar a otros; para amenazar a la sociedad. Marcos describe a un hombre poseído por el demonio diciendo que estaba «fuera de sí» (ver Mr. 3:21). Está bien, es una frase significativa, ¿no es cierto? Imagínese estar de pie al lado de usted mismo: una personalidad dividida, alienada de su propio yo. Esta es una marca de la influencia demoníaca. A pesar del inmenso poder y de la amenaza de los poderes demoníacos, el Señor Jesús tiene completa autoridad y poder sobre todos ellos.

Autoridad sobre la enfermedad

Marcos también revela el poder de Cristo el Siervo sobre la enfermedad. El primer relato de ese poder en acción es la curación de la suegra de Pedro. Esta siempre ha sido una escena emocionante para mí. Hoy en día, la gente suele bromear acerca de las suegras, pero Pedro estaba evidentemente muy preocupado y amaba a la madre de su esposa. Nuestro Señor la tocó y la fiebre desapareció. Después, toda la gente de la ciudad se juntó a Su puerta y Él los sanó a todos (ver 1:30-34).

La suegra de Pedro

Un leproso

El siguiente relato es sobre un leproso (1:40-45). Jesús hizo algo sin precedentes: No sólo sanó al leproso, sino que también lo tocó. En aquella época, nadie tocaba nunca a un enfermo de lepra. La ley de Moisés (la cual, en muchos aspectos, era una ley de salubridad e higiene como así también de moralidad) prohibía tocar a los leprosos y estos tenían que deambular advirtiendo a gritos: «¡Inmundo! ¡Inmundo!». Nadie pensaría ni remotamente en tocar a un leproso, pero la compasión del corazón del Siervo se revela en esta historia cuando Jesús toca al leproso, lo sana y lo envía al sacerdote. Esta es la primera vez en toda la Escritura que un leproso es curado y mandado ante el sacerdote, como demandaba la ley.

El efecto del Siervo sobre la gente

El segundo énfasis principal del Evangelio de Marcos tiene que ver con el efecto poderoso que Jesús ejerció sobre la gente a la cual se acercó. Un siervo siempre está influenciando a la gente. Cuando Jesús el Siervo llevaba a cabo Su ministerio e iba haciendo el bien, la gente respondía a Él, y esas respuestas siempre eran fervientemente favorables o intensamente desfavorables. Jesús no es la clase de persona que se puede ignorar o tratar con indiferencia. Él inspira devoción o desprecio.

Sus discípulos

Apreciamos Su influencia en los discípulos después de que Él, en primer lugar, alimenta a los cinco mil. Luego los sorprende al caminar sobre el agua y calmar la tormenta en el mar. En Marcos 6:51-52, leemos:

Y subió a ellos en la barca, y se calmó el viento; y ellos se asombraron en gran manera, y se maravillaban. Porque aún no habían entendido lo de los panes, por cuanto estaban endurecidos sus corazones.

Este endurecimiento del corazón es característico de las actitudes de muchos hacia el ministerio del Señor como Siervo.

Los fariseos

En el capítulo 7, encontramos la hipocresía y la crítica de los fariseos, pero también la aceptación muy sorprendente de muchos que son profundamente tocados después de ser testigos de Sus milagros de sanidad:

Y en gran manera se maravillaban, diciendo: bien lo ha hecho todo; hace a los sordos oír, y a los mudos hablar (7:37).

La gente común

Esa es la marca de un corazón creyente, el corazón de uno que puede decir de Jesús: «Él hace todas las cosas bien».

Marcos 8:22-26 continúa con el registro de un acto significativo de nuestro Señor:

Vino luego a Betsaida; y le trajeron un ciego, y le rogaron que le tocase. Entonces, tomando la mano del ciego, le sacó fuera de la aldea; y escupiendo en sus ojos, le puso las manos encima, y le preguntó si veía algo. El, mirando, dijo: Veo los hombres como árboles, pero los veo que andan. Luego le puso otra vez las manos sobre los ojos, y le hizo que mirase; y fue restablecido, y vio de lejos y claramente a todos. Y lo envió a su casa, diciendo: No entres en la aldea, ni lo digas a nadie en la aldea.

Note el entorno de esta historia: la aldea de Betsaida. Mateo describe este lugar como una de esas ciudades sobre las que Jesús había pronunciado juicio, cuando dijo:

¡Ay de ti, Corazín! ¡Ay de ti, Betsaida! Porque si en Tiro y en Sidón se hubieran hecho los milagros que han sido hechos en vosotras, tiempo ha que se hubieran arrepentido en cilicio y en ceniza (Mt. 11:21).

Esta es una ciudad que ha rechazado el ministerio de nuestro Señor y a Su persona, y Él no permitirá que se dé ningún otro testimonio en esa ciudad. Conduce al ciego fuera de ella antes de sanarlo. Este es el único caso en el cual nuestro Señor no ve una sanidad instantánea y completa la primera vez que Él habla. Cuando la curación fue total, ni siquiera permitió que el hombre regresara a su aldea, porque Betsaida era un sitio sometido al juicio de Dios por haber rechazado el ministerio del Siervo del Señor.

En 8:27-33, encontramos la historia de la confesión de Pedro en cuanto a que Jesús es el Cristo, el Mesías cuya venida estaba profetizada en el Antiguo Testamento. Este incidente finaliza la primera parte del Evangelio de Marcos. Al comienzo de la segunda parte, en Marcos 8:34, Jesús empieza a instruir cada vez más a Sus discípulos sobre Su muerte inminente en la cruz, el ministerio redentor del Siervo.

El Siervo redentor

Ahora llegamos al segundo tema importante de Marcos: que Jesús vino a dar Su vida en rescate por muchos. Jesús introduce este tema velado cuando empieza a instruir a Sus discípulos sobre Su muerte:

> *Y comenzó a enseñarles que le era necesario al Hijo del Hombre padecer mucho, y ser desechado por los ancianos, por los principales sacerdotes y por los escribas, y ser muerto, y resucitar después de tres días. Esto les decía claramente. Entonces Pedro le tomó aparte y comenzó a reconvenirle. Pero él, volviéndose y mirando a los discípulos, reprendió a Pedro, diciendo: ¡Quítate de delante de mí, Satanás! porque no pones la mira en las cosas de Dios, sino en las de los hombres (8:31-33).*

A partir de ese momento, el rostro de nuestro Señor mira hacia Jerusalén y a la cruz

A partir de ese momento, el rostro de nuestro Señor mira hacia Jerusalén y a la cruz. Ahora va a ser la ofrenda de Dios: el Siervo que se da a sí mismo por completo para redimir sacrificialmente a aquellos a quienes vino a salvar y a servir. La revelación de Su plan se presenta en este pasaje. Él vino a sufrir, a ser rechazado, a morir y a resucitar después de tres días.

¿Y quién se puso de pie para torcer ese plan? ¡No fue Judas Iscariote! ¡No fue Poncio Pilato! ¡No fue ningún espíritu demoníaco! No, fue el amigo más íntimo, de más confianza de Jesús, ¡el que acababa de confesar que Jesús era el Cristo, el Mesías! Su respuesta a Él fue: «¡No te sacrifiques, Señor! ¡Sálvate!». Este es siempre el camino de la humanidad caída. La filosofía del mundo es: «Sálvate a ti mismo. Sírvete. No hagas nada que no quieras hacer». ¡Esta es la filosofía que predomina en nuestra era!

Pero Jesús le reprende; en realidad, le dice: «Pedro, reconozco de dónde viene eso. Es del reino de Satanás, no de Dios. Quítate de mi camino, no me hables de esa manera».

Entonces, Jesús llamó a la multitud, junto con Sus discípulos, y les dijo: «Si alguno quiere venir en pos de mí, niéguese a sí mismo, y tome su cruz y sígame» (8:34). La manera de actuar del diablo es salvarse, buscarse y complacerse a sí mismo. Él método de Dios es darse a sí mismo. Este es el plan que Cristo llevó a cabo hasta el final del Evangelio de Marcos: el plan de entregarse en sacrificio redentor por usted y por mí.

La transfiguración

El relato de la transfiguración sigue en el capítulo 9. Allí Jesús revela Su intención y Su propósito:

> *También les dijo: De cierto os digo que hay algunos de los que están aquí, que no gustarán la muerte hasta que hayan visto el reino de Dios venido con poder. Seis días después, Jesús tomó a Pedro, a Jacobo y a Juan, y los llevó aparte solos a un monte alto; y se transfiguró delante de ellos. Y sus vestidos se volvieron resplandecientes, muy blancos, como la nieve, tanto que ningún lavador en la tierra los puede hacer tan blancos. Y les apareció Elías con Moisés, que hablaban con Jesús. Entonces Pedro dijo a Jesús: Maestro, bueno es para nosotros que estemos aquí; y hagamos tres enramadas, una para ti, otra para Moisés, y otra para Elías. Porque no sabía lo que hablaba, pues estaban espantados. Entonces vino una nube que les hizo sombra, y desde la nube una voz que decía: Este es mi Hijo amado; a él oíd. Y luego, cuando miraron, no vieron más a nadie consigo, sino a Jesús solo (9:1-8).*

Jesús llevó a Pedro, Santiago y Juan a la cima del monte, y allí —como Él lo había prometido— ellos vieron «el reino de Dios venido con poder». No tuvieron que pasar por la muerte para ver la gloria del Rey; la vieron con sus propios ojos mortales, terrenales. Pedro se refiere a este evento en su segunda carta:

> *Porque no os hemos dado a conocer el poder y la venida de nuestro Señor Jesucristo siguiendo fábulas artificiosas, sino como habiendo visto con nuestros propios ojos su majestad. Pues cuando él recibió de Dios Padre honra y gloria, le fue enviada desde la magnífica gloria una voz que decía: Este es mi Hijo amado, en el cual tengo complacencia. Y nosotros oímos esta voz enviada del cielo, cuando estábamos con él en el monte santo (2 P. 1:16-18).*

¿Por qué Jesús introduce este incidente con la declaración: «Algunos de los que están aquí no gustarán la muerte hasta que hayan visto el reino de Dios venido con poder»? Porque Su intención para la raza humana, el propósito mismo de Su obra redentora, es que los seres humanos no experimenten la muerte. Él vino a librarnos del estigma de la muerte, de su feo sabor. Los creyentes en Cristo mueren, pero nunca sufren la muerte. La muerte es la puerta de entrada a la vida. ¿Por qué puede decir el apóstol Pablo con tanta confianza: «Dónde está, oh

muerte, tu aguijón? ¿Dónde, oh sepulcro, tu victoria?» (1 Co. 15:55). Porque, como nos dice Hebreos 2:9, Jesús gustó la muerte por todos, por usted y por mí, para que nosotros no tuviéramos que hacerlo.

Los discípulos no entendieron el propósito del Señor ni Sus palabras acerca de la vida y la muerte. En Marcos 9:9-10, leemos:

Y descendiendo ellos del monte, les mandó que a nadie dijesen lo que habían visto, sino cuando el Hijo del Hombre hubiese resucitado de los muertos. Y guardaron la palabra entre sí, discutiendo qué sería aquello de resucitar de los muertos.

¿Qué significaba levantarse de los muertos? ¡Significaba levantarse de los muertos! Jesús no podría haber hablado más claramente. Él iba a sufrir, iba a morir, iba a levantarse y vivir otra vez. Los discípulos estaban buscando figuras del lenguaje cuando Jesús les estaba presentando la simple verdad, literal y práctica.

En el capítulo 10, Jesús habla de la familia, de los niños, de las bendiciones materiales y monetarias de Dios. Él entra en el depósito de trastos viejos de la vida humana y saca estos regalos de Dios que la gente ha torcido y mal usado egoístamente, y los restaura maravillosamente conforme al propósito original de Dios.

El último sacrificio

En el capítulo 11, tenemos el comienzo de la última semana de nuestro Señor cuando avanza resueltamente hacia Su encuentro con la cruz. En este capítulo, encontramos otro acto significativo que sólo registra Marcos:

La (segunda) purificación del templo

Vinieron, pues, a Jerusalén; y entrando Jesús en el templo, comenzó a echar fuera a los que vendían y compraban en el templo; y volcó las mesas de los cambistas, y las sillas de los que vendían palomas; y no consentía que nadie atravesase el templo llevando utensilio alguno. Y les enseñaba, diciendo: ¿No está escrito: Mi casa será llamada casa de oración para todas las naciones? Mas vosotros la habéis hecho cueva de ladrones (11:15-17).

Bueno, esta no es la misma purificación del templo registrada por Juan en su Evangelio (Jn. 2:13-16). En el Evangelio de Juan, este incidente ocurre al principio del ministerio del Señor. Pero ahora, al final de Su ministerio, por segunda vez, Él voltea las mesas de los cambistas de dinero y purifica el templo.

En el versículo 16, Marcos dice: «y no consentía que nadie atravesase el templo llevando utensilio alguno». ¿Qué quiere decir esto? Los únicos que atravesaban el templo llevando algo eran los sacerdotes.

Él terminó con los sacrificios

Según la ley mosaica, su deber era recoger la sangre de los animales sacrificados sobre el altar de bronce, en el patio exterior, e introducirla en el lugar santo y ante el altar. Luego, una vez al año, el sumo sacerdote entraba al Lugar Santísimo y rociaba esa sangre sobre el altar de oro del propiciatorio. Era un ritual muy significativo.

Pero nuestro Señor terminó con todo eso. No permitiría que nadie atravesara el templo llevando algo. En otras palabras, Él puso fin a los sacrificios. Los judíos los reanudaron hasta la destrucción del templo en el 70 d.C., pero lo hicieron sin la autorización divina. De ahí en adelante, los sacrificios son inútiles, porque ahora Jesús mismo permanece como el Cordero de Dios que quita el pecado del mundo.

Del templo, Jesús sale directamente al monte de los Olivos, de allí al aposento alto, al huerto de Getsemaní y a la cruz.

Los últimos capítulos tienen que ver con las preguntas que la gente le hace a Jesús. En el capítulo 11, Él responde al interrogatorio de los sacerdotes y de los ancianos, quienes, con desprecio, salieron y trataron de atraparlo con sus preguntas. En el capítulo 12, Él responde a las preguntas de los fariseos y de los herodianos que, de igual manera, trataron de atraparle con sus cuestionamientos. También en el capítulo 12, los saduceos se acercan y tratan de atraparlo (estos eran los materialistas, los que no creían en la resurrección ni en una vida espiritual).

Punto final a las preguntas

Finalmente, un escriba de corazón sincero le hizo la única pregunta honesta del capítulo 12: «¿Cuál es el primer mandamiento de todos?» (v. 28). Inmediatamente y de manera enérgica, nuestro Señor le respondió:

> *Jesús le respondió: El primer mandamiento de todos es: Oye, Israel; el Señor nuestro Dios, el Señor uno es. Y amarás al Señor tu Dios con todo tu corazón, y con toda tu alma, y con toda tu mente y con todas tus fuerzas. Este es el principal mandamiento. Y el segundo es semejante: Amarás a tu prójimo como a ti mismo. No hay otro mandamiento mayor que éstos. Entonces el escriba le dijo: Bien, Maestro, verdad has dicho, que uno es Dios, y no hay otro fuera de él; y el amarle con todo el corazón, con todo el entendimiento, con toda el alma, y con todas las fuerzas, y amar al prójimo como a uno mismo, es más que todos los holocaustos y sacrificios. Jesús entonces, viendo que había respondido sabiamente, le dijo: No estás lejos del reino de Dios. Y ya ninguno osaba preguntarle (12:29-34).*

Este es el poder de la verdad: eleva el corazón honesto, avergüenza el corazón culpable, hace callar la lengua mentirosa

Jesús puso fin a todas las preguntas. Este es el poder de la verdad: eleva el corazón honesto, avergüenza el corazón culpable, hace callar la lengua mentirosa.

En el capítulo 13, los discípulos se acercan a Jesús para preguntar acerca de los eventos futuros. En este capítulo, nuestro Señor despliega toda la revelación de la era venidera, el tiempo de la tribulación y de Su regreso en gloria.

El capítulo 14 describe dos actos que contrastan tan tajantemente como el blanco y el negro. Primero, una mujer llamada María va y ofrece su sacrificio de un perfume costoso, el cual derrama a Sus pies. Después, Judas Iscariote sale y traiciona a su Señor por dinero. Un acto es de desprendimiento total y el otro de egoísmo completo.

Al principio del capítulo 15, se encuentra el relato de la cruz. En la descripción de Marcos, este es un acto de una brutalidad casi increíble, realizado en nombre de la justicia. Aparentemente, el Señor parece ser un hombre derrotado, un fracaso trágico; Su causa desesperadamente perdida. Es ridiculizado, golpeado y abofeteado. Como Él mismo dijo en 8:31: «el Hijo del Hombre debe padecer muchas cosas».

La muerte y la resurrección del Siervo

Por último, el Siervo va voluntariamente a la cruz y es crucificado. Parece tan diferente de la imagen del hacedor de milagros de Galilea que comienza este Evangelio; la persona tan poderosa, el Siervo con autoridad de lo alto.

No es extraño que los sacerdotes, cuando lo vieron colgado allí, hayan dicho de Él: «¡Salvó a otros, pero no puede salvarse a sí mismo!» (Mr. 15:31). Esta es una declaración extraña. Aun así, es una de esas palabras notables que revelan cómo Dios puede hacer que incluso Sus enemigos lo alaben, porque, paradójicamente, al mismo tiempo acertaron y se equivocaron. Se equivocaron en el sentido de que se estaban burlando de Su aparente impotencia, pero estaban en lo cierto al decir que ¡Jesús sí salvó a otros mediante el mismo acto de rehusar salvarse a sí mismo!

No pudieron hacerlo hablar

Cuando leí este relato, me impresionaron tres cosas que ellos no pudieron obligar al Señor a hacer. En primer lugar, no pudieron hacerlo hablar:

> *Otra vez le preguntó Pilato, diciendo: ¿Nada respondes? Mira de cuántas cosas te acusan. Mas Jesús ni aun con eso respondió; de modo que Pilato se maravillaba (15:4-5).*

¿Por qué no habló? Porque Él se habría salvado si hubiera hablado ante Pilato. Los sumos sacerdotes estaban en lo cierto; Él salvó a otros, pero no pudo —no podía— salvarse a sí mismo.

En segundo lugar, no lo pudieron hacer beber:

No lo pudieron hacer beber

Y le dieron a beber vino mezclado con mirra; mas él no lo tomó (15:23).

¿Por qué no? Bueno, porque se habría salvado a sí mismo si lo hubiera hecho. El vino y la mirra era una mezcla narcótica para adormecer los sentidos. Si la hubiera bebido, se habría salvado del efecto completo de la agonía de la cruz, y del peso del pecado y de la pena del mundo que fueron puestos sobre Sus hombros. Pero no lo hizo. No se salvaría a sí mismo.

No lo pudieron hacer morir

Finalmente, no lo pudieron hacer morir. En la *Nueva Versión Internacional* leemos: «Dando una gran voz, Jesús expiró» (Mr. 15:37), lo cual no es literalmente lo que comunica el texto original griego. En el griego, este versículo dice: «Dando una gran voz, Jesús dejó ir Su espíritu». Él no murió a manos de los asesinos; Él dejó ir Su espíritu por propia voluntad. Jesús mismo había dicho:

Por eso me ama el Padre, porque yo pongo mi vida, para volverla a tomar. Nadie me la quita, sino que yo de mí mismo la pongo. Tengo poder para ponerla, y tengo poder para volverla a tomar. Este mandamiento recibí de mi Padre (Jn. 10:17-18).

Jesús podría haber rehusado morir, y los soldados, los gobernantes y los líderes religiosos no le habrían podido quitar la vida. Él incluso podría haberse colgado de la cruz y burlado de la incapacidad de ellos para quitarle la vida, pero no lo hizo. Él murió, dejó ir Su espíritu, voluntaria y deliberadamente.

Cuando llegamos al último capítulo, la resurrección de nuestro Señor, sabemos cuál era Su motivo. Él estuvo en silencio y rehusó apelar a Pilato o a la multitud porque estaba sentando la base para el día en que, en el poder de la resurrección, apelará a una muchedumbre mucho más grande, cuando toda rodilla se incline y toda lengua proclame que Jesucristo es el Señor para gloria de Dios Padre. Él no bebería para adormecer Sus sentidos, porque estaba sentando las bases por las cuales aun aquellos que estuvieron cerca de la cruz podrían entrar a una vida tan maravillosa y tan abundante que, comparada con los momentos más excitantes y emocionalmente intensos de la vida en la tierra, haría que estos palidecieran.

Él no permitiría que los seres humanos tomaran Su vida, porque Él voluntariamente se entregó para vencer al enemigo más grande de la humanidad —la muerte—, y librar para siempre del poder y del estigma de la muerte a todos los que creyeran en Él. Este es el

Evangelio. Él salvó a otros, pero no pudo —no podía— salvarse a sí mismo. Esta es la actitud de un verdadero siervo (ver Fil. 2:5-7).

Mientras estudiamos la vida del mejor Siervo que jamás haya existido, mientras buscamos modelar nuestras vidas de acuerdo a la suya, llevemos siempre en nuestro andar el sello sacrificial y desprendido de Aquel que, rehusando salvarse a sí mismo, salvó a otros, me salvó a mí y lo salvó a usted.

EL HOMBRE PERFECTO

El rey Canuto, el monarca danés de Inglaterra en el siglo XI, estuvo rodeado de una corte de hombres aduladores, lisonjeros y embusteros. Ellos decían: «Oh rey Canuto, ¡el más grande y poderoso rey que jamás haya existido! ¡Es invencible! ¡No hay nada que no sepa! ¡Es la perfección encarnada!»

Pronto el rey, un hombre humilde y realista, se cansó de toda esa alabanza vacía. Así que, ordenó a la guardia de su palacio que sacara el trono del estrado en el palacio y lo llevara a la orilla del mar. El rey y todos sus hombres embusteros y aduladores (y ahora muy sorprendidos) siguieron al trono hasta la playa. Allí el rey Canuto ordenó que lo instalaran a la orilla del agua, sobre la arena. Los embusteros se reunieron alrededor preguntándose qué tenía en mente el monarca.

El rey se acomodó en el trono, mirando hacia el mar. Estiró sus brazos y ordenó: «¡Olas, deteneos! ¡Marea, detente!». Pero las olas continuaron llegando a la orilla y la marea continuó subiendo. El mar fue creciendo hasta llegar a los tobillos del rey, después hasta sus rodillas y luego hasta su pecho. No obstante, él siguió ordenando: «¡Olas, deteneos! ¡Marea, detente!». Finalmente, una ola golpeó cubriendo el trono y arrojando al rey Canuto sobre la arena, sin aliento y barboteando.

Los aduladores observaban con ojos bien abiertos al rey a quien habían denominado la perfección encarnada y creyeron que había perdido completamente el juicio. El rey se puso de pie, empapado, y ordenó que su trono fuese llevado de vuelta a palacio. Todo el cortejo le siguió de regreso. Una vez que estuvieron nuevamente en el salón del trono, el rey Canuto guió al grupo de aduladores hacia un gran crucifijo tallado, una estatua de Jesús en la cruz. «¿Todos ven a este hombre?¡Él hizo lo que yo no puedo hacer! ¡Él calmó las olas, Él dio órdenes al mar! Él es la perfección encarnada. Yo soy sólo un hombre».

Entonces, se quitó su corona dorada y la colocó sobre la frente de la estatua de Jesús. La corona de Canuto quedó sobre esa estatua hasta su muerte.

El Evangelio de Lucas es el del Hombre que era la perfección encarnada, el único ser humano verdaderamente perfecto.

La estructura del Evangelio de Lucas

En Lucas, el énfasis está en la humanidad de Jesús

El tercer Evangelio presenta a Jesús como el Hijo del Hombre. Ese era el título favorito de nuestro Señor para Su Persona, un título que usó con más frecuencia que ningún otro nombre. Al leer el Evangelio de Lucas, se encuentra a la misma Persona que en Mateo, Marcos y Juan. Sin embargo, note las diferencias de énfasis entre los cuatro Evangelios. En Mateo, el énfasis está en la realeza de Jesús; en Marcos, en Su posición de Siervo; en Juan, en Su deidad. Pero aquí, en Lucas, el énfasis está en Su humanidad.

La hombría y humanidad esenciales de Cristo se destacan continuamente a lo largo de todo este Evangelio. La clave se encuentra en Lucas 19:10. En realidad, este versículo establece una reseña útil para todo el libro:

> *El Hijo del Hombre vino a buscar y a salvar lo que se había perdido.*

El ministerio terrenal del Señor consistió principalmente en buscar con dedicación a las personas y establecerse en el corazón de ellas al penetrar hasta lo profundo de las emociones, los pensamientos y los sentimientos humanos

En esta sola oración, encontramos la estructura y las divisiones de este Evangelio.

Primera sección: «El Hijo del Hombre vino». Al principio de este Evangelio, de 1:1 a 4:13, Lucas nos cuenta cómo Jesús se hizo hombre, e incluye Su genealogía.

Segunda Sección: «a buscar». El ministerio terrenal del Señor consistió principalmente en buscar con dedicación a las personas y establecerse en el corazón de ellas al penetrar hasta lo profundo de las emociones, los pensamientos y los sentimientos humanos. En la sección intermedia de Lucas, de 4:14 a 19:27, encontramos a Jesús buscándonos, poniendo Su dedo en los lugares donde nos duele más profundamente, en nuestra vergüenza y motivaciones, y tocando nuestro ser con Su poder sanador. En esta sección, Jesús lleva a cabo Su ministerio entre la gente. Esta parte de la búsqueda del Señor termina con Su viaje hacia Jerusalén, el lugar donde será sacrificado, como leemos en Lucas 9:51:

> *Cuando se cumplió el tiempo en que él había de ser recibido arriba, afirmó su rostro para ir a Jerusalén.*

El registro de Su viaje a Jerusalén ocupa los capítulos 9 al 19 y relata una cantidad de incidentes importantes que ocurren durante el trayecto.

Tercera y última sección: «... y a salvar lo que se había perdido». Finalmente, el Señor avanza hacia el último acto del drama de Su vida: salvar a la humanidad por medio de la cruz y la resurrección. En Lucas 19:28, leemos:

Dicho esto, iba delante subiendo a Jerusalén.

Este versículo marca el final de Su ministerio de búsqueda y el comienzo de Su obra de salvación. Introduce la última sección del libro, en la cual Él entra en la ciudad, va al templo, asciende el monte de los Olivos, es llevado a la corte ante Pilato y, luego, a la cruz, a la tumba, al día de la resurrección. Lo que sigue es un resumen del Evangelio de Lucas:

La venida del Hijo del Hombre (Lucas 1:1–4:13)

1. Introducción: El propósito del Evangelio de Lucas — 1:1-4
2. Acontecimientos que llevan al nacimiento de Cristo — 1:5-56
3. El nacimiento de Juan el Bautista — 1:57-80
4. El nacimiento de Jesucristo — 2:1-38
5. La niñez de Jesucristo — 2:39-52
6. El ministerio de Juan el Bautista — 3:1-20
7. El bautismo de Jesús por Juan el Bautista — 3:21-22
8. La genealogía del Hijo del Hombre — 3:23-38
9. La tentación del Hijo del Hombre — 4:1-13

Su ministerio: El Hijo del Hombre busca (Lucas 4:14–19:27)

10. El comienzo de Su ministerio, Su aceptación en Galilea, el rechazo de Su ciudad natal — 4:14-30
11. Milagros demostrando Su poder sobre demonios, enfermedad y parálisis; también, Su llamado a los primeros discípulos — 4:31–5:28
12. Jesús y los fariseos — 5:29–6:11
13. Jesús instruye a los discípulos, las Bienaventuranzas, la manera cristiana de vivir, parábolas — 6:12-49
14. Milagros, la sanación del hijo del centurión, la resurrección del hijo de la viuda — 7:1-16

15. Jesús exalta a Juan el Bautista	7:17-35
16. Jesús cena en la casa de un fariseo, una mujer unge Sus pies con un perfume costoso	7:36-50
17. Parábolas y milagros, la tormenta es calmada, demonios son arrojados a los cerdos, es sanada una mujer con un problema de sangre, es revivida la hija de Jairo	8
18. Los Doce son enviados a predicar	9:1-11
19. Jesús alimenta a los cinco mil	9:12-17
20. La confesión de fe de Pedro	9:18-26
21. La transfiguración	9:27-36
22. La sanación del endemoniado	9:37-42
23. Jesús predice Su muerte próxima	9:43-50
24. La oposición de los samaritanos	9:51-56
25. Los 72 discípulos son enviados a una misión	9:57–10:24
26. La fuente de la vida eterna	10:25-28
27. La parábola del buen samaritano	10:29-37
28. María y Marta	10:38-42
29. Jesús enseña sobre la oración (la Oración del Señor)	11:1-13
30. Jesús es rechazado por los líderes religiosos	11:14-54
31. Jesús enseña sobre las consecuencias de rechazarle	12:1–13:9
32. Jesús sana a una mujer y es criticado por ello	13:10-17
33. Jesús enseña sobre el reino	13:18-30
34. Jesús llora por Jerusalén	13:31-35
35. Jesús y los fariseos	14:1-24
36. Enseñanzas sobre discipulado	14:25-35
37. Enseñanzas sobre arrepentimiento, oveja perdida, moneda perdida, hijo perdido (o pródigo)	15:1-32
38. Enseñanzas sobre la mayordomía	16:1-31
39. Enseñanzas sobre las ofensas	17:1-10
40. Diez leprosos son limpiados	17:11-19
41. Enseñanzas sobre la segunda venida	17:20-37
42. Enseñanzas sobre la oración	18:1-14
43. Jesús bendice a los niños	18:15-17
44. Enseñanzas sobre la vida sacrificial; el joven gobernante rico	18:18-30
45. Jesús predice Su muerte y Su resurrección	18:31-34
46. Jesús sana al ciego Bartimeo	18:35-43

47. Jesús y Zaqueo 19:1-10
48. La parábola de las diez minas 19:11-27

Su muerte y resurrección: El Hijo del Hombre salva (Lucas 19:28–24:53)

49. La última semana de Jesucristo 19:28–23:56
    A. Domingo: Su entrada triunfal en Jerusalén 19:28-44
    B. Lunes: La purificación del templo 19:45-48
    C. Martes: Ministerio en Jerusalén 20:1–21:4
    D. El Sermón de los Olivos 21:5-38
    E. Judas traiciona a Jesús 22:1-6
    F. Jueves: la Pascua y el arresto de Jesús 22:7-53
    G. Viernes: Jesús es juzgado y crucificado 22:54–23:55
    H. Sábado: Jesús está en la tumba 23:56
50. La resurrección 24:1-12
51. Jesús se aparece a dos discípulos en el camino a Emaús y a los otros discípulos 24:13-43
52. La Gran Comisión 24:44-48
53. La ascensión de Jesús 24:49-53

El secreto perdido de la humanidad

Asegúrese de prestar atención a las palabras exactas que Jesús usa en este pasaje clave, Lucas 19:10: «para salvar lo que se había perdido». No está hablando sólo de venir a salvar a la gente perdida. Él ha venido a salvar lo que se había perdido. ¿Qué se había perdido? No sólo las personas, sino también la esencia de aquello para lo que fueron creadas. Jesús vino a salvar y a restaurar la humanidad que Dios nos dio, la cual fue creada a Su imagen. Ese es el secreto de nuestra humanidad. Hemos olvidado lo que Dios nos destinó a ser cuando nos creó. Todo el dilema de la vida es que aún tenemos muy dentro de nosotros una especie de memoria racial de lo que deberíamos ser, de lo que nos gustaría ser, del propósito para el cual fuimos creados, pero no sabemos cómo llevarlo a cabo. El secreto de nuestra humanidad se perdió hace mucho tiempo.

Un grupo de científicos de la Universidad de Princeton se reunió una vez para debatir sobre los últimos descubrimientos de la astronomía. Un astrónomo eminente se puso de pie y dijo: «Cuando se consideran las vastas distancias entre las estrellas en una sola galaxia, luego se reflexiona en las aún mayores distancias entre las diversas galaxias, después se medita en que dichas galaxias están agrupadas y que los grupos de galaxias están separados por distancias aún más grandes, los astrónomos tenemos que llegar a la conclusión de que el hombre no es nada más que un punto insignificante en el universo infinito».

Justo en ese momento, una figura familiar, encorvada, se levantó; su cabeza rodeada por una melena blanca rebelde, su chaqueta deshilachada, amontonada alrededor de su cuerpo delgado. «¿Insignificante, dijo usted?», declaró el profesor Einstein. «Sí, a menudo he pensado que el hombre es un punto insignificante en el universo; pero, luego, recuerdo que el mismo punto insignificante que es ese hombre... es también el astrónomo».

Sí, el universo es extenso y nosotros somos pequeños; pero no somos insignificantes

Esa es la esencia de la humanidad, esa es la grandeza que Dios creó dentro de nosotros cuando nos hizo a Su imagen. Sí, el universo es extenso y nosotros somos pequeños; pero no somos insignificantes. Dios nos ha creado para buscar respuestas, y entender las preguntas y los grandes temas del cosmos. Hay algo inmensurablemente grande acerca de los seres humanos, algo especial que Dios ha escondido dentro de nosotros, algo que fue arruinado y distorsionado por el pecado, pero que aún brilla con luz tenue en nuestro interior. Este maravilloso secreto perdido, este misterio extraviado, impenetrable y glorioso, es lo que nuestro Señor vino a restaurar y a salvar, el que descubrimos en el Evangelio de Lucas. Esto es muy interesante, porque el ideal griego era la perfección de la humanidad, un ideal que Jesús satisfizo.

Lucas y la epístola a los Hebreos

No podemos leer el Evangelio de Lucas en detalle sin notar algunas similitudes dignas de mención entre este y la epístola a los Hebreos. Yo creo (aunque no puede probarse) que Lucas escribió la epístola a los Hebreos. Creo que Pablo autorizó los pensamientos de esa carta y que, probablemente, los escribió en lengua hebrea y los envió a los judíos de Jerusalén. Luego Lucas, queriendo poner a disposición del mundo gentil estas verdades maravillosas, lo tradujo del hebreo al griego, parafraseándolo parcialmente en lugar de realmente traducirlo, de manera tal que allí se encuentran muchas expresiones propias de él. Los eruditos reconocen que los pensamientos de Hebreos se parecen mucho a los de Pablo, pero las palabras y la forma de expresarse en el griego parecen ser de Lucas. Si esto es cierto, tenemos una explicación para algunas de las comparaciones notables entre Hebreos y el Evangelio de Lucas.

El mensaje asombroso de Hebreos es que Jesucristo se hizo hombre para poder entrar en la condición humana y convertirse en nuestro representante. La epístola se desarrolla alrededor del simbolismo del antiguo pacto y, en especial, del tabernáculo en el desierto. Explica el significado de la figura simbólica del tabernáculo de Dios. Cuando Moisés subió al monte, se le dio un patrón específico para la construcción del tabernáculo, un modelo de las realidades celestiales que no pueden percibir nuestros sentidos humanos.

Cuando leemos Hebreos, encontramos que el tabernáculo era una figura muy notable de la humanidad. Estaba construido en tres secciones: el patio exterior, en el cual podían entrar incluso los gentiles; el lugar santo, que estaba un poco restringido; y el Lugar Santísimo, altamente restringido. Los sacrificios se ofrecían en el patio exterior. El sacerdote tomaba la sangre y la llevaba al lugar santo, donde la rociaba sobre el altar. Pero, una vez al año, sólo bajo condiciones muy precisas, al sumo sacerdote se le permitía entrar tras el velo al Lugar Santísimo. Aparte de esa ocasión única, nadie tenía permitido entrar jamás al Lugar Santísimo, violación que se castigaba con la pena de muerte, porque el misterio de la *shekina,* la extraña presencia de Dios, vivía en ese impresionante lugar sagrado.

¿Qué significa todo esto? Es una figura de nuestra humanidad en su estado caído. Nosotros somos ese tabernáculo en el cual Dios planeó morar desde el principio. Tenemos un patio exterior, el cuerpo, que está hecho del polvo, y nos pone en contacto con la tierra y con la vida material que nos rodea.

Tenemos un patio exterior, el cuerpo

También tenemos el lugar santo, el alma, el sitio de intimidad; el asiento de la mente, la conciencia, la memoria y otros misteriosos aspectos internos de nuestra humanidad. La parte de nuestro ser que estudia la psicología y la psiquiatría es el alma, lo que el Nuevo Testamento griego llama la *psyche* (o psyque).

Tenemos el lugar santo, el alma

También tenemos el Lugar Santísimo, el cual está detrás del velo y de lo impenetrable. No podemos entrar allí. Sabemos que hay otra cosa, algo más profundo que está escondido en el aspecto espiritual de nuestras vidas. Algunos de los pensadores actuales están reconociendo la existencia de esta dimensión oculta de nuestro ser. Es el lugar donde Dios pretendió morar, el corazón mismo de nuestra existencia humana, el espíritu del hombre. Las personas tienden a actuar como animales inteligentes, porque se encuentran completamente inoperantes en el ser interior caído. El espíritu, escondido dentro de nuestro cuerpo y de nuestra alma, no puede ser observado ni estudiado, pero es real y es el lugar donde Dios desea vivir entre nosotros: la morada final de Su *shekina,* Su gloria.

Tenemos el Lugar Santísimo, el espíritu

En el Evangelio de Lucas, descubrimos a Aquel que finalmente se introduce en el lugar secreto; entra en el espíritu humano misterioso y quita el velo, para que los seres humanos puedan descubrir el misterio de lo más recóndito de su ser y encontrar completo gozo, paz y satisfacción. Eso es lo que desesperadamente busca la gente por todas partes. No hay nada más excitante que sentirse satisfecho, concretar todas las posibilidades de nuestra personalidad. Todos buscamos esto, pero hemos perdido la llave. Hasta que esta llave sea otra vez puesta en nuestras manos por el Hijo de Dios, nuestras posibilidades plenas seguirán perdidas.

Jesús vino a buscar y a salvar lo que se había perdido dentro de nosotros. Esta es la buena noticia de Lucas.

La entrada del Señor

El cuerpo representa el patio exterior, y en Lucas 1:1–4:13, vemos al Señor, el Hijo del Hombre, entrando al patio exterior de nuestra humanidad. Él se hizo hombre al tomar un cuerpo humano. Apareció en el escenario del mundo como un bebé.

Tres hechos acerca de Su entrada en nuestro mundo, nuestro patio exterior

Lucas registra tres hechos acerca de Su entrada en nuestro mundo, nuestro patio exterior: *Primer hecho:* Su nacimiento virginal. Algunas personas abiertamente niegan el nacimiento virginal; hasta se ponen de pie en los púlpitos y declaran que la entrada de Jesús en nuestro mundo no es realmente importante y que tampoco es histórico. Sin embargo, es sumamente relevante, de importancia suprema. Lucas (que era médico y, como tal, pone su sello de aprobación de especialista sobre este misterio biológico notable) nos dice que un ser humano nació de una virgen. María tuvo un hijo cuyo nombre fue Jesús. La maravilla de este misterio se encuentra en la historia simple que Lucas nos relata sin artificios.

***Primer hecho:* Su nacimiento virginal**

Su nacimiento se arraiga en la historia por medio de una genealogía humana. Es importante notar la diferencia entre la genealogía de Lucas y la de Mateo. Mateo, el Evangelio del Rey, remonta el linaje de Jesús al rey David. Lucas, el Evangelio del Hijo del Hombre, traza el linaje de Jesús hasta Adán, el primer ser humano, a quien llama «hijo de Dios», porque Adán no tuvo padre terrenal, sino que fue directamente creado por la mano del Señor. Así que, en este Evangelio del Hijo del Hombre, Lucas vincula al primer Adán con el Segundo Adán (Jesucristo).

***Segundo hecho:* La asombrosa habilidad mental y sabiduría de Jesús revelan un alma perfecta**

Segundo hecho: Lucas nos cuenta la historia de la presentación de nuestro Señor en el templo a los doce años. Nos relata cómo sorprendió a los estudiosos de la ley con Su habilidad para responder, formular preguntas inquisitivas, entender los asuntos profundos de las Escrituras. Aquí se encuentra la revelación asombrosa de la habilidad mental y de la sabiduría. Su mente y alma se nos presenta de manera perfecta. Así como Su cuerpo era perfecto y sin pecado a través del nacimiento virginal, también se revela con un alma o psique perfectos.

***Tercer hecho:* La tentación reveló Su perfección de espíritu**

Tercer hecho: Lucas nos relata la historia de la tentación en el desierto, donde el Señor se reveló como un ser perfecto en lo más profundo de Su espíritu. Esto se anticipa por medio del anuncio en Su bautismo, cuando la voz de Dios declaró: «Tú eres mi Hijo amado; en ti tengo complacencia» (3:22). Así que, lo hemos visto pasar del patio exterior de nuestra humanidad al lugar santo del alma y ahora al recóndito Lugar Santísimo del espíritu. Ha entrado al centro mismo de nuestro ser, de nuestra vida y pensamiento, donde (como nos dice Hebreos) «debía ser en todo semejante a sus hermanos, para venir a ser misericordioso y fiel sumo sacerdote en lo que a Dios se refiere, para expiar los pecados del pueblo» (He. 2:17).

Esta sección empieza con el relato asombroso de Su visita a la sinagoga de Nazaret, donde le entregaron el libro de Isaías y Él buscó el lugar donde estaba escrito, y leyó:

El Espíritu del Señor está sobre mí, por cuanto me ha ungido para dar buenas nuevas a los pobres; me ha enviado a sanar a los quebrantados de corazón; a pregonar libertad a los cautivos, y vista a los ciegos; a poner en libertad a los oprimidos; a predicar el año agradable del Señor (Lc. 4:18-19).

Él está declarando aquí lo que vino a hacer: participar de la experiencia del pobre, del oprimido, del ciego, de los cautivos, y darles libertad. Toda la historia de los capítulos siguientes tiene que ver con Su participación en las experiencias humanas comunes, donde la gente vive en la oscuridad, la esclavitud y la muerte.

Por último, en Lucas 19:28, lo vemos preparándose para entrar como el máximo Sumo Sacerdote al Lugar Santísimo de los seres humanos, para restaurar lo que se había perdido durante todos estos siglos. Recordará que, cuando estudiamos el Antiguo Testamento, vimos que el Lugar Santísimo contenía dos muebles: (1) el arca del pacto, con el propiciatorio debajo de las alas abiertas de los querubines, donde moraba la *shekina,* la gloria de Dios; y (2) el altar de oro del incienso, por medio del cual la nación ofrecía su alabanza al Señor. Estos dos objetos simbolizaban lo oculto en las profundidades del ser humano.

El propiciatorio habla de la relación del hombre con Dios. Hebreos nos dice que sólo la sangre puede hacer posible y aceptable esa relación:

Sólo la sangre puede hacer posible una relación del hombre con Dios

Y casi todo es purificado, según la ley, con sangre; y sin derramamiento de sangre no se hace remisión (9:22).

Fue la sangre sobre el propiciatorio lo que liberó el perdón y la gracia de Dios. Ahora nuestro Señor se prepara para entrar en el espíritu escondido de la humanidad y ofrecer Su propia sangre. Como se nos dice en Hebreos:

Y no por sangre de machos cabríos ni de becerros, sino por su propia sangre, entró una vez para siempre en el Lugar Santísimo, habiendo obtenido eterna redención (He. 9:12).

El altar de incienso habla de la comunicación entre el pueblo y Dios: el lugar de la oración. La oración es la función más profunda del espíritu humano. Nada es más insondable que eso. Cuando somos llevados a caer de rodillas por la desesperación, la derrota, el cansancio

La oración es la función más profunda del espíritu humano

o la necesidad, descubrimos que hemos tocado el fondo de los recursos de nuestro espíritu. Esto es lo que significa la oración en su máxima esencia: el clamor del espíritu. Entonces, la cruz de Cristo penetra en esta región tan increíblemente profunda de nuestro ser.

Un corazón ardiente

Al continuar el estudio de Lucas, encontramos al Señor bajando del monte de los Olivos hacia la ciudad, purificando el templo, enseñando y predicando allí, y regresando al monte para dar Su sermón. Luego, va al aposento alto para la fiesta de la Pascua, donde instituye el sacramento de la Santa Cena. De allí se dirige al huerto de Getsemaní, después al sitio del juicio de Pilato y posteriormente a la cruz. Cuando llegamos a los capítulos finales, descubrimos algo asombroso y tremendo:

> *Cuando era como la hora sexta, hubo tinieblas sobre toda la tierra hasta la hora novena. Y el sol se oscureció, y el velo del templo se rasgó por la mitad (23:44-45).*

El velo rasgado

¿Por qué estaba este velo rasgado en dos? ¡Porque el Lugar Santísimo ahora iba a estar abierto por primera vez a la vista humana! ¡Y porque el Lugar Santísimo del espíritu humano ahora iba a ser revelado por primera vez y habitado por Dios! Cuando el Hijo del Hombre murió, Dios rasgó el velo y lo abrió completamente. Él atravesó el lugar santo y penetró en el Lugar Santísimo, el secreto de la humanidad, y se develó la realidad del espíritu del hombre.

Después tenemos la maravilla de la mañana de la resurrección, y el relato que Lucas nos da de los dos discípulos que van a Emaús cuando un extraño se les aparece y camina con ellos. Yo pagaría cualquier precio por haber escuchado lo que Él dijo, ya que, por supuesto, ¡el extraño era el mismo Señor resucitado! Él les abrió las Escrituras a estos dos discípulos confundidos y afligidos, aquellos pasajes que tenían que ver con Cristo, con lo que se había profetizado sobre Él. Después que Jesús los dejó, una vez que se dieron cuenta de quien era Él…

> *…se decían el uno al otro: ¿No ardía nuestro corazón en nosotros, mientras nos hablaba en el camino, y cuando nos abría las Escrituras? (24:32).*

Un corazón ardiente es un corazón que está invadido por la emoción y la gloria de una humanidad satisfecha. El secreto es revelado. Nuestro ser es completamente poseído, reclamado por nuestro Creador. Él ha entrado en el Lugar Santísimo. Lo que se había perdido ha sido salvado.

El perfecto paralelismo del mensaje triunfal del Evangelio de Lucas se encuentra en Hebreos 10:19-20:

> *Así que, hermanos, teniendo libertad para entrar en el Lugar Santísimo por la sangre de Jesucristo, por el camino nuevo y vivo que él nos abrió a través del velo, esto es, de su carne…*

Allí es donde estamos nosotros ahora. El secreto de la humanidad está disponible para cualquiera que abre su corazón al Hijo del Hombre, al Hombre perfecto. Sólo Él puede penetrar en las profundidades del espíritu humano. Sólo Él restaura la relación perdida con Dios y nos capacita para ser lo que el Señor había planeado que fuésemos. Sólo Él salva y restaura lo que se perdió en la caída del hombre, en la entrada del pecado al mundo. Sólo Él puede restaurar la imagen de Dios arruinada y distorsionada en nuestras vidas.

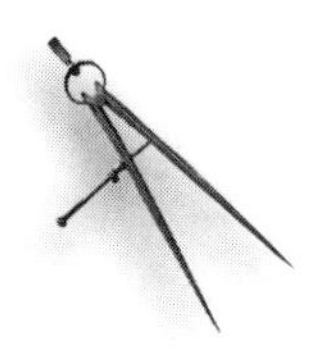

Toda la posibilidad de una humanidad satisfecha está al alcance de cualquiera en cuyo espíritu more Cristo. Todo lo que usted desea en lo más recóndito de su corazón es posible. No estoy hablando de sus metas en la vida, tales como volverse millonario o ganar la medalla de oro olímpica. No, estoy hablando de los anhelos más profundos, más inexplicables de su corazón; su deseo de relacionarse con Dios, de conocerlo y de ser conocido por Él; su deseo de ser limpio e íntegro, y de ser perdonado. Jesús lo hace posible para que usted desarrolle lo mejor de su ser, para que sea maduro y conforme a la imagen de Cristo, lleno de amor, perdón, integridad y buenas obras.

¿Por qué actuamos como lo hacemos? ¿Por qué queremos hacer lo bueno mientras hacemos tanto mal? ¿Por qué somos capaces de llevar a cabo proezas tan grandes en tecnología, ingeniería, ciencia médica, atletismo, arte, literatura, música, y todavía no podemos erradicar la pobreza, la guerra, el racismo, el crimen y tantos otros males? ¿A dónde nos dirigimos? ¿Cuál es el objetivo de todo ello? El extraño misterio de las edades, las grandes preguntas que han sido formuladas por filósofos y pensadores acerca de nuestra grandiosa, pero horriblemente defectuosa raza humana, todo esto se ha respondido con la entrada de Jesucristo, el Hijo del Hombre, a nuestro ser.

Lucas nos ha revelado todo esto en su Evangelio, el Evangelio del Hijo del Hombre.

EL DIOS-HOMBRE

Juan, el cuarto Evangelio, tiene un significado especial para mí por muchas razones, pero, en especial, porque fue escrito por el discípulo más cercano a nuestro Señor. Al leer el Evangelio de Mateo, se está leyendo el registro de nuestro Señor visto a través de los ojos de un discípulo devoto. Por supuesto, Marcos y Lucas fueron cristianos consagrados que conocieron y amaron a Jesucristo, aunque ellos aprendieron mayormente acerca de Él a través del testimonio de otros. Pero Juan es el apóstol amado que se recostó al lado de Jesús en la última cena (13:23-25), que permaneció al pie de la cruz mientras el Señor moría y a quien Jesús le encargó el cuidado de Su madre, María (19:26-27). Juan, junto con Pedro y Santiago, pertenecía al círculo íntimo de discípulos que atravesaron con nuestro Señor las circunstancias más dramáticas y entrañables de Su ministerio. Él escuchó y vio más que cualquiera de los otros, por lo cual, su Evangelio suele ser llamado «el Evangelio íntimo».

¿Quién es este hombre?

El Evangelio de Juan comienza con una declaración asombrosa, que hace eco de las primeras líneas del libro de Génesis:

> *En el principio era el Verbo, y el Verbo era con Dios, y el Verbo era Dios. Este era en el principio con Dios (Jn. 1:1-2).*

«El Verbo», por supuesto, es Jesucristo. Juan empieza su Evangelio con la afirmación asombrosa de que Jesús, ese hombre que él conoció tan bien como amigo y compañero, ¡era nada menos que el Dios Creador del universo, quién existía en el principio de todas las cosas! Juan observó la vida de Cristo de manera más íntima que cualquier otra persona sobre la tierra y quedó completamente convencido de Su divinidad.

A veces, pienso que es difícil creer que Jesús es Dios. Nunca he conocido a un cristiano que, en un momento u otro, no haya sentido toda la fuerza de los argumentos que declaran que no era nada más que un ser humano. En ocasiones, nos resulta difícil entender todo el significado de esas palabras: *En el principio era el Verbo.*

Pero, si para nosotros es difícil, ¡cuánto más para Sus discípulos! De todas las personas, ellos eran los que menos posibilidad tenían de creer que era Dios, porque vivieron con Él y contemplaron Su humanidad como ninguno de nosotros lo ha hecho o lo hará jamás. Esos hombres probablemente se enfrentaron una y otra vez con una pregunta que los confundía y preocupaba: «¿Quién es este hombre? ¿Qué clase de persona es esta que sana al enfermo, levanta al muerto, calma el viento y transforma el agua en vino?». Cualesquiera que hayan sido las señales, milagros, poder y sabiduría que Jesús demostró, pasar de decir de Él: «Este hombre, Jesús», a decir, «¡Señor mío y Dios mío!», probablemente haya significado un gran cambio en sus apreciaciones.

A menudo, los he imaginado durmiendo bajo las estrellas con nuestro Señor, en una noche de verano, a orillas del mar de Galilea. Puedo imaginar a Pedro o a Juan, o a uno de los otros discípulos, despertándose en la noche, apoyándose en un codo, mirando al Señor Jesús que dormía a su lado y preguntándose: «¿Será cierto?¿Puede este hombre ser el Dios eterno?». Con razón quedaban perplejos ante Él y conversaran constantemente entre sí acerca del misterio de Su acciones y palabras.

Aun así, era tan abrumadora y convincente la evidencia que presenciaban y escuchaban que, cuando llegaron al fin de la historia y Juan comenzó a escribir las memorias de esos días asombrosos, empezó declarando osadamente la divinidad de Jesús. Este es el tema del Evangelio de Juan: Jesús es Dios. Mateo es el evangelio del Rey; Marcos, el evangelio del Siervo; Lucas, el evangelio del Hijo del Hombre; y Juan, el evangelio del Hijo de Dios.

La clave de este Evangelio se encuentra en el capítulo 20. En realidad, hay dos finales en el Evangelio de Juan. El capítulo 21 se lee como una postdata, un añadido, concerniente a los acontecimientos que ocurrieron después de la resurrección. Pero creo que Juan realmente terminó su libro con estas palabras:

> *Hizo además Jesús muchas otras señales en presencia de sus discípulos, las cuales no están escritas en este libro. Pero éstas se han escrito para que creáis que Jesús es el Cristo, el Hijo de Dios, y para que creyendo, tengáis vida en su nombre (20:30-31).*

Aquí encontramos el doble propósito de este libro: (1) Juan nos brinda pruebas de la razón por la cual cualquier persona, de cualquier edad y en cualquier lugar, puede creer con toda certeza que Jesús es el

Cristo (o, en la forma hebrea, el Mesías, el Ungido); y (2) está mostrando que Jesús es el Hijo de Dios, para que la gente tenga vida al creer en Su nombre.

Lo que sigue es una visión general y estructural del Evangelio de Juan, el evangelio del Hijo de Dios:

La encarnación del Hijo de Dios (Juan 1:1-18)

1. Su divinidad, Su predecesor (Juan el Bautista), el rechazo de los Suyos y la aceptación de aquellos llamados «los hijos de Dios» — 1:1-13
2. El Verbo hecho carne — 1:14-18

El Hijo de Dios es presentado al Mundo (Juan 1:19–4:54)

3. Jesús es presentado por Juan el Bautista — 1:19-51
4. Jesús comienza Su ministerio en Galilea, transforma el agua en vino en Caná — 2:1-12
5. Jesús en Judea, la primera purificación del templo y Su instrucción a Nicodemo — 2:13–3:36
6. Jesús en Samaria, la mujer del pozo — 4:1-42
7. Jesús es recibido en Galilea, sana al hijo de un noble — 4:43-54

El Hijo de Dios enfrenta la oposición (Juan 5:1–12:50)

8. Jesús enfrenta oposición en la fiesta en Jerusalén — 5:1-47
9. Jesús enfrenta oposición durante la Pascua en Galilea — 6
10. Jesús enfrenta oposición en la Fiesta de los Tabernáculos y en la Fiesta de la Dedicación en Jerusalén — 7–10
11. Jesús enfrenta oposición en Betania; resucita a Lázaro, y los líderes religiosos planean Su muerte — 11
12. María unge a Jesús — 12:1-11
13. La entrada triunfal en Jerusalén, la oposición de los líderes religiosos — 12:12-50

La muerte del Hijo de Dios se aproxima (Juan 13–17)

14. El aposento alto: Jesús lava los pies de los discípulos y anuncia Su muerte próxima — 13–14
15. Jesús instruye a los discípulos en su relación con Él, unos con otros, y con el mundo; promete el Espíritu Santo — 15:1–16:15

16. Jesús predice Su muerte y resurrección	16:16-33
17. Jesús ora en el Jardín de Getsemaní, por Él, por Sus discípulos, por todos los creyentes	17

La crucifixión y la resurrección del Hijo de Dios (Juan 18–21)

18. Jesús es arrestado, juzgado y condenado	18:1–19:16
19. Jesús es crucificado y enterrado	19:17-42
20. La resurrección y las apariciones de Jesús a María Magdalena, a los discípulos, y a Tomás	20:1-29
21. El propósito del Evangelio de Juan, y el primer final	20:30-31
22. Postdata, Cristo aparece a los siete discípulos y a Pedro	21

El Hijo de Dios

Para los hebreos, llamar a alguien «hijo» de algo o de alguien era como decir que se identificaba con esa cosa o persona o que era idéntico a ellas

Hoy se dicen muchas cosas sobre este término *Hijo de Dios*, como si existiera una distinción entre Dios y el Hijo de Dios, pero ningún hebreo lo entendería de esa manera. Para los hebreos, llamar a alguien «hijo» de algo o de alguien era como decir que se identificaba con esa cosa o persona o que era idéntico a ellas. Por ejemplo, el nombre Bernabé significa literalmente «hijo de consolación». ¿Por qué? Porque él era esa clase de hombre: un muchacho que animaba, que consolaba a los demás. Su sobrenombre quería decir que él era el epítome de la consolación, la expresión personificada y viviente del estímulo.

Para los hebreos, el uso de este término, *Hijo de Dios,* significaba: «Este hombre es Dios». Era, literalmente, la personificación de la divinidad sobre la tierra. Por eso es que, invariablemente, cuando nuestro Señor usó este término para referirse a sí mismo, los escribas y fariseos incrédulos lo desafiaron encolerizados. Una y otra vez, demandaron de Él una explicación, diciendo: «¡Cómo te atreves! ¿Quién piensas que eres? Te estás haciendo igual a Dios. ¡Eso es una blasfemia!». Por supuesto, el Señor se describió como igual a Dios, pero no era una blasfemia, sino la simple declaración de una realidad.

Para probarlo, Juan emplea el principio de la selección. Deja que su mente retroceda a esos tres años y medio asombrosos que pasó con el Señor. Para la época en que escribió su Evangelio, Mateo, Marcos y Lucas ya habían registrado los suyos. Juan no lo escribió hasta el final de la última década del siglo I d.C. Lo hizo como un anciano que recordaba esos acontecimientos.

Desde luego, los críticos han usado esto para decir que no podemos depender del Evangelio de Juan, porque es el relato de un anciano que trata de rememorar los eventos de su juventud. No obstante, recuerde que estos acontecimientos permanecieron todos los días, desde que ocurrieron, en el corazón, en la boca y en la memoria del apóstol. Él estaba siempre hablando de ellos. Luego, los escribe para unir el registro que habían hecho Mateo, Marcos y Lucas.

El Mesías

La gente estaba expectante

Note que Juan enfatiza que Jesús es «el Cristo [o Mesías], el Hijo de Dios». Jesús es el Cristo: este es el primer tema. Figuras prominentes estaban preguntándose: «¿Es este aquella Persona? ¿Es el Cristo, el Mesías prometido en el Antiguo Testamento?». Era la pregunta en labios del pueblo en los días de Juan, el interrogante que dividió a los judíos. La gente sabía que existía un profundo sentido de expectación en todo el Antiguo Testamento. Libro tras libro, las Escrituras, de una manera u otra, continuamente repetían el refrán: «¡Alguien viene! ¡Alguien viene!». Al final del libro de Malaquías, se encuentra ese sentimiento palpitante de expectativa en cuanto al «sol de justicia», el Mesías que traería sanidad en Sus alas (Mal. 4:2), y que Dios mandaría al «profeta Elías, antes que venga el día de Jehová, grande y terrible» (Mal. 4:5).

En la época de Juan, la gente estaba conmovida por la aparición de Juan el Bautista, ese predicador apasionado como Elías. Le preguntaron: «¿Eres tú el Cristo? ¿Eres tú aquel que viene antes de ese día grande y terrible del Señor?». Y Juan el Bautista respondió: «No, pero Aquel a quien buscan viene después de mí». Y cuando Jesús comenzó a viajar por las colinas de Judea y Galilea, la gente se preguntaba: «¿Es este aquella Persona? ¿Es este el Mesías?».

El Señor Jesús declaró una y otra vez que Él vino con las credenciales autorizadas del Mesías. Esto es lo que quiso decir cuando afirmó:

> *De cierto, de cierto os digo: El que no entra por la puerta en el redil de las ovejas, sino que sube por otra parte, ese es ladrón y salteador. Mas el que entra por la puerta, el pastor de las ovejas es (Jn. 10:1-2).*

El redil era la nación de Israel. Jesús está diciendo que hay uno (Él mismo) que pasaría con autorización por la puerta. Si alguien llega de alguna otra manera, es un ladrón y un mentiroso, pero el que entre por la puerta, por la entrada autorizada, será reconocido como el Buen Pastor. Y continúa diciendo:

> *A éste abre el portero, y las ovejas oyen su voz; y a sus ovejas llama por nombre, y las saca (10:3).*

«El portero» se refiere al ministerio de Juan el Bautista, que vino como el que abre la puerta, el predecesor del Mesías. Jesús prosigue ofreciendo Sus credenciales como Aquel que fue autorizado para ser el Mesías. ¿Cuáles eran esas credenciales? Él mismo nos las presenta, en la sinagoga de Nazaret. En Lucas 4, Jesús se puso en pie en la sinagoga y leyó el libro del profeta Isaías. Buscó el lugar y deliberadamente leyó a la gente estas palabras:

> *El Espíritu del Señor está sobre mí, por cuanto me ha ungido para dar buenas nuevas a los pobres; me ha enviado a sanar a los quebrantados de corazón; a pregonar libertad a los cautivos, y vista a los ciegos; a poner en libertad a los oprimidos; a predicar el año agradable del Señor (4:18-19).*

El Mesías, «el Ungido

¿Qué significa el nombre Mesías? «El Ungido». ¿Y qué leyó Jesús del libro de Isaías? «El Espíritu del Señor [...] me ha ungido». Cuando dejó de leer y puso a un lado el libro, se detuvo en medio de una oración. Después de la frase: «a predicar el año agradable del Señor», el pasaje que estaba leyendo, Isaías 61, continúa diciendo: «y el día de la venganza de nuestro Dios». ¿Por qué no continuó leyendo el resto de la oración? Porque aún no había llegado el día de la venganza. Jesús, en Su primera venida, vino a cumplir la primera parte de la misión mesiánica: predicar las buenas nuevas a los pobres, sanar a los quebrantados de corazón, liberar a los cautivos. La segunda parte de la misión mesiánica —proclamar el día de la venganza de Dios— esperaría hasta Su segunda venida.

Así que, después de detenerse en la lectura, en este punto de Isaías 61, cerró el libro y se sentó, y dijo a todos los reunidos en la sinagoga: «Hoy se ha cumplido esta Escritura delante de vosotros» (Lc. 4:21). En otras palabras: «Este pasaje de la Escritura habla de mí. Yo soy el Mesías prometido».

Las marcas del Mesías

Juan elige siete acontecimientos del ministerio de Jesús —siete marcas del Mesías— para demostrar la autoridad del Señor como el Ungido de Dios. Examinémoslas en el orden en que aparecen en el Evangelio de Juan:

El agua es transformada en vino

Primera marca del Mesías: el primer milagro de nuestro Señor: la transformación del agua en vino (Jn. 2:1-11). Ese milagro fue realmente una parábola visible. Nuestro Señor llevó a cabo un acto profundamente simbólico en las bodas de Caná, en Galilea. Tomó algo que pertenecía al reino del mundo inanimado, agua, y lo transformó en una sustancia orgánica, vino. Tomó algo del reino de la materia simple y lo convirtió en un elemento que es una expresión de gozo y de vida, para siempre. Con este acto, declaró simbólicamente lo que había venido a hacer: proclamar el día agradable del Señor. Vino a declarar el día de gracia, cuando el propósito de Dios es tomar a los seres humanos sumidos en su quebrantamiento, en su vacío, en su agonía, y darles vida.

Jesús sana al hijo de un noble

Segunda marca del Mesías: Jesús sana al hijo de un noble (Jn. 4:46-54). La figura central en esta historia no es el hijo, que está enfermo y muriendo, sino el oficial noble que acude al Señor con un corazón quebrantado por la pena. En su agonía, el oficial clama a Jesús, el Cristo, y dice: «¿Descenderías a curar a mi hijo?». El Señor no sólo cura al hijo desde lejos, con sólo una palabra (el mismo poder creativo con que creó el mundo), sino que también sana el corazón quebrantado del padre. Como había dicho, Él fue ungido para sanar a los quebrantados de corazón.

El paralítico del estanque de Betesda camina

Tercera marca del Mesías: Jesús sana al paralítico que yace cerca del estanque de Betesda (Jn. 5:1-9). Recuerde, este hombre llevaba allí 38 años. Era prisionero de su parálisis, así que, no había podido sumergirse en el estanque. Fue dejado allí con la esperanza de que pudiera ser sanado, liberado, y el Señor lo eligió en medio de esa gran multitud y lo sanó, diciéndole: «Levántate, toma tu lecho y anda». Aquí Jesús demuestra Su capacidad para libertar a los oprimidos y cautivos. Durante 38 años, este hombre había estado atado, pero el Señor lo liberó en un instante.

La alimentación de los 5.000

Cuarta marca del Mesías: la alimentación de los cinco mil (Jn. 6:1-14). Este milagro aparece en los cuatro Evangelios. Es seguido por el milagro de Jesús que camina sobre el agua. ¿Qué significan estas señales? No puede leerse la historia de la alimentación de los cinco mil sin concluir que es una demostración maravillosa del deseo del Señor de satisfacer la necesidad más profunda del corazón humano, el hambre de Dios. Él usa el símbolo del pan y dice de sí mismo: «Escrito está: No solo de pan vivirá el hombre, sino de toda palabra que sale de la boca de Dios» (Mt. 4:4). Luego demuestra a qué clase de pan se refiere, diciendo: «Yo soy el pan de vida» (Jn. 6:35). Tomando el pan, lo partió y con esto alimentó a cinco mil personas, lo cual simboliza cuán plenamente puede satisfacer la necesidad y el hambre del alma humana.

Jesús camina sobre las olas

Quinta marca del Mesías: caminar sobre el agua. Después de alimentar a los cinco mil, el Señor manda a Sus discípulos a enfrentar una tormenta y, después, Él va hacia ellos caminando sobre las olas, en medio de la tempestad. Las olas son altas, la barca está a punto de volcarse y los corazones de los discípulos están llenos de miedo. Jesús va hacia ellos, calma sus temores, y dice: «Yo soy; no temáis» (Jn. 6:20). Los dos milagros, la alimentación de los cinco mil y el caminar sobre el agua simbolizan la capacidad de nuestro Señor para satisfacer la necesidad de los corazones humanos y librar a la gente de su mayor enemigo: el miedo. ¡Estas son buenas noticias! Además, esta es una de las señales del Mesías: Él vino a proclamar las buenas nuevas a los pobres.

Un ciego ve

Sexta marca del Mesías: Jesús sana a un ciego (Jn. 9:1-12). Esta historia casi no necesita comentario. Nuestro Señor dijo que Él vino para «dar vista a los ciegos». El Señor eligió a un hombre ciego de nacimiento (exactamente como sucede con los seres humanos, que son ciegos espiritualmente desde su nacimiento) y lo sanó.

Lázaro es resucitado

Séptima y última marca del Mesías: la resurrección de Lázaro de entre los muertos (Jn. 11:1-44). Esto simboliza la liberación de aquellos que toda su vida han estado bajo el cautiverio del temor a la muerte. Por tanto, estas siete señales prueban, sin lugar a dudas, que Jesús es el Mesías. Él es el Ungido, prometido por Dios en el Antiguo Testamento.

El tema de Juan es doble. En primer lugar, cuando se ve a Jesús en Su poder liberador, realmente se está mirando al Libertador prometido, el Mesías. Pero ese no es el misterio más importante que se revela sobre Él. Un secreto asombroso ha estado guardado durante siglos de historia del Antiguo Testamento. Los profetas han esperado durante varios cientos de años la venida del Mesías, el gran hombre de Dios; pero ¿quién podría haber sabido, quién podría haber imaginado, quién podría haber esperado que este gran hombre de Dios fuera, de hecho, Su Hijo, la propia Persona de Dios en forma humana? Por eso, el segundo tema de Juan es: Jesús es Dios.

Cuando se está en presencia de la humanidad del Señor, podemos ver Sus ojos amorosos, sentir el latido de Su corazón humano, sentir la compasión de Su vida derramada en servicio a otros seres humanos. Pero ¡la verdad asombrosa es que, al estar en Su presencia, estamos ante Dios mismo! ¡Podemos ver cómo es Dios! En el primer capítulo de su Evangelio, Juan declara lo siguiente:

> *A Dios nadie le vio jamás; el unigénito {Hijo}, que está en el seno del Padre, él le ha dado a conocer (1:18).*

Nadie ha visto jamás a Dios. Esta es, en verdad, una realidad. La gente tiene hambre de Dios y siempre lo está buscando, pero nadie lo ha visto nunca. Sin embargo, Juan continúa diciendo que el Hijo lo ha dado a conocer. Jesús ha revelado lo que Dios es. {Nota: Algunos manuscritos griegos de Juan 1:18 usan la palabra *Dios* en el lugar donde he colocado, entre corchetes, la palabra «Hijo». El texto de la *Nueva Versión Internacional* concuerda con estos manuscritos al usar la palabra *Dios*. No obstante, creo que la traducción más clara y correcta es la que he indicado: «Hijo»}.

Los siete «Yo soy»

En su Evangelio, Juan elige siete expresiones importantes de nuestro Señor, que prueban su aseveración de ser el Hijo de Dios. Todo lo basa en el gran nombre de Dios que le fue revelado a Moisés en la zarza ardiente. Cuando Moisés vio la zarza ardiendo y se acercó para conocer su secreto, Dios le habló desde el arbusto, y dijo: «YO SOY EL QUE SOY» (Ex. 3:14). Dios expresa aquí Su naturaleza autoexistente y eterna. Él dice: «Yo soy exactamente lo que soy; ni más ni menos. Soy el eterno Yo soy». Siete veces en su Evangelio, Juan elige esta expresión tal como fue usada por el mismo Jesús. Estas declaraciones «Yo soy» comprueban que Él es Dios.

Podría pensarse que los milagros de Jesús demuestran Su aseveración de ser Dios. Pero no es así; sólo confirman que Él es el Mesías prometido. Sus palabras son las que afirman Su divinidad. Preste atención a estas expresiones que surgen de Sus propios labios:

«Yo soy el pan de vida»

«Yo soy el pan de vida» (6:35). En otras palabras: «Yo soy el sustentador de la vida, el que llena la vida».

«Yo soy la luz del mundo»

«Yo soy la luz del mundo» (8:12). Jesús nos está diciendo que Él es el que ilumina la vida, el que explica todas las cosas, el que arroja luz sobre todos los misterios y enigmas de la vida… y los resuelve.

«Yo soy la puerta»

«Yo soy la puerta» (10:7). Jesús afirma que Él es la única entrada que lleva a la vida eterna. Él es el camino abierto.

«Yo soy el buen pastor»

«Yo soy el buen pastor» (10:11). Jesús es la guía para la vida, el único que puede llevarnos, y protegernos a través de todos los peligros y abismos que se presentan por todos lados. Él es aquel cuya vara de disciplina y cayado de guía pueden animarnos, darnos paz, conducirnos a orillas de aguas tranquilas y restaurar nuestra alma.

«Yo soy la resurrección y la vida»

«Yo soy la resurrección y la vida» (11:25). Él es el poder milagroso de la vida, el dador y restaurador de ella. El poder de la resurrección es lo único que puede salvar cuando se pierde toda esperanza. Este poder obra en medio de la desesperación, del fracaso y aun de la muerte. Cuando no puede hacerse nada más, Jesús aparece, y dice: «Yo soy la resurrección y la vida».

«Yo soy el camino, y la verdad, y la vida»

«Yo soy el camino, y la verdad, y la vida» (14:6). Es decir: «Yo soy la realidad superlativa. Yo soy la verdadera sustancia detrás de todas las cosas».

«Yo soy la vid […], separados de mí nada podéis hacer» (15:5). Yo soy el que produce todo el fruto, la razón de toda fraternidad, la fuente de toda identidad y comunión.

Siete veces nuestro Señor dice «Yo soy»; toma un nombre grande y revelador del Señor en el Antiguo Testamento, lo relaciona con símbolos simples, pero profundos, del Nuevo Testamento, y emplea una ilustración tras otra para permitirnos conocer a Dios.

Unión con el Creador

Juan 1:14 anuncia: «Y aquel Verbo fue hecho carne, y habitó entre nosotros (y vimos su gloria, gloria como del unigénito del Padre), lleno de gracia y de verdad». La frase: «y habitó entre nosotros» significa que Él literalmente hizo Su tabernáculo o levantó Su tienda entre nosotros. Toda la gloria que Dios es se hizo hombre. Ese es el tema tremendo de este libro. No existe otra verdad más importante en todo el universo que estar en presencia de un Jesús que es totalmente hombre y plenamente Dios. Él es el Dios-Hombre; nos muestra cómo es Dios. Él es el que sana, ama, sirve, espera, bendice, muere y resucita otra vez; es el ser humano excepcional y es Dios. Esa es la verdad revelada en Juan.

«Pero éstas se han escrito para que creáis que Jesús es el Cristo, el Hijo de Dios, y para que creyendo, tengáis vida en su nombre» (20:31). Él es la clave de la vida. Todos queremos vivir, tanto viejos como jóvenes. Todos buscamos la llave de la vida. Buscamos realización. Estos son nuestros más profundos anhelos; y, cuando llegamos al fin de nuestra búsqueda, encontramos a Jesús esperándonos con los brazos abiertos. Él es el objetivo de toda nuestra búsqueda, de todos nuestros deseos. Él nos hace ser todo lo que ha planeado que seamos.

Juan nos llama a adorar a Jesús o a rechazarlo

El Evangelio de Juan no nos presenta simplemente una historia acerca de Jesús. No nos informa ni simplemente nos inspira, sino que nos confronta, nos demanda. Requiere una respuesta. Forzándonos a reconocer la auténtica divinidad de Cristo, Juan nos llama a adorarlo o a rechazarlo. No hay una posición intermedia. ¿Cómo podemos estar en la presencia de este misterio divino, a la sombra del Dios-Hombre que creó el universo y que después murió en una colina solitaria de Palestina, y no sentir que nuestro corazón está ansioso por adorarlo? Como a menudo cantamos:

¿Cómo en Su sangre pudo haber
tanta ventura para mi?
¿Si yo sus penas agravé
y de su muerte causa fui?
¿Hay maravilla cual su amor?
¡Morir por mí con tal dolor!

—*Charles Wesley*

La verdadera adoración

Esa es la verdadera adoración: ¡Reconocer que Jesús es Dios y que Él se entregó a si mismo a la muerte por nosotros! Y la verdadera adoración nos conduce a la acción, al servicio, a la obediencia. Como dicen las palabras del himno: «Es todo pobre, todo ruin; toma, ¡oh Señor!, mi corazón».

Cuando nuestros corazones están llenos de verdadera adoración, cuando nuestras manos están comprometidas en un genuino servicio, estamos unidos a Aquel que creó todo el universo, Aquel que es el gran «Yo soy». Este es un pensamiento emocionante y glorioso.

Y es el mensaje del Evangelio de Juan.

LA HISTORIA INCONCLUSA

Cuando estudiaba en el Seminario Teológico de Dallas, cada uno de nosotros, los seminaristas, tenía que turnarse para predicar mientras los otros alumnos escuchaban y evaluaban. Al observar y oír las prácticas de estos predicadores, podía señalar qué gran predicador había influido a cada uno de ellos. Algunos de estos jóvenes habían llegado de la Universidad Bob Jones, y se mantenían sobre una pierna, se apoyaban en el púlpito, gritaban y movían los brazos exactamente como lo hacía Bob Jones. Otros claramente venían de un trasfondo de *Young Life*, se quedaban con las manos en los bolsillos, gesticulaban con un puño cerrado y arrastraban las palabras como Jim Rayburn, de esa organización. Seminario tras seminario, reconocí varias influencias.

También noté otra cosa: Mientras que estos seminaristas imitaban las virtudes de sus héroes del púlpito, ¡también tendían a imitar sus errores! Creo que esto es lo que muchos cristianos y muchas iglesias han hecho con el libro de Hechos. Hemos leído la historia que relata, estudiado el ejemplo de la iglesia primitiva, y la hemos imitado ¡con errores y todo! Así que, al examinar el registro de la iglesia primitiva como aparece en el libro de los Hechos, deberíamos evitar cualquier análisis superficial. Aunque nuestra investigación del libro en *Aventurándonos en el conocimiento de la Biblia* sea breve y concisa, trataremos de asegurarnos de que no sea superficial.

Hemos estudiado el ejemplo de la iglesia primitiva y lo hemos imitado, con errores y todo

Hechos es un libro que revela el poder de la Iglesia. Cuando una iglesia de nuestro siglo comienza a perder su poder, volverse aburrida y tener un testimonio monótono, necesita redescubrir el libro de Hechos. Es la historia de la entrada del Espíritu Santo en un grupo pequeño de creyentes, a quienes llenó de poder y entusiasmo de lo alto, y *los hizo estallar*, enviándolos como una lluvia de lenguas de fuego por todo mundo, para encender nuevos fuegos y comenzar iglesias nuevas. Así se extendió el evangelio en el siglo I d.C., como un fuego descontrolado.

El libro de la puerta giratoria

Me gusta pensar en el libro de Hechos como una puerta giratoria. Una puerta con bisagra es una puerta de una sola pieza y la gente sólo puede entrar o salir en una sola dirección por vez. Sin embargo, una puerta giratoria está diseñada para permitir que la gente entre y salga al mismo tiempo. Se entra por un lado y se sale por el otro. El libro de Hechos es así: el judaísmo del Antiguo Testamento está saliendo y la Iglesia del Nuevo Testamento está entrando. Ambas entidades están en la puerta giratoria, simultáneamente, tal como dos personas pueden encontrarse en una puerta giratoria, yendo en direcciones opuestas. Pero nunca trate de crear un hogar dentro de una puerta giratoria… ¡sólo conseguirá ser derribado! No se puede vivir en una puerta giratoria porque no está diseñada para eso, sino para ser una transición, para permitir movimiento.

Hechos es un libro de historia más que de doctrina

De la misma manera, no deberíamos confiar exclusivamente en el libro de Hechos para la doctrina y la enseñanza. No fue diseñado para eso. Es un libro de historia, de acontecimientos rápidos y transitorios, no doctrinal. Por tanto, es importante que lo leamos y lo comparemos con los libros doctrinales de la Biblia. El propósito de Hechos es conmovernos, animarnos, bendecirnos y mostrarnos lo que Dios quiere hacer a través de la Iglesia, pero no es primordialmente un libro de doctrina.

Este libro fue escrito por Lucas, el compañero amado de Pablo, el autor del Evangelio que lleva su nombre. Desafortunadamente, lleva el título equivocado, porque en la mayor parte de las ediciones de la Escritura es llamado Hechos de los Apóstoles. Sin embargo, cuando lo leemos atentamente, los únicos apóstoles cuyos actos se destacan aquí son Pedro y Pablo. Casi todos los otros apóstoles pasan bastante desapercibidos. El libro debería realmente titularse Los Hechos del Espíritu Santo, o más apropiadamente, La Continuación de los Hechos del Señor Jesucristo. Observe esta sugerencia en la introducción del libro. Al escribirle nuevamente al mismo amigo al cual se dirigió en Su Evangelio, Lucas dice:

> *En el primer tratado, oh Teófilo, hablé acerca de todas las cosas que Jesús comenzó a hacer y a enseñar (Hch. 1:1).*

Entonces, es obvio que Lucas es el volumen 1 y Hechos, el volumen 2. Hechos es la continuación de lo que Jesús comenzó a hacer y a enseñar. Lucas continúa diciendo:

Hasta el día en que fue recibido arriba, después de haber dado mandamientos por el Espíritu Santo a los apóstoles que había escogido; a quienes también, después de haber padecido, se presentó vivo con muchas pruebas indubitables, apareciéndoseles durante cuarenta días y hablándoles acerca del reino de Dios. Y estando juntos, les mandó que no se fueran de Jerusalén, sino que esperasen la promesa del Padre, la cual, les dijo, oísteis de mí. Porque Juan ciertamente bautizó con agua, más vosotros seréis bautizados con el Espíritu Santo dentro de no muchos días (1:2-5).

Esta es la esencia del libro de Hechos. Es el relato de cómo se movió el Espíritu Santo a través de la Iglesia para continuar lo que Jesús había empezado a hacer en Su ministerio terrenal. Por tanto, el registro de los Evangelios es la historia *sólo del principio* de la obra del Señor Jesucristo. Cuando se llega al final de los Evangelios, la obra no ha terminado, ni siquiera ha llegado al principio del final, sino al final del principio. En el libro de Hechos, el Espíritu Santo comienza a llevar a cabo el programa de Dios. Empieza a continuar Su obra a través del cuerpo reencarnado de Jesucristo: la Iglesia.

Cuando Jesús ascendió a los cielos, cambió Su cuerpo resucitado terrenal por una clase diferente de cuerpo sobre la tierra: la Iglesia, a la que el Nuevo Testamento llama «el cuerpo de Cristo». En lugar de un solo cuerpo humano que puede estar en Galilea, o en Samaria o en Judea y que debe pararse de vez en cuando para dormir, ¡ahora Él tiene un cuerpo que llega hasta los lugares más remotos de la tierra y está activo las 24 horas del día! Ahora vivimos en la era del Espíritu; una era que comenzó en el día de Pentecostés, el primer acontecimiento importante del libro de Hechos.

Cuando Jesús ascendió a los cielos, cambió Su cuerpo resucitado terrenal por una clase diferente de cuerpo sobre la tierra: la Iglesia

La estructura del libro de Hechos

El Espíritu Santo nos da la reseña del libro de Hechos en un versículo muy conocido, en el capítulo 1, versículo 8, mediante las palabras de nuestro Señor a los discípulos:

Pero recibiréis poder, cuando haya venido sobre vosotros el Espíritu Santo...

Esta declaración abarca los primeros dos capítulos de Hechos completos; capítulos concernientes a la venida del Espíritu Santo. El Señor continúa diciendo en el 1:8:

Y me seréis testigos...

Este es el tema del resto del libro, capítulos 3 a 28. Entonces, la frase final de Hechos 1:8 divide dichos capítulos en varias partes:

... en toda Judea, en Samaria, y hasta lo último de la tierra.

Así que, el libro está completamente resumido para nosotros. En los capítulos 1 y 2, tenemos la venida del Espíritu Santo, y del 3 al 28, encontramos el testimonio del Espíritu Santo. Las divisiones dentro de la segunda parte de Hechos son:

- 3–7: El testimonio del Espíritu Santo en Jerusalén
- 8–12: El testimonio del Espíritu Santo en todo Judea y Samaria
- 13: El testimonio llega hasta lo último de la tierra

Al estudiar cuidadosamente este libro, veremos que este bosquejo, inspirado por el Espíritu Santo, es literalmente llevado a cabo por el mismo Espíritu en la vida de la iglesia primitiva. La historia de Hechos comienza en Jerusalén, el centro de la nación judía, y termina en Roma, el centro del mundo gentil. Nos lleva desde el Evangelio limitado del reino, al final de los cuatro Evangelios, hasta la dispersión del evangelio de la gracia a todo el mundo, al final de Hechos. Con esta estructura como fundamento, lo que sigue es una visión general del libro:

La llegada del Espíritu Santo (Hechos 1–2)

1. Prólogo, la resurrección, aparición y ascensión de Jesucristo — 1:1-10
2. La promesa del Espíritu Santo — 1:11
3. La designación de reemplazo del apóstol Matías — 1:12-26
4. Pentecostés, la entrada dramática del Espíritu — 2

El testimonio del Espíritu Santo desde Jerusalén a los confines de la tierra (Hechos 3–28)

5. Testigos en Jerusalén — 3–7
   - A. Pedro sana y predica — 3
   - B. Pedro y Juan ministran en cadenas — 4:1-31
   - C. La Iglesia primitiva crece y comparte — 4:32-37
   - D. Ananías y Safira: no mentir al Espíritu Santo — 5:1-11
   - E. Los milagros de los apóstoles — 5:12-16
   - F. La persecución de los apóstoles — 5:17-42
   - G. Elección de diáconos, martirio de Esteban — 6–7
6. Testigos en Judea y Samaria — 8–12
   - A. Saulo persigue a la Iglesia — 8:1-3
   - B. El testimonio de Felipe a los samaritanos y al eunuco etíope — 8:4-40

	C. La conversión de Saulo (Pablo)	9:1-31
	D. El testimonio de Pedro, incluyendo sanidades, resurrección de Dorcas, testificando a Cornelio, comenzando el ministerio entre los gentiles	9:32–11:18
	E. El testimonio de la iglesia de Antioquía	11:19-30
	F. Herodes persigue a la Iglesia	12
7.	El testimonio hasta lo último de la tierra	13–28
	A. El primer viaje misionero de Saulo/Pablo y Bernabé	13–14
	B. El Concilio de Jerusalén, ley frente a gracia	15:1-35
	C. El segundo viaje misionero, incluyendo la discusión entre Pablo y Bernabé por Juan Marcos, 15:36-41; el ministerio de Felipe y la conversión del carcelero de Filipos, 16; los bereanos escudriñan las Escrituras, 17:10-15; el ministerio de Pablo con Aquila y Priscila, 18:1-3	15:36–18:22
	D. El tercer viaje misionero	18:23–21:16
	E. Pablo se dirige a Roma	21:17–28:31

La restauración de los Doce

En el primer capítulo de Hechos, después de la muerte de Judas Iscariote, el discípulo que traicionó a Jesús, Pedro se puso en pie y dijo a la iglesia: «Porque está escrito en el libro de los Salmos: Sea hecha desierta su habitación, y no haya quien more en ella; y tome otro su oficio» (1:20). Por tanto, la iglesia procede a echar suertes para determinar quién quería Dios que ocupase el espacio vacío y cumpliese fielmente con el ministerio apostólico. La suerte cayó sobre Matías y fue añadido a los once apóstoles. El número de los apóstoles es restaurado a doce.

Luego, en el capítulo 6, encontramos que surge un problema. La iglesia ha estado creciendo e incluyendo no sólo a cristianos convertidos del judaísmo hebreo estricto, sino también a judíos helénicos (judíos que habían adoptado desde hacía tiempo la cultura griega). Los judíos griegos están desanimados porque sienten que sus viudas y necesitados han sido descuidados en la distribución diaria. Entonces, en Hechos 6:1-2, vemos que los doce apóstoles —los once originales más Matías— se reúnen para tratar sobre esa disputa. ¿Por qué? Porque fue sobre estos Doce, el número completo de los apóstoles, que el Espíritu Santo fue derramado en el día de Pentecostés.

Es importante e interesante notar que, en el libro de Apocalipsis, encontramos que los nombres de los doce apóstoles forman los fundamentos de la ciudad que Juan vio bajar del cielo; los Doce restaurados, es decir, incluido el nuevo apóstol, Matías (ver Ap.21:12-13). Tenía que haber doce apóstoles para Israel. Judas cayó, pero Dios escogió a Matías para tomar su lugar como testigo ante la nación.

El lugar de Pablo en relación a los Doce

Es interesante observar que, al parecer, el oficio de Judas no fue ocupado por un solo hombre, sino por dos. Mientras Matías se convertía en el apóstol reemplazante para Israel, Pablo se convirtió en el apóstol especial para los gentiles. Esto no significa que los otros apóstoles no tuvieran un ministerio con los gentiles, porque ciertamente lo tuvieron. En realidad, fue a Pedro a quien Dios le dio una visión donde le mostraba que el Evangelio era tanto para los gentiles como para la casa de Israel (ver Hechos 10). No obstante, mientras que Dios eligió a Pedro para ser el principal apóstol para Israel, Pablo lo fue fundamentalmente para los gentiles. Los otros doce apóstoles, los once originales más Matías, fueron divinamente elegidos para testificar a Israel y cumplieron a pleno ese ministerio.

El derramamiento del Espíritu Santo

Después que los apóstoles fueron restaurados a su número completo, tuvo lugar la gran señal del libro de Hechos: el derramamiento del Espíritu Santo. Todo lo demás fluye a partir de este acontecimiento en Hechos 2. Lo interesante es ver cómo los cristianos, al leer acerca de este suceso asombroso, han enfocado su atención en las cosas casuales y olvidado lo esencial. Lo incidental aquí son los eventos colaterales que ocurrieron, las señales que mostraron que estaba sucediendo algo importante: el viento recio, el fuego sobre las cabezas de los discípulos y el hablar en muchas lenguas o idiomas.

Lo esencial, la característica importante de esta historia fue la formación de una comunidad nueva y distinta: la Iglesia

Lo esencial, la característica importante de esta historia fue la formación de una comunidad nueva y distinta: la Iglesia. Ciento veinte individuos se reunieron en los atrios del templo. No existía conexión alguna entre ellos, tal como pasaría hoy con personas que han nacido en diversas partes de la tierra. Cuando se derramó el Espíritu Santo sobre ellos, Él los bautizó en un solo cuerpo. Se convirtieron en una unidad viviente. Ya no estaban relacionados sólo con el Señor, sino también unos con otros, como hermanos y hermanas en Cristo. Eran el cuerpo de Cristo.

Como cuerpo de Cristo, recibieron un nuevo programa, un nuevo propósito. Con el Espíritu Santo que moraba en ellos, comenzaron a extenderse a Jerusalén y luego más allá, a Judea, Samaria y hasta lo último de la tierra. El mismo cuerpo de Cristo, que nació en Pentecostés, está vivo hoy y permanecerá vivo, activo y vigoroso hasta el día que regrese el Señor. Esto es lo esencial e importante de Hechos 2: El nacimiento del cuerpo, el principio de la Iglesia. Es en este cuerpo donde mora el Espíritu Santo y en el cual derrama Su poder y vida. El Espíritu de Dios hoy está activo en el mundo a través de este cuerpo, llevando a cabo Su plan eterno.

El llamamiento de Pablo

El resto del libro de los Hechos trata extensamente sobre el llamado y el ministerio del apóstol Pablo, el sabio constructor maestro, aquel a quien el Espíritu Santo seleccionó para ser el modelo para los cristianos gentiles. Por esta razón, Pablo pasó por un periodo de entrenamiento intensivo en manos del Espíritu Santo, durante el cual estuvo sujeto a una de las pruebas más rigurosas que podría sobrellevar cualquier ser humano. Fue enviado de regreso a su pueblo para vivir en la oscuridad durante siete años, hasta que aprendió la gran lección que el Espíritu Santo busca enseñar a todo cristiano; lección sin la cual nadie puede ser eficaz para Dios. En las palabras de nuestro Señor: «De cierto, de cierto os digo, que si el grano de trigo no cae en la tierra y muere, queda solo; pero si muere, lleva mucho fruto» (Jn. 12:24).

Pablo creía que estaba especialmente preparado para ser la clase de instrumento que podía ser usado en gran manera por Dios para ganar a Israel para Cristo

Al seguir la carrera del apóstol Pablo, se descubre que, cuando llegó a Cristo la primera vez, no entendió este principio (como nos sucede a la mayoría de nosotros). Tal como habríamos razonado en su lugar, él pensó que tenía todo lo necesario. Creyó que estaba especialmente preparado para ser la clase de instrumento que podía ser usado en gran manera por Dios para ganar a Israel para Cristo. Sin duda, (como lo revela en Fil.3:4-6; comp. con Hch. 22:3), él tenía el trasfondo y el entrenamiento. Era hebreo de nacimiento; fue educado en toda la ley y el conocimiento de los hebreos; tenía la posición; era el alumno favorito del maestro más grande de Israel, Gamaliel; era fariseo de fariseos; conocía todo sobre la ley hebrea, la fe y la cultura.

Una y otra vez, se ve en sus cartas el anhelo de ser un instrumento para alcanzar a Israel para Cristo. En Romanos, escribe: «Tengo gran tristeza y continuo dolor en mi corazón. Porque deseara yo mismo ser anatema, separado de Cristo, por amor a mis hermanos, los que son mis parientes según la carne» (Ro. 9:2-3). Pero Dios le había dicho a este hombre: «No quiero que vayas a Israel a llevar el evangelio. Te estoy llamando para ser el apóstol de los gentiles, para llevar mi nombre ante reyes y predicar a los gentiles sobre las riquezas inescrutables de Cristo».

¿Recuerda que fue al desierto y allí Dios le enseñó? Luego lo mandó de regreso a su casa en Tarso. Después de haber tratado de predicar a Cristo en Damasco con sus propias fuerzas, en la carne, y descubrir que había fracasado, fue conducido fuera de la ciudad, bajado por la pared en una canasta, como un criminal. Con el corazón destrozado y derrotado, emprendió camino a Jerusalén y pensó que, al menos, los apóstoles lo recibirían, pero ellos lo dejaron de lado. Sólo cuando Bernabé finalmente intercedió por él, los apóstoles lo aceptaron.

Más tarde, al entrar al templo, se encontró con el Señor, que le dijo: «Regresa a casa. Sal de la ciudad. Aquí no van a recibir tu testimonio. Este no es el lugar al que te he llamado» (ver Hch. 22:17-21).

Si Pablo no hubiera estado dispuesto a hacer morir su ambición de ser apóstol para Israel, nunca habría podido ser siervo de Cristo

En Tarso, finalmente se enfrentó con lo que Dios le había estado indicando todo el tiempo: Si Pablo no hubiera estado dispuesto a hacer morir su ambición de ser apóstol para Israel, nunca habría podido ser siervo de Cristo. Y, cuando por fin recibió esa comisión y la aceptó, dijo: «Señor, adonde tú quieras y lo que tú quieras. Dondequiera que desees mandarme, estoy listo para ir». Dios mandó con él a Bernabé, lo tomó de la mano y lo guió hasta Antioquía, una iglesia gentil, donde el apóstol Pablo comenzó su ministerio.

El libro termina con Pablo en Roma, predicando en su casa alquilada, encadenado día y noche a un guarda romano, sin poder salir como misionero. Es un prisionero; sin embargo, cuando les escribe a los filipenses, su corazón rebosa al saber que, aunque él estaba atado, la Palabra de Dios no estaba encadenada. Allí surgen algunas de las palabras más sorprendentes de toda la Escritura, cuando les escribe a sus amigos en Filipos, diciendo: «Quiero que sepáis, hermanos, que las cosas que me han sucedido, han redundado más bien para el progreso del evangelio» (Fil.1:12). Estos obstáculos y desilusiones no han impedido nada; sólo han servido para que progrese el evangelio. Y señala dos maneras específicas en las cuales estaba difundiéndose el evangelio:

Los obstáculos y las desilusiones sólo sirvieron para el progreso del evangelio

La guardia pretoriana estaba siendo alcanzada para Cristo (Fil.1:12-13). Pablo era vigilado por lo mejor de la armada romana y, uno por uno, ellos estaban conociendo a Cristo. Eran llevados por orden del emperador y encadenados al apóstol Pablo durante seis horas. ¡Esto sí que es cautivar a la audiencia! Dios estaba usando al emperador para llevar a sus mejores hombres y encadenarlos al apóstol para que recibiesen seis horas de instrucción en el evangelio cristiano. Por este motivo, Pablo escribe al final de la carta: «Todos los santos os saludan, y especialmente los de la casa de César» (Fil. 4:22).

Debido al arresto de Pablo, todos los otros hermanos en la ciudad estaban ocupados avivando y predicando el evangelio con más poder y osadía (Fil. 1:14). Pablo escribió: «Debido a mis cadenas, la mayor parte de los hermanos en el Señor han sido animados a hablar la palabra de Dios con más denuedo y determinación». Irónicamente, el evangelio estaba llegando de un lado a otro de Roma, aún con mayor fuerza e intensidad desde que Pablo había estado en prisión, porque la gente había dejado de considerarlo el único evangelista para Roma. Si el trabajo de evangelizar Roma debía llevarse a cabo, otra gente tendría que comenzar donde Pablo lo había dejado y seguir en su lugar. Y Pablo dice: «Yo me gozo en ello». ¡A menudo me he preguntado si la mejor manera de evangelizar una ciudad sería encerrar a todos los predicadores en la cárcel!

No obstante, hay una tercera ventaja en el encarcelamiento de Pablo en Roma, que se observa al final del libro de Hechos; una ventaja que ni siquiera el apóstol mismo podía imaginarse. Ahora bien, nosotros podemos ver, con la perspectiva de dos mil años, que la obra más grande que Pablo realizó en toda su vida no fue salir a predicar el evangelio y plantar iglesias, por más extraordinario que eso fuera. *El mayor logro de todos fue el conjunto de cartas que escribió, muchas de las cuales fueron escritas desde la prisión* y que nunca habrían sido escritas si él no hubiera estado encarcelado. Debido a esas cartas, la Iglesia ha sido nutrida, fortalecida y animada a través de veintiún siglos de historia cristiana.

El error de la Iglesia

Durante muchos siglos, la Iglesia ha tenido un concepto equivocado. Gran parte de la debilidad de la Iglesia actual se debe a esta idea falsa que se ha desarrollado en el cuerpo de Cristo. Por cientos de años, los cristianos se han reunido y citado la Gran Comisión de Jesucristo de llevar el evangelio hasta los confines del mundo: «Por tanto, id, y haced discípulos a todas las naciones, bautizándolos en el nombre del Padre, y del Hijo, y del Espíritu Santo» (Mt. 28:19). Y, sin duda, esta es la voluntad de Dios. Sin embargo, es uno de los trucos favoritos del diablo para conseguir que los creyentes busquen la voluntad de Dios a su manera, según su propia sabiduría limitada, buscando su propia voluntad. Nunca es posible llevar a cabo la voluntad de Dios de manera humana.

Según nuestro parecer, el plan de Dios para el mundo depende de nuestras estrategias, de nuestro ingenio, de nuestro esfuerzo

Eso es exactamente lo que la Iglesia ha estado haciendo. Nos hemos reunido, recitado la Gran Comisión y decidido lo siguiente: «Ahora debemos movilizar todos nuestros recursos humanos para planear una estrategia que lleve a cabo la voluntad de Dios». A Cristo suele describírselo como si estuviera aguardando en el cielo, esperando ansiosamente que nos ocupemos de ello aquí abajo y que cumplamos con Su programa. Según esta visión, Su plan para el mundo depende de nuestras estrategias, de nuestro ingenio, de nuestro esfuerzo. Sin nuestra fortaleza humana, Jesús nunca conseguiría que se realizara la obra. Esta forma de ver las cosas es un engaño satánico.

Dios nunca pretendió que tratásemos de cumplir con la Gran Comisión según nuestras propias fuerzas, mientras Él se quedaba a un lado observando

¿Por qué nos hemos engañado? Porque hemos escuchado sólo una parte de la Gran Comisión. Hemos prestado atención a la primera palabra: «Id». Pero nuestro Señor dijo algo más, que casi hemos olvidado por completo: «He aquí yo estoy con vosotros todos los días, hasta el fin del mundo» (Mt. 28:20). Nunca fue la intención del Señor que los cristianos asumieran el trabajo de planear la estrategia y movilizaran recursos para llevar el evangelio hasta lo último de la tierra. Él nunca pretendió que tratásemos de cumplir con la Gran Comisión según nuestras propias fuerzas, mientras Él se quedaba a un lado observando. El Señor siempre está con nosotros, y debemos permitirle dirigir Su propia estrategia para alcanzar al mundo.

Cuando regresemos a Él, exhaustos, golpeados y desanimados —como inevitablemente sucederá—, y clamemos: «Oh, Señor, nunca podremos conseguir hacer este trabajo. Nunca lograremos llevarlo a cabo», Él nos recordará que Su programa era que el Espíritu Santo realizara esta tarea a través de la Iglesia. Después de todo, de eso trata el libro de Hechos: la manera en que el Espíritu Santo llevó a cabo Su programa y expandió el ministerio por todo el mundo conocido. Dios no llamó a los apóstoles y a la iglesia primitiva para hacer todo el trabajo. Por el contrario, el mensaje de Hechos es lo que Pablo nos declara en 1 Tesalonicenses 5:24: «Fiel es el que os llama, el cual también lo hará». La intención de Dios no fue tan sólo mostrarnos el plan, sino llevarlo siempre a cabo con Sus propias fuerzas.

La estrategia divina

Cuando leemos este libro, encontramos varios aspectos del ministerio del Espíritu Santo. Ante todo, lo vemos dirigiendo las actividades de la Iglesia. Es el Espíritu de Dios, no los seres humanos, quién toma la iniciativa y comienza nuevos movimientos para llevar a cabo Su programa. Por ejemplo, cuando Felipe estaba en Samaria predicando el evangelio, se produjo un gran avivamiento en toda la ciudad como resultado de su predicación. La ciudad entera fue alcanzada por el espíritu del avivamiento. La sabiduría humana diría: «¡Eh, algo está pasando aquí! ¡Invirtamos más recursos en Samaria! ¡Tenemos que expandir nuestra misión evangelizadora en Samaria! ¡Desarrollemos una gran estrategia: "Ganemos Samaria para Cristo"!».

Felipe es sacado del avivamiento de toda una ciudad y enviado a un etíope en el desierto

Pero ese no era el plan de Dios. Por el contrario, en Hechos 8, vemos que el Espíritu de Dios manda a Felipe al desierto para encontrarse con un hombre —un etíope solitario— y testificarle. Bueno, ¿qué clase de estrategia es esa; dejar una campaña que cubre toda una ciudad donde el Espíritu de Dios se está moviendo con poder, donde multitudes están viniendo a Cristo, sólo para ir al desierto a hablar con un hombre?

Pero ¿quién era ese hombre? Era un etíope eunuco, tesorero del gobierno de Etiopía. El relato de Hechos muestra que el corazón de este hombre había sido cuidadosamente preparado por el Espíritu Santo.

Cuando Felipe llegó junto al carro del etíope, vio que este hombre estaba leyendo en Isaías capítulo 53, una profecía poderosa acerca del Mesías, en el Antiguo Testamento. Felipe le preguntó al hombre si entendía lo que leía, y este le respondió con una pregunta retórica: «¿Y cómo podré si alguno no me enseñare?». Entonces, Felipe se sentó junto a él y le compartió la historia del Mesías que finalmente había venido, sufrido y muerto, y había resucitado otra vez. Y Felipe ganó a este hombre para Cristo allí mismo. El influyente oficial etíope regresó a su país y la tradición sostiene que muchos etíopes fueron guiados a Cristo a través de él; y que, por primera vez, el evangelio se extendió al continente africano.

De eso se trata siempre el testimonio guiado por el Espíritu: La persona correcta, en el lugar correcto, en el tiempo correcto, diciendo lo correcto, a la persona indicada. Esta es una de las primeras evidencias en este libro del amplio trabajo de dirección del Espíritu Santo.

De eso se trata siempre el testimonio guiado por el Espíritu: La persona correcta, en el lugar correcto, en el tiempo correcto, diciendo lo correcto, a la persona indicada

En Hechos 9, el Espíritu Santo llama a un hombre en el camino a Damasco y manda a otro a orar con él; a Ananías, que está absolutamente asombrado por esta comisión. Ananías ora, diciendo: «Señor, ¡no sabes lo que estás pidiendo! ¡Este hombre es el principal perseguidor de tu Iglesia!». Dios responde: «Yo sé a quién he llamado. Instrumento escogido me es éste». Y el hombre a quien Dios mandó a Ananías a ver era —¡por supuesto!— Saulo, el futuro apóstol Pablo.

Saulo y Ananías

En el capítulo 13, la iglesia de Antioquía ayuna y ora, y, en medio de su adoración, el Espíritu Santo les dice: «Apartadme a Bernabé y a Saulo para la obra a la que los he llamado» (13:2). Más adelante, leemos:

> *Y atravesando Frigia y la provincia de Galacia, les fue prohibido por el Espíritu Santo hablar la palabra en Asia; y cuando llegaron a Misia, intentaron ir a Bitinia, pero el Espíritu no se lo permitió (16:6-7).*

A lo largo de todo este libro, encontramos que la estrategia ha sido planeada con anticipación, no por las personas, sino *por el Espíritu Santo.* Cuando los creyentes se ponen a disposición del Espíritu, Él va descubriendo la estrategia paso a paso. Nadie puede planear esta clase de programa. Sólo podemos estar dispuestos a seguir las directrices generales del Espíritu de Dios que obra en Su iglesia. Esta es la estrategia divina.

A lo largo de todo este libro, encontramos que la estrategia ha sido planeada con anticipación, no por las personas, sino *por el Espíritu Santo*

¿Y cómo descubrimos y adoptamos la estrategia divina? Siguiendo el ejemplo de un grupo «noble» de gente, que encontramos en Hechos 17:

Los nobles en Berea

> *Inmediatamente, los hermanos enviaron de noche a Pablo y a Silas hasta Berea. Y ellos, habiendo llegado, entraron en la sinagoga de los judíos. Y éstos eran más nobles que los que estaban en Tesalónica, pues recibieron la palabra con toda solicitud, escudriñando cada día las Escrituras para ver si estas cosas eran así. Así que creyeron muchos de ellos, y mujeres griegas de distinción, y no pocos hombres (17:10-12).*

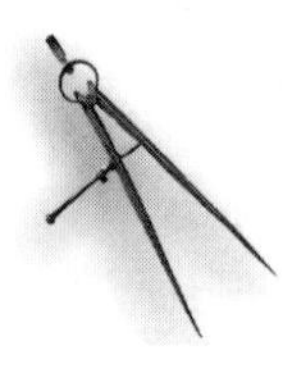

¡Si tan sólo fuéramos un poco más parecidos a los nobles de Berea, quienes examinaron ansiosamente las Escrituras, comparando las palabras de Pablo con la Palabra de Dios! ¡Si simplemente buscásemos en las Escrituras en lugar de permitir ser alimentados en la boca por este pastor o aquel autor cristiano! Aunque nos estamos aventurando juntos a través de la Biblia por medio este libro, espero que no den simplemente crédito a mi palabra sobre cualquier tema espiritual. Más bien, los animo a ser como los nobles de Berea. Revisen la Palabra de Dios ustedes mismos, presten atención a la guía del Espíritu Santo, oren a Dios; y, cuando lo hagan, escuchen quietamente Su respuesta. Busquen la mente del Señor, y el conocimiento que proviene de Su Palabra y de Su Espíritu. ¡Esto es lo más noble que podemos hacer!

Instrumentos del Espíritu

Más adelante, en Hechos, encontramos al Espíritu Santo comprometido en otro aspecto de Su ministerio, haciendo lo que ningún ser humano puede hacer: dar vida a aquellos que escuchan el evangelio. Siempre que se predique el mensaje de salvación y que se defienda la Palabra de Dios, el Espíritu Santo estará allí para dar vida.

No son los predicadores quienes generalmente hacen los llamados en el libro de Hechos, sino aquellos a quienes se les predica

¿Alguna vez ha notado quiénes hacen los llamados en el libro de Hechos? No son los predicadores; ¡casi siempre son aquellos a quienes se les predica! En el Día de Pentecostés, cuando el Espíritu de Dios predicó a millares de personas a través de Pedro, atraídos por el milagro asombroso del Espíritu Santo, manifestado en las lenguas de fuego y en los idiomas hablados, ¡la audiencia de Pedro experimentó tanta convicción que lo interrumpieron en medio del sermón! Exclamaron: «¿Qué haremos para ser salvos?» (Hch. 2:37). Pedro no tuvo que hacer un llamado; ¡su audiencia se adelantó!

Y, en Hechos 16, cuando el carcelero de Filipos se sintió impactado por los cánticos de Pablo y Silas a medianoche, y por el terremoto que después sacudió las paredes de la prisión hasta derrumbarlas, ¿quién hizo el llamado? ¡El mismo carcelero! Fue corriendo y les preguntó: «Señores, ¿qué debo hacer para ser salvo?». En cada caso, incidente tras incidente, fue el Espíritu Santo quien se comunicó con los corazones necesitados, y los preparó anticipadamente para creer y responder al mensaje cuando este les llegase.

Mantener la pureza doctrinal es obra del Espíritu Santo

Hoy en día, hay muchos grupos cristianos e individuos cuya sola ocupación en la vida parece ser defender la fe, para preservar, si pueden, la pureza de la Iglesia. Muchas de estas personas llegan incluso a arrinconar a los pastores sospechosos, inspeccionar cada frase y cláusula de sus sermones para descubrir señales o sugerencias de una creencia no ortodoxa o de una falsa doctrina, para después ponerlos contra la pared aun por el más mínimo indicio de «herejía». Si bien es apropiado desear que la Iglesia sea pura y fiel a las Escrituras, el libro de Hechos nos muestra que el Espíritu de Dios es quien se encarga de esta labor.

Cuando la Iglesia lleva a cabo su comisión de estar disponible, de ser un instrumento dispuesto para la actividad y la vida del Espíritu Santo, el mismo Espíritu obra para preservar su pureza. Por ejemplo, hay un incidente asombroso que ocurre al principio del libro. La hipocresía de Ananías y Safira se pone de manifiesto cuando tratan de adjudicarse una santidad que realmente no poseían (Hch. 5:1-11). Trataron de parecer más comprometidos o consagrados de lo que verdaderamente estaban. Intentaron ganar una reputación de santidad entre sus hermanos cristianos, tan sólo en apariencia. El juicio del Espíritu Santo cayó inmediatamente sobre ellos en forma de muerte física.

No creo que Dios hoy aplique un juicio tan dramático en la Iglesia. Más bien, Él usó a Ananías y a Safira como un ejemplo, un modelo para indicar lo que hace el Espíritu de Dios a nivel espiritual. En el libro de Hechos, Él juzgó físicamente a estos dos hipócritas para que viéramos este principio en acción. Pero, sea espiritual o físico, el resultado es exactamente igual.

Permita que alguien comience a usar su posición religiosa y sus oportunidades cristianas para elevar su reputación orgullosa ante los ojos de los demás, para pretender una santidad que no posee y, entonces, ¿qué pasa? ¡El Espíritu de Dios interrumpe el suministro de la vida de Cristo! Instantáneamente, la vida de ese individuo se torna impotente, débil y sin fruto, como muerta e ineficaz, como los cuerpos inertes de Ananías y Safira que yacen a los pies de Pedro. Es un principio del andar cristiano que invita a reflexionar, y que todo creyente debería considerar seria y honestamente al examinar su vida.

Los cristianos eran la maravilla y la sensación mundial del siglo I. El mensaje que predicaban y la manera en que vivían conmovieron al mundo entero.

¿Qué hacía esta gente que puso en jaque a todo el mundo? Sólo una cosa: El Espíritu de Dios estaba vivo en ellos

¿Qué hacía esta gente que puso en jaque a todo el mundo? Sólo una cosa: ¡El Espíritu de Dios estaba vivo en ellos! El Espíritu les daba poder, energía, ánimo, coraje y osadía... ¡especialmente, osadía!

Observe esa osadía: En cierto momento, cerca del final de los Evangelios, se ve a Pedro y a Juan escondidos tras puertas cerradas, temerosos de salir a las calles de Jerusalén por miedo a aquellos que odiaron y crucificaron al Señor Jesús. Pero ahora, después de que el Espíritu Santo descendió sobre ellos, están afuera, en las calles y en los patios del templo, proclamando con valentía la verdad de Jesucristo. Cuando fueron encerrados en la prisión, el ángel los libera y regresan directamente a los patios del templo, a orar y a predicar otra vez. ¡Son imparables! ¡Son invencibles! Y cada vez que son arrestados, que se amotinan contra ellos, o que son apedreados o golpeados, ¿por qué oran estos cristianos? No piden seguridad. Tampoco protección. No, ¡oran pidiendo tener aún más denuedo!

Este es el plan de Dios: El Espíritu Santo hace todo en el libro de Hechos

Este es el plan de Dios: El Espíritu Santo hace todo en el libro de Hechos. Provee toda la energía, la guía, la dirección, la programación, la capacitación, la preparación y la comunicación. Él lo hace todo. Nada depende de nuestro obrar, excepto el estar disponibles para ser Sus instrumentos, para ir donde Él desee, para abrir nuestras bocas y hablar Sus palabras, para estar listos para aprovechar cualquier situación en que Él nos ponga. La labor del Espíritu es llevar a cabo ese ministerio. Por esa razón, este libro debería llamarse Los Hechos del Espíritu Santo de Dios, no Los Hechos de los Apóstoles.

Eso es lo que hoy le falta a la Iglesia. Queremos hacer todas las cosas correctamente, pero tratamos de hacerlas con nuestras propias fuerzas, según nuestra propia sabiduría, empleando nuestra propia estrategia, escribiendo el Libro de Nuestros Propios Hechos para Dios, en lugar de continuar la historia de Los Hechos del Espíritu Santo de Dios. Esta es la tragedia que rompe el corazón de Dios y que también debería romper nuestros corazones.

El libro inconcluso

El libro de Hechos concluye abruptamente, con estas palabras:

Y Pablo permaneció dos años enteros en una casa alquilada, y recibía a todos los que a él venían, predicando el reino de Dios y enseñando acerca del Señor Jesucristo, abiertamente y sin impedimento (28:30-31).

Por supuesto, sabemos que ese no es el final de la historia de Pablo. En Hechos 20:24 y 38, el apóstol habla acerca de su muerte. En 2 Timoteo 4:6-8, escribe con un sentimiento evidente, que sus días están contados:

Porque yo ya estoy para ser sacrificado, y el tiempo de mi partida está cercano. He peleado la buena batalla, he acabado la carrera, he guardado la fe. Por lo demás, me está guardada la corona de justicia, la cual me dará el Señor, juez justo, en aquel día; y no sólo a mí, sino también a todos los que aman su venida.

Según la tradición, Pablo fue ejecutado en Roma en febrero del año 62 d.C. Que Hechos no registre su muerte ni se refiera a eventos importantes como la persecución durante el gobierno de Nerón (64 d.C.) o la destrucción de Jerusalén (70 d.C.) sugiere que el libro probablemente se escribió antes de la muerte del apóstol. En cualquier caso, Hechos es claramente un libro inconcluso: termina, pero no está completo. ¿Por qué? Sin duda, años más tarde, Lucas podría haberlo retomado y agregado una postdata, aunque hubiera sido completado antes del año 62 d.C. ¿Por qué no lo hizo?

¡Porque el Espíritu Santo *deliberadamente quiso* que quedara inconcluso!

El libro de los Hechos aún se está escribiendo. Como el Evangelio de Lucas, Hechos es otro registro de las cosas que Jesús comenzó a hacer y a enseñar. El Señor aún no ha terminado. Él empezó Su ministerio en Su cuerpo humano, como se registró en los Evangelios. Continuó en Su cuerpo, la Iglesia, a lo largo del libro de Hechos. Hoy en día, continúa Su ministerio a través de usted y de mí, y de todos los otros creyentes sobre el planeta.

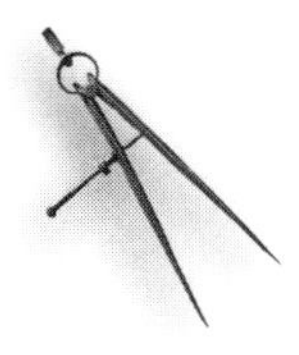

El libro de Hechos algún día será terminado. Y cuando esté completo, usted y yo tendremos la oportunidad de leerlo en la gloria, en la eternidad, cuando se haya consumado el plan de Dios. Cuando lo leamos, ¿qué participación tendré en esa gran historia?

¿Y usted?

Séptima Parte

LAS CARTAS DEL SEÑOR

CARTAS A LA IGLESIA

El propósito de la revelación divina es nada menos que la transformación de vidas humanas. No deberíamos simplemente leer la Biblia. Deberíamos *experimentarla*, y nuestro contacto con ella debería *cambiar nuestras vidas.* Si la Biblia no nos está cambiando, hay algo drásticamente incorrecto en la forma en que abordamos este libro. La Biblia es un libro viviente con un mensaje vivo que Dios nos dio para transformar la manera en que usted y yo vivimos.

Para lograrlo, se necesita todo el libro, y es por ello que nos hemos comprometido a investigar toda la Biblia en *Aventurándonos en el conocimiento de la Biblia*. Hemos visto que el propósito del Antiguo Testamento era prepararnos para la verdad, y el del Nuevo Testamento, conocer esa verdad. En el Nuevo Testamento, los Evangelios y Hechos van juntos para presentarnos a la persona y la obra de Jesucristo, tanto en Su cuerpo terrenal como en Su cuerpo de creyentes, la Iglesia. Luego siguen las trece epístolas (o cartas) de Pablo. Después de estas, tenemos la carta a los Hebreos y las cartas de Santiago, Pedro, Juan y Judas. Estas epístolas explican sobre Jesucristo y la manera cristiana de vivir. Finalmente, llegamos al último libro de la Escritura, el capítulo final de la revelación bíblica. No es sólo un relato del fin de la historia y de la culminación del plan de Dios, sino que también contiene las únicas cartas escritas para nosotros por nuestro Señor resucitado: las siete cartas a las iglesias del siglo I.

Cuando llegamos a las epístolas —que ocupan la mayor parte del Nuevo Testamento—, no estamos tratando con la preparación ni con el cumplimiento, sino con la experiencia. Estas cartas constituyen los detalles prácticos de la vida cristiana. Nos enseñan todo lo que tiene que ver con el dominio del misterio de Cristo y del andar cristiano.

En Jesucristo, existen profundidades y alturas que nuestra mente no puede captar; profundidades para conocerlo y para seguirlo. A través de estas cartas, escritas por varios apóstoles (aunque la mayoría fueron escritas por el apóstol Pablo), el Espíritu Santo nos muestra cómo descubrir y explorar las verdades profundas, y experimentar la intimidad de conocer y seguir a Jesucristo.

Cristo en vosotros: de Romanos a Gálatas

Hay tres grupos de epístolas. Las primeras cuatro (Romanos, 1 y 2 Corintios, y Gálatas) coinciden en el tema: Cristo en ustedes. Aunque esta frase —Cristo en vosotros, la esperanza de gloria— se encuentra en el próximo grupo de cartas de Pablo, en Colosenses 1:27, es realmente el tema de Romanos a Gálatas. Es el principio transformador de la vida cristiana. Es lo que distingue a los creyentes de todos los otros seres humanos sobre la tierra: Cristo viviendo en nosotros. Estas primeras cuatro epístolas desarrollan este tema.

El próximo grupo consta de nueve epístolas: Efesios, Filipenses, Colosenses, 1 y 2 Tesalonicenses, 1 y 2 Timoteo, Tito y Filemón. Todas estas desarrollan el tema: Ustedes en Cristo; es decir, nuestra vida en relación al resto del cuerpo de Cristo. Aquí aparece la Iglesia; la realidad de que ya no vivimos nuestras vidas como seres aislados.

Cuando lleguemos al último grupo de ocho epístolas (Hebreos, Santiago, 1 y 2 Pedro, 1, 2 y 3 Juan, y Judas), veremos que coinciden en otro tema: Cómo caminar por fe. Así que, tenemos este gran grupo de epístolas destinadas a poner a nuestra disposición todas las verdades poderosas de Dios en términos de experiencia práctica.

Romanos

Comenzamos con el primer grupo: Romanos, 1 y 2 Corintios, y Gálatas. Estos libros se agrupan alrededor del tema: Cristo en ustedes. Romanos es el primero, no porque fue escrito antes (no lo fue), sino porque es *la* gran carta fundamental del Nuevo Testamento. En ella, se encuentra todo el espectro de la salvación, de principio a fin, en toda su plenitud. Si desea ver lo que Dios está haciendo con usted como individuo y con toda la raza humana, estudie a fondo el libro de Romanos.

La salvación en tres tiempos: pasado, presente y futuro

Al estudiar este libro, descubrirá que desarrolla la salvación en tres tiempos: pasado, presente y futuro. En otras palabras, sus temas son:

Pasado: *Fui salvado* cuando creí en Jesús.

Presente: *Estoy siendo salvado* a medida que el carácter de Jesucristo ahora comienza a manifestarse en mi vida.

Futuro: *Seré salvado* cuando, al fin, en la vida resucitada, con un cuerpo glorificado, estaré en la presencia del Hijo de Dios y entraré en la plenitud de la verdad divina.

Estos tres tiempos de salvación pueden agruparse en tres palabras, que son conocidas para aquellos que han estudiado hasta cierto punto la Biblia: *Justificación* es la primera, el tiempo pasado: Fui justificado cuando creí en Jesucristo. La justificación es la posición justa ante Dios que recibimos cuando Jesús entra en nuestras vidas; el estado de no tener mancha ni defecto, como si nunca hubiésemos pecado.

La segunda palabra —el tiempo presente— es una muy malinterpretada: *santificación*. Oswald Chambers dijo: «La santificación es la manifestación de las características, de las perfecciones del Señor Jesús en términos de su personalidad humana». Esta es una buena definición de la santificación. Es un proceso de volverse cada vez más como Cristo.

La tercera palabra —tiempo futuro— es la *glorificación*, la cual constituye la consumación de esta transformación, cuando estemos en la presencia de Cristo en la eternidad.

Primera Corintios

Vivir conforme a la voluntad de la carne o a la voluntad del Espíritu de Dios

Primera Corintios contrasta la carnalidad con la espiritualidad: vivir conforme a la voluntad de la carne o a la voluntad del Espíritu de Dios. Primero, la carnalidad. Si ha leído 1 Corintios, sabe lo que quiero decir. ¡Qué desastre! Aquí tenemos gente dividida en facciones y camarillas, continuamente atacándose unos a otros, llevándose ante tribunales de justicia, murmurando unos de otros, subestimándose, peleándose, ¡y hasta emborrachándose en la mesa del Señor! Las formas más vergonzosas de inmoralidad estaban desfilando ante la mirada de todos los miembros de la iglesia de Corinto. En esta carta, Pablo muestra que esa forma de vida carnal es el resultado de la ruptura de nuestra relación con Jesucristo, pero que la amistad con el Señor produce espiritualidad, para que seamos capaces de caminar en el poder de la resurrección y de una vida resucitada.

Segunda Corintios

La demostración práctica de la victoria cristiana bajo presión

Segunda Corintios es la demostración práctica de la victoria cristiana bajo presión. Esta es la gran epístola de las pruebas y de los triunfos, de una vida victoriosa en los momentos más difíciles. El tema de la carta se encuentra en 2 Corintios 2:14:

> *Mas a Dios gracias, el cual nos lleva siempre en triunfo en Cristo Jesús, y por medio de nosotros manifiesta en todo lugar el olor de su conocimiento.*

Gálatas

La epístola más intensa del Nuevo Testamento

Para la última carta de este grupo, Gálatas, Pablo no moja su pluma en tinta, sino en una llama ardiente; luego ¡nos golpea con ella para despertarnos e impulsarnos a la acción! Esta es la epístola más intensa del Nuevo Testamento, porque Pablo está enojado. Sin lugar a dudas, está molesto, evidentemente enfadado; muy disgustado con los cristianos en Galacia, y no duda en expresarlo. Está fuera de sí porque ellos se desviaron tan fácilmente de la verdad que habían comprendido con tanta claridad, y permitieron ser conducidos a una doctrina debilitante y defectuosa que les estaba arrebatando la fuerza, y convirtiendo en creyentes carnales. El tema de la carta es la *libertad*, la libertad en Cristo. Este tema se encuentra en Gálatas 5:1:

> *Estad, pues, firmes en la libertad con que Cristo nos hizo libres, y no estéis otra vez sujetos al yugo de esclavitud.*

Este libro es la respuesta a todo el legalismo muerto que había paralizado a la Iglesia en tantas épocas y lugares en los dos milenios anteriores. La carne, la vida carnal, genera culpa, condenación y fracaso. Pero el Espíritu de Dios trae vida y libertad. Me encanta leer el libro de Gálatas. Cuando lo hago, veo que hay un fuego poderoso en el corazón del apóstol, una pasión ardiente por ver a los cristianos libres de las cadenas del legalismo, para que puedan experimentar la plenitud y las riquezas del Espíritu de Dios.

Todos estos libros, de Romanos a Gálatas, coinciden en un tema: Cristo en ustedes; el tema más sublime que haya contemplado la mente humana, el que nos demuestra el significado de tener al Dios viviente, al Creador de todo el universo, viviendo Su vida infinita en y a través de nosotros. El tema que unifica la próxima sección es lo que llamo: Ustedes en Cristo.

Ustedes en Cristo: De Efesios a Filemón

Todo el propósito de la revelación, el objetivo de toda la Biblia, lo expresa Pablo en Efesios 4:

> *A fin de perfeccionar a los santos para la obra del ministerio, para la edificación del cuerpo de Cristo, hasta que todos lleguemos a la unidad de la fe y del conocimiento del Hijo de Dios, a un varón perfecto, a la medida de la estatura de la plenitud de Cristo (vv. 12-13).*

Dios quiere que maduremos en Cristo. Él no tiene interés en formar capítulos del A.C.B.I., la Asociación de Calentadores de Bancos de Iglesia. Él quiere hombres y mujeres de acción, compromiso, osadía, pasión, entusiasmo; un cuerpo de creyentes que, con gozo, ofrezcan sus cuerpos para la batalla a favor de Su reino. Él busca personas que no tengan temor de cambiar, sino que estén comprometidas en un crecimiento dinámico. Por desgracia, muchos de nosotros aparentemente creemos que el tema de la canción del cristianismo es: «Que venga la bendición o la aflicción, nuestro *status* es *quo*». ¡El *status quo* es lo último que Dios quiere para nuestras vidas! Por eso, nos ha dado las epístolas desde Efesios hasta Filemón.

Este grupo de cartas presenta el tema de «Ustedes en Cristo». En Juan 14:20, el Señor Jesús usó la fórmula: «Vosotros en mí, y yo en vosotros». Cuando hablamos de Cristo en nosotros, estamos considerando la vida en el Espíritu, el andar en el Espíritu. Cuando hablamos de nosotros en Cristo, estamos considerando nuestra relación con el cuerpo de Cristo; somos miembros de Su cuerpo. Nuestra vida está incorporada en la totalidad de la del cuerpo de Cristo.

Entonces, pronto descubrimos que no somos sólo individuos cristianos, sino que también formamos parte de un cuerpo. Nos pertenecemos unos a otros tanto como a Cristo. Solos nunca podemos llegar a la consumación y al desarrollo completo de nuestras vidas cristianas. Nos necesitamos mutuamente en el cuerpo de Cristo.

Efesios

Un estudio cuidadoso de la naturaleza del cuerpo de Cristo

Las epístolas que comprenden la sección «Ustedes en Cristo» son Efesios, Filipenses, Colosenses, 1 y 2 Tesalonicenses, 1 y 2 Timoteo, Tito, y Filemón. Son como los mejores libros en la biblioteca de un doctor. En ella encontramos libros de fisiología: la ciencia y el estudio del cuerpo humano. Efesios es como dicho libro: un estudio cuidadoso de la naturaleza del cuerpo de Cristo.

Filipenses

Un abordaje práctico a los problemas y males que amenazan la salud del cuerpo

El libro de patología del Nuevo Testamento, que trata los males del cuerpo de Cristo, es Filipenses. En esta carta, Pablo aborda de manera muy práctica los problemas y males que amenazan la salud del cuerpo. Cuando leemos atentamente este libro, encontramos que los males que afligían a la iglesia del siglo I son los mismos que vemos en la iglesia actual. Si su salud espiritual y su bienestar están afectados por la presión, el desánimo, el cansancio y la pena, lea la Epístola a los Filipenses para encontrar la cura. Si se encuentra en conflicto con otros cristianos o si alguien en la iglesia lo ha herido de alguna manera, lea Filipenses. Si lo atrae alguna enseñanza espiritual nueva y se pregunta si es de Dios o es un engaño, estudie Filipenses.

Colosenses

La fuerza que une a los cristianos

Hay un libro de biología en el Nuevo Testamento, el estudio fundamental de la vida misma, lo que hace que las células del cuerpo funcionen y vivan: es la Epístola a los Colosenses. Allí encontramos lo que da poder y energía al cuerpo de Cristo, y también vida. Descubrimos la fuerza que une a los cristianos.

1 y 2 Tesalonicenses

Hay incluso un par de libros en el Nuevo Testamento que tratan de la buena salud mental: las dos cartas a los tesalonicenses. Estas nos muestran cómo tratar la depresión y la angustia dentro del cuerpo de Cristo. Cuando se sienta afligido y pesimista por sus circunstancias presentes (como los cristianos tesalonicenses), cuando sea golpeado por el dolor o el miedo, recurra a Tesalonicenses. Estos libros miran al futuro y establecen la certeza de la segunda venida de Cristo. Pablo escribió estas cartas a personas deprimidas, temerosas, angustiadas, que creían haber perdido el regreso de Cristo, que estaban afligidas por la muerte de personas amadas. El apóstol quiso que esta gente supiera que, cuando Jesús regrese, ningún creyente será dejado atrás.

Cómo tratar la depresión y la angustia dentro del cuerpo de Cristo

Toda la Iglesia estará junta con Él. La clave de estas dos epístolas se encuentra en 1 Tesalonicenses 5:23:

> *Y el mismo Dios de paz os santifique por completo; y todo vuestro ser, espíritu, alma y cuerpo, sea guardado irreprensible para la venida de nuestro Señor Jesucristo.*

1 y 2 Timoteo

Note que Dios quiere darnos paz, y desea que seamos íntegros y sin mancha en todo nuestro ser; no sólo en cuerpo y espíritu, sino también en el alma, la *psyque*, el ser mental y emocional. Ese es el cometido de estas dos cartas fundamentales de Pablo.

Instrucciones especiales sobre cómo estimular, activar y movilizar el cuerpo; instruir a sus líderes; indagar y advertir; y corregir y censurar

En las dos cartas de Pablo a Timoteo, el joven que lo había acompañado en sus viajes, tenemos la analogía del Nuevo Testamento con la neurología: el estudio y la ciencia del sistema nervioso. En el cuerpo de Cristo hay ciertas personas que han sido dotadas de manera especial por Dios para actuar como centros nerviosos, conductores y estimuladores del cuerpo, que llevan el mensaje de la Cabeza al cuerpo. Este don especial se presenta en Efesios 4, donde Pablo dice que Cristo ha dado a la iglesia: apóstoles, profetas, evangelistas y pastores-maestros, para edificar a los creyentes y para que puedan llevar a cabo la obra del ministerio. Aquí tenemos uno de esos regalos para la iglesia: un joven llamado Timoteo. El apóstol le da instrucciones especiales sobre cómo estimular, activar y movilizar el cuerpo; instruir a sus líderes; indagar y advertir; y corregir y censurar donde sea necesario. La primera carta es un mensaje de instrucción y ánimo para el joven pastor que ministra bajo mucha presión, mientras que la segunda da instrucciones especiales en vista de la creciente apostasía y decadencia, para evitar que la iglesia pierda su vida y su vitalidad.

Tito

Un libro sobre el acondicionamiento físico y el vigor general

Al llegar a la epístola de Tito, se encuentra un discurso similar sobre el funcionamiento del cuerpo. No obstante, aquí el énfasis no está tanto en el ministerio del sistema nervioso del cuerpo, sino en el cuerpo mismo, en el tono de los músculos y el vigor de dicho cuerpo. Se podría pensar que Tito es un libro sobre el acondicionamiento físico y el vigor general. Muestra la clase de entrenamiento disciplinado al que debe someterse regularmente el cuerpo para conservarlo en perfecto estado para la pelea. En el pasaje clave del libro, Tito 2:12-13, encontramos este énfasis sobre la disciplina y el entrenamiento:

> *[La gracia de Dios] enseñándonos [algunas traducciones dicen «entrenándonos»] que, renunciando a la impiedad y a los deseos mundanos, vivamos en este siglo sobria, justa y piadosamente, aguardando la esperanza bienaventurada y la manifestación gloriosa de nuestro gran Dios y Salvador Jesucristo.*

Filemón

La última carta de Pablo es como el manual de nutrición del médico. El cuerpo de Cristo necesita una buena alimentación para vivir, y los nutrientes que encontramos a lo largo de las epístolas de Pablo —pero, en especial, en la carta a Filemón— son el amor, la gracia, la aceptación y el perdón. Sin estos nutrientes, el cuerpo de Cristo se debilita y muere. Filemón, uno de los libros más cortos de la Biblia, pone un hermoso énfasis especial en la unidad del cuerpo. Este libro trata de un esclavo, Onésimo, que huyó de Filemón, su amo. Onésimo encontró a Pablo en Roma y fue guiado a Jesucristo. Entonces, Pablo manda a Onésimo de regreso a casa de Filemón y le pide a este que acepte de nuevo al joven, no como un esclavo, sino como más que eso, como un hermano en Cristo, amado y perdonado. En esta epístola, más que en ninguna otra, vemos que el suelo se nivela a los pies de la cruz: no existen distinciones entre los creyentes en Cristo. En Mateo 23, Jesús dijo que sólo hay un Amo, el Señor Jesús, y que bajo Su señorío todos somos hermanos y hermanas; iguales.

Sobre la unidad del cuerpo

Esta es la vida y la salud en el cuerpo de Cristo. Esto significa estar en Cristo y tener a Cristo viviendo en nosotros. Ahora, abramos estas epístolas, una por una, y comencemos a incorporar sus verdades ricas y poderosas en nuestras vidas.

LA LLAVE MAESTRA DE LA ESCRITURA

Una iglesia que conozco en Montana fue considerada durante un tiempo la iglesia más liberal en la ciudad de *Great Falls*. Un fin de semana, el pastor se encontraba en Chicago, así que, decidió visitar la iglesia de Moody para conocer lo que estaban diciendo los fundamentalistas. Francamente, estaba buscando algo para criticar. Allí escuchó al Dr. Ironside enseñando sobre el libro de Romanos, y, para su asombro, el pastor teológicamente liberal fue desafiado en forma gradual por un mensaje que impactó su corazón.

Después de la reunión, este pastor pasó adelante y habló con el Dr. Ironside, quien le dio una copia de sus conferencias sobre Romanos. Entonces, leyó el libro de sermones en el tren de regreso a Montana. Para cuando llegó a *Great Falls*, era un hombre transformado. Subió a su púlpito y comenzó a proclamar las verdades de esa epístola y pronto la iglesia fue transformada. Observé con mis propios ojos cómo, en pocos años, esta iglesia cambió completamente de una teología liberal muerta a un testimonio evangélico vibrante; y esa transformación tuvo lugar por el poder del libro de Romanos.

El poder de Romanos

El libro de Romanos fue escrito por el apóstol Pablo para los cristianos de Roma. Él estaba pasando unos meses en Corinto antes de ir a Jerusalén a llevar la colecta de dinero que habían reunido las iglesias de Asia para los santos necesitados de aquella ciudad. No sabemos cómo se fundó la iglesia en Roma, aunque tal vez la iniciaron cristianos que se habían convertido en Pentecostés y que regresaron a la capital imperial. Pablo les escribía porque había escuchado de su fe y deseaba desarrollarla al máximo. Quería que estuvieran basados totalmente en la verdad. Así que, esta carta constituye una explicación magnífica del mensaje completo del cristianismo. En cierta forma, contiene casi todas las doctrinas cristianas y es un panorama del plan maravilloso de Dios para la redención de la humanidad.

Si sólo se tuviera este libro de la Biblia, aquí podría encontrarse, al menos mencionada, toda la enseñanza cristiana. Es por eso que lo llamo "La llave maestra de la Escritura". Si verdaderamente capta todo el libro de Romanos, se encontrará familiarizado con cualquier otra parte de las Escrituras.

En la introducción, en los primeros 17 versículos, Pablo nos escribe acerca de Cristo, de los cristianos romanos y de sí mismo. Como en toda buena introducción, presenta aquí los temas principales de la carta. Se divide en tres secciones importantes:

Capítulos 1 al 8: Explicaciones doctrinales sobre lo que Dios está haciendo a través de la raza humana y sobre la redención de todo nuestro ser: cuerpo, alma y espíritu.

Capítulos 9 al 11: Ilustración de los principios encontrados en los primeros ocho capítulos, demostrados en la vida y en la historia de la nación de Israel.

Capítulos 12 al 16: Aplicación práctica de estas verdades poderosas a las situaciones humanas cotidianas.

Estas tres divisiones se desarrollan naturalmente una de la otra, y, consideradas juntas, cubren todo lo que tiene que ver con la vida. Si recuerda esta simple reseña, tendrá la clave para el libro de Romanos. Lo que sigue es una visión general estructural del libro:

La justicia de Dios revelada (Romanos 1–8)

1. Introducción — 1:1-17
2. El problema: nuestra culpa ante Dios — 1:18–3:20
   A. La culpa de los gentiles — 1:18-32
   B. La culpa de los judíos — 2:1–3:8
   C. Conclusión: Todos son culpables — 3:9-20
3. Justificación: Cubiertos por la justicia de Dios — 3:21–5:21
4. Santificación: La justicia de Dios demostrada en nuestras vidas — 6–8

Lecciones de la nación de Israel sobre la justicia de Dios (Romanos 9–11)

5. El pasado de Israel: elegido por un Dios soberano — 9:1-29
6. El presente de Israel: Israel busca la «justicia» por medio de las obras y rechaza la justicia de Cristo — 9:30–10:21
7. El futuro de Israel: la nación será finalmente restaurada por Dios — 11

Los elementos de la justicia: Aplicación práctica de los principios de Romanos (Romanos 12–16)

8. Deberes cristianos y responsabilidades 12–13
9. Los principios de la libertad cristiana 14:1–15:13
10. Conclusión, bendición, saludos personales 15:14–16:27

El poder del evangelio

Esta carta se desarrolla de una manera tan lógica que la mejor forma de apreciarla es siguiendo el argumento de Pablo, sin detenerse en los detalles, para poder apreciar la lógica devastadora mediante la cual el apóstol desarrolla su tema. Cuando hayamos terminado, veremos cuán magníficamente ha captado todas las verdades poderosas del evangelio.

Para comenzar, en el capítulo 1, encontramos la afirmación central de la carta de Romanos: el poder del evangelio de Jesucristo:

> *Porque no me avergüenzo del evangelio, porque es poder de Dios para salvación a todo aquel que cree; al judío primeramente, y también al griego (1:16).*

Esta declaración demuestra el conocimiento claro que tenía Pablo de lo que era verdaderamente el evangelio: el poder dinámico de Dios. Después de todo, ¿quién podría avergonzarse de poseer el poder infinito de Dios, la fuerza más grande del universo? El evangelio poderoso de Jesucristo puede cambiar vidas, sanar relaciones interpersonales, y rescatar vidas de la adicción, la depresión, la desesperación y la desesperanza. Ese es el poder de Dios en acción. Ese es el evangelio.

Luego, Pablo explica el poder del evangelio, y cita a Habacuc al presentar el tema central de esta carta:

> *Porque en el evangelio la justicia de Dios se revela por fe y para fe, como está escrito: Mas el justo por la fe vivirá (1:17).*

Este es el versículo que penetró en el corazón de Martín Lutero y que provocó la Reforma. Y es el tema de Pablo: la justicia de Dios que se revela en el evangelio.

En el resto del capítulo 1, continuando con el 2, y a lo largo de la mayor parte del capítulo 3, el apóstol observa el mundo que lo rodea. Analiza el estado de la humanidad y ve dos divisiones aparentes de la raza humana. Alguien ha dicho bien: «Hay sólo dos clases de gente, los justos y los injustos, y la clasificación siempre la hacen los justos». He visto cómo se cumple esta declaración en mi propia casa. Cuando mis hijos eran pequeños, un día fui al patio trasero, y descubrí que alguien había tomado un pedazo de tiza y había trazado una línea por el centro de la cerca. Un lado decía Gente Buena, y el otro, Gente Mala. Bajo el título de Gente Mala se encontraban enumerados los nombres de los hijos del vecino. Del otro lado, los nombres de mis hijos. Era evidente quién había hecho esta clasificación: ¡Por supuesto, los «buenos»!.

La ira de Dios se revela

El apóstol Pablo comienza su argumento con la «Gente Mala», los injustos, los hacedores de maldad:

Porque la ira de Dios se revela desde el cielo contra toda impiedad e injusticia de los hombres que detienen con injusticia la verdad (1:18).

Contra la «Gente Mala»

Ese versículo dice mucho. Por ejemplo, afirma que el problema con las personas es que tienen la verdad, pero no la cumplen; por el contrario, la descartan. Si desea pruebas de ello, le sugiero que analice su propia vida por un momento, y también la de quienes lo rodean. ¿No tenemos todos un fuerte poder de negación? ¿No es verdad que, si nos confronta una verdad desagradable o inoportuna, nuestro primer impulso es atacarla, rebatirla o simplemente enterrarla en el inconsciente? Es por eso que la gente se mantiene tan ocupada en la miserable carrera de la vida, no queriendo nunca estar solos, deseando no parar nunca ni reflexionar sobre los asuntos profundos y los interrogantes de la vida. Mientras permanezcamos ocupados, no tendremos que enfrentar la verdad. La supresión de la verdad es el problema central de la existencia humana.

La ira de Dios se derrama continuamente sobre la humanidad porque esta anula Su verdad. Su ira se nos describe a lo largo de este capítulo. Percibimos que no son relámpagos arrojados contra la gente malvada que pisotea los límites de Dios, sino que Él dice: «Mira, yo te amo y, porque te amo, no quiero que hagas ciertas cosas que podrían lastimarte, avergonzarte, afligirte y destruirte. Pero también te he dado libre albedrío. No controlaré tus elecciones. Si insistes en realizar estos actos dañinos, vergonzosos y autodestructivos, no te detendré, pero tendrás que aceptar las consecuencias. No puedes elegir vivir de cualquier manera, como te guste y, a la vez, evitar las consecuencias de esa elección».

La manera de obrar de la ira de Dios: «Dios los entregó»

Tres veces, en este capítulo, vemos cómo obra la ira de Dios, cuando Pablo repite la frase: «Dios los entregó». La ira de Dios produce este resultado:

Estando atestados de toda injusticia, fornicación, perversidad, avaricia, maldad; llenos de envidia, homicidios, contiendas, engaños y malignidades; murmuradores, detractores, aborrecedores de Dios, injuriosos, soberbios, altivos, inventores de males, desobedientes a los padres, necios, desleales, sin afecto natural, implacables, sin misericordia (1:29-31).

Ese es el estado de las personas rebeldes que demuestran su hostilidad hacia Dios y niegan Su verdad al desobedecerle descaradamente, sin cumplir con las normas, viviendo como quieren y haciendo lo que les gusta. El resultado es la decadencia moral y la perversión de los instintos naturales de la vida. Aun los impulsos sexuales se pervierten de manera que los hombres se entregan a hombres y las mujeres a mujeres, como lo describe este capítulo. Esto es exactamente lo que está pasando en nuestra sociedad actual: una evidente rebelión moral y una perversión sexual manifiesta. Dios no odia a las personas que hacen tales cosas, sino que verdaderamente las ama. Pero Él no les quitará su libre albedrío ni los librará de las consecuencias de sus acciones.

Contra la «Gente Buena»

En el capítulo 2, el apóstol da un giro y habla sobre la «Gente Buena», la llamada gente moral y religiosa que ya está apuntando el dedo con deleite hacia la «Gente Mala» que es culpable de tanta maldad vil y manifiesta. Pablo les dice a los justos: «¡Esperen un momento! ¡Ustedes, la «Gente Buena» no se van a librar tan rápido!». Él escribe:

Por lo cual eres inexcusable, oh hombre, quienquiera que seas tú que juzgas; pues en lo que juzgas a otro, te condenas a ti mismo; porque tú que juzgas haces lo mismo (2:1).

¿Ve lo que está haciendo Pablo? Está arrojando una red que nos incluye a todos, ¡incluso a usted y a mí! En primer lugar, pensamos que el apóstol está hablando sólo de aquellas personas malas del otro lado. ¡Luego descubrimos que también habla de nosotros! Quizá no participaremos de inmoralidad sexual ni seremos grandes infractores de la ley, y probablemente nos consideramos buena gente; pero, al final, nos vemos forzados a admitir que somos tan culpables como cualquier otro. Nadie tiene ninguna razón para considerarse más justo que los demás.

Quienes apuntan con el dedo al homosexual o el drogadicto deben enfrentar la verdad sobre sí mismos: Los pecados de la llamada «Buena Gente» son muchos e incluyen actos tales como odio, malicia, chismes, calumnia, engaños y otros más. La «Gente Buena» tal vez tenga más tendencia a cubrir su pecado, pero en su interior están llenos de envidia, mentiras y maldad.

Así que, Pablo sostiene un espejo delante de cada uno de nosotros, y la imagen que vemos es desagradable. Dios nos ha juzgado a todos y nos ha encontrado igualmente culpables, apartados de Su justicia.

Contra los judíos

Entonces, entra el judío y dice: «¿Y qué de mí? Después de todo, yo soy judío y tengo ciertas ventajas ante Dios». Pablo examina este reclamo y muestra que el judío está exactamente en el mismo bote que los demás. A pesar de ser descendientes de Abraham y Jacob, de ser miembros del pueblo elegido, los judíos, en lo referente a la justicia, no son mejores que los gentiles. Así que, la conclusión del apóstol es que toda la humanidad, sin excepción, necesita un Redentor.

Este diagnóstico deprimente de la condición humana sirve para preparar el camino para el evangelio, como vemos en Romanos 3:19-20:

> *Pero sabemos que todo lo que la ley dice, lo dice a los que están bajo la ley, para que toda boca se cierre y todo el mundo quede bajo el juicio de Dios; ya que por las obras de la ley ningún ser humano será justificado delante de él; porque por medio de la ley es el conocimiento del pecado.*

Todos somos culpables

La ley de Dios nos ha condenado a todos, sin excepción, porque todos, también sin excepción, hemos pecado, como nos dice Romanos 3:23:

> *Por cuanto todos pecaron, y están destituidos de la gloria de Dios.*

O, como lo parafrasea J. B. Phillips: «Todos hemos pecado y perdido la belleza del plan de Dios». Por tanto, estamos condenados según la *ley* de Dios, ¡pero Su *gracia* está lista para rescatarnos y redimirnos! Observamos cómo esta redención toma forma en Romanos 4. De hecho, Pablo resume la redención en tres frases:

Las tres fases de la redención

1. Justificación
2. Santificación
3. Glorificación

Comenzando con los versículos finales de Romanos 3 y continuando en el capítulo 4, Pablo nos ilustra el significado de la justificación. Empieza mostrándonos que la justificación significa que Dios nos da una posición justa ante Él en base a la obra de Cristo. Otra persona ha muerto en nuestro lugar. Otro ha suplido nuestra necesidad. Nunca podríamos hacerlo solos, porque somos completamente incapaces de agradar a Dios con nuestras propias fuerzas, con nuestra miserable justicia. En consecuencia, la justicia no es algo que ganamos; sólo viene a nosotros cuando aceptamos el don de Dios en Jesucristo. Eso es la justificación.

1. Justificado

La justificación abarca al ser humano por completo: cuerpo, alma y espíritu. Dios comienza con el espíritu, la parte más profunda de nuestra humanidad. Allí implanta Su Espíritu Santo. El Espíritu sella nuestra posición justa ante Dios. La justificación es, por tanto, algo permanente, inmutable. Es mucho más que perdón del pecado, aunque lo incluye. Es —y esto es verdaderamente asombroso— *¡la condición de estar ante Dios como si nunca hubiéramos pecado!* Es la justicia de Dios la que se nos imputa, y es considerada a nuestro favor. Cuando ocurre esto, somos liberados de la pena por el pecado.

Justificación **significa que Dios nos da una posición justa ante Él en base a la obra de Cristo**

Abraham y David

Pablo nos ilustra esta verdad en el capítulo 4, donde dice que tanto Abraham como David fueron justificados sobre esta base, la del regalo de la gracia de Dios, aceptado por fe; no por la circuncisión ni por obedecer la ley, ni por medio de alguna cosa que la gente pueda hacer para agradar a Dios. Ninguna estrategia religiosa, ningún esfuerzo por obedecer una norma moral inalcanzable sería adecuado a la vista de Dios. Sólo Su gracia, que fluye desde la cruz, es adecuada. Y sólo podemos apropiarnos de esa gracia por medio de la fe.

Abraham miró al futuro, vio la venida del Mesías (Cristo) y creyó en Dios; como resultado, fue justificado por su fe. David, aunque fue culpable de dos pecados, adulterio y asesinato, creyó en Dios y fue justificado, para que pudiera cantar de la persona «a quien el Señor no inculpa de pecado». Por lo tanto, estos hombres son ejemplos, en el Antiguo Testamento, de cómo justifica Dios.

2. Santificado

Desgraciadamente, muchos cristianos se detienen justo aquí. Piensan que todo lo que se refiere a la salvación se reduce a esto: una manera de escapar del infierno y llegar al cielo. Pero la vida humana es más que el espíritu, y la vida cristiana incluye más que la salvación del espíritu. También estamos hechos de un alma y de un cuerpo; y ambos también deben ser liberados. Así que, comenzando en el capítulo 5, Pablo presenta el plan de Dios para liberar el alma (es decir, la mente, las emociones y la voluntad).

El alma de la humanidad nacida de Adán está bajo el dominio del pecado. La carne (si desea usar el término bíblico) nos gobierna. Poseemos la vida de Adán con todas sus características egocéntricas. Aunque nuestros espíritus hayan sido justificados, es muy posible que el alma continúe bajo el cautiverio y el dominio del pecado. Así que, aunque nuestro destino está establecido en Cristo, la vida está aún bajo el control del mal tanto como lo estaba antes de ser cristianos. Es por eso que, a menudo, experimentamos tiempos de altibajos con el Señor: algunas veces lo consideramos nuestro Salvador, vivimos para Él bajo Su señorío, y en otros momentos caemos nuevamente en el terrible cautiverio del pecado.

Santificación significa «dedicado a Dios» o «separado para Dios»

¿Cuál es la solución de Dios para esta vida de altibajos en que nos encontramos? La santificación. La palabra *santificado* significa «dedicado a Dios» o «separado para Dios». Proviene de la misma raíz que la palabra *santo,* porque un santo no es nada más ni nada menos que una persona dedicada o separada para Dios. Todos los cristianos genuinos, todos los seguidores de Cristo consagrados, son santos, santificados y separados para Su servicio. Dios no sólo quiere vernos salvados, sino también libres; liberados del dominio del pecado en nuestras vidas. Pablo nos resume el programa de santificación en Romanos 5. Toma las dos divisiones básicas de la humanidad —el ser natural en Adán y el espiritual en Cristo— y los contrasta.

En Adán

Pablo dice: «Mira, cuando estabas en Adán, antes de que te convirtieras en creyente en Cristo, actuabas según la vida que habías heredado de Adán. Hiciste cosas de manera natural, y lo que hiciste de ese modo estuvo mal, fue egocéntrico. El pecado es la herencia natural que has recibido de tu padre Adán. Pero, ahora, al convertirte en cristiano, Dios hace algo con esa vieja vida. Él te saca de esa vida en Adán.

En Cristo

Ya no estás unido al Adán caído, sino que ahora estás unido al Cristo resucitado, y tu vida está unida a la de Él. El Señor quiere expresar Su vida a través de ti, tal como una vez Adán expresó su vida a través de tu viejo yo».

Cuando se entiende cómo es el proceso de la santificación, se hace más fácil ser bueno en Cristo, tal como una vez fue más fácil y más natural ser malo en Adán. Pero lleva tiempo poner en práctica la santificación. Al principio, se hace con debilidad y se lucha con ello. Quizás le lleve bastante tiempo entender de qué está hablando Pablo, pero, cuando lo haga, descubrirá que donde una vez reinó el pecado en usted y lo encadenaba bajo el poder de la muerte, ahora reina Cristo, para darle vida. En esta vida nueva, puede experimentar victoria en Cristo donde antes sólo experimentó derrota en Adán.

Su muerte por nosotros produce nuestra justificación; nuestra muerte con Él produce nuestra santificación

Romanos 6 comienza a mostrarnos cómo experimentar victoria y santificación en nuestras vidas cotidianas. Aquí Pablo declara que Dios, a través de la muerte de Jesús, no sólo murió por nosotros, sino que *también nosotros morimos con Él.* Su muerte por nosotros produce nuestra justificación; nuestra muerte con Él produce nuestra santificación. Esta es la gran verdad. Cuando Dios dice que nos liberó de la vida de Adán y que nos une a la vida de Cristo, ¡de veras lo hizo! No siempre nos *sentimos* unidos a Él, pero los sentimientos cambian y, a menudo, son engañosos. Los sentimientos pueden ser alterados por muchos factores: circunstancias, desequilibrio hormonal, niveles de azúcar en la sangre, medicamentos, problemas crónicos tales como la depresión clínica, o aun por el clima. Los sentimientos cambian; pero nuestra relación con Jesús no depende de nuestro estado de ánimo.

Cuando Dios promete unir una vida a la Suya, esa vida permanece soldada, y debemos creer en Su promesa, sin que importen nuestros sentimientos.

Dios quiere que sepamos que Él ahora nos capacita para ser buenos en Cristo como antes éramos malos en Adán. Día a día, cuando se encuentre en situaciones de presión y de tentación, recuerde que lo que Dios dice es verdad y actúe de acuerdo a ello, aun cuando no se sienta capaz de hacerlo. No se sentirá muerto con Cristo. En realidad, es probable que se sienta como si esa maldad interior estuviera bastante viva y tuviera control sobre usted. Pensará que, si vive una vida cristiana santificada, se perderá algo, estará enemistado con el mundo que le rodea y no tendrá satisfacción en su vida. Estas son las mentiras de la carne. Por el contrario, confíe en la verdad del Espíritu que proviene de Dios.

Cuando vengan las presiones y las tentaciones, ¿en quién creerá usted? ¿En Aquel que lo ama? ¿En Aquel que se entregó por usted? Si cree en el Señor, Él le demostrará que Su Palabra es verdad en su vida, y lo guiará con seguridad a un lugar de libertad y liberación.

La batalla entre la carne y el espíritu

Romanos 7 introduce el tema de nuestra lucha interior, la batalla que continúa entre la vieja naturaleza adánica y la nueva naturaleza en Cristo, entre la carne y el espíritu. Se trata de una lucha frustrante que dura toda la vida, que casi todos los creyentes desean que acabe. Pablo escribe:

> *Porque lo que hago, no lo entiendo; pues no hago lo que quiero, sino lo que aborrezco, eso hago. Y si lo que no quiero, esto hago, apruebo que la ley es buena. [...] ¡Miserable de mí! ¿Quién me librará de este cuerpo de muerte?* (7:15-16,24).

Podemos percibir la angustia del alma de Pablo cuando describe el conflicto interno que libra consigo mismo. ¿Qué pasa? El problema es que normalmente tratamos de ser buenos en las fuerzas de nuestra carne, y la carne es débil e ineficaz contra el mal y la tentación. La carne es el Adán en nosotros. Lo mejor que puede hacer la carne sigue siendo irremediablemente malo a los ojos de Dios. Así que, ¿cuál es la solución? Menos mal que Pablo comparte la solución con nosotros en los versículos siguientes:

> *Gracias doy a Dios, por Jesucristo Señor nuestro. Así que, yo mismo con la mente sirvo a la ley de Dios, mas con la carne a la ley del pecado. Ahora, pues, ninguna condenación hay para los que están en Cristo Jesús, los que no andan conforme a la carne, sino conforme al Espíritu. Porque la ley del Espíritu de vida en Cristo Jesús me ha*

librado de la ley del pecado y de la muerte. Porque lo que era imposible para la ley, por cuanto era débil por la carne, Dios, enviando a su Hijo en semejanza de carne de pecado y a causa del pecado, condenó al pecado en la carne (7:25–8:3).

No hay nada que nosotros podamos hacer para Dios, pero Él quiere hacer todo a través de nosotros

No hay nada que nosotros podamos hacer para Dios, pero Él quiere hacer todo a través de nosotros. Cuando nos damos cuenta, experimentamos la liberación. Esto sucede cuando entendemos completamente lo que significa haber colocado nuestra mente, emociones y voluntad bajo el control de Jesucristo. En ese instante, experimentamos el poder glorioso y triunfante que Él puso a nuestro alcance. Así es el proceso (¡y, en verdad, es un proceso, no un acontecimiento instantáneo!) de la santificación del alma.

3. Glorificado

Hemos tratado sobre la justificación del espíritu y la santificación del alma. Pero ¿qué pasa con el cuerpo? Romanos 8 nos da la respuesta. Aquí Pablo nos muestra que, mientras estemos aún en esta vida, el cuerpo permanece sin ser redimido. Sin embargo, que el espíritu haya sido justificado y que el alma esté siendo santificada es una garantía de que Dios un día también *redimirá y glorificará el cuerpo.* Cuando al fin entremos en la presencia de Cristo, seremos perfectos en cuerpo, alma y espíritu ante Él. Este es el pensamiento jubiloso que estalla en un himno de alabanza sublime y maravillosa al final de este capítulo:

Antes, en todas estas cosas somos más que vencedores por medio de aquel que nos amó. Por lo cual estoy seguro de que ni la muerte, ni la vida, ni ángeles, ni principados, ni potestades, ni lo presente, ni lo por venir, ni lo alto, ni lo profundo, ni ninguna otra cosa creada nos podrá separar del amor de Dios, que es en Cristo Jesús Señor nuestro (8:37-39).

Elección y predestinación

En los capítulos 9 a 11, Pablo responde muchas de las preguntas que naturalmente surgen al considerar en detalle su argumento, el cual ha sido desarrollado en los primeros ocho capítulos. En Romanos 9, trata el tema de la soberanía de Dios, incluso la paradójica verdad de que los seres humanos tienen libre albedrío al mismo tiempo que Dios los elige en Su soberanía: la cuestión de la elección y la predestinación. Tendemos a pensar que el Señor es injusto si no elige salvar a toda la gente, pero lo cierto es que toda nuestra raza está ya perdida en Adán; no tenemos derecho a ser salvados ni a cuestionar las elecciones de Dios; ningún derecho en absoluto. Es sólo la gracia de Dios la que nos salva, y no tenemos derecho a quejarnos ante Dios de que algunos sean salvados y otros no.

En Romanos 10, Pablo vincula la soberanía de Dios con la responsabilidad moral y la libertad del hombre. Dios elige, pero también lo hacemos nosotros; y la gran paradoja espiritual del libre albedrío y la predestinación es que, si bien Dios nos ha elegido a nosotros, también nosotros lo hemos elegido a Él. Todos tienen el mismo libre albedrío, el cual opera de manera misteriosa en armonía con la soberanía de Dios y la predestinación; conceptos que van más allá de nuestro entendimiento. La salvación es un paso de fe. Como Pablo observa:

La soberanía de Dios y la libertad humana

> *Pero la justicia que es por la fe dice así: No digas en tu corazón: ¿Quién subirá al cielo? (esto es, para traer abajo a Cristo); o, ¿quién descenderá al abismo? (esto es, para hacer subir a Cristo de entre los muertos). Mas ¿qué dice? Cerca de ti está la palabra, en tu boca y en tu corazón. Esta es la palabra de fe que predicamos: que si confesares con tu boca que Jesús es el Señor, y creyeres en tu corazón que Dios le levantó de los muertos, serás salvo. Porque con el corazón se cree para justicia, pero con la boca se confiesa para salvación (10:6-10).*

No es necesario ir al cielo para bajar a Cristo o descender a la tumba para levantarlo de los muertos; cosa que habría que hacer para ser salvo por mérito propio. Es imposible hacerlo. Usted ya tiene en su boca la palabra de que Jesús es Señor; sólo crea en su corazón que Dios lo levantó de los muertos, y será salvo.

En Romanos 11, Pablo nos muestra que, aunque Dios por un tiempo ha puesto a un lado a Israel, para que la gracia pudiera hacer su obra entre los gentiles; así también ha apartado la carne, la naturaleza caída, para que podamos entender lo que Él hace por y a través de nosotros. Cuando aceptamos francamente que sin Cristo no podemos hacer nada —y cuando vivimos la vida de acuerdo a ello, en total dependencia de Él—, descubrimos que *todo lo podemos* en Aquel que nos fortalece (ver Fil. 4:13). ¡Qué maravilloso descubrimiento!

Por lo tanto, el orgullo es nuestra mayor tentación y nuestro enemigo más cruel. Un día, aun nuestra carne servirá a Dios por Su gracia: nuestra carne glorificada. Cuando la creación sea liberada de su esclavitud al pecado y los hijos de Dios estén en sus cuerpos glorificados, Aquel que una vez fue rechazado y maldecido demostrará el poder y la sabiduría de Dios.

Un sacrificio vivo

La sección final, capítulos 12 a 16, comienza con estas palabras:

> *Así que, hermanos, os ruego por las misericordias de Dios, que presentéis vuestros cuerpos en sacrificio vivo, santo, agradable a Dios, que es vuestro culto racional (12:1).*

Lo más espiritual, razonable, inteligente, considerado e intencionado que puede hacer en su vida, en vista de todas estas verdades que Pablo ha declarado para usted, es entregarse a Dios y vivir para Él. Ninguna otra cosa podrá satisfacerlo en absoluto. Por tanto, conságrese al Señor en sacrificio vivo. ¡Es la única cosa razonable que uno puede hacer!

Las relaciones interpersonales entre cristianos

¿Cómo hacemos eso? ¿Cómo ofrecemos nuestros cuerpos en sacrificio vivo a Dios? De eso se trata el resto de Romanos: La aplicación práctica de estas verdades en nuestra vida cotidiana. Cuando siga estos principios, encontrará que su vida está cambiando en todas sus relaciones interpersonales. En primer lugar, ha cambiado con respecto a sus hermanos y hermanas cristianos, como muestra Romanos 12:3-13. Presentar su cuerpo en sacrificio vivo afecta a su vida en la iglesia.

Las relaciones con el gobierno y la sociedad

Luego, como vemos en Romanos 12:14 hasta el final del capítulo 13, Pablo muestra que esta manera de vivir afecta a nuestras relaciones con los poderes gobernantes y con la sociedad en general. Como el apóstol nos dice en Romanos 14 y 15, aun las actitudes internas serán diferentes. Cambiarán sus actitudes hacia aquellos que no están de acuerdo con usted y que sostienen valores diferentes. También será transformada su actitud hacia los perdidos. Sentirá una ardiente pasión por alcanzar a aquellos que están perdidos y que viven separados de Cristo.

Las relaciones con los perdidos

No hay manera más contundente de terminar esta breve investigación de la llave maestra de la Escritura que con las mismas palabras que Pablo utiliza en Romanos 16:25-27 para concluir esta epístola poderosa:

> *Y al que puede confirmaros según mi evangelio y la predicación de Jesucristo, según la revelación del misterio que se ha mantenido oculto desde tiempos eternos, pero que ha sido manifestado ahora, y que por las Escrituras de los profetas, según el mandamiento del Dios eterno, se ha dado a conocer a todas las gentes para que obedezcan a la fe, ¡al único y sabio Dios, sea gloria mediante Jesucristo para siempre! Amén.*

LA EPÍSTOLA PARA EL SIGLO XXI

Nuestra sociedad es amante del sensualismo y del placer, donde difícilmente cualquier desviación sexual sea demasiado extrema para ser censurada o prohibida. También es una sociedad orientada hacia la información, devota de la transmisión rápida y del análisis interminable de eventos, ideas y filosofías. Esto suena como una descripción de los Estados Unidos a comienzos del siglo XXI, pero también es una descripción de la ciudad de Corinto en el siglo I.

La Primera Epístola de Pablo a los Corintios es importante y extremadamente relevante para nosotros hoy porque capta de manera precisa los problemas que enfrentamos como cristianos que viven en una era postcristiana, postmoderna; una era de periódicos, TV, programas de entrevistas por radio, prostitución incontrolada, pornografía, homosexualidad y pornografía infantil. De todas las ciudades que encontramos en el Nuevo Testamento, Corinto es la más típicamente «moderna». Era un punto de encuentro, la capital de los buscadores del placer del Imperio Romano. Localizada en la península del Peloponeso, era una ciudad bella, con palmeras y edificios magníficos.

Corinto: como la sociedad actual

Corinto era un lugar de reunión para los grandes pensadores y oradores de Grecia. Estos se reunían en los foros públicos y hablaban interminablemente de diversas ideas y temas, desde política hasta filosofía, de economía a metafísica, del entretenimiento a la moralidad. Estos eran los precursores, aunque con menos tecnología, de nuestros actuales foros públicos en medios de comunicación masiva: Oprah y Rosie, Rush Limbaugh y Larry King, *America Online* e Internet. La ciudad de Corinto era la heredera cultural de los grandes pensadores del Siglo de Oro de Grecia; Sócrates, Platón y Aristóteles, todos tuvieron sus seguidores devotos en aquel lugar.

La ciudad también era devota de la adoración a la diosa del sexo. En Corinto, había un templo dedicado a la diosa griega del amor, Afrodita, y parte de su adoración consistía en la realización de ciertas ceremonias religiosas que involucraban actividades sexuales. Las sacerdotisas de este templo eran, en realidad, prostitutas, y allí servían cerca de diez mil. La ciudad estaba abiertamente entregada a las formas más depravadas de actividad sexual, y entonces —como ahora— el sensualismo y la obscenidad ilimitados no sólo eran tolerados, sino también aprobados por los líderes y los formadores de opinión en la sociedad.

Una iglesia problemática, pero digna de encomio

El apóstol Pablo va a esa ciudad. Recuerde la historia del libro de los Hechos. Pablo había pasado por Tesalónica y había sido arrojado fuera de esa ciudad por un levantamiento de judíos contra él. De allí, brevemente, pasó por la pequeña ciudad de Berea y luego descendió a Atenas. Paseando por aquella ciudad, observó los numerosos templos de diversos dioses paganos y fue a predicar a los atenienses en la colina de Marte. Finalmente, dejó Atenas, y bajó por el pequeño istmo hasta Corinto. Allí permaneció entre un año y medio y dos, predicando el evangelio y construyendo tiendas para mantenerse económicamente.

Pablo con Aquila y Priscila

En Corinto, Pablo encontró a una pareja que había venido de Roma, llamados Aquila y Priscila, que también fabricaban tiendas. Se quedó con ellos y los guió a Cristo. Formó una iglesia en casa de ellos y el evangelio se extendió por toda la ciudad a partir de esa primera iglesia de corintios. Al escuchar el evangelio, muchos creyeron, fueron bautizados y se convirtieron en miembros de esta iglesia. Esa fue la iglesia a la que Pablo escribió esta carta. Al leerla, se observa que la iglesia de los corintios estaba plagada de problemas; ¡tal vez haya sido la iglesia más conflictiva del Nuevo Testamento!

Pero, aunque había tantas cosas erróneas en la iglesia de Corinto, también había muchos aspectos dignos de encomio. Cuando Pablo comienza su carta para ellos, afirma estos aspectos loables. Empieza recordándoles de su llamamiento a ser santificados y santos, apartados para el servicio de Dios:

> *A la iglesia de Dios que está en Corinto, a los santificados en Cristo Jesús, llamados a ser santos con todos los que en cualquier lugar invocan el nombre de nuestro Señor Jesucristo, Señor de ellos y nuestro: Gracia y paz a vosotros, de Dios nuestro Padre y del Señor Jesucristo (1 Co. 1:2-3).*

Continúa hablando sobre algunas de las razones por las cuales los creyentes corintios son lo que son: seguidores del Señor Jesucristo. Habla de los grandes temas de la fe cristiana, la que los corintios habían creído y puesto en práctica. Nota que ellos han recibido a Cristo por fe y por gracia, y así han entrado a una nueva vida. De inmediato, el apóstol llega a la declaración clave de toda esta carta: la afirmación alrededor de la cual se construyen todos los demás argumentos de esta epístola:

> *Fiel es Dios, por el cual fuisteis llamados a la comunión con su Hijo Jesucristo nuestro Señor (1:9).*

Esta es la verdad central de la vida cristiana: Somos llamados a compartir la vida del Hijo de Dios. De esto se trata la amistad: de compartir. La amistad con alguien es un tiempo de compartir, y Dios nos ha llamado para eso. Todo el resto de la carta se concentra en este versículo, y en este concepto de compartir y de tener amistad con Jesús.

Las carnalidades frente a las espiritualidades

La Primera Carta a los Corintios se divide en dos secciones principales. En primer lugar, una sección que trata sobre lo que llamaríamos «las carnalidades», en los capítulos 1 a 11. Luego, en los capítulos 12 a 16, tenemos lo que Pablo mismo llama «las espiritualidades». Las carnalidades incluyen todo lo que está mal en la iglesia de Corinto. Las espiritualidades abarcan todo lo que la iglesia necesita hacer para corregirlo.

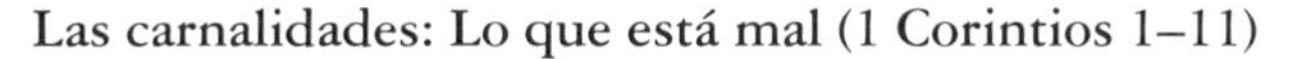

Las carnalidades: Lo que está mal (1 Corintios 1–11)

1.	Introducción	1:1-9
2.	Pablo trata el problema de división en la iglesia	1:10–4:21
3.	Pablo trata el asunto de la inmoralidad sexual	5
4.	Pablo trata el litigio entre cristianos	6:1-11
5.	Advertencias contra la inmoralidad sexual	6:12-20
6.	Pablo responde preguntas de la iglesia de Corinto	7–11
	A. Consejería sobre el matrimonio	7
	B. Libertad cristiana y el cristiano débil	8:1–11:1
	C. Sobre la oración pública	11:2-16
	D. Desorden en la mesa del Señor	11:17-34

Las espiritualidades: Cómo corregir lo que está mal (1 Corintios 12–16)

7.	Dones espirituales	12–14

8. Aplicación de la realidad de la resurrección de Jesucristo a nuestras vidas cotidianas — 15
9. Colecta para los necesitados — 16:1-4
10. Conclusión — 16:5-24

Cuando lea esta carta cuidadosamente, verá no sólo los problemas de la iglesia de Corinto, sino que también reconocerá los conflictos actuales de la Iglesia en el mundo. Hoy en día, como los corintios del primer siglo, sufrimos de todas las carnalidades; al menos, en un principio. Y, para enderezar nuestras vidas, necesitamos las espiritualidades.

Por tanto, esta carta está dirigida especialmente a aquellos (como nosotros, los que vivimos al principio del siglo XXI) que viven en una atmósfera saturada de sexo, dominada por el flujo constante de ideas y de información. Está escrita para los creyentes que viven en medio de las presiones y las tentaciones que usted y yo enfrentamos todos los días.

Tres problemas principales

En la primera sección, Pablo trata sobre los conflictos de esta iglesia en apuros e identifica tres áreas problemáticas principales. En primer lugar, está el problema de las divisiones dentro de la iglesia. En segundo lugar, el problema de los escándalos en la iglesia. Tercero y último, el apóstol responde a ciertas preguntas que le han formulado los cristianos de Corinto. Todos estos temas se reúnen bajo un título principal: «las carnalidades», las cosas que estaban trastornando a la iglesia.

1. Sanar las divisiones

El primer problema —las divisiones— es el resultado de la cultura circundante que está afectando a la iglesia. Y es un problema con el que luchamos hoy en día. Se escucha una y otra vez: «¡La Iglesia se está quedando atrás! ¡La Iglesia está desfasada!». Si bien nunca quisiera ver una Iglesia pedante y resistente al cambio, ¡estaría mucho más horrorizado de ver que se torna imperceptible en el mundo que nos rodea! Cuando la Iglesia comienza a reflejar el espíritu del siglo en que vive, cesa de reflejar a Jesucristo, deja de ser santificada, apartada y distinta de la cultura. Cuando ocurre esto, la Iglesia pierde su poder; y eso es lo que le pasó a la iglesia de Corinto.

Los corintios cristianos habían permitido que se introdujeran divisiones en la iglesia con respecto a filosofías humanas. Habían elegido adherirse a ciertos líderes religiosos y estaban divididos en facciones que decían: «Yo sigo a tal y cual, ¡y sus percepciones son mejores y más precisas que las que creen ustedes y su líder!». Habían surgido sectas, facciones y clichés, así que algunos seguían a Pedro, otros a Apolos, y algunos sostenían las enseñanzas del mismo Pablo. Hasta había un pequeño grupo exclusivo que reclamaba ser el más puro de todos: ¡decían seguir sólo a Cristo! ¡Y eran los peores alborotadores de todos por su orgullo espiritual!

Pablo responde a este problema con una palabra extraordinaria donde muestra que la sabiduría humana es inservible. Pablo la pone completamente de lado y dice que, en la iglesia, las percepciones humanas son siempre parciales y nada confiables. Insiste en que los corintios nunca aprenderán nada hasta que se entreguen a la sabiduría de Dios. Escribe en 1 Corintios 1:21: «Pues ya que en la sabiduría de Dios, el mundo no conoció a Dios mediante la sabiduría, agradó a Dios salvar a los creyentes por la locura de la predicación». Los temas profundos de Dios y de la vida del espíritu no pueden ser arreglados por medio de un concurso de popularidad ni por un debate filosófico. Sólo pueden solucionarse por medio de la Palabra de Dios.

Los temas profundos de Dios y de la vida del espíritu sólo pueden ser arreglados por la Palabra de Dios

Esto se aplica aun a nuestros días. La Iglesia nunca resolverá sus problemas mientras esté constantemente siguiendo a tal escritor o a tal maestro, a este pastor o a aquel orador. El entendimiento proviene del Espíritu de Dios, que nos habla a través de Su Palabra. Francamente, estaría sorprendidísimo si, después de leer este libro, ¡usted anduviera por ahí citándome a mí! Quiero que este libro sea una guía, una especie de mapa carretero para su estudio personal de la Palabra de Dios. Si usted emerge de nuestra aventura juntos a través de la Biblia mejor equipado para salir y decir: «esto es lo que dice la Biblia acerca de ese asunto», estaré complacido; sentiré que he cumplido mi trabajo. Si usted sigue mis palabras, habré fallado.

La cruz acaba con toda la sabiduría humana

El apóstol Pablo responde a las facciones y divisiones en Corinto confrontando a esa iglesia con la palabra de la cruz, la palabra que presenta la cruz de Cristo como el instrumento por el cual Dios acaba con toda la sabiduría humana, no porque esta no tenga valor en su esfera limitada, sino por ser inútil para resolver los problemas principales de los seres humanos. Pablo escribe:

> *Porque la palabra de la cruz es locura a los que se pierden; pero a los que se salvan, esto es, a nosotros, es poder de Dios (1:18).*

Cuando entendemos esto, nos damos cuenta de que nunca comenzaremos a aprender hasta que aceptemos que no sabemos nada. Cuando llegamos a apreciar la palabra del Calvario, entendemos que en la cruz de Jesucristo, Dios tomó a Su propio Hijo, un ser humano completamente perfecto, hecho igual a nosotros, y lo clavó allí para que muriera. Esta es la palabra de la cruz. Por eso, al ser humano natural le parece una locura.

La cruz de Cristo opera sobre un principio totalmente diferente al de la sabiduría mundana; de hecho, es como un molino que destroza el grano de la sabiduría de este mundo. Pablo dice que, una vez que comprendemos y aceptamos esto, comenzamos a descubrir la sabiduría verdadera, secreta y oculta que desenmaraña los problemas de la vida y responde a ellos, uno por uno. Empezamos a conocernos y a ver por qué este mundo es como es y hacia dónde se dirige; y por qué existen todas esas confusiones y problemas en la vida.

En realidad, Pablo está diciendo: «No voy a perder tiempo discutiendo con ustedes acerca de la filosofía de Sócrates, Platón o Aristóteles, ni de la sabiduría de cualquier otro ser humano. Ellos tienen su lugar; pero, cuando se trata de resolver los problemas profundos de la naturaleza humana, existe sólo una sabiduría que puede aplicarse, y esa es la palabra de la cruz». Entonces, esto se convierte en una de las respuestas más poderosas de todos los tiempos al intelectualismo que constantemente asedia a la Iglesia cristiana e intenta debilitarla. Dios nos destinó a aprender, a inquirir y a preguntarnos, pero nunca tuvo en mente que todo nuestro conocimiento proviniera de fuentes mundanas. Su propósito fue que aprendiéramos de Él y que buscáramos las respuestas en Él. Y las proveyó en forma de revelación en la Escritura. Nuestro entendimiento debe tener un fundamento correcto; por eso, Dios nos llama a regresar al principio que Él declaró en el Antiguo Testamento:

> *El temor de Jehová es el principio de la sabiduría, y el conocimiento del Santísimo es la inteligencia (Pr. 9:10).*

El origen de la división era la carnalidad, el orgullo y el deseo carnal de ser superiores, idolatrados y elogiados

Esa es la verdadera fuente del conocimiento y de la sabiduría. Allí es donde comenzamos.

¿Cuál es el origen de todas las divisiones en la iglesia de Corinto? No es lo que podría pensarse o lo que podrían creer los corintios: las diferencias de puntos de vista humanos. No, pueden existir muchas perspectivas sobre diversos temas en una iglesia y, aun así, tener unidad y hermandad. El origen de la división era la carnalidad, el orgullo y el deseo carnal de ser superiores, idolatrados y elogiados. Pablo les dice que, mientras que la carnalidad esté obrando en sus vidas, permanecerán siendo niños espirituales. Nunca crecerán.

Así sucede también con nosotros. Todo lo que hacemos en la carne es madera, heno y hojarasca, que sólo sirven para ser quemados. Todos los elogios que tanto queremos y buscamos de los demás no valen de nada; no, son más que despreciables porque, cuando los anhelamos y los buscamos, provocamos división y destrucción en la obra de Dios. El juicio de Dios es verdadero e implacable. A Él no le impresionan en absoluto las obras que hacemos en la carne. Sólo perdurará lo que sea hecho en el Espíritu. La palabra de la cruz debe entrar y acabar con la carne antes de que podamos crecer y madurar. Mientras esto no ocurra, la división y el conflicto reinarán en la Iglesia y en nuestras vidas.

2. Solucionar los escándalos

Luego, Pablo trata el tema de los escándalos que estaban ocurriendo en esta iglesia. Por supuesto, estos también eran los resultados de la carnalidad en la congregación de Corinto. Ante todo, había una situación intolerable de inmoralidad sexual en la iglesia, ¡y ese caso estaba siendo abiertamente aceptado y tolerado! La respuesta de Pablo fue: ¡Debe resolverse esa situación de pecado! Cuando se descubre un pecado y no hay arrepentimiento, la iglesia debe actuar mediante la disciplina; ¡pero la iglesia de Corinto no había actuado! Como resultado, la inmoralidad estaba corroyendo gradualmente sus filas.

Aquí nuevamente vemos un paralelismo con la Iglesia en la actualidad. Es escalofriante observar que ciertos líderes de las iglesias apoyan abiertamente la inmoralidad sexual, animando a los jóvenes a dormir y vivir juntos, y recomendando para el ministerio a gente claramente involucrada en relaciones inmorales. En el día de hoy, como en la Corinto del siglo I, estamos rodeados de una cultura que acepta la inmoralidad como algo normal, incluso saludable. Pero nosotros, en la Iglesia, debemos sostener que, en realidad, el incumplimiento de las leyes divinas sobre la conducta sexual constituye una violación a la propia humanidad de los individuos involucrados.

No es sólo la ira de Dios lo que arde cuando hay pecado sexual, sino Su amor. El Señor nos ama demasiado como para permitir que nos lastimemos y que perjudiquemos a otros mediante el mutuo abuso sexual, juntándonos en cuerpo y alma con aquellos con los cuales no tenemos una relación aprobada por Dios —ni para siempre— y usándonos mutuamente para gratificarnos personalmente en lugar de honrarnos como hermanos y hermanas en Cristo. Cuando pecamos sexualmente uno contra otro, no sólo se transgrede la ley de Dios, sino también Su amor.

Si queremos que los jóvenes se mantengan sexualmente puros, debemos ayudarlos a comprender que el sexo es más que un simple asunto de «no lo harás». Necesitan entender que sus cuerpos son templos del Espíritu Santo. El Hijo de Dios mora en nosotros y nunca estamos fuera de Su presencia. Dondequiera que vayamos, Él va con nosotros y está en nosotros. Todo lo que hacemos se realiza en la presencia del mismo Hijo de Dios. ¿Arrastraríamos a Jesús dentro de una casa de prostitución, a presenciar pornografía o al asiento trasero de un automóvil? ¡Qué pensamiento horrible! Si nuestros jóvenes pudieran aprender a poner en práctica la realidad de Su presencia y a llevarlo conscientemente dondequiera que vayan, estarían mejor equipados para soportar las presiones y las tentaciones que se cruzan por su camino.

Matrimonio y otros temas

Comenzando en el capítulo 7, Pablo atiende las cuatro cuestiones más importantes sobre las que ellos le habían escrito: el matrimonio, la carne que fue ofrecida a ídolos, los sombreros de las mujeres y la mesa del Señor.

Sobre el matrimonio

Sobre el matrimonio: Los corintios le habían preguntado a Pablo si estaba bien casarse, en vista de las presiones que los rodeaban. Quizás se preguntaban si debían entregarse completamente al servicio a Dios en un estilo de vida ascético. Aunque Pablo mismo no estaba casado, no obstante, les indicó en esta sección que, de ser posible, era mejor que los hombres y las mujeres se casen, que el matrimonio es una forma perfectamente apropiada de vivir. Considerando la situación de los corintios, cada hombre debía tener su propia esposa y cada mujer su propio esposo.

Luego continúa diciendo que también es correcto permanecer soltero si Dios lo concede como un llamado especial para cualquier individuo. La soltería también es una manera perfectamente honorable de vivir. El matrimonio no es una necesidad, aunque a menudo es una ventaja. Pero también puede ser un problema. Pablo trata toda esta cuestión del matrimonio de manera muy seria, amable y cuidadosa.

Sobre la carne

En segundo lugar, los corintios le habían escrito a Pablo acerca de la carne que había sido ofrecida a los ídolos. Estaban preocupados porque no querían ofender a Dios ni la conciencia de los cristianos débiles con este asunto. Aunque ya no nos preocupa este problema de si debemos o no comer carne ofrecida a los ídolos, aún enfrentamos este mismo principio. Tenemos tabúes cristianos sobre muchos temas que no son tratados de manera directa ni establecidos como malos en la Escritura: fumar, beber socialmente, bailar y muchos asuntos más.

Es interesante ver que Pablo, como apóstol —con toda la autoridad de dicha posición—, aun así rehusó inventar leyes sobre este tema. Por eso, los cristianos débiles e inmaduros siempre quieren que alguien les posicione bajo la ley; pero, si se los coloca en esa situación, ¡ya no están bajo la gracia! Y Pablo sabía que los cristianos debían aprender a poner en práctica lo que él llama «la ley de la libertad». La realidad es que todas las cosas están bien; nada es malo en sí mismo. Ningún anhelo ni deseo es malo en sí mismo; en esas cosas, tenemos libertad.

Pero él asocia esta ley con otras dos. A una la llama la «ley del amor»; es decir, la que afirma: «Podría tener libertad de hacerlo, pero, si realmente estoy siendo piedra de tropiezo en el camino de alguien, no lo haré». Esta limitación no es impuesta por mi conciencia, sino por la de otro, y por mi amor cristiano a esa persona. Pongo de lado mis derechos para evitar ofender a la persona cuya conciencia es más legalista o frágil.

La otra ley a la que apela Pablo es la «ley de la conveniencia»; es decir, todo es legal y legítimo, pero no todo es útil o conveniente. Hay muchas cosas que puedo hacer y muchas direcciones que puedo tomar como cristiano; pero, si paso todo el tiempo haciendo todas las cosas que me están permitidas, ya no tengo tiempo para hacer las cosas que soy llamado a hacer. Eso no es útil ni conveniente.

Sobre los sombreros de las mujeres

En tercer lugar, los corintios habían escrito a Pablo acerca de las mujeres. Específicamente, había un problema con los sombreros de las mujeres. ¿Sombreros? ¡Sí, sombreros! Suena ridículo para nuestra cultura, pero en aquella época y lugar era una cuestión importante, y no tan ridícula como usted imagina. Esta iglesia en particular tenía un problema por la cultura local. En Corinto, si una mujer era vista con la cabeza descubierta, inmediatamente se la identificaba como prostituta, una de las sacerdotisas del templo. Por eso, Pablo le escribe a esta gente en esa ciudad y dice: «¡Ustedes, mujeres, cuando vayan a la iglesia, pónganse un sombrero! Es una señal de ser una mujer cristiana sujeta a su marido» (paráfrasis propia; ver 1 Co.11:3-16).

Sobre la mesa del Señor

El cuarto problema del que le escribieron a Pablo se refería a la mesa del Señor. Había ciertas personas que participaban de ella de manera mecánica, sin encontrar ningún significado ni discernir lo que estaban haciendo. Así que, el apóstol tuvo que mostrarles que todo lo que el cristiano hace debe ser en forma realista, entendiendo claramente el significado de la Cena del Señor y reconociendo que debe hacerse como para Él.

3. Corregir las carnalidades: las grandes espiritualidades

En el capítulo 12, y en todo el resto del libro, Pablo se ocupa de las grandes espiritualidades, la corrección de estas carnalidades. No se corrigen estos problemas tan sólo tratando de enderezarse uno mismo por medio de los esfuerzos propios. Es necesario comenzar reconociendo el ministerio del Espíritu Santo en la vida de uno.

Note que el capítulo 12 comienza con la misma palabra *espiritualidades*, como vemos en el versículo 1:

No quiero, hermanos, que ignoréis acerca de los dones espirituales.

¿Dónde está la palabra *espiritualidades?* Aquí la traducción española usa dos palabras, «dones espirituales», pero, en el griego, hay sólo una, y es la que podría interpretarse más literalmente como «espiritualidades».

Pablo dice que no desea que los corintios estén desinformados en lo referente a las espiritualidades. ¿Por qué no? Bueno, porque la esfera espiritual, aunque es invisible, es la de la realidad absoluta. Las espiritualidades permiten que funcionen todas las otras esferas de la vida. Es la presencia del Espíritu lo que hace que Cristo sea real para nosotros, y los dones del Espíritu —las espiritualidades— están diseñados para que el cuerpo de Cristo funcione de manera eficaz y saludable. Cuando la Iglesia lleva a cabo su función, alcanza y afecta a la sociedad por todos lados, y cumple el plan eterno de Dios.

Hemos perdido muchas de las grandes riquezas de la provisión de Cristo para Su Iglesia. Conocemos muy poco acerca de los dones del Espíritu. ¿Cuál es su don? ¿Lo sabe? ¿Lo ha descubierto? ¿Lo está usando? ¿O necesita el mismo recordatorio espiritual que Pablo le da a Timoteo?:

> *Por lo cual te aconsejo que avives el fuego del don de Dios que está en ti por la imposición de mis manos (2 Ti. 1:6).*

El cuerpo de Cristo funciona por medio del ejercicio de sus dones, y todo cristiano tiene al menos uno

El cuerpo de Cristo funciona por medio del ejercicio de sus dones, y todo cristiano tiene *al menos* un don. Hay muchos dones diferentes; no todos tenemos el mismo. Por eso, nos necesitamos mutuamente en el cuerpo de Cristo. No hay dos cristianos iguales, y ninguno es prescindible. Si un cristiano falla en ejercitar sus dones, todo el cuerpo de Cristo sufre.

Este es un capítulo precioso, y claramente nos muestra que no debemos despreciarnos ni ofendernos unos a otros por una diferencia en los dones. Uno de los pasajes más hermosos —y convincentes— de este capítulo es el que claramente define a la iglesia como un cuerpo compuesto de muchas partes indispensables:

> *Mas ahora Dios ha colocado los miembros cada uno de ellos en el cuerpo, como él quiso. Porque si todos fueran un solo miembro, ¿dónde estaría el cuerpo? Pero ahora son muchos los miembros, pero el cuerpo es uno solo. Ni el ojo puede decir a la mano: No te necesito, ni tampoco la cabeza a los pies: No tengo necesidad de vosotros. Antes bien los miembros del cuerpo que parecen más débiles, son los más necesarios; y a aquellos del cuerpo que nos parecen menos dignos, a éstos vestimos más dignamente; y los que en nosotros son menos decorosos, se tratan con más decoro. Porque los que en nosotros son más decorosos, no tienen necesidad; pero Dios ordenó el cuerpo, dando más abundante honor al que le faltaba, para que no haya desavenencia en el*

cuerpo, sino que los miembros todos se preocupen los unos por los otros (1 Co. 12:18-25).

Cuando vivimos en unidad, llevando a cabo nuestras funciones en la iglesia y en el mundo, ejercitando nuestras espiritualidades —nuestros dones espirituales— en el poder del Espíritu Santo, el mundo será estremecido por la fuerza de nuestro amor y de nuestro testimonio. La prueba de que Dios es real y de que está activo en el mundo es lo que demostramos con nuestras vidas. Mostramos la realidad y el poder del Señor cuando aprendemos el secreto establecido en el próximo capítulo, el famoso capítulo del Nuevo Testamento sobre el amor: 1 Corintios 13. El aspecto más sorprendente de la descripción de Pablo sobre el amor —considerando que la palabra *amor* ha llegado a ser definida en nuestra cultura como un sentimiento tibio o incluso como sexo— es que no lo define como una emoción, sino como una *decisión* y como un *acto de la voluntad.*

El capítulo del amor

El amor es sufrido, es benigno; el amor no tiene envidia, el amor no es jactancioso, no se envanece; no hace nada indebido, no busca lo suyo, no se irrita, no guarda rencor; no se goza de la injusticia, mas se goza de la verdad. Todo lo sufre, todo lo cree, todo lo espera, todo lo soporta. El amor nunca deja de ser; pero las profecías se acabarán, y cesarán las lenguas, y la ciencia acabará (vv. 4-8).

El don de las lenguas

Después, en el capítulo 14, Pablo toca otro problema que estaba causando confusión en la iglesia: el mal uso de uno de los dones, el de lenguas. El uso falso de las lenguas es un problema en nuestra sociedad actual como lo fue cuando el apóstol lo trató en este capítulo. Para corregir estos abusos, Pablo intenta enfocar esta sección en la importancia del don de profecía. Siempre me sorprende cuántos leen este capítulo y pierden de vista lo importante para el apóstol. Todo el propósito del capítulo es animar a aquellos que tienen el don de profecía a ejercitarlo. Pero hoy, casi nunca se escucha algo sobre eso. En estos días escuchamos mucho sobre las lenguas, pero muy poco sobre profecía. Pablo intentaba dar menos importancia al don de lenguas y más al de profecía. El don de profecía es simplemente la habilidad para explicar y exponer las Escrituras, para consolar, edificar y alentar con la Biblia.

La resurrección

La resurrección es el gran eje sobre el cual se equilibra toda la fe cristiana

El capítulo 15 pone gran énfasis en la resurrección. ¿Qué valor tendría cualquiera de estas verdades si no tuviéramos un Cristo vivo que las hace reales? La resurrección es el gran eje sobre el cual se equilibra toda la fe cristiana. Sin la resurrección, colapsa todo lo que tenga que ver con el cristianismo. Si Jesucristo no resucitó de los muertos —como el apóstol dice en este capítulo—, no tenemos esperanza alguna; y no sólo eso, también somos dignos de la mayor conmiseración en todo el mundo. Somos locos, somos necios, deberíamos estar encerrados en algún lugar si Cristo no hubiese resucitado de los muertos.

Pero, gracias a Dios, lo que celebramos en la Semana Santa es un acontecimiento que realmente ocurrió, ¡no en la imaginación de alguien, sino en la historia, en el tiempo y en el espacio! ¡Jesús vive! Y es por ello que Pablo puede finalizar el capítulo 15 con esta palabra de confianza y de aliento:

> *Así que, hermanos míos amados, estad firmes y constantes, creciendo en la obra del Señor siempre, sabiendo que vuestro trabajo en el Señor no es en vano (v. 58).*

La posdata de Pablo

El capítulo 16 es la posdata de Pablo en la que retoma ciertos asuntos que la iglesia necesitaba saber, tales como la necesidad de recoger habitualmente una ofrenda, el envío de ciertos misioneros, los planes personales de Pablo y, al final, unas pocas palabras de aliento:

> *Velad, estad firmes en la fe; portaos varonilmente, y esforzaos. Todas vuestras cosas sean hechas con amor (vv.13-14).*

Como los corintios del siglo I, vivimos en un mundo de presiones, tentaciones y constantes batallas espirituales y morales. Pero usted y yo tenemos todo lo que necesitamos para obtener la victoria. Tenemos las espiritualidades de Dios, y estas son suficientes para hacernos más que vencedores sobre las carnalidades y sobre Satanás.

CUANDO SOY DÉBIL, ENTONCES SOY FUERTE

Hace unos años, visité la ciudad a la que Pablo se dirige en esta epístola. Recorrer las ruinas de Corinto fue una experiencia tremendamente conmovedora para mí. Muy poco queda en pie de la ciudad original, porque fue destruida por los romanos pocos años después de la visita de Pablo. Ha estado así desde entonces. Quedan algunas columnas del templo y del mercado, y otras áreas públicas. El pavimento del tribunal de justicia del procónsul romano está bien conservado.

No me resultó difícil imaginar al apóstol Pablo cuando descendió de Atenas y entró en esta ciudad que era, en ese tiempo, un centro de placer, de discurso público y debate filosófico, y una gran ciudad comercial. Ciertamente, fue un lugar de gran belleza, con muchos templos opulentamente adornados para dioses y diosas paganos. Había ganado la reputación de ser el centro de la adoración lujuriosa, la adoración a la diosa del amor: Afrodita. Su templo era un sitio donde unas diez mil prostitutas (porque eso es exactamente lo que era una sacerdotisa de esta diosa) llevaban a cabo su oficio. Corinto representaba una sociedad saturada de sexo, muy parecida a la nuestra. Se pueden encontrar indicios de esto en las cartas de Pablo a la iglesia de esta ciudad.

Corinto: una sociedad saturada de

Cuando me encontraba entre las ruinas de la ciudad de Priscila y Aquila, donde Pablo había predicado y trabajado para Dios mientras se ganaba la vida como fabricante de tiendas, no pude evitar pensar en

sexo muy parecida a la nuestra

ciertas frases que encontramos en esta carta del apóstol. Leyendo cuidadosamente la Segunda Epístola de Pablo a los Corintios comprendí que es una de sus cartas más personales y emotivas.

El trasfondo de la carta

Para entender 2 Corintios, es importante captar el trasfondo y el contexto en los cuales se escribió. Después de que Pablo estableció la iglesia y trabajó en la ciudad durante casi dos años, se encaminó a la ciudad de Éfeso, en el Asia continental. Desde allí escribió su Primera Carta a los Corintios. El propósito era corregir algunas de las divisiones que habían surgido en aquella iglesia y también algunos de los escándalos que la habían conmocionado. Después de escribir esa primera carta, un grupo de gente causó muchos problemas a la iglesia e influyó bastante sobre la gente porque quería volver a introducir en el cristianismo el judaísmo legalista e intransigente. Este grupo estaba encabezado por un maestro que se oponía a Pablo y que probablemente había llegado desde Jerusalén, influyendo en la iglesia y enseñando a la gente que tenían que observar la ley mosaica. Se presentaban como los únicos seguidores verdaderos de Cristo y de la ley de Dios, llamándose el «partido de Cristo», y declaraban que los grandes temas de la gracia enseñados por Pablo no constituían un cristianismo auténtico. Pablo, en su primera carta, se refiere a estas personas que afirman seguir solamente a Cristo (ver 1 Co.1:12).

Un grupo de gente le causó muchos problemas a la iglesia porque quería volver a introducir en el cristianismo el judaísmo legalista e intransigente

Al parecer, esta facción tomó el control de la iglesia de Corinto después de que el apóstol escribió la primera carta; así que, él volvió a visitar la ciudad por un corto tiempo y, aparentemente, fue rechazado por los líderes de la iglesia. En la misma iglesia que él había fundado, se había infiltrado de tal manera un cristianismo falso que ¡el propio Pablo ya no era bienvenido! Entonces, regresó a Éfeso. Desde allí escribió una carta corta, tajante y emotiva, para reprender y reprobar a los corintios cristianos por haber permitido que los engañaran; sin embargo, esa no es esta epístola. Esa carta no nos ha llegado. Está claro que Pablo escribió una carta que no fue preservada; quizás porque él, escribiendo con ira, haya dicho cosas que fueron más allá de lo que el Espíritu Santo quería revelar. O, tal vez, simplemente trató temas temporales de la iglesia de esa época, asuntos que no serían significativos para nosotros en la actualidad. Sea como sea, esa carta perdida no tenía el potencial que le corresponde a la Escritura. Si Dios hubiese querido que esa carta se preservara, no se habría perdido.

Esa carta fue enviada por medio de Tito. Mientras este la llevó a la iglesia de Corinto, el apóstol permaneció en Éfeso, esperando ansiosamente saber cuál sería la respuesta de los corintios. Esto es lo que se percibe en los primeros versículos de 2 Corintios. Pablo les dice que ha estado preocupado por ellos. Ha atravesado un intenso sufrimiento esperando recibir noticias de ellos. En el capítulo 1, versículos 8-9, escribe:

> *Porque hermanos, no queremos que ignoréis acerca de nuestra tribulación que nos sobrevino en Asia; pues fuimos abrumados sobremanera más allá de nuestras fuerzas, de tal modo que aun perdimos la esperanza de conservar la vida. Pero tuvimos en nosotros mismos sentencia de muerte, para que no confiásemos en nosotros mismos, sino en Dios que resucita a los muertos.*

Después, en el capítulo 2, versículo 4, les dice cuán ansioso y preocupado está por ellos:

> *Porque por la mucha tribulación y angustia del corazón os escribí con muchas lágrimas, no para que fueseis contristados, sino para que supieseis cuán grande es el amor que os tengo.*

Por lo tanto, estaba esperando en Asia una respuesta de la iglesia de Corinto; pero, mientras esperaba, surgieron problemas en la iglesia de Éfeso. Este conflicto está registrado en Hechos 19. Allí los plateros causaron una gran conmoción en la ciudad y Pablo fue amenazado con ser llevado ante los jueces romanos. Entonces, escapó y decidió ir a Macedonia para encontrarse con Tito, que cruzaría por esa región al regresar de Corinto. Además, su ansiedad por los corintios era tan grande que no podía esperar más para recibir las noticias. También quería reunir dinero allí para las necesidades de los cristianos en Jerusalén que estaban sufriendo hambre. Pablo fue a Filipos, en Macedonia, con su corazón sumamente cargado con estas dos preocupaciones.

Allí se encontró con Tito y supo que la carta tajante que había escrito a los corintios había cumplido con su cometido. La mayoría de los cristianos de esa ciudad se había arrepentido de haber rechazado el ministerio del apóstol y había comenzado a vivir otra vez la vida de Jesucristo. No obstante, una minoría permanecía inflexible y continuaba rebelándose contra su autoridad. Así que, desde la ciudad de Filipos, escribió esta carta, 2 Corintios, donde expresa tanto la ansiedad como la agitación que sentía en su corazón.

Los temas de 2 Corintios

Con este trasfondo, es posible entender algo de la pasión del apóstol al escribir. Los grandes temas espirituales contenidos en esta carta surgen de su pesar y de sus lágrimas:

1. El ministerio dentro de la iglesia (capítulos 1–4)
2. La ofrenda y el servicio, o el ministerio por medio de la iglesia (capítulos 5–10)
3. La autoridad, el ejercicio sabio del liderazgo en la iglesia (capítulos 11–13)

Lo que sigue es una visión general de la estructura de la Segunda Carta de Pablo a los Corintios:

Ministerio dentro de la Iglesia (2 Corintios 1–4)

1.	Introducción	1:1-11
2.	Cambio de planes de Pablo; impedimento para ir a Corinto	1:12–2:4
3.	Perdonar y restaurar al pecador arrepentido	2:5-13
4.	Cristo nos da el triunfo	2:14-17
5.	El ministerio de Pablo: un ministerio de vidas cambiadas, un ministerio del nuevo pacto, un ministerio de Cristo	3:1–4:7
6.	Las pruebas del ministerio	4:8-15
7.	Nuestra motivación para servir a Dios	4:16-18

La ofrenda y el servicio, el ministerio por medio de la Iglesia (2 Corintios 5–10)

8.	Nuestra recompensa futura por servir a Cristo	5:1-16
9.	El ministerio de la reconciliación	5:17-21
10.	No ofender a otros	6:1-10
11.	El llamado de Pablo a la reconciliación en la iglesia y a separarse de las influencias perjudiciales	6:11–7:1
12.	Pablo y Tito	7:2-7
13.	La respuesta de los corintios a 1 Corintios	7:8-16
14.	La colecta de Pablo para los cristianos necesitados y los principios de una ofrenda santa	8–9
15.	Pablo responde a las acusaciones contra él	10

La autoridad, el ejercicio sabio del liderazgo (2 Corintios 11–13)

16.	El apostolado y la autoridad de Pablo	11:1–12:6
17.	El aguijón en la carne de Pablo y la gracia suficiente de Dios	12:7-10
18.	Las señales de la autoridad de Pablo como apóstol	12:11-13

19. Pablo comenta sus planes de una futura visita 12:14–13:10
20. Conclusión 13:11-14

En los primeros capítulos, descubrimos una declaración de lo que debería ser un verdadero ministerio cristiano. Por ejemplo, como Pablo afirma en el capítulo 3, no se trata del ministerio del antiguo pacto, sino del nuevo. En otras palabras, el mensaje no consiste en la demanda de la ley a las personas para obligarlas a seguir ciertas reglas y preceptos. Cuando el cristianismo se convierte en un conjunto de lo que debe y no debe hacerse, siempre termina siendo algo *peligroso,* letal, embrutecedor. Entonces, no es más una relación viva con un Señor vivo, sino una determinación implacable de ser meticuloso y de poner el punto sobre todas las íes de la ley. Estas son demandas hechas en la carne. Como dice Pablo, el antiguo pacto, ejemplificado por los Diez Mandamientos, nos impone demandas, pero sin una dinámica que lo acompañe para cumplirlo. Es un ministerio de muerte. Como escribe en 2 Corintios 3:6:

El cual asimismo nos hizo ministros competentes de un nuevo pacto, no de la letra, sino del espíritu; porque la letra mata, más el espíritu vivifica.

Los recursos cristianos

Después, Pablo describe la historia del nuevo pacto. Este es el nuevo acuerdo para vivir y no la vieja determinación implacable de apretar con fuerza los puños y los dientes, y tratar de hacer lo que Dios demanda; eso no es verdadero cristianismo. La relación del nuevo pacto es entender que Él ha provisto el Espíritu Santo para vivir la vida del Señor resucitado en nuestras propias vidas. El mismo poder que lo levantó de los muertos está disponible para usted, a fin de darle la fuerza y la gracia para hacer todo lo que la vida le demande. Este es el nuevo pacto para vivir. Aquí encontramos los recursos emocionantes de la vida cristiana. ¿Cuáles son estos recursos?

La Palabra de Dios

Primer recurso: la Palabra de Dios. La actividad de un ministro de Jesucristo (y recuerde, todos los cristianos son llamados a ser Sus ministros, no sólo los pastores y los maestros) es declarar la Palabra de Dios. Observe cómo lo explica Pablo:

Por lo cual, teniendo nosotros este ministerio según la misericordia que hemos recibido, no desmayamos. Antes bien renunciamos a lo oculto y vergonzoso, no andando con astucia, ni adulterando la palabra de Dios, sino por la manifestación de la verdad recomendándonos a toda conciencia humana delante de Dios (4:1-2).

Aquí no sólo encontramos el fracaso de la Iglesia del primer siglo, sino también el de la de hoy, manifestado en tantas áreas, tales como: interferir hábil y sutilmente contra la Palabra de Dios, debilitar su autoridad, minar su mensaje, ignorar su testimonio, rehusarse a actuar de acuerdo a su verdad.

Segundo recurso: el tesoro misterioso del Espíritu de Dios que mora en el creyente. Pablo trata sobre este recurso en 2 Corintios 4:7:

El Espíritu de Dios que mora en el creyente

> *Pero tenemos este tesoro en vasos de barro, para que la excelencia del poder sea de Dios, y no de nosotros.*

La vida victoriosa no tiene que ver con poseer una personalidad encantadora o ser inteligente y educado, sino que proviene de este tesoro escondido dentro del vaso de barro de nuestra vida. El poder de una vida victoriosa surge del Espíritu de Dios, no de nosotros. Este es el secreto por medio del cual el poder de Dios se manifiesta en nuestro ser.

Tercer recurso: la esperanza. Pablo continúa declarando la gran esperanza del creyente:

Esperanza

> *No mirando nosotros las cosas que se ven, sino las que no se ven; pues las cosas que se ven son temporales, pero las que no se ven son eternas (4:18).*

Sabemos que tenemos un cuerpo que no puede ser destruido, «una casa no hecha de manos, —como nos dice 5:1— eterna, en los cielos». Dios tiene preparado para nosotros un gran futuro. La vida que ahora vivimos es la preparación para la que vendrá. El presente es sólo un prólogo del futuro.

El capítulo 5 también nos revela la transformación radical que se lleva a cabo cuando nos comprometemos con Cristo. Pablo escribe en el versículo 17:

> *De modo que si alguno está en Cristo, nueva criatura es; las cosas viejas pasaron; he aquí todas son hechas nuevas.*

Somos nuevas criaturas en Cristo y, como resultado, Dios nos ha dado un nuevo ministerio y un nuevo mensaje: el ministerio y el mensaje de la reconciliación:

> *Y todo esto proviene de Dios, quien nos reconcilió consigo mismo por Cristo, y nos dio el ministerio de la reconciliación; que Dios estaba en Cristo reconciliando consigo al mundo, no tomándoles en cuenta*

a los hombres sus pecados, y nos encargó a nosotros la palabra de la reconciliación (5:18-19).

Este es nuestro tema. Este es nuestro titular en primera plana, desplegado ante toda la gente del mundo: Podemos ser reconciliados con Dios a través de la fe en Jesucristo. Con eso como nuestro mensaje y ministerio, hemos venido a ser lo que Pablo llama embajadores de Cristo, Sus representantes en el mundo:

Así que, somos embajadores en nombre de Cristo, como si Dios rogase por medio de nosotros; os rogamos en nombre de Cristo: Reconciliaos con Dios. Al que no conoció pecado, por nosotros lo hizo pecado, para que nosotros fuésemos hechos justicia de Dios en él (5:20-21).

Este es el evangelio en pocas palabras.

La ofrenda y el servicio: el ministerio de la Iglesia

En los capítulos 8 y 9, tenemos la declaración del ministerio de la Iglesia. Pablo estaba recogiendo una colecta para la gran hambruna que había en Jerusalén y, con ella, aliviar físicamente a los santos en esa ciudad. El apóstol dice que el dar es la prueba del genuino amor cristiano. Entonces, llama a los creyentes corintios a abrir sus corazones para ofrendar, tal como ellos lo habían recibido todo de Jesucristo:

Porque ya conocéis la gracia de nuestro Señor Jesucristo, que por amor a vosotros se hizo pobre, siendo rico, para que vosotros con su pobreza fueseis enriquecidos (8:9).

Aquí, como en muchos lugares de la Escritura, vemos en acción una paradoja espiritual: El cristianismo opera en la pobreza, enriqueciendo a muchos. Jesús, el creador del universo, puso a un lado Sus riquezas y entró en Su creación en un estado de pobreza para enriquecernos a todos por medio de Su gracia. Él es nuestro modelo. Tenemos que dar para enriquecer a otros con la gracia de Jesucristo. Este pasaje no es una justificación para campañas financieras altamente persuasivas o para intentar avergonzar a los cristianos para que ofrenden. En la economía de Dios, nadie tiene que ser sometido a ninguna coacción. Tenemos que dar como cada uno propone en su corazón, de acuerdo a su conciencia personal. Como escribe Pablo:

Pero esto digo: El que siembra escasamente, también segará escasamente; y el que siembra generosamente, generosamente también segará. Cada uno dé como propuso en su corazón: no con tristeza, ni por necesidad, porque Dios ama al dador alegre. Y poderoso es Dios para hacer que abunde en vosotros toda gracia, a fin de que, teniendo siempre en todas las cosas todo lo suficiente, abundéis para toda buena obra (9:6-8).

¿Se atreve usted a poner a prueba el plan económico de Dios? Su Palabra es tan verdadera en nuestra época como lo fue en el siglo I.

La autoridad, el ejercicio sabio del liderazgo de la iglesia

En los capítulos 10, 11 y 12, Pablo cambia de tono. Comienza a hablarle a esa minoría de cristianos rebeldes en Corinto que seguían rechazando la autoridad de su ministerio entre ellos. No estaba confrontando la desobediencia a *él,* sino a la *verdad de Dios.* Esta situación en la iglesia de Corinto origina una gran disertación sobre la base de la autoridad en la vida cristiana. Estos falsos maestros se habían exaltado ante la gente basándose en su linaje, sus antecedentes y su educación. Eran orgullosos y arrogantes, y el apóstol Pablo se ocupa de su reclamo altanero de ser líderes de la gente.

Las credenciales personales de Pablo

De manera irónica, casi sarcástica, Pablo les muestra a estos líderes pretensiosos el fundamento verdadero de la autoridad, y lo hace contrastando las credenciales por las que ellos se preocupan tanto (posición social, antecedentes, títulos universitarios) con las que da el Señor (el conocimiento de Dios). En realidad, el apóstol está diciendo: «Si insisten en impresionaros con estos símbolos mundanos de autoridad; está bien, yo puedo también jactarme. Si lo hiciera, sería un necio. Pero como a ustedes les impresionan tanto esas cosas; muy bien, jugaré a ese tonto juego y me jactaré un poquito. Les diré lo que Dios ha hecho a través de mí».

Y entonces viene ese pasaje admirable del capítulo 11:

Para vergüenza mía lo digo, para eso fuimos demasiado débiles. Pero en lo que otro tenga osadía (hablo con locura), también yo tengo osadía. ¿Son hebreos? Yo también. ¿Son israelitas? Yo también. ¿Son descendientes de Abraham? También yo. ¿Son ministros de Cristo? (Como si estuviera loco hablo.) Yo más; en trabajos más abundante; en azotes sin número; en cárceles más; en peligros de muerte muchas veces. De los judíos cinco veces he recibido cuarenta azotes menos uno. Tres veces he sido azotado con varas; una vez apedreado; tres veces he padecido naufragio; una noche y un día he estado como náufrago en alta mar; en caminos muchas veces; en peligros de ríos, peligros de ladrones, peligros de los de mi nación, peligros de los gentiles, peligros en la ciudad, peligros en el desierto, peligros en el mar, peligros entre falsos hermanos; en trabajo y fatiga, en muchos desvelos, en hambre y sed, en muchos ayunos, en frío y en desnudez; y además de otras cosas, lo que sobre mí se agolpa cada día, la preocupación por todas las iglesias. ¿Quién enferma, y yo no enfermo? ¿A quién se le hace tropezar, y yo no me indigno? Si es necesario gloriarse, me gloriaré en lo que es de mi debilidad (11:21-30).

¡Increíbles credenciales! Aun así, él agrega rápidamente que ¡son simplemente jactancias insensatas, inútiles! Está diciendo: «Aquí no es donde reside mi autoridad. Si realmente quieren saber en qué se basa mi autoridad y de dónde proviene el verdadero poder espiritual, permítanme enseñarles de qué manera comencé a aprender la lección. Esto no les va a parecer muy impresionante, pero quiero que sepan que les estoy diciendo la verdad. Este es el acontecimiento del que me jacto más que de cualquier otra cosa en la vida, el momento en que comencé a aprender el secreto del poder genuino».

Entonces, comenzando con 11:31, Pablo describe la ocasión en que tuvo que ser bajado por el muro de la ciudad de Damasco, para poder escabullirse en la oscuridad y escapar de la persecución de los guardas del rey Aretas, ¡como si fuera un vulgar ladrón! Esta nos es una historia de gran victoria y valor, sino de derrota y desaliento. A pesar de ello, Pablo dice que es la historia del día en que aprendió el secreto de la vida cristiana victoriosa y eficaz: «Cuando soy débil, entonces soy fuerte».

Continúa en 12:6-10 describiendo su aguijón en la carne, algún aspecto doloroso y feo de su vida —quizás alguna aflicción física—, y cómo oró fervientemente tres veces para que Dios se lo quitase. Pero el Señor sabía lo que era mejor para él y permitió que Pablo conservara ese aguijón. El mensaje de Dios a Pablo fue:

Y me ha dicho: Bástate mi gracia; porque mi poder se perfecciona en la debilidad. Por tanto, de buena gana me gloriaré más bien en mis debilidades, para que repose sobre mí el poder de Cristo. Por lo cual, por amor a Cristo me gozo en las debilidades, en afrentas, en necesidades, en persecuciones, en angustias; porque cuando soy débil, entonces soy fuerte (12:9-10).

Este es el secreto de la verdadera fortaleza cristiana: no la apariencia exterior, no el prestigio, la pompa y el favor, no los títulos, los honores y los premios. No. El poder espiritual nunca está en el lugar del orgullo humano ni del poder. Tampoco se encuentra en una personalidad brillante e impresionante ni en la habilidad para hablar con una oratoria elocuente. El poder espiritual se encuentra en el corazón del hombre humilde que reconoce su dependencia total del Señor

El poder espiritual se encuentra en el corazón del hombre humilde que reconoce su dependencia

total del Señor viviente que mora en él

viviente que mora en él. Cuanto más débil sea usted, más fuerte podrá ser Cristo.

En una epístola rica en significado, quizás esta sea la verdad más valiosa de todas: *La fortaleza proviene de la debilidad.*

Así que, Pablo finaliza la epístola dirigiéndose a la gente de Corinto como se dirige a nosotros hoy:

> *Examinaos a vosotros mismos si estáis en la fe; probaos a vosotros mismos (13:5).*

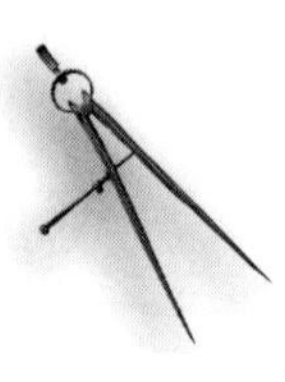

¿Cree y confía verdaderamente en Dios, aun en tiempos de prueba y debilidad? ¿Está dependiendo de la fortaleza del Señor en vez de la suya? ¿Enfrenta con coraje situaciones difíciles basándose en Su poder; no neciamente, sino con confianza, sabiendo que Él lo ha guiado allí y quiere utilizarlo en su debilidad, para que Su fuerza y Su poder puedan ser manifestados a un mundo que observa? Ese es el gran secreto de la verdadera vida cristiana:

¡Nuestra debilidad, Su fortaleza!

CÓMO SER LIBRE

Dos de los grandes líderes de la Revolución Americana en 1776 fueron Benjamin Franklin y el inglés Thomas Paine. Una vez, cuando estos dos hombres estaban discutiendo sobre su creencia apasionada en el concepto de la libertad, Franklin comentó: «Donde haya libertad, allí está mi país».

Paine replicó: «Donde *no* haya libertad, allí está *mi* país». En otras palabras, Paine estaba comprometido a ir donde hubiera opresión e injusticia para tratar de dar libertad a esos países. Y así lo hizo, trabajando con pasión por la libertad —a un costo personal muy grande— en Inglaterra, Estados Unidos y Francia.

La actitud de Paine es muy parecida a la del apóstol Pablo, como lo expresa en su extraordinaria Epístola a los Gálatas. Al considerar la opresión política y religiosa por todas partes, a la gente ligada y sujeta a leyes, reglas y legalismos, el apóstol Pablo visualizó que gran parte de su misión era ir adonde *no* había libertad, para llevársela a aquellos cuyos espíritus y almas estaban encadenados.

Nuestra «Declaración de Independencia» espiritual

Probablemente, Gálatas sea la epístola más brillante del Nuevo Testamento. Está llena de lenguaje vívido, enérgico. Se relaciona íntimamente con las cartas de Romanos y Hebreos. Estas tres cartas del Nuevo Testamento —Romanos, Gálatas y Hebreos—forman lo que podría considerarse un comentario inspirado de un versículo en particular del Antiguo Testamento, en el libro de Habacuc:

Mas el justo por su fe vivirá (2:4).

Estas tres cartas del Nuevo Testamento citan ese versículo y cada una de ellas ofrece un aspecto o dimensión diferente de él. En Romanos, Pablo enfatiza las palabras «el justo». Detalla qué significa ser justo, y cómo una persona es justificada ante Dios y declarada justa

en Cristo. Fue la epístola a los Romanos la que libró a Martín Lutero de su legalismo terrible y le mostró la verdad de la gracia de Dios por medio de la fe.

En Gálatas, el apóstol destaca la palabra «vivirá». Su intención es mostrarnos la fuente de vida para la persona justa, justificada en Cristo. Esta es la carta de la libertad cristiana, la expresión total de la vida y la fe.

En Hebreos, se encuentra el énfasis en las últimas palabras: por fe. Este es el magnífico tratado del Nuevo Testamento sobre la fe, que culmina en esa sección memorable sobre los héroes de fe, en Hebreos 11, donde se demuestra que la salvación siempre ha sido por gracia a través de la fe, tanto en el Antiguo como en el Nuevo Testamento.

El objetivo de esta epístola es que los cristianos descubran la libertad de los hijos de Dios conforme a todo lo que Él ha planeado para la humanidad en relación a la libertad y el gozo

Gálatas llega al fondo del interrogante sobre cómo es verdaderamente la vida cristiana. La respuesta puede darse en una sola palabra: libertad. Como cristianos, somos llamados a la libertad en Jesucristo. El objetivo de esta epístola es que los cristianos descubran la libertad de los hijos de Dios conforme a todo lo que Él ha planeado para la humanidad en relación a la libertad y el gozo. Pablo desea que experimentemos la libertad al máximo en nuestro espíritu, sólo restringida hasta donde sea necesario para armonizar con el diseño de Dios. Así que, es por una buena razón que esta carta ha sido llamada de distintos modos: Declaración de los derechos fundamentales de la vida cristiana, Carta magna de la libertad cristiana, o Declaración de nuestra independencia espiritual; emancipación de todas las formas de legalismo y cautiverio en la experiencia cristiana.

Lo que sigue es una visión general de la estructura de la epístola de Pablo a los Gálatas:

El evangelio de la libertad (Gálatas 1–4)

1.	Introducción. ¿Por qué abandonaron los gálatas este evangelio de la libertad?	1:1-9
2.	El evangelio de la libertad proviene directamente de Dios	1:10-24
3.	El evangelio de la libertad ratificado en Jerusalén y por medio del reproche de Pablo a Pedro	2
4.	La salvación es por fe, no por obras ni por la ley	3–4

Cómo vivir en libertad (Gálatas 5–6)

5.	Estar firmes en la libertad	5:1-12
6.	Amarse unos a otros, en la libertad	5:13-15

7. Andar en el Espíritu, no en la carne 5:16-21
8. El fruto del Espíritu 5:22-26
9. Vivir en libertad, hacer bien a todos, cuidar unos de otros 6:1-10
10. Conclusión, con una maldición sobre aquellos que imponen su legalismo a creyentes que están bajo la gracia 6:11-18

La identidad particular de los Gálatas

Esta no es una carta escrita a una sola iglesia, como en el caso de las epístolas a los corintios y a los efesios. Esta está dirigida a varias iglesias. En la introducción leemos:

> *Pablo, apóstol (no de hombres ni por hombre, sino por Jesucristo y por Dios el Padre que lo resucitó de los muertos), y todos los hermanos que están conmigo, a las iglesias de Galacia (1:1-2).*

¿Quiénes eran estos gálatas? En Hechos 13 y 14, se encuentra el antecedente de las iglesias de Galacia. Estas fueron iniciadas por Pablo en su primer viaje misionero, cuando viajó con Bernabé a las ciudades de Antioquía, Icono, Derbe y Listra. En Listra, al principio fue bienvenido y honrado como un dios; más tarde, fue apedreado, arrastrado fuera de la ciudad y dado por muerto. En realidad, experimentó persecución en todas las ciudades de esa región.

El nombre de la provincia viene de la misma raíz que la palabra *Galia,* el antiguo nombre romano para Francia. Recuerdo, años atrás, cuando estudié *La guerra de las galias,* de Julio César, que comienza con la frase latina: *Galia est omnis divisa in partes tres* (Toda Galia está dividida en tres partes). Aproximadamente, trescientos años antes de Cristo, los galos, que habitaban lo que ahora es Francia, habían invadido el Imperio Romano y saqueado la ciudad de Roma. Después, cruzaron al norte de Grecia y atravesaron el estrecho de Dardanelos hasta entrar en Asia Menor (la moderna Turquía). Estos galos se establecieron allí invitados por uno de los reyes de la región.

Los residentes de Galacia eran miembros de una raza celta

Por lo tanto, los gálatas no eran árabes, ni turcos ni asiáticos. Eran una raza celta, de linaje similar a los escoceses, los irlandeses, los bretones y los franceses. Puesto que muchas personas son también de ese linaje, esta carta es particularmente pertinente para ellos, como lo reconocerán cuando lean la descripción de Julio César sobre los galos: «La fragilidad de los galos consiste en que son inconstantes en sus decisiones, aficionados al cambio e indignos de confianza». O, como lo expresa otro escritor antiguo: «Son francos, impetuosos, impresionables, eminentemente inteligentes, ostentadores; pero también, extremadamente inconstantes, fruto de una vanidad excesiva».

¿No se parece esto a muchos habitantes de los países más avanzados? ¡Ciertamente, la mayor parte del mundo estaría de acuerdo con esta declaración!

En su segundo viaje misionero, esta vez acompañado por Silas en lugar de Bernabé, Pablo se propuso regresar a todas estas ciudades galas y visitar las iglesias que habían sido establecidas. En ese viaje, pasó un tiempo considerable en varias localidades de la región porque se enfermó. En esta carta, se refiere a esta enfermedad de manera más bien indirecta. Evidentemente, era una especie de problema serio en la vista, porque dice en Gálatas:

> *Y no me despreciasteis ni desechasteis por la prueba que tenía en mi cuerpo, antes bien me recibisteis como a un ángel de Dios, como a Cristo Jesús. ¿Dónde, pues, está esa satisfacción que experimentabais? Porque os doy testimonio de que si hubieseis podido, os hubierais sacado vuestros propios ojos para dármelos (4:14-15).*

Algunos estudiosos piensan que tenía los ojos inflamados, que lo hacían parecer repulsivo. Aun así, estos gálatas lo recibieron con gran alegría y lo trataron como si fuera un ángel de Dios o hasta Jesucristo mismo. Se gozaron con el evangelio de la gracia que él les había llevado porque les reveló —con claridad brillante y vívida— la gloria y la obra del Señor crucificado. Como resultado, habían entrado en la plenitud de la vida del Espíritu y recibido el amor, el gozo y la paz que Jesucristo da cuando entra en el corazón humano.

El enojo de un apóstol

Los «lobos», los judaizantes, estaban en medio de ellos

Estos lobos les declararon un evangelio de esclavitud, leyes, reglas y rituales a estos creyentes gentiles que acababan de

Pero algo había pasado cuando él escribe esta carta a los cristianos de la región de Galacia (probablemente, está escribiendo desde la ciudad de Corinto). Cierta gente se entrometió con ellos, a quienes Pablo llama en otro lugar «lobos» (ver Hch. 20:29). ¿Quiénes eran estos lobos? Eran judaizantes, legalistas recalcitrantes que habían llegado desde Jerusalén con lo que el apóstol llama «un evangelio extraño», una mezcla de cristianismo con prácticas del judaísmo. El evangelio de los judaizantes no era totalmente diferente, sino una distorsión del verdadero evangelio. Estos lobos declararon un evangelio de esclavitud, leyes, reglas y rituales a estos creyentes gentiles que acababan de recibir de Pablo el evangelio liberador y renovado de Jesucristo. Afirmaban que, para ser cristianos *genuinos*, los gentiles deberían ser circuncidados, guardar la ley de Moisés y obedecer todas los reglamentos del Antiguo Testamento. Estos legalistas estaban tratando de imponer todas las restricciones y las obligaciones ceremoniales de la ley mosaica.

¿Y qué hay de Jesucristo y de Su obra completa en la cruz? Bueno, los judaizantes habían puesto de lado a Jesucristo; como muchos de los falsos evangelios, el de los judaizantes mantenía un caparazón externo de cristianismo. Sin embargo, el corazón de este falso evangelio no era la gracia y la fe, sino las obras. Al Señor Jesucristo se le daba un lugar secundario. Lo principal eran las reglas y los rituales de la antigua ley de Moisés.

recibir de Pablo el evangelio liberador de Jesucristo

Peor aun, los judaizantes desafiaron la autoridad apostólica de Pablo. Lo desafiaron por ser (a su parecer) independiente, no fiable y exageradamente entusiasta. ¡Hasta aseveraron que se había graduado en un seminario equivocado! Así que, estaban tratando de conseguir que los gálatas rechazaran su autoridad como apóstol.

Pablo estaba muy alterado por las noticias. ¡Al leer esta carta podemos ver que no soporta más! Preste atención a algunas de las expresiones que usa:

Mas si aun nosotros, o un ángel del cielo, os anunciare otro evangelio diferente del que os hemos anunciado, sea anatema (1:8).

En realidad, Pablo está diciendo que ¡cualquiera que anuncie un evangelio diferente al que él ya les había predicado debería ser condenado al infierno! ¡No tendría que dejar dudas en cuanto a la intensidad de los sentimientos del apóstol sobre este asunto! Él repite la misma maldición en el próximo versículo:

En realidad, Pablo está diciendo que ¡cualquiera que anuncie un evangelio diferente al que él ya les había predicado debería ser condenado al infierno!

Como antes hemos dicho, también ahora lo repito: Si alguno os predica diferente evangelio del que habéis recibido, sea anatema (1:9).

Cuando escuchamos palabras como maldito, pensamos en maldiciones e insultos; sin embargo, Pablo no lo está diciendo sin justificación, no está siendo profano ni indecente. Simplemente, está enfrentando la realidad de que cualquiera que aparezca con un evangelio diferente ya se ha condenado a sí mismo. Tales personas han rechazado la verdad de la gracia de Jesucristo. Aquellos que rechazan Su gracia y buscan llegar a Dios a su manera, a través de rituales o de su propia justicia, están malditos, como lo deja claro todo el Nuevo Testamento. Al finalizar esta carta, las emociones de Pablo se encienden contra aquellos que predican la circuncisión y el legalismo en lugar de la gracia liberadora de Jesús:

¡Ojala se mutilasen los que os perturban! (5:12).

En otras palabras: «Puesto que los judaizantes son tan celosos que ponen a los cristianos bajo la esclavitud de la circuncisión, deseo que, ¡al hacerlo, sean privados *totalmente* de su hombría!». Podemos apreciar algo del fuego que arde a lo largo de toda esta carta. El apóstol está profundamente perturbado. Está armado para la batalla, ¡y no está capturando prisioneros! En realidad, el apóstol es tan expresivo y apasionado que no puede esperar a que un secretario escriba su dictado. A pesar de su vista precaria, garabatea esta epístola de su propia mano con letras grandes, y con pena e indignación.

¿Por qué está tan enfadado el apóstol con estos judaizantes? ¡Porque han pervertido la pureza del evangelio! ¡Y, al hacerlo, han intentado volver a esclavizar a aquellos que en ese momento estaban siendo liberados a través de la gracia de Jesucristo! Están deshaciendo todo lo que Pablo trataba de lograr al predicar el evangelio de la salvación por gracia a través de la fe en Jesucristo. El evangelio es la simplicidad misma: Primero, Cristo se dio a sí mismo por nuestros pecados; esto es *justificación*. Segundo, Cristo se dio a sí mismo para librarnos de esta presente era de maldad; esto es *santificación*. Todo es por gracia y no por obras. El apóstol se turbó profundamente por el ataque contra estas verdades. Sabía que el inyectar legalismo al cristianismo detiene el latido del corazón del evangelio y conduce a las personas de vuelta a la esclavitud, el fracaso y la miseria.

Estos dos temas del evangelio —justificación y santificación— constituyen el resumen básico de la carta a los Gálatas. Los capítulos 1 a 4 tratan el tema de la justificación por medio de la fe. Cristo murió por nuestros pecados: esta es la declaración fundamental del evangelio, las buenas noticias de que Cristo ha cargado con nuestra culpa. Así, Pablo defiende estas buenas noticias en el capítulo 1 de Gálatas.

El evangelio de Pablo

En primer lugar, él muestra que le fue revelado directamente por Jesucristo. No lo recibió de ninguna otra persona, ni siquiera de los apóstoles. Cristo mismo se le apareció y le dio esta buena noticia. Pablo escribe:

Revelado a él por Cristo

> *Mas os hago saber, hermanos, que el evangelio anunciado por mí, no es según hombre; pues yo ni lo recibí ni lo aprendí de hombre alguno, sino por revelación de Jesucristo (1:11-12).*

Reconocido por los apóstoles

En segundo lugar, fue reconocido por los otros apóstoles como el mismo evangelio que ellos recibieron. Algunas personas han afirmado que Pablo predicó un evangelio diferente al de Pedro, Santiago, Juan y los otros; que el evangelio de Pablo es superior al de ellos. Pero, en esta carta, el mismo apóstol dice que catorce años después de su conversión subió a Jerusalén y tuvo la oportunidad de comparar notas con los otros apóstoles. Cuando lo hizo, ellos se asombraron al descubrir que este hombre, que nunca había sido parte de los Doce originales, sabía tanto como ellos acerca de la verdad del evangelio.

En realidad, Pablo sabía lo que había pasado en las reuniones íntimas y secretas que ellos habían tenido con el Señor Jesucristo. Puede ver un ejemplo de esto en 1 Corintios, donde el apóstol describe la cena del Señor:

> *Porque yo recibí del Señor lo que también os he enseñado: Que el Señor Jesús, la noche que fue entregado, tomó pan; y habiendo dado gracias, lo partió, y dijo: Tomad, comed; esto es mi cuerpo que por vosotros es partido; haced esto en memoria de mí (1 Co. 11:23-24).*

¿Cómo sabía Pablo todo eso? Lo recibió directamente del Señor Jesús. Así que, cuando Pedro, Santiago y Juan escucharon que Pablo sabía tanto como ellos sobre lo que había pasado en el aposento alto, reconocieron que ciertamente estaban en presencia de un hombre llamado por Dios. Su apostolado, que viene directamente de Jesucristo, descansa sobre ese hecho.

Confirmado al confrontar a Pedro

En tercer lugar, no sólo le fue revelado por Cristo y reconocido por los otros apóstoles, sino que también fue confirmado cuando Pedro fue a Antioquía. Pedro, el supuesto líder de los apóstoles, estaba en Antioquía, con un concepto equivocado. Puede leer la historia en Gálatas 2:11-21. La dificultad entre Pedro y Pablo era sobre el tema de comer comida autorizada por la ley judía y la comida de los gentiles. Pedro era judío y había sido educado para comer solamente alimentos *kosher,* pero, cuando se convirtió en cristiano, comía con los gentiles y así indicaba la libertad que tenía en Cristo. Sin embargo, cuando ciertos hombres llegaron de Jerusalén, comenzó a sentirse comprometido y volvió a comer sólo con los judíos, con lo cual negaba la libertad que anteriormente había proclamado. Esto es lo que conmocionó a Pablo y lo llevó a enfadarse con Pedro, públicamente y en su cara. ¡Imagínese! ¡Este apóstol independiente desafiando a Pedro, «la roca»! Y al hacerlo, justificó el evangelio.

El evangelio es salvación por fe, no por obras

En los capítulos 2 a 4, Pablo continúa mostrándonos que el evangelio trata de la salvación por la fe y no por las obras. Jesús lo ha hecho todo para asegurar nuestra salvación; nosotros no podemos hacer nada para garantizarla. Más aun, nuestra salvación es el resultado de una promesa, no de la ley. Esta promesa antecede a la ley, y fue dada a Abraham 400 años antes de que naciera Moisés. Por lo tanto, la ley no puede cambiar la promesa. La promesa de Dios es verdad aunque haya ley o no.

Promesa, no ley

Hijos, no esclavos

Pablo también muestra que aquellos que están en Cristo son hijos, no esclavos. No son más siervos, sino parte de la familia de Dios. En este sentido, trata sobre los grandes pasajes alegóricos de Agar y Sara, la ley y el monte de la gracia (la Jerusalén de arriba; ver Gá. 4:25-26). A partir de estos pasajes, declara la verdad grandiosa de la justificación por fe.

Esto fue lo que liberó el alma de Martín Lutero. Hace más de 450 años, el monje de Wittemburg subió y clavó su tesis de noventa y cinco puntos en la puerta de la iglesia del castillo, y así comenzó lo que llamamos la Reforma Protestante. Allí estaba un hombre que había tratado de hacer todo lo posible para encontrar su camino al cielo por el sendero de las obras. Había hecho todo lo que le había sugerido la iglesia de su tiempo: probado el ayuno, las indulgencias, los sacramentos, la intercesión de los santos, las penitencias y las confesiones; soportado vigilias nocturnas y días de trabajo pesado. Había hecho todo lo que podía, pero cuanto más duramente trabajaba, más aumentaba su angustia interior.

Finalmente, en completa desesperación, se dirigió al líder de la orden agustiniana, de la cual era monje, y pidió algún tipo de liberación. El anciano encantador que encabezaba la orden sabía poco de la Palabra de Dios —así de miserable era la condición de la iglesia organizada en ese tiempo—, pero le dijo una cosa: «No pongas tu fe en ti mismo, sino en las heridas de Cristo». Un rayo tenue de luz atravesó el alma de Martín Lutero. Pero no fue hasta que estuvo en su pequeño cuarto de la torre, preparando clases sobre los Salmos para enseñarles a sus estudiantes que, de repente, toda la luz resplandeció en su mente. Fue golpeado por un versículo de Salmos:

> *En ti, oh Jehová, he confiado; no sea yo confundido jamás; líbrame en tu justicia (Sal.31:1).*

Este texto se grabó en el corazón de Martín Lutero. De repente, le impactó que la justicia de Dios fuera para él una cosa terrible. La tomó como un juicio justo e inflexible por medio del cual el Señor destruiría a todos los que cometieran el menor error y no estuvieran a la altura de toda la expectativa de la santidad divina. Lutero dijo que incluso detestaba la palabra *justicia*.

Pero, más tarde, cuando empezó a investigar la Palabra, esta lo condujo a la epístola de Romanos, donde leyó las siguientes palabras: «El justo por la fe vivirá». Esto encendió su corazón y vio por primera vez que otra Persona ya había pagado la pena por el pecado, para que él no tuviera que hacerlo. Cristo había entrado en la raza humana y cargado nuestra culpa para que Dios pudiera, en justicia, aceptarnos; no por nuestros méritos o justicia, sino los de Él. Martín Lutero nunca volvió a ser el mismo hombre. Este descubrimiento lo condujo a desafiar el sistema de indulgencias y todas las otras prácticas legalistas que esclavizaban a la gente a la iglesia organizada, y lo llevó a clavar la tesis en la puerta.

El único evangelio

Como dijo alguien, es interesante que absolutamente todas las religiones conocidas por la humanidad sean de obras, *¡excepto el evangelio de Jesucristo!* El hinduismo nos dice que, si renunciamos al mundo y nos relacionamos con el «espíritu del universo», finalmente vamos a encontrar nuestro camino a la paz. El budismo nos presenta ocho principios por medio de los cuales los seres humanos tienen que caminar y así encontrarse en el camino a la salvación. El judaísmo afirma que debemos guardar la ley de manera absoluta e inflexible, y que entonces seremos salvos. El Islam asevera que una persona debe orar cinco veces al día, dar limosnas y ayunar durante el mes de Ramadán, y obedecer las órdenes de Alá. El unitarismo dice que la gente se salva teniendo un buen carácter. El humanismo moderno asegura que la salvación se consigue a través del servicio a la humanidad. Todas son maneras de obrar. En todos los casos, se afirma que la salvación se obtiene por medio de algo que *nosotros* debemos hacer.

¡Pero las buenas nuevas del evangelio son que Jesucristo ha hecho todo! Él solo hizo lo que nadie puede hacer por sí mismo.

Y Él nos ha liberado.

Un mensaje de santificación

En Gálatas 5 y 6, Pablo trata el segundo e igualmente importante aspecto de esta gran verdad, resumida en las palabras que he enfatizado a continuación:

> *El cual se dio a sí mismo por nuestros pecados para librarnos del presente siglo malo, conforme a la voluntad de nuestro Dios y Padre (1:4).*

El cristianismo no se trata meramente de ir al cielo cuando uno muere (justificación). También es vivir ahora, en esta vida presente (santificación). Es ser liberado de las ataduras del mundo, sus métodos, su maldad y su iniquidad. Ser liberado aquí y ahora. También esto es un don de Jesucristo. Él no sólo vino a librarnos de la muerte, sino también del presente siglo malo. ¿Cómo nos libera Él aquí y ahora? Viviendo Su vida a través de nosotros. Esta es la clave de la santificación. Sabemos que esta era es mala. Sentimos las presiones para que nos adaptemos, bajemos nuestros estándares, creamos en todas las mentiras que proclaman la TV, las películas, la música popular y la gente que nos rodea.

Pero ¡caemos en la trampa de pensar que podemos librarnos por nosotros mismos! Así que, establecemos nuestros programas cristianos, llenamos nuestros días de actividades, enseñamos en la escuela dominical, cantamos en el coro, participamos de un estudio bíblico o de un club cristiano... y pensamos que somos libres. Por supuesto, estas son cosas buenas, pero no nos salvan. Si pensamos que somos salvos por todas las buenas cosas religiosas que hacemos, aún estamos cautivos. Estamos hundidos hasta la cabeza en el galacianismo. Hemos caído en la misma esclavitud que había arrastrado a las iglesias de Galacia. Estamos viviendo por obras, no por fe.

En los dos capítulos finales de Gálatas, encontramos que lo más importante de nuestro andar cristiano es repudiar la vida de la carne con su egocentrismo y descansar en la obra del Espíritu de Dios para reproducir en nosotros la vida de Jesucristo. Todo esto se nos resume en uno de los versículos más conocidos de toda la carta:

> *Con Cristo estoy juntamente crucificado, y ya no vivo yo, mas vive Cristo en mí; y lo que ahora vivo en la carne, lo vivo en la fe del Hijo de Dios, el cual me amó y se entregó a sí mismo por mí (2:20).*

El viejo y egocéntrico «yo» ha sido crucificado con Cristo, así que, no tiene más derecho de vivir. Nuestra tarea es asegurarnos de que no viva, que sea repudiado, que sea puesto de lado, junto con su determinación de expresar lo que Pablo llama «las obras de la carne»; actos como los que se enumeran en Gálatas 5:19-21: inmoralidad sexual, impureza y depravación, idolatría y brujería (una palabra que, en el original griego, está relacionada al abuso de drogas con el propósito de alterar la mente y el ánimo), odio, discordia, celos, ataques de ira, ambición egoísta, disensiones, divisiones y envidia, borracheras, orgías y cosas parecidas. Todas estas características desagradables constituyen las obras de la carne, la vieja vida egocéntrica que Pablo declara que fue juzgada y quitada en la cruz, para ser reemplazada por la vida de Jesucristo que brilla a través de nosotros.

En lugar de ser controladas por la carne, nuestras vidas tienen que demostrar el creciente control del Espíritu de Dios. En Gálatas 5:22-23, encontramos la evidencia de que Dios está santificándonos gradualmente y tomando cada vez más el control de nuestras vidas. Esa evidencia se expresa en una lista de cualidades del carácter que Pablo llama «el fruto del Espíritu»: amor, gozo, paz, paciencia, benignidad, bondad, fe, mansedumbre y templanza.

Ahora bien, aquí es donde aparece la libertad cristiana. No habrá comenzado a vivir como Dios desea que lo haga hasta que el fruto del Espíritu se manifieste permanentemente en su vida. Todo lo que no esté a ese nivel constituye la esclavitud del legalismo, con su frustración, temor y fracaso.

En Gálatas 6, Pablo describe que el ser llenos del Espíritu Santo nos capacita para experimentar una verdadera hermandad mutua en el cuerpo de Cristo. Cuando nuestras vidas muestran que el Espíritu de Dios mora en nosotros, empezamos a hacer las cosas que conducen a la integridad, la salud y la unidad del cuerpo de Cristo. Comenzamos a llevar los unos las cargas de los otros, a restaurarnos mutuamente en mansedumbre y bondad. Empezamos a dar generosa y libremente para satisfacer las necesidades mutuas, y a sembrar en el Espíritu en lugar de hacerlo en la carne.

La posdata personal de Pablo

Por último, Pablo termina con una de las más intensas posdatas personales de todo el Nuevo Testamento. Él escribe:

> *Mirad con cuán grandes letras os escribo de mi propia mano (6:11).*

En efecto, garabateando penosamente cada carta, entorpecido por su vista precaria, declara: «No me glorío en mi carne como lo hacen estos judaizantes. Ellos quieren obligar a la gente a circuncidarse; para ellos, cada persona circuncidada es otra calavera que pueden colgar de sus cintos como señal de que han hecho algo grande para Dios. Esa no es mi gloria. Yo sólo me glorío en la cruz de Cristo, y la cruz acaba con esa clase de vida. La cruz destruye al "viejo hombre" con toda su arrogancia, ambición y gloria personal».

Pablo sabe que sus palabras fuertes, en esta epístola poderosa, van a molestar a algunas personas. Provocarán ira y hasta oposición.

Y él está listo para eso. Escribe:

> *De aquí en adelante nadie me cause molestias; porque yo traigo en mi cuerpo las marcas del Señor Jesús (6:17).*

En otras palabras, «si alguien quiere oponerse o hacerme la vida imposible, ¡ni lo piense! Quiero que sepan que vivir esta clase de vida ha sido muy costoso para mí. Me he ganado el odio y la persecución de muchos. Llevo en mi cuerpo las cicatrices de haber servido al Señor Jesús».

Si desafía al mundo y sus métodos —incluso si desafía la mundanalidad en la iglesia—, será rechazado y hasta despreciado. Algunos estarán preparados para quemarlo en la hoguera por retar el *status quo.* Su vida los juzga al manifestar la luz de la verdad de Dios, y ellos se resienten. En efecto, el apóstol Pablo asegura: «No me importa. Soy marcado, maltratado y golpeado, pero me glorío en el Señor Jesucristo que me ha enseñado lo que es la verdadera libertad. Donde no haya libertad, donde la gente esté atada a la esclavitud, la ignorancia y la opresión, donde la gracia de Jesucristo esté siendo subordinada a rituales y reglas, allí iré yo. En el nombre de Jesucristo, iré adonde Él me mande y diré lo que Él me indique decir, y señalaré el camino a la libertad».

EL LLAMADO DE LOS SANTOS

La epístola a los Efesios es, en muchas maneras, la gloria suprema del Nuevo Testamento. Sin embargo, probablemente le extrañará descubrir que ¡esta carta quizás no debería llamarse «Efesios»! En realidad, no sabemos para quiénes fue escrita. Ciertamente, los cristianos de Éfeso estaban entre los destinatarios, pero, sin duda, había otros. De hecho, en muchos de los manuscritos griegos originales existe un espacio en blanco donde la *Versión King James* y la *Nueva Versión Internacional* insertan las palabras «a Éfeso». Por eso, la *Versión Estándar Revisada* no dice: «A los santos en Éfeso», sino simplemente: «A los santos y fieles en Cristo Jesús».

Efesios: la gloria suprema del Nuevo Testamento

En Colosenses 4:16, Pablo se refiere a una carta que escribió a los laodicenses. Puesto que nuestra Biblia no incluye esa epístola, muchos han asumido que dicha carta se perdió. No obstante, otros eruditos bíblicos piensan que la carta a los laodicenses es esta, la epístola a los Efesios. Éfeso está localizada cerca de Laodicea, en Asia Menor (la Turquía moderna), y es posible que ambas ciudades fueran dos de las destinatarias de esta carta, entre varias localidades más de la región. Así podría explicarse lo que, de otra manera, parecería ser una carta perdida del apóstol Pablo a los laodicenses.

El tema de esta epístola es maravilloso y glorioso, y Pablo lo establece aquí de manera particular entre todas las del Nuevo Testamento que escribió. Se centra en la naturaleza de la verdadera Iglesia, el cuerpo de Cristo.

Lo que sigue es un resumen de la Epístola a los Efesios:

Nuestra posición como cristianos (Efesios 1–3)

1.	Introducción: somos redimidos por el Hijo y sellados por el Espíritu	1
2.	Nuestra posición ante Dios: antes muertos, ahora vivos en Cristo	2:1-10
3.	Nuestra posición en la Iglesia: judíos y cristianos reconciliados	2:11-22
4.	La revelación del misterio de la Iglesia	3

Nuestra manera de vivir como cristianos (Efesios 4–6)

5.	La unidad en la Iglesia	4:1-6
6.	Una Iglesia, muchos dones espirituales	4:7-16
7.	Despojaos del viejo hombre, vestíos del nuevo	4:17-29
8.	No contristéis al Espíritu Santo, sino sed llenos de Él	4:30–5:21
9.	La sumisión cristiana: esposos y esposas, hijos y padres	5:22–6:4
10.	El servicio en el lugar de trabajo	6:5-9
11.	La guerra espiritual: la armadura de Dios, orar por denuedo	6:10-20
12.	Conclusión	6:21-24

Ustedes en Cristo

Como tratamos en el capítulo 54, «Cartas a la Iglesia», las primeras cuatro cartas del Nuevo Testamento —Romanos, 1 y 2 Corintios, y Gálatas— desarrollan el tema *Cristo en ustedes,* y nos enseña lo que desea llevar a cabo la vida de Cristo morando en nosotros. No obstante, comenzando con la carta a los efesios, el tema principal de las epístolas cambia de Cristo en ustedes a *Ustedes en Cristo*. De Efesios a Filemón, tenemos que descubrir y entender lo que significa estar *en Cristo* y compartir la vida del cuerpo del Señor Jesucristo. Este es el maravilloso tema de esta carta: el creyente en Cristo y el creyente en el cuerpo de Cristo, la Iglesia. Pablo establece el tono para su epístola en Efesios 1:3:

> *Bendito sea el Dios y Padre de nuestro Señor Jesucristo, que nos bendijo con toda bendición espiritual en los lugares celestiales en Cristo.*

Los lugares celestiales

Esta frase «los lugares celestiales», que aparece varias veces en la carta, es fácilmente malinterpretada. Si sólo se toma como una referencia al cielo después de la muerte, se perderá el propósito principal del mensaje de Pablo a los efesios. Si bien esta frase implica que, algún día, iremos al cielo, habla primordialmente de la vida que tenemos que vivir justamente ahora, aquí en la tierra. Los lugares celestiales no se encuentran en algún rincón distante del espacio, o de un planeta o estrella. Son simplemente las esferas de la realidad invisible donde el cristiano vive en este momento, en contacto con Dios y en conflicto con las esferas satánicas en que estamos todos involucrados diariamente. Los lugares celestiales son el asiento de la autoridad y del poder de Cristo. En Efesios 2:6, se nos dice:

Y juntamente con él nos resucitó, y asimismo nos hizo sentar en los lugares celestiales con Cristo Jesús.

Pero, en Efesios 3:10, aprendemos que ¡en los lugares celestiales también se encuentran los cuarteles generales de los principados y las potestades de maldad!

Su intención era que ahora, a través de la Iglesia, la sabiduría multiforme de Dios se diera a conocer a los poderes y a las autoridades en esos lugares.

La naturaleza de nuestro conflicto en las esferas espirituales se revela en Efesios 6:12, que dice:

Porque no tenemos lucha contra sangre y carne, sino contra principados, contra potestades, contra los gobernadores de las tinieblas de este siglo, contra huestes espirituales de maldad en las regiones celestes.

Así que, puede ver que, cuando Pablo habla de las regiones celestes, no está hablando para nada de los cielos, sino de una esfera invisible, pero muy real, aquí en la tierra. Se refiere al reino espiritual que nos rodea y que constantemente influye en nosotros y nos afecta, sea para bien o para mal, según nuestras elecciones y nuestra relación con dichos poderes invisibles. En esta esfera, donde todos vivimos, el apóstol declara que Dios ya nos ha bendecido con toda bendición espiritual. Es decir, Él nos ha dado todo lo que se necesita para vivir en las circunstancias y situaciones presentes. Pedro dice lo mismo en su segunda carta:

Cuando Pablo habla de las regiones celestes, se refiere al reino espiritual que nos rodea y que constantemente influye en nosotros, para bien o para mal

Como todas las cosas que pertenecen a la vida y a la piedad nos han sido dadas por su divino poder, mediante el conocimiento de aquel que nos llamó por su gloria y excelencia (2 P. 1:3).

Esto significa que, cuando recibe a Jesucristo como Señor, ya se le ha entregado todo lo que Dios le ha querido dar siempre. ¿No es extraordinario? Los creyentes más débiles tienen en sus manos todo lo que siempre poseyeron los más grandes santos de Dios. Ya tenemos todo, porque tenemos a Cristo, y en Él está toda bendición espiritual y todo lo que tiene que ver con la vida y la divinidad. Es decir, tenemos todo lo que se necesita para vivir la vida como Dios esperaba que lo hiciéramos. Por tanto, cualquier fracaso no se debe a que nos falte algo, sino a que *no nos hemos apropiado de lo que ya es nuestro.*

Ustedes son la Iglesia

La mayoría de nosotros tiende a pensar en la iglesia como el lugar adonde vamos, adonde asistimos, algo fuera de nosotros donde presentamos ofrendas. Pero Pablo, en su poderosa carta a los efesios, quiere que entendamos que ¡nosotros somos la Iglesia y que la Iglesia es nosotros!

Cuando era pastor, de vez en cuanto, alguien me decía: «La iglesia debería hacer esto y lo otro». Y yo respondía: «Bueno, usted es la iglesia; vaya y hágalo». La persona siempre me miraba con un poco de asombro, y luego decía: «¡Está bien, lo haré!». Cuando alguien decía: «La iglesia debería ser más amigable», yo indicaba: «Muy bien, usted y yo somos la iglesia; seamos más amigables». Cuando alguien observaba: «La iglesia necesita hacer más para alcanzar a la comunidad», yo decía: «Usted y yo somos la iglesia. Pensemos en algunas cosas que podemos hacer para tener un ministerio más efectivo en la comunidad». Invariablemente, ese pensamiento golpeaba a la gente como algo nuevo, como una revelación; entonces, cambió la manera de vivir sus vidas como miembros del cuerpo de Cristo.

Cada uno de nosotros, como creyentes en Jesucristo, somos un microcosmos de todo el cuerpo

La Iglesia son personas. Cada creyente es un miembro del cuerpo de Cristo, la Iglesia; así que, prefiero estudiar esta carta usando la palabra *Iglesia* de manera intercambiable con la palabra *creyente,* porque todo creyente es una pequeña réplica de toda la Iglesia. Si entendemos que Dios vive en la Iglesia, entonces debemos reconocer que él también vive en cada creyente. Cada uno de nosotros, como creyentes en Jesucristo, somos un microcosmos de todo el cuerpo. Por tanto, podemos estudiar toda esta epístola relacionando lo que Pablo dice, no a la Iglesia en sentido institucional, sino a cada uno de nosotros como creyentes individuales.

Metáfora 1: La Iglesia es un cuerpo

En Efesios, Pablo utiliza seis metáforas para explicar la naturaleza de la Iglesia —y del cristiano— en relación con Jesucristo. En la primera de estas metáforas, se refiere a la Iglesia como un cuerpo:

> *Y sometió todas las cosas bajo sus pies, y lo dio por cabeza sobre todas las cosas a la iglesia, la cual es su cuerpo, la plenitud de Aquel que todo lo llena en todo (1:22-23).*

El primer capítulo está enteramente dedicado a la verdad maravillosa y asombrosa de que nosotros, como seres humanos pecadores, comunes y defectuosos seamos llamados por Dios de la manera más extraordinaria para convertirnos en miembros de ese cuerpo. ¡Es una declaración grandiosa! El apóstol Pablo nunca salió de su asombro al saber que Él (anteriormente perseguidor de la Iglesia, medio ciego, con las piernas torcidas y calvo) pudiera convertirse en un miembro del propio cuerpo del Señor, llamado por Dios antes de la fundación del mundo, bendecido y equipado para todo lo que la vida pudiera demandarle. Eso es lo que significa pertenecer al cuerpo de Cristo.

¿Cuál es el propósito del cuerpo?

¿Cuál es el propósito del cuerpo? Ser «la plenitud de Aquel que todo lo llena en todo». ¡Qué frase poderosa! ¿Alguna vez piensa en usted de esa manera? ¿Alguna vez se atreve a pensar de usted mismo como Dios lo hace; como un cuerpo que debe ser totalmente lleno y rebosante de Él? Si esta fuera verdaderamente nuestra perspectiva de nosotros mismos como cristianos, al sobrellevar nuestro andar diario, creo que nuestras vidas serían transformadas por ese descubrimiento.

El cuerpo es la expresión de la Cabeza

Así que, el cuerpo de Cristo es «la plenitud de Aquel que todo lo llena en todo». En otras palabras, el cuerpo es la expresión de la Cabeza. Ese es el propósito del cuerpo humano: está destinado a expresar y llevar a cabo los deseos de la cabeza. La única ocasión en que un cuerpo humano sano no hace eso es cuando algún centro nervioso secundario es estimulado artificialmente. Por ejemplo, si golpea su rodilla en el lugar correcto con un martillo, su pierna se alzará en el aire sin que usted ni siquiera lo haya deseado. Aun cuando haya decidido no levantarla, reaccionará. A veces, me pregunto si algunas de las actividades de la Iglesia no son bastante parecidas a esto: una acción refleja involuntaria donde el cuerpo actúa por sí solo, sin ser dirigido por la Cabeza.

Metáfora 2: La Iglesia es un templo

Luego, Pablo usa la metáfora de un templo para describir la naturaleza de la Iglesia:

> *En quien todo el edificio, bien coordinado, va creciendo para ser un templo santo en el Señor; en quien vosotros también sois juntamente edificados para morada de Dios en el Espíritu (2:21-22).*

El templo que Dios está ahora edificando —Su Iglesia— será el centro de atención

Aquí encontramos una figura del templo santo. Cuando todos los productos inútiles del esfuerzo humano se hayan hecho polvo, cuando todas las instituciones y organizaciones que hemos construido hayan sido olvidadas, el templo que Dios está ahora edificando —Su Iglesia— será el centro de atención durante toda la eternidad. Eso es lo que implica este pasaje. Dios nos está usando como ladrillos de Su

durante toda la eternidad

edificio —formándonos, ribeteándonos, colocándonos juntos, dándonos un lugar en Su diseño, utilizándonos en Su plan, ubicándonos en Su templo en el lugar donde seamos más efectivos para Su propósito. Debemos ser Su templo, Su casa, Su morada, donde Él pueda entrar y decir: «Estoy en casa. Aquí es donde me siento cómodo. Aquí es donde me gusta morar».

Metáfora 3: La iglesia es un misterio

Efesios 3 introduce la tercera metáfora. Aquí aprendemos que la iglesia es un misterio, un secreto sagrado:

> *A mí, que soy menos que el más pequeño de todos los santos, me fue dada esta gracia de anunciar entre los gentiles el evangelio de las inescrutables riquezas de Cristo, y de aclarar a todos cuál sea la dispensación del misterio escondido desde los siglos en Dios, que creó todas las cosas; para que la multiforme sabiduría de Dios sea ahora dada a conocer por medio de la iglesia a los principados y potestades en los lugares celestiales (3:8-10).*

El propósito del misterio de la Iglesia es dar a conocer la sabiduría de Dios a los poderes espirituales de esos lugares invisibles

Aquí se encuentran indicaciones maravillosas de que Dios ha tenido un plan secreto que ha estado obrando a lo largo de los siglos, un plan que nunca ha revelado a nadie. Pero Él ha tenido en mente un objetivo y un propósito que pretende llevar a cabo, y el instrumento mediante el cual lo está haciendo es la Iglesia. Pablo está diciendo que, a través de la Iglesia, la sabiduría multiforme de Dios —los diversos niveles de conocimiento del Señor y las profundidades de Sus maravillas infinitas— será revelada a todo principado y autoridad que habita en las regiones celestiales. El propósito del misterio de la Iglesia es educar al universo: dar a conocer la sabiduría de Dios a los poderes espirituales de esos lugares invisibles.

Metáfora 4: La Iglesia es una nueva entidad

En el capítulo cuatro, el apóstol usa una cuarta metáfora:

> *Y vestíos del nuevo hombre, creado según Dios en la justicia y santidad de la verdad (4:24).*

La Iglesia es un nuevo ser, una nueva entidad con una nueva naturaleza, porque todo creyente que la compone es una nueva criatura. Esta metáfora está relacionada con la declaración de Pablo en otra carta:

> *De modo que si alguno está en Cristo, nueva criatura es; las cosas viejas pasaron; he aquí todas son hechas nuevas (2 Co. 5:17).*

La creación presente, que comenzó al principio de los cielos y la tierra, ha envejecido en exceso y está muriéndose. El mundo con toda su riqueza y sabiduría pertenece a esto que está acabándose. Pero Dios está edificando una nueva generación, una nueva raza de seres vivientes, un nuevo orden de almas que el mundo nunca antes ha visto. Es una generación incluso mejor que la de Adán, mejor que la creación original; ¡es una nueva creación! En Romanos, aprendimos que todo lo que perdimos en Adán ha sido recuperado en Cristo, ¡y aún más!

Dios está edificando una nueva generación, una nueva raza de seres vivientes, un nuevo orden de almas que el mundo nunca antes ha visto

Pues si por la trasgresión de uno solo reinó la muerte, mucho más reinarán en vida por uno solo, Jesucristo, los que reciben la abundancia de la gracia y del don de la justicia (5:17).

También en Romanos, el apóstol Pablo dice que toda la creación está en puntas de pie (este es el significado literal), estirando el cuello para ver la manifestación de los hijos de Dios, el día de la revelación de esta nueva creación (ver Ro. 8:19). Pero, recuerde, esta nueva creación está siendo formada ahora mismo, y usted está invitado a vestirse de este nuevo ser, momento tras momento, día a día, para poder enfrentar las presiones y los problemas de la vida en el mundo actual.

La creación está en puntas de pie

Es por eso que la Iglesia está aquí. La Iglesia es una nueva entidad, y el propósito del nuevo ser es ejercer un nuevo ministerio. En este mismo capítulo de Efesios, leemos:

Pero a cada uno de nosotros fue dada la gracia conforme a la medida del don de Cristo (4:7).

A este nuevo ser, en cada uno de nosotros, se le ha dado un don (eso es lo que significa la palabra gracia en este versículo) que no tuvimos nunca antes de convertirnos en cristianos. Nuestra tarea, nuestra razón de vivir, es poder descubrir y ejercitar ese don. La Iglesia ha tropezado, fracasado y perdido su dirección porque los cristianos han pasado por alto esta gran verdad, y los dones que Él nos dio no han sido descubiertos ni utilizados. El Señor resucitado le ha dado un don, tal como el señor de la parábola dio talentos a cada uno de sus siervos y les confió su propiedad hasta su regreso (ver Mt. 25). Cuando nuestro Señor regrese, Su juicio se basará en lo que usted hizo con el don que Él le dio.

Cuando nuestro Señor regrese, Su juicio se basará en lo que usted hizo con el don que Él le dio

Efesios 5 introduce otra metáfora para describir la verdadera naturaleza de la Iglesia: La Iglesia es una novia:

Metáfora 5: La Iglesia es una novia

Maridos, amad a vuestras mujeres, así como Cristo amó a la iglesia, y se entregó a sí mismo por ella, para santificarla, habiéndola purificado en el lavamiento del agua por la palabra, a fin de presentársela a sí mismo, una iglesia gloriosa, que no tuviese mancha ni arruga ni cosa semejante, sino que fuese santa y sin mancha (vv. 25-27).

Y luego, Pablo cita las palabras de Dios en Génesis:

Por esto dejará el hombre a su padre y a su madre, y se unirá a su mujer, y los dos serán una sola carne. Grande es este misterio; mas yo digo esto respecto de Cristo y de la iglesia (Ef. 5:31-32).

La Iglesia es una novia, y Pablo dice que la intención de Cristo de prepararla como tal es para presentársela a sí mismo. ¿No es esto lo que todo novio desea, que su novia sea tan sólo para él? Durante los primeros tiempos de cortejo podría ser que ella saliera con algunos otros jóvenes, pero, una vez comprometidos, ella prometió ser suya y ambos esperan el día en que eso será, por fin, toda una realidad. Entonces, finalmente, llega el día cuando están ante el altar del matrimonio y prometen amarse, honrarse y cuidarse hasta que la muerte los separe. Entonces llegan a ser el uno del otro (ella es de él y él es de ella) para disfrutar mutuamente a lo largo de toda su vida juntos. Esa es una figura tanto de la Iglesia como del creyente en relación con Cristo, el novio.

¿Alguna vez piensa así de usted mismo? Mi propia vida devocional fue revolucionada cuando caí en la cuenta de que el Señor Jesús aguardaba con ansia que estuviéramos juntos. Si malgastaba nuestro tiempo juntos, ¡Él se sentía defraudado! Me di cuenta de que no sólo yo estaba recibiendo de Él, sino que Él estaba recibiendo de mí, y que me echaba de menos y anhelaba estar conmigo. Después de eso, cuando me encontraba con el Señor, era con un nuevo sentir de que Él me amaba y se deleitaba en nuestra amistad.

Metáfora 6: La iglesia es un soldado

La última metáfora de la Iglesia, que Pablo nos describe en la Epístola a los Efesios, es la de un soldado:

Por tanto, tomad toda la armadura de Dios, para que podáis resistir en el día malo, y habiendo acabado todo, estar firmes. Estad, pues, firmes, ceñidos vuestros lomos con la verdad, y vestidos con la coraza de justicia, y calzados los pies con el apresto del evangelio de la paz. Sobre todo, tomad el escudo de la fe, con que podáis apagar todos los dardos de fuego del maligno. Y tomad el yelmo de la salvación, y la espada del Espíritu, que es la palabra de Dios (6:13-17).

Somos soldados

¿Cuál es el propósito de un soldado? ¡Librar batallas! Y eso es lo que Dios está haciendo en y a través de nosotros en este momento. Él nos ha dado el gran privilegio de servir en el campo de batalla donde se logran Sus grandes victorias.

Nosotros somos el campo de batalla

De hecho, ¡nosotros somos, en un sentido muy real, el campo de batalla! Esa es la esencia de la historia de Job. Este hombre que tanto amó a Dios fue golpeado sin previo aviso por una serie de tragedias. En un solo día, perdió todo lo que le importaba, todo lo que apreciaba, aun toda su familia, excepto su esposa. Job no entendía lo que estaba pasando, pero Dios lo había escogido para ser el campo de batalla en un conflicto contra Satanás. El Señor permitió que Satanás afligiera a Job física, mental y materialmente porque sabía que era el campo perfecto para ganar una poderosa batalla contra los grandes poderes invisibles en los lugares celestiales. Job era un soldado en una gran batalla espiritual... y también lo somos usted y yo.

En su primera carta, el apóstol Juan escribe a sus jóvenes amigos cristianos:

> *Os he escrito a vosotros, padres, porque habéis conocido al que es desde el principio. Os he escrito a vosotros, jóvenes, porque sois fuertes, y la palabra de Dios permanece en vosotros, y habéis vencido al maligno (1 Jn. 2:14).*

En otras palabras, Juan está diciendo a sus jóvenes amigos: «Han aprendido a pelear, a salir como soldados en una guerra espiritual, a deshacerse de los obstáculos confusos del mundo, a no conformarse a la era en que viven, a ir contra la corriente de la cultura; y al hacerlo, ¡han vencido a Satanás y glorificado a Dios!».

Me gusta la historia de Daniel quien, cuando era adolescente, fue prisionero en una tierra extraña. Estaba inmerso en una cultura pagana y tuvo que pelear la batalla día a día, contando solamente con la confianza en Dios para defenderlo cuando todo estaba en su contra. Las presiones que tuvo que soportar fueron increíbles. Aun así, Daniel y sus amigos atravesaron las pruebas una y otra vez. Ganaron las batallas, vencieron a Satanás y glorificaron a Dios. Daniel fue un soldado fiel en una gran batalla espiritual.

Dios nos está llamando a seguir los pasos de aquellos que ganaron la batalla antes que nosotros. Ellos nos han mostrado cómo permanecer fieles, aun frente a la muerte

Este es el privilegio al que Dios nos está llamando en este día de inquietud y de oscuridad creciente en el mundo; la batalla a la que el Señor nos llama en el momento en que nuestro mundo se acerca más y más a la madre de todas las batallas: Armagedón. Dios nos está llamando a ser soldados, a seguir los pasos de aquellos que ganaron la batalla antes que nosotros. Ellos nos han mostrado cómo permanecer fieles, aun frente a la muerte. Consideraron que ser golpeados, lastimados y sangrar al ser heridos en el servicio del Rey era como una medalla de honor por servir en el ejército del Señor.

Entonces, estas son las seis facetas de nuestro llamado. Dios nos ha equipado con toda bendición espiritual, con todo don necesario, para poder convertirnos en un cuerpo, un templo, un misterio, una nueva criatura, una novia y un soldado para Jesucristo. Este es todo un llamamiento. La exhortación final de esta carta está en Efesios 4, donde Pablo escribe:

> *Yo pues, preso en el Señor, os ruego que andéis como es digno de la vocación con que fuisteis llamados (v. 1).*

Efesios nos brinda una imagen gloriosa —en realidad, una serie de figuras— para revelarnos la importancia de la Iglesia en el plan de Dios y la trascendencia crucial de todo creyente desde Su perspectiva. Nunca pierda de vista lo que Él está haciendo a través de usted, a través de la Iglesia. El mundo no puede verlo porque no percibe los lugares celestiales. El mundo no tiene ni idea de lo que está pasando por medio de usted y de mí, a través de la Iglesia. Pero usted sabe lo que Dios está haciendo por medio de su vida. Su poder emerge de usted. Su amor por el mundo fluye de su corazón. Su coraje para la batalla lo anima. Así que, no pierda ese ánimo. Se está llevando a cabo una guerra… ¡y usted está del lado triunfador!

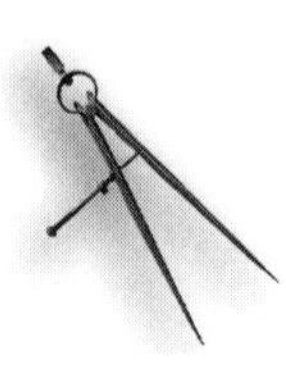

CRISTO, NUESTRA CONFIANZA Y FORTALEZA

La Epístola a los Filipenses ha sido considerada la más tierna de todas las cartas de Pablo. También es la más encantadora para leer. Rebosa de expresiones de alabanza, confianza y regocijo, a pesar de ser una de las epístolas de la prisión, escrita desde su confinamiento en Roma. Encontramos el trasfondo de esta carta en Hechos 16, donde se nos relata la visita de Pablo a Filipos y la fundación de la iglesia en esa ciudad, y en Hechos 28, que nos cuenta la historia del arresto domiciliario de Pablo en Roma.

Filipenses: la más tierna de las cartas de Pablo

La fundación de la iglesia de Filipos tuvo lugar durante los tiempos emocionantes y llenos de peligro en que Pablo y Silas viajaron juntos en el segundo viaje misionero. Al llegar a Filipos, primero encontraron a un grupo de mujeres en una reunión de oración a orillas del río, y compartieron el evangelio con ellas. Una de esas mujeres, Lidia, vendedora de púrpura (teñía indumentarias para la realeza y los ricos), invitó a Pablo y a Silas a su casa, y su nombre se ha conocido a lo largo de los siglos por su amabilidad y hospitalidad para con el apóstol. La iglesia de Filipo comenzó en la casa de Lidia.

Pablo, Silas y el carcelero

La predicación de Pablo por toda la ciudad produjo una gran reacción. Despertó el resentimiento de los gobernantes; así que, Pablo y Silas fueron arrestados y severamente azotados, para ser arrojados después en una celda, con los pies presos en cepos. Esa misma noche, cuando ambos estaban orando y cantando himnos a Dios, y los otros prisioneros los escuchaban, hubo un terremoto, un sismo tan violento que sacudió y derrumbó los cimientos de la prisión. Las puertas se abrieron y todas las cadenas de los prisioneros se soltaron. El carcelero filipense, al ver que todos los prisioneros estaban libres para escapar, sacó su espada y se habría matado, si no fuera porque Pablo le gritó: «¡No te hagas daño! ¡Estamos todos aquí!».

El carcelero entró apresurado, cayó a los pies de los dos misioneros, y preguntó: «¿Qué debo hacer para ser salvo?».

«Cree en el Señor Jesucrsito», contestaron ellos, «y serás salvo tú y tu casa».

Más tarde, Pablo fue a las ciudades de Tesalónica, Berea, Atenas, Corinto y a otros lugares en Grecia. Años más tarde, cuando era prisionero de Nerón en Roma, el apóstol se acordó de sus amados amigos de la iglesia que había fundado en Filipos y les escribió una carta, la Epístola a los Filipenses. Aunque se le había permitido permanecer en su propia casa alquilada, para esperar el juicio ante el emperador Nerón, estaba encadenado día y noche a un soldado romano. Pablo sabía que podría perder fácilmente su vida cuando se presentara ante Nerón, pero, aun así, esta epístola brilla con resplandor y gozo, con confianza y fortaleza.

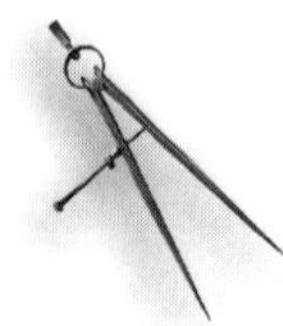

Si usted está atravesando tiempos de presión y prueba, lo insto a leer esta breve carta. Lo animará en gran manera, especialmente si recuerda las circunstancias que la motivaron.

La Carta a los Filipenses está dividida en cuatro capítulos que representan las cuatro divisiones naturales del texto. Una de las frustraciones permanentes de muchos maestros bíblicos es la arbitrariedad de las divisiones de los capítulos a lo largo de toda la Escritura. Por supuesto, estas divisiones no eran parte del texto original, sino que fueron añadidas mucho más tarde. En numerosos pasajes de la Escritura, las divisiones de los capítulos se encuentran justo en el medio de un pensamiento, cortando el texto y obstruyendo el fluir del argumento del escritor. Pero, de manera asombrosa, todas las divisiones de Filipenses tienen un excelente sentido y ayudan a organizar el mensaje de este libro alentador e instructivo del Nuevo Testamento. Lo que sigue es una visión general de las cuatro divisiones de la Epístola de Pablo a los Filipenses:

Las aflicciones habituales de Pablo (Filipenses 1)

1. Pablo agradece que sus aflicciones sirvan para divulgar el evangelio — 1:1-26
2. Pablo anima a quienes están afligidos — 1:27-30

Tener la mente de Cristo (Filipenses 2)

3. Cristo, nuestro ejemplo de humildad — 2:1-16

4. El ejemplo de humildad de Pablo 2:17-18
5. El ejemplo de humildad de Timoteo 2:19-24
6. El ejemplo de humildad de Epafrodito 2:25-30

Cristo, nuestra confianza (Filipenses 3)

7. No confiar en la carne 3:1-9
8. Cristo es la fuente de nuestra confianza 3:10-16
9. No vivir para la carne 3:17-21

Cristo, nuestra fortaleza (Filipenses 4)

10. Buscar la paz y la unidad en la fortaleza del Señor 4:1-3
11. Reemplazar la ansiedad con el regocijo en la fortaleza del Señor 4:4-9
12. El secreto del contentamiento: Podemos hacer todo a través de Cristo que nos fortalece 4:10-19
13. Conclusión 4:20-23

La vida en Cristo, una vida de aventura

El tema de esta carta son los recursos que Jesucristo pone a nuestra disposición para enfrentar los problemas de la vida. La iglesia de Filipos, a la cual Pablo escribe, no estaba perturbada por problemas serios de conducta ni de doctrina, como algunas de las otras iglesias. Sólo experimentaba los problemas normales de la vida cotidiana: creyentes que tenían problemas para llevarse bien unos con otros, aflicciones crecientes, presiones del ministerio, y molestias de ciertas personas cuyas creencias y prácticas no estaban completamente de acuerdo con la verdadera fe cristiana.

Al tratar estos problemas, el propósito de Pablo fue que esta epístola fuera una guía para el andar diario. La frase recurrente a lo largo de toda la carta se refiere al gozo y el regocijo. Repetidamente, el apóstol usa frases tales como: «Regocíjense», «regocíjense conmigo», «regocíjense en el Señor». Regocíjese en sus sufrimientos, regocíjese en sus aflicciones. Entonces, esta carta se convierte en un texto en el cual somos instruidos para vivir con victoria y gozo en medio de las dificultades normales de la vida.

Los cuatro capítulos presentan a Cristo en cuatro aspectos diferentes. Los temas se resumen en cuatro versículos clave que aparecen en estos capítulos. El Señor es presentado en Filipenses 1 como nuestra vida, como vemos en el versículo clave, el 21:

Porque para mí el vivir es Cristo, y el morir es ganancia.

Creo que solemos tomar este versículo como una declaración de escapismo cristiano. Ponemos énfasis en el final de la oración, «morir es ganancia», y pensamos: «Sí, sería magnífico escapar de todas las presiones, las aflicciones y las luchas de la vida». Pero eso no es lo que Pablo está diciendo. Observe más cuidadosamente y verá que, en realidad, está diciendo: «No sé qué elegir. Para mí, vivir es tener a Cristo, pero, por el otro lado, ¡morir es ganar el cielo! Disfruto viviendo la aventura de la vida, pero espero con ansia experimentar la próxima aventura de la vida por venir». ¡Sin duda, el apóstol no estaba harto de vivir! ¡Le gustaba la vida porque quería que Cristo tuviera toda la oportunidad de vivir a través de él!

¿Cómo podía Pablo estar tan entusiasmado por vivir cuando era forzado a estar en la prisión?

¿Cómo podía Pablo estar tan entusiasmado por vivir cuando era forzado a estar en la prisión? Porque veía lo que Dios estaba haciendo a través de él, incluso mientras se encontraba en cadenas. En Roma, se estaba dando una campaña de evangelización única, algo que nunca se había visto antes ni se volvió a ver desde entonces. Y Pablo —con cadenas, guardias, arresto domiciliario y todo— estaba en el centro de ese proyecto. Dios tenía un plan para alcanzar al Imperio Romano, que el apóstol ni siquiera soñó. ¿Y a quién puso el Señor a cargo de todos los arreglos para este gran evento en Roma? ¡Al emperador Nerón! Como el mismo Pablo explica:

> *De tal manera que mis prisiones se han hecho patentes en Cristo en todo el pretorio, y a todos los demás (1:13).*

Dios usó a Nerón para enviar una sucesión de los mejores y más brillantes hombres de Roma para ser instruidos por Pablo en las cosas de Cristo

Si lee entre líneas, comprenderá lo que estaba pasando. Nerón, el emperador, había ordenado que cada seis horas uno de los mejores hombres de todo el Imperio Romano, de la elite que constituía su guardia personal, fuera llevado y encadenado al apóstol Pablo. El propósito de Nerón era que hubiera siempre un guardia descansado para cuidar a este peligroso hombre. Pero Dios tenía un propósito superior al del emperador: ¡Él usó a Nerón para enviar una sucesión de los mejores y más brillantes hombres para ser instruidos por Pablo en las cosas de Cristo!

¿No es sorprendente? Uno por uno, estos jóvenes llegaban a Cristo, porque podían ver la verdad de Jesucristo que vivía a través de este hombre admirable: Pablo. Si lo duda, observe el último capítulo de la carta, en el penúltimo versículo, donde Pablo dice:

> *Todos los santos os saludan, y especialmente los de la casa de César (4:22).*

Ninguna mente humana podría haber concebido un plan tan singular para evangelizar al Imperio Romano, ¡sólo la mente de Dios!

Pero esta es la clase de Dios a quién servía Pablo; por eso, dice: «Para mí el vivir es Cristo. Yo no sé lo que Él va a hacer a continuación, pero, sea lo que sea, ¡será interesante y emocionante!». De esto se trata la vida en Cristo.

Tener la mente de Cristo

En el capítulo 2, Pablo trata el problema de la desunión que estaba amenazando a algunos de los santos en Filipos. Ciertas personas estaban riñendo y había divisiones dentro del cuerpo de la iglesia. Esto ocurre constantemente en casi cualquier congregación. Los creyentes se irritan unos con otros, se molestan por la manera en que otras personas hacen las cosas. No les agrada la actitud de alguien o el tono de voz. Entonces, comienzan a desarrollarse bandos y divisiones que siempre son destructivas para la vida y la vitalidad de una iglesia. Así que, Pablo les muestra a estas personas que Cristo es nuestro ejemplo para resolver las dificultades y los problemas. El pasaje clave en esta sección es el versículo 5:

> *Haya, pues, en vosotros este sentir que hubo también en Cristo Jesús.*

Inmediatamente, explica cómo era la actitud de Jesús, la mente de Cristo:

> *El cual, siendo en forma de Dios, no estimó el ser igual a Dios como cosa a que aferrarse, sino que se despojó a sí mismo, tomando forma de siervo, hecho semejante a los hombres; y estando en la condición de hombre, se humilló a sí mismo, haciéndose obediente hasta la muerte, y muerte de cruz (2:6-8).*

Esa fue la autocondescendencia de Jesucristo, el despojarse de todo lo que era de valor en Su vida. Dice Pablo que esto es la mente de Jesucristo. En los desacuerdos de unos con otros, tengan esta actitud mutua: No se aferren a sus derechos a toda costa. ¡Qué apropiado es esto en esta época en que solemos escuchar que alguien reclama sus derechos! ¡Qué diferente es el ejemplo de Cristo!

El Dr. H. A. Ironside suele contar una historia que tuvo lugar cuando tenía sólo nueve o diez años. Su madre lo llevó a una reunión de asuntos relacionados con la congregación. La reunión estalló en una pelea entre dos hombres. Uno de ellos se puso en pie y golpeó la mesa, diciendo: «Todo lo que deseo es tener mis derechos».

Un anciano escocés estaba sentado cerca y, como le resultaba difícil escuchar, ahuecando la mano detrás de su oreja, dijo: «Sí, hermano, ¿qué es lo que dices? ¿Qué deseas?».

El caballero enfadado, replicó: «¡Acabo de decir que todo lo que quiero es tener mis derechos, eso es todo!».

El anciano dijo con un bufido: «¿Tus derechos, hermano? ¿Es eso lo que quieres, tus derechos? Bueno, yo diría que, si tuvieras tus derechos, estarías en el infierno. El Señor Jesucristo no vino para reclamar Sus derechos, sino para recibir Sus reveses... los tuyos».

El hombre que había estado riñendo quedó paralizado por un momento, luego abruptamente se sentó, y dijo: «Tiene razón. Arréglenlo de la manera que les parezca».

Al momento, la discusión terminó, y sucedió cuando los combatientes fueron desafiados a asumir la mente de Cristo, la actitud de Aquel que nunca demandó Sus derechos, sino que, sin quejarse, tomó Sus reveses, se humilló a sí mismo, se hizo obediente hasta la muerte, y hasta la muerte de cruz. Pero no se detenga allí. ¿Cuál fue el resultado de la mansedumbre y del humilde sacrificio de Jesús?

> *Por lo cual Dios también le exaltó hasta lo sumo, y le dio un nombre que es sobre todo nombre, para que en el nombre de Jesús se doble toda rodilla de los que están en los cielos, y en la tierra, y debajo de la tierra; y toda lengua confiese que Jesucristo es el Señor, para gloria de Dios Padre (2:9-11).*

Jesús puso todo lo que tenía en manos de Dios el Padre, y el resultado fue que el Padre lo reivindicó

Cuando Él voluntariamente renunció a lo que le correspondía, Dios le dio todos los derechos del universo. Jesús puso todo lo que tenía en manos de Dios el Padre, y el resultado fue que el Padre lo reivindicó. Esto es lo que Pablo está diciéndoles a los creyentes que riñen: «Renuncien a sus derechos. No insistan en eso. Con Cristo como ejemplo, dejen de lado sus derechos y acepten sus reveses. Reemplacen el egoísmo con la humildad, y confíen en que Dios los reivindicará». Esa es la mente de Cristo. Si verdaderamente pusiéramos esto en práctica, seríamos personas diferentes. No habría más peleas en las iglesias ni divisiones entre creyentes si todos siguiéramos a Aquel que es nuestro ejemplo y conformáramos nuestra mente a la de Él.

Cristo, nuestra confianza

¿Qué otra confianza necesitamos aparte de tener al Creador del

El capítulo 3 trata sobre Cristo nuestra confianza, nuestro poder motivador. Él es Aquel que nos mueve a avanzar por fe, osada y obedientemente, creyendo que podemos cumplir la tarea que Dios nos ha dado. ¿Y no es esto lo que a la mayoría de nosotros nos falta y que hoy escasea tanto? Por donde se mire, se encuentran libros, CDs y seminarios que ofrecen un espaldarazo motivacional, anunciando que pueden desarrollar nuestra confianza para que podamos alcanzar nuestras metas. Si verdaderamente comprendiéramos lo que significa estar en Cristo y que Él está viviendo en nosotros, poseeríamos toda la confianza y la motivación necesarias para alcanzar cualquier meta santa. ¿Qué otra confianza necesitamos aparte de tener al Creador del universo viviendo en nosotros y capacitándonos para hacerlo todo? ¿Qué motivación más grande podríamos poseer que saber que Jesús está de nuestro lado y que, con Él como motivador y entrenador, es imposible perder?

universo viviendo en nosotros y capacitándonos para hacer todo?

Lo único que nos falta es conocer de veras lo que ya poseemos en Cristo. Por esta razón, Pablo dice en Filipenses 3:10:

A fin de conocerle, y el poder de su resurrección, y la participación de sus padecimientos, llegando a ser semejante a él en su muerte.

Las credenciales de Pablo

Nuestra confianza en el poder de Cristo hace que, como el negro contra el blanco, contraste totalmente con la fuerza con que la mayoría de nosotros depositamos la fe: el poder de uno mismo. En Filipenses 3:3, Pablo define al cristiano como alguien que adora por medio del Espíritu de Dios, que se gloría en Cristo Jesús y no en sí mismo, y que no pone su confianza en la carne, en el orgullo humano ni en el poder. Compare esa declaración con todos los libros más vendidos y con la publicidad de televisión que tratan de hacernos descubrir el poder en nuestro interior, e intentan desarrollar la confianza en la mente y en la carne.

Si alguien tenía derecho de gloriarse en la carne, ese era el apóstol Pablo. En este capítulo, él nombra todas sus credenciales y derechos para confiar en su propia carne.

Aunque yo tengo también de qué confiar en la carne. Si alguno piensa que tiene de qué confiar en la carne, yo más: circuncidado al octavo día, del linaje de Israel, de la tribu de Benjamín, hebreo de hebreos; en cuanto a la ley, fariseo; en cuanto a celo, perseguidor de la iglesia; en cuanto a la justicia que es en la ley, irreprensible (3:4-6).

¡Cuántas razones para tener confianza y orgullo en su propia carne! ¡Antepasados perfectos, la más pura raza y cuna noble; observancia religiosa y rituales perfectos; celo religioso y moralidad impecables; desempeño intachable en la secta más estricta de la religión hebrea! Aun así, Pablo pone todo de lado. A pesar de toda esta perfección, todas estas razones para enorgullecerse, él lo considera sin valor comparado con la confianza que da Jesucristo. En el versículo 7, escribe:

Pero cuantas cosas eran para mí ganancia, las he estimado como pérdida por amor de Cristo.

Cristo, nuestra fortaleza

Lo hemos visto miles de veces: El conejo rosado con el gran tambor adelante y las pilas en la espalda, mientras el presentador dice: «Y duran, y duran...». En Filipenses 4, Pablo nos dice que ¡somos como ese conejito rosado! Con Cristo viviendo en nosotros, fortaleciéndonos y capacitándonos, podemos seguir andando y andando y andando en el servicio a Él, cumpliendo Su voluntad, alcanzando a la gente en Su nombre.

Puedo pensar en pocas torturas más horribles en la vida que la de tener un gran deseo, pero no la habilidad para realizarlo

Puedo pensar en pocas torturas más horribles en la vida que tener un gran deseo, pero no la capacidad de realizarlo. Esa es una receta para la frustración. En Filipenses 4, Pablo nos dice que Dios no sólo nos dio el deseo de vivir nuestras vidas para servirle a Él y a los demás, sino que ¡también nos suplió de la fortaleza y la energía para llevar a cabo ese gran deseo! Aquí, en este capítulo, encontramos esta grandiosa declaración que ha servido de tanta inspiración a los creyentes durante siglos:

Todo lo puedo en Cristo que me fortalece (4:13).

¿Son simplemente buenos deseos o idealismo de parte del apóstol, o es una verdad práctica y confiable?

El problema de llevarse bien con otros

¡Práctica! ¡Absolutamente práctica! De hecho, sólo para demostrar cuán real y digno de confianza es el poder energético de Cristo en nuestras vidas cotidianas, Pablo trata este tema: el problema de llevarse bien con otros. ¿Alguna vez escuchó en la iglesia sobre un problema así? ¿No? Bueno, ¿a que iglesia asiste usted? La iglesia de Filipos tenía ese problema: dos mujeres llamadas Evodia y Síntique. En nuestras iglesias hoy en día, tampoco falta gente que se deleita en pisotear los sentimientos de otros y personas cuyos sentimientos son rápidamente lastimados. Pero el apóstol ruega a esa gente que terminen con sus desavenencias y que sean de un mismo sentir en el Señor.

Pero ¿cómo? ¿No está pidiendo Pablo algo imposible? ¡No! La respuesta se encuentra en el versículo 13: «Todo lo puedo en Cristo que me fortalece». ¿Incluso aguantar a gente odiosa? ¡Sí! ¿Y llevarme bien con gente sensible? ¡Claro! Cuando Cristo es nuestra fortaleza, podemos llevarnos bien con la gente y seguir andando sin parar —como el conejito—; estar bien con ellos, amándolos, aceptándolos y perdonándolos por el bien de la unidad del cuerpo de Cristo.

El problema de la preocupación

Después, Pablo trata el tema de la preocupación. En Filipenses 4:6-7, el apóstol (un hombre con todo el derecho de preocuparse, un hombre en cadenas, un hombre que enfrenta una probable sentencia de muerte del gobernante excéntrico de Roma, Nerón) escribe:

Por nada estéis afanosos, sino sean conocidas vuestras peticiones delante de Dios en toda oración y ruego, con acción de gracias. Y la

paz de Dios, que sobrepasa todo entendimiento, guardará vuestros corazones y vuestros pensamientos en Cristo Jesús.

¡Qué receta para la paz mental y la serenidad nos acaba de dar Pablo! No está subestimando las preocupaciones, los problemas ni las inquietudes de la vida, sino diciéndonos simplemente que no seamos controlados por todo eso. No sugiere que vivamos negando o tratando de ignorar nuestras ansiedades y fingiendo que no están. Él está diciendo que deberíamos entregarle esas ansiedades al Señor y permitir que Él nos dé Su paz, una paz que sobrepasa nuestro entendimiento. No sabemos de dónde viene ni cómo funciona, pero muchos creyentes pueden dar testimonio de que es real.

Personalmente, puedo certificar que muchas veces, cuando estaba deprimido, o preocupado o temeroso, después de compartir esos sentimientos con Dios, de repente sentí que mi alma rebosaba de paz y de una sensación de bienestar en el Señor. Este, de nuevo, es un ejemplo del poder fortalecedor del Señor Jesucristo, que llena nuestras vidas con Su fortaleza, nos capacita para seguir «durando y durando y durando», aun en medio de los temores y las preocupaciones.

Los problemas de la pobreza y de la bendición material

Por último, está el tema de la pobreza y de la bendición material. Pablo ha conocido ambas cosas y quiere compartir con los cristianos de Filipos —y con nosotros— cuál debería ser la actitud cristiana en estos casos:

No lo digo porque tenga escasez, pues he aprendido a contentarme, cualquiera que sea mi situación. Sé vivir humildemente, y sé tener abundancia; en todo y por todo estoy enseñado, así para estar saciado como para tener hambre, así para tener abundancia como para padecer necesidad (4:11-12).

¿Cuál es la clave del contentamiento de Pablo? En el versículo 19, les pasa el secreto a los filipenses... y a nosotros:

Mi Dios, pues, suplirá todo lo que os falta conforme a sus riquezas en gloria en Cristo Jesús.

Ese es nuestro Señor Jesucristo, nuestra fortaleza, nuestra energía, que suple toda necesidad y nos capacita para «durar y durar y durar».

La Epístola a los Filipenses encierra el alma y los secretos de la vida de un hombre que corre toda la carrera, que pelea la buena batalla, que guarda la fe, que sigue andando sin parar para Dios. Este pequeño libro lleno de poder contiene el mapa de ruta de Pablo para disfrutar una vida con poder, entusiasmo y una sensación de aventura. Nosotros, que vivimos en una transición del segundo al tercer milenio, enfrentando todos los peligros, las ansiedades y los desafíos imprevistos del nuevo siglo, necesitamos descubrir el poder del Señor para nuestras vidas y apropiarnos de él.

En realidad, no somos diferentes a Pablo. El mismo que vivió a través del apóstol vive ahora a través de nosotros. Cristo es nuestra vida, Cristo es nuestro ejemplo, Cristo es nuestra confianza, y Cristo es nuestra energía y fortaleza.

¡PODER Y GOZO!

Pablo escribió la mayoría de sus cartas a las iglesias que él mismo había fundado. Sin embargo, no fue él quien estableció la iglesia en Roma ni tampoco el que comenzó la iglesia para la cual escribió esta carta. No podemos verificar quién fundó la iglesia de Colosas, en Grecia, pero es probable que haya sido Epafrodito (también conocido como Epafras), un hombre nombrado en algunas de las otras epístolas de Pablo. Esta carta menciona que él era de esa ciudad. No sabemos dónde escuchó el evangelio, pero, después de escucharlo, creyó y aparentemente llevó el mensaje al regresar a su pueblo natal, donde comenzó a proclamar a Cristo. La iglesia para la cual se escribió esta carta es probablemente el resultado del testimonio osado de Epafrodito en su comunidad. Estos creyentes nunca habían conocido personalmente a Pablo.

Colosenses fue escrita casi al mismo tiempo que Filipenses, y notará que su estructura y contenido son similares a la Epístola de Pablo a los Efesios. Todas se escribieron en la misma época, durante el primer encarcelamiento de Pablo y, por lo tanto, son llamadas epístolas de la prisión.

Los colosenses tenían un problema, y ese es el enfoque central de Pablo en esta carta. Los creyentes de esa ciudad estaban a punto de olvidarse del poder por medio del cual se vive la vida cristiana. Por tanto, esta carta es la gran explicación del apóstol sobre el poder y el gozo que Dios provee para el andar cristiano.

Pablo expresa el tema de Colosenses en su oración introductoria:

> *Para que andéis como es digno del Señor, agradándole en todo, llevando fruto en toda buena obra, y creciendo en el conocimiento de Dios; fortalecidos con todo poder, conforme a la potencia de su gloria, para toda paciencia y longanimidad; con gozo, dando gracias al Padre que nos hizo aptos para participar de la herencia de los santos en luz (1:10-12).*

La *fuente* de todo poder en la vida cristiana: Jesucristo

Pablo pide en oración que los cristianos *sean fortalecidos con todo poder* (el motivo de la epístola) *de acuerdo al glorioso poder de Dios* (el tema central de la carta). Comenzando con esta nota, después explica cuál es la *fuente* de todo poder en la vida cristiana: Jesucristo. ¿Cómo puede Jesús (alguien que nació como un bebé, vivió como un hombre y murió en una cruz) ser la fuente de todo poder? Muy simple: Jesús es Dios. Pablo destaca este punto de manera enérgica en los versículos 15 a 20:

> *Él es la imagen del Dios invisible, el primogénito de toda creación. Porque en él fueron creadas todas las cosas, las que hay en los cielos y las que hay en la tierra, visibles e invisibles; sean tronos, sean dominios, sean principados, sean potestades; todo fue creado por medio de él y para él. Y él es antes de todas las cosas, y todas las cosas en él subsisten; y él es la cabeza del cuerpo que es la iglesia, él que es el principio, el primogénito de entre los muertos, para que en todo tenga la preeminencia; por cuanto agradó al Padre que en él habitase toda plenitud, y por medio de él reconciliar consigo todas las cosas, así las que están en la tierra como las que están en los cielos, haciendo la paz mediante la sangre de su cruz.*

Cualquiera que diga que Jesús no es verdaderamente Dios tiene, al menos, dos grandes problemas. Uno es el evangelio de Juan, un libro enteramente dedicado al tema de la deidad de Cristo. El otro es este pasaje, el cual constituye una declaración clara y directa de Su deidad. Por supuesto, la deidad de Cristo es el tema que está entretejido a lo largo de toda la Escritura, pero Juan y Colosenses lo declaran en términos directos e incuestionables.

Lo que sigue es un resumen de la carta de Pablo a los Colosenses:

Cristo, la Cabeza de la creación y de la Iglesia (Colosenses 1–2)

1.	Introducción y oración por los colosenses	1:1-14
2.	Cristo, la Cabeza de la creación	1:15-17
3.	Cristo, la Cabeza de la Iglesia	1:18–2:3
4.	Nuestra libertad en Cristo	2:4-23

Sumisión a Cristo, la Cabeza (Colosenses 3–4)

5.	Despojarse del viejo hombre	3:1-11
6.	Vestirse del nuevo hombre	3:12–4:6
7.	Conclusión	4:7-18

Jesús, el primogénito

Primogénito es un término que confunde a algunas personas. En Colosenses 1, Pablo se refiere dos veces a Jesús como al primogénito. No significa, como algunos lo han interpretado, que Jesús tuvo un principio, que Él no es verdaderamente eterno. Aquí esta palabra no se refiere a la cronología de Jesucristo, sino a Su papel o posición. En la cultura donde Colosenses fue escrita, se entendía que *primogénito* significaba heredero, el primero en la línea como dueño o señor. Esta frase, «el primogénito de toda creación», significa que el Señor Jesús está relacionado con toda la creación como un heredero lo está con la propiedad de su padre. Jesús no es parte del orden creado, sino que Él es el dueño y gobierna sobre la creación como el heredero del Padre.

En este pasaje, Pablo declara que Jesucristo es el Creador, Aquel que creó todas las cosas con una palabra, Aquel que, siendo Dios el Hijo, estaba presente en el principio con Dios el Padre. Note la declaración de Pablo en el versículo 17:

> *Y él es antes de todas las cosas, y todas las cosas en él subsisten.*

¿Qué hace que el universo subsista?

Uno de los misterios constantes de la ciencia es saber qué hace que el universo subsista. Sabemos que todo está hecho de pequeñísimos átomos formados por electrones que giran alrededor de un núcleo. ¿Por qué la fuerza centrífuga de esos electrones no hace que los átomos se separen? Los científicos hablan con esperanza de una «teoría grandiosamente unificadora» de fuerzas —que esperan explicar algún día— que hacen subsistir al universo, pero todavía están muy lejos de probarla. Más aun, como ha señalado el gran físico y matemático Stephen Hawking, probar esa teoría requeriría de una máquina para acelerar partículas «tan grande como el sistema solar», y dicha máquina «no es probable que se financie en el presente clima económico» (*Breve historia del tiempo,* Stephen Hawking, Nueva York: Bantam Books, 1988, 74).

Jesús es la gran fuerza unificadora

¿Quién hace que nuestro universo subsista? La ciencia no puede responder y sólo consigue apuntar a fuerzas desconocidas, no identificadas, no descubiertas. El dilema de la ciencia en su búsqueda de la fuerza desconocida me recuerda a la experiencia de Pablo en Atenas, donde encontró un altar al «Dios no conocido». Hoy la ciencia está luchando con el Dios no conocido: Su nombre es Jesús de Nazaret. Él es la gran fuerza unificadora del universo. Todo poder en el mundo natural proviene de Él; Él es antes de las cosas, y en Él todas las cosas subsisten.

En el versículo 18, Pablo continúa diciendo que Aquel que creó el universo y que lo sustenta es también el que creó la Iglesia y la sustenta:

> *Y él es la cabeza del cuerpo que es la iglesia, él que es el principio, el primogénito de entre los muertos, para que en todo tenga la preeminencia.*

Jesús es el heredero, el Señor de toda la nueva creación

Nuevamente, note ese término *primogénito*. Pablo dice que Jesús es «el primogénito de entre los muertos». ¿Qué significa esto? En primer lugar, no significa que Jesús fue la primera persona en resucitar de entre los muertos, porque la Escritura registra a otros que lo precedieron. De hecho, Jesús mismo resucitó a algunos de ellos. Lo que el apóstol quiere decir es que Jesús es el heredero, el Señor de toda la nueva creación. Él es la Cabeza de la nueva creación y nosotros somos parte de un nuevo cuerpo, que Dios está formando con hombres y mujeres, un cuerpo llamado la Iglesia. Jesús es la Cabeza de ese cuerpo, y de Él fluye todo poder, el poder que demostró en la primera Pascua: *el poder de la resurrección.*

Cada día estoy más convencido de que el problema de la mayoría de los creyentes es que no entendemos lo que la Biblia enseña sobre el poder de la resurrección. Si tuviéramos alguna idea de lo que este poder significa y de cómo funciona, nuestra vida nunca volvería a ser igual.

El poder de la resurrección es silencioso. Es la clase de poder que se manifestó en el Señor Jesús. Él se levantó silenciosamente de la tumba, sin efectos de sonido ni visuales pirotécnicos. Sólo fue el poder irresistible, inexorable y apacible de una vida resucitada. La piedra no fue apartada para dejar salir a Jesús, sino para permitir que entrara la gente, para que pudieran ver que la tumba estaba vacía.

Este es el mismo poder que Dios nos ha dado. Su poder silencioso, pero irresistible, cambia corazones, vidas y actitudes desde el interior. Es el poder de la resurrección que fluye hacia nosotros desde la Cabeza de la nueva creación, el Cristo resucitado, la fuente de todo poder.

Cristo en nosotros, la esperanza de gloria

Luego, Pablo continúa mostrando para quién destinó Dios ese poder:

> *Y a vosotros también, que erais en otro tiempo extraños y enemigos en vuestra mente, haciendo malas obras, ahora os ha reconciliado en su cuerpo de carne, por medio de la muerte, para presentaros santos y sin mancha e irreprensibles delante de él (1:21-22).*

En este pasaje, Pablo se está dirigiendo a usted y a mí tanto como a los colosenses. También nosotros fuimos extraños y enemigos de Dios debido al pecado, pero ahora, Él nos ha reconciliado a través de la muerte física de Jesús, liberando Su poder de resurrección para hacernos santos y sin culpa.

A continuación, el apóstol continúa dándonos una demostración de este poder con su propia vida. Dice que Dios lo llamó y lo puso en el ministerio para proclamar un misterio:

De la cual fui hecho ministro, según la administración de Dios que me fue dada para con vosotros, para que anuncie cumplidamente la palabra de Dios, el misterio que había estado oculto desde los siglos y edades, pero que ahora ha sido manifestado a sus santos, a quienes Dios quiso dar a conocer las riquezas de la gloria de este misterio entre los gentiles; que es Cristo en vosotros, la esperanza de gloria (1:25-27).

En otras palabras, no encontrará explicado este misterio en el Antiguo Testamento. Allí se experimentó, pero nunca se explicó. Sin embargo, ahora ha sido revelado a los santos, a los seguidores de Jesucristo. ¿Cuál es el misterio? «Cristo en vosotros, la esperanza de gloria».

Es Cristo viviendo en usted. Esta es la declaración suprema de la Iglesia cristiana. Nunca habrá predicado el evangelio hasta que no le haya dicho a la gente que sus pecados serán perdonados cuando venga a Cristo y también ¡que Jesús morará en ellos y les dará poder! Ese es el poder transformador del evangelio: Jesús vive en y a través de nosotros, dándonos el poder de la creación y el poder de la resurrección, para hacer todo lo que Dios espera que hagamos, todo lo que planeó para nosotros y todo aquello para lo cual nos ha creado.

Jesús murió por nosotros para poder vivir en nosotros. Esta es la gloria máxima del evangelio cristiano.

Conectados a la fuente de poder

Pablo continúa describiendo lo que significa vivir por medio del poder de Cristo. En Colosenses 1:28-29, escribe:

A quien anunciamos, amonestando a todo hombre, y enseñando a todo hombre en toda sabiduría, a fin de presentar perfecto en Cristo Jesús a todo hombre; para lo cual también trabajo, luchando según la potencia de él, la cual actúa poderosamente en mí.

¿Qué quiere decir Pablo cuando habla acerca de «luchando según la potencia de él, la cual actúa poderosamente en mí»? Bueno, sólo tiene que pensar en la vida que él vivió y en la obra que llevó a cabo. Imagine a este gran apóstol viajando incansablemente noche y día, atravesando naufragios y dificultades de toda clase, trabajando con sus manos, soportando persecución, apedreamientos, golpizas y oposición mientras llevaba el evangelio de un extremo al otro del Imperio Romano. Algunos de nosotros pensamos que casi no podemos pasar una semana en nuestros trabajos cotidianos; sin embargo, este hombre se consumía día y noche, siete días a la semana, por Jesucristo. No podía hacerlo con sus propias fuerzas, con su propia energía. Él se conectaba a una fuente externa de poder —la mayor que existe— y permitía que ese poder pasara a través de él para hacer la voluntad de Dios.

En otras palabras, ¡Cristo en vosotros! ¡La esperanza de gloria!

Si los creyentes nos diéramos cuenta del poder que Dios ha puesto a nuestra disposición, nunca volveríamos a ser los mismos. Nunca tendríamos que rogar a la gente de la iglesia que desempeñara ciertos ministerios o papeles necesarios. Nunca faltarían obreros para el ministerios con los vecinos o gente que actúe como consejeros en viajes misioneros juveniles a otras ciudades. Nunca nos faltarían maestros de escuela dominical, líderes para estudios bíblicos, consejeros juveniles o voluntarios para hacer visitas. No estaríamos dando la excusa: «Ah, es que no tengo la fortaleza para hacerlo. No tengo la energía». Todos tenemos a disposición la energía necesaria. La fuente es Cristo, el cable es el Espíritu Santo y nosotros somos los pequeños aparatos eléctricos a los que Dios quiere vivificar con Su poder de resurrección y utilizar según Su plan eterno.

Los tesoros escondidos de la sabiduría y el conocimiento

Y hay aún más profundidad en este misterio de Cristo. Él no es sólo la fuente de energía, sino también de entendimiento, de sabiduría y de conocimiento. En el capítulo 2, Pablo continúa su exploración del misterio de Cristo:

> *Para que sean consolados sus corazones, unidos en amor, hasta alcanzar todas las riquezas de pleno entendimiento, a fin de conocer el misterio de Dios el Padre, y de Cristo, en quien están escondidos todos los tesoros de la sabiduría y del conocimiento (2:2-3).*

Pablo también nos advierte contra ciertas falsas potestades que nos apartarían del verdadero poder que nos ha dado Cristo

Pablo también nos advierte contra ciertas falsas potestades que nos apartarían del verdadero poder que nos ha dado Cristo. Estas advertencias son tan válidas y relevantes en la actualidad como lo fueron cuando las escribió Pablo. Como nunca antes, hoy la gente tiene ansia de poder; poder para lograr metas, salud, posición social, éxito. Miles de personas están gastando fortunas llamando a los teléfonos de adivinas, comprando videos o asistiendo a seminarios que son, en realidad, puestos de venta altamente persuasivos; todo en busca del poder para conseguir lo que quieren o para convertirse en la imagen que idealizaron de sí mismos. Todo eso para buscar un poder falso, cuando el verdadero está justo delante de nosotros en la persona de Jesucristo.

Si Jesús vive en nosotros, no necesitamos más poder que el que ya poseemos

Si Jesús vive en nosotros, ya tenemos lo que necesitamos. No necesitamos más poder del que ya poseemos. Nosotros no necesitamos más de Jesús; Él quiere más de nosotros. Ahora que tenemos el poder, nuestro trabajo es vivir diariamente por medio de él. Como Pablo nos dice en 2:6-7:

Por tanto, de la manera que habéis recibido al Señor Jesucristo, andad en él; arraigados y sobreedificados en él, y confirmados en la fe, así como habéis sido enseñados, abundando en acciones de gracias.

Agradecimiento

No es suficiente con sólo recibir a Jesús. Debemos vivir en Él. Cuando verdaderamente lo hacemos, una actitud de agradecimiento inunda nuestras vidas. Al observar a algunos creyentes, usted podría pensar que nuestras Biblias traducen este versículo así: «abundando en quejas». Pero Pablo destaca la necesidad de ser agradecidos. ¿Qué nos roba el espíritu de agradecimiento? Principalmente, la idea de que el poder proviene del conocimiento humano, como el apóstol nos muestra en el versículo 8:

Mirad que nadie os engañe por medio de filosofías y huecas sutilezas, según las tradiciones de los hombres, conforme a los rudimentos del mundo, y no según Cristo.

He observado este principio trágicamente representado en tantas vidas. He visto a jóvenes de hogares cristianos, llenos de fe y entusiasmo, que asisten a una universidad y salen con su fe destruida, y el entusiasmo convertido en cinismo. ¿Por qué? Porque han sido expuestos a las enseñanzas sutiles y astutas de la sabiduría humana. Nadie les advirtió —o quizás ignoraron las advertencias recibidas— contra el engaño de esta sabiduría del mundo. Cayeron en las garras de la sabiduría secular.

La Biblia no está en contra del conocimiento en sí; está en contra del conocimiento que no pasa por el juicio de la Palabra de Dios

Esta declaración parecería implicar que el evangelio es anti-intelectual. Pero la Biblia no está en contra del conocimiento en sí. Está en contra del conocimiento que no pasa por el juicio de la Palabra de Dios. Ciertamente, no todo el conocimiento de este mundo es falso. Tiene muchas cosas buenas y verdaderas, y que no pueden encontrarse en la Escritura: conocimientos médicos como el secreto de la penicilina y las técnicas de cirugía; como la manera de construir un computador o un transbordador espacial; conocimientos históricos como la derrota de Napoleón en Waterloo o los eventos de la Guerra Civil Norteamericana. Todo esto es conocimiento humano, y es valioso.

Pablo quiere que entendamos que hay un conocimiento engañoso que proviene de fuentes falsas

Pablo quiere que entendamos que hay un conocimiento engañoso que proviene de fuentes falsas; tradiciones y filosofías que se han acumulado, idea tras idea, a lo largo de los siglos. Muchas de estas tradiciones y filosofías entremezclan verdad y error de manera tal que ya no pueden distinguirse. Los que admiten estas ideas sin sentido crítico seguro que aceptan tanto el error como la verdad. Por esa razón, esto los llevará a tener conceptos equivocados y erróneos, e ideas perjudiciales, tales como estas: «El espíritu humano es reciclado una y otra vez a través de la reencarnación», o «como ser humano, usted tiene poder ilimitado y potencial para ser su propio dios, para determinar su propia moralidad», o «un ser humano es tan sólo un montón de moléculas que nacen, viven y mueren; no existe nada después de la vida, ningún propósito para vivir; así que, disfrute, olvídese de la fe y de la moralidad; coma, beba y sea feliz en este momento, porque esto es todo lo que hay». Estas filosofías prevalecen hoy en día, y todas son falsas, completamente contrarias al verdadero conocimiento de la Escritura. Como dice Pablo, dependen «de las tradiciones de los hombres».

Mucho de lo que los seres humanos consideran «conocimiento» es, en realidad, un engaño demoníaco

Pero el apóstol sigue diciendo que también hay un conocimiento engañoso que se basa en «los rudimentos del mundo, y no según Cristo». ¿Qué significa esto? Pablo se refiere aquí a los poderes de las tinieblas que (como él menciona en otras cartas) gobiernan este mundo, controlan las mentes de hombres y mujeres, empañan el intelecto humano y guían a los seres humanos al error autodestructivo. Mucho de lo que los seres humanos consideran «conocimiento» es, en realidad, un engaño demoníaco.

Deconstruccionismo

Entonces, el conocimiento humano es rudimentario, elemental y básico para la naturaleza caída de este mundo. Permanece en la periferia de la verdad, nunca llega hasta el corazón de la realidad espiritual. Por eso, la comunidad universitaria, la del entretenimiento, la de la información y las noticias, y su organización política se han saturado mucho de esas personas que profesan altos niveles de conocimiento, pero que están llenas de vileza, corrupción, inmoralidad, anarquía, abuso de drogas, suicidio y toda evidencia de decadencia moral y deterioro espiritual. En la actualidad, todas estas instituciones de nuestra sociedad están inundadas —si no dominadas— por una filosofía llamada deconstruccionismo, una tendencia mundana que enseña que las palabras no tienen contenido objetivo y que, por lo tanto, no contienen ninguna verdad. La teología liberal de nuestro tiempo se ha infectado profundamente con el mal del deconstruccionismo y promueve dos creencias muy destructivas.

Primero, si la verdad no puede ser atribuida a palabras, entonces podemos hacer que las palabras signifiquen lo que nosotros queramos. No tenemos que preocuparnos más de la verdad objetiva, de la auténtica verdad. Cada uno puede inventar la suya, su propia realidad. Yo puedo mentir y llamarlo verdad, si esto me lleva a conseguir lo que quiero.

En segundo lugar, la Biblia —la Palabra, o el Logos de Dios— puede ser deconstruida, vaciada de toda verdad. Estas palabras de Jesús no tienen sentido para los deconstruccionistas: «Santifícalos en tu verdad; tu palabra es verdad» (Jn. 17:17). Mientras que Jesús dice que el Logos de Dios es verdad, la sabiduría de este mundo anula Su Palabra, y la cataloga de vacía y carente de significado. «Ustedes tienen su verdad —dice la sabiduría de este mundo— y yo tengo la mía; así que, ¡no se atrevan a imponerme la suya!».

El conocimiento humano, aun en su forma más pura y verdadera, no aborda la esencia de la realidad como lo hace la Palabra de Dios. La verdad de este mundo, cuando es autorizada por la Palabra de Dios, puede complementar la verdad de la Escritura (como cuando los descubrimientos arqueológicos verifican los relatos bíblicos). Pero el conocimiento humano no puede reemplazar, contradecir ni invalidar la Palabra de Dios. La sabiduría de Dios siempre está por encima de cualquier pretendido conocimiento de este mundo.

El conocimiento humano, aun en su forma más pura y verdadera, no aborda la esencia de la realidad como lo hace la Palabra de Dios

Sustitutos religiosos

Pablo prosigue indicando otra fuente falsa de poder, que también desvía a mucha gente del camino:

> *Por tanto, nadie os juzgue en comida o en bebida, o en cuanto a días de fiesta, luna nueva o días de reposo, todo lo cual es sombra de lo que ha de venir; pero el cuerpo es de Cristo. {...} Pues si habéis muerto con Cristo en cuanto a los rudimentos del mundo, ¿por qué, como si vivieseis en el mundo, os sometéis a preceptos tales como: No manejes, ni gustes, ni aun toques (en conformidad a mandamientos y doctrinas de hombres), cosas que todas se destruyen con el uso? (2:16-17, 20-22).*

¿Cuál es esta fuente falsa de poder? Podemos encontrarla bajo muchos nombres: fanatismo incontrolado, legalismo, extremismo religioso, criticismo, fariseísmo, etc. Esta fuente falsa de poder se manifiesta en guardar ciertos días y fiestas especiales, y en reglamentos y prácticas ascéticas, como flagelar el cuerpo, vestirse de cilicio, trabajar largas horas por celo a la causa. Todas estas prácticas parecen ser fuentes de poder espiritual. Algunas veces no podemos dejar de admirar el celo de individuos que se involucran en una causa. Pero el apóstol dice que están engañándose a sí mismos. No descubren el verdadero poder (2:23):

> *Tales cosas tienen a la verdad cierta reputación de sabiduría en culto voluntario, en humildad y en duro trato del cuerpo; pero no tienen valor alguno contra los apetitos de la carne.*

Mire, usted puede vestir un conjunto hecho de arpillera y estar lleno de codicia. Puede golpear su cuerpo hasta que se ponga azul o negro y aún ser culpable de pensamientos lujuriosos. Estas trampas exteriores, legalistas y ascéticas, no son obstáculo alguno a la indulgencia de la carne. Por tanto, no generan el poder para llevar la clase de vida que debemos vivir.

Sustitutos satánicos

En este pasaje, Pablo también menciona una tercera fuente de falso poder, ¡una de las más efectivas de todas!

Nadie os prive de vuestro premio, afectando humildad y culto a los ángeles, entremetiéndose en lo que no ha visto, vanamente hinchado por su propia mente carnal (2:18).

¿Qué quiere decir Pablo aquí? Está hablando del engaño espiritual que hoy es tan real y peligroso como lo fue en el siglo I d.C. Se trata de creer que, si somos capaces de contactar espíritus invisibles o a los muertos y recibir mensajes de ellos, podemos acceder al poder y conocimiento espiritual oculto. Los cristianos colosenses estaban preocupados por estas influencias, tal como lo estamos nosotros. Actualmente, observamos una influencia creciente de la Nueva Era, el ocultismo, la astrología, el satanismo, la magia, las sesiones de espiritismo, etc. Todas estas prácticas son sustitutos satánicos engañosos del poder que mora en Jesucristo.

El poder verdadero

En el capítulo 3, el apóstol trata sobre la verdadera manifestación del poder y de la manera en que podemos apropiarnos del poder de Cristo:

Si, pues, habéis resucitado con Cristo, buscad las cosas de arriba, donde está Cristo sentado a la diestra de Dios. Poned la mira en las cosas de arriba, no en las de la tierra (vv. 1-2).

Permita que sus deseos sean moldeados por la Palabra de Dios

Pablo no está diciendo que deberíamos ir por ahí pensando constantemente en el cielo. No hay nada piadoso en eso. Simplemente, está diciendo: «No permitan que sus deseos y actitudes sean gobernados o dirigidos por el anhelo de fama o de poder terrenales. Por el contrario, dejen que sean definidos por la Palabra de Dios». Tenemos que mostrar amor, verdad, fe, y paciencia; las cualidades que marcan la vida del Señor resucitado. Debemos manifestar al cielo en nuestras situaciones cotidianas. Pablo nos da la receta para llevar a cabo esta misión:

Haced morir, pues, lo terrenal en vosotros: fornicación, impureza, pasiones desordenadas, malos deseos y avaricia, que es idolatría (3:5).

Dios ya ha sentenciado a la naturaleza terrenal a morir en la cruz. Cuando se manifiesta en nosotros, debemos tratarla como un prisionero culpable, sentenciado a muerte por Dios. No tenemos que comprometernos con ninguna de estas prácticas, sino repudiarlas. Este es el primer paso. El paso número dos se encuentra en los versículos 12 a 14:

Vestíos, pues, como escogidos de Dios, santos y amados, de entrañable misericordia, de benignidad, de humildad, de mansedumbre, de paciencia; soportándoos unos a otros, y perdonándoos unos a otros si alguno tuviere queja contra otro. De la manera que Cristo os perdonó, así también hacedlo vosotros. Y sobre todas estas cosas vestíos de amor, que es el vínculo perfecto.

¿Qué quiere decir Pablo con esto? Está diciéndonos que Cristo ya mora en nosotros. Puesto que Él mora en nosotros, el desafío que tenemos es simplemente mantenernos en Su camino y permitir que Su vida se manifieste en nosotros. Tenemos que permitir que, en lo sucesivo, estas características cristianas emerjan de nuestras vidas. Su vida en nosotros las hará auténticas, no artificiales. Pablo sigue nombrando ciertas áreas en las que estos rasgos tienen que mostrarse en nosotros:

Casadas, estad sujetas a vuestros maridos, como conviene en el Señor. Maridos, amad a vuestras mujeres, y no seáis ásperos con ellas. Hijos, obedeced a vuestros padres en todo, porque esto agrada al Señor. Padres, no exasperéis a vuestros hijos, para que no se desalienten. Siervos, obedeced en todo a vuestros amos terrenales, no sirviendo al ojo, como los que quieren agradar a los hombres, sino con corazón sincero, temiendo a Dios. Amos, haced lo que es justo y recto con vuestros siervos, sabiendo que también vosotros tenéis un Amo en los cielos (3:18-22; 4:1).

Todas nuestras relaciones, desde las familiares hasta las que tenemos con aquellos que están bajo nuestra autoridad, y también con los que están por encima, deben exhibir el carácter y el amor de Jesucristo. Su vida debe brillar a través de las nuestras.

El fundamento del gozo

Pablo concluye con estas amonestaciones prácticas:

Perseverad en la oración, velando en ella con acción de gracias; orando también al mismo tiempo por nosotros, para que el Señor nos abra puerta para la palabra, a fin de dar a conocer el misterio de Cristo, por el cual también estoy preso, para que lo manifieste como debo hablar. Andad sabiamente para con los de afuera, redimiendo el tiempo (4:2-5).

Luego Pablo continúa con los saludos personales de aquellos que están con él. Concluye la carta, como era su costumbre, tomando la pluma en su propia mano, y escribiendo:

La salutación de mi propia mano, de Pablo. Acordaos de mis prisiones. La gracia sea con vosotros (4:18).

No obstante, el versículo clave de todo el libro de Colosenses se encuentra en el capítulo 1, donde el apóstol escribe:

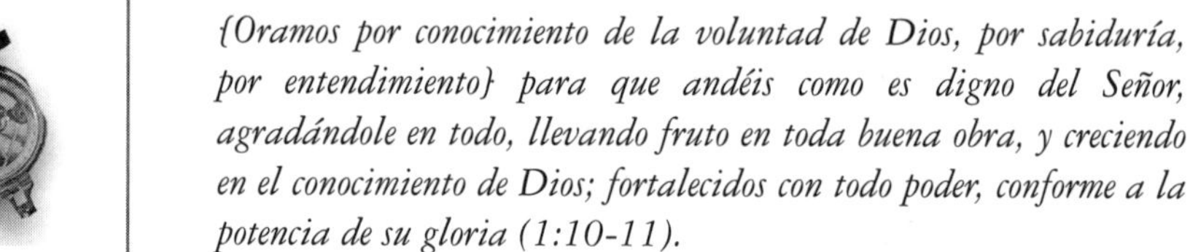

{Oramos por conocimiento de la voluntad de Dios, por sabiduría, por entendimiento} para que andéis como es digno del Señor, agradándole en todo, llevando fruto en toda buena obra, y creciendo en el conocimiento de Dios; fortalecidos con todo poder, conforme a la potencia de su gloria (1:10-11).

¡Qué tremenda verdad! ¿No queremos esto todos? ¿No deseamos, como cristianos, ver el poder y la vida de Cristo manifestados en nosotros? No para deslumbrar a la gente con milagros o ver nuestros nombres en los periódicos, sino para experimentar todo lo que Dios destinó para nosotros: «con gozo dando gracias al Padre que nos hizo aptos para participar de la herencia de los santos en luz» (1:11-12). ¡Y lo que Él quiere que experimentemos no es nada menos que gozo!

El mundo no puede producir una vida gozosa. Puede brindarnos emoción, excitación, euforia —toda una gama de intensas emociones efímeras—, pero no puede darnos el gozo genuino. El mundo no puede ayudarnos a soportar las pruebas con coraje o a aceptar las adversidades con fe y paciencia. En lo que respecta al mundo, esto necesita una clase de poder desconocido, el que los cristianos saben que sólo puede encontrarse en Jesucristo. Este poder transformará nuestras adversidades y dificultades en experiencias gozosas; no sólo en manifestaciones superficiales y extrañas de felicidad que nos hagan sentir bien. El verdadero gozo nos permite aprender y madurar a través de las pruebas.

Si nuestros corazones están bien con Cristo, si estamos despojándonos de lo viejo y estamos vistiéndonos de lo nuevo, podemos pasar por tiempos duros —experiencias que en otros producirían quejas, aprietos y desesperación— ¡y podemos sentir gozo! ¡Gozo sobrenatural, genuino, duradero, responsable, confiable! Eso es lo que Pablo quiere decir cuando escribe: «Cristo en vosotros, la esperanza de gloria». Este es el mensaje de Colosenses.

Capítulo 62: 1 Tesalonicenses

ESPERANZA PARA UN MUNDO DESESPERANZADO

Hace unos años, un grupo de arqueólogos estaba excavando en una parte antigua de la ciudad griega de Tesaloniki —también llamada Salónica o Tesalónica—, una localidad portuaria en Macedonia, al noreste de Grecia. Al hacerlo, estos arqueólogos descubrieron un cementerio griego del siglo I d.C. Entre las lápidas paganas encontraron una inscrita en griego, con estas palabras: «Sin esperanza». Entonces, ¡qué irónico resulta que, al examinar la primera carta de Pablo a los cristianos que vivían en esa ciudad en aquella época, encontremos que el tema es la *esperanza* del creyente!

Al aventurarnos por todo el libro de 1 Tesalonicenses, veremos que estos cristianos vivieron durante un tiempo de gran turbulencia, persecución y peligro. El mundo a su alrededor estaba desintegrándose. Aun así, el mensaje de Pablo para ellos era: «¡Ánimo! ¡Tengan esperanza! ¡Jesús va a volver, Dios está en control, y Él sabe lo que está haciendo!».

El trasfondo y la estructura de la carta

Muchas de las ciudades donde Pablo predicó y fundó iglesias se han convertido en ruinas hace mucho tiempo, pero Tesalónica es aún una metrópolis activa y desarrollada. La ciudad de Tesaloniki, o Tesalónica, una provincia de Roma en los tiempos del apóstol, ha tenido una historia turbulenta. Fue ocupada por los sarracenos en el siglo X, por los normandos en el siglo XII, por los turcos desde 1430 a 1912, y por los nazis en la Segunda Guerra Mundial.

Esta carta fue escrita aproximadamente en el año 50 d.C., por lo cual, es la primera de las epístolas de Pablo. En realidad, podría ser el primer libro del Nuevo Testamento que se escribió, aunque algunos eruditos bíblicos creen que los Evangelios de Mateo y (quizás) Marcos pueden remontarse incluso a los años 43–45 d.C. Esta carta fue escrita a una iglesia que tenía sólo unos pocos meses por aquel entonces y que, aunque se encontraba en lucha, era fuerte. La iglesia de Tesalónica estaba compuesta por cristianos que recientemente habían creído en Cristo a través del ministerio de Pablo. Es una carta personal, encantadora, que revela el corazón del apóstol hacia estos nuevos creyentes. También muestra las luchas intensas que los primeros cristianos tenían que sobrellevar en esa ciudad.

Dos secciones principales: una personal, otra práctica

La Primera Epístola a los Tesalonicenses se divide de forma sencilla en dos secciones principales. En los primeros tres capítulos, el apóstol derrama su corazón respecto a su relación con ellos. En los últimos dos capítulos, les da instrucciones prácticas sobre cómo vivir y experimentar la esperanza del cristiano en medio de las presiones de la vida.

Lo que sigue es una breve visión general de 1 Tesalonicenses:

La relación personal de Pablo con los cristianos tesalonicenses (1 Tesalonicenses 1–3)

1.	Pablo afirma a los tesalonicenses para su crecimiento	1
2.	Cómo fundó Pablo la iglesia de Tesalónica	2:1-16
3.	Cómo fortaleció Timoteo a la iglesia	2:17–3:10
4.	El deseo de Pablo de visitar a los tesalonicenses	3:11-13

Pablo da instrucciones prácticas a los tesalonicenses; y esperanza eterna (1 Tesalonicenses 4–5)

5.	Instrucciones para el crecimiento	4:1-12
6.	Los muertos en Cristo serán resucitados	4:13-18
7.	La venida del día del Señor	5:1-11
8.	Instrucciones para una vida virtuosa	5:12-22
9.	Conclusión	5:23-28

El relato de cómo fundó Pablo esta iglesia está registrado en Hechos 17. Después de que Pablo y Bernabé fueron arrojados en prisión en Filipos por predicar el evangelio, un terremoto sacudió la cárcel, tiró abajo las puertas y liberó a los prisioneros; sin embargo, afortunadamente para el carcelero filipense (cuya vida hubiera acabado si alguno escapaba), no huyó ninguno de los prisioneros. Pablo entonces fue oficialmente liberado por los magistrados romanos, dejó Filipos y se fue a Tesalónica.

Por el relato de Hechos, sabemos que Pablo llevaba allí sólo tres semanas cuando comenzó la persecución que lo forzó a dejar la ciudad para su propia seguridad. Descendió a Atenas y de allí mandó a Timoteo de regreso para ver cómo estaban los cristianos. Estaba muy preocupado por ellos, temeroso de que la persecución que estaban enfrentando dañara la fe recién nacida.

Pablo siguió hasta Corinto, donde fundó otra iglesia después de varios meses de difícil labor. Más tarde, Timoteo regresó a Corinto y le llevó noticias sobre cómo estaban los tesalonicenses y de algunos problemas que estaban enfrentando.

Problemas muy conocidos

Al leer esta carta, podríamos identificarnos con los problemas de los tesalonicenses. Actualmente, vivimos en una cultura que, de manera creciente, está tornándose hostil al cristianismo. Al inicio de un nuevo siglo, de un nuevo milenio, no es difícil imaginar que, incluso en países occidentales, los creyentes podrían en breve ser activamente perseguidos a causa de su fe por la creciente sociedad pagana que nos rodea y aun por el gobierno.

Los creyentes nuevos eran llamados a soportar adversidades extremas a causa de su recientemente encontrado Señor

Ese era el ambiente en que se encontraban Pablo y los cristianos tesalonicenses. En primer lugar, dondequiera que fuera, el apóstol era perseguido por un grupo de judíos que les decían a los demás que él no era un apóstol genuino porque no era uno de los Doce originales. Además, los cristianos tesalonicenses fueron severamente perseguidos por los paganos de Tesalónica que los amenazaron, abusaron de ellos y arrasaron sus propiedades. Aquí vemos a creyentes nuevos —algunos tenían sólo días o semanas en la fe— que eran llamados a soportar adversidades extremas a causa de su recientemente encontrado Señor.

La gente de la sociedad griega del siglo I vivía, tal como nosotros hoy, en una era de gran permisividad y promiscuidad sexual. Su religión, de hecho, las promovía. Las sacerdotisas de los templos paganos solían ser prostitutas que practicaban su oficio justamente en los templos. Aquellos que practicaban la pureza moral eran considerados fanáticos ridículos. Los nuevos cristianos sentían la enorme presión de seguir la corriente de las prácticas sexuales comunes en aquellos días.

Confusión sobre la segunda venida

Otro problema principal en esta iglesia era la confusión sobre la segunda venida de Jesucristo. El apóstol evidentemente les había hablado del retorno futuro del Señor, pero ellos habían malinterpretado parte de su enseñanza. Algunos esperaban que Cristo regresara tan pronto que habían dejado de trabajar para mantenerse; simplemente estaban esperando que Él viniera y se los llevara. Como no generaban ingresos para vivir, alguien tenía que ocuparse de ellos y se habían vuelto sanguijuelas del resto de la congregación. También había que resolver tensiones que estaban desarrollándose entre la congregación y los líderes de la iglesia. Finalmente, algunos de ellos sentían cierta indiferencia hacia la obra del Espíritu Santo entre ellos y hacia la verdad de Dios proclamada en las Escrituras.

¿Nos suenan familiares esos problemas? No podemos negar nuestro parecido con la iglesia de Tesalónica.

La obra de fe, el trabajo de amor, la constancia en la esperanza

En la primera sección de la carta, capítulos 1 al 3, Pablo derrama su corazón por estos primeros cristianos. Teme que hayan malinterpretado su partida de Tesalónica como si los hubiese abandonado para evitar la persecución; así que, les recuerda que acababa de atravesar un tiempo terrible de persecución en Filipos y que su corazón estaba profundamente preocupado por ellos. La clave para entender el corazón del apóstol se encuentra al principio de esta sección:

> *Damos siempre gracias a Dios por todos vosotros, haciendo memoria de vosotros en nuestras oraciones, acordándonos sin cesar delante del Dios y Padre nuestro de la obra de vuestra fe, del trabajo de vuestro amor y de vuestra constancia en la esperanza en nuestro Señor Jesucristo (1:2-3).*

Esas tres cualidades distinguían a los creyentes de Tesalónica: su obra de fe, su trabajo de amor y su constancia en la esperanza. Más adelante, estas características se detallan en este mismo capítulo, donde leemos:

> *Porque ellos mismos cuentan de nosotros la manera en que nos recibisteis, y cómo os convertisteis de los ídolos a Dios {esa era la obra de fe de los tesalonicenses}, para servir al Dios vivo y verdadero, {ese era su trabajo de amor} y esperar de los cielos a su Hijo, al cual resucitó de los muertos, a Jesús, {esa es su constancia, evidenciada al aguardar del cielo con esperanza a Su hijo} quien nos libra de la ira venidera (1:9-10).*

Esas tres cualidades —suficientemente interesantes— de los tesalonicenses sirven como una breve reseña, colocada justo dentro del texto, para guiar nuestra comprensión de los primeros tres capítulos del libro. La obra de fe, el trabajo de amor y la constancia en la esperanza: capítulo 1, capítulo 2, capítulo 3.

En el capítulo 1, Pablo les recuerda que lo que él les dijo cuando fundó la iglesia de Tesalónica no era una simple palabra de seres humanos:

> *Pues nuestro evangelio no llegó a vosotros en palabras solamente, sino también en poder, en el Espíritu Santo y en plena certidumbre, como bien sabéis cuáles fuimos entre vosotros por amor de vosotros (1:5).*

La obra de fe

El evangelio que Pablo predicó no llegó sólo en palabra, sino también en poder y en el Espíritu Santo. Cuando los tesalonicenses creyeron en su palabra y abandonaron la anterior devoción a los ídolos, llevaron a cabo la obra de fe. De repente, esta gente que una vez vivió en estado de impotencia tenía poder. Esta gente que una vez vivió en una condición desesperada tenía esperanza. Tenían una razón para vivir, un propósito y al Espíritu Santo que vivía Su vida a través de ellos.

El trabajo de amor

En el capítulo 2, Pablo hace una maravillosa descripción del trabajo de amor. No es solamente la labor de los tesalonicenses, sino también el trabajo del apóstol. En los versículos 9 a 12, se describe de manera poderosa el ministerio de Pablo, su obra de amor:

> *Porque os acordáis, hermanos, de nuestro trabajo y fatiga; cómo trabajando de noche y de día, para no ser gravosos a ninguno de vosotros, os predicamos el evangelio de Dios. Vosotros sois testigos, y Dios también, de cuán santa, justa e irreprensiblemente nos comportamos con vosotros los creyentes; así como también sabéis de qué modo, como el padre a sus hijos, exhortábamos y consolábamos a cada uno de vosotros, y os encargábamos que anduvieseis como es digno de Dios, que os llamó a su reino y gloria (2:9-12).*

Esta era la obra de amor de Pablo, y, evidentemente, los tesalonicenses hicieron lo que él les exhortó a hacer, porque en el versículo 14 continúa diciendo:

> *Porque vosotros, hermanos, vinisteis a ser imitadores de las iglesias de Dios en Cristo Jesús que están en Judea.*

Este es el servicio, la obra de amor de los tesalonicenses.

La constancia en la esperanza

El capítulo 3 es un relato de cómo Pablo envió a Timoteo y este llevó de regreso noticias de la persecución que estaban soportando, y especialmente de su paciencia y resistencia en medio de dicha adversidad. Aquí tenemos una poderosa descripción de la constancia en la esperanza, la cual permitió a los cristianos tesalonicenses soportar las pruebas con gozo.

Consejo práctico

Vivir limpiamente en una sociedad saturada de sexo

La sección práctica de esta carta, los capítulos 4 y 5, están divididos en cuatro breves secciones que tratan los problemas que enfrentaba esta iglesia. La primera exhortación del apóstol se refiere a vivir limpiamente en medio de una sociedad saturada de sexo. Estas palabras tienen una gran aplicación práctica para nosotros que hoy tenemos que vivir en la misma clase de sociedad. Pablo comienza recordándoles que ya les había enseñado a vivir:

Por lo demás, hermanos, os rogamos y exhortamos en el Señor Jesús, que de la manera que aprendisteis de nosotros cómo os conviene conduciros y agradar a Dios, así abundéis más y más (4:1).

Él no los había instruido, como mucha gente cree que enseña el cristianismo, que debían vivir una vida buena y limpia. El budismo enseña eso. El Islam también lo enseña. La mayor parte de las religiones recomiendan un estilo de vida moral, y ciertamente el cristianismo lo hace, pero no es ese su único énfasis. La fe cristiana nos enseña a vivir una vida buena y limpia. El cristianismo no se trata tanto de reglas y de leyes como de una relación. Naturalmente, queremos agradar a Dios porque tenemos una relación de amor viva con Él a través de Jesucristo.

Entonces, ¿cuál es la cualidad esencial de la vida para agradar a Dios? ¡La fe! Sin fe es imposible agradar a Dios. No puede agradar a Dios por medio de sus propios esfuerzos, luchando por vivir de acuerdo a estándares autoimpuestos o algo que alguien le haya ordenado. Puede agradarle dependiendo sólo de Él y, por fe, permitiendo que Él viva Su vida a través de usted.

Esta clase de vida produce un comportamiento moralmente puro. No vamos a decir que seremos perfectos, sino que estaremos progresando, y nuestra meta siempre será la perfección en Cristo (no en nuestra propia fortaleza). Si los cristianos se caracterizan por la impureza, es una señal clara de que no están viviendo una vida de fe. Como Pablo dice:

Pues la voluntad de Dios es vuestra santificación; que os apartéis de fornicación; que cada uno de vosotros sepa tener su propia esposa en santidad y honor; no en pasión de concupiscencia, como los gentiles que no conocen a Dios; que ninguno agravie ni engañe en nada a su hermano; porque el Señor es vengador de todo esto, como ya os hemos dicho y testificado. Pues no nos ha llamado Dios a inmundicia, sino a santificación. Así que, el que desecha esto, no desecha a hombre, sino a Dios, que también nos dio su Espíritu Santo (4:3-8).

Se nos dice claramente cómo vivir una vida pura y santa. Eso es lo que Dios espera de aquellos que tienen una relación viva de fe con Él.

Vivir honesta y productivamente

El segundo problema que Pablo trata es el tema de vivir honesta y productivamente. Como dice en 1 Tesalonicenses 4:9-12, tenemos que demostrar amor los unos por los otros; y la manifestación práctica de ese amor es, para todos, que nos ocupemos y trabajemos con nuestras manos para no tener que depender del sustento de otra persona.

Dios no quiere capacitar ociosos ni mantener a gente improductiva, como hasta cierto punto hace nuestra sociedad. Por el contrario, Pablo dice a cada persona:

> *Y que procuréis tener tranquilidad, y ocuparos en vuestros negocios, y trabajar con vuestras manos de la manera que os hemos mandado, a fin de que os conduzcáis honradamente para con los de afuera, y no tengáis necesidad de nada (4:11-12).*

Nuestra esperanza presente y futura

En el versículo 13, llegamos a un problema mayor —y al tema más importante— de este libro: la malinterpretación de los tesalonicenses acerca de la venida del Señor y la razón para tener esperanza. Estos cristianos tesalonicenses se habían hecho a la idea de que, cuando Jesucristo regresara a la tierra por segunda vez para comenzar Su reino milenial, quienes estuviesen vivos entrarían con Él a ese reino. Estaban esperando que el Señor regresara mientras aún estaban vivos. Pero ¿qué pasaría con aquellos que habían muerto mientras tanto? ¿No perderían todos los beneficios y las bendiciones del milenio?

¿Se perderían aquellos que habían muerto el reino milenial?

Esta clase de pensamiento probablemente surgió por un malentendido sobre la doctrina de la resurrección. Ellos imaginaban una única resurrección, un solo evento que ocurriría al final del milenio, cuando los muertos serían resucitados, tanto buenos como malos, para presentarse ante el trono del juicio de Dios. Por supuesto, hay pasajes que hablan de una resurrección que tendrá lugar al final del milenio. Pablo señala que esos grupos de creyentes serán resucitados en momentos diferentes. Note su argumento:

> *Tampoco queremos, hermanos, que ignoréis acerca de los que duermen, para que no os entristezcáis como los otros que no tienen esperanza. Porque si creemos que Jesús murió y resucitó, así también traerá Dios con Jesús a los que durmieron en él (4:13-14).*

En otras palabras, aquellos que han muerto van a ser resucitados otra vez y regresarán con Jesús cuando Él venga a establecer Su reino milenial. Pero esto presenta otro problema. ¿Cómo volverán corporalmente con Jesús cuando sus cuerpos han sido puestos en la tumba? «Ah —dice el apóstol Pablo—, ¡permítanme darles una revelación que recibí del Señor!». Y esto es lo que les dice:

> *Por lo cual os decimos esto en palabra del Señor: que nosotros que vivimos, que habremos quedado hasta la venida del Señor, no precederemos a los que durmieron. Porque el Señor mismo con voz de mando, con voz de arcángel, y con trompeta de Dios, descenderá*

del cielo; y los muertos en Cristo resucitarán primero. Luego nosotros los que vivimos, los que hayamos quedado, seremos arrebatados juntamente con ellos en las nubes para recibir al Señor en el aire, y así estaremos siempre con el Señor. Por tanto, alentaos los unos a los otros con estas palabras (4:15-18).

La parusía

Pablo está describiendo un aspecto de la venida del Señor que tiene lugar antes de Su regreso para establecer el reino milenial. Él viene a buscar a Su pueblo a fin de reunir a los Suyos para que estén con Él, en Su presencia, antes de regresar para establecer el reino. Este primer regreso se denomina parusía, en griego. No se refiere a la segunda venida de Cristo. En el momento de este primer regreso, la parusía, los muertos en Cristo resucitarán, para que todos podamos estar con Él cuando esté listo para establecer Su reino. Así que, ¿ve cómo esta doctrina responde al problema? Los tesalonicenses que habían perdido a seres amados no tenían que afligirse por aquellos que habían muerto en Cristo; ellos realmente precederán a quienes estén vivos cuando el Señor venga a buscar a los Suyos.

La tribulación

Comparando este pasaje con otras porciones de la Biblia, sabemos que, entre esa parusía y la venida del Señor para establecer el reino, habría un periodo de siete años de gran tribulación universal. Pablo continúa hablando de ese periodo en el capítulo 5:

Pero acerca de los tiempos y de las ocasiones, no tenéis necesidad, hermanos, de que yo os escriba. Porque vosotros sabéis perfectamente que el día del Señor vendrá así como ladrón en la noche (vv. 1-2).

Nadie puede señalar una fecha para este acontecimiento. Sucederá repentinamente. Cuando el Señor venga en la parusía, dos grandes cadenas de eventos se pondrán en acción. El Señor dará comienzo a una serie de acontecimientos en los cuales todos los creyentes serán arrebatados para estar con Él y, al mismo tiempo, dará comienzo a otra serie de eventos conocidos como la gran tribulación; o, como es llamado en el Antiguo Testamento, el día del Señor.

Dos «días»: el día del Señor y el día de Cristo

Hay dos «días» que necesitamos distinguir en la Escritura: el día del Señor y el día de Cristo. Ambos comienzan exactamente en el mismo momento, pero afectan a dos grupos distintos de gente. El día de Cristo tiene que ver con los creyentes, mientras que el día del Señor se refiere a lo que les sucederá durante ese periodo a los incrédulos. Estoy personalmente convencido —por mi estudio de la Escritura— de que, cuando el Señor venga por los Suyos, cuando los muertos en Cristo resuciten y cuando nosotros, los que estemos vivos, seamos arrebatados con ellos para estar con el Señor, ¡no dejaremos este planeta en absoluto! Nos quedaremos aquí con el Señor, dirigiendo de forma visible los eventos del periodo de la tribulación cuando estallen en grandes secuencias de juicio sobre vivos y muertos en la tierra. Las escenas terribles de ese día están vívidamente retratadas en el libro del Apocalipsis.

El apóstol Pablo les dice a los creyentes tesalonicenses que nadie sabe cuándo va a ocurrir esto:

> *Que cuando digan: Paz y seguridad, entonces vendrá sobre ellos destrucción repentina, como los dolores a la mujer encinta, y no escaparán. Mas vosotros, hermanos, no estáis en tinieblas, para que aquel día os sorprenda como ladrón (5:3-4).*

Estar alerta

Ese día sorprenderá a la gente del mundo como un ladrón, pero eso no tiene por qué sucedernos a nosotros porque ¡lo estamos esperando con ansias! Pablo nos dice que no deberíamos dormir como lo hacen otros en este mundo, sino que tendríamos que permanecer despiertos, sobrios y en alerta. Nunca deberíamos asumir que la vida simplemente continúa como de costumbre. Debemos ser conscientes de lo que Dios está haciendo a lo largo de la historia y de la eternidad, y actuar de acuerdo a eso. Estas señales se dan en la Escritura para que estemos espiritualmente preparados y no nos tome desprevenidos, como nos dice Pablo:

> *Por tanto, no durmamos como los demás, sino velemos y seamos sobrios. Pues los que duermen, de noche duermen, y los que se embriagan, de noche se embriagan. Pero nosotros, que somos del día, seamos sobrios, habiéndonos vestido con la coraza de fe y de amor, y con la esperanza de salvación como yelmo (5:6-8).*

Pablo no está hablando aquí de la salvación del infierno, sino que está refiriéndose a la salvación futura; es decir, la salvación de la ira de Dios durante el tiempo del juicio. Y añade a continuación:

> *Porque no nos ha puesto Dios para ira, sino para alcanzar salvación por medio de nuestro Señor Jesucristo, quien murió por nosotros para que ya sea que velemos, o que durmamos, vivamos juntamente con él. Por lo cual, animaos unos a otros, y edificaos unos a otros, así como lo hacéis (5:9-11).*

¡Allí estaba la respuesta completa a la angustia de los tesalonicenses! No necesitaban estar desanimados ni temerosos. Por el contrario, podían seguir con sus vidas confiando en que Dios se ocupaba de todos los asuntos pertinentes a la vida, la muerte y el más allá. Y aunque los tiempos eran extremadamente peligrosos, podían ocuparse de la obra del Señor, porque sabían que estaban invirtiendo para un futuro cierto.

Vivir en paz

La sección final no sólo habla de vivir confiadamente, sino de hacerlo en paz en medio de las condiciones turbulentas e inciertas:

Os rogamos, hermanos, que reconozcáis a los que trabajan entre vosotros, y os presiden en el Señor, y os amonestan; y que los tengáis en mucha estima y amor por causa de su obra. Tened paz entre vosotros (5:12-13).

Estaba surgiendo hostilidad hacia algunos líderes de la iglesia, y Pablo dice: «Recuerden que esta gente está preocupada por la batalla por vuestras almas y que, aunque a veces hayan hablado de manera un poco tajante, no es porque quieran herirlos, sino porque quieren ayudarlos. Por tanto, recuerden eso y vivan en paz con ellos y los unos con los otros. Amen a sus líderes, porque ellos los sirven».

Después añade amonestaciones contra la ociosidad, aliento para los desanimados, ayuda para los necesitados y paciencia para todos. Luego viene la observación más importante de todas:

Palabras de despedida

Mirad que ninguno pague a otro mal por mal; antes seguid siempre lo bueno unos para con otros, y para con todos (5:15).

La virtud del perdón caracteriza al evangelio más cualquier otra cualidad

Sin lugar a duda, esta es una de las órdenes más frecuentemente desobedecidas de la Escritura. Un cartel en un parachoques decía: «¡No se enfurezca, vénguese!». Pero la mayoría de nosotros, cuando alguien nos ofende, ¡normalmente, hacemos ambas cosas! Nos enfurecemos... y nos vengamos. Lamentablemente, esto pasa incluso en la iglesia; pero es una forma de pensar mundana. No tiene nada que ver con la gracia, la verdad y el amor de Jesucristo. La virtud del perdón caracteriza al evangelio más que cualquier otra cualidad.

El apóstol prosigue ordenando regocijarse, orar sin cesar y dar gracias. Después de algunas otras amonestaciones, su oración final para los creyentes tesalonicenses —y para todos los creyentes que lean esta poderosa carta, incluso nosotros— es preciosa:

Y el mismo Dios de paz os santifique por completo; y todo vuestro ser, espíritu, alma y cuerpo, sea guardado irreprensible para la venida de nuestro Señor Jesucristo (5:23).

Esas palabras resumen todo el tema principal de 1 Tesalonicenses porque engloban la esperanza de todos los creyentes: Un día, todos estaremos ante Dios, y todo el ser, espíritu, alma y cuerpo, será sin culpa, gracias a lo que Jesucristo hizo por nosotros. Qué bendición y qué esperanza para corregir ciertos malentendidos que tenían sobre el día del Señor, ese periodo de turbulencia y tribulación sin paralelo en el mundo.

FRENO AL MISTERIO DE LA INIQUIDAD

Antes de que Jesucristo dejara esta tierra, dijo que regresaría, pero que, previo a Su retorno, habría un tiempo de tribulación, de persecución y de anarquía generalizada. Los empalmes de la sociedad serían desgarrados y la violencia llegaría a ser tan difundida, que los corazones de la gente literalmente sufrirían por el temor a los eventos próximos. Sería un periodo de tribulación global, dijo Jesús, «cual no ha habido desde el principio del mundo hasta ahora, ni la habrá» (Mt. 24:21).

Cuando los cristianos de Tesalónica experimentaron tiempos de pruebas, muchos pensaron que estaban atravesando esa época anunciada de tribulación. El apóstol Pablo les escribió esta segunda carta para corregir ciertos malentendidos acerca del Día del Señor, un tiempo de turbulencia y tribulación sin igual para el mundo.

El Día del Señor

Esta carta consta de tres capítulos, y cada uno constituye la corrección de una actitud muy común de mucha gente, aun hoy, respecto a los tiempos turbulentos. Lo que sigue es un resumen de los tres capítulos del libro de 2 Tesalonicenses:

El aliento de Pablo para un tiempo de prueba (2 Tesalonicenses 1)

1. La gratitud de Pablo hacia los tesalonicenses — 1:1-4
2. Aliento para las pruebas y las persecuciones — 1:5-10
3. La oración de Pablo para recibir la bendición de Dios — 1:11-12

El Día del Señor (2 Tesalonicenses 2)

4. Las señales del Día del Señor que se acerca — 2:1-7
5. La segunda venida de Cristo — 2:8-12

6. La esperanza cristiana en el Día del Señor 2:13-17

La conducta de los creyentes bajo presión (2 Tesalonicenses 3)

7. Paciencia; evitar a los escandalosos 3:1-15
8. Conclusión 3:16-18

Aliento para las pruebas y la persecución

El primer capítulo está dedicado a la actitud de desaliento en los tiempos de tribulación. Estos cristianos estaban sufriendo persecuciones y aflicciones. Aunque lo iban soportando notablemente bien, muchos se estaban cansando y desalentando. Se quejaban: «¿Para qué seguir esforzándonos? No hay justicia. Todo está siempre en contra de nosotros».

Para contrarrestar esta actitud, Pablo les recuerda que vendrá un día cuando Dios pondrá todo en orden y los compensará por sus sufrimientos. En 1 Tesalonicenses 1:4-10, Pablo escribe:

> *Porque conocemos, hermanos amados de Dios, vuestra elección; pues nuestro evangelio no llegó a vosotros en palabras solamente, sino también en poder, en el Espíritu Santo y en plena certidumbre, como bien sabéis cuáles fuimos entre vosotros por amor de vosotros. Y vosotros vinisteis a ser imitadores de nosotros y del Señor, recibiendo la palabra en medio de gran tribulación, con gozo del Espíritu Santo, de tal manera que habéis sido ejemplo a todos los de Macedonia y de Acaya que han creído. Porque partiendo de vosotros ha sido divulgada la palabra del Señor, no sólo en Macedonia y Acaya, sino que también en todo lugar vuestra fe en Dios se ha extendido, de modo que nosotros no tenemos necesidad de hablar nada; porque ellos mismos cuentan de nosotros la manera en que nos recibisteis, y cómo os convertisteis de los ídolos a Dios, para servir al Dios vivo y verdadero, y esperar de los cielos a su Hijo, al cual resucitó de los muertos, a Jesús, quien nos libra de la ira venidera.*

Puede llegar el día en que también nosotros tengamos que elegir entre conservar la fe o la vida

En países como los Estados Unidos, los cristianos no han pasado por mucha persecución durante sus más de 200 años de historia; pero en la actualidad, observamos indicaciones de que podría estar surgiendo un tiempo de persecución. De manera creciente, la cultura, los medios de comunicación, los juzgados y el gobierno desafían nuestra libertad religiosa, así como la fe y la moralidad cristianas. En algunas partes del mundo, los cristianos sufren y mueren por la defensa de su fe; y puede llegar el día en que también nosotros tengamos que elegir entre conservar la fe o la vida. Si ese día llega, apreciaremos completamente el significado de las palabras de Pablo en esta carta.

El apóstol les recuerda a los tesalonicenses que Dios no los ha olvidado; que Él, al final, enderezará al mundo. Cuando la gente pasa por un tiempo de persecución, dice: «¿Será corregida alguna vez esta injusticia? ¿Cómo puede un hombre como Hitler asesinar impunemente a tantos judíos? ¿Cómo puede un hombre como Stalin salirse con la suya al matar a tantos de su propio pueblo? ¿Por qué un hombre como Saddam Hussein estuvo tanto tiempo en el poder? ¿Por qué Dios no castiga ya a estos horribles hacedores de maldad? ¿Por qué espera tanto para enderezar las cosas?».

Llegará el día en que se hará un pago triple

Pero Pablo dice: «¡Confíen! ¡Sean pacientes! Llegará el día en que se hará un pago triple. Primero, los creyentes serán compensados por sus sufrimientos, porque estas pruebas aumentan su resistencia y los hacen dignos del reino venidero de Dios. Segundo, al impío se le pagará por su incredulidad y por las oportunidades desperdiciadas en la vida; ellos se enfrentarán al Juez justo que conoce sus corazones, y Él los excluirá de Su presencia. Tercero, el Señor mismo será recompensado, porque Él será «glorificado en sus santos y [...] admirado en todos los que creyeron» (2 Ts. 1:10). Note que Pablo no dice que Dios será glorificado *por* Su pueblo, sino *en* Su pueblo, al tomar a seres humanos pecadores, temerosos, impotentes y egocéntricos, e infundir en sus vidas las cualidades de Su carácter, Su amor y gozo, para que lo vea todo el mundo. No se trata de la alabanza ofrecida a Dios por nuestros labios, sino de la gloria que Él recibe en el mundo cuando Su personalidad se muestra a través del ejemplo apacible de nuestras vidas. Esa es una de las maneras más poderosas en que el Señor es glorificado.

El infierno, el pago del incrédulo

Antes de examinar el capítulo 2, observemos más de cerca el pago que recibirá el impío. Es lo que la Biblia llama «el infierno».

En general, el infierno es considerado como un horno ardiente donde las personas, en cadenas, experimentan el tormento de ser, continua e implacablemente, quemadas por el fuego. La Biblia no usa símbolos del infierno que apoyen este concepto, pero creo que la idea más literal que podemos tener es que se trata de una condición donde se está para siempre excluido de la presencia del Señor. Dios es la fuente de todo bien: belleza, verdad, vida, amor, gozo, paz, gracia, fortaleza, perdón. Todo esto proviene sólo de Dios y, si alguien elige pecar y hacer su propia voluntad en vez de estas cosas buenas, finalmente Él le dirá: «He estado tratando de darte lo mejor de mí, pero tú has preferido lo peor. Hazlo como te plazca». Cuando esa persona consiga lo que ha buscado a lo largo de la vida, se arrepentirá de haberlo deseado.

La explicación del Día del Señor

Pablo comienza el segundo capítulo de 2 Tesalonicenses tratando sobre los temores de los cristianos de aquella iglesia. En los versículos 1 y 2, leemos:

> *Pero con respecto a la venida de nuestro Señor Jesucristo, y nuestra reunión con él, os rogamos, hermanos, que no os dejéis mover fácilmente de vuestro modo de pensar, ni os conturbéis, ni por espíritu, ni por palabra, ni por carta como si fuera nuestra, en el sentido de que el día del Señor está cerca.*

Los tesalonicenses, que ya estaban soportando un tiempo de terrible persecución, evidentemente habían recibido una carta de alguien, que firmaba en nombre de Pablo, diciéndoles que el día del Señor había llegado y que los tiempos irían de mal en peor. Sus mentes se estaban confundiendo por todo lo que estaba pasando a su alrededor. En efecto, Pablo les dice: «No se asusten por lo que está sucediendo ni por la gente que está tratando de turbarlos».

Pablo les recuerda que ya les explicó la diferencia entre el Día del Señor y el tiempo de Su venida, cuando reunirá a Su pueblo para que esté con Él. Cuando el Señor venga por Su pueblo, descenderá del cielo con voz de mando, con voz de arcángel y con trompeta de Dios. Los muertos en Cristo serán resucitados y nosotros, los que quedemos, seremos arrebatados juntamente con ellos en las nubes para recibir al Señor en el aire. Así es como nos reuniremos todos con Jesús.

Pero el Día del Señor, el terrible tiempo del juicio, es un acontecimiento totalmente diferente. Después de introducir el tema de ese Día, Pablo continúa diciéndoles cómo será y cómo pueden saber que está cercano:

> *Nadie os engañe en ninguna manera; porque no vendrá sin que antes venga la apostasía, y se manifieste el hombre de pecado, el hijo de perdición, el cual se opone y se levanta contra todo lo que se llama Dios o es objeto de culto; tanto que se sienta en el templo de Dios como Dios, haciéndose pasar por Dios (2:3-4).*

La partida de la Iglesia

Creo que el sentido que se le da a la palabra «apostasía» utilizada en esta traducción no es el correcto. «Apostasía», literalmente, significa «una partida». Muchos traductores han usado esto para sugerir un alejamiento de la fe, es decir, una rebeldía. No estoy de acuerdo. Creo que esta partida se refiere al arrebatamiento de la Iglesia cuando Jesús venga a reunir a Su pueblo consigo.

Este pasaje me parece sorprendente, especialmente cuando lo conectamos con el resto de la Escritura, así como con los Evangelios. Cuando

Jesús estuvo aquí, se presentó al pueblo judío como el Mesías prometido, y la mayoría lo rechazó. Eso es lo que Juan dice en los primeros versículos de su Evangelio: «A lo suyo vino, y los suyos no le recibieron» (Jn. 1:11). Eso es lo que Jesús le dijo a la gente: «Yo he venido en nombre de mi Padre, y no me recibís; si otro viniere en su propio nombre, a ése recibiréis» (Jn. 5:43). ¿De quién está hablando Jesús, este «otro» que vendría en su propio nombre y sería aceptado donde Él fue rechazado? Es la persona de la que Pablo está hablando, aquel a quien él llama «el hombre de pecado [...], el hijo de perdición».

El hombre de pecado

¿Quién es este hombre de pecado? Bueno, Pablo nos dice que este personaje será un individuo totalmente impío, pero tan notable que la gente verdaderamente lo aceptará como un ser divino que podría librarlos de sus dificultades. Tendrá poderes extraordinarios de comunicación y de persuasión, y la gente lo verá y creerá que lo malo es bueno, que lo negro es blanco. El mundo está deseoso de seguir a un líder como este. Incluso los diplomáticos, los políticos y los dirigentes, en la actualidad, están buscando un único líder de líderes que pueda unir al mundo, y reunirnos en armonía y paz. Pablo dice que este hombre de pecado se manifestará en el templo de Dios en Jerusalén.

Cuando el apóstol escribió esta carta, aproximadamente en el año 52 d.C., el templo de Jerusalén todavía estaba en pie, pero en el año 70 d.C., fue destruido y nunca más se reconstruyó. De hecho, una gran mezquita islámica, el Domo de la Roca, ocupa ahora el lugar donde solía estar el templo. La Escritura predice que, de alguna manera, los judíos encontrarán la forma de reconstruir otro templo en Jerusalén, donde está ahora el Domo de la Roca. Y Pablo dice que la sede del hombre de pecado será ese futuro templo. En 2 Tesalonicenses 2:5-8, Pablo continúa diciendo:

> *¿No os acordáis que cuando yo estaba todavía con vosotros, os decía esto? Y ahora vosotros sabéis lo que lo detiene, a fin de que a su debido tiempo se manifieste. Porque ya está en acción el misterio de la iniquidad; sólo que hay quien al presente lo detiene, hasta que él a su vez sea quitado de en medio. Y entonces se manifestará aquel inicuo, a quien el Señor matará con el espíritu de su boca, y destruirá con el resplandor de su venida.*

El misterio de la iniquidad

Este «misterio de la iniquidad» ha desconcertado a nuestros líderes y pensadores a través de los siglos. Una vez, Carlos Rómulo, embajador filipino en los Estados Unidos, dijo: «Hemos aprovechado el poder del átomo, pero ¿cómo podemos dominar las pasiones de los hombres?». El espíritu de anarquía, de pecado, de terca rebelión contra la autoridad, y la codicia de poder plantean el peligro más grande para cualquier nación. Ciertamente, en esta era de armas de destrucción masiva, esto constituye una amenaza a la existencia de toda la raza humana.

La restricción al misterio de la iniquidad

Pero Pablo dice que algo está deteniendo ese poder, previniendo una anarquía total. Jesús dejó en claro cuál es esa fuerza que lo detiene: «Vosotros sois la sal de la tierra». También dijo: «Vosotros sois la luz del mundo» (Mt. 5:13-14). La sal evita que la corrupción se extienda. La luz repele las tinieblas. Así es la presencia del pueblo de Dios en la tierra, pues frena el poder secreto de la falta de ley y de la maldad; pero, antes de que nos sintamos orgullosos, deberíamos entender esto: No somos nosotros quienes detenemos las tinieblas, sino el Espíritu de Dios que vive en nuestro interior y actúa a través de nosotros. Así que, debemos asegurarnos de que el Espíritu Santo tenga todo lo que necesita de nuestra parte para poder ser completamente presentado en el mundo, a fin de protegernos de la corrupción e iluminar los rincones oscuros de este mundo.

La liberación del misterio de la iniquidad

Dice Pablo: «Ya está en acción el misterio de la iniquidad, sólo que hay quien al presente lo detiene [el Espíritu Santo], hasta que él a su vez sea quitado de en medio». El apóstol dice aquí que quien detiene las tinieblas será quitado de en medio y que, entonces, será liberado todo el flujo de maldad humana sobre la tierra. Cuando Jesús venga a reunir y a llevar a Su pueblo, el Espíritu Santo, que vive en todos los que seguimos a Jesucristo, será quitado del mundo. La fuerza controladora se habrá ido. La anarquía reinará sobre la tierra, pero sólo por un breve periodo. Al final de ese tiempo, el hombre de pecado, también llamado el Anticristo, será vencido y llegará a su fin el reinado mundial del mal. Como Pablo escribe:

> *Entonces se manifestará aquel inicuo, a quien el Señor matará con el espíritu de su boca, y destruirá con el resplandor de su venida; inicuo cuyo advenimiento es por obra de Satanás, con gran poder y señales y prodigios mentirosos, y con todo engaño de iniquidad para los que se pierden, por cuanto no recibieron el amor de la verdad para ser salvos. Por esto Dios les envía un poder engañoso, para que crean la mentira, a fin de que sean condenados todos los que no creyeron a la verdad, sino que se complacieron en la injusticia (2:8-12).*

Dios ha plantado la verdad en todo ser humano, pero algunos eligen creer la mentira. Así que, les envía un poder engañoso para que aquellos que se complacieron en la injusticia permanezcan enredados en la mentira, hasta que su autoengaño y autodestrucción se completen. La mentira y todos aquellos que la creen serán destruidos por la venida de Jesús, el Hijo del Hombre, que destruirá al destructor.

La conducta de los creyentes bajo presión

El capítulo 3 trata sobre la conducta de los creyentes frente a la dificultad y la presión. Ciertas personas en Tesalónica decían: «¿Por qué no esperar a que Jesús regrese por nosotros? ¿Por qué debemos preocuparnos por ganarnos la vida? Sólo vivamos y disfrutemos, y esperemos Su venida» Así que, Pablo les dice:

> *Pero os ordenamos, hermanos, en el nombre de nuestro Señor Jesucristo, que os apartéis de todo hermano que ande desordenadamente, y no según la enseñanza que recibisteis de nosotros (v. 6).*

La declaración de Pablo se debe a los hechos que describe en los versículos 11 al 13:

> *Porque oímos que algunos de entre vosotros andan desordenadamente, no trabajando en nada, sino entremetiéndose en lo ajeno. A los tales mandamos y exhortamos por nuestro Señor Jesucristo, que trabajando sosegadamente, coman su propio pan. Y vosotros, hermanos, no os canséis de hacer bien.*

Nuestra responsabilidad es seguir viviendo normalmente, trabajar con nuestras manos y ocuparnos de nuestras responsabilidades

A medida que nos acercamos al tiempo de Su venida, Pablo dice: «Recuerden que su responsabilidad es seguir viviendo normalmente, trabajar con sus manos y ocuparse de sus responsabilidades». La vida cristiana es una vida natural, normal, que incluye llevar a cabo todas las responsabilidades que Dios pone ante nosotros. Así, el apóstol rechaza el fanatismo irracional que dice: «Abandonemos todo y esperemos sólo a que Jesús venga para llevarnos con Él». Esto no es razonable ni realista, ni siquiera espiritual. Sólo es indolente y desatinado. Nadie sabe cuándo vendrá Jesús a buscarnos. Aunque algunas señales parecen indicar que Su regreso es inminente, podría tardar otros miles de años. Sólo Dios el Padre conoce el día y la hora del regreso del Señor.

Muchos de los creyentes tesalonicenses ya habían sido engañados una vez por una carta falsa, supuestamente de Pablo. Para asegurarse de que esto no pasase nuevamente, les dio una muestra de su propia escritura:

> *La salutación es de mi propia mano, de Pablo, que es el signo en toda carta mía; así escribo. La gracia de nuestro Señor Jesucristo sea con todos vosotros (3:17-18).*

Con estas palabras, Pablo termina una carta muy práctica, poderosa y oportuna, aun en estos días que vivimos. La aplicación práctica para cada corazón es esta: El pueblo de Dios es llamado a ser el freno a

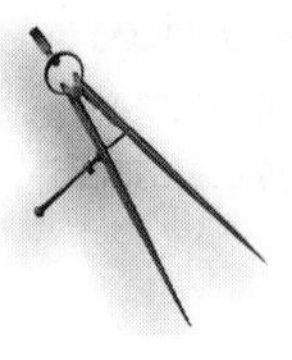

la iniquidad, pero para hacerlo, debemos permitir que Él controle por completo nuestras vidas. Si actuamos, aunque no sea más que en un pequeñísimo grado, por medio de la anarquía, ¿cómo podremos frenar la iniquidad de este mundo? La medida en que usted haya tratado y vencido el pecado en su corazón determinará cuán eficazmente Dios puede utilizarlo para frenar la anarquía de este mundo.

Después de todos estos años, la esperanza de la Iglesia no se ha desvanecido

Después de todos estos años, la esperanza de la Iglesia no se ha desvanecido. Los mismos acontecimientos que Jesús y Pablo profetizaron están comenzando a cumplirse en nuestro tiempo. Nos estamos moviendo rápidamente hacia el fin de la era. Jesús viene otra vez, y nuestra labor es trabajar pacientemente, observar, aguardar, y esperar hasta que escuchemos la voz de triunfo y lo veamos venir en las nubes a buscarnos.

CÓMO EDIFICAR UNA IGLESIA

¿Qué pasa cuando los cristianos se reúnen en una iglesia? Charles Swindoll responde a esa pregunta en este pasaje de su libro *Come Before Winter and Share My Hope* [Ven antes del invierno y comparte mi esperanza]:

> «Nos vemos el domingo. Cuando el Cuerpo y la Cabeza se encuentran para celebrar esta unión misteriosa, [...] cuando gente común y corriente como nosotros se junta alrededor del Preeminente. Para adorar. En busca de aliento. Para expresarse. Para buscar ayuda. Para llevar a cabo un papel dado por Dios, que nunca será igualado ni superado sobre la tierra, aun cuando es lo que el mundo que nos rodea considera anormal y débil». (Charles Swindoll II, *Ven antes del Invierno y Comparte mi Esperanza* [Wheaton, Ill.: Tyndale, 1985], 403-4).

El mundo considera a la Iglesia «anormal y débil»

¡Sí! Aunque la Iglesia sea considerada «anormal y débil», nosotros sabemos que es el instrumento más poderoso del mundo. Jesús mismo dijo: «Sobre esta roca edificaré mi iglesia, y las puertas del Hades no prevalecerán contra ella» (Mt. 16:18).

En la Primera Carta de Pablo a Timoteo, se nos da una serie de instrucciones detalladas, un borrador que enseña cómo edificar una iglesia. Jesús mismo es el arquitecto, el maestro constructor, pero nosotros somos los carpinteros, los albañiles, los pintores y los tapiceros. Así que, si queremos construir Su Iglesia como a Él le agrada, mejor será que leamos las instrucciones que nos dio: el anteproyecto de 1 Timoteo.

La autoridad de un apóstol

Pablo escribió dos cartas a Timoteo. La segunda fue, sin duda, la última que tenemos de su mano. La primera fue escrita unos años antes, probablemente poco después de que el apóstol fuera encarcelado en Roma por primera vez. Después de ser liberado, le escribió al joven a quien había ganado para Cristo cuando predicó en Listra, el pueblo natal de Timoteo. Quizá no tenía más de 16 años cuando conoció al Señor (tal vez alrededor de treinta cuando se escribió esta carta). Acompañó a Pablo en su segundo viaje misionero, y fue para él un ministro fiel e hijo en la fe durante el resto de su vida.

Esta es una de tres cartas pastorales del Nuevo Testamento, escrita desde el punto de vista de un pastor; las otras dos son 2 Timoteo y Tito. En estas cartas, Pablo expresa sus pensamientos íntimos a los jóvenes que estaba capacitando en el ministerio, aquellos que frecuentemente lo acompañaron en sus viajes. El apóstol había enviado a Timoteo a Éfeso, el gran complejo comercial y vacacional a orillas del Mediterráneo, en Asia Menor.

A pesar de su relación estrecha de maestro-mentor, padre-hijo, Pablo comienza ambas cartas a Timoteo con palabras muy similares. En 1 Timoteo 1:1, escribe:

> *Pablo, apóstol de Jesucristo por mandato de Dios nuestro Salvador, y del Señor Jesucristo nuestra esperanza.*

Las cartas no fueron sólo para Timoteo

Ciertamente, Timoteo no necesitaba este recordatorio de que Pablo era apóstol de Cristo Jesús; sabía muy bien cuál era la posición del apóstol. Sin embargo, esperaba que estas cartas fueran leídas por otras personas aparte de Timoteo. Con frecuencia, sus epístolas anteriores habían circulado entre las iglesias, y sabía que iba a suceder lo mismo con estas. Así que, es con la autoridad de un apóstol que Pablo comienza las dos cartas.

Los apóstoles fueron enviados por el Señor

Los apóstoles eran hombres con un ministerio único, que fueron enviados por el Señor mismo, y se les había encomendado la tarea de enseñar con autoridad sobre la doctrina y la práctica en la Iglesia. En el siglo I, algunas personas hablaron despreciativamente de Pablo, tal como a veces la gente lo hace hoy. Probablemente, ha escuchado, como yo: «Bueno, digamos que Pablo escribió algunas cosas que no podemos tomar como absolutas. Era un viejo solterón hecho y derecho, y lo que dijo sobre las mujeres no es realmente significativo». Pero afirmar tal cosa es negar el oficio apostólico y rechazar la autoridad que el Señor Jesús dio a Sus apóstoles, incluso a Pablo.

La primera carta de Pablo a Timoteo tiene que ver con el ministerio de la Iglesia: su carácter, su naturaleza y su función en el mundo. La segunda tiene relación con el mensaje que la Iglesia debe comunicar al mundo: el evangelio de Jesucristo y la relación de Timoteo con esto. Veamos un esquema general de 1 Timoteo:

Verdaderas y falsas doctrinas (1 Timoteo 1)

1.	El peligro de la falsa doctrina; enseñar la verdad	1:1-17
2.	Pelear la buena batalla, retener la fe	1:18-20

La adoración de la Iglesia (1 Timoteo 2)

3.	Reglas para la adoración pública; el papel de las mujeres	2

El liderazgo de la iglesia (1 Timoteo 3)

4.	Requisitos de los líderes de la iglesia	3:1-13
5.	Conducta en la casa de Dios	3:14-16

Advertencias contra los falsos maestros (1 Timoteo 4)

6.	Comparación entre maestros falsos y verdaderos	4:1-10
7.	No descuidar el don de Dios	4:11-16

La disciplina de la Iglesia (1 Timoteo 5)

8.	Deberes hacia los demás	5:1-2
9.	Deberes hacia las viudas	5:3-16
10.	Deberes hacia los ancianos	5:17-20
11.	Evitar el prejuicio en la disciplina de la iglesia	5:21-25

Las motivaciones de un líder de la Iglesia (1 Timoteo 6)

12.	Exhortaciones a los siervos	6:1-2
13.	La piedad con contentamiento es ganancia	6:3-16
14.	Exhortación a los ricos	6:17-19
15.	Guarda lo que te ha sido confiado	6:20-21

La auténtica Iglesia cristiana y el verdadero amor cristiano

Dos temas se entrelazan a lo largo de 1 Timoteo: la auténtica esencia de la Iglesia cristiana y la verdadera naturaleza del amor cristiano. Una expresión enérgica del primer tópico se encuentra en 1 Timoteo 3:14-15:

> *Esto te escribo, aunque tengo la esperanza de ir pronto a verte, para que si tardo, sepas cómo debes conducirte en la casa de Dios, que es la iglesia del Dios viviente, columna y baluarte de la verdad.*

¿Qué quiere decir Pablo cuando habla acerca de «la iglesia del Dios viviente»? Evidentemente, no está hablando de un *edificio*, sino de *personas*. En realidad, habla de una familia, la familia de Dios. Una

Pablo quería que Timoteo supiera cómo conducirse en el ministerio y cómo debían ser las relaciones interpersonales en el cuerpo de Cristo

de las grandes debilidades del cristianismo en la actualidad es que tendemos a pensar en la Iglesia como un edificio. Pablo quiso que Timoteo supiera cómo conducirse en el ministerio y cómo debían ser las relaciones interpersonales en el cuerpo de Cristo, la Iglesia del Dios viviente.

En 1 Timoteo 1:5, encontramos una expresión enérgica de este segundo tema, la verdadera naturaleza del amor cristiano:

> *Pues el propósito de este mandamiento es el amor nacido de corazón limpio, y de buena conciencia, y de fe no fingida.*

Este es un asunto más personal. Mientras que el primer tema es la Iglesia y su ministerio, el segundo tiene que ver con la relación de las personas con el mundo, con otros cristianos y con Dios. Como lo indica el apóstol, este segundo tema afirma que las relaciones de los cristianos deben consistir en un «amor nacido de corazón limpio, y de buena conciencia y de fe no fingida».

Realmente, siempre comenzamos con la última de estas cualidades: una fe no fingida. Así es como entramos en la vida cristiana: creyendo la Palabra de Dios, creyendo en lo que dice Él. Después somos guiados a tener una buena conciencia y un corazón puro, que ama en obediencia a Su Palabra. Todos nos acercamos al Señor con la necesidad de ser purificados por el lavamiento de la Palabra de Dios y ser limpiados por la sangre de Cristo. Pero, si usted tiene buena conciencia de su fe, esto resultará en un corazón puro, y de él emanará una corriente incesante de amor.

Verdaderas y falsas doctrinas

La tarea de Timoteo fue ministrar a la iglesia que se oponía a la idolatría y a la superstición ciega de su ciudad, espiritualmente en tinieblas

En 1 Timoteo 1, Pablo nos da el trasfondo de su consejo a Timoteo. Recuerde que este pastoreaba la iglesia de Éfeso, una ciudad totalmente entregada a la adoración a una diosa pagana, Diana (también llamada Artemisa), que representaba el amor en el mundo griego. Su tarea fue ministrar a la iglesia que se oponía a dicha idolatría y a la superstición ciega de su ciudad, espiritualmente en tinieblas; tal como es nuestro deber oponernos a la oscuridad espiritual y a la idolatría que hoy nos rodea.

Así que, la primera advertencia que hace el apóstol es que Timoteo debe oponerse a las falsas enseñanzas. Aparentemente, en la iglesia de Éfeso estaban infiltrándose falsos maestros. La primera iglesia tuvo sus herejes, como sucede en la actualidad. Y Pablo advierte a Timoteo acerca de ellos:

> *Como te rogué que te quedases en Éfeso, cuando fui a Macedonia, para que mandases a algunos que no enseñen diferente doctrina, ni*

presten atención a fábulas y genealogías interminables, que acarrean disputas más bien que edificación de Dios que es por fe, así te encargo ahora (1:3-4).

Pablo añadió que uno de los problemas en la iglesia era una interpretación equivocada de la ley. Algunos líderes de la iglesia trataron de controlar la conducta de los cristianos efesios a través de regulaciones; en otras palabras, del legalismo. Estos legalistas que contaminaban la iglesia no entendían el poder de la vida y de la gracia del Señor Jesucristo que moraba en el creyente.

Estos legalistas que contaminaban la iglesia no entendían el poder de la vida y de la gracia del Señor Jesucristo que mora en el creyente

Pablo dice que usar la ley para controlar a la gente está mal. La ley tiene un propósito válido y específico, pero estos legalistas estaban abusando de ella:

Queriendo ser doctores de la ley, sin entender ni lo que hablan ni lo que afirman. Pero sabemos que la ley es buena, si uno la usa legítimamente; conociendo esto, que la ley no fue dada para el justo, sino para los transgresores y desobedientes, para los impíos y pecadores, para los irreverentes y profanos, para los parricidas y matricidas, para los homicidas, para los fornicarios, para los sodomitas, para los secuestradores, para los mentirosos y perjuros, y para cuanto se oponga a la sana doctrina, según el glorioso evangelio del Dios bendito, que a mí me ha sido encomendado (1:7-11).

¿Quién necesita la ley?

Pablo dice que la ley está hecha para el impío, no para el justo. Si usted ha acudido a Cristo y su corazón está empeñado en agradarle, ¿para qué necesita la ley? Ciertamente, no la necesita para guardarse de hacer lo malo; ¡el amor se encargará de eso! Pero recuerde que el amor es interpretado por la ley. Sólo entendemos que el amor existe cuando lo vemos definido claramente en términos de la ley: no mentir, no robar, no matar, no cometer adulterio, y así sucesivamente. Estas leyes describen cómo se comporta el verdadero amor.

La adoración de la iglesia

Roles de los hombres, roles de las mujeres

En el capítulo 2, Pablo da las instrucciones para la adoración pública. Comienza diferenciando los papeles de los hombres y de las mujeres. Dice que los hombres deben liderar en oración, orando por los reyes y por los que están en autoridad, para que los ciudadanos vivan en paz y santidad. Luego trata sobre el papel de las mujeres en la iglesia; y este pasaje a veces se emplea (normalmente, por los hombres) para sugerir que ellas tienen una posición inferior en la congregación.

Debemos entender la gran diferencia entre el *rol* de alguien y la *importancia* de esa persona. En la iglesia, no todos tenemos la misma

Todos son necesarios, todos son igualmente importantes; pero cada uno debe desempeñar un papel diferente

función, pero todos somos igualmente importantes. Como Pablo nos dice en 1 Corintios 12: «El ojo no puede decir a la mano, ni la cabeza a los pies: "Aquí yo soy el importante. El cuerpo no te necesita tanto como me necesita a mí"». Todos son necesarios, todos son igualmente importantes; pero cada uno debe desempeñar un papel diferente. En estos versículos, Pablo diferencia el papel de los hombres del de las mujeres, en la iglesia:

> *Quiero, pues, que los hombres oren en todo lugar, levantando manos santas, sin ira ni contienda. Asimismo que las mujeres se atavíen de ropa decorosa, con pudor y modestia; no con peinado ostentoso, ni oro, ni perlas, ni vestidos costosos, sino con buenas obras, como corresponde a mujeres que profesan piedad. La mujer aprenda en silencio, con toda sujeción. Porque no permito a la mujer enseñar, ni ejercer dominio sobre el hombre, sino estar en silencio. Porque Adán fue formado primero, después Eva; y Adán no fue engañado, sino que la mujer, siendo engañada, incurrió en trasgresión. Pero se salvará engendrando hijos, si permaneciere en fe, amor y santificación, con modestia (2:8-15).*

Pablo no está diciendo que las mujeres no tienen derecho a ministrar y orar en público como los hombres, aunque algunos han malinterpretado este pasaje. Por el contrario, está diciendo que las mujeres no deben enseñar a los hombres de manera autoritaria. No deben ser la última palabra en la iglesia en cuanto a la doctrina o la enseñanza, y Pablo da dos razones. Comienza diciendo que Adán fue creado en primer lugar y después Eva. Segundo, la mujer fue engañada y, por tanto, cayó en transgresión. Es interesante notar que el pecado de Eva fue principalmente tratar de llegar a una conclusión teológica ajena al consejo de su esposo.

En un versículo que ha sido un poco distorsionado en la traducción y grandemente malentendido, el apóstol continúa mostrando que las mujeres tienen un ministerio maravilloso. Dice que serán salvas engendrando hijos, si permanecen en fe, amor y santidad, con modestia o propiedad (v. 15).

¿Qué quiere significar Pablo cuando dice que las mujeres serán salvas engendrando hijos?

Ahora bien, ¿qué quiere significar Pablo cuando dice que las mujeres serán salvas engendrando hijos? He luchado por mucho tiempo con este pasaje. Ya de viejo, he llegado a creer que podemos entender el principio de este pasaje difícil a través de la exhortación de Pablo a Timoteo en 4:16:

> *Ten cuidado de ti mismo y de la doctrina; persiste en ello, pues haciendo esto, te salvarás a ti mismo y a los que te oyeren.*

¿Qué quiere decir Pablo con la palabra *salvar?* Timoteo ya era salvo; había sido cristiano por muchos años. Y con toda seguridad, su obediencia a la verdad no hacía que otros se salvasen. Entonces, ¿qué significa? Pablo está utilizando la palabra *salvación* en un sentido diferente del que usualmente empleamos para interpretarla. De hecho, Pablo utiliza la palabra *salvado* o *salvación* de manera similar en otras cartas. Por ejemplo, en Filipenses, nos dice «ocupaos en vuestra salvación con temor y temblor»; es decir, busca con temor y temblor las soluciones a los problemas que enfrentas, porque «Dios es el que en vosotros produce así el querer como el hacer, por su buena voluntad» (Fil. 2:12-13). Así que, aquí en 1 Timoteo, creo que el significado es que la mujer «será salva» en el sentido de que su deseo de un ministerio será satisfecho y los problemas serán resueltos engendrando hijos, si estos perseveran en fe, amor y santidad, con modestia.

El liderazgo de la iglesia

A continuación, Pablo trata sobre los requisitos de los líderes de la iglesia. Se agrupan en dos categorías principales: obispos (o ancianos) y diáconos. Los obispos o ancianos son definidos normalmente como las autoridades o los que toman las decisiones en la iglesia. Los diáconos son hombres y mujeres que desempeñan una tarea o función especial en la congregación, tal como el cuidado de los enfermos y de los ancianos, el trabajo en un ministerio de evangelización o la enseñanza en una clase de la escuela dominical.

Requisitos de los obispos

Pablo comienza exponiendo tres requisitos cruciales para los obispos o ancianos. En primer lugar, tienen que ser «irreprensibles», para evitar ser desaprobados. Segundo, tienen que ser puros; es decir, personas de integridad comprobada, que saben cual es la diferencia entre lo bueno y lo malo, y que viven de acuerdo a la Palabra de Dios. El apóstol presenta este requisito de pureza para evitar el orgullo. El mayor riesgo al colocar en el liderazgo a una persona inmadura espiritualmente es que puede ser llevada por el orgullo y caer en la trampa del diablo (el orgullo es siempre una trampa). Tercero, estas personas tenían que ser de buena reputación, para evitar el escándalo público que deshonraría todo el ministerio de la iglesia.

Requisitos de los diáconos

En cierta manera, los diáconos son tratados del mismo modo, pero Pablo añade una instrucción principal que les concierne sólo a ellos: tienen que ser, ante todo, probados; debe asignárseles trabajo a modo de prueba. Si lo desempeñan bien, son reconocidos como personas a quienes se les puede confiar la responsabilidad de la obra en la iglesia. La importancia de este cargo es que todo tiene que ver con que la iglesia está unida al misterio de Cristo. Cristo es la figura suprema del universo; todo se relaciona con Él. El apóstol cita un himno del siglo I para exponer lo que quiere decir:

E indiscutiblemente, grande es el misterio de la piedad: Dios fue manifestado en carne, justificado en el Espíritu, visto de los ángeles, predicado a los gentiles, creído en el mundo, recibido arriba en gloria.

Pablo pone a la iglesia en la perspectiva correcta. Debemos seleccionar a los líderes de la congregación con mucho cuidado, porque ella representa a Jesucristo en el mundo.

Advertencias contra los falsos maestros

En el capítulo 4, Pablo trata el tema de la apostasía. Antes de continuar, aclaremos estos términos. Aunque algunas palabras suelen ser malinterpretadas por los cristianos hoy, un *apóstata* no es lo mismo que un *hereje*. Un hereje es un cristiano equivocado, alguien que, básicamente, acepta y conoce al Señor Jesucristo, pero tiende a errar en algunos asuntos doctrinales en particular. Un apóstata nunca ha sido cristiano, aunque testifique serlo. Como Juan nos dice en su primera carta: «Salieron de nosotros, pero no eran de nosotros; porque si hubiesen sido de nosotros, habrían permanecido con nosotros; pero salieron para que se manifestase que no todos son de nosotros» (1 Jn. 2:19).

Jesús dijo que estas plantas buenas y malas crecerían juntas hasta la cosecha

En Mateo 13, el Señor cuenta la historia del sembrador que salió a sembrar la buena semilla del reino. En medio de la noche, un enemigo se acercó por detrás y sembró hierbas malas en los mismos campos. El grano bueno y las hierbas malas crecieron juntos. Jesús dijo que estas plantas buenas y malas crecerían juntas hasta la cosecha, razón por la cual nunca nos libraremos de los apóstatas en la iglesia. Las actitudes apóstatas surgen cuando la gente sigue doctrinas de demonios, de espíritus engañadores. La apostasía no se basa en doctrinas humanas torcidas, sino en ideas deliberadamente engañosas de espíritus malvados que siembran «malas hierbas» espirituales, para contaminar el reino y llevar por el mal camino a las personas.

Pablo continúa diciendo que Timoteo sólo debe excomulgar a los apóstatas cuando su maldad se hace evidente, no antes. Su prioridad principal es predicar la verdad, no deshacerse de la maldad y del engaño. La siguiente prioridad es ser un ejemplo de vida para la gente.

Jesús y Pablo nos dicen que la mejor garantía contra la hierba mala de la apostasía es guardar el jardín tan fuerte y resistente como sea posible

Entre tanto que voy, ocúpate en la lectura, la exhortación y la enseñanza. No descuides el don que hay en ti, que te fue dado mediante profecía con la imposición de las manos del presbiterio (4:13-14).

Desafortunadamente, demasiados cristianos han olvidado el mensaje de Jesús y de Pablo respecto a la apostasía. Ven su ministerio en la iglesia como el de un cristiano que poda las malas hierbas, como una de esas máquinas de jardín que zumban y cortan la hierba con un hilo de nailon. Por desgracia, ¡tales cristianos también podan muchas plantas que dan frutos! Jesús y Pablo nos dicen que la mejor garantía contra la hierba mala de la apostasía no es ir por allí podándolas, sino guardar el jardín tan fuerte y resistente como sea posible. Esto significa informar a la congregación de los peligros, dar un ejemplo positivo y exponer continuamente las Escrituras.

La disciplina de la iglesia

En el capítulo 5, Pablo trata sobre temas y problemas específicos de la iglesia, incluso la manera de tratar a los jóvenes y a los ancianos dentro de la congregación, y de aconsejar a las mujeres sobre varios temas prácticos. Después considera el problema oficial de cómo manejar las acusaciones contra los ancianos. Finalmente, discute ciertos asuntos personales de Timoteo, e incluye una exhortación a permanecer puro y un consejo para el cuidado de sus problemas estomacales crónicos.

Amonestaciones finales

A los esclavos

El capítulo 6 trata ciertos problemas sociales, comenzando con el asunto de la esclavitud y los derechos humanos. Es un pasaje especialmente pertinente, que debemos examinar en nuestra época, dados los asuntos por los que luchamos, desde las tensiones raciales hasta el materialismo. No podemos negar que, en nuestro tiempo y en nuestra sociedad, la gente ha sido degradada y privada de los derechos humanos básicos y de la dignidad. Pablo dirige esta sección de la carta a los esclavos cristianos y les recuerda que deben respetar a sus amos para que el nombre de Dios y la enseñanza cristiana no sean difamados.

A Timoteo

Luego, Pablo exhorta a Timoteo a caminar honestamente y con determinación a la vista de Dios hasta el día en que el Señor lo llame al hogar celestial.

A los ricos

Tras haber empezado dirigiéndose a los pobres, Pablo concluye asignando responsabilidades cristianas a los ricos y a los instruidos. Dice que son ricos porque fueron bendecidos por Dios para poder ser de bendición a los demás, no para satisfacerse ellos mismos ni sus propios deseos. Dice que tienen una responsabilidad: ser ricos en buenas obras y en generosidad, para poner un fundamento para el futuro y apropiarse ahora mismo de la verdadera vida abundante; no concentrarse en las posesiones materiales, sino en las cosas de Dios (ver 1 Ti. 6:18-19).

Para concluir, Pablo brinda a Timoteo una palabra de advertencia, que debe comunicarse a los que confían en el conocimiento humano:

> *Oh Timoteo, guarda lo que se te ha encomendado, evitando las profanas pláticas sobre cosas vanas, y los argumentos de la falsamente llamada ciencia, la cual profesando algunos, se desviaron de la fe. La gracia sea contigo (6:20-21).*

Aquí tenemos una carta para nuestro tiempo, para nuestras iglesias. Provee una norma objetiva para evaluar las formas de adoración, los líderes de la iglesia, las creencias y doctrinas, y las actitudes culturales. En resumen, consiste en una serie de instrucciones claras y profundas de Dios sobre la manera de edificar una iglesia. Verdaderamente, ¡1 Timoteo es una carta tanto para el siglo XXI como para el siglo I! Que Dios nos conceda corazones obedientes, ávidos de leer la Palabra de Dios, entenderla y vivir conforme a ella.

CRISTIANOS FIRMES EN UN MUNDO QUE SE DERRUMBA

En el año 68 d.C., un anciano está sentado en una sucia celda circular, tallada en la roca, en una prisión romana. Este hombre, que antaño viajó por el mundo comunicándoles a miles de personas cómo entrar en una relación íntima con el Creador del universo, ahora estaba confinado en un lugar sombrío de aproximadamente 6 m de diámetro. Desde esta celda en prisión, tomó papel y pluma, y escribió una carta a un joven que estaba lejos, al otro lado de los mares Egeo y Adriático, en la ciudad de Éfeso. El tema de su carta: Cómo permanecer firme en medio de una civilización que se derrumba. Este es el contenido de 2 Timoteo.

La sociedad romana del siglo I estaba en rápido declive. De igual manera, muchos países se encuentran a comienzos del siglo XXI como sociedades saturadas de pecado, que se desmoronan impregnadas por la desintegración moral, la pornografía, el aborto, el abuso infantil, el crimen, la pobreza, el satanismo, el ocultismo y la división racial. Así que, la sabiduría de Pablo en 2 Timoteo es tan aplicable hoy en día como lo fue cuando escribió hace unos 2.000 años.

La última voluntad y testamento de Pablo

En 2 Timoteo, Pablo escribe a su hijo en la fe: un joven afligido por una condición física débil (para ser precisos, un estómago delicado), un espíritu temeroso y una actitud tímida ante la vida. Pensemos que, ¡Timoteo tenía muchos motivos para temer! Estaba rodeado de una intensa persecución. Su amigo y mentor, Pablo, estaba en prisión por su fe y enfrentando una posible sentencia de muerte. El mundo atravesaba una crisis política y un caos social. ¿Le suena familiar?

Pablo sabía que estaba a punto de partir para estar con el Señor y quería pasar la antorcha a este joven. Y lo hace en esta carta, una misiva que, de hecho, es la última que tenemos de parte del apóstol. Es su mensaje de despedida, sus últimas palabras de exhortación y amistad, su legado, su última voluntad y testamento.

Los cuatro desafíos de 2 Timoteo

Esta carta se centra en cuatro desafíos que Pablo quiere comunicar a Timoteo, su joven hijo en la fe. Estos desafíos eternos se aplican de igual manera a los cristianos en la actualidad:

1. Guardar la verdad.
2. Permanecer firme en el Señor.
3. Evitar las trampas y los escollos de la vida.
4. Predicar la Palabra.

Si hoy tuviera que escribir a un joven, estoy seguro de que no encontraría nada mejor que decir. Lo que sigue es una visión general estructural de esta carta:

La responsabilidad cristiana en un mundo que se derrumba (2 Timoteo 1–2)

1. Pablo expresa gratitud por la fe de Timoteo	1:1-5
2. La responsabilidad de Timoteo como pastor	1:6-18
3. La descripción de la tarea de un pastor fiel	2
A. Maestro-discipulador	2:1-2
B. Soldado de Dios	2:3-4
C. Atleta que compite según las reglas	2:5
D. Labrador trabajador y paciente	2:6-13
E. Obrero diligente	2:14-19
F. Instrumento para ser utilizado por Dios	2:20-23
G. Maestro-siervo amable	2:24-26

La firmeza del cristiano en un mundo que se derrumba (2 Timoteo 3–4)

4. El tiempo venidero de apostasía	3
5. Predicar la Palabra	4:1-5
6. Pablo se acerca al fin de su vida; palabras de despedida	4:6-22

Guardar la verdad

Pablo comienza recordándole a Timoteo que es el responsable de guardar el depósito de verdad que Dios le ha entregado:

Guarda el buen depósito por el Espíritu Santo que mora en nosotros (2 Ti. 1:14).

Luego Pablo sugiere ciertas maneras de llevar a cabo esta comisión. Aunque esta carta está dirigida a un pastor, el desafío debería ser tenido en cuenta por todos los creyentes. Timoteo vivía en una sociedad pagana y secularizada, tal como la nuestra hoy. Pablo le inculca su responsabilidad de fortalecer las defensas de la iglesia de Éfeso, que estaba en peligro por las presiones, las tentaciones y las persecuciones de la malvada sociedad que la rodeaba.

Como a Timoteo, a usted y a mí nos ha sido entregado este mismo depósito de verdad, la revelación fundamental de la Escritura concerniente a la naturaleza de la realidad: cómo es el mundo, cómo es Dios, cómo es la gente y qué necesitamos hacer para ser salvos de nuestra condición de pecado. Desde los días de Timoteo hasta ahora, la gente se ha preguntado: ¿Qué hace que el mundo funcione como lo hace? ¿Por qué se desmorona todo el tiempo? ¿Por qué nada bueno parece prosperar y todo lo malo parece reinar incuestionablemente? Las respuestas se encuentran en el depósito de verdad que nos ha sido dado a través de Jesucristo; y debemos guardarlo. Pablo sugiere tres maneras específicas de hacerlo:

- Guardar la verdad ejercitando el don espiritual que Dios le ha dado.
- Guardar la verdad sufriendo pacientemente.
- Guardar la verdad siguiendo el modelo de una enseñanza sólida (leer y confiar en las Escrituras).

1. Ejercitar sus dones espirituales

Pablo trata la primera de estas formas de guardar la verdad en 2 Timoteo 1:6-7:

Por lo cual te aconsejo que avives el fuego del don de Dios que está en ti por la imposición de mis manos. Porque no nos ha dado Dios espíritu de cobardía, sino de poder, de amor y de dominio propio [o una voluntad firme].

A lo largo de los años, mis feligreses han acudido a mí durante varias crisis mundiales y me han preguntado: ¿Qué pasará en el mundo? ¿Qué significa el colapso del comunismo y la caída del muro de Berlín? ¿Qué significa el compromiso de Estados Unidos en la guerra del Golfo Pérsico? ¿Qué está pasando en Oriente Medio? ¿Qué está pasando en Rusia? ¿Qué va a pasar en el tiempo de las elecciones? Aunque he estudiado las profecías bíblicas, no tengo una bola de cristal (¡ni querría tenerla!). No creo que sea muy útil ni conveniente tratar de encajar este o aquel titular con un versículo específico de la Escritura. Definitivamente, vemos que el patrón de la historia y de los eventos actuales concuerda con el de la profecía, pero yo no sé cómo este acontecimiento o aquella elección encajarán dentro del plan eterno de Dios. La verdad es que ¡nadie siquiera puede afirmar con seguridad si habrá otras elecciones en un país!

Como alguien ha dicho sabiamente, no sabemos lo que nos depara el futuro, pero sí estamos al tanto de que Dios no nos ha dado un espíritu de cobardía y de temor. Si estamos ansiosos y preocupados por lo que está pasando en nuestra nación y en el mundo, esto no viene de Él. El Espíritu de Dios es un espíritu de poder que nos prepara para la acción. Es un espíritu de amor que nos capacita para responder a la gente de una manera que produce sanidad y gracia. Es un espíritu de dominio propio que nos capacita para ser inteligentemente resueltos en todo lo que hacemos. La manera de descubrir este espíritu es ejercitando los dones espirituales que nos ha dado Dios.

Si usted es cristiano, el Espíritu Santo que mora en usted le ha dado una habilidad especial. Si no está poniendo a trabajar este don espiritual, está desperdiciando su vida. En el juicio de Dios, el único que verdaderamente importa, todo lo que usted haya logrado fuera de Su voluntad y de Su fortaleza será contado como madera, heno y hojarasca, apto sólo para ser quemado.

¿Qué trabajo le ha dado Dios para que realice? ¿Qué dones espirituales le ha dado? ¿Lo sabe? ¿Ha descubierto el propósito para su vida? ¿Sabe qué buscar? ¿Sabe cómo encontrarlo? Cuando haya encontrado sus dones y comience a usarlos para Su propósito, descubrirá que Dios no da un espíritu de temor, sino de poder, de amor y de dominio propio. Esa es la primera instrucción de Pablo a Timoteo de cómo guardar la verdad.

Cuando ejercita sus dones espirituales, usted literalmente desata la verdad y la libera para que obre en el mundo

Podría preguntar: «¿Cómo funciona eso? ¿Cómo puede ayudar a guardar la verdad el utilizar mis dones espirituales?». Es simple: Cuando ejercita sus dones espirituales, literalmente desata la verdad y la libera para que obre en el mundo. La verdad no es algo frágil, débil; por el contrario, es poderosa, fuerte, vigorosa, activa. ¡Y la forma más efectiva de guardar la verdad de Dios es liberarla por el mundo!

Charles Spurgeon estaba totalmente en lo cierto cuando dijo: «La verdad es como un león. ¿Cuándo se ha oído de alguien que tuviera que defender a un león? Libéralo y se defenderá». Eso es lo que tenemos que hacer con esta verdad. No necesitamos defenderla con argumentos teológicos, exegéticos. No hace falta mantener a raya los ataques contra la verdad. ¡Simplemente, necesitamos darla a conocer al mundo, actuar de acuerdo a ella, vivirla, utilizar nuestros dones espirituales, y la verdad cuidará de sí misma!

En segundo lugar, Pablo dice que deberíamos guardar la verdad sufriendo pacientemente. Le recuerda a Timoteo que todo cristiano, sin excepción, es llamado a sufrir por el bien del evangelio.

2. Sufrir pacientemente

> *Por tanto, no te avergüences de dar testimonio de nuestro Señor, ni de mí, preso suyo, sino participa de las aflicciones por el evangelio según el poder de Dios (1:8).*

Más adelante, en la misma carta, Pablo hace una declaración que se relaciona con esto:

> *Y también todos los que quieren vivir piadosamente en Cristo Jesús padecerán persecución (3:12).*

Podría decir: «Bueno, ¡eso no me incluye! No he sido físicamente torturado ni encarcelado por mi fe». ¿De veras? Bueno, ¡entonces ciertamente usted se encuentra entre la minoría! ¡La mayoría de los cristianos alrededor del mundo consideran la persecución y el peligro como una condición normal por creer en Cristo! Más cristianos han sido torturados y sentenciados a muerte por la causa de Cristo en el siglo XX que en ningún otro. Las tendencias mundiales indican que el siglo XXI probablemente será mucho peor. Podemos esperar ver una creciente hostilidad hacia los creyentes alrededor del mundo y en sus propios países. No piense que lo protegerá el vivir en un país con una democracia y muchos años de libertad religiosa.

Más cristianos han sido torturados y sentenciados a muerte por la causa de Cristo en el siglo XX que en ningún otro

El sufrimiento que probablemente enfrentaremos no será sólo físico, sino también mental y emocional. Es la clase de padecimiento que soportamos cuando es ridiculizada nuestra fe, cuando somos excluidos de diversos eventos por nuestra posición moral y espiritual, cuando somos tratados abiertamente con desprecio o desdén, cuando se burlan y se ríen de nuestros valores y estilos de vida cristianos. Estas son formas de sufrimiento por el evangelio, y Pablo dice que tenemos que aceptarlo con paciencia. De nuevo, cuando lo hacemos, liberamos la verdad de Dios en el mundo y, sin necesidad de defendernos, guardamos la verdad de Dios.

Una de las razones por las que el evangelio no es aceptado ampliamente en muchos lugares hoy en día es porque los creyentes han sido impacientes en el sufrimiento. En lugar de soportar pacientemente el abuso de este mundo, hemos actuado como si nos sintiésemos ofendidos por la persecución, nos hemos distanciado o renunciado y hemos seguido a la multitud para evitar tener que sufrir por la causa del Señor. No puede desafiar al pecado y a la corrupción del mundo sin que este se enfurezca contra usted. Obviamente, usted no actúa como cristiano

No puede desafiar al pecado y a la corrupción del mundo sin que este se enfurezca contra usted

para ofender a la gente, pero la verdad por sí sola acarreará oposición y ataques. Las Escrituras dejan claro que Dios puede usar nuestro paciente sufrimiento por Su verdad como una herramienta para expandir la influencia de ella en el mundo. Nuestro sufrimiento paciente es una forma poderosa y potente de guardar la verdad de Dios.

3. Leer y confiar en las Escrituras

El modelo de una enseñanza sólida

La tercera forma en que Pablo explica cómo guardar la verdad está contenida en su amonestación a Timoteo: «Retén la forma de las sanas palabras que de mí oíste» (1:13). En otras palabras: Escucha, confía y vive la Palabra de Dios. Me gusta esa frase: «la forma de las sanas palabras». Son tantos en la actualidad los que están abandonando la forma de las sanas palabras. Creen que algún escritor secular, desde la ceguera y las tinieblas de su propio corazón, tiene más perspectiva de los problemas de la vida que la Escritura. Cuando repiten estos argumentos, o viven de acuerdo a esta filosofía, se encuentran sumidos en neurosis, psicosis y otros problemas, y no pueden entender la razón de ello. Si vivimos como Pablo dice a Timoteo que deberíamos hacerlo, guardando la verdad que Dios nos ha confiado por medio del ejercicio de nuestros dones, sufriendo pacientemente y confiando en las Escrituras, Dios nos guardará, nos protegerá y nos afirmará en la fe, aun en medio de este mundo que está desmoronándose, que está derrumbándose.

Esforzarse en el Señor

La segunda exhortación de Pablo es: «Esfuérzate en el Señor». Nunca le dices a nadie que se esfuerce a menos que sea capaz de lograrlo. Obviamente, el apóstol sabía que Timoteo era capaz de esforzarse; y usted y yo también lo somos. No es una fortaleza que fabricamos en nuestro interior, sino una firmeza que proviene de confiar en el poder infinito de Jesucristo. Hay un dicho: «Cuando yo intento, fracaso. Cuando yo confío, Él triunfa». No yo. Él. Recuerde, la fortaleza del Señor se perfecciona en nuestra debilidad (ver 2 Co. 12:9-10). Esa es la verdad central de cómo se debe vivir la vida cristiana.

Dedicado como un soldado; disciplinado como un atleta; diligente como un agricultor

Pablo usa una serie de figuras para describir lo que significa esforzarse en el Señor. Primero, tenemos que esforzarnos como un soldado, es decir, debemos estar completamente dedicados a la tarea. Segundo, tenemos que esforzarnos como un atleta; es decir, ser disciplinados y acatar las reglas de la vida cristiana para poder competir al máximo. Tercero, tenemos que esforzarnos como un agricultor; y eso significa que debemos ser diligentes en nuestro trabajo, sin disminuir la marcha ni holgazanear, porque sabemos que, sólo si trabajamos duro plantando y cultivando, podremos cosechar. La dedicación, la disciplina y la diligencia son las claves del esfuerzo, como lo define Pablo en esta descripción visual del trabajo del creyente.

Termina este segundo desafío recordando el esfuerzo en el Señor. No sólo tenemos que esforzarnos, sino que debemos hacerlo en el Señor. Pablo escribe:

Acuérdate de Jesucristo, del linaje de David, resucitado de los muertos conforme a mi evangelio (2:8).

Pablo quiere que Timoteo recuerde dos cosas acerca de Jesús: (1) Él es el Cristo resucitado, el Mesías vivo y poderoso que está con nosotros, completamente ilimitado por las restricciones del espacio y del tiempo; (2) Él es un Cristo humano, el Hijo de David, que estuvo donde nosotros vivimos y que experimentó lo que nosotros sentimos: nuestras presiones, nuestros temores, nuestras tentaciones y nuestro dolor. Él es el Hijo de Dios y el Hijo del Hombre, y es la fuente de nuestra fortaleza en un mundo que está derrumbándose, desmoronándose.

Evitar las trampas

El siguiente desafío de Pablo se encuentra en 2:14–3:17. Aquí Pablo nos dice que evitemos las trampas y los escollos que nos esperan a lo largo de la vida cristiana. Luego describe algunas de esas trampas:

Evita controversias inútiles y estúpidas

La primera trampa: las batallas por palabras. ¿Ha visto alguna vez cómo se enfadan a menudo los cristianos por alguna palabra de la Escritura; por ejemplo, sobre un modo particular de bautizar o el momento exacto del Milenio? Yo lo he visto muchas veces; cristianos divididos en bandos, eligiendo armas y contendiendo. Pablo dice que debemos evitar esta clase de conflictos basados en palabras. Estas son controversias inútiles y estúpidas que dividen a los creyentes y que se extienden como la gangrena. No estoy diciendo que asuntos como el bautismo y el Milenio no sean importantes; estas son, evidentemente, áreas de importante investigación bíblica e intelectual, y los creyentes pueden involucrarse en una discusión enérgica sobre tales materias. Pero los cristianos nunca deberían separarse por tales asuntos.

Evitar las pasiones y las tentaciones peligrosas

La segunda trampa: las pasiones y las tentaciones peligrosas. Aquí encontramos un mensaje para un joven que probablemente sentía los deseos de un instinto sexual normal y que vivía en una sociedad saturada de sexo, como la nuestra.

Pero en una casa grande, no solamente hay utensilios de oro y de plata, sino también de madera y de barro; y unos son para usos honrosos, y otros para usos viles. Así que, si alguno se limpia de estas cosas, será instrumento para honra, santificado, útil al Señor, y dispuesto para toda buena obra (2:20-21).

Pablo utiliza una hermosa metáfora, donde describe a todo el mundo como una gran casa. En ella, hay instrumentos o vasijas, que representan a la gente, y Dios los usa para propósitos más o menos nobles. En otras palabras, algunas personas son como vasos preciosos y copas de cristal. Otras son como tope de ladrillo para puertas y escupideras de bronce. De una manera u otra, Dios nos usará para Sus propósitos. Depende enteramente de nosotros la clase de vaso que elijamos ser. El Señor utiliza creyentes comprometidos para hablar al mundo de Su amor, para atraer a otros a la fe en Él, para cuidar activamente del herido y del necesitado. Pero también usa gente impía.

Hace algunos años, una pareja de jóvenes vivían juntos, sin haberse casado, llevando un estilo de vida completamente hedonista y metidos en el abuso de drogas. Ella llegó a un punto en que se dio cuenta cuán infeliz era con su vida, y le dijo al joven: «No sé lo que pasa, pero soy infeliz todo el tiempo». Él le contestó: «Sé cual es tu problema. Si deseas ser feliz, deberías pedirle a Jesucristo que entre en tu vida. Yo lo sé porque fui criado en un hogar cristiano». Cuando la joven le preguntó por qué no vivía de acuerdo a los principios cristianos, él contestó: «Deseo vivir mi vida sin reglas, sin moralidad. Así que, no quiero saber nada de Jesús; pero si tú realmente quieres ser feliz, eso es lo que debes hacer». Y la joven aceptó a Cristo, rompió la relación con su novio, se mudó, se incorporó a una iglesia y enderezó su vida. Se convirtió en un vaso noble, dispuesto para ser utilizado por Dios; él era un vaso innoble, no dispuesto... pero ¡de todas maneras, utilizado por Dios!

Nuestra meta como cristianos es ser los mejores vasos, los más nobles, los más hermosos para Dios. Pablo dice que, para ser utilizados para un propósito noble en lugar de innoble, debemos separarnos de las cosas que destruirían nuestras vidas:

> *Huye también de las pasiones juveniles, y sigue la justicia, la fe, el amor y la paz, con los que de corazón limpio invocan al Señor (2:22).*

Una de las grandes fuerzas destructivas de nuestro tiempo: la inmoralidad sexual

Una de las grandes fuerzas destructivas de nuestro tiempo, especialmente en esta era del SIDA, es la inmoralidad sexual. Las enfermedades mortales trasmitidas sexualmente son sólo el daño más visible que causa este comportamiento. La promiscuidad sexual destruye familias, hiere las emociones y la psique de hombres, mujeres y adolescentes, y desgarra la trama de nuestra civilización. La mayor parte de la gente en nuestra sociedad parece estar ciega respecto a esto. Pero los cristianos han sido instruidos y advertidos: Escapad de los malos deseos, buscad la pureza ante Dios. Entonces, Él podrá utilizarlos para propósitos nobles, no innobles.

La tercera trampa: una actitud rebelde.

Evitar a la gente rebelde

También debes saber esto: que en los postreros días vendrán tiempos peligrosos. Porque habrá hombres amadores de sí mismos, avaros, vanagloriosos, soberbios, blasfemos, desobedientes a los padres, ingratos, impíos, sin afecto natural, implacables, calumniadores, intemperantes, crueles, aborrecedores de lo bueno, traidores, impetuosos, infatuados, amadores de los deleites más que de Dios, que tendrán apariencia de piedad, pero negarán la eficacia de ella; a éstos evita (3:1-5).

En primer lugar, observe que la frase «los postreros días» se refiere al tiempo final de la Iglesia sobre la tierra. Esto incluye todo el periodo de tiempo entre la primera y la segunda venida de Cristo. Desde el mismo día en que nuestro Señor resucitó de los muertos, empezamos a vivir los últimos días. Pablo dice que, durante estos postreros días en los cuales vivimos ahora, vendrán ciclos recurrentes de angustia.

Las fuerzas demoníacas están en acción creando divisiones

Estamos experimentando dichos tiempos en este momento, cuando la gente anhela paz, pero está llena de ansiedad por el futuro. Las fuerzas demoníacas están en acción creando divisiones, guerras, luchas raciales, tensiones intergeneracionales e incluso enfrentamientos sin precedentes entre hombres y mujeres. Hoy vemos las características que Pablo describe: egocentrismo, codicia, arrogancia y orgullo, abuso, desobediencia, y falta de respeto. Estas son características de la rebelión, una actitud de rebeldía. Las personas, incluso los cristianos, fácilmente asumen tal actitud. Pablo dice: «Evita a tales personas. No te involucres en su rebeldía».

Pablo muestra a Timoteo la doble manera de escapar de todas estas trampas: (1) la paciencia en el sufrimiento y (2) la persistencia en la verdad

En la parte final del capítulo 3, Pablo muestra a Timoteo la doble manera de escapar de todas estas trampas: (1) la paciencia en el sufrimiento y (2) la persistencia en la verdad. Le dice así: «Recuerda la manera en que me comporté. Tú has visto cómo soporté todas las pruebas que se cruzaron en mi camino. Recuerda que, si eres apaciblemente paciente en el sufrimiento y continúas en la verdad, aferrándote a las Escrituras y a lo que ha dicho Dios, encontrarás tu camino seguro a través de todos los peligros y los escollos de un mundo que está derrumbándose».

En el capítulo 4, Pablo lanza a Timoteo su último desafío:

Predicar la Palabra

Te encarezco delante de Dios y del Señor Jesucristo, que juzgará a los vivos y a los muertos en su manifestación y en su reino, que prediques la palabra; que instes a tiempo y fuera de tiempo; redarguye, reprende, exhorta con toda paciencia y doctrina (4:1-2).

En otras palabras, no creas simplemente la Palabra, sino compártela con otros. Declara la gran verdad que Dios te ha dado. Y hay tres dimensiones para hacerlo: Redargüir, reprender y exhortar a todos aquellos que escucharán la verdad, para contrarrestar la influencia corrupta de esta era de muerte. Porque, como Pablo agrega en el versículo 3, vendrá un tiempo en que la gente no soportará la sana doctrina.

Las palabras de despedida de Pablo

Pablo termina esta carta de recomendaciones con una nota personal, conmovedora, pero triunfante:

> *Porque yo ya estoy para ser sacrificado, y el tiempo de mi partida está cercano. He peleado la buena batalla, he acabado la carrera, he guardado la fe. Por lo demás, me está guardada la corona de justicia, la cual me dará el Señor, juez justo, en aquel día; y no sólo a mí, sino también a todos los que aman su venida* (4:6-8).

Esta declaración triunfante es mucho más asombrosa cuando se recuerda el escenario en que fue escrita. Aquí tenemos al apóstol en una celda muy pequeña, tallada en la piedra, apretada y fría, escribiendo casi en la oscuridad, a la luz del chisporroteo de una lámpara de aceite. Sabe que su suerte está sellada. Ya se ha presentado una vez ante Nerón, ese monstruo en carne humana, y debe ir ante el emperador romano una vez más. Pablo sabe lo que pasará después. Sabe cuán malvado es Nerón. De hecho, espera ser llevado fuera de los muros de la ciudad y, con un relampagueo de la espada, perder la cabeza.

Pero fijémonos dónde tiene Pablo fija su mirada: no en el momento de su muerte, sino más allá, en la corona de justicia que le espera. La muerte no es más que un incidente para quien verdaderamente cree. Más allá de la muerte, aguarda la victoria.

El triunfo mezclado con la soledad

Aun así, escuchamos una expresión de fuerte emoción humana, en especial el sentimiento de soledad, mezclado con este grito intensamente apasionado de triunfo:

> *Sólo Lucas está conmigo. Toma a Marcos y tráele contigo, porque me es útil para el ministerio. A Tíquico lo envié a Efeso. Trae, cuando vengas, el capote que dejé en Troas en casa de Carpo, y los libros, mayormente los pergaminos* (4:11-13).

Aunque Pablo podía mirar más allá de su circunstancia presente, a la gloria del Señor que le aguardaba, podemos ver que también era muy humano. Esto es normal. Es aceptable ante Dios, porque Él conoce cómo estamos hechos. Sabe que es difícil para un ser humano permanecer esperanzado cuando se siente solo, frío, desolado y aburrido. Podemos admitir delante de Dios nuestros sentimientos, y Él los acepta completamente. No hay nada pecaminoso en las emociones humanas normales en tiempos de prueba.

A menudo, he pensado en esa comparecencia de Pablo ante Nerón. La única preocupación de Pablo en ese momento era poder proclamar el mensaje de Dios osada y completamente:

> *En mi primera defensa ninguno estuvo a mi lado, sino que todos me desampararon; no les sea tomado en cuenta. Pero el Señor estuvo a mi lado, y me dio fuerzas, para que por mí fuese cumplida la predicación, y que todos los gentiles oyesen. Así fui librado de la boca del león. Y el Señor me librará de toda obra mala, y me preservará para su reino celestial. A él sea gloria por los siglos de los siglos (4:16-18).*

Podemos admitir delante de Dios nuestros sentimientos y Él los acepta completamente. No hay nada pecaminoso en las emociones humanas normales en tiempos de prueba

Cuando Pablo estaba ante Nerón, el nombre de este era honrado y exaltado a lo largo y ancho de todo el mundo conocido. ¿Quién era Pablo de Tarso? Un hombre de piernas torcidas, calvo, con ojos enfermos, de hablar deficiente y con una extraña fe en un judío crucificado. Pero 2.000 años más tarde, las cosas han cambiado. En la actualidad, la gente llama a sus hijos, Pablo, y a sus perros, Nerón.

En la actualidad, la gente llama a sus hijos, Pablo, y a sus perros, Nerón

Pablo termina con algunas palabras personales a sus amigos, a nombres familiares, como Priscila y Aquila, y a otros menos conocidos.

Qué carta tan poderosa, y cómo habrá afectado al corazón y a la vida del joven Timoteo. Me hubiera gustado mucho recibir una carta como la de Pablo, ¿y a usted? Pero, la verdad, eso es exactamente lo que significa esta epístola: una carta para usted y para mí del corazón de Pablo y del de Dios. Ellos quieren que sepamos cómo permanecer firmes y ser fuertes, aunque el mundo parezca derrumbarse a nuestro alrededor. Sin importar lo mal que se ponga este triste mundo, sabemos que Dios nos capacita para ser fieles en un entorno falso, porque Él no nos ha dado espíritu de cobardía ni de temor, sino de poder, de amor y de dominio propio.

ESPERANZA PARA EL FUTURO, AYUDA PARA EL PRESENTE

El *Shock del futuro* [Future Shock], un gran éxito editorial de Alvin Toffler, describe la clase de reacción emocional de shock que la gente sufrirá cuando el mundo cambie a su alrededor de forma vertiginosa. Las personas experimentarán una «conmoción futura» cuando comiencen a ver el futuro como una realidad que está moviéndose a la velocidad de la luz y dejándolos atrás. Asombrosamente, la conmoción futura sobre la cual escribió Toffler a comienzos de los años 70 empezó a tener en cuenta nuestra era presente de computadoras personales, aviones caza, misiles de crucero, Internet, teléfonos móviles, caída del comunismo y mucho más.

Tito: El antídoto para la conmoción futura: «Nuestra bendita esperanza»

Nuestro mundo ha cambiado y continúa cambiando, aun más rápidamente que lo que pudiera haber imaginado un futurista como Toffler. Como resultado de ello, mucha gente ha renunciado al futuro y ha permanecido en un estado de desesperación. Pero en la carta de Pablo a Tito, encontramos un antídoto poderoso para esa futura conmoción. El apóstol llama a este antídoto: «Nuestra bendita esperanza». Aunque el mundo está cambiando, aunque nuestras cabezas dan vueltas al mismo tiempo que tratamos de mantenernos al día con el paso vertiginoso de los nuevos sucesos en nuestra sociedad, tenemos una esperanza que ancla nuestro futuro y nos permite sentirnos seguros…

> *… aguardando la esperanza bienaventurada y la manifestación gloriosa de nuestro gran Dios y Salvador Jesucristo (Tit. 2:13).*

Jesús aparecerá en gloria para enderezar todas las cosas que están erradas en este mundo. Esta es nuestra esperanza, es la cura para la conmoción futura, es uno de los temas que Pablo trata en su carta a Tito.

Tito y el carácter de los cretenses

Tito era uno de los jóvenes que acompañó al apóstol Pablo en muchos de sus viajes misioneros. Era griego y se entregó a Cristo en la ciudad de Antioquía. Cuando esta carta fue escrita, él se encontraba en la isla de Creta, justo al sur de Grecia.

La iglesia de Creta probablemente fue iniciada por Pablo y Tito después del primer encarcelamiento del apóstol en Roma. Por lo que sabemos, Pablo fue liberado de esa prisión, como registra el libro de Hechos. Recordaremos que el apóstol había expresado el deseo de ir a España, y muchos estudiosos creen que, después de ir a dicho país, él y Tito fueron a la isla de Creta e iniciaron una iglesia allí. Según esta carta, dejó allí a Tito, diciéndole: «para que corrigieses lo deficiente, y establecieses ancianos en cada ciudad, así como yo te mandé» (1:5). Esta carta brinda una perspectiva interesante de lo que ocurrió en la iglesia primitiva mientras Pablo viajaba y enviaba a estos jóvenes a diversos lugares para que, como delegados apostólicos, realizasen para él una tarea especial.

La carta de Pablo a Tito es corta y práctica, rica en instrucción y aliento. Para estudiarla, no lo haremos capítulo tras capítulo ni versículo tras versículo. Los temas de este pequeño libro se encuentran entrelazados completamente; así que, lo exploraremos tema tras tema. Por esta razón, podríamos saltar, por ejemplo, del capítulo 3 al 1 y regresar nuevamente, pero creo que usted encontrará que este método es una forma muy útil de examinar las verdades de la carta. Lo que sigue es una visión general de la estructura de la Epístola de Pablo a Tito:

El liderazgo de la iglesia (Tito 1)

1.	Comentarios introductorios	1:1-4
2.	Los requisitos de los ancianos (líderes de la iglesia)	1:5-9
3.	Cómo tratar con los falsos maestros en la iglesia	1:10-16

La vida cristiana en tiempos difíciles (Tito 2–3)

4.	Enseñar la buena doctrina	2
5.	Comprometerse en buenas obras	3:1-11
6.	Conclusión	3:12-15

En uno de los pasajes más inusuales del Nuevo Testamento, Pablo cita a uno de los antiguos escritores de su tiempo, un poeta griego secular que caracterizó a la gente de Creta, entre la cual vivió y trabajó el joven Tito:

Uno de ellos, su propio profeta, dijo: Los cretenses, siempre mentirosos, malas bestias, glotones ociosos (1:12).

Este es obviamente un mensaje privado a Tito, su hijo en la fe. Pablo desea que conozca el problema enorme que tiene que resolver, y le advierte que está tratando con gente glotona, deshonesta, embrutecida y perezosa. Él subraya esto añadiendo: «Este testimonio es verdadero» (v. 13). El apóstol amplía y explora estas características del pueblo cretense al mismo tiempo que avanza con la carta. Por ejemplo, dice:

Todas las cosas son puras para los puros, mas para los corrompidos e incrédulos nada les es puro; pues hasta su mente y su conciencia están corrompidas. Profesan conocer a Dios, pero con los hechos lo niegan, siendo abominables y rebeldes, reprobados en cuanto a toda buena obra (1:15-16).

Esta era la clase de sociedad moralmente corrupta y malvada en que convivía la iglesia de Tito. Las mentes y las conciencias de estos cretenses estaban corruptas. Profesaban conocer a Dios, pero lo negaban con sus obras.

Las mentes y las conciencias de estos cretenses estaban corruptas

Pablo también llamaba brutos malvados a los habitantes de Creta porque eran como animales rabiosos en sus actitudes unos con otros. Este tema se amplía en el capítulo 3:

Pero evita las cuestiones necias, y genealogías, y contenciones, y discusiones acerca de la ley; porque son vanas y sin provecho. Al hombre que cause divisiones, después de una y otra amonestación deséchalo, sabiendo que el tal se ha pervertido, y peca y está condenado por su propio juicio (vv. 9-11).

Estas palabras se refieren primordialmente a aquellos que profesan ser cristianos, pero cuyas vidas reflejan las actitudes del perverso mundo que los rodea. El propósito de la iglesia es invadir al mundo con el amor de Jesucristo. Cuando la iglesia se ve asediada por los problemas, generalmente es porque el mundo la está invadiendo, ¡y no lo contrario! El evangelio fue dado para ser un elemento perturbador en el mundo, porque la sociedad nunca cambia para mejor a menos que sea perturbada. Siempre que la iglesia es fiel a su mensaje auténtico, se mantiene firme contra el status quo. La iglesia es un cuerpo revolucionario, y la revolución que lleva consigo es de un amor y una pureza tal que desafía esa condición cruel y perversa de las cosas.

Cuando la iglesia se ve asediada por los problemas, generalmente es porque el mundo la está invadiendo, ¡y no lo contrario!

Las necesidades de los cretenses... y de todos nosotros

¿Qué haría usted con personas sectarias que actuaban como animales, gruñéndose y mordiéndose unos a otros, metiéndose en controversias necias y peleas sobre la ley? ¿Qué haría con personas que se caracterizaban aún más por ser glotones perezosos, gente extravertida, amantes del placer? En el capítulo 3, Pablo no sólo habla de los cretenses, sino también de sí mismo y de todos los seres humanos como éramos antes de convertirnos en creyentes en Cristo. Aquí encontramos una descripción del mundo como Dios lo ve:

> *Porque nosotros también éramos en otro tiempo insensatos, rebeldes, extraviados, esclavos de concupiscencias y deleites diversos, viviendo en malicia y envidia, aborrecibles, y aborreciéndonos unos a otros (v. 3).*

La sana doctrina

Esta es la clase de mundo al cual el apóstol Pablo envió al joven Tito con el poder del evangelio. ¿Qué necesitaba esta gente? Varias veces a lo largo de toda esta carta, leemos la frase *sana doctrina*. Pablo sabía que, para cambiar la sociedad, debía decirse la verdad a la gente. Las personas caminan en tinieblas y actúan como animales, destrozándose y odiándose unos a otros, por una de dos razones: O han rechazado la verdad o nunca la han escuchado. Así que, hay que comenzar enseñándoles la verdad.

Las buenas obras

La sana doctrina no es suficiente; el mundo está buscando buenas obras que respalden nuestra buena doctrina

Otra necesidad básica: *las buenas obras*. Esta frase aparece cinco veces en Tito. El capítulo 1 termina con una descripción de aquellos que están «reprobados en cuanto a toda buena obra» (1:16). El capítulo 2 dice: «Presentándote tú en todo como ejemplo de buenas obras» (2:7). El capítulo termina con la idea de que Jesús se dio a sí mismo «para purificar para sí un pueblo propio, celoso de buenas obras» (2:14). En el capítulo 3, Pablo dice: «los que creen en Dios procuren ocuparse en buenas obras» (3:8), y agrega que los cristianos «aprendan a ocuparse en buenas obras» (3:14). La sana doctrina no es suficiente. El mundo está buscando buenas obras que respalden nuestra buena doctrina.

Seguimos intentando cambiar la manera de ser de la gente y su forma de comportarse. Tratamos de transformarlos con educación, con leyes más severas o mediante incentivos y recompensas; pero nada funciona. Las personas son seres humanos, y la naturaleza humana es la misma hoy y siempre. Como bien dijo alguien: «Si llevas un cerdo a la peluquería, eso no cambiará al cerdo, pero ¡ciertamente cambiará la peluquería!». Y ese es el problema. No es suficiente tratar de cambiar el comportamiento de las personas. Debe cambiar lo que ellas son intrínsecamente. Su naturaleza debe ser transformada. En esto consiste la verdad de la salvación; y es la verdad que Pablo asevera que se necesita desesperadamente, para todos los pueblos de todos los tiempos. En el capítulo 3, él afirma:

Porque nosotros también éramos en otro tiempo insensatos, rebeldes, extraviados, esclavos de concupiscencias y deleites diversos, viviendo en malicia y envidia, aborrecibles, y aborreciéndonos unos a otros. Pero cuando se manifestó la bondad de Dios nuestro Salvador, y su amor para con los hombres, nos salvó, no por obras de justicia que nosotros hubiéramos hecho, sino por su misericordia, por el lavamiento de la regeneración y por la renovación en el Espíritu Santo (3:3-5).

Esperanza para el futuro

Las buenas obras no son suficientes; nuestra mayor necesidad no es sólo convertirnos en personas más agradables. ¡Necesitamos ser sacudidos de arriba a abajo! ¡Necesitamos cambiar completamente! ¡Necesitamos ser salvos! Es eso lo que Pablo quiere decir cuando habla del «lavamiento de la regeneración y la renovación». Dice que Dios nos hace completamente nuevos desde el interior, que no nos pone parches por fuera como a una tubería vieja. Él nos deshace completamente y nos vuelve a moldear a Su imagen por medio del lavamiento de la regeneración y la renovación en el Espíritu Santo. El mensaje supremo de la Iglesia es proclamar estas formidables buenas nuevas, «la esperanza de la vida eterna» (v. 7).

Observe que, cuando la Biblia habla de esperanza, no usa la palabra como generalmente lo hacemos hoy, con un leve atisbo de posibilidad: «Espero ganar la lotería» o «¡espero que ese ruido repetitivo en el motor no signifique lo que estoy pensando!». Cuando el Nuevo Testamento habla de esperanza, se refiere a una *certeza:* La esperanza de la vida eterna descansa en Aquel que vino a darnos vida eterna, y nosotros estamos justificados por Su gracia. ¡Esta es una realidad tan sólida como una roca!

Aquí está nuestra esperanza a prueba de futuras conmociones, nuestro chaleco a prueba de balas contra la incertidumbre del mañana. El mundo está cambiando rápidamente. Somos testigos de una ética que se desmorona, de un comportamiento anómalo que es llamado normal, de valores morales que están siendo redefinidos como «represivos». Observamos que al bien se lo llama mal y que el mal se considera bueno. En nuestra sociedad se celebra y se aplaude la arrogancia, el extremismo y el hedonismo, mientras que son ridiculizadas la humildad, la moderación y la virtud. Si no poseemos una esperanza sólida como una roca en medio de tales cambios que se presentan de improviso, en movimientos continuos, confusos y desagradables, sucumbiremos a la desesperación. En Tito 2:11-13, Pablo describe la esperanza que Dios nos ha dado:

Porque la gracia de Dios se ha manifestado para salvación a todos los hombres, enseñándonos que, renunciando a la impiedad y a los deseos mundanos, vivamos en este siglo sobria, justa y piadosamente, aguardando la esperanza bienaventurada y la manifestación gloriosa de nuestro gran Dios y Salvador Jesucristo.

Esta es la respuesta a la conmoción futura y a la desesperación presente: nuestra bendita esperanza, la gloriosa aparición de nuestro gran Dios y Salvador, Jesucristo

Esta es la respuesta a la conmoción futura y a la desesperación presente: nuestra bendita esperanza, la gloriosa aparición de nuestro gran Dios y Salvador, Jesucristo. En este pasaje, Pablo claramente identifica a Jesús como *Dios*. Mucha gente hoy trata de escapar a esta verdad de la Escritura. La vemos claramente afirmada a lo largo de todo el Evangelio de Juan, en Filipenses 2 y en Tito 2:13. Y aunque no en todos los pasajes sea afirmada con una claridad tan obvia e inequívoca como aquí, siempre está implícita en todo el Antiguo y Nuevo Testamento: Jesús el Mesías es el Dios eterno hecho hombre.

Requisitos para el liderazgo

Otro tema principal que Pablo trata en este libro es el liderazgo de la iglesia. Los cretenses necesitaban entender cómo debía funcionar una iglesia cristiana ordenada; así que, en el primer capítulo, el apóstol describe los requisitos para los líderes de la iglesia (anciano se refiere a la persona que tiene una posición de liderazgo; obispo indica el oficio en sí). Escribe:

El que fuere irreprensible, marido de una sola mujer, y tenga hijos creyentes que no estén acusados de disolución ni de rebeldía. Porque es necesario que el obispo sea irreprensible, como administrador de Dios; no soberbio, no iracundo, no dado al vino, no pendenciero, no codicioso de ganancias deshonestas, sino hospedador, amante de lo bueno, sobrio, justo, santo, dueño de sí mismo (1:6-8).

Pablo esperaba que Tito encontrara líderes de iglesia en Creta

¿Dónde se encuentra a esa clase de personas? Pablo esperaba que Tito los encontrara en Creta. Esperaba que Dios levantara gente de carácter probado, de fe y de dones espirituales entre aquellos que anteriormente se habían caracterizado por ser mentirosos, bestias malvadas y glotones perezosos. El evangelio efectúa esa transformación. Correctamente entendida, la iglesia es una comunidad de cambio, una familia en la cual la gracia de Dios y el amor de Su pueblo ocasionan una sanidad, una terapia y un reencauzamiento. La iglesia fue creada para llevar a cabo todo eso.

Pablo también le dice a Tito que necesita enseñarles a los cristianos de Creta sobre las responsabilidades civiles:

Recuérdales que se sujeten a los gobernantes y autoridades, que obedezcan, que estén dispuestos a toda buena obra. Que a nadie difamen, que no sean pendencieros, sino amables, mostrando toda mansedumbre para con todos los hombres (3:1-2).

Pablo exhorta a la iglesia a reconocer que las autoridades son, en un sentido real, los ministros de Dios (sea que ellos se vean y se ofrezcan a sí mismos como tales o no). El Señor ha autorizado al gobierno a mantener el orden en la sociedad humana; así que, deberíamos respetar y obedecer la ley en todas las áreas, excepto en lo que el gobierno se oponga a la ley de Dios.

¡Qué práctica que es esta carta! Y qué relevante para nuestras vidas en la actualidad. Cuando Pablo daba estas pautas, estaba inyectando sutilmente en la comunidad cretense un poder que, si se seguía, transformaría el carácter nacional de Creta, así como también lo haría en nuestra sociedad.

Palabras finales

Pablo termina esta carta con algunas palabras personales de amonestación y consejo, y nos brinda un vistazo penetrante a su propia vida. Escribe:

Cuando envíe a ti a Artemas o a Tíquico, apresúrate a venir a mí en Nicópolis, porque allí he determinado pasar el invierno (3:12).

Nicópolis estaba situada en la costa occidental de Grecia, justo al otro lado del mar Adriático desde el talón de la bota italiana. Probablemente, al escribir Pablo desde Corinto, en Grecia, iba a enviar a dos jóvenes para reemplazar a Tito en Creta, de modo que este pudiera reunirse con él. Más adelante, leemos que Tito subió a Dalmacia, sobre la costa norte, y encaminó a Zenas, intérprete de la ley, y a Apolos (quizás a Alejandría, que era el hogar de este). Pablo recomienda a Tito que se asegure de que no les falte nada.

Pablo termina la carta cerrando un círculo que comenzó en el primer versículo. Empezó la Epístola con esta declaración:

Pablo, siervo de Dios y apóstol de Jesucristo, conforme a la fe de los escogidos de Dios y el conocimiento de la verdad que es según la piedad *(1:1, énfasis añadido).*

Y finaliza con estas palabras:

Y aprendan también los nuestros a ocuparse en buenas obras para los casos de necesidad, *para que no sean sin fruto. Todos los que están conmigo te saludan. Saluda a los que nos aman en la fe. La gracia sea con todos vosotros (3:14-15, énfasis añadido).*

La verdad lleva a la santidad

La verdad lleva a la santidad. La sana doctrina y las buenas obras van de la mano. Debemos conocer la verdad y luego ponerla en práctica. La base de la verdad del evangelio que transforma nuestras vidas y nuestro comportamiento es (como Pablo dice en Tito 1:2) «la esperanza de la vida eterna, la cual Dios, que no miente, prometió desde antes del principio de los siglos».

Estamos viviendo nuestras vidas eternas ahora mismo

La promesa que menciona Pablo se encuentra en Génesis, donde Dios prometió, antes que Adán y Eva fueran arrojados del Edén, que un Redentor vendría y daría vida a la humanidad (ver Gn. 3:15). Ese Redentor ha venido; Su nombre es Jesús. Esa esperanza es ahora. No es sólo la expectación del cielo, sino la fortaleza para vivir en estos tiempos turbulentos. Cuando caminamos con nuestra confianza puesta en Él, estamos viviendo nuestras vidas eternas ahora mismo… hoy.

Capítulo 67: Filemón

LA RESTAURACIÓN DE UN HERMANO

Una vez, Clara Barton, la fundadora de la Cruz Roja Americana, fue penosamente traicionada por un compañero de trabajo. Años más tarde, un amigo le recordó el incidente. La señorita Barton le contestó: «No lo recuerdo».

«¿No lo recuerdas?—, le preguntó el amigo, asombrado. —¡Pero si estabas tan dolida en ese momento! ¡Tienes que recordarlo, seguro!»

«No—, insistió amablemente ella. —Lo que sí recuerdo de manera particular es haber olvidado lo que pasó».

Esta es la verdadera naturaleza del perdón, como vamos a ver en nuestra aventura a través de la Epístola de Pablo a Filemón. Consiste en una decisión deliberada de olvidar las cosas malas que hemos sufrido. La gracia del perdón, aplicada como Cristo lo hizo, es la fuerza más poderosa del universo. Es el poder para restaurar relaciones interpersonales rotas, sanar iglesias destrozadas, integrar nuevamente a familias; es el corazón del evangelio; es la clave del libro de Filemón.

La estructura de este corto libro, de sólo un capítulo, es muy simple:

La petición de Pablo a Filemón (Filemón 1–25)

1.	Pablo da gracias a Dios por su amigo Filemón	1–7
2.	Pablo le pide a Filemón que perdone a Onésimo	8–16
3.	La promesa de Pablo a Filemón	17–21
4.	Comentarios personales, saludos de otros, bendición	22–25

Un mensaje práctico y privado

Esta es la cuarta carta personal de Pablo (a continuación de las dos cartas a Timoteo y de otra a Tito) y se diferencia de todas sus epístolas en que no contiene ninguna instrucción para la Iglesia en conjunto o que sea una doctrina fundamental. Por el contrario, esta carta aplica de manera práctica y poderosa todos los principios y valores incluidos en los otros escritos de Pablo: amor, aceptación, perdón, gracia y hermandad cristiana.

Esclavos y hermanos

El trasfondo de esta carta es interesante. La epístola a Filemón fue escrita cuando el apóstol Pablo estaba, por primera vez, prisionero en la ciudad de Roma. Filemón, que vivía en la ciudad griega de Colosas, era un amigo a quien el apóstol había ganado para Cristo. Aparentemente, Filemón tenía un hermano joven llamado Onésimo. Aunque muchos piensan que no había un parentesco consanguíneo entre Filemón y su esclavo Onésimo, estoy profundamente convencido de que eran hermanos, por lo que dice Pablo en el versículo 16:

> *No ya como esclavo, sino como más que esclavo, como hermano amado, mayormente para mí, pero cuánto más para ti, tanto en la carne como en el Señor.*

¿Qué más podría ser un hermano «en la carne», sino un hermano por nacimiento (distinción que Pablo parece subrayar cuando añade que Onésimo es también un hermano cristiano, un hermano «en el Señor»)? Esta distinción se enturbia en la Nueva Versión Internacional, donde dice:

> *Como a un hermano querido, muy especial para mí, pero mucho más para ti, como persona y como hermano en el Señor.*

Aunque la NVI es una traducción excelente, creo que la versión RV [Reina-Valera] es más precisa en este punto.

Al considerar que Onésimo era hermano en la carne de Filemón, encontramos algunas aplicaciones enérgicas en esta carta que podemos usar para relacionarnos unos con otros, no sólo como cristianos, sino también dentro de nuestras familias. Como probablemente usted ya sabe, uno de los lugares donde resulta más difícil aplicar las lecciones de amor, aceptación y perdón es justamente en el hogar, en el seno de nuestras relaciones familiares. Parece que muchos de nosotros tenemos una gran dificultad en las relaciones interpersonales más íntimas: Tratamos a los miembros de la familia como jamás se nos ocurriría hacerlo con una persona grosera de la calle a quien no conocemos.

Creo que lo que probablemente pasó en la relación entre estos dos hermanos, Onésimo y Filemón, es que el primero se metió en algún tipo de problema financiero. Quizás fueron apuestas de dinero o algún otro asunto en su vida que lo hicieron caer en descrédito financiero. En esos días, las personas con problemas económicos no podían apelar al juzgado para rescatarlos de la bancarrota. Pero, algunas veces, podían conseguir que alguien los redimiera al venderse a sí mismos como esclavos al acreedor. Tal vez Onésimo se endeudó y recurrió a su hermano Filemón, y dijo: «File, ¿te importaría ayudarme? Estoy en problemas y necesito algo de efectivo».

Filemón probablemente dijo algo así: «Está bien, Onésimo, ¿qué garantías me das?».

Onésimo quizá contestó: «Sabes que no tengo nada más que a mí mismo; así que, me convertiré en tu esclavo si tú pagas esta deuda». Puede haber sucedido así o no, pero es una posibilidad.

Si la irresponsabilidad llevó a Onésimo a esa situación, es fácil imaginar por qué este joven esclavo endeudado decidió huir de sus compromisos con su hermano. Entonces, hizo las maletas y huyó, y se refugió en Roma. Al parecer, conoció a Cristo mientras estaba bajo la instrucción de Pablo en esa ciudad, durante el primer encarcelamiento del apóstol. Es probable que Filemón ya fuera cristiano desde hacía tiempo cuando se escribió esta carta (sabemos que, en Colosenses 4:9, es recomendado como un hermano fiel y amado que había sido de gran ayuda a Pablo y al evangelio).

¿Por qué tenía esclavos un cristiano fiel?

¿Por qué tenía esclavos un cristiano fiel? Naturalmente, nos hacemos esta pregunta porque el asunto de la esclavitud hoy nos produce extrañeza y rechazo. No obstante, esta práctica era aceptada como parte de la cultura romana. En definitiva, fueron principios cristianos tales como la creencia en la igualdad del hombre, el amor, la gracia y los deberes de unos para con los otros entre creyentes los que terminaron por romper con esas actitudes culturales y acabaron con la esclavitud en el mundo romano. Además, cientos de años más tarde, esos mismos principios cristianos terminaron con la esclavitud en los Estados Unidos. En esta misma carta, observamos que el fin de la esclavitud estaba cerca, aunque los esclavos continuaron sirviendo a sus amos. Tanto esclavos como amos son desafiados a verse unos a otros como familiares y a adorar juntos en la iglesia en el mismo nivel de igualdad. En las otras epístolas de Pablo, encontramos las siguientes amonestaciones a los esclavos y a los amos.

A los esclavos

> *Siervos, obedeced a vuestros amos terrenales con temor y temblor, con sencillez de vuestro corazón, como a Cristo; no sirviendo al ojo, como los que quieren agradar a los hombres, sino como siervos de Cristo, de corazón haciendo la voluntad de Dios (Ef. 6:5-6).*

> *Siervos, obedeced en todo a vuestros amos terrenales, no sirviendo al ojo, como los que quieren agradar a los hombres, sino con corazón sincero, temiendo a Dios (Col. 3:22).*

Exhorta a los siervos a que se sujeten a sus amos, que agraden en todo, que no sean respondones (Tit. 2:9).

A los amos

Y vosotros, amos, haced con ellos lo mismo, dejando las amenazas, sabiendo que el Señor de ellos y vuestro está en los cielos, y que para él no hay acepción de personas (Ef. 6:9).

Amos, haced lo que es justo y recto con vuestros siervos, sabiendo que también vosotros tenéis un Amo en los cielos (Col. 4:1).

En el contexto cultural del Imperio Romano, la vida de un esclavo era, por lo general, extremadamente dura, cruel y despiadada. Si un esclavo huía de su amo, podía ser condenado a muerte o enviado de vuelta para que su dueño lo castigase. Además, no existía absolutamente ningún límite para la magnitud y severidad del castigo ni para la tortura que podía aplicarse. Cuando Onésimo huyó, parece ser que se complicó la vida todavía más al robarle dinero a Filemón. Se encaminó a Roma, se convirtió a Cristo a través del ministerio de Pablo y llegó a ser su asistente. Pero Pablo estaba decidido a mandarlo de regreso a Filemón para que pudiera limpiar su conciencia de todas las transgresiones pasadas contra su antiguo amo. Así que, escribió esta pequeña y bondadosa nota, que ha sido preservada para nosotros en la Escritura, y la mandó por medio del mismo Onésimo.

El regreso de Onésimo

Imagine la escena cuando la carta llegó a casa de Filemón. Este estaba de pie en su porche una mañana, mirando el camino, cuando ve que alguien se aproxima. Le dice a su esposa Apia, la señora de Filemón: «Querida, ¿no es ese el sinvergüenza de mi hermano que escapó?». Seguro, es el propio Onésimo; la oveja negra ha regresado. Toda la antigua cólera vuelve a reflejarse en el rostro de Filemón. Cuando Onésimo llega lo suficientemente cerca como para escuchar, Filemón dice con un gruñido: «¡Así que al fin has venido a casa! ¿Qué te trae de regreso?».

Sin una palabra para defenderse, Onésimo busca y le entrega a su hermano un pergamino, la carta que ahora estamos estudiando. Filemón la toma y lee:

Pablo, prisionero de Jesucristo, y el hermano Timoteo, al amado Filemón, colaborador nuestro, y a la amada hermana Apia, y a Arquipo nuestro compañero de milicia, y a la iglesia que está en tu casa: Gracia y paz a vosotros, de Dios nuestro Padre y del Señor Jesucristo (vv. 1-3).

Filemón le dice a Apia, su esposa: «Sí, esto ciertamente viene de Pablo. Esa es la manera en que siempre comienza sus cartas. No sé cómo la ha conseguido mi hermano, pero es auténtica».

Los cristianos se reunían en la casa de Filemón para estudiar y orar juntos

Observe la referencia interesante en estos primeros versículos: «y a la iglesia que está en tu casa». Los cristianos se reunían en la casa de Filemón para estudiar y orar juntos. Esta es la iglesia a la cual Pablo saluda; no un edificio de paredes de piedra, vidrios polarizados y bancos de madera, sino simplemente un hogar donde los cristianos se reúnen para estudiar la Palabra de Dios, orar juntos, y compartir sus luchas y victorias.

Filemón continúa leyendo:

> *Doy gracias a mi Dios, haciendo siempre memoria de ti en mis oraciones, porque oigo del amor y de la fe que tienes hacia el Señor Jesús, y para con todos los santos; para que la participación de tu fe sea eficaz en el conocimiento de todo el bien que está en vosotros por Cristo Jesús (vv. 4-6).*

Filemón dice: «Imagínate, Pablo ha estado orando por nosotros, aun desde la prisión. ¿No es asombroso?». Continúa leyendo y, en los versículos 8 al 10, ve que el apóstol va al meollo del asunto:

> *Por lo cual, aunque tengo mucha libertad en Cristo para mandarte lo que conviene, más bien te ruego por amor, siendo como soy, Pablo ya anciano, y ahora, además, prisionero de Jesucristo; te ruego por mi hijo Onésimo, a quien engendré en mis prisionero.*

En efecto, Pablo dice: «Podría ordenarte hacer esto por mi autoridad como apóstol, pero, en cambio, apelaré a ti basándome en tu amor cristiano». Continúa describiendo a Onésimo, diciendo: «a quien engendré en mis prisiones». Creo que, probablemente, las lágrimas brotaron de los ojos de Filemón cuando leyó esto. Ahí estaba el amado anciano Pablo, el cual lo había guiado a Cristo, sentado en esa prisión solitaria y escribiendo: «Filemón, mi viejo amigo, ¿podrías hacerme un favor? Te estoy suplicando, aunque podría ordenarte. Te agradecería que me hicieras un favor especial mientras estoy aquí en prisión». ¿Cómo no iba a derretirse el corazón de Filemón con esas palabras?

Me lo imagino volviéndose hacia Apia y diciéndole: «¡Mira! Aquí dice que Pablo, el apóstol que me guió al Señor, ha tenido la misma influencia sobre mi hermano y esclavo Onésimo. ¡No sólo tenemos el mismo padre en la carne, sino que ahora Pablo es un padre espiritual para ambos!».

En el versículo siguiente, encontramos un juego de palabras interesante:

¿Qué hay en un nombre? Un juego de palabras

> *El cual en otro tiempo te fue inútil, pero ahora a ti y a mí nos es útil (v. 11).*

Evidentemente, Onésimo había sido peor que inútil para Filemón; le había robado y huido. ¿Inútil? ¡Fue un estorbo! ¡Fue un problema! ¡Fue mala gente! Y lo verdaderamente irónico de esto es que el nombre Onésimo literalmente significa «útil» o «provechoso». Pablo tiene un maravilloso sentido del humor y (como Shakespeare) disfrutaba, de vez en cuando, de aplicar un juego de palabras bien dirigido. En realidad, está diciendo: «El señor Útil puede haber sido para ti antes el señor Inútil, ¡pero ahora es otra vez el señor Útil!». Y así, como añade en el versículo 12, envía de vuelta a Filemón al señor Útil, para que viva de una manera que honre su nombre.

En efecto, manda a Onésimo porque considera el servicio de este para Filemón como un servicio para el propio apóstol. Aunque a Pablo le gustaría conservar con él a este joven útil, prefería saber que Onésimo estaba pagándole su deuda a Filemón, a quien había agraviado.

La clave de esta pequeña carta se encuentra en el versículo 16. Pablo le dice a Filemón que está mandando de regreso a Onésimo:

> *No ya como esclavo, sino como más que esclavo, como hermano amado, mayormente para mí, pero cuánto más para ti, tanto en la carne {o, hermano en la carne} como en el Señor.*

Pablo borra la línea de distinción entre esclavo y libre. Los rígidos límites de las perspectivas culturales son sobrepasados por el amor y el parentesco en Cristo. Sin tener en cuenta la posición (esclavo o amo, según las costumbres romanas), ambos son esclavos de otro Amo, Jesucristo. Esta debe ser nuestra perspectiva cuando tratamos con la gente que nos rodea. En lugar de etiquetar a las personas de acuerdo a su estado económico, su posición política, su raza o cualquier otra característica, debemos comenzar a vernos unos a otros como gente por la cual murió Cristo, gente de la cual Él es Señor.

A medida que va leyendo, el corazón de Filemón va abriéndose hacia su hermano «oveja negra». Puedo imaginarlo diciendo a su esposa: «Si Pablo considera a Onésimo tan amado para él, tenemos que perdonarlo por todas las cosas que ha hecho. Quizás el muchacho haya sido cambiado. Veamos que más nos dice Pablo». Y lee el versículo 17:

> *Así que, si me tienes por compañero, recíbele como a mí mismo.*

Filemón podría haber dicho: «Bueno, ¡esto cambia totalmente las cosas! Yo iba a recibir a Onésimo de vuelta... ¡como esclavo! Iba a alojarlo en los cuartos de los sirvientes y ponerlo a trabajar otra vez, ¡pero ahora Pablo dice que tengo que recibirlo como si fuera él mismo!».

Apia dice: «Bueno, con toda seguridad nunca mandaríamos a Pablo a dormir a la casa de los esclavos. Le daríamos la mejor habitación de huéspedes de la casa. Así que, si vamos a recibir a Onésimo como si fuera Pablo, deberíamos darle el mejor cuarto».

¿No escucha en esta historia un eco del relato sobre el padre amoroso y el hijo pródigo? (ver Lucas 15).

Entonces, Filemón dice: «Está bien, querida, prepara el cuarto de huéspedes..., pero, ¡espera un momento! ¡Detén todo! ¡Nunca devolvió el dinero que nos quitó!».

Sin embargo, Pablo se refiere también a este asunto. En los versículos 18 y 19, escribe:

> *Y si en algo te dañó, o te debe, ponlo a mi cuenta. Yo Pablo lo escribo de mi mano, yo lo pagaré; por no decirte que aun tú mismo te me debes también.*

Esto es la gracia. Esto es el evangelio. Ejemplifica lo que Dios ha hecho por nosotros a través de Jesucristo. La deuda que teníamos ha sido pagada por otro. Aquí encontramos la doctrina de la aceptación y de la sustitución maravillosamente descritas para nosotros en una lección práctica y objetiva. De hecho, una vez, Martín Lutero señaló: «Todos nosotros éramos los Onésimos de Dios». Éramos esclavos. Éramos deudores. Éramos pecadores. No merecíamos nada. Por nosotros mismos, estamos desnudos y hundidos ante un Dios justo y santo; no obstante, el Señor Jesús le dice al Padre: «Si éste ha hecho algo malo o te debe algo, ponlo en mi cuenta. Yo lo pagaré». Eso es lo que Pablo dice aquí.

Nosotros éramos esclavos, deudores, pecadores

«Yo lo restituiré»

El corazón de Filemón probablemente se enterneció por completo ante esta asombrosa expresión de gracia del corazón de Pablo que escribió en la soledad de su fría celda de prisión. El apóstol no tenía nada, ningún dinero con que pagar la deuda de Onésimo, pero escribió: «Si te debe algo, ponlo a mi cuenta. Yo mismo te pagaré cuando vaya».

Creo que ese fue el toque final de toda la súplica de Pablo. Con eso, el corazón de Filemón probablemente se quebró, abrió sus brazos, apretó a Onésimo contra sí y lo perdonó. El parentesco familiar fue restaurado. Pablo entendía que dos hermanos no podían vivir juntos en familia cuando uno era el esclavo y el otro era el amo. Ambos tenían que ser liberados de las cadenas que los ataban: Onésimo, de las cadenas de su deuda a Filemón, y este, de las ligaduras de su ceguera cultural, que consideraba que el señorío sobre su hermano Onésimo era un derecho legal. Al final, esas cadenas no fueron rotas por la fuerza de la ley, sino por las aguas del amor y de la gracia que fluían abundantemente.

Cuando esta breve carta llega a su fin, Pablo hace esta rotunda declaración:

> *Te he escrito confiando en tu obediencia, sabiendo que harás aun más de lo que te digo (v. 21).*

La gran repercusión de la gracia

Aquí vemos el amplio alcance de la gracia cuando afecta a las vidas humanas, las relaciones y el comportamiento. Pablo ha apelado a Filemón sobre la base de la gracia. Si, en cambio, hubiera elegido imponer demandas sobre él basándose en la ley o en su autoridad como apóstol, habría dicho: «¡Filemón! Como el santo apóstol de la Santa Iglesia, ¡te ordeno recibir de vuelta a este joven y devolverle el trabajo!». Eso es lo más lejos que puede ir la ley. Filemón habría obedecido a tal demanda legal, pero la gracia llega mucho más allá de la ley. La gracia no sólo le devuelve el trabajo a Onésimo en casa de Filemón, ¡sino que también lo restaura en la relación, a un lugar de amor y de pertenencia dentro de esa familia! La gracia derriba todas las barreras, suaviza las fricciones, limpia la amargura y sana el dolor del pasado.

Pablo termina con algunas referencias y pedidos personales:

> *Prepárame también alojamiento; porque espero que por vuestras oraciones os seré concedido (v. 22).*

Aquí vemos que el apóstol espera ser liberado; pero ¿cómo? «Espero que *por vuestras oraciones* os seré concedido» (énfasis añadido). Sabemos que, ciertamente, Dios concedió estas peticiones. Pablo fue liberado y predicó la Palabra de Dios varios años antes de ser encarcelado por segunda vez.

Finalmente, el apóstol incluye saludos de algunos de los que estaban con él. Epafras era bien conocido en Colosas; había fundado la iglesia allí. Pero ahora, al ser su compañero de prisión en Roma, manda saludos. Así lo hace Marcos, autor del Evangelio que lleva su nombre, y Aristarco, uno de los discípulos de Pablo. Demas era un joven que más tarde abandonó a Pablo (como encontramos en la última carta escrita por Pablo) porque «amaba este mundo» (2 Ti. 4:10). Lucas, el autor del Evangelio y del libro de los Hechos, también estaba con el apóstol en Roma y mandó saludos a Filemón.

Pablo termina con estas palabras tan características del apóstol de la gracia: «La gracia de nuestro Señor Jesucristo sea con vuestro espíritu». Aquí está el tema de Filemón, el tema del apóstol Pablo, el tema de toda la Palabra de Dios para los seres humanos que están perdidos en pecado: La gracia es la respuesta a todos nuestros problemas, a todo nuestro dolor. Es la respuesta a nuestra culpa y a nuestro pecado. La respuesta a nuestras relaciones problemáticas. La respuesta a nuestro temor a la muerte.

La gracia es la respuesta

La gracia de Dios ha sido derramada sobre nosotros a través del Señor Jesucristo. Y ella nos llama a mostrar esta misma cualidad cristiana a aquellas almas hambrientas de favor que nos rodean, a la gente como Onésimo que encontramos todos los días y, especialmente, a aquellos que están en nuestro propio hogar. Que Dios nos dé gracia para representar Su carácter bondadoso todos los días.

Octava Parte

EL MANTENIMIENTO DE LA FE

TODO SOBRE LA FE

Una vez, el famoso entrevistador de CNN, Larry King, se encontró en una posición inusual: él era el entrevistado en lugar del entrevistador. Estaba apareciendo en el espectáculo de David Letterman y, durante su conversación, este último le preguntó a King: «Si pudiera entrevistar a cualquier persona de la historia, ¿a quién sería?».

Instantáneamente, King respondió: «A Jesucristo».

Letterman estaba tan sorprendido que le llevó varios segundos hacer otra pregunta: «Bueno, ¿qué le preguntaría?».

«Ah, muchas cosas —respondió King—, pero mi primera pregunta sería: "¿Realmente has nacido de una virgen?". La respuesta a esa pregunta definiría la historia».

Eso es realmente cierto, ¿no? Sin duda, esta respuesta define la historia. Si Jesús de veras nació de una virgen, si en efecto nació de Dios, si es la Palabra hecha carne, tenemos a alguien grandioso en quien creer, en quien poner nuestra fe y nuestra confianza. Si no, la fe no tiene sentido y la vida tampoco. En verdad, nuestra fe debe estar enraizada en la realidad; la realidad de la encarnación, la vida, la muerte y la resurrección de Jesucristo. De lo contrario, no tenemos una razón para vivir.

La fe no es un poder o una poción mágica. No es un sentimiento. No es una serie de doctrinas o credos. La fe es confiar en la Realidad Superlativa del universo. La fe es la llave que abre la puerta de Dios. Sin fe no podemos acercarnos a Él ni recibir Su salvación. Por tanto, es de importancia vital para nosotros descubrir qué es verdaderamente la fe. Ese es el tema de las epístolas desde Hebreos hasta Judas. Nos enseñan todo respecto a este tema: de dónde proviene, en qué descansa, cómo apropiarse de ella y cómo vivirla en nuestras vidas cotidianas.

Los seres humanos están diseñados específicamente para creer

Una y otra vez, durante mis muchos años como pastor, he escuchado a la gente poner excusas para no recibir a Jesús como Salvador o para no apropiarse de Su poder para vivir la vida cristiana; y la excusa número uno es esta: «Simplemente no puedo creer. No tengo fe». Sin embargo, ¡los seres humanos están diseñados específicamente para creer! La prueba se encuentra en este pasaje tan conocido:

> *Pero sin fe es imposible agradar a Dios; porque es necesario que el que se acerca a Dios crea que le hay, y que es galardonador de los que le buscan (He. 11:6).*

En otras palabras, este es el mínimo nivel de fe: Si no nos acercamos a Dios, no podemos ser salvos. Si la fe fuera verdaderamente imposible para algún ser humano, esa persona estaría fuera del alcance de la salvación y de la redención; pero sabemos que eso no es verdad. Todo ser humano puede creer. Para eso fuimos creados. Fuimos creados para ser criaturas dependientes, para buscar nuestra vida y poner la confianza en Alguien más grande y más poderoso que nosotros.

Continuamente, colocamos nuestra confianza en cosas que nos rodean. Aceptamos por fe que la silla en que nos sentamos soportará nuestro peso o que el techo no se nos caerá en la cabeza. La fe es la respuesta automática del espíritu humano. El problema es que, con demasiada facilidad, ponemos nuestra fe en cosas que nos decepcionan. Confiamos en personas, sistemas, falsos dioses o filosofías que nos conducen al sufrimiento o incluso a la destrucción.

Una vez, la gran pareja cómica formada por Stan Laurel y Oliver Hardy hizo una película llamada *El gran negocio,* en la cual los comediantes demolieron completamente una casa de una manera sumamente divertida: tiraron los muebles por las ventanas, echaron abajo una puerta, destruyeron la chimenea, destrozaron floreros con un bate de béisbol, arrancaron árboles y arbustos de raíz. Para llevar a cabo tal destrucción en la pantalla por un costo razonable, los productores tuvieron que localizar una casa que ya tenía programado ser demolida. Encontraron una construcción vieja y adecuada en el área de Los Ángeles, y los dueños estaban contentos de que los famosos cómicos la usaran para filmar una de sus excepcionalmente populares películas.

El día señalado, llegó el equipo técnico de filmación y de reparto, encontró la casa abierta, instalaron sus cámaras y comenzaron a rodar. En pocas horas, lograron una completa confusión en la casa mientras el operador de cámara capturaba en el filme todo golpe, traqueteo y estallido. Cuando ya casi habían terminado de filmar, llegó el dueño de la casa en ruinas y… montó en cólera. ¡La casa que se suponía que Laurel y Hardy tenían que destruir era la de al lado!

Todo el equipo técnico de la película creía sinceramente que estaba destruyendo la casa correcta. Pero su fe fuera de lugar dio lugar a una equivocación muy costosa. No basta con tener una fe sincera. Hay que tener una fe que esté enraizada en la verdad.

Pero ¿cómo sabemos que la Biblia es la verdad? Se han escrito muchos libros sobre *apologética,* el cuerpo de evidencia que verifica la verdad bíblica por medio de la razón y de la investigación histórica. La evidencia de nuestra fe se encuentra allí, es real y convincente. Claramente, la fe cristiana es una fe razonable, porque servimos a un Dios lógico que dice: «Venid luego, y estemos a cuenta» (Is. 1:18). No obstante, creo que muy poca gente que llega a la fe lo hace por medio de la razón, de la evidencia racional y de los argumentos. Creo que la mayor parte de las personas llegan a la fe y crecen en ella a través de *la experiencia personal.*

Creer es ver

Algunas personas dicen que ver es creer, pero sugiero que mucho más correcto es decir que creer es ver. Cuando usted cree en Jesús y actúa de acuerdo a su fe, comienza a experimentar una confirmación de la validez de su creencia y de que esta es digna de confianza. Como resultado de ello, su fe se hace más fuerte y más profunda. Cuanto más experimente de Jesús, más claramente lo verá. Creer de verdad es ver. Este es el principio expresado por el padre que le pidió a Jesús que sanara a su hijo epiléptico:

Cuanto más experimente de Jesús, más claramente lo verá

> *E inmediatamente el padre del muchacho clamó y dijo: Creo; ayuda mi incredulidad (Mr. 9:24).*

Usted comienza con una pequeña partícula de fe, por más débil y pequeña que sea, y se la ofrece a Dios. Le dice honestamente: «Señor, apenas tengo algo de fe, pero, aunque sea muy pequeña, te la ofrezco y actuaré de acuerdo a ella. Ayúdame a conocer la verdad y a creerla. Revélame tu verdad».

Al aventurarnos juntos a través de estas epístolas, los libros de Hebreos a Judas, aprenderemos todo acerca de la fe.

Hebreos: la lista de la fe

El tema de Hebreos es: «¿Qué es la fe?». Y el autor ilustra su significado a través de una serie de breves biografías de héroes de la fe del Antiguo Testamento: Moisés, Josué, Melquisedec, Aarón, etc. Todas estas historias demuestran que la fe es simplemente tener conciencia de ciertas realidades invisibles que no pueden percibirse por los cinco sentidos, pero que son verificadas a través de la experiencia diaria con Dios. En la medida en que lleguemos a ser más conscientes de estas realidades, Dios espera que crezcamos al experimentarlas y al confiar en Él. Si no maduramos en nuestra fe, la perdemos. Hebreos nos advierte que no retrocedamos, sino que nos sumerjamos enteramente en la fe en Él.

En Hebreos 11, encontramos la lista de la fe, el gran registro de hombres y mujeres que vivieron por fe y llevaron a cabo cosas asombrosas para Dios. Eran personas comunes (como nosotros) que lograron cosas extraordinarias al conectarse al poder de Dios por medio de un simple acto de fe. Comenzaron con una fe pequeña, actuaron de acuerdo a su pequeñísima semilla de mostaza de fe y la alimentaron hasta que floreció completamente al hacerlos pasar por la prueba.

Vemos que la fe de esta gente del Antiguo Testamento fue ejercitada y ampliada hasta que fueron capaces de obedecer a Dios sin tener idea de lo que Él había planeado para sus vidas:

> *Por la fe Abraham, siendo llamado, obedeció para salir al lugar que había de recibir como herencia; y salió sin saber a dónde iba (11:8).*

Este suceso en la vida de Abraham demuestra el principio que afirma el versículo lema de Hebreos:

> *Es, pues, la fe la certeza de lo que se espera, la convicción de lo que no se ve (11:1).*

Nuestra experiencia se enfila con la verdad de la Palabra de Dios

Aquí se encuentra el principio clave de la fe: La fe no consiste en tener la certeza de toda evidencia notarial, objetiva, lógica, explicada al pie de página o fotografiada, para que nuestros sentidos puedan confirmarla. ¡Se trata de estar seguros de lo que no vemos! ¿Cómo es eso posible? ¿Qué nos da la convicción de la fe? Simplemente, esto: Cuando actuamos de acuerdo a nuestra pequeñísima creencia, cuando maduramos al experimentar la realidad de Dios en nuestras vidas, Su Palabra suena como una campana en nuestros corazones. Suena verdadera. Nuestra experiencia se enfila con la verdad de la Palabra de Dios.

Santiago: La obra de la fe

La epístola de Santiago es una carta extremadamente práctica. Puede aplicar todo el tiempo estas verdades a su vida, en todas sus interacciones y relaciones interpersonales. Santiago asevera lo que hace la fe, de una manera visible y activa. La clave de este libro es este versículo famoso:

> *Porque como el cuerpo sin espíritu está muerto, así también la fe sin obras está muerta (Stg. 2:26).*

En otras palabras, la fe no es algo real hasta que no se actúe conforme a ella. Decir «Yo creo», mientras se vive como si no se creyera, es lo mismo que no creer. Mucha gente piensa que la fe es una actitud o un compromiso con cierta declaración o doctrina. Definitivamente, eso no es la fe. La fe genuina nos cambia. Modifica nuestro comportamiento. Controla nuestras acciones. La fe que es sólo una actitud mental es inútil, muerta, no tiene efecto alguno. La fe debe aventurarse, arriesgarse y cambiar nuestras vidas.

La fe no es algo real hasta que no se actúe conforme a ella

Según Santiago, la fe genuina es activa, se enfrenta a la tentación, no muestra prejuicio, es amable y responde a las necesidades humanas; habla de bendición y de amor en lugar de maldecir, derrama paz en lugar de contienda, y enseña a ser paciente y a orar. Estas son las obras de una fe genuina, activa, como la que vemos en esta epístola.

1 y 2 Pedro: Fortaleza para la prueba de la fe

Pedro fue el apóstol cuya fe falló en el fuego de la prueba cuando su Señor estaba siendo llevado a la cruz. A pesar de que había declarado osadamente ante sus compañeros que nunca negaría a Jesús aunque todos los otros discípulos le fallaran, fue él quien finalmente lo negó tres veces, incluso con una vil maldición en una de las ocasiones. Cuando se escabullía en medio de la oscuridad, luego de haberle fallado a su Señor, escuchó las palabras de Jesús, como si estas le horadaran el corazón: «Una vez vuelto, confirma a tus hermanos» (Lucas 22:32).

En las dos cartas de Pedro, encontramos al apóstol haciendo exactamente eso: fortaleciendo a otros cristianos para atravesar tiempos de prueba y de persecución. Los creyentes que de veras ejercitan la fe experimentan que su fe es probada, y este es el tema de estas cartas.

El sufrimiento hace tambalear nuestra fe. Las catástrofes despiertan nuestros más profundos interrogantes. Nos preguntamos: «¿Por qué?». En estas dos cartas, Pedro responde a esa pregunta. Nuestra fe en Cristo nos hace partícipes de Su vida, incluso de Su sufrimiento. Alcanzar a la gente en un mundo perdido y rebelde inevitablemente nos ocasionará aflicción y persecución. Cuando nos convertimos en parte de Cristo, llegamos a ser instrumentos para llevar a cabo Su obra en el mundo.

Alcanzar a la gente en un mundo perdido y rebelde inevitablemente nos ocasionará aflicción y persecución

1, 2, 3 Juan: La fe vivida en amor

El versículo clave de estas tres cartas, 1 Juan 3:23, muestra la relación entre una vida de fe y una vida de amor cristiano:

> *Y este es su mandamiento: Que creamos en el nombre de su Hijo Jesucristo {esa es la fe}, y nos amemos unos a otros como nos lo ha mandado {esa es la vida del creyente}.*

Así es como obra la fe: Cree; entonces, esa fe produce amor. Tener fe en Dios significa manifestar Su vida, y Dios es amor. ¿Cómo podemos decir que verdaderamente tenemos fe en Dios si no nos amamos unos a otros como Él nos ama en Cristo?

Los tres temas entrelazados de 1 Juan son: andar en la luz, manifestar amor y reflejar la vida de Cristo: luz, amor y vida.

En 2 Juan, el tema es nuevamente el amor; pero aquí el discípulo amado nos muestra que el amor se vive mediante la obediencia a la verdad de Dios:

> *Y este es el amor, que andemos según sus mandamientos. Este es el mandamiento: que andéis en amor, como vosotros habéis oído desde el principio (v. 6).*

En 3 Juan, el apóstol trata sobre un problema de la iglesia: aquellos que desean ser jefes en ella. Juan contrasta a aquellos que se aman unos a otros en el cuerpo de Cristo con los que aman el primer lugar en la iglesia. De esta manera, la fe y el amor se entrelazan; una persona de fe es quien la demuestra a través del amor a otros.

Judas: Proteger nuestra fe

El libro de Judas trata sobre los peligros que amenazan nuestra fe. El escritor bosqueja un plan para guardar nuestra fe contra esas fuerzas sutiles que tratan de socavarla, incluso contra el deseo de hacer las cosas como nosotros queremos, contra el señuelo de la inmoralidad, la trampa de la codicia, los peligros de la falsa autoridad, el divisionismo y las influencias mundanas. Cerca del final de su libro, Judas hace una amonestación muy adecuada para nosotros hoy:

> *Pero vosotros, amados, edificándoos sobre vuestra santísima fe {esta es la clave}, orando en el Espíritu Santo {este es el ejercicio de la fe}, conservaos en el amor de Dios {nuevamente, el ejercicio de la fe}, esperando la misericordia de nuestro Señor Jesucristo para vida eterna (vv. 20-21).*

Para proteger nuestra fe, debemos ejercitarla

Para proteger nuestra fe, debemos ejercitarla. Como el cuerpo humano, la fe debe ser ejercitada para que no se vuelva fláccida y enfermiza. Ejercitamos nuestra fe al aventurarnos, al confiar en Dios y al atrevernos a hacer grandes cosas para Él, al salir a servir y ministrar osadamente en Su nombre, al descubrir y utilizar esos recursos escondidos de poder y de dones espirituales que ha puesto a disposición de todos aquellos que tienen fe en Él.

La fe es una aventura, un viaje magnífico, osado, emocionante. Eso es lo que descubrimos cuando nos adentramos en estos libros, de

Hebreos a Judas, y aprendemos todo acerca de este suceso desafiante que llamamos fe. Al experimentar lo que se encuentra en estos libros, aprendemos a confiar en las cosas que no se ven, a amar y servir de maneras más profundas, a guardar nuestra fe y a ejercitarla; y cuando lo hacemos, añadimos nuestros nombres a esa gloriosa lista de hombres y mujeres fieles que pusieron su confianza en Dios desde el principio del mundo.

LA LISTA DE LA FE

El béisbol tiene su Salón de la Fama en Cooperstown, Nueva York. El fútbol americano tiene el suyo en Canton, Ohio. El básquetbol lo tiene en Springfield, Massachusetts. Pero ¿conoce usted el Salón de la Fama de los héroes de la fe cristiana? Se encuentra en el libro de Hebreos. Exploraremos este Salón de los Héroes cuando lleguemos al capítulo 11 de esta magnífica epístola de la fe.

El tema de Hebreos es la fe

El tema de Hebreos es la fe. En realidad, Hebreos es uno de los tres comentarios del Nuevo Testamento sobre un sólo versículo del Antiguo Testamento, Habacuc 2:4, que nos dice que «el justo por su fe vivirá». Este versículo abrió los ojos de Agustín y lo inspiró a convertirse en un poderoso hombre de fe. Es el versículo del Antiguo Testamento que encendió el corazón de Martín Lutero para comenzar la Reforma Protestante hace unos 500 años. Aún hoy, enciende nuestros corazones, y encontramos este concepto explorado y amplificado en los libros de Romanos, Efesios y Hebreos, en el Nuevo Testamento. Cada una de estas epístolas enfatiza un aspecto diferente de esta declaración; y las tres, consideradas en conjunto, nos ayudan a apreciar sus aplicaciones ricas y multifacéticas: «el justo por su fe vivirá».

El libro de Romanos habla de «el justo» y nos indica lo que significa ser justificados, ser aceptados como justos en Jesucristo. El libro de Efesios enfatiza la palabra «vivirá» y nos enseña a vivir como personas justificadas: caminar en el Espíritu, permitir que la vida de Jesús se manifieste en nosotros. El libro de Hebreos toma las palabras «por su fe» y nos muestra cómo apropiarnos de la vida para que seamos justificados.

El objeto de nuestra fe

Tenemos que entender que la fe en sí no tiene significado ni poder. Muchas personas tienen fe en cosas que no sólo no pueden salvar, sino que verdaderamente las destruyen. El poder de la fe no deriva de ella misma, sino de Aquel en quien la depositamos, en el objeto de ella: Jesucristo. Para muchos cristianos, esto es motivo de gran confusión. A menudo escucho decir a la gente, «si sólo tuviera suficiente fe, podría hacer esto o aquello», como si la fe fuera una mercancía vendida por kilos.

La cantidad de fe no es lo importante, sino el objeto de ella

Jesús ya ha dejado bien claro que la cantidad de fe no tiene importancia. Él dijo: «De cierto os digo, que si tuviereis fe como un grano de mostaza, diréis a este monte: Pásate de aquí allá, y se pasará; y nada os será imposible» (Mt. 17:20). No es la cantidad de fe lo importante, sino el objeto de ella. Si la fe está arraigada en Jesucristo, usted tiene todo el poder que necesita para llevar a cabo la voluntad de Dios en su vida. Si está aferrada a cualquier otra cosa que no sea Jesucristo, no tiene significado.

El libro de Hebreos trata sobre la fe; pero lo que es aun más importante es que se refiere al objeto de nuestra fe, Jesucristo. Al leerlo, encontrará que es el libro más cristocéntrico del Nuevo Testamento. Se enfoca en el carácter y en el poder redentor de Jesucristo; por esta razón, es uno de los libros más apropiados para leer en tiempos de desánimo, derrota o depresión. Si vemos a Jesús como Él es, no podemos hacer menos que estar firmes en la fe.

El origen misterioso de Hebreos

La versión *King James*, en inglés, titula este libro: La Epístola del Apóstol Pablo a los Hebreos. No obstante, es probable que Pablo no haya escrito esta carta, y los manuscritos más antiguos y confiables se refieren a ella simplemente como: A los Hebreos. No sabemos cuándo se escribió ni quiénes eran los destinatarios. La evidencia interna muestra que fue escrita para judíos cristianos con la intención de evitar que volvieran a los ritos y al legalismo judaico, pero no sabemos si esos cristianos vivían en Palestina, Asia Menor, Grecia o Roma. La lista de probables autores es larga e incluye a Pablo, Bernabé, Lucas, Clemente de Roma, Apolos, Silas, Felipe y Priscila.

Aunque existen similitudes entre Hebreos y las epístolas de Pablo, rasgos semejantes en el lenguaje y la teología, los contrastes son aun mayores. En las otras epístolas, el apóstol siempre firma con su nombre, usualmente, tanto al principio como cerca del final de cada una de ellas:

Pablo, llamado a ser apóstol de Jesucristo por la voluntad de Dios... (1 Co. 1:1).

Yo, Pablo, os escribo esta salutación de mi propia mano (1 Co. 16:21).

El nombre de Pablo no aparece en ninguna parte del libro de Hebreos, pero sí está en todas las otras. Más aun, el estilo general del lenguaje griego utilizado a lo largo de todo este libro tiende a ser más pulido y culto que el tono coloquial y personal usado a menudo en las epístolas reconocidas del apóstol. En ellas, de principio a fin, Pablo afirma ser apóstol y testigo de Jesucristo (debido a su experiencia en el camino a Damasco), mientras que el escritor de Hebreos se refiere al evangelio como «confirmado por los que oyeron» a Jesús (He. 2:3). Pablo, como un testigo presencial de Cristo, no necesitaba que otra persona le confirmara el evangelio. También, el autor de Hebreos cita sólo del Antiguo Testamento griego (la Septuaginta), mientras que Pablo suele citar la Escritura hebrea.

¿Qué significa todo esto? Ciertamente, el libro de Hebreos no tiene por qué haber sido escrito por Pablo para reconocerlo como poderoso, de gran autoridad e inspirado por el Espíritu de Dios. Encontramos el corazón de Dios expresado en todas sus páginas. Quien sea que haya escrito este magnífico libro lo hizo bajo la inspiración de Dios y, en definitiva, lo que verdaderamente importa es sólo la autoría divina.

Quien sea que haya escrito este magnífico libro lo hizo bajo la inspiración de Dios y, en definitiva, lo que verdaderamente importa es sólo la autoría divina

Ahora, demos un vistazo general a todo el libro, para observar rápidamente el flujo de su argumento:

Cristo, el objeto de nuestra fe (Hebreos 1:1–4:13)

1. Cristo, anterior y superior a todos los profetas — 1:1-3
2. Cristo, anterior y superior a todos los ángeles (Su deidad y humanidad) — 1:4–2:18
3. Cristo, anterior y superior a Moisés — 3:1-6
4. El desafío de entrar en el reposo de Dios — 3:7–4:13

La obra superior de Cristo (Hebreos 4:14–10:18)

5. El sacerdocio de Cristo frente al sacerdocio de Aarón y de Melquisedec — 4:14–7:28
6. El pacto superior de Cristo — 8:1-13
7. El santuario superior y el sacrificio de Cristo — 9:1–10:18

El andar cristiano en la fe (Hebreos 10:19–13:25)

8. Manténganse firmes en la fe que han recibido — 10:19-39
9. La definición de fe (versículos clave de Hebreos) — 11:1-3
10. La lista de la fe (el Salón de la Fama de los Héroes): Abel, Enoc, Noé, Abraham y Sara, Isaac, Jacob, José, los padres de Moisés, Moisés, Josué, Rahab, y otros — 11:4-40

11. Resistir por fe 12
12. El resultado de la fe: el amor cristiano 13:1-17
13. Comentarios finales 13:18-25

En este rincón, los contrincantes...

De Hebreos 1:1 a 10:18, Jesucristo es comparado con varios líderes, sistemas y valores religiosos en los que anteriormente confiaban los destinatarios de esta carta. El contraste entre Cristo y estas otras personas y sistemas se presenta como una competición de atletismo o una eliminatoria donde los contendientes compiten en un campeonato. Una y otra vez, se levanta uno para confrontar al héroe, Jesucristo, y, en cada ocasión, ese retador es vencido. En todos los casos, el héroe emerge triunfante, superior a todos los competidores. A lo largo de esta carta, Cristo, el objeto de nuestra fe, es comparado con todas las cosas inferiores en que la gente pone su fe; y todas resultan insuficientes. Sólo Cristo es el supremo vencedor.

Los primeros contendientes: los profetas del Antiguo Testamento

Dios, habiendo hablado muchas veces y de muchas maneras en otro tiempo a los padres por los profetas, en estos postreros días nos ha hablado por el Hijo, a quien constituyó heredero de todo, y por quien asimismo hizo el universo (1:1-2).

El escritor de Hebreos recuerda a los profetas que significaron tanto para la mente y el corazón hebreos; grandes nombres de la historia israelita tales como Isaac, Jeremías, Ezequiel, Daniel, Oseas y Habacuc. Estos profetas vivieron al mismo tiempo que grandes filósofos como Sócrates, Platón y Aristóteles; no obstante, sus percepciones de la verdad y de la realidad sobrepasaron ampliamente el pensamiento de sus contemporáneos seculares. En el pasado, Dios habló a ellos y a través de ellos, pero «en estos postreros días nos ha hablado por el Hijo».

Inmediatamente, el escritor de Hebreos descarta a los profetas por no igualar a Jesucristo. Después de todo, ellos fueron tan sólo portavoces e instrumentos, pero Jesús es Dios mismo, entronizado como Rey del universo. Su vida define los límites de la historia y Él sustenta todo por medio de la palabra de Su poder. ¿Cómo puede un simple profeta compararse con Él?

Los segundos contendientes: los ángeles

Los próximos contrincantes son los ángeles. En el mundo griego de la Iglesia del Nuevo Testamento, los ángeles eran considerados seres muy importantes. Los dioses y diosas griegas eran casi equivalentes a los ángeles para los griegos: seres sobrenaturales poderosos, pero imperfectos y limitados. El panteón griego de deidades no contenía ni un solo ser supremo todopoderoso, omnisciente y perfectamente amoroso, sino únicamente un montón de deidades inferiores parecidas a los ángeles de la teología judeocristiana.

En este pasaje, el escritor de Hebreos considera el interrogante sobre quién es superior: los ángeles o el Hijo de Dios. Señala inmediatamente que el Hijo, el Señor Jesús, es superior a cualquier ángel:

> *Porque ¿a cuál de los ángeles dijo Dios jamás: Mi Hijo eres tú, yo te he engendrado hoy, y otra vez: yo seré a él Padre, y él me será a mí hijo? Y otra vez, cuando introduce al Primogénito en el mundo, dice: Adórenle todos los ángeles de Dios. Ciertamente de los ángeles dice: El que hace a sus ángeles espíritus, y a sus ministros llama de fuego. Mas del Hijo dice: Tu trono, oh Dios, por el siglo del siglo; cetro de equidad es el cetro de tu reino (1:5-8).*

Los mismos ángeles confiesan que Jesús es superior

Dios nunca le dijo a ningún ángel: «Mi Hijo eres tú, yo te he engendrado hoy». El Hijo es superior a los ángeles; y aún más, ¡los ángeles lo adoran y le obedecen! Los mismos ángeles confiesan que Jesús es superior.

El segundo Adán

Dios hizo a los seres humanos para ser criaturas maravillosas y con autoridad

En los capítulos 2 y 3, el autor de Hebreos presenta a Jesús como el hombre de verdad, el segundo Adán. Jesús vino a cumplir el destino de los seres humanos, que se perdió cuando Adán lo echó todo por la borda al cometer el primer pecado. Dios hizo a los seres humanos para ser criaturas maravillosas y con autoridad; ¡qué pena da pensar cuánto se ha perdido de la imagen de Dios en la caída! Originalmente, fuimos creados para ser gobernantes, reyes y reinas del universo; hecho que se refleja en el Salmo 8:

> *Cuando veo tus cielos, obra de tus dedos, la luna y las estrellas que tú formaste, digo: ¿Qué es el hombre, para que tengas de él memoria, y el hijo del hombre, para que lo visites? Le has hecho poco menor que los ángeles, y lo coronaste de gloria y de honra. Le hiciste señorear sobre las obras de tus manos; todo lo pusiste debajo de sus pies (vv. 3-6).*

Este es el designio de Dios para la humanidad, pero nuestra naturaleza caída nos impide cumplirlo. Sin embargo, Jesús, «el hijo del hombre», está presente en este pasaje, cumpliendo Su destino original, viviendo nuestro potencial no caído, sentado a la diestra de Dios. Él es el verdadero hombre, la humanidad tal como Dios deseó que fuera. Nosotros somos superiores a los ángeles, porque Dios nos creó para ser superiores a ellos. Dios dijo de la humanidad: «Hagamos al hombre a nuestra imagen». No lo dijo de ningún ángel; sólo de hombres y mujeres como usted y yo. Así que, Jesús, el Hijo del Hombre, el ser humano perfecto, el segundo Adán, es superior a los ángeles.

Primera advertencia

El libro de Hebreos contiene cinco advertencias y en este punto encontramos la primera de ellas:

> *Por tanto, es necesario que con más diligencia atendamos a las cosas que hemos oído, no sea que nos deslicemos. Porque si la palabra dicha por medio de los ángeles fue firme, y toda transgresión y desobediencia recibió justa retribución, ¿cómo escaparemos nosotros, si descuidamos una salvación tan grande? La cual, habiendo sido anunciada primeramente por el Señor, nos fue confirmada por los que oyeron (2:1-3).*

Hebreos dice que, si Jesús es superior a los profetas y a los ángeles, entonces tenemos que escucharlo. Si los profetas han afectado tanto el curso de la historia y los ángeles son los agentes invisibles de Dios que obran a través de ella, sin duda, debemos escuchar al Hijo. ¡Entonces, no dejen de escuchar!

Los próximos contendientes: Moisés y Josué

Los próximos contendientes que entran a medirse en el texto son Moisés y Josué, grandes hombres de Dios a quienes Él usó de manera excepcional. El pueblo hebreo casi los idolatraba como ejemplos supremos de personas poderosamente usadas por Dios. En el capítulo 3, Jesús es comparado con Moisés; en el 4, con Josué. ¿Cuál es el argumento del escritor? Simplemente, este: Moisés era un siervo en la casa de Dios. Sin embargo, Jesús es el Hijo a quien le pertenece la casa y para quien fue construida. Evidentemente, Él tiene la supremacía.

Cuando era muchacho, en Montana, me invitaron a visitar el rancho de una familia rica. La invitación no vino de la familia, sino de uno de sus empleados. Él me condujo hasta el rancho y, cuando nos dirigíamos hacia la imponente casa de dos pisos del rancho, giró hacia el galpón trasero.

Yo pregunté: —¿Cómo se vive en una casa grande como esta?

—No lo sé —contestó el empleado del rancho—. Nunca he estado allí. Esa casa pertenece al dueño y a su familia. No puedo hacerte entrar.

Tiempo después, vi un hermoso caballo alazán en el corral, y dije: —Ah, cómo me gustaría dar un paseo en ese caballo.

—Lo siento, muchacho —dijo el empleado del rancho—. No puedes montar ese caballo. Pertenece a la familia—. Todo el día estuve frustrado porque él no pudo dejarme hacer todo lo que yo quería, ya que era sólo un empleado a sueldo.

Más tarde, llegué a conocer al hijo de esa familia, un niño de mi misma edad, ¡y todo cambió! ¡Montamos ese caballo alazán por todo el lugar, y entramos en la casa y me mostraron todo! ¡Hasta entramos en la cocina y tomamos cosas de la nevera! Nos sentíamos en casa. ¿Por qué? Porque un hijo tiene mayor libertad que un siervo.

Moisés fue sólo un siervo, pero Jesús era el amo. Moisés sacó al pueblo de Dios de Egipto para ir a la tierra de Canaán, que simboliza el lugar de reposo de Dios, el descanso y la paz que Él quiere que todos experimentemos a través de la fe en Jesucristo. Moisés guió a su pueblo hacia un símbolo del reposo de Dios, pero Jesús guía a todo el mundo al verdadero lugar de reposo.

En Hebreos 4:9-10, se nos define este reposo:

Por tanto, queda un reposo para el pueblo de Dios. Porque el que ha entrado en su reposo, también ha reposado de sus obras, como Dios de las suyas.

Lo importante de este pasaje es lo siguiente: Si deja de depender de sí mismo y de su propio esfuerzo, ha aprendido a entrar en el reposo, porque ha comenzado a depender del obrar de Dios en usted. Ese es el secreto perdido de la humanidad. Ese es el secreto que Adán y Eva perdieron en el jardín del Edén y el que Jesús vino a restaurar para nosotros. Cuando aprendemos a vivir por medio de la obra de Dios en nosotros, en lugar de por medio de nuestra propia obra, experimentamos vidas que son pacíficas, calmadas, confiadas, poderosas e imperturbables ante las circunstancias, para que podamos llevar a cabo grandes cosas para Cristo. La paradoja de este principio es que nada es más activo, más eficaz ni más poderoso que una vida que es vivida en el reposo de Dios.

Josué lo intentó, pero no pudo llevar a su pueblo a un verdadero reposo. Simplemente lo condujo al símbolo del reposo, a la tierra. Solamente Jesús puede darnos el auténtico reposo. Hebreos nos dice: «Procuremos, pues, entrar en aquel reposo» (4:11), para que evitemos la caída de aquellos que se encontraban en el desierto, quienes, por desobediencia, cayeron y perdieron la voluntad de Dios, y la bendición para sus vidas.

Segunda advertencia

La segunda advertencia se encuentra en Hebreos 3:12-15:

Mirad, hermanos, que no haya en ninguno de vosotros corazón malo de incredulidad para apartarse del Dios vivo; antes exhortaos los unos a los otros cada día, entre tanto que se dice: Hoy; para que ninguno de vosotros se endurezca por el engaño del pecado. Porque somos hechos participantes de Cristo, con tal que retengamos firme

> *hasta el fin nuestra confianza del principio, entre tanto que se dice: Si oyereis hoy su voz, no endurezcáis vuestros corazones, como en la provocación.*

Recuerde y preste atención a esta advertencia: No endurezca su corazón ni se resista a la dirección de Dios. No se diga a sí mismo: «Estoy bien como soy. Estoy haciendo las cosas bien. No necesito buscar ningún progreso en mi relación con Dios. No necesito escucharlo más. No necesito entrar en Su reposo». No, no endurezca su corazón. No se resista a lo que el Señor está diciendo. Permita que Dios lo guíe a Su reposo.

Los próximos contendientes: Aarón y Melquisedec

El próximo contendiente para la superioridad de Cristo es Aarón, el sumo sacerdote de Israel, junto con todo el sistema sacerdotal. Gran parte de esta carta tiene que ver con el tema del sacerdocio. Esto es muy significativo, porque los sacerdotes son sumamente importantes. En el Antiguo Testamento, tenían dos funciones muy destacadas: aliviar la culpa y remediar la confusión. En Hebreos 5:1-2 leemos:

> *Porque todo sumo sacerdote tomado de entre los hombres es constituido a favor de los hombres en lo que a Dios se refiere, para que presente ofrendas y sacrificios por los pecados* [este es el alivio de la culpa: levantar el peso y la carga del pecado]; *para que se muestre paciente con los ignorantes y extraviados, puesto que él también está rodeado de debilidad* [este es el remedio de la confusión: tratar amablemente al ignorante y al inestable].

El sacerdocio de Jesucristo es muy superior a cualquier otro sacerdocio porque Él está instantáneamente disponible, es eterno, y nos provee de Su poder y fortaleza infinitos

El escritor de Hebreos simbolizó el sumo sacerdocio de Jesucristo a través de un hombre llamado Melquisedec. Este personaje aparece en el Antiguo Testamento de manera muy misteriosa. Sale de las sombras por un momento y trata con Abraham, luego regresa a la oscuridad y nunca más se sabe de él. Las Escrituras se refieren varias veces a él, pero es una figura misteriosa hasta que se lee el Nuevo Testamento. Aquí en Hebreos, vemos lo que significaba este hombre extraño. Las características de Melquisedec fueron las del sacerdocio de Cristo hoy:

Estaba disponible *instantáneamente*. La historia, registrada en Génesis 14, cuenta que Abraham se encuentra con el rey de Sodoma, después de haber derrotado a otros cinco reyes. Aunque no lo sabía, Abraham estaba en problemas. El rey de esa ciudad planeó hacerle un ofrecimiento muy sutil que lo desviaría de su caminar en la fe. Él no habría podido detectar de ninguna manera la argucia de este ofrecimiento, pero entonces, de repente, aparece Melquisedec. Estuvo disponible al instante.

Era un rey sin padre ni madre. Esto es todo lo registrado en el Antiguo Testamento. Aquí tenemos una figura de Cristo, en Su relación eterna con Dios.

Proveyó a Abraham la fortaleza de Cristo, simbolizada por los elementos de la santa comunión. Melquisedec fortaleció a Abraham, así como Jesucristo nos fortalece. Melquisedec lo hizo ofreciéndole pan y vino, que son, en la reunión de la Cena del Señor, los símbolos del cuerpo y de la sangre del Señor Jesús; es decir, de Su vida.

Aquí en Hebreos, la imagen de Melquisedec se evoca para representar el ministerio sacerdotal de Jesucristo. El sacerdocio de Cristo es muy superior a cualquier otro porque Él está disponible instantáneamente, es eterno, y nos provee de Su poder y fortaleza infinitos.

Tercera advertencia

En relación con esto, encontramos una tercera advertencia: contra la tardanza. Esta es una de las advertencias más serias del libro:

> *Por tanto, dejando ya los rudimentos de la doctrina de Cristo, vamos adelante a la perfección; no echando otra vez el fundamento del arrepentimiento de obras muertas, de la fe en Dios, de la doctrina de bautismos, de la imposición de manos, de la resurrección de los muertos y del juicio eterno. Y esto haremos, si Dios en verdad lo permite. Porque es imposible que los que una vez fueron iluminados y gustaron del don celestial, y fueron hechos partícipes del Espíritu Santo, y asimismo gustaron de la buena palabra de Dios y los poderes del siglo venidero, y recayeron, sean otra vez renovados para arrepentimiento, crucificando de nuevo para sí mismos al Hijo de Dios y exponiéndole a vituperio (6:1-6).*

Aunque tal vez hayamos probado las experiencias externas del cristianismo y parezca que nuestras vidas cristianas tienen mucho de lo verdadero, debemos seguir adelante para entrar en este lugar de reposo y confianza en Jesucristo; de lo contrario, estas evidencias externas no tienen ningún valor. Aquí encontramos una advertencia que invita a reflexionar: Si confía mucho tiempo en lo que no es verdadero, en lo que no es real ni confiable, llegará un día en que estará desesperado buscando lo que sí es verdadero y no podrá encontrarlo.

El tabernáculo y la ley

El tabernáculo y la ley son dos ejemplos más de cosas en que confía la gente: edificios y esfuerzo personal (representado por la ley). El escritor de Hebreos traza un fuerte contraste entre el tabernáculo y la ley por un lado, y Cristo por el otro. Considera el tabernáculo antiguo en el desierto, y dice: «Eso es tan sólo un edificio que simboliza la verdadera casa de Dios, que es la vida humana: un hombre, una mujer, un niño, una niña. ¡Dios no quiere habitar en edificios, Él quiere morar en nosotros!».

Me gusta la historia del niño que estaba masticando chicle en el local de una iglesia, y una mujer le dijo al pastor: «Mire a ese niño masticando chicle en la iglesia. ¿Usted permite que los niños mastiquen chicle en la casa de Dios?».

El pastor replicó: «Mi querida señora, ¡es la casa de Dios la que está masticando el chicle!». Y estaba absolutamente en lo cierto.

Por tanto, el antiguo tabernáculo, o el templo en Jerusalén, o una catedral o una iglesia no son nada más que edificios. La verdadera casa de Dios es usted. Nosotros somos Su casa. Él mora en nosotros: «Cristo en vosotros, la esperanza de gloria» (Col. 1:27).

La ley del Antiguo Testamento está íntimamente relacionada con el tabernáculo de aquella época: los Diez Mandamientos y las otras leyes, ritos y restricciones de la ley mosaica. Los Diez Mandamientos constituyen pautas maravillosas y perfectas para la conducta humana. Fallan en la práctica, no porque tengan algún error, sino porque nosotros somos los defectuosos. Somos débiles e incapaces de cumplir las demandas de la ley. Aun cuando tratemos de hacer lo mejor posible, lo único que podemos lograr es una obediencia externa aparente para evitar el castigo, pero en el fondo de nuestro corazón aún estamos mal y lo sabemos.

El Señor Jesús tiene una solución para esto: Él escribe la ley en su corazón. Pone el Espíritu de Dios dentro de usted para impulsarlo a amar, porque el amor es el cumplimiento de la ley.

Cuarta advertencia

Aquí encontramos otra advertencia más: No se engañe a sí mismo. No permita que el pecado se afirme de manera engañosa en su vida. El escritor de Hebreos dice que, si presume de la gracia de Dios de esta forma, nada quedará para usted, sino una horrenda expectación de juicio:

> *Porque si pecáremos voluntariamente después de haber recibido el conocimiento de la verdad, ya no queda más sacrificio por los pecados, sino una horrenda expectación de juicio, y de hervor de fuego que ha de devorar a los adversarios. El que viola la ley de Moisés, por el testimonio de dos o de tres testigos muere irremisiblemente. ¿Cuánto mayor castigo pensáis que merecerá el que pisoteare al Hijo de Dios, y tuviere por inmunda la sangre del pacto en la cual fue santificado, e hiciere afrenta al Espíritu de gracia?* (10:26-29).

¡Piénselo! Dios ha provisto una manera de ser justos ante Él, de fortalecernos interiormente, de ser preservados fuertes y puros en medio de todas las influencias decadentes y circunstancias adversas que nos rodean con un costo infinito, el precio de Su propio Hijo. ¿Cómo podemos siquiera pensar en olvidarnos de todo y decir: «No, Dios, voy a vivir a mi manera?». ¿Puede algo ser más insultante para Dios? Por tanto, el escritor de Hebreos nos advierte contra no dar por sentada la gracia del Señor.

El Salón de los Héroes

En la sección final de la carta, el escritor de Hebreos establece el medio por el cual obtenemos todo lo que Dios ha puesto a nuestra disposición. Ese medio es la fe. En el capítulo 11, podemos aprender qué es la fe, cómo se comporta y cómo reconocerla. El versículo clave de toda la epístola se encuentra justo aquí:

Es, pues, la fe la certeza de lo que se espera, la convicción de lo que no se ve (11:1).

La gente siempre está buscando evidencias de la fe cristiana. Y existen porque el cristianismo es una fe razonable, basada en el hecho histórico de la vida de Cristo y en la realidad de la resurrección.

Sin embargo, la verdadera evidencia de la fe no proviene de una excavación arqueológica en Palestina, ni del telescopio Hubble, ni de los escritos de un gran teólogo, sino de la experiencia. La fe no consiste en estar seguros de toda la evidencia que podemos ver. ¡La fe consiste en estar seguros de algo que no vemos! ¿Cómo llegamos a tener esa certeza? Experimentando la realidad del amor y la amistad de Dios en nuestras vidas cotidianas. Ver no es creer. Creer es ver. Cuando tomamos la decisión de vivir por fe, aun si pensamos que nuestra fe es débil o casi inexistente, Dios viene a nuestro encuentro, se nos manifiesta y aumenta nuestra fe a través de una relación diaria con Él.

Al leer el maravilloso capítulo que enumera a los héroes de la fe, observamos que la fe anticipa el futuro, actúa en el presente y evalúa el pasado

En el resto del capítulo 11, el escritor de Hebreos presenta la lista de la fe. Al estudiar el maravilloso capítulo que enumera a los héroes de la fe, observamos que la fe anticipa el futuro, actúa en el presente y evalúa el pasado; se atreve a seguir adelante y a permanecer hasta el final. Al leer esta lista de los fieles a Dios del Antiguo Testamento, encontramos las historias de:

- Abel, que por fe ofreció un mejor sacrificio que el de su hermano Caín;
- Enoc, que no murió debido a su servicio fiel a Dios;
- Noé, que salvó a su familia del juicio de Dios en el diluvio por la fe en Su Palabra;
- Abraham y Sara, que siguieron a Dios por fe, sin saber adónde los conduciría Él;
- Isaac, que bendijo a sus hijos por fe;

- Jacob, que bendijo a los hijos de José por fe;
- José, que previó por fe el éxodo de Israel de Egipto hacia la tierra prometida;
- Los padres de Moisés, que por fe escondieron a su hijo, el futuro líder de Israel, de la ira del Faraón;
- Moisés, que eligió por fe identificarse con el sufrimiento de su pueblo, aunque podría haber elegido los placeres, la riqueza y la seguridad del Egipto pecador;
- Josué, que por fe imploró que cayeran los muros de Jericó;
- Rahab, la prostituta que recibió a los espías de Israel por su fe en el Dios de ellos;
- Y otros como Gedeón, Barac, Sansón, Jefté, David, Samuel, los profetas y muchos otros santos que no son nombrados, pero sí recordados para siempre por Dios por haber batallado en la fe hasta el fin de sus vidas, soportando increíbles persecuciones mientras confiaban en que Él les proveería una mejor resurrección.

Este es un registro notable de la fe, una lista inspiradora de logros heroicos; de gente normal que, por su fe, hizo cosas extraordinarias. Es la lista de personas que, mediante su fe, permitieron que Dios viviera Su vida a través de ellas.

El andar de la fe

Los dos capítulos finales nos dicen cómo se genera la fe en nuestras vidas y cómo Dios nos fortalece en ella para que podamos andar diariamente en nuestro camino cristiano. En primer lugar, somos fortalecidos al mirar a Jesús:

> *Puestos los ojos en Jesús, el autor y consumador de la fe, el cual por el gozo puesto delante de él sufrió la cruz, menospreciando el oprobio, y se sentó a la diestra del trono de Dios (12:2).*

Cuando lea las historias de Abraham, David, Moisés, Barac, Sansón, Martín Lutero, John Wesley, D. L. Moody, Jim Elliott y C. S. Lewis, será estimulado; cuando mire a Jesús no sólo será estimulado, sino también fortalecido

Cuando lea las historias de Abraham, David, Moisés, Barac, Sansón, Martín Lutero, John Wesley, D. L. Moody, Jim Elliott, y C. S. Lewis, será estimulado; sin embargo, cuando mire a Jesús, ¡no sólo será estimulado, sino también fortalecido! Por eso, se nos indica que fijemos nuestra vista firmemente en Jesús, el autor y consumador de la fe, porque sólo Él puede fortalecernos en los momentos de debilidad.

El escritor de Hebreos continúa diciendo:

> *Porque aún no habéis resistido hasta la sangre, combatiendo contra el pecado; y habéis ya olvidado la exhortación que como a hijos se os dirige, diciendo: Hijo mío, no menosprecies la disciplina del Señor, ni desmayes cuando eres reprendido por él; porque el Señor al que ama, disciplina, y azota a todo el que recibe por hijo. Si soportáis la*

disciplina, Dios os trata como a hijos; porque ¿qué hijo es aquel a quien el padre no disciplina? (12:4-7).

La fe crece a través de los tiempos de tribulación, la temporada de disciplina en nuestras vidas. Dios no se regocija con nuestra pena, pero usa nuestro dolor como una mano correctora para enseñarnos a ejercitar nuestra fe. Si usted nunca tuviera problemas, ¿cómo podría ejercitar su fe? Si nunca experimentara tiempos de escasez y de pérdidas, ¿cómo podría aprender a depender exclusivamente de Dios? Por esta razón, ¡puede estar seguro de que tendrá aflicciones en esta vida!

Pero esta no es la única manera de ejercitar nuestra fe. También podemos hacerlo animándonos unos a otros en la esperanza brillante que nos espera:

Porque no os habéis acercado al monte que se podía palpar, y que ardía en fuego, a la oscuridad, a las tinieblas y a la tempestad, al sonido de la trompeta, y a la voz que hablaba, la cual los que la oyeron rogaron que no se les hablase más, porque no podían soportar lo que se ordenaba: Si aun una bestia tocare el monte, será apedreada, o pasada con dardo; y tan terrible era lo que se veía, que Moisés dijo: Estoy espantado y temblando; sino que os habéis acercado al monte de Sion, a la ciudad del Dios vivo, Jerusalén la celestial, a la compañía de muchos millares de ángeles, a la congregación de los primogénitos que están inscritos en los cielos, a Dios el Juez de todos, a los espíritus de los justos hechos perfectos, a Jesús el Mediador del nuevo pacto, y a la sangre rociada que habla mejor que la de Abel (12:18-24).

El primer párrafo en este pasaje habla de la dureza de la ley. La ley es tan estricta y tan atemorizante que nadie puede soportar su peso. Incluso a Moisés lo atemorizaba la ley. Pero nosotros no hemos sido llevados al monte Sinaí, el monte de la ley y del fuego, del humo y del juicio, de la tormenta y del miedo. Hemos sido llevados al monte de Sión, a una ciudad refulgente de luz, a un lugar de gracia y gozo donde la gente ha sido hecha perfecta y donde reina Jesús como el Mediador del nuevo pacto. ¿No es esta una imagen maravillosa de nuestro futuro con Él? ¿No alienta esto su fe? Lo hace con la mía.

Quinta advertencia

Pero hay una advertencia relacionada con esta imagen poderosa de aliento:

Mirad que no desechéis al que habla. Porque si no escaparon aquellos que desecharon al que los amonestaba en la tierra, mucho menos nosotros, si desechámos al que amonesta desde los cielos. La voz del cual conmovió entonces la tierra, pero ahora ha prometido, diciendo:

Aún una vez, y conmoveré no solamente la tierra, sino también el cielo. Y esta frase: Aún una vez, indica la remoción de las cosas movibles, como cosas hechas, para que queden las inconmovibles (12:25-27).

Creo que nos encontramos en esos tiempos en que todo lo que puede sacudirse está siendo sacudido. ¿De qué depende este mundo? ¿De los gobiernos, los políticos, la educación, la legislación? Todas estas cosas constituyen los fundamentos de la historia, instituciones en las cuales la gente invierte sus esperanzas; no obstante, todas estas instituciones humanas pueden ser conmocionadas, y lo serán. Incluso ahora, estamos enfrentando los tiempos en que Dios permitirá que todo lo que pueda ser sacudido lo sea. En todo este nuestro vasto universo, sólo existe una cosa que no puede ser conmocionada:

Así que, recibiendo nosotros un reino inconmovible, tengamos gratitud, y mediante ella sirvamos a Dios agradándole con temor y reverencia; porque nuestro Dios es fuego consumidor (12:28-29).

Ni el reino de Dios, ni Su gobierno sobre nuestros corazones ni el señorío de Jesucristo en nuestras vidas jamás podrán ser debilitados. Lo que está siendo conmocionado y probado hoy en día son la falsedad y el engaño. Lo que no puede ser debilitado son la verdad y la fe. En la actualidad, vemos muchas personas que dicen ser creyentes, que exteriormente parecen estar firmes en la fe y que luego la abandonan, se alejan, renuncian o la traicionan cuando son sacudidas o expuestas. Pero las cosas que no pueden ser conmocionadas permanecerán, incluso mientras todo lo demás se desmorone y caiga.

Una oración y una bendición

Unos pocos versículos, al final de Hebreos, resumen el significado de esta carta para nuestras vidas en estos tiempos peligrosos, a principios del nuevo milenio:

Y el Dios de paz que resucitó de los muertos a nuestro Señor Jesucristo, el gran pastor de las ovejas, por la sangre del pacto eterno, os haga aptos en toda obra buena para que hagáis su voluntad, haciendo él en vosotros lo que es agradable delante de él por Jesucristo; al cual sea la gloria por los siglos de los siglos. Amén (13:20-21).

Estas palabras son tanto una oración como una bendición. Quiera Dios que llevemos con nosotros la paz de nuestro Buen Pastor, no importa adónde vayamos, no importa lo que enfrentemos, mientras andamos en el camino de la fe.

LA FE EN ACCIÓN

Durante años, la epístola de Santiago les ha presentado muchos problemas a los eruditos bíblicos. Por ejemplo, Martín Lutero tuvo dificultad para aceptar esta carta como Escritura inspirada y la llamó «una epístola de paja». Su conflicto, y el de muchos teólogos durante años, ha sido el énfasis de Santiago en las obras tanto como en la fe. Tres veces en esta carta, el escritor hace declaraciones como esta:

> *Porque como el cuerpo sin espíritu está muerto, así también la fe sin obras está muerta (2:26).*

Algunos piensan que estas palabras de Santiago entran en conflicto con el énfasis en la gracia de las epístolas de Pablo, tipificado por esta afirmación:

> *Porque por gracia sois salvos por medio de la fe; y esto no de vosotros, pues es don de Dios; no por obras, para que nadie se gloríe (2:8-9).*

La fe implica un compromiso que se expresa a través de la acción

Algunos ponen a Pablo de un lado y a Santiago del otro, y dicen: «¿A quién debemos creerle? ¿La salvación es sólo por gracia a través de la fe o está la fe verdaderamente muerta sin las obras?». La verdad es que esto es una falsa dicotomía. Tanto Pablo como Santiago están en lo cierto. Las epístolas de Pablo y la de Santiago no se contradicen, sino que se complementan. Pablo está diciendo que las buenas obras no pueden salvarnos. Por el contrario, sólo la gracia de Dios, recibida por medio de nuestra fe, nos salva. Santiago nunca argumentaría en contra de la aseveración paulina de que sólo la gracia de Dios salva; él presupone que el lector entiende estas doctrinas que están establecidas de manera tan clara en las cartas de Pablo.

Pero Santiago va un paso más allá. Quiere que también comprendamos un principio que está aceptado y entendido completamente en las cartas de Pablo: La fe no es sólo estar de acuerdo con una serie de doctrinas. La fe genuina implica un compromiso que se expresa a través de acciones. Si no demostramos una conducta que sea coherente con lo que decimos creer, ¿cuán buena es nuestra supuesta fe? ¡La fe que no es demostrada por la acción es ciertamente una fe muerta! Las obras no pueden salvarnos, pero demuestran que tenemos una fe salvadora.

El libro de Santiago, lejos de ser una epístola de paja, es la aplicación práctica de todas las doctrinas que Pablo establece sobre la fe. En esta epístola es donde la fe entra en acción, donde se expresa de manera tangible mediante nuestras acciones. Esta carta es indispensable para entender qué es la fe y cómo se supone que debemos vivir la vida cristiana. Si lo entendemos correctamente, ¡este es uno de los libros de la Biblia más poderosos, inspiradores y transformadores de la vida! Es el mapa de ruta del andar en la fe.

Santiago: Testigo de la deidad de su hermanastro Jesús

El libro de Santiago es un libro de una relevancia única para nosotros porque proviene de quién probablemente conoció más del Señor Jesús que cualquier otro ser humano: Santiago, el hermanastro de nuestro Señor. El apóstol Santiago fue criado con Jesús por José y María, en la misma casa en Nazaret. Creció con Él, lo vio durante todos esos años silenciosos de los cuales no tenemos registros y se unió a Sus otros tres hermanos, José, Simón y Judas, para oponerse al Señor Jesús durante los primeros tiempos de Su ministerio. Santiago se convirtió a la fe en Cristo, su hermanastro, por la evidencia inconfundible de la resurrección. El apóstol Pablo nos dice que, después de la resurrección, el Señor se apareció a Santiago (1 Co. 15:7). ¿Qué mayor evidencia podría haber pedido Santiago que ver en persona al Señor resucitado?

Algunas personas dudan que Santiago, el hermanastro de Jesús, sea el mismo que escribió esta carta. Pero si observa cuidadosamente el trasfondo, encontrará suficiente evidencia de ello. En los primeros días posteriores a la resurrección, Santiago, el hermano del Señor, se convirtió en el líder reconocido de la iglesia en Jerusalén y fue considerado por todos, aun por los judíos, con reverencia y respeto, al punto de ganarse el título de: «Santiago, el justo».

La tradición nos dice (como también Eusebio, uno de los padres e historiadores más respetados de la iglesia primitiva) que Santiago finalmente fue martirizado por su fe siendo empujado desde lo alto del pináculo del templo de Jerusalén. El pináculo era el punto en el muro alrededor del templo que daba al valle del Cedrón. Desde la cima de ese muro hasta abajo, en el valle, hay una caída de aproximadamente treinta metros. Una vez estuve sobre ese muro, sobre el pináculo del templo y, al mirar abajo, me di cuenta de que era el mismo lugar al que el diablo llevó a Jesús y lo tentó para que saltara.

Eusebio nos dice que, cerca del año 66 d.C., Santiago el Justo, el hermano de nuestro Señor, fue empujado desde allí por los judíos que estaban enfurecidos por su testimonio cristiano. Según Eusebio, la caída no lo mató y logró ponerse de rodillas para orar por sus asesinos. Así que, lo terminaron de apedrear hasta que murió; y Santiago, un héroe de la fe, pasó a formar parte de la lista de mártires.

Si coloca esta carta de Santiago al lado del Sermón del Monte de Jesús, encontrará más de una docena de paralelismos exactos. Por tanto, es evidente que el escritor de esta epístola escuchó al Señor Jesús y oyó estos mensajes, aunque, en ese momento, quizá se opuso a ellos. Esta carta, como la enseñanza del Señor, también contiene muchas figuras retóricas tomadas de la naturaleza, ilustraciones de las olas del mar, del reino animal, de los bosques, de los peces, etcétera.

La carta de Santiago y el Sermón del Monte de Jesús comparten más de una docena de paralelismos exactos

Santiago comienza su carta con un testimonio maravilloso de la deidad de Cristo:

> *Santiago, siervo de Dios y del Señor Jesucristo, a las doce tribus que están en la dispersión: Salud (1:1).*

Es asombroso que un hombre que creció con Jesucristo, que lo conoció toda su vida y que durante un tiempo se opuso a Él, luego se dirigiera al Señor de esta manera: «el Señor Jesucristo». Santiago escribió con una reverencia y un respeto por la persona del Señor que no tiene igual en el Nuevo Testamento. Es un mensaje tremendamente poderoso y práctico de alguien que no sólo había visto y escuchado al Señor Jesús, sino que lo había conocido íntimamente.

Lo que sigue es una visión general de la estructura de la epístola de Santiago:

La prueba de la fe (Santiago 1:1-18)

1. El propósito de la prueba 1:1-12
2. El origen de la tentación 1:13-18

La actuación de la fe genuina (Santiago 1:19–5:6)

3. La fe genuina es obediente 1:19-27
4. La fe genuina no tiene prejuicios 2:1-13
5. La fe genuina se demuestra por las buenas obras 2:14-26
6. La fe genuina controla la lengua 3:1-12
7. La fe genuina demuestra sabiduría 3:13-18
8. La fe genuina demuestra humildad 4:1-12

9. La fe genuina demuestra confianza en Dios 4:13–5:6

La fe espera, se esmera y triunfa (Santiago 5:7-20)

10. La fe genuina soporta la prueba y espera el regreso del Señor 5:7-12
11. La fe genuina se demuestra en la oración eficaz 5:13-18
12. La fe genuina confronta el pecado y, de ser posible, restaura a los hermanos que cometen errores 5:19-20

Cómo crece la fe

El tema de esta carta es la fe. Sin fe, el libro de Hebreos nos dice que es imposible agradar a Dios (He. 11:6). Por tanto, la fe es el canal mediante el cual llegan a nosotros todas las bendiciones de Dios; pero, sin fe, lo único que usted puede hacer es pecar. El apóstol Pablo dice: «Todo lo que no proviene de fe, es pecado» (Ro. 14:23). Si sus acciones no son coherentes con su fe cristiana, lo que está haciendo es desagradable y repugnante para Dios, aunque pueda ser que la gente lo aplauda.

Entonces, en esta carta, el apóstol Santiago nos dice varias cosas acerca de la fe. Santiago 1 responde a la pregunta: «¿Qué hace que crezca la fe?». Jesús afirmó que hace falta poco para tener fe. Si tiene fe como un grano de mostaza, justo la más pequeñísima semilla, tiene lo suficiente como para actuar de acuerdo a ella. Aun si su pequeña semilla de fe está completamente rodeada de dudas, cuando usted se siente lo suficientemente comprometido como para actuar de acuerdo a ella, eso basta. Su fe moverá montañas.

1. Pruebas

La fe madura por medio de dos fuerzas en la vida. La primera son las pruebas. Quizás usted esté pensando: «¡Ah, no! ¡Eso no!». Pero es verdad. Las pruebas son el fertilizante que hace que la fe crezca. Así, Santiago 1 es un maravilloso capítulo para quienes están enfrentándolas. Santiago escribe:

> *Hermanos míos, tened por sumo gozo cuando os halléis en diversas pruebas, sabiendo que la prueba de vuestra fe produce paciencia. Mas tenga la paciencia su obra completa, para que seáis perfectos y cabales, sin que os falte cosa alguna (1:2-4).*

Usted necesita las pruebas. Esta es una verdad bíblica. Santiago continúa describiendo cómo enfrentar las pruebas, y dice: «Acéptelas, porque vienen de Dios». Y eso es muy difícil. Se necesita mucha sabiduría para ser capaz de aceptar las pruebas de la vida considerando que Dios quiere usarlas para nuestro bien. ¿De dónde proviene esa sabiduría? Santiago responde:

Y si alguno de vosotros tiene falta de sabiduría, pídala a Dios, el cual da a todos abundantemente y sin reproche, y le será dada (1:5).

¿Y cuál es el resultado de soportar las pruebas mientras se busca el consuelo y la sabiduría de Dios para sobrellevarlas? ¡Bendiciones!

Bienaventurado el varón que soporta la tentación; porque cuando haya resistido la prueba, recibirá la corona de vida, que Dios ha prometido a los que le aman (1:12).

¿De qué clase de pruebas está hablando aquí Santiago? Apedreamientos, azotes, encarcelamientos, muerte, escarnio, destrucción de familias enteras y… ¿para qué? Para algo que damos por sentado en nuestra sociedad al decir: «Jesús es Señor». Simplemente, piense en las clases de «pruebas» que hoy pueden arruinarnos completamente el día: caracoles en el césped o un embotellamiento de tránsito.

Sin el zarandeo de las pruebas en nuestras vidas, seríamos cristianos débiles, desnutridos, incompletos, incapaces de asumir las grandes responsabilidades que nos serán dadas el día que entremos en el reino del Señor y estemos completamente a Su servicio. Observamos este principio en la naturaleza. Las mariposas deben luchar para salir de sus capullos y los pollitos para romper los cascarones. Si rompemos el capullo o el cascarón pensando que estamos haciéndole un favor a esa criatura, la mariposa o el pollito serán débiles, enfermizos e incompletos porque no se les permitió pasar por la lucha de salir por sí solos de su tiempo de prueba. Así nos pasa a nosotros.

Sin el zarandeo de las pruebas en nuestras vidas, seríamos cristianos débiles, desnutridos, incompletos, incapaces de asumir las grandes responsabilidades

Por tanto, la prueba es el primer instrumento que Dios utiliza para ayudarnos a crecer.

2. La Palabra de Dios

El segundo instrumento que Dios usa para producir madurez es Su Palabra.

Pero sed hacedores de la palabra, y no tan solamente oidores, engañándoos a vosotros mismos. Porque si alguno es oidor de la palabra pero no hacedor de ella, éste es semejante al hombre que considera en un espejo su rostro natural. Porque él se considera a sí mismo, y se va, y luego olvida cómo era. Mas el que mira atentamente en la perfecta ley, la de la libertad, y persevera en ella, no siendo oidor olvidadizo, sino hacedor de la obra, éste será bienaventurado en lo que hace (1:22-25).

Santiago nos recuerda que es la Palabra de Dios lo que aumenta nuestra fe, particularmente cuando ella se refleja en nuestras acciones.

La fe viene por el oír, dice el apóstol Pablo; y por oír la Palabra de Dios (ver Ro. 10:17). La única manera de conocer los grandes pensamientos de Dios, las cosas más profundas de Él, los secretos ocultos de la vida es pasando tiempo con el Libro que nos lo revela. Así que, permita que su fe crezca regocijándose en las pruebas, entendiendo la Palabra de Dios y actuando conforme a ella.

Evidencias de la fe

En los capítulos 2 y 3, Santiago nos muestra cómo tomar algo tan intangible e invisible como la fe y convertirlo en algo sólido y evidente. Aborda realidades prácticas y sugiere tres pruebas de que la fe de la persona es real.

1. Sin prejuicios

Primero, no debe haber parcialidad ni prejuicio. Si la persona tiene prejuicios contra otros por el color de su piel o el estado de sus cuentas bancarias, no tiene verdadera fe. Si alguien trata a los demás como inferiores debido a su baja condición social o a su falta de influencia, esa persona no tiene una fe auténtica. Santiago escribe:

> *Hermanos míos, que vuestra fe en nuestro glorioso Señor Jesucristo sea sin acepción de personas. Porque si en vuestra congregación entra un hombre con anillo de oro y con ropa espléndida, y también entra un pobre con vestido andrajoso, y miráis con agrado al que trae la ropa espléndida y le decís: Siéntate tú aquí en buen lugar; y decís al pobre: Estate tú allí en pie, o siéntate aquí bajo mi estrado; ¿no hacéis distinciones entre vosotros mismos, y venís a ser jueces con malos pensamientos? Hermanos míos amados, oíd: ¿No ha elegido Dios a los pobres de este mundo, para que sean ricos en fe y herederos del reino que ha prometido a los que le aman? Pero vosotros habéis afrentado al pobre. ¿No os oprimen los ricos, y no son ellos los mismos que os arrastran a los tribunales? (2:1-6).*

La fe y el prejuicio no pueden convivir en una iglesia ni en la vida de un cristiano

El prejuicio destruye la fe. Los dos no pueden convivir en una iglesia ni en la vida de un cristiano.

Las turbulentas tensiones raciales de los años 90 han sido en muchos sentidos una repetición de las divisiones producidas por la misma razón en la década del 60.

Durante los años 60, recuerdo que me invitaron a hablar sobre la violencia racial en el campus de un instituto de formación profesional. Señalé que una de las causas trágicas del conflicto racial en nuestra tierra es la Iglesia del Señor Jesucristo. Esta declaración sorprendió a muchos, porque esperaban que yo, un pastor, defendiera los antecedentes de la Iglesia respecto a las relaciones raciales. Sin embargo, continué diciendo que, si la Iglesia hubiera sido lo que debería haber sido, si los cristianos, tanto del norte de los Estados Unidos como del sur, verdaderamente hubieran recibido a los afroamericanos y a otras minorías como a hermanos y hermanas en Cristo completamente iguales, todo este conflicto habría desaparecido hace mucho tiempo.

La Iglesia produce un enorme impacto en las actitudes de la sociedad. Si la Iglesia practica la parcialidad y la discriminación, el prejuicio se arraiga como una semilla en el terreno de la sociedad.

2. Obras de misericordia

Segundo, la fe se evidencia por medio de las obras de misericordia. Santiago era eminentemente práctico, y describió algunas situaciones en realidad apropiadas para que pudiéramos captar con toda claridad lo que quería decir:

> *Hermanos míos, ¿de qué aprovechará si alguno dice que tiene fe, y no tiene obras? ¿Podrá la fe salvarle? Y si un hermano o una hermana están desnudos, y tienen necesidad del mantenimiento de cada día, y alguno de vosotros les dice: Id en paz, calentaos y saciaos, pero no les dais las cosas que son necesarias para el cuerpo, ¿de qué aprovecha? Así también la fe, si no tiene obras, es muerta en sí misma. Pero alguno dirá: Tú tienes fe, y yo tengo obras. Muéstrame tu fe sin tus obras, y yo te mostraré mi fe por mis obras (2:14-18).*

Note que Santiago no está afirmando que podemos ser salvos por medio de buenas obras. Claramente, está aseverando que sólo la fe, no las obras, pueden salvarnos, pero que la fe genuina es confirmada por la acción. ¿De qué sirve decirle a una persona hambrienta: «lo siento, oraré por usted», si no hacemos nada para aliviar su hambre? Eso no es fe. Es sólo una demostración piadosa. ¿Puede imaginar al propio Jesús tratando a alguien de esa manera? La verdadera fe no sólo habla; también actúa. Ver Mateo 25:42-43.

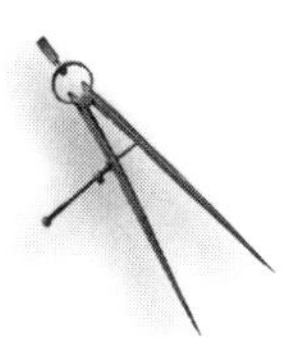

3. Una lengua controlada

Luego, Santiago dedica todo el capítulo 3 a la tercera forma en que la fe se hace evidente y reconocible: una lengua controlada. Utiliza una serie de figuras retóricas enérgicas para describir la lengua: Es «inflamada por el infierno». Se puede domar toda bestia, ave y reptil, pero nadie puede controlar la lengua. Santiago dice que es el miembro del cuerpo más íntimamente relacionado con la verdadera naturaleza. Muestra lo que nos está motivando y, por tanto, ¡lo que usted dice revela lo que usted es! Santiago quiere que entendamos que, si decimos ser cristianos y tener fe en Jesucristo, nuestras lenguas tienen que someterse a Su control.

Esto no significa que los creyentes no puedan exhortarse o incluso discutir entre sí, sino que cualquier confrontación entre hermanos en Cristo debería ser amable, amorosa y humilde, en vez de cáustica, humillante y áspera. Como Pablo dice en Efesios, tenemos que hablar la verdad, pero tenemos que hacerlo en amor.

Cuando falla la fe

Cuando falla la fe, falla la oración; entonces prorrumpen las peleas, las discusiones, el odio y la desconfianza

En el capítulo 4 y en la mayor parte del 5, Santiago responde a la pregunta: «¿Qué pasa cuando falla la fe? ¿Qué sucede si no demostramos nuestra fe en la manera de vivir y hablar?». Respuesta: Estalla la guerra. Estos conflictos y peleas entre hermanos y hermanas creyentes son el resultado de la falta de oración, lo que es, de por sí, una demostración de falta de fe. La fe se evidencia a través de la oración, y la oración produce amor y paz. Cuando falla la fe, falla la oración; entonces prorrumpen las peleas, las discusiones, el odio y la desconfianza. Santiago escribe:

> *Codiciáis, y no tenéis; matáis y ardéis de envidia, y no podéis alcanzar; combatís y lucháis, pero no tenéis lo que deseáis, porque no pedís (4:2).*

¡Ese es el problema! Peleamos unos con otros porque no le pedimos nada a Dios. No tomamos de Él la naturaleza de amor y compasión que nos ofrece. Preferimos no recibir del Señor esa dulzura de lengua que descartará la hostilidad y producirá paz. En cambio, pataleamos y peleamos unos contra otros.

El mundo contamina nuestra relación con Dios

Después de eso, el amor al mundo entra y contamina nuestra relación con Dios. Santiago escribe:

> *¡Oh almas adúlteras! ¿No sabéis que la amistad del mundo es enemistad contra Dios? Cualquiera, pues, que quiera ser amigo del mundo, se constituye enemigo de Dios (4:4).*

Santiago también trata sobre el asunto práctico de cómo nos juzgamos y hablamos los unos de los otros:

> *Hermanos, no murmuréis los unos de los otros. El que murmura del hermano y juzga a su hermano, murmura de la ley y juzga a la ley; pero si tú juzgas a la ley, no eres hacedor de la ley, sino juez (4:11).*

La gente que critica a otros se ha colocado por encima la Palabra de Dios y ha asumido el rol del Señor como juez. En lugar de permitir que la Palabra los juzgue, se han convertido en jueces de otros.

Otro resultado de la falta de fe es ser presuntuosos acerca de nuestros planes y no permitir que Dios sea soberano en nuestra vida y futuro. Santiago escribe:

> *¡Vamos ahora! los que decís: Hoy y mañana iremos a tal ciudad, y estaremos allá un año, y traficaremos, y ganaremos (4:13).*

Esto no quiere decir que no debamos hacer planes o fijarnos metas para nuestras vidas. Por supuesto que debemos hacerlo. Pero no deberíamos volvernos arrogantes ni presuntuosos. Nunca deberíamos pensar que nuestras vidas nos pertenecen o que podemos controlar nuestro destino.

Una vez, un estudiante universitario dijo: «No necesito el cristianismo. Tengo todo lo que me hace falta para vivir mi vida. No necesito ninguna ayuda de Dios».

Le contesté: «¿Sí? Bueno, dime, ¿cómo haces para que tu corazón siga latiendo y tus pulmones funcionen?».

«¿Qué quiere decir?»

Dije: «Bueno, tu corazón está latiendo y tu diafragma sigue moviéndose para arriba y para abajo, forzando el aire dentro y fuera de tus pulmones. ¿Cómo logras hacerlo?».

Él parecía confundido. «Yo... eehh... no sé. Imagino que simplemente se encarga de sí mismo».

«No, no es así —le repliqué—. Nada se encarga de sí mismo. Alguien está operando los procesos involuntarios de tu cuerpo, que momento tras momento lo mantienen vivo».

Entonces, le conté la historia de un amigo mío que había regresado a Washington, D.C., durante la Segunda Guerra Mundial. Quería volar de Washington a Nueva York durante el periodo en que se necesitaba tener un permiso para viajar en avión. Así que, entró en la oficina de venta de billetes, y dijo a la empleada: «Quiero un pasaje para Nueva York».

Ella le preguntó: «¿Tiene un permiso?».

Mi amigo replicó: «No sabía que lo necesitaba. ¿Cómo consigo un permiso?».

Ella dijo: «Bueno, si trabaja para el gobierno o para la línea aérea, le podría dar uno».

Mi amigo le contestó: «No trabajo para ninguno de ellos. Pero le diré para quién sí trabajo. ¡Trabajo para Aquel que es dueño del espacio que su línea aérea cruza con sus aviones!».

Ella lo miró extrañada. «Bueno, pienso que esa no es suficiente razón para conseguirle un permiso».

Él se inclinó y dijo: «¿Ha pensado alguna vez qué podría pasar si mi jefe cerrara su espacio por diez minutos?».

Ella parpadeó perpleja, luego dijo: «Espere un minuto. Veré que puedo hacer». Se fue por un rato; luego regresó... con un permiso en la mano. «Puede subir a bordo directamente», le dijo ella. ¡Reconoció que mi amigo servía a la más alta autoridad de todas!

Dios es la máxima autoridad sobre nuestras vidas, no nosotros. Nunca deberíamos volvernos arrogantes ni presuntuosos sobre nuestros planes para el futuro. Cuanto más respetemos Su soberanía en nuestras vidas, mejor equipados estaremos para adaptarnos a las circunstancias desconocidas que se nos crucen en el camino. El tiempo está en las manos de Dios, no en las nuestras.

La comunidad cristiana

En el capítulo 5, Santiago pinta una hermosa figura retórica de una comunidad cristiana auténtica. Esta imagen de comunión gira alrededor de cuatro cualidades: confesión, oración, honestidad y amor. Santiago escribe:

> *Confesaos vuestras ofensas unos a otros, y orad unos por otros, para que seáis sanados. La oración eficaz del justo puede mucho (5:16).*

La amistad cristiana requiere que hablemos abiertamente con hermanos y hermanas de confianza sobre nuestros problemas, y que oremos unos por otros buscando discernimiento y soluciones para dichos problemas. La verdadera intimidad cristiana tiene lugar cuando nos quitamos las máscaras, cuando dejamos de tratar de ser algo que no es cierto y simplemente nos convertimos en lo que realmente somos. Vivimos la honestidad y la verdad de Dios cuando nos confesamos nuestras faltas y penas, y oramos unos por otros. Inmediatamente, la gracia del Dios que es y que ama la verdad, fluirá a través de nosotros, individualmente y como familia en la fe. Nos convertiremos en una verdadera comunidad y el mundo observará con atención para tratar de conseguir lo que tenemos, convertirse en lo que somos.

Koinonía

Estoy convencido que este es el elemento que falta en la sociedad actual: amistad y comunidad genuinas, lo que el Nuevo Testamento llama *koinonía*. Está faltando incluso en muchas (por no decir, en demasiadas) de nuestras iglesias, donde tenemos un montón de creyentes que viven en pequeñas celdas aisladas, reacios a admitir a alguien en sus vidas y dejar que vea quiénes son en realidad. Se les pregunta cómo les va, y responden automáticamente: «¡Ah, muy bien!». Pero no es cierto en absoluto; y esta clase de hipocresía debe terminar. Santiago dice que Dios estará en medio de nosotros si tiramos abajo las cercas, unimos nuestras manos con las de otros cristianos, oramos juntos y somos honestos unos con otros.

Dentro, a través, alrededor, por arriba y por debajo de todo, uniendo a nuestra comunidad, tiene que haber un amor cristiano genuino, expresado en una profunda preocupación y cuidado mutuo; un interés que ose decirse la verdad unos a otros y una preocupación que no permitirá que ningún hermano ni hermana se vaya. Los últimos versículos de Santiago nos dan el modelo a seguir:

Hermanos, si alguno de entre vosotros se ha extraviado de la verdad, y alguno le hace volver, sepa que el que haga volver al pecador del error de su camino, salvará de muerte un alma, y cubrirá multitud de pecados (5:19-20).

Aquí tenemos un vistazo maravilloso de la vida de la Iglesia primitiva, y en ella, cómo debería ser hoy. ¡Con razón estos cristianos sacudieron la ciudad de Jerusalén! Bajo el liderazgo de este hombre, Santiago el Justo, la iglesia creció hasta llegar a ser una gran multitud de creyentes que vivía en confesión mutua, oración, honestidad y amor. Actualmente, el mundo anhela ver creyentes que regresen a este modelo, que se conviertan en una genuina comunidad de *koinonía*, en una familia de la fe que modele el carácter de Cristo.

Este es el clamor de la fe cristiana para nuestras vidas; el llamado de este evangelio en el que decimos creer; el mensaje de la epístola de Santiago para usted y para mí a comienzos de un nuevo milenio. Si verdaderamente lo creemos, ¡vivámoslo! ¡Y una vez más, sacudamos al mundo para Jesús!

PIEDRAS VIVAS

En julio del 64 d.C., un gran incendio estalló en la ciudad de Roma. Pronto, todo el lugar fue devorado por las llamas. Cientos de edificios públicos fueron quemados totalmente, miles de casas destruidas y la mayor parte de los habitantes de la ciudad quedaron sin techo. La historia concluye que el emperador Nerón provocó ese incendio para destruir los edificios ruinosos de la ciudad, y hacer lugar para erigir palacios de mármol y otros monumentos a su nombre. Este acontecimiento dio origen al dicho: «Nerón tocaba el violín mientras ardía Roma», aunque el violín todavía no había sido inventado. Los historiadores de la época afirman que el emperador fue visto mirando la ciudad y disfrutando del incendio.

El contexto de 1 Pedro: las persecuciones durante el gobierno de Nerón

La gente estaba enfurecida hasta el punto de una revolución, así que, Nerón creó un chivo expiatorio a quien echarle la culpa por el incendio: un grupo de gente llamado «cristianos». Estas personas seguían a un hombre llamado Cristo, del cual se decían cosas extrañas. Supuestamente, había sido crucificado... ¡y luego había vuelto a vivir! Existían rumores salvajes sobre las prácticas de Sus seguidores. Estos cristianos eran considerados caníbales porque hablaban de reunirse en casas, beber la sangre y comer el cuerpo de su Amo. Mencionaban «fiestas de amor ágape», donde se saludaban unos a otros con un ósculo santo y compartían sus problemas más íntimos unos con otros. Estas historias se convirtieron en la base de rumores sobre orgías de sexo descontrolado. Los cristianos ya eran objeto de sospecha; así que, cuando Nerón los culpó del incendio de Roma, la gente le creyó.

Con el apoyo del pueblo, el emperador inició una serie de persecuciones contra ellos. Los embadurnaban con brea y los quemaban vivos como antorchas para iluminar los jardines de Nerón cuando daba una fiesta al aire libre. Eran atados a cuadrigas y arrastrados por las calles de Roma hasta que morían; arrojados a los leones;

encerrados en sacos de cuero y echados al agua para que, cuando las bolsas se encogieran, fuesen apretados y sofocados hasta morir. Nerón sacó provecho del odio inspirado por el diablo en cientos de otras maneras cruelmente ingeniosas contra los cristianos y para saciar sus deseos sádicos.

Este tiempo de persecución increíblemente dura de los cristianos en Roma fue el contexto de la epístola de 1 Pedro.

Una carta para las pruebas y las presiones

La mayoría de los eruditos bíblicos creen que Pedro escribió su primera carta desde la ciudad de Roma. Comienza con estas palabras:

> *Pedro, apóstol de Jesucristo, a los expatriados de la dispersión en el Ponto, Galacia, Capadocia, Asia y Bitinia, elegidos según la presciencia de Dios Padre en santificación del Espíritu, para obedecer y ser rociados con la sangre de Jesucristo: Gracia y paz os sean multiplicadas (1:1-2).*

Más adelante, Pedro escribe:

> *La iglesia que está en Babilonia, elegida juntamente con vosotros, y Marcos, mi hijo, os saludan (5:13).*

Pedro no estaba hablando de la antigua ciudad de Babilonia a orillas del río Éufrates. La mayor parte de los eruditos concuerdan en que estaba indudablemente usando el término común entre los cristianos del siglo I. A menudo, se referían a Roma como «Babilonia», porque la idolatría, el deseo de sangre y la evidente inmoralidad de la antigua Babilonia habían infectado la capital del Imperio Romano. Su saludo desde «la iglesia que está en Babilonia» sugiere que Pedro estaba en esa ciudad, o Roma, en ese momento.

Probablemente, él escribió esta carta desde la ciudad de Roma aproximadamente en el 67 d.C. La dirigió a los cristianos dispersos por las ciudades del nordeste de la provincia de Asia Menor (la actual Turquía). Estaban siendo perseguidos y maltratados a todo lo largo y ancho del imperio por la proclama de Nerón contra ellos; así que, el apóstol Pedro escribió para animarlos y darles valor para enfrentar la persecución mortal del gobierno romano.

Esta carta es especialmente útil para cualquiera que esté atravesando pruebas o sufrimientos de cualquier índole. Si se pregunta qué está haciendo Dios en el mundo y cómo soportar las presiones y el dolor, familiarícese bien con 1 Pedro.

Lo que sigue es un resumen de la Primera Epístola de Pedro:

Nuestra salvación como creyentes (1 Pedro 1:1–2:12)

1. El saludo de Pedro — 1:1-2
2. Salvación: Nuestra esperanza en tiempos de prueba — 1:3-12
3. Santificación: Vivir nuestra esperanza — 1:13–2:12
   A. Ser santo — 1:13-21
   B. Amarse unos a otros — 1:22-25
   C. Desear la leche pura de la Palabra — 2:1-10
   D. Abstenerse de los deseos pecaminosos — 2:11-12

Nuestra sumisión como creyentes (1 Pedro 2:13–3:12)

4. Sumisión a las autoridades gobernantes — 2:13-17
5. Sumisión en las relaciones laborales — 2:18-25
6. Sumisión en la relación matrimonial — 3:1-7
7. Sumisión en todas las áreas de la vida cristiana — 3:8-12

Nuestro sufrimiento como creyentes (1 Pedro 3:13–5:14)

8. Cómo soportar el sufrimiento con paciencia — 3:13-17
9. El ejemplo de Jesucristo — 3:18–4:6
10. Más instrucción sobre cómo sobrellevar el sufrimiento — 4:7-19
11. Cómo ministrar a través del sufrimiento (instrucciones para los ancianos y para los santos) — 5:1-9
12. Conclusión y bendición — 5:10-14

Una esperanza viva

La carta comienza con la experiencia más grandiosa en la vida de todo cristiano: nuestra relación con Jesucristo a través del milagro del nuevo nacimiento:

> *Bendito el Dios y Padre de nuestro Señor Jesucristo, que según su grande misericordia nos hizo renacer…* (1:3).

Cuando era niño, escuchaba a los creyentes dar su testimonio. Decían: «Lo más grande que jamás me ha pasado fue el día que conocí a Jesucristo». Bueno, yo era creyente, pero, muy dentro de mi corazón, realmente no creía que fuera lo más grandioso que jamás me hubiera pasado. En realidad, parecía ser un incidente relativamente menor en mi vida. No tuve una experiencia emocional demoledora en el momento de mi conversión. Las ventanas de los cielos no se abrieron ni inundaron mi alma de luz. Tenía diez años cuando le pedí a Jesús que entrara en mi vida y, aunque fue una experiencia preciosa y algo que no desestimo, no se comparaba con algunas de las otras vivencias y decisiones importantes de mi vida.

Pero ahora, cuando miro atrás, a las décadas de mi vida cristiana, puedo decir sin sombra de duda que esa decisión fue la más importante de mi existencia. Todo lo demás que me ha pasado ha estado relacionado con ese punto determinante en mi vida cuando tenía diez años.

La razón de que la experiencia del nuevo nacimiento sea tan importante no es sólo tener la seguridad de ir al cielo cuando muramos, sino también la esperanza viva que llevamos con nosotros a lo largo de esta vida. ¡Qué mensaje tan importante en esta era sin esperanza! Pedro escribe:

> *Bendito el Dios y Padre de nuestro Señor Jesucristo, que según su grande misericordia nos hizo renacer para una esperanza viva, por la resurrección de Jesucristo de los muertos, para una herencia incorruptible, incontaminada e inmarcesible, reservada en los cielos para vosotros, que sois guardados por el poder de Dios mediante la fe, para alcanzar la salvación que está preparada para ser manifestada en el tiempo postrero (1:3-5).*

Aquí tenemos una expresión de la esperanza del cielo, un lugar en la eternidad que ya nos está reservado. Pero eso no es todo. Pedro dice que no sólo tenemos una esperanza viva para el futuro y la eternidad, sino que también disponemos de un poder presente... ¡ahora mismo, hoy! Somos guardados y sustentados por medio de ese poder; guardados por fe para la salvación que ya está a punto de ser revelada.

Un amor que se regocija

Pedro también nos recuerda otro beneficio que disfrutamos por haber recibido a Jesús como Señor y Salvador; es un beneficio que podemos llevar con nosotros en los momentos de prueba: un amor que se regocija.

> *A quien amáis sin haberle visto, en quien creyendo, aunque ahora no lo veáis, os alegráis con gozo inefable y glorioso (1:8).*

Espero que sepa de qué está hablando Pedro: la clase de gozo apacible que llena su corazón simplemente porque conoce a Jesús de una manera personal e íntima. Este gozo no es el resultado de algo que el Señor hace a su favor, sino tan sólo de saber quién es Él, que Él lo ama y que usted le retribuye ese amor. Aunque no lo pueda ver, usted lo ama.

Pedro sigue diciendo que el plan de salvación ha sido profetizado por los profetas del Antiguo Testamento. Entonces, escribe:

> *Los profetas que profetizaron de la gracia destinada a vosotros, inquirieron y diligentemente indagaron acerca de esta salvación, escudriñando qué persona y qué tiempo indicaba el Espíritu de Cristo que estaba en ellos, el cual anunciaba de antemano los sufrimientos de Cristo, y las glorias que vendrían tras ellos (1:10-11).*

Esto no es ni una invención ni una fábula. El nacimiento, la vida, la muerte y la resurrección de Jesucristo, que es nuestra esperanza de salvación, fueron planeados desde el principio de los tiempos y profetizados en todo el Antiguo Testamento.

Las tres marcas de un cristiano genuino

Pedro establece tres marcas particulares que debería llevar todo cristiano.

Primera marca: «Ser santo» (ver 1 Pedro 1:14-16).

¿En qué piensa usted cuando escucha la palabra *santo?* ¿Piensa en alguien que ha sido guisado en vinagre? ¿Alguien tan piadosamente amargo que está siempre articulando palabras que suenan justas, hablando un lenguaje súper religioso? ¿Es esto lo que la santidad significa para usted? Si es así, entonces no entiende el significado bíblico de la orden: «Sed santos».

1. Hermosamente santo

El Antiguo Testamento habla de «la hermosura de la santidad». Obviamente, una personalidad de pepino amargo no es lo que se llamaría «la hermosura de la santidad». Una persona en verdad santa posee una personalidad atractiva, hermosa. Básicamente, la palabra *santidad* realmente significa «integridad». Una persona santa es una persona íntegra. Las personas santas son de una sola mente, sinceros y de un solo espíritu. Están dedicados a Dios, comprometidos a amar, aceptar y perdonar a otros, y enfocados en vivir de manera justa y gozosa. Tienen las personalidades más sanas que se pueda imaginar. Su hablar es santo y su estilo de vida refleja lo que dicen. No existe conflicto entre sus palabras y su andar. Son reposados. Están adaptados. Tienen contentamiento, porque su confianza está en Dios. De esto se trata verdaderamente la santidad.

Amo a la gente santa. Desearía que todos fuéramos santos en la iglesia... ¡me alegraría mucho más asistir a las reuniones! Cuando las iglesias experimentan peleas, divisiones y discordias, es porque el pueblo de Dios no está viviendo una vida santa.

2. Reverentemente temerosos

Segunda marca: la clase apropiada de temor. En 1 Pedro 1:17-19, Pedro dice: «conducíos en temor». ¿En temor? Sí, Dios ciertamente quiere que nos conduzcamos en temor; pero esta palabra, «temor», necesita ser explicada. Pedro no está diciendo que debamos ser tímidos o estar aterrorizados o paralizados de pavor. Más bien, nos desafía a lo que él llama un temor reverente:

Y si invocáis por Padre a aquel que sin acepción de personas juzga según la obra de cada uno, conducíos en temor todo el tiempo de vuestra peregrinación; sabiendo que fuisteis rescatados de vuestra vana manera de vivir, la cual recibisteis de vuestros padres, no con cosas corruptibles, como oro o plata, sino con la sangre preciosa de Cristo, como de un cordero sin mancha y sin contaminación (1:17-19).

La clase de temor que Pedro describe es realmente un respeto profundo y sincero por Dios. En realidad, él dice: «Recuerda con quién estás tratando. No estás haciéndolo con otro ser humano que puede ser engañado por tus acciones y actitudes. Estás tratando con Aquel que te conoce mejor que tú mismo. Él no hace distinción de personas. Así que, compórtate con temor, reverencia y respeto ante el Dios del universo, omnisciente, omnipotente y eterno. Sé honesto con Él y contigo mismo, recordando que no te perteneces, sino que has sido comprado con la preciosa sangre de Jesucristo».

Dios quiere que declaremos al mundo lo que Él ha hecho por nosotros.

Tercera marca: «Sed sacerdotes». En 1 Pedro 2:4-5, el apóstol escribe:

Acercándoos a él, piedra viva, desechada ciertamente por los hombres, mas para Dios escogida y preciosa, vosotros también, como piedras vivas, sed edificados como casa espiritual y sacerdocio santo, para ofrecer sacrificios espirituales aceptables a Dios por medio de Jesucristo.

3. Un real sacerdocio

Aquí se encuentra la respuesta a una pregunta que suele hacerse la gente: «¿Qué quiso decir Jesús cuando le respondió a este apóstol: "Y yo también te digo que tú eres Pedro, y sobre esta roca edificaré mi iglesia"?» (Mt. 16:18). Sabemos que el nombre Pedro significa «roca», y la Iglesia Católica Romana nos dice que Jesús quiso decir que iba a edificar Su Iglesia tomando como fundamento a Pedro. Pero Pedro responde: «No». Él estaba allí; tiene que saberlo. Entonces, dice: «Jesús es la Roca». Y todo creyente que viene a Cristo es como una piedra fundamentada en Él, esa gran Roca subyacente sobre la cual Dios está levantando la institución llamada Iglesia.

¿Cuál es el objetivo de edificarnos como «piedras» sobre la Roca? El Señor está edificándonos como un sacerdocio, como un pueblo dedicado y ofrecido a Él, especial y santo, apartado para Dios. Pedro escribe:

Mas vosotros sois linaje escogido, real sacerdocio, nación santa, pueblo adquirido por Dios, para que anunciéis las virtudes de aquel que os llamó de las tinieblas a su luz admirable (2:9).

Esto es lo que quiere Dios: desea que declaremos al mundo lo que Él ha hecho por nosotros. Cuando lo hacemos, elevamos a Dios una ofrenda de olor fragante y un aroma de adoración a Él. Así que, estas son las tres marcas que Pedro dice que deberían distinguir la vida de todo cristiano: ser santo, conducirse con temor reverente y ser un sacerdocio apartado para Dios.

Dios desea que declaremos al mundo lo que Él ha hecho por nosotros

Consejo práctico

Después, Pedro se ocupa del aspecto más práctico de la vida: cómo debemos vivir nuestras vidas, seamos ciudadanos del Imperio Romano o de cualquier país de la actualidad. A pesar de que vivían bajo persecución, los cristianos del siglo I aún tenían ciertas obligaciones. Hoy en día, muchos de nosotros observamos que nuestro gobierno se comporta de maneras que desaprobamos, que sentimos que son injustas y hasta dañinas para nosotros; sin embargo, a pesar de ello, tenemos ciertas obligaciones como ciudadanos. Pedro escribe:

Amados, yo os ruego como a extranjeros y peregrinos, que os abstengáis de los deseos carnales que batallan contra el alma, manteniendo buena vuestra manera de vivir entre los gentiles; para que en lo que murmuran de vosotros como de malhechores, glorifiquen a Dios en el día de la visitación, al considerar vuestras buenas obras. Por causa del Señor someteos a toda institución humana, ya sea al rey, como a superior, ya a los gobernadores, como por él enviados para castigo de los malhechores y alabanza de los que hacen bien. Porque esta es la voluntad de Dios: que haciendo bien, hagáis callar la ignorancia de los hombres insensatos; como libres, pero no como los que tienen la libertad como pretexto para hacer lo malo, sino como siervos de Dios. Honrad a todos. Amad a los hermanos. Temed a Dios. Honrad al rey (2:11-17).

¿Honrar al rey? ¡Pero ese rey al que Pedro se refiere es Nerón! ¡Él es quien arrastra a los cristianos tras sus carros y los quema como antorchas vivas en su jardín! ¿Honrarlo a *él?* ¡Sin duda, Pedro ha perdido la razón! Aun así, esta es la palabra de Dios para nosotros: Como ciudadanos, debemos honrar a aquellos que tienen autoridad sobre nosotros.

Luego habla de los siervos:

Criados, estad sujetos con todo respeto a vuestros amos; no solamente a los buenos y afables, sino también a los difíciles de soportar. Porque esto merece aprobación, si alguno a causa de la conciencia delante de Dios, sufre molestias padeciendo injustamente. Pues ¿qué gloria es, si pecando sois abofeteados, y lo soportáis? Más si haciendo lo bueno sufrís, y lo soportáis, esto ciertamente es aprobado delante de Dios. Pues para esto fuisteis llamados; porque también Cristo padeció por nosotros, dejándonos ejemplo, para que sigáis sus pisadas; el cual no hizo pecado, ni se halló engaño en su boca (2:18-22).

Por tanto, los siervos tienen que obedecer y respetar a sus amos; y yo podría agregar que el principio es claro: los empleados tienen que obedecer y respetar a sus jefes. Si un jefe o amo es injusto, no tenemos, a cambio, que comportarnos injustamente, no cambiamos insulto por insulto. Dejamos las cosas en manos del Señor.

Después, Pedro pasa a tratar sobre el hogar cristiano, alienta a los creyentes a honrarse unos a otros, y a comportarse de manera justa y con consideración (3:1-7).

Luego se dirige a toda la iglesia, anima a la familia de la fe a vivir juntos en unidad, amarse unos a otros como hermanos y hermanas, comportarse tierna y humildemente entre sí. Esta es la marca de nuestra comunión y comunidad cristianas (3:8-14).

Pedro nos dice que estemos siempre preparados para compartir las buenas nuevas de Jesucristo con aquellos que nos rodean. Escribe:

Sino santificad a Dios el Señor en vuestros corazones, y estad siempre preparados para presentar defensa con mansedumbre y reverencia ante todo el que os demande razón de la esperanza que hay en vosotros; teniendo buena conciencia, para que en lo que murmuran de vosotros como de malhechores, sean avergonzados los que calumnian vuestra buena conducta en Cristo (3:15-16).

Pedro espera que los cristianos vivamos vidas tan ejemplares, positivas y llenas de esperanza, que la gente esté ansiosa de saber el motivo

Podemos ver que Pedro espera que los cristianos vivamos vidas tan ejemplares, positivas y llenas de esperanza, que la gente esté ansiosa de saber el motivo. En efecto, dice: «Cuando la gente le pregunte por qué es usted tan optimista, alegre y justo, tenga preparada una respuesta. Esté listo para contarles que Jesús es la respuesta». San Francisco de Asís comprendía muy bien este principio; siempre les enseñó a sus discípulos que debían difundir el evangelio en la manera de vivir y amar. Aconsejaba: «Predica el evangelio en todo momento. Si es necesario, usa las palabras».

Un pasaje difícil

A continuación, viene un pasaje difícil sobre los espíritus encarcelados y el bautismo, textos con los cuales luchan muchos cristianos. Pero la clave de 1 Pedro 3 es el versículo 18:

Porque también Cristo padeció una sola vez por los pecados, el justo por los injustos, para llevarnos a Dios, siendo a la verdad muerto en la carne, pero vivificado en espíritu.

Jesús sufrió para llevarnos a Dios. Él vino en carne: murió como hombre. Hizo todo esto para concretar el gran objetivo del plan divino: llevarnos a Dios.

Pedro recuerda la manera en que el evangelio fue predicado en los días de Noé y cómo el Espíritu de Cristo, hablando a través de Noé, predicó a la gente de su tiempo para poder llevarla a Dios. Pero ellos lo rechazaron; así que, el arca se convierte en un símbolo de la vida del Señor Jesucristo, que nos lleva sobre el diluvio del juicio y nos acerca a Dios. El bautismo, que también es una figura relacionada con el arca, nos salva tal como ella salvó a Noé. El bautismo es lo que ahora nos salva, pero Pedro es muy claro en este punto: no está hablando sobre el bautismo de agua:

El bautismo [el agua del diluvio en Génesis] *que corresponde a esto* [el bautismo del Espíritu Santo] *ahora nos salva (no quitando las inmundicias de la carne* [lo que hace el agua del bautismo], *sino como la aspiración de una buena conciencia hacia Dios* [lo que se logra por medio de la salvación]*) por la resurrección de Jesucristo (3:21).*

El bautismo del Espíritu ocurre en el momento de la salvación y nos sitúa dentro del arca de seguridad, nuestro Señor Jesús. El bautismo de agua es el símbolo visible del verdadero bautismo que nos salva: el bautismo del Espíritu Santo. La salvación quita la mancha de la culpa y del pecado de nuestras vidas, y la reemplaza por una conciencia clara por la resurrección de Jesucristo. Si lee el pasaje a la luz de esta verdad, creo que no tendrá ninguna dificultad para comprenderlo.

Devolver bien por mal

Luego Pedro concluye su discusión sobre el asunto del sufrimiento animándonos como cristianos a recordar que no debemos vivir como los mundanos, los gentiles, que devuelven mal por mal. Más bien, debemos devolver bien por mal. No tenemos que preocuparnos por nuestra satisfacción o derechos, sino que debemos vivir según el modelo de Jesucristo, el siervo sufriente. Cuando comenzamos a insistir en nuestros derechos, aun a pequeña escala, anulamos nuestro testimonio. Dejamos de parecernos a Cristo.

Una vez, un muchacho llegó a preocuparse mucho por todas las tareas que tenía que hacer en casa. Comenzó a sentirse explotado, así que, decidió demandar sus derechos. Lo hizo presentando una cuenta por todas las tareas que había realizado:

Cortar el pasto	1,00
Hacer la cama	0,50
Aspirar la alfombra	0,50
Arrancar las hierbas malas	1,00
Sacar la basura	0,50
Limpiar lo que ensució el perro	0,50
Lavar la vajilla	1,00
	5,00

A la mañana siguiente, el niño puso la cuenta al lado del plato de desayuno de su madre. Ella lo leyó y no dijo nada. Sin embargo, a la mañana siguiente, él encontró una lista al lado de su plato. Decía:

Lavar tu ropa	gratis
Preparar tus comidas	gratis
Proveer una casa	gratis
Llevarte a las prácticas de fútbol y béisbol	gratis
Ayudar con tus tareas de la escuela	gratis
Viaje a Disneylandia	gratis
Enseñarte lo que está bien y lo que está mal, y hablarte de Jesús	gratis
Etc., etc., etc.	gratis
	Absolutamente gratis, hecho por amor

El niño lo leyó… y abrazó a su madre. Entonces realizó todas sus tareas sin quejarse.

Tenemos que hacer como esta madre: devolver bien por mal. Ella podría haber sermoneado al niño por su ingratitud y su egoísmo. En cambio, le mostró cuánto lo amaba y él respondió a ese amor.

El fin de todas las cosas

La última sección de esta carta trata de la vida en la iglesia, el cuerpo de Cristo. Pedro escribe:

Mas el fin de todas las cosas se acerca; sed, pues, sobrios, y velad en oración. Y ante todo, tened entre vosotros ferviente amor; porque el amor cubrirá multitud de pecados. Hospedaos los unos a los otros sin murmuraciones. Cada uno según el don que ha recibido, minístrelo a los otros, como buenos administradores de la multiforme gracia de Dios. Si alguno habla, hable conforme a las palabras de Dios; si alguno ministra, ministre conforme al poder que Dios da, para que en todo sea Dios glorificado por Jesucristo, a quien pertenecen la gloria y el imperio por los siglos de los siglos. Amén (4:7-11).

Aquí se encuentra el programa del Señor para el fin de esta era; y Él planea llevarlo a cabo a través de usted y de mí en la Iglesia. A medida que el fin se acerca y el mundo avanza hacia Armagedón, Él espera que Su Iglesia siga brillando, en contraste con las tinieblas del mundo. Dios quiere que nuestras vidas, individualmente y como cuerpo, se caractericen por un amor *ágape* tan amplio y tan profundo que cubra cualquier pecado o error que cometan contra nosotros; mediante la generosidad y hospitalidad hacia nuestros hermanos en Cristo; el ejercicio de nuestros dones espirituales para mostrar la gracia de Dios unos a otros y al mundo; el hablar sincera y amablemente unos con otros; el servirnos mutuamente hasta la enésima potencia, para que Jesús sea reflejado, y Dios sea alabado y glorificado. Este es el plan divino. Podría no parecer muy impresionante a los ojos del mundo, pero, desde el punto de vista celestial, es un plan poderoso que llevará a cabo la voluntad del Señor.

A medida que el fin se acerca y el mundo avanza hacia Armagedón, Él espera que Su Iglesia siga brillando, en contraste con las tinieblas del mundo

En 4:12-19, Pedro continúa hablando del sufrimiento como un privilegio, porque tenemos la oportunidad de compartir los padecimientos de Cristo; no sufrir como los hacedores de maldad, sino regocijarnos porque Dios está obrando a través de nuestro sufrimiento.

Regocíjense de que Dios está obrando a través de nuestro sufrimiento

Entonces, en el capítulo 5, Pedro habla del ministerio mutuo entre los ancianos y los miembros, y de los miembros unos con otros. Luego, en el versículo 10, regresa una última vez al tema del sufrimiento:

Mas el Dios de toda gracia, que nos llamó a su gloria eterna en Jesucristo, después que hayáis padecido un poco de tiempo, él mismo os perfeccione, afirme, fortalezca y establezca.

Esta tribulación presente es sólo temporal; luego Cristo mismo nos restaurará fuertes y sanos; una fortaleza que nunca puede fallar, una vitalidad que nunca puede disminuir, reservada para nosotros en los cielos. El mundo es temporal, más que nosotros los seres humanos, porque Dios pondrá fin al mundo, pero nosotros seguiremos por los siglos de los siglos con Él. Ese es el plan divino.

Cuando vemos que el fin se aproxima, cuando sufrimos y soportamos por Jesús, las palabras de 1 Pedro son una bendición y un

Dios pondrá fin al mundo, pero nosotros seguiremos por los siglos de los siglos con Él

consuelo. «Paz a todos ustedes que están en Cristo», dice Pedro en la última línea de su carta. En medio de nuestras pruebas y sufrimientos, en medio de un mundo que está desmoronándose a nuestro alrededor... ¡paz! Este es el mensaje de ánimo de 1 Pedro.

LA FE ANTE LA FALSEDAD

La Segunda Epístola de Pedro casi parece que fue escrita para nosotros en esta época crucial, a principios de un nuevo milenio. Todas las palabras de este libro son tan pertinentes, tan contemporáneas, tan llenas de consejos prácticos para nuestro tiempo, que confirman dos verdades:

1. La Biblia es relevante, fresca y vital; nunca se vuelve anticuada.
2. La historia ha dado un círculo completo; vivimos en días similares a los del siglo I y enfrentamos condiciones semejantes a las que afrontó la iglesia primitiva.

Mientras que el tema de 1 Pedro era cómo regocijarse frente al sufrimiento, el tema de 2 Pedro es cómo mantener la fe ante la falsedad; es decir, cómo detectar el error, cómo evitar la trampa del engaño, cómo saber y hacer lo correcto en un mundo que actúa inmoralmente.

El tema de 2 Pedro: Cómo saber y hacer lo correcto en un mundo que actúa inmoralmente

Esta epístola puede ser resumida con precisión. Cada uno de sus tres capítulos describe una faceta diferente del tema principal. Lo que sigue es una visión general de 2 Pedro:

Cómo es la vida cristiana (2 Pedro 1)

1.	El saludo de Pedro	1:1-2
2.	Cómo crecemos en Cristo	1:3-14
3.	Las bases de nuestra fe	1:15-21

Advertencia contra los falsos maestros (2 Pedro 2)

4.	El peligro de los falsos maestros	2:1-3
5.	La destrucción de los falsos maestros	2:4-9
6.	La descripción de los falsos maestros	2:10-22

La certeza del regreso de nuestro Señor (2 Pedro 3)

7.	Burladores en los últimos días	3:1-7
8.	La llegada del día del Señor	3:8-10
9.	Cómo vivir esperando Su regreso	3:11-18

Es una reseña simple para una carta muy útil, justamente lo que cabría esperar de un cristiano realista y práctico como Pedro.

Apóstoles poderosos o creyentes comunes

Esta carta fue escrita probablemente desde Roma, como 1 Pedro. En realidad, Pedro quizá era prisionero del emperador Nerón. Sabemos por esta epístola que, al menos, corría gran peligro.

Pedro dice que siente que el tiempo está acercándose, el momento de abandonar su cuerpo (al que se refiere como su tienda, su habitación) para ir a estar con el Señor. Declara que el Señor mismo se lo ha mostrado, como se registró para conocimiento nuestro al final del Evangelio de Juan. En Juan 21:18, Jesús le había dicho a Pedro que llegaría un momento en que alguien ataría sus manos y lo llevaría adonde él no quisiera ir. Pedro comprendió que eso significaba que tendría que sufrir y morir como murió nuestro Señor, en una cruz. La tradición nos relata que fue efectivamente crucificado y que se sintió tan mal por ser considerado digno de sufrir la misma muerte de su Señor, que les suplicó a sus captores que lo crucificaran boca abajo.

Pedro comienza su segunda carta con estas palabras:

> *Simón Pedro, siervo y apóstol de Jesucristo, a los que habéis alcanzado, por la justicia de nuestro Dios y Salvador Jesucristo, una fe igualmente preciosa que la nuestra: Gracia y paz os sean multiplicadas, en el conocimiento de Dios y de nuestro Señor Jesús (2 Pedro 1:1-2).*

El creyente más débil disfruta de todo lo que nunca poseyó el santo más poderoso

Note esa frase: «A los que habéis alcanzado [...] una fe igualmente preciosa que la nuestra». ¡Piense en ello! Los cristianos actualmente son tentados a pensar que los apóstoles eran hombres poderosos, de carácter fuerte y de una fe sobrehumana. Sin embargo, podemos ver que ellos nunca pensaron así de sí mismos. En verdad, el creyente más débil disfruta de todo lo que nunca poseyó el santo más poderoso. Ese es el tema del primer capítulo de Pedro. Preste atención a estas palabras:

> *Como todas las cosas que pertenecen a la vida y a la piedad nos han sido dadas por su divino poder, mediante el conocimiento de aquel que nos llamó por su gloria y excelencia (1:3).*

Todos los que hemos venido genuinamente a Jesucristo, sin excepción, tenemos todo lo que necesitamos para vivir y para manifestar santidad (que literalmente significa «semejante a Dios»).

¿Entiende y cree verdaderamente que esta declaración de Pedro se aplica a su vida en este momento? Muchas personas no lo creen. Siempre están buscando algo más, una experiencia nueva, una nueva verdad transformadora, una revelación más, una emoción más exaltada... y piensan que sin estas cosas nunca podrán ser la clase de cristianos que deberían.

En efecto, Pedro dice: «No necesitan ninguna experiencia ni revelación nueva. Ya tienen todo lo que precisan para ser capacitados y fortalecidos espiritualmente para servir a Dios, agradarle e imitar Su estilo de vida. Si han acudido a Cristo, tienen todo lo que Él les ha dado. Disponen de todo el poder y las cosas que tienen que ver con la vida y la santidad a través del conocimiento del Señor. Si usted piensa que le falta algo, no es porque necesite más de Cristo. Simplemente, usted necesita entregarle más de su vida y de su voluntad a Él».

Si usted piensa que le falta algo, no es porque necesite más de Cristo; puede ser que Cristo necesite más de usted

Los dos canales del poder de Dios

Si lo que afirma Pedro es verdad (y lo es), no tenemos excusa para fracasar. Si tenemos todo en Cristo, sólo necesitamos conocerle más y entregarnos más a Él, y nuestros problemas serán resueltos. Para mí, lo grandioso de ser creyente es que, en Jesucristo, realmente encuentro las respuestas prácticas a todo problema que enfrento. Evidentemente, acudir a Cristo no nos capacita automáticamente para conocer todo, pero sí llegamos a tener discernimiento y conocimiento para manejar las dificultades, los dolores de cabeza y los problemas de la vida. Sí, alcanzamos a tener el poder para vivir vidas cristianas piadosas. El poder de Dios ya nos ha sido concedido, y lo recibimos a través de dos canales: (1) Sus promesas, y (2) poniendo nuestra fe en práctica. Primero, las promesas. Pedro escribe:

1. Sus promesas

> *Como todas las cosas que pertenecen a la vida y a la piedad nos han sido dadas por su divino poder, mediante el conocimiento de aquel que nos llamó por su gloria y excelencia (1:4).*

Estas no son tan sólo palabras entusiastas ni tonterías teológicas. Son garantías firmes que Dios nos ha dado, y Él las cumplirá con todo Su poder y autoridad como el Dios-Creador del universo. Su misma naturaleza, Su mismo carácter está en juego en estas palabras.

Por tanto, lo primero que necesitamos hacer es saber qué ha prometido; y eso significa que tenemos que conocer esas promesas, que están contenidas en las Escrituras. No hay manera de que usted pueda encontrar satisfacción y victoria en la vida, y descubrir la clase de persona que Dios quiere que sea a menos que estudie y conozca la Palabra de Dios.

A medida que conocemos y confiamos en las promesas de Dios, llegamos a ser fortalecidos y capacitados para «huir de la corrupción que hay en el mundo a causa de la concupiscencia». Nos rodea tanta maldad y corrupción. Nuestras ondas radiofónicas, TV por cable, radio, libros, revistas, e incluso nuestros lugares de trabajo y nuestros círculos sociales están contaminados por la maldad de este mundo. Observamos corrupción sexual, codicia, materialismo, ambición, orgullo y egoísmo. No podrá escapar de una corrupción tan persuasiva a menos que se haya puesto la armadura de la verdad de Dios.

2. Nuestra práctica

El segundo medio para recibir el poder de Dios para nuestras vidas se encuentra en 1:5-7:

> *Vosotros también, poniendo toda diligencia por esto mismo, añadid a vuestra fe virtud; a la virtud, conocimiento; al conocimiento, dominio propio; al dominio propio, paciencia; a la paciencia, piedad; a la piedad, afecto fraternal; y al afecto fraternal, amor.*

En otras palabras, una vez que tiene fe, debe ponerla en práctica. Debe comenzar a madurarla y aplicarla, momento tras momento, de obra en obra, cada día. Cuando identifique una nueva área en su vida que necesite tratar, como un problema con la ira, falta de dominio propio, aspereza en su trato con los demás, timidez o falta de perseverancia, entonces trabaje para que ese aspecto esté de acuerdo con su fe. Es importante entender que la fe no es un evento, sino un proceso. Conforme crecemos y maduramos en Cristo, gradualmente Él abre nuestros ojos a diferentes aspectos de nuestro carácter que no están bajo Su control. Cuando nos ponemos a Su disposición, en obediencia, Él quita poco a poco nuestras imperfecciones y nos ayuda a ser cada vez más parecidos a Su carácter perfecto.

La fe no es un evento, sino un proceso

¿Y cuál es el resultado de poner nuestra fe en práctica diariamente? Pedro escribe:

> *Porque si estas cosas están en vosotros, y abundan, no os dejarán estar ociosos ni sin fruto en cuanto al conocimiento de nuestro Señor Jesucristo (1:8).*

Justo en este pasaje tenemos una receta para el éxito como creyentes: la fe y la obediencia. El conocimiento de las promesas de Dios, junto con la disposición para aplicarlas en situaciones específicas de la vida, es lo que capacita a los cristianos para ser eficaces. ¿Y qué pasa con aquellos que no conocen ni aplican las promesas de Dios? Pedro responde:

Pero el que no tiene estas cosas tiene la vista muy corta; es ciego, habiendo olvidado la purificación de sus antiguos pecados (1:9).

Los cristianos que no viven de acuerdo a su fe están ciegos. Sus experiencias de conversión parecen tener poco o ningún efecto sobre ellos. Se exponen a la duda, al resbalón e incluso a la autodestrucción por el pecado. Por tanto, Pedro escribe en los versículos 10-11:

Por lo cual, hermanos, tanto más procurad hacer firme vuestra vocación y elección; porque haciendo estas cosas, no caeréis jamás. Porque de esta manera os será otorgada amplia y generosa entrada en el reino eterno de nuestro Señor y Salvador Jesucristo.

Cuando el Señor lo llame al cielo, las trompetas en gloria sonarán con gran estruendo por su entrada al reino, porque usted ha encontrado el secreto para la vida victoriosa y ha sido eficaz en su servicio a Dios.

Dos garantías

Pedro revela dos garantías que sustentan la fe que él nos recomienda: (1) su propio testimonio ocular de la vida del Señor Jesucristo, y (2) la voz de los profetas del Antiguo Testamento. Pedro escribe:

Porque no os hemos dado a conocer el poder y la venida de nuestro Señor Jesucristo siguiendo fábulas artificiosas, sino como habiendo visto con nuestros propios ojos su majestad. Pues cuando él recibió de Dios Padre honra y gloria, le fue enviada desde la magnífica gloria una voz que decía: Este es mi Hijo amado, en el cual tengo complacencia. Y nosotros oímos esta voz enviada del cielo, cuando estábamos con él en el monte santo (1:16-18).

1. Relatos de un testigo presencial

Pedro se refiere al acontecimiento citado en Mateo 17 y Marcos 9, donde Jesús se transfiguró sobre el monte, cuando Su rostro brilló y Sus vestiduras se volvieron más blancas que la luz. Pedro dice: «Fuimos testigos oculares de Su majestad». Y allí es donde descansa la fe cristiana: en los relatos creíbles de hombres y mujeres que fueron testigos presenciales, y que simplemente contaron lo que escucharon decir y vieron hacer a Jesús.

2. Los profetas del Antiguo Testamento

Pedro continúa afirmando la segunda garantía. Dice que nuestra fe es confirmada por otra voz: la de los profetas del Antiguo Testamento. Escribe:

Tenemos también la palabra profética más segura, a la cual hacéis bien en estar atentos como a una antorcha que alumbra en lugar oscuro, hasta que el día esclarezca y el lucero de la mañana salga en vuestros corazones; entendiendo primero esto, que ninguna profecía de la Escritura es de interpretación privada, porque nunca la profecía fue traída por voluntad humana, sino que los santos hombres de Dios hablaron siendo inspirados por el Espíritu Santo (1:19-21).

Estos hombres no escribieron sus propias opiniones, sino que lo hicieron bajo la instrucción del Espíritu de Dios, y profetizaron correctamente eventos que ocurrirían siglos más tarde. Dos garantías sustentan nuestra fe: los testimonios presenciales y la profecía cumplida.

Una advertencia contra los falsos maestros

En el capítulo 2, Pedro advierte contra los falsos maestros, y sus palabras son tan relevantes hoy como cuando fueron escritas:

Pero hubo también falsos profetas entre el pueblo, como habrá entre vosotros falsos maestros, que introducirán encubiertamente herejías destructoras, y aun negarán al Señor que los rescató, atrayendo sobre sí mismos destrucción repentina. Y muchos seguirán sus disoluciones, por causa de los cuales el camino de la verdad será blasfemado (2:1-2).

En la actualidad vemos el cumplimiento de estas palabras en muchas maneras. Observamos cultos donde los líderes reclaman ser Jesucristo y cuyos miembros son a veces destruidos por horribles suicidios masivos. Estos son casos extremos. Pero hay también otros más sutiles, cuyos falsos maestros introducen herejías destructivas en iglesias individuales o incluso en denominaciones completas.

Estos maestros reclaman ser cristianos y profesan amar al Señor Jesús, pero sus enseñanzas niegan todo lo que Él sostuvo

Note que Pedro dice: «Introducirán encubiertamente herejías destructoras, y aun negarán al Señor que los rescató», lo que indica que estos falsos maestros no son meramente ateos que se oponen al cristianismo. Estos reclaman ser cristianos y profesan amar al Señor Jesús, pero, en realidad, ¡sus enseñanzas niegan todo lo que Él sostuvo!

Dice Pedro que, como resultado de estos falsos maestros, la verdad del evangelio será blasfemada. La gente menospreciará a quienes crean en la Biblia; considerarán a los creyentes como gente ignorante, ingenua, de la Edad Media, o peor, fanáticos con mentes estrechas.

Dios los juzgará

En 2:3-9, Pedro nos asegura que Dios juzgará a esos falsos maestros como lo hizo con los ángeles rebeldes, con los pecadores del mundo antiguo mediante el diluvio, y también con las ciudades pecadoras de Sodoma y Gomorra. Pedro dice que los santos serán rescatados de la tribulación como Noé fue salvado del diluvio y Lot de la destrucción de Sodoma.

La descripción de los falsos maestros

En los versículos 10-22, Pedro brinda una vívida descripción de las características de estos falsos maestros. Ellos son:

- presuntuosos; elocuentes, con palabras grandiosas acerca de los asuntos de la vida, la salvación y la espiritualidad; pero verdaderamente ignorantes de la verdad de Dios;
- como animales, criaturas de instinto; que revelan sobre asuntos que ignoran;
- sinvergüenzas; alientan el libertinaje y la mala conducta sexual;
- codiciosos; enseñarían cualquier cosa que la gente quiera escuchar con tal de conseguir dinero;
- jactanciosos y llenos de locura;
- esclavos de la corrupción, incluso mientras prometen libertad (muy parecidos a esos que actualmente defienden el abuso de las drogas y la depravación sexual); y
- conscientes de lo que dice la Escritura, pero negando su verdad y poder; eligiendo, por el contrario, seguir sus propios delirios de grandeza.

Aliento para los últimos días

En el capítulo 3, Pedro nos anima a no desalentarnos ante esta atmósfera prevaleciente de error. Recuerde que Jesús regresará y enderezará las cosas. Aun cuando los burladores y los falsos maestros digan que el universo es estable e inalterable, que nunca es afectado o invadido por un poder divino, nosotros sabemos que es realmente temporal y que está muriendo. Dios ha intervenido en el pasado y lo hará en el futuro. El diluvio del Génesis ocurrió en el pasado, pero apunta al día futuro cuando el mundo sea destruido nuevamente, no por agua, sino por fuego. En el versículo 10, Pedro escribe:

> *Pero el día del Señor vendrá como ladrón en la noche; en el cual los cielos pasarán con grande estruendo, y los elementos ardiendo serán deshechos, y la tierra y las obras que en ella hay serán quemadas.*

La Palabra, la autoridad y la voluntad de Dios son lo único que mantiene la vida en funcionamiento en el mundo

La descripción vívida que Pedro hace en este versículo podría fácilmente sugerir el horrendo poder de una devastación nuclear, o la colisión de un cometa o de un asteroide contra la tierra. La Palabra, la autoridad y la voluntad de Dios son lo único que mantiene la vida en funcionamiento en el mundo. Todo lo que Él necesita hacer es alterar algunos aspectos de nuestro universo físico y colapsaría todo su mecanismo.

Muchos de nosotros observamos la maldad del mundo y nos impacientamos. Nos preguntamos por qué el Señor no viene y limpia la casa ahora mismo. ¿Por qué tarda? Necesitamos recordar que, para el Señor, un día es como mil años y mil años son como un día. Nuestro concepto del tiempo no es igual al de Él. También tenemos que recordar que Dios tiene un propósito al retrasarse, por el que deberíamos estar agradecidos. Una vez que comience el juicio de Dios, no puede ser detenido. Él espera darles una oportunidad a hombres y mujeres para que piensen detenidamente y reconsideren sus caminos. Él retrasa Su juicio para darnos a todos una oportunidad de arrepentirnos.

Entonces, Pedro nos confronta con una cuestión penetrante:

> *Puesto que todas estas cosas han de ser deshechas ¡cómo no debéis vosotros andar en santa y piadosa manera de vivir! (3:11).*

La propia respuesta de Pedro a dicha cuestión es clara:

> *¡Esperando y apresurándoos para la venida del día de Dios, en el cual los cielos, encendiéndose, serán deshechos, y los elementos, siendo quemados, se fundirán! (3:12).*

Tres medios para apresurar la venida del Señor

Note que Pedro dice que, cuando vivimos vidas santas y piadosas, ¡no sólo esperamos con ansia el día de Dios, sino que realmente estamos apresurando Su venida! ¿Cómo apresuramos la venida del Señor Jesucristo? ¿Cómo colaboramos para que se acabe la maldad global? ¿Cómo ayudamos a Dios a hacer realidad la esperanza que la humanidad ha soñado durante siglos; es decir, un mundo en paz, de abundancia, de bendición y de gozo? De tres maneras:

Nuestras oraciones. ¿Recuerda cómo nos enseñó a orar el Señor Jesús? «Padre nuestro que estás en los cielos, santificado sea tu nombre, *venga tu reino*» (Mt. 6:9-10, cursiva añadida). Esa es la oración para apresurar el día de Dios. ¿Recuerda la oración de Juan al final del libro de Apocalipsis? «Ven, Señor Jesús» (Ap. 22:20). Tenemos que orar por el fin de este sistema mundial y por la venida del reino del Señor a la tierra, porque esta es la única manera de poner fin a las enfermedades y el sufrimiento aquí.

Nuestro testimonio. El evangelio del reino debe ser predicado a todas las naciones, y luego vendrá el fin, dice el Señor Jesús en Mateo 24:14. Cada vez que compartimos las buenas nuevas de Jesucristo con una y otra persona, acercamos un poquito más el regreso del Señor.

Nuestra obediencia. Los judíos dicen que, si todo Israel obedeciera completamente la ley por un día, el Mesías vendría. Dios está buscando hombres y mujeres que sean obedientes, verdaderamente Suyos. La única libertad que tenemos es servir a Dios o al diablo. No existe ninguna alternativa intermedia ni tercera opción. La «libertad» ofrecida por el pecado y Satanás finalmente conduce a la desesperación y la esclavitud. Pero la libertad *genuina*, que es producto de ser esclavo de Cristo, lleva a la vida *abundante* y *eterna*.

Por tanto, en vista del inminente regreso de Jesucristo y del fin venidero de este sistema mundial corrupto, Pedro concluye, diciendo: «procurad con diligencia ser hallados por Él sin mancha e irreprensibles, en paz» (2 Pedro 3:14).

En una posdata final, los versículos 15 y 16, Pedro dice que Pablo está de acuerdo en que esperar obedientemente y en oración el regreso del Señor significa salvación cuando llegue el día de Dios; no salvación eterna, sino estar preparados, no ser sorprendidos como ignorantes y desprevenidos, cuando comiencen a desencadenarse los horrendos acontecimientos del fin del mundo. Cuando el resto de la humanidad tiemble de miedo y desesperación, nosotros, los que hemos orado y trabajado para apresurar ese día, estaremos expectantes y sin temor.

Pedro agrega otra advertencia contra las falsas enseñanzas; esta vez respecto a aquellos que tuercen y distorsionan las enseñanzas de Pablo, tal como lo hacen con las otras Escrituras. Advierte que no los escuchemos, que no seamos engañados.

Palabras finales de advertencia, bendición y aliento

Los dos versículos finales incluyen una última advertencia, una bendición y una palabra de aliento final:

> *Así que vosotros, oh amados, sabiéndolo de antemano, guardaos, no sea que arrastrados por el error de los inicuos, caigáis de vuestra firmeza. Antes bien, creced en la gracia y el conocimiento de nuestro Señor y Salvador Jesucristo. A él sea gloria ahora y hasta el día de la eternidad. Amén (3:17-18).*

Tenemos todas las verdades que necesitamos para nuestra fe y para defendernos contra la falsedad. Disponemos de la verdad inmutable de Jesucristo. Permanezcamos en guardia para no ser arrastrados o debilitados por los falsos maestros que quieren robarnos la fe. Aunque nuestra fe esté siendo atacada, aunque la verdad se encuentre continuamente sobre el patíbulo, ya tenemos la victoria. El Señor vuelve pronto, y estamos orando, testificando y obedeciéndole para apresurar ese día. ¡Amén! ¡Ven, Señor Jesús!

¡Amén! ¡Ven, Señor Jesús!

Capítulo 73: 1 Juan

EL CRISTIANISMO AUTÉNTICO

Jesús tuvo dos discípulos que, de manera particular, me gustaría haber conocido. Uno es Pedro, el otro es Juan. Me gusta mucho leer acerca de los dos. Son muy diferentes en carácter y personalidad, aunque ambos tenían una relación muy cercana con Jesucristo. Simón Pedro era errático, impulsivo e impetuoso. Siempre que entraba en escena, era con estrépito y haciendo ruido. No obstante, el Señor escogió hacer de él una «roca» (el significado literal del nombre Pedro) firme, estable, responsable. Llegó a ser el punto de encuentro para los cristianos del siglo I en aquellos días de intensa persecución.

Juan fue otro discípulo drásticamente transformado por su encuentro con Jesucristo. Era joven cuando comenzó a seguir a Cristo. En realidad, muchos eruditos bíblicos creen que era adolescente en ese momento, quizás de 17 ó 18 años. El registro del Evangelio muestra que era impetuoso, dado a hablar de manera tajante e impulsiva, y tendía a dejar salir su genio; por eso, Jesús le puso el sobrenombre de «hijo del trueno». Esa era la manera gentil de nuestro Señor de apodar el problema de Juan. Simplemente, retumbaba todo el tiempo como un trueno. Así que, nuestro Señor lo llamó a él y a su hermano Santiago «hijos del trueno».

Un hijo del trueno se convirtió en un apóstol de amor

Sin embargo, de modo asombroso, el «estruendoso Juan» finalmente se convirtió en el «apóstol del amor». No se hizo conocido por su carácter estruendoso, sino por su gentileza y bondad. No tenemos registro de que se haya casado; la historia indica que se dedicó a una vida de amor y servicio a Jesús.

Juan, el apóstol del amor, es el autor de estas tres cartas: 1, 2 y 3 Juan. La primera estuvo entre los últimos libros que se escribieron, lo cual podría situarla después del Evangelio de Juan, cerca del fin del siglo I, en la ciudad de Éfeso, donde Juan pasó sus últimos años. Escribió esta epístola a los cristianos que estaban enfrentando los peligros y las pruebas de vivir en un mundo pagano donde cualquier práctica perversa, egoísta o sexual estaba bien. En resumen, fue escrito para gente como usted y yo.

Lo que sigue es una visión general estructural de 1 Juan:

Las bases del cristianismo auténtico (1 Juan 1:1–2:27)

1.	Introducción	1:1-4
2.	Caminar en la luz, amarse unos a otros	1:5–2:14
3.	Evitar el amor del mundo, el espíritu del anticristo	2:15-27

El comportamiento de un cristiano auténtico (1 Juan 2:28–5:21)

4.	Practicar la verdad, la justicia y el amor	2:28–5:3
5.	Victoria sobre el mundo	5:4-5
6.	Seguridad de salvación	5:6-13
7.	Confianza en la oración	5:14-17
8.	Victoria sobre el pecado habitual	5:18-21

Tres aspectos del cristianismo auténtico

La verdad, la justicia y el amor

El interés principal de Juan en esta carta es el cristianismo genuino. Nos recuerda los tres aspectos de nuestra fe que producen una vida cristiana vital y eficaz: la verdad, la justicia y el amor. Estos constituyen los puntos centrales en 1 Juan 2:18–4:21.

Pero, en primer lugar, Juan describe la relación con Jesucristo de donde fluyen esas tres cualidades personales; una relación de unidad con Él, una sincronización de nuestras vidas con la Suya. No podemos vivir vidas que se caractericen por la verdad, la justicia y el amor si estamos separados del Señor.

Este mundo tiene bastantes buenos consejos, pero, desgraciadamente, casi no existe el poder para hacer lo que sabemos que deberíamos realizar

La sabiduría de Sócrates, Aristóteles, Platón, Confucio y Buda contiene los mismos consejos para vivir que encontrará en el Nuevo Testamento. En otras palabras, si todo lo que usted precisa es un buen consejo, no necesita la Biblia. Puede obtener muchas indicaciones de estos otros filósofos y líderes religiosos; sin embargo, hay algo que estos líderes y filósofos no le brindan: el poder para seguir sus maravillosas recomendaciones. Este mundo tiene bastantes buenos consejos, pero, desgraciadamente, casi no existe el poder para hacer lo que nosotros sabemos que deberíamos realizar.

Todos conocemos el gran mandamiento de nuestro Señor Jesucristo: Hagan a los demás lo que les gustaría que hicieran con ustedes. Y, aunque esto también se expresa en otras religiones, Jesús va un paso más allá y nos da el poder para vivir de acuerdo a esa regla. ¿Cómo lo hace? ¡Mostrándonos el secreto de la unidad con Él! La comunión con Cristo nos concede el poder para vivir de acuerdo al consejo que Él nos da. Como Pablo escribió en Colosenses 1:27: «Cristo en vosotros, la esperanza de gloria». La presencia de Jesús morando en el creyente, la más íntima relación de la experiencia humana, nos da el poder para vivir conforme a los preceptos de nuestra fe.

La comunión con Cristo nos concede el poder para vivir de acuerdo al consejo que Él nos da

Primer aspecto: la verdad

A lo largo de toda esta carta, Juan enfatiza el siguiente hecho: Jesús apareció en la historia. El primer tema que menciona bajo el título de la verdad es que Jesús es Dios y hombre. Este mensaje era diametralmente opuesto a la filosofía predominante llamada *agnosticismo*. En la actualidad, lo más cercano al agnosticismo es la Ciencia Cristiana. Los agnósticos creen que lo material es malo y lo espiritual es bueno, y que el buen espíritu humano está prisionero en un cuerpo material malo. Dicen que el propósito de la vida es enseñarnos a elevarnos por encima del mal de nuestros cuerpos y liberar al espíritu bueno del cuerpo material, para alcanzar una forma de nirvana, o cielo o perfección espiritual.

Jesús es Dios y hombre

En efecto, Juan dice: «No se dejen engañar por la herejía agnóstica porque Jesús ha venido de verdad. Él es el Dios-hombre, el Espíritu eterno en un cuerpo humano, y cualquiera que niega esta verdad acerca de Jesucristo es mentiroso». Esta epístola fue escrita para refutar a quienes estaban empeñados en destruir el cristianismo. No, el engaño al que Juan se oponía en esta carta era mucho más sutil e ingenioso que cualquier oposición directa y ardiente. Los agnósticos simplemente querían «mejorar» el cristianismo. Así que, descartaron la verdad de la humanidad de Jesús; dieron giros y distorsiones sutiles a sus enseñanzas para que la imagen de Jesús encajara en sus creencias agnósticas.

Contra el agnosticismo

Este proceso aún continúa en la actualidad. Juan dice: «No se dejen engañar. No caigan en la trampa de quienes distorsionan la historia del evangelio; porque, al seguir una mentira, terminarán cayendo más y más en el error, hasta acabar espiritualmente destruidos».

Segundo aspecto: la justicia

La verdad es importante, pero hace falta algo más para ser creyentes que sólo estar de acuerdo intelectualmente con cierta doctrina o credo. A nuestra verdad tenemos que añadirle la justicia.

La verdad no tiene significado si no cambia nuestro comportamiento. El mensaje de Juan es el siguiente: Si Jesucristo mora realmente dentro de usted, no puede seguir viviendo en pecado, haciendo lo malo, mintiendo, robando y viviendo en inmoralidad sexual. Debe cambiar su manera de vivir. Pero, en realidad, los agnósticos dicen: «Mira, si el espíritu es bueno y la materia es mala, la única cosa que cuenta es el espíritu. Lo que haga con su cuerpo material no importa. Si quiere complacer sus pasiones desordenadas, hágalo. No va a afectar su posición espiritual con Dios». Juan responde a este error en 1 Juan 3:9:

> *Todo aquel que es nacido de Dios, no practica el pecado, porque la simiente de Dios permanece en él; y no puede pecar, porque es nacido de Dios.*

No puede permitir que el pecado y el Espíritu Santo habiten en el mismo cuerpo. Si profesa ser cristiano y vive una vida que no es santa, es un mentiroso (Juan lo afirma sin rodeos).

El tercer aspecto: el amor

La verdad y la justicia son difíciles de dominar; no obstante, estos dos primeros aspectos son relativamente fáciles comparados con el tercero: el amor. Muchos cristianos dicen: «Conozco la verdad y permanezco en ella. Mi doctrina es buena. Además, he abandonado los pecados y las actitudes del mundo. Solía beber e ir de juerga, y estafar en mis tratos comerciales, leer la peor clase de revistas y ver las peores películas; pero no hago más estas cosas». Nunca deberíamos subestimar los cambios en la vida de una persona que verdaderamente llega a comprometerse con Jesucristo, que defiende Su verdad y que abandona el comportamiento pecaminoso.

Pero, si la verdad y la justicia constituyen todo su testimonio, pronto encontrará que a la mayoría de la gente de este mundo no le impresiona para nada. La mayor parte de las cosas que usted ya no hace son cosas que a ellos les gusta hacer y a las que no quieren renunciar; así que, si su evangelio consiste en: «Yo tengo la verdad, y no bebo ni fumo más», encontrará que la mayoría de la gente se encogerá de hombros y se alejará. Dirán: «Eso está bien para ti, pero a mí me gusta beber y fumar, así que, no quiero tu fe». La verdad y la justicia son sólo dos de los tres aspectos de una vida cristiana auténtica.

El mundo no está impresionado por lo que usted *no* hace, sino por lo que *sí* hace

El mundo no está impresionado por lo que usted *no* hace. Eso es negativo. El mundo está impresionado por lo que usted *sí* hace. Esto es positivo. Y la acción positiva que impresiona al mundo y hace que nuestro evangelio atraiga a la gente de afuera es nuestro amor. Por eso, Juan dice que la tercera marca de un cristiano genuino es el amor; una clase especial de amor, lo que el lenguaje griego del Nuevo Testamento llama *ágape,* el amor basado en la voluntad, no en las emociones. Es un amor fundamentado en la decisión de buscar el bien de los demás, no porque esas otras personas sean simpáticas. En realidad, ¡el amor ágape está precisamente dirigido a aquellos que son difíciles de amar!

Cualquiera puede amar a una persona bondadosa. Pero requiere un esfuerzo especial amar a aquellos que lo odian, lo maltratan, lo ignoran, lo atacan. O a aquellos que son miserables, sufridos, malolientes, sucios, pobres, necesitados, repulsivos y que desagrada tenerlos cerca. Es fácil amar a la gente linda que lo invita a su fiesta repleta de comida en el jardín. Pero uno tiene que esforzarse para amar al indigente sin dientes, que huele a vino barato y que sostiene su plato de cartón haciendo fila para recibir comida en una misión de rescate. No obstante, esta es la clase de amor a que Dios nos llama, el amor que nos enseña 1 Juan. Es el mismo amor que Jesús demostró cuando tocó a los leprosos, se acercó a las prostitutas, los recaudadores de impuestos, los pobres, y cuando perdonó a aquellos que clavaron Sus manos y Sus pies, y también a las multitudes que se burlaron de Él en el momento de Su muerte. Por eso, Juan escribe:

> *Nosotros le amamos a él, porque él nos amó primero. Si alguno dice: Yo amo a Dios, y aborrece a su hermano, es mentiroso. Pues el que no ama a su hermano a quien ha visto, ¿cómo puede amar a Dios a quien no ha visto? Y nosotros tenemos este mandamiento de él: El que ama a Dios, ame también a su hermano (4:19-21).*

La comunión y la unidad con el Señor Jesús implican que nuestros corazones irán abriéndose gradualmente, como una flor que se abre con el sol de la mañana. Cuando Su amor brille en nosotros, nos abriremos más ante los demás, permitiendo que la fragancia del amor emane y atraiga a aquellos que nos rodean. Cuando el poder de Jesús nos cambie, creceremos, no sólo en verdad y en justicia, sino también en amor hacia nuestros hermanos cristianos, y también hacia aquellos que no son de la fe.

Nuestra seguridad: «Sabemos...»

La carta termina con una nota de confianza: lo que Dios nos ha dicho es verdadero e inquebrantable. Lo que ha revelado del mundo es absolutamente cierto. Tres versículos consecutivos, 1 Juan 5:18, 19 y 20, comienzan con esta frase de confianza: «Sabemos». Juan escribe:

> Sabemos *que todo aquel que ha nacido de Dios, no practica el pecado, pues Aquel que fue engendrado por Dios le guarda, y el maligno no le toca.* Sabemos *que somos de Dios, y el mundo entero está bajo el maligno. Pero* sabemos *que el Hijo de Dios ha venido, y nos ha dado entendimiento para conocer al que es verdadero; y estamos en el verdadero, en su Hijo Jesucristo. Este es el verdadero Dios, y la vida eterna (5:18-20, énfasis añadido).*

Juan dice que sabemos que somos de Dios, que poseemos Su misma naturaleza y esencia, y que todo el mundo está bajo el poder del maligno. Por esta razón, el mundo no puede participar en el amor ágape. El mundo habla de amor y está hambriento de él, pero no conoce lo que busca y le falta el poder para practicarlo, porque no conoce a Aquel que es el amor personificado. Dios es amor. Juan escribe que, puesto que somos de Dios, Él nos ha dado el entendimiento para conocerlo y el poder para experimentar la vida eterna.

¡Qué declaración! Vivimos en una era de relativismo moral, donde la gente proclama que no podemos conocer nada con seguridad, donde abunda la incertidumbre y la confusión. Pero nosotros sabemos. Se nos ha dado conocimiento y seguridad. Somos personas que permanecen firmes y seguras en un mundo que se desmorona.

Aquí tenemos la palabra final de Juan; y, a primera vista, podría parecer irrelevante en nuestra era sofisticada y de alta tecnología:

Hijitos, guardaos de los ídolos (5:21).

La idolatría de los tiempos modernos

Hoy no tenemos dioses de madera o de piedra en nuestros hogares, ¿o sí? El hecho es que ¡ahora corremos más peligro que nunca de caer en idolatría! Con tanta facilidad brindamos nuestra devoción a cosas que son inferiores a Dios. La idolatría es amar cualquier otra cosa que no sea Dios. Si usted dedicara una hora a revisar el registro de sus cheques y los estados de cuenta de sus tarjetas de crédito, podría descubrir cuáles son algunos de sus ídolos. ¿En qué gasta su dinero y para qué lo ahorra? ¿En qué pasa su tiempo? ¿En qué piensa cuando se despierta por la mañana y se acuesta por la noche? ¿Qué es lo más importante para usted? Lo que sea, ese es su dios. Si su dios no es Dios mismo, usted está practicando la idolatría.

Para algunos de nosotros, nuestro dios puede ser Narciso, el dios del amor a uno mismo; la ambición egocéntrica; la admiración personal; la obsesión por el éxito, la auto-beatificación o la exaltación de uno mismo; que lo admiren, que lo deseen o que lo envidien por sus hermosas posesiones. Para algunos de nosotros, nuestro dios podría ser Venus, la diosa del amor y del sexo, o Baco, el dios de las fiestas y del placer, de comer y beber, del abuso de sustancias y de drogas que alteran la mente y el estado de ánimo; como si la diversión y el placer fueran las únicas razones de vivir. Para otros, el dios podría ser Marte, la deidad de la guerra y de la competencia, de vencer a la oposición, de ganar a toda costa, de cortar las cabezas de aquellos que se oponen a nosotros, sea en los negocios o en la iglesia.

Oración por liberación

Nuestra oración para ser liberados de estas formas de idolatría debe ser: «Señor, líbrame de estos falsos dioses que me roban mi fe, mi amor por la humanidad. Permite que me enamore más y más del Señor Jesús, que es el único Dios verdadero, que ha venido a darme un conocimiento de mí mismo y del mundo que me rodea, y a enseñarme la verdad, la justicia y el amor». El peligro de la idolatría no es menos real para nosotros en la actualidad, a principios del siglo XXI, de lo que fue para los cristianos en el siglo I. Además, debemos estar vigilantes contra el estigma de la idolatría en nuestras vidas.

Juan dice: «Ustedes han encontrado al verdadero Dios; así que, guárdense de estos ídolos secundarios, estos dioses sustitutos que demandan su atención. Entréguense completamente a Aquel que puede concederles todos los deseos del corazón».

Capítulo 74: 2 Juan

EL EQUILIBRIO VITAL

La Segunda Epístola de Juan es la única carta en el Nuevo Testamento que fue escrita para una mujer. Deducimos que se escribió para una madre con varios hijos, quizás viuda, para responder a sus interrogantes sobre problemas específicos que se le habían presentado. En esos días, la gente dependía de los apóstoles y de los líderes de la iglesia para conocer la verdad y obtener respuestas a sus problemas. Por supuesto, surge entonces una pregunta: ¿Cómo saber si cierto líder que afirma hablar por Dios realmente dice la verdad? ¿Cómo distinguir entre los profetas *de Dios* y los *falsos* profetas?

La Segunda Epístola de Juan explica cómo distinguir entre los profetas *de Dios* y los *falsos* profetas

Evidentemente, algunos que aseguraban ser profetas habían ido a la casa de esta mujer, probablemente en la ciudad de Éfeso, y habían tratado ciertos asuntos doctrinales que la perturbaron. No sabiendo cómo evaluar sus opiniones, ella le escribió a Juan y le pidió su consejo. La carta que ahora conocemos como 2 Juan es la respuesta a su pregunta. Al leer esta carta, veremos que también responde muchas cuestiones que tenemos hoy, especialmente en cuanto a cómo tratar con gente que enseña conceptos espirituales que no están de acuerdo con la verdad de Dios.

Lo que sigue es un resumen de 2 Juan:

Verdad y amor (2 Juan 1-6)

1.	El saludo de Juan	1-3
2.	Andar en la verdad de Cristo	4
3.	Andar en el amor de Cristo	5-6

El peligro de los falsos maestros (2 Juan 7-13)

4.	Cómo reconocer a los falsos maestros	7-9

5. Cómo tratar con los falsos maestros (evitarlos) 10-11
6. Conclusión y bendición 12-13

Un equilibrio entre la verdad y el amor

Los primeros seis versículos de la carta presentan el problema y también el enfoque de Juan para responder a ello:

El anciano a la señora elegida y a sus hijos, a quienes yo amo en la verdad; y no sólo yo, sino también todos los que han conocido la verdad, a causa de la verdad que permanece en nosotros, y estará para siempre con nosotros: Sea con vosotros gracia, misericordia y paz, de Dios Padre y del Señor Jesucristo, Hijo del Padre, en verdad y en amor. Mucho me regocijé porque he hallado a algunos de tus hijos andando en la verdad, conforme al mandamiento que recibimos del Padre. Y ahora te ruego, señora, no como escribiéndote un nuevo mandamiento, sino el que hemos tenido desde el principio, que nos amemos unos a otros. Y este es el amor, que andemos según sus mandamientos. Este es el mandamiento: que andéis en amor, como vosotros habéis oído desde el principio.

Aquí Juan sienta las bases para la respuesta al problema de esta mujer. Señala dos factores que deben ser tomados en consideración cuando se enfrenta un problema de esta naturaleza: la verdad y el amor. Note cómo vincula estos dos factores en el versículo 3:

Sea con vosotros gracia, misericordia y paz, de Dios Padre y del Señor Jesucristo, Hijo del Padre, en verdad y en amor *(énfasis añadido).*

Verdad y amor: estas dos cualidades deberían caracterizar nuestras vidas como cristianos. Son las mismas cualidades que Pablo nos ordena tener, en Efesios 4:15: «siguiendo la verdad en amor». El gran desafío que enfrentamos en la vida cristiana es aprender a guardar un equilibrio entre la verdad y el amor.

Saleros y azucareras

Una vez, alguien dijo que una vida cristiana bien equilibrada contiene sal y azúcar. La sal es la verdad. El azúcar es el amor. Algunos cristianos quieren sólo la sal; entonces, estos cristianos salados van por allí derramando su sal por donde vayan. Son todo verdad, nada de amor. Están llenos de doctrinas, dogmas, opiniones, preceptos y leyes. Son fríos y juzgan, no les importan los sentimientos, las necesidades o el daño que pueden hacer a otros. Defienden la verdad a costa del amor. En realidad, ¡no tienen ningún problema en hablar la verdad con *crueldad!* La verdad es lo único que les interesa. Estas personas no son más que saleros religiosos.

Otros son azucareras. Son todo amor, nada de verdad. Nunca confrontarían a alguien comprometido en pecado porque eso significaría decirle una verdad dura a esa persona, aunque fuera para su propio bien y para el de la iglesia. También conocemos gente que quiere recibir sólo azúcar de sus hermanos y hermanas; escapan de la sal de la verdad. Dicen: «Denme gracia, amor, aceptación, pero no me hagan responsable de nada, no me confronten cuando me desvío. Si peco, digan: "No hay problema. No te sientas mal. Estás bien". No me indiquen que tengo que cambiar; ¡eso es demasiada crítica! No sean honestos conmigo. No me digan la verdad. Tan sólo sean simpáticos conmigo. Pueden guardarse la sal. Lo único que quiero es su azúcar».

Nuestro objetivo como creyentes debería ser mantener la verdad y el amor, la sal y el azúcar, en equilibrio. El Señor Jesús es nuestro ejemplo perfecto. Él caminó en verdad y en amor. Trató tiernamente con pecadores y parias, y usó la verdad con los fariseos arrogantes. Cuando Jesús se encontró con la mujer samaritana en el pozo, en Juan 4, le declaró con franqueza todos los pecados que ella había cometido, pero, aun así, la trató con amor y le ofreció el agua de vida para su alma sedienta. En Juan 8, después de salvar con amor a la adúltera de ser apedreada y asegurarle que Él no la condenaba, la confrontó directamente diciéndole que debía cambiar. Le dijo: «Ve y no peques más». Jesús habló la verdad en amor. Él guardó un equilibrio perfecto entre ambos. Y así deberíamos hacerlo nosotros.

Engañadores y anticristos

En la sección siguiente, Juan responde a la pregunta de la mujer respecto a la confianza que se podía tener en aquellos que reclamaban ser maestros y líderes espirituales:

> *Porque muchos engañadores han salido por el mundo, que no confiesan que Jesucristo ha venido en carne. Quien esto hace es el engañador y el anticristo. Mirad por vosotros mismos, para que no perdáis el fruto de vuestro trabajo, sino que recibáis galardón completo. Cualquiera que se extravía, y no persevera en la doctrina de Cristo, no tiene a Dios; el que persevera en la doctrina de Cristo, ése sí tiene al Padre y al Hijo (vv. 7-9).*

Dos formas de falsedad

Sendas declaraciones en este pasaje describen las dos formas fundamentales de enseñanza falsa. Todo error y herejía cristiana surge de una de estas dos expresiones de falsedad:

1. Engaño respecto a la persona del Señor Jesús

Engaño respecto a la persona del Señor Jesús. Él es quien vino de Dios al mundo y se hizo hombre; el único Mesías. La encarnación es una doctrina esencial de la fe cristiana. Si se remonta al origen de alguien, desde su nacimiento, y descubre que esa persona entró en la corriente de la humanidad a través de un proceso reproductivo normal y que, no obstante, reclama ser el Salvador enviado por Dios, usted puede no hacer caso a las aseveraciones de esta persona. Hay muchos falsos mesías como estos en el mundo actual, y Juan claramente nos advierte que no creamos en ellos.

También hay muchas personas que distorsionan la verdad acerca de Jesús. Una de las distorsiones más comunes es afirmar que Jesús fue una buena persona, un buen maestro de moral, pero que no fue verdaderamente Dios. Esto suena bien, porque asevera que Jesús tuvo muchas cosas buenas para decir. Pero tales aseveraciones ignoran el mensaje central del Señor, que fue acerca de sí mismo: Él afirmó ser Dios y hombre. Cualquiera que refuta Su divinidad o Su humanidad se hace a sí mismo mentiroso. Cualquiera que niega la encarnación del Hijo de Dios es un engañador y no habla de parte de Dios. Tal falso maestro podría no hacerlo intencionalmente; podría ser un engañador engañado, pero Juan no escatima las palabras: esa persona es un «anticristo», opuesto a la verdad acerca de Jesús.

2. Engaño respecto a la enseñanza del Señor Jesús

Engaño respecto a la enseñanza del Señor Jesús. Juan dice que cualquiera que no continúa en la doctrina o enseñanza de Cristo no conoce a Dios (v. 9). Esta clarificadora declaración se dirige a la gente que dice que la Biblia no es una revelación adecuada de Dios y que necesitamos un mensaje adicional de algún otro maestro, gurú o libro. Estas personas podrían ser muy persuasivas y sinceras, pero, si no están de acuerdo con la enseñanza de Jesucristo, no conocen a Dios.

El peligro de la falsedad

Ahora note el peligro de estas dos formas de falsedad: «Mirad por vosotros mismos, para que no perdáis el fruto de vuestro trabajo, sino que recibáis galardón completo (v. 8). ¿Qué pierde usted como cristiano si su fe se contamina con cultos, herejías y la teología liberal superficial que prevalece tanto en la actualidad? ¿Perderá su salvación? Por supuesto que no, si usted verdaderamente ha nacido de nuevo. La salvación descansa en la obra de Cristo. No va a perder su lugar en el cielo, ni su redención ni su parte en el cuerpo de Cristo. Pero perderá el valor de la vida que pasó aquí. Habrá perdido el tiempo que Dios le dio para servirle de manera eficaz y obediente. Su actividad religiosa será revelada como nada más que madera, heno y hojarasca, para ser consumida en el fuego del juicio penetrante del Señor. Perderá su recompensa.

La respuesta a los falsos maestros

Entonces, ¿cómo deberíamos responder a aquellos que nos abordan con falsas doctrinas y herejías respecto al Señor y Sus enseñanzas? Juan responde:

Si alguno viene a vosotros, y no trae esta doctrina, no lo recibáis en casa, ni le digáis: ¡Bienvenido! Porque el que le dice: ¡Bienvenido! participa en sus malas obras (vv. 10-11).

Cuando leamos esto, recuerde lo que Juan ha dicho sobre la verdad y el amor. Los creyentes que están preocupados por asuntos doctrinales de la Escritura pueden fácilmente dejar de lado la amabilidad y la caridad que deberían caracterizar a todo creyente. Interpretamos un pasaje como este pensando que tenemos que darle con la puerta en las narices a quien viene con un folleto de algún culto o echarla de la casa si trae alguna enseñanza herética. Si ese fuera el caso, sería incluso imposible invitar a nuestra casa a vecinos, compañeros de trabajo, estudiantes extranjeros y personas por el estilo.

Juan no está sugiriendo que nuestra hospitalidad esté sujeta a alguna prueba doctrinal simple y efectiva. Seríamos personas muy ofensivas si ese fuera el caso, y, ciertamente, nuestro testimonio impactaría poco. Después de todo, ¿a quién le testificaríamos si pudiéramos hablar solamente con aquellos que son doctrinalmente puros?

Entonces, ¿qué quiere decir Juan? Nos está diciendo que la verdad debería ser hablada con amor, y que ese amor debería estar sujeto a la verdad. En otras palabras, no tenemos que recibir a los engañadores de manera tal que parezca que estamos dando crédito o aceptando su enseñanza. En la época de Juan, los predicadores y los maestros itinerantes se quedaban en casas particulares. Entonces, las casas que recibieron a esos predicadores y maestros servían de apoyo y subsidiaban sus mensajes; es decir, se aprobaba la enseñanza de la persona a la que se alojaba allí. Juan está diciendo que nunca deberíamos colocarnos en una posición donde parezca que estamos manteniendo, apoyando, endosando o subsidiando la enseñanza del anticristo.

No tenemos que recibir a los engañadores de manera tal que parezca que estamos dando crédito o aceptando su enseñanza

En el versículo 12, Juan subraya la importancia de su advertencia contra el recibir a falsos maestros, y escribe:

Tengo muchas cosas que escribiros, pero no he querido hacerlo por medio de papel y tinta, pues espero ir a vosotros y hablar cara a cara, para que nuestro gozo sea cumplido.

En esos días, el correo era lento e inseguro, y supongo que a Juan, como a la mayoría de nosotros, le resultaba difícil sentarse y escribir cartas. En realidad, dice: «Tengo mucho que decirle a usted más adelante, cuando la vea en persona, pero este asunto de los falsos maestros es tan importante que no podía esperar. Debo escribirle ahora para advertirle contra estos engañadores y anticristos». Así que, concluye con saludos de la familia cristiana con la que evidentemente está alojado, y subraya la necesidad de la verdad y del amor en la vida cristiana.

Verdad y amor juntos: este es el equilibrio vital que debemos buscar en la vida cristiana. No es sólo un equilibrio cristiano, es también una sanidad cristiana. Una persona que practica la verdad sin el amor o el amor sin la verdad no posee una visión cristiana del mundo. Estar espiritualmente desequilibrado equivale a ser, en el verdadero sentido, un insensato espiritual. El objetivo de Juan con esta carta breve, pero poderosa, es restaurarnos a un equilibrio sano.

CREYENTES Y DIRIGENTES

La Tercera Epístola de Juan nos permite echar un vistazo a la vida de la iglesia primitiva. Es un complemento encantador de la segunda carta que fue escrita para una mujer cristiana sobre cómo tratar a los falsos maestros. Esta misiva fue dirigida a un hombre cristiano y habla de cómo cuidar de los verdaderos maestros que viajan por todas partes para ministrar la Palabra de Dios, y con el tipo de personalidad problemática que es tan común en la iglesia actual como lo fue en el primer siglo d.C. Así que, encontramos tanto un contraste como una similitud entre 2 y 3 Juan.

Tercera Juan perfila tres personalidades en la iglesia

Tercera Juan nos brinda una perspectiva del problema de las personalidades en la iglesia, ilustrada por tres personas: Gayo (a quien se escribió la carta, un cristiano bondadoso y generoso), Diótrefes (una personalidad problemática), y Demetrio (un cristiano digno de confianza y veraz). Estos tres representan las tres clases de cristianos que se encuentran en cualquier iglesia de toda época.

Lo que sigue es un resumen de 3 Juan:

Gayo es aprobado (3 Juan 1-8)

1. El saludo de Juan — 1
2. La gracia (santidad) de Gayo — 2-4
3. La generosidad de Gayo — 5-8

Diótrefes es condenado (3 Juan 9-11)

Demetrio es elogiado (3 Juan 12-14)

4. Demetrio es digno de confianza y veraz — 12
5. Conclusión y bendición — 13-14

Gayo, un cristiano bondadoso y generoso

Primero, conozcamos a este buen hombre llamado Gayo. Podría ser uno de los tres Gayos que se mencionan en el Nuevo Testamento, aunque era un nombre común en aquellos tiempos. Evidentemente, Juan lo conocía, y se dirigía a él de manera cálida y amistosa. Esta carta lo describe como un individuo bondadoso y generoso. Note tres cosas que Juan dice acerca de él. Primero, era un hombre de espíritu fuerte. Juan escribe:

Era un hombre de espíritu fuerte

> *Amado, yo deseo que tú seas prosperado en todas las cosas, y que tengas salud, así como prospera tu alma (v. 2).*

Eso es algo maravilloso para decir de alguien, ¿no es cierto? «Deseo que tengas tanta salud como la que tiene tu alma». Sería interesante aplicar esta prueba a la gente hoy. Si su apariencia física reflejara su estado espiritual, mental y emocional, ¿cómo se vería usted? ¿Sería una persona fuerte, firme y vital? ¿O sería un ser enfermizo, renqueante, casi incapaz de levantar la cabeza? Bueno, Gayo era la clase de persona espiritualmente vigorosa de la cual Juan podía decir: «Espero que tu vida física sea tan fuerte como tu vida espiritual».

Vivía lo que profesaba

En segundo lugar, Gayo era una persona coherente, un hombre de integridad. Su vida estaba de acuerdo con la verdad que profesaba. Juan observa:

> *Pues mucho me regocijé cuando vinieron los hermanos y dieron testimonio de tu verdad, de cómo andas en la verdad (v. 3).*

Gayo demostraba la verdad de Jesucristo en su manera de vivir. No predicaba una cosa y vivía otra. Caminaba en la verdad.

Era generoso

Tercero, Gayo era generoso en lo que daba. Juan escribe:

> *Amado, fielmente te conduces cuando prestas algún servicio a los hermanos, especialmente a los desconocidos, los cuales han dado ante la iglesia testimonio de tu amor; y harás bien en encaminarlos como es digno de su servicio a Dios, para que continúen su viaje (vv. 5-6).*

Una de las señales de que Dios ha tocado genuinamente el corazón de una persona es que esta abre su billetera sin dificultad. Se convierte en un dador alegre. Juan dice que Gayo era «fiel» en dar. Esto significa que lo hacía de manera habitual y sistemática. No daba sólo cuando sus emociones se conmovían, sino que tenía el hábito consciente de hacerlo. Por eso, es aprobado como un creyente de corazón sincero, lleno de gracia y de generosidad.

Diótrefes, un mandamás de la iglesia

Después llegamos a la personalidad problemática en la iglesia de Gayo, un hombre llamado Diótrefes. Juan escribe:

> *Yo he escrito a la iglesia; pero Diótrefes, al cual le gusta tener el primer lugar entre ellos, no nos recibe. Por esta causa, si yo fuere, recordaré las obras que hace parloteando con palabras malignas contra nosotros; y no contento con estas cosas, no recibe a los hermanos, y a los que quieren recibirlos se lo prohíbe, y los expulsa de la iglesia. Amado, no imites lo malo, sino lo bueno. El que hace lo bueno es de Dios; pero el que hace lo malo, no ha visto a Dios (vv. 9-11).*

Este es el primer ejemplo en la iglesia del Nuevo Testamento de un mandamás de la congregación; es decir, alguien que siente que su trabajo es manejarlo todo y a todos. En la actualidad, un mandamás de la iglesia podría ser un anciano, un diácono, un pastor o un laico que no tiene ningún papel oficial en la iglesia. A menudo, una persona rica, influyente, respetada o hasta temida en la comunidad y en la congregación.

Tal vez usted conozca películas tales como el clásico de David Niven y Loretta Young, *La esposa del obispo,* donde la mandona es una vieja viuda que, con su dinero y su temperamento pendenciero, controla la iglesia y al pastor. O quizá recuerde la película de Frederic March, *Con un pie en los cielos,* donde los dirigentes de la iglesia son un grupo de poderosos hombres de negocios. A menudo, los mandones de la iglesia representan la base del poder verdadero, pero oculto, de la iglesia, mientras que el pastor y la junta directiva, aunque sean los líderes oficiales, podrían todos someterse a la persona o personas que son quienes, en realidad, tienen el poder. Por supuesto, así no se supone que debe funcionar la iglesia de Cristo.

Al parecer, la iglesia primitiva de Gayo tenía alguna clase de lista de membresía. Si al mandamás Diótrefes no le gustaba alguien, eliminaba su nombre de la lista y lo sacaba de la congregación. Juan dice que esto está muy mal. Explica que Diótrefes era culpable en particular de cuatro actitudes y acciones erradas.

Era arrogante, egoísta y dominante

Lo primero y lo peor era que Diótrefes era arrogante, egoísta y dominante. Insistía en ser el primero en la iglesia, una actitud que denota que estaba actuando en la carne. Esta es siempre la demanda de la carne: «Primero yo». Al hacer esto, le robaba a Jesucristo Su prerrogativa en la iglesia. Jesús tiene el derecho a la preeminencia, pero era Diótrefes quién reclamaba el honor y la gloria. Desafortunadamente, hoy vemos muchas personas en las iglesias que tienen el espíritu de Diótrefes.

Difamó a Juan y rechazó su autoridad

Uno se pregunta si estas modernas versiones de Diótrefes alguna vez leyeron 3 Juan y si se reconocieron en la descripción de Juan. Si lo hicieron, ¿cómo lo sobrellevan? El Dr. H. E. Robertson, líder destacado entre los Bautistas del Sur y un gran estudioso del griego, escribió una vez en un artículo de una denominación un editorial acerca de Diótrefes. El editor de la revista informó que 25 individuos de varias iglesias escribieron para cancelar sus suscripciones, ¡porque sintieron que habían sido atacados personalmente! ¡Si en lugar de ello estas personas simplemente hubiesen cancelado sus hábitos mandones!

En segundo lugar, Juan dice que Diótrefes lo difamó y rechazó su autoridad como apóstol. Declara: «Diótrefes [...] no nos recibe», y añade que está continuamente «parloteando con palabras malignas contra nosotros».

Los apóstoles tuvieron un papel único en la historia de la Iglesia. Tuvieron que establecer sus fundamentos y les fue dada autoridad para responder a todas las cuestiones dentro de ella. Esta palabra apostólica, la responsabilidad de transmitir el mensaje de Dios a Su Iglesia, se otorgó en el Nuevo Testamento, razón por la cual tiene tanta autoridad para los cristianos. Los apóstoles ya no están con nosotros, pero sus enseñanzas, inspiradas por el Espíritu, nos han sido dadas en la Palabra de Dios. Cuando Diótrefes habló mal de Juan y rechazó su autoridad apostólica, estaba difamando el mensaje del Espíritu Santo hablado a través del apóstol.

Rehusó recibir a quienes venían en el nombre del Señor

Tercero, Diótrefes rehusó recibir a los hermanos que venían en el nombre del Señor para hablar la verdad de Él. No quería saber nada de ellos. Los dejaba de lado y se negaba a permitirles hablar en la iglesia.

Expulsó de la iglesia a quienes los recibían

En cuarto lugar, Diótrefes expulsó de la iglesia a la gente que recibía a estos hombres. Se daba el gusto de practicar lo que hoy llamaríamos una «diferenciación secundaria». No sólo se oponía a los misioneros que visitaban la iglesia, sino también a aquellos que los recibían. Esta ha sido una de las desgracias de la Iglesia desde entonces. Debido a esta tendencia a rechazar la comunión con alguien a quien le gusta una persona que a nosotros nos desagrada, la iglesia continúa dividida y carece del poder que genera la unidad en Cristo.

Los mandamases de la iglesia deberían ser confrontados y descubiertos

Entonces, ¿cómo deberíamos tratar con el mandamás de la iglesia? El doble consejo de Juan es tan apropiado ahora como lo fue en su tiempo. En primer lugar, los mandamases de la iglesia deberían ser confrontados y descubiertos para su propio bien y el de la iglesia. Dice Juan: «si yo fuere, recordaré las obras que hace parloteando con palabras malignas contra nosotros». La iglesia debe ejercitar su autoridad legítima para tratar con el pecado y el orgullo en sus filas. Si los pastores o los ancianos se comportan de manera arrogante, deben ser confrontados por otros ancianos. Si miembros laicos se comportan como mandamases, el liderazgo de la iglesia debe intentar mostrarles su error y restaurarlos amable y amorosamente, pero con firmeza y objetividad, ¡incluso si esto implica arriesgarse a que los donantes muy ricos se enojen! Este es un asunto de fe y de principios, y las iglesias no deben capitular ante el pragmatismo, el poder o el dinero.

El proceso para confrontar el pecado dentro de la iglesia se encuentra en pasajes tales como Proverbios 27:5-6, Mateo 18:15-20, 1 Corintios 5 y 2 Corintios 2:1-11 (estos pasajes de Corintios están vinculados y deberían estudiarse juntos), y Gálatas 6:1-3. Aunque estos pasajes no tratan específicamente el problema de los mandamases en la iglesia, los principios son válidos, sin importar la naturaleza del pecado que debe confrontarse.

Lo más importante de todo es el principio de Juan de tratar el asunto abiertamente: «Llamaré su atención sobre lo que él está haciendo». El mandamás de la iglesia tiende a operar en las sombras; cuando sus obras son llevadas a la luz, pierde su poder para intimidar y controlar.

Eviten llegar a ser como Diótrefes

El segundo consejo que Juan da a Gayo es evitar llegar a ser como Diótrefes. No le aconseja que organice una división de la iglesia ni que intente arrebatarle el poder a Diótrefes con estrategias sutiles o programas ocultos. Tampoco una campaña de murmuración contra él. En cambio, le aconseja que evite llegar a contaminarse con su actitud y su espíritu: «No imites lo malo, sino lo bueno». Si te conviertes en un Diótrefes, él te ha derrotado, te ha impedido llegar a ser como Cristo y ha hecho que seas como él. Recuerda, Cristo no fue un mandamás; fue un siervo.

Demetrio, un cristiano confiable y auténtico

La tercera personalidad que descubrimos en 3 Juan es la de un hombre llamado Demetrio, de quien Juan escribe:

> *Todos dan testimonio de Demetrio, y aun la verdad misma; y también nosotros damos testimonio, y vosotros sabéis que nuestro testimonio es verdadero (v. 12).*

Juan escribe como un apóstol con el don de discernimiento. En realidad, dice: «Quiero subrayar lo que todos piensan de Demetrio. Aquí tenemos a alguien en quien podemos confiar. Es una persona auténtica». Al parecer, Demetrio fue el cartero, el que llevó esta carta a Gayo, y probablemente era uno de esos misioneros que viajaban de un lugar a otro. Juan describió a tales misioneros (a quienes llamó «los hermanos»):

Amado, fielmente te conduces cuando prestas algún servicio a los hermanos, especialmente a los desconocidos, los cuales han dado ante la iglesia testimonio de tu amor; y harás bien en encaminarlos como es digno de su servicio a Dios, para que continúen su viaje. Porque ellos salieron por amor del nombre de El, sin aceptar nada de los gentiles. Nosotros, pues, debemos acoger a tales personas, para que cooperemos con la verdad (vv. 5-8).

Los misioneros como Demetrio han abandonado las comodidades de su hogar y han respondido al supremo llamamiento

Estas palabras describen al primer grupo de misioneros itinerantes, y Demetrio era evidentemente uno de ellos. Cuando iban de aquí para allá, disfrutaban de la hospitalidad de diversas iglesias. Trabajaban como evangelistas apoyando a las congregaciones en cada región y llegando a lugares donde la iglesia no había ido todavía.

Juan dice tres cosas de estos misioneros: en primer lugar, han salido, han dejado las comodidades del hogar. Segundo, han renunciado a los ingresos económicos y a la seguridad, para obedecer el supremo llamamiento. No todos son llamados al campo misionero. Algunos son llamados por el Señor Jesús a esta labor especial. Otros, como Gayo, deben quedarse y apoyar a los que son enviados.

En tercer lugar, ¿por qué creyentes como Demetrio eran enviados al mundo? Juan responde en el versículo 7: «Salieron por amor del nombre de El». Literalmente, por el nombre de Jesús. El nombre de Jesús es muy especial para estos creyentes.

En los tiempos del Antiguo Testamento, los judíos trataban el nombre de Dios de una manera especial. Ese nombre, Jehová, aparece a lo largo de todo el Antiguo Testamento y se refiere a él como al Inefable Tetragrámaton. *Inefable* significa indescriptible o indecible. *Tetragrámaton* significa las cuatro letras (YHVH). Cada vez que los judíos encontraban estas cuatro letras hebreas para nombrar a Dios, no se atrevían a decirlas; tan santo era el nombre. Aun el escriba que escribía el Tetragrámaton cambiaba de pluma y continuaba escribiendo con otra. Antes de escribirlo, los escribas también cambiaban sus vestiduras en reverencia al nombre de Dios. Cuando registraron las palabras en Deuteronomio 6:4, «Oye, Israel: Jehová nuestro Dios, Jehová uno es», el Tetragrámaton aparece dos veces, ¡así que, el escriba habrá cambiado dos veces sus vestiduras y cuatro veces sus plumas para escribir tan sólo esa línea!

En el Nuevo Testamento, se reserva una suprema medida de respeto y de devoción para el nombre de Jesús. El apóstol Pablo dice:

Por lo cual Dios también le exaltó hasta lo sumo, y le dio un nombre que es sobre todo nombre, para que en el nombre de Jesús se doble toda rodilla de los que están en los cielos, y en la tierra, y debajo de la tierra; y toda lengua confiese que Jesucristo es el Señor, para gloria de Dios Padre (Fil. 2:9-11).

El amor al precioso nombre de Jesús ha sido el motivo de los esfuerzos misioneros sacrificiales desde el siglo I. Hombres y mujeres han sufrido y muerto por el maravilloso nombre que la gente, en todo el mundo, necesita escuchar. Este amor nos motiva a usted y a mí a testificar del evangelio a nuestros vecinos y compañeros de trabajo. Aun las personas que no son llamadas a salir como misioneros pueden hacer mucho para glorificar y difundir este nombre a un mundo necesitado. Podemos ser testigos para Jesús dondequiera que estemos y ser compañeros de los misioneros que están contando Su historia alrededor del mundo. Juan dice en el versículo 8:

Están motivados por el amor al nombre de Jesús

Nosotros, pues, debemos acoger a tales personas, para que cooperemos con la verdad.

Ahora Juan termina su carta con una conclusión muy cálida y personal, en los versículos 13 al 15:

Yo tenía muchas cosas que escribirte, pero no quiero escribírtelas con tinta y pluma, porque espero verte en breve, y hablaremos cara a cara. La paz sea contigo. Los amigos te saludan. Saluda tú a los amigos, a cada uno en particular.

Así termina una breve carta muy íntima y enérgica. Parece como si no viniera solamente de Juan, sino del Señor mismo. Siempre que leo estas palabras, siento como si estuviera escuchando al Señor Jesucristo decirme a mí y a toda Su Iglesia: «Hay mucho que me gustaría decirles, pero prefiero no escribirlo en una carta. En cambio, iré pronto. Entonces, hablaremos cara a cara. Mientras tanto, mi paz sea con ustedes. Con amor, su amigo Jesús».

CONTENDER POR LA FE

¡Un estruendo de címbalos! ¡Un retumbar de timbales! ¡Un estallido de cañones y una cascada de fuegos artificiales! Eso es lo que parece la carta de Judas. Las palabras de este apóstol resuenan desde sus páginas. ¿Se pregunta quién es Judas? En el primer versículo, él se refiere a sí mismo simplemente como:

> *Judas, siervo de Jesucristo y hermano de Jacobo.*

Para el lector del siglo I, eso lo identifica claramente porque Jacobo, el hermano de Judas, era sumamente conocido como líder de la iglesia primitiva de Jerusalén. Este es el mismo Jacobo que escribió la epístola de Santiago. Note que Judas, el hermano de Santiago, ¡era también hermanastro del Señor Jesús! Creció en el pueblo de Nazaret, como Jesús. Sin embargo, observe que no dice nada sobre estar relacionado físicamente con el Señor. Podría pensarse que esa sería una credencial digna de ser mostrada, a toda luz; no obstante, Judas se identifica como hermano de Jacobo y siervo de Jesucristo. ¿Por qué?

Judas expresa una perspectiva única

Creo que puede deducirse con seguridad que Judas ya había aprendido a ver a Jesús no como «mi hermano Jesús», sino como lo que verdaderamente era: Dios hecho hombre, el Hijo de Dios, el Salvador del mundo. Judas y Jacobo tenían una perspectiva única de Jesús: Ellos adoraron a quien creció con ellos y fueron discípulos de Él.

Como en muchos otros pasajes de la Biblia, aquí encontramos otro claro testimonio de la deidad del Señor Jesús. Si alguien estuviera en posición de refutar la afirmación de Jesús de ser Dios, esos serían Sus hermanos. Aunque Judas, como Jacobo, no llegaron a creer en Él hasta después de la resurrección, esta declaración al comienzo de su carta es otro sello que confirma la deidad de Jesús de Nazaret.

Lo que sigue es un resumen estructural de la epístola de Judas:

Comentarios introductorios (Judas 1-4)

El peligro de los falsos maestros (Judas 5-23)

1. El juicio pasado de Dios sobre los falsos maestros — 5-7
2. Cómo detectar a un falso maestro — 8-13
3. El juicio futuro de Dios sobre los falsos maestros — 14-16
4. Cómo tratar con los falsos maestros — 17-23

Bendición (Judas 24-25)

Contiendan por la fe

En sus comentarios introductorios, el apóstol Judas nos dice cómo llegó a escribir esta carta:

> *Amados, por la gran solicitud que tenía de escribiros acerca de nuestra común salvación, me ha sido necesario escribiros exhortándoos que contendáis ardientemente por la fe que ha sido una vez dada a los santos (v. 3).*

Él había comenzado a escribir una carta que contenía ciertas perspectivas y conocimientos de la fe, y quizás otros lo habían animado a registrar sus memorias como hermano del Señor. Entonces, Judas se enteró de la aparición de una enseñanza falsa y muy desagradable. Así que, se sintió constreñido por el Espíritu Santo a dejar a un lado el tratado que planeaba y a escribir, en su lugar, uno corto y con palabras muy fuertes. No sabemos si el otro tratado fue escrito en algún otro momento; no obstante, este se convirtió en una parte importante y poderosa del Nuevo Testamento. Aquí Judas insta a sus lectores a contender «por la fe que ha sido una vez dada a los santos».

Un mandato poderoso para los cristianos

Esta afirmación breve constituye un mandato poderoso para los cristianos. Judas nos está diciendo: (1) Nuestra fe no fue fabricada por personas. (2) Es un solo cuerpo de hechos coherentes. (3) Ha sido confiada a los apóstoles cuya autoridad es indiscutible, porque son inspirados por Dios. (4) Esta fe fue revelada de una vez y para siempre; está completa.

Esta carta breve es una respuesta autorizada a los reclamos de los

Esta carta breve es una respuesta autorizada a los reclamos de los cultos y las falsas doctrinas de hoy. Creo que la epístola de Judas responde a toda falsa doctrina que haya sido enseñada alguna vez. Por *cultos y las falsas doctrinas de hoy*

ejemplo, el mormonismo enseña que desde la conclusión del Nuevo Testamento se añadieron nuevos libros, nuevas revelaciones, pero Judas dice claramente que tenemos que luchar por esta fe que ya nos ha sido revelada de una vez y para siempre.

¿Por qué necesitamos luchar por la fe? Porque los falsos maestros se han introducido subrepticiamente en la iglesia. Judas escribe:

> *Porque algunos hombres han entrado encubiertamente, los que desde antes habían sido destinados para esta condenación, hombres impíos, que convierten en libertinaje la gracia de nuestro Dios, y niegan a Dios el único soberano, y a nuestro Señor Jesucristo (v. 4).*

A Judas le inquieta especialmente que estos falsos maestros estén atacando a la iglesia desde adentro. Eran personas que profesaban ser cristianas. Habían surgido dentro de la iglesia y estaban haciendo dos cosas: (1) cambiar la gracia de Dios en licencia para vivir una vida inmoral y sexualmente degradada; (2) aseverar que la gracia de Dios es tan grande que Él perdonaría cualquier cosa que hicieran... ¡cuánto más pequen, más abunda la gracia; así que, adelante! Esta misma idea destructiva también pervierte nuestra sociedad. Mucha gente en la actualidad, aun dentro de la iglesia, afirma que, si usted «ama» a alguien, cualquier cosa que haga con esa persona se justifica. Esto no es ninguna «nueva moralidad»; ¡es una vieja herejía! Y Judas la condena con razón.

El juicio de Dios contra los falsos maestros es seguro

El ejemplo del Antiguo Testamento, el ejemplo de los ángeles, el ejemplo de Sodoma y Gomorra

¿Cómo visualiza Judas el problema de los falsos maestros? Primero, afirma que el juicio de Dios es seguro. Dios no ignorará a aquellos que tuercen Su verdad. Judas provee evidencia bíblica para apoyar su observación: (1) Dios sacó al pueblo de la esclavitud de Egipto; de hecho, más de un millón de personas. Algunos eran creyentes, otros no, pero Dios los llevó a través del mar Rojo y del desierto, mostrándoles milagro tras milagro de protección y de provisión divina. Aquellos que murmuraron y se quejaron contra Él fueron juzgados, y perecieron en el desierto. Quienes vivieron por fe en el Señor entraron en la tierra prometida. (2) Los ángeles vivían en la presencia de Dios, ministrando ante Él; no obstante, algunos siguieron a Satanás en su rebelión. Ellos también fueron juzgados. Aun los ángeles, cuando se someten al orgullo y la codicia, están bajo el juicio de Dios. (3) Las ciudades de Sodoma y Gomorra, al sur del mar Muerto, habían caído en prácticas viles, abiertamente homosexuales. Cuando los ángeles de Dios visitaron a Lot, los hombres de la ciudad rodearon su casa y le ordenaron que sacara a sus invitados para satisfacer sus deseos. Dios juzgó a esa ciudad por su pecado.

Judas nos recuerda que Dios no toma a la ligera el pecado y la rebelión. Los juzga. El juicio puede venir de repente, como en el caso de Sodoma y Gomorra, o retrasarse, como en el caso de los ángeles. Hasta puede ocurrir durante el curso natural de los acontecimientos, como en el caso de aquellos que salieron de Egipto. Pero, sea rápido o lento, el juicio de Dios es siempre seguro.

Los falsos maestros pecan contra Dios de tres maneras, como Judas afirma en el versículo 8:

> *No obstante, de la misma manera también estos soñadores mancillan la carne, rechazan la autoridad y blasfeman de las potestades superiores.*

El pecado triple de los falsos maestros

En los versículos 8 al 13, Judas se expande hablando de estas tres formas de pecado y las considera en orden regresivo. Explica que los falsos maestros (1) difaman a los «seres celestiales» o ángeles, (2) rechazan la autoridad, y (3) contaminan sus cuerpos.

1. Difaman a los seres celestiales

Primero, difaman a los seres celestiales. Judas se refiere a un incidente no registrado en nuestra Biblia. Proviene de un libro llamado la Asunción de Moisés, que era conocido para los lectores del siglo I. Muchos cristianos han estado preocupados por esta referencia, porque piensan que Judas se refiere a un libro de la Biblia que se ha perdido. Pero no es así; aún existe. Simplemente, no forma parte del canon aceptado de la Escritura. Puede encontrarse en la mayoría de las bibliotecas públicas y en casi todas las de los seminarios. Ese libro, como muchos otros no canónicos de ese tiempo, contiene una mezcla de verdad y de error. Si un escritor del Nuevo Testamento se refiere a uno de esos llamados libros perdidos, uno que no es Escritura inspirada, entonces lo hace bajo la inspiración del Espíritu Santo, y podemos estar seguros de que el incidente citado de ese «libro perdido» es verdadero y confiable, aun cuando dicho libro, en un todo, no sea confiable ni inspirado.

Judas emplea la literatura apócrifa

Judas 14-15 incluye una cita de otro libro perdido, el de Enoc, que también puede encontrarse en las bibliotecas de los seminarios. La cita de Judas es válida y confiable. El libro perdido de donde fue tomada, como un todo, no es confiable: no es Escritura.

Esta es la historia que Judas cita de la Asunción de Moisés: Cuando Moisés murió, el arcángel Miguel, el superior de los ángeles, luchó con el diablo por el cuerpo de Moisés. El reclamo del diablo sobre el cuerpo fue doble: (1) Moisés era un asesino, había matado a un egipcio: y (2) su cuerpo era parte del reino material, sobre el cual el diablo era señor. Miguel luchó contra la demanda del diablo, para reclamar el cuerpo para el Señor; la Escritura dice que nuestros cuerpos son importantes para Dios y que Él tiene un plan tanto para ellos como para nuestros espíritus.

Lo que Judas afirma es lo siguiente: Ni siquiera un ser tan grandioso como el arcángel Miguel se dirigiría directamente a Satanás, sino que le diría simplemente: «El Señor te reprenda». El argumento de Judas es que, si los grandes arcángeles respetan la dignidad de un ángel caído, ¿cómo se atreven los seres humanos a hablar despectivamente de los principados y las potestades en los lugares celestiales? La gente mundana se comporta de manera presuntuosa cuando habla con desprecio de la existencia de ángeles y demonios en la Escritura.

Segundo, los falsos maestros rechazan la autoridad:

> *¡Ay de ellos! porque han seguido el camino de Caín, y se lanzaron por lucro en el error de Balaam, y perecieron en la contradicción de Coré (v. 11).*

2. Rechazan la autoridad

Aquí Judas se remonta a la manera en que el pecado, especialmente la rebeldía, se desarrolla en la vida humana. Cita tres individuos bíblicos como personificaciones de la rebelión humana: Caín, Balaam y Coré. Habla del «camino de Caín», que fue esencialmente el egoísmo. Caín fue el hombre que pensó sólo en sí mismo, que no tuvo amor hacia su hermano, sino que lo mató. El egoísmo es el primer paso para la rebelión.

El camino de Caín

El error de Balaam

El segundo paso es el «error de Balaam». El Antiguo Testamento contiene dos historias acerca de Balaam. En una de ellas, citada en Números 22:21-35, un rey pagano lo contrató para maldecir a los hijos de Israel. Cuando iba montado sobre su asno para hacerlo, el animal se detuvo porque vio a un ángel de Dios que bloqueaba el camino. Balaam no vio al ángel y, finalmente, el asno tuvo que hablar con voz humana para reprender el pecado de este profeta. En la segunda historia (Nm. 31:15), Balaam otra vez acepta dinero. Esta vez es para introducir mujeres paganas en el campamento de Israel, seducir así al ejército e infiltrar la adoración a los ídolos y los ritos sexuales. Él haría cualquier cosa por ganar dinero, incluso maldecir a Israel, y conducirlo al pecado y el juicio. Su pecado es la codicia y el llevar a otros por mal camino. Este es el error de Balaam. Enseñar a otro a pecar produce un juicio mayor para uno mismo.

> *Dijo Jesús a sus discípulos: Imposible es que no vengan tropiezos; mas ¡ay de aquel por quien vienen! Mejor le fuera que se le atase al cuello una piedra de molino y se le arrojase al mar, que hacer tropezar a uno de estos pequeñitos (Lucas 17:1-2).*

La rebelión de Coré

Del egoísmo de Caín al pecado de Balaam (codiciar y llevar a otros por mal camino), los falsos maestros descienden al pecado de Coré: la rebelión desafiante. Coré y sus seguidores se opusieron a Moisés y a Aarón en el desierto. En Números 16:1-3, leemos:

> *Coré hijo de Izar, hijo de Coat, hijo de Leví, y Datán y Abiram hijos de Eliab, y On hijo de Pelet, de los hijos de Rubén, tomaron gente, y se levantaron contra Moisés con doscientos cincuenta varones de los hijos de Israel, príncipes de la congregación, de los del consejo, varones de renombre. Y se juntaron contra Moisés y Aarón y les dijeron: ¡Basta ya de vosotros! Porque toda la congregación, todos ellos son santos, y en medio de ellos está Jehová; ¿por qué, pues, os levantáis vosotros sobre la congregación de Jehová?*

Coré desafió flagrantemente la autoridad dada por Dios a Moisés y Aarón. En respuesta a ello, Dios dijo a Moisés y al resto de la gente que se separasen de Coré y de su banda. Cuando Moisés y la gente se alejaron a una distancia segura, la tierra se abrió bajo Coré y los otros rebeldes, y descendieron vivos al abismo. Esta fue la dramática manera en que Dios advirtió contra el pecado atroz y condenable de desafiar la autoridad dada por Él.

3. Profanan la carne

En tercer lugar, los falsos maestros profanan la carne.

Cuando lea esta carta, notará que, a medida que avanza, Judas se va poniendo más nervioso, como un predicador de un lugar remoto en una noche de avivamiento. En este momento, ¡el apóstol realmente comienza a tronar! Él dice, como con gruñidos, que estos falsos maestros son culpables de las fiestas de amor ágape de los cristianos, que conducían a la gente al desenfreno. Estas fiestas eran, en realidad, cenas improvisadas donde los primeros cristianos se reunían y llevaban comida para la reunión del domingo. Después del servicio, compartían todos juntos; a eso lo llamaban una fiesta de amor. ¡Qué bendito nombre! Amo las cenas improvisadas, pero preferiría mucho más volver al nombre original para ellas: ¡fiestas de amor!

Convirtieron las fiestas de amor en celebraciones de su egoísmo

Estas fiestas eran oportunidades maravillosas de relacionarse, pero ellos comenzaron a deteriorarlas a medida que la gente se fue dividiendo en camarillas. Algunos guardaron el cubo de pollo sabroso para sí mismos, otros se guardaron la torta... y pronto hubo una división. En lugar de amor, estas fiestas comenzaron a celebrar el egoísmo. Los falsos maestros eran los más egoístas de todos: tomaban y participaban, no daban nada, pensaban sólo en ellos.

Eran como nubes sin agua;

A medida que Judas avanza, añade imagen tras imagen, de forma muy parecida a lo que hace Santiago en su epístola, y como lo hace Jesús en Sus parábolas. En los versículos 12 y 13, Judas describe a estos maestros inútiles como nubes sin agua (que prometen lluvia, pero no dan nada), como dos veces muertos (no sólo muertos en Adán, sino también en Cristo, porque lo habían rechazado), como olas tormentosas del mar, que arrojan la espuma de su propia vergüenza, y como estrellas errantes en las tinieblas eternas.

prometían lluvia, pero no ofrecían nada

En los versículos 14 y 15, Judas cita a Enoc, del libro perdido que lleva su nombre y que mencionamos antes, prediciendo el juicio venidero sobre los falsos maestros. En el versículo 16, los describe como quejumbrosos, descontentos, que siguen sus propias pasiones, jactanciosos, gritones y aduladores de la gente para obtener ventaja. Estas palabras nos hieren, porque vemos muchos aspectos de nosotros mismos en esta descripción, ¿no es cierto?

Por último, después de tronar, gritar y golpear el púlpito, Judas hace una pausa. Cuando los ecos de su último grito se desvanecen en el aire, baja la voz, se inclina hacia nosotros, y dice suavemente:

> *Pero vosotros, amados, tened memoria de las palabras que antes fueron dichas por los apóstoles de nuestro Señor Jesucristo; los que os decían: En el postrer tiempo habrá burladores, que andarán según sus malvados deseos. Estos son los que causan divisiones; los sensuales, que no tienen al Espíritu. Pero vosotros, amados, edificándoos sobre vuestra santísima fe, orando en el Espíritu Santo, conservaos en el amor de Dios, esperando la misericordia de nuestro Señor Jesucristo para vida eterna (vv. 17-21).*

En otras palabras: «Los apóstoles profetizaron que estos engañadores se levantarían entre ustedes y tratarían de dividirlos. Esto no nos causa sorpresa. Así que, mis amigos, ¿qué van a hacer?».

Cuatro respuestas ante los falsos maestros

Conocer la verdad

Judas continúa recomendándonos cuatro respuestas. La primera manera de responder a los falsos maestros es: Edifíquense en la fe más santa; *conozcan la verdad.* Tenemos que aprender qué es la verdad, y eso significa que debemos estudiar la Biblia. Note que Judas no llama a un contraataque a los falsos maestros. No llama a una inquisición ni a linchar a estos engañadores. Su solución no es negativa, sino positiva. Dice: «¡La lucha yace en la verdad! Conózcala, y las mentiras nunca lo dañarán».

Orar en el Espíritu

La segunda manera en que debemos responder a los falsos maestros es: *Orando en el Espíritu.* Orar en el Espíritu significa hacerlo de acuerdo a Su enseñanza y en Su poder, dependiendo de Dios. Estudien y aprendan lo que es la oración, sigan la enseñanza de la Escritura sobre ello. Obedezcan al Espíritu Santo en su vida de oración.

Permanecer en el amor de Dios

La tercera manera de responder a los falsos maestros es: *Permaneciendo en el amor de Dios.* Judas está diciéndonos: «El amor de Dios es como el sol, constantemente brillando sobre ustedes. Pero ustedes pueden alzar barreras que eclipsen Su amor. ¡No lo hagan! ¡Permanezcan en el sol esplendoroso de Su amor! ¡Sigan caminando en Su bondad!». Debemos deshacernos constantemente del pecado en nuestras vidas a través de la confesión, permitir que Su amor y perdón fluyan siempre de nuestros corazones, y llenen nuestras vidas. Cuando preferimos escondernos en las sombras, Su amor también está allí, pero permanece oscuro y frío por nuestra propia decisión. Dios nos ama, estemos o no en comunión con Él, pero, cuando caminamos con el Señor, experimentamos y percibimos el calor de Su amor.

Mantener viva la esperanza

La cuarta y última manera de responder a los falsos maestros es: *Esperando la vida eterna por la misericordia de nuestro Señor Jesucristo.* Esto se refiere a nuestra esperanza en la segunda venida de Cristo. Debemos mantener nuestra esperanza brillante y en alerta, deseando que Jesús intervenga en la historia para terminar con la era de pecado y de sufrimiento. Nuestra oración de esperanza es: «Venga a nosotros tu reino, hágase tu voluntad, así en la tierra como en el cielo». Ven, Señor Jesús.

Judas finaliza su carta con algunas instrucciones prácticas sobre cómo satisfacer los deseos espirituales de aquellos que nos rodean:

> *A algunos que dudan, convencedlos. A otros salvad, arrebatándolos del fuego; y de otros tened misericordia con temor, aborreciendo aun la ropa contaminada por su carne (vv. 22-23).*

Conclusión: Muestren misericordia hacia aquellos que los rodean

¿Qué quiere decir Judas con: «Sed misericordiosos con aquellos que dudan»? Quiere que seamos comprensivos, que no juzguemos a aquellos que luchan con su fe. Una persona que tiene preguntas o dudas sobre la fe cristiana no debería ser tratada como un incrédulo o un enemigo de la fe, ni como una persona que está pecando. Así que, no condenen a tales personas. Por el contrario, respondan a sus interrogantes, razonen con ellos, ámenlos.

Misericordia mezclada con temor

Luego trata el problema de los cristianos que se han convertido en un peligro para sí mismos por sus actitudes y comportamientos pecaminosos. Si es posible, a estos debemos arrebatarlos del fuego. Debemos amarlos lo suficiente como para tratar de alejarlos del borde del desastre... si es posible. Pero note que Judas dice que nuestra misericordia debe estar mezclada «con temor, aborreciendo aun la ropa contaminada por su carne» corrupta.

Debemos recordar siempre que es más fácil que una persona caída nos arrastre a nosotros, y no que nosotros levantemos a dicha persona.

Existe el riesgo de involucrarnos cuando tratamos de alcanzar a alguien que está tambaleándose en el fuego, y no siempre es posible salvar a quien está decidido a continuar deslizándose en el pecado y el juicio. No podemos salvar a una persona que elige no ser salvada. Si siente que esa persona lo está arrastrando al fuego, debe dejarlo ir y salvarse usted mismo. No es responsable de las malas elecciones de otro. Salve al hermano o hermana caídos si es posible; pero, si no lo es, al menos sálvese usted mismo.

Judas concluye con estas palabras:

> *Y a aquel que es poderoso para guardaros sin caída, y presentaros sin mancha delante de su gloria con gran alegría, al único y sabio Dios, nuestro Salvador, sea gloria y majestad, imperio y potencia, ahora y por todos los siglos. Amén (vv. 24-25).*

Una bendición esplendorosa y conmovedora

Esta es una de las bendiciones más esplendorosas del Nuevo Testamento. También es una bendición conmovedora. Judas afirma que Dios es capaz de guardarnos de caer, pero esta misma declaración sugiere la posibilidad de que podemos hacerlo, si así lo eligiéramos. Dios es capaz de guardarnos de caer, pero Él no garantiza que no vayamos a hacerlo. La elección de caer o permanecer firmes es nuestra. Si tan sólo obedeciéramos al Señor, Él nos guardaría de toda caída.

Judas también asegura que Dios es capaz de presentarnos sin mancha y con gran alegría. Él ha tratado de manera tan completa con el pecado que puede borrar los nuestros totalmente y presentarnos sin mancha delante de Su gloria.

Por último, Judas exalta al único Dios, nuestro Salvador, el Señor Jesucristo, y le ofrece gloria, majestad, imperio y potencia, desde antes, ahora y por todos los siglos. Toda la majestad y el dominio pertenecen a Dios desde antes de la creación hasta más allá del fin del mundo. El universo entero, todo el tiempo y el espacio, se reúnen alrededor de Él y lo adoran. Este es el Dios a quien servimos y en quien creemos. Esta es la fe por la cual luchamos.

Novena Parte

LAS SEÑALES DE LOS TIEMPOS

EL FIN… Y UN NUEVO COMIENZO

¿Qué nos impulsa a querer leer primero el último capítulo de un libro? Por alguna razón, mucha gente comienza leyendo la Biblia en el libro de Apocalipsis, lo que normalmente es un error. Dado que este libro es vívido, dramático y emocionante, lo sumerge en un torbellino confuso de dragones y trompetas, copas y sellos, símbolos e imágenes del Antiguo Testamento. Quien comience con el Apocalipsis es muy probable que renuncie a leer toda la Biblia, frustrado al tratar de comprender su significado. Sin la información fundamental del Antiguo y del Nuevo Testamento, este libro lo dejará desconcertado.

Sin embargo, es posible comprender Apocalipsis. Quien esté familiarizado con el resto de la Biblia podrá relacionar los eventos de este libro con todo el patrón profético de la Palabra de Dios; con un estudio paciente y cuidadoso, lo entenderá. El Apocalipsis es el toque final de la Biblia, estratégicamente colocado al final. Es el punto culminante de toda la revelación de Dios a Su pueblo. También es la lente a través de la cual la historia humana y la profecía bíblica comienzan a aclararse y a tener sentido. Este libro nos muestra cómo los acontecimientos de hace varios miles de años avanzan hacia un evento único: el regreso de Jesucristo para establecer Su reino.

Apocalipsis muestra cómo los acontecimientos de la historia avanzan hacia el regreso del Señor Jesucristo

El libro del Apocalipsis es el único de carácter profético en el Nuevo Testamento. No obstante, otros libros también contienen pasajes proféticos. Los Evangelios incluyen declaraciones proféticas de Jesús, y en las Epístolas a los Tesalonicenses se encuentran fundamentalmente las revelaciones proféticas expresadas por Pablo. De todos modos, Apocalipsis es el único libro del Nuevo Testamento dedicado principalmente a la profecía.

El título del libro está incluido en la primera línea:

La revelación de Jesucristo...

Ese es el título de este libro. Note que no es las «revelaciones», en plural. Es una única revelación de una persona también única, Jesucristo. Juan continúa diciendo:

> *...que Dios le dio, para manifestar a sus siervos las cosas que deben suceder pronto; y la declaró enviándola por medio de su ángel a su siervo Juan (1:1).*

Dios el Padre dio esta revelación a Jesucristo. Luego Jesús se la entregó a Juan a través de un ángel. El propósito es mostrar a los siervos del Señor, es decir, a usted, a mí y a todos los otros seguidores de Cristo, lo que pronto acontecerá. Este libro fue escrito por el apóstol Juan cuando estaba cautivo en la isla de Patmos, en el mar Egeo. Data aproximadamente del año 95 d.C. Juan dice que estaba en el Espíritu en el día del Señor y que comenzó a ver visiones de cosas que pronto deberían ocurrir. Así que, se trata claramente de un libro profético.

¿Por qué utilizó Dios los símbolos?

Note la afirmación al final del primer versículo: «la declaró enviándola por medio de su ángel». Las palabras: «la declaró» son una traducción de la palabra griega que quiere decir: «significó». Note que la palabra *significó* puede dividirse de esta manera: «signi - ficó». Es decir, Dios hizo conocer esta revelación por medio de signos, mediante símbolos.

Explicar las tecnologías modernas a una generación que no sabía nada de ordenadores, energía nuclear, helicópteros, etcétera

¿Por qué Dios utilizó los símbolos? ¿Por qué no reveló el futuro en un lenguaje sencillo? Una razón es que estaba abordando eventos futuros que se encontraban más allá de la imaginación y del entendimiento de hombres y mujeres del siglo I: guerra nuclear, plagas mundiales, guerra biológica, tecnologías informáticas y espaciales. ¿Cómo podrían explicarse estos conceptos a una generación que no sabía nada de ordenadores, misiles, energía nuclear, aviones caza o helicópteros?

Son coherentes con los símbolos encontrados

Otro aspecto que ayuda a entender estos símbolos es que son coherentes con los que encontramos en otros pasajes de la Biblia. Son parte de una visión profética general de la Escritura. Por tanto, si desea comprender Apocalipsis, debe empezar comparándolo con Daniel, Ezequiel, y otras partes del Antiguo y del Nuevo Testamento.

Creo que el Espíritu Santo sabía que este libro sería difícil para muchos, así que, encontramos estas palabras al comienzo:

Bienaventurado el que lee, y los que oyen las palabras de esta profecía, y guardan las cosas en ella escritas; porque el tiempo está cerca (1:3).

en otros pasajes proféticos de la Biblia

Quienes buscamos la bendición del Señor en nuestras vidas y queremos entender cómo serán las cosas en el futuro anhelamos comprender los símbolos y la sustancia del libro del Apocalipsis de Dios.

Trasfondo del libro

El libro del Apocalipsis esta dirigido, ante todo, a las siete iglesias en el Asia Menor (la actual Turquía). La primera sección del libro consiste de siete cartas a estas iglesias. Por supuesto, había más de siete congregaciones en esa región, pero estas fueron seleccionadas porque representaban a las iglesias de todos los tiempos, incluso el nuestro. Estas cartas no provienen del apóstol Juan, sino del Dios trino que inspiró estas palabras. En Apocalipsis 1:4-5, Juan establece la naturaleza trinitaria del Autor divino de estas cartas, aunque debemos leerlas cuidadosamente para entenderlas:

Juan establece la naturaleza trinitaria del Autor divino de estas cartas, aunque debemos leerlas cuidadosamente para entenderlas

Juan, a las siete iglesias que están en Asia: Gracia y paz a vosotros, del que es y que era y que ha de venir [este es Dios el Padre], *y de los siete espíritus que están delante de su trono* [aludiendo al Espíritu Santo en Su séptuple plenitud de poder]; *y de Jesucristo* [el Hijo] *el testigo fiel, el primogénito de los muertos, y el soberano de los reyes de la tierra. Al que nos amó, y nos lavó de nuestros pecados con su sangre.*

Padre, Hijo y Espíritu Santo, conjuntamente, dieron a estas siete iglesias, y a nosotros, estas cartas, al igual que la sorprendente predicción que sigue a continuación. Como pasa con la mayoría de los libros modernos, el antiguo Apocalipsis contiene una dedicatoria:

Dedicatoria

Al que nos amó, y nos lavó de nuestros pecados con su sangre, y nos hizo reyes y sacerdotes para Dios, su Padre; a él sea gloria e imperio por los siglos de los siglos. Amén (1:5-6).

El libro está dedicado a Jesucristo, Aquel que puso el fundamento para toda bendición humana. Después, se introduce el tema del libro:

He aquí que viene con las nubes, y todo ojo le verá, y los que le traspasaron; y todos los linajes de la tierra harán lamentación por él. Sí, amén (1:7).

La audiencia de Juan necesitaba escuchar que toda la historia, incluso su tiempo de sufrimiento, estaba bajo el control de Dios

Este es un libro sobre la segunda venida de Jesucristo: cómo se llevará a cabo, los acontecimientos en la tierra que acompañan a este evento, y qué pasará después. Entonces, el Señor agrega Su firma personal como Autor del libro:

> *Yo soy el Alfa y la Omega, principio y fin, dice el Señor, el que es y que era y que ha de venir, el Todopoderoso (1:8).*

Este libro fue escrito en un tiempo de persecución intensa de la Iglesia, durante el reinado del vicioso emperador romano Domiciano, que se declaró señor y dios del pueblo romano. Los cristianos de esa época buscaban desesperadamente aliento y seguridad; así que, este mensaje del Señor, Aquel que es el Alfa y la Omega, el principio y el fin, fue bienvenido. Necesitaban escuchar que toda la historia, incluso su tiempo de sufrimiento, estaba bajo el control de Dios.

El versículo 19 nos brinda una estructura del libro, donde Juan registra lo que el Señor le dijo:

> *Escribe las cosas que has visto, y las que son, y las que han de ser después de éstas.*

Observemos las tres divisiones del libro del Apocalipsis: (1) las cosas que vio Juan, capítulo 1; (2) las condiciones corrientes como se expresan en las siete cartas a las siete iglesias, capítulos 2 y 3; y (3) las cosas que pasarán más adelante, capítulos 4 a 22. Creo que la frase: «las que han de ser después de éstas» se refiere a los eventos que siguen a la partida de la Iglesia. Mientras que los capítulos 2 y 3 cubren toda la era presente (desde el tiempo de Juan hasta el nuestro), todo el resto tiene que ver con la culminación de los acontecimientos humanos. En otras partes de la Biblia, este alarmante evento es llamado la gran tribulación, el tiempo del fin o la semana septuagésima de Daniel. Toda la turbulencia aterradora de nuestro tiempo está avanzando hacia ese evento.

En nuestra visión general del Apocalipsis, tocaremos brevemente algunos de los momentos más importantes del desarrollo de este plan de Dios. Lo que sigue es una breve visión general de la estructura de este asombroso libro:

Lo que has visto (Apocalipsis 1)

1. Introducción 1:1-8
2. La revelación de Cristo 1:9-20

Las que son (Apocalipsis 2–3)

3. La carta del Señor a Efeso 2:1-7

4. La carta del Señor a Esmirna 2:8-11
5. La carta del Señor a Pérgamo 2:12-17
6. La carta del Señor a Tiatira 2:18-29
7. La carta del Señor a Sardis 3:1-6
8. La carta del Señor a Filadelfia 3:7-13
9. La carta del Señor a Laodicea 3:14-22

Las que han de ser después de éstas (Apocalipsis 4–22)

10. El trono de Dios y el Cordero/León 4
11. El libro sellado 5
12. Las profecías de la gran tribulación 6:1–19:6
    A. Los siete sellos del juicio 6:1–8:5
    B. Las siete trompetas del juicio 8:6–11:19
    C. Las profecías de la mujer, la bestia, los 144.000, y el juicio de la siega 12:1–14:20
    D. Las siete copas del juicio 15:1–16:21
    E. El derrocamiento de la gran ramera 17
    F. La destrucción de la Babilonia misteriosa 18:1–19:3
13. Las profecías de la segunda venida de Cristo 19:4-21
14. Las profecías del milenio, del reinado de los santos, mientras Satanás es atado durante 1.000 años, culminando en el juicio del trono blanco 20
15. Las profecías de los nuevos cielos y la nueva tierra, y la nueva Jerusalén 21:1–22:5
16. Conclusión, bendición y oración: «Ven, Señor Jesús» 22:6-21

Siete cartas a siete iglesias

En los capítulos 2 y 3, tenemos las siete cartas a las siete iglesias. Estas cartas deberían considerarse en tres niveles. En primer lugar, son dirigidas a iglesias de verdad y tratan sobre problemas reales que había en ellas. En segundo lugar, estas iglesias simbolizan congregaciones individuales en cualquier época de la historia. Sin duda, su iglesia encaja en el patrón de una de estas. Tercero, estas iglesias representan las siete etapas en el proceso de la historia de la Iglesia, desde el siglo I hasta hoy.

Estudiemos cada una de estas cartas e iglesias.

Primera carta, *Éfeso* (2:2-7): pierde su primer amor

La iglesia de Éfeso tenía un éxito sorprendente, pero estaba comenzando a perder su primer amor, esa motivación conductora y tan necesaria para tener eficacia en la vida cristiana. Cuando observamos esta carta desde el punto de vista de la historia de la Iglesia, encontramos que muchas iglesias comenzaron a perder su primer amor durante el periodo inmediatamente posterior a la muerte de los apóstoles. La etapa «efesia» de la historia de la Iglesia cubre desde el 70 d.C., cuando el templo de Jerusalén fue destruido, hasta cerca del 160 d.C. Durante ese tiempo, cientos de iglesias literalmente pasaron de un ministerio ardiente y compasivo para con el mundo a una religión institucional, formal, sin amor. La Iglesia llegó a estar plagada de conflictos y de argumentos teológicos.

Segunda carta, *Esmirna* (2:8-11): emitir una fragancia de Cristo en sus frecuentes aflicciones

La palabra *Esmirna* significa «mirra», una especia o aroma fragante obtenida al horadar o golpear con fuerza la corteza tierna del árbol florecido de la mirra. Es un nombre apropiado para esta iglesia del siglo I, que despedía una fragancia de Cristo en toda la región, porque era una congregación que solía tener aflicciones. Históricamente, la iglesia de Esmirna representa un periodo llamado era de los mártires, que duró desde aproximadamente el año 160 d.C. hasta la ascensión del así llamado primer emperador cristiano, Constantino el Grande, en el año 324 d.C. Denominar este periodo la era de los mártires no quiere decir que fue la única época de la historia en que los cristianos fueron martirizados, sino que estos creyentes en particular fueron perseguidos con una crueldad inigualable.

Tercera carta, *Pérgamo* (2:12-17): amoldarse a un sistema mundano pagano

Pérgamo significa «casado». Esta iglesia estaba casada con el mundo, tratando de cohabitar con el sistema mundano pagano. Todas las actitudes y los valores de un mundo impío se habían infiltrado en los procesos de la iglesia. La etapa de Pérgamo en la historia de la Iglesia corresponde al periodo entre la ascensión al trono de Constantino el Grande, en el 324 d.C., y el siglo VI, cuando comenzó la era de los papas. Fue el tiempo del primer «matrimonio» entre la Iglesia y el Estado, cuando Constantino hizo del cristianismo la religión oficial del Imperio Romano. Durante este periodo, la Iglesia gozó de considerable popularidad. Llegó a ser considerada, no tanto una familia de la fe, sino un reino mundano formal, muy parecido a cualquier otro estado. A medida que fue creciendo la influencia política de la Iglesia, disminuyó la espiritual.

Cuarta carta, *Tiatira* (2:18-29): la más corrupta de las siete iglesias

La iglesia de Tiatira estaba pasando por un periodo de adulterio espiritual. Había perdido su pureza y necesitaba purificarse a través de un penoso proceso de disciplina. Era la más corrupta de las siete iglesias y simbolizaba una época oscura e inmoral en la historia cristiana, los Años Oscuros, una época en que la Iglesia perdió su sello y pureza al llenarse de superstición y de paganismo. Esta edad se prolongó desde el siglo VII hasta el XVI, cuando comenzó la Reforma.

Quinta carta, *Sardis* (3:1-6): Cristianos sólo de nombre

La iglesia de Sardis tenía que redescubrir la verdad porque carecía de vitalidad. Había ganado una buena reputación, pero realmente estaba muerta y corrupta por dentro. Hoy en día, llamaríamos a los creyentes de Sardis «cristianos nominales» (*nominal* de la raíz de la palabra «nombre»). Los de Sardis eran cristianos sólo de nombre. Jesús les dijo: «Tienes una reputación, tienes nombre de que vives, ¡y estás muerto!». Aparentemente, esta iglesia estaba formada en su mayoría por personas que exteriormente profesaban ser de Cristo, pero que no poseían una verdadera vida espiritual. Esto describe el periodo de la Reforma, del siglo XVI al XVIII. Aunque las iglesias de esa época comenzaron con un sello de fuego ardiente, pronto se apagaron hasta llegar a ser cenizas blanquecinas de una ortodoxia muerta.

Sexta carta, *Filadelfia* (3:7-13): veraz y fiel a la Palabra

La iglesia de Filadelfia es maravillosa. El Señor no tiene ninguna crítica para ella. La aprueba porque es veraz y fiel a Su Palabra. Dice que tiene poca fuerza; se refiere a la apacible fortaleza interior del Espíritu Santo, en contraste con el poder manifiesto de la estructura política del mundo. Esta congregación tipifica la era del siglo XIX, el gran despertar evangélico, cuando la Iglesia cristiana no se enfocó en adquirir poder político, sino en obedecer a su fuerza interna, al Espíritu Santo. La Iglesia de esta era fue reavivada para actuar y se expandió por los rincones más lejanos de la tierra en un gran movimiento misionero.

Séptima carta, *Laodicea* (3:14-22): materialmente rica, pero espiritualmente pobre

La iglesia de Laodicea, la iglesia rica, dice: «No necesitamos para nada a Dios. Tenemos dinero, influencia, poder... es todo lo que nos hace falta». Y Dios dice: «¡Ustedes, insensatos! ¿No saben que no tienen nada, que son desventurados, miserables, dignos de compasión y ciegos? Les aconsejo que de mí compren oro refinado en fuego». El Señor aparece de pie fuera de la puerta de la iglesia, llamando para poder entrar. Añade: «No eres frío ni caliente». Los de Laodicea no eran como la iglesia de Sardis, fría como la muerte; ni tampoco como la de Filadelfia, caliente, viva y activa. Eran simplemente tibios.

Como confirman claramente la historia y la profecía, Laodicea simboliza la Iglesia de la última era, nuestra época

Cada una de las siete iglesias del Apocalipsis representa un tiempo específico en la historia de la Iglesia. Mirando atrás, a los veinte siglos de historia de la Iglesia, podemos ver cuán acertados han sido estos símbolos proféticos. Como confirman claramente la historia y la profecía, Laodicea simboliza la Iglesia de la última era... ¡nuestra época! Sí, lo cierto es que vivimos en los tiempos de Laodicea, en que la Iglesia se considera rica, pero es pobre; cuando es tibia, ni caliente ni fría.

Por supuesto, esto es una generalización, ya que vemos muchos cristianos vivos y activos, aun en esta tibia época. Nuestro desafío y tarea es estar seguros de vivir como los cristianos de Filadelfia incluso en esta era de Laodicea. Aunque una de cada dos iglesias a nuestro alrededor parezca infectada de laodiceanismo, aún podemos decidir brillar ardientemente y esparcir la luz de Jesús en esta era decadente de la Iglesia. Si lo hacemos, Jesús dice que la promesa final de Apocalipsis 3 es nuestra:

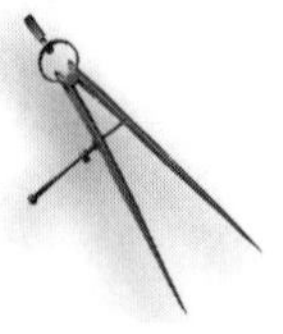

Al que venciere, le daré que se siente conmigo en mi trono, así como yo he vencido, y me he sentado con mi Padre en su trono. El que tiene oído, oiga lo que el Espíritu dice a las iglesias (3:21-22).

Lo que pasará más adelante

El libro da un giro brusco en el capítulo 4. Note la frase clave en el versículo 2: «en el Espíritu». Esta frase se encuentra cuatro veces en Apocalipsis: (1) en 1:10, donde Juan está en la isla de Patmos y escucha la voz como de trompeta que introduce toda esta visión; (2) aquí en 4:2; (3) en 17:3, cuando un ángel lo lleva al desierto donde ve a una mujer sentada sobre una bestia escarlata; y (4) también en 21:10, cuando Juan es llevado a un monte y se le muestra la ciudad santa, la nueva Jerusalén, que baja del cielo. En cada una de estas ocasiones, el apóstol está «en el Espíritu», lo cual indica que algo sumamente significativo está por acontecer.

Y al instante yo estaba en el Espíritu; y he aquí, un trono establecido en el cielo, y en el trono, uno sentado (4:2).

El cielo

Este momento es trascendente porque la escena cambia ahora de la tierra al cielo. Por «cielo», no me refiero a algún lugar afuera, en el espacio. En la Biblia, cielo es la esfera de lo invisible, otra dimensión —si usted quiere— donde Dios reina oculto para los ojos, pero presente entre nosotros. Es un reino espiritual que nos rodea por todos lados, pero que no podemos probar, tocar ni ver, aunque es absolutamente real, más que este nivel de existencia que llamamos «vida real». Comparado con la esfera celestial, lo que consideramos «realidad» es un simple vapor.

Este reino de los cielos fue abierto para Juan, y vio un trono y a Aquel que se sentaba en él. Inmediatamente, supo quién era; no necesitó que se lo dijeran. Era el trono de Dios, y Él estaba en control de toda la historia. Juan tuvo una visión notable de la falta de poder y debilidad humanas comparadas con el amplio poderío y autoridad de Dios.

El Cordero se vuelve León

Entonces, Juan vio al Cordero sentado frente al trono, con el cuello cortado. Esto podría parecer un símbolo extraño para el Hijo de Dios, pero es muy adecuado: un cordero inocente e inmolado, un sacrificio. Cuando observó, el Cordero se convirtió en León, y vio que era también el Rey de todo. Él estaba de pie ante Aquel que se sentaba en el trono y que sostenía en Su mano un pequeño libro. Este librito es enormemente significativo en Apocalipsis: es el programa de Dios para el establecimiento de Su reino sobre la tierra. En los cielos, el Señor gobierna de manera incuestionable; en la tierra, Su voluntad es constantemente desafiada por gente insignificante que se atreve a levantar sus puños contra el Dios creador del universo. Pero Él cambiará todo eso, y lo hará por medio del Cordero que es el León, el único que tiene el derecho de tomar el libro (en realidad, un pergamino) y de abrirlo.

La apertura del pergamino

Cuando los siete sellos de este libro son abiertos, el pergamino se desenrolla hasta que, al fin, su texto es claro para todos. Al principio, Juan llora cuando ve el pergamino porque piensa que nadie tiene derecho de abrirlo. Sin embargo, después ve al Hijo del Hombre y sabe que sólo Jesús es digno de desenrollar el pergamino que presentará el reino de Dios sobre la tierra.

Los siete sellos

Cuando se desenrolla el pergamino, vemos que hay siete sellos. Note que el número siete aparece con frecuencia en este libro; es siempre un número significativo. Ya hemos visto las siete iglesias. Ahora encontramos los siete sellos, y cada uno revela un nuevo poder que actúa sobre la tierra. Estos son seguidos por siete trompetas y luego por siete copas llenas de la ira de Dios.

El comienzo de la tribulación

En Apocalipsis 6, observamos el comienzo de este periodo de siete años del que nos habla el profeta Daniel; es la culminación de la historia. Todos los eventos mundiales de nuestro tiempo presente avanzan hacia este lapso de siete años llamado la gran tribulación. Este acontecimiento catastrófico será precedido de una predicación mundial del evangelio, como aprendimos en la enseñanza de nuestro Señor a Sus discípulos en el monte de los Olivos:

> *Y será predicado este evangelio del reino en todo el mundo, para testimonio a todas las naciones; y entonces vendrá el fin (Mt. 24:14).*

El libro del Apocalipsis primero considera a la Iglesia como una unidad y luego se vuelve a los eventos históricos que conciernen al resto del mundo. En relación a esto, creo que la Iglesia será arrebatada para estar con el Señor antes del periodo de siete años de tribulación. El primer acontecimiento de esa era es la predicación mundial del evangelio, simbolizada por el primero de estos siete sellos:

> *Y miré, y he aquí un caballo blanco; y el que lo montaba tenía un arco; y le fue dada una corona, y salió venciendo, y para vencer (6:2).*

El primer sello

El blanco siempre simboliza la divinidad y la deidad; representa la pureza y la santidad. La reverencia significa la conquista. Esta es una imagen de la conquista del mundo por el evangelio.

El segundo sello

El segundo sello significa guerra. Juan escribe:

Y salió otro caballo, bermejo; y al que lo montaba le fue dado poder de quitar de la tierra la paz, y que se matasen unos a otros; y se le dio una gran espada (6:4).

¿Podría esa gran espada simbolizar el terrible poder de las armas nucleares? ¿O incluso una guerra convencional en una escala previamente inimaginable?

El tercer sello

El tercer sello y el tercer jinete simbolizan una hambruna, la consecuencia inevitable de una guerra mundial.

El cuarto sello

El cuarto sello y el cuarto jinete traen una muerte calamitosa a través de cuatro medios: espada, hambre, plagas y bestias salvajes:

Cuando abrió el cuarto sello, oí la voz del cuarto ser viviente, que decía: Ven y mira. Miré, y he aquí un caballo amarillo, y el que lo montaba tenía por nombre Muerte, y el Hades le seguía; y le fue dada potestad sobre la cuarta parte de la tierra, para matar con espada, con hambre, con mortandad, y con las fieras de la tierra (6:8).

En el segundo, tercero y cuarto sellos, Juan describe las fuerzas que actúan en la humanidad ocasionando los eventos de la historia en los últimos días. Por lo tanto, el poder humano es prominente durante todo este tiempo, y vemos que Dios permite que la raza humana pecadora desate estos acontecimientos horribles.

El quinto sello

El quinto sello es una expresión del poder interno de la humanidad, la oración de los mártires. Esto va seguido de disturbios cósmicos, que proveen una clave para todo el libro.

Miré cuando abrió el sexto sello, y he aquí hubo un gran terremoto; y el sol se puso negro como tela de cilicio, y la luna se volvió toda como sangre; y las estrellas del cielo cayeron sobre la tierra, como la higuera deja caer sus higos cuando es sacudida por un fuerte viento. Y el cielo se desvaneció como un pergamino que se enrolla; y todo monte y toda isla se removió de su lugar (6:12-14).

El sexto sello

En este pasaje, el terremoto nos da una pista para entender este libro. El evento final previsto aquí en el sexto sello es señalado por un gran terremoto, granizo y fuego. Este acontecimiento indica el fin del periodo de siete años que Jesús describió, cuando dijo: «E inmediatamente después de la tribulación de aquellos días, el sol se oscurecerá, y la luna no dará su resplandor, y las estrellas caerán del cielo, y las potencias de los cielos serán conmovidas»

(Mt. 24:29). Esto sucederá justo antes de que Jesucristo regrese con Su Iglesia.

El séptimo sello

El séptimo sello resume los acontecimientos de la última mitad de este periodo de siete años, revelado en Apocalipsis 10 y 11, donde nuevamente encontramos un terremoto cuando suena la séptima trompeta:

Y el templo de Dios fue abierto en el cielo, y el arca de su pacto se veía en el templo. Y hubo relámpagos, voces, truenos, un terremoto y grande granizo (11:19).

La mujer, la bestia y el dragón

Los capítulos 12 a 14 nos presentan unos personajes exagerados que interpretan el drama sobre la tierra. En primer lugar, una mujer (fácilmente reconocible como Israel) da a luz un hijo varón, que la historia ya nos ha informado que es el Hijo de Dios. Los ángeles del diablo y el gran dragón llamado Satanás están listos para un gran conflicto contra Él. Cuando Juan observa, una bestia se levanta del mar, y él reconoce que esa bestia es una forma de gobierno humano vinculada con Roma, el cuarto gran reino del mundo del que habló Daniel. De alguna manera, el Imperio Romano va a existir hasta el fin de los tiempos.

Si considera nuestro mundo occidental, puede ver cuán cierto es esto. Toda nación del hemisferio occidental fue establecida por un miembro de una nación del Imperio Romano. Somos romanos hasta la médula; todo el mundo occidental es romano en pensamiento, filosofía y actitud. Asociada con esta bestia que sale del mar hay otra bestia, o líder religioso, que se levanta de la tierra y que muchos vinculan con el anticristo.

Las copas de la ira de Dios

Los capítulos 14 a 16 describen en detalle las copas de la ira de Dios, que son exactamente lo mismo que esos terribles juicios que mencionó Jesús cuando dijo que el sol se oscurecería, la luna se convertiría en sangre y la ira de Dios se derramaría sobre la tierra.

El juicio de la gran Babilonia

En la parte final del capítulo 16 y a lo largo de los capítulos 17 y 18, se encuentra el juicio de la gran ramera religiosa llamada «la gran Babilonia». Babilonia dio origen a la idolatría antigua, y se utiliza como un símbolo de lo que podríamos llamar la «impiedad religiosa», algo que parece santo y espiritual, pero que es esencialmente impío. Es una religión que ejerce el poder político a través de la autoridad religiosa.

Esta Babilonia misteriosa no es un sistema, una

Si lee cuidadosamente este pasaje, verá que esta Babilonia misteriosa no es un sistema, una institución ni una denominación, sino una actitud que se ha infiltrado en toda la Iglesia. Siempre que encuentre

institución ni una denominación, sino una actitud que se ha infiltrado en toda la Iglesia

a alguien actuando de manera religiosa, tratando de obtener poder político o autoridad, allí tiene a la Babilonia misteriosa, y está en todas las iglesias. Como dijo Jesús, al referirse a las malas hierbas plantadas entre el trigo bueno: «Dejad crecer juntamente lo uno y lo otro hasta la siega» (Mt. 13:30). Y, en Apocalipsis 19, se encuentra la siega (como se predijo en el capítulo 14):

La siega

Miré, y he aquí una nube blanca; y sobre la nube uno sentado semejante al Hijo del Hombre, que tenía en la cabeza una corona de oro, y en la mano una hoz aguda. Y del templo salió otro ángel, clamando a gran voz al que estaba sentado sobre la nube: Mete tu hoz, y siega; porque la hora de segar ha llegado, pues la mies de la tierra está madura (14:14-15).

Esta cosecha tendrá lugar cuando Jesucristo regrese a la tierra:

Entonces vi el cielo abierto; y he aquí un caballo blanco, y el que lo montaba se llamaba Fiel y Verdadero, y con justicia juzga y pelea. Sus ojos eran como llama de fuego, y había en su cabeza muchas diademas; y tenía un nombre escrito que ninguno conocía sino él mismo. Estaba vestido de una ropa teñida en sangre; y su nombre es: EL VERBO DE DIOS. Y los ejércitos celestiales, vestidos de lino finísimo, blanco y limpio, le seguían en caballos blancos. De su boca sale una espada aguda, para herir con ella a las naciones, y él las regirá con vara de hierro; y él pisa el lagar del vino del furor y de la ira del Dios Todopoderoso (19:11-15).

Armagedón

Llegado este tiempo, todas las naciones de la tierra se reunirán en ese campo de batalla llamado Armagedón, en la tierra de Israel, y allí será donde el Hijo del Hombre aparecerá con los ejércitos del cielo. Entonces, por fin, todas las fuerzas sobrenaturales, cuya existencia los hombres han negado arrogantemente durante tanto tiempo, se revelarán de repente ante los ojos humanos y eliminarán toda la oposición del mal lanzado contra la voluntad y la autoridad divinas.

Cielo nuevo y tierra nueva

El libro termina cuando el Hijo de Dios instaura Su reino sobre la tierra, como lo había prometido. Después del juicio de los muertos, vienen un cielo nuevo y una tierra nueva, y la ciudad de Dios, la nueva Jerusalén, que desciende del cielo. Allí Dios establece Su morada con la raza humana. Es el cumplimiento de la oración que Jesús nos enseñó que hiciéramos: «Venga tu reino. Hágase tu voluntad, como en el cielo, así también en la tierra» (Mt. 6:10).

Esta ciudad es asombrosamente hermosa. Juan no ve templo en ella, porque no lo necesita; tampoco precisa el brillo del sol ni de la luna. La luz que irradia es la presencia de Dios mismo. Sus puertas nunca se cerrarán, ni de día ni de noche. Al fin, todo el universo es limpiado de la rebelión humana, y no hay nada que temer. Todos los hermosos sueños de los profetas se cumplirán en este momento. Las espadas son transformadas en rejas de arados y las lanzas en hoces para cosechar los árboles cargados de fruta. Ya no existe más guerra.

Al fin, todo el universo es limpiado de la rebelión humana, y no hay nada que temer

Al final del libro somos exhortados a esperar la venida de Jesús y a trabajar para ello, a ser diligentes, fieles y obedientes hasta que regrese el Hijo de Dios. Podría sorprenderle saber que este es un libro de extremo optimismo. Aunque el Apocalipsis es más conocido por sus escenas de muerte, horror, cataclismo y destrucción masiva, ciertamente no concluye así. Va más allá de la tribulación, más allá de Armagedón, hasta la victoria final de Dios, hecho más seguro que la salida del sol mañana por la mañana. C. S. Lewis comenta sobre ese glorioso día venidero, y escribe:

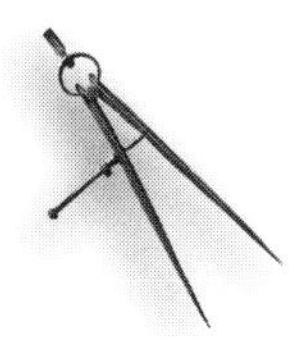

El Apocalipsis es un libro de extremo optimismo

> «Dios va a invadir, está bien. Pero, entonces, ¿de qué sirve decir que estás de Su lado cuando observas que todo el universo natural se desvanece como un sueño y algo más, algo que nunca siquiera pensaste, irrumpe; algo tan hermoso para algunos de nosotros y tan terrible para otros, que a nadie le quedará otra elección? Porque esta vez será Dios sin disfraz; algo tan abrumador que sobrecogerá a toda criatura, ya sea con amor irresistible o con irresistible horror. Entonces será muy tarde para elegir tu posición. No sirve decir que eliges acostarte cuando se ha tornado imposible el estar de pie. Ese no será el momento para elegir; será el momento en que descubramos qué lado realmente hemos elegido, nos demos cuenta de ello antes o no. Ahora, hoy, en este momento, es nuestra oportunidad de elegir el lado correcto. Dios se está retrasando para darnos esa oportunidad. No durará para siempre. Debemos tomarla o dejarla». (*Mero Cristianismo,* [1943; reimpreso, Nueva York: Macmillan, 1960], 66).

«Dios sin disfraz»

El Apocalipsis está lleno de ánimo. Es un libro que le estimulará la fe o que lo embargará de temor. Le brindará gran consuelo y aliento si conoce al que es Señor de todo el tiempo y de todo el espacio. Pero también es un libro solemne, destinado a hacernos entender que Aquel que desenrolla el pergamino es quien una vez estuvo aquí, Aquel que murió en la cruz del calvario, el Cordero que fue inmolado para obtener el derecho a ser el León, el Rey de toda la tierra.

El Señor viene… y no falta mucho tiempo. Aquellos que lo conocen esperan con ansia ese día, y trabajan y oran para apresurar Su venida. La gente que no conoce al Señor se burla de ese día o le teme. El libro de Apocalipsis concluye con esta promesa del propio Jesús:

> *El que da testimonio de estas cosas dice: Ciertamente vengo en breve. Amén; sí, ven, Señor Jesús (22:20).*

ÍNDICE DE TEMAS

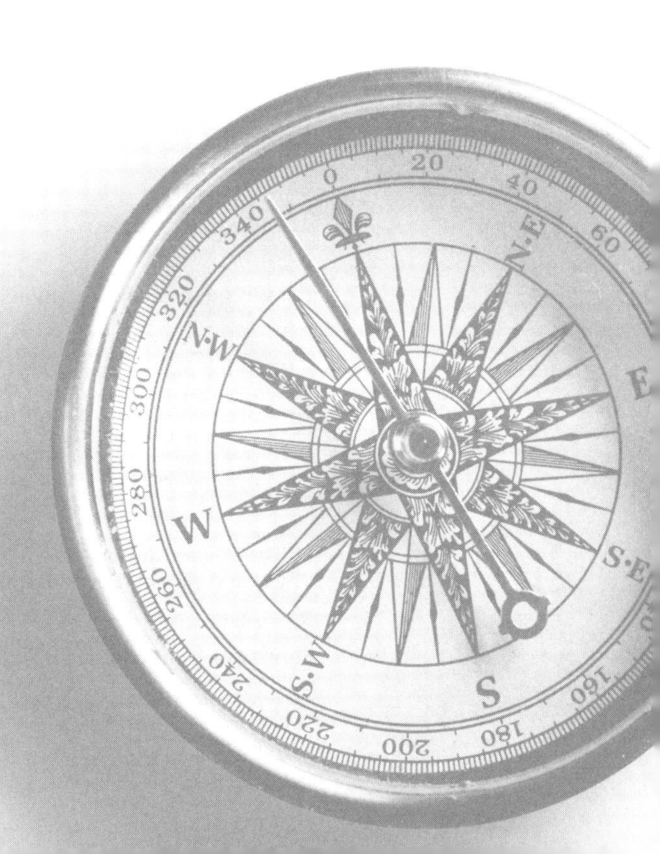

1

2

3

D

E

F

G

H

I

L

M

N

Q

R

S

U

W

Y

Z